제9개정판

민사집행법

이시윤 · 조관행

傳 英 社

제9개정판 머리말

법률가와 학자로서 법조계의 큰 기둥이셨던 이시윤 선생님이 2024. 11. 9. 우리 곁을 떠나셨다. 대학시절 선생님의 강의를 들었고 주례를 서 주신 것을 계기로 나와 선생님의 인연은 시작되었다. 선생님은 1982년 불후의 명저인 민사소송법 초판을 출간하셨는데, 당시 사법연수생으로서 인근 아파트에 거주하던 나는 1980년부터 원고 작업을 돕게 되어 신민사소송법 17판까지 40여 년간 개정작업에 참여하였다. 2002년에 민사집행법이 분리독립되자 선생님은 민사집행법 체계서가 필요하다고 느껴 2004. 8.에 신민사집행법 초판을 출간하셨는데 나는 그 초판부터 현재까지 지근거리에서 참여하는 행운을 누렸다. 나의 석박사 과정의 이수와 학위논문도 모두 선생님의 권유와 지도로 된 것이었다.

선생님은 고등고시 사법과 10회에 합격하신 후 서울대 법대와 사법대학원에서 강의를 하시고 독일 Erlangen-Nürnberg 대학교에서 2년간 수학하신 것에서 알 수 있듯이 민사절차법의 이론과 선진 외국 법제에도 밝으셨다. 오랜 법관생활 동안 민사재판과 민사집행의 실무도 직접 담당하셨다. 그 결과 선생님은 평소 '연구하는 법관', '실무를 아는 학자'가 필요하다고 생각하셨다. 그 소신에 따라 민사실무연구회의 창설멤버가 되어 민사절차법의 이론을 재판에 접목시키는데 노력하셨고, 이후 실무가와 학자가 함께 하는 학회의 필요성을 절감하고 1992년에는 한국민사소송법학회, 2003년에는 한국민사집행법학회의 창립을 주도하여 각 초창기 회장으로서 학회의 기초를 닦으셨다. 나는 두 학회 모두 창립멤버로 참여하여 실무가측 연락을 담당하였다.

선생님은 초대 헌법재판관, 감사원장을 역임하시면서 헌법소원제도, 헌법재판에서의 가처분 등 우리 헌법재판의 기초를 닦는데 크게 공헌하시고, 공직사회의 합법성 감사 등에도 역량을 발휘하셨지만 그 때에도 늘 국내외 민사절차법 책을 옆에 두시고 연구를 게을리하신 적이 없다. 작년 초에 이제는 선생님의 책을 공저로 하여 증보판으로 준비하자고 하셔서 원고집필과 검수도 마쳤는데 그 출간 직전에 소천하신 것이 한없이 아쉽고 비통한 마음이다. 선생님이 이 책을 출간하시면서 쏟으셨던 정성과 이론적 깊이는 따라갈 수 없으나 최대한 유지되도록 혼신의 노력을 다 하였다. 곧이어 이론과 실무에 모두 밝은 후배가 이어받기를 기대하고 있다.

개정판을 집필하면서 중점을 둔 부분을 몇 가지 밝히고자 한다.

첫째, 이 책은 민사집행의 체계서로서 순수한 실무서도 아니고, 모든 학설과 이론을 망라한 주석서도 아니다. 민사집행법을 수강하는 법학도나 민사집행의 실무를 담당하는 실무가, 그리고 관련 학자들에게 민사집행의 핵심 이론과 실무를 정리하여 소개하는 체계서로서 기능할 것에 초점을 둔 책이다. 민사소송법과 비교하면 발간된 체계서가 많지 않고, 변호사시험 과목도 아니어서 로스쿨에서도 수강하는 사람이 적다. 민사집행은 사법보좌관이 담당하는 업무도 많고, 재항고이유도 제한되어 관련 대법원결정도 소송절차 같이 많지 않다. 그런 관계로 민사집행에 관여하거나 연구하는 사람들 모두 실제의 민사집행절차가 어떤지에 대한 관심이 많다. 이번 개정판에는 이를 반영하여, 이 책이 체계서로서는 물론 학문적으로나 실무적으로나 두꺼운 주석서나 실무서적을 보지 않고도 관련 민사집행의 이론과 실무가 어떤지를 알 수 있도록 정리하는데 노력하였다.

둘째, 위와 같은 인식하에 그동안 인용한 국내외 문헌을 최신 개정판을 확인하여 반영하였고, 2020년 이후의 주요 판례를 정리하여 보충하는 것은 물론 구체적인 실무절차의 소개가 필요한 곳에서는 법원의 실무서를 인용하여 과감히 실무절차를 보완하였다.

셋째, 최근에 신설되거나 관심이 증가하는 분야 중 서술이 없거나 적은 부분은 이를 대폭 보충하였다. 국제사법의 개정에 맞추어 외국재판이나 중재판정에 대한 집행판결·집행결정을 수정하였고, 대체집행과 간접강제 부분을 대폭 보완하였다. 최근에 관심이 많고 사건도 증가하는 전자주식 등에 관한 집행, 가상자산(암호화폐 등)에 대한 집행도 새로 집필하였다. 보전소송에서는 실무상 흔하게 발생하는 가처분 중 독립 항목으로 분류하지 않았던 상사사건에 관한 가처분(주식 관련 가처분 포함), 노동사건에 관한 가처분, 지식재산권에 관한 가처분, 건축 관련 가처분 등을 추가 보충하였다.

이번 개정판에 반영된 독일 문헌과 판례의 조사는 서울대 로스쿨을 졸업

하고 같은 법무법인에서 근무한 류승호 변호사(변시 11회)의 도움이 컸다. 국내 판례의 검색과 정리는 법무법인(유한) 대륙아주의 이지은 선임도 도와주었다. 자신의 업무가 아님에도 기쁘게 도와준 것이 고미울 뿐이다. 출판계의 시정이 녹록하지 않음에도 이시윤 선생님과의 오랜 인연을 되새기며 흔쾌히 출판을 허락하신 안종만 회장님, 안상준 대표님과 조성호 이사님에게 깊은 감사를 드린다. 초판부터 지금까지 이 책을 다듬어 주시느라 정년이 되신 김선민 이사님에게 특히 경의를 표한다. 마지막으로 신혼 초부터 지금까지 이시윤 선생님의 책을 돕는 시간만큼 정다운 시간을 함께 하지 못한 남편을 믿고 의지해준 아내에게 사랑과 감사의 마음을 전한다.

2025. 1.

공저자 조관행 씀

머 리 말

기왕에 민사소송법 공부를 시작하였으니 그 완결편이고 민사소송법(하)에 해당하는 민사집행법의 저술로 끝마무리를 내고 싶어 집필에 임하였는데, 실로 힘에 버겁다는 것을 느꼈다. 그러나 체계서가 별로 많지 아니한 영역에서 나름대로 의미가 있을 것이라고 보고 특히 민사집행문제가 국민적 관심사가 되고 있는 시대적 상황에 부응하고자 나름대로 노력하였다. 집필의 지침 몇 가지를 밝힌다.

첫째로, 보다 쉽고 간결하게 저술코자 노력하였다.

그리하여 도표로 윤곽을 파악할 수 있게 하고 여러 군데서 예시를 시도하였다. 워낙 학설이 난무하는 분야이니만큼 학설의 소개를 필요 불가결한 범위에서 줄이고 간략하게 정리하였다. 민사집행법은 가장 어렵고 흥미를 잃게 하는 법 분야로 정평이 나 있다. 특히 우리나라 법의 구조는 더 어렵게 되어 있다. 등기부상 나타나지도 아니하는 유치권, 법정지상권, 분묘기지권 그리고 주택·상가건물임차권자 등 이해관계인이 등장하여 이 분야에서 소용돌이를 일으키고 있는 특유한 법제이고, 다른 나라에는 별로 없는 토지 규제가 많아 토지법 관계도 뒤엉켜 있기 때문이다. 게다가 우리 법은 채권자평등주의의 입장이다. 따라서 독자로서 매우 이해하기 어려운 점을 집필자로서 감안하지 않을 수 없었던 것이다. 그리하여 분량도 적당히 조절했다.

둘째로, 제도운영상의 문제점을 지적하고 나름대로 개선책을 제시하고자 하였다.

민사집행법은 우리나라에서 법의 사각지대 내지 황무지로 평가되고 있는 분야이다. 사법시험과목에서 빠졌고 따라서 대학교 강의과목에도 거의 없다. 자연히 이 분야를 전공하는 학자도 별로 없다. 집행방해와 집행지연 등의 폐해와 부조리(moral hazard)가 산적되어 왔건만, 문제점의 지적이 별로 없었다. 그 동안 입법적인 개선 시도가 더러 있었지만, 이 분야가 여전히 국민에게 실망을 주고 사법불신의 요인이 되고 있다. 민사집행이 국가민사사법의 한 축을 이루는 중요 분야인만큼 변화와 개혁의 중요성을 아무리 강조해도 지나침이 없을 것이다. 그러한 맥락에서 절차권보장하에 절차의 경제와 신속화라는 기조로 일관집필하고자 했다.

셋째로, 학문의 국제화·세계화를 시도하여 보았다.

지금이 지구촌 무한경쟁시대라면 결코 국내 학설이나 판례에만 안주할 수 없다. 다른 선진국의 발전적인 법제를 끊임없이 살펴보고 진취적인 이론과 지혜를 수용하는 개방적인 감각이 필요할 때이다. 그것이 곧 학문의 선진화의 지향일 것이다. 그리하여 특별히 비교법적 고찰에도 힘을 기울였다.

넷째로, 민사집행법이 전형적인 실천과학이니만큼 실무경향을 소홀함이 없도록 하였다.

최근 판례를 중심으로 충실하게 소개를 하려 하였는데, 판례를 박물관식으로나 산발적으로 알리기보다 그 흐름과 줄기를 파악할 수 있도록 체계적인 정리에 힘썼다.

민사집행법이 2002년 시행의 새 법이고 이론구성도 시대의 추이에 걸맞게 새롭게 하며 또 새로운 자료를 토대로 시도하였기 때문에 「신민사집행법」이란 제호를 썼다. 지금 법무부가 보전절차를 중심으로 시도하는 개정안도 반영하였다. 그러나 미흡한 바 많으리라 생각한다. 앞으로 보완의 노력을 계속하고자 한다. 독자 여러분의 기탄없는 지도와 편달을 바란다.

이 책을 출간함에 있어서 민사절차법의 전문가인 서울중앙지법 부장판사인 조관행 박사의 적극적이고 헌신적인 도움과 신진기예 서울중앙지법 이원석 판사의 차원 높은 교정에 깊은 감사를 표한다. 또 경희대 법대의 안효빈 박사의 열정적인 도움이 있었다. 그 밖에도 헌법재판소 김현철 연구관, 최돈호 법무사와 엄덕수 박사의 도움도 컸다. 그리고 불평없이 모든 요구를 다 받아준 박영사 송일근 주간과 김선민 차장의 노고도 잊을 수 없다. 유난히도 무더운 여름철 이 분들의 수고에 대하여 충심으로 고마움을 표한다.

2004. 8

저 자 씀

차 례

제1편 총 론

제1장 민사집행

제2장 민사집행의 주체

제3장 민사집행의 객체(대상) — 책임재산

제2편 강제집행

제1장 강제집행의 적법요건

제2장 강제집행의 요건

제3장 강제집행의 진행

제5장 금전집행

제6장 비금전집행

제3편 담보권실행 등을 위한 경매

제4편 보전처분

제1장 서 설

제2장 가압류절차

제3장 가처분절차

일러두기 및 참고문헌

1. 법령의 내용은 2024년 12월 1일을 기준으로 하였다.
2. 이 책에서 민사집행법을 인용할 때에는 법의 이름을 적지 않고 「○조 ○항」과 같이 숫자로만 표기하였다. 민사집행법 시행령은 「시행령 ○조 ○항」으로, 민사집행규칙은 「규 ○조 ○항」으로 표기하였다.
3. 이 책에서 자주 등장하는 다음의 법령은 약어(略語)를 사용하여 표기하였다. 약어에 해당하는 법령의 정식 명칭은 다음과 같다. 이 책에서 아래에 없는 법령은 원래의 명칭으로 표기한다.

약어	정식 명칭
가담	가등기담보 등에 관한 법률
가소	가사소송법
가소규	가사소송규칙
공증	공증인법
공탁	공탁법
관리공사법	금융회사부실자산 등의 효율적 처리 및 한국자산관리공사의 설립에 관한 법률
광업	광업법
국배법	국가배상법
국징	국세징수법
근기	근로기준법
농지	농지법
민	민법
민비	민사소송비용법
민사조정	민사조정법
민소	민사소송법
민소규	민사소송규칙
민인	민사소송 등 인지법
법무사	법무사법

법조	법원조직법
부동산실명법	부동산 실권리자명의 등기에 관한 법률
부등	부동산등기법
비송	비송사건절차법
사립학교	사립학교법
사보규	사법보좌관규칙
상	상법
상가	상가건물 임대차보호법
상특법	상고심절차에 관한 특례법
선박소유자등책임제한	선박소유자 등의 책임제한절차에 관한 법률
소심	소액사건심판법
소촉특법	소송촉진 등에 관한 특례법
수산	수산업법
신탁	신탁법
저작	저작권법
주택	주택임대차보호법
중재	중재법
증집소	증권관련 집단소송법
집합건물	집합건물의 소유 및 관리에 관한 법률
집행관	집행관법
집행관규	집행관규칙
채무자회생	채무자회생 및 파산에 관한 법률
특허	특허법
행소	행정소송법
헌	대한민국헌법
헌재	헌법재판소법
형	형법

4. 판례는 다음과 같은 방식으로 표기하였다.

대법원 2011. 12. 8. 선고 2011다65396 판결 → 대법 2011. 12. 8, 2011다65396

참고문헌

김상원, 민사소송의 이론 · 실무, 육법사(1977)
김상원/정지형, 가압류가처분, 한국사법행정학회(1995)
강대성, 민사집행법(제5판), 탑북스(2011)
권성 외 4인, 가처분의 연구(개정판), 박영사(2002)
김상수, 민사집행법(제2판), 법우사(2010)
김 연, 민사보전법, 법문사(2010)
김일룡, 민사집행법강의, 오래(2014)
김홍엽, 민사집행법(제8판), 박영사(2024)
민일영 편집, 주석 민사집행법(제5판), 한국사법행정학회(2024)
박두환, 민사집행법, 법률서원(2002)
방순원/김광년, 민사소송법(하)(제2전정판), 사법행정학회(1993)
법원공무원교육원, 민사집행실무(2024)
법원행정처, 민사집행법 해설－구 민사소송법(집행절차편) 개정부문－(2002)
법원행정처, 민사집행규칙해설(2002)
법원행정처, 민사소송법 개정안 해설(2001)
법원행정처, 민사소송법(강제집행편) 개정착안점(1996)
법원행정처, 2005년 개정민사집행법과 민사집행규칙 해설
법원행정처, 새로운 보전처분 심리방식－전국 신청담당 판사회의 결과보고서－(2003)
사법연수원, 법원실무제요 민사집행(2020년)
손홍수, 채권집행의 실무, 육법사(2015)
손홍수, 민사집행실무총서(Ⅰ)(Ⅱ), 한국사법행정학회(2017)
손진홍, 부동산경매의 실무(상)(하), 법률정보센터(2017)
손진홍, 채권집행실무, 한국사법행정학회(2019)
오시영, 민사집행법, 학현사(2007)
오창수, 로스쿨 민사집행법, 한국학술정보(2011)
윤경, 보전처분의 실무(상)(하), 법률정보센터(1999)
이석선, 보전소송－가압류 · 가처분(상)(하), 일신사(1983)
이영섭, 신민사소송법(하)(제7개정판), 박영사(1972)
전병서, 민사집행법, 박영사(2024)
한국민사소송법학회, 민사소송, 한국사법행정학회

한국민사집행법학회, 민사집행법연구, 한국사법행정학회

中野貞一郎/河村正明, 民事執行法(改訂版), 青林書院(2023)
中野貞一郎, 民事執行法(増補新訂 6版), 青林書院(2010)
編集代表 伊藤 眞/園尾隆司, 条解 民事執行法(第2版), 弘文堂(2022)
山本和彦/吉村真幸/塚原 聡 共編, 新基本法 コンメンタール 民事執行法(第2版), 日本評論社(2023)
山本和彦/小林昭彦/大門 匡/福島政幸 共編, 新基本法 コンメンタール 民事保全法, 日本評論社(2023)
松本博之, 民事執行保全法, 弘文堂(2011)
菊井雄大, 强制執行法 總論, 有斐閣(昭和51)
三ケ月章, 民事執行法, 弘文堂(昭和56)
兼子一, 强制執行法(增補版), 酒井書店(1951)
浦野雄幸 編, 基本法 コンメンタール 民事執行法(第6版), 日本評論社(2009)
中野貞一郎, 民事執行·保全入門, 有斐閣(平成25)
山崎潮 監修, 注釋民事保全法(上)(下), 社団法人民事法情報センター(平成11)
竹下守夫/藤田耕三 共編, 注解民事保全法(上)(下), 青林書院(1998)
門口正人/須藤典明 共編, 新·裁判実務大系 第13卷 民事保全法, 青林書院(2002)
東京地裁保全硏究會, 民事保全の実務(新版増補)(上)(下), 金融財政事情硏究會(平成17)
原井龍一郎/河合伸一 共編, 実務民事保全法, 商事法務硏究會(1991)

Baumbach/Lauterbach/Albers/Hartmann, Zivilprozessordnung, 75. Aufl., C.H. Beck, 2017.
Brox/Walker, Zwangsvollstreckungsrecht, 11. Aufl., Vahlen, 2018.
Buchegger/Markowetz, Exekutionsrecht, 1. Aufl., Verlag Österreich, 2014.
Gaul/Schilken/Becker-Eberhard, Zwangsvollstreckungsrecht, 12. Aufl., C.H. Beck, 2010.
Holzhammer, Österreichisches Zwangsvollstreckungsrecht, 2. Aufl., Springer-Verlag, 1980.
Jauernig/Berger, Zwangsvollstreckungs- und Insolvenzrecht, 23. Aufl., C.H. Beck, 2010.

Lackmann, Zwangsvollstreckungsrecht, 11. Aufl., Vahlen, 2018.

Lüke, Zivilprozessrecht II, 11. Aufl., C.H. Beck, 2021.

Münchener Kommentar zur Zivilprozessordnung, 6. Aufl., C.H. Beck, 2013. [본문 내 MünchKomm/*Bearbeiter*로 인용]

Rosenberg/Schwab/Gottwald, Zivilprozessrecht, 18. Aufl., C.H. Beck, 2018.

Schellhammer, Zivilprozess, 13. Aufl., C.F. Müller, 2010.

Schushcke/Walker, Vollstreckung und Vorläufiger Rechtsschutz, 5. Aufl., Carl Heymanns Verlag, 2011.

Stein/Jonas, Kommentar zur Zivilprozessordnung, 23. Aufl., Mohr Siebeck, 2014. [본문 내 Stein/Jonas/*Bearbeiter*로 인용]

Thomas/Putzo, Zivilprozessordnung: ZPO, 38. Aufl., C.H. Beck, 2017. [본문 내 Thomas/Putzo/*Bearbeiter*로 인용]

Zöller, Zivilprozessordnung, 24. Aufl., Otto Schmidt, 2004. [본문 내 Zöller/*Bearbeiter*로 인용]

제 1 편 총 론

제 1 장　민사집행
제 2 장　민사집행의 주체
제 3 장　민사집행의 객체(대상) — 책임재산

제 1 장 민사집행

제 1 절 민사집행의 의의와 종류

제1관 의 의

1. 좁은 의미와 넓은 의미의 민사집행

민사집행은 강제집행이라고 생각하기 쉽지만, 그것만은 아니다. 민사집행법 제1조는「이 법은 강제집행, 담보권 실행을 위한 경매, 민법·상법 그 밖의 법률의 규정에 의한 경매(이하 "민사집행"이라 한다) 및 보전처분의 절차를 규정함을 목적으로 한다」라고 규정하고 있다. 따라서 민사집행은 좁은 의미에서는 강제집행, 담보권실행을 위한 경매, 민법·상법 그 밖의 법률의 규정에 의한 경매(형식적 경매) 등 세 가지 절차를 말하고, 넓은 의미에서는 위 세 가지와 보전처분절차까지 합한 네 가지 절차를 말한다. 네 가지의 절차가 모두 사법상 권리의 강제적 실현이라는 점에서는 공통적이나, 좁은 의미의 민사집행은 권리의 종국적 집행절차임에 대하여, 보전처분절차는 권리의 종국적 집행에 앞서 행하는 잠정적 집행절차인 점에서 그 차이가 있다. 또 보전처분(가압류·가처분)의 집행절차는 강제집행절차를 준용하지만, 그 명령절차는 소송절차를 준용하여 좁은 의미의 민사집행과는 차이가 있다. 실무상 보전처분사건을 위 세 가지의 민사집행사건과 구별하여, 민사신청사건이라고도 한다.

요컨대 민사집행은 강제집행, 담보권실행을 위한 경매, 형식적 경매 그리고 보전처분 등 산만하고 혼합된 복합구조(complex)이다. 영역이 광범위한 만큼 사건수도 엄청나고 해결하여야 할 과제도 산적되어 있다.

2. 채무불이행법의 일종인 민사집행

채무자가 빚을 못 갚을 때 즉 채무불이행일 때 채권자의 해결방법에는 여러 가지가 있다. 개별 채무불이행의 경우는 민법 제390조 이하의 규정에 의한 손해배상청구를, 모든 채권자에 대한 채무불이행은 도산법에 의한 파산절차·회생절차에 회부하게 되어 있다. 조세 등 공과금 채무불이행이면 국세징수법에 의한 공매절차에 회부한다. 이에 대하여 판결 등 집행권원화한 채무불이행이면 강제집행절차에, 은행 등 담보채무불이행이면 담보권실행의 임의경매절차에 각 부친다. 따라서 강제집행과 임의경매를 규율하는 민사집행법은 채무불이행법의 일종이라고 할 수 있다.

3. 법원경매와 경매일반

고가매각을 목적으로 공개적으로 행하는 경매(auction)에는 크게 다음 세 가지가 있다. 아래 i)만이 민사집행법의 적용대상이다.

i) 법원경매－강제집행경매, 담보권실행경매, 형식적 경매

ii) KAMCO(자산관리공사)경매－국세·지방세 등 체납처분경매도 공매(公賣)라 한다.

iii) 시장경매－민간경매인데, 미술품·중고차·신주(IPO)·경쟁입찰·인터넷 신품·중고품 경매 등

i)의 법원경매는 판결 등 집행권원채무와 담보채무를, ii) KAMCO 공매는 조세 등 공과금채무를 각 강제실현을 목적으로 하며, 경매나 공매가 채무의 종류는 다르나, 채무자의 연체된 채무를 받아내기 위한 공적인 강제집행인 점에서 공통적이다. 주관부서가 한 쪽은 법원, 다른 쪽은 공기업인 KAMCO라는 것뿐이다. 그 법리가 유사하게 접근되어 가고 있고 우리나라의 공매가 어느 다른 나라보다 활성화되어, 제3편 '담보권실행 등을 위한 경매' 다음에 공매에 관하여 보기로 한다. 그것이 법원경매만이 아니라 공매도 아우르는 큰 틀의 경매법으로 민사집행법 이론을 한 단계 upgrade·발전시키는 길일 것이다. iii) 시장경매는 채권자의 채무실현이 아니라 고가매각을 목적으로 하는 점이 다르다.

제 2 관 민사집행의 종류

법 제1조에서 밝힌 바와 같이 다음 네 가지이다. 민사집행법의 개관

(outlook)이다.

Ⅰ. 강제집행

민사집행의 가장 핵심을 이루는 기본절차이며, 민사집행법 제2편에서 규정한 바로서 집행법 총 312개 조문 가운데 240개 조문(24조 내지 263조)이 이에 관해 규정하고 있다.

1. 강제집행의 개념

강제집행(enforcement of judgement, Zwangsvollstreckung)이란 국가의 공권력으로 집행권원이 된 사법상의 청구권을 강제적으로 실현시키기 위한 절차이다.

(1) 강제집행은 사법상 청구권의 강제적 실현을 위하여 **공권력이 동원**되는 절차이다. 예를 들면 甲이 乙을 상대로 손해배상금 1,000만원의 지급을 구하는 소를 제기하여 乙 패소의 판결이 났음에도 乙이 무시하고 따르지 아니한다. 이때 甲으로서는 이제 확정판결까지 났으니, 다시 국가의 힘을 빌릴 것 없이 甲 자신이나 지지세력이 나서서 판결상의 권리실현을 해도 된다는 자력구제를 생각하기 쉽다. 그러나 **자력구제**(Selbsthilfe)는 이 때에도 법치주의의 원칙상 긴급한 경우(민 209조)를 제외하고 허용되지 않는다. 그 까닭은 첫째로 甲이 약자라면 자신의 힘에 의하여는 실현될 수 없기 때문에 정의의 요청에 반하며, 둘째로 실력에 의한 해결 자체가 권리의 내용에 적합하고 신중한 해결이기 어렵고 새로운 분쟁의 유발요인이 될 수 있기 때문이다. 특히 가족까지 포함하여 망신주기 빚독촉이나 조폭·해결사·용역업체의 동원 등 힘(완력, 재력, 권력)으로 밀어 붙이기의 해결은 원시시대 방불의 반문명이고 사회교란이 된다. 이처럼 원칙적으로 자력구제는 허용될 수 없는 것이기 때문에[1] 그 대신에, 공권력의 주체인 국가 자신이 직접 나서서 판결 등으로 확정된 권리를 실현해주는 **국가구제**(Staatshilfe)가 생기게 된 것으로, 이 절차가 강제집행이다. 범죄에 대한 응징으로 사적 복수를 금하는 대신에 국가가 형벌권을 발동하는

---

1) 폭행·협박 등에 의한 채권의 추심을 금지하는 것에, 채권의 공정한 추심에 관한 법률 참조.

형집행절차에 비유할 수 있다. 법치국가의 기본 rule이다.

판결절차나 강제집행절차 모두 법치주의 확립의 차원에서 국가가 나서서 해결해주는 절차이나, 권리의 확정에 의하여 분쟁의 관념적 해결을 해주는 절차가 판결절차라면, 분쟁의 사실적·종국적 해결을 해주는 절차가 강제집행절차라는 점에서 서로 차이가 있다. 판결절차가 강제집행의 토대가 될 **집행권원**(執行權原)을 만드는 절차라면, 강제집행은 집행권원의 내용을 실현시키는 절차라고 할 수 있다. 순서상 판결절차에서 먼저 옳고 그른 것을 판단해주면, 다음은 강제집행절차에서 판결절차에서 옳다고 한 것을 실현시키는 것이다. 자력구제를 금지하는 대신에 공권력이 나서는 권리실현의 절차인 점에서는 도산절차(倒産節次)와 차이가 없다. 강제집행법은 국가가 주체가 되어 헌법상 보호하는 사법상의 권리구제절차를 규율한다는 의미에서 공법(公法)이다.

(2) 강제집행은 원칙적으로 공권력동원이라 하여도 **사법**(私法)**상의 청구권**을 실현시키는 절차이다. 채무자의 재산압류 → 현금화 → 배당의 절차를 거치며 청구권을 실현시킨다. 여기에는 반드시 채권관계에서 생기는 청구권에 한하지 않고, 물권·인격권·지식재산권 등이 침해되었을 때의 침해자에 대한 원상회복청구권도 포함된다. 본래의 강제집행은 사법상(私法上)의 청구권의 실현을 목적으로 하는 점에서 공법상의 권리관계의 집행인 국세체납처분·행정대집행이나 형집행과는 구별된다. 다만 현행법상 벌금·과료·몰수 등의 재산형이나 과태료 등 공법상의 의무에 대해서도 예외적이나 민사상의 강제집행방식에 의한 집행도 인정되며(60조; 형소 477조, 국세체납처분에 의할 수도 있음), 이를 **형식적 강제집행**이라 한다.

(3) 강제집행은 국가의 강제력에 의하여 **집행권원**(執行權原)(구법상 채무명의)이 된 청구권(집행채권이라고도 한다)을 실현하는 절차이다. 집행권원만을 바탕으로 한 집행인 점에서 담보권 증명서류에 기한 집행인 담보권의 실행(담보집행)과 구별된다. 강제집행 실시권 즉 강제집행권은 완전히 국가의 법률적 권능으로 독점되어 있기 때문에, 개인은 집행채권을 가질 때 국가에 대하여 강제집행권을 발동해 줄 것을 구하는 권리 즉 집행청구권을 갖는 데 그친다.

집행권원은 권리자에게 이와 같은 집행청구권을 부여하며, 따라서 강제집행은 집행권원 즉 확정판결·집행증서 등에 기초하여 실시된다. 집행권원에 기하여 집행을 신청하고 수행하는 효력을 집행력이라 한다. 다만 강제집행절차 이외의 방법에 의한 경우라도 재판의 내용에 맞는 상태를 실현시키는 효력을 넓은 의미의 집행력이라 한다. 예를 들면 판결이 난 뒤 그에 기하여 가족관계등록부에 등재·정정, 부동산 등기의 기입·말소·변경 또는 강제집행의 정지·취소(46조 2항, 48조 3항)를 신청하는 따위이다.

(4) 강제집행의 법률관계

집행권원을 가진 채권자는 채무자에 대하여 집행채권을 갖고, 국가에 대하여 집행청구권을 가지며, 국가는 채무자에 대하여 강제집행실시권 즉 강제집행권을 갖는다. 이러한 의미에서 강제집행절차는 3면적 법률관계의 형성이라 볼 수 있다.

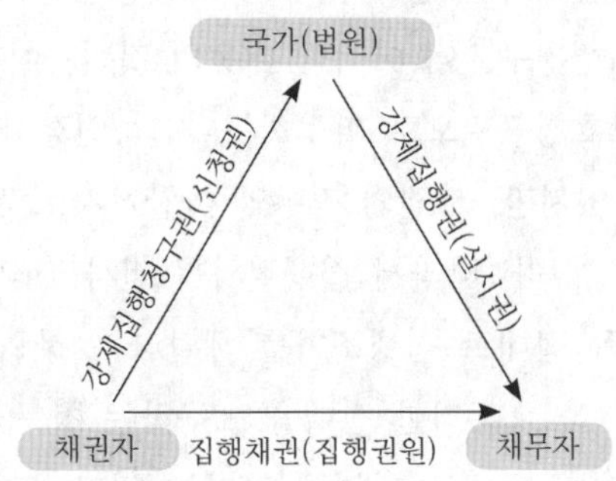

1) 강제집행권인 국가구제 국가권력은 개인의 자력구제를 금지하는 대신에 국가구제의 의무를 맡았으므로 국가기관(집행기관)이 나서서 구제해 주게 되어 있다. 개인이 자력구제에 의한 강제집행권을 갖지 않기 때문에 국가가 강제집행권을 장악한다. 개인은 국가로 하여금 강제집행의 실시를 신청하는 집행청구권을 가질 뿐이다. 이러한 개인의 집행청구권이 침해될 때에는 개인은 집행에 관한 이의신청을 할 수 있으며, 집행기관이 강제집행을 게을리하거나 지연시키는 경우에는 그로 인한 손해에 대하여 국가배상청구를 할 수 있다.[1] 이는 재판결과가 아니라 재판의 집행문제이므로 헌법소원의 대상이 될

1) Lüke, Zivilprozessrecht, 7. Aufl., §1 Rdnr. 5044; 대법 2003. 4. 8, 2000다53038; 박우동, "불법집행으로 인한 배상책임", 인신사고소송(1981), 271면 이하.

수 있다고 본다.

2) **집행청구권**(Vollstreckungsanspruch)**과 그 내용** 개인이 집행권원을 바탕으로 집행을 실시하여 줄 것을 국가에 구하는 청구권이다. 이는 국가구제의 의무 때문에 생기는 개인적 공권이다. 이러한 집행청구권은 개인이 재판제도를 이용하는 공권이라는 점에서 민사소송상의 소권(訴權)과 공통점이 있다. 이제 집행청구권은 과거의 Savigny, Windscheid의 견해처럼 이를 사법(私法)상의 청구권과 관련된 사권의 변형물이거나 사권의 속성일 뿐이라고 파악하는 견해는 없다. 따라서 집행권원이 있어도 사법상의 청구권이 없으면 집행청구권의 발동이 부적법해진다는 법리는 성립할 수 없다. 공권인 집행청구권의 요건으로서, 실체법상의 청구권 자체가 존재하여야 한다는 견해인 **구체적 집행청구권설**이 있지만, 실체법상의 청구권이 존재할 것이라는 고도의 개연성을 나타내는 집행권원만 존재하면 된다는 **추상적 집행청구권설**이 옳다고 본다.[1]

문제는 공권인 집행청구권이 어떠한 내용의 것인가이다. 집행청구권에 대해서는 소권을 권리보호청구권으로 파악하듯이 그 연장선에서 보는 권리보호청구권설(Blomeyer)도 있지만, 소권의 경우와 마찬가지로 **사법(司法)행위청구권**(재판청구권설)으로 보고 싶다. 따라서 집행절차를 민사집행법 그대로 집행해 줄 것을 구하는 청구권 즉 법대로 집행조치를 해달라는 청구권일 뿐이지 채권자의 자기 채권의 만족이라는 유리한 집행을 요구하는 청구권은 아니라고 할 것이다.[2] 마치 소권(訴權)이 법대로 판결해 달라는 권리이고 승소판결까지 구하는 권리가 아닌 것과 같다. 발동하는 국가의 강제집행권은 채무자에 대한 법원의 전횡(Willkür)도 아니고 채권자에 대한 은혜(Gnade)도 아닌 것이다. 집행청구권은 헌법 제27조의 「재판을 받을 권리」와 같은 맥락으로 이해하고 싶다.[3] 헌법 제27조의 재판을 받을 권리란 단순히 공정·신속한 재판을 받을 권리만이 아니라, 재판의 내용을 강제적, 효율적으로 실현하는 절차의 보장도 포함되어 있기 때문이다(right to effective enforcement of judgement). 판례도 경매절차에서 적법한 절차에 따른 재판을 받을 권리를 침해하면 헌법위반이 된다고 했다.[4]

---

1) 양설의 절충적 입장은 이영섭, 21면; 방순원/김광년, 54면.

2) Gaul/Schilken/Becker-Eberhard, Zwangsvollstreckungsrecht, 12. Aufl., §6 Rdnr. 2; 中野/河村. 23면; 松本博之, 民事執行·保全法, 18면.

3) 이시윤, 신민사소송법(제17판), 138면.

4) 대법 2012. 8. 14, 2012그173.

다만 집행청구권을 그와 같은 내용으로 파악하는 이상 민사집행법을 적용함에 있어서 직접적 · 실천적인 의미는 적다. 집행권원 · 집행문 · 채무자에 대한 송달 등 강제집행의 대표적 요건 · 형식을 갖추었으면, 실체법상의 청구권의 존부를 따지지 않고 신속하게 국가의 강제집행권이 발동되는 형식주의(Formalismus)적인 집행제도의 운영에 이론적 기초가 되어 준다는 정도이다.[1)]

2. 판결절차와 강제집행절차

(1) 규율하는 법과 담당기관의 분리

1) 원　칙　현행제도는 판결절차(집행권원의 작성절차)와 강제집행절차(집행권원의 실현절차)를 명확히 구분하고 있고, 원칙적으로 그 담당기관도 분리되어 있다. 동일기관이 일방으로는 권리관계 유무를 심리판단하고 타방으로는 이의 실현을 담당하는 것은 기술적으로 곤란할 뿐더러 양자 모두가 소홀해질 우려가 있으며, 결국 양자를 제도적으로 분리함으로써 강제집행을 효율적으로 신속하게 할 수 있다고 보아 이를 판결절차에서 분리시켰다. 강제집행의 정지 · 취소문제에도 재판기관과 집행기관의 분리가 제도화되어 있다. 집행기관은 집행의 정지 · 취소사유를 실질적으로 심사하지 않고 재판기관에 의한 집행의 정지 · 취소 등 재판자료를 제출하면 이 형식적 자료에 의하여 집행기관은 집행의 정지 · 취소조치를 하는 구조이다. 그러나 구법은 두 절차를 모두 민사소송법전에 규정하여 체제가 통합되어 있었으나, 이제 민사소송법에는 판결절차만 남기고 강제집행절차는 여기에서 분리하여 민사집행법에 수용함으로써 법체제까지도 분리시켰다. 결국 절차분리로 기관분리, 법분리가 이루어졌다.

2) 예　외　재판기관과 집행기관의 분리 · 이원화의 예외가 있다. 가사사건은 판결확정 후에도 임의로 이행하지 아니하면 판결한 수소법원이 나서서 채무자에게 이행을 촉구하는 이행확보제도가 있다.[2)] 증권관련집단소송에서는 확정판결 등으로 권리를 실행하여 얻은 금전은 제1심수소법원이 분배법

---

1) Lüke, Rdnr. 504.Lüke, §1 Rdnr. 4.

2) 가사소송법 제64조 이하 참조. 2004년 일본 개정법률에서는 간이법원판결의 집행은 간이법원서기관이 직접 집행기관이 되어 압류하는 등 집행을 담당할 수도 있도록 하였다. 판결은 판사가, 집행은 그 곳 법원서기관이 처리할 수 있는 one stop 체제이다. 2016. 3. 29 개정 법원조직법 제54조 제1항 1호는 소액사건의 이행권고결정은 종전과 달리 사법보좌관의 업무로 하였다. 이행권고결정은 지급명령과 함께 사법보좌관이 집행기관으로서 바로 집행업무를 담당하는 것으로의 제도 정비가 바람직할 것이다.

원의 직분을 맡아 구성원에게 분배해 주는 one stop의 일원적인 체제를 채택하였다.

(2) 상호관계

현행 강제집행제도는 판결을 바탕으로 강제집행절차가 전개됨을 전제로 하여 구성되어 있지만, 판결절차와 강제집행절차가 반드시 연결되는 것은 아니다.

1) 판결 모두가 집행의 기본으로 되는 것이 아니다. 판결 중 확인판결(예: 소유권 확인판결)이나 형성판결(예: 이혼판결)은 일반적으로 집행력이 없기 때문에 이에 기하여 집행이 행하여질 수 없으며(소송비용의 지급을 명하는 부분 예외), 이행판결이라도 그 내용상 강제집행에 적합하지 않는 것, 피고가 임의이행을 함으로써 강제집행의 필요가 없는 것도 있다.

2) 강제집행은 반드시 판결절차가 앞서 있을 것을 필요로 하는 것이 아니다. 실제로 판결절차를 거침이 없이 소액사건의 이행권고결정, 지급명령(56조 3호), 집행증서(56조 4호), 제소전 화해조서(민소 385조) 또는 조정조서(가소 59조; 민사조정 28조, 29조)를 바탕으로 하여 집행하는 경우가 적지 않다. 또 단행적 가처분 내지 만족적 가처분 등은 오히려 강제집행이 앞서는 예외이다.

3) 강제집행이 판결절차와 병행하여 행하여지는 경우도 있다. 예를 들면 가집행선고 있는 판결을 바탕으로 하여 강제집행이 개시되는가 하면, 다른 한편에서는 그 판결에 대하여 채무자가 상소를 제기하는 경우가 그것이다.

4) 강제집행을 하는 도중에 그 집행을 배제하기 위한 실체관계를 가리는 소송이 생겨나는 경우가 있다. 청구이의의 소(44조), 제3자이의의 소(48조), 집행문부여에 대한 이의의 소(45조) 등이 그것인데, 이와 같은 경우는 소의 제기가 반드시 집행의 속행에 영향을 주는 것은 아니나, 법원의 집행정지 등의 잠정처분에 의하여 소송절차와 집행절차를 조절하는 길이 열려 있다(46조, 48조 3항).

(3) 양 제도의 차이

판결절차와 민사집행절차는 각각 규율받는 법은 다르나 실질적으로 두 절차 모두 민사절차법의 일부를 이루고 있다. 양자 모두 절차상 요건(당사자능력, 소송능력, 당사자적격, 권리보호의 이익 등)이 공통적이나 다음과 같은 차이가 있다.

① 판결절차는 소의 제기를 요건으로 하는데 대하여 민사집행절차는 채권자의 신청으로 개시된다.

② 소는 일정한 요건하에서 취하할 수 있으나, 민사집행의 신청은 비교적 자유롭게 취하할 수 있다.

③ 판결절차는 구술주의(민소 134조 1항)를 원칙으로 함에 대하여, 민사집행절차는 서면주의를 원칙으로 한다(4조; 규 203조). 또 전자는 공개·구술·직접심리주의임에 대하여, 후자는 비공개·서면·간접심리주의에 의한다.

④ 판결절차는 신중을 기하는 의미에서 필요적 변론을 거쳐 판결로 매듭을 짓지만(민소 134조 1항), 민사집행절차는 보전처분을 포함하여 간이·신속한 처리를 위하여 임의적 변론으로 결정주의의 원칙으로 간다(3조 2항).

⑤ 판결절차는 청구권의 당부를 판단하는 절차이므로 원·피고 쌍방에게 대등한 절차권을 부여하여야 하나, 집행절차는 집행권원에 표시된 청구권을 실현하는 절차이므로 채권자의 우월적·능동적 지위를 승인하지 아니하면 안 된다. 따라서 판결절차에서는 쌍방 심문주의의 관철 때문에 당사자 사망 등의 사유가 생기면 승계인이 수계할 때까지 기다리는 소송절차의 중단·수계절차가 있으나, 집행절차에서는 이와 같은 제도가 없다.

⑥ 양 절차가 원칙적으로 서로 담당기관을 달리함은 앞서 본 바이며, 민사집행절차가 모두 전속관할임에 대하여(21조), 판결절차는 임의관할이 원칙이고 전속관할은 예외적이다.

⑦ 불복방법에 있어서 판결절차는 상급법원에 상소함이 원칙이나, 집행절차는 당해법원에 이의신청이 원칙이고(집행이의·집행문부여이의·경매개시결정이의·배당이의·보전처분이의 등) 명문상 허용하는 경우에 한하여 상급법원에 즉시항고가 허용된다(제1심 중심주의). 또 판결절차에서는 절차상 이유이든 실체상 이유이든 불복사유를 가리지 아니하나, 집행절차에서는 형식주의의 원칙 때문에 절차위배만 문제삼을 수 있고, 실체적인 사유는 별도의 소(청구이의·제3자이의·집행문부여에 대한 이의·배당이의)로만 다투어야 한다.

도표 1-1 판결절차와 강제집행절차의 구별

	판결절차	강제집행절차
법	민사소송법	민사집행법, 민사소송법 준용(23조)
절차차이	집행권원 작성절차	집행권원의 실현절차
담당기관	수소법원(법관)	집행관, 집행법원, 제1심 법원
선후관계	선판결	후집행원칙이나 그 예외: 판결 없는 집행 — 이행권고결정, 지급명령, 집행증서, 제소전화해 · 조정조서 등 동시집행 — 가집행선고 선집행 — 단행가처분, 만족적 가처분
절차개시	소의 제기	채권자의 신청
변론여부	필요적 변론	임의적 변론(일방심문)
심리원칙	공개 · 구술 · 직접주의 · 변론주의 원칙	비공개 · 서면 · 간접주의 · 직권주의 원칙
절차보장	쌍방심리주의	일방심리주의 — 중단 · 수계제도 없음
관할	임의관할	전속관할
재판의 고지	판결선고 — 선고 후에 상소	결정송달 — 고지 전에 상소 가능
이유기재	필요	불필요
불복절차	상급법원 상소	절차상의 하자: 당해법원 이의신청, 명문이 있을 때 즉시항고(항고이유서 · 항고공탁) 실체상의 하자: 청구이의의 소 · 제3자이의의 소 · 배당이의의 소
심리방법	청구원인 및 항변에 본안심리	형식주의(집행권원 + 집행문 + 송달 + 집행신청서 등 형식심사)
외국촉탁송달	필요	불필요(법 12조 · 13조)[1]

3. 강제집행의 종류

(1) 법전상의 분류 — 금전집행과 비금전집행

현행 민사집행법전에서는 강제집행에 의하여 실현될 청구권을 기준으로 하여 **금전채권에 기초한** 강제집행(금전집행)과 **금전채권 외의 채권에 기초한** 강제집행(비금전집행)으로 분류하고 있다. 전자는 제2장에서 상세히 규정하고 있지만, 후자는 제3장에서 불과 7개 조문(257조~263조)을 두고 있을 뿐이다.

제1편 총칙(1조~23조) 규정은 금전집행과 비금전집행 모두에 적용되지만,

---

1) 일제강제징용판결의 피고기업인 일본기업 본사에 매각명령 등 집행절차에서 심문절차를 열면서 일본촉탁송달에 의한 것 같다.

금전집행과 비금전집행 중 어느 한 쪽의 규정이 다른 쪽에 적용되는 것은 허용되지 아니한다.

1) **금전집행** 채권자의 금전채권의 만족을 위하여 행하는 강제집행인데, 예를 들면 금 1,000만원의 지급을 명한 판결을 받고 이를 바탕으로 강제집행을 하는 경우이다. 화폐경제시대이기 때문에 금전집행이 단연 압도적이다. 금전집행의 특색이라면 (i) 직접강제, (ii) 재산명시절차 등, (iii) 가압류에 의한 보전처분인 점이다. 금전채권의 만족을 위한 집행대상이 될 채무자의 재산이 어떠한 것인가에 따라 다음과 같이 구분된다.

① **부동산집행**(78조~171조) 예를 들면 채무자의 토지 · 건물에 대한 집행인데, 강제경매(80조~162조)와 강제관리(163조~171조)로 나누어진다. 전자는 채무자의 부동산을 매각하여 그 매각대금으로 금전채권의 만족을 얻는 것임에 대하여, 후자는 이를 관리하여 그 수익으로 만족을 얻는 점에서 차이가 있다. 집행기관은 모두 집행법원이다.

② **선박 등 집행**(172조~187조) 선박등기가 된 선박에 대해서는 원칙적으로 부동산의 강제경매에 관한 규정에 따라 강제집행한다.

③ **자동차 · 건설기계 · 항공기집행**(187조) 이에 관하여는 제2절 내지 제4절의 규정에 준하여 대법원규칙으로 정하도록 하여, 대법원규칙인 민사집행규칙(106조~130조)에서 이를 정해 놓고 있다. 이에 의하면 특별히 규정한 경우를 제외하고는 부동산의 강제경매의 예에 따르도록 하였다.

④ **동산집행**(188조~247조) 다시 (i) 유체동산에 대한 강제집행(189조~222조), (ii) 채권과 다른 재산권에 대한 강제집행(223조~256조)으로 구별된다. 민법과 달리 여기의 동산에는 채권 및 권리까지 포함한다.

(i)은 IT기기 · 가전제품 등 가재도구 · 생산기계 · 배서에 의하여 양도가능한 주식 등 유가증권에 대한 집행 같은 것인데, 집행기관은 집행관이다. 고전적인 집행방법이다(고가의 미술품 · 골동품 등도 포함). 집행은 압류 → 현금화 → 배당의 3단계를 거쳐 이루어진다. (ii)는 채무자가 은행에 갖는 예금채권 같은 것에 대하여 집행하는 것이 그 예이다. 집행기관은 집행법원이며, 압류 → 추심명령 · 전부명령 등으로 집행이 이루어진다.

2) **비금전집행** 금전 이외의 채권의 만족을 위하여 행하는 강제집행인데, 그 특색이라면 i) 인도집행에 한하여 직접강제이고, ii) 집행보전은 다툼의

대상에 관한 가처분인 점이다. 여기에는 물건인도를 구하는 청구권의 집행(인도집행), 작위(作爲)를 구하는 청구권의 집행(작위집행), 부작위(不作爲, 인용 포함: 참을 것)를 구하는 청구권의 집행(부작위집행), 의사표시를 구하는 청구권의 집행(의사표시집행)으로 구별된다.

(i) 물건인도집행(257조~259조)은 건물명도를 명한 판결집행이 그 예인데, 그 집행기관은 집행관임이 원칙이다.

(ii) 작위집행은 다시 대체적 작위채권의 집행(예: 가건물의 철거를 명한 판결집행), 부대체적 작위채권의 집행(예: 반론보도의 게재를 명한 판결집행)으로 나누어지는데, 부작위집행(예: 특허권침해의 중지를 명한 판결집행)의 경우와 함께 그 집행기관은 판결을 한 제1심수소법원이다.

(iii) 의사표시집행, 예를 들면 부동산에 관한 소유권이전등기판결은 따로 집행기관의 개입 없이 판결의 확정으로 그 의사의 진술이 있는 것으로 보아 집행이 끝이 난 것이 된다(자동집행).

(2) 강제집행의 대상에 의한 분류

1) **인적집행과 물적집행**　인적집행은 채무자의 신체를 대상으로 하는 강제집행임에 대하여, 물적집행은 채무자의 재산을 대상으로 하는 강제집행이다.

고대 로마시대에는 인적집행의 방법으로 채무자의 신체나 노동력에 대해 값을 쳐서 채무자를 노예로 갖는 방법으로 금전채권의 만족을 얻었으며, 그 뒤에 19세기까지는 채무자와 그 친족에 대한 압력수단으로 채무자를 잡아 가두어 두는 인질(人質)제에 의하였다. 우리나라에도 빚을 채무자의 처자로 때우는 악풍이 있었다. 그러나 20세기에 들어와 기본인권 존중의 사상이 뿌리를 내리며 인적집행은 점차 자취를 감추고 있다('누구든지 계약상 의무의 불이행을 이유로 구금되지 않는다'는 국제인권규약(B규약) 11조). 따라서 오늘날에는 물적집행이 원칙이고, 인적집행은 예외적으로 인정될 따름이다. 우리 법에는 재산명시절차와 양육비일시지급명령절차에서의 감치 그리고 비금전집행에서의 간접강제(261조)에서 인적집행의 요소가 남아 있으며, 근자에는 제한된 범위에서나마 인적집행을 부활시키려는 입법경향도 있다. 집행권원이 안되었지만 수표채무불이행에 대한 과실처벌의 부정수표단속법의 규정(헌재 2001. 4. 26, 99헌가13 합헌결정) 그리고 연체된 임금채무가 있을 때의 근로기준법에 의한 처벌규정도 넓은 의미의 인적집행으로 이해될 측면이 있다.

2) **개별집행과 일반집행** 개별집행은 특정채권자의 채권을 위하여 채무자의 개별재산을 대상으로 행하는 집행임에 대하여, 일반집행은 총채권자의 채권을 위하여 채무자의 재산 일반을 대상으로 행하는 집행이다. 민사집행법에 의한 강제집행이 개별집행임은 앞서 말한 바 있다.

(3) 강제집행의 방법에 의한 분류

1) **직접강제 · 간접강제 · 대체집행** (i) 직접강제란 집행권원의 내용을 국가기관인 집행기관(집행관, 집행법원)이 나서서 채무자의 도움 없이 직접 실현하는 강제집행을 말한다. (ii) 간접강제란 판결 · 명령을 따르지 않으면 채무자에 대하여 배상금 또는 벌금을 과하거나 감치 등 불이익을 예고부과하여 채무자에 대하여 심리적 압박을 가해 채무자 스스로 채무를 이행하도록 하는 강제집행이다. 현행법상의 강제집행은 직접강제가 원칙이며 간접강제는 채무의 성격이 직접강제에 의하여 그 목적을 수행할 수 없거나, 대체집행에 의하여 실현할 수 없는 채무(예: 배우로 공연할 채무)에 대하여만 예외적으로 허용된다. 현행법 제261조는 간접강제의 방법으로 정기배상 또는 즉시배상명령만을 인정하고 있다. (iii) 대체집행이라 함은 채무자로부터 비용을 지급받아 채권자나 제3자가 채무자를 대신하여 강제집행을 하게 하는 집행방법이다. 대체적 작위의무(예: 가건물의 철거등)의 집행에 적합한 집행방법이다(260조). 실제로는 집행관이 나서므로 직접강제처럼 운영된다.

2) **본래적 집행**(원물집행)**과 대상적 집행**(금전집행) 본래적 집행은 강제집행에 의하여 실현될 청구권의 내용대로 채권자에게 귀속할 급부를 그대로 취득케 하는 집행임에 대하여, 대상적 집행은 청구권의 내용 · 종류 여하에 불구하고 반드시 채권자가 돈을 받아 만족을 얻게 하는 집행이다. 강제집행은 로마법과 달리 본래적 집행을 원칙으로 하고 있으나, 파산절차는 대상적 집행에 의하고 있다(채무자 회생 및 파산에 관한 법률 423조, 424조).

(4) 강제집행의 효과에 의한 분류 — 본집행 · 가집행 · 보전집행

본집행은 채권자에게 확정적 만족을 주는 강제집행으로, 확정된 종국판결과 이와 같이 볼 집행권원에 기초하여 행하는 것이다(24조, 56조 1호 · 3호). 가집행은 상급심에서 가집행선고가 취소 · 변경되면 효력이 없어지는 해제조건부로 채권자에게 만족을 주는 강제집행이며,[1] 가집행선고 있는 종국판결에 기하여 행한다(24조, 56조 2호). 다만 본집행 · 가집행 모두가 채권의 종국적 만족의 단계에까지 이른다는 점에서, 단지 집행보전의 단계에 머무는 가압류 · 가처분과는 구별된다.

보전집행은 가압류 · 가처분(보전명령)의 집행(291조 이하)이다. 보전명령은 일반적으로는 장래의 강제집행의 보전이나 본안소송의 종결까지의 권리의 잠정적 보전을 내용으로 하기 때문에, 그 집행은 원칙적으로 끝까지 가는 만족적 집행에 이르지는 아니한다.

(5) 직접집행과 제3자에 대한 간접집행

채무자의 책임재산에 대하여 집행기관이 직접 행하는 직접집행이 대종을 이루나, 채무자가 제3자 명의로 은닉한 재산은 채권자취소권 · 대위권의 행사로 일단 제3자에게서 채무자로 환원시켜 놓고 나서 그 뒤에 집행(우리나라에만 흔함)되며, 유체물인도청구권에 대한 집행도 그러하다. 다만 제3자에 대한 강제집행은 간접집행이 원칙이지만, 범죄은닉재산에 대해서는 은닉한 제3자에 대해 직접집행의 예외를 두었으며, 이것은 우리나라의 독특한 개발 style의 집행이기도 하다(형소 477조, 이른바 전두환 · 유병언 추징법).

Ⅱ. 담보권의 실행(임의경매)

(1) 국가의 공권력을 행사하여 저당권 · 가등기담보권 · 질권 · 전세권 · 동산담보권 등 담보권에 내재된 환가권(경매권)을 실행하여 피담보채권의 만족을 얻는 절차(264조 이하)이다. 동산 · 채권 등의 담보에 관한 법률상의 실물담보권도 같다. 약칭하여 담보권의 실행 또는 담보집행이라고 한다. 구경매법 시대처럼 임의경매라고도 부른다.

청구권의 강제적 만족을 목적으로 하는 절차이기 때문에 본질적으로는 강제집행과 공통적이다. 과거에는 담보권의 실행 등을 위한 경매절차는 현재의 독일법제(Zwangsversteigerungsgesetz-ZVG)처럼 '경매법'이란 단행법에 두었으

1) 대법(전) 1999. 12. 3, 99마2078.

나, 경매법을 폐지하고 민사집행법으로 흡수통합한 지금은 강제집행에 관한 규정을 많이 준용하여 강제경매와 등질화시켰다(268조 내지 273조, 275조).

(2) 강제집행절차와 담보권의 실행절차는 다음과 같은 차이가 있다.

첫째로, 강제집행이 채무자의 어느 재산이든 가리지 아니하는 일반재산에 의한 인적책임의 실현을 내용으로 함에 대하여, 담보권의 실행은 채무자나 제3자(물상보증인) 소유의 특정담보재산에 의한 물적책임의 실현을 내용으로 한다.

둘째로, 담보권의 실행은 강제집행의 경우처럼 집행권원을 필요로 하지 아니하며 당사자의 임의적 의사에 의해 생긴 담보권에 내재한 환가권으로 말미암아 경매신청권이 인정된다는 것이다. 임의경매(任意競賣)[1]절차라고 하는 말은 이 때문에 나왔다. 강제경매가 집행권원화된 권리의 실현절차라면, 담보권의 실행은 집행권원화되지 아니한 권리의 실현절차이다.

(3) 담보권자는 스스로 그 담보권의 실행을 위한 경매를 신청하지 아니하고, 다른 선택을 할 수도 있다. 그 하나는 담보채권에 대하여 집행권원을 얻어 직접 강제집행신청을 하여 그 강제적 만족을 얻어내는 방법이며, 다른 하나는 담보목적재산에 대하여 다른 채권자의 신청으로 압류가 되었을 때 그 집행절차에 배당참가하여 매각대금에서 우선순위에 따라 변제받는 방법이다.

Ⅲ. 형식적 경매

유치권(留置權)에 의한 경매와 민법 · 상법, 그 밖의 법률이 규정하는 바에 따른 경매는 앞의 담보권실행을 위한 경매의 예에 의한다(274조). 법은 이를 몰아서 유치권 등에 의한 경매라고 했다.

(i) 공유물의 가격 분할을 위한 경매(민 269조 2항. 상속재산의 분할 포함), 상사매매에 있어서 자조매각(自助賣却)으로서의 경매(상 67조), 단주(端株)의 경매(상 443조 1항, 461조 2항), 청산을 위한 경매(민 1037조, 1051조 3항, 1056조 2항)와 같이 민 · 상법 등의 규정에 의하여 재산가치의 보존 내지 전환을 목적으로 하여 경

1) '임의경매'란 개념은 부적절하다는 주장에, 강대성, "담보권실행 경매신청에 관하여", 전남대학교 법학논총 제31권 제3호(2011).

매가 행해지는 경우, 그 절차는 현금화로 끝이 나고 여러 채권자들의 존재를 전제로 그 만족을 위한 배당에까지 이르지 아니한다. 말하자면 압류 → 현금화 → 배당의 3단계에서 앞의 2단계로 끝나는 점에서 강제집행이나 담보권의 실행과는 다르다. 그러나 이와 같은 경매도 형식은 담보권실행을 위한 경매의 예에 의하므로 형식적 경매라고 부른다. (ii) 법정담보권 중에 유치권에 의한 경매는 저당권과 같은 전형담보권과 같이 우선변제권이 없어 담보권의 실행과는 구별되지만, 절차상 담보권의 실행을 위한 경매에 의하도록 하였다. 그 밖의 법률에 의한 경매의 예로는 2012년부터 시행하는 「동산·채권 등의 담보에 관한 법률」에 의한 담보권실행이 있는데, 이 또한 담보권실행을 위한 경매에 준한다.

그러나 광업재단저당법을 폐지하여 공장저당법으로 흡수 개정한 「공장 및 광업재단 저당법」, 「입목에 관한 법률」에 의한 경매는 다른 것으로, 각기 독자적인 법의 규율을 받으며 특히 공장 및 광업재단저당법은 공장재단을 1개의 부동산으로 취급한다고 하였다(동법 12조). 이것까지는 형식적 경매에 포함되지 아니한다.

Ⅳ. 보전처분

(1) 강제집행은 판결 등으로 확정된 청구권의 종국적 만족을 위한 집행(滿足執行)임에 대하여, 가압류·가처분 집행은 장래에 판결에서 이기면 행할 강제집행에 대비한 현상보전의 처분 또는 판결에 앞서 행하는 잠정조치이다(保全執行)(276조 이하). 따라서 강제집행이 권리의 실현절차라면 가압류·가처분은 권리의 보전절차이다. 좁은 의미의 민사집행에는 포함되지 아니하며, 일본의 경우는 민사보전법이라는 단행법으로 독립시켰다.

(2) 가압류·가처분의 집행에는 특별한 집행권원(보전권원)으로 가압류명령 또는 가처분명령이 필요하다. 엄격하게는 가압류신청이나 가처분신청을 하여 올 때에 그 당부를 심사하여 그 명령을 발령하는 절차인 가압류소송·가처분소송 등 보존소송과 그 뒤에 발령된 가압류명령·가처분명령의 집행절차인 보전집행으로 나누어 볼 수 있는데, 이를 일괄하여 집행보전절차라고도 한다. 보

존소송과 보전집행 두 가지를 처음 신청단계에서 일괄 신청하여 단기간에 끝내기 때문에 두 가지 절차가 섞여 있음을 쉽게 인식하기 어려울 수 있다.

(3) 가압류(276조 이하)는 금전채권에 대하여 장래에 있어서 집행보전을 하기 위한 것임에 대하여, 가처분(300조 이하)은 특정물청구권(비금전채권)에 대하여 집행보전을 위한 것이 있고 임시지위를 정하기 위한 가처분이 있다. 후자는 본안 분쟁이 해결될 때까지의 법률관계의 불안정을 배제하고 위험을 방지하기 위하여 잠정적으로 법적 지위를 정하는 절차이다. 특히 임시지위를 정하기 위한 가처분은 합목적적인 재량의 여지가 다분하여 형태가 다양할 수 있다(非定型性)(305조 참조). 이러한 가압류와 가처분을 합하여 보전처분이라 한다.

(4) 가압류 · 가처분은 가집행과는 다르다. 가압류 · 가처분은 집행보전에 그치나, 가집행은 압류 → 현금화 → 만족까지 가는 종국적인 집행이다. 다만 가집행은 본집행과 달라서 확정적이 아니다(앞 16면 참조).

Ⅴ. 여론 — 민사집행의 성질

민사집행사건 가운데 형식적 경매가 비송사건의 일종임은 의심할 나위가 없지만 강제집행, 담보권의 실행, 가압류 · 가처분의 집행 등에 관하여는 **소송사건설,**[1] **비송사건설**[2]의 대립이 있었다. 공권적인 법적 판단인 재판에 의한 분쟁의 관념적 해결인 소송과 달리 청구권의 사실적인 해결이 민사집행이며, 집행기관으로 법관이 아닌 집행관이나 사법보좌관이 중심이 되고 법관이 보충적으로 절차를 관장하는 데다가 절차진행의 과정에서 당사자권[3]의 보장도 일반소송사건에 비하여 현저히 미약하다. 나아가 공증인 등이 작성하는 집행증서가 판결과 마찬가지로 집행권원으로 인정됨에 비추어 본질적으로 비송사건에 속한다는 견해가 유력한 것은 사실이다.

그러나 민사집행사건에 있어서도 이해가 서로 상반하는 두 당사자가 대립적으로 절차에 관여하고, 중립적 입장의 국가기관인 법원이 법적 판단을 하면서 구체적 권리의 내용으로서 법이 예정한 특정의 법적 효과를 이끌어 내는

1) 방순원/김광년, 35면.
2) 이영섭, 22면.
3) 이시윤, 신민사소송법(제17판), 138면 이하 참조.

것이므로 합목적적 재량의 여지에 불구하고 한계는 있다. 이에 비추어, 가처분의 경우는 문제 있지만(305조) 기본적으로는 쟁송성(爭訟性)을 갖는 점을 간과할 수 없다.[1] 가압류와 가처분 사이에 다소 차이가 있지만 전체적으로는 **넓은 의미의 소송사건**으로 보는 것이 옳을 것이다. 「신속한 소송절차」라고도 하는 가처분에 있어서도 쌍방관여의 절차보장(임시지위를 정하는 가처분에서 채무자 필요적 심문, 304조)이 이루어진다. 따라서 민사집행의 절차에 관하여는 특별한 규정이 있는 경우를 제외하고 민사소송법의 규정이 준용되는 것이고(23조), 비송사건절차법이 적용 또는 준용될 여지가 없다.

제 2 절 민사집행법

Ⅰ. 의 의

(1) 민사집행법은 형식적 의미로는 단행법인 민사집행법전을 가리킨다. 우리나라는 오스트리아·일본과 같이 강제집행에 관하여 단행법을 갖추고 있으나, 과거에는 현재의 독일·미국연방(연방민소규칙 64조 이하)의 경우처럼 민사소송법전의 일부로 포함시키고 있었다. 그 실질적 의미로는 민사집행에 관한 법규의 총체를 말하는데, 여기에 강제집행의 주체, 강제집행의 요건, 강제집행에 있어서 채무자·제3자의 보호, 강제집행의 방법, 담보권실행절차, 집행보전절차 등에 관한 법규가 포함되어 있다.[2]

(2) 실질적 의의의 민사집행법의 법원(法源)으로 민사집행법전과 민사집행법 시행령 이외에 중요한 것으로 대법원규칙인 **민사집행규칙**을 들 수 있다.

그 밖의 법률로는 민사소송법, 민사소송 등에서의 전자문서 이용 등에 관한 법률, 상고심절차에 관한 특례법, 민법, 상법, 법원조직법, 집행관법, 가사소송법, 소송촉진 등에 관한 특례법, 증권관련 집단소송법, 소비자기본법, 인

1) Gaul/Schilken/Becker-Eberhard, §2 Rdnr. 11은 잠재적인 당사자간의 강제적인 권리추구이기 때문에 비송사건으로 취급할 수 없고, 배당절차와 부동산경매절차를 포함하여 쟁송사건(streitige Gerichtsbarkeit)이라고 했다.

2) 구 민사소송법 중 강제집행편과 민사집행법의 제정, 개정 과정 및 주요내용, 향후 과제 등에 관하여는 손흥수, "근대 한국 민사집행법의 발전과 전망", 민사집행법연구 제11권, 13~74면; 손흥수, "민사집행법의 제·개정경과와 기본구조" 민사집행법연구 제16권, 116면 이하 참조.

지 첩부 및 공탁 제공에 관한 특례법, 민사소송 등 인지법, 형사소송법, 변호사법, 법무사법, 민사조정법, 가등기담보 등에 관한 법률, 국세기본법, 국세징수법, 지방세기본법, 채무자 회생 및 파산에 관한 법률, 주택임대차보호법, 상가건물 임대차보호법, 금융기관부실자산 등의 효율적 처리 및 한국자산관리공사의 설립에 관한 법률 등에 개별적 · 보충적 · 예외적 규정이 들어 있다.

그 밖의 **대법원규칙**으로는 민사소송규칙, 민사소송 등에서의 전자문서 이용 등에 관한 규칙, 재산조회규칙, 집행관법시행규칙, 집행관수수료규칙, 민사소송 등 인지규칙, 증권관련집단소송규칙 등이 있다. 법원조직법의 개정으로 2005년 7월부터 사법보좌관이 집행업무를 담당함에 따라 대법원규칙으로 사법보좌관규칙이 동년 6월 3일에 나왔다.[1] 뿐만 아니라 민사집행법분야에는 상당수의 **대법원예규**가 있다. 이는 헌법이나 법률에 의하여 수권된 법규가 아님에도 사실상의 구속력을 갖는다. 참고자료라고 하지만, 법원(法源)이 아니고 법령처럼 일반국민에게 공포를 하지 아니함에도 불구하고 실무상 집행절차에서 큰 역할을 하기 때문에 문제가 있다.

Ⅱ. 연혁 — 구 민사소송법의 일부로서 강제집행법

(1) 강제집행법이 그 일부(제7편)로 소속되었던 구 민사소송법은 대한민국 수립 후에 1960. 4. 4. 법률 제547호로서 성립되어 1960. 7. 1.부터 시행되어 오던 것으로, 독일민사소송법(Zivilprozessordnung－ZPO, 1877년)을 모방한 일본국 明治시대 제정의 일본민사소송법을 번역적으로 계수한 것이다.

구 민사소송법 제7편은 제1장 총칙, 제2장 금전채권에 관한 강제집행, 제3장 금전채권 외의 채권에 관한 강제집행, 제4장 가압류 · 가처분으로 구성되어 있었다. 가압류 · 가처분은 장래의 권리보호를 목적으로 한 집행보전절차이므로 성질상 이를 강제집행의 일부에 포함시킴은 이론상 타당하지 아니하나, 가압류 · 가처분 명령의 집행에 강제집행의 규정을 준용할 필요성 때문에 함께 규정한 것이었다.

---

1) 법원조직법과 사법보좌관규칙으로 이원적인 분산입법할 것이 아니라 독일의 경우처럼 단행법인 사법보좌관법으로 단일화함이 바람직할 것이다. 급작스럽게 사법보좌관제의 시행을 서두르면서 생긴 준비되지 않은 입법의 혼선인 것 같다.

구법은 100년 가까이 전에 제정된 고색창연한 구 일본민사소송법의 강제집행편이 골간을 이루었는데도 불구하고 법시행 후 30년이 경과되는 과정에서 판결절차편에 비해 이렇다 할 괄목할 법률개정이 없었다. 다만 (i) 1963. 12. 13 개정법률 제1499호에서 제3자이의의 소(509조)에 관하여 일반민사사건처럼 소가를 기준으로 사물관할을 단독판사와 합의부로 나누도록 하였으며, (ii) 배당절차에서 유령채권자가 대거 등장하는 폐해를 고려하여 구 간이절차에 의한 민사분쟁사건 처리 특례법(1970. 12. 31, 법률 2254호)에 의해 평등주의를 수정제한(동법 5조)했다.

(2) 이렇듯, 법률에 의한 강제집행법의 개정은 극히 저조하였지만, 민사소송규칙 제5편 강제집행에서는 비록 법률의 하위법규이지만 무려 111개의 조문(93조 내지 203조)을 신설하여 1979년에 새로 제정한 일본민사집행법을 대폭적으로 받아들이는 등 강제집행제도를 새 모습으로 정비하려는 의욕을 보였다. 그 주요내용을 보면,

첫째로 강제집행절차의 신속화를 위하여 집행법원은 변론 대신에 심문의 형식으로 간이한 증거조사를 할 수 있게 하였고(104조), 주소 등 변경의 신고의무(95조), 변제수령문서의 제출에 의한 정지기간은 2월, 변제유예문서의 제출에 의한 집행정지는 2회에 한하되 6월을 한도로 하였으며(106조),

둘째로 강제집행절차의 적정을 위하여 경매브로커를 경매장소에서 배제코자 경매장소의 질서유지규정을 신설하고(118조, 153조), 집행관의 현황조사권을 강화해서 적정가액으로 경매가 되도록 배려하였으며(140조), 적정가액으로 경매가 되려면 매수인의 지위가 안정되어야 하므로 이를 위하여 부동산인도명령의 강화조치를 취하였다(155조).

셋째로 민사소송법에 미처 규정하지 아니한 자동차 · 건설기계 · 항공기에 대한 강제집행에 관한 규정을 신설함으로써 그 집행에 결정적 기준이 되었으며,

넷째로 종전에 논란이 있었던 문제점을 명확히 정리한 바 있다. 즉, 동시이행을 요하는 경우에 반대의무의 이행을 강제집행의 개시요건으로 하고(101조), 채권에 대한 특별 현금화방법으로 양도명령 · 경매명령 · 환가명령 등 세 가지를 규정하고(131조), 경매개시결정의 효력발생시기(146조)를 명확하게 하였다.

다섯째로 각종 집행에 관한 방식, 즉 강제집행신청의 방식(93조), 집행력 있는 정본부여신청의 방식(98조), 강제집행신청서의 기재사항(109조, 125조, 160조) 등을 새로 규정하였다.

Ⅲ. 1990년 민사소송법 개정법률 — 경매법과 통합 등

1984년 초부터 법무부 민사소송법 개정 특별위원회가 약 4년이라는 장기간의 심의 끝에 판결절차는 물론 제7편 강제집행절차도 대폭 개정하는 내용의 민사소송법개정안을 성안하여 1989년 말에 국회 본회의를 통과하였으며, 1990. 9. 1.부터 시행하게 되었다.

강제집행편의 변혁의 대표적인 것은 경매법을 폐기하고 임의경매절차를 강제집행편에 흡수통합한 것을 들 수 있다. 그 밖에 (i) 일본보다 먼저 독일의 개시선서제도를 모방한 재산명시 및 채무불이행자명부제의 도입, (ii) 집행에 관한 이의사유와 즉시항고사유의 명료한 구별, (iii) 부부공유의 유체동산에 대한 압류규정의 신설, (iv) 부동산의 현황조사 및 매각물건명세서 제도의 신설, (v) 최초의 매각기일의 신문공고제, (vi) 차순위매수신고인제의 신설, (vii) 매각허가결정에 대한 항고에 있어서 1/10 보증금공탁제, (viii) 선박집행에 관한 규정의 개혁, (ix) 임의경매에 있어서 담보권의 소멸에 불구하고 매수인의 지위에 무영향 등이 주요개정사항이었다. 그리고 일본의 민사집행법의 내용을 민사소송규칙에 크게 반영시켰음은 앞서 본 바인데, 이러한 규칙의 규정들도 1990년 개정법률에서 본법에 거의 흡수시켰다.

Ⅳ. 2002년 단행법인 민사집행법의 제정

2002. 1. 26, 법률 제6627호로 민사집행법이 제정·공포되고 2002. 7. 1.부터 시행되었는데, 이에 의하여 1960. 4. 4. 법률 제547호로 공포되고, 1960. 7. 1.부터 시행되던 구 민사소송법 제7편 강제집행은 폐기되고, 그 규정들이 분리·독립되기에 이르렀다. 다만 종전의 강제집행편의 일부로 들어갔던 판결의 확정 및 집행정지의 규정은 민사소송법에 남겨 놓았다는 것이 특색이다. 원래 민사집행절차를 민사소송법전에 판결절차와 함께 포용시킨 독일형(1877 ZPO)과 미국형(1938 FRCP) 입법례가 있는가 하면, 민사소송법전에는 판결절차만을 수용하고 민사집행절차는 이와 별도의 단행법으로 독립시킨 오스트리아형(Exekutionsordnung, EXO) 입법례가 있다. 이번의 새 민사집행법은 기본적으로 종전의 독일형을 버리고 오스트리아형을 따른 것으로, 우리 새 법제에 앞서

일본이 독일형에서 오스트리아형으로 전환한 것을 뒤따른 것이라 할 수 있다.

그러나 일본은 그 뒤에 민사집행절차에서 가압류·가처분절차를 분리하여 민사보전법(民事保全法)을 신설함으로써, 민사절차법을 민사소송법, 민사집행법, 민사보전법 등으로 3분화하였지만, 우리 법제는 이와 달리 민사집행법에 보전절차까지 수용하는 오스트리아 원형대로 2분체제를 유지하고 있다.

이제 가압류·가처분을 포함하여 민사집행절차는 민사소송법이 아닌 민사집행법의 직접 적용을 받게 되었지만, 민사집행 및 보전처분의 절차에 관하여 보다 구체적인 사항은 대법원규칙 즉 민사집행규칙으로 정하여 보완하기로 하였다(23조 2항). 민사집행규칙은 민사집행법의 시행시기에 즈음하여 제정 공포되었는데, 본법의 시행령격이고 시행세칙이어야 할 내재적 제약에 불구하고 본법의 규율대상인 중요사항을 규칙에서 다루는 등 법과 규칙의 역할분담에 혼선을 일으킨 면이 적지 않다.

V. 2005년 이후의 개정, 사법보좌관제 도입 및 권한 강화

(1) 민사집행법이 제정된 후 제1차 민사집행법 개정법률이 2005. 1. 27. 법률 제7358호로서 제정 공포되어 2005. 7. 28.부터 시행되었다. 도주채무자에 대한 재산조회제도의 확대, 최저생계비에 대한 압류금지 등 급료압류금지제의 개정 그리고 가압류·가처분에 있어서 전면적 결정주의의 채택을 주된 개편 내용으로 한다.

(2) 뒤따라 법원조직법 제54조의 개정으로 사법보좌관(司法補佐官)으로 하여금 집행법원의 사무를 담당하게 하여 부동산강제집행, 채권 그 밖의 재산권에 대한 강제집행, 담보권실행의 경매 등의 업무를 처리하도록 하고, 지방법원 단독판사는 사법보좌관의 업무감독과 그 처분에 대한 이의신청재판 등 사후통제를 담당하도록 하는 획기적인 변혁이 이루어지게 되어 2005. 7. 1.부터 시행되고 있다. 사법보좌관은 독일·오스트리아의 Rechtspfleger 제도를 도입한 것으로서 법관의 재판업무 중 실질적 쟁송에 해당하지 아니하는 부수적인 사항을 맡아 그 부담경감을 도모하고자 한 것이다. 법관과 법원사무관 등과의 사이에 중간위치의 사법부 직원이다. 제도의 구체화를 위하여 사법보좌관규칙이

2005. 6. 3.에 제정 공포된 것은 이미 본 바이다. 전문가의 의견수렴도 없이 서둘러 급조된 법규라는 점에서 문제이거니와 이렇게 중요한 입법사항을 대법원규칙으로 정한 점, 민사집행 본법과 부분적으로 상충되는 점 등 뒤에서 볼 바와 같이 입법론적으로 정비할 문제가 적지 않다.

이제 이 제도의 도입에 따라 유체동산집행과 유체물인도·명도집행은 집행관이, 부동산집행과 채권 등 집행은 사법보좌관이, 대체집행과 간접강제는 제1심법원이 각기 담당하는 3원적 구조이다. 법관은 집행관과 사법보좌관의 감독 및 보전처분을 담당한다.

(3) 뒤이어 2010. 7. 23. 및 2011. 4. 5. 개정법률이 나왔고 이어 민사집행법시행령이 개정되었다. 2010년 개정법률은 매각에 따른 소유권이전등기 및 저당권설정등기의 공동신청제(매각대금의 융자납부)이고, 2011년 개정법률은 급료의 압류금지생계비를 120만원에서 150만원으로, 다시 2019년 185만원 인상하고, 서민 복지의 차원에서 소액임차보증금채권, 보장성보험금채권, 1개월 간의 생계비예금채권 등을 압류금지채권의 범위에 포함시키는 내용 등이다.

(4) 2015. 5. 18 개정 민사집행법상의 '항공기'를 '항공기 및 경량항공기'로 바꾸고, 2016. 3. 29 개정 법원조직법에서는 소액사건에 대한 이행권고결정업무와 민사집행법상의 부수적 강제집행업무를 사법보좌관이 담당하도록 하였다.

(5) 전자증권법에 따라 전자등록계좌부에 전자등록된 주식, 사채, 국채, 지방채, 신주인수권증서 등에 대해서는 증권 또는 증서를 발행해서는 아니되고, 그 권리의 발생·변경·소멸에 관한 정보를 전자등록계좌부에 전자적으로 기재하면 효력이 발생하며, 전자등록계좌부에 등록된 주식등은 그 고객이 그 권리를 적법하게 가지는 것으로 추정된다. 새로운 형태로 발생한 전자등록주식등에 대한 민사집행을 위하여 2019. 9. 17. 민사집행규칙 제182조의2~182조의9(강제집행), 201조의2(담보권의 실행), 제214조의2(가압류), 제217조의2(가처분)가 신설되었다.

Ⅵ. 민사집행법의 이상과 제도운영의 현실

특히 매각절차에서 널리 일반 매수희망자를 참여시켜 적정한 가격으로 매각하여 채권자 · 채무자 모두 손해보지 않도록 하는 한편, 채무자측의 절차 지연과 집행방해를 막고, 매수인이 매각목적물을 투명하게 파악하여 뜻밖의 피해를 입지 않도록 함으로써 매수인의 지위불안과 불편을 해소시키면서, 채무자의 생존권도 위협이 되지 않도록 하려는 것이 추구하는 이상이다. 이해관계인이 자기의 법적 지위가 경매에 의하여 흔들리지 않도록 보호해 주는 것도 고려할 사항이다. 민사사법의 어느 분야보다도 moral hazard가 심한 분야이니만큼 계속적인 이상실현을 위한 입법론 · 해석론상의 노력이 요망된다. 게임에 비유하여 판결절차가 제1라운드라면, 그에 뒤따르는 제2라운드인 집행절차도 마찬가지로 「돈들고 시간을 오래 끌며 시끄럽고 피곤하게 하는」 폐해는 시정되어야 한다. 집행법 제23조에 의하여 민사소송법 제1조가 준용된다고 할 것이므로,[1] 집행기관은 집행절차가 공정하고 신속하며 경제적으로 진행되도록 노력하여 공정 · 신속 · 경제의 이상을 실현시켜 집행분야에서 효율적 권리보호가 이루어져야 하며, 집행당사자와 이해관계인은 신의칙을 준수하여 자유경쟁과 fair play의 집행윤리를 확립하도록 하여야 한다. 민사집행법과 그 뒤의 개정법률 등이 추구하는 이상을 중심으로 살피면서, 제도운영의 현실도 살핀다.

1. 절차의 신속

집행권원 · 집행문 · 송달 등 형식적 요건을 갖추어 집행신청을 하면 집행기관이 집행절차에 착수하는 것이고, 채권자에게 집행할 청구권이 있느냐의 실질적인 심사는 별도의 소송(청구이의 · 제3자이의 · 배당이의의 소 등)으로 미루고 집행기관의 권한 밖으로 한 것은 신법도 구법과 마찬가지이다. 이와 같은 **형식주의**의 원칙은 집행절차의 지연을 막고 절차를 촉진하고자 함이다. 매도증서 · 위임장 등 형식을 갖추어 등기신청을 하면 등기관이 이를 받아 주어야 하는 것과 같은 맥락이다. 공개법정에서 양 당사자가 공방을 하는 필요적 변론절차와 판결에 의하게 하기보다도, 원칙적으로 informal하게 행하는 심문절차와 결정에 의하게 한다. 또 보전처분의 재판의 형식이 변론을 하는 경우는 판결로, 그 밖의 경우는 결정으로 하던 것을 고쳐 2005년 개정법률에서는 어떠

---

1) 민사소송법 제1조의 준용을 근거로 민사소송처럼 민사집행도 신속, 경제, 적정, 공평을 이상으로 한다는 견해에, 정영환, "민사집행절차의 이상에 관한 소고", 민사집행법연구 제3집 13면 이하.

한 경우나 결정에 의하게 하는 전면적 결정주의의 채택으로 보전절차를 획기적으로 간소화시켰다(281조 1항, 301조). 헌법재판소 2007. 3. 29, 2004헌바93는 헌법 제27조 제3항의 신속한 재판을 받을 권리에는 판결절차만이 아니라 집행절차도 포함된다고 하고, 판결절차가 청구권존부의 관념적 형성을 목적으로 하는 절차라면, 강제집행절차는 청구권의 사실적 형성을 목적으로 하는 절차이므로 신속성의 요청이 더욱 강하다고 하였다.

(1) 채무자의 집행법상의 각종 구제제도는 명문의 규정이 있는 경우를 빼고 신청의 방법(집행이의, 집행문부여에 대한 이의, 경매개시결정이의, 배당이의, 보전처분이의 등)이든, 소의 방법(청구이의, 제3자이의, 배당이의 등)이든 상급심으로 올라가지 않고 **제1심에서** 처리하는 것을 원칙으로 하여 절차의 신속을 도모하지만, 제도남용으로 집행절차를 지연시킬 수 있다. 특히 주목할 것은 명문의 규정을 둔 **즉시항고권**의 남용인데, 이러한 남항고에 의한 절차지연을 봉쇄하기 위하여, 첫째 민사소송절차에서의 항고와 달리 항고장제출일로부터 10일 내에 항고이유서를 제출하여야 하는 **항고이유서** 제출강제주의를 채택하고, 항고이유의 부제출이나 구체성이 없는 항고이유서가 제출된 때에는 원심법원이 항고각하의 결정을 하게 하였으며, 나아가 항고법원도 직권조사사항이 아니면 항고이유서에 적힌 사항에 한하여 조사하게 하는 등 항고심을 사후심구조로 바꾸고(15조 7항), 또 소송절차의 경우와 달리 즉시항고에 집행정지의 효력이 없는 것을 원칙으로 하였다. 둘째 매각허가결정에 대한 즉시항고를 매각허가에 대한 이의신청사유와 그 결정절차의 중대한 잘못 · 재심사유 등으로 제한하는 한편, 항고인은 채무자 · 소유자뿐만 아니라 누구라도 매각대금의 1/10을 **보증공탁**하도록 하였으며(130조), 셋째 집행이의신청(16조)에 대한 재판에 대하여 구법과 달리 원칙적으로 즉시항고를 불허했다(17조 1항).

집행정지제도의 남용으로 집행절차가 지연되는 경우가 많다. 그리하여 변제유예(연기) 문서에 의한 집행정지는 2회에 한하되 그 정지기간은 통산하여 6월을 넘을 수 없도록 하는 등 집행정지에 관하여 합리적 제한을 하였다(51조). 지급명령에 대하여 집행문을 부여받지 아니하여도 되게 한 것도 절차의 신속을 고려한 것이다. 건물철거 · 명도단행과 같은 만족적 가처분은 필요적 변론에 의하도록 한 규정을 삭제하고 임시지위를 정하기 위한 가처분의 심리방식과 마찬가지로 필요적 채무자심문제에 의하도록 한 것도 같은 맥락이다(304조).

(2) 민사소송 등에서의 전자문서 이용 등에 관한 법률이 2014. 5. 20. 개정되어 2014. 12. 1.부터 민사집행절차에도 적용하고 있으므로 전자입찰을 비롯하여 **전자집행**의 시대가 열려 절차의 신속·경제에 크게 기여하고 있다.

(3) 집행절차의 촉진을 위해서는 채권자의 정보수집 노력이 필요하다. 채무자의 현주소와 그의 활동지·재산·수입원 등 자료수집이다.

(4) 현실은 어떠한가. 채무자가 집행법상의 각종 구제제도를 남용하여 지연시키는 경우가 적지 아니하다. 항고권남용에 의한 신속 저해는 획기적 개선이 되었지만 집행정지제도의 남용문제는 여전히 남아 있다. 특히 문제되는 것은 등기부상 공시되지 아니하는 권리인 유치권·주택 또는 상가건물 임차권·법정지상권·분묘기지권·특수지역권 등의 등장과 위조, 그리고 소액임대차제도의 남용은 집행절차를 혼란스럽게 복잡·불투명하게 하고 매수인의 지위를 위협하며 집행지연의 trouble maker가 된다. 특히 채권자평등주의와 압류의 개별상대효설의 채택으로 많은 채권자들이 몰려 와서, 배당절차의 유례없는 복잡한 구조는 결정적으로 절차촉진을 저해한다.

또 배당순위도 독일법처럼 법정화되지 아니하여 배당순위의 혼선 등으로 배당절차가 끝난 뒤에도 배당에 불만이 있는 자가 많아 배당이의의 소가 빈발되는가 하면, 특히 판례가 배당이의를 하지 아니한 채권자에게도 부당이득반환청구의 소를 무제한 인정함으로써 집행절차가 부지하세월로 오래가는 주요 원인이 되고 있다.

2. 채권자의 권리보호 — 평등주의의 수정 등

새 법은 독일·미국의 압류우선주의나 스위스의 군단우선주의를 채택한 것은 아니고 압류채권자가 다른 채권자와 배당금을 나누어야 하는 채권자평등주의의 골간을 유지하되, 그 내용을 다소 수정하였다. 다른 채권자도 배당절차에 가입할 수 있고 그들과의 안분배당이 원칙이므로 압류채권자의 보호가 잘 안되는 근본 문제가 있다.

(1) 자기 채권확보에 열의없는 채권자의 배제와 악질 채무자가 가장채권자를 등장시켜 배당요구를 하게 하는 폐해를 방지하기 위한 제동장치로 첫째 배당요구할 수 있는 채권자를 원칙적으로 **집행력 있는 정본**을 가진 채권자에 한정하는 인적 제한을 하였으며(88조, 247조), 둘째 **배당요구의 종기**를 최종의 경락기일까지였던 구법과 달리 집행법원이 첫 매각기일 이전의 적당한 날로 배당요구의 종기를 앞당기는 시간적 제한을 하였다(84조). 다소간에 평등주의의 수정이다.

(2) 악질 채무자의 책임재산은닉 및 도피의 방지를 위해 1990년 개정법률에서 독일의 **재산명시절차**를 받아들이고, 새 법에서는 이를 더욱 강화하여 채무자에 대한 감치제도와 재산조회제도를 신설하였다(68조, 74조). 더 나아가 2005년 개정법률에서는 재산명시절차에서 명시의무를 위반하는 채무자에 대하여도 재산조회를 가능하게 하였다(74조 1항 1호).

(3) 강제경매에서 제값받고 팔 수 있도록 매각방법을 탄력적으로 운영하기 위해 ① 호가경매, ② 입찰과 개찰을 같은 날에 하는 기일입찰, ③ 먼저 우편에 의한 입찰을 하게 한 후 뒷날 개찰하는 기간입찰 등 세 가지 방법에 의하게 하였다(103조). 1기일 2회 입찰제도도 새로 채택하였다(115조 4항). 특히 기간입찰제도의 채택은 매각장소에서의 매각방해행위를 막는 데 큰 도움이 된다.

(4) 채권자 보호를 위해서는 저비용 · 신속성의 면에서 부동산강제경매보다 압류채권자에게 독점적 만족을 주는 전부명령과 채무자의 지위에서 채권을 추심하는 추심명령 등의 채권집행, 그리고 예탁유가증권 · 전자등록주식 · 수익증권 등 그 밖의 재산권집행이 도움이 될 수 있다(이용률이 부동산 집행보다 훨씬 높다). 나아가 판결절차의 사전절차인 가압류 · 가처분제도로 채무자를 압박하는 길이 열려 있다.

여기에도 집행현실에 문제점이 있다. 부동산집행에 대한 방해, 특히 인도집행 · 철거집행에 있어서 채무자측의 집행방해로 채권자가 당하는 괴로움이 관행화되다시피 되어 있는데 강제집행추진의 동력인 공권력의 수수방관적인 태도와 무력화 그리고 이해당사자의 준법정신의 미비에 기인되지만 이에 대하여 법원이 그 심각성을 외면한 채 뚜렷한 입법대책을 세우지 못한 것은 유감스러운 일이다. 이에 대하여는 일본민사보전법의 점유이전금지가처분의 당사자항정효와 2003년 개정 일본민사집행법 및 민사보전법의 부동산집행방해의 대책입법이 큰 참고가 될 것이다. 그리고 압류채권자에 혜택이 없는 평등주의의 원칙 때문에 ① 소액임차보증금채권, 임금이나 퇴직금채권 등, ② 조세채권, ③ 담보채권, ④ 사회정책적 보호채권 그 다음으로 배당순위가 밀리는 압류채권자의 지위도 문제거니와, 가장채권자의 배당절차에의 참가(소위 제3자집행)도 달라지지 않고 있다.[1] 채무자가 제3자와 통모하여 급조된 집행증서 · 지급명령 · 이행권고결정이나 주택임차권 등으로 가공의 채권자를 조작하여 배당에 가입한 끝에 압류물의 매각대금을 자기의 수중으로 거두어들이고 압류채권자를 헛수고시키는 식의 악질적인 집행방해는 여전하다.[2] 채권자 평등주의의 악용이다. 이때에 진정한 채권자는 가공의 채권자에 배당이의나 배당이의의 소, 부당이득반환청구 등 그 밖의 방법으로 대항할 수 있는 방안도 있지만 그 절차의 이용도 입증도 용이하지 아니하다는 것이다. 여기에 압류의 효력에 관한 개별상대효설에 입각한 배당절차의 운영과 강제집행면탈용의 개인회생 · 파산절차의 남용은 채권자의 보전처분이나 강제집행을 어둡게 한다.

채권자를 허망하고 슬프게 하는 이러한 문제점은 민사집행법이 당면한 주요 해결과제라고 할 것이다. 공유지분에 대한 공유자의 우선매수권의 남용으로 고가매각의 원칙이 잘 관철되지 아니하는 것도 문제이다. 급료채권의 집행에서 제3채무자인 고용주와 짜고 기본관계인 근로계약의 해지 · 퇴직 등으로 압류가 허사로 되는 예도 문제이다. 양육비지급심판의 집행이 저조한 것도 사회문제가 되고 있다.

3. 매수인의 보호

경매목적물의 매수인 즉 낙찰자의 보호가 중요하다. 이미 본 매각허가결정에 대한 항고이유서제출 강제주의와 모든 항고인에 대한 매각대금의 1/10 보증공탁은 절차의 촉진을 바라는 매수인의 보호에도 기여하는 새 제도이다.

---

1) 값어치가 큰 부동산경매이면 배당요구채권자가 무려 100여명씩 구름처럼 몰려들어 강제집행이 파산적 청산과 다름없는 문제점도 나타난다.

2) 미등기무허가건물의 임차인에게까지 우선변제권을 인정한 대법(전) 2007. 6. 21, 2004다26133은 임차인에 대한 과보호로서 압류채권자의 지나친 희생인 느낌이다.

매수인의 지위를 조속히 안정시키기 위하여 구법과 달리 대금지급기한은 매각허가결정이 확정된 날로부터 1월 안의 날로 정하도록 하였다(142조 1항; 규 78조). 매수인이 경매목적물의 인도를 받는 것이 문제인데, 그 보호를 위하여 부동산의 인도명령을 개선하였는바, 인도명령의 상대방을 확장하여 매수인에게 대항할 수 있는 권원을 가진 자 이외에는 모든 점유자에게 인도명령을 발할 수 있게 하고, 인도명령을 발령함에 있어서 반드시 점유자를 심문하지 아니하여도 되는 예외를 확대시켰다(136조). 전세권, 주택 · 상가건물임차권 · 법정지상권 · 분묘기지권 · 유치권 · 특수지역권 등의 소멸여부를 **매각물건명세서**를 통해 매각기일 이전에 알 수 있게 하여 경매참가자들이 매각조건이 확정된 상태에서 경매에 참여할 수 있게 함으로써 경매부동산도 투명성이 있고 안전하다는 인식을 갖게 하였다(84조). 소멸되는 것으로 알고 매수하였는데 뒤에 가처분 · 가등기 · 임차권이 존속하거나, 없는 것으로 안 유치권 · 법정지상권이 뒤에 나타나면 매수인은 매각취소신청을 할 수 있다(127조 1항).

담보권실행의 경매에 의한 부동산 취득의 효과가 담보권이 부존재일 때에는 별론으로 하고 담보권소멸에 의하여도 영향을 받지 않게 한 1990년 개정법률을 그대로 따른 것도, 매수인의 지위 안정에 도움이 된다고 할 것이다(267조).

독일법은 매각허가결정이 확정되면 그것으로 매각절차는 일단 끝나 그 뒤의 대금지급 후 6개월 내에 하는 인도명령절차 없이 허가결정을 집행권원으로 인도집행을 한다. 별도의 번거로운 인도명령제도가 인도지연과 절차의 번잡의 요인이 된다. 또 매각허가결정이 된 후라도 대금지급기한까지는 채무자가 변제하면 경매절차를 취소시킬 수 있는데, 강제경매의 경우에도 임의경매와 마찬가지이다.[1] 이는 매각목적물을 산 매수인의 법적 지위를 불안하게 하는 요인이므로 채무자의 변제시기의 제한 등의 입법론적 재검토가 필요하다. 또 매수희망자가 경매목적물을 잘못 보고 매수하지 않도록 목적물의 투명성을 높이는 역할을 하는 현황조사보고서, 감정평가서와 매각물건명세서에 '불명' 등 책임회피의 무성의한 작성은 개선이 필요할 것이다. 인수주의에 의하는 독일법은 비용이 발생하는 집행관의 현황조사서, 감정평가서를 따로 작성하지

1) 대법 1994. 2. 7, 93마1837. 변제하였다고 반드시 경매절차가 취소되는 것은 아니고, 제49조 3 · 4 · 6호의 경우와 제266조 1항 4호의 경우는 최고가매수인의 동의를 받아야 한다.

않으며 매각물건명세서를 작성하여 시간을 끌지 않는다는 것은 유의할 점이다. 나아가 앞서 본 유치권·법정지상권·분묘기지권·주택 등 보증금채권 등은 매수인의 지위에 큰 위협이 되므로 이러한 권리의 범위에 대한 제한적 해석이 요망된다. 또 매수인의 보호를 위하여 위계에 의한 **경매방해죄**(형 135조)의 적용도 활성화시킬 것이다.

4. 채무자 등의 보호

(1) 채권자의 만족을 위하여 채무자가 치명적 희생이 되지 않도록 만족과 희생 간에 비례의 원칙(Verhältnisprinzip)이 존중되어야 하기 때문에, 초과압류(188조 2항)와 무잉여압류(188조 3항)를 금지시켰으며, 야간·공휴일의 집행을 제한하였다(8조). 나아가 채무자의 보호를 위하여 압류금지물의 범위를 크게 확대하였다(195조 15호, 246조). 가처분취소재판에서 원상회복재판제도를(308조), 단행가처분에서 집행정지제도(309조)를 각 신설하는 등 채무자의 보호에 입법적 배려를 하였다. 규칙 제132조는 압류할 유체동산의 선택시 채권자의 이익을 해하지 아니하는 범위에서 채무자의 이익을 고려하도록 규정하였다. 개정법률에서는 더 나아가 급료채권에 대하여는 1/2 한도에서 압류금지를 하게 하되 압류금지액이 대통령령이 정하는 최저생계비(월 185만원)에 미치지 아니하면 그 액수까지 압류를 금지하여 저임금근로자들의 생계비를 보장토록 하였다. 채무자의 소액임차보증금채권, 보장성보험금채권, 1개월 생계비예금채권도 압류금지시켰다(246조; 시행령 3조). 또 개정법률 제288조 1항 3호에서 채권자가 가압류·가처분명령을 5년간 방치하면 취소하던 제재를 3년으로 단축시켰다.

다른 입법례와 달리 매각허가결정이 나도 매각대금의 지급 전까지는 채무자가 변제하면 청구이의의 소나 경매개시결정에 대한 이의신청으로 경매절차를 취소시킬 수 있게 하여 채무자를 우대하였다. 그러나 유체동산의 경매에 있어서 채무자의 매수자격제한하에 채무자주소에서의 경매관행은 채무자에게 지나치게 가혹한 처사이므로 문제이다.[1)]

1) 독일 ZPO §765a는 집행이 채권자를 보호할 필요가 충분하여도 전적으로 특수한 사정 때문에 선량한 풍속에 합치하지 아니하는 가혹(Härte)한 것일 때에는 법원은 채무자의 신청에 의하여 압류의 전부 또는 일부를 취소할 수 있도록 하는 가혹 압류의 금지원칙을 채택하였다(겨울철에 명도집행의 자제 등).

(2) 제3채무자는 그가 집행관계의 소용돌이에서 벗어나도록 (가)압류된 금전채권의 전액을 공탁할 수 있게 하였고(248조, 297조), 집행개시 전부터 집행부동산에 권리관계 있는 자나 현금화 · 배당 등에 이해관계 있는 이른바 이해관계인(90조 등)의 집행절차관여권이 존중된다.

5. 평이화와 한글순화 등의 체제변혁

신법은 법률용어까지 대폭 쉽게 바꾸고 내용도 쉽게 이해시켜 법활용의 대중화를 시도하였다.

(1) 강제집행에 있어서 부동산이 중심이므로, 종전과는 순서를 바꾸어 부동산에 대한 강제집행을 동산에 대한 강제집행보다 앞세우면서, 오스트리아 집행법의 순서에 맞추었다. 보전처분의 재판의 형식을 결정으로 일원화함으로써 복잡다단하던 그 명령절차와 불복절차가 크게 쉬워졌다.

(2) 채무명의 → 집행권원, 매득금 또는 경락대금 → 매각대금, 경매기일 → 매각기일, 경락기일 → 매각결정기일, 경락인 → 매수인, 신경매 → 새매각, 환가 → 현금화, 금은물 → 금 · 은 붙이, 계쟁물에 관한 가처분 → 다툼의 대상에 관한 가처분, 고가물 → 값비싼 물건 등으로 바꾸었다. 다만 전부명령(轉付命令)과 같은 어려운 용어는 그대로 두었다.

(3) 표제까지도 한글화하는 전면 한글화의 획기적 시도의 의욕은 좋은데, 급진성도 엿보인다(예: 경락인 → 매수인 등). 온고지신(溫故知新)의 지혜가 아쉽다.

Ⅶ. 민사소송법의 준용문제

(1) 준용규정

민사집행절차는 이제 민사소송법에서 분리 · 독립한 민사집행법의 규율을 받지만, 민사소송법을 준용한다(23조 1항). 민사집행절차는 기본적으로 민사소송법의 규정에 의거하여 실시하게 되어 있기 때문이다.

준용되는 민사소송법의 주요 조문으로서는 (i) 민사소송의 이상과 신의성실의 원칙(1조), (ii) 보통재판적(2조 이하)과 관련재판적의 규정(26조), (iii) 법관등의 제척 · 기피 · 회피에 관한 규정(41조 이하), (iv) 당사자능력, 소송능력에 관한 규정(51조 이하), (v) 소송상의 구조에 관한 규정(128조 이하), (vi) 심문에 관한 규정(134조 2항), (vii) 기일 · 기간에 관한 규정(165조 이하), (viii) 송달에 관한 규정(174조 이하)이다.

(2) 송달에 관한 특례

민사집행절차에는 송달에 관한 민사소송법 규정을 준용하지만 다른 특칙이 있다. 그 하나는 집행법 제12조 내지 제14조인데, ① 채무자가 외국에 있거나 있는 곳이 분명하지 아니한 때에 송달 · 통지의 생략(우리나라 대사 · 공사 · 영사나 외국공무소에 촉탁 송달이 필요 없다). ② 외국송달의 경우에 송달장소와 영수인의 신고의무, ③ 주소변경의 경우의 신고의무 등이다. 다른 하나는 금융회사부실자산 등의 효율적 처리 및 한국자산관리공사의 설립에 관한 법률 제45조의2와 예금자보호법 제38조의6인데, 위 공사나 금융회사와 예금보험공사 및 정리금융기관 등이 신청한 임의경매의 경우, 경매신청 당시의 등기부 · 주민등록표에 기재된 주소에 **발송송달**(우편송달)의 특례가 있다. 만일 등기부 · 주민등록표에 주소의 기재가 없거나 법원에 신고하지 아니한 때에는 공시송달의 방법에 의한다.

(3) 부준용 규정

여기에서 유의할 것은 가압류 · 가처분의 보전절차 중 보전집행은 별론이로되, **보전명령**에서는 민사집행법 총칙의 규정이 배제되고 민사소송법의 규정이 준용될 경우가 많다는 것이다. 그 대표적인 것이 보전절차에서의 즉시항고인데 민사집행법 제15조의 규정이 아니라 민사소송법으로 따라간다. 따라서 현재는 항고이유서의 제출이 강제되지 아니하지만 2024. 1. 16. 민사소송법 개정으로 2025. 3. 1.부터는 항고이유서 제출강제주의가 채택되었다(민소 제443조 1항, 제400조의2 1항). 항고심에서는 민사소송법 제134조 2항의 심문규정을 준용한다.

Ⅷ. 신의성실의 원칙

민사집행법 제23조에서 민사소송법 제1조 2항의 신의성실의 원칙규정을 준용하므로, 민사집행절차도 신의성실의 원칙과 권리남용금지의 법리에 의하여야 함은 앞서 본 바인데, 상세히 살핀다. 민소법 제1조 2항의 '당사자와 소송관계인'은 집행채권자 · 집행채무자 · 제3채무자와 이해관계인(90조)이라고 할 것이다.

1. 신의칙 위반의 형태

판결절차인 민사소송절차에서와 같이 다음 네 가지로 본다.[1)]

(1) 집행상태의 부당형성

잔꾀를 써서 자기에게 유리한 집행상태를 만들어 놓고 이를 이용하는 경우이다. 이른바 집행에서 '꼼수'를 쓰는 것이다. 대법 2011. 12. 22, 2011다84298은 채무자 소유의 목적물에 이미 제1순위저당권이 설정되어 있는데 제2순위저당권자가 자기채권의 우선적 만족을 위하여 채무자와 의도적으로 유치권의 성립요건을 충족하는 내용의 거래(인테리어공사)를 하고 목적물을 점유함으로써 유치권을 성립시킨 경우, 유치권을 주장하는 것은 신의칙상 허용할 수 없다고 하였다(최우선순위담보권으로서의 유치권을 억지로 만들기). 채권자가 자기의 채권확보를 위하여 제3자의 부동산을 채무자의 명의로 명의신탁을 하게 만들어 놓고서 바로 그 재산에 대하여 강제집행하는 행위는 신의칙에 반한다.[2)] 편의상 타국의 선박으로 해두어(편의치적) 운영할 목적으로 만들어 놓은 형식상의 회사 즉 paper company를 내세워 가압류된 선박의 소유자는 가압류채무자가 아니라 자기라고 주장하며 제3자이의의 소를 제기한 경우도 신의칙상 허용될 수 없다.[3)]

일본판례를 보면 제3자이의의 소는 적법하게 개시된 목적물에 대하여 제3자가 강제집행에 의한 침해를 수인(受忍)할 지위에 있지 아니함을 이의사유로 하는 것이기 때문에, 제3자의 법인격이 집행채무자에 대한 강제집행회피를 위하여 남용될 때에는 제3자이의의 소에서 법인격부인의 법리를 배제할 이유가 없다고 하였다.[4)] 이것은 집행채무자와의 관계에서 실질적인 제3자라고 할 수

---

1) 이시윤, 신민사소송법(제17판) 33면 이하 참조.

2) 대법 1981. 7. 7, 80다2064. 매수인의 매각대금의 미납으로 정해진 첫 번째 재매각기일에 의도적으로 소란을 피우거나 이를 조종하는 등으로 매각불능을 초래하고, 두 번째 재매각기일 3일 전에 법 제138조 제3항 소정의 매각대금 등을 납부하여도 그 납부를 정당한 권리행사라 할 수 없어 허용할 수 없다는 것에, 대법 1992. 6. 9, 91마500.

3) 대법 1988. 11. 22, 87다카1671.

4) 일본 최고재 평성17(2005), 7. 15. 판결.

없는 자가 억지로 제3자라고 나서는 경우가 해당된다고 할 것이다.

집행채무자와 같은 주택에서 임대료 없이 동거하는 일가친족을 마치 소액임차인으로서 거주하는 것처럼 만들어 배당요구채권자로 배당절차에 참가하게 하는 경우도 문제이다.[1] 주택임대차보호법상의 보호대상인 소액임차인에 해당되지 않는다고 본 사례로, 대법 2013. 12. 12, 2013다62223이 있다. 억지로 지급불능상태를 만들어 놓고 하는 개인회생·파산신청의 집행방해도 같을 것이다.

(2) 선행행위와 모순되는 거동

한쪽 당사자가 과거에 일정한 방향의 태도를 취하여 상대방이 이를 믿게 만들어 놓고, 이제와서 신뢰를 저버리고 종전의 태도와는 달리 나오는 경우가 그것이다. 앞뒤가 안 맞는 말과 행동의 문제이다. 현황조사할 때에 자기는 집행부동산의 임차인도 아니고 그에 대하여 일체의 권리를 주장하지 않겠다는 내용의 확인서를 써주었음에도 그 뒤에 대항력있는 임차인임을 내세워 그 부동산에 대한 매수인(경락인)의 인도명령에 다투는 것은 금반언 및 신의칙에 반한다.[2] 공정증서에 의한 경매절차 진행중에는 공정증서의 무효를 주장하지 않던 채무자가 매각대금까지 배당받은 후에 경매무효를 다투는 것은 신의칙에 반한다.[3]

(3) 불복신청권의 실효(失效)

절차상의 권능을 장기간 행사하지 않고 방치하였기 때문에 상대방이 행사하지 않으리라는 정당한 기대가 생기고, 상대방이 그에 기하여 행동하였음에도 뒤늦게 이를 행사하는 것은 실효의 법리에 따라 허용될 수 없다. 실효의 법리가 소송법상의 권리에도 적용된다는 것이 판례이다.[4] 기간의 정함이 없는 집행에 관한 이의(16조), 보전처분에 대한 이의에 있어서 장기간 경과 후 예를 들면 가압류발령 후 2년 반 경과 후의 이의신청은 상대방이 이제는 문제삼지

---

1) 비록 경매개시결정이 기입되기 전이지만 아파트가 경매될 것이라는 사정을 잘 알면서 소액임대차보증금을 우선배당받을 목적으로 시세보다 싸게 임대차계약을 했다면 '소액임차인으로 보호받을 수 없는 임차인'이라서 주택임대차보호법에 따른 우선변제를 받을 수 없다고 한 것에, 춘천지법 원주지원 2015가단31789.

2) 대법 2000. 1. 5, 99마4307.

3) 대법 1994. 7. 28, 92다7726.

4) 대법 2000. 4. 25, 99다34475 등.

않으리라는 신뢰가 형성된 뒤에 이의신청을 하는 것은 실효된 권능의 행사라고 볼 것이다.

(4) 집행권의 남용

확정판결에 의한 권리라도 남용해서는 안된다는 것이 판례이다. 부진정연대채무자 중 1인의 변제로 인하여 이미 소멸된 채권에 관하여 이를 모르는 다른 연대채무자에게 이러한 사실을 감추고 확정판결을 받아 강제집행을 하는 경우에 그 판결의 취득과 이용은 신의칙에 반하고 권리남용에 해당한다고 했다[1](청구이의의 소 참조). 공유지분권자의 우선매수권(140조)의 남용을 문제삼은 것으로서 대법 2011. 8. 26, 2008마637은 공유자가 다른 매수희망자에게 접근하지 못하게 매수보증금을 입찰마감 후 입찰종결선언시에 이르러 납부하지 아니하는 방식으로 계속 유찰시키다가 응찰하여 저가낙찰받은 경우는 다른 매수희망자의 매각실시방해자에 해당하여 매각불허가 사유가 된다고 하였다. 제도적 남용이 뒤따른 것은 임대차보호법상의 소액임차인에 부여한 특혜 때문이다. 특히 가압류가 노동운동의 탄압수단으로 남용된다는 불평이 있는가 하면, 중소기업도 가압류담보 때문에 숨막힌다는 불평이 있다. 독일에서도 비인도적인 구속조건 때문에 생긴 형사보상청구권에 대한 국가의 압류는 부적법한 권리남용으로 보았다.[2]

강제경매가 반사회적 법률행위의 수단으로 이용된 경우는 그러한 강제경매의 결과는 용인될 수 없다.[3]

2. 신의칙 위반의 효과

신의칙위반의 경우는 법의 보호를 받을 자격이 없다 할 것이며, 그러한 집행행위는 부적법·무효가 된다. 이 경우에는 뒤에서 볼 위법집행과 부당집행에 대한 구제방법으로 대응할 수 있다. 허위조작, 잔재주, 배신행위 등이 성행되는 민사집행영역에서 신의칙의 적절한 적용은 '빛과 소금'과 같은 기능으로 집행윤리의 확립에 큰 도움이 될 것이다. 사회복지차원의 약자특혜제도가 유난히 많은 대신에 그 남용 또한 심각한 사회에서 신의칙에 의한 견제기능은

1) 대법 1984. 7. 24, 84다카572.
2) BGH DGYVZ 2012, 124f. Brox-/Walker, Rdnr. 530a.
3) 대법 1993. 4. 23, 93다3165 등. 독일법 ZPO §765a조의 Härteklausel(가혹조항) 참조.

매우 중요하다.[1])

제3절 다른 절차와의 구별과 기본원칙

I. 민사집행절차 이외의 권리실현절차

민사집행법의 적용을 받지 아니하는 권리실현절차로서 대표적인 것은 다음과 같은 것들이 있다.

1. 도산절차

도산절차라 함은 채무자 회생 및 파산에 관한 법률상의 ① 파산절차, ② 회생절차, ③ 개인회생절차 등 세 가지를 총칭한다(미국 Bankruptcy Act chapter 7과 11). 이것은 채무자가 도산에 처하였을 때에 모든 채권자의 채권을 위하여 채무자의 모든 재산에 대하여 포괄적으로 행하는 청구권의 실현절차이다(포괄일반집행, 큰 빗잔치).[2])

민사집행절차는 채권자의 만족을 목적으로 하는 점에서는 도산절차와 공통적이지만, 강제집행절차에서는 특정채권자의 채권 때문에 채무자의 개별재산을 압류하고 매각하는 점에서 차이가 있다(개별집행, 작은 빗잔치). 이 절차에 부칠 때에는 강제집행절차에서처럼 집행권원이 필요없다. 민사집행절차 특히 담보권의 실행절차에서는 채권자는 채권액의 전부 만족의 경우가 적지 않지만, 도산절차는 장기간에 걸쳐 겨우 채권액의 극히 일부만족에 그치고 특히 파산절차에서는 자기채권액의 만족이 어려운 것이 일반적이므로, 채권자에게는 전자가 후자보다 유리한 절차라고 할 수 있다. 따라서 채무자인 회사 등이 도산절차에 부딪칠 가능성이 있을 때에 채권자는 신속히 민사집행절차에 착수하는 편이 유리하다. 회생절차개시결정·파산선고가 있으면 강제집행, 가압

---

1) 절대권력과 특혜가 가는 곳에 절대부패와 남용이 뒤따르는 것이므로 서민보호의 명분이 능사가 아님을 명심해야 한다.

2) 필자(이시윤)가 서울법대에서 파산법을 강의하던 1960년대에 파산법은 채무자로에 낙인만 찍는 동시에 폐지처분을 하기 위한 몇 건이 있을 뿐, 쓰이지 않는 휴면법이었다. 법원이 개입하는 파산자의 재산의 법적 청산이 아니라, 채권자단이 파산자를 추적하여 감금폭행하 등으로여 은닉재산을 내놓게 하여 일부채권자가 다소간의 만족을 얻는 물리적 청산의 시절이었다. 지금은 10만건이 넘는 도산절차의 활성화의 현실을 보면 격세지감을 느낀다.

류 · 가처분은 허용되지 않음을 유의할 것이다.

2. 국세체납처분절차 — 경매와 공매의 관계

이에 관하여는 그 중요성으로 보아 제3편 담보권실행 등을 위한 경매 뒷부분에 부록으로 붙이기로 한다.

3. 행정대집행 등

행정상의 작위 · 부작위의무의 강제적 실현을 위한 절차인 대집행절차는 **행정대집행법**에 정해 놓고 있다. 민사집행법상의 대체집행에 대응하는 것인데, 집행권원 없이 한다. 불법광고 · 간판 · 현수막의 수거, 거리노점 · 무허가가 건물철거, 불법농성장 등이 그 예이다.

이 밖에 집행권원 없이 하는 자력구제적 이행강제에는 전기요금을 3개월 이상 연체한 경우나 수도요금을 연체하는 경우에 행하는 단전 · 단수가 있다. 이는 한전의 기본공급약관 제45조, 서울시의 물의 재이용촉진 및 지원에 관한 조례 제39조 등에 의거한 간접강제이다.

4. 가사소송법상의 이행확보[1]와 양육비집행제도

(1) 가사채권의 특별집행절차이다. 가사소송법에서는 재판기관과 집행기관의 분리가 절차의 간이화와 신속처리에 반한다고 하여, 재판기관인 가정법원이 직접 one stop service로 부양료 · 양육비 · 이혼위자료 · 재산분할금 등의 집행사항까지 일괄처리하는 별도의 절차를 마련하였다. 가사관계의 채권자는 대체로 여성이고 사회적 · 경제적인 약자이므로, 판결이나 조정 후에 별도로 집행기관을 찾아 민사집행에 착수해야 하는 불편을 덜기 위함이다.

(2) 다섯 가지 유형

1) 가사소송법 제62조의 가압류 · 가처분과 유사한 사전처분이다. 집행력이 없는 것이 특색이다.

2) 제63조의 가사소송사건 또는 「마류」 가사비송사건을 본안사건으로 하는 가압류 · 가처분이다. 민사소송사건을 본안사건으로 하는 통상의 가압류 ·

1) 김연, "가사소송상 효율적인 이행확보방안 마련에 관한 연구", 민사소송 제10권 2호, 367면 이하.

가처분과 차이가 없다(통상보전처분설). 민사집행법 중 가압류·가처분 규정을 전면적으로 준용한다. 이혼·재산분할청구소송에 앞서 상대방 배우자의 재산에 대한 가압류·가처분(처분금지)제도를 이용한다.

3) 제64조의 이행명령인데, 이는 판결·결정 등에 의한 의무불이행시에 금전의 지급, 유아인도, 면접교섭허용 등의 의무이행권고를 하고 의무불이행시에는 1,000만원 이하의 과태료의 제재와 30일의 범위 내의 감치명령을 할 수 있다(가소 67조 1항, 68조). 간접강제이다. 영미법의 법정모욕죄(contempt of court)와 유사한 제도이다.

4) 나아가 2009년 5월 가사소송법개정법률에서는 양육비 등의 이행확보를 위한 특별입법을 하였다.

그 내용인즉 (i) **양육비 직접지급명령제도**의 신설이다. 이에 의하면 정기금형태로 지급 심판을 받은 양육비채무자가 양육비를 두 번 이상 지체하는 경우에는 소득세원천징수의무자에 대하여 의무있는 배우자의 월급에서 양육비를 공제하여 양육비채권에 집행권원을 가진 양육비채권자에게 직접 지급하도록 명령하는 내용이다. 소득세원천징수의무자가 제3채무자, 양육비채무자를 집행채무자, 양육비채권자를 집행채권자로 하는 압류명령과 전부명령을 동시에 한 것과 같은 효력이 부여된다(가소 63조의2).[1] 고용주의 명령불이행시에는 1,000만원 이하의 과태료가 부과된다. 독일은 채무자가 부양의무의 불이행으로 처나 자녀 등 부양받는 권리자의 생계가 위협 또는 위협받을 우려가 있으면 형법 제170b조에 의한 처벌을 한다. 양육비 이행확보 및 지원에 관한 법률이 2021. 1. 12. 개정되면서 양육비지급판결의 이행강제를 위한 출국금지, 명단공개, 형사처벌 등이 신설되었다. 양육비지급심판의 임의이행률이 매우 낮은 점을 고려한 것이다.

(ii) 재산분할, 부양료 및 미성년자의 양육비청구사건에서의 재산명시 및 재산조회제도 신설(동 48조의2·3), 이는 심판 등 집행권원이 만들어진 뒤가 아니고 소송계속중에 당사자의 신청, 직권으로 할 수 있다.

(iii) 정기금양육비에 대한 담보제공 및 일시금지급명령제도(동 63조의3),

1) 채무자의 월급에서 바로 채권자가 떼어가는 것이다. 미국·EU는 국가→ 채권자 선지급, 채무자 후구상제. 우리나라는 미가입이나 1973년 헤이그 부양료 집행조약이 있어 쉽게 집행할 수 있다.

(iv) 일시금지급명령불이행자에 대한 30일 범위 안의 감치제도의 신설,

(v) 민법 제836조의2 제5항을 개정하여 법원이 협의이혼 확인시에 양육비에 관한 협의사항을 양육비부담조서에 기재하여 이를 집행권원으로 하여 강제집행을 할 수 있게 하는 것 등이다(가소 41조).

5) 제65조의 **금전임치제도**이다. 판결 등에 의한 금전지급의무 있는 자가 금전임치를 하면 임치된 금액의 범위 내에서 의무이행이 된 것으로 본다.

(3) 이와 같은 이행확보처분은 모두 제1심 가정법원의 관할이 된다. 판례도 가사소송법에 의한 사전처분사건이나 가압류 · 가처분사건은 제1심 가정법원이 관할한다고 하였다.[1]

이 제도가 있다고 하여 가사소송법에 의하여 작성된 집행권원(판결 · 심판 · 조정에 갈음하는 결정 · 조정조서 등)에 의한 일반 민사집행이 배제되는 것이 아니며,[2] 다만 이행확보가 실현된 뒤에는 일반 민사집행절차에 의한 신청이익이 없어진다고 할 것이다.

5. 특별법에 의한 경매

법정담보권이라도 민사집행법이 아닌 다른 법률의 규정에 의하여 경매절차가 진행되도록 된 경우가 있다. 2009년 전면개정한 공장 및 광업재단 저당법에 의한 공장재단저당권이 그것이다. 이 밖에도 입목에 관한 법률에 담보권실행의 규정을 두고 있다. 이에 대하여는 당연히 그 특별법의 적용을 받아 실현되게 됨은 앞서 본 바이다.

6. 증권관련 집단소송법에 의한 분배

증권관련 집단소송법에 의해 일괄하여 받은 손해배상판결의 권리실행으로 얻은 금전을 피해집단의 구성원에게 분배(배당)하는 별도의 절차가 있다. 이때는 그 분배법원이 집행법원이 아니라 제1심수소법원이 되며, 그 감독하에 분배관리인이 분배업무를 처리한다(증집소 39조 이하). 여기에는 구성원(member)만이 배당참가하고 일반채권자는 참가하지 못한다.

---

1) 대법 2002. 4. 24, 2002즈합4.

2) 박두환, 8면.

Ⅱ. 민사집행의 기본원칙[1)]

판결절차와는 달리 구술주의, 공개주의, 직접주의와 변론주의는 적용되지 않는다.

1. 처분권주의

(1) 원 칙

원칙적으로 집행의 개시·집행의 종류와 대상의 결정 그리고 그 종료를 채권자의 처분에 맡긴다(23조; 민소 203조). 자기의 권리에 소권을 행사할 것인가가 그 권리자에게 맡겨졌다면, 집행까지 나갈 것인가를 그의 의사에 일임하는 것은 당연하다. 채권자가 집행신청을 하느냐 여부는 채권자의 선택(91조 참조)이며, 채무자의 부동산에 경매신청, 유체동산에 집행위임, 채권에 압류신청 등이 있을 때에 집행이 개시된다. 채권자가 압류신청의 해제(취하)나 그 포기에 의하여 집행절차를 종료시킬 수 있다(240조). 또 부동산·동산·채권·그 밖의 재산권 중에 어떠한 재산에 대하여 집행에 착수하느냐의 문제도 채권자의 자유선택이다.[2)] 한편 채무자는 절차진행중에 집행채무의 변제나 변제유예를 승낙받아 절차를 취소하거나 정지시킬 수 있다(49조 4호·5호). 나아가 집행당사자간에 집행제한계약을 맺을 수도 있다. 다만 가처분의 경우에 처분권주의가 전면적용되는지는 다툼이 있다.

(2) 집행계약

1) 의 의 집행계약이란 강제집행의 방법과 범위에 관하여 법규에서 정한 바와 달리 정하는 집행관계인 사이의 합의를 뜻한다. 일반소송에서 편의소송을 금하듯이 편의집행(임의집행)은 금하지만 당사자간의 합의를 법률상 명문으로 인정하는 것이 적지 않다. 집행을 하지 아니하거나 집행신청취하의 합의(49조 6호, 266조 1항 4호), 피담보채권을 변제받거나 변제를 미루도록 승낙한다는 합의(266조 1항 4호), 즉시 강제집행수락의 합의(56조 4호), 매각조건변경의 합의(110조), 배당표작성에 있어서 이해관계인과 채권자의 합의(152조 2항), 매

---

1) 법의 기본원칙을 알면 detail은 쉬워진다는 말을 명심할 필요가 있다.

2) 효율적 집행의 원칙(비례의 원칙)을 지키기 위하여 집행목적물의 자유선택을 제한하여야 한다는 것에, Gaul/Schilken/Becker-Eberhard, §5 Rdnr. 79f.

각장소변경의 합의(203조 1항 단서) 등이 있다.

나아가 **법률상 명문의 정함이 없는 경우**에도 이를 일반적으로 인정할 것인가의 문제가 있다. 집행계약에는 채권자에게 유리하게 집행의 시기 · 요건을 완화하거나 집행의 방법 · 대상의 범위를 확대하는 **집행확장계약**과 이와 반대로 채무자에게 유리하게 집행의 요건을 가중하거나 집행의 방법 · 대상의 범위를 제한하는 **집행제한계약**이 있다.[1] 앞의 것은 법이 채무자에게 보장하는 최소한도의 공적 이익을 침해할 수 있기 때문에 원칙적으로 허용되지 아니하며, 무효이다. 예를 들면 급료의 1/2이 아닌 전액 압류, 야간이나 채무자의 직계혈족에 대해서도 집행할 수 있다는 약정 등이다. 그러나 뒤의 것은 처분권주의 때문에 통설 · 판례는 일반적으로 가능할 수 있다고 보는데, 이를 **부집행합의**(不執行合意, 不執行約定이라고도 함)라고 한다. 예를 들면 일정 기간 집행하지 아니한다, 특정한 재산에는 집행하지 아니한다, 일정한 재산에만 집행한다, 재산명시선서신청을 하지 아니한다는 약정 등을 말한다. 물론 채권자가 크게 양보하는 집행포기의 약정도 포함한다.

2) 성질과 위반의 효과 집행계약의 성질에 관하여 구체적으로 본다면 직접 집행법상의 효력을 생기게 하는 집행법상의 계약이라고 하는 설,[2] 사법상의 채무를 생기게 하는 데 그치는 사법상의 채권계약이라고 하는 설,[3] 사법상의 자연채무계약설 등이 주장된다. 집행계약 위반의 집행에 대한 채무자의 구제방법에 각 결론을 달리하는데, **집행법상계약설**에 의하면 집행법상의 효과가 발생하므로 집행기관은 그대로 따라야 한다. **자연채무계약설**에 의하면 법적 구속력이 없어 무효로 된다.[4] 생각건대 민사집행법이 명문으로 집행행위의 장소, 조건 등을 합의에 의하여 변경할 수 있게 하고 있는 경우(예: 110조, 203조 등)에 그 합의는 직접 집행법상의 효과를 낳게 하는 집행법상 계약에 해당하므로 이를 무시하는 처분에 대해서는 집행에 관한 이의신청(16조), 즉시항고(15조)를 할 수 있다.[5] 그러나 명문의 규정이 없는 일반적인 집행제한계약은 사법

1) 황경남, "집행계약", 재판자료(35), 85면 이하; 방순원/김광년, 231면.
2) 강대성, 149면.
3) 통설이다. 대법 1993. 12. 10, 93다42979; 방순원/김광년, 232~233면; 이영섭, 100면; 박두환, 199면; 김홍엽, 20면; 전병서, 34면.
4) 강대성, "집행계약에 관한 소고", 민사법학 제6호(1986. 12), 308~311면. 실체법상의 면제를 시킬 의도인 경우가 아니면 집행력의 완전배제는 처분권주의의 한계를 벗어난 것이로되, 집행력의 시간적 제한이나 대상제한은 가능하다는 것에, Lüke, §18 Rdnr. 5796.

상(私法上)의 채권계약으로서 직접 집행기관을 구속하는 집행법상의 효력까지는 없다고 볼 것이다. 이 경우에는 이를 무시한 처분이라 하여도 집행법을 어긴 것이 아니므로 위법한 집행의 구제수단인 집행이의신청, 즉시항고를 할 수 없다고 할 것이다. 다만 이 때에는 채무자의 구제수단으로서 **청구이의의 소**(44조)의 직접 적용이 아닌 준용을 인정할 것이다.[1] 판례[2] 또한 같은 입장이다. 또 집행이의신청을 유추적용할 수 있을 것이다.

2. 직권주의

집행법상 실체문제를 다루는 청구이의의 소(44조), 제3자이의의 소(48조), 배당이의의 소(154조) 등은 소의 일종이므로 변론주의의 원칙에 의하여 소송자료의 제출책임을 당사자가 진다. 채권자는 집행요건의 해당서류를 집행신청을 할 때에 제출하여야 하고, 채무자는 집행정지를 시키고자 할 때에 정지관계서류를 제출하여야 한다.

그러나 강제집행처분은 국가의 공권력행사이므로 당사자가 문제삼지 아니하여도 직권주의에 의하여야 할 경우가 많다. 강제집행의 개시요건은 직권조사하여야 하며, 집행개시 이후에도 직권조사하여야 하는 경우가 적지 않다. 인수주의와 잉여주의의 선택(91조), 경매취소(96조, 102조 2항), 부동산매각불허가(123조 2항), 압류금지동산·채권(195조, 246조) 등이 그것이다. 나아가 가처분의 방법은 직권으로 정하며(305조), 집행관은 압류를 행함에 있어서 압류물을 임의로 선택할 수 있는 직권탐지주의에 의한다(5조; 규 132조). 채권자는 집행할 유체동산을 지정할 필요가 없으며, 집행관이 수색권에 의하여 직권탐지한다.

최근 판례[3]도 직권주의가 강화된 민사집행절차에서 강제경매개시결정에 대한 이의절차에 민사소송법의 재판상 자백이나 의제자백 규정의 준용은 없다고 하였다. 여기에 더하여 전형적인 국가의 공권력행사의 장이므로 집행법분

---

5) 부집행약정이나 집행신청취하 취지의 화해조서 또는 공정증서나 서류로 작성되어 집행기관에 제출되면 법 제49조 6호, 제50조와 제266조에 의하여 이미 실시한 집행은 취소될 수 있다. Brox/Walker, Rdnr. 199.

1) 방순원/김광년, 233면; 이영섭, 100면; 황경남, "집행계약", 재판자료(35), 101~102면; 김상수, 130면; 김홍엽, 20면; Brox-Walker, Rdnr. 204.

2) 대법 1993. 12. 10, 93다42979; 동 1996. 7. 26, 95다19072; 일본최고재 평성18(2006). 9. 11; 그러나 계약위반은 법률위반과 같으므로 집행이의신청설(ZPO §766)을 내세우는 것에, Gaul/Schilken/Becker-Eberhard, §33 Rdnr. 33.

3) 대법 2015. 9. 14, 2015마813.

야에서는 경매·입찰방해죄(형 315조)·공무상표시무효죄(형 140조 1항)·부동산 강제집행효용침해죄(형 140조의2)·강제집행면탈죄(형 327조) 등의 형사제재가 많이 가미되어 있다. 타인명의로 재산도피가 성행하는 현실에서 제도의 활성화가 요망된다.

3. 비집중주의

강제집행은 하나의 집행기관에서 하는 것이 아니고, 집행의 종류와 대상에 따라 집행기관을 달리한다. 집행기관은 집행관·집행법원·제1심법원 등 3원화 되어 있다. 채권자는 유체동산을 관할하는 집행관에게 갈 것인지, 부동산·채권을 관할하는 집행법원으로 갈 것인지 등 어느 기관에 가서 집행신청을 하는 것이 신속한 권리만족의 방법인가를 선택하여야 하는데, 만일 직분관할을 어겨 집행신청을 내면 부적법 무효로 된다.

4. 형식주의(Formalismus)

집행기관은 강제집행의 요건인 집행권원, 집행문 그리고 채무자에의 송달 등 집행요건이나 그 개시요건 등 형식적 사항을 심사할 수 있을 뿐이지, 집행권원의 적법성이나 정당성을 심사할 수는 없다. 현행법이 판결기관과 집행기관의 역할분담을 시킨 결과이다. 유체동산의 집행을 하는 집행관은 채무자의 점유만 확인하면 되고, 사법보좌관은 채무자의 등기부상의 소유명의 확인으로 족하며, 목적물의 소유권에 대한 실질적 심사권이 없다. 채권집행에서도 제3채무자의 집행채무자에 대한 채무관계 또한 그 심리를 제한적으로 할 수 있고 형식적인 심사에 그친다. 이 말은 형식적 서류를 엄격히 따진다는 따위(예를 들면 법인의 대표자격을 법인등기사항증명서가 아닌 법인인감증명서로 대체 증명할 수 없다는 등)를 의미하는 것이 아니라, 집행기관은 형식적 요건을 갖추면 진행한다는 것으로, 집행기관은 실체법적인 사유를 조사하지 아니한다는 의미로 받아들이면 된다. 입법자는 소송절차인 별도의 구제책(청구이의·제3자이의의 소 등)을 마련해 놓고 있다. 절차의 효율화·신속화를 위한 것이다. 이 점에서 등기관이 등기의 원인관계에 관하여 실질적 심사권이 없는 것과 같다.

5. 신속주의와 채무자보호주의

이에 관하여는 앞서 「민사집행의 이상」에서 밝힌 바 있으므로 그 곳을 참조하기 바란다. 입법론적으로는 복잡성의 배제노력이 중요할 것으로, EU 민사소송법의 집행절차가 참고될 것이다.

6. 서면주의

소송절차에서는 당사자는 법관의 면전에서 구술변론을 하여야 하며(민소 134조 1항), 말로 진술한 소송자료만이 판결의 기초로 된다. 판결의 선고(민소 204조 1항; 민소규 28조)와 증거조사 특히 증인신문은 말로 함이 원칙이다(331조). 소나 상소제기 이외의 신청, 그 밖의 진술은 서면 또는 말로 할 수 있게 되어 있다(민소 161조 1항). 구술주의에 의한다. 그러나 민사집행에서는 절차의 신속화를 위하여 방식자유를 제한하여 서면으로 요식처리한다(독일 · 오스트리아법은 방식자유로 구술 또는 서면이다). 민사집행의 신청은 서면으로 하여야 하며(4조), 집행정지 · 취소를 위하여 집행정지서류를 제출하여야 하고(49조), 배당요구도 서면의 방식에 의하여야 한다(규 48조). 보전신청에 있어서는 보전처분의 신청 · 집행신청, 즉시항고 · 이의신청 · 취소신청과 본안의 제소신청에 이르기까지 서면주의이다(규 203조). 종이제출도 되지만 전자서류접수도 가능하다. 또한 집행절차에서는 서면증명이 원칙이다. 조건성취집행문이나 승계집행문의 부여를 받기 위한 조건성취나 승계사실의 서면증명(30조 2항, 31조 1항), 부동산 · 선박강제경매신청서에 첨부서류의 요구(81조, 177조) 등이 그것이다. 절차의 대중화 · 민주화를 위하여 서면주의가 옳은지는 검토할 과제이다.

7. 고가매각의 원칙(효율적인 환가)

채권자 · 채무자의 보호를 위하여 압류물건이 헐값으로 매각되어서는 아니된다. 헐값의 매각은 비싼값의 매각방법으로 선택하는 경매의 본질에 반한다. 앞서 본 호가경매 외에 하루 2회에 걸친 기일입찰제 그리고 기간입찰제를 채택하고(103조), 차순위매수신고제도(114조) 등은 이 원칙을 관철하기 위함이다. 경매시장의 폐쇄성 때문에 경매브로커의 발호무대가 되어 염가매각이 일반적이었으나 부동산 경매시장의 투명화 · 대중화와 활성화로 매각가격은 현실화되었지만(감정가의 70~80%), 부동산 지분경매에서는 지분권자의 우선매수권 제도의 남용에 의한 매수희망자의 접근차단으로 고가매각이 잘 이루어지지 않는다.

특히 유체동산의 매각에 있어서 운반설비 · 보관설비가 없고 별도의 매각장소가 마련되어 있지 아니하여 매각장소가 채무자의 집이 되는 경우가 많기 때문에 "공매 아닌 밀매(密賣)"가 되기 쉬워 이 원칙이 제대로 실현되고 있지 아니하다. 여기에 더하여 건물경매의 경우에는 매수인이 경매목적물을 인도받는 과정에서 제도권 외의 떼비용인 소위 '명도비용'이 고가경매의 저해요인도 된다. 매각허가결정 외에 별도의 인도명령제도의 폐지 등 입법론이나 사법운영면의 개선책이 강구되어야 할 것이다. 독일의 ZPO §817는 동산의 매각에 있어서 최저매각가격을 통상 매매가격의 반으로 하였다. 독일의 경우 지나친 염가매각은 헌법재판소에 의하여 자의금지원칙의 위배나 재산권의 침해를 이유로 헌법적 통제를 받게 된다.[1)]

독일 강제경매법(ZVG) §85a도 부동산의 경우에 최고가매수신고가격이 거래가격의 5/10에 달하지 아니하면 직권경매불허사유로 하고, 또 같은법 §74a도 최고가매수신고가격이 거래가격의 7/10에 미달이면 이해관계인은 경매불허신청을 할 수 있도록 하였다. 일본도 2004년 법개정으로 최저매각가액의 제도를 폐지하고, 매각기준가액으로 갈음하였다. 피압류재산의 투매를 막기 위한 입법이다.

미국은 주에 따라서는 집행관이 채무자의 점포나 사업소에 하루 8시간 정도의 일정한 시간 현장에 나가 수입현금이나 입고물건을 그 장소에서 압류해 버리는 **관리형 유체동산압류제도**를 시행한다.

8. 집행의 민영화 경향

지금까지의 강제집행의 국가독점화(Vollstreckungsmonopol)에서 민간단체가 집행을 주도해 나가는 경향이 있다. **영미법**에서는 receiver나 trustee에게 현금화(환가)를 맡기는 사적인 현금화행위를 허용한다. 이는 market 시스템을 이용하여 고가매각을 가능하게 하기 위한 것이다. 미국 주법상의 민간경매의 도입도 입법론상으로 검토해 볼 일이다(전두환추징금집행 공매사건이나 예금보험공사의

1) BVerfGE(독일연방헌법재판소판결집) 42, 64ff.; BVerfGE 46, 325ff.

구상권집행에서 미술품민간경매에 부침).[1]

KAMCO(한국자산관리공사)의 Onbid 전자경매는 경매비용이 싸고 신속진행인 점에 비추어 평가할만 하며, 법원경매를 Offbid가 아닌 KAMCO의 Onbid 경매로 옮기는 것도 검토할 바라는 견해도 있다.

미국의 은행담보권실행의 경매는 국가기관인 Sheriff가 아닌 담보은행이 실시한다. 우리나라의 은행융자 채무가 3개월 연체된 경우에 은행이 NPL(Non Performance Loan, 부실채권) 채권추심을 전문으로 하는 신용정보회사, 여신금융전문회사, 저축은행 등 제2 금융권에 경매 등의 방법으로 매각하여 자신의 담보채권을 회수하는 절차를 밟는다. 은행이 직접 법원경매에 부치지 않고 담보권을 싼 값으로 팔아버리는 고가매각과 반대의 고육지책이다. NPL을 매수한 신용정보회사가 이를 재매각하면 NPL이 시중에 나돌게 된다.

1) 전병서, "민사집행에서의 실효성 확보 연구", 민사집행법연구 제7권, 43면 이하.

제 2 장 민사집행의 주체

민사집행관계는 국가기관인 집행기관과 집행절차에 관여하는 집행당사자인 채권자와 채무자의 3면적 법률관계이다. 따라서 집행주체는 집행기관과 집행당사자이다.

제 1 절 집행기관

집행법은 권리의 실행을 자력구제에 맡기지 않고 이를 금지하는 대신에 국가구제에 의하므로 강제집행권은 국가가 갖게 되는데, 그 행사를 관장하는 국가기관을 집행기관이라 한다. 우리 민사집행법상 집행기관에는 각기 관할사항을 달리하는 집행관, 집행법원, 제1심법원, 그 밖의 집행기관이 있다. 이미 확정된 권리의 실현절차인 만큼 중요성에 비추어 고비용의 법관의 투입은 제한적이라는 입장이다.

우리나라의 집행기관에서 알 수 있듯이 우리는 민사집행도 사법작용으로 인식하고 있다. 그런데 미국은 민사소송법에서 소송절차와 판결의 집행절차를 함께 규율하지만 판결집행의 주된 역할은 행정부 소속 공무원인 보안관(U.S. marshal 또는 sheriff)이 담당하고, 다만 신중한 결정이 요구되는 절차에 한하여 법원이 개입하는 구조를 띠고 있다. 그 결과 미국법관들은 민사집행을 일종의 행정작용으로 인식하고 있다고 한다.[1)]

집행기관의 다원화가 바람직한 것인가의 문제가 있다. 일본은 집행관과 집행법원으로 이원화했다. 이탈리아·벨기에 그리고 스위스 등은 집행법원으로 일원화했다. 국세체납처분의 예에 따른 압류재산의 공매(국세, 지방세, 관세,

1) 이주연, "개인정보보호의 측면에서 본 미국의 민사판결집행절차", 민사집행법연구 제16권, 465~466면.

공과금·벌금·추징금 등)는 한국자산관리공사 등으로 하여금 일괄 대행할 수 있게 하였다(국징 103조; 지방세징수법 103조의3, 103조의4; 형소 477조 4항). 차라리 일반민사집행의 경매도 한국자산관리공사 등 집행대행기관으로 일원화하자는 제의도 있다.

I. 집 행 관

1. 의 의

집행관은 지방법원 및 그 지원에 배치되어 재판의 집행, 서류의 송달 그 밖의 사무에 종사하는 독립된 단독제 국가기관이다(법조 55조 2항; 집행관 2조). 집행관은 자기의 판단과 책임하에 독립하여 권한을 행사하는 것이므로 법원이나 법관의 단순한 보조기관이 아니다.[1] 그러나 집행기관인 집행법원의 절차상의 감독과 지방법원장이나 감독관의 직무상 감독을 받는다(집행관 7조). 상대적 독립기관이다. 집행관에 대하여는 기피·회피제도는 없지만, 일정한 사유가 있는 때에는 직무집행으로부터 제척된다(집행관 13조). 민사집행은 특별한 규정이 없으면 집행관이 실시하므로 원칙적인 집행기관이다(2조). 변호사의 자격을 갖지 아니한 집행관을 집행기관으로 한 것은 집행관의 업무의 성질이 채무자의 점유를 빼앗는 압류나 명도 등 물리적 실력행사를 요하는 경우가 많고, 강제집행의 개시를 위한 복잡한 요건에 관하여 실질심사할 필요가 없기 때문이다.

(1) 현행 집행관의 모형은 프랑스의 huissier인바, 이것이 독일법에 계수되어 Gerichtsvollzieher가 되고 일본을 통하여 우리에게 옮겨지게 되었다.[2] 처음 집행관제도의 특색은 첫째로, 각 집행관은 자기의 책임과 계산으로 사무소를 설치하여 소속법원과 독립하여 집무하며(소위 독립사무소제), 둘째로, 각 채권자가 직접 집행관을 선택하여 집행을 위임하고(자유선택제), 셋째로, 집행관은 국가로부터 봉급을 받지 않고 채권자로부터 집행관수수료규칙에 따른 수수료를 받는다는 점이다(수수료제). 이것은 관료적인 틀에서 벗어나 집행관의 자주

1) 외국의 집행관제도와 집행관의 지위와 권한에 대해서는, 추신영, "집행관의 법적 지위", 민사집행법연구 제10권, 178~207면 참조.

2) 프랑스의 집행관제도에 관하여는, 안문희, "프랑스 집행관제도에 관한 연구", 민사집행법연구 제16권, 536면 이하 참조.

적인 판단에 따른 집행활동을 하게 하여 민활·신속한 집행을 이루고 수수료제에 의한 집행의 능률화를 위하는 취지이나, 공무원으로서의 신분과 직업윤리를 희석시킬 수 있다. 즉, 직무집행의 공평을 해칠 수 있고 감독권을 강화하는 데 장애요인이 아닐 수 없다. 다만 2010년부터는 집행관사무소의 설치장소를 지방법원장이나 지원장이 지정하게 하여 법원청사 안에 사무소를 두고 있고, 대표집행관을 두어 그의 총괄하에서 사무소 운영을 하게 하며(집행관 8조), 1995. 12. 26.부터는 사건을 위임받은 순서에 따라 처리하게 함으로써(집행관규 14조), 처음 출발할 때의 독립사무소제와 자유선택제는 없어지고 공동운영과 공동손익분담의 조합체로 운영되고 있다.

그동안 집행관이 공무원의 신분임을 명백히 하기 위하여 법원조직법은 "집달리"→"집달관"→"집행관"으로 호칭을 바꾸어 개선해 나갔지만 운영은 구태의연하고 개선의 징후도 보이지 않는다. 집행관은 여전히 국고로부터 봉급을 받지 않고 사건당사자가 지급하는 현황조사수수료·매각수수료 등 수수료로써 그 수입을 충당하는 수수료제에 의하고 있다. 따라서 "반관반민"의 형태로 운영되는 것이 현실이므로 집행과정에서 강력한 공권력의 행사가 어렵다. 오스트리아의 경우는 집행법원으로 하여금 모든 강제집행을 관장하게 하는 집행법원 일원제(북한 민소법도 동일)를 채택하여, 집행법원 소속직원으로 사법보좌관, 법관 그리고 집행관을 둔다.[1] 다만 독일에서는 강제집행의 능률화와 집행비용의 절감을 위하여 공증인처럼 집행관민영화의 구조개혁이 추진되고 있다.[2]

---

1) Buchegger/Markowetz, Exekutionsrecht(2014), S. 22ff.; Holzhammer, Österreiches Zwangsvollstreckungsrecht, 2. Aufl., S. 8. 이 점은 스위스법도 같다. 여기에서는 집행관서에 소속되어 그 지시에 따르게 되어 있는 집행공무원(Betreibungsweibel)만이 있을 뿐이다.

영미법: 판결기관과 집행기관이 크게 분화되어 있지 아니하며, 집행문제도 주로 판결법원에 맡기고 있다. 비금전채권에 관해서는 판결을 따르지 않을 때의 집행방법은 contempt of court(법정모욕)로서 법원에 의한 처벌이며, 금전채권이 임의이행이 안될 경우 집행절차는 집행영장(writ of execution)의 발부와 US Marshall, Sheriff에 의한 압류 등으로 집행하는 것이 미국이다. 영국의 경우는 부동산·채권집행은 사무변호사인 solicitor가 있다. 집행법원 하나로만 하는 일원제는 1993년부터는 프랑스도 따랐다.

독일: ZPO §802a-802b에서는 집행목적물을 발견하지 못한 경우에 집행관에 의한 화해적인 신속한 해결(채무일부변제의 보증)제가 있고, 2013년 1월부터 시행되는 §802e와 §802k에서 사건해명권(Sachaufklärung)을 부여하는 등으로 집행관의 권한을 강화시켰다. 후자는 집행관에게 집행개시단계에서 현대적 기술을 활용하여 채무자의 재산정보를 탐색하게 하는 점에서 획기적이라는 평가를 받는다.

2) 이시윤, "민사집행에 있어서의 주요과제와 ISD", 민사집행법연구 제8권, 16면 이하.

(2) 집행관은 10년 이상 법원주사보, 등기주사보, 검찰주사보 또는 마약수사주사보 이상의 직에 있었던 자 중에서 지방법원장이 임명한다(집행 3조). 임기제로서 임기는 4년으로 단임제이고, 연임할 수 없다(집행 4조). 살아있는 공권력인 이 직책을 4년마다 교대되는 특혜직처럼 운영하여 전문가로서의 소명의식이 약하다. 4년단임제는 전문적인 집행법지식의 축적을 저해하며, 경력임명제로 한 것은 시험제에 의한 기회균등의 침해가 되고, 마약수사주사보에게까지 임명자격을 부여하는 것은 전문성을 도외시하는 것임은 물론 일반수사담당의 사법경찰관리를 임명자격에서 배제시킨 것과도 균형을 잃은 것이다.

일본만 해도 다년간 법률실무경험자에게 시험응시자격을 부여하여 필기·구술고사로 선발하되, 법원의 서기관직의 경력자에게는 단지 필기시험의 전부 또는 일부를 면제할 수 있게 되어 있을 뿐이다. 필기시험과목으로는 민법, 민사소송법, 민사집행법, 민사보전법, 집행관법 등이다. 다른 나라인 독일·오스트리아도 시험을 거친다. 집행관의 '**열린 직**'으로의 제도운영은 사법개혁의 차원에서 크게 개선정비할 대목이다. 소장인지처럼 집행관의 매각수수료는 집행목적물의 값에 비례하여 체증(0.1%)하기 때문에 집행고비용의 요인도 된다. 여기에다 독일과 달리 현황조사비는 법원직원이 아닌 집행관의 업무이므로 별도의 수수료가 나간다. 독일은 집행관의 업무매뉴얼 같은 것이 있는데(GVGA), 이를 도입한 바도 없다. 독일은 2011년 현재 집행관의 수가 4,458명에, 강제집행액 금액은 12억2천790 Euro에 이르며, 6,100만 건에 달한다. 우리는 이에 비해 집행관수가 1/10도 안되고 처리건수의 통계는 없다. 자동차집행이 제외되어 실적은 미미하다.

(3) 집행관은 다른 법원직원과 마찬가지로 법원공무원으로서 소속 지방법원장·지원장 등의 사법행정상의 감독을 받으며(집행관 7조), 그 직무의 성실한 수행을 보증하기 위하여 소속지방법원에 보증금(5,000만원)을 납부하여야 한다(법조 55조 3항). 집행관은 사건의 수수료(인도·명도집행, 부동산경매·현황조사 등의 수수료)로써 그 수입을 충당하지만 "집행관"이라는 호칭으로 보아도 국가공무원의 지위에 있음에 틀림없다. 따라서 3개월 이상의 미제사건에 대해서는 소속 지방법원장에게 보고의무를 진다(집행관규 7조). 집행관의 위법집행으로 인하여 손해를 입은 경우에는 피해자는 국가배상법에 따라 국가에 대하여 손해

배상청구를 할 수 있다.[1] 채권자, 채무자뿐 아니라 제3자에 대해서도 배상책임이 성립될 수 있다. 집행관의 위법행위가 고의 또는 중과실일 때에는 집행관 자신도 배상책임을 지게 되며, 이 경우에 국가가 먼저 배상하였으면 국가는 집행관에게 구상청구할 수 있다.[2] 나아가 집행관의 집행행위를 방해하기 위하여 폭행이나 협박을 하면 공무집행방해죄가 성립된다.[3] 집행관 자신이 아니라 그 보조자에 대한 것이라 할지라도 간접적으로 공무원에 대한 것이라 할 수 있으며 동죄의 폭행에 해당된다.[4]

2. 관 할

(1) 토지관할

집행관은 원칙적으로 임명받은 **지방법원본원 또는 지원**의 관할구역 내에서만 그 직무를 행할 수 있다.[5] 집행개시 후 법원의 관할구역이 변경되어도 종전대로 집행을 속행한다(집행관규 4조 1항). 다만 경매신청 전 자동차인도명령의 경우 인도명령을 발령한 소속법원 집행관이 아니라도 발령 후 현재 소재지 관할 집행관이 인도집행을 할 수 있도록 규칙 제113조 1항의 토지관할을 바꾸었다. 집행관은 동시에 압류하고자 하는 여러 개의 유체동산 가운데 일부가 소속법원의 관할 밖에 있는 경우에는 관할 밖의 유체동산에 대해서도 압류할 수 있다(규 133조). 이 경우에 다른 지방법원장의 허가를 요하느냐의 문제가 있는데, 동시에 집행할 수개의 물건이 동일 지방법원 관할구역 내인 본원과 지원 상호간의 관할에 산재해 있는 경우에는 소속지방법원장의 허가를 얻어 집행할 수 있다(집행관규 4조 2항). 그러나 위임받은 직무를 관할구역 외에서 행하여야 할 경우에는 집행을 거부할 수밖에 없다. 다만 관할구역 외에서 행한 집행처분이라 하여도 무효가 되는 것은 아니고, 집행이의신청(16조)을 하여 취소를 구할 수 있을 뿐이다(통설).

---

1) 대법 1968. 5. 7, 68다326; 동 2003. 9. 26, 2001다52773.
2) 대법(전) 1996. 2. 15, 95다38677.
3) 대법 1970. 5. 12, 70도561 등.
4) 이재상, 형법각론(제5판), 739면; 대법 1970. 5. 12, 70도561.
5) 대법 1964. 4. 13, 63마193은 집행관은 법률상 그 소속지방법원의 관할구역 내에서만 그 직무를 수행할 권한을 가지므로 법원의 재판으로써 집행관의 토지관할권을 좌우할 수 없다고 했다. 재판주문에서 집행관의 직무권한에 관한 사항을 포함하였다면 이는 법률상 불가능한 사항을 내용으로 하는 것으로서 그 효력을 발생할 수 없다.

(2) 직분관할

민사집행은 따로 규정이 없으면 집행관이 실시한다(2조)고 하였으므로 원칙적 집행기관은 집행관이다. 직분관할은 다음 세 가지가 있다. 이 관할은 전속관할이므로 집행관이 할 직분을 집행법원이 하면 무효이며, 반대의 경우도 같다. 독일에는 법규명령인 집행관업무지침(GVGA, Geschäftsanweisung für Gerichtsvollzieher)과 업무매뉴얼이 있는데, 입법론상 그 도입검토가 필요하다. 일본도 집행관회의가 정례적으로 열려 업무개선의 노력을 한다.

1) 집행관이 집행기관으로서 하는 집행 고유의 직무이다. 물리력 행사를 요하는 사실행위에 해당하는 집행처분(Maßnahme)이 그것인데,[1)]

(i) 유가증권을 비롯한 유체동산에 대한 강제경매 · 임의경매 · 가압류의 집행(5조, 189조 이하, 272조, 274조, 296조),

(ii) 동산 · 부동산 · 선박의 인도/명도집행(257조, 258조),

(iii) 단행(이행)가처분 등 가처분의 집행(301조, 304조),

(iv) 대체집행의 수권결정(260조)에 의한 작위의무(예: 가건 물 철거)의 집행 등이다. 제3자에게 대체집행을 하도록 수권할 수 있지만 집행관에게 수권하는 것이 관행화되었다. 따라서 대체집행도 집행관의 소관으로 보면 된다.

2) 집행법원의 집행에 부수하여 갖는 권한 집행법원의 보조기관으로서의 직무이다. (i) 부동산 · 선박에 대한 금전집행에 있어서 **현황조사**(85조, 172조, 268조), **경매 · 입찰의 실시**(107조, 112조, 172조, 268조. 전자입찰로 손을 놓아도 될 상황이 되었다) 외에 부동산 강제관리에 있어서 관리인의 부동산 점유시 원조(166조 2항), 선박에 대한 금전집행에 있어서 선박국적증서의 수취 제출(174조) · 감수 · 보전처분(규 103조), 압류된 자동차 · 건설기계의 인도 · 보관 · 이동 등(규 113조, 115조, 118조, 130조, 197조, 198조), (ii) 채권과 그 밖의 재산권에 대한 금전집행에 있어서 지시채권증서의 점유(233조), 채권증서의 인도(234조), 채권의 매각(241조), 유체동산인도청구권에 대한 집행에 있어서 동산의 인도와 현금화(243조), (iii) 매각부동산인도명령의 집행(136조 6항) 등이 이에 속한다. 이 밖에 점유이전금지가처분의 목적인 부동산의 보관 등이 있다.

---

1) 독일에서는 집행관이 압류행위를 하기에 앞서 채무자에게 원금채무를 포함하여 이자 및 집행비용을 임의이행하여 강제집행을 면하도록 촉구하여야 하는 임의이행촉구제에 의하는데, 이를 이행하지 아니하면 집행이의사유가 된다(집행관업무지침－GVGA §105 Ⅱ, ZPO §802b).

3) 집행관법상의 사무 이상 본 민사집행법상의 사무 이외에 집행관법상의 사무로는 (i) 당사자의 위임에 의하여 처리할 고지 및 최고, 거절증서의 작성 등이 있다. 위임사무이다(집행관 5조). (ii) 법원 및 검사의 명령에 의하여 처리의무 있는 것으로는, 서류 등의 송달(야간 · 공휴일 송달 등 이른바 **특별송달** — 집행관송달), 벌금 · 과료 · 과태료 · 추징 등 재판의 집행 및 몰수물의 매각(KAMCO로 이관하는 경향), 영장의 집행 등이 있다. 의무적 사무이다(집행관 6조).

3. 집행실시에 관한 절차

(1) 집행관과 채권자와의 관계

집행관에 의한 집행실시는 채권자의 집행위임에 의하여 개시된다. 채권자의 집행관에 대한 관계는 사인(私人)과 국가간의 공법상의 법률관계이므로 채권자와의 사이에서 사법상의 위임, 그 밖의 계약관계가 성립될 수 없다.[1] 집행관은 수수료를 받고 집행에 임하므로 채권자의 대리인으로 생각하기 쉽지만, 대리인이 아니다. 「집행위임」에 불구하고 민법상의 위임은 아니며 집행개시를 구하는 강제집행신청인 것이다.[2] 비록 민사집행법 제16조 3항, 제43조 등에서 집행 「위임」의 용어를 썼지만, 위임이라기보다 **강제집행신청**을 뜻한다. 따라서 적법한 신청이 있으면 자기의 책임과 판단으로 법이 정한 절차에 따라 집행을 할 권한과 책임을 가지며, 집행실시의 방법에 관하여 신청인의 구체적 지시에 구속되지 아니한다. 집행관의 직무집행중의 불법행위에 대하여 특별한 사정이 없는 한 집행채권자는 손해배상책임이 없다.[3] 집행관은 특별한 수권이 없어도 채권자를 위하여 임의변제수령권이 있다(42조 1항). 그러나 이것은 법률이 특별히 인정한 집행관의 권한이다.

---

1) 공법관계설이 통설이고 실무이다.

2) 대법 2023. 4. 27, 2020도34(집행관은 독립된 단독의 사법기관이고 채권자의 집행관에 대한 집행위임은 집행개시를 구하는 신청이지 민법상 위임에 해당하지 아니한다. 따라서 집행관의 강제집행은 집행위임을 한 채권자의 업무가 아닌 집행관의 고유한 직무에 해당하고, 피고인들이 집행관의 건물철거 강제집행 업무를 방해하였더라도 채권자인 조합의 업무를 직접 방해한 것으로 볼 수 없다).

3) 대법 1959. 7. 9, 4291민상44. 집행관이 채무자 아닌 제3자의 재산을 압류하는 등의 불법집행을 한 경우에 채권자가 책임지기 위해서는 압류한 사실 이외에 채권자에게 고의 · 과실이 있음을 요한다고 한 것에, 대법 1968. 2. 27, 67다2780; 동 1999. 4. 9, 98다59767 등. 다만, 압류 당시 고의 · 과실이 없었다 하더라도 압류목적물이 제3자 소유임을 알았거나 용이하게 알 수 있었음에도 불구하고 압류상태를 계속 유지한 때에는 제3자 소유임을 알았거나 용이하게 알 수 있었던 때부터 손해배상책임을 면할 수 없다(대법 1999. 4. 9, 98다59767).

집행관이 채권자로부터 특별수권을 받은 때에는 이 밖의 권한, 예를 들면 대물변제의 수령·화해·기한의 유예·반대의무의 제공 등 사법상의 권한을 행사할 수 있는데, 이때는 집행관이 개인 자격으로 채권자의 임의대리인이 되는 것이다.[1] 채권자와 집행관간에 집행위임, 즉 강제집행신청은 당사자권(當事者權)의 일종인 절차권의 행사이므로,[2] 집행관은 정당한 이유 없이 위임을 거절할 수 없다(집행관 14조). 이에 대한 위반은 집행이의사유에 해당한다(16조 3항).

(2) 강 제 권

실무상 집행관은 현장에서 집행개시 전에 채무자에게 임의이행을 촉구한다. 이에 불응할 때에는 국가기관으로서 집행실시에 필요한 강제력을 행사할 수 있다. 독일에서는 집행관이 집행저항자에게 수갑을 채우는 등의 강제권도 행사한다. 경찰관이 law enforcement라면, 집행관은 그에 견줄 judgement enforcement이다.

1) **집행저항의 배제** 집행관은 사실행위를 요하는 집행행위를 담당하기 때문에 직무집행 중에 저항을 받았을 때에는 그 저항을 배제하기 위하여 경찰 또는 국군의 원조를 요청할 수 있고(5조 2항), 경찰은 이에 응하여야 한다(집행관 17조 2항). 원조요청은 현실의 저항을 받은 경우만이 아니고 그 염려가 큰 경우도 포함된다. 이때 집행관은 경찰 또는 국군에게 지시할 수 있다.

채권자와 대립각을 세우며 채무자가 '가진 자의 횡포' 운운하며 저항정신을 발휘하는 것이 어느 나라보다도 강한 우리 풍토에서는 원조요청 규정의 활용가치가 크다(특히 임대점포의 명도집행시에 권리금을 주고 입주한 임차인의 저항 등). 경찰은 집행관의 원고요청에 응해야 하는 의무로 규정하였음에도 원조요청을 받은 경찰관이 채무자의 저항배제에 소극적이고 자율, '민사문제 불개입' 운운하며 강건너 불처럼 방관하는 태도 때문에 명도집행·가건물철거·부동산인도명령·명도단행가처분 등에서 집행을 실패하는 사례가 적지 아니하다. 특히 채무자가 다수인 집단집행에서는 관련 사회기관까지 가세한 집단저항으로 실패하는 경우가 다반사이다.[3] 이는 공권력의 취약성을 보여 자력구제를 금지하

1) 독일 민사소송법 제802조의b는 집행관이 화해적 해결을 위해 채무자에게 별도의 지급기한을 정하거나 분할지급을 허용하는 등의 권한을 갖도록 허용하였다. 박성은, "집행관의 화해적 해결 권한 도입에 관한 검토", 민사집행법연구 제20권, 167면 이하 참조.

2) 상세는 이시윤, 신민사소송법(제17판), 138면 참조.

3) 이시윤, "민사집행에 있어서의 주요과제와 ISD", 민사집행법연구 제8권, 18면 이하. 쌍용자동

는 대신에 마련된 국가제도로서의 강제집행제도를 무의미하게 만드는 서글픈 사례이다. 원조요청으로 출동한 경찰의 소극적 행위는 형법상 직무유기죄(형 122조)가 될 수도 있다.

특히 여러 사람이 점거하는 경우의 명도집행 · 철거집행에서는 경찰의 원조에 큰 기대를 할 수 없는 관계로 많은 집행인원의 동원이 필요해서 '실비'라는 명목으로 과다한 집행비용을 지출케 하는가 하면, 경비업체 · 용역업체 등을 동원하는 현대판 자력구제의 현상마저 생겨난다. 이에 채무자측도 용역업체를 고용하여 용역업체 상호간에 '만인 대 만인의 투쟁장'을 방불케 하는 아수라장이 벌어지기도 한다. 법치 이전의 원시시대를 방불케 하는 현실이므로 집행관의 소명의식이 필요하고, 흉기를 사용하거나 집단적으로 물리력을 행사하여 저항할 때에는 특수공무방해죄(형 144조)로 단호히 대처할 것이다. 집행불능의 사태가 생기지 않도록 집행관의 강제권 강화의 입법이 요망된다.

집행관의 국군에 대한 원조요청은 법원을 통하여 요청하는 절차를 밟아야 하는데(5조 3항) 계엄령이나 위수령의 발동으로 착각하는지 실무상 그 예가 없다. 외국의 예로는 1957년 미국의 아칸소주 리틀록(Little Rock)에서 흑인소년을 백인학교에 입학토록 명한 미국연방법원 판결의 집행을 위하여 연방예비군을 동원하여 주지사 이하 주민들의 집단저항을 물리쳐 흑인차별철폐의 전기를 이룬 유명한 예가 있다.

2) 수 색 권 집행관은 필요한 경우에는 채무자의 주거 · 창고 그 밖의 장소를 수색하고, 열쇠를 따고 잠근 문과 기구를 여는 등 적절한 조치를 할 수 있다(5조 1항). 현금 · 유가증권 · 금붙이 등을 압류하고자 할 때에는 금고문을 열 수 있다. 신법은 미등기건물의 조사를 위하여도 집행관이 건물점유자에게 질문을 하거나 잠긴 문을 여는 등의 조치를 취할 수 있도록 하였다(82조). 또 부동산의 현황조사시에도 수색권을 행사할 수 있다(85조 2항). 국세 · 지방세 등 조세처분집행에서는 세무공무원들이 체납자의 방문 자물쇠를 따고 들어가고 금고문이나 은행의 대여금고를 여는 등의 수색권을 서슴 없이 행사하지만, 민사집행에서 이와 같은 강력한 수색권행사가 이루어지는지는 의문이다.

차 평택공장에 대한 공장인도단행가처분의 집행은 점거자의 저항배제를 위하여 집행관이 경찰의 원조를 요청했으나 집행이 실패하였고(국군의 원조요청도 생각할 수 있는 사안이었다), 노량진수산시장의 점포에 대한 명도집행은 집행관이 수백명의 인부를 동원하였지만 9차례나 집행에 실패하였다. 공권력이 실종되었다고 생각할 추한 모습이다. 집행마비상태의 예이다.

다만 독일 연방헌법재판소는 1979. 4. 3.과 1981. 6. 16. 판결에서 기본법 제13조 2항에 따라 지체하면 위험이 있을 경우가 아닌 한, 수색할 때에는 법관의 영장을 요한다는 한정합헌해석으로 이 규정을 보충하였음을 주의할 필요가 있다. 이와 같은 합헌적 해석을 바탕으로 그 뒤 ZPO §758a를 신설하여 채무자의 동의가 없을 때에는 간이법원(Amtsgericht) 법관의 명령이 있을 때에만 채무자의 주거에 대하여 수색할 수 있는 영장주의에 의하게 하되, 명령의 발부가 수색 성공을 어렵게 만드는 경우는 예외로 하였다. 이러한 입법은 헌법 제16조가 압수·수색에 영장주의를 채택한 것과 부합하는 적절한 것으로서 우리 법도 같은 방향으로 가야 할 것이다.

3) 집행관이 그 직무를 행할 경우에는 신분증을 휴대하여야 한다(집행관 17조 1항). 또 집행관이 집행을 하는데 저항을 받거나 채무자의 주거에서 집행을 실시하려는데 채무자나 사리를 분별할 지능이 있는 그 친족·고용인을 참여시키지 못할 때에는 증인을 참여시켜야 한다(6조). 이 때문에 채무자가 도주하는 경우라도 반드시 집행불능이 되는 것이 아니다. 집행실시의 증인[1])으로 요구받은 자는 정당한 이유 없이 그 요구를 거절할 수 없다(규 5조).

야간과 공휴일에는 집행법원의 허가가 있어야 집행행위(송달은 예외, 민소 190조)를 할 수 있으며, 집행을 실시할 때에는 허가명령을 제시하여야 한다(8조). 직무집행의 적정을 확보하기 위한 것이다.

4) 집행관의 집행처분, 그 밖에 집행관이 지킬 집행절차를 위반하는 경우(집행지연 포함)에는 집행법원에 집행이의신청을 할 수 있는데(16조), 이를 집행법원에 의한 절차상의 감독이라 한다. 상세는 뒤에 설명한다.

4. 집행조서의 작성

집행관은 집행조서를 작성하여야 한다(10조). 집행관은 이해관계인이 신청하면 집행기록의 열람을 허가하고, 기록에 있는 서류의 등본을 교부하여야 한다(9조). 집행조서는 변론조서(민소 158조)와 달리 집행에 관한 유일한 증거방법으로서의 법정 증거력을 갖는 것이 아니며, 증인 그 밖의 증거방법에 의하여

---

1) 이때의 증인은 민사소송법상의 증인신문절차에서 말하는 증인을 말하는 것이 아니라 단순히 '참여인'을 의미한다. 참여인은 적법·공정한 집행행위를 보장하기 위한 것이므로 집행당사자인 채권자나 그 대리인, 집행권원 형성절차에서 당해 사건에 관여하였던 자는 제외된다.

반대증명이 가능하다고 볼 것이다.[1] 조서가 작성되지 아니하였거나 조서의 기재에 흠결이 있다 하더라도 그 사유만 가지고 집행행위 자체가 무효이거나 취소로 되는 것은 아니다.[2]

Ⅱ. 집행법원

집행법원(Vollstreckungsgericht)이란 집행행위에 관한 법원의 처분이나 그 행위에 관한 법원의 협력사항을 직분으로 하는 법원을 말한다(3조 1항. 독일에서는 형사사건에도 형집행을 위한 집행법원이 있음). 실력행위를 요하지 않고 법률판단을 필요로 하는 경우에는 집행법원이 집행기관이 된다.

1. 관 할

(1) 지방법원 단독판사에서 사법보좌관으로

집행법원으로 되는 것은 지방법원이며(3조 1항), 집행법원의 사무는 지방법원 단독판사의 심판업무(법조 7조 4항)[3]로 함이 원칙이었으나, 2005. 3. 24. 법원조직법 제54조를 개정하여 집행법원의 업무 대부분을 사법보좌관의 업무로 바꾸었다.[4] 법관업무부담의 경감과 사법인력의 효율적인 활용을 위하여 소송사건에 비해 덜 복잡한 집행사건을 판사의 감독하에 사법보좌관의 업무로 하자는 것이다. 그러나, 새로운 제도이므로 신중한 검토와 사전준비를 거쳐 담당할 업무의 범위와 절차를 정할 필요가 있었음에도 신속한 시행을 이유로 핵심내용을 대법원규칙인 사법보좌관규칙으로 정하는 등 서두른 면이 있었다.[5]

---

1) 강대성, 106면; 박두환, 38면; 주석 민사집행법(Ⅰ) 150면; 반대 김홍엽 24면. 판례는 경매기일에 있어서의 절차의 이행 여부는 경매조서의 기재에 의하여만 증명할 수 있다고 하여 경매조서를 유일한 증거집행절차에 관한 증명방법으로 보았다(대법 1982. 12. 17, 82마577). 경매조서는 통상의 집행조서와 달리 변론조서와 유사한 면이 있다고 본 것으로 판단된다.

2) 강대성, 106면; 박두환, 38면.

3) 집행에 관한 재판사무는 단독판사의 관할에 속하나 이를 합의부에서 심판하였다 하더라도 위법이라 할 수 없다(는 것에, 대법 1963. 3. 21, 63다70).

4) 외국의 사법보좌관 유사제도에 대한 설명과 사법보좌관제도의 도입 필요성, 유념할 부분 등에 관한 상세한 논의는 정준영, “사법보좌관 제도와 사법보좌관의 업무”, 민사집행법연구 제2권, 209~244면; 정선주, “사법보좌관제도의 정착을 위한 소고”, 민사집행법연구 제2권, 177~205면 참조.

5) 독일에서는 법관의 부담경감을 위하여 법관과 법원사무관 등의 중간위치의 사법보좌관(Rechtspfleger)에게 집행에 관한 이의신청 등을 제외하고 집행법원이 처리하여야 할 집행사

더구나 법원은 사법보좌관이 담당하는 업무의 범위를 계속 확대하고 있는데, 도입당시부터 사법보좌관제도와 제도의 근거를 포괄적으로만 정한 법원조직법의 규정이 헌법상 국민의 법관에 의한 재판을 받을 권리를 침해한다는 주장도 있었으므로 '법률상의 쟁송'에 속하거나 유사한 업무를 사법보좌관의 업무로 하는 것은 삼가할 필요가 있다.[1)]

사법보좌관은 법원사무관 또는 등기사무관 이상 직급으로 5년 이상 근무한 자, 법원주사보 또는 등기주사보 이상 직급으로 10년 이상 근무한 자로서 선발위원회에서 후보자로서 선발되어 그 후보자교육을 이수한 자 중에서 임명한다(법조 54조 4항; 사보규 11조). 사법보좌관은 법원이사관·법원부이사관·법원서기관·법원사무관 또는 등기사무관으로 보한다(사보규 12조). 따라서 국고에서 보수를 받기 때문에 집행관과는 신분상 차이가 있다. 독일·오스트리아와 달리 시험으로도 임용이 가능하게 문호개방된 직책이 아니라 법원직원으로 근무한 경력직, 즉 career system이다. 등기사무관으로도 보할 수 있게 한 것은 등기업무와 집행업무의 이질성에 비추어 의문이다. 법원일반직원 선발과정에 민사집행법이 시험과목에 포함되어 있지 아니하여, 이들이 집행법의 기초이론에 취약할 수밖에 없는 것도 개선사항이다. 사법보좌관은 집행관보다는 훨씬 중요한 부동산·채권 등에 관한 집행업무를 전담하는 형편이므로 보다 더 법률판단을 필요로 하며 직무상 법원사무관 등의 윗자리에 위치하는 직책이므로 엄선될 것과 상당한 기간의 전문연수가 요망된다.

집행법원은 지방법원임이 일반적이나, 예외적으로 부동산·채권에 대한 가압류명령의 집행에 있어서는 지방법원 아닌 다른 법원, 즉 가압류명령을 발한 본안법원도[2)] 집행법원이 된다(293조, 301조). 또 가정법원은 가사소송사건

무를 맡기고 있다. 우리나라도 이를 참고하여 사법보좌관에게 집행법원의 역할을 맡겼다. 그러나 우리 법은 독일처럼 압류우선주의가 아니라 평등주의 법제인 데다가 등기공시가 되지 않는 권리가 많고, 압류의 개별상대효에 의한 실무운영 등 집행법관계가 훨씬 복잡하기 때문에, 독일제도를 그대로 도입하는 것은 신중을 기했어야 한다. 또 독일법(Rechts-pflegergesetz)이나 오스트리아법 모두 사법보좌관이 담당한 업무분야를 중시하여 법률로 되어 있는데, 대법원규칙으로 한 것도 문제이다(우리는 부동산경매까지 사법보좌관의 업무이나 오스트리아는 판사의 업무로 하고 있다). 나아가 독일·오스트리아의 사법보좌관의 경우는 3년간의 전문대학 교육과 시험을 거치게 하므로, 민사집행법을 체계적으로 익힐 기회가 없을 수도 있는 법원일반직을 활용하는 우리나라와는 다르다. 사법보좌관에 관한 정기간행물만 두 가지이다(Rechtspflegerblatt, Der Deutsche Rechtspfleger).

1) 김홍엽, "사법보좌관제도의 시행상 문제점", 민사집행법연구 제2권, 133~174면.

2) 가압류명령을 발한 본안법원이 고등법원이라면 고등법원이 된다는 말이다.

등을 본안사건으로 하여 가압류·가처분을 할 수 있다(가소 63조).

(2) 토지관할

집행법원의 토지관할은 법률에 특별히 지정되어 있지 아니하면 집행절차를 실시할 곳이나 실시한 곳을 관할하는 지방법원이 된다(3조). 집행절차를 실시할 곳의 지방법원을 집행법원으로 한 것은 집행할 청구권을 기준으로 하기보다 각 집행행위를 기준으로 함이 적당하다고 본 때문이다. '실시한 곳'을 토지관할에 포함한 이유는 이미 집행에 착수한 때에는 그 법원이 집행이의신청(16조)도 관할하도록 하기 위함이다.

법률에 특별히 지정되어 있는 경우로는 (i) 재산명시신청 등에 있어서 채무자의 보통재판적이 있는 곳(61조), (ii) 부동산집행에 있어서 부동산이 있는 곳(79조), (iii) 자동차나 건설기계의 집행에 있어서 자동차나 건설기계등록원부에 기재된 사용본거지(규 109조, 130조), (iv) 채권과 그 밖의 재산권에 관한 강제집행에 있어서 채무자의 보통재판적이 있는 곳(224조 1항)을 관할하는 지방법원이 집행법원이 되는 것 등을 들 수 있다. 그리고 (v) 부동산가압류집행은 가압류재판을 한 법원(293조 2항), (vi) 채권가압류집행은 가압류명령을 한 법원이 집행법원(296조 2항)으로 되어 있다. 토지관할을 위반한 집행행위는 위법하지만 당연무효는 아니다. 따라서 집행에 관한 이의신청(16조) 또는 즉시항고(15조)에 의하여 취소되기 전까지는 유효하며, 취소됨이 없이 집행절차가 모두 종료하면 더이상 그 하자(흠)를 다툴 수 없다.

(3) 전속관할

집행법원의 관할은 전속관할이다(21조). 따라서 합의관할(민소 29조), 변론관할(민소 30조)이 성립할 수 없고 관련재판적 규정도 준용되지 아니한다.[1] 집행관의 관할사항인데 집행법원에 집행신청을 한 경우와 같이 직분관할을 어긴 경우에는 신청을 각하할 것이나, 토지관할을 어긴 경우에는 관할법원으로 이

---

1) 대법 2019. 11. 28, 2019다235733. 그 결과 동일 청구권의 실현을 위한 동일 집행절차라 하더라도 절차를 구성하는 수개의 집행행위가 다른 관할구역 안에서 시간을 달리하여 행해진 경우 복수의 집행법원이 생기게 된다. 예컨대, 유체동산에 대한 강제집행에서 집행관이 압류동산의 보관을 채무자에게 명하였는데(189조 1항 단서), 채무자가 다른 법원의 관할구역으로 이사하고 압류동산을 신주소지로 옮기면, 압류에 관하여는 구주소지의 지방법원이, 경매에 관하여는 신주소지의 지방법원이 함께 집행법원으로 된다.

송하여야 한다(23조; 민소 34조 1항).[1] 집행법원의 관할은 전속관할이므로 관련재판적의 규정이 준용되지 않지만, 집행법원을 달리하는 수개의 부동산 등에 대하여 일괄매각결정을 한 경우에는 예외적으로 관련재판적의 규정을 준용하여, 하나의 부동산에 관할권이 있는 법원에서 일괄매각할 수 있다(100조).

2. 직분관할

집행법원의 사무는 크게 직접 집행기관으로 하는 직분과 다른 기관에 대한 협력·감독기관으로 하는 직분으로 나누어진다. 집행기관으로서의 직분도 주로 사법보좌관에게 맡기고, 일부만을 지방법원 단독판사가 담당하게 되었음은 이미 본 바이다. 2선에서 사법보좌관에 대한 협력·감독기관으로의 사후통제의 업무가 단독판사의 몫의 중심이 되게 되었다.

사법보좌관에 관하여는 헌법 제27조 1항의 법관에 의한 재판을 받을 권리, 동법 제101조 1항의 '사법권은 법관으로 구성된 법원에 속한다'는 규정과 관련하여 위헌론이 제기되고 있다. 그러나 사법보좌관의 업무에 대하여 법관이 광범위한 통제권을 갖고 있으므로 위헌론은 배제될 수 있다고 하겠다. 사법보좌관의 처분에 대해서는 이의신청에 의하여 당해 심급에서 법관의 재판을 받을 수 있으며,[2] 법관이 일반적인 업무감독권을 갖는 데다가 사건의 법관송부제도가 있기 때문이다.

(1) 직접 집행기관으로서의 직분

1) 사법보좌관 담당의 업무 집행법원 내부의 업무담당문제로서 어떠한 것이 사법보좌관에 맡긴 업무가 되는가는 법원조직법 제54조 2항 2호에 규정해 놓고 있으나, 대법원규칙인 사법보좌관규칙 제2조 1항에서 구체화하였다. 다만 집행법원이 집행기관이지 사법보좌관이 고유의 집행기관이 되는 것은 아니다.[3]

사실행위나 실력행사를 필요로 하지 아니하는 관념적 집행처분이 중심이 되는데, 사법보좌관은 다음의 업무를 독립하여 처리한다(사보규 2조 2항).

---

1) 대법 1981. 10. 7, 80카54.
2) 헌재 2009. 2. 26, 2007헌바8·84는 법관에 의한 재판을 받을 권리의 침해가 아니라는 이유로 합헌으로 결정하였다.
3) Münchener Kommentar/Lüke, Einleitung, Rdnr. 338.

(i) 집행문부여명령절차(32조, 35조)

(ii) 채무불이행자명부등재 · 재산조회절차(70조~75조)

(iii) 부동산에 대한 강제집행절차(78조~162조, 인도명령과 관리명령 포함), 자동차 · 건설기계 · 소형선박에 대한 강제경매절차(법 187조)

(iv) 유체동산집행 중 압류물의 인도명령(193조), 특별현금화명령(214조), 매각실시명령(216조)

(v) 채권 그 밖의 재산권에 대한 강제집행절차(223조 이하, 특별현금화명령 포함)

(vi) 동산집행의 배당절차(252조~256조)

(vii) 부동산 등의 인도청구권의 집행절차에서, 집행목적물 아닌 동산의 매각허가(258조 6항), 제3자 점유물에 대한 인도청구권의 집행절차(259조)

(viii) 담보권실행 등의 경매절차(선박 · 항공기 제외)

(ix) 유치권 등에 의한 경매절차(274조)

(x) 제소명령절차(287조 1항, 301조),

(xi) 가압류 · 가처분의 집행취소신청절차

(xii) 사법보좌관처분의 경정업무(사보규 2조 1항 19호) 등이다.

2016. 6. 1. 사법보좌관규칙의 개정으로 유체동산의 매각실시명령(216조 2항), 부동산인도집행 중 집행의 목적물이 아닌 동산처분의 허가(258조 6항), 제3자 점유물에 대한 인도청구권의 집행절차(259조), 제49조 · 제50조 · 제266조에 따른 집행정지 · 취소에 관한 것과 제52조 2항 · 3항에 의한 특별대리인의 선임 · 개임 및 제54조에 따른 군인 · 군무원에 대한 강제집행의 촉탁이 사법보좌관의 업무로(사보규 2조 1항 14호), 2020. 5. 1. 개정으로 부동산에 대한 집행에서의 인도명령 · 관리명령, 채권과 그 밖의 재산권에 대한 집행에서의 특별현금화명령 등이 사법보좌관의 업무로 확대되었다.

그러나 부동산집행에서 경매개시결정에 대한 이의신청 재판(사보규 2조 1항 7호 가목), 채권집행에서 채권추심액의 제한허가 · 압류금지채권의 범위변경(사보규 2조 1항 9호 가, 다목)은 판사가 담당한다. 또한 사법보좌관이 배당받은 사건이나 그 업무에 속하는 사건이라도 상당하다고 인정할 때나 법률적 · 사실적 판단에 어려움이 있다는 등의 사유가 있으면 판사가 사건처리를 하도록 하는 **사건의 송부제도**를 두었다(사보규 7조). 따라서 사법보좌관이 그 업무에 속하지 아니한 집행처분을 하였을 때에는 무효로 볼 것이나, 그 반대로 사법보좌관의 업무에 속하는 집행처분을 판사가 처리했다 하여도 그 효력에 영향이 없다고 할 것이다(독일통설).

2) **지방법원 단독판사 담당의 집행업무** 사법보좌관제의 채택에도 불구하고 판사의 집행기관으로서의 업무가 일부 남아 있다. 법원조직법 제54조 2항 2호, 사법보좌관규칙 제2조 1항에 특별히 열거 규정한 것을 제외하고 집행법원의 사무는 지방법원 판사의 업무가 된다. 다만, 이는 지방법원본원·지원판사를 뜻하고, 시·군법원판사는 원칙적으로 포함되지 않는다(68면 참조). 여기에는

(i) 재산명시신청절차

(ii) 선박·항공기(경량항공기 포함)에 대한 집행절차(강제경매·임의경매 같다)

(iii) 강제관리

(iv) 가압류·가처분집행절차(그 취소절차 제외) 등이 있다.

그 밖에 제3자이의의 소와 배당이의의 소도 판사가 담당한다. 오스트리아 사법보좌관법 제17조 3항은 부동산강제경매와 강제관리는 판사의 업무로 유보시키고 있음에 비추어 우리나라 사법보좌관의 업무는 광범위하다.

(2) 집행관·사법보좌관에 대한 협력·감독기관으로서의 직분

이는 지방법원 단독판사의 직분이다.

(i) 국군이나 공공기관에 원조요청(5조 3항, 20조),

(ii) 공휴일·야간 집행의 허가(8조),

(iii) 집행관이 행한 집행에 대한 집행이의신청의 재판(16조),

(iv) 사법보좌관의 업무감독과 사법보좌관의 처분에 대한 이의신청의 재판(법조 54조 3항; 사보규 3조 2호, 4조, 5조). 여기의 업무감독은 업무감독을 지정받은 판사에 대한 사법보좌관의 정기적인 보고의무와 소속법원장 및 업무감독을 지정받은 판사가 하는 사건처리경과·처리결과보고명령을 그 내용으로 한다(사보규 6조).

이러한 직분을 행함에 있어서는 집행관·사법보좌관에 대한 관계에서 상급기관이 된다.

(3) 그 밖에 지방법원 단독판사의 부수적인 직분

급박한 사정이 있는 경우 집행정지 등의 잠정처분(46조 4항)이 있다. 직분관할을 어겨 처리한 집행행위는 당연무효로 된다.[1)]

3. 집행법원의 절차[2)]

(1) 재판의 형식

채권자의 강제집행신청(23조; 민소 203조)에 의하여 집행법원의 절차가 개시되는데, 그 절차는 반드시 변론을 거쳐야 하는 것이 아니다(임의적 변론, 3조 2항). 따라서 집행법원의 재판은 **결정**의 형식으로 한다(23조; 민소 134조 1항 단서). 결정에는 이유의 기재를 생략할 수 있으므로(민소 224조 1항 단서), 집행법원의 결정에는 반드시 이유를 기재해야 하는 것이 아니다.

다만 제3자이의의 소나 배당이의의 소는 집행법원으로서 사법보좌관이 아닌 판사가 관할하지만(48조 2항, 156조 2항), 통상의 소송사건이므로 필요적 변론을 거쳐 판결로 재판한다. 이때는 집행법원의 관할이지만 반드시 단독판사가 아니라 소송목적의 값이 단독판사의 관할을 넘어섰을 때는 합의부의 관할로 된다(48조 2항, 156조 1항).

(2) 심문절차

절차의 신속을 위하여 심문(審問)을 명문으로 금하는 경우도 있지만(채권압류명령 등, 226조), 채무자의 보호를 위하여 명문으로 요구하는 경우도 있다(232조 1항 단서, 241조 2항, 167조 3항). 법에 특별한 규정이 없는 한 심문 여부는 집행법원의 재량에 속하지만, 명문의 규정이 없는 경우라도 채무자에게 알려지면 재산의 도피 등 강제집행의 실시를 위태롭게 하는 경우가 아니면 **절차보장**(법률상 심문청구권)을 위하여 집행채무자의 심문을 필요로 한다.[3)] 신청인의 제도남용을 방지하기 위한 견지에서도 필요하다. 그리하여 규칙 제2조는 집행법원은 집행처분을 하는 데 필요한 때에는 이해관계인 그 밖의 참고인을 심문할 수 있다고 했다. 심문이란 당사자를 비롯하여 이해관계인 그 밖의 참고인에게 적당한 방법으로 서면이나 말로 개별적으로 진술의 기회를 주는 것을 말한다

---

1) 방순원/김광년, 112면.
2) 도표 1-1(12면) 참조.
3) Brox/Walker, Zwangsvollstreckungsrecht(10. Aufl.), Rdnr. 444.

(민소 134조 2항). 심문의 목적은 간이신속하게 필요한 사실을 조사하여 심증을 얻게 하는 것으로 증거조사에 준한다.

(3) 재판의 고지

집행법원의 결정은 상당한 방법으로 고지(주로 송달)하면 효력이 생긴다. 압류 · 추심 · 전부명령처럼 채무자와 제3채무자에게 송달하여야 할 경우가 있고, 경매개시결정처럼 채무자에게만 송달하여야 할 경우가 있다. 예외적으로 매각허가여부의 결정은 선고해야 한다(126조).

(4) 재판에 대한 불복방법

집행법원의 재판에 대한 불복방법에 관하여 과거 여러 설(이의설, 항고설, 선택설, 절충설 등)이 대립되어 있었다. 그러나 1990년 개정법률과 새 민사집행법은 집행법원의 재판으로서 즉시항고할 수 있는 것으로 **특별한 규정**을 둔 경우는 즉시항고(15조 1항), 그 밖의 경우에는 집행법원의 집행결정이라 하여도 집행이의신청(16조 1항)을 할 수 있도록 하여 교통정리를 하였다. 집행법원의 재판은 확정되어도 기판력이 생기지 아니한다. 집행법원의 사무를 대부분 사법보좌관이 처리하는데(법조 54조 2항), 사법보좌관의 처분 중 집행절차에 관한 재판으로서 즉시항고할 수 없는 것은 법 제16조 1항의 규정에 따른 집행이의 신청에 의한다(사보규 3조 2호). 이에 대하여 판사가 처리하는 경우 즉시항고의 대상이 되는 처분은 즉시항고에 의하되 그에 앞서 사법보좌관의 처분에 대한 이의신청의 전치를 거치게 하였다(사보규 4조).

Ⅲ. 제1심법원 — 예외적 집행기관

(1) 민사집행을 실시할 권한을 가진 집행기관은 원칙적으로 집행관 및 집행법원이고, 특별한 경우에 한하여 제1심법원도 집행실시권을 가진다. 여기에서 제1심법원이란 집행할 청구권의 존부확정과 집행권원형성의 소송절차를 담당하는 법원을 말한다. 본안판결을 한 법원과는 의미가 다르다.[1] 시 · 군법원은 제외된다(22조). 소송절차가 개시되기 전에는 그 소송에 관하여 관할권이

---

1) 부작위의무에 대한 간접강제결정에 대한 청구이의 또는 집행문부여에 대한 이의의 소는 부작위의무를 명한 법원이 아니라 간접강제결정을 한 법원이 제1심법원이라는 의미이다. 대법 2017. 4. 7, 2013다80627 참조.

있는 법원이며, 소송이 개시된 뒤에는 그 소송이 계속하고 있는 법원 또는 그 소송이 계속하였던 법원을 말한다. 소송이 어디에 계속되었던가에 의하여 지방법원 단독판사 또는 합의부가 된다. 구법은 제1심수소법원(受訴法院)이라 하였으나, 신법은 제1심법원이라 하였다. 제1심법원은 법관으로 구성되며, 이 업무가 사법보좌관에게 맡겨진 바는 없다. 현행법은 판결절차와 집행절차를 제도적으로 분리하고 있으므로 이처럼 판결기관인 제1심법원이 집행기관이 되는 것은 예외적이다.

(2) 제1심법원의 집행기관으로서 직분

비금전채권집행에 있어서 작위의무 등에 대한 **대체집행**(민 389조 2항 후단·3항, 260조), 부작위의무·부대체적 작위의무 등에 대한 **간접강제**(261조) 등이 대표적이다.[1] 전속관할이다. 그러나 의사진술을 명한 집행권원의 집행에는 집행기관의 관여가 필요 없다(민 389조 2항 전단, 자동집행). 그 밖에 다음과 같다.

1) 외국에서 강제집행할 경우의 촉탁(55조)도 제1심법원의 소관이다.

2) 가정법원의 판결·심판·결정 등에 대한 이행명령은 가정법원 자신이 일괄하여 행한다. 이행명령의 불이행시에 과태료·감치처분도 가정법원이 한다. 양육비심판의 이행확보, 즉 집행에는 직접지급명령이라는 특칙이 있다.

3) 증권관련집단소송에 있어서 손해배상판결의 권리실행으로 얻은 금전의 분배절차는 제1심수소법원의 관할로 하였다(증권관련 집단 소송법 39조). 행정소송에서도 거부처분취소판결에 대하여 제1심수소법원이 제262조의 규정을 준용하여 판결을 이행하지 아니하는 행정청에 대하여 간접강제를 할 수 있는 제도가 있다(행소 34조).

다만 민사집행법상 제1심법원은 청구이의의 소(44조), 집행문부여에 대한 이의의 소(45조), 집행문부여의 소(33조) 및 그와 함께 하는 잠정처분에 대하여도 관할권을 갖는다(예외: 제3자이의의 소, 배당이의의 소=집행법원). 다만 형사소송절차에서의 민사화해의 경우는 형사사건의 제1심법원이다(소촉특법 40조). 그러나 엄밀하게 보면 이때의 제1심법원은 판결기관으로서의 직분이지 집행기관으로서의 직분이 아니다.

---

1) 대법 2017. 4. 7, 2013다80627.

Ⅳ. 그 밖의 집행기관

1. 등 기 관

부동산가압류의 집행은 법원의 촉탁에 의하여 가압류의 재판을 등기부에 기입하는 것이 집행방법이므로(293조 1항), 등기관이 이 한도에서 넓은 의미의 집행기관이 된다. 부동산의 처분금지가처분의 집행도 동일하다(305조 3항). 그러나 등기를 명하는 본안 판결에 기하여 등기부에 기입하는 등기관은 집행기관이 아니다. 이러한 판결이 확정되면 등기절차를 이행할 의사표시를 한 것으로 간주되어 집행은 끝난 것이 되고(자동집행), 그 후의 등기부기입은 고유의 집행이 아니고 사후처분이기 때문이다.

2. 집행공조기관

(1) 집행사건에서의 집행기관은 아니나, 법률 · 조약 등에 의하여 집행협력의 공공기관 또는 공무원을 공조기관이라고 한다. 예컨대, 집행문을 내어주고 등기촉탁을 하는 법원사무관 등(32조, 94조), 집행법원의 촉탁에 의해 등기부에 각종 등기를 기입하는 등기관(94조, 141조, 144조 1항, 163조, 268조 등), 원조요청을 받은 경찰관 · 국군(5조 2항, 6조), 공정증서를 작성하는 공증인(59조), 외국에서 할 집행촉탁을 받은 외국공공기관이나 외국주재 대한민국 영사(55조) 등이 이에 해당된다. 법 제20조에 의하여 집행법원으로부터 원조요청을 받은 공공기관(집행대상재산이 토지인 때는 그 지상건물, 건물인 때에는 그 부지를 포함하여 그에 과하여진 조세 그 밖의 공과금에 대한 필요한 증명서의 교부 요청 등), 법 제74조에 의하여 재산조회의 요구를 받은 공공기관 · 금융기관 · 단체 등도 이에 속한다. 부동산 인도 · 권리이전청구권의 집행에 있어서 채무자의 대리인인 보관인(244조 2항)도 이에 해당한다.

(2) 등기 · 등록의 촉탁, 채권신고의 최고(84조 4항), 채무불이행자명부 부본의 송부 및 그 말소통지(규 33조, 34조), 배당금의 교부, 공탁, 공탁물의 지급위탁(규 82조) 등을 집행법원의 업무로 하였던 구법과 달리 신법은 법원사무관 등의 업무로 전환시킴으로써, 법원사무관 등의 지위를 크게 강화시켰다.[1] 민사

---

1) 법원행정처, 민사집행법해설, 99, 119면.

집행절차에서의 통지도 법원사무관 등이 그 이름으로 할 수 있게 하였다(규 8조 5항). 그러나 일본법을 모델로 하였지만 사법보좌관제도를 별도로 두지 아니한 일본법만큼 법원사무관 등의 권한을 확대한 것은 아니다.[1)]

제 2 절 집행당사자

Ⅰ. 의 의

민사집행절차도 판결절차와 마찬가지로 두 당사자 대립구조(Zweiparteienverfahren)를 이루고 있다. 민사집행절차에서 대립하는 당사자를 집행당사자라고 한다. 집행당사자간에는 하나의 법률관계가 성립되는데, 이로부터 채권자의 권리의무가 발생하고 채무자의 이익보호 그리고 고의·과실에 의한 권리침해의 경우에 손해배상청구권 발생의 근거가 생긴다.

(1) 집행채권자·집행채무자

집행당사자 가운데 능동적으로 민사집행을 요구하는 자를 **집행채권자**라고 하고, 수동적으로 그 집행을 요구받는 상대방을 **집행채무자**라고 한다. 흔히 민법 등 실체법상의 채권자(Gläubiger)·채무자(Schuldner)와 마찬가지로 부른다. 보통은 실체법상의 채권자가 원고가 되어 채무자를 피고로 하여 소를 제기하고 이행판결을 받아 채무자의 재산에 대해 집행을 하기 때문에, 실체법상의 채권자·채무자가 집행절차상의 그것과 일치하는 수가 많다.

그러나 실체법상의 채권자 이외의 제3자가 채권자로서 집행을 행하는 일이 있다. **제3자의 집행담당**의 경우가 그러하다. 권리관계의 주체 이외의 제3자가 소송수행권을 갖고 소송담당하는 경우와 마찬가지로 보면 된다. 예를 들면 주주대표소송에서 "피고 이사는 제3자인 회사에게 배상금을 지급하라"는 내용으로 승소한 원고 주주가 피고 이사에 대하여 집행하는 경우이다. 이때에 주주는 **집행담당자**로 집행채권자가 되어 나설 수 있다.[2)] 집행결과로 생긴 매

---

1) 이처럼 법원사무관 등의 권한도 강화되고, 시험제 선발의 외국과 달리 집행관은 주로 퇴임한 법원사무관 등에서 선발되며 사법보좌관은 현직의 법원사무관 등으로 보임되는 데다가 그 업무영역도 확대일로이므로, 보전처분은 별론 집행영역에서는 전·현직 법원사무관의 직역이 크게 강화되었다.

2) 대법 2014. 2. 19, 2013마2316.

각대금 등은 회사에 교부배당할 것이다.[1] 그러므로 실체법상의 채권자 · 채무자가 아닌 사람이 집행당사자가 되는 수도 있으므로 이와 명확하게 구별하기 위해 **집행채권자**(judgement creditor) · **집행채무자**(judgement debtor)라고도 한다. 또 때로는 채권자를 압류채권자라고 할 때도 있다(102조 등). 과거 신청인, 피신청인이라 하였지만 이제는 잘 사용하지 않는다(가처분의 경우에 이렇게 부르는 경향이 있다).

채권자 · 채무자는 집행권원과 여기에 덧붙이는 집행문에 표시한다(30조). 대체로 민사소송의 원고가 채권자가 되고 피고가 채무자가 되지만, 소송의 피고가 채권자가 되고 원고가 채무자가 되는 예외적인 경우도 있다. 예를 들면 ① 반소에서 피고가 승소판결을 받은 때, ② 가집행선고의 실효의 경우에 원고가 피고에게 가지급물반환이나 피고가 입은 손해배상의 명을 받은 때(민소 215조), ③ 원고가 패소하여 피고가 원고에 대한 소송비용확정결정에 의하여 집행할 때가 그러하다. 또 판결절차의 원고도 피고도 아닌 제3자가 민사집행절차의 채권자나 채무자가 될 수 있다. **제3자가 참가한 화해 · 조정** 때가 그러하거니와 어느 소송당사자의 승계인에 의하여 다른 소송당사자의 승계인에 대하여 강제집행을 하는 경우도 그러하다.

(2) 공동집행 당사자

채권자 또는 채무자가 여러 사람일 경우가 있다. 이를 공동집행채권자, 공동집행채무자라고 한다. 여러 채권자를 위하여 동시에 금전을 압류하거나(222조 1항 · 2항), 부동산 경매절차(87조)의 실시 등 채권자가 여러 사람일 경우가 전자의 예이고, 여러 사람의 공동재산에 대하여 집행신청을 하는 등 채무자가 여러 사람일 경우가 후자의 예이다. 강제집행에서는 집행절차의 개시시나 그 과정에서 공동집행의 신청, 이중압류, 배당요구, 공동상속 등으로 다수 집행당사자가 관여하는 경우가 많다.

---

1) 다만 집행단계에서 회사의 판단권을 존중하는 의미에서 승소주주는 우선 회사에 집행신청을 하도록 청구해야만 하고, 그래도 회사가 집행신청을 하지 않을 경우에 한하여 스스로 집행신청을 할 수 있다는 해석도 나오고 있다. 이정준, "주주대표소송의 승소판결에 의한 강제집행", 민사집행법연구 제7권, 48면 이하; 이덕기, "주주대표소송의 승소판결에 의한 강제집행절차", 동 제7권, 106면 이하.

(3) 절차관여의 제3자

집행당사자 이외의 **제3자**도 여러 가지 이유로 민사집행절차에 관여할 수 있다. 채무자에 대한 강제집행에서는 제3자가 점유하거나 소유하는 물건이 압류될 가능성이 있기 때문이다. 채무자의 채권에 대한 강제집행에서는 반드시 제3자, 즉 집행대상 채권의 의무자인 제3채무자가 관여하기 마련이다. 다만 채무자로 오인하여 강제집행을 당하는 제3자는 집행이의신청(16조) 또는 제3자 이의의 소(48조)로써 구제받을 수 있다. 부동산집행에서는 채권자·채무자 관계를 떠나서 절차참여권을 인정하는 '이해관계인'이 있다.

Ⅱ. 당사자의 확정

민사소송에서 누가 원고이고 피고인가를 정하는 문제가 있듯이 민사집행절차에서도 같은 문제가 생긴다.

(1) 강제집행의 경우에는 누가 강제집행할 채권자이며 누가 강제집행을 당할 채무자인가 하는 것인데, 이는 **집행력 있는 정본** 즉 집행문이 부여된 집행권원의 정본이 누구를 위하여, 누구에 대하여 부여되었는가의 표시에 의하여 확정된다. 표시설에 의한다(29조, 39조. 일반소송에서 당사자가 누구인가는 소장의 표시 즉 표시주의에 의해 확정되는 것과 같다).[1] 강제집행은 집행력 있는 정본에 의하여 실시하기 때문이다(28조). 따라서 집행문이 부여될 때까지는 집행당사자는 존재할 수 없다. 집행당사자적격을 가진 자도 집행문을 부여받지 아니하면 집행당사자가 될 수 없고, 집행당사자적격을 갖지 아니한 자라고 하더라도 그 명의로 집행문이 부여되어 있으면 집행당사자가 된다. 다만, 집행문의 부여 없이도 집행력이 있는 집행권원(확정된 지급명령 또는 이행권고결정 등)의 경우에는 그것에 표시된 당사자가 집행당사자가 된다.

집행력이 미치지 아니하는 자에 대해 잘못 집행문을 내 준 경우에는 집행문부여에 대한 이의신청(34조) 또는 그 이의의 소(45조)로써 이를 취소할 수 있으나, 그 취소가 되기 전까지는 그 표시되어 있는 자가 채무자의 지위를 유지한다. 다만 담보권실행의 경매에서는 집행력 있는 정본에 의한 집행이 아니므

---

1) 김홍엽 28면, 전병서 31면.

로 경매신청서의 기재사항인 채권자 · 채무자로 표시되어 있는 자(규 192조 1호)가 당사자가 된다. 보전처분의 집행은 신속한 집행을 요하여 보통 집행문을 필요로 하지 아니하므로 보전처분(가압류 · 가처분결정)에 채권자 · 채무자로 기재되어 있는 자가 집행당사자이다.

(2) 집행문에 표시된 자가 아닌 제3자를 채무자로 착각하여 잘못 집행될 수 있다. 그렇다고 제3자가 당사자가 되는 것이 아니므로 그 제3자는 앞서 본 바와 같이 그 위법을 고칠 수 있다. 판례는 집행관의 주택명도집행시에 집행권원에 표시된 채무자가 아닌 제3자가 자신이 거주사실을 말하고 그 집행이 부당함을 항의하였다면 그 제3자가 채무자와는 처남매부 사이라 하여도 집행관은 명도집행시 준수할 집행절차를 어긴 것이라 하였다.[1)]

(3) 당사자의 확정과 관련해 살펴야 할 것에 중요한 두 가지가 있다. ① **당사자 표시에 잘못이 있는 경우**; 대법 2011. 1. 27, 2008다27615는 당사자표시정정이 되지 않아 잘못 기재된 당사자 표시의 본안판결이 확정되어도 당연무효는 아니고, 그 판결의 효력은 잘못 기재된 당사자와 동일성이 인정되는 범위 내에서는 적법하게 확정된 당사자에게 미친다고 하였다. 올바른 당사자에게 집행력이 미치는 것과 다름없지만, 집행절차에서 단순집행문이 아닌 승계집행문이 필요할 것이다. 당사자표시 정정의 의미에서 판결의 경정도 생각할 수 있을 것이다.

② **법인격부인의 법리와 당사자확정의 관계**; 집행력있는 정본에 표시된 당사자와 별개의 법인격이라 볼 수 있는 자를 실질적 당사자로 볼 것인가. 대법 1995. 5. 12, 93다44531은 「A회사와 B회사가 기업의 형태 · 내용이 실질적으로 동일하고, A회사는 B회사의 채무를 면탈할 목적으로 설립된 것으로서 A회사가 B회사의 채권자에 대하여 B회사와는 별개의 법인격을 가지는 회사라고 주장하는 것이 신의칙에 반하거나 법인격을 남용하는 것으로 인정되는 경우에도, 권리관계의 공권적인 확정 및 그 신속 · 확실한 실현을 도모하기 위하여 **절차의 명확 · 안정**을 중시하는 강제집행절차에 있어서는 그 절차의 성격상 B회사에 대한 판결의 집행력의 범위를 A회사에 확장시키는 것은 허용되지 아니한다」고 하여 실질적 당사자를 집행채무자로 보지 아니하는 등 일반적으로

1) 대법 1985. 5. 28, 84다카1924.

집행력의 확장을 부인하는 태도이다. 같은 맥락에서 판례는, 절차의 명확·안정을 중시하여야 하므로 판결에 표시된 채무자의 포괄승계인이나 특정승계인이 아니면 판결에 표시된 자 이외의 자가 실질적으로 부담하여야 하는 채무자라 하여도 그 자를 상대로 신소의 제기는 별론으로 하고 집행력이 미치지 아니하므로 승계집행문을 부여할 수 없다고 했다.[1] 이른바 「실질적 당사자」를 부인하는 입장임이 분명하다.

그러나 탈법행위용으로 법인격을 남용하는 경우는 별론으로 하고, 어떠한 사원이 회사를 사실상 단독으로 지배하는 one man company이고 주주총회나 이사회와 같은 통상의 기구가 가동되지 아니하며 재산·회계·업무가 혼용되며 법인은 형식일 뿐 실질은 개인기업으로 형해화(形骸化)된 법인일 때에는, 실질적 당사자(=실질적 경영자)인 배후의 개인에게 회사와 따로 절차보장이 필요 없는 경우로 보아 집행력을 확장시켜도 좋을 것이다.[2] 이 경우는 실질적 당사자에 대한 승계집행문을 부여받을 수 있다 할 것이다[3](절충설). 우리 사회 법의 영역에서 대표적인 부조리가 사해행위(詐害行爲)와 다른 사람·회사의 이름으로 실체를 감추는 명의신탁제도, 법치의식의 실종 외에 법인은 간판뿐인 형해화 등이라면 사회악 제거의 차원에서도 이러한 해석이 필요하다. 위 93다4453 판결은 일본 최고재 소화53(1978). 9. 14. 판결을 뒤따른 것인데, 동국에서 학설상 강한 비판을 받고 있다.

Ⅲ. 당사자능력과 소송능력

1. 당사자능력

(1) 절차법상의 당사자능력은 당해 절차의 주체로 절차에 관여하고 그에 관한 효력의 귀속주체가 될 수 있는 능력을 말한다. 민법상의 권리주체인 자

1) 대법 2002. 10. 11, 2002다43851.

2) 이와 같이 법인격이 형해화될 경우에는 배후의 회사에게 행위책임을 물을 수 있다는 것에, 대법 2008. 9. 11, 2007다90982; 동 2006. 8. 25, 2004다26119.

3) 부정설: 나현, "법인격무시의 법리를 재론함", 민사소송 제10권 제2호, 44면 이하; 김홍엽, 29면, 절충설: 강대성, 115면, 확장설(긍정설): 전병서, 89면. 법인명의의 은행대출의 경우에 대표이사 개인을 연대보증인으로 세워 위 배후의 개인에게 책임을 묻는 관행을 도외시해서는 안 될 것이다. 일본의 판례도 집행력의 확장을 부정하는 입장이나, 최근 제3자이의의 소와 관계에서 긍정한 예가 나타났다(일본최고재 2005. 7. 15 판결).

연인과 법인이 당사자능력자이고, 민사소송법 제52조의 규정에 의하여 비법인 사단 · 재단도 집행당사자가 될 수 있으며(23조) 그 재산은 구성원의 고유재산으로부터 독립하여 집행의 대상이 된다. 민법상의 조합에 당사자능력을 인정할 것인가는 다투어지는데,[1] 다수설 · 판례의 입장대로 부정한다면(특히 사단성 없는 조합), 조합에 속하는 권리의 집행에는 조합원 전원이 채권자가 되고, 조합채무로 인한 조합재산에 대한 집행에는 조합원 전원이 채무자가 된다고 할 것이다. 「도롱뇽」을 신청인으로 하여 경부고속철도천성산터널공사금지 가처분 신청을 한 이른바 자연권리의 소송에서 도롱뇽의 당사자능력이 문제된 바 있었지만, 현행법 체계하에서는 허용될 수 없다.[2]

(2) 집행기관은 당사자능력이 있느냐의 여부를 직권조사하지 아니하면 안 된다. 다만 판결과정에서 명시적으로나 묵시적으로 당사자능력이 긍정되었을 때에는 집행과정에서 새로 조사할 필요는 없다. 다만 판결 후 사정변경, 예컨대 당사자의 사망의 경우는 다르다고 하겠다. 원칙적으로 당사자능력 없는 자의 집행행위 및 당사자능력 없는 자에 대한 집행행위는 무효이다.

(3) 당사자의 사망

1) 신청 당시 이미 사망한 경우 사망자는 당사자능력이 없으므로, 그 명의의 경매신청은 부적법한 것이 된다.[3] 또 사망자를 채무자로 한 가압류신청은 부적법하고 그 신청에 따른 가압류결정이 있었다고 하여도 그 결정은 당연무효이며, 그 효력은 상속인에게 미치지 아니한다.[4] 실제로 존재하지 아니하는 단체에 대한 보전처분결정은 무효이며, 그 결정에 대한 이의신청 · 항고는 각하되어야 한다.[5] 그러나 저당부동산에 대한 경매는 절차개시 전후에 채무자 · 소유자가 사망해도 경매개시 · 허가결정이 위법이 되지 않는다는 것이 판례[6]이지만 문제는 있다.

---

1) 이시윤, 신민사소송법(제17판), 156면.
2) 대법 2006. 6. 2, 2004마1148.
3) 대법 1959. 12. 30, 4292민재항172.
4) 대법 2006. 8. 24, 2004다26287 · 26294; 동 2002. 4. 26, 2000다30578; 동 2004. 12. 10, 2004다38921 · 38938 등.
5) 대법 2008. 7. 11, 2008마520.
6) 담보권실행경매절차의 경우, 경매는 그 근저당권설정등기에 표시된 채무자 및 저당부동산의 소유자와의 관계에서 그 절차가 진행되는 것이므로 그 절차의 개시 전 또는 진행중에 채무자나 소유자가 사망한 사실이 있다 하더라도 그 재산상속인들이 경매법원에 대하여 그 사망사

2) 신청 후의 사망 가처분신청 당시에 채무자가 생존하고 있었고 그 결정 직전에 채무자가 사망한 경우에는 사망자를 채무자로 한 결정은 무효가 아니다. 강제집행개시 후 채무자가 죽은 때에는 상속재산에 대하여 집행을 계속하여 진행한다(52조 1항). 상속재산에 대하여 집행을 계속할 때에는 승계집행문이 필요없다.

2. 소송능력

당사자가 스스로 유효하게 민사집행법상의 행위를 하기 위해서는 판결절차의 경우와 마찬가지로 소송능력을 갖추어야 한다(23조; 민소 51조).

(1) 채권자는 민사집행신청을 하거나 매수신고·배당요구를 하는 등 집행행위를 할 때 소송능력을 갖추어야 한다. 피성년후견인 등 제한능력자는 소송행위와 마찬가지로 법정대리인의 대리행위를 통해서만 집행행위를 할 수 있다(23조, 민소 55조 1항). 따라서 미성년자가 법정대리인의 관여없이 직접 경매절차에 관여하여 매수인(경락인)이 될 수 없다.[1] 피한정후견인은 한정후견인의 동의를 요하는 행위의 한도 내에는 법정대리인의 대리행위에 의하여서만 집행할 수 있지만, 그렇지 아니한 경우는 소송능력자이므로 대리를 필요로 하지 않는다(23조, 민소 55조 2항).

성년후견개시심판을 받지 아니한 의사무능력자에 대해서도 제한능력자처럼 법정대리인인 특별대리인의 대리에 의하여 집행행위를 할 수 있도록 한 것이 민소법 제62조의2 규정이다.[2] 다만 미성년자가 혼인한 때에는 완전하게 소송능력을 가지며(민 826조의2), 미성년자가 독립하여 법률행위를 할 수 있는 경우에는 그 범위 내에서 소송능력이 인정되는데(민소 55조 1항 1호), 그와 관련 있는 집행행위는 단독으로 유효하게 할 수 있다.

실을 밝히고 경매절차를 수계하지 아니한 이상, 경매법원이 이미 사망한 등기부상의 채무자나 소유자와의 관계에서 경매개시결정을 하고 그 절차를 속행하여 저당부동산의 경락을 허가하였다고 하더라도 그 경매개시결정이나 허가결정이 위법이라고 할 수 없다는 것이 판례이다(대법 1998. 10. 27, 97다39131; 동 1998. 12. 23, 98마2509·2510). 당사자표시의 오류로서 경정결정에 의하여 시정될 수 있는 성질에 지나지 아니하고 경매개시결정의 효력 자체에는 아무런 영향이 없다고 보는 것이 대법원의 확립된 견해이다(대법 1964. 5. 16, 64마258; 동 1966. 9. 7, 66마676; 동 1969. 5. 8, 67마95 등).

1) 대법 1969. 11. 19, 69마989. 또 대법 1967. 7. 12, 67마507은 유아로서 의사능력이 없는 미성년자는 경락할 수 없고, 설사 경락이 되었다고 하더라도 그 경락행위는 무효라고 했다.

2) 대법 1993. 7. 27, 93다8986 등.

(2) 채무자는 채권자와 달라서 집행행위를 받아들이는 지위에 있고 소극적으로 대응하는 데 그치므로 판결절차의 피고처럼 어느 때나 소송능력을 요한다고 할 수 없다(통설).[1] 집행관에 의한 유체동산의 압류와 같이 집행이 사실적 처분에 그칠 때에는 채무자가 소송능력이 없어도 집행은 유효하다. 다만 채무자에 대한 심문(241조 2항, 262조), 채무자가 송달을 받거나 결정·명령의 수령(83조 4항, 163조, 227조 2항), 즉시항고(15조), 집행이의신청(16조), 즉시항고 등의 대상이 되는 처분에 대한 이의신청(사보규 4조)을 하는 등 절차의 주체로서 중요한 역할을 할 때에는 소송능력이 있어야 한다. 이 경우에 채무자가 제한능력자이면 법정대리인에 의하여 대리되지 아니하면 집행행위는 무효가 된다.

소송능력에 대하여 판결절차에서 심리된 바 있다면, 뒤에 사정변경이 없는 한 집행기관은 그 결과에 따라야 할 것이고, 따로 직권조사할 필요는 없을 것이다.

(3) 제3채무자 등의 제3자도 그 보호의 필요성에 있어서 당사자와 달리 볼 것이 아니므로 집행행위를 함에 있어서 소송능력이 필요하다(15조, 16조, 223조~241조, 259조).

Ⅳ. 집행당사자적격과 변동

1. 집행당사자적격

(1) 집행당사자적격이란 특정한 집행사건에서 정당한 집행당사자로서 집행하거나 집행을 받기에 적합한 자격을 말한다.

앞서 본 집행당사자의 확정문제, 즉 집행당사자가 누구인가는 집행문이 부여된 뒤에 **집행력 있는 정본에 표시된 자**의 문제임에 대하여, 집행당사자적격의 문제는 누구를 위하여 누구에 대하여 집행문을 부여하여야 하는가의 집행문부여 전의 문제이므로 집행당사자적격이 있느냐의 여부는 법원사무관 등이 집행문부여를 할 때에 조사할 사항이다. 집행당사자적격은 집행적격이라고도 하는데, **집행권원의 집행력이 미치는 자**가 집행적격자이다. 집행권원의 집행력이 자기를 위하여 존재하는 자가 채권자적격자이고, 그 집행력이 자기에

---

1) 집행절차의 적법여부를 감시하는 입장의 채무자도 소송능력이 필요하다는 반대설이 있다.

대하여 존재하는 자가 채무자적격자이다. 따라서 집행적격은 집행권원의 집행력이 미치는 주관적 범위에 의하여 결정되는 것으로, 원칙적으로 기판력의 주관적 범위와 일치한다(다툼 있음). 집행당사자적격이 없는 자에 대한 강제집행은 무효로 된다.

(2) 집행력이 미치는 집행적격자는 다음과 같다.

1) **집행권원에 표시된 당사자** 판결이 집행권원이 될 때에는 원칙적으로 판결에 표시된 당사자 즉 원·피고가 집행적격자이다(25조 1항 본문). 집행문에 표시된 자가 아니다.

민소법 제71조에 의한 보조참가에 있어서 피참가인이 패소하였을 때에 참가인이 받는 효력은 기판력이 아니라 참가적 효력이므로 보조참가인은 집행적격자가 아니다(25조 1항 단서). 단체가 당사자로서 받은 판결의 효력은 그 대표자나 구성원에게 미치지 아니하므로, 이때의 대표자나 구성원은 집행적격자가 될 수 없다.[1)]

2) **당사자 이외의 집행적격자**(25조 1항 본문) 승계집행문이 부여될 자들이다(승계집행문 참조).

① **승 계 인** 집행권원에 표시된 당사자의 법적 지위(권리·의무, 당사자적격)를 승계한 자이다. 일반판결인 집행권원에 대하여는 사실심변론종결 후의 승계인이고, 무변론판결(민소 257조)인 경우는 판결선고 후의 승계인이다(민소 218조 1항). 공정증서·화해조서 등 판결 이외의 집행권원에 대하여는 변론종결이 없으므로 집행권원 성립 후의 승계인이다. 다만 일반승계인인 상속인이 상속포기를 하였음에도 불구하고 상속인 앞으로 승계집행문을 받아 압류 및 전부명령을 하였으면 집행채무자적격이 없는 자를 집행채무자로 하였으므로 피전부채권의 이전이라는 실체법상 효력이 발생하지 아니한다.[2)]

(i) 승계의 모습은 일반승계든 특정승계든 불문하며, 그 원인이 채권양도·채무인수 같은 사법상의 법률행위,[3)] 전부명령 등 집행행위 혹은 상속·변제자의 대위 등 법정원인 어느 것이라도 상관 없다. 또 승계가 원고나 피고 어느

1) 대법 1978. 11. 1, 78다1206.
2) 대법 2002. 11. 13, 2002다41602. 유남근, "상속포기자에 대하여 승계집행문 부여 후 행하여진 집행절차의 효력", 판례연구 제15집, 부산판례연구회, 867~870면.
3) 상호를 계속 사용하는 영업의 양수인은 채무의 면책적 인수를 하는 등의 특단의 사정이 없는 한 변론종결 후의 승계인이 아니라는 것에, 대법 1979. 3. 13, 78다2330.

쪽에서 생기든 문제되지 아니한다. 판례는 제1차 승계가 변론종결 전에 있었다면, 비록 제2차 승계가 변론종결 이후에 있었다 할지라도 제2차 승계인은 변론종결 후의 승계인이 아니며 이에 승계집행문을 부여할 수 없다고 본다.[1] 말소등기 판결의 패소자인 피고에 대하여 변론종결일 이후에 처분금지가처분을 한 자는 승계인에 해당되지 아니한다.[2] 가처분을 한 자는 권리의 승계인이라기보다 권리를 제한한 자이기 때문이다.

(ii) **승계인과 소송물이론과의 관계**[3] 실체법상의 권리의 주장을 소송물로 보는 **구소송물이론**은 소송물인 청구가 대세적 효력을 갖는 물권적 청구권일 때에는 피고의 지위를 승계한 자가 변론종결 후의 승계인이 되지만, 대인적 효력밖에 없는 채권적 청구권일 때에는 승계인이 되지 아니한다는 입장이다.

구이론을 따르는 우리 판례에 있어서도, 예를 들면 건물명도소송에서의 소송물인 청구가 물권적 청구권 등과 같이 대세적인 효력을 가진 경우에는 그 판결의 기판력이나 집행력이 변론종결 후에 그 판결의 피고로부터 그 건물의 점유를 취득한 자에게도 미치나, 그 청구가 대인적 효력밖에 없는 채권적 청구권일 때에는 점유승계인에게 미치지 아니하는 것으로 판시하고 있다.[4] 그러므로 소송물이 물권적 청구권일 때에는 승계집행문을 부여할 것이나 채권적 청구권이면 부여받지 못한다. 대법 2012. 5. 10, 2010다2558도 전소의 소송물이 채권적 청구권의 성질을 가지는 소유권이전등기청구권인 경우 전소의 변론종결 후에 그 목적물에 관하여 소유권 등기를 이전받은 사람은 전소의 변론종결 후의 승계인에 해당하지 않는다고 하였다.[5] 따라서 채권적인 목적물인도청구권의 경우에 점유이전을 받은 신점유자가 전채무자의 목적물인도의무 자체를 인수받았다는 등 특단의 사정이 없으면 신점유자에게는 집행력이 미치지 않는다.

실체법상의 권리와는 독립하여 소송법적 요소 즉 신청 또는 신청과 사실관계로 소송물을 구성하는 **신소송물이론**의 입장은 이와 다르다. 이에 의하면 바탕이 된 청구가 물권적이냐 채권적이냐를 가리지 아니하고 판결의 효력은 건물명도판결 후의 점유승계인에게 미친다고 보면서 형식적으로 승계인의 범위를 넓게 해석한다.

결국 **신구소송물론의 차이**는 청구가 채권적 청구권일 때에, 구이론은 처

1) 대법 1967. 2. 23, 67마55.
2) 대법 1998. 11. 27, 97다22904.
3) 상세히는 졸저, 신민사소송법(제13판), 663면 이하.
4) 대법 1991. 1. 15, 90다9964; 동 2016. 6. 28, 2014다31721(채권적 청구권인 부당이득반환청구권의 변론종결 후의 승계인에 대해).
5) 독일에서도 계쟁물에 관하여 물권을 취득한 경우에 채무자측의 승계인으로 보는 것에, Jauernig/Berger, §4 Rdnr. 8.

음부터 승계집행문을 부여할 수 없게 되는데 반해 신이론은 승계집행문은 부여하게 되지만 뒤에 집행을 배제시킬 수 있게 된다는 점이다.

② **추정승계인** 당사자가 변론종결 전에 점유·등기를 승계하여도 승계사실을 진술하지 아니하면 변론종결 후에 승계가 있은 것으로 추정되어, 반증이 없으면 기판력·집행력이 미친다(민소 218조 2항). 이는 건물명도사건의 소송계속중에 피고가 그 점유를 제3자인 丙에게 승계하였음에도 이를 감춘 채 상대방인 甲에게 알리지 아니하여 甲으로 하여금 丙에게로 소송인수의 손을 쓸 기회를 제공한 바 없다면(민소 82조), 반증이 없는 한 丙을 변론종결 후의 승계인으로 보아 기판력·집행력을 미치게 하려는 것이다. 추정승계인제도가 없으면 甲은 丙을 상대로 다시 명도소송을 하여야 하는 불편을 감수해야 하기 때문이다. 이 규정에 의하여 원고(채권자)는 일응 피고 상대의 승소판결만으로 丙에게 승계했다는 진술이 기록상 없었으면 丙에 대한 승계집행문을 부여받을 수 있는데, 이때 채권자는 승계시기에 대하여는 증명할 필요가 없고 승계사실만 증명하면 된다.[1] 변론종결 전의 승계의 경우에 당사자항정주의를 채택하지 아니한 문제점을 다소라도 극복하려는 시도이고, 변론종결전 소송중에 목적물의 승계사실을 감추어 온 패소자의 집행방해행위에 대해 승소자를 위한 우리의 좋은 입법대책인데도 별로 주목을 받지 못하고 활성화되고 있지도 않다.

③ **청구의 목적물의 소지자** 당사자나 변론종결 후의 승계인을 위하여 청구의 목적물을 소지하는 자에게 기판력·집행력이 확장된다(민소 218조 1항). 그러한 사람에 대해서는 당사자와 같이 보아 집행력을 미치게 하여도 그의 절차권이 침해될 염려가 없기 때문이다. 그렇지 아니하면 집행채권자는 집행채무자의 목적물소지자에 대한 유체물인도청구권에 대한 집행(243조)의 방법으로 우회적인 집행절차를 밟을 수밖에 없게 된다. 여기에는 자기의 고유의 이익을 위한 목적물의 소지인, 예를 들면 임차인·질권자·전세권자·지상권자 등은 포함되지 아니하나, 수치인·창고업자·관리인·운송인 등은 포함된다.

그러나 법인이 당사자일 때의 그 직원의 소지나 당사자 본인의 동거가족의 소지와 같은 **점유보조자**(민 195조)의 경우는 본인이 직접 소지하는 경우와 같기 때문에 여기에 해당하지 아니한다. 이 경우의 집행은 승계집행문까지도 필요로 하지 아니한다고 할 것이다. 판례도 회사를 상대로 한 건물명도소송의

1) 이시윤, 신민사소송법(제17판), 696면 참조.

승소판결의 집행력은 회사의 직원들로서는 건물부분에 대한 점유보조자에 불과할 뿐인 것으로 이들에게 미치며, 이들은 소유물반환청구의 성질을 가지는 퇴거청구의 독립한 상대방이 될 수 없다고 했다.[1)]

④ **제3자의 소송담당의 경우의 권리귀속주체** 다른 사람의 권리에 관하여 당사자로서 소송수행권을 가진 자, 즉 소송담당자가 받은 판결의 기판력·집행력은 그 권리귀속주체인 다른 사람에게 미친다(민소 218조 3항. 소송담당자로서 나섰던 사람은 「집행당사자」로 집행에 나설 수 있다). 예컨대 파산관재인이 받은 판결은 파산자에게, 회생회사의 재산에 관하여 관리인이 받은 판결은 회생회사에게, 선정당사자가 받은 판결은 선정자에게 각각 그 효력이 미친다. 증권관련 집단소송에서 대표당사자가 받은 판결은 동 집단소송법 제37조에 의하여 제외신고를 하지 아니한 구성원에게 미친다. 따라서 소송담당자가 이행판결을 받았으면 그는 집행담당자로서 권리귀속주체를 위해 또는 그에 대하여 강제집행을 할 수 있고, 권리귀속주체도 승계집행문을 받아 집행할 수 있다. 판결 등 집행권원이 생긴 뒤에 집행채권자가 실체적 권한의 양도없이 제3자에게 집행을 맡아 달라 하여 집행을 임의담당시키는 것(소위 고립적 집행담당, isolierte Vollstreckungsstandschaft)은 부적법하다는 것이 독일의 다수설이다.[2)]

채권자대위소송 판결의 효력이 채무자에게 미치느냐에 대해서는 논란이 많지만, 대법(전) 1975. 5. 13, 74다1664는 채무자가 고지 등을 받아 대위소송을 제기한 사실을 알았을 때에는 채무자에게 미친다는 입장이다. 이때의 판결의 효력은 기판력만이 아니라, 집행력도 포함된다.[3)] 그러나 채권자취소소송에서의 채권자는 소송담당자가 아니고 자기고유의 권리를 행사하는 것이므로,[4)] 그 확정판결의 기판력·집행력이 채무자에게 미칠 여지가 없다.

⑤ **소송탈퇴자**(민소 80조, 82조) 제3자가 독립당사자참가(민소 79조), 참가승계(민소 81조) 또는 인수승계(민소 82조)를 한 경우에 종전 당사자는 그 소송

---

1) 대법 2001. 4. 27, 2001다13983.

2) BGHZ(독일통상대법원판결집) 276, 4; Brox/Walker, Rdnr. 27.

3) 대법 1979. 8. 10, 79마232는 채권자대위권에 기한 확정판결의 기판력이 채무자에게 미치는 경우가 있다 하여도 그 집행력은 원·피고간에 생기는 것이고 원고와 소외인인 채무자 사이에서는 생기지 아니한다고 하였는데, 당연한 판시이다. 채권자대위 소송이 대위자인 원고와 피대위자간의 권리관계를 확정하여 기판력과 집행력을 발생시키기 위한 재판이 아니기 때문이다.

4) 대법 2003. 7. 11, 2003다19558; 동 2005. 3. 24, 2004다65367 등.

에서 탈퇴할 수 있는데, 그 뒤에 제3자와 상대방 당사자 사이의 판결의 기판력·집행력은 탈퇴자에게 미친다. 탈퇴자에게 집행력이 미친다면 무엇이 집행권원이 되느냐가 문제인데, 탈퇴자에게 집행력도 미치므로 남아 있는 당사자의 소송에서는 그 판결주문에서 탈퇴자에 대한 이행의무를 선언할 것이며, 이 선언이 탈퇴자에 대한 집행권원이 된다고 할 것이다.[1] 그러므로 이 경우에는 탈퇴자를 채무자로 하는 집행권원이 존재하는 것이므로 단순집행문으로 충분하다.[2]

2. 집행당사자적격의 변동

(1) 집행문부여 전에 변동이 될 때

집행권원이 성립하고 나서 집행문의 부여 전에 승계 그 밖의 원인에 의하여 집행권원상의 당사자적격에 변동이 생기면 새로 당사자적격을 취득한 자를 위하여 또는 그 자에 대하여 승계집행문을 부여받아야 한다(가압류·가처분명령의 경우에는 292조 1항, 301조).

(2) 집행문부여 후에 변동이 된 때

집행문부여에 의하여 집행당사자는 확정되지만, 그 뒤라도 승계 등의 사유로 집행당사자로서 집행하거나 집행받을 적격에 변경이 생길 수 있다.

1) 집행문부여 후 **강제집행개시 전**에 그와 같은 변동이 생겼을 때에는 신적격자를 위하여 또는 그 자에 대하여 다시 집행문부여를 받지 아니하면 강제집행을 개시할 수 없다. 만일 집행개시 전에 집행문의 부여를 받지 않고 그대로 사망자를 위하여, 혹은 사망자에 대하여 행한 강제집행은 무효로 된다.

2) 집행문부여 후 **강제집행개시 후**에 변동이 생겼을 때에도 원칙적으로 신적격자를 위하여 또는 그 자에 대하여 다시 집행문의 부여를 받지 아니하면 강제집행을 속행할 수 없다. 규칙 제23조는 집행개시 후 채권자의 승계가 있을 때에는 승계집행문의 제출을 요하며,[3] 승계집행문이 제출된 것을 법원사무관 등 또는 집행관은 채무자에게 통지하여야 한다고 규정하였다. 소송절차의

1) 박두환, 71면. 잔존 당사자 사이의 판결에서 탈퇴자에 대한 의무이행의 기재가 없는 경우에는 추가판결을 신청하여야 한다는 견해와 직권 또는 신청에 의한 판결경정으로 시정하여야 한다는 견해가 있다. 주석 민사소송법(Ⅰ)(제9판), 한국사법행정학회(2023), 691면.

2) 주석 민사집행법(Ⅰ), 509면.

3) 집행공탁으로 배당절차가 개시된 다음 집행채권이 양도되고 양도통지가 되었더라도 승계집행문을 부여받아 집행법원에 제출되지 아니하면 집행법원은 양도인을 배당금채권자로 취급할 수밖에 없다는 것에, 대법 2019. 1. 31, 2015다26009.

수계(민소 233조 이하)와 같은 제도가 강제집행절차에 없기 때문이다. 그와 같은 변동이 생긴 것을 이해관계인의 통지나 신고에 의하여 집행기관이 알게 되었을 때에는 집행기관은 절차를 정지시켜 신적격자로 하여금 집행문의 부여를 받게 하는 등의 절차를 밟도록 촉구할 것이다. 그러나 집행기관이 이를 몰라 집행을 속행하였다면, 이때의 집행기관의 집행행위는 적법한 것으로 볼 것이다.[1] 대법 1993. 7. 13, 92다33251은 가압류결정의 피보전권리에 관하여 승계인이 된 것이 입증되었으면 가압류집행이 되기 전이면 제292조 1항에 따라 승계집행문을 부여받아 가압류집행을 할 수 있으되, 가압류집행이 된 뒤에는 승계집행문을 부여받지 아니하여도 가압류에 의한 보전의 이익을 자신을 위하여 주장할 수 있다고 하였다.[2]

(3) 채무자사망의 경우의 예외

집행개시 후 집행중에도 승계집행문을 부여받아야 하는 원칙에 대해 채무자 등 사망의 경우에는 **예외적**으로 부여할 필요가 없다. 구체적으로 본다.

강제집행개시 후에 채무자가 죽은 때이다. 이때는 승계집행문 없이 상속재산에 대하여 그대로 강제집행을 계속 진행할 수 있다(52조 1항). 다만 승계집행문 없는 계속 진행을 현재 집행의 대상이 되어 있는 상속재산이 아닌 다른 상속재산에까지 확장할 수 있다는 적극설이 있으나,[3] 제52조 1항이 예외규정이므로 확장해석은 적절치 않다.[4] 계속 진행은 현재 집행중인 당해 상속재산에 한정할 것이다. 승계인의 고유재산에 대한 강제집행이나 작위·부작위 의무의 강제집행(260조, 261조)에는 원칙에 따라 승계인에 대한 집행문을 필요로 할 것이다.

강제집행을 계속 진행할 때에 채무자측에 통지·송달·심문 등 채무자에게 알려야 할 집행행위를 실시하는 경우에는 상속인이나 그에 갈음하는 유언집행자·상속재산관리인 등에 대해 이를 행하여야 한다. 만일 상속인이 없거나 상속인이 있는 곳이 분명하지 아니하면 집행법원(사법보좌관의 업무)에 신청하여 상속재산 또는 상속인을 위하여 특별대리인을 선임할 것이다(52조 2항).

---

1) 주석 민사집행법(Ⅰ), 494면.

2) 가처분에 관한 같은 취지는, 대법 2015. 8. 27, 2013다43802·43819.

3) 박두환, 72면.

4) 김홍엽 33면; 전병서 55면; 김일룡 65면; 주석 민사집행법(Ⅰ), 495면; 서기석, "당사자의 사망이 재판 및 집행절차에 미치는 영향", 인권과 정의 266호(1998. 10), 50면.

회사 등 법인의 합병에 의한 소멸의 경우에도 채무자의 사망의 경우에 준할 것이다(합병 당시의 재산에 한하여 강제집행하여야 한다).[1] 신탁재산에 대한 강제집행의 경우에 수탁자의 변경이 있는 때에도 승계집행문 부여 없이 신수탁자에 대하여 집행을 속행할 수 있다(신탁 27조). 선박이 압류된 뒤에 소유자나 선장이 바뀐 경우에 승계집행문 없이 그대로 집행을 속행할 수 있다(179조 2항). 가압류·가처분의 경우도 같이 볼 것이다.[2]

V. 대 리

민사집행에 관여하는 자는 대리인을 내세워 집행행위를 할 수 있다. 대리인에는 법정대리인과 임의대리인의 구별이 있음은 소송상의 대리인과 다를 바 없다. 신용정보회사는 집행권원으로 된 채권에 대한 추심위탁을 받을 수 있지만(신용정보의 이용 및 보호에 관한 법률 2조 10호·11호), 이는 집행절차의 대리권부여라고는 할 수 없다.

(1) **집행관**에 의한 집행절차에서는 임의대리인의 자격에 제한이 없어 누구나 대리인이 될 수 있다. 복잡한 법률문제가 있는 것도 아니고 단순하고 정형적인 업무처리이기 때문이다.

(2) **집행법원** 관할의 집행절차라도 이미 확정된 권리관계의 실현절차인 만큼 판결절차처럼 엄격한 변호사 대리의 원칙(민소 87조)을 관철할 필요는 없다.[3] 그러나 법관의 면전에서 받는 심문, 이의신청·항고 등에 관하여 **구술변론**을 하는 경우는 변호사에 한하여 임의대리인이 될 수 있다고 할 것이다. 다만 민소법 제88조의 변호사대리의 예외규정을 준용하여 비변호사라도 집행당사자와 친족관계·고용관계 등 일정한 관계 있는 사람은 법원의 허가를 얻으

1) 이영섭, 55면; 방순원/김광년, 144면; 박두환, 74면; 한종열, 55면; 주석 민사집행법(Ⅰ), 496면; 법원실무제요 민사집행(Ⅰ), 155면.

2) 대법 1976. 2. 24, 75다1240은 가압류신청 당시에 채무자가 생존하고 있었던 이상 결정 직전에 채무자가 사망하였다거나 수계절차를 밟음이 없이 채무자 명의의 결정이 있었다고 하여 가압류결정이 당연무효라고 할 수 없다고 하였다. 가처분의 경우에 같은 취지는 대법 1993. 7. 27, 92다48017.

3) 동지: 전병서, 33면. 반대: 김상수, 30면; 김홍엽, 35면. 판례는 경매신청행위를 소송행위이기는 하지만 민소법 제87조 1항의 재판상 행위에 해당되지 아니한다고 하여 비변호사대리가 된다고 하였다(대법 1985. 10. 12, 85마613).

면 대리인이 될 수 있다.[1] 이는 법무사에 관하여도 마찬가지로 적용된다.[2]

(3) 2003. 9. 12.부터 시행된 법무사법 제2조 1항 5호에 의하면 법무사가 경매사건 등에서 매수나 입찰신청의 대리를 할 수 있도록 하여, 오랫동안 논란되어 오던 쟁점에 종지부를 지었다.[3] 그러나 집행사건에 관해서 포괄적인 대리권은 없으므로(법무사 2조 1항 4·5호) 법관 앞에서의 심문·변론에 대하여까지 법무사에게 구술대리인의 자격을 부여한 것은 아니다.[4] 공인중개사법 제14조 2항은 개업 공인중개사에게 2005년부터 민사집행법에 의한 경매 및 공매대상 부동산에 대한 권리분석(매수인이 인수/소멸할 권리관계인지 여부의 분석) 및 취득의 알선과 매수신청 또는 입찰신청의 대리를 할 수 있도록 허용하고 있다.[5] 매수신청 또는 입찰신청의 대리를 하고자 할 때에는 대법원규칙이 정하는 요건을 갖추어 법원에 등록을 하고 그 감독을 받을 것을 요한다(동법 14조 3항). 권리관계의 인수여부의 분석은 채권자평등주의의 채택과 임차권·유치권·법정지상권·분묘기지권·특수지역권 등 등기·공시되지 않는 권리가 많은 나라에서 매우 복잡하고 어려운 문제이므로 신중한 대리권행사가 요망된다.

(4) 판결절차 등의 소송대리인은 특별수권이 없어도 민소법 제90조 1항에 의하여 그 판결 등에 기한 강제집행 그리고 가압류·가처분에 있어서 당연히 대리권을 가지며 또 변제수령권도 갖는다.[6] 판결 등 집행권원에 대리인으로 표시되어 있는 사람은 대리권의 증명(민소 58조, 89조)이 따로 필요 없다.[7] 다만 변호사가 아닌 소송대리인의 변제수령권 등은 제한할 수 있다(민소 91조).

---

1) 일본민사집행법 제13조는 집행절차 중 소송 또는 집행항고를 제외하고는 비변호사가 집행법원의 허가를 얻어 대리할 수 있게 한다.

2) 법무사의 집행사건 대리 가부(재민 72-1, 재판예규 92호).

3) 일본은 소액사건에 대하여 법무사의 소송대리를 허용하지만 강제집행에 관한 사항은 제외. 단 회생절차대리권을 부정한 판례가 있다.

4) 예컨대 합의부관할에 속하는 가압류 사건에서 채권자심문을 할 때는 법무사가 대리하지 못한다. 사법보좌관이 하는 업무에 대하여는 법무사가 신청대리를 할 수 있도록 하자는 법무사회 등의 의견이 있다. 법무사잡지 2019년 7월호, 16면 이하 이시윤 인터뷰기사 참조.

5) 공인중개사가 아닌 부동산컨설팅 업체의 직원이 돈을 받고 경매대리행위를 한 경우는 변호사법 위반으로 형사처벌된 사례가 있다(다만 공인중개사가 아닌 변호사가 부동산중개과정에서 법률자문수수료만을 받았으면 공인중개사법 위반이 아니라는 것에 서울중앙지법 2016. 11. 7. 판결).

6) 본안소송의 위임을 받은 소송대리인은 가압류·가처분사건에 대리할 권한은 있지만 그 의무가 있는 것은 아니라는 판례(대법 1997. 12. 12, 95다20775)가 있다.

7) 보전처분채무자의 신청에 의한 제소명령은 기본적으로 보전처분절차에 부수하므로 보전처분신청절차에서 한 소송위임의 효력은 그에 기한 제소명령신청사건에도 미친다(대법 2003. 8. 22, 2003마1209).

제 3 장 민사집행의 객체(대상) — 책임재산

제 1 절 책임재산의 의의와 범위

Ⅰ. 의 의

집행 개시 당시에 채무자 소유에 속하여 강제집행의 대상이 되는 재산을 책임재산이라 하며, 집행의 객체가 된다. 민사집행법 제64조는 강제집행의 대상이 되는 재산이라고 하여 책임의 객체는 재산임을 명백히 하였다. 오늘날 강제집행은 원칙적으로 인적집행이 인정되지 않기 때문에, 채무자의 재산 자체라야 하고, 그 신체·노동력이 집행의 대상이 되는 책임재산은 아니다. 다만 임금체불에 대하여는 노동청에 고발하고 형사제재가 뒤따르는 등 인적집행으로 볼 예외가 있다.

Ⅱ. 범 위

1. 물적 범위

(1) 금전집행에서는 채무자가 가진 모든 재산(unlimited liability=무한책임)으로 금전적 가치가 있는 것이면 원칙적으로 모두 집행의 대상이 된다. 따라서 채무자의 총재산이 책임재산을 구성한다.[1] 부동산·동산·선박·자동차·항공기·건설기계는 물론, 채무자가 제3채무자에 대해 갖고 있는 채권 그 밖의 재산권(예를 들면 지식재산권, 아파트분양권, 골프장회원권, 예탁유가증권, 수익증권 나아가 컴퓨터 software, 인터넷 domain)이 모두 집행의 대상에 포함된다.

---

1) 특정범죄 또는 특정공무원범죄와 관련된 범죄수익을 범인 이외의 자가 그 정황을 알면서 취득한 경우에는 그 제3자에게서도 환수(몰수, 추징)할 수 있는 특례가 있다. 범죄수익은닉의 규제 및 처벌에 관한 법률, 공무원범죄에 관한 몰수 특례법.

채권자에게 금전적 만족을 주는 것이 금전집행이므로 금전이나 금전으로 환가할 수 있는 것이 책임재산에 속한다. 채권자는 이 책임재산을 찾아내야 한다. 다만 ① 독립한 재산적 권익을 내용으로 하지 않는 취소권·해제권이나 그 자체로는 재산적 가치가 없는 자격증·증거서류 및 법률상 금전으로 환가할 수 없는 마약류·위조통화와 같은 불융통물 등은 압류의 대상이 되지 아니한다. ② 양육비·부양료청구권과 같은 일신전속적인 권리도 책임재산에 속하지 아니한다. ③ 성명권·초상권과 같은 채무자의 인격권·신분권도 같다. 나아가 강제집행은 파산절차와 같은 일반집행이 아니라 개별집행이므로 법률에 따로 규정이 있는 경우(공장 및 광업재단저당법 14조)가 아니면 물건 또는 권리를 개별적으로 집행하여야 하며, 일괄매각의 예외는 있지만 영업 자체에 대한 일괄집행이 허용되지는 아니한다.

책임재산에 속하는 여러 재산, 예를 들면 부동산·유체동산·선박·채권 중 어느 것을 어떠한 순서로 집행의 대상으로 할 것인가는 압류채권자의 자유 선택이다. 채권자는 집행신청시에 대상재산을 특정하여야 한다(특정성의 원칙). 다만 유체동산집행은 현장에 나가는 집행관이 재량껏 집행대상을 선택할 수 있다(규 132조).

(2) 특정물의 인도청구권은 채무자의 총재산이 아니고, 인도집행 후의 당해 특정물이 집행의 대상이 된다. 다만 이와 같은 청구권도 손해배상청구권으로 바뀌면 채무자의 총재산으로서 책임재산이 된다. 재산을 대상으로 하지 아니하는 작위·부작위채무의 집행에서는 책임재산이라는 관념이 있을 수 없다. 그러나 대체집행의 비용추심이나 간접강제금의 추심에서는 금전집행과 마찬가지로 책임재산이 문제될 여지가 있다. 또 담보권의 실행에서 대상인 재산은 담보권의 목적인 특정재산에 한정되므로 책임재산과 무관하다. 주로 논의의 실익이 있는 것은 금전집행에서이다.

(3) 채무자의 재산이 책임재산임이 되는 것이 원칙이나, 예외적으로 채권자의 재산이 문제될 수 있다. 예를 들면 **할부매매**에서 소유권을 유보한 채 매도한 동산을 매도인이 압류할 수 있는가 하는 것이 문제되는데, 이를 긍정하는 것이 옳다. 할부매도인은 할부금을 받지 못할 경우 계약을 해제하고 매수인에게 소유권에 기한 목적물반환청구를 할 수 있고, 매수인이 인도를 거부하

면 인도집행을 할 수 있다. 그러나 유보된 소유권을 행사하지 아니하고 잔대금채권을 받을 목적이라면 잔대금에 관한 집행권원을 얻어 금전채권에 기한 강제집행을 할 수도 있다.

2. 시적 범위

강제집행의 **개시 당시** 채무자의 소유인 재산만이 집행의 대상이 된다.

(1) 종전에는 채무자 소유이었으나 집행 당시에는 제3자에게 귀속되어 있는 이른바 **과거의 재산**은 집행의 대상이 될 수 없다. **채권자취소권**(민 406조)은 채무자의 수중에서 이탈한 재산을 원상회복시켜 강제집행의 책임재산으로 삼을 수 있기 때문에 채권자는 이 권리를 행사하여 과거의 재산을 현재의 재산으로 바꾸어 놓을 수 있다. 재산명시절차에서는 직접 강제집행의 대상이 되는 책임재산이 아닌데도 재산명시명령이 송달되기 전 1년 이내에 유상양도한 부동산과 2년 이내에 무상양도한 재산도 재산목록에 명시하여 제출토록 하였다(64조 2항). 과거에 소유한 재산이라도 채권자취소권의 대상이 되는지를 보기 위한 것이다.

(2) 장래의 재산은 그 기초되는 법률요건이 이미 성립되어 있고, 기대권으로 인정되는 정도의 것, 예를 들면 급료나 임대료와 같은 계속적 급부관계의 채권도 집행의 대상이 된다. 또 채무자가 취소나 해제·해지 등의 의사표시를 하면 재산취득이 가능한 경우에는 채권자는 **채권자대위권**(민 404조)을 행사하여 문제의 재산을 책임재산으로 귀속시킬 수 있다.

3. 책임재산의 보전수단

채무자는 되도록 책임재산을 빼돌리려 하거나 빼돌린다. 채권자에게는 어떠한 대책이 있는가.

(1) 사전예방책

대표적인 것이 **가압류**와 **가처분**이다. 가압류는 채무자의 책임재산이 낭비·염가매매·은닉 등에 의하여 감소될 우려가 있고 이를 방치함으로써 장래의 금전집행이 불가능하게 되거나 현저히 곤란할 염려가 있는 경우에 금전채권을 가진 자가 미리 채무자의 재산처분권을 박탈하여 장래의 금전집행을 보전하는 제도이다(276조 이하). 다툼의 대상에 관한 가처분은 채무자에 대해 다툼의 대상인 특정물이행청구권(예를 들면 목적물인도청구권·소유권이전등기청구권)을 가진 채권자가 방치해 두면 채무자 그 밖의 사람에 의한 계쟁물의 은닉·양도·부담증가 등의 현상변경으로 장래의 특정물집행(257조~259조) 그 밖의 청구권실현이 불가능·곤란하게 되는 경우에 점유이전·처분금지 등을 명하여 다툼의 대상인 재산의 현상을 동결시키는 제도이다(300조 1항).

이 밖에 책임재산의 보전수단으로 민소법 제79조 1항 후단의 독립당사자참가 중 사해방지참가가 있다. 채무자가 담합하여 사해소송을 통해 그 책임재산을 도피 또는 감소시키고자 할 때에 채권자는 본소송의 원·피고를 상대로 사해방지를 위한 독립당사자참가를 하여 막을 수 있다. 다만, 원고의 행위가 사해행위라는 이유로 사해행위취소를 구하는 독립당사자참가는 허용되지 않는다는 것이 판례이다.[1)]

(2) 사후회복책

채무자가 빼돌린 책임재산을 채권자가 사후에 원상회복하는 방안에는 여러 가지가 있다. 채무자가 앞으로 강제집행당할 재산을 다른 사람에게 처분하여 해치는 행위에 대하여, 수익자·전득자 상대의 사해행위취소소송[2)]의 제기(민 406조, 407조. 채무면탈용으로 위장이혼+과다한 재산분할 등도 있음), 채무자가 통정허위표시(민 108조)로 제3자에 넘긴 재산에 대한 무효확인소송을 제기할 수 있다.

채무자가 명의신탁으로 제3자에게 넘긴 경우에는 부동산인 경우는 부동산 실권리자명의 등기에 관한 법률 제4조에 의하여 신탁이 무효가 되므로 명의수탁자가 부당이득을 한 것이 되어 명의신탁자는 부당이득반환청구권을 가진다. 부동산명의신탁에는 계약명의신탁과 등기명의신탁이 있다. 3자간의 계약명의신탁의 경우에 부동산 자체의 반환은 안되고 수탁자에게 준 매매대금상당의 부당이득반환청구를, 양자간의 등기명의신탁의 경우는 목적부동산등기말소·이전등기청구로 원물회복이 가능하다. 예금의 명의신탁의 경우에는 피차명자 상대로 차명자 앞으로의 예금채권양도를 구하는 소송을 할 수 있다. 주식명의신탁의 경우, 명의를 돌리려면 신탁해지를 하고 주권반환 또는 주주명

---

1) 대법 2014. 6. 12, 2012다47548.

2) 민사집행법 제251조 소정의 강제집행의 대상이 될 수 없는 어업허가를 양도한 행위는 사해행위취소권의 대상이 될 수 없다는 것에, 대법 2010. 4. 29, 2009다105734.

의개서 등을 청구할 것이다. 채무자가 명의신탁 등으로 재산을 숨기거나 재산보전을 소홀히 할 때에 채권자는 채권자대위권에 기한 대위소송을 제기하여 재산을 찾을 수 있다. 쉽게 찾을 수 없는 채무자의 재산을 찾는 절차로는 재산명시제도가 있다. 또 형법 제327조의 강제집행면탈죄로의 고소도 채무자에게 압박수단이 될 수 있다.

제 2 절 책임재산의 제외 및 조사

강제집행의 대상은 채무자의 총재산이지만, 예외적으로 채무자의 총재산이 아니라 그 가운데 일정한 재산에 한정되거나 아예 책임재산에서 제외되는 경우가 있다. 전자의 경우가 유한책임이고, 후자의 경우가 압류금지재산이다.

Ⅰ. 유한책임

1. 의의와 종류

(1) 특정채권은 그 집행의 대상이 채무자의 재산 가운데 특정의 물건이나 일정범위의 재산에 한정하며, 다른 재산에 대해서는 집행할 수 없는데, 이렇게 책임재산, 즉 집행할 재산이 한정되는 것을 유한책임이라 한다.

(2) 유한책임에는 재산범위 내의 물적유한책임(고유의 유한책임)과 일정금액범위 내의 인적유한책임이 있다.

1) **물적유한책임**이란 그 채권에 대해서는 채무자의 고유재산과는 독립된 재산으로 변제하면 되는 경우이다. 예를 들면 (i) 한정상속을 승인한 상속인은 상속받은 재산의 한도에서 상속채권자에 대해 변제의 책임을 지게 되므로(민 1028조), 상속인의 원래의 고유재산은 그 책임재산에서 제외되고, (ii) 유언집행자 · 상속재산관리인 · 회생회사의 관리인 · 신탁재산의 수탁자(신탁 32조) 등과 같은 재산관리인이 그 자격에서 채무자가 될 때에는 그 **관리재산**만이 책임재산이 되는 따위가 그것이다. 판례[1]는 채권자의 경질된 신수탁자에 대한 이행

1) 대법 2010. 2. 25, 2009다83797은 신탁법 제48조 3항은 수탁자가 경질된 경우에 신수탁자가 전수탁자의 채무를 승계하되 신탁재산의 한도에서 책임을 부담하도록 한다는 취지에서 그와

판결의 주문에서는 신탁재산의 한도에서 지급을 명하는 취지를 명시하여야 한다고 했다.

2) **인적유한책임**도 물적유한책임과 유사하지만 채무자의 책임이 전액이 아니고 일정한 **금액의 한도**에 제한되고 이를 넘어서는 책임을 지지 아니하는 경우이다. 예를 들면 (i) 합자회사 유한책임사원의 일정금액한도의 책임(상 279조), (ii) 주주대표소송·증권관련집단소송 등 손배소송에서 이사의 최근 1년간 보수액의 6배, 사외이사의 경우는 3배의 한도 내 정관으로 정하는 책임(상 400조), 항해에 관한 손해배상채권(선박소유자등책임제한 27조)이나 유류오염손해배상채권에 대한 선박소유자의 책임(유류오염손해배상 7조),[1] (iii) 공동해손분담의무자의 일정한 가액한도 내의 책임(상 868조), (iv) 해양사고 구조의 경우에 구조료보수채권에 대한 책임한도(상 884조), (v) 한국공인중개사협회의 공제가입금액한도의 책임(공인중개사법 30조, 42조), (vi) 법무법인(유한)의 5억원 이상이어야 하는 자본액한도의 책임(변 58조의10) 등은 금액만이 제한되는 것이지, 집행의 대상인 재산 자체에는 제한이 없으므로 물적유한책임, 즉 고유의 유한책임과는 구별된다.

2. 집행법상의 취급

(1) 유한책임의 항변제출시

유한책임인 채권에 대하여 채권자가 무조건의 판결을 구할 때는 채무자는 유한책임의 항변을 제출할 수 있으며, 법원은 그 항변이 이유있으면 주문에서 「상속재산의 범위 내에서」, 「신탁재산의 한도 내에서」, 「기금범위 내에서」(선박소유자등책임제한 27조 2항), 「자본총액의 범위 내에서 」 지급할 것을 명하는 유보부(留保附)판결을 하여야 한다.[2] **유보부판결**의 주문에서 상속재산·신탁재산의 한도 내에서만 집행할 수 있다는 취지를 명확하게 특정하여야 한다(집행력의 제한). 집행권원에 이처럼 유한책임이 명시되어 있으면 집행의 대상도 그 범위로 제한되기 때문에, 집행기관은 명시된 범위의 재산에 대해서만 집행하여야 한다. 그럼에도 불구하고 집행기관이 **책임재산이** 아닌 **다른 재산**

같은 결론에 이르렀다.

1) 태안기름유출사고에 관한 삼성중공업의 책임제한이 그 예이다. 지나친 책임제한이라는 비판이 있다.

2) 대법 2003. 11. 14, 2003다30968.

을 압류하면 채무자는 집행이의신청(16조. 자신의 동의 없는 제3자 점유물의 압류)으로 절차 위법을 주장할 수 있고(즉시항고는 명문의 규정이 없어 불허),[1] 책임재산이 아닌 상속인 자신의 고유재산이 압류됨으로써 자신의 소유권이 침해되었다고 하여 제3자이의의 소(48조)도 제기할 수 있다.[2]

그러나 유한책임이 집행권원이나 집행문에 표시되지 아니한 때에는 집행기관은 이를 고려할 필요가 없으므로 책임재산이 아닌 재산에 대해 집행하여도 위법이라 할 수 없다.

(2) 유한책임의 항변 부제출시

문제는 **한정승인**과 같은 유한책임의 사유가 판결의 표준시점(변론종결시)에 존재하였지만(표준시 후 한정승인의 경우에는 청구이의의 사유), 채무자가 변론에서 유한책임의 항변을 제출하지 아니하여 유보부판결이 아닌 **무유보의 단순한** 「피고는 원고에게 돈 ○○원을 지급하라」는 확정판결이 선고된 때이다. 채무자가 뒤늦게 유한책임의 항변을 주장하면서 한정된 책임재산의 범위 내에서만 집행하고 채무자의 고유재산에 대한 집행력의 배제의 청구이의의 소를 제기할 수 있는가. 우리의 다수설은 청구이의의 소에 대한 **긍정설**로서 판결절차에서 유한책임의 항변을 제출하지 아니하였다고 하여도 집행단계에서 이를 주장할 수 있도록 하는 것이 우리 법감정에 맞으며, 또 상계의 항변이 집행단계에서 제출될 수 있는 것과의 균형상으로도 타당하다는 입장이다.[3] 판례도 같다.[4] 판례는 채무자가 한정승인사실을 주장하지 않으면 현실의 심판대상으로 등장하지 아니하여 주문에서는 물론 이유에서도 판단되지 아니하므로 그에 관하여 기판력이 미치지 않는다고 하였으나, 기판력의 시적범위에 관한 문제를 놓고 그 객관적 범위를 끌어들여 논거를 세운 문제점이 있다.[5]

---

1) 반대: 강대성, 128면.
2) 이 경우 채권자가 채무자의 책임재산에 속하지 아니하는 재산에 집행하였음을 주장하는 자는 집행채무자이지 제3자가 아니므로 청구이의의 소를 제기할 것이라는 견해로는 Brox/Walker, Rdnr. 1377.
3) 방순원/김광년, 151면; 박두환, 81면; 강대성, 128면; 김홍엽, 39면.
4) 대법 2006. 10. 13, 2006다23138. 무유보부판결 선고 후 한정승인을 이유로 청구이의판결이 선고되어 상속재산 이외의 재산에 대한 일반적 집행불허가 된 경우에 무유보부집행문을 부여하는 것은 위법하고 집행문부여에 대한 이의로 다툴 수 있다. 민동근, "한정승인이 민사집행 절차에 미치는 영향", 민사집행법연구 제13권, 329면.
5) 시효항변을 하지 않았으면 주문은 물론 이유에서도 판단되지 아니하므로 그에 관하여 기판력이 미치지 않아 뒤에 다시 제출할 수 있다는 논리가 된다.

이에 대하여 **부정설**은 유한책임도 채권의 속성에 관계되는 것인데 그에 관한 항변은 **방어방법의 일종**이므로 기판력의 표준시까지 제출하지 아니하였으면 기판력의 시적 범위에 관한 일반법리에 따라 뒤에 주장하는 것이 차단(실권)된다는 것이며, 이것이 일본·독일의 통설이다.[1] 생각건대 판결절차의 변론종결시까지 주장하지 아니하였던 유한책임의 항변을 집행단계에 와서 뒤늦게 내세우는 것은 민소법의 적시제출주의 정신이나 실기한 공격방어방법의 각하 규정과의 균형상으로도 맞지 아니하며, 절차의 집중·법적 안정성·신의칙의 견지에서 허용할 수 없다. 유한책임의 항변은 표준시 이후에 자기의 독자적인 반대채권의 희생을 전제로 한 출혈적 상계권행사와는 비교될 수 없는 것으로서, 긍정설에 의한다면 유한책임의 항변이 집행절차를 지연시키는 도구가 되어 절차적 정의를 희생시킬 것이다. global sense 없는 긍정설은 부당하여 부정설을 따른다.[2]

원칙적으로 청구이의사유가 되지 않는다는 부정설의 입장이지만, 그러한 판결에 기초하여 집행을 신청하는 것 자체가 신의칙에 위반되면 강제집행을 불허할 것이라는 견해도 있다.[3]

Ⅱ. 압류금지재산

압류금지재산은 집행의 대상에서 제외된다. 압류금지재산은 다음과 같다.

(1) 법정압류금지재산

민사집행법에서 직접 압류금지재산으로 규정한 것으로, 유체동산에 대한 제195조와 채권에 대한 제246조가 있다. 그 밖에 경제적 약자보호나 종교·교육적이나 사회정책적 견지에서 압류금지규정을 두고 있는 경우가 적지 아니한

1) 菊井雄大, 强制執行法 總論, 有斐閣(昭51), 231면; 中野/河村 民事執行法(改訂版), 243면; 浦野雄幸 編, 民事執行法, 111면 등 일본의 통설. Brox/Walker, Rdnr. 1386; Gaul/Schilken/Becker-Eberhard, §21 Rdnr. 26.

2) 동지; 민일영, "청구이의의 소에 관한 실무상 문제점", 재판자료 제35권, 220면. 그러나 판례는 상속포기는 상속채무의 책임제한이 문제되는 한정승인과는 달리 채무의 존재자체가 문제된다고 하여 전소의 기판력에 의하여 차단되어 청구이의사유가 안 된다는 입장이다(대법 2009. 5. 28, 2008다79876). 변론종결 전에 발생한 상속포기도 청구이의사유로 확대해석하는 것은 위험하다는 견해에는, 이우재, 법률신문, 2007. 8. 9.

3) 김상수, 92면; "한정승인과 청구이의의 소", 법조 622호, 284면 이하. 대법 1984. 7. 24, 84다카572 참조.

데, 뒤에서 보는 바와 같이 부동산에도 예외적으로 있지만 주로 유체동산과 채권에 관련된 것들이다. 최근에 경제적 약자보호의 견지에서 크게 확장하였다.

(2) 도산절차집행의 재산

파산채권자는 파산재단에 속하는 재산에 대해 강제집행이 허용되지 아니하며(채무자회생 및 파산에 관한 법률 348조), 개인회생절차의 개시결정 후의 채무자의 재산(동법 600조 1항), 회생절차 개시결정 후의 재산(동법 58조)도 마찬가지이다. 채무자의 재산은 총채권자의 몫이 된 것이고 특정집행채권자의 몫이 될 수 없기 때문이다. 절차남용의 문제가 있다.

(3) 처분금지물

법률상 양도금지물이 되어 그 권리의 이전이 곧 권리주체의 존립과 양립되지 아니하는 경우라면 강제집행이 불능이라 볼 것이다(예를 들면 학교교육에 직접 사용하는 학교법인의 재산,[1] 일신전속적 권리가 그러하다). 그러나 감독관청의 인·허가가 있어야 이전가능한 재산은 압류만은 허용된다. 또 양도금지특약이 있는 재산이라도 집행에 지장이 없다.[2]

Ⅲ. 책임재산의 조사

강제집행을 실시함에 있어서 집행기관은 강제집행대상이 채무자의 책임재산에 속하는지 여부를 조사하지 아니하면 안된다. 그러나 판결기관처럼 정밀조사가 아니라, 채무자의 책임재산에 속한다고 볼 일응의 외관을 갖추었으면 그에 기하여 강제집행을 개시할 수 있는 것이다. 즉, 집행기관은 부동산집행·선박·자동차 등 집행에서 공부상 채무자 명의의 등기·등록, 유체동산집행에 있어서 채무자의 점유, 채권집행에 있어서 문제의 권리가 채무자에 속한다는 일응의 자료를 첨부하여 집행신청을 하면, 달리 외관상으로 채무자의 책임재산에 속하지 아니하는 것이 명백한 경우가 아니면 원칙적으로 적법하게 압류할 수 있는 것이다. 현행법은 집행사건의 신속한 처리를 위하여 형식주의의 입장을 취하였기 때문이다. 다만 외관상 책임재산에 속한다고 하여도 압류

1) 대법 1972. 4. 14, 72마330; 동 1996. 11. 15, 96누4947.
2) 대법 1976. 10. 29, 76다1623; 동 2003. 12. 11, 2001다3771.

된 뒤에 문제의 재산이 채무자의 책임재산에 속하지 아니한다는 이유로 제3자 이의의 소(48조)로 압류를 배제시킬 방법이 있다.

도표 1-2 책임재산의 보전수단

<table>
<tr><td rowspan="3">사전예방책
(절차법)</td><td>가압류</td><td colspan="2">금전채권의 집행보전</td><td>재산동결</td></tr>
<tr><td>가처분(다툼 대상)</td><td colspan="2">특정물이행청구권의 보전</td><td>현상변경금지</td></tr>
<tr><td>독립당사자 참가</td><td colspan="2">사해방지참가(민소 79조 1항 후단)</td><td>사해소송방지책</td></tr>
<tr><td rowspan="8">사후회복책
(실체법)</td><td>채무자의 통정허위표시</td><td colspan="3">계약무효확인소송, 반환소송</td></tr>
<tr><td>채권자취소권(민 406조)</td><td colspan="3">수익자 · 전득자 상대로 채무자로의 원상회복청구</td></tr>
<tr><td rowspan="4">채권자대위권(민 404조)에 의한 명의신탁재산 등을 채무자로 회복</td><td>부동산</td><td colspan="2">수탁자 상대로 부당이득반환청구
① 계약명의신탁 — 수탁자 상대로 매매대금 반환청구
부동산반환 안됨(2007도2168)
② 양자간의 등기명의신탁 — 수탁자 상대로 진정명의회복의 이전등기 · 말소등기청구(2013다218156 전원합의)</td></tr>
<tr><td>예금</td><td colspan="2">피차명자 상대로 채권양도 · 은행에 대한 채권양도 통지의 소(2000다49091)</td></tr>
<tr><td>주식</td><td colspan="2">신탁해지 · 반환청구</td></tr>
<tr><td>자동차</td><td colspan="2">신탁해지 · 등록명의이전청구</td></tr>
<tr><td>범죄수익은닉의 규제 및 처벌에 관한 법률 제10조의2(소위 유병헌 · 전두환법)</td><td>숨긴 제3자 재산</td><td colspan="2">제3자에게 직접집행. 검사가 형소법 477조에 의해 압류 · 수색, KAMCO에서 경매 등</td></tr>
<tr><td colspan="4"></td></tr>
<tr><td rowspan="3">재산명시절차(집행법)</td><td>재산명시선서</td><td colspan="3" rowspan="3">뒤에서 살필 것임</td></tr>
<tr><td>재산조회</td></tr>
<tr><td>채무불이행자명부등재</td></tr>
<tr><td>형사고소</td><td>강제집행면탈죄</td><td colspan="3">형법 327조</td></tr>
</table>

* 채권자취소권 · 대위권에 기한 집행은 일단 제3자 → 채무자명의로 환원시킨 뒤에 채무자의 재산에 하는 간접집행. 단 범죄수익은닉의 규제 및 처벌에 관한 법률은 범죄로 인한 제3자의 수익재산에 직접집행.

민사집행 전반의 도해

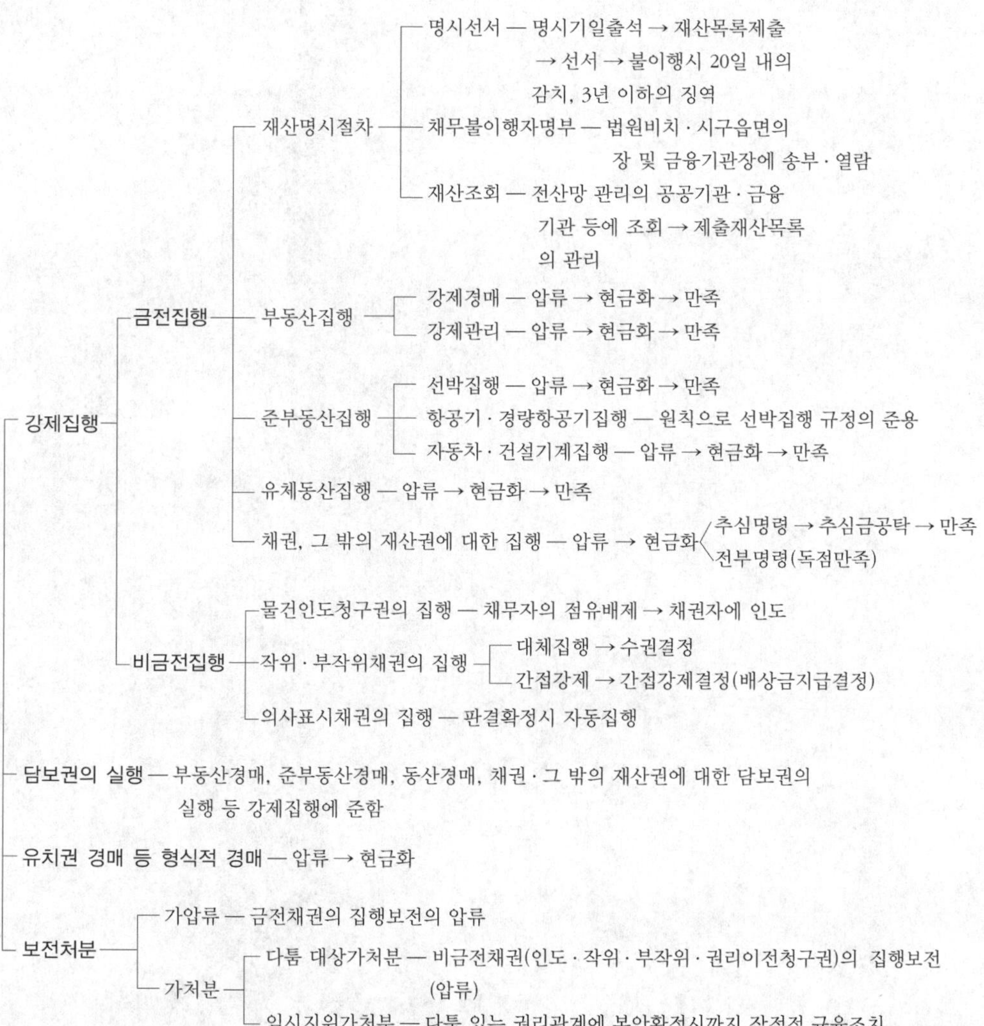
강제집행
금전집행
재산명시절차
명시선서 — 명시기일출석 → 재산목록제출 → 선서 → 불이행시 20일 내의 감치, 3년 이하의 징역
채무불이행자명부 — 법원비치 · 시구읍면의 장 및 금융기관장에 송부 · 열람
재산조회 — 전산망 관리의 공공기관 · 금융기관 등에 조회 → 제출재산목록의 관리
부동산집행
강제경매 — 압류 → 현금화 → 만족
강제관리 — 압류 → 현금화 → 만족
준부동산집행
선박집행 — 압류 → 현금화 → 만족
항공기 · 경량항공기집행 — 원칙으로 선박집행 규정의 준용
자동차 · 건설기계집행 — 압류 → 현금화 → 만족
유체동산집행 — 압류 → 현금화 → 만족
채권, 그 밖의 재산권에 대한 집행 — 압류 → 현금화
추심명령 → 추심금공탁 → 만족
전부명령(독점만족)
비금전집행
물건인도청구권의 집행 — 채무자의 점유배제 → 채권자에 인도
작위 · 부작위채권의 집행
대체집행 → 수권결정
간접강제 → 간접강제결정(배상금지급결정)
의사표시채권의 집행 — 판결확정시 자동집행
담보권의 실행 — 부동산경매, 준부동산경매, 동산경매, 채권 · 그 밖의 재산권에 대한 담보권의 실행 등 강제집행에 준함
유치권 경매 등 형식적 경매 — 압류 → 현금화
보전처분
가압류 — 금전채권의 집행보전의 압류
가처분
다툼 대상가처분 — 비금전채권(인도 · 작위 · 부작위 · 권리이전청구권)의 집행보전(압류)
임시지위가처분 — 다툼 있는 권리관계에 본안확정시까지 잠정적 규율조치

제 2 편 강제집행

집행기관이 채권자로부터 강제집행신청을 받으면 다음의 세 가지 요건을 갖추었는가의 여부를 심사하여야 한다. 만일 그 요건이 불비되면 강제집행신청을 거부하여야 한다.

첫째로, 민사집행절차에서 민사소송법을 준용한 이상(23조), 집행신청이 소송요건을 갖추어야 한다. 이것이 적법요건(Zulässigkeit)이다. 그러나 그것은 어디까지나 강제집행에 관계 있는 범위 내에서 검토되어야 한다.

둘째로, 일반 강제집행의 요건인 집행권원과 집행문을 갖추어야 한다. 강제집행의 실체적 요건이라고도 한다.

셋째로, 집행개시 요건인 집행권원정본의 채무자송달과 집행장애사유의 부존재를 필요로 한다. 이것은 첫째 요건인 적법요건과 합하여 강제집행의 절차적 요건이라고도 한다.

강제집행의 흐름

판결 등 집행권원 → 집행문

→ 집행개시요건 → 집행신청
장애사유 부존재

- 유체동산 · 인도집행 — 집행관
- 부동산 · 채권집행 — 집행법원(주로 사법보좌관)
- 비금전집행(대체집행 · 간접강제) — 제 1 심법원

제 1 장 강제집행의 적법요건

강제집행기관은 집행이 적법할 때에만 집행행위를 할 수 있다. 적법한 집행행위가 되기 위한 요건 중 일부는 판결절차에서의 그것과 동일하다. 집행의 적법성에 대하여는 직권조사를 하여야 한다. 강제집행의 적법성이 없음에도 행해진 집행처분은 흠이 있는 처분이 된다. 이를 일반적 절차요건이라고도 하며, 넓은 의미로 '소송요건'인 집행적법요건이라고도 표현한다.

1. 관할기관

강제집행에 착수하려면 직분관할 및 토지관할권이 있는 집행기관에 신청을 하여야 한다.

(1) 유체동산 · 인도집행은 집행관, 부동산 · 채권집행은 집행법원, 비금전집행인 대체집행 · 간접강제는 제1심법원에 직분관할이 있다.

(2) 어느 곳의 집행기관이냐는 토지관할의 문제이다. 토지관할은 집행이 행해질 곳으로 정하는데 ① 부동산경매 · 강제관리는 부동산이 있는 곳에서, ② 유체동산 · 인도집행은 소재지, ③ 채권집행은 채무자의 주소지, ④ 작위 · 부작위채무에 대한 집행은 집행권원이 제1심법원 합의부에서 만들어졌다면 그 곳 법원이 집행할 곳이 된다. 가처분이 집행권원이면 가처분법원이 관할법원이 된다.

(3) 제22조는 시 · 군법원의 관할에 관한 특례규정으로서 시 · 군법원과 지방법원(지원)의 관할을 조정하였다. 이에 의하면 시 · 군법원에서 처리된 화해, 조정, 지급명령에 관한 (i) 집행문부여의 소 · 청구이의의 소 · 집행문부여에 대한 이의의 소로서 그 집행권원에서 인정된 권리가 소액사건을 넘는 사건, (ii) 제3자이의의 소, (iii) 대체집행 또는 간접강제, (iv) 소액사건을 넘는 사건을 본안으로 하는 보전처분은 그 시 · 군법원이 있는 곳의 지방법원 · 지원이 관할

하게 하였다.

그러나 이 규정의 반대해석으로 (i) 소액사건을 본안으로 하는 보전처분, (ii) 소액사건 범위 내의 집행권원에 기초한 집행문부여의 소·청구이의의 소·집행문부여에 대한 이의의 소는 시·군법원의 관할로 되게 하여 그 관할의 확대로 이용자가 편리하게 되었다.

(4) 민사집행법에 정한 재판적은 전속관할이다(21조). 따라서 전속관할인 토지관할에 반하는 관할합의는 무효이고, 관할권이 없는 집행기관에 한 집행신청은 무효로 된다. 그러나 토지관할에 위배하여 한 집행행위는 위법하지만 당연무효는 아니다. 사물관할은 전속관할이 아니므로 단독판사의 관할에 속하는 집행을 합의부가 하더라도 위법이라고 할 수 없다.[1]

2. 집행신청

강제집행을 하려면 당사자처분권주의에 의하여 채권자가 강제집행을 신청하여야 하는 것이 원칙이다. 다만 가사사건에서는 신청없이도 직권으로 재산명시, 재산조회를 할 수 있는 예외를 두고 있다(가소 48조의2). 집행관에게 「집행위임」을 한다고 규정한 경우도 있지만 정확히 말하면 이것도 집행신청이다. 집행신청은 법적 안정성과 명확성을 위하여 서면에 의하여야 한다(4조). 구술신청은 허용되지 아니한다. 이 점이 구술주의를 원칙으로 하는 민사소송절차와 다르다. 채권자 본인이 집행신청을 할 수 있음은 물론이고 대리인에 의한 대리도 허용된다.

3. 우리나라 법원의 재판권

(1) 영토주권의 원칙에 의하여 국내재판권은 자국 내에만 미치고 외국에까지 확대될 수 없다. 따라서 강제집행은 우리나라 판결 그 밖의 우리나라 법원이 만든 집행권원에 의하여야 한다. 외국판결에 의하여 우리나라에서 집행하고자 할 때에는 우리나라의 승인요건(민소 217조)을 갖추어 집행판결(26조 1항; 중재 39조)을 받아야 한다. 외교특권 및 면제자에 대해서는 재판권에서 면제되기 때문에 강제집행을 할 수 없으며, 강제집행을 하면 무효가 된다. 외교사

1) 대법 1963. 3. 21, 63다70.

절단의 구성원과 그 가족, 영사(직무범위 내), 외국원수 등이 그 예이다.

외국국가의 사법적(私法的) 행위에 대하여는 우리나라의 재판권이 미치기 때문에,[1] 그에 관한 판결에 의한 집행은 허용할 것이다. 외국국가의 명시적 동의나 특권의 포기가 있을 경우도 같다 할 것이다.[2] 그러나 외교특권이 인정되는 외국공관의 재산은 집행의 대상으로 할 수 없다. 판결절차에서 수소법원이 외교특권 및 면제를 간과하고 본안판결을 하였을 때는 판결은 무효이고, 기판력·집행력이 발생할 수 없다. 그러나 법원이 우리 재판권이 있음을 기판력있는 판결로 인정하였을 때에는 집행기관은 이를 따라야 한다.

(2) 대법 2011. 12. 13, 2009다16766은 외국국가(미국)를 제3채무자로 한 압류 및 추심명령은 해당 국가의 명시적 동의나 재판권의 포기의 경우에 한하여 제한적으로 재판권을 갖는다고 하였다. 주한미군부대에 근무하는 채무자가 미합중국에 대하여 갖는 퇴직금 등 채권에 대하여 집행채권자가 압류추심명령을 신청한 사안이다. 이처럼 추심명령에 우리나라에 재판권이 없는 경우에는 집행채권자가 해당국가를 상대로 한 추심금소송에도 역시 재판권이 인정되지 않는다고 하였다.

그런데 위 판결대로 하면 외국국가에 대하여 사법적(私法的) 행위에 의한 채권을 가진 채무자에게 그 한도 내에서 외교특권 및 면제자와 같은 특혜를 주게 되는 결과가 되며, 주권의 상대적 면제주의와 일관되지 아니하는 결과로 되어 문제가 있다고 하겠다.[3] 과연 global standard[4]와 부합하는지 의문이다. 주한미군의 공무집행에 관련 없는 불법행위 때문에 입은 손해(계약에 의한 청구권도 같다)에 대해서는 우리나라의 재판권이 미치므로(한미행정협정 23조 5항·10항), 이 범위의 집행권원에 의한 강제집행은 가능하다.[5] 미국의 경우에는 외국의 불법행위책임을 추급할 수 있게 되어 있다.[6]

---

1) 대법(전) 1998. 12. 17, 97다39216.

2) 제59회 UN총회에서 채택된 국가면제조약.

3) 대법원판결에 반대는 석광현, 국제민사소송법(2012), 57면; 찬성은 장원경, "국가면제와 외국국가에 대한 추심권 행사", 이화여대 법학논집 17권 1호, 171면 이하.

4) 아르헨티나 국채상환을 명한 미국판결의 집행문제로 아르헨티나 정부가 곤혹스런 사례, 러시아가 우크라이나의 국채상환을 London High Court에 제소한 예.

5) 이시윤, 신민사소송법(제17판), 63면 이하 참조.

6) 북한 정권의 미국시민 웜비어고문치사 사건에 대하여 유족이 북한을 상대로 손해배상판결을 받아, 뉴욕주 남부연방법원의 승인하에 미국에 억류된 북한 선박에 대해 집행절차를 진행한

4. 민사집행사항(Rechtsweg)

집행행위가 민사집행법의 적용을 받는 경우라야 집행기관이 다룰 수 있다. 민사법원의 종국판결이거나 외국판결로서 집행판결 또는 법 제56조의 그 밖의 집행권원에 기초하여 강제집행이 진행되는 경우라면 민사집행사항이라고 할 수 있다. 비록 가정법원의 관할이라 하여도 민사집행법의 가압류·가처분 규정을 전면 준용하는 가사소송법의 가압류·가처분은 준민사집행사항에 속한다(가소 63조).

그러나 체납된 국세 등 공과금채권을 위한 집행은 민사집행법이 아닌 국세징수법에 의하므로 민사집행사항이 아니며, 행정처분의 집행정지도 행정소송법 제23조의 적용을 받는 이상 민사집행법상의 가처분이 아니다. 정당해산·권한쟁의심판시나 헌법소원의 경우에 관계법령이나 처분의 효력정지는 헌법재판소법이 적용되므로 일반법원에 신청할 사항이 아니다(헌재 57조·65조). 민사집행사항이 아닌 것에 대한 강제집행이나 보전처분의 신청(헌법기관인 국회의원의 직무행위 정지가처분 등)이 부적법함은 물론이다.

5. 당사자자격

집행당사자가 **당사자능력·소송능력·당사자적격**(소송수행권)[1]·**대리권**을 갖추어야 한다. 집행권원이 판결이라면 판결에서 이와 같은 당사자자격을 인정한 이상, 그 뒤에 당사자자격이 상실되었다는 특단의 사정이 없으면 집행기관은 판결에서 인정한 것에 구속되나,[2] 판결 이외의 집행권원에서의 당사자자격은 독자적으로 심리하여야 한다(앞의 「집행당사자」 참조). 당사자적격은 집행행위를 하기에 정당한 당사자이냐는 문제이다. 법정대리인이든 임의대리인이든 대리인에게 대리권이 존재하여야 하며, 서면증명을 요한다(민소 58조, 97조 준용).

예가 그것이다.

1) 채권자가 다수인 집행권원일 때에, 그 중 한 채권자는 집행신청을 하고 다른 채권자는 집행신청을 거절하는 경우에 신청인에게 소송수행권이 문제된다. 이 경우에 신청인의 소송수행권의 유무는 그 기초가 되는 실체법 규정으로 판단하여야 한다. 소송수행권이 다수인에게 공동귀속되는 고유필수적 공동소송인의 관계일 때는 한 채권자의 신청은 부적법하게 된다. Lackmann, Rdnr. 36.

2) Lüke, §7 Rdnr. 2.

6. 권리보호의 이익

소송행위와 마찬가지로 집행행위도 권리보호의 이익을 필요로 한다. 위에서 본 신의칙과도 관련 있는 문제이다. 집행채권자가 집행목적을 보다 간이하고 경제적으로 달성할 다른 구제수단이 있거나[1] 집행목적을 강제집행의 신청으로는 이루기 어려울 때에는 권리보호의 이익이 없는 것으로 본다. 강제집행이 부적절하고 채무자에 대한 단순한 압력수단이 될 때도 같다고 할 것이며, 이때에는 집행권 남용의 차원에서 문제삼아야 할 것이다. 급여채권에 대한 압류금지 범위내의 압류 신청, 집행관이 유체동산에 대한 집행을 실패한 것이 바로 전인데 채권자가 또다시 시도하는 경우가 그 예이다.[2]

또 채권자가 소액채권 때문에 다른 재산도 있는데 채무자의 엄청난 부동산에 대하여 경매신청을 할 경우에는 채무자의 이익보호를 우선시킬 것이다 (124조 1항. 비례의 원칙 고려).[3] 소액채권 때문에 부동산가압류 등 보전처분을 신청한 경우에 보전의 필요성과 관련되는 문제이기도 하다. 그러나 소액채권이라고 해서 채권자의 강제집행의 신청에 대해 권리보호의 이익이 원칙적으로 부인되어서는 안 된다. 법이 채권자에게 소액이라도 판결을 받을 권리를 주고 집행권원을 만들게 한 이상 그 강제적 실현의 책임은 국가에게 있기 때문이다.

강제집행법상의 일련의 구제조치는 강제집행절차가 존속되고 종료되기 전까지 권리보호의 이익이 있다. 승계집행문의 부여로 양도인에 대한 기존의 집행권원의 집행력은 소멸하므로 양도인을 상대로 한 청구이의의 소는 피고적격이 없는 자를 상대로 한 소이거나 이미 소멸한 집행권원의 집행력 배제를 구하는 것이므로 권리보호의 이익이 없다.[4] 공정증서에 의한 강제집행이 전체로서 종료된 경우는 비록 공정증서가 무효라도 채무자가 청구이의의 소로써 그 강제집행의 불허를 구할 이익이 없다.[5] 제3자이의의 소도 강제집행이 끝난

1) 독일연방헌법재판소는 채무가 이행불능이라는 법원의 확신이 섰을 때에는 선서에 갈음한 보증을 강제하기 위한 감치는 권리보호의 이익이 없다고 하였다(BVerfGE 61, 126, 134f.). 골프장용지 총면적 62만m^2 안의 7,350m^2의 잡종지의 매수인이 인도명령을 신청하는 것이 골프장회사에 매수교섭을 유리하게 이끌기 위한 수단일 때에는 신청권의 남용이라 한 것에, 일본 동경고재 평성22(2010) 3. 8. 결정.

2) Lackmann, Rdnr. 37.

3) Brox/Walker, Rdnr. 28.

4) 대법 2008. 2. 1, 2005다23889.

5) 대법 1989. 12. 12, 87다카3125.

뒤에는 그 이익이 없어진다.[1] 집행문에 관한 이의의 소나 즉시항고 · 집행이의 신청도 또한 같다. 소 대신에 집행종료 후에는 부당이득 · 손해배상으로 문제를 풀어나가야 한다.

7. 국제민사집행의 문제

1) 역외 재산의 집행 국세청이 세금체납자의 해외재산도피의 경우에 어떻게 추적하느냐를 고심하듯이, 판결채무자의 해외도피재산에 대한 강제집행도 문제된다. 우리나라에서 받은 판결은 영토주권의 한계 때문에 외국에서 곧바로 강제집행할 수 없다. 그 나라의 절차법에 따라 판결효력의 승인과 별도의 집행판결을 받아야 할 것이다. 그 절차와 요건 특히 공서양속(ordre public)과 상호보증(다소 완화경향이 있다)이 있어야 하는 등 쉬운 문제가 아니다. 따라서 미국과 같은 국외재산반출의 가능성이 있는 나라와는 외국판결의 승인 및 집행에 관한 양자간의 공조조약의 체결을 모색할 수 있을 것이다. 제55조는 외국에서 강제집행을 할 경우에 그 외국 공공기관에의 촉탁공조와 우리나라 영사에의 촉탁규정을 두고 있으나 세계 어느 나라와도 **집행공조조약**을 맺고 있지 않다. 사문화의 상태만 지속시킬 일이 아니다.[2]

2005년부터 EU가입국가 간에는 일정한 요건을 갖추어 행한 판결, 재판상의 화해, 집행증서는 다른 가입국에서 따로 집행판결 없이 집행권원이라는 확인만 받으면 집행이 가능하도록 하였다. 적어도 한 · 중 · 일 3국간에는 이러한 집행공조의 추진이 바람직할 것이다. 나아가 외국의 중재판정의 승인 및 집행에 관한 1958년의 New York 조약과 같은 다변조약(이제 UN 조약)처럼 국내판결의 외국집행을 편리하게 하기 위한 국제조약이 앞으로 기대된다. G20국가 간에는 외국인계좌통보제(CRS=Common Reporting Standard)가 이루어져 본국 국세청에 조회통보가 된다고 한다. 한미금융정보교환협정(FATCA)[3]과 다자간 금

1) 대법 1996. 11. 22, 96다37176; 매각절차가 종료되었다고 하더라도 배당절차가 종료되지 아니한 이상 제3자이의의 소는 여전히 소의 이익이 있다는 것에, 대법 1997. 10. 10, 96다49049. 그러나 강제집행이 무효인 것에 다툼이 없고, 집행을 속행하여도 제3자가 권리를 잃게 될 염려도 없을 때는 제3자이의의 소는 권리보호의 이익이 없다. Gaul/Schilken/Becker-Eberhard, §41 Rdnr. 34.

2) 그러므로 한미간 공조로 전두환 씨 차남의 미국주택매각자금 212만 달러 중 72만 달러를 미국 법무부가 가압류하는 한편 몰수민사소송을 미연방법원에 제기하고 승소한 후 한국에 반환하여 추징금으로 충당하는 편법을 사용하였다.

3) 2023년 연말 기준 금융정보 자동교환 대상 국가는 108개국.

융정보 자동교환협정(MCAA) 등의 체결로 국제사회에서 Auto-Corruption Network가 구축되어 조세채무자의 국외재산도피에 대처하고 있다. 판결 등 채무자의 해외도피에도 이와 같은 국가간의 집행기관 사이에 통보공조의 강구가 앞으로의 과제이다.

2) 국제 민사집행관할의 문제 그 결정기준의 마련이 과제이다. 민사재판관할의 경우처럼 국제사법 제2조를 준용할 것인지, 부동산 소재지, 동산 소재지, 채권의 경우는 채무자 주소지, 제3채무자의 주소지 등 재판적이 국내에 있는 것을 기준으로 할 것인지 문제가 있다. 국가적 강제는 국내에서만 행사할 수 있는 것이고, 우리 법원이 명한 집행처분에 의해 외국의 주권에 개입해서는 아니 되므로 국내의 재산에 한하여 집행관할권이 생긴다 할 것이다. 목적물이 집행국에 있는지의 여부는 법정지법(lex fori)에 의할 것이다.[1)]

3) 국제민사집행의 경합 등 국제소송의 경합처럼, 내외국에서 동시에 집행하는 국제집행의 경합이 있을 수 있다. 채무자의 재산이 국내 외에도 외국에 산재될 수 있는 재산의 global 시대이기 때문이다. 외국의 집행기관에서 한 압류의 효력을 국내집행기관이 승인할 수 있을 것인가. 외국에서 압류하였음에도 불구하고 동일한 집행권원으로 국내에서 다시 압류하여 초과압류가 될 경우에는 매각을 불허가할 것인지 문제가 될 수 있다.

---

1) Thomas/Putzo/Seiler, §704 Rdnr. 61; BGH NJW-RR 2010, 279.

제 2 장 강제집행의 요건

어떠한 강제집행을 막론하고 먼저 집행권원이 있어야 하며, 이 밖에 집행권원이 집행당사자에 대한 관계에서 집행력을 갖고 있다는 공적 증명서인 집행문이 있어야 한다. 결국 강제집행의 일반요건은 **집행권원과 집행문** 두 가지이다. 넓게는 채무자에 대한 집행권원의 송달도 강제집행의 요건으로 보지만, 이는 집행개시요건으로 엄밀하게는 이와 구별된다. 이 두 가지는 강제집행신청서의 첨부서류이기도 하다. 다만 채권자에게 채무자에 대하여 실제로 집행채권이 있어야 한다는 것은 집행요건이 아니다. 이 요건은 직권조사사항으로서, 강제집행 개시단계에서 그 흠이 발견되면 집행신청을 각하·기각하여야 하며, 그 흠결을 간과하고 개시한 다음에 발견한 때에는 이미 행한 집행을 취소하여야 한다.[1)]

제 1 절 집행권원

제 1 관 집행권원의 의의

집행권원(Vollstreckungstitel, Schuldtitel)이란 실체법상의 청구권의 존재와 범위를 표시하고 법률상 집행력을 인정한 공문서이다. 문서상 집행허용의 공문서이기도 하다. 구법에서는 **채무명의**(債務名義)라고 하였는데, 신법에서는 독일의 원문에 충실하게 집행권원이라 하였다. 다소 어려운 면도 있으나 그것이 강제집행의 근거문서임이 틀림없다면 신법상의 용어가 더 타당한 것으로 보인다.

1) 대법 2000. 10. 2, 2000마5221.

Ⅰ. 법률상의 의미

(1) 집행권원은 강제집행의 근거가 되는 문서이다. 이것만 있으면 비록 실체법상의 청구권이 실제 존재하지 아니하여도 강제집행은 적법한 것이 된다. 반대로 실체법상의 청구권이 있어도 집행권원이 없으면 그 집행은 무효로 된다. 집행권원은 강제집행을 할 권원이 되는 타이틀(강제집행자격증)이기 때문이다. 그러한 의미에서 집행권원은 집행요건이 되고 이에 기하여 채권자의 강제집행청구권, 국가의 집행의무(집행권), 그리고 채무자의 집행감수의무가 발생한다. 따라서 집행기관은 집행권원의 내용인 청구권이 실제로 존재하느냐 여부를 조사할 것이 아니며, 조사할 것은 채권자가 집행권원을 갖고 있느냐 여부이고, 그에 이상이 없으면 집행에 착수할 것이다(형식주의). 집행권원이 뒤에 변제·상계 등에 의해서 소멸되었는지 여부도 조사할 것이 아니며, 이는 채무자의 청구이의사유일 뿐이다.

이처럼 집행권원만 있으면 집행청구권이 발생하지만 구체적으로 집행에 착수할 수는 없다. 집행권원에 기하여 발생한 집행청구권의 행사를 위하여는 원칙적으로 집행문을 부여받아야 한다. 이 때문에 제28조는 강제집행은 집행문이 있는 판결정본(집행력 있는 정본)이 있어야 한다고 하였다. 따라서 집행권원이 집행청구권의 요건이라면, 집행문은 집행청구권의 행사요건이다. 이렇게 보면 집행권원은 강제집행의 필요조건이지 충분조건까지는 아니다. 형사사건에서 강제수사의 요건이 법관의 영장이듯이, 민사사건에서는 강제집행의 요건이 집행권원인 것으로 대비하면 된다.

(2) 집행권원은 강제집행의 근거문서이므로, 이에 의하여 집행당사자, 강제집행의 내용과 범위가 확정된다.[1] 이 말은 집행권원에 의하여 집행력의 주관적 범위와 객관적 범위가 정해진다는 말이다.

1) 집행당사자인 채권자·채무자는 집행권원에 의하여 정하여진다(집행력의 주관적 범위). 따라서 집행권원에 표시된 자만이 채권자·채무자이며, 그 강제집행을 행할 수 있다. 다만, 예외적으로 집행권원상의 채권자·채무자가 아닌 채권자의 승계인에 의해서 또는 채무자의 승계인에 대하여 집행할 수 있지

---

1) 누가(wer), 무엇을(was), 누구에 대하여(von wem) 집행할 수 있는가가 정해지기 때문에 그 특정이 필요하다.

만, 이 경우에는 승계집행문이 부여되어야 한다(25조, 31조). 집행권원에 표시되지 아니한 사람을 위하여서나 그에 대하여 한 강제집행은 무효로 된다.

2) 강제집행의 내용과 범위는 집행권원에 의하여 정해진다(**집행력의 객관적 범위**).

① **집행목적물이 무엇이며 어느 한도**로 집행할 것이냐를 정함에 있어서 집행권원의 표시가 유일한 기준이다. 따라서 집행력 있는 정본에 지연손해금에 대하여 아무런 표시가 없으면 지연손해금에 대한 강제집행은 청구할 수 없다.[1] 집행권원에 표시된 것과 다른 목적물에 대하여 그에 표시된 채무액을 넘어서 집행할 수 없다. 집행권원의 내용·범위는 특정되어야 하며 명백하지 아니할 경우에 그 해석권은 집행기관에 있다. 해석이 잘못되었다고 볼 경우에는 집행이의신청(16조)을 할 수 있다.

집행기관이 집행권원의 **내용·범위를 해석**함에 있어서 재판서(판결, 결정)의 경우에는 주문을 기준으로 하되 판결이유를 참작하여야 한다.[2] 그러나 감정서 등 다른 재판서류까지 참작하여야 하는 것은 아니다.[3] 집행권원 외의 서류까지 조사하는 것은 형식주의에 반한다.

② 집행기관의 해석으로도 집행권원의 내용을 특정(Bestimmtheit)할 수 없는 경우에는 **집행불능·등기불능**이 된다.

집행불능·등기불능의 사례

화해조서, 조정조서, 집행증서 등과 같은 당사자가 주도하여 만든 집행권원에서 생길 수 있다. 판결주문에 적힌 목적물인 쌀의 용량(한 포대당 20kg인지 40kg인지)이 특정되어 있지 아니한 경우,[4] 상환이행을 명하는 화해조서에서 반대의무의 내용이 특정되지 아니한 경우(반대의무의 존부에 기판력은 없지만),[5] 화해조항에 「본건 토지상의 건물을 철거하여 토지를 명도」라고만 기재되어 철거할 건물의 구조·규모가 불명확한 경우가 그 예이다. 판례에서 화해조서의 목적물이 특정되지 아니하는 경우,[6] 부동산의

1) 대법 1994. 5. 13, 94마542·543.
2) 대법 1970. 7. 28, 70누66·67·68; 동 2022. 4. 15, 2018그758. 이에 대하여 제1심 수소법원이 집행기관이 아닌 한 판결이유의 참작은 원칙적으로 배제되어야 한다는 것에, Gaul/Schilken/Becker-Eberhard, §10 Rdnr. 43.
3) Thomas/Putzo/Seiler, Vorbem. Ⅳ §704.
4) 대법 1965. 9. 21, 65다1427 참조.
5) BGH NJW 1993, 324, 325.
6) 대법 1995. 5. 12, 94다25216; 동 1999. 9. 17, 99다1345 참조.

현황과 일치하지 않은 감정결과에 터잡아 위치 · 면적이 특정되어 집행이 불가능이고 정정등기판결이 있지만 정정할 면적이 특정되지 아니한 경우,[1] 환지예정지에 관한 판결에서 환지예정지결정처분의 변경으로 토지의 위치 · 면적 · 평수가 달라져 집행이 불가능한 경우[2]가 문제되었다. 판례는 장래에 '원고의 소유권 상실일까지' 부당이득을 반환하라는 판결주문에서 '원고의 소유권 상실일까지'라는 기재는 집행력에 영향을 미칠 수 없는 무의미한 기재라고 하였다.[3]

이러한 때에는 새로운 집행권원을 얻기 위한 신소제기의 이익이 있고, 기판력에 저촉되지 아니한다는 것이 판례 · 통설이다.[4] 독일 판례는 이와 같은 경우에 채권자는 집행권원의 내용확인의 소, 나아가 집행권원 보충의 소(Titelsergänzungsklage)를 제기하여도 무방한 것으로 본다.[5] 한편 불특정의 경우에는 채무자가 청구이의의 소를 준용하여 집행력의 배제를 구할 수 있다고 할 것이다.[6]

그러나 불특정 · 불명확이 별지도면 · 목록을 첨부하지 아니한 때문일 경우와 같이 집행권원을 작성한 기관의 표현상의 명백한 잘못인 때에는 집행기관은 집행불능이라고 하여 집행거부만 할 것이 아니고, 채권자로 하여금 경정절차(민소 211조)에 의하여 경정(更正)케 하여 명확하게 한 뒤에 집행신청을 하게 할 것이다.[7] 판결경정이 불가능할 경우는 별론이다.[8]

③ 채무자는 금전집행에 있어서는 자기의 전재산으로 책임을 진다. 무한책임이 원칙이므로 집행권원에 책임에 관한 명확한 기재가 없는 한 당연히 채무자의 전재산이 집행의 대상이 된다. 유한책임의 경우는 책임재산이 명확하게 표시되어야 한다[9](제1편 제3장 「집행의 객체」 참조).

---

1) 대법 1998. 5. 15, 97다57658.
2) 대법 1986. 9. 9, 85다카1952.
3) 대법 2019. 2. 14, 2015다244432(그와 같이 기재하는 실무가 바람직한 것이 아니라고도 하였다).
4) 대법 2010. 10. 28, 2010다61557; 최돈호, "집행불능판결의 유형과 예방", 민사집행법연구(제7권), 420면.
5) BGH 36, 11, 14; BGH NJW 1972, 2268; Gaul/Schilken/Becker-Eberhard, §10 Rdnr. 45.
6) BGH NJW 94, 460; BGH NJW-RR 2004, 412.
7) 대법 1989. 10. 13, 88다카19415.
8) BGH NJW 1972, 2268.
9) 한정승인의 경우에 이행판결의 주문에 '상속재산의 한도에서만' 집행할 수 있다는 취지를 명백하게 표시하여야 한다는 것에, 대법 2003. 11. 14, 2003다30968. 신탁법상의 수탁자에 대한 판결주문에서는 '신탁재산의 한도에서만' 집행할 수 있다는 취지를 밝힌 것에, 대법 2010. 2.

Ⅱ. 집행권원의 멸실 · 경합

판결원본의 멸실 등 집행권원이 멸실되었을 때에는 집행불능이다. 채권자는 새로 소를 제기하지 아니하면 안 되며, 신소를 제기하여도 권리보호의 이익이 있다.[1] 다만 법원은 전소의 판결의 기판력에 구속을 받게 된다. 집행력 있는 정본(28조)을 분실하였을 때는 이것과 구별하여야 하며, 이때에는 집행문을 새로 부여받을 수 있다(35조 3항).

같은 청구권에 대해 때를 달리하여 여러 개의 **집행권원이 경합**될 수 있다. 예를 들면 일정한 청구권에 대하여 집행증서를 받아놓았고 또 이행판결도 받은 경우, 이미 집행권원이 있는 채권에 관하여 파산절차의 채권표에 기재되고 여기에 이의가 없었던 경우 등이다. 이 경우 새로운 집행권원만이 유효하다는 견해[2]도 있다. 그러나 구 집행권원이 당연히 실효할 이유가 없고 어느 집행권원으로 집행해도 지장을 초래하는 것이 아니며, 구 집행권원으로써 집행을 신청한 경우 신 집행권원의 존부를 집행기관이 알 수 없을 뿐 아니라 중복하는지 여부에 관한 판단을 집행기관이 하는 것도 적절하지 않으므로 두 집행권원이 모두 유효하다고 볼 것이다.[3] 신 집행권원이 구 집행권원을 구축한다는 법리는 없다.

Ⅲ. 집행권원의 무효와 집행행위의 효력

집행권원의 무효에는, 예를 들면 집행권원으로 되는 문서가 법정요건에 흠이 있는 경우, 화해조서의 내용이 특정되지 아니하여 강제집행을 할 수 없는 경우[4] 등 **절차상의 무효**[5]와 실제로 청구권이 없는데 법원을 속여 편취한 집행권원처럼 **실체상의 무효**가 있다. 절차상의 무효 중 집행력 있는 집행권원

25, 2009다83797.

1) 대법 1981. 3. 24, 80다1888 · 1889 등.

2) 이영섭, 58면.

3) 민일영, "청구이의의 소에 관한 실무상 문제점", 재판자료(35), 210~211면; 박두환, 114면.

4) 대법 1995. 5. 12, 94다25216.

5) 강제집행의 집행권원이 된 지급명령의 정본 등을 채무자에게 송달함에 있어, 허위주소로 송달하게 하였다면 그 집행권원의 효력은 집행채무자에게 미치지 아니하고 이에 기하여 이루어진 강제경매는 집행채무자에 대한 관계에서는 효력이 없다는 것에, 대법 1973. 6. 12, 71다1252.

없이 행한 집행이나 위조한 집행권원에 의하여 한 집행이 무효가 됨은 다툼이 없으나 그 밖의 경우에는 논란이 분분하다. 그러나 실체상 무효의 경우는 그 집행권원에 기해 한 강제집행으로 매수인의 매각부동산에 대한 소유권취득의 효과를 무시할 수 없다. 판례는 경매개시의 근거가 된 확정판결이 재심소송으로 취소되었으나 경매절차를 미리 정지·취소시키지 못한 채 계속진행된 이상 매각대금을 완납한 매수인은 목적물의 소유권을 취득할 수 있다고 하였다(소급효 없다).[1] 이 경우에는 집행당사자간에 부당이득이나 손해배상의 사후처리 문제만 남는다.

제 2 관 각종의 집행권원

강제집행의 기초가 되는 집행권원은 산만하게 규정되어 있다. 제24조는 확정된 종국판결과 가집행선고 있는 종국판결을, 제26조는 외국법원의 판결에 대한 집행판결을, 제56조는 항고로만 불복할 수 있는 재판, 가집행선고가 있는 재판, 확정된 지급명령, 집행증서, 소송상 화해·청구의 인낙 그 밖에 확정판결과 같은 효력을 지닌 것을 규정하였다. 이렇게 산만하게 규정하기보다도 일본처럼 1개의 조문으로 통합하여 입법함이 바람직하다. 가장 널리 활용되는 것은 판결·지급명령·공증어음 등 집행증서·조정조서·조정에 갈음하는 결정·제소전 화해조서·화해권고결정 등이다. 집행증서와 검사의 집행명령을 제외하고 법원이 관여하여 만들어진다.

Ⅰ. 확정된 종국판결

1. 종국판결의 의의

대표적인 집행권원이다. 강제집행에 관한 일반규정은 주로 판결을 대상으로 규정하였으므로, 판결에 관한 집행규정은 나머지 집행권원에 대하여서도 준용된다. 종국판결은 소에 의하여 계속된 사건의 전부·일부를 그 심급으로서 마치는 판결을 말한다(민소 198조). 민소법 제257조의 무변론판결도 포함된다. 따라서 중간판결(민소 201조)은 집행권원이 될 수 없다. 종국판결이면 전부

1) 대법 1996. 12. 20, 96다42628.

판결이든 일부판결이든 추가판결이든 가리지 않는다. 또 본소판결이든 반소판결이든 불문한다. 외국법원의 판결에 기해 강제집행을 할 경우에는 따로 집행판결을 필요로 하기 때문에(26조 1항), 여기서 말하는 판결은 국내법원의 판결이다.

2. 확정판결

종국판결이 형식적으로 확정되면 원칙적으로 집행권원이 된다. 확정이란 판결을 통상의 불복방법, 즉 상소 등에 의하여 취소할 수 없게 된 상태를 말한다.

(1) 판결의 확정시기와 불복없는 판결부분

판결이 확정되는 시기가 문제되는데, 판결마다 확정시기가 다르다. ① 판결선고와 동시인 경우(상고심판결 · 불상소의 합의가 있는 경우 등), ② 송달과 동시인 경우(심리불속행/상고이유서 부제출에 의한 상소기각판결), ③ 상소기간의 만료시인 경우(상소기간의 도과 · 상소의 취하 · 상소각하판결 또는 상소장각하 명령 등), ④ 상소권의 포기시인 경우(민소 394조), ⑤ 상소기각판결의 확정시인 경우(그 때에 원판결이 확정된다)가 있다.

문제는 원판결 중에서 일부불복의 경우, 예를 들면 금 100만원 청구의 소에서 원고 60만원 승소 · 40만원 패소 → 원고만이 자기 패소부분 40만원 상소 → 피고는 상소 · 부대상소하지 아니한 경우에 원고의 승소부분 60만원이 어느 때에 확정되는가. 이렇게 불복 없는 부분의 확정시기에 대하여 판례는 그 부분은 상소심의 심판대상에서 제외되므로 항소의 경우에는 항소심판결 선고시,[1] 상고의 경우에는 상고심판결 선고시[2]로 보는 것이 주류이다(선고시설). 생각건대 일부불복의 경우라도 상소불가분의 원칙에 의해 일단 판결 전부의 형식적 확정력이 차단되지만, 상대방 당사자의 부대상소기간의 도과나 부대상소권의 포기 등으로 더 이상 다툴 수 없는 상태가 되면 불복없는 부분이 분리확정이 된다고 볼 것이다.[3] 따라서 부대상소기간을 기준으로 하여 항소심에서

1) 대법 2008. 3. 14, 2006다2940; 동 2001. 4. 27, 99다30312; 동 1994. 12. 23, 94다44644.

2) 대법 2001. 12. 24, 2001다62213; 동 1995. 3. 10, 94다51543.

3) 독일의 판례 · 통설(Gaul/Schilken/Becker-Eberhard, §11 Rdnr. 14). 이와 같은 입장을 지지한 것으로, 대법 2006. 4. 14, 2006카기62(원고 승소부분이 분리확정되었다면 피고는 그 부분에 관하여 사실심변론종결 이후에 변제공탁하였다는 사유를 들어 원고를 상대로 청구이의의

는 항소심의 변론종결시(민소 403조), 상고심에서는 상고이유서제출기간의 도과시가 각 확정시라고 할 것이다(심리종결시설). 그때 집행권원이 된다.

(2) 이행판결

원칙적으로 종국판결이면서 좁은 의미의 집행력 있는 이행판결에 한하여 집행권원이 된다. 따라서 확인판결이나 형성판결은 집행력이 없다. 소각하의 소송판결, 청구기각의 본안판결, 파산채권확정의 소에 기한 판결(파산채권표는 별론)은 모두 확인판결의 일종이므로 집행권원이 되지 못한다.

또 이행판결이라 하여도 ① 부부동거를 명하는 판결, 무대공연을 명하는 판결처럼 대체할 수 없는 내용의 것으로서 성질상 집행이 곤란한 것, ② 이행불능의 판결[1]이나 청구권의 강제적 실현이 헌법위반이 되는 때, ③ 판결내용의 불특정, ④ 비실재인 · 사망자[2]나 외교특권 및 면제자에 대한 판결 등은 집행력이 없다. 이미 집행이 완료되어 그 효력이 상실된 집행권원에 기해서는 다시 집행할 수 없다.[3]

종국판결에 의한 강제집행은 원칙적으로 판결이 확정된 경우이거나 판결의 확정 전이면 판결에 가집행선고가 있는 경우에 한한다. 민소법 제252조의 **정기금판결**에 대한 변경의 소에서 정기금을 증액하는 판결은 그 증액부분의 한도에서는 새로운 집행권원이 되고,[4] 정기금의 감액청구는 일종의 청구이의 소송으로 볼 것이다.

(3) 판결의 확정증명

판결이 확정되었음을 주장하는 자는 확정에 대해 다툼이 있을 때에는 증명을 요한다. 판결이 확정되면 당사자의 신청에 의하여 확정증명서를 내어 준다(민소 499조). 판결확정증명서는 원칙적으로 제1심법원의 법원사무관 등이 기록에 의하여 내어 주지만, 소송기록이 상급심에 있을 때에는 상급법원의 법원사무관 등이 그 확정부분에 대해서만 증명서를 내어 준다. 판결확정증명서는 강제집행의 개시를 위하여 필요한 것이 아니다. 기록상 확정된 것이 명백하면 집행문을 부여받기 위해서도 필요하지 아니하다

소를 별도로 제기하고 이에 기하여 강제집행정지결정을 받을 수 있다고 했다).

1) 독일 RGZ 107, 15, 17.
2) 대법 1982. 4. 13, 81다1350.
3) 대법 1962. 2. 8, 60다677.
4) 먼저 한 확정판결의 기판력을 배제하여 정기금을 증액한다는 점에서는 형성판결이고, 선행판결의 정기금에 대해서는 소급하여 일부청구의 판결로 된다는 견해에는, 中野/河村, 176면.

(규 19조 2항). 다만 강제집행의 정지(민소 500조), 배당요구절차(218조), 확정판결로써 의사를 진술한 것으로 보는 경우(263조)에 쓰이고 그 외에 기판력 항변 · 부동산등기 · 가족관계등록부에 필요하다.

(4) 상소의 추후보완 · 재심의 제기와 일시적 잠정처분

1) 판결이 형식적으로 확정되면 집행권원으로서 집행력이 생기지만 상소의 추후보완신청(민소 173조) · 재심의 소(민소 451조)를 제기하여 형식적 확정력을 배제시켜 집행력을 소멸시킬 수 있다. 그러나 상소의 추후보완신청이나 재심의 소를 제기하여도 당연히 확정판결의 집행력이 소멸되는 것이 아니고, 상소의 추후보완신청이나 재심의 소가 이유 있어 확정된 판결이 취소되어야 비로소 집행력이 배제된다.[1)] 그리하여 상소의 추후보완신청이나 재심의 소가 제기된 경우에 그 당부가 판명되기까지 사이에 집행정지 · 취소 등의 잠정적 처분을 명할 수 있는 제도를 마련하였다. 상소의 추후보완 · 재심의 소와 관련한 **잠정처분**(einstweilige Anordnung)규정은 가집행선고 있는 판결에 대하여 상소가 제기된 때에도 준용되는데(민소 501조), 실무상 가집행선고 있는 판결에 대한 상소제기에 더 널리 활용된다. 또 정기금판결에 대한 변경의 소(민소 252조)를 제기한 경우에도 준용된다(민소 501조).

2) 법원은 추후보완신청인, 재심원고 등 채무자의 신청에 의하여 강제집행의 일시정지를 명할 수 있다. (i) 불복사유가 법률상 정당한 이유가 있다고 인정되고, (ii) 사실에 대한 소명이 있어야 하며, (iii) 담보제공 또는 무담보를 조건으로 내어 준다. 일시정지처분을 하였더라도 채권자로 하여금 담보를 제공하게 하고 집행을 계속 실시할 수 있도록 할 수 있으며, 집행정지를 명할 경우라도 다시 채무자가 담보를 제공하면 이미 실시한 집행행위의 취소를 명할 수 있다(민소 500조). 집행의 일시정지 또는 취소시 제공할 담보액은 법원이 자유재량으로 정한다. 다만 무담보로 하는 집행정지는 그 집행으로 인하여 회복할 수 없는 손해가 생기는 것을 소명한 때이다(민소 500조 2항).

3) 이와 같은 잠정처분의 신청은 강제집행의 개시 전이나 개시 후에 할 수 있는 것이어서, 집행이 종료된 뒤에는 허용될 수 없으며, 단지 부당이득이나

---

1) 대법 1978. 9. 12, 76다2400; 동 1998. 3. 4, 97마962; 동 1996. 12. 20, 96다42628(확정판결이 재심에 의하여 취소되었어도 경매절차를 정지 또는 취소시키지 아니한 채 그대로 진행된 이상 매수인은 소유권을 취득한다).

불법행위에 의한 구제만이 가능하다. 재심의 소, 상소의 추후보완신청 없이 집행정지를 먼저 신청함은 허용되지 아니하고,[1] 소유권이전등기판결과 같은 의사진술을 명하는 판결에서는 집행정지신청은 허용되지 아니한다.[2] 그러나 가압류취소결정에 대한 즉시항고의 경우에 제289조에서 효력정지의 규정을 따로 두고 있고, 또 민사집행법 제309조에서는 이른바 이행적(단행) 가처분에 한하여 예외적으로 집행정지 · 취소가 가능함을 명백히 하였다. 채무자는 일시정지 · 취소결정이 났을 때에 그 재판정본을 집행기관에 제출하여 정지 · 취소를 구할 수 있다(49조). 잠정처분의 신청은 추후보완의 상소나 재심의 소의 관할법원[3]에 신청하여야 하며, 변론없이 결정으로 재판한다.

집행정지신청의 인용결정이든 기각결정이든 모두 불복이 허용되지 아니하며(민소 500조 3항), 오로지 민소법 제449조에 의한 특별항고만이 가능하다.[4] 이 점에서 불복이 허용되는 효력정지의 일반가처분과 다르다. 민소법 제501조의 잠정처분은 보전처분의 일종인 일반가처분과는 이 밖에도 요건 · 효과면에서 차이가 있다. 강제집행의 일시정지에 관한 재판은 부수적이고 잠정적인 것에 불과하며 확정된 경우에도 기판력이 생기지 아니한다. 따라서 한번 신청하였다가 그 전부 · 일부를 배척당한 신청인이라도 주장과 소명을 보충하여 다시 신청하는 것이 가능하다. 이 경우에 법원은 새로 정지결정을 할 수도 있고 또 그 내용을 변경할 수도 있다.[5] 그러나 보충 없이 같은 사유로 재신청 한 것을 쉽게 인용하는 것은 제도의 남용이 될 수 있고, 사실상 불복을 허용하는 결과도 되어 문제이다. 잠정처분은 상소의 추후보완 · 재심의 소를 배척하는 패소의 종국판결이 있으면 실효된다.

---

1) 대법 1962. 5. 14, 62카15.
2) 대법 1970. 6. 9, 70마851.
3) 대법 1963. 5. 30, 63라6. 가집행선고 있는 판결에 대한 잠정처분은 판결을 선고한 법원판결이든 상소심 법원이든 재판기록이 있는 법원에 신청한다.
4) 대법 1986. 2. 18, 86사6; 동 2005. 12. 19, 2005그128. 강제집행정지신청 기각결정에 대한 특별항고장을 각하한 재판장의 명령에 대한 즉시항고는 민사소송법상의 즉시항고이므로 민사집행법 제15조가 적용되지 않고, 즉시항고이유서를 제출하지 않았다는 이유로 기각할 수 없다는 것에, 대법 2016. 9. 30, 2016그99. 불복신청은 무효행위의 전환으로 결정의 변경신청으로 볼 수 있다는 것에, Gaul/Schilken/Becker-Eberhard, §11 Rdnr. 41.
5) 대법 1987. 2. 11, 86그154; 동 1988. 2. 24, 88그2 등.

3. 가집행선고 있는 종국판결

(1) 의 의

가집행선고란 미확정의 종국판결에 확정된 경우와 마찬가지로 미리 집행력을 주어 집행할 수 있게 하는 재판이다. 원고승소판결을 전제로 한다. 판결확정 전에 미리 집행할 수 있어 승소자의 신속한 권리실현에 이바지하며, 패소자가 강제집행의 지연을 노려 상소권을 남용하는 것을 억제하는 것이 주된 기능이다. 제1심판결에 당연히 집행력이 생기는 영미법계에서는 없는 제도이다. 그러나 독일법계에서는 확정판결에 의하여 집행하는 것이 원칙이고, 미확정판결에 의한 집행은 가집행선고가 있어야 집행이 가능하다. 실무상 종국판결에 가집행선고가 원칙이 되었으므로 중요한 집행권원이 되고 있다.

(2) 가집행선고의 요건

재산권의 청구에 관한 판결로 널리 집행할 수 있는 것이면 상당한 이유가 없는 한 직권으로 가집행선고를 하여야 한다(민소 213조). 좁은 의미의 집행력을 낳는 이행판결에 가집행선고를 할 수 있음은 다툼이 없으나, 문제는 확인판결이나 형성판결이다. 명문의 규정이 있는 경우가 아니면 확인판결·형성판결에는 가집행선고를 할 수 없다는 견해[1]가 다수설이고, 판례도 같다. 대법 1966. 1. 25, 65다2374은 형성청구에는 특별한 규정이 있거나 또는 그 성질상 허용되는 경우 이외는 가집행선고를 붙일 수 없다고 하며, 「부동산 임의경매는 이를 불허한다」는 부분에 붙인 가집행선고의 효력을 인정할 수 없다고 했다. 나아가 대법 1998. 11. 13, 98므1193에서는 이혼과 동시에 재산분할판결을 하는 경우에도, 재산분할청구권은 이혼이 성립한 때에 그 법적 효과로서 비로소 발생하는 것이므로 이혼판결이 확정되지 아니한 시점에서 가집행을 허용할 수 없다고 했다.

이행판결이면 금전지급, 물건인도, 작위·부작위판결 모두 되지만 의사의 진술을 명하는 판결은 확정되어야 집행력이 생기므로(263조 1항), 미확정 상태에서 미리 가집행선고를 할 수 없다(통설·판례. 단, 독일은 허용). 가집행선고가 잘못 붙었고 이에 의하여 등기가 되어도 무효이나 그 판결이 그대로 확정되면

---

1) 방순원/김광년, 378면; 송상현/박익환, 민사소송법, 410면; 강대성, 34면; 전병서 64면. 반대 김홍엽 51면.

위법이 치유되어 유효한 등기가 된다. 이행판결 이외의 판결에 가집행을 명문으로 허용한 경우로는 강제집행정지 · 취소결정의 인가 · 취소 · 변경판결(47조 2항, 48조 3항) 등을 들 수 있다.

(3) 가집행선고의 효력과 그 실효

1) 즉시 집행력과 집행정지신청 가집행선고 있는 판결은 선고 즉시 집행력이 발생한다. 따라서 이행판결이면 바로 집행권원이 된다. 그 집행력의 배제를 위해서는 청구이의의 소를 제기할 것이 아니라 판결에 대한 상소를 제기하면 된다. 비록 피고가 상소하여도 그것만으로 집행이 정지되지 아니한다. 별도의 신청에 의한 강제집행정지의 결정(민소 501조, 500조)을 받아야 한다. 상소의 추후보완신청 · 재심의 소 제기의 경우보다 가집행선고 있는 판결에 대한 상소의 경우에 강제집행정지신청이 훨씬 많이 활용된다. 가집행선고 때문에 집행당하게 된 패소 피고가 다급한 상황이 되기 때문이다. 원고는 가집행선고를 받아 집행력의 확보에, 피고는 집행정지신청으로 맞대응하는 것이 보통이다. 집행정지는 상소가 법률상 이유 있고 불복사실의 소명이 있는 경우에 담보부 또는 무담보부로 해주게 되어 있지만, 이 제도가 사려 없이 재량이라 하여 남용된다면 가집행선고제도의 취지가 몰각되고 집행방해의 큰 무기로 전락될 수 있다.[1] 다만 담보부집행정지의 결정을 할 때에는 담보제공을 보증서제출로 갈음할 수 없는 재판예규(제1231호, 재민 2003-5)가 있다.[2]

---

1) 현재 실무는 가집행선고 있는 판결집행의 일시중지를 명하는 잠정처분을 하면서 담보액을 판결의 원금 전액에 해당하는 현금으로 정하는 것이 대부분이다. 과거에는 상소의 인용가능성, 소명의 정도, 집행지연으로 채권자가 입을 수 있는 손해 등 여러 사정을 고려하여 정하였다. 민소법 제500조 소정의 잠정처분을 할 수 있는 사유가 존재하는지 여부를 심층 검토하지 않고 쉽게 인용결정을 하기 때문에 생긴 잘못된 관례가 아닌지 우려된다. 필자와 같은 의견에 추가하여 가압류 등으로 강제집행의 확실성이 확보된 경우에는 그 사정도 감안하여 담보금액과 현금공탁 여부를 결정하여야 한다는 견해에, 이천교, "민사집행법상의 잠정처분에 관한 재판실무에 관하여", 민사집행법연구 제17권, 19~22면.

2) 독일의 경우 항소하면서 집행정지를 신청하는 경우에는 항소가 충분한 성공가능성이 있을 때에 정지시켜야 한다는 것이 통설이다(Thomas/Putzo/Seiler, §719 Rdnr. 2). 그 때문에 실무상 집행정지신청을 내는 방법으로 항소심에서의 본안승소가능성을 테스트해 본다는 것이다. 만일 항소심에서 집행정지신청이 받아들여지지 아니하면 당사자는 본안승소가능성이 없다고 생각하여 항소를 취하하는 일이 많다는 것이다(Brox/Walker, Rdnr. 178). 또 금전지급판결에 있어서 담보부가집행선고에는 집행정지를 하여서는 안 된다는 것이 통설로 되어 있다. 나아가 상고심에서 집행정지의 신청은 강제집행이 채무자에게 회복할 수 없는 손해를 입힐 수 있고, 집행정지가 채권자의 우월적 이익의 침해가 되지 아니할 것을 요건으로 하며 이와 같은 사실의 소명을 요하게 하였다(ZPO §719Ⅱ). 이와 같은 독일의 실무운영과 법규정은 집

담보부가집행선고의 경우라도 담보제공이 있어야[1] 집행력이 발생하는 것이 아니기 때문에 담보제공 전이라도 집행문을 부여받을 수 있으며(30조 2항 단서), 담보제공은 단지 집행개시의 요건에 불과하다(40조 2항). 또 실무상 흔치 아니한 일이나 가집행면제선고(민소 213조 2항)가 가집행선고와 더불어 되었다고 하여도 가집행선고의 집행력에 영향이 없으므로 채무자의 전액담보제공의 여부에 관계없이 집행문을 부여할 수 있으며, 채무자의 담보제공은 집행의 정지·취소사유가 될 뿐이다(49조 3호, 50조 1항).

2) 본집행과의 차이 가집행선고 있는 판결에 의한 강제집행은 가압류·가처분과 같은 집행보전에 그치는 것이 아니라, 종국적 권리의 만족에까지 이르는 만족집행인 점에서 확정판결에 의한 본집행과 다를 바 없다.

그러나 확정판결과는 다음과 같은 차이가 있다.

① 본집행과 달라서 가집행은 확정적인 것이 아니며 상급심에서 본안판결이 취소·변경되는 것을 해제조건으로 집행의 효력이 발생한다.[2] 확정적인 집행이 아니므로 상급심에서는 가집행의 결과를 참작할 것이 아니며, 이의 참작 없이 본안청구의 당부를 판단하여야 한다. 예를 들면 甲·乙간의 건물명도사건에서 제1심판결의 가집행에 의하여 건물이 이미 원고인 甲 앞으로 명도되었다 하여도 항소심은 이미 명도되었으니 원고의 청구가 이유 없다는 청구기각의 판결을 하여서는 아니 된다.[3] 또 가집행선고가 있는 경우에는 집행관이 금전을 추심하거나 또는 매각대금을 영수하여도 채무자로부터 지급받은 것으로 보지 아니하는 점이 확정판결 등에 의한 집행의 경우와 다르다(201조 2항 단서, 208조 단서).

② 확정판결과 달라서 가집행선고 있는 판결을 집행권원으로 하여서는 재산명시신청(61조 1항 단서), 채무불이행자명부 등재신청(70조 1항 1호 단서), 재산조회신청(74조 이하)을 할 수 없다.

③ 가집행선고 있는 판결이 상소심에서 그대로 확정되었다면 집행절차가

행정지제도의 취지를 살리는 데 참고가 될 것이다.

1) 가집행선고있는 판결에 따른 강제집행정지를 위한 담보는 채권자가 그 강제집행정지로 인하여 입게 될 손해의 배상채권을 확보하기 위한 것으로서(대법 1999. 12. 3, 99마2078) 본안소송의 소송비용청구권은 그에 의하여 담보되지 않는다는 것에, 대법 2011. 2. 21, 2010그220.

2) 대법 1993. 10. 8, 93다26175·26182 등.

3) 대법 1993. 10. 8, 93다26175·26182 등; 가집행으로 인한 집행의 효과는 종국적으로 변제의 효과가 발생하지 아니한다는 것에, 대법 2000. 7. 6, 2000다560 등.

계속중일 때에 새롭게 집행문을 부여받을 필요는 없으며, 그 확정판결을 집행기관에 제출함으로써 가집행은 본집행으로 전환된다.

3) **가집행선고의 실효** ① 상소의 제기결과 상소심에서 가집행선고만이 바뀌거나 가집행선고 있는 본안판결이 바뀌었을 때(판결만이 아니라 조정, 화해 포함)에는 가집행선고는 그 한도 내에서 효력을 잃는다(민소 215조 1항).[1] 바뀐 경우에는 확정을 기다리지 아니하고 바로 선고와 동시에 그 효력을 잃는다. 바뀐 뒤에는 더 이상 가집행선고에 의한 집행을 할 수 없고, 이미 개시된 집행이라 하여도 바뀐 판결의 정본을 집행기관에 제출하여 집행의 정지·취소를 시킬 수 있으므로(49조 1호, 50조), 별도로 민소법 제501조, 제500조에 의한 강제집행정지신청을 할 이익이 없다.[2] 가집행선고 있는 승소판결이 선고된 뒤에 소를 교환적으로 변경하였다면 구소의 취하, 신소의 제기라는 교환적 변경의 성질상 구소는 취하되었다고 할 것이고 따라서 이에 붙여진 가집행선고도 실효되므로,[3] 그 경우에도 집행정지를 신청할 이익이 없다.

② 가집행선고의 실효는 **소급효**가 없으므로 그 이전에 이미 집행이 종료되었으면 이미 종료된 집행의 효력에 영향이 없다. 만일 가집행에 의한 경매절차에서 매수인이 대금을 납부하였다면, 그 매수인은 이후 가집행선고의 실효와 무관하게 유효하게 부동산의 소유권을 취득한다.[4] 이 범위에서 부동산의 선의취득을 인정하는 것과 같아짐을 주의할 필요가 있다. 집행이 끝난 뒤에는 당사자간에 부당이득반환·손해배상의 문제가 남는다.

가집행선고 있는 제1심판결이 항소심에서 취소되면 가집행선고는 실효되지만, 그 항소심판결이 상고심에서 파기되면 가집행선고의 효력은 다시 회복된다.[5]

③ 가집행선고있는 본안판결이 바뀌었을 때에는 이 때문에 피고가 지급한 물건의 원상회복의무, 이로 인한 손해배상의무를 지는데(민소 215조 2항), 이

1) 항소심에서 조정 내지 화해가 성립한 경우 제1심판결보다 인용범위가 줄어든 부분이 있으면 그 한도에서만 실효된다는 것에, 대법 2011. 11. 10, 2011마1482.

2) 대법 2006. 4. 14, 2006카기62(가집행선고 있는 제1심판결 중 항소심에 의하여 유지된 원고승소부분이 있을 때 이에 불복을 하지 아니한 피고는 본안사건의 상고심법원에서 그 판결에 기한 강제집행정지를 구할 수 없다).

3) 대법 1995. 4. 21, 94다58490·58506.

4) 대법 1993. 4. 23, 93다3165; 동 1990. 12. 11, 90다카19098 등. 다만 강제경매가 반사회적 법률행위의 수단으로 이용된 경우에는 강제경매를 용인할 수 없다고 했다.

5) 대법 1993. 3. 29, 93마246·247 등.

는 **무과실책임**이고, 배상의 범위는 인과관계있는 모든 손해이다.[1] 피고의 청구방식에는 두 가지 길이 있다. 그 하나는 피고가 원고를 상대로 별도의 소제기를 하는 것이다. 다른 하나는 상소심에서 본안판결의 취소·변경을 구하면서 병합하여 원상회복을 구하는 가지급물반환신청을 하는 것이다(215조 2항). 다만 피고가 변제공탁을 하였어도 원고가 수령하지 아니하였으면 가지급물에 해당하지 아니하므로 반환을 구할 수 없다.[2]

(4) 가집행선고가 없어도 집행력이 생기는 판결

언론중재 및 피해구제 등에 관한 법률 제26조 6항에서는 반론보도청구의 소 또는 추후보도청구의 소는 가처분절차에 따라 재판을 하게 하였다. 따라서 이를 인용한 판결은 가처분재판의 경우처럼 가집행선고가 붙지 아니하여도 미확정 상태에서 집행력이 생기며, 집행권원이 되는 예외가 된다. 동법 제26조 6항은 지금은 개정하였으나 정정보도청구의 소에 대하여까지 가처분절차에 의할 수 있도록 하였는데, 헌재 2006. 6. 29, 2005헌마165 등 결정에서 헌법불합치결정을 하였다. 가처분절차에 의하게 되면 언론보도가 진실이 아니라는 사실의 입증에 있어서 통상의 본안절차에서 요구되는 증명이 배제되고 대신에 간이한 소명으로 대체되는 것인데 이로 인해 소송을 당하는 언론사측의 방어권제약이 되므로 공정한 재판을 받을 권리의 침해가 된다는 것이 불합치결정의 이유이다.

Ⅱ. 집행판결

외국판결(확정판결과 동일한 효력이 있는 재판 포함)에 기초한 강제집행과 중재판정(仲裁判定)에 기초한 강제집행은 우리나라 법원에서 집행판결로 그 강제집행을 허가하여야 할 수 있다(26조 1항; 중재 37조 2항). 따라서 당사자는 외국판결이나 중재판정에 기초한 강제집행을 구하려면 집행판결(결정)청구를 하여야 한다.

집행판결(결정)청구의 법적 성질에 관하여는 일찍부터 다툼이 있어 왔다. ① 외국판결이나 중재판정에서 확정된 실체법상의 청구권에 기초하여 다시 이행청구를 하는 것이라는 이행소송설, ② 외국판결이나 중재판정의 집행력 존재의 확인을 구하는 것이라는 확인소송설,[3] ③ 확인기능과 형성기능을 함께

1) 강제집행된다는 소문 때문에 입은 신용상의 손해는 포함되지 아니한다(BGH 85, 114f.).
2) 대법 2011. 9. 29, 2011다17847.
3) 이영섭, 64면.

갖는 판결을 구하는 것이라는 구제소송설, ④ 외국판결에 지금까지는 내국에서는 없었던 집행력을 부여하는 소송법상의 형성의 소로 보는 형성소송설로 갈려 있다. 외국판결은 당연히 내국에서 집행력을 갖는 것이 아니고, 외국판결의 집행은 외국판결에 내국에서의 집행력을 부여하고 강제집행을 허가하여야 가능한 것으로 이해하면 다수설인 형성소송설이 옳다고 하겠다(통설).[1)]

1. 외국재판 등에 대한 집행판결

(1) 제도취지[2)]

외국의 법원에서 받은 재판이라도 외국재판의 승인요건(민소 217조)을 갖추었다면 내국재판과 같은 효력을 갖게 된다. 그러나 외국판결의 강제집행은 국내에서 현실적인 권리실현으로 나가는 것이기 때문에, 당해 외국재판이 우리나라 집행의 기본이 될 집행권원으로서 적격을 별도로 갖추어야 한다. 그리하여 외국재판에 그와 같은 적격을 갖추었다는 취지에서 집행력이 있음을 선언하는 집행판결을 받게 하고 그에 기하여 강제집행을 할 수 있도록 한 것이다.[3)]

어느 것이 집행권원이 되느냐에 관하여는 ① 외국판결설,[4)] ② 집행판결설, ③ 외국판결과 집행판결 두 판결의 합체설[5)]이 있다. 생각건대 집행판결이 붙은 외국판결이 집행권원이 되는 것은 집행판결을 통하여 외국판결을 내국의 집행권원으로 포섭한 결과 때문이라면, 합체설인 ③설이 옳다 하겠다. 따라서 집행판결이 집행력을 가지려면 집행판결 자체가 확정되어야 하며, 강제집행에

1) 김홍엽, 52면; 전병서, 68면 등. 독일의 통설이다. Münch Komm/Gottwald, §722 Rdnr. 2

2) 민사집행법 제26조 제1항은 "외국법원의 판결에 기초한 강제집행은 대한민국 법원에서 집행판결로 그 강제집행을 허가하여야 한다"라고 규정하고 있다. 여기서 정하여진 집행판결의 제도는, 재판권이 있는 외국의 법원에서 행하여진 판결에서 확인된 당사자의 권리를 우리나라에서 강제적으로 실현하고자 하는 경우에 다시 소를 제기하는 등 이중의 절차를 강요할 필요 없이 그 외국의 판결을 기초로 하되 단지 우리나라에서 그 판결의 강제실현이 허용되는지 여부만을 심사하여 이를 승인하는 집행판결을 얻도록 함으로써 당사자의 원활한 권리실현의 요구를 국가의 독점적·배타적 강제집행권 행사와 조화시켜 그 사이에 적절한 균형을 도모하려는 취지에서 나온 것이다(대법 2010. 4. 29, 2009다68910).

3) 대법 2020. 7. 23, 2017다224906 등

4) 방순원/김광년, 68면.

5) 이영섭, 63면; 한종렬, 62면; 강대성, 40면; 김상수, 74면; 김홍엽, 52면; 전병서, 68면; Gaul/Schilken/Becker-Eberhard, §12 Rdnr. 5. 서울서부지법 2012. 9. 28, 2012가합3654에서도 중재판정에 대한 집행판결이 있더라도 중재판정과 집행판결이 결합하여 집행권원이 될 뿐이므로, 중재판정상 동시이행관계에 있는 반대급부의 이행은 집행개시요건이라고 하였다.

착수하려면 집행판결의 집행력이 살아 있음을 증명하는 집행문을 부여받아야 한다.

(2) 요　　건

외국재판 등에 대한 집행판결을 받기 위해서는 다음의 요건을 갖추어야 한다. 국경을 중시하지 않는 지구촌 시대에 걸맞게 외국판결의 승인·집행을 용이하게 하기 위해 그 요건을 완화시키는 것이 바람직할 것이다. 일본의 집행법은 '집행판결'에서 '집행결정'으로 바꾸고, EU는 그 회원 간에 요건을 점진적으로 완화하다가, 2014. 5. 20에 이르러 집행판결이나 집행문 없이 외국판결을 내국판결처럼 집행할 수 있도록 하였다. 2015. 11.에 우리나라는 중동의 법률거점인 두바이 국제법원과 판결의 집행에 관한 양해각서(MOU)를 체결하여 우리 국내법원판결을 간이절차로 집행판결로 바꿀 수 있어 사우디아라비아·아랍에미레이트·쿠웨이트 등 주요국가에서 쉽게 집행할 수 있도록 하였다.

1) 외국법원의 재판일 것　　2014. 5. 20. 개정법률 제26조에서는 조문표제를 '외국판결'에서 '외국재판'으로 바꾸고, 동 제1항은 외국판결의 대상을 '외국판결'에서 '외국판결 또는 이와 동일한 효력이 인정되는 재판'으로 확대 개정하였다. 판례는 동조항에서 말하는 '외국재판'이라 함은 외국의 사법기관이 그 권한에 기하여 사법상의 권리관계에 관하여 대립당사자에 대한 상호간의 심문이 보장된 절차에서 종국적으로 한 재판으로 구체적 급부의 이행 등 강제집행에 적합한 내용을 가지는 것을 의미한다고 하였다.[1)]

여기에서 외국이라 함은 우리나라가 국가승인 또는 정부승인한 나라에 한정하기보다는 승인을 받지 아니한 나라도 무관하다고 보는 것이 시대적 요청일 것이다. 연방제 국가의 경우에는 연방법원과 주법원 판결 모두 이에 해당된다. 북한법원의 판결이 문제될 것이다(북한을 외국에 준하느냐 반국가단체로 보느냐의 문제. 독일에서는 구동독의 판결이 법치국가의 원칙과 합치하느냐를 심사대상으로 한다). 국제사법재판소와 같은 국제기구나 EU재판소와 같은 국가공동체의 법원도 포함된다 할 것이다.

판결일 것이 원칙이지만 결정의 방식이라도 종국성·기판력·절차보장 및 상소가능성이 있으면 외국판결의 개념에 포함시킬 수 있을 것이다. 재판의 명

1) 대법 2010. 4. 29, 2009다68910; 동 2017. 5. 30, 2012다23832.

칭이나 형식은 문제되지 아니한다.[1] 그러한 취지에서 개정법률 제26조 1항은 '판결과 동일한 효력이 인정되는 재판'으로 바꾸었다. 다만 종국적인 분쟁해결에 해당되지 아니하는 가압류 · 가처분 등의 재판(다툼 있음, 단행가처분 · 금전지급가처분은 예외), 기판력이 없는 집행증서에 대해서는 집행판결을 할 수 없다. 화해조서 · 인낙조서가 외국법상으로도 확정판결과 동일한 효력을 가질 경우에 긍정설[2]과 부정설[3]이 갈려 있다. 화해조서 · 인낙조서가 확정판결과 동일한 효력을 갖지만, 재판장이 인증하는 조서일 뿐 대립적 당사자에 대한 상호간의 심문이 보장된 절차에서 종국적으로 한 '재판'은 아니므로 부정하는 것이 옳을 것이다.[4]

확정된 재판이어야 하므로 외국의 가집행선고 있는 판결은 집행판결의 대상이 되지 아니한다. 널리 확인판결이나 형성판결(이혼판결 등)이라도 넓은 의미의 집행력을 낳는 것이면 집행판결을 할 수 있는가는 다툼이 있다. 독일의 통설은 이행판결에 국한시키고 있고 판례도 '급부의 이행', 즉 이행판결로 보는 입장이다. 널리 확인판결이나 형성판결도 집행판결의 대상이 된다는 견해[5]가 있으나, 단지 소송비용재판의 한도에서 집행판결이 가능하다고 볼 것이다.

2007. 12. 10. 가족관계등록예규 제173호 외국법원의 이혼판결에 의한 가족관계사무처리지침에 의하면 외국법원의 이혼판결은 우리나라 판결처럼 취급하여 민사소송법 제217조의 승인요건을 갖추면, 원칙적으로 별도의 집행판결 없이 가족관계등록법에 따른 이혼신고를 할 수 있게 하였다. 그러나 2001. 9. 24. 호적선례 5-111호에서는 외국법원의 혼인무효나 취소판결의 경우에는 집행판결을 받아야만 가족관계등록정정신청(혼인무효의 경우) 또는 가족관계등록

1) 대법 2010. 4. 29, 2009다68910.
2) 이영섭, 65면; 김홍엽, 53면.
3) 주석 민사집행법(Ⅱ)(제4판), 87면. 독일, 일본의 다수설이다.
4) 민사집행법 제26조가 2014. 5. 20 개정되기 전의 판례이지만 판례도 부정설로 보인다. 대법 2010. 4. 29, 2009다68910은 민사집행법 제26조 제1항에서 말하는 '외국법원의 판결'은 그 재판의 명칭이나 형식은 문제되지 아니하나, 이는 재판권을 가지는 외국의 사법기관이 그 권한에 기하여 사법상의 법률관계에 관하여 대립적 당사자에 대한 상호간의 심문이 보장된 절차에서 종국적으로 한 재판으로서 구체적 급부의 이행 등 그 강제적 실현에 적합한 내용을 가지는 것을 의미한다고 판시한 다음, 미국 캘리포니아주의 승인판결(confession judgment 또는 judgment by confession)은 법원이 당사자 상호간의 심문이 보장된 사법절차에서 종국적으로 한 재판이라고 할 수 없으므로 '외국법원의 판결'에 해당하지 않는다고 하였다.
5) 이영섭, 65면; 강대성, 40면; 김홍엽, 53면.

신고(혼인취소의 경우)를 할 수 있다고 하였다. 이 경우는 확인·형성판결도 집행판결의 대상이 됨을 전제로 하고 있어 문제이다.

대법 2017. 5. 30, 2012다23832은 미국법원의 특정이행명령(decree of specific performance)의 형식 및 기재방식이 우리나라 판결의 주문과 상이하여도 외국법원의 확정판결과 같거나 비슷한 정도의 법적 구제를 제공하는 것이 원칙이지만, 특정이행명령의 대상이 되는 계약상 의무가 특정되지 못하여 판결국에서도 강제집행이 어렵다면 우리나라에서도 집행허가를 할 수 없다고 하였다.[1)]

2) 외국법원의 확정재판 등이 민소법 제217조의 조건을 갖추었을 것 (27조) 민소법 제217조의 승인요건 네 가지 즉 제1호(우리나라 법률상 외국법원에 국제재판관할권이 있을 것), 제2호(적법성과 적시성을 갖춘 송달), 제3호(선량한 풍속 그 밖의 사회질서에 반하지 아니할 것), 제4호(상호보증)를 충족시켜야 한다.

제1호에 관련된 대법 2003. 9. 26, 2003다29555[2)]에서는 외국법원이 재판관할권이 있느냐 없느냐는 당사자간의 공평·재판의 적정·신속을 기한다는 기본이념에 따라 조리에 의하여 결정함이 상당하고, 이 경우 우리나라 민사소송법의 토지관할규정이 그 기본이념에 따라 제정된 것이므로 그 규정에 의한 재판관할권이 외국에 없을 때에는 특별한 사정이 없는 한 그 외국법원에 재판관할권이 없다는 입장을 취하였다. 국제관할권의 존부를 따지는 데 관할배분설을 원칙으로 한 것이다. 이는 국제재판관할에 관하여 규정한 국제사법 제2조의 규정에 부합하는 해석이다.

제2호에 관련된 대법 2010. 7. 22, 2008다31089에서는 Washington주법상 재외국인에게는 20일 아닌 60일의 답변서 제출기간을 주어야 함에도 미국에 있지 아니한 한국인 피고에게 20일의 응소기간을 주고 소환장을 송달한 끝에 행한 결석판결에 대해 적법한 방식에 따른 송달이 아니라고 하였다.

제3호의 선량한 풍속 기타 사회질서에 위반하지 아니하는 외국판결을 가

---

1) 특정이행명령은 손해배상이 채권자에게 적절한 구제수단이 될 수 없는 경우에 형평법에 따라 법원의 재량으로 계약에서 정한 의무 자체의 이행을 명하는 제도이다. 대법원은 위 판결에서, 특정이행명령과 함께 변호사보수 및 비용의 지급을 명하는 판결을 한 경우 이에 대한 집행판결이 허용되는지는 그 부분 자체로서 제27조 2항의 요건을 갖추었는지를 살펴 판단하여야 한다고 하였다.

2) 피고가 미국법원에 재판관할권이 없다는 이유로 응소하지 아니하여 결국 결석판결에 이르게 된 미국법원의 판결에 대하여 우리나라 기준에서 미국에 국제재판관할권이 없다는 이유로 집행판결을 받아들이지 아니한 사안이다.

리는 데 있어서는 판결의 내용만이 아니라 그 절차적인 면도 심사의 대상이 된다. i) 판례는 미국 California주 민사소송법상 confession judgement 즉 피고가 채무승인하고 법원서기가 판결로 등록하는 승인판결에 대하여 당사자 상호간의 심문이 보장된 사법절차에서 종국적으로 한 판결이 아니라고 하여 집행판결을 받아주지 않았다.[1] 또 미국 파산법원의 회생계획인가결정에 따른 면책적 효력을 국내에 인정하는 것이 국내채권자의 권리를 현저하게 침해하게 되어 그 구체적 결과가 우리나라의 공서양속에 반한다고 했다.[2]

ii) 문제는 **징벌적 손해배상**(willful infringement 때의 punitive damages)을 명하는 미국법원의 판결인데, 이것은 명예훼손 등 사건에서 형사처벌 대신에 고액배상의 민사판결을 하는 형사법적 성격을 가지므로 이의 승인은 하도급거래 공정화에 관한 법률, 기간제 근로자 등 고용에 관한 법률, 개인정보보호법, 특허법 등에서 부분적 제한적으로 채택한 형편에서 우리의 **사회질서**(ordre public, 공서)에 반하므로 원칙적으로 집행판결이 내려질 수 없다고 할 것이다.[3] 미국법원의 파격적인 고액의 위자료 판결도 같다고 할 것이다. 이 점을 명백히 하기 위하여 개정민소법 제217조의2 제1항은 손해배상에 관한 확정재판 등이 대한민국의 법률에 현저히 반하는 결과를 초래할 경우에는 확정재판 등의 전부 또는 일부를 승인할 수 없다고 규정하였다. 대한민국이 체결한 국제조약의 기본질서에 현저히 반하는 결과를 초래할 때에도 승인받을 수 없다. 이 규정이 신설된 이후인 대법 2015. 10. 15, 2015다1284에서는 실제로 입은 전보배상판결에는 신설된 조항을 근거로 승인제한을 할 수 없다고 하였다.

신설된 민소법 제217조의2 제2항은 외국배상판결에 대한 승인심리를 할 때에는 그 소송과 관련된 변호사 보수를 비롯한 소송비용이 포함되는지와 그 범위를 고려할 것도 규정하였다. 적어도 제재성이 없는 변호사보수의 패소자 부담의 재판은 우리의 사회질서에 반한다고 할 수 없을 것이다.[4] 영미법에서 법정모욕죄로 부과하는 벌금의 집행도 법체계가 달라서 배제된다. 외국판결이 편취되었다는 사유는 원칙적으로 외국판결에 대한 승인 및 집행을 거부할 사

1) 대법 2010. 4. 29, 2009다68910.
2) 대법 2010. 3. 25, 2009마1600.
3) BGH ZIP 1992, 1256, 1265ff.; 일본 최고재 평성9(1997) 7. 11 판결; 서울동부지법 1995. 2. 10, 93가합19069.
4) 일본최고재 평성10. 4. 28. 판결

유에 해당하지 아니하고, 피고가 판결국 법정에서 사기적인 사유를 주장할 수 없었고 또한 처벌을 받을 사기적인 행위에 대하여 유죄판결과 같은 고도의 증명이 있는 경우에 한하여 승인 내지 집행거부사유가 된다.[1)]

제4호의 상호보증이 있다.[2)] 현재 법조계에서는 외국법원에서 한국 판결의 승인과 집행을 안정적으로 보장하기 위해 '헤이그재판협약'[3)] 가입이 시급하다는 의견이 다수이다. 선박경매에 관하여는 법정지의 선박경매결과를 제3국이 승인하는 통일적인 기준을 마련한 베이징협약이 있다.[4)]

(3) 집행판결청구소송

1) 집행판결청구소송을 제기할 때 원고는 채권자나 그 승계인, 피고는 채무자나 그 승계인이 된다. 판결의 효력을 받는 제3자도 당사자적격을 가진다. 당사자적격이 있는 승계인에 해당하는지 여부는 승인 및 집행국인 우리나라의 소송법이 아닌 **판결국의 소송법**에 따라 결정된다. 토지관할은 피고적격자의 보통재판적이 있는 곳의 지방법원에 전속된다. 외국판결이 가정법원의 심판사항을 내용으로 하였다고 하여도 집행법원은 지방법원이고 가정법원이 아니라는 것이 판례이다.[5)] 외국의 상급법원이 한 판결에 대한 집행판결도 지방법원이 관할한다.[6)] 만일 보통재판적이 없으면 채무자의 재산이 있는 곳(민소 11조)의 지방법원에 전속된다(26조 2항). 사물관할은 외국판결에서 인정된 권리의 가액에 의하여 지방법원 합의부나 지방법원 단독판사에 속한다. 집행판결을 구

1) 대법 2004. 10. 28, 2002다74213; 동 2013. 7. 12, 2006다17539.

2) 미합중국과는 상호보증이 없다는 것이므로 미합중국연방법원의 판결이 집행판결의 대상이 될 수 있을 것인가는 문제될 것이나(대법 1971. 10. 22, 71다1393, 호주도 같다), 뉴욕주법원의 판결에 대하여는 상호보증의 문제에 있어서 긍정적이다(대법 1989. 3. 14, 88므184 · 191). 대법 1968. 12. 3, 68다1929에서는 중화민국과는 상호보증 있다고 하였고, 일본과는 긍정(서울고법 1985. 2. 14, 80나4043), 독일과도 긍정이다(서울고법 1985. 8. 20, 84나3733). 당해 외국에서 구체적으로 우리나라의 동종판결을 승인한 사례가 없더라도 실제로 승인할 것이라고 기대할 수 있는 상태이면 상호보증은 충분하다는 것에 대법 2013. 2. 15, 2012므66 · 73(미국 오레곤주 판결); 동 2017. 5. 30, 2012다23832.

3) 2019. 7.에 헤이그국제사법회의(HCCH)체결된 것으로서 체약국간에는 서로의 법원에서 한 재판에 대하여 다시 본안심사를 하지 않는 것을 원칙으로 하였고, 2024. 9. 현재 유럽연합과 그 소속 주요국 등 30개국이 협약을 발효하였고, 미국, 러시아 등도 가입을 위한 절차를 진행중이다. 법률신문 2024. 9. 5.자 1면 참조.

4) 베이징협약에 관한 자세한 내용은 권창영, "선박경매에 관한 베이징협약 연구 I －협약의 적용범위와 경매통고를 중심으로－", 민사집행법연구 제19권 제1호, 113면 이하 참조.

5) 대법 1982. 12. 28, 82므25.

6) 김수형, "외국판결의 집행", 국제사법연구(4), 503면.

하는 소도 소의 일종인 이상 통상의 소와 마찬가지로 당사자능력 등 소송요건을 구비하여야 한다.[1)]

2) 심리절차는 일반판결절차에 의한다.

① 외국재판 등의 옳고 그름을 조사할 수 없다(27조 1항). 이는 판결이 우리 법령에 비추어 시인할 수 있는 것인지 여부를 판단할 수 없을 뿐 아니라 당해 외국의 실체법 및 절차법에 비추어 시인할 수 있는 것인지 여부도 판단할 수 없음을 의미한다. 따라서 당해 판결에 명백한 잘못이나 이유모순이 있는 경우에도 그 결과 판결이 당연무효로 되거나 판결의 효력을 인정하는 것이 내용적으로나 절차적으로 공서양속에 반하게 되는 경우 외에는 원칙적으로 집행판결을 거부할 수 없고, 외국판결에 재심사유가 있음이 명백한 때에도 원칙적으로 집행판결을 거부할 수 없다.[2)] 뿐더러 그 외국법에 따라 과연 소송요건을 갖추었는지와 소송절차의 하자유무를 심리할 수 없다.

이 소송에서 **심판의 대상**은 (i) 외국법원의 재판 등이 확정되었는가 (ii) 민소법 제217조의 조건을 갖추었는가의 두 가지뿐이다(27조 2항). 외국의 손해배상재판 등이 심판의 대상이 될 때에는 민소법 제217조의2 제1항과 제2항의 요건도 갖추었는가를 아울러 살펴야 할 것이다(제27조 2항에서 제217조의 조건만 갖추면 되는 것으로 구법처럼 규정하였지만, 민소법 제217조의2의 요건도 심판대상으로 바꾸었어야 한다). 이러한 요건의 구비여부는 법원의 직권조사사항이다. 만일 이를 갖추지 못하였다면 집행판결청구의 소는 각하되어야 한다(27조 2항).[3)]

그러나 외국법원의 확정재판 등을 승인한 결과가 선량한 풍속이나 그 밖의 사회질서에 어긋나는지를 심리한다는 명목으로 실질적으로 확정재판 등의 옳고 그름을 전면적으로 재심사하는 것은 허용되지 않는다.[4)] 집행판결제도가 가지는 공익성에 비추어 청구인낙은 허용되지 않으며, 민사소송법 제217조, 제217조의2 조건의 존부도 원칙적으로 자백의 대상이 되지 않는다.[5)] 만일 제대로 구비되어 이유 있다고 할 때에는 외국판결을 명시하여 「**이 판결은 집행할 수 있다**」는 취지를 선고하는 집행판결을 한다. 집행판결에는 가집행선고를

1) 대법 2015. 2. 26, 2013다87055(외국확정판결에 '번호계'를 원고로 하여 표시한 사례).
2) 방순원/김광년, 60면.
3) 둘째 요건을 갖추지 못한 때에는 청구기각이 옳다는 견해도 있다. 오정후, "집행판결의 거부사유인 공공질서 위반에 관한 연구", 민사소송 제11권 1호, 341면 이하.
4) 대법 2015. 10. 15, 2015다1284.
5) 김수형, "외국판결의 집행", 국제사법연구(4호), 504면.

붙일 수 있다. 민사집행법 제26조 1항에서는 종전의 '집행판결로 적법함을 선고하여야 한다'를 '집행판결로 강제집행을 허가하여야 할 수 있다'로 바꾸어 집행판결이 강제집행의 **적법선고**가 아닌 그 **허가선고**임을 밝혔다. 이제는 판결주문이 '이 판결의 집행을 허가한다'로 바뀌어야 할 것이 아닌가 생각된다.

외국판결이 있었지만 이에 대한 집행판결에 의하지 않고 원래 청구권에 관하여 국내에서 이행의 소를 제기하는 것이 허용되느냐의 문제가 있다. 집행판결에 관한 제26조, 제27조의 적용을 우선시켜야 하므로 그러한 소송은 원칙적으로 부적법하다고 볼 것이다.[1] 그러나 외국판결의 승인이 의문시될 때에는 국내법원에의 제기도 적법한 소로 볼 것이다.[2] 그러한 경우에는 집행판결청구의 소+원래의 청구권에 기한 이행의 소를 예비적 병합으로 청구하는 것이 합목적적일 것이다.[3]

② 외국판결에 표시된 청구권이 변론종결 이후에 소멸·기한유예 또는 변경 등의 사유가 생겼을 때에 별도소송인 외국판결에 대한 청구이의의 소를 제기하여 집행력을 배제시킬 것인가(**청구이의설**),[4] 아니면 당해 집행판결소송에서 항변으로 주장하면 되는가(**항변설**). 제27조 1항에서 집행판결절차에서는 외국판결의 옳고 그름을 조사하지 아니한다고 규정한 것은 그 외국판결의 기준시점의 기판력을 인정한다는 것이지, 기준시점 이후의 청구권의 소멸·변경사유까지도 집행판결절차에서 거론하는 것을 금한다는 의미는 아니다. 또 별소를 제기하지 아니하고 집행판결청구소송에서 직접 항변으로 이를 주장하여도 그 실질이 피고가 그 소송에서 예비적 반소로서 청구이의의 소를 제기하는 것과 같은 것이므로, 1회적 분쟁해결을 위하여 기왕에 계속된 집행판결소송에서 피고가 항변으로 제출하면 된다는 항변설이 타당할 것이다. 소송경제에 도움이 될 것임에 틀림없다.[5]

---

1) 대법 1987. 4. 14, 86므57·86므58은 승인요건을 갖춘 외국재판은 국내에서도 기판력이 발생하므로 기판력에 저촉되어 허용되지 않고, 권리보호의 이익이 없다고 하였다.

2) BGH NJW 1987, 1146; 주석 민사집행법(Ⅱ), 95면.

3) Thomas/Putzo/Hüßtege, §723 Rdnr. 6. 그러나 주위적 청구인 집행판결청구의 당부는 민사소송법 제217조의 요건만을 심사함에 그치는 것임에 비하여, 예비적 청구는 당해 외국판결의 기초가 된 청구권의 존부 등 실체상의 사유를 심사하는 것을 내용으로 하는 것이므로 양자는 심리내용이 전혀 달라 상호 견련관계가 없어 이러한 병합은 허용되지 않는다는 반대견해도 있다. 주석 민사집행법(Ⅱ), 95면; 김수형, "외국재판의 집행", 국제사법연구(4호), 504~505면.

4) 별소설: 방순원/김광년, 70면; 강대성, 43면.

5) 이영섭, 65면; 한종렬, 63면; 박두환, 119면; 오정후, 앞의 논문, 337면; 김상수, 75면; 김홍

그러나 집행판결이 피고 패소로 확정된 이후에는 집행판결소송의 사실심 변론종결 후에 발생한 청구이의의 사유를 들어 청구이의의 소를 제기할 수는 있을 것이다.[1] 외국판결이나 중재판정을 등기원인을 증명하는 서면으로 하여 등기신청을 할 경우는 그 등기신청서에 집행판결을 첨부하여야 단독으로 등기신청을 할 수 있다(부등 29조).

2. 중재판정에 대한 집행결정[2]

중재판정은 법원의 확정판결과 같은 효력을 갖고 있지만(중재 35조), 이는 사인(私人)인 중재인의 판단이기 때문에 그 성립이나 내용에 하자가 있는 경우가 많다. 따라서 중재판정에 의하여 곧바로 강제집행을 허용할 것이 아니라, 중재판정취소의 사유(중재 36조 2항)가 없음을 확정하고 나서 중재판정에 기초한 집행을 허용함이 바람직하다 하여 이 제도를 두게 되었다. 2016. 5. 29. 개정중재법(2016. 11. 30 시행) 제37조는 종전의 집행'판결'에서 집행'결정'으로 바뀌었다.

(1) 집행결정의 요건(중재 38조)

1) 중재판정일 것 (i) 국내중재판정으로는 상사중재에 대비하여 설치된 사단법인 대한상사중재원에 의한 중재판정이 가장 괄목할만하다. 중재법 제38조에 따라 동법 제36조 2항의 중재판정취소사유 등이 없으면 집행결정으로 강제집행를 허가하여야 집행할 수 있다(중재 38조).

(ii) **외국중재판정**에 대한 집행결정을 구할 수 있는가. 외국중재판정의 집행에 관하여는 중재법 제39조에 규정되어 있다. 여기에서 '외국중재판정의 승인 및 집행에 관한 협약=뉴욕협약'의 적용을 받는 경우와 그 적용을 받지 아니하는 경우를 나누어 규정하고 있다.

① **뉴욕협약의 적용을 받는 외국중재판정**의 승인[3] 또는 집행은 위 협약

엽, 55면; 일본의 다수설, 독일의 통설.

1) 김수형, "외국재판의 집행", 국제사법연구(4), 505면.

2) 엄덕수, "중재판정에 기한 강제집행절차의 문제점", 민사집행법연구 제5권, 13면 이하.

3) 민사소송법과 민사집행법은 외국판결에 대한 집행판결제도만 두고 있을 뿐 승인판결제도를 별도로 두고 있지 않지만, 중재법은 중재판정에 대한 집행결정제도와 함께 승인결정제도를 두고 있으므로(중재 37조 1항), 중재당사자는 강제집행 전에 미리 당해 중재판정이 우리 법상 승인요건을 갖추었음을 확인받기 위하여 법원에 승인결정을 구할 수도 있다. 승인결정은 집행권원이 아니라고 본다.

에 의한다(중재 39조 1항). '외국중재판정의 승인 및 집행에 관한 협약'은 1958. 6. 10. 세계 주요국가가 서명한 이른바 **뉴욕협약**(New York Convention)으로서 우리나라는 1973년에 가입하였다. 우리나라는 위 협약에 가입하면서 다른 가입국가의 영토 안에서 내려진 중재판정에 한하여, 또한 우리법상 상사관계 분쟁에 한하여 위 협약을 적용할 것을 유보하였다. 따라서 여기에 해당된다면 외국판결의 경우처럼 집행결정청구의 소를 제기하여 집행결정을 받을 수 있다. 대법 2016. 3. 24, 2012다84004는 UN협약 제2조에서 요구하는 '서면에 의한 중재합의'가 결여된 경우이면 동 협약 제5조 1항(a)호 후단에서 정한 중재판정의 승인·집행거부사유인 중재합의가 무효인 경우에 해당한다고 하였다.

한편 동 협약 제5조 2항 나호는 공공질서(ordre public)위반을 중재판정의 승인 또는 집행거부사유의 하나로 규정하고 있다. 거부사유 가운데 채무자의 항변사유도 있지만, 분쟁대상 사항이 집행국의 법령상 중재적격에 해당할 것과 더불어, 공공질서위반 여부는 공익적 거부요건임에 비추어 직권조사사항이다. 공공질서위반을 거부사유로 한 것은 중재판정의 승인·집행국의 기본적인 도덕적 신념과 사회질서를 보호하려는 데 그 취지가 있으므로, 그 판단에 있어서는 국내적인 사정뿐만 아니라 국제적인 거래질서의 안정이라는 측면도 함께 고려하여 제한적으로 해석하여야 할 것이다.[1] 여기의 거부사유에 해당하려면 해당 중재절차에 의한 당사자의 절차적 권리에 대한 침해의 정도가 현저하여 용인할 수 없어야 한다. 외국의 중재판정에 민사소송법상 재심사유에 해당하는 사유가 있을 때에도 거부사유가 된다.[2]

이러한 견지에서 판례는 외국의 중재판정에 대하여 그 판정이 성립된 이후 채무소멸과 같은 집행법상 청구이의의 사유가 발생하여 중재판정에 터잡아 강제집행절차를 밟는 것이 우리법의 기본적 원리에 반한다는 사정이 집행결정소송의 변론과정에서 드러난 때에는, 법원은 공공질서위반에 해당하는 것으로 보아 그 중재판정의 집행을 거부할 수 있다고 하였다.[3] 중재약정이 없는 분쟁에 대한 중재판정은 ICC(국제상업회의소)의 중재판정이라도 뉴욕협약상 집행요

1) 대법 1990. 4. 10, 89다카20252; 동 2009. 5. 28, 2006다20290; 동 2018. 11. 29, 2016다18753.
2) 대법 2018. 12. 13, 2016다49931.
3) 대법 2003. 4. 11, 2001다20134; 동 2018. 12. 13, 2016다49931; 동 2018. 11. 29, 2016다18753(다만 외국중재판정에 적용된 외국법이 우리나라의 실정법상 강행법규에 위반된다고 하여 바로 승인거부 사유는 아니라고 했다).

건을 갖추지 아니한 중재판정[1]이면 집행이 허용되지 않는다. 그러나 판례는 외국중재판정에서 상계주장이 배척된 이후 다시 상계 주장을 하는 경우,[2] 영국 런던 중재법원이 일반적으로 적용되는 국제금리인 미국은행 우대금리(우리 이자제한법의 제한범위 내)에 따른 지연손해금의 지급을 명한 경우는 공공질서에 반하지 아니하여 집행거부사유가 안 된다고 하였다.[3]

가입국에서 받은 외국의 중재판정은 외국판결의 집행판결처럼 민소법 제217조, 제217조의2의 적용을 받지 않으므로 그 결정을 비교적 쉽게 받아낼 수 있다(상호보증불필요). 조약이 정한 바의 우선원칙 때문에 내국법의 규정은 조약에 저촉하는 한도 내에서는 배제되기 때문이다.[4] 국제상업회의소(ICC)의 국제중재법원의 중재판정 등 국제중재사건이 증가일로이다. 한미 FTA의 ISD(Investor State Dispute, 투자자·국가소송제도)는 동협약에 가입한 국가의 영토에서 중재판정을 하게 되어 있으므로 뉴욕협약에 따라 집행할 수 있는 중재판정이 된다.[5] 위 협약과 같은 다국간 협약이 아닌 2국간 투자협약(BIT)[6]에 따라 이루어진 중재판정도 여기에 특별한 규정이 없으면 같이 볼 것이다.

② ICSID에서 만들어진 중재판정 다만 투자협약에서 투자분쟁해결조약인 ICSID협약(Convention of the Settlement of Investment Disputes between States and Nationals of Other States)에 별도로 가입하고 그 협약에 따라 국제분쟁해결센터에서 내려진 중재판정에 대해서는 New York협약에 따른 중재판정과 달리 집행결정을 따로 받아야 하는 것이 아니고, 채무당사국 법원이 중재판정이 진정한 것인지 여부를 검증하는데 그치는 간편한 집행에 의한다. ICSID 중재판정은 국내법원의 최종적인 판결과 같은 구속력이 있는 것으로 승인하여야 하고 중재판정에서 인정한 금전채무는 그 나라의 확정판결과 동일하게 집행하여야 한다(ICSID협약 54조 1항). ICSID 협약이 New York 협약보다 우선적용되기 때문이다(New York 협약 7조 1항).

1) 서울고법 2013. 8. 16, 2012나88930.
2) 대법 2010. 4. 29, 2010다3148.
3) 대법 1990. 4. 10, 89다카20252; 대법 2010. 6. 24, 2007다73918은 중재판정이 동종사건에 대한 대법원 판례들과 법령 내지 계약의 해석을 달리 하여 그 결론이 다르다는 사정만으로 중재판정의 집행이 대한민국의 공공질서에 위배되는 때에 해당하지 않는다고 보았다.
4) 中野/下村, 198면.
5) 상세는, 이시윤, "민사집행법에 있어서의 주요 과제와 ISD", 민사집행법연구 제8권.
6) 론스타가 한국정부 상대로 제기한 중재사건의 원인이 된 한·벨기에 투자보장협정, 아랍에미레이트의 하나칼이 한국정부 상대의 ISD도 뉴욕협정에 기함.

③ **뉴욕협약의 적용을 받지 아니하는 외국중재판정** 뉴욕협약에 가입하지 아니한 나라(북한, 대만, 이라크 등 40여 개국)에서 내려진 중재판정의 집행은 앞서 본 외국판결에 대한 집행판결절차를 준용한다(중재 39조 2항). 따라서 국내법인 민사소송법 제217조, 제217조의2, 민사집행법 제26조 1항 및 제27조를 준용한다. 협약가입국보다 비가입국에서 내려진 중재판정의 집행이 좀 더 어렵다.

2) **중재법 제36조 2항의 중재판정취소의 사유가 없어야** 하나, 단지 중재판정취소의 소가 제기된 것만 가지고는 집행결정을 구하는 소제기를 저지할 수 없다.[1] 다만 외국에서 한 중재판정에 대한 취소의 소는 우리나라에서 제기할 수 없다고 보는 것이 지배적이다.

(2) 소송절차의 심판

중재판정에 기한 강제집행은 개정된 중재법 제37조 2항에 따라 집행결정으로 집행을 허가하여야 할 수 있다. 원고는 중재판정의 채권자 또는 그 승계인, 피고는 채무자나 그 승계인이 된다. 중재판정 집행결정청구소송의 관할은 ① 중재합의에서 지정한 법원, ② 중재지를 관할하는 법원, ③ 피고 소유의 재산소재지를 관할하는 법원, ④ 피고의 주소 등을 알 수 없을 때에는 거소, 거소도 알 수 없을 때에는 최후주소를 관할하는 법원의 순서로 된다(중재 7조 4항). 결정절차에 의하므로 필요적 변론의 원칙이 적용되지 아니하고 간편하게 집행결정을 얻어낼 수 있게 되었다. 집행결정에 대한 불복은 즉시항고로 할 수 있다. 그러나 항고에는 집행정지의 효력이 없다(중재 37조 6항·7항).

중재판정이 옳고 그름의 당부에 대한 심사나 판단은 할 수 없고 오로지 중재판정취소사유(중재 36조 2항)와 중재판정의 구속력이 발생하였는지 유무에 관해서만 판단할 수 있다. 취소사유가 있으면 청구를 기각하고 취소사유가 없으면 집행결정을 한다. 집행결정에 의하여 중재판정의 적법성이 확정되므로, 그 뒤에는 원칙적으로 중재판정 취소의 소를 제기할 수 없다(중재 36조 4항).

중재판정에 기한 강제집행이 불법행위가 되는 것은 판결 등 다른 집행권원에 기한 강제집행의 경우처럼 당사자의 **절차적 기본권**이 근본적으로 침해된 상태에서 중재판정의 취소사유가 존재하는 등 중재판정을 존중하는 것이 정의

1) 신희택, "국제분쟁해결의 맥락에서 본 국제투자중재", 서울대법학 55권 2호, 227면 이하. 대법 2001. 10. 12, 99다45543·45550.

에 반함이 명백하여 이를 묵과할 수 없는 경우로 한정하여야 한다.[1)]

Ⅲ. 집행증서(56조 4호)

1. 의 의

집행증서(Vollstreckbare Urkunde)란 집행할 수 있는 문서를 말한다. 법원이 만드는 것이 아니라, 채권자 · 채무자가 공증인에게 신청하여 만드는 강제집행 문서이다. 공증인이 스스로 작성한 공정증서로서 법정요건(공증 56조의2 1항)을 갖추어 집행력이 인정된 것을 말한다. 법률상으로는 공정증서로 되어 있지만, 강제집행할 수 있는 증서이기 때문에 집행증서라고 한다. 거래활동에서 특히 금전대여를 할 때에 이 제도를 활용하면, 분쟁이 생기더라도 채권자가 번거로운 소송과 판결을 거치지 않고 자기권리를 신속히 실현시킬 수 있는 이점이 있다.

그러나 채무자와 그 일가 친족 · 친지 · 경매브로커가 서로 야합하여 통정 허위채권에 대한 집행권원을 쉽게 만들어 배당요구하는 수단으로 악용하는가 하면, 고리대 채권자가 약자인 채무자에 대한 우월적 지위를 이용하여 채무자의 대리인을 자신이 선임하여 그와 함께 촉탁을 함으로써 자기에게 유리한 집행권원을 만드는 수단으로 삼는 등의 문제점이 있다. 집행증서는 집행권원으로 매우 활발하게 이용되어 그 수수료가 공증인의 주수입원이 될 정도이다.

2. 요 건

(1) 공증인이 스스로 작성한 증서일 것(自署증서)

그 권한 내에서 법령이 정한 방식에 따른 것이어야 한다.

i) 공증인이 작성하는 것인데, 여기의 「공증인」이란 공증인법에 의한 임명공증인=개인공증인, 변호사법에 의한 법무법인 · 유한법무법인과 법무조합 등 공증인가를 받은 인가공증인=법인공증인을 말한다. 인가공증인은 구성변호사 중에서 2인 이상의 공증담당변호사를 지정하는데, 이를 공증인으로 본다(공증 15조의3, 15조의5). 법무부소속의 공무원으로 본다. 따라서 집행할 수 없는 내용의 집행증서를 작성하는 등 직무상의 과실이 있으면 국가배상법에 따른

1) 대법 2005. 12. 23, 2004다8814.

배상책임을 져야 한다. 판사 · 검사 · 변호사의 자격자는 따로 연수 없이 자동적으로 공증인자격을 부여하는 것도 문제였는데, 이제는 임명공증인과 공증담당변호사가 공증인직무교육을 받도록 하였다(공증 15조의10).[1]

공증인은 공정증서의 작성, 사서증서/전자문서 등의 인증(2009년 공증인법 개정법률 57조의2에 의한 선서인증제가 시행), 정관 · 의사록의 인증, 아직 법제화는 안되었으나 존엄사선언의 공정증서, 확정일자의 부여 등의 권한을 갖는데, 공증인이 스스로 작성한 공정증서인 **자서증서**(自署證書)만이 집행증서가 된다.

ii) 공증인이 권한 내에서 작성하여야 하는데 이는 당사자 그 밖의 관계인으로부터 작성해 달라는 촉탁이 있어야 하고(공증 2조), 그 관할구역 내의 직무집행행위에 해당하여야 하며(공증 16조), 공증인에게 법정의 제척원인이 없는 것(공증 21조)을 요한다. 촉탁은 당사자 양쪽으로부터 있어야 하는데, 어음 · 수표의 공정증서의 경우에는 그 발행인과 수취인, 양도인과 양수인 또는 그 대리인의 촉탁이 있을 경우에 한하여 작성한다(공증 56조의2). 대리인이 본인이라고 칭하며 증서작성을 촉탁한 경우는 「소위 서명대리」라 하여 위법이다.

iii) 법령이 정한 방식에 의한 증서이어야 하는데, 이는 공증인법 제35조 내지 제39조에 따라 작성하되 국어를 사용한 증서를 말한다(공증 26조). 공증수수료는 공증인 수수료 규칙에 의하는데 공증액이 과다하여도 300만원을 초과하지 못하고 비싸지 않다.

어음 · 수표 공증은 어음 · 수표의 뒤에 붙여서 공정증서를 작성한다(공증 56조의2). 어음공증의 경우에 어음발행인은 그 직접 수취인뿐 아니라 그 어음을 배서 · 양도받은 사람에 대하여도 집행수락의 의사표시를 함으로써 집행채무자가 된다.[2] 따라서 집행권원의 유통을 가능케 한 제도라고 하겠다. 어음 · 수표 공증은 캐피탈회사, 카드사, 저축은행, 파이낸스회사들이 많이 이용하는데 돈을 대여하면서 차주로부터 이자를 더한 원리금을 액면금액으로 한 어

1) 이시윤, "공증제도의 문제점과 활성화", 법률신문, 1999. 12. 4. 일본만 하여도 검사, 판사 등의 전직 낙하산이라는 비판이 있었으나, 현재는 공모제에 의한다. 법조유자격자는 무시험 응모할 수 있지만 법원 · 검찰사무직 근무자나 법무사 · 법인의 법무에 관한 실무경험이 15년 이상인 자는 민법 · 상법 · 민사집행법을 포함한 민사소송법 · 공증인법에 대한 필기시험 그리고 구술시험에 합격한 자가 응모할 수 있다. 일본에서는 이들을 특임공증인이라 부른다. 독일의 경우에는 사법시험 2차시험까지 마친 판사자격자에게 임명자격을 주는데, 전업공증인(nur Notar)과 변호사공증인(Anwaltsnotar)이 있다. 초임이 60세를 초과해서는 안되는 제약이 있으며, 법률상담과 금전공탁도 관할한다. 우리 공증인 제도의 개선에 시사하는 바가 있다.

2) 대법 1975. 5. 13, 72다1183.

음·수표를 발행받아 두는 한편, 이에 덧붙여 공정증서까지 받아두는 방식이다. 채무자측이 부동산담보를 제공하지 못할 때에 어음담보를 주로 이용한다. 지급일자를 백지로 남겨두고, 별도의 약정에 의하여 백지보충권을 위임받는 예도 있다. 그러나 **백지어음**에 대한 집행증서의 작성은 허용될 수 없다. 일정한 금액이라는 특정성에 반하기 때문이다(56조 4호). 다만 채무액보다도 더 많은 액수의 어음공증을 하였다 하더라도 그 공정증서에 표시된 채권자와 채무자의 촉탁에 의하여 작성된 것이 확실하다면 그 공정증서에 의한 전부명령을 무효라고 할 수 없다.[1)]

(2) 일정한 금전·대체물의 청구에서 건물·토지·동산의 인도청구로 확대

1) 과거에는 **금전이나 대체물**에 관한 청구에 한하고 특정물인도 청구에 관하여는 집행증서를 작성할 수 없었다. 건물명도청구의 집행확보를 위해 제소전화해를 이용하는 현실에서 차라리 이에 관하여 집행증서를 작성할 수 있도록 하자는 집행증서의 확대입법론이 있었다. 오스트리아나 독일(ZPO §794 I Nr. 5)는 의사표시와 임대차로 인한 건물명도청구를 제외하고 실체법상의 화해요건을 갖추었다면 금전·대체물이 아니라도 집행증서를 작성할 수 있도록 활용의 길을 넓혔다. 이를 참조하여 집행법 제56조에 불구하고 2013. 11. 29.부터 시행된 개정 공증인법 제56조의3은 건물·토지·동산인도청구에 대하여도 집행증서를 작성할 수 있는 것으로 확대시켰다. 특히 주목되는 것은 임차건물의 **인도공증**인데 임대차종료전 6개월 이내에 작성해야 하도록 한 탓인지 이용률이 높지 않다.[2)] 그 때문에 토지·건물·동산인도청구의 집행증서 활성화를 위하여 현행법과 같은 제한이나 규제 없이 공증인의 자세와 책임에 맡기자는 견해도 강력하다.[3)]

---

1) 대법 1989. 9. 12, 88다카34117.

2) 신설한 임대인의 인도공증제의 남용방지책으로, 첫째 임차건물의 인도공정증서에는 임차인에 대한 임대보증금 등 금전지급의 강제집행승낙의 내용도 포함되어야 하고, 둘째 자기대리나 쌍방대리가 금지되며, 셋째 인도공정증서의 집행권원에의 집행문부여는 판사의 허가를 받아야 하고, 넷째 일반 공정증서는 작성일로부터 7일이나 인도공정증서의 경우는 1개월이 지나지 않으면 집행문부여를 하지 못하는 특칙 등이 있다(공증인법 56조의3, 56조의4). 집행이 끝나기 전에 채무자가 청구이의의 소를 제기할 수 있게 하기 위해서이다.

3) 전병서/조윤원, "집행증서의 대상범위확대에 관한 재검토", 민사집행법연구 제19권 제1호, 355면 이하.

2) **일정한 청구**(Bestimmtheit)임을 요하기 때문에 청구가 정확하게 구체적으로 기재됨으로써 다른 청구와 구별될 수 있어야 한다. 지급할 금액·수량이 증서상 특정되어 있어야 한다.[1] 따라서 이자청구라면 이율과 기간이 결정되어 있어야 한다. 만일 집행력 있는 공정증서정본상에 원금채권 및 변제기까지의 이자 이외에 지연손해금채권에 대하여 아무런 표시가 없는 경우에는 그 지연손해금에 대하여 강제집행을 청구할 수 없다. 금액의 특정성이 있는 한 기한이나 조건이 붙어 있는 것이나 반대의무에 걸려 있는 청구권도 집행증서로서 인정할 수 있다. 장래의 청구권이라도 상관 없지만 금액의 일정성이 문제되는 경우가 많다. 집행증서를 작성하면서 당좌대월계약의 한도액으로 금액을 표시하면 이는 채무최고액일 뿐 실제 채무자의 부담채무가 아니므로 일정한 청구로 표시된 집행증서가 아니다. 앞서 말한 백지어음의 공증은 이 요건 때문에 집행증서를 작성할 수 없다.

(3) 집행수락의 의사표시

채무자가 강제집행을 승낙한 취지가 적혀 있어야 한다. 이를 **집행수락문언**이라고도 하며, 만일 변제기에 갚지 못하거나 인도받지 못하면 채무자가 판결 없이 즉시 강제집행을 당해도 좋다는 취지의 의사표시가 있는 것을 말한다. 집행수락의 의사표시는 집행권원의 창설이라는 소송상의 효과발생의 단독적 소송행위이다. 소송능력, 소송대리권 등 소송행위로서 유효요건을 갖추어야 한다. 따라서 소송제한능력자인 미성년자가 한 집행수락의 의사표시는 무효이다. 피성년후견인이나 의사무능력자가 집행수락의 의사표시를 한 경우에도 마찬가지로 보아야 할 것이다. 피한정후견인은 한정후견인의 동의가 필요한 행위의 범위 내에서는 마찬가지이다(민소 제55조 2항).

3. 효　　력

(1) 개　　요

집행증서는 유·무효가 문제될 때가 많다. 집행증서가 위의 세 가지 요건을 갖추면 집행권원으로서 집행력이 있다. 다만, 집행증서에는 **기판력이 없으므로** 증서에 기재된 청구가 당초부터 불성립 또는 무효인 경우에도 청구이의

1) 대법 1994. 5. 13, 94마542·543.

의 소를 제기할 수 있고(59조 3항), 채권자는 집행증서상의 청구권에 대하여도 기판력을 얻기 위해 확인, 이행의 소를 제기할 수 있다. 집행증서의 효력과 관련하여 의사표시의 착오에 관한 민법 제109조와 사기·강박에 관한 민법 제110조가 집행수락의 의사표시에 유추적용되는지에 관하여는 다툼이 있다. 판례는 의사표시의 하자에 관한 민법 규정이 소송행위에 유추적용되지 않는다는 것이고[1] 학설로도 다수설이다.[2] 특히 집행증서상의 채무자명의모용,[3] 대리에 관하여서는 문제가 있다.

1) 집행수락의 의사표시에 민법의 **표현대리**(민 125조, 126조)의 법리가 유추적용되는가. 예를 들면 甲의 대리인 A는 단순히 어음행위의 대리행위를 위하여 甲의 인감을 교부받았는데 A는 그 수권의 범위를 넘어 교부받은 인감으로 약속어음을 발행한 뒤 공정증서를 작성하여 乙로부터 돈을 대여받았으며, 상대방인 乙은 A가 공증촉탁의 대리권이 없는 점에 관하여 선의·무과실인 경우이다. 학설상 다툼이 있지만,[4] 판례는 집행수락의 의사표시가 소송행위임을 전제로 하여 부정적이다.[5] 그러나 본인이 추인하면 유효하게 된다.

2) 집행수락의 의사표시에서 민법 제124조의 **쌍방대리금지**의 원칙이 유추적용되느냐도 다툼이 있으나, 판례는 당사자간에 집행수락의 의사표시를 비롯한 계약조항이 이미 결정되어 있는 상태에서 단지 계약조항을 공정증서화하기 위한 경우라면 쌍방대리금지의 원칙에 저촉되지 아니하는 것으로 본다.[6] 채권자측이 채무자의 대리인선임권을 위임받아 선임된 채무자측의 대리인과 함께 집행촉탁을 하는 식의 쌍방대리가 적지 않다. 1990년에 신설된 민소법 제385

1) 대법 1984. 5. 29. 82다카963(소송행위가 착오로 인한 경우), 동 1997. 10. 10, 96다35484(제소전화해가 강박에 의한 경우). 위 82다카963은 소송행위가 사기, 강박 등 형사상 처벌을 받을 타인의 행위로 인하여 이루어졌다고 하여도 그 타인의 행위에 대하여 유죄판결이 확정되고 또 그 소송행위가 그에 부합되는 의사없이 외형적으로만 존재할 때에 한하여 민사소송법 제422조 제1항 제5호, 제2항의 규정을 유추해석하여 그 효력을 부인할 수 있다고 해석함이 상당하므로 타인의 범죄행위가 소송행위를 하는데 착오를 일으키게 한 정도에 불과할 뿐 소송행위에 부합되는 의사가 존재할 때에는 그 소송행위의 효력을 다툴 수 없다고 하였다.

2) 김홍엽, 60면; 독일도 다수설이다. 민법 규정을 유추적용하자는 반대견해로는 일본 최고재 소화44(1969) 9. 18 판결; 이진성, "집행증서", 강제경매·임의경매에 관한 제문제(상)(재판자료 35집), 43면 등.

3) 대법 1999. 6. 23, 99그20.

4) 이시윤, 신민사소송법(제17판), 205면.

5) 대법 1994. 2. 22, 93다42047; 동 2001. 2. 23, 2000다45303·45310 등. 반대: 강대성, 79면; 박두환, 126면; 김상수, 81면.

6) 대법(전) 1975. 5. 13, 72다1183.

조 2항(제소전화해에서 대리인 선임권을 상대방에게 위임할 수 없다), 변호사의 쌍방대리를 금지한 변호사법 제31조의 취지와 공증인에게 공정증서에 표시될 권리의무에 관한 실질적인 심사의무가 없는 점 등에 비추어 금지하는 것이 옳을 것이다.[1)]

3) 판례는 나아가 무권대리인에 의한 공정증서작성의 촉탁행위는 본인이 추인할 수 있되, 추인의 의사표시는 공증인에 대하여 그 의사표시를 공증하는 방식으로 하여야 하고,[2)] 채무자가 채권자에 이의를 제기하지 아니하였다는 소극적 태도만으로 추인이라 볼 수 없다고 했다.[3)]

(2) 형식적 무효 – 집행문부여가 된 경우

1) 위에서 본 집행증서의 요건 중 어느 하나에 흠결이 있으면 집행증서는 무효가 된다. 성립절차의 요건흠결을 형식적 무효라고 한다. 이때 이를 기초로 한 채권압류 및 전부명령은 채무자에 대한 관계에서 무효가 되고,[4)] 또 이를 기초하여 강제경매가 진행되어 발생한 매수인의 소유권취득의 효과는 무효로 된다.[5)] 특히 무권대리인[6)]이 본인을 가장하여 공정증서의 작성촉탁·금액의 일정성의 흠결·집행수락의 의사표시의 흠(서명대행 포함)[7)]이 있는 경우이다. 법에서 정한 증서작성요건의 엄격성을 중요시하여 무효로 보는 것이 일반적이다. 집행권원 없이 집행한 것이 된다는 것도 이유이다.

그럼에도 집행문 부여기관인 공증인이 집행문을 부여하였을 때에 **무효주장을 하는 방법은 무엇인가.** 즉시항고는 명문이 없어 안 되는 것이 분명하나 집행문부여에 대한 이의설, 청구이의설, 병용설 등 **학설**이 대립되어 있다. 기록에 의하여 용이하게 인정할 수 있는 요건의 흠일 경우는 **집행문부여에 대한**

---

1) 같은 취지, 주석 민사집행법(Ⅰ), 792~793면.
2) 대법 1991. 4. 26, 90다20473; 동 2006. 3. 24, 2006다2803.
3) 대법 1983. 2. 8, 81다카621.
4) 대법 1989. 12. 12, 87다카3125; 동 2016. 12. 29, 2016다22837. 상세는, 윤경, “무효인 전부명령 또는 추심명령에 대한 구제방법”, 민사집행법연구 제1권(2005), 232면.
5) 일본 최고재 소화50(1975). 7. 25. 민집 29권 6호; 대법 1991. 4. 26, 90다20473 참조. 채무자가 경매종료 전에 집행문부여에 대한 이의신청 또는 청구이의의 소로 진행정지나 취소를 시키지 않고 매수인의 대금납부 후에 문제삼는 것이므로 실권된다는 학설이 있다.
6) 무권대리인의 촉탁에 의한 공정증서의 작성은 집행권원으로서의 효력이 없다는 것에, 대법 2016. 12. 29, 2016다22837.
7) 다만 채무자가 자기의 서명대행을 주장하는 것은 하자 있는 행위자가 그 결과를 나무라는 것이므로 신의칙에 반한다.

이의, 그 밖에 그 인정에 변론을 열어 심리할 필요가 있는 요건의 흠일 경우는 청구이의의 소에 의할 것이다. 대법 1998. 8. 31, 98마1535는 집행증서가 무권대리인의 촉탁에 의하여 작성되어 무효일지라도 그러한 하자는 형식적인 하자이기는 하나 집행증서의 기재 자체에 의하여 용이하게 파악할 수 없는 것이어서 적법한 항고사유가 될 수 없고 청구이의의 소에 의하여 그 집행을 배제할 것이라 하였다.[1] 한편 집행증서의 명의모용주장의 채무자는 집행문부여에 대한 이의로써 무효인 집행증서에 부여된 집행문의 취소를 구하는 것도 가능하다고 했다.[2] 결국 위 병용설에 의하고 있다고 할 수 있다.[3] 다만 집행문부여에 대한 이의나 청구이의의 소는 집행이 종료되기 전까지 가능하고 그 이후는 이익이 없다고 할 것이다.[4]

2) 형식적 무효라도 신의칙상 무효임을 주장할 수 없는 경우가 있다. 판례는 무효인 공정증서상의 채무자가 그 공정증서에 기한 경매절차가 진행되는 동안에 공정증서의 무효를 주장하여 경매절차를 저지할 수 있음에도 그러한 주장을 하지 않고 방치하였을 뿐 아니라, 오히려 공정증서가 유효함을 전제로 변제를 주장하여 매각허가절차에 대한 항고를 하였고 매각허가결정 후에 매각대금까지 지급받았다면, 그 뒤 집행채무자가 공정증서가 무효임을 이유로 이에 기한 강제경매가 무효라고 주장하는 것은 금반언 및 신의칙에 반하는 것이라고 보았다.[5]

(3) 실체적 무효

증서에 기재된 청구권의 원인인 법률행위에 실체법상 무효·취소사유가 있는 경우이다. 예를 들면 집행채권자와 채무자간에 통정허위표시로 가장채권을 만들어 집행증서를 작성한 경우이다. 집행수락의 의사표시는 집행권원을 만들기 위한 공증인에 대한 소송행위이므로, 그 원인인 법률행위(예컨대 소비대차계약)와는 구별할 것이므로, 그 법률행위에 실체법상 무효·취소사유가 있어

1) 같은 취지: 대법 1997. 4. 25, 96다52489.
2) 대법 1999. 6. 23, 99그20.
3) 같은 견해로 이진성, "집행증서", 재판자료 35집, 43면; 부구욱, "약속어음 공정증서에 관한 제문제", 재판자료(31), 560면 등. 이론적으로는 집행증서가 집행권원으로서 유효한 경우에 청구이의의 소가 가능한 것이라면, 이와 같은 형식적 무효인 경우에 청구이의의 소에 의한다는 것이 적절한가 의문이 없지 않다. Thomas/Putzo/Seiler, §794 Rdnr. 61.
4) 대법 1989. 12. 12, 87다카3125; 동 1997. 4. 25, 96다52489 등.
5) 대법 1992. 7. 28, 92다7726.

도 집행수락의 의사표시의 효력에 영향이 없고 집행증서가 무효가 되지 아니한다.[1]

실체법상 무효(불성립)·취소사유가 있으면 청구이의의 소로써 그 집행력을 배제할 수 있을 뿐 소송행위의 효력은 배제되지 아니하고 강제집행절차가 계속 진행되었다면 집행의 효력을 부정할 수 없다.[2] 집행증서작성 전에 생긴 실체법상의 무효·취소사유라도 청구이의의 사유가 된다(59조 3항, 44조 2항). 예를 들면 채무가 없는데도 통정허위표시로 어음발행 후 공정증서를 작성한 것[3] 따위이다. 청구이의의 소 등으로 배제되지 아니하고 끝이 나면, 실체법상의 무효를 이유로 매수인의 부동산 소유권취득의 효과를 뒤집을 수 없다.[4] 판례도 실제 채무액을 초과하는 액수의 약속어음공증 등 집행증서의 기재와 객관적 사실이 불일치할 때에도 압류·전부명령의 효력에 영향이 없다고 했다.[5]

(4) 행정소송불허

공정증서의 작성행위가 행정청인 공증인의 행위이지만 공정증서의 무효확인을 항고소송(행정소송)의 대상으로 할 수 없다.[6]

Ⅳ. 판결 이외의 결정·명령

중요한 것들을 예시하면 다음과 같다.

1. 항고로만 불복할 수 있는 재판(56조 1호)

판결 이외의 재판인 결정·명령으로서 법률에 의하여 항고로써 불복신청이 허용되는 것을 뜻한다. 여기의 항고에는 통상항고이든 즉시항고이든 불문한다. 다만 불복할 수 없는 결정·명령으로 특별항고(민소 449조)의 대상은 제외한다.

1) Gaul/Schilken/Becker-Eberhard, §13 Rdnr. 68, 69.
2) 대법 2016. 3. 24, 2015다248137; 동 2005. 4. 15, 2004다70024(다만 집행채권자의 부당이득의 문제가 생긴다고 했다).
3) 이 경우 공정증서원본부실기재 및 동행사죄에 해당한다(대법 2012. 4. 26, 2009도5786).
4) 일본최고재 1979. 2. 22 판결.
5) 대법 1989. 9. 12, 88다카34117; 동 2004. 5. 28, 2004다6542.
6) 대법 2012. 6. 14, 2010두19720.

결정·명령의 내용이 급부를 명하는 것일 때에 집행권원이 된다. 결정·명령이 집행권원이 되는 때에는 그 성질상 정본의 송달을 요한다.[1] 여기에는 소송비용상환결정(민소 107조 1항·2항), 소송비용액확정결정[2](민소 110조 1항), 강제관리개시결정(164조 1항), 부동산인도명령(136조 1항), 대체집행의 비용지급결정(260조 2항), 간접강제의 금전지급결정(261조 1항; 행소 34조) 등이 있다. 비송사건절차비용의 부담을 명하는 재판(비송 25조, 26조, 29조), 특허심판에 관한 비용액의 결정(특허 165조)도 이에 준한다. 가사소송법 제41조의 금전지급, 물건의 인도, 등기 기타 의무이행을 명하는 심판도 이 범주에 속하는 집행권원이라 할 것이다.

2. 확정된 명령·결정

2주일 내에 이의가 없으면 확정되는 명령·결정이다.

(1) 지급명령(56조 3호)

금전, 그 밖의 대체물 등의 일정수량의 지급을 목적으로 하는 청구권의 경우는 그 권리의 존부·수액에 다툼이 있어서라기보다도 채무자가 임의이행의 의사가 없어 이행하지 아니하는 경우가 많다. 이 점을 고려하여 채권자에게 신속히 쉽게 집행권원을 얻도록 하기 위한 제도로 독촉절차가 마련되어 있다(민소 462조 이하). 2005년부터 독촉절차는 법관이 아닌 사법보좌관의 소관사항이 되었다. 독촉절차에서는 채권자가 법원에 지급명령을 신청하여 채무자에 대한 지급명령의 결정을 하며, 채무자에게 지급명령이 송달된다. 전자문자로도 신청할 수 있다. 송달받은 날부터 2주일 내에 채무자가 이의신청을 하지 아니하면 지급명령은 확정된 지급명령으로 집행권원이 된다. 확정된 지급명령에 기한 강제집행은 원칙적으로 집행문을 부여받을 필요 없이 지급명령정본에 의하여 행한다(58조 1항).[3] 인지가 소장의 1/10밖에 되지 않는 저비용·고속(무

---

1) 대법 2003. 10. 14, 2003마1144.

2) 변호사보수가 소송비용에 산입되고 산입되는 보수가 다소 현실화된 후부터 활성화된 집행권원이다. 원재판의 소송비용부담부분이 집행권원이고, 소송비용액확정결정은 이를 보충하는 부수적 재판에 불과하다고 한 판결(대법 1995. 4. 18, 94다2190)이 있으나, 재판예규 866-5호는 소송비용액확정결정이 독립하여 단독으로 집행권원이 되는 것으로 규정하고 있고, 실무도 이에 따르고 있다.

3) 제56조 제2호에서 집행권원으로 「가집행선고가 내려진 재판」을 규정하고 있는데, 민소법에서 가집행선고 있는 지급명령제도를 폐지한 이상, 해당될 경우가 거의 없어졌다(단 예외는 민소

심문)의 집행권원이다(민인 7조 2항). 소송비용액 확정절차가 크게 활성화되면서, 사법보좌관의 소송비용액확정결정이 집행권원으로 중요시되고 있다.

(2) 이행권고결정(소심 5조의3 이하)

소가 2,000만원 이하의 소액사건에서는 그것이 이행의 소라고 한다면 특별한 사정이 없으면 소장부본 등을 보내면서 결정으로 피고에게 청구취지대로 이행할 것을 권고할 수 있다. 이 결정은 사법보좌관이 담당한다. 이행권고결정을 송달받고 2주일 내에 이의하지 아니한 경우에는 결정이 확정되어 집행권원이 된다(소심 5조의7). 이행권고결정은 기판력은 없지만 확정판결과 동일한 효력이 있어 집행력이 생기고,[1] 집행문을 부여받을 필요가 없다(소심 5조의8).

(3) 화해권고결정(민소 225조 이하)

법원·수명법관 또는 수탁판사는 소송계속중인 사건에 대하여 직권으로 당사자의 이익, 그 밖의 모든 사정을 참작하여 청구의 취지에 어긋나지 아니하는 범위 안에서 사건의 공평한 해결을 위한 화해권고결정을 할 수 있다. 당사자가 결정서등본을 송달받은 날부터 2주 이내에 이의신청을 하지 않으면 화해권고결정은 재판상 화해와 같은 효력을 갖게 되므로(민소 231조), 집행권원이 된다. 새 제도이지만 많이 활용된다.

(4) 조정을 갈음하는 결정

민사조정절차에서 조정담당판사나 조정위원은 ① 조정하다가 합의가 성립하지 아니하는 사건, ② 당사자 사이에 성립된 합의내용이 상당하지 아니하다고 인정한 사건, ③ 피신청인이 조정기일에 불출석하는 사건에 관하여, 상당한 이유가 없는 한 직권으로 당사자의 이익 기타 모든 사정을 참작하여 신청인의 신청취지에 반하지 아니하는 한도 내에서 사건의 공평한 해결을 위한 결정을 하여야 한다(민사조정 7조 4항, 30조, 32조). 가사사건에서도 민사조정법을 준용하여 조정을 갈음한 결정을 할 수 있다(가소 49조, 59조). 조정을 갈음하는

406조, 435조). 1990년 민소법 개정 이전에는 채무자가 지급명령에 대하여 이의신청을 하지 아니하면 다시 가집행선고 있는 지급명령이 내려져 그것이 집행권원이 되었으나, 지급명령의 간소화 차원에서 폐지되었다.

1) 이행권고결정에 재심사유에 해당하는 하자가 있어도 이를 이유로 민소법 제461조의 준재심의 소를 제기할 수 없고, 청구이의의 소를 제기하거나 또는 전체로서의 강제집행이 완료된 경우에는 부당이익반환의 소등을 제기할 뿐이라는 것에, 대법 2009. 5. 14, 2006다34190.

결정을 하면 이를 조서에 기재하고, 조서정본을 당사자에게 송달하는데, 그 송달받은 날부터 2주일 내에 이의신청을 하지 아니하면 결정은 재판상의 화해와 같은 효력이 생긴다(민사조정 34조 4항). 따라서 집행권원이 된다. 조정을 갈음하는 결정을 강제조정이라 하는데, 실무상 많이 활용된다.

3. 가압류 · 가처분명령

가압류 · 가처분의 집행에는 강제집행에 관한 규정이 준용되므로(291조, 301조), 가압류 · 가처분명령은 집행권원이 된다. 따로 집행문을 부여받을 필요 없다.

Ⅴ. 확정판결과 같은 효력을 가지는 것(56조 5호)

1. 재판상 화해조서

재판상 화해는 소송절차진행중에 하는 소송상 화해이든 소 제기 전에 지방법원 단독판사에게 화해신청을 하여 하는 제소전 화해이든, 화해가 성립되어 이를 조서에 기재한 때에는 그 조서가 확정판결과 같은 효력을 갖는다(민소 220조). 따라서 강제집행의 근거가 되는 집행권원이 된다. 제3자가 참가한 화해의 경우에는 그 제3자에 대해서도 집행력을 갖는다.

특히 제소전 화해가 실무상 많이 활용되고 있는데, 현존하는 분쟁을 해결하기 위한 것보다 다음과 같은 목적으로 남용되어 문제이다. 즉 ① 임차인의 임대차종료시 소송과 판결없이 건물명도집행을 위한 편법으로, ② 채권자가 경제적 강자의 지위를 이용하여 폭리행위의 집행권원을 만들기 위하여, ③ 강행법규의 잠탈을 합법화시키고 뒤에 재판상 다투는 길을 봉쇄하기 위하여 이용하는 등이다.[1] 최근에는 임대인의 건물명도청구에 관한 제소전화해신청을 제한적으로 받아주지 않는 사례가 나타난다.[2] 법원이 제소전화해의 요건을 엄격히 심사하여 부동산인도집행을 위한 집행증서의 대체수단으로 남용하는 것을 방지하든지 그렇지 못할 경우에는 이 제도를 계속 존치시킬 것인지 입법론

1) 이시윤, 신민사소송법(제17판), 627면.

2) 장래의 임대료를 1회 연체한 경우에 건물명도청구에 관한 집행권원을 얻기 위한 제소전화해신청에 대하여 법률적 다툼이 없다고 하여 각하한 하급심판례들이 나타난다(서울남부지법 2009. 3. 4, 2009자16).

적인 검토를 요한다. 인지는 소장의 1/5이다(민인 7조).

2. 청구인낙조서

피고가 소송계속중에 원고의 이행청구가 이유 있다고 인낙하면 이에 따라 법원사무관 등은 조서를 작성하게 되는데, 이러한 청구인낙조서는 확정판결과 같은 효력을 갖기 때문에(민소 220조), 집행권원이 된다.

3. 조정조서

원고에게 피고가 일정한 금전·물건·등기 등 급여를 주기로 하고 분쟁을 해결한 끝에 성립된 민사조정(민사조정 29조), 원고에게 피고가 위자료·재산분할을 해주기로 하는 가사조정(가소 59조), 협의이혼시 양육비의 부담조서(개정민법 836조의2 5항), 각종 행정조정위원회[1]에서 성립된 조정결과 작성된 조정조서 중 재판상 화해와 마찬가지의 효력이 있는 간주화해 등은 재판상 화해조서처럼 집행권원이 된다. 재정조서도 같다고 할 것이다.

4. 파산채권자표, 개인회생채권자표 및 회생채권자표·회생담보채권자표의 기재

채무자 회생 및 파산에 관한 법률, 이른바 통합도산법에서 생기는 문제이다. 회생·파산채권자들이 신고하여 확정된 회생채권자표나 회생담보권자표(동법 168조), 확정된 파산채권자표(동법 460조), 개인회생채권자표의 기재(동법 603조 3항)는 확정판결과 동일한 효력을 가지므로 각기 집행권원이 된다. 이러한 집행권원이 과거와 달리 도산법이 활성화됨에 따라 강제집행에서 문제되는 경우가 많아졌다.

Ⅵ. 검사의 집행명령과 형사판결의 배상명령

(1) 판사가 형사절차에서 벌금·몰수·추징금을 부과하거나 과태료·소송비용·비용배상·가납(假納)의 재판을 하였을 때에 그 집행은 검사가 형집행처

1) 언론중재위원회의 조정조서, 직권조정결정, 중재결정(언론중재 및 피해구제 등에 관한 법률 23조, 25조)도 집행권원이 된다.

럼 집행명령으로 한다(형소 477조 1항; 60조 1항. 다만 즉결심판의 벌금 · 과료 · 몰수는 경찰서장이 집행). 이러한 검사의 집행명령은 집행력 있는 집행권원과 같은 효력이 있다(형소 477조 2항; 60조 2항). 따로 집행문을 부여받거나 집행권원의 송달이 필요가 없는 예외이다(형소 477조 3항). 이 집행에는 두 가지가 특징이다. 하나는, 강제집행에 의하지 않고 국세체납처분인 공매에 부칠 수 있는 점이다(형소 477조 4항). 법원의 강제집행보다도 KAMCO의 공매를 선호하는 경향이다. 다른 하나는, 범죄수익이 채무자로부터 제3자에게 넘어갔을 때 일정한 범죄의 경우[1]에는 그 제3자 재산을 집행채무자에게 환원한 후가 아니라도 제3자에 대한 직접집행을 할 수 있는 점이다.

(2) 유죄판결의 배상명령

배상명령은 형사소송절차에서 일정한 재산범죄에 대하여 유죄판결을 선고하면서 동시에 범죄행위로 인하여 발생한 손해나 피고인과 피해자간에 합의한 배상액에 대해 배상을 명하는 것으로서, 소송촉진 등에 관한 특례법 제25조 이하에 규정되어 있다. 확정된 배상명령 또는 가집행선고 있는 배상명령이 기재된 유죄판결은 집행력있는 민사판결과 동일한 효력(소촉특법 34조)이 있다.

이상 여러 가지 집행권원 중 무변론판결 · 집행증서 · 지급명령 · 제소전 화해조서 · 가압류명령 등은 간이하게 쉽게 만들어지는 집행권원이지만, 한편 통정허위채권의 조작에 악용되며 배당가입으로 집행채권자를 크게 낭패보게 하는 문제점도 생기게 한다. 실제로 강제집행에 착수하지 아니하여도 채무자압박용으로 지급명령 · 이행권고결정과 가압류 · 가처분이 이용되기도 한다. 집행권원의 집행력을 배제하는 방책으로 재심이나 준재심제도가 있으나, 민사집행법상의 청구이의의 소를 활용할 수 있다.

1) 공무원범죄에 관한 몰수 특례법, 범죄수익은닉의 규제 및 처벌 등에 관한 법률 제10조의2, 3. 미국과의 형사사법공조조약에 의하여 미국법무부의 협조를 얻어 해외의 수익재산에 대해서까지 몰수 · 환수의 예도 있다(전두환 가족).

도표 2-1 각종의 집행권원

<table>
<tr><td rowspan="6">판결
(24·26조)</td><td>확정된 종국의 이행판결</td><td colspan="3">집행정지의 잠정처분(상소추완·재심제기)</td></tr>
<tr><td rowspan="2">가집행선고 있는 종국판결</td><td colspan="3">효력 ┌ 즉시 집행력(해제조건부),
└ 정지: 민소 501·500조</td></tr>
<tr><td colspan="3">실효 ┌ 소급효없음
└ 원고의 원상회복·손해배상의무(무과실) →
가지급물반환신청</td></tr>
<tr><td>집행판결</td><td colspan="3">외국판결 ┌ 외국법원의 판결
├ 민소 217조 요건 ┌ ① 간접관할
② 송달적법·적시
③ 공서(公序)−손해배상 재판의 특칙
└ ④ 상호보증
└ 집행판결청구의 소</td></tr>
<tr><td rowspan="2">집행결정</td><td rowspan="2">중재판정
(중재
38·39조)</td><td>우리나라 중재판정</td><td>대한상사중재원의 판정
중재판정취소의 사유 無</td></tr>
<tr><td>외국의 중재판정</td><td>New York 협약 가입국의 중재판정 → 동 협약 적용(ICSID 중재판정은 다름)
New York 협약 비가입국의 중재판정 → 국내 중재법 적용</td></tr>
<tr><td rowspan="2">집행증서
(56조 4호,
기판력무)</td><td>요건</td><td colspan="3">공증인 스스로 작성(양 당사자의 촉탁)
일정한 금전대체물 및 인도청구
집행수락의 의사표시−소송행위, 표현대리 부정</td></tr>
<tr><td>효력</td><td colspan="3">형식적 무효−집행문부여이의, 청구이의의 소
실체적 무효−청구이의의 소</td></tr>
<tr><td colspan="2">항고로만 불복할 수 있는 결정·명령(56조 1호)</td><td colspan="3">소송비용액확정결정
부동산인도명령
간접강제의 배상금지급결정
금전지급·물건인도·등기이행심판(가사소송)</td></tr>
<tr><td colspan="2">확정된 명령·결정</td><td colspan="3">지급명령*, 이행권고결정*
화해권고결정
조정을 갈음하는 결정</td></tr>
<tr><td colspan="2">가압류·가처분 결정*</td><td colspan="3">이의신청유무 불문</td></tr>
<tr><td colspan="2" rowspan="4">확정판결과 같은 효력
(56조 5호; 민소 220조)</td><td colspan="2">재판상 화해조서</td><td>소송상 화해·제소전 화해
간주화해</td></tr>
<tr><td colspan="3">청구인낙조서</td></tr>
<tr><td colspan="3">조정조서</td></tr>
<tr><td colspan="3">도산절차−파산채권자표, 개인회생채권자표</td></tr>
</table>

	회생채권자표, 회생담보권자표
검사의 집행명령	판사의 재산형(벌금·추징금 등)·과태료에 검사집행명령* (=형사판결에서의 배상명령), 단 경매는 국세체납처분절차에 의할 수 있음

*는 확정 뒤 집행문부여 불필요

제 2 절 집 행 문

I. 의 의

(1) 집행문(執行文, Vollstreckungsklausel, writ of execution)이란 집행력의 현존과 집행성숙 그리고 집행당사자를 공증한 문구로서, 집행권원의 끝에 덧붙여 주는 것이다(집행권원이 sentence라면, 집행문은 clause임). 판결이 집행권원이 되는 경우에는 판결정본의 끝에 「이 판결정본은 피고 아무개에 대한 강제집행을 실시하기 위하여 원고 아무개에게 준다」고 적고 법원사무관 등이 기명날인하여 내어 주는데(29조), 그것이 집행문이다. 이와 같은 집행문이 있는 판결정본을 「집행력 있는 정본」이라 한다(28조). 더 간략하게 판결정본+집행문을 「집행정본」이라고 한다. 이 정본은 그 원본을 법원이나 공증인이 보관하여야 하는 집행권원의 인증된 등본이기도 하다.

일반적으로 집행권원을 취득하여 그를 바탕으로 강제집행을 실행하기까지는 상당한 시간적 간격이 생길 수밖에 없으며(단 가압류·가처분 명령은 2주일 내에 집행을 요함), 그 사이에 권리관계 주체의 변동, 조건부 또는 기한부 청구권의 조건성취·기한도래, 재심·상고 등에 의한 판결의 취소·변경 등의 사유가 생길 가능성이 있다. 사건기록도 갖고 있지 아니한 집행기관이 이러한 것까지 조사하여 제시된 집행권원에 집행력이 있는가를 판단하도록 하는 것은 부적당하고 신속한 집행을 저해한다(판결기관과 집행기관의 분리). 이와 같은 이유로 집행권원을 만들었고 현재 기록도 보관하는 기관으로부터 집행권원 작성의 연장선에서 집행권원에 의한 집행력의 현존, 강제집행 실시의 성숙, 집행당사자 등에 대하여 공적확인서를 받도록 하는 것이 제도의 취지이다.[1] 집행청구권의

1) 오스트리아에서는 집행력확인서(Vollstreckbarkeitsbestätigung)라 한다.

행사요건이다.

(2) 강제집행은 집행문이 덧붙은 집행권원의 정본을 바탕으로 실시하는 것이 원칙이다(28조). 집행문을 부여받지 못한 때에는 채권자는 강제집행신청을 할 수 없다. 그럼에도 집행착수가 된 때에는 채무자가 집행이의신청을 할 수 있다(16조). 집행권원 없이 한 집행은 무효이지만, 이와 달리 집행문이 잘못 부여된 경우는 취소사유가 된다.[1] 그러나 우리 판례는 집행문 없이 한 강제집행은 물론 그로 인한 집행결과(매수인의 소유권이전등기 등)도 무효로 보았다.[2]

Ⅱ. 집행문부여의 예외

집행문의 부여는 모든 집행권원에 필요함이 원칙이나 집행의 신속·간이성의 요청 때문에 집행문을 붙여주지 아니하여도 되는 예외가 있다.

1) 확정된 지급명령 원칙적으로 집행문을 부여받을 필요가 없다(58조 1항 본문). 다만 ① 지급명령의 집행에 조건이 붙은 경우, ② 승계집행의 경우는 집행문을 부여받아야 한다(58조 1항 단서).

2) 확정된 이행권고결정 집행문을 부여받을 필요가 없으나, 집행에 조건이 붙은 경우와 승계집행하는 경우에는 부여받아야 한다(소심 5조의8 1항). 입법론상 소액사건심판법상의 확정판결도 같아야 할 것이다.

3) 가압류·가처분명령 신속성 때문에 집행문이 필요하지 아니하나, 가압류·가처분 뒤에 채권자나 채무자의 승계가 있는 경우에는 집행문이 필요하다(292조, 301조).[3]

4) 법문상 "집행력 있는 집행권원" 또는 "집행력 있는 민사판결정본"과 같은 효력이 있는 것으로 인정되는 문서 이것들도 집행문을 필요로 하지 아

1) Gaul/Schilken/Becker-Eberhard, §16 Rdnr. 4. 독일 통설이다.

2) 대법 1978. 6. 27, 78다446(집행문이 없는 약속어음 공정증서에 기하여 이루어진 강제경매는 절대적으로 무효이고, 그 결과 매수인 명의의 소유권이전등기는 원인무효의 등기로서 말소를 면치 못한다); 대법 2012. 3. 15, 2011다73021(집행권원상의 의사표시를 하여야 하는 채무가 반대급부이행 등 조건이 붙은 경우에 조건성취집행문이 잘못 부여된 경우에 그 집행문부여는 물론 그로 인한 집행결과(소유권이전등기)도 무효로 보았다). 위 2011다73021 판결은 집행문부여에 대한 이의 등을 할 시간적 여유 없이 바로 집행이 종료되는 것을 고려하면 수긍할 부분도 있다.

3) 보전처분 절차에서 이루어진 화해권고결정은 가압류·가처분과 달리 집행문을 받아야 강제집행을 할 수 있고, 집행기간의 제한이 적용되지도 아니한다(대법 2022. 9. 29, 2022마5873).

니한다(반대설 있음). 과태료의 재판(60조), 재산형의 집행을 위한 검사의 집행명령(형소 477조), 소송촉진등에관한특례법 제34조 1항의 배상명령 등.

5) **집행절차 중의 부수적 집행** 부동산관리명령(136조 2항), 채권압류명령에 기한 채권증서의 인도집행(234조 2항)이 그 예이다. 다만 매각대금을 납부한 뒤에 하는 부동산인도명령(136조 1항)은 집행처분설과 집행권원설이 갈리고 있으나, 인도명령은 제56조 1호 소정의 항고로만 불복할 수 있는 재판이므로 집행권원으로 보아 집행문이 필요하다고 하는 것이 다수설[1]이다. 그러나 강제관리개시결정에 기한 부동산의 점유집행(166조 2항)은 필요하다 할 것이다.

6) **의사의 진술을 명하는 판결** 부동산소유권 이전등기판결과 같은 경우인데 집행문이 필요 없다. 판결이 확정되면 의사의 진술이 있는 것으로 간주되어 이로써 집행이 종료되기 때문이다. 대신에 판결의 확정증명은 필요하다. 그러나 채권자가 먼저 금전지급을 조건으로 하는 소유권이전등기이행과 같이 반대의무가 이행된 뒤에 의사의 진술을 하는 경우에는 제30조와 제32조에 의한 집행문이 필요하다(263조 2항).[2]

7) **감치결정** 따로 집행문이 필요 없다. 재판장의 명령으로 집행한다(규 30조 8항; 법정질서규칙 21조 1항).

Ⅲ. 집행문의 종류

집행문의 부여요건을 기준으로 하여 다음 세 가지가 있다.

1. 단순집행문

이 경우는 집행권원의 집행력이 사정변경 없이 살아있다는 공증인 것으로, 다음의 절차적 요건을 갖추어야 한다. 실체적 요건인 사법상의 청구권의 존재는 집행문부여의 요건이 아니다. 집행권원이 단순한 경우 즉 조건이 붙어 있지 않고 집행권원에 기재된 당사자 외의 제3자에게 승계되지 아니하는 경우로서 대부분은 여기에 해당한다. 아래는 집행문의 일반요건이다.

---

1) 법원실무제요, 민사집행(Ⅰ), 186면; 주석 민사집행법(Ⅱ), 800면.
2) 대법 1951. 4. 17, 4282민상92. 이처럼 집행문을 필요로 하는 경우인 금전지급의 조건이 있는 등기절차이행판결에서 집행문 없이 한 등기는 원인무효이다.

1) 형식 · 내용 다같이 유효한 집행권원이 존재할 것[1] 판결이라면 집행가능한 이행판결이 선고되어 성립되고, 그 뒤 소의 취하 · 상소 등에 의하여 실효되지 아니하였을 것이다. 집행증서라면 그 요건을 제대로 갖추었을 것이다. 집행증서상의 채무자 의사에 반하는 명의의 모용[2] 등은 요건불비이다.

2) 집행권원의 집행력의 현존 판결이라면 확정 또는 가집행선고가 붙은 것이고, 가집행선고의 취소나 청구이의의 소 · 재심의 소 · 상소의 추후보완신청에 따른 잠정처분으로 집행력이 배제되지 아니하였을 것이다.

3) 집행권원 내용의 집행가능성(부부의 동거, 예술적 활동을 내용으로 한 것 등 집행에 적합하지 않은 것은 제외)

4) 당사자의 특정 집행권원에 표시된 당사자와 집행문부여 신청에 표시된 당사자가 일치해야 한다.

2. 조건성취집행문(보충집행문)

이는 뒤에서 보는 승계집행문과 더불어 특수집행문에 속한다.

조건이 붙어 있는 이행판결과 같은 집행권원에서 조건성취가 되었을 때에 내어주는 집행문이다. 여기에서 말하는 '조건'이란 민법상의 개념보다는 넓은 것으로서 불확정기한, 그 밖에 즉시집행을 저지할 수 있는 모든 사실을 포함한다. 이러한 의미의 조건의 성취에는 ① **정지조건의 성취**[3](예: 주무관청의 허가가 있으면 소유권이전등기를 이행하라는 판결에서 주무관청의 허가), ② **불확정기한의 이행판결에서 그 기한의 도래**[4](예: 피고는 원고에게 소외인이 사망하면 1억원을 지급하라는 판결에서 사망), ③ **선이행 판결에서 반대의무의 이행**(예: 원고가 먼저 피담보채무를 이행하면 피고는 저당권을 말소해 주라는 판결에서 피담보채무의 변제)[5] 등을

1) 대법 2012. 4. 13, 2011다93087에서는 판결에 대하여 집행문을 부여하기 위해서는 판결의 집행력이 유효하게 발생하고 존재할 것을 요건으로 한다. 따라서 집행력이 발생하지 않는 당연무효의 판결에 대해서는 집행문을 부여할 수 없다고 하였다.

2) 대법 1999. 6. 23, 99그20.

3) 집행권원상 채무자의 이행의무에 해제조건이 붙은 경우, 예컨대 매년 금 1,000만원을 채권자에게 지급하되 동일구역에서 채권자가 겸업을 할 때에는 지급하지 아니한다는 내용의 판결이나 화해조서인 경우에 겸업하지 아니하였다는 해제조건불성취는 채권자가 증명하지 아니하여도 된다. 오히려 채무자가 해제조건의 성취를 들어 청구이의의 소로 주장할 사유이다.

4) 대법 2021. 6. 24, 2016다268695는 부대체적 작위채무의 일종인 장부등의 열람등사 허용가처분 위반에 대비한 간접강제결정에서 위 의무위반이 간접강제결정의 집행을 위한 제30조 2항의 조건이라고 보았다. 자세한 것은 '간접강제결정의 집행' 참조.

5) 대법 2010. 8. 19, 2009다60596에서는 집행권원(조정)에 일정한 기간까지 자신의 반대의무를

말하는데, 증명책임 있는 채권자가 증명한 경우에 한하여 내어 주는 집행문이다(30조 2항). 보충집행문(Titelsergänzungsklausel)이라고도 한다.

다만 화해조서 · 조정조서 · 집행증서 등에 이른바 **실권약관**(失權約款)이 붙어 있는 경우, 예를 들면 할부금의 지급을 2회 게을리하면 기한의 이익을 상실하고 나머지 채무를 즉시 지급한다는 내용이 기재된 경우에 채권자가 채무자의 부지급을 증명하여 조건성취집행문을 부여받아야 하느냐는 문제가 있다. 제소전화해조서에 임차인이 임대료 2회 체납하면 임대목적물을 즉시 임대인에게 명도한다고 했을 때도 같다고 할 것이다. 이때 채권자는 채무자가 2회 지급하지 아니하였다는 사실을 증명할 책임이 없고, 지급하였다(연체가 없다)는 사실의 증명책임이 채무자에게 있기 때문에 조건성취 집행문까지 부여받을 것이 아니며, 단순집행문이면 된다.[1] 이렇게 되면 채무자가 할부금이나 임대료를 변제하였는데도 강제집행을 당할 위험이 있을 수 있으므로 채무자로서는 제49조 4호에 의하여 집행정지를 구하거나, 청구이의의 소를 제기하여 집행을 막으라는 것이다. 다만 일본에서는 이 경우에 단순집행문을 부여하되 법원사무관 등은 채무자에 최고하여 채무이행의 사실을 증명하는 문서의 제출을 독촉하며 채무자에게 증명의 기회를 부여하도록 한다(일본집행법 174조 3항 유추). 입법론상 참작할 바 있다.

또 뒤에서 살필 바이나 담보의 제공, 확정기한의 도래, 동시이행관계의 반대의무 등은 집행개시의 요건이지 조건성취집행문의 요건이 아니다(40조, 41조). 따라서 집행기관의 소관이고 집행문부여기관의 관할사항이 아니다. 다만, 의사표시가 반대의무와 동시이행관계가 있는 때에는 반대의무의 이행이 집행문부여의 요건이 되는 예외적 취급을 한다(263조 2항).

3. 승계집행문(명의전환집행문)

집행권원이 생긴 뒤에 집행당사자의 지위(권리의무, 당사자적격)가 다른 사람에게 넘어간 경우에 문제된다.

이행하였는데도 상대방이 금전지급의무를 이행하지 아니할 것을 조건으로 위 금전에 대한 지연손해금을 가산하여 지급키로 한 의무는, 집행에 조건을 붙인 경우로서 집행문부여에 재판장의 명령과 채권자의 조건이행의 증명이 필요하다고 했다.

1) 방순원/김광년, 90면; 강대성, 101면. 김홍엽, 70면; 실무제요, 민사집행(Ⅰ), 190면. 원칙적으로 단순집행문이 되나 집행권원의 해석만으로는 실권 여부를 확인하기 어려운 경우에는 조건에 해당한다고 보자는 견해는 주석 민사집행법(Ⅰ), 480~481면.

(1) 의 의

집행권원에 표시된 당사자 이외의 사람을 채권자 또는 채무자로 하는 강제집행에 있어서, 그 승계가 법원에 명백한 사실이거나 승계사실을 증명서로 증명한 때에 한하여 법원사무관 등이나 공증인이 내어 주는 집행문이다(31조 1항). 중첩적 채무인수인은 승계인에 해당하지 않는다.[1] 승계가 법원에 명백한 사실(법원에 현저한 사실)일 때에는 이를 집행문에 적어야 한다(31조 2항). 이와 같은 집행문은 당사자의 승계인에 대하여 집행력이 미치는 사실을 공증하여 집행권원을 보충하는 의미가 있다. 승계는 상속과 같은 포괄승계이든 목적물의 양도와 같은 특정승계(건물철거판결의 변론종결 후에 그 목적건물을 양수한 자 등)[2] 이든 가리지 않으며 대위변제자도 이에 해당한다.[3]

집행채권의 양수인도 승계집행문을 부여받지 못한 채 양수사실의 소명만으로 집행을 함은 무효가 된다.[4] 증명을 못한 경우나 반대사실이 증명된 경우에는 강제집행이 허용될 수 없다. 그 시적 기준은 사실심의 변론종결 후임을 원칙으로 한다. 원래 집행력은 기판력의 범위와 일치하므로 기판력의 승계인에 해당하면 승계집행문부여의 대상이 된다(민소 218조). 명의전환집행문(Titelsumschreibungsklausel)이라고도 한다. 승계집행문을 받아 즉시 집행할 수 있음에도 채권자가 승계인 상대로 신소를 제기하는 것은 권리보호이익이 없다.[5] 승계집행문 부여의 요건인 실체법적 승계가 있었는지에 대한 증명책임은 승계를 주장하는 채권자에게 있다(승계집행문부여에 대한 이의의 소에서도 같다).[6]

(2) 특수문제

일본민사집행법 제23조 1항 2, 3호는 승계인의 범위를 따로 규정하였으나, 우리 법에서는 기판력의 범위와 일치한다는 전제하에 따로 규정하지 않았다. 승계인의 범위에 관하여는 이미 집행당사자적격에서 설명한 바 있으므로, 여기에서는 특수문제만 살핀다.

판례는 강제집행절차의 명확·안정을 중시하여야 하므로 그 기초되는 채

1) 대법 2016. 5. 27, 2015다21967.
2) 대법 1956. 6. 28, 4289민재항1; 동 1991. 3. 27, 91다650·667.
3) 대법 2007. 4. 27, 2005다64033.
4) 대법 2019. 1. 31, 2015다26009 참조.
5) 대법 1972. 7. 25, 72다935. 통설도 같다.
6) 대법 2016. 6. 23, 2015다52190.

무가 판결에 표시된 자 이외의 자가 실질적으로 부담하여야 할 채무자라 하여도 그 자에게 승계집행문을 부여할 수 없다고 하여 '실질적 채무자'이론을 부정하였다.[1)]

1) **당사자의 사망과 소송중단** 소송계속중 당사자 일방이 사망하여 소송절차가 중단되어야 함에도 이를 간과하고 판결이 선고된 경우에 이 판결에 기한 강제집행을 실시할 때에는 제31조를 준용하여 승계집행문을 부여할 것이다.[2)] 그러나 소송계속중 소송승계사유가 있음에도 소송대리인이 있어 중단하지 아니한 채 진행되어 구 당사자명의로 판결이 난 때, 승계인에게 집행하고자 할 경우에는 당사자를 승계인으로 경정(更正)하면 된다.[3)]

2) **점유승계와 가처분** 부동산 인도 또는 명도판결의 변론종결 후에 그 부동산의 점유를 제3자에게 이전시킴으로써 승소자가 집행할 수 없게 되는 경우를 대비하여 그 점유승계인을 상대로 강제집행이 가능하도록 하기 위해 승계집행문 제도가 생긴 것이다. 점유이전금지가처분의 당사자항정효와 관련하여 점유이전금지가처분이 집행된 후 그 목적물의 점유를 승계한 제3자에 대하여 본안판결을 집행함에 있어서 승계집행문을 부여받아야 할 것인가에 관하여 견해의 대립이 있는데, 대법 1999. 3. 23, 98다59118은 승계집행문이 필요하다는 입장이다(뒤의 점유이전가처분의 효력 참조). 부동산의 점유자의 정체를 감추면서 점유자를 순차로 바꾸어 채무자의 특정을 어렵게 만드는 집행방해에 대처하기 위한 일본개정법과 같은 채무자불특정집행문제도의 도입이 필요하다.

3) **면책적 승계와 중첩적 승계** 대법 2010. 1. 14, 2009그196은 당사자인 채무자의 지위를 승계하는 이른바 면책적 채무인수는 제31조 1항에서 말하는 승계인에 해당하지만, 중첩적 채무인수는 당사자의 채무는 그대로 존속하며 이와 별개의 채무를 부담하므로 소극적으로 해석하여야 한다고 했다.[4)]

4) **상 속** 승계의 대표적인 경우이다. 상속재산인 채권이 불가분채권인 경우 상속인 중 1인이 전원을 위하여 집행문부여를 구할 때에는 그 취지를

1) 대법 2002. 10. 11, 2002다43851 등.
2) 대법 1998. 5. 30, 98그7. 소송비용부담의 재판이 있은 후에 그 부담의무자가 사망하자 승계집행문을 부여받지 않고 그 상속인들을 상대로 소송비용액 확정신청을 한 경우, 그 신청은 소송비용부담재판의 당사자 아닌 자에 대한 것이어서 부적법하다는 것에, 대법 2009. 8. 6, 2009마897.
3) 대법 2002. 9. 24, 2000다49374.
4) 동지 대법 2016. 5. 27, 2015다21967.

승계집행문에 기재하고 내어줄 수 있다.[1] 가분채권인 때에는 자기 채권에 대한 이행청구를 할 수 있을 뿐이고 따라서 승계집행문에는 각 상속인에 대한 집행가능 한도로서 상속분의 비율 또는 그에 기초한 구체적인 수액을 기재해야 한다. 비록 그와 같은 기재를 누락하였다 하더라도 그 승계집행문은 각 공동상속인에 대하여 각 상속분에 따라 분할된 채무에 한하여 효력이 있다.[2] 숙려기간(민 1019조) 내라도 승계집행문을 구할 경우에는 추정상속인이라는 것과 피상속인의 사망을 증명하여 집행문의 부여를 받을 수 있고, 상대방은 숙려기간중이라는 사실, 상속을 포기한 사실을 내세워 집행문부여에 대한 불복절차로 다툴 수 있다.[3]

판례는 상속인은 아직 상속승인, 포기 등으로 상속관계가 확정되지 않은 동안에도 잠정적으로 피상속인의 재산을 당연취득하고 관리할 의무가 있으므로 상속채권자는 그 기간동안 상속인을 상대로 상속재산에 관한 가압류결정을 받아 집행할 수 있고, 이후 상속인이 상속포기로 상속인의 지위를 소급하여 상실하더라도 이미 발생한 가압류의 효력에는 영향이 없으므로 상속채권자는 종국적으로 상속인이 된 사람 또는 상속재산관리인을 채무자로 한 상속재산에 대한 경매절차에서 가압류채권자로서 적법하게 배당을 받을 수 있다고 하였다.[4] 그러나 집행채무자가 **상속포기**를 하였음에도 집행채권자가 상속을 원인으로 한 승계집행문을 부여받아 채권압류 및 전부명령을 신청하면 안된다. 집행채무자가 이를 문제삼아 부여된 집행문의 효력을 이의신청 등으로 다투기 전이라도 피전부채권의 전부채권자로의 이전이라는 실체법상의 효력은 생기지 않는다.[5] 한정승인한 사실도 채무자가 주장·증명해야 하나, 채권자에 의해 밝혀질 경우(민 1032조 참조)라도 집행문에 상속재산의 한도에서 강제집행을 실시하기 위한다는 내용을 기재하여 집행범위를 명백히 해야 한다.[6]

---

1) 법원실무제요, 민사집행(Ⅰ), 192면.
2) 대법 2003. 2. 14, 2002다64810.
3) 법원실무제요, 민사집행(Ⅰ), 193면.
4) 대법 2021. 9. 15, 2021다224446.
5) 대법 2002. 11. 13, 2002다41602.
6) 상속포기 또는 한정승인을 했다며 이의를 제기하거나 강제집행 정지신청을 하는 경우가 있다. 채권자 역시 잘못된 승계집행문을 발급받은 탓에 집행문 부여에 대한 이의의 소의 피고가 되거나 강제집행에 대한 원상회복의무를 부담하는 등 불필요한 비용을 지출하게 되는 문제점이 있었다. 대법원은 이 같은 문제를 해결하기 위해 승계집행문을 발급할 때 법원 전산시스템을 이용해 채무자의 상속인이 상속포기나 한정승인을 했는지 등을 조회·확인한 뒤 담

5) **채권양도** 승계인은 양도의 사실 외에 대항요건인 채무자에 대한 통지나 그 승낙의 사실을 주장·증명해야 한다.[1] 양수인이 승계집행문을 부여받았으면 양도인에 대한 기존의 집행권원의 집행력은 소멸된다.[2] 다만 판례는 집행채권의 양수인이 대항요건을 갖추어도 승계집행문을 별도로 부여받기 전에 한 집행은 무효로 본다.[3]

6) **선정당사자** 판결의 집행력이 제3자에게 확장될 경우이다. 선정당사자가 받은 판결의 효력은 선정자에게 미치므로(민소 218조 3항) 선정당사자가 받은 판결을 집행권원으로 하여 선정자를 위하여 또는 선정자에 대하여 승계집행문을 부여받아 강제집행을 할 수 있다(다만 판결주문에 선정자의 권리의무 내용이 명시되었으면 불필요).

Ⅳ. 집행문부여의 절차

(1) 집행문부여기관 — 법원사무관 등

집행문은 채권자의 신청에 의하여 집행증서 이외의 집행권원에 대해서는 집행력의 현존 여부와 범위의 자료인 사건기록이 있는 법원사무관 등이 내어 준다. 집행권원을 만든 제1심법원의 **법원사무관** 등이 집행부여기관으로서 판결원본과 대조하여(판결원본이 없으면 판결정본(송민 85-3)) 내어 주는 것이 원칙이다. 다만 소송기록이 상급심에 있을 때에는 그 법원의 **법원사무관** 등이 내어 준다(28조 2항). 그러나 집행증서에 대해서는 그 증서원본을 보존하는 **공증인**이 내어 주는데, 그 작성 후 7일 경과 후에 내어 주는 것이 원칙이나 임대건물인도의 집행문은 1개월 경과 후일 것을 요하고 단독판사의 허가를 받아 부여한다(59조 1항; 공증 56조의3 3·4항). 그 뒤는 집행기관의 집행실시에 맡겨진다(관여기관 순서: 판결기관 → 집행문부여기관 → 집행기관).

당 판사나 사법보좌관이 승계집행문 발급 여부를 결정하도록 했다.

1) 법원실무제요, 민사집행(Ⅰ), 193면.

2) 대법 2008. 2. 1, 2005다23889; 동 2019. 1. 31 선고 2015다26009.

3) 대법 2019. 1. 31, 2015다26009(집행채권의 양도와 채무자에 대한 양도 통지가 있었더라도, 승계집행문의 부여·제출 전에는 양도인이 집행정본에 기하여 한 집행의 결과(배당금채권)는 여전히 양도인의 책임재산으로 남아 있게 되므로 승계집행문의 부여·제출 전에 양수인의 채권자가 위 배당금채권에 대한 압류 및 전부명령을 받았다고 하더라도, 이는 무효라고 보아야 한다).

집행문을 신청함에는 (i) 채권자·채무자와 그 대리인의 표시, (ii) 집행권원의 표시, (iii) 조건성취집행문이나 승계집행문, 여러 통의 집행문을 신청하거나 다시(再度) 집행문을 내어 달라는 신청을 하는 때에는 그 취지와 사유, (iv) 집행권원에 채권자·채무자의 주민등록번호 등이 없는 때에는 채권자·채무자의 주민등록번호 등을 밝혀야 한다(규 19조 1항). 확정되어야 그 효력이 생기는 재판에 관하여 집행문부여신청을 하는 때에는 기록상 명백한 경우가 아니면 그 재판이 확정되었음을 증명하는 서면을 붙여야 한다(규 19조 2항). 집행권원에 표시된 **청구권의 일부**에 대하여 집행문을 내어 주는 때에는 강제집행할 수 있는 범위를 집행문에 적어야 한다(규 20조 1항).

집행문의 부여는 법원사무관 등이 기명날인하여 하되 채권자가 채무자에 대하여 그 집행권원에 의하여 강제집행을 할 수 있다는 뜻을 집행권원의 정본 끝에 덧붙혀 적는 방법으로 한다(29조).

(2) 집행문부여 명령(집행문부여 명령권자)

1) 조건성취집행문 및 승계집행문의 부여 과거에는 재판장의 명령이 있어야 했으나, 2005년 7월부터는 사법보좌관이 집행문부여명령을 할 있게 하였다(사보규 2조 1항 4호). 사법보좌관을 등기공무원으로도 보직할 수 있는 것도 문제이지만 이것도 사법보좌관제도의 또다른 문제점이다. 그런가 하면 재판장의 명령으로 부여하게 된 민사집행법 제32조의 규정을 그대로 둔 채 정비하지 아니하였다.[1] 그리하여 명령의 관할기관이 재판장이냐 사법보좌관이냐 하는 의문을 갖게 하였으며 양자 모두 명령발령기관이라는 해석도 나오게 하는 혼선을 빚었다.[2] 어떻든 사법보좌관이 부여명령을 할 수 있는 것은 분명한데, 사법보좌관은 그 명령에 앞서 서면이나 말로 채무자를 심문할 수 있다(32조).

일본법은 법원사무관의 지위강화 차원에서 재판장의 명령 없이 할 수 있도록 고쳤고, 독일법은 단순집행문의 경우와 달리 조건성취 및 승계집행문의 부여는 사법보좌관의 직접적인 업무로 하고 있다(독일사법보좌관법 20조 12호, §20 Nr. 12 RpflG). 그런데 우리는 이를 사법보좌관이 직접 부여하는 것이 아니라 법

---

1) 민사집행법에서 재판장의 명령으로 한 것을 사법보좌관규칙으로 사법보좌관의 업무로 한 것은 납득하기 어렵다는 것에, 김홍엽, "사법보좌관제도의 시행상 문제점", 민사집행법연구 제2권, 64면.

2) 같은 견해로 전병서, 91면.

원사무관 등이 부여하면서 사법보좌관의 명령만 받도록 하였다(32조; 사보규 2조 1항 4호). 입법론적으로는 독일제도가 타당해 보이며, 사법보좌관규칙의 제정과정에서 독일의 Rechtspfleger법을 서둘러 번역하는 등 계수과정에서 야기된 문제점이 아닌가 생각된다.

사법보좌관의 명령은 그 부여권을 가진 법원사무관 등에 대한 내부적인 감독에 지나지 아니하므로 그 자체에 대하여 불복할 수 없으나,[1] 명령의 잘못으로 법원사무관 등에 의한 집행문부여과정에 문제가 생겼음을 이유로 집행문부여 등에 대한 이의신청으로 할 것이다.[2] 독일의 경우에는 사법보좌관이 조건부·승계집행문의 부여를 거절한 경우에는 즉시항고가 허용된다.[3] 개정 공증인법 제56조의3에 의한 건물·토지·동산에 관한 공정증서에 대한 집행문부여는 공증인소재지를 관할하는 지방법원 단독판사의 허가사항으로 하였다(동조 4항).

2) 수통·재도부여 여러 통의 집행문을 신청하거나, 전에 내어준 집행문을 돌려주지 않고 다시 집행문을 신청할 때에도 마찬가지로 재판장(사법보좌관)의 명령이 있어야 하며, 명령에 앞서 서면이나 말로 채무자를 심문할 수 있다(35조, 사보규 2조 1항 4호). 동일 집행권원에 여러 통의 집행문의 부여는 여러 지역에서 또는 여러 가지 방법으로 동시에 강제집행을 하기 위해서이다.

집행문의 재도부여는 집행력 있는 정본이 멸실·훼손되어 집행할 수 없을 때에 필요하다. 이미 집행채권을 만족받았다고 오인하여 채무자에게 집행정본을 돌려주었는데 반환받을 수 없는 경우도 포함한다. 따라서 집행이 종료되었으면 재도교부는 위법이다. 판례는 장래의 봉급채권과 같이 조건부채권이나 소멸될 가능성이 있는 채권이라도 그에 관한 압류 및 전부명령이 있었으면 이로써 강제집행은 끝났다는 전제하에, 이 경우에 집행문의 재도부여는 위법이라고 했다.[4]

---

1) 재판장의 명령에 항고할 성질이 아니라는 것에, 대법 1967. 10. 13, 67마530.
2) 법원실무제요, 민사집행(Ⅱ), 184면.
3) Brox/Walker, Rdnr. 1274.
4) 대법 1999. 4. 28, 99그21(장래의 채권이 발생하지 아니한다는 주장입증하면 가능).

V. 집행문부여와 그 구제

집행권원은 있는데, 집행문부여를 놓고 다툼이 생긴 경우에 당사자의 구제방법으로는 크게 다음 세 가지가 있다. 세 가지 중 첫째는 소의 제기에 의한 것이 아니다.

1. 집행문부여 등에 대한 이의

집행문부여을 내주거나 거절한 법원사무관 등 또는 공증인의 처분에 대해서는 이의신청을 낼 수 있다(34조 1항, 59조 2항). 소의 제기가 아닌 신청방식이다. 이의신청에 대한 관할법원은 법원사무관 등의 처분이면 그 소속법원이고(34조 1항), 집행법원의 관할사항이 아니다. 공증인의 처분이면 그 공증인 사무소가 있는 곳을 관할하는 지방법원 단독판사이다(59조 2항). 두 가지로 나누어진다. 집행문부여기관의 처분에 대한 이의신청이므로, 집행기관의 처분에 대한 이의신청인 제16조의 집행이의와 다르다.

(1) 집행문부여에 대한 이의(채무자측)

채무자가 이의하는 것으로, 이의사유는 집행문부여의 요건이 갖추어지지 아니하였는데(유효한 집행권원의 부존재, 집행증서상의 채무자명의모용[1] 등) 채권자에게 위법하게 내주었다는 것이다. 다만 조건성취집행문은 조건성취, 승계집행문은 승계나 그 밖의 집행력 확장의 사유가 각 증명되지 아니한 것도 이의사유가 된다. 나아가 재도부여의 사유가 없는데 집행문을 다시 부여한 경우도 포함된다.[2] 승계인에 대해 집행문이 부여된 경우에는 승계인만이 이의신청을 할 수 있는 적격자이고, 판결에 표시된 원래의 채무자는 이의할 수 없다.[3] 이의사유의 존부에 관한 판단의 기준시는 집행문이 부여된 시점이 아니라 이의를 판단하는 시점이다. 집행권원에 표시된 청구권의 소멸·변경 등 실체상의 이의사유는 부여기관으로서는 이를 조사·판단할 권한이 없으므로 청구이의의 소(44조)에 의할 수밖에 없다. 다만 조건의 성취·승계·유한책임에 관한 사유

1) 채무자를 모용하여 작성한 집행증서는 무효이나 채무자는 집행력의 배제를 위해 집행문부여에 대한 이의를 할 수 있다는 것에, 대법 1999. 6. 23, 99그20.

2) 대법 1999. 4. 28, 99그21.

3) 대법 2002. 8. 21, 2002카기124.

는 실체상의 원인이라고 할 수 있으나, 집행문부여시 조사할 사항이므로 다른 형식적 사유와 마찬가지로 집행문부여에 대한 이의사유에 해당한다.

집행문부여에 대한 이의신청에서는 집행이의신청의 경우처럼 집행정지 등 **잠정처분**을 할 수 있다(34조 2항, 16조 2항). 의사표시의무에 동시이행의 조건이 붙어 있고 그 조건이 이행되어야 재판장의 명령에 의하여 집행문을 받아야만 의사표시의 의제효과가 발생하는데(263조 2항), 반대의무의 이행 등 조건이 성취되지 않았는데 집행문을 부여한 것은 잘못이 있어 무효일 것이나 집행이 종료되어 더 이상 집행문제가 남지 않으면 집행문부여에 대한 이의신청이나 집행문부여에 대한 이의의 소를 제기할 이익이 없다.[1)]

(2) 집행문부여 거절에 대한 이의(채권자측)

채권자가 이의하는 것인데, 이의사유는 집행문부여의 요건이 구비되었는데도 위법하게 내주지 아니한다는 것이다. 조건성취집행문에서는 조건의 성취, 승계집행문에서는 승계사실이 각 증명되었는데 이를 내주지 아니한 것도 이의사유이다. 제1심법원의 법원사무관 등이 집행문부여거절처분을 한 후에 소송기록이 상급법원에 송부된 뒤에는 거절처분을 한 법원사무관 등이 집행문 부여의 권한을 잃은 뒤이므로 이의신청의 이익이 없다는 것이 판례이다.[2)]

(3) 이의신청에 대한 재판

집행문부여에 대한 이의신청이나 집행문부여 거절에 대한 이의신청 에 대한 재판은 실체법상 권리관계의 존부를 확정하기보다 이미 판결절차에서 확정된 권리관계를 실현시키는 것을 허용할 것인지 여부를 판단하는 것이므로 이에 대해서는 민사소송법에 의한 **항고·재항고**를 할 수 없다.[3)] 나아가 집행법원의 재판도 아니므로 **집행이의신청**(16조)도 할 수 없고 명문도 없어 **즉시항고**(15조)도 할 수 없어 결국 불복절차가 없다.[4)] 집행문부여 등 이의신청은 결국 단심이 되고, 부여의 소와 부여에 대한 이의의 소는 3심이 되는 것이다. 민소법 제449조의 특별항고만이 가능하며, 따라서 단순한 법률위반을 이유로는

1) 대법 2012. 3. 15, 2011다73021.
2) 대법 2000. 3. 13, 99마7096(소송기록이 있는 상소심법원의 법원사무관 등에게 다시 집행문의 부여를 구하면 된다는 취지이다).
3) 대법 1995. 5. 13, 94마2132.
4) 대법 1997. 6. 20, 97마250.

다툴 수 없다.[1)]

2. 집행문부여의 소

(1) 조건성취집행문 또는 승계집행문을 부여받고자 하는 경우, 조건성취나 승계를 증명하는 문서를 제출하여 증명할 수 없는 때에 채권자가 채무자를 상대로 제기하는 소이다. 그와 같은 **문서증명 없이도 집행문을 내어 달라는** 취지의 소이다(33조). 문서는 없지만 조건성취나 승계사실의 존재를 판결로 확정받아, 이를 둘러싼 다툼을 기판력에 의하여 막아보고자 하는 것이다. 채권자가 조건성취나 승계를 증명할 문서를 내어놓을 수 있으면 간단하게 법원사무관 등에게 바로 집행문부여신청을 하면 되므로 이때에는 집행문부여의 소의 권리보호의 이익이 없다.[2)] 집행문부여의 소를 제기하지 않고 승계인을 상대로 별도의 소를 제기하여 판결받는 것이 허용되느냐에 다툼이 있으나 소 제기의 이익을 부인할 이유는 없다.[3)]

(2) 집행문부여의 소의 법적 성질에 관하여는 확인소송설, 이행소송설, 형성소송설 등이 있으나, 이 소송의 인용판결은 직접 집행문부여를 하는 것이 아니고, 그 부여요건인 조건성취나 승계의 증명에 갈음하는 것이므로 확인소송으로 해석함이 옳다(통설).

(3) 집행문부여의 소에서 채무자가 집행청구권의 부존재 등 청구이의사유(상계항변 등)를 항변으로 주장할 수 있는가. 채무자가 항변으로 제출할 수 없으면 집행문부여의 소에 의하여 집행문을 부여해 놓고 그 뒤에 청구이의 소에

---

1) 대법 2010. 1. 14, 2009그196; 동 2017. 12. 28, 2017그100. 그 결과 특별항고라는 표시와 항고법원을 대법원으로 한다는 표시가 없어도 항고장을 접수한 법원은 특별항고로 취급하여 소송기록을 대법원에 송부함이 마땅하다는 것이 대법 1997. 6. 20, 97마250이다. 판지에 찬성하는 견해로는 강용현, "집행문부여에 대한 이의에 관한 재판에 대한 불복방법", 민사재판의 제문제(하)(이시윤박사 회갑기념 논문), 390면.

2) Brox/Walker, Rdnr. 133; 김홍엽, 80면. 예컨대 甲이 乙 상대의 건물명도판결의 확정판결을 받았는데 乙이 그 뒤에 丙에게 점유승계가 있는 것으로 보여질 때에 그 승계를 다투는 丙에 대하여 甲은 (승계)집행문부여의 소를 제기하지 않고 직접 명도청구의 소를 제기하는 것이 가능하다고 할 것이다. 대법 1994. 5. 10, 93다53955 참조.

3) 박두환, 177면; 김상수 108면; 김홍엽, 80면; 전병서, 96면. 예컨대 甲이 乙 상대의 건물명도판결의 확정판결을 받았는데 乙이 그 뒤에 丙에게 점유승계가 있는 것으로 보여질 때에 그 승계를 다투는 丙에 대하여 甲은 (승계)집행문부여의 소를 제기하지 않고 직접 명도청구의 소를 제기하는 것이 가능하다고 할 것이다. 대법 1994. 5. 10, 93다53955 참조.

의해 강제집행의 부적법을 선언하게 되므로, 분쟁해결의 일회성의 견지에서 바람직하지 않다는 **적극설**이 있다.[1] 이에 대하여 ① 집행문부여는 집행력의 현존을 공증하는 것임에 대해 청구이의는 집행권원의 집행력 자체를 소멸시키는 것으로서 각기 제도의 취지가 다르고, ② 청구이의사유까지 심판사항에 포함시키면 심판대상의 비대화로 소송지연의 원인이 될 수 있다는 것을 내세우는 **소극설**이 있다.[2] 대법 2012. 4. 13, 2011다93087은 청구이의사유를 집행문부여의 소에서 주장할 수 없다고 하여 소극설을 취하였다. 비록 소극설에 의한다고 하여도 집행문부여의 소에 대해 채무자는 피고의 입장에서 **반소**로서 청구이의의 소를 제기하는 것이 가능하므로, 적극설과 실제상 큰 차이는 없다.

다만 판례는 집행문부여의 소에서 원고의 청구범위 중 일부에만 집행력의 존재가 인정되는 경우 집행문부여기관은 그 집행력이 인정되는 일부에 대해서만 집행문을 내어 줄 수 있도록 강제집행할 수 있는 범위를 특정하여 집행문부여를 명하여야 한다고 했다.[3] 규칙 제20조 1항에 비추어 당연하다.

(4) 집행문부여의 소는 판결 등을 한 제1심법원(33조), 지급명령을 내린 지방법원(58조 4항), 또는 집행증서 채무자의 보통재판적이 있는 곳의 제1심법원(59조 4항)이 관할한다. 청구인용을 할 때에는 채권자가 구하는 집행문을 부여받을 수 있다는 것을 선언하는 판결을 한다.

3. 집행문부여에 대한 이의의 소

(1) 집행문이 부여된 경우라 하여도, 채무자가 **채권자가 증명할 조건성취 또는 승계 등의 사실이 존재하지 아니함**을 주장하여 그 집행문이 부여된 집행권원에 의한 강제집행을 허용해서는 안 된다고 청구하는 소이다(45조). 예를 들면 집행채무자의 상속인들에 대하여 승계집행문을 부여받았으나 적법한 기간 내에 상속을 포기함으로써 그 승계적격이 없는 경우에 이와 같은 이의의 소를 제기할 수 있다.[4] 이 소송에서 승계사실에 대한 증명책임은 채권자에게 있다.[5] 채무자는 이와 같은 사유를 집행문부여에 대한 이의신청(34조)을 선택

1) Brox/Walker, Rdnr. 134; 방순원/김광년 194면.
2) 박두환, 178면; 강대성, 86면; 김상수, 110면; 김홍엽, 81면; 전병서 99면.
3) 대법 2009. 6. 11, 2009다18045.
4) 대법 2016. 8. 18, 2014다225038.
5) 대법 2015. 1. 29, 2012다111630; 동 2016. 6. 23, 2015다52190.

하여 주장할 수 있지만, 그와 같은 사유를 둘러싼 다툼을 기판력에 의하여 확정하는 점에서 이 소제기의 특별한 의미가 있다.[1] 조건성취나 승계사실의 증명책임은 채권자에게 있다.[2] 본소의 이의사유는 조건의 불성취와 승계의 부존재이다. 그외의 사유는 집행문부여에 대한 이의신청을 할 수 있을 뿐 본소에 대한 이의사유로 할 수 없는 것이 원칙이다.[3] 다만 조건의 성취나 승계를 다투는 이상 집행문부여에 대한 이의사유(형식적 요건의 흠결)도 함께 주장할 수 있고, 형식적 요건에 흠결이 있으면 청구를 인용할 것이다.[4]

(2) 이러한 소송은 집행문에 표시된 채무자가 원고가 되지만,[5] 그 채무자에 대한 다른 채권자는 채권자대위권(민 404조)에 기하여 이 소를 제기할 수 있다. 집행문이 부여된 뒤에 제기하는 것이 일반적이나, 집행문부여 전이라도 조건성취를 주장하는 채권자에 의하여 이행을 재촉받는 채무자나 채무자의 승계인이 이 소를 제기할 수도 있다. 관할은 직분관할로서, 성질상 전속관할에 속하며 지방법원합의부가 재판한 판결을 대상으로 한 이의의 소는 그 재판을 한 지방법원합의부의 전속관할에 속한다.[6] 집행문부여에 대한 이의의 소에서도 강제집행정지 등 잠정처분을 할 수 있는데 그 관할도 직분관할로서 위와 같다.[7]

(3) 이 소의 성질에 관하여 형성소송설, 확인소송설, 확인형성소송설, 구제소송설, 명령소송설 등이 있지만, 집행문부여의 요건에 흠이 있다는 취지의 주장을 소송물로 하여 그 집행문의 효력을 잃게 하는 판결을 구하는 소라고 보는 소송상의 형성소송이 타당하다.[8]

(4) 청구이의의 소처럼 이의사유가 여러 개 있을 때에는 동시에 주장하여야 한다(45조, 44조 3항). 다른 구제절차와의 경합이 문제된다.

1) 집행문부여에 대한 이의의 소와 청구이의의 소의 관계 집행문부여

1) 대법 2003. 2. 14, 2002다64810.
2) 대법 2015. 1. 29, 2012다111630.
3) 대법 2016. 8. 18, 2014다225038.
4) 주석 민사집행법(Ⅰ), 645면; 법원실무제요 민사집행(Ⅰ), 267면. 반대설 있음.
5) 위 2002다64810.
6) 대법 2017. 6. 29, 2015다208344; 동 2020. 10. 29 선고 2020다205806 등.
7) 대법 2022. 12. 15, 2022그768.
8) Thomas/Putzo/Seiler, §768 Rdnr. 1. 김홍엽, 82면; 전병서, 103면.

에 대한 이의의 소에서 청구이의의 소의 사유를 동시에 주장할 수 있는가. 집행문부여에 대한 이의의 소가 집행의 불허를 구하는 점에서 청구이의의 소와 공통점이 있기 때문이다(45조에서 44조 준용). 집행문부여에 대한 이의의 소에서 조건성취·승계여부 등 실체문제를 심리하므로 청구이의의 소의 특별한 종류라고도 한다. 후자가 집행권원화된 **청구권**(집행권원의 효력배제)에 대한 것이라면, 전자는 **부여된 집행문**(집행문의 효력배제)에 대한 것이다.[1] 모두 채무자가 제기하는 소이다.

양자의 관계에 관하여는 **소권경합설**, **법조경합설**, **절충설** 등이 있으나, 우리의 다수설[2]은 이 두 가지 소를 제도상 목적을 달리하는 별개의 소로 보고 한 쪽의 이의이유를 다른 쪽에서 주장하는 것이 인정되지 아니하고 동시에 주장하려면 양소를 병합청구하여야 한다는 소권경합설이다. 판례도 소권경합설의 입장이다.[3] 그러나 소권경합설은 집행에 관한 분쟁을 장기화하는 문제점을 낳을 수 있다. 생각건대 절충적으로 보아, 이 중 어느 한 쪽의 소송에서 다른 쪽의 이의사유를 주장할 수 있지만[4] 동시제출은 강제되지 아니하며, 청구이의의 소에서 집행문부여의 이의사유를 하나라도 주장하여 패소되었으면 그 이의사유 전부가 실권된다고 볼 것이다.[5] 양소가 독자적 제도이기는 하지만 근본적으로 이질적이 아닌 점과 집행에 관한 분쟁해결의 일회성의 요청을 고려할 때에 절충설이 타당할 것이다.

2) 본소와 집행문부여에 대한 이의신청의 관계 이의신청이 기각 또는 각하된 후에 그 이의의 소를 제기하는 것도 가능하다. 이의신청은 약식절차이고 그 재판은 잠정적인 의미밖에 없기 때문이다. 그러나 반대로 이의의 소가 배척된 경우에는 기준시 이전의 사유는 기판력에 의하여 차단되므로 이의신청의 여지가 없다.[6] 이의의 소에서 원고의 청구를 인용할 때에는 집행문이 부여된 집행권원에 기한 강제집행을 허가하지 아니한다는 취지의 선언판결을 한

---

1) Brox/Walker, Rdnr. 142; Schellhammer, Rdnr. 224.

2) 방순원/김광년, 101면; 박두환, 183면; 강대성, 95면; 김홍엽, 85면; 전병서 107면.

3) 대법 2012. 4. 13, 2011다93087은 집행문부여의 요건인 조건성취의 여부는 집행문부여에 대한 이의의 소에서 주장·심리할 사항이지 청구권에 관하여 생긴 이의를 내세우는 청구이의의 소에서 심리할 사항은 아니라 하여 양자를 이질적으로 보고 있다.

4) 양소의 병합이 적법하다는 것에는, Gaul/Schilken/Becker-Eberhard, §17 Rdnr. 39.

5) 菊井維大, 251면; 三ケ月章, 23면.

6) Brox/Walker, Rdnr. 143; 주석 민사집행법(Ⅰ), 539면.

다. 청구인용판결이 확정되었을 때에는 채무자는 그 정본을 집행기관에 제출하여 강제집행의 정지 · 취소를 구할 수 있다(49조 1호, 50조 1항).

(5) 소의 이익 문제

집행문부여에 대한 이의의 소는 집행문이 부여된 뒤 강제집행이 종료될 때까지 제기할 수 있는 것으로서 강제집행이 종료된 이후에는 이를 제기할 이익이 없다. 집행력 있는 집행권원에 터 잡아 전부명령이 발하여져서 그 확정으로 집행절차가 종료되면 집행문부여에 대한 이의의 소를 제기할 이익이 없다고 할 것이나, 추심명령의 경우에는 그 뒤 배당절차가 남아 있는 한 강제집행이 종료되지 아니하여 이의의 소의 제기이익이 있다고 할 것이다.[1)]

도표 2-2 집행문부여에 관한 구제절차

구제절차의 종류	구제 당사자	구제사유	대상집행문	재판절차 불복여부
집행문부여에 대한 이의(불허결정요구, 34조 2항)	채무자	• 집행문부여의 일반요건의 불비 • 조건성취, 승계사실이 증명 안됨	단순집행문 조건성취 · 승계집행문	결정절차 · 불복불허*
집행문부여 거절에 대한 이의(부여결정요구, 34조 1항)	채권자	• 집행문부여의 일반요건 구비 • 조건성취 · 승계사실의 증명	(위와 같음)	(위와 같음)
집행문부여의 소(부여판결요구, 33조)	채권자	• 조건성취 · 승계사실의 문서증명은 없지만 그 사실의 존재증명	조건성취 · 승계집행문(다툼 있음)	판결절차 상소불복가능
집행문 부여에 대한 이의의 소(불허판결요구, 45조)	채무자	• 조건성취 · 승계사실의 부존재증명	(위와 같음)	(위와 같음)

* 특별항고는 허용

1) 대법 2003. 2. 14, 2002다64810.

제 3 장 강제집행의 진행

제 1 절 강제집행의 개시

집행력 있는 정본을 첨부하여 집행을 신청하여도 집행기관이 강제집행을 개시하기 위하여는 일정한 요건을 갖추어야 한다. 이러한 요건은 집행문부여기관에 의한 집행문부여의 요건으로 하지 않고 집행기관이 스스로 조사 판정하여 집행에 착수하도록 하였는데, 이를 집행의 개시요건이라 한다. 이는 강제집행의 적법요건과 함께 강제집행의 절차적 요건임은 이미 설명한 바 있다. 집행기관이 조사하기 쉬운 것들이다.

Ⅰ. 강제집행의 개시요건

1. 일반집행개시요건-송달

법 제39조 1항 전단은 강제집행을 신청한 사람과 이를 받을 사람의 성명이 집행력 있는 정본(집행권원+집행문)에 표시되어 있어야 집행을 개시할 수 있다고 규정하였다. 보다 중요한 것은 집행권원의 송달이다.

(1) 집행권원의 송달

집행권원이 원칙적으로 집행개시 전 또는 늦어도 집행개시와 동시에 채무자에게 송달되지 아니하면 안 된다는 것이 일반적인 집행개시의 요건이다(39조 1항 후단). 반드시 정본일 필요는 없고 등본이라도 상관없다.[1] 집행증서(공정증서)의 송달에는 공증인법 제56조의5와 민사집행규칙 제22조의2에 특칙이 있는데, 경우에 따라 공정증서정본의 송달을 집행관에게 위임할 수 있다. 민법상의 조합재산에 대한 집행에는 모든 조합원에게 송달하여야 한다.[2] 단순

1) 결정·명령이 집행권원이 될 때에는 정본송달이 필요하다는 것에, 대법 2003. 10. 14, 2003마1144.
2) BGH NJW 2011, 615, 617.

집행문의 경우에는 불필요하지만, **조건성취집행문**(30조 2항), **승계집행문**(31조)이 부여된 경우에는 채무자의 승계인에게 그 집행문을 집행개시 전에 송달하고(39조 2항), 채권자가 집행문을 부여받기 위해 제출한 증명서등본은 집행개시 전 또는 집행개시와 동시에 채무자에게 송달하여야 한다(39조 3항). 채무자에게 어떠한 내용의 강제집행이 행하여질 것인지를 투명하게 알려서 강제집행 내지 집행문부여에 대한 방어의 기회를 주려는 취지이다. 이 원칙의 예외로 집행절차의 간이·신속한 실시를 위하여 송달 전에도 집행절차를 개시할 수 있는 것이 있다. 가압류·가처분명령이 그 예이다(292조, 301조). 2015년부터는 민사집행절차에서도 재래식 송달과 더불어 전자송달(E-mail)이 가능하다.

(2) 송달의 하자

집행권원 등의 송달을 하지 아니한 채 개시된 강제집행은 위법이며, 채무자는 집행이의신청(16조)을 하여 그 취소를 구할 수 있지만, 취소되지 아니하는 한 유효하다고 할 것이다(취소설).[1] 취소되지 아니한 사이에 송달이 되면 그 절차상의 하자(흠)는 치유된다. 판례도 승계집행문을 송달한 증명 없이 강제집행이 이루어져 그에 의하여 경료된 소유권이전등기는 위법이기는 하나 무효라고 할 수 없다고 했다.[2]

그러나 판례는 집행권원이 **허위주소로 송달**된 경우에는 중대한 하자(흠)로 보고, 그 효력은 집행채무자에 미친다고 할 수 없고, 이러한 집행권원에 의하여 집행채무자 소유의 부동산에 대하여 이루어진 강제경매절차는 집행권원 없이 진행된 것이나 다름없다 하여 무효로 보았다(무효설).[3]

2. 특별집행개시요건 — 집행기관의 조사판단사항(40조, 41조)

일반적으로는 집행권원 → 집행문 → 집행권원 송달이 되면 집행기관은 집행을 개시하지만, 집행권원에 따라서는 이와 별도로 집행기관에 의한 조사에

1) 박두환, 189면; 강대성, 132면; 김홍엽, 89면; 전병서, 110면.
2) 대법 1980. 5. 27, 80다438. 독일의 통설.
3) 대법 1973. 6. 12, 71다1252. 동 1987. 5. 12, 86다카2070도 집행권원이 상대방의 허위주소로 송달된 경우에 이에 기하여 이루어진 압류 및 전부명령을 무효라 하였다. 판결정본이 패소자인 피고의 허위주소로 송달된 경우에 엄격히 해석하여 송달무효로 보고 상소기간이 진행되지 아니하는 판결로 취급하여 어느 때나 피고가 항소로 불복할 수 있다는 판례(대법(전) 1978. 5. 9, 75다634 등)와 맥을 같이하는 것으로 보인다.

서 확인이 될 때에 집행을 개시할 수 있는 것이 있다. 그것이 특별집행개시요건이다.

(1) 확정기한의 도래(40조 1항)

집행권원상 집행채권의 이행이 일정한 시일에 이르러야 집행할 수 있을 때[1]에는 그 시일이 지난 것을 확인한 뒤가 아니면 강제집행을 개시할 수 없다. 장래이행의 판결, 이행기 합의가 있는 화해·조정, 부양료심판 등에서 기한이 도래된 경우, 기한의 도래는 실체상의 문제이기는 하지만 확정기한에 관한 한 그 판정이 용이하기 때문에 미확정기한의 도래처럼 집행문부여기관에 갈 것이 아니라 집행기관에 판정을 맡긴 것이다. 기한도래 전에 개시된 강제집행은 위법이지만 집행이의신청(16조)에 의하여 취소되지 아니한 동안에 기간이 도래하면 하자가 치유된다.[2]

다만 정기적인 양육비지급의 집행권은 기한이 도래하지 아니한 것에 대하여도 예외적으로 양육비 직접지급명령을 발할 수 있다(가소 63조의2 2항).

(2) 담보의 제공(40조 2항)

「원고가 1억을 담보로 제공하면 가집행할 수 있다」는 담보부가집행선고 있는 판결(민소 213조 1항)과 같이 담보제공을 강제집행실시의 조건으로 하는 집행권원에서 문제된다. 무담보부가집행선고가 통상적이므로, 실무상 중요한 요건은 못된다. 이 경우의 강제집행은 채권자가 담보제공을 공문서(공탁증명서)[3]를 집행기관에 제출하는 방법으로 증명하고, 또한 그 증명서류의 등본을 집행 전 또는 집행과 동시에 채무자에게 송달하여야 집행개시를 할 수 있다. 담보제공을 했느냐의 여부는 공문서에 의하여 증명하면 용이하게 판정할 수 있는 것이므로 집행기관에 맡긴 것이다. 담보부가집행선고 있는 판결에서 담보제공 없이 한 집행행위는 무효이다.[4] 그러나 담보제공증명서등본의 송달이

1) 「피고는 원고에게 2025. 1. 5. 1억을 지급하라」는 판결과 같은 것이다.
2) 이의신청을 하지 아니한 결과 집행절차가 진행되어 매수인이 매각대금을 완납하였으면 매수인은 유효하게 매각부동산을 취득한다는 것에, 대법 2002. 1. 25, 2000다26388.
3) 독일은 은행이나 보증보험회사 등의 지급보증위탁서의 제출도 담보제공이 된다고 본다. 우리나라도 보증서예규 제5조에서 보증서에 의한 담보제공이 허용되지 아니하는 경우로 분류하지 아니하였다.
4) 박두환, 191면; 김홍엽, 90면; 주석 민사집행법(Ⅰ), 578면(나중에 담보제공증명서가 제출되더라도 그 하자가 치유되지 않는다). 다만 강제집행절차가 취소되기 전에 담보제공증명서가 제출되면 장래에 향하여 유효하다는 견해가 있다.

잘못된 집행은 당연무효가 아니다.[1)]

(3) 반대의무의 이행(41조 1항)

1) 「피고는 원고로부터 1억을 지급받음과 동시에 건물을 명도하라」는 판결과 같이 채권자의 반대의무의 이행과 채무자의 의무이행이 동시이행인 집행권원일 때에 문제된다. 이러한 집행권원의 강제집행은 채권자가 반대의무의 이행 또는 이행의 제공을 한 것을 증명하여야만 집행을 개시할 수 있다.[2)] 만일 이때에도 정지조건의 경우와 마찬가지로 보아 집행문부여시에 채권자의 반대의무의 이행을 요구하게 되면, 채권자가 동시이행을 하는 것이 아니라 선이행을 강제받는 결과가 되어 집행권원의 취지에 반하게 된다. 그 때문에 선이행 판결과 달리 조건성취 집행문부여의 요건으로 하지 아니하였다. 어음·수표와 같은 상환증권상의 채권에 관한 집행에서는 집행정본의 제시로 충분하고 증권의 제시는 집행개시요건이 아니다.

예외로 두 가지가 있다. ① 인도제공 없어도 임대보증금 판결집행 — 임대인은 임차인으로부터 임대주택·건물을 인도받음과 동시에 임대보증금을 반환하라는 보증금반환 판결의 집행시 임차인의 반대의무인 임대주택·건물의 인도제공이 증명되어야 보증금집행을 개시할 수 있는 것은 아니다. 집행개시의 요건이 아니다(주택 3조의2 1항: 상가 5조 1항).[3)] 임차인이 경매절차에서 주택·건물을 인도하여 점유를 잃으면 임차인은 대항력이나 우선변제권을 잃게 되는 문제 때문에 예외취급을 하였지만, 임차인에 대한 특혜이다. 임차주택만이 아니라 그 주택부지도 인도제공이 면제된다. ② 반대급부의 이행이 동시이행으로 부과된 의사진술을 명하는 판결[4)]의 집행에서는 반대의무의 이행이 집행개시의 요건이 아니라 조건성취 집행문부여의 요건이 된다(263조 2항). 의사표시집행에는 집행기관이 개입하지 않기 때문이다.

2) 반대의무의 이행 또는 그 제공의 증명방법은 특별한 제한이 없다.[5)] 공탁서[6)]

---

1) 대법 1965. 5. 18, 65다336.
2) 대법 2021. 7. 8, 2020다290804; 동 1977. 4. 13, 77마90.
3) 임대주택의 이전등기청구권에 관한 압류에까지 위와 같은 예외규정을 유추적용할 것은 아니라는 것이 판례이다(대법 2000. 3. 15, 99마4499).
4) 피고는 원고로부터 잔대금을 지급받음과 동시에 소유권이전등기절차를 이행하라.
5) 대법 2021. 7. 8, 2020다290804.
6) 대법 1974. 12. 11, 73마969.

는 물론 사문서에 의한 증명[1]이나 집행현장에서 집행관이 현장확인을 하여도 된다. 집행을 개시함에 있어 반대의무의 이행 또는 그 제공의 증명서를 미리 또는 동시에 채무자에게 송달하여야 하는가에 관하여 이를 긍정하는 견해도 있으나 실무는 불요설을 따르고 있다.[2] 그러나 채권자가 채무자에 대한 다른 채권으로 상계하였다는 사실은 반대의무의 이행 또는 그 제공에 해당할 수 없다. 반대의무를 이행하지 아니하였는데 한 집행행위는 무효이고, 반대의무의 이행이 불능으로 되면 집행도 불능으로 된다.

(4) 대상판결의 집행(41조 2항)

본래의무의 집행이 불가능한 때에 그에 갈음하여 집행할 수 있다는 것을 내용으로 하는 집행권원, 예를 들면 「별지목록 기재 부동산에 대하여 소유권이전등기절차를 이행하라, 만일 집행할 수 없을 때에는 금 1억원을 지급하라」는 판결 중 뒷부분인 1억원 지급의 대상판결(代償判決)의 강제집행은, 채권자가 본래의무의 집행 불가능을 증명한 경우에 한하여 집행을 개시할 수 있다. 여기서 집행불능은 실체법상의 이행불능보다 넓게 해석하여 특정물의 인도집행에서 목적물의 멸실뿐만 아니라 한번 강제집행에 착수하였는데 그 목적을 달성할 수 없을 때에는 후일 다른 장소에서 집행이 가능한지 여부를 묻지 않고 바로 집행불능에 해당한다고 볼 것이다. 집행불능에 대한 증명방법도 제한이 없으며 집행현장에서 집행관의 현장확인이나 집행불능임을 기재한 집행조서라도 상관없다. 본래의무의 집행불능이 아님에도 대상의무에 대해 개시된 강제집행은 위법이며, 집행이의신청(16조)으로 취소할 수 있다.

Ⅱ. 집행장애 — 소극적 요건

강제집행개시의 요건이 있더라도, 일정한 사유가 있으면 강제집행의 개시 또는 속행을 할 수 없다. 이와 같이 진행을 막는 사유를 집행장애(執行障碍) 또는 소극적 요건이라 하는데, 이러한 사유가 없어야 집행기관에 의한 집행이 진행될 수 있다. 이는 직권조사사항으로서, 집행개시 전에 발견되면 집행신청

1) 대법 1961. 3. 29, 4294민재항55.

2) 법원실무제요, 민사집행(Ⅰ), 225면(송달을 요한다는 규정이 없다는 것을 근거로 한다).

을 각하하고, 집행개시 후에 발견되면 집행절차를 직권취소하여야 한다는 것이 판례이다.[1] 이는 집행권원에 기한 강제집행의 전체에 대한 것으로, 어떤 물건의 압류금지 등 개개의 집행절차나 집행행위에 특별한 장애사유가 있는 경우와 구별된다. 집행장애 사유에는 다음 4가지가 있다.

(1) 도산절차의 개시(장애사유 1)

대표적인 강제집행의 장애사유이다. 채무자의 전재산에 대하여 전채권자를 위한 도산절차가 개시된 경우이므로 채무자의 특정재산으로 일부채권자를 위한 권리실현을 해 줄 상황이 아니기 때문이다. 채무자 회생 및 파산에 관한 법률, 이른바 통합도산법에 의하면 기업회생절차, 채무자회생절차의 개시결정[2]과 파산선고시 강제집행·보전처분은 허용되지 아니하며, 이미 행한 강제집행은 중지되므로 집행장애사유가 된다.[3] 도산절차가 개시된 것을 모르고 집행법원이나 보전법원이 강제집행이나 보전처분을 하는 혼선을 피하기 위해서는 법원내부에 정보공유시스템을 구축하여 일원적으로 등록·검색하는 것이 바람직하다는 외국의 논의가 있다.

판례는 임금채권 등 재단채권에 기하여 파산선고 전에 강제집행이 이루진 경우에도 그 강제집행은 파산선고로 인하여 실효된다고 하였다.[4] 그러나 채무자에 대한 청산절차가 진행중이거나 파산신청이 있다는 사정만으로는 집행장애사유가 된다고 할 수 없다.[5] 파산선고와 동시에 폐지결정을 하여 일단 파산절차가 종료한 뒤라도 면책신청을 한 때에는 그 신청에 대한 재판이 확정

1) 대법 2000. 10. 2, 2000마5221; 동 2008. 11. 13, 2008마1140. 그러나 독일·일본은 당사자가 원용하거나 집행기관에 알려진 경우에 조사한다는 것이 통설이다. 소송장애사유가 직권조사사항이 아닌 것과 마찬가지이다.

2) 회생개시결정 전에도 중지명령이나 포괄적 금지명령에 의하여 보전처분·강제집행을 중지시킬 수 있다(채무자회생 43조~45조).

3) 포괄적 금지명령에 반하여 이루어진 회생채권에 관한 보전처분이나 강제집행은 무효(대법 2016. 6. 21, 2016마5082). 구법상의 판례이나 회사정리절차개시 후의 추심명령이 무효하는 것에 대법 2004. 4. 23, 2003다6781. 개인회생재단에 속하는 재산에 대하여 이미 계속된 강제집행, 가압류 또는 가처분 절차는 개인회생절차가 개시되면 일시적으로 중지되었다가 변제계획이 인가되면 그 효력을 잃는다(대법 2008. 1. 31, 2007마1679). 재항고법원에서도 개인회생절차의 채권자목록에 기재되었음을 이유로 압류 및 전부명령을 취소하고 그 신청을 기각할 수 있다(대법 2011. 4. 20, 2011마3).

4) 대법 2008. 6. 27, 2006마260.

5) 대법 1999. 8. 13, 99마2198·2199. 미국 파산법 Chapter 11의 파산보호신청의 경우와 같은 automatic stay order의 도입여부가 법개정시 논의되었으나 채택되지 아니하였다.

될 때까지는 채무자의 재산에 대하여 강제집행을 할 수 없다(회생 557조).

개인파산절차와 개인회생절차가 증가일로에 있고 채무의 면책을 위해 성행·남용되는 현실이기 때문에 집행채권자의 강제집행이 난관에 이르는 경우가 많아 문제이다.[1] '빚으로부터 해방', '개인 빚, 카드 빚 끝'이라고 외치며 제도남용을 부추기는 경향도 있다.[2] 도산절차가 압류를 풀어주는 절차로 악용되어서는 안 될 것이다. 금융감독위원회에서 허가받아 설치되는 신용회복위원회는 5억원 이하의 금융채무에 대하여 부동산집행은 별론 소액채권·유체동산의 강제집행 중일 때에도 자율조정이 가능하며 정지의 효과가 나타난다(개인 work-out). 다만 담보권·전세권을 가진 자 등 별제권자의 경우는 임의경매가 가능하여, 집행장애가 안된다(동법 412조, 586조).

(2) 집행채권의 압류·가압류(장애사유 2)

甲의 乙에 대한 집행채권이 甲의 채권자 A에 의하여 압류·가압류되었다면 甲의 집행채권은 집행장애사유가 되는가. A에 의한 압류의 효과로서 甲이 자기의 집행채권을 추심하여 강제집행에 의한 만족의 단계에까지는 끌고 갈 수는 없으나 乙의 재산에 대한 압류는 가능하다는 것이 판례[3]이고 다수설이다. 그것은 집행채권의 현금화나 만족적 단계에 이르지 아니하는 보전적 처분으로서 집행채권을 압류한 A를 해하는 것은 아니기 때문이다. 따라서 집행개시까지는 막는 것이 아니므로 엄밀하게는 완전한 집행장애사유라기보다는 제한적 장애사유일 뿐이다.[4] 압류나 가압류가 해제되면 집행장애사유가 없어진다.

(3) 집행계약(장애사유 3)

집행계약이란 강제집행에 관한 집행채권자와 그 채무자 간의 합의이다. 합의가 법적으로 적법하고 집행을 제한하는 내용이면 집행장애사유가 된다. 집행문 없는 집행, 압류금지물의 집행과 같은 집행확장계약은 부적법하지만, 집행배제계약이나 집행제한계약은 사적자치의 영역에 속하므로 유효한 것임은

---

1) 미국에서는 2005년에 '파산 남용 방지 등 법률'이 제정됨.

2) 이시윤, "민사집행법상의 몇 가지 立法論的 問題", 법률신문 2010. 5. 3.자.

3) 대법 2000. 10. 2, 2000마5221; 동 2016. 9. 28, 2016다205915.

4) 이와 관련하여 압류·현금화·만족(배당)의 3단계로 나누어지는 강제집행단계에서 어느 단계까지 허용되는가에 관하여, 실무에서는 배당절차까지 속행하되 압류채권자의 채권액을 공탁하여야 한다는 설이 우세하다. 법원실무제요, 민사집행(Ⅰ), 233면.

이미 밝힌 바이다(앞의 「처분권주의」참조). 이를 토대로 집행을 막는 방법은 청구이의의 소(44조)의 유추적용이다. 독일의 다수설은 집행이의신청의 유추적용도 가능하다고 본다.[1)]

(4) **집행정지 · 취소서류의 제출**(장애사유 4)

아래 제2절에서 상세히 밝힌다.

제 2 절 강제집행의 정지 · 취소

1. 강제집행의 정지

(1) 강제집행의 정지란 법률상의 사유로 강제집행을 개시 · 속행하지 않거나 개시 · 속행을 저지하는 조치를 하는 것을 뜻한다. 여기에는 전부정지와 일부정지가 있고, 종국적 정지와 일시정지가 있다. 절차가 너무 복잡하다는 이유 등으로 집행절차를 사실상 정지하는 것은 여기서 말하는 정지가 아니며, 또 강제집행은 양쪽 당사자의 계속적인 절차수행이 필수적인 것도 아니므로 **판결절차의 중단 · 정지** 같은 것은 인정되지 아니한다.

(2) 강제집행의 정지는 원칙적으로 채무자나 제3자가 법에 정한 집행정지서류를 집행기관에 제출하여 집행정지처분을 시키는 것을 말한다. 강제집행정지결정이 있으면 결정 즉시 당연히 집행정지의 효력이 생기는 것이 아니며 그 정본을 **집행기관에 제출**해야 정지의 효력이 발생한다.[2)] 집행기관의 별도의 정지재판을 받을 필요는 없다. 집행신청에 첨부하여 집행력 있는 정본을 집행기관에 제출함으로써 강제집행을 실시할 수 있듯이, 이에 대응하여 정지할 때에는 강제집행의 반대권원(反對權原)인 법정정지서류를 집행기관에 제출하면 된다.

예외적으로 정지서류의 제출 없이 직권으로 강제집행을 정지하는 경우가 있다. 집행장애사유나 집행처분의 무효사유 등이다. 다만 의사의 진술을 명하는 재판은 현실적인 집행절차가 존재할 수 없어 집행정지가 인정되지 아니한

---

1) Brox/Walker, Rdnr. 204.

2) 대법 1966. 8. 12, 65마1059.

다(단 반대채무의 이행을 조건으로 하는 선이행·동시이행판결은 집행문을 내어줄 때에 집행이 끝나므로(263조 2항) 집행문을 내어 주기 전에 집행정지는 있을 수 있다[1]).

2. 집행정지서류

집행기관은 법 제49조 1호에서 6호까지 정한 서류 중 어느 하나가 제출된 때에는 필요적으로 강제집행을 정지하여야 한다. 강제집행정지결정정본을 첨부한 경매절차정지신청을 하여도 필요적 정지를 촉구하는 이상의 의미가 없으며, 다만 신청을 기각하는 것은 위법이므로 계속 진행하면 집행이의신청으로 불복할 수 있을 따름이다. 정지를 위한 일반적인 가처분은 허용되지 아니한다.[2]

1) 판결 등 집행권원·가집행선고를 취소하는 재판, 집행불허의 재판 또는 집행정지·취소의 집행력있는 재판의 정본(1호) 재판의 정본이란 집행할 수 있는 재판의 정본을 의미하며, 집행문의 부여까지 있어야 하는 것은 아니다(집행력 있는 정본을 뜻하지 않음).

① **판결을 취소하는 재판**은 집행권원의 취소재판이 났을 때이다. 예를 들면 가집행선고 있는 판결의 상소심에서의 취소, 재심·준재심에 의한 확정판결이나 인낙·화해조서의 취소 등(57조).

② **가집행을 취소하는 재판**이란 본안판결의 당부의 심판 전에 가집행선고만을 취소하는 판결(민소 215조 3항)을 말한다.[3]

③ **집행불허의 재판**이란 집행문부여에 관한 이의신청(34조 1항), 즉시항고 또는 집행이의신청(15조, 16조), 청구이의의 소,[4] 집행문부여에 대한 이의의 소, 제3자이의의 소(44조, 45조, 48조) 등에 기한 집행불허의 재판을 말한다. 집행불허의 집행력있는 정본이 제출된 경우에는 이미 실시한 집행처분을 취소하여야

---

1) 대법 1995. 11. 10, 95다37568.
2) 대법 1986. 5. 30, 86그76.
3) 대법 2000. 7. 19, 2000카기90.
4) 대법 2018. 5. 23, 2018마5170. 대법 2022. 6. 7, 2022그534는 형성의 소는 법률에 명문의 규정이 있어야 제기할 수 있고, 형성판결의 효력을 개인 사이의 합의로 창설할 수 없으므로, 형성소송의 판결과 같은 내용으로 재판상 화해를 하더라도 판결을 받은 것과 같은 효력이 생기지 않음을 선언하고, 청구이의의 소에서 법원이 '집행권원에 기한 강제집행을 불허한다'는 화해권고결정을 하여 그 결정이 확정되었다고 하더라도 그 화해권고결정 정본은 제49조 제1호에서 정한 '강제집행을 허가하지 아니하는 취지를 적은 집행력 있는 재판의 정본'에 해당하지 않는다고 하였다.

한다.[1)]

④ **집행정지의 재판**은 위와 같은 **집행불허의 재판 중**에서 집행의 일시적 불허를 선언한 재판을 말하며, 변제기한의 일시적 유예를 이유로 한 청구에 관한 이의의 소를 인용한 판결, 확정기한 도래 전에 개시한 집행에 대하여 집행이의신청을 인용한 결정 등이 그것이다.

⑤ **집행취소의 재판**이란 청구이의의 소·집행문부여에 관한 이의의 소·제3자이의의 소에 부수하여 행하여지는 잠정처분(46조, 47조, 48조)이나 재심 또는 상소의 추후보완신청이나 상소제기에 부수하여 행해지는 집행정지에 관한 재판 중 이미 실시한 집행처분의 취소를 명하는 재판(민소 500조, 501조)을 말한다.

2) 강제집행의 일시정지를 명한 취지를 적은 재판의 정본(2호)[2)] 민소법 제500조(재심 또는 상소의 추후보완신청의 경우의 정지), 제501조(가집행판결에 대한 상소제기·정기금판결에 대한 변경의 소 제기의 경우의 정지)의 집행정지결정도 포함된다(상세는 「집행권원」 참조). 그 밖의 집행법상의 **잠정처분**이 여기에 해당한다. 실무상 많이 활용되는 정지서류이다. 여기의 집행정지를 명한 재판은 규정대로 **일시적 정지**를 명한 것임에 대하여(판결선고시까지 정지) 제1호의 「집행정지를 명한 재판」은 **종국적 정지**를 명한 것으로서, 전자는 이미 실시한 집행처분의 일시유지의 사유가 됨에 대해(50조 1항 후단) 후자는 실시한 집행처분의 취소사유가 되는 점(50조 1항 전단)에서 차이가 있다. 여기의 재판은 제1호의 재판처럼 집행력이 필요 없다. 또 이 정지재판은 뒤에 담보 또는 무담보부로 뒤집힐 수도 있기 때문에(46조 2항 등) 그 효력은 일시적이다.

3) 집행을 면하기 위한 담보를 제공한 증명서류(3호) 가집행면제선고의 경우에 채무자의 담보제공증명서(19조; 민소 213조 2항), 가압류해방금액을 공탁한 경우의 증명서(282조)[3)] 등이다.

4) 변제수령증서(4호) 채권자가 집행권원의 성립 후에 비용을 포함하여 집행채권 전부를 변제받았다는 증서를 제출하면 집행이 정지된다(변제증서

---

1) 대법 1994. 2. 7, 93마1837.

2) 강제집행의 일시정지를 명한 취지를 기재한 재판의 사본을 제출한 경우에 법원은 바로 그 정본의 제출이 없었던 것으로 처리할 것이 아니라 상당한 기간을 정하여 채무자로 하여금 그 정본을 제출하도록 한 뒤 그 이행 여부에 따라 재판의 정지 여부를 결정하여야 한다는 것에, 대법 2001. 8. 25, 2001마313.

3) 제299조에 의하여 취소할 수 있는 특칙이 있다. 박두환, 205면; 김홍엽, 96면.

라고도 한다). 일부변제로는 집행을 막을 수 없지만, 변제라기보다 채권의 만족이 옳을 것이므로 변제의 형태는 묻지 않고 대물변제 · 제3자변제 · 면제 · 상계 · 전부명령 · 다른 강제집행절차에서의 배당수령 등의 공문서를 포함한다. 채권자작성의 사문서(영수증)라도 좋다.[1] 집행채권액에 해당하는 은행 온라인 송금증서의 제출도 포함된다(ZPO §775 Nr. 5, 1999년 개정). 여기의 변제 등은 후술하는 바와 같이 청구이의사유가 되므로 이를 제기하면서 담보부로 집행정지처분을 받아 정지시킬 수도 있다(46조 2항, 44조). 채권전액변제를 이유로 한 경매신청취하서의 제출이 최고가매수인의 동의가 없어 경매취하의 효력은 없다 하더라도, 이는 변제수령증서의 제출에 해당된다.[2] 변제증서의 진정성은 집행기관의 직권조사사항이나 의심스러울 때에는 채권자의 전화청취에 의할 수도 있다.[3]

그러나 **변제공탁서**는 변제효과에 관하여 분쟁이 남아 있음이 명백하므로 여기의 변제수령증서에 포함되지 아니한다는 것이 통설 · 판례이다. 이는 청구이의의 소를 제기하면서 집행정지를 받는 사유가 될 것이다(46조 2항, 44조). 채무자가 변제 등을 하였음에도 이를 증명할 증거가 없거나 신속히 제출할 수 없는 사정이 있는 경우에는 채무자는 변제 등을 이유로 청구이의의 소를 제기하고 집행정지의 잠정처분(46조)을 받아 이를 제출하여 정지를 받을 수밖에 없다. 변제수령증서의 제출에 의한 강제집행정지의 **정지기간**은 2월에 한한다(51조 1항). 2월이 아닌 종국적인 취소를 하려면 청구이의의 소에 의하여야 한다.

5) 변제유예증서(4호) 채권자가 집행권원의 성립 후에 의무이행을 미루도록 승낙한 취지를 적은 문서를 말하며, 집행제한의 약정증서도 포함한다. 화해진행중임을 이유로 한 채권자 대리인의 집행기일 연기신청은 변제유예에 해당되지 아니한다. 각서 등도 포함될 수 있다. 변제유예증서의 제출에 의한 강제집행의 정지는 동일한 집행절차에서 2회에 한하며 또 통산하여 6개월을 넘길 수 없다(51조 2항).

6) 집행권원이 소의 취하 등의 사유로 실효되었음을 증명하는 조서등본 · 법원사무관 등의 작성증서(5호) 가집행선고가 붙은 판결 선고 후에 상소

1) 대법(전) 1965. 8. 26, 65마797.
2) 대법 1979. 10. 31, 79마132.
3) Thomas/Putzo/Seiler, §775 Rdnr. 11.

심에서 소의 취하가 있는 때에는 그 가집행선고가 붙은 판결은 실효된다. 이 경우 소취하조서나 소취하증명서를 제출하면 집행을 정지하여야 한다. 가집행선고가 붙은 판결의 상소심에서 화해가 성립되거나 청구의 포기가 이루어진 경우 그 화해조서와 청구포기조서도 5호의 문서에 해당하는 것으로 볼 것이다. 그러나 사인(私人)이 작성한 문서는 5호의 문서에 해당하지 않는다.

7) **부집행약정, 강제집행의 신청·위임취하의 취지를 적은 화해조서 또는 공정증서의 정본**(6호) 부집행약정(不執行契約, 不執行合意)이 화해조서나 공정증서로 명백히 표시된 경우에는 청구이의의 소 또는 집행이의신청까지 갈 필요 없이 바로 집행정지를 시킬 수 있다. 강제집행의 요건에 관한 합의, 집행종류에 관한 강제집행규정에 반하는 합의, 집행확장의 합의는 포함되지 않는다. 강제집행신청취하의 합의가 화해조서나 공정증서에 기재된 때도 같다. 화해와 같은 효력의 조정조서도 포함된다.

공증인이 사문서를 인증한 것{사서(私署)증서}은 법문이 공정증서의 정본이라고 규정하고 있는 점에 비추어 포함되지 않는다고 해석된다. 다만 담보권실행의 경우에는 담보권 불시행약정서나 경매신청취하서로 되고(266조 1항 4호), 그러한 취지의 화해조서나 공정증서의 정본까지 필요없다.

3. 집행정지의 방법과 효력

(1) 제49조 서류를 집행기관에 제출하여야 집행정지가 되는 것이고, 정지명령 등의 재판의 성립확정과 동시에 당연히 정지되는 것은 아니다.[1] 정지서류를 집행기관에 제출하면 되는 것이므로, 별도로 집행정지신청을 낼 이익이 없다.[2] 강제집행을 정지할 권한을 갖는 것은 집행기관이다. 부동산·자동차·건설기계 및 채권 그 밖의 재산권에 대한 경매절차에서의 집행정지·취소는 종전과 달리 사법보좌관의 업무가 되었다. 강제경매의 경우는 물론 임의경매 모두 마찬가지이다(사보규 2조 1항 14호).

(2) 집행이 정지되면 집행기관은 새로운 집행을 개시할 수 없으며 개시된 집행을 속행할 수 없다. 이미 행하여진 집행처분은 취소의 경우가 아니면 그

---

1) 대법 1966. 8. 12, 65마1059; 동 2010. 1. 28, 2009마1918.
2) 대법 2000. 7. 19, 2000카기90; 동 2006. 4. 14, 2006카기62.

효력이 지속된다.[1] 당사자가 제49조의 서류에 기해 집행정지신청을 별도로 내는 것은 집행기관이 집행정지조치의 직권발동촉구의 의미뿐이다. 따라서 그 신청에 대한 기각의 재판이 위법이라는 것은 이미 본 바이다.[2] 집행정지의 구체적 조치는 강제집행의 종류나 집행절차의 진행단계 등의 사정에 따라 달라진다. 집행처분을 실시하지 아니하는 소극적 행위에 그치지 않고, 집행신청의 각하·집행정지의 선언, 추심금지의 재판, 기일지정의 취소 등 적극적 행위를 필요로 할 때가 많다. 집행기관이 정지조치를 취하지 아니하면 **집행이의신청**을 할 수 있다.[3] 정지사유가 있음에도 집행법원이 정지하지 아니하고 대금지급기한을 정하고 대금납부를 받는 등 경매절차를 진행한 때에 이해관계인이 집행이의나 즉시항고에 의하여 시정을 구하는 등 불복절차없이 경매절차가 완결된 경우에는 집행행위에 의하여 발생한 효과를 부인할 수 없다.[4] 매각대금완납 후에는 이해관계인이 집행이의신청을 할 수 없다.[5]

다만 강제집행이 정지된 뒤에 정지사유가 소멸되거나 정지기간(51조)이 경과된 경우에는 채권자는 새로운 집행처분의 실시를 구하거나 강제집행의 속행을 구할 수 있다.

4. 집행처분의 취소·일시유지

(1) 강제집행절차의 진행중에 집행기관이 이미 실시한 집행처분의 전부나 일부를 제거하는 것을 집행처분의 취소라고 한다. 취소는,

(i) 강제집행의 종국적 정지를 전제로 한 제49조 1호·3호·5호 및 6호 등 집행취소서류가 제출된 경우(50조 1항 전단), 따라서 강제집행을 불허하는 판결정본이 제출된 경우이면 이미 행한 압류 및 전부명령이 취소되어야 하며, 이는 이 서류가 항고심에서 제출된 경우에도 마찬가지이다.[6]

(ii) 채권자가 강제집행신청을 취하한 경우,

(iii) 집행비용을 예납하지 아니한 경우(18조 2항)·부동산의 멸실(96조)·남

---

1) 대법 1997. 1. 16, 96마774.
2) 대법 1983. 7. 22, 83그24.
3) 위 1983. 7. 22 결정.
4) 대법 1992. 9. 14, 92다28020.
5) 대법 1995. 2. 16, 94마1871.
6) 대법 2018. 5. 23, 2018마5170.

을 가망이 없는 경우(102조 2항, 188조 3항) 등이나, 집행기관의 집행처분이 당연무효에 해당하는 사유(예컨대 강제집행요건의 흠)를 발견했을 경우에 한다.

집행처분의 취소는 집행기관이 그 처분의 존재를 실효시킬 조치를 취함으로써 실시하는 것이 원칙이며, 어떤 조치를 하느냐는 집행처분의 종류나 절차의 진행관계에 따라 달라질 수 있다. 집행법원에 의한 강제집행의 경우에는 집행처분인 재판을 취소하는 결정이 필요한 데 대하여,[1] 집행관에 의한 강제집행의 경우는 봉인 등 압류의 표시를 제거하여 압류물을 반환하는 등의 사실행위를 필요로 한다. 제17조 1항에 정한 집행처분을 취소하는 결정 등에 대해서는 즉시항고가 허용되지만, 제49조 1, 3, 5, 6호의 집행취소서류의 제출에 의한 취소의 경우에는 집행이의신청을 할 수 있을 뿐 즉시항고는 할 수 없다(50조 2항).[2]

(2) 제49조 2호 · 4호의 경우에는 강제집행의 종국적 정지가 아닌 일시적 정지사유이므로, 이에 해당하는 사유가 발생한 때에는 이미 행한 집행처분을 제거하는 취소보다도 일시적 유지의 처분을 한다(50조 1항 후단).

5. 집행정지서류의 제출시기

(1) 민사집행법 제정 전의 판례는 부동산강제경매에서 매각허가결정이 있은 뒤에는 집행정지서류가 제출되어도 집행정지가 허용되지 아니한다고 보았다.[3] 현행 일본민사집행법도 매각결정기일의 종료 후 대금납부시까지 집행의 일시정지문서가 제출되어도 원칙적으로 집행은 정지되지 아니하며(동법 72조 2항), 또 매각실시종료 후 대금납부시까지는 변제수령문서의 제출이 있어도 원칙적으로 집행은 정지되지 아니한다는 입장이다(동법 72조 3항). 이미 매수인이 정해진 단계이기 때문에 매수인의 지위를 보장하기 위한 것이다.

---

1) 대법 1994. 2. 7, 93마1837.

2) 그러므로 제출서면이 '즉시항고장'이라고 기재되어 있더라도 집행이의신청으로 보아 처리하여야 한다(대법 2011. 11. 10, 2011마1482).

3) 대법(전) 1978. 12. 19, 77마452; 동 1986. 3. 26, 85그130. 매각허가결정이 확정된 후 채무자가 채무를 변제하고 청구이의의 소를 제기하여 강제집행을 불허한다는 내용의 판결이 선고되어도 매수인이 대금을 납부하고 매각부동산의 소유권을 취득하는데 지장이 없고, 다만 소송의 결과에 의하여 채권자인 경매신청인이 배당에서 제외될 뿐이라고 한 것에, 대법 1992. 2. 14, 91다40160. 다만 과거에도 현 민사집행법과 같은 내용의 이 취지의 판결도 있었다(대법 1994. 2. 7, 93마1837).

그러나 민사집행법은 매수인의 부동산소유권 취득시기를 매각대금완납시로 바꾸어 규정하는 한편(135조), 경매개시결정에 대한 이의신청을 매각대금완납시까지 할 수 있도록 함으로써(86조), 매각대금완납시까지는 집행정지문서를 제출하여 집행을 정지·취소할 수 있으며 매수인의 소유권 취득을 막을 수 있도록 하였다.[1] 규칙 제50조에서도 **법 제49조 1호·2호 또는 5호**의 서류를 매수인이 매각대금을 내기 전까지 제출하면 된다고 하였다. 따라서 매각허가결정이 확정된 뒤에도 대금납부 전이면 채무자는 채무를 변제하고 청구이의의 소를 제기하면서 이를 본안으로 하여 제46조에 의한 강제집행정지를 명하는 결정을 받아 그 서류를 제출하여 경매절차의 취소를 신청할 수 있다(규 50조 2항).[2] 더 나아가 청구이의의 소에서 집행불허의 판결을 받아 제1호의 서류로 제출하여 이미 실시한 강제집행을 취소시킬 수 있으므로 경매개시결정도 취소하여야 한다.[3]

다만 법 **제49조 3호·4호·6호**의 서류만은 매수신고 후에 제출되었을 때에는 최고가매수신고인 또는 매수인과 차순위매수신고인의 동의를 얻었을 때에 정지 또는 취소의 효력이 생기게 하였으나(93조 3항, 2항) 이 규정이 있더라도 매수인의 대금납부시까지 채무자가 채무를 변제하고 제49조, 50조에 기해 집행취소를 시킬 수 있으므로 매수인의 소유권 취득은 어려워진다. **매수인 지위의 불안정**과 집행절차의 지연요인이 된다는 점에서 입법론상 문제가 있다.

임의경매에서 판례[4]는 채무자는 대금완납시까지는 경매개시결정에 대한 이의신청을 할 수 있고 그 이의신청에 최고가매수신고인 등의 동의를 필요로 하지 아니므로 변제유예사실이 인정되면 특별한 사정이 없는 한 이의신청을 받아주어야 한다고 했다.

(2) 집행정지서류의 제출은 항고심에서도 허용된다.[5] 그러나 매수인이 매각대금을 낸 뒤에 집행정지서류를 제출해도 절차는 계속 진행된다.[6] 다만 배

---

1) 박두환, 212면. 김홍엽, 98면; 전병서, 128면.
2) 대법 2011. 5. 26, 2011다16592(정지문서를 제출하지 아니하는 경우에는 집행법원은 당초 배당표대로 배당을 실시하여야 한다).
3) 대법 1994. 2. 7, 93마1837.
4) 대법 2000. 6. 28, 99마7385.
5) 대법 2008. 11. 13, 2008마1140; 동 2004. 7. 9, 2003마1806; 동 1999. 8. 27, 99마117·118.
6) 경락대금을 완납한 후에는 이해관계인은 위법한 처분에 대하여 집행이의, 즉시항고, 집행취소(50조)도 할 수 없다(대법 1995. 2. 16, 94마1871).

당절차에 영향이 있을 뿐이다(규 50조 3항).

도표 2-3 집행정지서류 등의 제출시기 및 조치

서류종류	제출시기(규 50조 1항, 법 93조 3항)	조치사항(규 50조 1항)
1호	매각대금납부 전까지	실시한 집행처분취소
2호	매각대금납부 전까지	집행정지, 실시한 집행처분 유지
3호	매수신고 전까지, 매수신고 후에는 최고가매수신고인 등의 동의 필요	실시한 집행처분취소
4호	매수신고 전까지, 매수신고 후에는 최고가매수신고인 등의 동의 필요	집행정지, 실시한 집행처분 유지, 청구이의의 소 및 잠정처분 가능
5호	매각대금 납부 전까지	실시한 집행처분취소
6호	매수신고 전까지, 매수신고 후에는 최고가매수신고인 등의 동의 필요	실시한 집행처분취소

도표 2-4 제49조 각 호의 서류가 매각대금 납부 후 제출된 경우

서류종류	처리방법
1, 3, 5, 6호	해당 채권자를 배당에서 제외
2호	해당 채권자의 배당액을 공탁
4호	해당 채권자에 대한 배당액을 지급

제 3 절 강제집행의 종료

집행권원과 집행문을 바탕으로 하여 전체로서의 강제집행은 채권자가 집행채권 및 집행비용을 완전히 만족받을 때, 즉 압류 → 현금화 → 배당이 집행절차인 만큼 배당이 끝났을 때에 종료된다. 그러나 집행권원이 목적물인도의 판결인데 목적물이 이미 멸실되었을 때나 집행목적물의 점유가 제3자에게 이전된 때와 같이 집행불능이 된 경우에도 종료된다.

구체적으로 보면 개개의 집행절차는 그 절차에 정해진 최후의 단계에 해당하는 행위가 완결되었을 때에 종료된다. 즉 유체동산·부동산집행에서는 매각대금을 채권자에 배당시, 채권집행에서는 추심명령은 추심신고나 배당절차의 종료시,[1] 전부명령은 그 명령의 확정시, 동산·부동산인도집행에서는 채권자에게 인도시이다.

그 밖에 채권자의 강제집행신청의 취하, 집행취소서류(49조 2호·4호 불포함)의 제출에 의한 집행의 종국적 정지나 취소(49조, 50조), 강제경매절차의 취소 등에 의하여 생긴다.

제4절 집행비용·담보의 제공·보증·공탁

강제집행을 위해서는 적지 아니한 비용이 들며, 집행채권자가 배당시 우선 지급을 받는다고 하지만 일단 신청시 그 비용을 예납해야 한다. 그 결과 집행절차에서의 비용의 문제가 과거와 달리 소송비용처럼 이해관계인에게 민감해지고 있다. 다음과 같은 것이 있다.

Ⅰ. 집행비용

1. 의 의

집행비용이란 민사집행에 필요한 비용을 말한다(18조 1항). 소송절차에서의 소송비용과 같은 것이다. 여기서 말하는 집행비용이란 채권자가 지출한 비용의 전부가 아니라 배당절차에서 우선변제를 받을 집행비용만을 의미하며, 당해 경매절차를 통하여 모든 채권자를 위하여 체당한 비용으로서의 성질을 띤 집행비용(공익비용)에 한한다.[2] 여기에는 크게 두 가지가 있다. 집행준비에 필요한 비용과 집행실시에 필요한 비용이다.[3] (i) **집행준비비용**에는 집행문부여비용·집행권원이나 부속서류의 송달비용 등이 있고, (ii) **집행실시비용**에는 집행신청인지·집행관의 매각수수료[4]와 비용·압류등기 또는 등록비용(등록세

1) 대법 2003. 2. 14, 2002다64810은 추심명령이 발령되어도 그 뒤 배당절차가 남아 있으면 강제집행이 종료되었다고 할 수 없다고 했다.

2) 대법 2011. 2. 10, 2010다79565.

3) 대법 2021. 10. 14, 2016다201197(경매신청인이 경매절차의 진행을 위하여 상속인을 대위하여 상속등기를 하기 위해 지출한 비용은 경매절차의 준비나 실시를 위하여 필요한 비용이므로 집행비용에 해당한다).

4) 집행관수수료규칙이 있는데, 수수료에 관한 다툼은 집행이의사항이다.

+교육세)·압류물의 보존 또는 관리비용(198조 2항)·현금화비용[1]·부동산 경매의 이해관계인에 대한 송달료·통지비용·제3채무자의 공탁비용(민비 10조의2) 등이 있다. 변호사대리비용이 집행비용에 포함되는지는 검토할 문제이다. 독일은 부동산 현황조사·감정평가는 집행관·공인감정사 등에게 외주를 주지 않고, 집행법원의 직권사항이므로 그러한 비용은 따로 집행비용에 포함되지 아니하며 비용이 절감된다. 고비용·저효율의 대표적 입법으로 독일법제 도입의 필요가 있다.

따라서 우리 법제에서는 부동산집행비용은 채권집행비용에 비하여 엄청나게 비싸다. 명도집행·철거집행 등에서는 실비라는 명목으로 비용을 받는데, 그 액수가 적지 않다. 그러나 용역업체·경비업체의 동원은 집행비용에 포함될 수 없다. 단체 임원 등의 직무대행자선임의 가처분의 경우, 채권자가 예납한 금전에서 지급된 직무대행자의 보수는 여기의 집행비용에 해당한다.[2] 그러나 채무자의 책임재산으로 회복시키기 위해 채권자대위권이나 채권자취소권행사를 위한 지출비용은 해당되지 아니한다.[3]

넓은 의미의 집행비용 예컨대 매수인 앞으로의 이전등기비용(등록세·특별교육세·국민주택매입비 포함)과 같은 집행완료 후의 비용이나 집행을 계기로 제기된 이의신청·즉시항고나 소송비용은 집행비용이 아니다. 적지 않은 비용예납이 소요된다는 것도 그 시정방안을 생각할 일인데, 기약없이 표류하는 전자집행 특히 전자경매(onbid)가 시행되면 비용이 크게 줄 것이다(KAMCO의 전자경매비용은 낮다).

2. 비용의 예납

집행비용은 채권자의 예납을 원칙으로 한다. (i) 법원에 민사집행을 신청할 때 채권자는 집행비용으로서 법원이 정한 금액을 미리 내야 하며, 이를 미리 내지 아니할 때에는 법원은 신청을 각하·취소결정을 할 수 있다(18조 1항,

---

1) 부동산 현황조사료(출장비)·감정인의 평가료·매각을 위한 신문 등 공고료, 추심·전부명령 신청비 등.

2) 대법 2011. 4. 28, 2011마197 등.

3) 대법 1996. 8. 21, 96그8; 동 2011. 2. 10, 2010다79565(사해행위취소소송에 의하여 채무자의 책임재산으로 원상회복되고 그에 대한 강제집행이 진행되어도 사해행위취소소송의 소송비용, 가처분비용, 뒤따르는 소유권이전등기말소비용은 집행비용에 해당하지 않는다).

2항). 각하결정 · 취소결정에 대하여는 즉시항고를 할 수 있다(18조 3항). (ii) 집행관에게 집행위임을 할 때에는 집행관은 수수료 그 밖의 비용의 계산액을 위임자에게 예납시킬 수 있으며, 이를 예납하지 아니할 때에는 위임에 응하지 아니할 수 있다(집행관수수료규칙 25조).

다만 집행신청을 하는 채권자가 자력이 부족하여 **소송구조신청**을 하여 그 결정(23조; 민소 128조 이하)을 받은 경우에는 예납이 유예된다.

3. 부담자와 비용의 추심

집행비용은 궁극적으로는 채무자가 부담한다(53조 1항). 판결절차에서는 비용부담의 재판이 먼저 있고 소송비용액확정절차를 통하여 정해진 비용액수를 부담하게 되지만, 집행비용은 그와 같은 절차 없이 채무자가 부담한다. 채권자가 예납한 비용의 추심은 금전집행에서는 별도의 **집행권원**을 필요로 하지 아니하며 당해 강제집행의 배당절차에서 금전채권의 배당과 함께 변제받는데,[1] 모든 채권에 우선하여 **배당**받는다(53조 1항). 따라서 이를 불법행위로 인한 손해라고 하여 별도로 소구할 이익이 없다.[2] 다만 채권자가 집행신청의 취하 또는 집행처분의 취소 등으로 해당 집행절차에서 **변상받지 못한 경우,**[3] **채권자는 집행이 끝날 당시에 집행이 계속된 집행법원에 소송비용액확정절차를 준용하여 집행비용의 부담 및 집행비용액확정신청을 할 수 있고,**[4] 그 결정을 받아 이를 집행권원으로 하여 금전집행을 한다(규 24조).[5]

1) 대법 2011. 2. 10, 2010다79565; 동 1992. 4. 10, 91다41620. 다만 이 판례에서 주목할 것은 채무자가 집행권원에 표시된 금전채권의 원리금만이 아니라 집행비용까지도 전부 변제하여야 채무자가 변제를 이유로 한 청구이의의 소에서 승소할 수 있다고 판시한 점이다.

2) 대법 1979. 2. 27, 78다1820; 동 1996. 8. 21, 96그8(유체동산에 대한 집행에서 집행관에게 지급한 수수료를 채무자에게 지급명령을 구하는 방식으로 구하는 것은 허용되지 않는다고 하였다). 별도소송설: 박두환, 219면.

3) 부동산명도집행의 집행비용에 대한 집행비용액확정결정이 없는 경우에는 강제집행의 집행권원인 확정판결에 기하여 강제경매절차에서 추심할 수 없다(대법 2006. 10. 12, 2004재다818).

4) 대법 2023. 9. 1, 2022마5860; 동 1996. 8. 21, 96그8.

5) 대법 2011. 10. 13, 2010마1586(집행비용액확정결정은 집행법 제15조 제1항의 '집행절차에 관한 집행법원의 재판'에 해당되지 아니하고 민소법 제110조 제3항에 따라 민소법의 즉시항고가 허용될 뿐으로서, 이에 대한 즉시항고에 항고이유서 제출에 관한 집행법 제15조 제3항, 제5항의 적용이 없다. 또 비용 · 이자 · 원본에 대한 변제충당의 순서에 관한 민법 제479조의 '비용'에는 집행비용액확정결정을 받은 것이 포함된다).

4. 집행비용의 변상

강제집행의 기초가 된 판결이 뒤에 취소·파기된 때에는 채권자가 지급받아 간 집행비용에 상당한 금액을 채무자에게 되돌리는 변상을 하여야 한다(53조 2항). 제53조 2항은 '판결'이 파기된 때만을 가리키는 것으로 규정하였지만, 확정판결과 동일한 효력이 있는 화해·청구의 인낙·조정조서가 준재심의 소에 의하여 취소된 때에도 마찬가지이다. 또 가집행선고 있는 판결이 취소·파기된 경우에도 민소법 제215조에 의하여 손해배상을 받지 못하였으면, 제53조 2항에 따라 채무자는 집행비용 상당액의 변상을 신청할 수 있다. 그러나 청구이의의 소에 의하여 집행이 배제된 때에는 기본이 된 판결이 소급하여 실효된 경우가 아니므로 채무자는 당연히 비용의 변상을 구할 수 없다. 이때에 채권자가 변상하여야 할 금액은 소송비용액확정절차에 준하여 채무자의 신청을 받아 집행법원이 결정한다(규 24조). 집행비용액확정은 사법보좌관의 업무이다(사보규 2조 1항 1호).

Ⅱ. 담보의 제공

1. 의의와 방법

(1) 민사집행법상 담보의 제공은 여러 용도로 이용된다. ① 채권자가 집행을 하기 위하여(가압류·가처분),[1] ② 집행의 속행을 위하여(46조 2항 후단), ③ 채무자가 집행의 정지·취소를 구하기 위하여(단 제49조, 제50조에 의한 집행의 정지·취소 제외), ④ 집행을 면하기 위한 경우가 있다. 제3자도 집행의 정지·취소를 위하여 담보제공을 하는 일이 있다. 담보의 제공은 위법집행을 허용하거나 적법집행을 정지시킴으로써 상대방이 입는 피해에 대한 손해배상청구권을 담보하기 위한 것이다. 가집행선고있는 판결에 대한 집행정지를 위한 담보가 본안소송의 소송비용청구권까지 담보하지 아니한다.[2] 집행법상의 담보제공, 공탁금 이외에 민법상의 변제공탁금이 있다. 공탁금의 이자는 현재 연 1만분

1) 가사소송법 제63조의3 1항은 정기금양육비심판의 경우에 그 이행확보를 위하여 채무자에게 담보제공명령을 할 수 있도록 하였다.

2) 대법 2011. 2. 21, 2010그220.

의 35인데 사법행정의 차원에서 논란이 적지 않다. 저금리시대이나 이율이 너무 낮아 재검토가 필요하다.[1)]

(2) 담보의 제공은 채권자나 채무자의 보통재판적이 있는 곳의 지방법원 또는 집행법원에 선택적으로 할 수 있다(19조 1항). 담보제공의 방법은 금전의 공탁 또는 법원이 인정하는 유가증권의 공탁 이외에 **지급보증위탁계약서**의 제출로도 할 수 있다(민소 122조 본문). 지급보증위탁계약서의 제출방법으로 할 때는 미리 법원의 허가를 받아야 한다(민소규 22조). 여기의 지급보증위탁계약은 담보제공명령을 받은 자가 은행법에 의한 금융기관이나 보험회사와 맺은 계약이어야 한다(민소규 22조 2항). 최저리의 금전을 장기간 공탁해 두는 데서 오는 이자손실을 막을 수 있고 현금조달의 어려움을 덜어 줄 수 있는 이점이 있다. 이를 "**보증서**"라고 약칭한다. 공탁한 담보물은 법원의 결정 또는 당사자간의 특약에 의하여 변경할 수 있다(민소 126조. 담보물의 변경). 금전인 경우에 유가증권으로 담보물을 바꾸는 것은 법원의 재량이다. 유가증권으로 바꿀 때에 성질상 환가가 용이하지 아니하거나 시세의 변동이 심하여 안정성이 없는 것은 부적당하다.[2)] 다만 보증서제출로 담보제공이 허용되지 않는 경우를 재판예규 제1231호로 정해 놓고 있다(재민 2003-5). 재판상 담보공탁의 경우에는 법원이 담보제공을 명하는 재판에 의하여 담보액과 담보제공의 기간을 정하는 담보제공명령이 있어야만 공탁할 수 있다.[3)] 법원의 담보제공명령은 나중에 있을 강제집행을 정지하는 재판에 대한 중간적 재판에 해당하므로 금액이 과다하여도 독립하여 불복할 수 없다.[4)]

2. 담보권의 실행

담보제공의 상대방인 담보권자(피공탁자)는 손해배상청구권을 피담보채권으로 하여 공탁한 금전 또는 유가증권에 대하여 질권자와 같은 우선변제권을 갖는다(19조 3항; 민소 123조). 담보권자가 담보제공자(공탁자)를 상대로 담보권의 실행을 하려면 손해배상청구소송을 제기하여 승소판결을 받을 것이 전제된

1) 이에 관한 상세한 해설과 비판은, 최돈호, 전정판 공탁법해설, 975면 이하. 여기에서 위임입법의 한계를 벗어났다고 하였다.
2) 대법 2000. 5. 31, 2000그22.
3) 대법 2010. 8. 24, 2010마459.
4) 대법 2001. 9. 3, 2001그85.

다.[1] 이러한 손해배상소송의 소송비용도 법원의 명령으로 제공된 담보공탁금의 피담보채권이 된다.[2] 판례는 강제집행정지를 위하여 채무자가 공탁한 담보는 집행정지로 인하여 채권자에게 생긴 손해를 담보하기 위한 것이므로 집행권원에 기한 기본채권 자체를 담보하지 않는다고 한다.[3]

담보권자가 손해배상청구권의 집행권원을 얻은 때에는 공탁자가 가진 공탁물회수청구권에 대한 압류·추심명령이나 전부명령을 받아 공탁물의 교부청구를 할 수 있다.[4] 또 하나의 방법은 예컨대 甲의 가집행선고 있는 판결을 乙이 담보제공하고 집행정지시켰지만, 乙이 집행정지시킨 것이 잘못된 것으로 판명되었을 때에 집행정지에 의하여 甲이 손해를 입은 것을 확정판결 등에 의하여 증명하는 절차를 거쳐 집행법원으로부터 공탁서를 넘겨받아 공탁공무원에게 제출하고 공탁금의 직접 교부를 구할 수도 있다.

공탁물이 금전이 아닌 유가증권일 때에는 인도받은 유가증권을 질물(質物)로 하여 민사집행법에 의해 현금화하여 손해배상청구권의 만족을 얻을 수 있다. 또 담보제공이 지급보증위탁계약서일 때에는 담보권자는 담보에 관계된 손해배상청구권에 관한 집행권원 또는 그 손해배상청구권의 존재를 확인하는 확정판결 등에 의하여 손해배상청구권의 존재와 액수를 증명하여 직접 보험자(보증보험, 은행 등)에게 보험금으로서 청구하여 지급을 받을 수 있다(민소규 22조 2항 1호). 손해액의 증명 등 배상청구권에 관한 확정판결을 얻어내기가 간단치 아니하여 담보권의 실행에 현실적인 어려움이 있어서 담보권 실행률이 매우 낮다. 이때에는 2016. 3. 29. 개정민소법 제202조의2의 손해액 산정이 곤란한 경우의 특칙을 적용하여 배상청구를 할 수도 있을 것이다.

3. 담보의 취소

담보의 취소란 담보권 실행에 반대되는 개념으로서, 담보제공자(공탁자)가 담보의 필요가 소멸된 경우 제공한 담보를 반환받는 절차를 말한다.

---

1) 대법 1992. 10. 20, 92마728.
2) 대법 2004. 7. 5, 2004마177. 가압류 취소의 소송비용은 가압류시 채권자가 한 공탁금이 담보하는 손해의 범위에 포함된다(대법 2013. 2. 7, 2012마2061; 동 2019. 12. 12, 2019다256471).
3) 대법 2017. 4. 28, 2016다277798; 동 2004. 7. 5, 2004마177; 동 1979. 11. 23, 79마74 등.
4) 2019. 12. 12, 2019다256471. 이 경우에 담보권자는 질권자와 동일한 권리가 있으므로 일반채권자의 압류 및 추심명령이나 전부명령보다 우선적 효력이 있다(대법 2004. 11. 26, 2003다19183).

담보제공자가 담보를 되돌려 받으려면 담보취소결정을 받아야 한다. 담보취소 신청사건은 담보제공결정을 한 법원 또는 그 기록보관법원이 관할하도록 되어 있는데 성질상 전속관할이다.[1] 담보취소결정은 법 제19조, 민소법 제125조에 의하여 다음 세 가지 경우에 행한다. 담보제공자나 승계인의 신청에 의한다.[2]

1) **담보사유의 소멸** 판결확정을 원칙으로 한다. 이행권고결정이 확정된 경우에도 본안판결확정과 같으므로 담보사유의 소멸이다.[3] 판례는 가집행선고 있는 판결의 집행정지를 위하여 피고가 담보제공한 경우에 그 판결이 항소심에서 취소된 때에는 담보사유의 소멸이 아니지만,[4] 상고심에서 파기환송된 경우에는 본안판결이 확정되지 아니하였어도 담보사유의 소멸이 된다고 하였다.[5]

2) **담보권자의 동의**

3) **권리행사최고기간의 도과**(민소 125조 3항) 담보제공자의 신청에 의하여 법원이 담보권자에게 일정한 기간 내에 그 권리를 행사(소송의 방법으로 하는 권리행사를 뜻한다)[6]할 것을 최고하였는데, 담보권자가 이에 응하지 아니한 경우이다. 실무상 많이 활용되는 취소사유이다. 권리행사최고 및 담보취소의 신청기각결정에 대하여는 담보취소결정과 달리 즉시항고하여야 한다는 규정이 없으므로 민소법 제439조에 의하여 통상항고로 불복할 수 있다.[7]

담보제공자는 담보취소결정의 정본과 그 확정증명서를 첨부하여 공탁물을 찾아가기 위한 교부를 청구할 수 있다.

Ⅲ. 보증과 공탁

담보제공과 흡사한 제도로서 이와 다른 것에 보증과 공탁이 있다.

---

1) 대법 2011. 6. 30, 2010마1001.
2) 공탁금반환청구권에 관하여 채권압류 및 전부명령을 받은 채권자는 담보권자로서 담보제공자인 채무자를 대신하여 담보취소신청을 할 수 있다는 것에, 대법 1969. 11. 26, 69마1062.
3) 대법 2006. 6. 15, 2006다10408.
4) 대법(전) 1999. 12. 3, 99마2078.
5) 대법 1984. 4. 26, 84마171 등.
6) 대법 1978. 10. 26, 78마263; 동 1992. 10. 20, 92마728.
7) 대법 2011. 2. 21, 2010그220.

1. 보 증

보증이란 이름으로 집행당사자가 집행기관에 금전 또는 유가증권을 맡기는 경우가 있다. 이는 담보제공의 경우처럼 상대방이 입는 손해의 담보라기보다는, 다분히 집행절차의 유지와 제도남용의 방지책이다. 문제되면 보증금은 담보제공의 경우처럼 담보권자의 차지가 아니라 몰취되어 배당재단에 편입되는 것이 특색이다. 제공하는 보증금에는 다음과 같은 것이 있다.

1) 부동산 또는 준부동산의 매수신청인이 제공하는 최저매각가격의 1/10 보증금(113조, 172조, 187조)

2) 최저매각가격으로는 남을 것이 없을 때에 압류채권자가 매각절차의 취소를 면하기 위해 제공하는 보증금(102조 2항, 104조 1항)

3) 부동산경매절차에서 매각허가결정에 대한 항고에 있어서 매각대금의 1/10 금액의 보증공탁(130조)

4) 선박경매절차에 있어서 채무자가 그 취소를 위하여 제공하는 압류채권자 및 배당요구채권의 채권과 집행비용에 해당하는 보증금(181조) 등이다.

2. 공 탁

민사집행법상 채무자, 제3채무자 또는 집행관 등이 상대방에게 생길 손해의 담보라는 목적 이외의 다른 목적을 위하여 공탁하는 것이다.

1) 채무자가 가압류집행의 정지 · 취소를 위한 해방금액의 공탁(282조)

2) 제3채무자가 채권집행에서 하는 권리공탁 또는 의무공탁(248조 2항, 3항), 면책공탁(집행공탁)이다. 민법상의 변제공탁과 집행공탁이 섞였을 때에는 혼합공탁이라고 한다.

3) 가압류 등 일정한 법적 장애 때문에 즉시 배당해 줄 수 없을 때에 하는 배당유보공탁(160조 등)

4) 매각대금으로 모든 채권자를 만족할 수 없을 때나 배당협의 불성립의 경우에 하는 집행관의 공탁(222조)

5) 채권자의 추심금의 공탁(236조)

6) 제3채무자의 가압류금전의 공탁(296조 4항), 집행관의 가압류유체동산의 매각대금의 공탁 등.

제 4 장 위법집행과 부당집행에 대한 구제방법

현실의 강제집행에서는 그 정당성이나 적법성이 제대로 지켜지지 아니하여 받아들일 수 없는 집행이 있는데, 이를 널리 부당집행 또는 위법집행이라 한다. 실체법상 위법은 없어 집행의 실체적 정당성은 확보되어 있지만 집행기관의 집행행위가 **집행법상 위법**인 경우의 집행을 위법집행(違法執行)이라고 하고, 집행법상으로 적법하나 **실체법상 위법**이기 때문에 집행의 실체적 정당성이 침해된 경우의 집행을 부당집행(不當執行)이라 한다. 민사집행법을 어긴 경우가 전자, 민법 등 실체법을 어긴 경우가 후자에 속한다. 이에 대한 채무자측의 구제방법(Rechtsbehilfe)을 보면 주로 다음과 같다.

먼저 집행기관의 **위법집행**에 대한 구제방법으로는 즉시항고(15조)와 집행에 관한 이의신청(16조, '집행이의신청'이라 약칭한다)이 있다. 위법판결의 경우에 항소·상고와 다르다. 2005년 사법보좌관제도가 신설되면서 사법보좌관의 처분에 대하여는 법관에 대한 이의신청제도가 신설되었다(법조 54조 3항; 사보규 3조 2호, 4조).[1] 또 집행기관에 의하여 손해를 입은 경우에는 국가에 대해 손해배상책임을 물을 수 있으며, 나아가 그 손해가 채권자의 귀책사유에 의한 경우에는 채권자에 대하여 손해배상청구를 할 수 있다.[2]

다음 부당집행에 대한 민사집행법상의 구제방법으로는 채무자를 위하여는 청구이의의 소(44조)가 있고,[3] 채무자가 아닌 제3자가 나서는 제3자이의의 소(48조)가 있다. 이는 집행종료 전의 구제책이나 끝난 뒤에는 채무자는 민법

1) 다만, 사법보좌관의 처분에 대한 법관에 대한 이의신청은 나중에 즉시항고로 이행되거나 집행이의신청으로 처리한다는 점에서 즉시항고나 집행이의신청과 병렬적인 구제수단은 아닌 것으로 보인다.

2) 집행관이 채무자 아닌 제3자의 재산을 압류하여 손해를 입은 경우에 채권자가 제3자에게 손해배상책임을 지기 위하여는 채권자에게 고의·과실을 요한다는 것에, 대법 1968. 2. 27, 67다2780.

3) 임의경매의 경우에는 청구이의의 소에 대응하는 수단으로 담보권부존재확인·채무부존재확인·담보권설정등기말소 등 채무에 관한 이의의 소를 강구할 수 있으나, 이들은 민사집행법상의 구제수단은 아니다.

상의 손해배상청구나 부당이득반환청구도 할 수 있다.

제 1 절 위법집행에 대한 구제방법

국가작용인 민사집행처분은 절차규정에 위배가 있어도 원칙적으로 유효하다. 그러나 위법집행을 그대로 방치해도 좋은 것은 아니다. 집행기관이 판단을 잘못해서 하여야 할 처분을 하지 아니하거나, 해서는 안 될 처분을 한 경우에는 당사자나 이해관계인에게 그 시정·구제수단이 있어야 한다. 여기에서 민사집행법과 법원조직법은 이를 위하여 즉시항고와 집행이의신청의 두 제도 외에 사법보좌관의 처분에 대한 이의신청제도를 마련하게 된 것이다.

특히 1990년 개정전 구법상 집행법원의 집행처분에 대한 불복방법이 즉시항고인지, 집행에 관한 이의신청인지 견해의 대립이 있었다. 이에 1990년 개정법률에서는 강제집행절차에 관한 재판에 대하여는 특별한 규정이 있는 경우에 한하여 즉시항고를 할 수 있도록 하고(구민사소송법 517조), 그 나머지의 위법집행에 대하여는 집행법원에 의한 것이든 집행관에 의한 것이든 모두 집행이의신청으로 일원화하여 명확히 정리하였다. 민사집행법은 개정된 민사소송법을 이어받는 한편 즉시항고에는 항고이유서제출강제주의를 채택하여 남항고에 의한 진행절차의 지연을 막고자 하였다.

다만 집행이의할 것을 즉시항고할 것으로 잘못 알고 불복서면에 즉시항고장이라고 기재하였다고 하여도 이를 집행이의신청으로 보아 처리하여야 한다.[1] 불복방법의 선택 잘못이라고 하여 각하하는 것은 옳지 않다. 일종의 무효행위의 전환이론이 적용된다. 부동산경매에서 매수인이 대금을 완납한 이후이면 대금납부기일 등 위법 사유가 있어도 이해관계인이 집행이의신청이나 즉시항고에 의한 시정을 구할 수 없다.[2] 매각허가결정에 대한 추완항고는 예외이다(후술).

1) 대법 2000. 3. 17, 99마3754; 동 2021. 10. 26, 2021마220 등. 반대의 경우에 같은 취지의 판례로는, 대법 1994. 7. 11, 94마1036.

2) 대법 1995. 2. 16, 94마1871.

Ⅰ. 즉시항고(15조)

1. 의 의

즉시항고는 민사집행절차에 관한 **집행법원의 재판**에 대한 것으로서 법에 **특별한 규정**이 있는 경우에 한하여 허용된다(15조 1항). 즉시항고의 대상은 첫째로 집행절차에 관한 집행법원의 재판일 것, 둘째로 즉시항고할 수 있다는 특별한 규정이 있을 것을 요하게 하였지만, 둘째 요건이 더 중요한 의미가 있다. 비록 집행준비절차가 아닌 집행절차에 관한 재판이라도 즉시항고할 수 있다는 규정이 없으면 즉시항고의 대상이 될 수 없기 때문이다.[1)]

즉시항고의 대상이 되는 집행법원의 처분 중 판사가 처리한 것과 사법보좌관이 처리한 것이 있다. 판사가 처리한 것은 바로 즉시항고할 수 있지만, 사법보좌관이 처리한 것은 즉시항고의 선행절차로서 먼저 사법보좌관의 처분에 대한 이의절차를 경유하여야 한다. 소속법원 판사에게 하는 이의신청이다. 사법보좌관의 처분에 대하여 바로 즉시항고로 항고법원에 올라가게 되면 제1심에서 「법관에 의한 재판을 받을 권리」를 잃게 되어 위헌의 문제가 생기기 때문이다.[2)] 판사에게 이의신청을 하였을 때에 소속법원의 판사가 사법보좌관의 처분을 경정하면 별 문제이지만, 신청이 이유 없으면 사법보좌관의 처분이 인가되고 사건을 항고법원에 송부하게 되는데 이 경우는 즉시항고로 보고 그 재판절차가 진행된다(사보규 4조 6항 5호·9항). 여기의 즉시항고는 민소법상의 즉시항고와 유사하지만, **항고이유서제출강제제도**를 두고 있고 **집행정지의 효력**이 없다는 점에 차이가 있다. 과거에 집행지연책으로 즉시항고제도가 남용되었던 전례를 방지할 목적이다. 민소법의 즉시항고(민소 444조, 447조)와 차이가 있다면 민사집행법에서 같은 용어를 고집할 이유가 없을 것으로 생각되며, 민소법과는 별개의 법에 의하는 이상 다른 용어가 바람직했을 것이다(일본법은 「집행항고」라 한다).

---

1) 다만, 특별한 규정이 없는 경우에도 해석상 그와 동일하게 취급되어야 한다고 인정되는 때에는 즉시항고가 허용된다는 판결로는, 대법(전) 1995. 1. 20, 94마1961.

2) 같은 견해는 전병서, 139면.

2. 절 차

(1) 항고장의 제출

즉시항고는 재판을 고지받은 날부터 **1주일의 불변기간** 내에 항고장을 원심법원에 제출하여야 한다(15조 2항). 항고절차는 민사집행법의 규정에 따르고 사법보좌관규칙이 적용되지 아니한다(사보규 4조 10항). 대법(전) 2014. 10. 18, 2014마667은 결정이 성립된 뒤에는 고지 전이라도 항고를 제기할 수 있다고 했다. 불변기간이므로 당사자가 책임질 수 없는 사유로 기간을 지키지 못한 때에는 추후보완항고를 할 수 있다(민소 173조).[1] **항고권자**는 그 재판에 의하여 자기의 법적 이익이 침해되는 채권자, 채무자, 매수인·매수신고인, 채권압류에서의 제3채무자 등 이해관계인이다. 항고권자의 채권자가 대위하여 항고할 수는 없다. 즉시항고절차는 반드시 대립당사자구조를 전제로 하는 것은 아니나, 부동산인도명령, 채권압류명령 등과 같이 원재판의 내용상 그 신청인이 항고인과 대립하는 이익을 가진 자로서 상대방이 되는 경우가 있다. 이 경우에는 보조참가가 허용된다고 볼 것이나 판례는 반대인 것 같다.[2] 매각허부결정에 대한 항고의 경우는 항고법원이 항고인의 상대방을 정할 수 있다(131조 1항).

(2) 항고대상

1) 즉시항고의 대상이 되는 것은 민사집행절차, 즉 민사집행의 신청에 의하여 개시되는 구체적인 집행절차에 관한 **집행법원의 재판**이다.[3] 집행준비를 위한 절차나 집행절차종료 후에 한 재판은 제외된다. 즉시항고할 수 있는 경우는 앞서 본 바와 같이 법으로 특별히 규정해 놓고 있다. 그 취지상 네 가지로 분류할 수 있다. 즉 (i) 재판이 신청기각·각하(예: 강제경매신청의 기각·각하), 경매절차의 취소에 의하여 집행절차를 종국적으로 종료시키는 처분, (ii) 재판

---

1) 대법(전) 2002. 12. 24, 2001마1047는 이해관계인에게 경매기일을 통지하지 아니하여 항고기간을 준수하지 못한 경우는 책임을 돌릴 수 없는 사유가 되며 매수인이 매각대금을 납부하여 배당절차가 종료되고 경매절차가 완결되었다 하여도 매각허가결정에 대한 추후보완의 즉시항고가 허용된다고 하였다.

2) 판례는 대립하는 당사자 구조를 가지지 못한 결정절차에서는 보조참가가 허용되지 않는다고 한다. 대법 1973. 11. 15, 73마849; 동 1994. 1. 20, 93마1701.

3) 가압류신청에 대한 재판은 집행절차에 관한 집행법원의 재판에 해당하지 아니하므로 그에 대한 즉시항고는 민사집행법 제15조가 적용되지 않고 민사소송법의 즉시항고에 관한 규정이 적용된다는 것에, 대법 2008. 2. 29, 2008마145.

이 부동산의 매각허가 · 불허가, 인도명령, 압류 · 추심 · 전부명령 · 특별현금화명령 등 권리의 변동을 따르게 하는 중요한 처분, (iii) 절차의 중간단계에서 파생적 처분에 관하여 즉시항고에 의하여 결말을 지을 필요 있는 처분(매각조건변경 · 새로운 매각조건의 설정), (iv) 재산명시절차에서의 재판 등이다.

2) 강제집행정지신청 기각결정에 대한 특별항고장을 각하한 원심재판장의 명령에 대하여 집행법 제15조가 적용될 수 없다. 그리고, 민사소송법에는 항고이유서 제출기한 규정이 없으므로 항고이유서를 제출하지 않았다는 이유로 즉시항고를 각하할 수 없다.[1)]

(3) 항고이유서

항고장 내지 항고이유서에 항고이유를 명시적으로 기재할 것이 강제된다. 항고인은 항고장에 항고이유를 적지 아니한 경우는 그 제출 후에 이유서를 제출해도 되지만 항고장을 제출한 날부터 **10일 이내**에 원심법원에 제출하여야 한다(15조 3항). 이 제출기간은 불변기간이 아니므로 늘이거나 줄일 수 있다(민소 172조). 민사집행규칙에서 민사소송규칙을 준용하므로(규 18조), 민사소송의 서면처럼 항고이유서는 30매를 넘어서면 안될 것이다. (i) 이유서가 소정기간 내에 제출되지 아니한 경우, (ii) 그 기재를 방식대로 하지 아니한 경우(규 13조), (iii) 즉시항고가 부적법하고 이를 보정할 수 없음이 분명한 경우에는 원심법원이 결정으로 각하하여야 한다(15조 5항). 원심법원이 간과하여 각하하지 아니하고 사건을 항고법원에 송부한 경우에는 항고법원이 각하하여야 한다.[2)] 원심법원의 항고장각하결정은 소송절차에서의 원심재판장의 항고장각하명령과 성질을 같이 하므로 즉시항고로 불복할 수 있다(민소 399조 3항의 준용).[3)] 또한 원심법원은 항고심으로 넘어가기 전에 항고가 이유 있다고 인정하는 때에는 재판경정(재도의 고안)을 하여야 한다(민소 446조). 즉시항고의 대상이 사법보좌관의 처분일 때에는 즉시항고에 선행되는 **사법보좌관 처분에 대한 이의절차**에서 이와 같은 조치를 취할 것이다('사법보좌관의 처분에 대한 이의' 참조). (iv) 즉시항고의 이유로 원심재판의 취소 · 변경을 구하는 사유를 구체적으로 적어야 하며, 그 사유가 법령위반인 때에는 그 법령의 조항 또는 내용과 법령에 위반하

---

1) 대법 2018. 9. 30, 2016그99.

2) 대법 2008. 6. 17, 2008마768 등.

3) 대법(전) 1995. 1. 20, 94마1961.

는 사유를, 사실오인인 때에는 오인에 관계되는 사실을 구체적으로 밝혀야 한다(규 13조).

이유서제출기간 경과 후 **새로운 항고이유**를 제출할 수 있는가. 항고이유서 제출기간이 불변기간이 아니라 통상의 법정기간이므로 민소법 제172조를 준용하여 기간을 늘리는 것은 허용되나 민소법 제173조의 소송행위의 추후보완은 허용되지 않는다는 부정적 견해[1]가 다수설이고 실무이나, 항고이유 주장기간이 지나치게 짧아 쉽사리 항고권이 실권될 수 있음을 고려할 때에 불변기간에 준하여 추후보완을 허용할 것이다. 따라서 항고이유서제출기간 경과 전에 존재한 항고이유로서 항고인의 책임에 돌릴 수 없는 사유로 기간 내에 제출하지 못한 것과 기간경과 후에 생긴 새로운 항고이유는 기간경과 후에도 그 제출을 인정할 것이다. 즉시항고의 이유가 될 사항은 집행기관이 재판을 함에 있어서 스스로 조사·판단할 사항으로, 그 흠 때문에 원재판이 위법이 될 사항이다. 원칙적으로 **원재판의 절차상의 하자**만 문제삼을 수 있다. 즉시항고에서 강제집행의 요건과 그 개시요건으로서 집행기관이 조사할 사항으로 되어 있는 사실(확정기한의 도래, 담보의 제공, 반대의무의 이행 등)은 다툴 수 있지만, 강제경매의 경우에는 집행채권의 존부나 집행대상재산의 귀속관계 등 **실체적 사유**는 다툴 수 없다(임의경매의 경우는 다르다). 이 점은 뒤에 볼 집행이의와 다르지 않다.

(4) 항고법원의 심리

1) 즉시항고에는 원칙적으로 집행정지의 효력이 없다. 이 점 집행정지의 효력이 있는 민소법상의 즉시항고(민소 447조)와 다르다. 다만 항고법원(재판기록이 원심법원에 있는 때에는 원심법원)은 **잠정처분**으로 즉시항고에 대한 결정이 있을 때까지 담보부 또는 무담보부로 원심재판의 집행정지, 집행절차의 전부·일부정지를 명할 수 있고, 담보부로 집행계속을 명할 수 있다(15조 6항). 제15조 6항에 따른 강제집행정지의 재판에 대한 신청권은 당사자에게 없으며, 정지신청을 거부하는 재판을 한 경우, 그에 대한 불복도 허용되지 않는다는 것이 판례이다.[2] 예외적으로 민소법의 경우처럼 확정되어야 집행력이 생기는 것

1) 법원행정처, 민사집행법해설, 23면; 법원실무제요, 민사집행(Ⅰ), 75면; 김홍엽 109면. 우리 판례는 민소법상의 재항고이유서제출기간에 대해서도 추후보완을 인정하지 않고 있다.

2) 대법 2017. 7. 18, 2017그42.

이 있는데 그 대표적인 것이 매각허부결정과 전부명령이다. 이 경우에는 즉시항고 자체로 확정이 차단되어 결정의 효력발생을 정지시키는 효과를 가져오므로 따로 집행정지처분을 할 필요는 없다.

2) 항고법원은 원칙적으로 **항고이유서**에 적힌 이유에 대해서만 조사한다. 그러나 원심재판에 영향을 미칠 수 있는 법령위반 또는 사실오인의 유무는 항고법원이 직권조사할 수 있다(15조 7항). 이 점은 상고법원이 직권조사사항을 제외하고 상고이유서에 적힌 상고이유에 한하여 심리하는 것과 같다(민소 431조, 434조). 이를 두고 항고심이 속심인 원칙을 버리고 민사집행에 관한 한 사후심구조로 바뀌었다고 평가한다(다만 제한된 속심이라는 반대설 있음).[1] 이러한 특칙을 제외하고 심리는 민사소송법의 즉시항고규정을 준용한다(15조 10항). 항고법원은 항고이유와 직권조사사항을 심리하기 위하여 필요하다면 변론을 열 수 있고, 변론을 열지 아니하면 당사자와 이해관계인 그 밖의 참고인을 심문할 수 있으며, 서면심리로 그칠 수도 있다(민소 134조 준용). 항고심의 재판은 결정으로 하는데, 항고가 이유 있다고 인정할 때에는 제1심결정을 취소함과 동시에 제1심법원과 같이 강제집행에 관한 처분을 할 수 있다.[2] 단 매각허가여부의 결정은 제1심인 집행법원이 한다(132조).

3. 재 항 고

(1) 재항고이유

항고법원의 결정에 관하여는 헌법 · 법률 · 명령 또는 규칙 위반이 있는 때에 한하여 재항고할 수 있다(규 14조의2 1항).[3] 재항고에 관하여는 법 제15조의 즉시항고 규정을 준용한다(규 14조의2 2항).

(2) 재항고이유서 제출기간

재항고에 관하여는 민사집행법상 즉시항고에 관한 규정(15조)을 준용하므로(규 14조의2 2항. 단 보전처분에 관한 재항고는 민소법에 따름), 재항고인은 재항고장을 제출한 날로부터 10일 이내에 재항고이유서를 제출하여야 하고 이를 제출

1) 법원행정처, 민사집행법해설, 22, 161면.
2) 대법 1997. 1. 16, 96마774; 동 2008. 4. 14, 2008마277 참조.
3) 민사집행법 제15조를 준용토록 한 민사집행규칙 제14조의2에 대한 비판은, 김홍엽, "민사집행절차상 즉시항고 및 재항고", 민사재판의 제문제 제15권, 299면 이하.

하지 아니하면 항고법원은 재항고장을 각하하여야 한다.[1] 이 점에서 민소법상의 재항고이유서 제출기간이 20일인 것과 다르다. 이유서 제출기간이 지나치게 짧아지는 문제가 있다.

민사집행법상의 즉시항고와 민사소송법상의 즉시항고를 비교하면 아래 표와 같다. 단심제인 이의신청제도와 즉시항고제의 불균형이 있다.

도표 2-5 민사집행법과 민사소송법의 즉시항고 비교

구분	항고이유서 제출	집행정지의 효력	재항고이유서 제출기간
집행법상의 즉시항고*	강제 있음	없음(예외: 매각허가 결정, 전부명령)	10일 (규 14조의2 2항)
민소법상의 즉시항고	강제 없음	있음	20일 (23조, 민소 443조)

* 가압류·가처분재판에 대한 즉시항고는 여기에 포함하지 아니하며 민소법의 즉시항고를 준용한다.

Ⅱ. 집행에 관한 이의신청(16조) — 집행이의신청

1. 이의신청

(1) 집행에 관한 이의신청이란 집행법원의 집행절차에 관한 재판으로서 즉시항고할 수 없는 것, 집행관의 집행처분, 그 밖에 집행관이 지킬 집행절차에 대하여 1심에 한하는 불복신청방법이다(16조 1항). 위 세 가지가 원칙적인 이의대상이다. 약칭하여 「집행이의」라 말한다.

여기의 ① 집행법원의 집행절차에 관한 재판으로서 「즉시항고할 수 없는 것」에는 사법보좌관제도가 신설됨에 따라 판사의 업무에 속하는 것과 사법보좌관의 업무에 속하는 것으로 나누어지게 되었다. 판사의 업무에 속하는 것은 물론 사법보좌관의 업무에 속하는 것도 그 처분에 대한 이의신청은 제16조 1항의 집행이의신청에 의하여 처리한다(사보규 3조 2호). 따라서 즉시항고의 경우처럼 사법보좌관 처분에 대한 이의절차를 별도로 경유할 필요가 없다.

② 집행이의신청은 집행관의 집행처분이나 해태에 관한 한 유일한 불복

1) 대법 2015. 4. 10, 2015마106 등.

신청수단이다. 「집행관의 집행처분」은 집행기관으로서 하는 법률효과를 수반하는 처분을 말한다.

③ 「집행관이 지킬 집행절차」는 집행관의 집행처분 외에 집행에 있어서 집행관이 지켜야 하는 절차를 말한다. 예를 들면 법률효과를 수반하지 않는 **집행관의 사실행위**(7조 2항에 따라 저항배제를 위한 경찰 원조를 하지 아니하는 경우)가 위법인 경우, 집행관이 집행기록의 열람을 거부하는 경우 등이 이에 해당한다. 독일처럼 집행관업무지침(GVGA, Geschäftsanweisung für Gerichtsvollzieher)이 제정되어 있으면 집행이의신청의 기준이 명확해질 것이다.

이의신청은 실질상 상소와 같은 것이나 상급심에 대한 불복신청은 아니다. 이의신청의 **신청인**은 집행처분이나 그의 해태에 의하여 자기의 법적 이익이 침해당하는 자이다. 이의신청은 반드시 대립당사자구조를 전제로 한 것은 아니나, 이의내용에 의하여 신청인과 대립적 이해관계자를 특정할 수 있는 경우에는 그를 상대방으로 할 수 있다. 그러나 집행관의 집행처분에 대한 이의신청의 경우에도 집행관을 상대방으로 할 수 없다. 집행법원에 신청한다. 집행채무자가 주로 신청하지만 집행채권자(집행위임거절), 법률상 이해관계 있는 제3자(동의없는 자기점유의 물건압류)도 신청할 수 있다.[1] 민소법 제446조의 재판경정(재도의 고안)의 신청과 마찬가지이다.

(2) 집행이의신청에 대해서는 판사가 심사한다. 그러나 집행이의에 대한 판사의 재판에 대하여 즉시항고를 허용하던 구법과 달리, 민사집행법에서는 원칙적으로 즉시항고가 허용되지 아니한다(17조의 반대해석). 이의신청에 대한 재판에 구법과 마찬가지로 즉시항고를 허용하면 재항고로 연결되어 절차의 신속성이 훼손되는 사태를 초래한다는 이유로 비교적 사소한 이 재판에 대하여는 1심으로 끝내는 입법적 용단을 하였다. 유일한 단심제 재판이다. 그러나 이 재판에 헌법위반 등을 이유로 대법원에 특별항고는 허용된다(민소 449조).[2]

예외적으로 이의신청에 대한 재판 중 (i) 집행절차를 취소하는 결정(집행정지서류의 제출에 의하여 이미 실시한 집행절차취소결정은 제외),[3] (ii) 집행절차를 취

1) 집행이의신청은 법률상의 이해관계를 가져야만 하는데, 장차 경매절차에서 응찰할 예정이라는 사유만으로 이에 해당한다고 할 수 없다는 것에, 대법 1999. 11. 17, 99마2551.
2) 대법 2016. 6. 21, 2016마5082.
3) 대법 1994. 5. 9, 94그4.

소한 집행관의 처분에 대한 이의신청을 기각·각하하는 결정, (iii) 집행관에게 집행절차의 취소를 명하는 결정, (iv) 경매개시결정에 대한 이의신청에 관한 재판에 대하여만은 즉시항고를 할 수 있다(17조 1항, 86조 3항). 재항고도 할 수 있다.[1)]

(3) 집행이의신청에는 즉시항고와 달리 기간의 제한이 없지만, 집행절차 전체의 종료 후에는 이의신청을 제기할 이익을 잃는다.[2)]

2. 이의사유

이의대상은 위에서 본 제16조 1항의 세 가지 이외에 **집행관의 집행위임의 거부**,[3)] **집행행위의 지체, 집행관이 계산한 수수료**에 대한 다툼이 포함된다(16조 3항).

(i) 이의사유는 즉시항고와 마찬가지로 형식적 **절차상의 하자**에 한한다.[4)] 앞서 본 **강제집행의 적법요건·강제집행의 요건**(예: 승계집행문에 의하지 않은 집행)·**집행개시요건**의 흠(예: 집행권원의 불송달)이나 집행장애사유의 존재(예: 집행정지서류의 제출에도 집행속행)는 여기에 해당된다. 대표적인 것이 강제경매개시결정에 대한 이의이고,[5)] 압류금지물의 압류, 강제집행취소결정을 무시하고 집행을 계속 진행한 경우,[6)] 공탁사유신고각하결정에 대한 이의,[7)] 재판 전에 채무자에 대한 심문 없이 현금화방법을 명하는 결정,[8)] 집행부동산의 멸실·매각 등으로 경매절차취소사유가 있음에도 이 취소결정을 하지 아니하는 경우,[9)] 공

---

1) 대법 2010. 7. 2, 2010그24.

2) 대법 1987. 11. 20, 87마1095; 동 1996. 7. 16, 95마1505.

3) 대법 2022. 4. 14, 2021그796(부동산의 인도집행에서 강제집행의 목적물이 아닌 동산(납골당의 유골함)이 있는 경우, 이를 제거하여 보관 혹은 매각하는 것이 곤란하다는 사유만으로 목적물의 인도집행을 불능으로 처리할 수 없다고 한 사안).

4) 대법 1987. 3. 24, 86마카51은 가처분신청취하서가 위조되었다는 사유는 가처분집행의 기본이 되는 가처분명령의 소멸에 관한 것이라 하여 형식적·절차상 하자에 해당하지 않는다고 판시한 반면, 가처분해제신청서의 위조에 대하여 대법 2000. 3. 24, 99다27149는 가처분 채권자의 가처분해제신청은 가처분집행신청의 취하 내지 그 집행취소신청으로 이러한 신청은 가처분의 집행절차를 이루는 행위라 하여 집행이의의 사유가 된다고 판시하였다. 2010. 3. 4, 2009그250도 유사취지.

5) 대법(전) 1978. 9. 30, 77마263; 동 1994. 8. 27, 94마147.

6) 대법 1986. 3. 26, 85그130.

7) 대법 1997. 1. 13, 96그63.

8) 대법 1974. 9. 23, 74마222.

9) 대법 1997. 11. 11, 96그64.

장재단의 목적인 동산에 대한 집행관의 압류집행,[1] 집행관이 집행권원의 주문이나 이유를 살피면 객관적으로 확인되는 특정 집행장소나 집행대상 이외의 장소나 대상을 상대로 집행하는 경우[2] 등도 절차상의 하자에 해당하는 것으로 보았다.

따라서 대법(전) 1978. 9. 30, 77마263은 청구권의 부존재 · 소멸 등 **실체상의 이유**로는 이의할 수 없다고 했다. 예컨대 변제공탁으로 집행채권이 소멸되었다는 것은 이의사유가 되지 못한다. 화해조서의 내용을 다투는 것도 실체상의 권리를 다투는 것이므로 같다.[3] 집행대상재산의 권리귀속관계도 같다. 대법 2008. 2. 1, 2005다23889는 집행권원상의 청구권을 양도한 채권자가 집행력이 소멸한 이행권고결정 정본에 기하여 강제집행에 나선 경우에 채무자는 제16조의 집행이의의 방법으로 다툴 수 있다고 했으나, 권리양도 · 집행력의 소멸은 실체상의 이유에 관한 것이므로 청구이의사유로 보아야 할 것이다(실체문제와 절차문제의 혼동). 그러나 임의경매에서는 담보권의 부존재 · 소멸 등 실체적 이유까지도 이의사유로 인정하고 있는 점(265조)이 다르다.

(ii) 집행법원의 재판이라도 즉시항고의 대상도 아니고 명문상 또는 해석상 불복할 수 없는 재판(15조 9항, 16조 2항, 46조 2항, 48조 3항, 182조 2항, 196조 5항; 규 119조 2항)은 특별항고(민소 449조)의 대상일 뿐[4] 집행이의신청을 할 수 없다. 특별항고의 대상이 되는 것을 항고법원이 재판한 경우는 권한 없는 법원의 재판에 해당된다.[5]

(iii) 집행관이 집행기관으로서가 아니라 집행법원의 **보조기관**으로서 하는 처분(위 55면 참조), 예를 들면 현황조사의 실시(85조), 매각실시진행(112조), 선박국적증서의 수취(174조 1항) 등은 견해의 다툼은 있지만 이의신청사유가 아니라고 할 것이다(우리나라 통설).

---

1) 대법 2003. 9. 26, 2001다52773.
2) 대법 2022. 4. 5, 2018그758.
3) 대법 1969. 9. 29, 69마555.
4) 대법 2016. 6. 21, 2016마5082. 집행법원이 집행취소문서가 제출되었다 하여 집행절차를 취소한 결정은 즉시항고할 수 없는 집행법원의 재판으로서 그 취소결정에 이의 있는 사람은 집행이의의 방법으로 불복할 수 있으므로 대법원에 특별항고를 할 수 없다는 것에, 대법 1994. 5. 9, 94그4.
5) 위 2016마5082.

3. 절차와 심리

집행이의신청은 원칙적으로 이의사유를 구체적으로 밝힌 서면으로 하여야 하지만 기일에 출석하였을 때에는 말로도 가능하다(규 15조). 이의신청은 집행정지의 효력이 없다. 즉시항고와 마찬가지로 집행정지의 **잠정처분**은 할 수 있으나(16조 2항), 이 재판에 불복할 수는 없다(15조 9항, 47조 유추). 이의신청의 재판은 변론을 거칠 것을 요하지 아니하며, 결정으로 재판한다(3조 2항). 변론을 거치지 아니한 때에는 당사자를 심문할 수 있다(민소 134조 2항 준용). 변론주의가 제한되므로 재판상 자백이나 의제자백은 인정되지 않는다.[1] 집행법원은 이의재판 당시까지 제출된 이의사유 주장과 모든 자료를 종합하여 이의사유의 당부를 판단할 수 있다.[2] 이의신청이 부적법하면 각하할 것이나 이유 없으면 기각한다. 그러나 집행관의 집행처분에 대한 이의신청을 인용하여 집행절차를 취소한 집행법원의 결정에 대하여는 앞서 본 바와 같이 항고법원에 즉시항고로 불복을 할 수 있다(17조 1항).[3] 이러한 즉시항고에 따른 항고심의 결정에 대하여서는 규칙 제14조의2 제2항에 따라 법 제15조의 규정을 준용하여 재항고할 수 있다.[4] 집행종료 후에는 집행이의신청을 할 이익이 없다.[5] 결정에는 기판력이 없다.

즉시항고와 집행이의신청의 차이를 비교하면 다음과 같다.

도표 2-6 즉시항고와 집행이의신청의 차이

위법집행	구분	관할법원	불복대상	사법보좌관처분에 대한 이의 절차	불복기간	항고문제
	즉시	항고	집행법원의 결정	경유 필요	1주일 내 제기,	재판에 재항고

1) 대법 2015. 9. 14, 2015마813(경매개시결정이의 사안).

2) 대법 2022. 6. 30, 2022그505.

3) 그러나 집행취소서류의 제출에 의하여 집행법원이 집행처분(강제경매)을 취소하는 재판에 대한 불복방법은 즉시항고가 아니라 집행에 관한 이의라고 본 것에, 대법 2011. 11. 10, 2011마1482.

4) 그럼에도 불구하고 대법 2010. 7. 2, 2010그24는 법 제23조 1항에 의하여 준용되는 민소법 제442조에 따라 재항고로 불복할 수 있다고 했다. 2005. 7. 28. 민사집행규칙의 개정시 신설된 제14조의2 제2항에서 법 제15조의 규정을 준용한다고 명백히 하였는데 이 특별규정을 두고 민소법의 재항고 규정을 끌어들인 문제점이 있다. 같은 견해 김홍엽, 114면.

5) 대법 1979. 10. 29, 79마150; 동 1987. 11. 20, 87마1095.

(집행법위반)	항고	법원	중 명문이 있는 경우		10일 내에 항고이유서제출	허용(3심)
	집행이의신청	지방법원단독판사	즉시항고할 수 없는 집행법원의 결정, 집행관의 집행처분, 집행관이 지킬 집행절차 등	별도로 경유불필요	기간제한 없음	재판에 즉시항고불허(1심주의)(예외: 17조 1항, 86조 3항) ZPO-즉시항고 가능

Ⅲ. 사법보좌관의 처분에 대한 이의(Rechtspflegererinnerung)

법원조직법 개정법률 제54조에 의하여 사법보좌관제가 신설됨에 따라 2005년 7월부터 사법보좌관이 집행법원의 사무 중 중요업무를 담당하게 되었는데, 그의 처분에 대하여도 독일법처럼 대법원규칙이 정하는 바에 따라 법관에 이의신청을 할 수 있도록 하였다(법조 54조 3항). 어떠한 경우에 이의신청이 허용될 것인가는 사법보좌관규칙에 따라 살핀다.

사법보좌관은 법관이 아니므로 사법보좌관의 집행에 관한 처분에 대하여 그 소속법원의 판사가 동일심급에서 심사할 수 있도록 함으로써 헌법 제27조의 「법관에 의한 재판을 받을 권리」와 동법 제101조의 「사법권은 법관으로 구성된 법원에 속한다」고 한 규정에 합치시키려는 배려를 하였다. 사법보좌관의 처분에 대한 이의에는 다음과 같은 세 가지가 있다. 모두가 같은 법원 소속의 판사에 의하여 다시 판단을 받게 하는 것이다. 판사가 동일심급에서 심사하는 것이므로, 상급심이 심리함을 전제로 하는 「속심」이냐 여부는 논의의 가치가 없다.

(1) 항고할 수 없는 처분에 대한 이의(사보규 3조 2호)

사법보좌관이 한 집행법원의 집행절차에 관한 재판으로서 **즉시항고할 수 없는 것**이 이에 해당한다. 예를 들면 사법보좌관의 경매개시결정에 대한 이의신청 따위이다. 이는 집행이의신청(16조 1항)과 같은 것으로 그 절차에 따라 처리하게 된다.

(2) 항고의 대상이 되는 처분에 대한 이의(사보규 4조)

사법보좌관의 처분 중 판사가 처리한다면 **항고·즉시항고 또는 특별항고**

할 수 있는 처분이 이에 해당된다. 여기의 「항고」의 대상이 되는 처분은 민소법 제439조에 의한 통상항고의 대상이 되는 것(예를 들면 채무불이행자명부등재말소신청의 기각결정 등이 그 여지가 있다)을 말하고, 「특별항고」의 대상이 되는 처분은 불복할 수 없는 결정 · 명령으로서 헌법위반이나 명령 · 규칙 · 처분의 헌법 · 법률의 위반여부에 대한 판단이 부당하다는 이유로 민소법 제449조에 의해 대법원에 불복할 수 있는 것을 뜻한다. 중요한 것은 세 가지 가운데 「즉시항고」의 대상이 되는 처분인데 제15조 1항에 규정한 집행법원의 결정으로서 즉시항고할 수 있다는 특별한 규정이 있는 것을 말한다.[1)] 이로써 민사집행법에서 즉시항고할 수 있는 것으로 명문의 규정이 있는 것 중 **판사의 처분**은 바로 즉시항고를 하여 항고절차에 회부할 수 있게 되었고, **사법보좌관의 처분**은 일단 항고절차에 앞서 선행절차로 여기의 이의신청절차를 경유하게 하였다. **'항고전 이의'** 라고 말할 수 있다. 그 구체적인 절차를 본다.

1) 이의신청은 이의신청대상이 되는 처분의 표시와 이의신청의 취지를 밝혀 사법보좌관에게 낸다(사보규 4조 2항). 항고의 경우처럼 인지를 붙일 필요 없지만, 그 외 항고절차의 요건이 되는 서류 등을 제출하여야 한다(사보규 4조 4항, 10항). 이의신청은 그 처분을 고지받은 날로부터 **7일 이내**에 하여야 하며, 불변기간이다(사보규 4조 3항). 이 점이 기간의 제한 없는 즉시항고할 수 없는 처분에 대한 이의신청과 다르다. 그리하여 기간 있는 이의신청(befriste Erinnerung)이라 한다.

2) 사법보좌관은 이의신청을 받은 때에는 사건을 지체없이 소속법원의 판사에게 송부하여야 한다(사보규 4조 5항). 송부하기 전에 사법보좌관 자신에 의한 재도의 고안인 경정결정(민소 446조)을 할 수 있는지에 대하여 해석상 논의가 있다. 판사는 해당 법조항에 규정된 절차에 따라 사법보좌관의 처분에 대하여 집행정지 등의 잠정처분을 할 수 있다(사보규 4조 6항).

3) 이의신청을 받은 **판사의 재판**은 다음과 같은 방법으로 한다(사보규 4조 6항). (i) 신청방식의 위배의 경우에는 각하재판을 한다. (ii) 신청이 이유 있다고 인정되는 때에는 사법보좌관의 처분을 경정한다. (iii) 신청이 이유 없다고 인정되는 때에는 사법보좌관의 처분을 인가하고 사건을 항고법원에 송부한다.

---

1) 사법보좌관이 담당하는 업무 중 즉시항고가 허용되는 주요 처분은 매각허부결정, 압류, 추심, 전부명령 등이다.

이 경우에 이의신청은 따로 항고장을 내지 아니하여도 항고 또는 즉시항고로 간주하며, 항고법원은 항고 또는 즉시항고로 보고 재판절차를 진행한다. 이 단계에서 항고이유서, 항고보증금 등의 보정명령이 필요없지만 인지보정을 하게 하여야 한다(사보규 4조 6항 6호). (iv) 단독판사 등으로부터 사건을 송부받은 항고법원은, 이의신청서에 항고이유가 적혀 있지 않고 항고이유서도 제출되지 아니하여 적법한 항고요건을 갖추지 못한 경우 상당한 기간을 정하여 항고이유서를 제출하도록 보정을 명하여야 하고 이를 따르지 않을 때에 적법한 항고이유가 없음을 이유로 이의신청을 각하할 수 있다.[1)]

4) 위의 각하 · 경정결정에 대하여는 해당법률에 따라 불복할 수 있다(사보규 4조 7항). 그러나 특별항고의 대상이 되는 사법보좌관의 처분이의에 대한 각하결정이나 사법보좌관의 처분에 대한 인가결정에는 불복할 수 없다(사보규 4조 8항).

5) 사법보좌관의 처분에 대한 이의는 그 중요성에 비추어 대법원규칙이 아니라 본법인 민사집행법에서 규정하는 것이 정도일 것이다. 2014. 9. 1. 사법보좌관규칙의 개정시 즉시항고의 적법요건(항고이유서 제출, 항고공탁금) 구비시점을 명확하게 규정하는 것이 진일보한 것임은 사실이나 본법은 그대로 두고 복잡다단한 사법보좌관규칙에 맡겨 놓는 것은 국민의 법에 대한 친화력을 해치는 것이다.[2)]

(3) 배당표에 대한 이의신청 — 배당이의

사법보좌관이 작성한 배당표에 대하여 당사자가 이의신청을 내는 것으로 배당이의라고 한다. 과거에는 사법보좌관이 작성한 배당표에 대한 이의신청이 있으면 배당기일을 중지하고 이의신청사건을 소속법원의 판사에게 송부하도록 하였으나, 2017년부터 민사집행법 제151조에서 정하는 배당표에 대한 이의절차에 따라 처리하도록 하였다(사보규 제3조 제4호 신설, 제5조 삭제).

---

1) 대법 2011. 9. 8, 2011마734.

2) 독일은 사법보좌관의 처분, 예를 들면 채무자의 심문 없는 압류 · 이부명령은 집행관의 처분처럼 §766에 의한 집행이의, 예외적이나 채무자의 심문을 거친 압류 · 이부명령은 §93에 의한 즉시항고에 의하게 하는데, 이를 사법보좌관법이 아닌 ZPO에서 직접 규정하고 있다.

제 2 절 부당집행에 대한 구제방법

집행채권의 존부나 집행대상재산의 권리귀속관계 등 실체상의 문제가 있어 부당집행이 될 수 있는 경우는 집행절차상의 문제와는 달리, 절차 내의 즉시항고·집행이의·배당이의 등 간단한 절차가 아니라 정식으로 별도의 소를 제기하여 판결절차로 가려 구제받도록 하였다. 여기에는 청구이의의 소와 제3자이의의 소가 있는데, 앞서 본 집행문부여에 대한 이의의 소, 배당이의의 소와 함께 **집행관계소송**을 이룬다. 부당집행이 끝난 뒤에는 부당이득, 손해배상의 구제책이 있다.

Ⅰ. 청구이의의 소(44조)

1. 의의와 성질

(1) 강제집행의 집행권원에 문제가 생겼거나 문제있는 경우이다. 집행권원은 고도의 개연성으로 집행청구권의 존재를 증명하는 공식문서이지만, 성립시에는 유효한 집행권원이라 하여도 여기에 기재된 권리·법률관계에 사정변경의 가능성을 배제할 수 없다. 이와 같은 사정변경이 생겼을 때에 집행은 절차상으로는 적법하되 실체적으로 위법이 되어 부당집행이 될 수 있다. 따라서 부당집행을 막기 위하여 집행권원에 기재된 청구권의 존재·내용 및 행사나 예외적이지만 그 성립에 문제삼을 사유가 있을 때에 집행기관이 아닌 판결기관이 나서 실질적인 심리를 하여 집행권원의 집행력을 배제시키는 제도를 마련하였다. 간단히 말하여 집행권원화된 **청구권의 소멸·저지사유**나 예외적으로 **불발생사유**(장애사유) 등을 들어 집행력을 배제시키는 소송이다. 따라서 청구이의의 소는 채무자가 확정된 종국판결, 기타의 집행권원에 표시되어 있는 청구권에 관하여 생긴 이의사유를 내세워 그 집행권원이 가지는 집행력의 배제를 구하는 소라고 할 수 있다. 기판력까지 포함한 집행권원 자체를 배제시키는 것은 아니다. 이 점에서 재심의 소와 다르다.

제3자이의의 소가 집행당사자 아닌 제3자의 실체상의 이의라면, 청구이의의 소는 채무자의 실체상의 이의이다. 집행이의는 집행법상의 절차규정의 위

배를 들어 집행처분의 부적법을 채무자가 막는 것인 점에서 청구이의의 소와 다르다. 채무자가 집행권원화된 채권의 변제수령증서(49조 4호)를 제출하였음에도 집행을 계속한다면, 채무자는 집행이의신청(16조)을 할 수 있는 동시에 청구이의의 소를 제기할 수도 있어 두 제도를 병용할 경우도 있을 수 있다.

(2) 청구이의의 소의 성질에 관하여는 여러 설로 나누어져 있다. 집행법상의 집행력의 배제를 구하는 형성소송설이 통설 · 판례[1]이다. 그러나 이행청구권의 부존재확인과 집행금지명령을 구하는 소극적 이행소송으로 보는 견해, 청구권의 소극적 확인소송으로 보는 견해, 실체법상 권리의 소극적 확인기능과 집행력의 배제라는 소송상의 형성적 기능을 함께 갖춘 특수소송으로 보는 견해(구제소송설) 등 여러 설이 있다. 다수설인 집행력배제의 형성소송으로 볼 때, 청구권의 존부에 대하여 기판력이 생기지 않기 때문에 청구이의의 소에서 패소한 채무자가 역공세로 집행종료 후 다시 청구이의의 소에서 주장한 것과 동일사유를 내세워 채권자에게 손해배상 · 부당이득반환의 청구를 구할 수 있게 되는 불합리한 결과가 생길 수 있다는 우려가 있다.

그러나 청구이의의 소에서 채무자가 패소하였으면 채권자가 강제집행을 하는 것이 의무위반이 아님을 확인한 것이라고 할 수 있다.[2] 패소한 채무자가 집행종료 후 채권자의 강제집행을 원인으로 손해배상청구를 하면 채권자는 무과실을 내세울 수 있으며, 부당이득반환청구를 하면 채권자가 집행한 것이 도의관념에 적합함을 내세울 수 있다(민 744조). 따라서 손해배상 · 부당이득반환의 청구의 우려는 기우로 보여지며, 신형성소송설까지 나갈 것 없이 기존의 형성소송설을 따른다(독일의 통설).[3]

소송물에 관하여서는 집행권원의 집행력의 배제를 구하는 포괄적인 1개의 이의권이 소송물이 된다 할 것이다. 이의사유가 여러 개라 하여도 대상인

---

1) 대법 2023. 11. 9, 2023다256577은 청구이의의 소는 집행권원이 가지는 집행력의 배제를 목적으로 하는 형성소송이고, 형성판결의 효력을 개인 사이의 합의로 창설할 수 없으므로, 형성소송의 판결과 같은 내용으로 한 조정을 갈음하는 결정이 확정되더라도 판결을 받은 것과 같은 효력은 생기지 않는다고 하였다.

2) Brox/Walker, Rdnr. 1374.

3) 그런데 소송물을 특정의 집행권원에 기한 집행력의 배제를 구할 지위에 있다는 법적 주장이라 보면서, 청구이의의 소에서 청구기각판결의 기판력이 채무자의 사후적인 부당이득반환청구에도 미치는 것을 받아들여 전통적인 형성소송설을 수정 유지하자는 신형성소송설이 나타나지만(中野/下村, 232면), 이렇게 난해하게 이론구성을 할 필요가 없다고 본다.

집행권원이 1개인 이상 소송물은 1개라고 보는 1개설에 의한다(집행권원설).[1] 이의사유마다 소송물이 다르다는 복수설도 있다.

2. 절 차

(1) 청구이의의 소는 집행권원이 성립된 뒤이면 집행문부여 전이든, 집행개시 전이든 후이든 집행이 완결될 때까지 어느 때라도 제기할 수 있다. 이 점이 집행개시 전에 제기할 수 없는 제3자이의의 소와 다르다. 그러나 집행종료된 뒤(집행권원이 채무자에 교부된 뒤)에는 소의 이익이 없고,[2] 부당이득반환이나 손해배상청구의 소만이 가능하다. 청구이의의 소는 집행권원이 유효하게 성립될 때에 가능하다.[3]

관할법원은 판결에 대한 것은 제1심판결법원(44조 1항),[4] 공정증서에 대한 것은 채무자의 보통재판적 있는 곳의 법원(59조 4항, 21조), 지급명령에 대한 것은 지급명령을 낸 지방법원(58조 4항)이 된다. 전속관할이다. 제1심판결법원의 관할은 직분관할이므로 지방법원합의부가 재판한 판결(조정, 화해 등 포함)을 대상으로 하는 청구이의의 소는 그 지방법원 합의부의 전속관할에 속한다.[5] 시·군법원에서 성립된 화해·조정·확정된 지급명령으로서 그 집행채권이 소액사건을 넘는 것은 그 시·군법원소속의 지방법원·지원이 관할한다(22조 1호).

제소권자는 집행권원에 채무자로 표시된 자 및 그의 승계인[6] 그 밖의 원인에 의하여 채무자 대신에 집행력을 받는 자(25조)이다. 그리고 이와 같은 자

---

1) 김상수, 89면; 전병서, 149면.

2) 대법 1997. 4. 25, 96다52489는 무효인 집행증서에 기하여 압류 및 전부명령이 내려지고 그것이 확정되었다면 집행이 종료되었기 때문에 청구이의의 소를 제기할 수 없다고 했다. 수분양자명의변경절차의 이행청구는 그 소송의 판결이 확정되면 절차이행의 의사를 진술한 것과 동일한 효력이 발생하는 것이므로 이로써 강제집행은 종료되고 청구이의의 소를 허용할 수 없다는 것에, 대법 1995. 11. 10, 95다37568.

3) 대법 2016. 4. 15, 2015다201510은 환경분쟁조정법에 따른 재정문서는 그 정본을 당사자가 송달받고 소제기하지 않는 경우에 재판상 화해와 동일한 효력이 있으므로, 당사자에게 송달되지 아니한 경우는 유효한 집행권원이 될 수 없어 청구이의의 소를 제기할 수 없다고 했다.

4) 여기서 제1심법원이란 그 판결에 기초한 강제집행에 의하여 실현될 청구권에 대하여 재판을 한 법원을 말한다(대법 2017. 6. 29, 2015다208344). 회생채권자표에 대한 청구이의의 소는 회생계속법원의 관할에 전속하는데(회생 255조 3항), 회생절차가 종결되거나 폐지된 후에는 회생절차가 계속되었던 회생법원을 가리킨다(대법 2019. 10. 17, 2019다238305).

5) 대법 2021. 3. 11, 2020다270992; 동 2019. 8. 29, 2019다231632(이상 각 조정).

6) 대법 2020. 10. 15, 2017다228441은 배당절차에서 채무자가 갖는 잉여금채권에 대해 압류추심명령을 받은 채권자가 집행채권자를 상대로 청구이의의 소를 제기할 수 있다고 하였다.

의 채권자도 채권자대위권(민 404조)에 기하여 대위제소할 수 있다.[1] 강제집행이 전체적으로 종료된 것은 아니고 배당절차의 단계에 들어 간 경우라도 채무자는 채권의 소멸을 이유로 청구이의의 소를 제기할 수 있다.[2]

(2) 청구이의의 소는 민사소송법에 기한 **일반민사소송절차**에 의한다. 강제집행에서 제기된 문제를 민사소송으로 돌아가 해결해야 하는 것이 특징이다. 청구이의의 소의 대상판결절차를 수행한 소송대리인에게 당연히 청구이의의 소의 소송대리권이 있는지에 관하여 다툼이 있으나, 전소송에서 수여한 소송대리권은 강제집행의 파생인 청구이의의 소에 대하여도 미친다고 볼 것이다(민소 90조 1항). 그러나 새로 소송대리인을 선임하여야 한다는 반대설[3]이 있고, 실무는 새로 소송대리권의 수여가 필요하다고 보고 있다.[4]

청구이의의 소의 제기는 집행정지의 효력이 없다. 다만 이의를 주장한 사유가 법률상 정당한 이유가 있다고 인정되고, 사실에 관한 소명이 있는 때에는 판결이 있을 때까지 미리 담보부 또는 무담보부로 집행정지의 처분을 할 수 있고, 담보부로 집행속행 또는 이미 행한 집행처분의 취소를 명할 수 있다(46조 2항). 이러한 **잠정처분**의 신청은 다른 경우(민소 500조, 501조 등)와 마찬가지로 청구이의의 본소가 제기되어 계속중이어야 적법하다.[5] 제275조에 의하여 준용됨에 비추어 담보권실행경매에서도 먼저 본안소송이 제기되어야 한다.[6] 본안제기 전에도 행할 수 있는 일반가처분에 의한 집행정지는 허용되지 아니한다. 이러한 잠정처분은 그 성질이 청구이의의 본안에 관한 종국판결이 있을 때까지의 임시조치이고, 잠정처분에 대하여는 민소법 제500조 3항을 유

---

1) 대법 1992. 4. 10, 91다41620.
2) 대법 1965. 1. 26, 64다886.
3) 전병서, 164면.
4) 주석 민사집행법(Ⅱ), 44면; 법원실무제요, 민사집행(1) 280면. 본 소송의 소송위임장에 강제집행에 관한 수권을 기재한 경우에도 별도로 소송위임장을 요구하는 실무는 개선될 필요가 있음이 명백하다.
5) 대법 1981. 8. 21, 81마292 등. 대법 2003. 9. 8, 2003그74는 민사집행법 제46조 2항 소정의 강제집행에 관한 잠정처분은 청구이의 소송이 계속중임을 요한다는 전제에서 제소전 화해조서에 기한 점포 명도집행에 대하여 청구이의의 소가 아닌 점포임대차계약존속확인의 소를 제기한 경우는, 민사집행법 제46조 2항 소정의 집행정지신청을 낼 수 없다고 했다. 또 동 2015. 1. 30, 2014그553은 공정증서에 기한 채무부존재확인의 소제기만으로는 잠정처분할 수 없다고 했다.
6) 대법 2018. 7. 25, 2018그578.

추하여 불복할 수 없다.[1] **본안판결**에서는 법 제47조에 의하여 이미 내린 바 없었으면 제46조의 집행정지 · 속행 · 취소의 명령을 내리고, 이미 내린 바 있다면 그 명령의 취소 · 변경 · 인가를 할 수 있다.

(3) 청구이의의 소에서 청구가 이유 있을 때에는 채권자에 대해 강제집행의 불허를 선고한다. 그러나 선고가 되어도 원고가 그 정본을 집행기관에 제출하지 아니하는 한 집행정지 또는 취소의 효력이 생기지 아니한다(49조, 50조). 청구이의의 소의 기판력은 집행권원화된 청구권의 존부에 미치지 아니한다. 따라서 채무자가 청구권의 부존재에 대한 기판력을 받으려면 그 부분을 중간확인의 소(민소 264조)로 제기하면 된다. 중간확인의 소는 청구이의의 소 제기시 병합하여 또는 소제기 후 제기해도 된다.

청구이의의 소에서 **일부인용**의 판결이 허용될 수 있는가. 전부 변제를 이유로 청구이의의 소를 제기하였는데 일부만 변제되고 남은 것이 있을 때에는 그 한도 내에서 일부인용의 판결을 하여야 한다(통설 · 판례[2]). 그렇게 본다면 집행채권이 가분적일 때 그 일부의 집행력 배제만을 구하는 일부청구도 허용될 것이다. 그러나 건물철거판결과 같은 경우는 그 철거의무가 가분적일 수 없어 그 집행력의 일부배제를 구할 수 없다.[3] 민소법 제252조의 정기금지급판결에 대한 **변경의 소**에서 정기금의 감액청구는 실체법상의 권리상태와의 불일치를 주장하여 집행권원의 집행력의 일부배제를 구하는 점에서 청구이의의 소와 실질을 같이 한다고 할 수 있다.[4] 청구이의의 소의 축소판이라고도 한다. 그러나 변경의 소는 기판력까지 변경하는 것임에 대해, 청구이의의 소는 기판력은 두고 집행력을 배제시키는데 그치는 차이가 있다.

---

1) 대법 1981. 8. 21, 81마292, 대법 2001. 2. 28, 2001그4 등은 이 경우 특별항고만 할 수 있다고 한다. 중간적 재판에 해당하는 담보제공명령에는 독립하여 불복이 안 된다는 것에, 대법 2001. 9. 3, 2001그85.

2) 대법 1967. 12. 26, 67다2249; 동 2009. 10. 29, 2008다51359.

3) 대법 1987. 9. 8, 86다카2771.

4) 中野/下村, 226면. 대법원 2023. 4. 27 선고 2019다302985은 '변론종결 후 발생할 지료 및 사용이익 상당의 부당이득금지급을 명한 부분'에 대한 청구이의에 관한 판단에서, 이 부분은 당사자가 변론종결 후에도 토지를 점유하는 것이 변론종결 당시 확정적으로 예정되어 있다는 이유로 판결한 것인데, 변론종결 후 점유하지 않았음이 객관적으로 판명된 이상 판결확정 후에 새로운 사유가 발생하여 사정변경이 있은 경우에 해당한다고 할 수 있으므로 당사자는 해당 사유를 주장하면서 변론종결 이후 금전지급을 명한 부분의 집행배제를 구하는 것이 가능하다고 하였다.

3. 적용범위

(1) 집행권원을 필요로 하지 아니하는 담보권실행의 경매

청구이의의 소는 집행권원의 집행력배제를 목적으로 하므로, 그 적용은 없고 준용이 된다(275조, 44조). 담보권의 부존재와 소멸은 경매개시결정에 대한 이의(265조)사유가 된다. 또 피담보채무의 존재나 담보권의 효력을 다투는 소송은 채무부존재확인소송이나 근저당권설정등기말소소송 등을 제기하여 해결할 수 있다.[1]

(2) 가집행선고 있는 판결

상소에 의하면 된다.

(3) 형성판결 · 확인판결

집행력 없는 판결이기 때문에 적용되지 아니한다.

(4) 가압류 · 가처분명령

사정변경에 의한 취소규정(288조, 301조)이 있으므로 이에 의한다.

(5) 부동산인도명령 등

한때 논란이 있었으나[2] 1990. 1. 13. 민사소송법이 개정되면서 부동산인도명령에 즉시항고가 허용된 이상 부동산인도명령은 즉시항고로 불복할 수 있는 재판으로서 독립한 집행권원이 되었으므로(56조 1호) 본소가 허용된다고 할 것이다.[3] 판례도 같다.[4] 명의변경절차이행판결과 같은 의사의 진술을 명한 재판은 확정과 동시에 집행이 종료되고 집행기관에 의한 별도의 집행절차가 필요한 것이 아니므로 본소가 허용되지 아니한다.[5]

---

1) 대법 1970. 3. 2, 69그23; 동 1993. 1. 20, 92그35; 동 2002. 9. 24, 2002다43684.

2) 부동산인도명령의 성질을 집행권원으로 보면 청구이의의 소가 가능하고, 집행법원의 집행처분으로 보면 집행에 관한 이의만 가능하다. 긍정예: 대법 1964. 2. 3, 64마1, 부정예: 대법 1971. 4. 30, 71다458.

3) 박두환, 142면; 강대성, 122면; 주석 민사집행(Ⅱ), 246면. 대체집행의 수권결정은 집행력배제를 구할 수 없다는 것에, 대법 1987. 9. 8, 86다카2771. 검사의 집행명령은 예외적으로 허용할 경우가 있을 뿐이다.

4) 대법 2015. 3. 26, 2014다13082.

5) 대법 1995. 11. 10, 95다37568.

(6) 구체적 집행처분의 취소

청구이의의 소는 집행권원의 집행력 자체의 배제를 구하는 소이므로 구체적 집행처분의 취소만을 구하는 것은 부적합하다.[1] 구체적 집행처분의 취소를 목적으로 하지 않기 때문에 집행처분에 착수하기 위한 집행문부여신청 전에도 채무자는 본소를 제기할 수 있다.[2] 따라서 집행권원의 집행력 전체의 배제를 목적으로 하지 않고 예를 들면 여러 압류부동산 중 주택의 압류부분만을 배제시킬 목적으로 제기한 청구이의의 소는 허용될 수 없다.[3] 이러한 집행의 구체적 사항은 청구이의의 소를 관할하는 제1심판결 법원이 다루기에도 부적합하다. 여기에는 반대설이 있다.[4]

4. 청구이의사유

(1) 종 류

이의사유는 특정의 집행권원에서 그 집행력의 배제를 구할 이유가 될 사실이다. 앞서 본 즉시항고와 집행이의신청을 절차이의(節次異議)라 한다면, 청구이의의 소는 **실체이의**(實體異議)이다. 집행채권의 부존재나 소멸 등의 실체문제는 청구이의의 소에서 주장할 사유이지, 추심금청구의 소나 전부금청구의 소에서 제3채무자가 항변으로 주장할 사유가 아니다.[5] 실체문제를 처리하는 중심은 집행법에서 청구이의의 소라고 해도 과언이 아니다. 통상의 소송에서 피고의 방어방법인 **항변사유**가 청구이의의 소에서 원고의 청구원인인 이의사유가 된다. 역의 관계이다. 때문에 청구이의의 소에서는 피고에게 권리발생원인사실에 대한 **증명책임**이 있고, 원고에게 권리장애·소멸·저지사유에 대한 증명책임이 있다.[6]

청구권에 대한 이의를 네 가지 측면으로 집약해 볼 수 있다. 아래 네 가지 사유 가운데 1), 2)는 사실심변론종결 후에 발생한 사유이어야 한다(변론종결 전에 발생한 것이면 피고의 항변사유임에 대하여, 변론종결 후에 발생한 것이면 원고의

1) 대법 1971. 12. 28, 71다1008.
2) Brox/Walker, Rdnr. 1332.
3) BGH NJW 60, 2286.
4) 박두환, 145면.
5) 대법 1994. 11. 11, 94다34012.
6) 대법 2010. 6. 24, 2010다12852.

청구이의사유).

1) **청구권의 존재에 대한 이의 — 권리소멸사유** 집행권원에 표시된 청구권의 소멸사유를 바탕으로 한 이의이다. 변제,[1] 상계, 공탁(집행비용 포함),[2] 경개, 면제, 착오·사기·강박에 의한 취소, 계약해제, 해제조건의 성취,[3] 화해, 이행불능, 소멸시효, 채권의 압류전부, 채권의 양도, 면책적 채무인수, 압류에 의한 처분권의 상실 등 청구권이 존재했다가 사후에 소멸한 경우 등 권리소멸(멸각)사유가 이에 해당한다.[4] 판례는 집행권원상의 청구권이 양도[5]된 경우 양도인의 집행권원의 집행력이 소멸하고, 대위변제[6]된 경우도 집행권원상의 집행력이 소멸되어 양도인이나 채권자는 더 이상 채권자가 아니라는 이유로 청구이의의 소의 피고적격을 잃는다고 하여 그를 상대로 제소할 수 없다는 취지이다. 그러나 내외국의 통설과 배치되는 것이다.[7]

2) **청구권의 내용에 대한 이의 — 권리저지사유** 집행권원에 표시된 청구권의 내용과 실체법 상태의 불일치를 바탕으로 한 이의사유이기도 하다. 변제기한의 유예, 기한의 제한이 없는 약속어음공정증서의 원인채권의 변제기 미도래,[8] 정지조건, 한정승인, 파산·개인회생·회생절차에서의 면책 등 청구

---

1) 가집행 때문에 한 변제는 확정적으로 변제의 효과가 생기지 않지만, 가집행선고 있는 판결이 확정되면 채권소멸의 효과가 확정되므로 그때 청구이의사유가 된다(대법 1995. 6. 30, 95다15827).

2) 집행권원에 표시된 본래의 채무가 변제공탁으로 소멸되었다 하여도 그 집행비용의 변상을 하지 아니하는 한 집행권원의 집행력의 전부를 배제시킬 수 없다는 것에, 대법 1992. 4. 10, 91다41620.

3) 장래이행판결로 차임상당의 부당이득금의 명을 받은 피고가 그 판결 후 부동산을 실제로 사용수익하지 아니하였다는 사유는 청구이의의 사유에 해당한다는 것에, 대법 2006. 10. 12, 2004재다818.

4) 사해행위취소 등을 명하는 판결이 확정되었으나 재산이나 가액의 회복을 마치기 전에 피보전채권이 소멸된 경우이면 청구이의 사유가 된다는 것에, 대법 2017. 10. 26, 2015다224469.

5) 대법 2008. 2. 1, 2005다23889(이 판결은 그 대신 양도인이 집행권원에 의해 집행절차에 나아간 경우에 16조에 의한 집행이의로 다툴 수 있다고 하였다. 그러나 이는 실체문제인데도 절차문제의 구제책인 집행이의로 해결하려는 것은 적절하지 않다).

6) 대법 2007. 4. 27, 2005다64033.

7) 박두환, 145면; 松本博之, 373면; Gaul/Schilken/Becker-Eberhard, §40 Rdnr. 44. 채권양도는 권리자체의 소멸사유는 아니나 양도인은 채권의 권리주체성(Sachbefugnis)을 잃기 때문에 양도인과의 관계에서는 권리소멸사유가 된다. 집행채권의 양도에 불구하고 양도인이 집행을 시도할 때에는 절차이의인 집행이의(16조)가 아니라 본조의 청구이의로 막아야 할 것이다. BGHZ 92, 347.

8) 대법 2022. 4. 14, 2021다299372은 약속어음공정증서에는 기한의 제한이 없는데 원인채권 이행기가 도래하지 아니하였다는 사유는 본래 집행권원에 표시된 청구권의 변동을 가져오는 청

권의 효력정지 · 제한의 경우와 같은 **권리저지(沮止)사유**에 해당될 때이다. 변제기한의 유예, 변제기 미도래 등의 사유가 인정되면 집행력 전부를 배제하는 판결을 할 것이 아니라 변제기가 도래할 때까지만 일시적으로 배제하는 판결을 하여야 한다. 독일에서는 집행권원화한 청구권에 실체상의 이의가 아니지만 이행판결주문의 불특정, 불명확이 실체법적 권리침해로 이어질 수 있는 상황에서는 예외적으로 청구이의의 소를 통해 다툴 수 있는 것으로 본다.[1)]

3) 청구권의 행사에 대한 이의 집행권원의 자체에는 하자가 없으나 그 행사에 문제가 있는 경우이다.

(i) **부집행계약** 강제집행을 하지 아니하기로 약정하였거나 집행신청 취하의 약정을 하였음에도 불구하고 이를 위반하여 강제집행을 실시하거나 취하하지 아니하는 경우에 실체법상 부당집행이 될 것으로 청구이의의 소를 준용제기할 수 있음은 앞서 보았다.[2)]

(ii) **신의칙(信義則) 위반 또는 권리남용** 집행권원을 이용한 강제집행이라도 불법행위가 되어 신의칙 위반 또는 권리남용에 해당하는 경우에는 이의사유가 된다. 이의사유로서 상당한 비중이 있다. 다만 불법행위를 쉽사리 인정할 것은 아니다. 이를 쉽게 인정하면 확정판결 등이 무의미하여 법적 안정성이 흔들린다. 판례에서도 확정판결에 의한 권리라 하더라도 신의에 좇아 성실하게 행사되어야 하고 그 판결에 기한 집행이 권리남용에 해당하는 경우에는 허용되지 아니하므로, 집행채무자는 청구이의의 소에 의하여 그 집행의 배제를 구할 수 있다고 했다.[3)] 대표적인 판례가 부진정연대채무자 중 1인의 변

구이의의 소의 이유가 되나, 그 청구이의의 소에서 집행권원상의 청구권에 변제기의 존재가 인정되는 경우에는 집행력 전부를 배제하는 판결을 할 것이 아니라 변제기가 도래할 때까지만 일시적으로 배제하는 판결을 하여야 한다고 하였다.

1) Jauernig/Berger, §12.

2) 제44조 2항이 유추적용되어 청구이의의 사유가 된다는 것에, 대법 1993. 12. 10, 93다42979; 동 1996. 7. 26, 95다19072 등.

3) 대법 1997. 9. 12, 96다4862; 동 2001. 11. 13, 99다32899. 뒤의 판례에서 불법행위의 성립을 쉽게 인정해서는 안 되고 확정판결에 기한 강제집행이 불법행위가 되는 것은 당사자의 절차적 기본권이 근본적으로 침해된 상태에서 판결이 선고되었거나 확정판결에 재심사유가 존재하는 등 확정판결의 효력을 존중하는 것이 정의에 반함이 명백하여 이를 묵과할 수 없는 경우로 한정하여야 한다고 했다. 공사대금채권을 양수했다고 허위사실을 주장하면서 사망한 사람을 상대로 소를 제기한 후 망인측에 대한 소송서류가 제대로 송달되는 것을 방해하여 의제자백(자백간주)으로 승소판결을 받은 사안에서 강제집행을 불허한 것이다. 판결편취(판결의 부당취득)의 사례인데, 이 경우에 청구이의를 부정하는 일본판례(1965. 12. 21 최고재판결)와는 다른 입장이다. 일본에서는 이와 같은 경우에 재심사유에 유추시켜 재심의 소를 제기하면서 그

제로 인하여 이미 소멸된 채권에 관하여 이를 모르는 다른 채무자에게 변제사실을 감추고 확정판결을 받아 강제집행을 하는 경우에는 그 판결의 취득과 이용은 신의성실의 원칙에 반하고 권리남용에 해당한다고 하여 청구이의의 소로써 저지할 수 있다고 한 것이다.[1)]

그후 대법 2009. 5. 28, 2008다79876은 확정판결에 의한 집행이 현저히 부당하고 상대방에게 그 집행을 수인하도록 하는 것이 정의에 반함이 명백하여 사회생활상 용인할 수 없다고 인정되는 것과 같은 특별한 사정이 있어야 그 집행이 권리남용으로 허용될 수 없고 청구이의의 사유가 된다고 했다. 이제는 확립된 판례이다.[2)] 이에 관한 주장·증명책임의 소재는 강제집행의 불허를 구하는 자에게 있다.[3)]

(iii) **한정승인과 상속인 고유재산에 대한 집행** 3가지 경우로 나누어 생각할 수 있다.

① 상속인이 한정승인(限定承認)을 하였기 때문에 피상속인의 재산을 한도로 책임범위를 제한한 **유보부**(留保附)**판결**의 집행에서 상속재산이 아니라 상속인의 고유재산에 대하여 압류가 된 경우의 구제책이다.[4)] 이때 상속인이 제3자의 지위에서 압류를 푸는 제3자이의의 소에 의할 것이라는 견해[5)]와 채권자가 책임재산에 속하지 아니하는 재산에 집행한다는 것을 소로써 주장하는 자는 제3자가 아니라 집행채무자이므로 청구이의의 소에 의할 것이라는 견해[6)]가 있다. 판례는 제3자이의의 소는 별론으로 하고 청구이의의 소로 불복할 수 없다는 입장이다.[7)]

② 유보부가 아닌 집행권원이 성립된 이후, 즉 변론종결 후에 상속인이 한정승인하였는데 상속인의 고유재산에 대하여 압류한 경우이다. 이 경우에는

판결에 의한 강제집행을 정지취소시킬 것이라는 설이 유력하다. 中野貞一郎, 219면. 상세한 고찰은, 권혁재, "부당판결의 집행에 대한 청구이의의 소", 민사집행법연구 제1권, 38면 이하.

1) 대법 1984. 7. 24, 84다카572 등.

2) 대법 2017. 9. 21, 2017다232105; 동 2018. 3. 27, 2015다70822.

3) 대법 2017. 9. 21, 2017다232105.

4) 상속인이 한정승인 신고를 한 경우 상속채권자는 상속채권으로부터만 채권의 만족을 얻을 수 있다는 것에, 대법 2016. 5. 24, 2015다250574.

5) 김홍엽, 40면; 다만 상속인이 단순승인이냐 한정승인이냐를 결정하기 전에 피상속인의 채권자가 상속인의 고유재산을 압류하였을 때에는 상속인이 아직은 제3자이므로 제3자이의의 소의 대상이 된다는 것에, Gaul/Schilken/Becker-Eberhard, §21 Rdnr. 2 c). 독일의 통설.

6) Brox/Walker, Rndr. 1377.

7) 대법 2005. 12. 19, 2005그128(상속인의 고유재산인 임금채권에 압류전부명령을 한 경우).

청구권의 속성에 관한 문제이므로 상속인이 한정승인을 주장하여 청구이의의 소를 제기하여야 함은 앞서 본 바이다.[1]

③ 대법 2006. 10. 13, 2006다23138은 변론종결 전에 상속인이 한정승인을 하였음에도 상속인이 한정승인의 항변을 하지 아니함으로써 무유보부 판결이 확정되었어도 상속인은 자기 고유의 재산에 대한 집행배제를 위하여 변론종결 전에 한정승인을 하였음을 주장하며 청구이의의 소를 제기할 수 있다고 한다.[2] 그러나 전소판결의 기판력에 저촉되어 허용될 수 없음은 앞에서 이미 본 바이다(앞의 「유한책임」참조). 다만 판례는 상속인의 책임범위를 한정하는 것에 불과한 한정승인과 달리 상속포기는 상속에 의한 채무의 존재 자체가 문제되는 것으로 기판력이 미치게 되므로 청구이의사유가 되지 않는다고 하였다.[3]

(iv) **실권약관**(과태약관, 過怠約款)이 붙은 집행권원 화해조서 · 조정조서 · 집행증서 등에서 임차인이 차임을 2회 이상 연체하면 그 즉시 명도한다든가, 할부금을 2회 연체하면 잔금에 대하여 기한이익을 상실하고 그 즉시 강제집행을 하여도 좋다는 집행수락의 의사표시가 있는 경우이다. 그런데 채무자의 연체사실이 없음에도 채권자가 집행문을 부여받은 경우, 앞서 본 바와 같이 연체여부는 제30조 2항에서 말하는 조건성취집행문의 '조건'에 해당하지 아니하며 채권자가 연체에 대한 증명책임을 지지 아니하므로 단순집행문부여에는 잘못이 없다. 따라서 채무자는 이 경우에 조건부집행문이 아닌 단순집행문부여에 잘못이 있다 하여 집행문부여에 대한 이의의 소(45조)를 제기할 것이 아니라, 연체하지 않고 변제하였음을 증명하여 청구이의의 소를 제기할 것이다.[4]

4) **청구권의 성립에 대한 이의 — 권리장애사유** 기판력이 없는 집행권원에서 인정되는 예외적인 이의사유이다. 처음부터 청구권의 성립에 하자가 있는 경우에도 이의사유가 된다. 대표적인 것이 집행증서이고, 그 이외에도 확정된 지급명령(58조 3항),[5] 이행권고결정,[6] 가사심판(가소 41조) 그리고 배상명

1) 中野貞一郎, 228면; 松本博之, 374면.
2) 위 판결에 찬동하는 기판력부정설은 김홍엽, 39면; 전병서, 154면.
3) 대법 2009. 5. 28, 2008다79876.
4) 동지; 전병서, 157면.
5) 민사집행법 제58조 3항은 지급명령에 대한 청구이의의 주장에 관하여는 위 44조 2항의 규정을 적용하지 아니한다고 규정하고 있으므로, 지급명령 발령 전에 생긴 청구권의 불성립이나 무효 등의 사유로 지급명령에 대한 이의의 소에서 주장할 수 있다는 것에, 대법 2009. 7. 9, 2006다73966; 동 2010. 6. 24, 2010다12852.
6) 대법 2009. 5. 14, 2006다34190.

령 등의 경우도 같다. 조정조서에 준하는 재정위원회의 재정조서도 같이 볼 것이다.[1] 변론종결 뒤에 생긴 사유에 한하여 청구이의사유로 규정한 제44조 2항의 적용이 배제되는 경우이다. 집행증서의 작성·집행수락의 의사표시에 무권대리, 청구권의 불발생사유(장애사유)가 여기의 이의사유에 해당한다. 위와 같은 집행권원은 그 성립과정이 법원에 의하여 필요적 변론절차를 거치며 제대로 검토되지 아니한 것이므로 그에 관한 청구이의의 소는 사실상 재심의 소에 준하는 기능을 한다고 말할 수 있다. 이러한 사유는 변론종결 후의 사유라야 하는 시적 제한을 받지 아니한다.

다만 집행권원의 성립에 관한 하자라도 형식적·절차적 하자라면 집행문 부여에 관한 이의사유가 될 뿐이다(34조). 원칙적으로 집행권원이 생긴 뒤 법적 견해나 판례의 변경은 청구이의사유가 되지 아니한다.[2] 그러나 헌법재판소가 위헌무효선언을 한 법규에 의거한 집행권원일 때에는 채무자는 청구이의의 소의 방법으로 그 집행권원의 무효선언을 구할 수 있다는 것이 독일 헌법재판소법 제95조 3항 3문, 제79조 2항이다.

(2) 이의사유의 시적 제한

집행권원에 기판력이 있느냐 없느냐를 기준으로 나누어 생각한다.

1) 기판력이 있는 집행권원 — 사법상의 형성권행사 기판력과 집행력이 있는 집행권원의 경우에는 사실심의 변론종결 후에 생긴 사유가 아니면 청구이의사유로 주장할 수 없다(무변론판결의 경우는 판결선고 후에 생긴 사유).[3] 변론종결 전에 생긴 사유는 과실 없이 주장하지 못한 경우라도 이의사유로 할 수 없다.[4] 그렇지 않으면 전소를 다시 되풀이하여 재판하는 결과가 되기 때문이

1) 대법 2016. 4. 15, 2015다201510.
2) 헌법재판소가 위헌무효결정의 법규를 적용함으로써 국민의 기본권을 침해한 재판은 헌법소원에서 배제되지 아니한다는 것에, 헌재 1997. 12. 24, 96헌마172 등. Brox/Walker, Rdnr. 1337.
3) 대법 1998. 5. 26, 98다9908은 복직시까지 정기적인 임금지급을 명하는 판결에서 변론종결 이후의 부분은 변론종결시를 기준으로 확정된 권리관계라고 말할 수 없고 이는 단지 장래의 권리관계를 예측한 것에 불과하므로 변론종결 전에 발생한 정년퇴직이라는 사유를 들어 그 부분의 집행배제를 구할 수 있다고 했다. 결론은 옳다고 보여지나, 이 경우는 신의칙 위반이나 권리남용을 집행배제의 근거로 삼는 것이 오히려 타당성이 있을 것이다.
4) 다만 대법 2022. 7. 28, 2017다286492은 면책결정에 따라 발생한 책임소멸은 소송물인 채무의 존부나 범위 확정과는 관계가 없고, 채무자의 경제적 회생을 도모하는 면책제도의 취지에 비추어, 채무자가 면책결정이 확정되었는데도 파산채권자가 제기한 소송의 변론종결시까지 면책사실을 주장하지 아니하여 면책된 채무의 이행을 명하는 판결이 선고·확정된 경우, 그 후 면책사실을 내세워 청구이의의 소를 제기할 수 있다고 하였다.

다. 이것이 제44조 2항의 규정이다. 다만 확정판결의 변론종결 전에 이루어진 일부이행을 채권자가 변론종결 후 수령함으로써 변제의 효력이 발생한 경우는 그 한도 내에서 청구이의의 사유가 된다.[1)]

문제되는 것은 표준시 전에 발생한 **형성권**을 그 뒤에 행사한 경우에 그 형성권행사의 결과를 이의사유로 삼을 수 있는가이다. 취소권[2)] · 해제권[3)] · 해지권 · 백지어음보충권[4)] 등의 형성권은 기판력으로 실권되며 이의사유에 해당되지 아니한다는 것이 통설 · 판례이다.

그러나 **상계권**의 경우는 다르다. 원고의 대여금청구소송에서 피고가 상계적상에 이른 매매대금채권으로 상계항변을 하지 아니하여 원고가 승소확정판결을 받은 후 피고가 상계권을 행사하여 집행채권의 소멸을 이유로 청구이의의 소를 제기할 수 있는가. 이때 상계권이 실권되느냐에 관하여는 (i) 형성권 비실권설, (ii) 상계권 비실권설, (iii) 제한적 상계권실권설, (iv) 상계권 실권설 등이 대립되어 있다. 판례는 (ii)설을 따라 형성권 중에 상계권은 채무자가 변론종결 전에 발생하였음을 알았든 몰랐든 실권되지 않고 청구이의사유로 삼아 집행권원의 집행력을 배제시킬 수 있다는 입장이다.[5)] 그러나 판례의 입장에는 문제가 있다. 상계권의 발생을 알았을 때도 행사하지 않고 있다가 뒤늦게 상계권을 행사하는 것은 신의칙 내지 소권남용금지의 법리에 반할 것이다.[6)] 지상물매수청구권도 마찬가지이다.

집행판결을 받은 외국의 확정판결이 집행권원인 경우에 외국판결에 대한 기판력의 표준시 이후에 생긴 이의사유를 주장할 수 있는가도 문제되는데, 외국판결의 기판력 표준시 후에 발생한 청구권의 소멸 · 변경사유는 뒤에 다툴 수 있음은 앞서 본 바이다(외국판결에 대한 집행판결 참조).

2) 기판력이 없는 집행권원 기판력이 없고 집행력뿐인 집행권원, 예를 들면 확정된 지급명령(58조 3항), 확정된 이행권고결정(소심 5조의8 3항), 집행

---

1) 대법 2009. 10. 29, 2008다51359.

2) 대법 1979. 8. 14, 79다1105.

3) 대법 1981. 7. 7, 80다2751.

4) 대법 2008. 11. 27, 2008다59230.

5) 상계권에 대해서는, 대법 1998. 11. 24, 98다25344. 건물매수청구권도 이와 비슷한 것에, 대법 1995. 12. 26, 95다42195.

6) 독일 BGH는 원칙적으로 형성권의 행사시기를 기준으로 하여야 하지만 법정형성권은 약정(option)형성권과 달리 발생시기를 표준으로 하여 그 뒤 행사는 실권되는 것으로 본다(BGHZ 94, 29ff.).

증서(59조 3항), 유죄판결에 붙은 배상명령(소촉특법 34조 4항), 가정법원의 심판(가소 41조) 및 확정된 개인회생채권자표(채무자회생법 603조 3항)[1]에 대해서는 변론종결 전에 생긴 사유를 이의사유로 삼을 수 있음은 앞서 「청구권의 성립에 관한 이의」에서 보았다.

(3) 이의사유의 동시주장의 강제

이의사유가 수개인 때에는 채무자는 이를 동시에 주장하지 아니하면 안 된다(44조 3항). 여기서 말하는 '동시에'는 동일소송이라는 의미로 해석된다. 따라서 다른 이의이유를 내세워 동일한 집행권원에 대하여 다시 청구이의의 소를 제기하더라도 앞 소송의 기판력에 의하여 차단되어 허용되지 아니한다(소송물1개설).[2] 다만 동일 심급에 있어서의 여러 가지 주장을 동시에 하여야 한다는 취지는 아니므로, 제2심에 가서 그 변론종결시까지 다른 이의사유를 추가로 주장해도 된다. 집행분쟁의 1회적 해결로 집행절차를 신속히 끝내려는 것이다. 청구이의사유마다 별개의 소송으로 연쇄적 공격을 할 경우 집행절차는 부지세월일 수 있기 때문이다. 동시주장의 강제는 청구병합 내지는 변론병합의 강제인 것이다.

집행증서에 기한 청구이의의 소에서는 이와 같은 강제를 완화하여야 한다는 주장이 있다.

Ⅱ. 제3자이의의 소(48조)

1. 개　설

(1) 의　의

압류물건에 제3자가 내세울 권리가 있는 경우의 문제이다. 제3자이의의 소란 집행의 목적물에 대하여 제3자가 **소유권**을 가지거나 목적물의 **인도거부권**을 가진 때 즉 집행을 막을 권리를 가진 제3자가 집행채권자를 상대로 자신의 권리를 침해하는 강제집행에 이의를 주장하여 집행의 배제를 구하는 소를 말한다(48조). 간단하게 소유권 또는 인도거부권 주장의 소로 보면 된다. 제3자이의의 소는 집행이의(16조)와 더불어 실무상 가장 중요한 집행법상의 권리구

1) 대법 2017. 6. 19, 2017다204131.
2) 김홍엽, 125면; 전병서, 162면.

제제도이다.

채권자 甲이 강제집행을 할 때에 채무자 乙의 재산이 아닌 **제3자 丙의 재산이 잘못 압류**되는 경우가 생길 수 있는데, 이에 대해 丙이 물을 수 있는 구제방법이 甲 상대의 제3자이의의 소이다. 특히 동산은 채무자의 점유만 확인하고(189조) 소유권을 확인하지 않기 때문에 잘못 압류될 수 있어 이러한 소송이 필요하다. 집행되는 재산이 책임재산에 속하는지 여부는 실체법상의 문제로 이를 확정하기 위해서는 필요적 변론을 거친 판결절차로 신중히 심판하는 것이 적절하다고 보아 이 제도를 두었다. 따라서 제3자이의의 소는 부당집행배제의 제도이며 집행대상이 채무자의 책임재산에 속하지 아니할 경우의 구제만을 목적으로 한 것으로, 이 소가 채권자 甲의 집행청구권의 존부를 문제삼는 것은 아니다. 따라서 제3자이의의 소에서 패소당한 채권자가 채무자의 재산에 집행하는 것까지 배제되는 것은 아니다. 제3자이의의 소는 도산절차에서 배제시키는 환취권(還取權)에 견줄 수 있다.

(2) 제도의 특색

제3자이의의 소는 **특정재산**에 대한 집행을 배제하고자 하는 것으로, 이 점에서 청구이의의 소나 집행문부여에 대한 이의의 소가 집행권원에 기한 집행의 가능성을 일반적으로 배제하는 성질을 가진 것과는 다르다. 제3자이의의 소는 모든 종류의 재산집행에 대하여 적용된다. 금전집행의 경우에는 목적물이 부동산·동산·채권 그 밖의 재산권 어느 것이라도 불문하며, 또 유체물의 인도집행에도 허용된다. 청구이의의 소와 달리 담보권실행의 경매, 가압류·가처분절차에서도 제3자이의의 소를 제기할 수 있다(275조, 291조, 301조). 집행이의신청(16조)이 집행법상의 절차규정의 위배에 대한 것이라면, 제3자이의의 소는 실체법을 근거로 한다는 점에서 차이가 있다.

2. 법적 성질

크게 다투어지는데, 특정한 집행권원에 관하여 특정한 재산에 대한 집행불허를 선언하는 판결을 구하는 형성의 소라고 보는 형성소송설, 소유권 등에 기한 방해배제청구라는 이행소송설, 집행의 목적물이 책임재산에 속하지 아니한다는 것의 소극적 확인을 구하는 소라는 확인소송설, 당해재산이 책임재산이 아니라는 것의 확인적 요소와 적법하게 행한 집행을 배제시키는 형성작용을 함께 갖춘 것이라는 구제소송설 등이 있다. 현재의 다수설 · 판례[1]는 **형성소송설**을 취하고 있다. 이 설에 의하는 우리 판례에서는 원고청구인용 또는 기각의 본안판결이 원고인 제3자에게 소유권이 있는지 여부를 기판력으로 확정하는 것이 아니라고 본다. 그렇다면 원고인 제3자는 청구기각의 판결이 확정되어도 그후 당해 목적물의 소유권이 자기에게 있음을 주장하며 채권자의 강제집행이 실체법상 위법함을 들어 손해배상을 청구할 수 있는 여지가 있다. 이러한 문제점을 해결하기 위하여 특정재산에 대한 집행불허를 선언하는 판결을 구하는 점에서는 형성소송이지만, 그 소송물은 그 특정재산에 대하여 집행력의 배제를 구하는 지위에 있다는 법적 주장이고 그 당부에 기판력이 생기는 것으로 수정 파악하고자 하는 견해가 신형성소송설이다.[2] 그러나 이러한 신형성소송설로 구성하지 아니하여도 패소한 제3자의 손해배상청구를 허용하기는 어려울 것이므로 기존의 형성소송설을 따른다.[3]

3. 이의의 원인(채무자의 책임재산에서 배제시키는 제3자의 권리)[4]

제48조 1항은 제3자가 「강제집행의 목적물에 대하여 소유권이 있다고 주장하거나 목적물의 양도나 인도를 막을 수 있는 권리가 있다」고 주장하는 경우에(소유권 또는 인도거부권의 주장) 제3자이의의 소를 제기할 수 있다고 규정했다.[5] 이는 집행의 목적물 위에 있는 제3자의 권리의 성질상, 제3자가 집행채

1) 김홍엽, 128면; 전병서, 176면. 대법 1977. 10. 11, 77다1041.

2) 中野/下村, 292면.

3) 왜냐하면 제3자이의의 소에서 제3자가 패소판결을 받은 뒤에 그가 소유권자라 하여도 채권자가 그 물건에 관해 강제집행을 한 것을 두고 채권자의 의무위반이라고 말하기는 법감정상 또는 신의칙에 비추어 무리라고 할 것이고, 따라서 이때에 제3자는 채권자의 집행이 그의 과실로서 위법임을 내세워 채권자에게 불법행위책임을 묻기는 곤란하다고 할 것이기 때문이다(독일의 통설 — 소송상의 형성소송, Brox/Walker, Rdnr. 139). 제3자이의의 소의 법적 성격을 형성의 소로 보면서 동시에 그 소송물이 집행에 대항한 이유사유 자체이므로 개별 실체권의 존부에는 기판력이 발생하지 않는 문제는 쟁점효의 법리를 적용하여 해결하자는 견해는, 구일서, "제3자이의의 소의 변론절차 및 판결", 민사집행법연구 제12권, 134~140면.

4) Jauernig/Berger, §13. 황정수, "제3자이의의 소를 제기할 수 있는 권리", 민사집행법연구(9권), 44면 이하 참조.

5) '양도를 막을 수 있는 권리'는 법전에 없는 권리라는 독일학계의 비판이 있다. 채권자와 채무자의 소송절차에 참가의 기회가 있었음에도 이를 해태한 제3자는 책임이 있으므로 제3자이의를 할 수 있는 범위를 재심사유 또는 추후보완상소에 준하는 사유가 있는 경우로 하자는 견해에, 최광선, "프랑스 민사소송법상 제3자이의에 관한 소고", 민사집행법연구 제17권,

권자와의 관계에서 집행에 의한 침해를 받아들일 법률상 이유가 없는 경우인 것을 뜻한다. 따라서 소의 원인이 되는 제3자의 권리가 집행채권자에 대항할 수 있는 권리[1]라야 하기 때문에 그 권리가 **압류 당시에 존재**해야 하는 것이 원칙이다.[2] 그러므로 집행권원, 또는 집행문에 채권자, 채무자 또는 승계인으로 표시된 사람은 원고적격이 없다.[3] 증명책임은 이의하는 제3자에 있다. 이 소는 집행개시 전이나 종료 후에는 권리보호의 이익을 잃는다. 그 뒤는 부당이득 또는 손해배상청구를 제기할 수 있을 뿐이다. 강제집행이 진행되는 동안에 제3자가 집행목적물에 대하여 이와 별도의 인도청구나 부작위청구의 소송은 제기할 수 없다.[4]

(1) 소유권 — 집행목적물의 소유권자

1) 제3자가 집행목적물의 소유권이 집행채무자가 아닌 자신에게 있다고 주장하는 것이 전형적이고 대부분의 경우이다. 채권 그 밖의 재산권의 귀속주체가 채무자가 아닌 제3자라고 주장하는 경우도 여기에 해당한다. 채권에 대한 압류추심명령이 있을 때에 자신이 피압류채권의 진정한 채권자라고 주장하면서 제3자이의의 소를 제기할 수도 있다.[5] 소유권자라고 하려면 그 목적물의 압류 당시에 이미 인도·등기 등 물권변동의 성립요건이나 양도통지 등의 대항요건을 모두 갖추고 있어야 한다.[6]

2) 압류집행 후 소유권을 취득한 권리자 즉 **제3취득자**는 원칙적으로 집행채권자에 대항할 수 없어(압류의 제3자효) 강제집행의 기초가 되는 집행권원의 허위·가장여부를 다툴 수 없으므로 본소가 허용되지 아니한다.[7] 그러나 집행채권자에게 대항할 수 있는 경우라면 예외적으로 허용될 수 있다. 집행채권자의 불법집행의 경우, 예를 들면 효력이 무효인 사망자 명의의 가압류결정을

314면 이하.

1) 대법 2007. 5. 10, 2007다7409; 동 2013. 3. 14, 2012다107068.
2) 대법 1997. 8. 29, 96다14470; 동 1988. 9. 27, 84다카2267 등.
3) 대법 2016. 8. 18, 2014다225038.
4) Lackmann, Rdnr. 579.
5) 대법 1997. 8. 26, 97다4401. 등기청구권이 압류된 경우에는 집행채무자가 아닌 제3자가 자신이 진정한 등기청구권의 귀속자라고 주장하며 제3자이의의 소를 제기할 수 있다는 것에, 대법 1999. 6. 11, 98다52995.
6) 집행채무자에 대하여 소유권이전등기청구권이 있다는 이유만으로는 이의사유로 할 수 없다는 것으로, 대법 1980. 1. 29, 79다1223.
7) 대법 1996. 6. 14, 96다14494; 동 1982. 9. 14, 81다527.

받은 때,[1] 가압류집행이 반사회적 행위에 해당하여 무효인 때,[2] 집행채권자가 제3자와 공모하여 가장채권에 의한 집행권원을 이용하여 강제집행하는 때,[3] 가압류 이후에 그 부동산을 양수한 제3취득자가 피보전채권을 변제한 때[4] 등이다.

3) 매매예약 후 소유권이전의 순위확보를 위하여 가등기를 한 **가등기권자의 경우**, 가등기는 대항력이 없으므로 본소를 바로 제기할 수는 없고 본등기이행소송에서 승소하여 본등기를 마친 뒤에 본소를 제기할 수밖에 없다.

4) **공유자 또는 합유자 중 일부**에 대한 집행권원에 기하여 공유물 또는 합유물 전부에 대하여 집행을 하는 경우에 다른 공동소유자는 자기의 공유권 내지 합유권의 행사가 방해됨을 주장하여 제3자이의의 소를 제기할 수 있다(특히 건물철거와 같이 집행이 성질상 불가분인 공유물의 경우). 이러한 소는 공유자 또는 합유자 1인이 제기할 수 있는데 이는 부당한 집행의 배제가 그 보존행위가 되기 때문이다(민 265조 단서, 272조 단서).[5] 같은 논리로 공유자 중 1인이 집행권원을 갖고 집행채무자에 대한 집행이 공유물의 보전행위에 해당하면 다른 공유자의 권익침해가 아니므로 다른 공유자가 본소를 제기할 수 없을 것이다.

5) **소유권자**라도 다음의 경우에는 이의할 수 없다.

① 소유권에 대항할 수 있는 이용권 즉 지상권, 임차권 등에 기하여 목적물인도집행을 하는 경우처럼, 강제집행이 소유권의 침해가 되지 아니하는 경우에는 소유권이 이의사유가 되지 아니한다.

② **명의신탁자**가 제3자이의를 할 수 있는가. 명의신탁의 경우 부동산 실권

1) 대법 1982. 10. 26, 82다카884.
2) 대법 1997. 8. 29, 96다14470.
3) 대법 1988. 9. 27, 84다카2267.
4) 대법 1982. 9. 14, 81다527(강제집행개시결정 후 소유권을 취득한 제3자는 집행채권이 변제 기타 사유로 소멸된 경우에도 청구에 관한 이의의 소에 의하여 집행권원의 집행력이 배제되지 아니한 이상 그 경매개시결정은 취소될 수 없고 그 결정이 취소되지 않는 동안에는 집행채권이 변제되었다는 사유만으로 소유권을 집행채권자에게 대항할 수 없으므로 제3자이의의 소에 의하여 그 강제집행의 배제를 구할 수 없다. 이와 달리 부동산가압류의 경우에는 가압류 부동산을 양수한 제3취득자의 변제로 인하여 피보전채권이 소멸되면 그 제3취득자는 가압류 채권자에 대한 관계에서도 소유권 취득을 대항할 수 있게 되어 가압류 채권자에 의한 강제집행은 결국 채무자 이외의 제3자의 소유물에 대하여 시행된 것이 되어 허용될 수 없다); 동 2014. 10. 27, 2012다76744.
5) 대법 1997. 8. 26, 97다4401(특정 조합원의 채권자가 그 조합원을 집행채무자로 하여 조합의 채권에 대하여 강제집행을 하는 경우, 다른 조합원은 보전행위로서 제3자이의의 소를 제기하여 강제집행의 불허를 구할 수 있다).

리자명의 등기에 관한 법률이 생긴 이래 새로이 부각되는 문제이다. 위 법률은 부동산에 관한 명의신탁약정과 명의신탁약정에 따른 물권변동을 원칙적으로 무효로 하면서(제4조), 다만 종중, 배우자 및 종교단체에는 그 예외를 인정하고 있다(제8조).

특례에 해당하지 아니하여 명의신탁약정이나 그에 따른 물권변동이 무효인 경우에 명의신탁자가 자신이 소유자임을 내세워 제3자이의 소를 제기할 수 있는지가 문제된다. 위 법률과 판례를 기초로 소유권의 귀속주체를 보면 (i) '양자간 등기명의신탁'(소유자인 신탁자가 수탁자와 명의신탁약정을 맺조 수탁자 명의로 등기를 한 경우)에는 소유권이 신탁자에게 있고, (ii) '3자간 등기명의신탁'(매매계약을 한 실질 매수인은 신탁자이나 매도인과 수탁자와 합의하여 수탁자 명의로 등기한 경우)에는 그 소유권이 매도인에게 있으며, (iii) '계약명의신탁'(수탁자가 매매계약의 당사자로 계약을 체결하고 자신의 명의로 등기한 경우)에서는 매도인이 악의인 때에는 소유권이 매도인에게 있고, 매도인이 선의인 때에는 소유권이 수탁자에게 있다.

따라서 명의신탁자가 소유권을 주장하여 일응 제3자이의의 소를 제기할 수 있는 것은 '양자간 등기명의신탁'뿐이다. 그러나 이 경우에도 법이 금지하는 반사회적 행위를 한 명의신탁자를 보호함은 동법의 입법취지에 맞지 아니하며 권리외관을 신뢰한 압류채권자의 보호상 옳지 않고 경매질서의 안전에도 위협이 될 것이다. 이를 떠나 명의신탁약정 및 그로 인한 물권변동의 무효는 제3자에게 대항하지 못한다는 동법 제4조 제3항의 규정상 명의신탁자가 제3자인 집행채권자에게 대항할 수 없으므로 제3자이의를 할 수 없다고 본다.[1)]

대법 2007. 5. 10, 2007다7409는 종중이 개인에게 명의신탁하여 그 약정이 유효한 경우에도 명의신탁에 있어서는 소유권이 대외적으로 수탁자에게 귀속하므로 명의신탁자는 신탁을 이유로 제3자에 대하여 소유권을 주장할 수 없고, 신탁자가 수탁자에게 가지는 명의신탁해지를 원인으로 한 소유권이전등기청구권은 집행채권자에게 대항할 수 있는 권리가 될 수 없다고 하여 명의신탁자인 종중은 제3자이의의 소의 원인이 되는 권리를 갖지 않는다고 보았다(배우

1) 같은 견해: 김홍엽, 130면; 주석 민사집행법(Ⅰ), 675면; 김상수, 119면 등. 명의신탁목적물을 압류 또는 가압류한 채권자도 동법 제4조 제3항의 제3자에 포함되고, 제3자의 선의·악의를 묻지 아니한다고 본 것에, 대법 2000. 3. 28, 99다56529; 동 2009. 3. 12, 2008다36022; 동 2013. 2. 28, 2010다89814; 동 2013. 3. 14, 2012다107068.

자명의의 부동산신탁의 경우도 같다. 위 법률 8조).

동산 · 예금 · 주식명의신탁의 경우도 같이 볼 것이다. 판례[1] 는 원칙적으로 명의신탁계좌 즉 차명계좌의 예금관계는 예금명의자를 예금주인 당사자로 볼 것이고 출연자가 아니라고 보고 있으므로(금융실명법 3조 5항), 이 예금채권이 압류되는 경우에도 출연자(신탁자)가 제3자이의의 소를 제기할 수 없다. 이는 금융실명제를 어긴 명의신탁의 반사회성에 비추어 업보라고 하겠다.

(2) 점 유 권

제3자의 점유권이 집행에 의하여 방해를 받게 되는 때에는 침해받게 되는 제3자가 이의의 소를 제기할 수 있다.[2] 직접점유이든 간접점유이든 가리지 아니한다.[3] 예를 들면 건물과 함께 그 대지인 토지를 점유하는 자는 건물소유자에 대한 집행권원에 기한 건물철거 · 토지인도의 강제집행에 대하여 점유의 침해를 감수할 이유가 없는 한 대항할 수 있는 본권이 있든 없든 점유권에 기한 제3자이의의 소를 제기하여 집행의 불허를 구할 수 있다. 제3자가 점유하는 유체동산의 압류는 제3자의 승낙(191조)을 얻어야 하므로, 그 승낙을 얻지 않고 압류한 경우는 이의사유가 된다. 제3자는 집행이의신청도 할 수 있다. 판례는 매수인이 소유권유보부매매의 목적물을 타인의 직접점유를 통하여 간접점유하던 중 그 타인의 채권자가 목적물을 압류한 경우에는 매수인이 목적물의 인도를 막을 수 있는 권리가 있다고 한다.[4]

부동산에 대한 집행 중 강제경매는 제3자의 관리이용을 방해하지 아니하므로(83조 2항) 점유권자는 이 소를 제기할 필요가 없다(강제관리에서 관리인이 점유취득하려는 경우는 별론). 판례는 목적물의 소유자가 타인에게 직접점유를 하게 한 경우, 점유이전금지처분은 점유에 관한 현상을 고정시키는 것에 불과하여 소유자의 간접점유권이 침해되는 것이 아니므로 직접점유자에 대한 점유이전금지가처분의 집행에 대하여 제3자이의의 소를 제기할 수 없다고 하였다.[5]

1) 대법(전) 2009. 3. 19, 2008다45828.
2) 대법 1957. 10. 10, 4290민상524.
3) 박두환, 91면; 강대성, 140면; 김홍엽, 132면 등.
4) 대법 2009. 4. 9, 2009다1894.
5) 대법 2002. 3. 29, 2000다33010.

(3) 용익물권 등

지상권, 지역권, 전세권(존속기간이 만료되지 아니한 경우), 대항력 있는 임차권(등기가 되거나 주택·상가건물의 경우는 인도와 주민등록·사업자등록을 한 경우) 등 부동산의 관리·사용을 목적으로 하는 권리는 강제경매로 권리행사가 방해를 받는 것이 아니므로 이의원인이 되지 아니한다. 선순위용익물권이라면 경매가 끝나도 매수인에게 인수되어 권리확보에 영향이 없기 때문이다(91조 4항). 그러나 강제관리의 경우에는 용익물권이 침해될 수 있으므로 제3자이의의 소가 허용된다.

(4) 담보물권

1) **점유를 수반하는 것**　동산에 대한 질권·유치권은 점유권과 마찬가지로 채권자측에 인도를 막을 수 있는 권리이므로, 집행에 의하여 점유를 빼앗겨 침해가 되는 경우이면 이의의 원인이 된다. 그러나 부동산유치권은 압류에 의하여 점유를 뺏기는 등 영향이 없으므로(91조 5항) 이의의 원인이 될 수 없을 것이다.

2) **점유를 수반하지 아니하는 것**　저당권·전세권(존속기간이 소멸한 경우)·우선특권(상 893조 이하)은 우선변제권에 지나지 아니하고 압류에 의하여 침해를 받을 것이 아니며, 매각대금에서 우선변제를 받으면 목적을 달성하는 것이므로 이의원인이 되지 아니한다(소멸주의). 「동산담보법」에 의한 동산담보권도 점유가 채권자에게 옮겨가는 것이 아니므로, 같이 볼 것이다. 확정일자를 갖춘 주택·상가건물 임차권자는 우선변제권이 있으므로 여기에 준할 수 있을 것이다. 그러나 집행이 목적물의 담보가치를 감소시킬 경우, 예를 들면 저당부동산의 종물이나 공장재단에 속하는 기계를 부동산으로부터 분리하여 집행하려는 경우 저당권자는 저당목적물의 담보가치하락을 방지하기 위하여 제3자이의의 소를 제기할 수 있다.

(5) 비전형담보

가등기담보·양도담보·소유권유보부매매 등의 비전형담보를 바탕으로 제3자이의의 소를 제기할 수 있는가에 대해서는 다툼이 있다.

1) **가등기담보권**　가등기담보가 된 부동산에 대하여 집행채권자가 강제경매를 하는 경우에 경매신청 이전에 가등기담보권자가 이미 소정의 절차를

거쳐서 청산금을 지급한 때에는(청산금이 없을 때에는 청산기간경과 후) 가등기담보권자는 가등기에 기한 본등기를 마치기 전이라도 제3자이의의 소를 제기할 수 있다. 왜냐하면 가등기담보권자는 청산금을 지급한 때에는 가등기에 기한 본등기청구를 할 수 있기 때문이다(가담 4조 2항). 그러나 경매신청이 청산금을 지급하기 전일 때에는 순위에 따라 배당받을 권리만 있을 뿐(가담 16조) 저당권과 마찬가지로 가등기담보권이 소멸하므로 제3자이의의 소를 제기할 수 없다.[1] 선순위 저당권자 등이 담보권실행의 경매를 하는 경우에도 제3자이의의 소를 제기할 수 없음은 물론이다.[2]

2) **양도담보권** 등기로 대외적인 소유권자가 정해지는 부동산보다 동산에서 문제된다. 양도담보권자는 대외적으로 소유권을 주장할 수 있으므로 설정자의 채권자가 담보목적물에 대해 집행을 하는 경우 제3자이의의 소를 제기할 수 있다는 것이 통설·판례이다(양도담보설정자는 다르다).[3] 대법 2004. 12. 24, 2004다45943은 동산양도담보권자는 양도담보권설정자의 일반채권자가 신청한 강제집행을 제3자이의의 소를 제기하여 그 배제를 구할 수도 있지만(담보할 채권이 존속하는 한), 이에 의하지 아니하고 이중압류의 방법으로 배당절차에 참가하여 양도담보설정자의 일반채권자에 우선하여 배당받을 수 있다고 했다. 그러나 양도담보권자에게는 저당권자와 마찬가지로 우선변제권만 주면 된다는 소수설이 있다.[4]

3) **소유권유보부매매**(할부매매의 경우)**와 리스계약** 소유권유보부매매는 양도담보의 경우와 마찬가지로 볼 것이다. 매수인의 일반채권자가 소유권유보의 목적물을 압류한 경우에 매도인이 제3자이의의 권리가 있다고 할 것이다.[5] 소유권유보라는 정지조건은 성취되지 아니하였으므로 소유권자는 여전히 매도인이기 때문이다{매매대금이 잔존하는 경우 매수인은 기대권만 보유}. 금융리스(financing lease)계약의 목적물이 이용자의 채권자에 의하여 압류된 경우에 리스회사가 그 소유권에 기하여 제3자이의의 소를 제기할 수 있는가. 금융리스

1) 김홍엽, 133; 전병서, 181면; 법원실무제요 민사집행(Ⅰ), 292면 등.
2) 주석 민사집행법(Ⅱ), 308면
3) 대법 1994. 8. 26, 93다44739. 양도담보권자가 소유자이므로 독일의 통설도 같다. Jauernig/Berger, §13.
4) 박두환, 94면.
5) 김홍엽, 135면. 대법 1996. 6. 28, 96다14807; 일본최고재 소화49(1974). 7. 18 판결.

가 특히 대금전액상환 방식인 경우(full pay-out), 그 경제적 실질은 소유권유보부매매에 가깝고 금융기능을 수행하므로 리스회사는 할부매매의 매도인이나 양도담보권자처럼 제3자이의의 소를 제기할 수 있다고 할 것이다. 그리고 운영리스(operation lease)는 임대차계약관계를 유추적용하지만 목적물이 이용자의 채권자에 의하여 압류된 경우에는 리스회사는 소유권이나 리스계약상의 채권적인 인도청구권에 기하여 제3자이의의 소를 제기할 수 있다.[1] 판례는 대내외적으로 소유권을 시설대여 회사에 있는 것으로 보고 있기 때문에[2] 당연하다.

(6) 채무자에 대한 채권적 인도청구권

집행목적물을 채무자로부터 인도 내지 반환받을 수 있는 채권적 청구권을 가진 자가 제3자이의의 소를 제기할 수 있는가. 집행목적물이 **채무자의 재산에 속하지 아니하는 경우는** 허용된다.[3] 이때에는 그 제3자가 집행에 의한 양도와 인도를 막을 이익이 있기 때문이다. 예를 들면 소유권자가 아닌 임차인은 전차인에 대하여 계약기간의 만료 후 전대인으로서 임대목적물의 반환청구권을 갖는데, 목적물이 전차인의 것임을 전제로 압류되었을 때에는 전대인으로서 이의할 수 있다. 그러나 채무자의 재산에 속하는 경우는 허용될 수 없다. 이 경우는 집행채권자에게는 대항할 수 없기 때문이다. 예컨대 부동산을 매수하고 아직 이전등기를 하지 아니한 상태에서 매도인의 채권자가 그 부동산을 압류한 경우에는 매수인이 아직 그 채권장에게 대항할 소유권을 취득하지 못하여 제3자이의의 소를 제기할 수 없다.[4]

(7) 처분금지의 가처분

처분금지의 가처분이 된 재산에 대하여 다른 채권자에 의한 강제집행이 있을 때 가처분권리자가 제3자이의의 소를 제기할 수 있는가. 가처분우위설[5]과 강제집행우위설[6]이 있는데, 소명에 의하는 가처분이 증명에 의한 강제집행

---

1) Brox/Walker, Rdnr. 1423, 1424.
2) 대법 2000. 10. 27, 2000다40025.
3) 대법 2003. 6. 13, 2002다16576; 동 2013. 3. 28, 2012다112381. 김홍엽, 137면; 전병서 182면.
4) 대법 1980. 1. 29, 79다1223. 김홍엽, 137면; 전병서 182면.
5) 박동섭, "제3자이의의 소의 당사자적격", 법조 45권 10호, 5면(강제집행에 의한 강제처분도 처분금지가처분이 명한 처분금지에 해당한다).
6) 박두환, 95면; 김홍엽, 138면; 전병서, 183면 등. 단 가처분권자의 실체적 청구권이 압류채권자에게 대항할 수 있는지 여부에 따라 제3자이의의 소의 허용여부가 결정된다는 상대적 효력설도 있다(강대성, 210면).

에 우선할 수 없다는 후설이 유력하며, 따라서 부정적으로 볼 것이다(ZPO §772 후문은 처분금지가처분에 기하여 제3이의의 소를 긍정. 뒤의 「가처분과 강제집행의 경합」 참조).

그러나 가처분권리자가 본안소송에서 승소하면 가처분결정송달 후 실시한 강제집행의 결과를 부인할 수 있는 문제가 생기므로,[1] 실무는 일단 강제집행을 개시한 후 가처분의 운명이 최종적으로 결정될 때까지 절차의 진행을 정지하고 있다.[2]

(8) 신의칙에 의한 이의

채권자가 자기 채권을 확보하고자 제3자의 부동산을 자기의 채무자에게 명의신탁시켜 놓은 후 바로 그 재산에 대해 강제집행을 하는 행위는 신의칙상 허용될 수 없다.[3] 이 경우는 제3자가 집행불허를 구하는 제3자이의를 할 수 있다고 할 것이다. 독일에서는 제3자이의의 소의 원고가 집행권원상의 채권에 대하여 보증을 선 경우이면 권리남용이 된다고 본다.[4]

(9) 유한책임재산

상속재산, 관리재산 등 유한책임재산이 아니라 상속인 등 채무자 자신의 고유재산에 대한 집행의 경우 채무자가 제3자의 지위에서 이의할 수 있음은 앞서 설명하였다.

4. 소송절차

(1) 제3자이의의 소의 **심리절차**는 일반소송절차와 다를 바가 없다. 제3자이의의 소는 집행법원의 전속관할이다. 원래 집행법원은 단독판사임이 원칙(법조 7조)이나, 소송물이 단독판사의 관할에 속하지 아니한 때에는 합의부가 관할한다(48조 2항). 제3자이의의 **원고적격**이 있는 제3자는 집행권원 또는 집행문에 채권자, 채무자 또는 그 승계인으로 표시된 자 이외의 자를 말한다.[5] 예외

---

1) 대법 2009. 12. 24, 2008다10884.
2) 법원실무제요 민사집행(Ⅰ), 292면.
3) 대법 1981. 7. 7, 80다2064.
4) Lackmann, Rdnr. 608~610.
5) 대법 1992. 10. 27, 92다10883(승계집행문에 승계인으로 표시된 자는 제3자이의의 소에서 배제된다). 집행의 채무자적격을 가지지 아니한 사람에 대하여 집행문을 내어준 경우에, 집행문이 취소될 때까지는 그 사람이 집행문에 의한 집행의 채무자가 된다(대법 2016. 8. 18, 2014다225038).

적으로 채무자의 고유재산에는 집행할 수 없는 유보부판결로 상속재산이 아닌 채무자의 고유재산에 집행할 때에는 채무자도 원고적격을 가진다.[1] 제3자의 채권자도 채권자대위권에 기하여 제3자이의의 소를 제기할 수 있다. **피고적격자**는 압류채권자이다. 제3자이의의 소는 집행개시 후에만 제기할 수 있는 것이 원칙이나, 특정물의 인도·명도청구권에 기초한 강제집행(257조, 258조)에서는 예외적으로 집행문부여가 되었으면 강제집행개시 전에도 제3자이의의 소를 제기할 수 있다. 강제집행종료 후에는 이 소를 제기할 수 없다. 제3자이의의 소가 계속중 강제집행이 끝난 경우는 소의 이익이 없다.[2] 그러나 현금화절차가 끝나고 배당절차만 남겨둔 경우에는, 이 소에서 승소한 자가 매각대금에 대한 권리를 주장할 수 있으므로 소의 이익이 있다.[3]

제3자이의의 소의 경우에 청구이의의 소와 마찬가지로 집행정지·속행·취소 등의 **잠정처분**이 인정된다(48조 3항, 46조, 47조). 이때의 집행정지결정은 이의의 소 제기 후 판결의 선고가 있을 때까지 이의자의 보호를 위한 법원의 임시응급조치이므로 그 자체가 이의의 소에 부수한 종속적인 재판으로서 불복신청의 대상이 될 수 없다.[4] 본소를 제기하지 아니하고 잠정처분만 신청함은 부적법하다.[5] 제3자이의의 소는 집행이의(16조)와 경합하여 제기할 수 있다. 예를 들면 제3자 소유의 물건인데 제190조를 어겨 압류한 경우이다. 다만 집행이의로 쉽게 목적을 이룰 수 있는 예외적인 경우는 제3자이의의 소는 권리보호의 이익이 없다고 하겠다.

(2) **본안의 심리**는 집행청구권의 존부에 미치지 아니하고 원고주장의 **이의사유의 존부**에 한정된다. 이의원인인 제3자의 권리는 원고가 증명책임을 진다. 집행채권자인 피고는 **항변**으로 이의사유의 주장이 신의칙이나 금반언에 위배된다거나, 법인격부인사유로도 항변할 수 있다. 제3자이의의 소가 채권자의 집행방해용으로 이용되는 예가 적지 않다. ① 일본판례는 제3자이의의 소에서 이의사유로 주장된 소유권의 취득원인이 제3자와 채무자가 짜고 채권자인 피고를 해치는 사해행위에 해당한다면서 사해행위취소의 반소제기를 하였

1) 박두환, 97면; 강대성, 143면, 법원실무제요 민사집행(Ⅰ), 295면
2) 대법 1996. 11. 22, 96다37176.
3) 대법 1997. 10. 10, 96다49049.
4) 대법 1959. 12. 22, 4292민재항303; 동 1963. 3. 30, 63마5.
5) 대법 1986. 5. 30, 86그76; 동 2004. 8. 17, 2004카기93.

을 때, 그 이유가 있으면 제3자이의의 소는 기각을 면치 못하는 것이라고 하였다.[1] ② 대법원도 실질적으로 가압류채무자 소유인 선박이 그의 채권자에 의하여 가압류된 경우에 편의치적(便宜置籍, 편의상 선박회사의 선적을 외국으로 해 놓는 것)의 목적으로 만들어 놓은 형식상의 선박소유회사 즉 paper company가 나서서 선박의 소유권이 자기에게 있다고 주장하며 제3자이의의 소를 제기한 사안에서, 채무면탈이라는 불법목적을 달성하려는 것이므로 신의칙상 허용할 수 없다고 하였다.[2]

(3) 이의사유가 인정되는지 여부의 판단기준시는 변론종결시이다. 본안의 심리결과 청구기 인용되는 경우에는 집행이 부적법함을 선언하여야 한다. 이 판결에서는 직권으로 이미 내린 바 없었다면 제46조의 집행정지 · 속행 · 취소 등의 명령을 내리고, 이미 내렸다면 내린 명령을 취소 · 변경 · 인가할 수 있으며(48조 3항, 47조 1항), 이에 대하여는 직권으로 가집행선고를 하여야 한다(48조 3항, 47조 2항). 이러한 집행불허의 확정판결이나 가집행선고 있는 판결의 정본을 집행법원에 제출하여 집행을 정지 또는 취소시킬 수 있다(49조, 50조). 인용판결의 기판력은 이의권의 존재에 생기고 이의사유로 주장한 **소유권** 등 실체적 권리 또는 법률관계에 발생하지 아니한다.[3]

(4) 이 소는 원래 집행채권자를 피고로 하는 소송이며, 집행채무자의 소유권 등의 존부가 확정되는 것이 아님은 앞서 본 바이다. 그러나 집행채무자가 소유권이 자기에게 있다고 이의사유를 다툴 때에는 제3자가 자기에게 소유권이 있다는 기판력 있는 판결을 받기 위하여 집행채무자까지 공동피고로 하여 소유권확인 또는 목적물 인도 등 이행의 소를 병합 제기할 수 있다(48조 1항 단서). 이때의 병합의 소는 통상공동소송이 된다. 위와 같은 병합제기가 되지 않는 한 제3자이의의 소에 소유권의 존부에 대한 기판력이 생길 수 없으므로 제3자이의의 소 이후에 부당이득반환청구, 손해배상청구의 소가 어려울 수 있음

---

1) 일본 최고재 1965. 3. 26 판결. 제3자이의의 소에서 제3자의 법인격이 집행채무자에 대한 강제집행회피를 위하여 남용되었을 때에는 법인격부인의 법리적용을 배제할 이유가 없으며, 원고가 집행채무자와는 별개의 법인격인 제3자라는 것을 주장하여 강제집행불허를 구하는 것은 허용될 수 없다는 것에, 일본 최고재 2005. 7. 15 판결이 있다. Jauernig/Berger, §13 Rdnr. 26.

2) 대법 1988. 11. 22, 87다카1671.

3) 대법 1977. 10. 11, 77다1041.

은 앞서 보았다.

청구이의의 소와 제3자이의의 소를 비교하면 도표 2-7과 같다.

도표 2-7 청구이의의 소와 제3자이의의 소 비교

	구분	원고적격	관할법원	이의사유	효력·적용범위
부당집행(실체 법위반)	청구 이의의 소	채무자	제1심판결법원 등	청구권의 소멸·저지사유, 부집행약정, 신의칙·권리남용, 한정승인등 예외적으로 청구권의 불발생(장애)사유	집행력 자체의 배제, 강제집행절차에 한정
	제3자 이의의 소	제3자 부정: 용익물권자, 명의신탁자, 가처분권자, 법인격부인될 제3자	집행법원	소유권, 공유권, 점유권 일부, 점유수반의 담보물권, 양도담보권(소유권유보부매매=리스계약), 채권적 청구권(채무자 비소유물), 신의칙위반, 상속인 등의 고유재산집행	부당집행의 배제, 강제집행절차 외 담보권실행의 경매, 가압류·가처분절차에도 적용

Ⅲ. 부당이득과 손해배상

1. 채권자의 책임

(1) 강제집행의 경우

앞서 본 부당집행에 대한 구제책은 강제집행이 진행중일 때의 대책이나, 강제집행이 종료된 후의 구제책은 실체상 억울한 일이 생겼으면 채무자가 채권자로부터 민법에 의한 부당이익이나 손해배상을 받아내는 것이다. 강제집행의 종료는 면책을 뜻하는 것이 아니다. 기초가 된 매각허가결정, 추심명령, 전부명령 등은 기판력이 없기 때문이기도 하다. 판례는 확정판결에 의한 권리라 하더라도 신의에 좇아 성실히 행사되어야 하고 판결에 기한 집행이 권리남용이 되는 경우에는 허용되지 않으므로, 집행채무자는 청구이의의 소에 의하여 집행의 배제를 구할 수 있으나, 확정판결은 소송당사자를 기속하는 것이므로 재심의 소에 의하여 취소되거나 청구이의의 소에 의하여 집행력이 배제되지 아니한 채 확정판결에 기한 강제집행절차가 적법하게 진행되어 종료되었다면

강제집행에 따른 효력 자체를 부정할 수는 없다고 원칙을 정하고 있다.[1)]

1) **부당이득반환** 채권이 존재하지 아니하거나 소멸되었음에도 강제집행을 하였거나 또는 채무자의 책임재산에 속하지 아니하는 재산에 대하여 강제집행을 하여 채무자나 제3자가 손해를 입은 경우이다.[2)] 예를 들면 전부명령이 확정된 후 그 집행권원상의 집행채권이 소멸된 경우, 소멸된 부분에 관해서는 집행채권자가 집행채무자에 대한 관계에서 권리가 없는데도 집행채무자의 제3채무자에 대한 채권을 차지한 셈이 되므로 집행채무자는 부당이득반환의 청구를 할 수 있다.[3)] 이때 집행채권자가 추심하여 받은 부분은 부당이득반환으로, 아직 추심되지 아니한 부분은 채권 자체의 양도를 구하는 방법으로 구제받을 수 있다.[4)] 또 채무자 이외의 자의 소유에 속하는 동산을 경매한 경우 그 동산경매에서 배당을 받은 채권자는 동산의 소유자에 대해 부당이득반환의 의무를 진다.[5)]

2) **불법행위로 인한 손해배상**

① **제3자물건에 대한 집행** 채권자가 채무자 소유가 아님에도 그의 소유라고 적극적으로 주장하면서 그럴듯한 자료를 제시하는 등 집행관의 판단을 그르쳤음이 인정된다면, 채권자에게 고의·과실이 있는 경우이므로 배상책임을 인정할 것이다.[6)] 대법 1999. 4. 9, 98다59767은 채권자가 압류 당시에는 고의·과실이 없었으나 그 후 압류목적물이 제3자 소유임을 알았거나 용이하게 알 수 있었음에도 불구하고 그 압류상태를 계속 유지한 경우에도 알았거나 알 수 있었을 때로부터 불법행위로 인한 손해배상책임을 부담한다고 하였다. 부당가집행한 경우는 명문으로 채권자에게 원상회복 및 무과실손해배상의 책임을 인정하고 있다(민소 215조).

② **편취판결에 의한 집행** 당사자가 상대방이나 법원을 속여서 채권이 없거나 소멸되었음에도 채권이 존재한다는 내용의 부당판결을 받은 판결편취

---

1) 대법 2024. 1. 4, 2022다291313(확정판결에 기한 인도집행이 종료되어 을(피고, 집행채무자)의 임차인으로서의 점유가 상실되었으므로 을은 더 이상 임차권에 기초한 점유권원을 주장할 수 없다는 판결임) 등.
2) 대법 1988. 3. 8, 87다카1962.
3) 대법 2008. 2. 29, 2007다49960; 동 2010. 12. 23, 2009다37725.
4) 대법 2005. 12. 19, 2005그128.
5) 대법 2003. 7. 25, 2002다39616.
6) 대법 1974. 6. 11, 74다27.

의 경우에 재심에 의하여 판결을 취소함이 없이 직접 부당이득반환 · 손해배상 청구 등이 가능한가. 기판력에 의한 법적 안정성의 요구와 구체적 정의가 충돌하는 경우에 어느 쪽을 우선시킬 것인가의 문제이다.

독일 판례는 재심에 의하여 판결을 취소하지 아니하여도 공서양속위반의 불법행위 규정인 BGB 제826조에 의한 손해배상책임을 물을 수 있다고 한다(독일의 학설은 반대). 이 같은 조문이 없는 우리나라에서는 재심에 의한 판결취소 없이 손해배상청구 등이 가능한가의 문제를 놓고 **재심불요설, 제한적 불요설,**[1] **재심필요설**이 대립되어 있다. 생각건대 재심을 거치지 않고 바로 부당이득반환 · 손해배상청구가 가능하다고 보려면 편취된 판결의 효력이 당연무효임이 전제되어야 할 것인데 편취된 판결이 당연히 무효라고 하기는 어렵다. 이는 판결편취의 전형적인 예인 피고의 주소를 허위주소로 기재하여 진행한 경우를 별도의 재심사유로 규정한 점(민소 451조 1항 11호)에 비추어보면 더욱 그러하다. 따라서 판결편취의 경우에 부당이득이나 손해배상청구를 하기 위해서는 원칙적으로 먼저 재심의 소를 제기하여 그 판결을 취소시켜야 한다(재심필요설). 다만 재심의 소를 제기하면서 이와 함께 관련청구로 부당이득반환, 손해배상청구를 함께 병합제기하는 것을 허용함으로써 분쟁의 1회적 해결을 도모할 수 있다(통설이지만 판례는 다르다).[2] 잘못된 가집행선고 있는 판결의 취소청구와 병합하여 가지급물반환 및 손해배상청구가 가능함을 생각하면 결코 무리한 발상이 아니다. 또 가처분취소소송에서 채권자에게 인도 또는 지급받은 금전의 반환을 명하는 청구가 가능함(308조)도 유의할 필요가 있다.

대법원 판례를 정리하면,

(i) **부당이득**과 관련하여, 자백간주에 의한 판결편취[3]의 경우를 제외하고, 일반적으로 편취된 판결에 의하여 강제집행이 된 경우 그 판결이 재심의 소 등으로 취소되지 않는 한 강제집행에 의한 이득은 부당이득이 되지 않는다는

---

1) 김홍엽, 141면. 원칙적으로 재심이 필요하지만 확정판결에 기한 강제집행에서 당사자의 절차적 기본권이 근본적으로 침해되거나 재심사유가 존재하는 등 확정판결의 효력을 존중하는 것이 정의에 반함이 명백하여 이를 묵과할 수 없는 경우에는 재심이 필요하지 않다는 견해이다. 대법원은 뒤에서 보듯이 부당이득에 관해서는 재심필요설, 손해배상에 관하여는 제한적 불요설의 입장으로 보인다.

2) 이시윤, 신민사소송법(제17판), 709, 733면 참조.

3) 이때는 편취판결로 옮겨간 이전등기에 관하여 항소에 의한 취소 없이 곧바로 말소등기를 청구할 수 있다.

것으로 일관하고 있다.[1)]

(ii) 불법행위에 의한 **손해배상청구**는 먼저 재심의 소에 의하여 판결을 취소시켜야 함이 원칙이지만, **절차적 기본권**이 근본적으로 침해된 경우나 **재심사유**가 있는 등 확정판결의 효력을 존중하는 것이 정의에 반하여 이를 묵과할 수 없는 경우에 한하여 불법행위가 성립되어 바로 배상청구를 할 수 있다는 입장이다.[2)]

따라서 판례는 부당이득에 관하여는 재심필요설, 불법행위에 관하여는 제한적 불요설에 가깝다.

(2) 보전처분과 잠정처분의 경우

1) 부당한 보전처분임이 판명된 경우 가압류·가처분을 한 경우에 만일 집행채권자가 본안에서 패소하였다면 그 집행으로 인하여 채무자가 입은 손해에 대하여서는 가압류·가처분채권자에게 고의·과실이 없다는 특별한 반증이 없는 한 이를 배상할 책임이 있다는 것이 확립된 판례이다(ZPO §945에서는 손해배상의무를 명문화).[3)] 가압류·가처분제도의 남용에 대한 반동적인 제재이다. 이러한 판례의 입장은 집행채권자의 과실을 추정한 것으로 과실의 유무에 관한 증명책임을 전환한 것이라 하겠다. 부당한 처분금지가처분으로 인하여 처분이 지연되었다면 특별한 사정이 없으면 처분지연된 기간 동안 입은 손해 중 적어도 부동산의 처분대금에 대한 법정이율에 따른 이자상당의 금액은 통상손해로 볼 것이다.[4)] 나아가 부당한 가압류에 관하여 고의·과실이 있는 가압류채권자는 그 가압류집행으로 인하여 제3자가 입은 손해를 배상할 책임이 있다.[5)] 다만 토지에 대한 부당한 가압류의 집행으로 그 지상건물신축의 공사

1) 대법 2001. 11. 13, 99다32905; 동 1995. 6. 29, 94다41430 등.

2) 대법 1992. 12. 11, 92다18627; 동 1995. 12. 5, 95다21808; 동 2001. 11. 13, 99다32899. 중재판정의 경우에도 같은 취지의 것은, 대법 2005. 12. 23, 2004다8814. 나아가 이러한 판결의 집행이 불법행위를 구성하는 경우 채무자는 청구이의의 소를 제기할 수 있다는 것에, 대법 1984. 7. 24, 84다카572; 동 1997. 9. 12, 96다4862.

3) 대법 1983. 2. 8, 80다300 등. 동 2009. 2. 26, 2006다24872(이에 대한 논평은 문광섭, "타인의 예금채권에 대한 가압류와 손해배상책임", 민사집행법연구 제6권(2010), 162면 이하).

4) 대법 2001. 11. 13, 2001다26774. 대법 2006. 6. 15, 2006다10408는 부당한 채권가압류의 집행이 있었으나 가압류채무자가 제3채무자로부터 채권을 바로 지급받을 수 없는 사정이 있었다면 부당한 채권가압류의 집행으로 인하여 손해를 입었다고 할 수 없다고 하였다.

5) 대법 2009. 2. 26, 2006다24872(가압류채권자가 제3자 명의의 예금채권을 실제로는 가압류채무자의 것이라 주장하면서 가압류신청을 하고 그에 따른 가압류결정에 기하여 가압류집행이 된 사안).

도급계약이 해지됨으로 인한 손해는 특별손해라는 것이 판례이다.[1)]

2) **부당한 잠정처분임이 판명된 경우** 청구이의의 소의 경우에 잠정처분으로 임의경매절차가 정지되었는데 그 본안소송(근저당권설정 등기말소청구나 채무부존재확인청구 등)에서 채무자가 패소판결을 받은 경우이다. 이때에 판례는 그 잠정처분에 의하여 경매절차가 정지되고 그로 인하여 경매절차를 진행하던 채권자가 입은 손해에 대하여 특별한 사정이 없는 한 잠정처분을 신청한 채무자에게 고의 또는 과실이 있음이 추정되고 따라서 부당한 경매절차의 정지로 인한 손해에 대하여 배상책임이 있다고 하였다.[2)] 이러한 법리는 부당한 집행정지의 잠정처분 일반에 적용된다 할 것이다.[3)] 제308조는 가처분에 의하여 채권자가 물건인도·금전지급을 받거나 물건을 사용·보관하고 있는 경우에는 법원은 가처분취소재판에서 그 가처분이 취소된 때에는 채무자의 신청에 따라 채권자에게 가져간 물건이나 금전의 반환 등 채무자에게로 원상회복명령을 할 수 있도록 하였다. 이때에 손해배상도 하여야 한다는 설이 있다.

2. 국가 등 배상책임

(1) 집행기관의 위법집행의 경우에 생기는 문제이다. 즉 집행을 담당하는 공무원 즉 집행법원을 구성하는 법관·사법보좌관 또는 집행관이 그 집무를 행함에 있어서 고의·과실로 위법하게 채권자, 채무자 혹은 제3자에게 손해를 입힌 때에는 국가가 국가배상법 제2조 1항에 따라 손해배상책임을 진다.

1) **집행기관이 법관인 경우** 법관의 잘못을 이유로 국가배상책임을 묻기는 매우 어렵다. 판례는 법관이 재판에서 법령의 규정을 따르지 아니한 잘못이 있다 하더라도 곧바로 그 재판상 직무행위가 국가배상법 제2조 1항에서 말하는 위법한 행위로 되어 국가배상책임이 발생하는 것이 아니고, 국가배상책임이 인정되려면 당해 법관이 위법·부당한 목적을 가지고 재판을 하였거나 법관의 직무수행상 준수할 것을 요구하고 있는 기준을 현저하게 위반하는 등 법관이 그에게 부여된 권한의 취지에 명백히 어긋나게 그 권한을 행사하였다

1) 대법 2008. 6. 26, 2006다84874.
2) 대법 2001. 2. 23, 98다26484; 서울중앙지법 2013. 2. 18, 2012가단142663.
3) 가집행의 집행정지의 경우에 신청인에게 고의·과실이 있다면 불법행위가 성립된다는 것에, 대법 1963. 8. 22, 63다324.

고 인정할 만한 특별한 사정이 있어야 한다는 것이다.[1] 이른바 **국가배상책임**에 관한 **제한설**을 채택하였기 때문이다.

2) 사법보좌관 · 법원공무원 · 우편집배원 등의 경우 2005년 이후 과거 법관이 담당하던 집행법원의 업무를 수행하는 **사법보좌관**의 경우는 어떻게 볼 것인가. 사법보좌관은 법관이 아니고 헌법상 사법권의 독립이 보장된 바도 아니므로 법관과 똑같이 취급할 근거는 약하다. 그런데 판례[2]는 배당표원안을 작성하고 확정하는 사법보좌관의 행위는 재판상 직무행위에 해당하므로 법관의 직무행위에 대한 국가배상책임의 법리가 그대로 적용된다고 하면서, 사법보좌관이 위법하거나 부당한 목적을 가지고 직무를 행하였다거나 직무수행상 준수할 것을 요구하고 있는 기준을 현저하게 위반하는 등 사법보좌관이 그에게 부여된 권한의 취지에 명백히 어긋나게 행사하였다고 인정할 만한 특별한 사정이 있어야 국가배상책임이 발생한다고 하였다.

집행업무를 담당하는 법원공무원 등은 그 직무권한범위 내의 사무처리상 과실이 있으면 집행관과 같이 취급할 것이다. 경매담당공무원이 이해관계인에게 경매기일 · 매각결정기일의 통지를 누락한 경우 등 경매절차에 관한 직무상 의무를 위반하였고 그 결과 매수인이 매각허가결정이 적법유효한 것으로 믿고 매각대금 및 등기비용을 지출하여 손해를 입은 경우, 그것이 원인이 되어 매각허가결정이 취소되었다면 국가배상책임을 인정하여야 한다는 것이 판례이다.[3] 매수인이 매각허가결정이 유효한 것으로 믿고 지출한 **신뢰이익** 즉 매각대금 + 대금납부일부터 기산되는 연 5푼의 비율에 의한 지연손해금 + 매수인이 지출한 국민주택채권 할인료 상당의 손해금을 청구할 수 있다. 이것은 경매공무원이 공유지분매각에서 **공유자 통지의 누락** 등 절차상의 과오로 매각허가결정이 취소된 경우에도 같다.[4] 나아가 **매각물건명세서 기재의 누락**, 예컨대 최우선순위의 전세권이 매수인에게 인수된다는 기재를 하지 아니한 경우는 담당공무원의 직무상의 과실로 인한 매수인의 손해에 국가배상책임이

1) 대법 2001. 4. 24, 2000다16114(법관이 배당표를 잘못 작성한 사안); 대법 2003. 7. 11, 99다24218.

2) 대법 2023. 6. 1, 2021다202224(사법보좌관이 원고와 원고의 업무수탁기관인 농협은행주식회사를 동일한 주체로 오인하여 원고를 배당절차에서 누락한 사안인데, 국가배상책임이 발생하지 않는다고 하였다).

3) 대법 2008. 7. 10, 2006다23664.

4) 대법 2007. 12. 27, 2005다62747.

인정된다.[1)]

이 밖에 구청직원의 주민등록전입신고의 확인입력의 누락(선순위 임차인의 부존재로 오인하여 입은 손해), **우편집배원**의 압류전부명령 송달의 잘못(부적법한 송달을 하고도 적법한 송달인 것처럼 우편송달보고서를 작성하였으나 압류전부의 효력이 발생하지 않아 손해를 본 경우)의 경우에도 국가배상책임의 문제가 생긴다.[2)] 다만 집행법원의 과실로 채권가압류결정이 제3채무자에게 송달되지 아니한 경우에는 그와 같은 잘못으로 채무자에 대한 채권추심이 곤란해졌다는 특단의 사정이 없는 한 채권액만큼의 손해가 현실적으로 발생하였다고 볼 수 없다는 판례도 있다.[3)]

3) 집행관의 경우 집행관은 법관이 아니므로 일반공무원의 경우와 마찬가지로 그가 직무상 주의의무를 위반하여 타인에게 손해를 가한 때에는 국가가 피해자에게 손해배상의 책임을 진다.[4)]

집행관은 채권자를 위해서는 지나치게 과소압류를 해서는 안 되고, 채무자를 위해서는 필요 이상으로 과다압류를 해서는 안 되며, 제3자를 위해서는 채무자에 대한 집행과정에서 제3자의 물건을 압류하거나 피해를 주어서는 아니 된다(독일법 802a조에서 집행관의 원칙적 권한으로, '집행은 지체없이, 완전하게 그리고 비용절감의 금전집행에 노력한다'고 했다). 특히 집행관은 부동산경매에서 집행법원의 보조기관으로 현황조사보고를 하면서 등기부상 공시되지 않는 권리관계 즉 주택·상가건물임차권, 법정지상권·분묘기지권의 성립가능성, 유치권자·특수지역권(민 302조) 등이 있는데 없는 것으로, 없는데 있는 것으로 조사 보고서를 작성함으로써 매수인이나 채권자에게 손해를 입게 하여서는 안 될 직무상의 의무를 진다.

집행관이 과실로 이와 같은 의무위반을 한 경우에는 채권자, 채무자, 제3자 또는 매수인은 국가배상법에 따른 손해배상청구를 할 수 있다.[5)] 대법

1) 대법 2010. 6. 24, 2009다40790.
2) 대법 2009. 7. 23, 2006다87798. 특별송달의 실시기관인 집행관, 법정경위, 법원사무관 등의 책임과의 형평 등에 비추어, 특별송달우편물과 관련하여 우편집배원의 고의·과실에 의한 손해발생의 경우에도 국가배상청구할 수 있다고 한 것에, 대법 2008. 2. 28, 2005다4734.
3) 대법 2003. 4. 8, 2000다53038.
4) 대법 1968. 5. 7, 68다326; 동 1966. 7. 26, 66다854. 한때 구민소법 제493조는 집행관의 직무상의 불법행위로 인한 손해에 대하여 집행관이 제1차적 책임을 진다고 규정하고 있어서 국가배상책임이 배제되는 것 같이 해석될 여지가 있었으나, 1990년 개정법률에서 이를 삭제하였다.
5) Brox/Walker, Rdnr. 12. 일본 최고재 평성9. 7. 15. 판결.

2003. 9. 26, 2001다52773은 집행관으로서 당연히 알아야 할 법규를 알지 못하거나 필요한 지식을 갖추지 못하였고, 또 조사를 게을리하여 법규의 해석을 그르쳐 타인에게 손해를 가하였다면 불법행위가 성립한다고 했다. 공장저당의 목적인 동산은 유체동산압류의 **금지물**인데 이를 압류집행한 경우, 집행이의 등 구제절차를 취하였다면 손해발생을 막을 수 있었다고 단정할 수 없는 이상 배상책임이 있다는 취지이다.

(2) 당해 공무원에 대한 구상

위법한 집행으로 국가가 배상책임을 이행한 경우, 당해 공무원인 사법보좌관·경매공무원·우편집배원·집행관에게 고의 또는 중대한 과실이 있는 때에는 그에게 구상할 수 있다(국배법 2조 2항).[1] 판례는 여기에서의 중과실이란 통상 요구되는 주의가 아니라 약간의 주의를 한다면 손쉽게 위법·유해한 결과를 예견할 수 있는 경우임에도 만연히 이를 간과한 경우와 같이 거의 고의에 가까운 현저한 주의를 결여한 상태를 의미한다는 것이다. 그리하여 판례는 부동산경매에서 집행관이 임대차현황을 조사함에 있어서 주민등록상 단독 세대주인 임차인이 가족과 함께 거주하고 있었음에도 가족의 주민등록관계를 조사하지 아니한 사안에서 이는 중과실에 해당하지 아니한다고 하였다.[2] 이와 같이 구상요건에 대한 엄격한 해석 때문에 집행관 개인에게 배상책임을 묻기가 사실상 어렵게 되어 있다.

이처럼 민사집행 및 보전처분사무를 처리하는 법원사무관 등의 배상책임 문제가 늘어나자 2011. 12. 30. 개정민사집행규칙 제18조의2에서 법원행정처장이 그들을 위한 **재정보증제**를 운영하도록 하였다.

---

1) 대법(전) 1996. 2. 15, 95다38677.

2) 대법 2003. 2. 11, 2002다65929. 집행관이 매각부동산의 현황조사과정에서 임대차관계를 잘 확인하지 아니한 직무상 잘못이 있더라도 권리신고절차를 취하지 않은 임차인에 대한 관계에서 불법행위를 구성하지 않는다는 것에, 대법 2008. 11. 13, 2008다43976.

제 5 장 금전집행

강제집행절차는 크게 금전채권에 기초한 강제집행과 금전채권 외의 채권에 기초한 강제집행으로 나누어진다. 금전채권에 기초한 강제집행 즉 금전집행이란 금전채권의 강제적 실현을 위한 절차로서 대부분이 금전집행에 속한다. 이에 대하여 금전채권 외의 채권에 기초한 강제집행 즉 비금전집행이란 금전채권 이외의 모든 청구권, 예를 들면 인도청구권, 작위·부작위청구권, 의사표시청구권 등의 강제적 실현을 위한 절차를 말한다.

금전집행의 방법으로 과거에는 채무자의 재산에 대한 직접강제의 방법, 즉 집행기관에 의한 채무자 재산의 압류 → 현금화 → 배당의 방법에만 의존하였다. 그러나 채무자의 책임재산을 쉽게 발견할 수 없는 경우를 대비하여 1990년 개정법률에서 독일의 개시선서제(1971년 개정전의 Offenbarungseid, 그 뒤 선서에 갈음하는 보증과 감치제, Eidesstattliche Versicherung und Haft, 2013년에 이르러 재산정보제공(Vermögensauskunft)제도)를 도입한 재산명시절차를 신설하여 금전채무의 이행강제를 위한 방법을 마련하였다. 2002년에는 여기에 감치제도와 재산조회제도를 추가하는 한편, 2005년 개정법률에서 다시 제도적 보완을 하였다.

나아가 2009년 5월 개정한 가사소송법 제48조의2·3에서는 재산분할·부양료·양육비청구사건에 대하여도 재산명시 및 재산조회제도를 확대 신설하였다. 가사소송법상의 재산명시 등은 집행권원이 만들어지기 전인 소송계속 중에도 실시가 가능한 점에 특색이 있다.

뒤늦게 일본도 우리의 예를 따라 2003년에 재산개시절차를 도입하였다(그러나 2009년 접수 건수가 894건에 불과하도록 저조하여, 개정되었다).[1] 미국에는 주법

---

1) 2012년에 일본 변호사협회의 간부진과 三木浩一, 山木和彦 교수 등이 방문하여 서울중앙지법의 실무운영실태를 점검하는 한편 우리 제도의 기초자 중 한 사람인 필자를 찾아와 장시간 인터뷰하였는데, 그들의 치밀한 연구열기를 확인하는 기회였다. 古賀政治 변호사의 "한국에 있어서 金錢債務名義의 實效性擔保를 위한 制度", 판례타임스 1382호에서 조사결과를 정리하여 발표하였다. 그 뒤 일본집행법은 우리 법제도를 참작하여 제도개선을 하였다.

(州法)에 채무자를 공개법정에 소환하여 채무자보유의 재산전부를 공개하도록 하는 supplementary proceeding이 있다. 허위진술에 위증죄, 법정모욕죄로 처벌하는 영국도 유사하다.

채무자가 감춘 재산을 되찾아 강제집행의 실효성을 확보하는 방법에는 아래에서 설명할 재산명시절차 외에 채권자취소권 · 채권자대위권의 행사, 사해방지참가, 통정허위표시 · 명의신탁의 무효주장 그리고 강제집행면탈죄로의 고소 등이 있으며, 이의 사전예방의 방법으로는 가압류 · 가처분제도가 있음은 앞서 보았다.

제 1 절 재산명시절차

넓은 의미에서 재산명시절차란 금전집행을 함에 있어서 채무자의 재산을 쉽게 찾을 수 없을 때에 채무자로 하여금 자신의 재산상태를 명시한 재산목록을 법원에 선서 제출하게 하고, 채무자 명의의 재산에 대하여 공공기관 · 금융기관 등에 조회하며, 재산명시기일에 출석하지 아니하거나 재산목록을 제출하지 아니하는 경우 등에는 채무불이행자명부에 등재하는 것을 말한다. 따라서 **재산명시명령, 재산조회, 채무불이행자명부등재** 등 세 가지가 한 세트로 이루어졌다. 강제집행에서 재산도피자를 쫓는 제도적 장치로 평가할 수 있다. 그 가운데 재산명시명령이 좁은 의미의 재산명시절차라고 할 것이다. 세 가지 중 재산조회제도가 크게 효험을 보이고 있어서, 2005년 개정법률에서 더 강화하였다. 채무자의 재산을 찾아낼 수 있게 하는 것과 불성실이행자에 대한 제재 때문에 채무자의 집행채무의 이행에 간접강제가 된다는 것에 그 제도적 의의가 있다. 이 제도는 최근에 크게 활성화되고 있다.[1)]

여기에서 간과할 수 없는 것은, 우리나라 판결채권의 지연손해금이 특별한 사정이 없으면 연 12%로 되어 채무자에게는 오래갈수록 지연손해금이 커지는 부담이 되므로 채무이행에 큰 간접강제가 된다.

---

1) 2023년에 접수된 사건 수는 재산관계명시 163,276건, 재산조회 34,072건, 채무불이행자명부등재 117,874건이다(2024년 사법연감 984면)(2017년도 재산관계명시 및 재산조회는 209,625건, 채무불이행자명부등재는 108,835건).

Ⅰ. 재산명시명령

재산명시명령이란 일정한 집행권원에 의한 금전채무를 채무자가 재산을 감추면서 이행하지 아니하는 때에 채무자로 하여금 법원에 나와 그 재산관계를 명시하고 선서하게 하는 것을 말한다. 명시신청 → 명시명령 → 명시기일의 실시 → 제재의 순으로 진행된다.

1. 채권자의 명시신청

(1) 신청방식

재산명시는 원칙적으로 법원의 직권으로 행하지 아니하며, 집행권원을 가진 채권자의 신청을 필요로 한다(61조 1항). 다만 가사소송법에서는 재산분할·부양료·양육비청구사건에서 법원의 직권에 의해서도 재산명시를 명할 수 있도록 하였다(동법 48조의2). 신청은 서면으로 하여야 하며, 신청서에는 ① 채권자·채무자 및 대리인의 표시, ② 집행권원의 표시, ③ 채무자가 이행하지 아니하는 금전채무액, ④ 신청취지 및 신청사유를 기재하여야 한다(규 25조 1항). 신청서에는 집행력 있는 정본과 집행을 개시하는 데 필요한 문서를 붙여야 한다(61조 2항).

관할은 채무자의 보통재판적이 있는 곳의 지방법원이다(61조 1항). 2005년 법원조직법 개정 후 채무불이행자명부등재절차와 재산조회절차는 사법보좌관의 업무로 하면서, 명시선서절차는 집행법원인 지방법원 단독판사의 업무로 유지하였다. 다만 독일법은 1999년부터 집행관의 관할로 바뀌었다.

(2) 신청요건

1) 채권자가 집행력 있는 정본과 집행개시요건을 갖추어 신청하여야 한다. 또 도산절차의 개시·집행정지서류의 제출 등 집행장애 사유가 없어야 한다. 강제집행신청의 경우와 같다. 담보권이 있음을 증명하는 서류로는 허용되지 아니한다. 강제집행의 경우에 적용하는 것이지 담보권 실행을 위한 경매의 경우에는 적용되지 않기 때문이다(일본은 담보권 실행의 경우에도 일부 명시선서제 인정). 집행권원이 금전채권이면 어느 것이나 가리지 아니한다(구법은 집행증서 등을 배제). 따라서 확정판결, 청구의 인낙·화해조서, 조정조서, 확정된 지급명

령 · 이행권고결정 · 화해권고결정, 조정에 갈음하는 결정,[1] 가사심판(가소 41조), 소송비용액확정결정, 집행증서, 금전가지급의 가처분명령 등 모든 집행권원이 포함되는 것이 원칙이다. 다만 가집행선고 있는 판결이나 가집행 있는 배상명령은 제외시켰다(61조 1항 단서; 소촉특법 34조. 단, 소액사건채권집행에는 허용하는 안이 있음).[2] 집행권원이 비금전채권일 때에는 허용되지 아니한다.

2) 채무자의 재산을 쉽게 찾을 수 있다고 인정할 경우가 아니어야 한다(62조 2항). 이에 관한 증명책임은 채무자에게 있으므로 그가 쉽게 찾을 수 있음을 입증해야 한다.[3] 재산을 찾을 수 있어도 찾기 위해서 많은 시간 · 노력이 소요될 수밖에 없는 경우가 이에 해당할 것이다. 국가 · 지방자치단체 · 공기업이나 대기업 등의 경우는 해당되지 아니한다고 할 것이다. 우리 법에서는 외국법과 달리 압류로서는 채권의 완전한 만족에 이를 수 없다는 것의 소명까지는 요구하지 아니하므로(ZPO §807 I 2; 일본집행법 197조 1항 참조), 쉽게 신청할 수 있도록 했다. 독일법은 채권자가 압류신청을 하였는데 채무자가 재산수색을 거부하거나 압류시도로는 채권자의 완전한 만족에 이를 수 없을 때에 재산명시의 요건으로 하였다(ZPO §807). 재산명시절차가 강제집행의 보조수단(Hilfsmittel)이 된다는 것이 독일의 통설이나, 우리 법은 이처럼 압류와의 연결을 요건으로 하지 아니하였고 이행의 간접강제적인 요소를 가미하였으므로 재산명시절차 전체로 볼 때 압류 → 현금화 → 배당이라는 고유의 강제집행의 보조절차라고 할 수 없다.[4] 그러나 채권자가 채무자의 전체 재산을 알고 있거나 변제하기에 충분한 재산을 알고 있는 경우가 아닐 것을 요한다.[5] 이때에는 권리보호의 필요가 없다고 할 것이다.

3) 집행권원에 표시된 금전채권의 집행에 착수하였으나 완전변제에 이르

1) 대법 1998. 7. 14, 98마988.
2) 독일은 집행권원이 금전채권이면 어느 것이나 가리지 아니하나(ZPO §807), 일본법은 가집행선고 있는 판결 · 지급명령 · 집행증서인 집행권원은 배제시켰다(일법 197조 1항).
3) 주석 민사집행법(Ⅰ), 834면. 증명하기 쉬운 쪽이 채무자일 것이기 때문이다.
4) 이시윤, "최근의 민소법의 판례동향과 강제집행법상의 명시선서절차의 문제점", 판례월보 1990년 12월호, 15면 참조. 동지; 김홍엽, 147면. 집행준비절차, 집행보조절차라는 반대설에 전병서, 199면. 대법 2001. 5. 29, 2000다32161은 특정 목적물에 대한 구체적 집행행위 또는 보전처분의 실행을 내용으로 하는 압류 또는 가압류, 가처분과 달리 집행 목적물을 탐지하여 강제집행을 용이하게 하기 위한 강제집행의 보조절차 내지 부수절차 또는 강제집행의 준비행위와 강제집행 사이의 중간적 단계의 절차에 불과하다고 하면서 그 결과 소멸시효 중단사유에 해당하지 아니하고 최고로서의 효력만 있다고 하였다.
5) Gaul/Schilken/Becker-Eberhard, §60 Rdnr. 17.

지 아니한 경우라야 한다. 독일법이나 일본법에서처럼 명문화하지 아니하였지만 제도의 연혁이나 취지상 당연한 것이라 하겠다. 임의변제이든 강제집행이든 완전변제에 이른 경우에는 권리보호의 이익이 없다. 다만 완전변제는 증명책임의 법리상 채권자의 소명사항이 아니라 채무자의 소명사항이라고 볼 것이다.

4) 집행채무자는 소송능력과 선서능력이 있어야 한다. 소송능력이 없는 채무자를 위하여 재산목록을 작성하고 제출하는 것을 법정대리인이 할 수 있다는 점에 대해서는 이견이 없다. 그러나 선서능력이 없는 채무자를 위한 명시기일 출석, 선서와 감치 등 제재에 대해서는 견해가 나뉜다. 재산명시절차는 채무자 이름으로 진행하지만 기일출석과 선서 등은 법정대리인이 하여야 한다는 견해,[1] 법정대리인에 대하여 재산명시절차를 진행해야 한다는 견해[2]가 있다. 그러나 선서는 대리에 친하지 아니한 행위이므로 법정대리인이 있어도 대리인에 의하여 대리될 수 없고 채무자가 무능력자라도 자신이 선서해야 한다. 그러나 채무자가 선서무능력자 즉 16세 미만인 자, 선서의 취지를 이해하지 못하는 자일 때에는 선서 없이 절차를 진행할 수밖에 없다(민소 322조 준용).[3]

2. 재산명시명령과 이의신청

(1) 재산명시명령

재산명시신청의 요건을 갖추어 이유 있다고 인정할 때에는 법원은 채무자에게 재산상태를 명시한 재산목록을 제출할 것을 명하는 재산명시명령을 한다. 그러나 신청이 이유 없거나 채무자의 재산을 쉽게 찾을 수 있다고 인정한 때에는 결정으로 기각한다(62조 2항). 명시명령이나 그 기각의 재판은 채무자를 심문하지 아니한다. 기각·각하된 경우에 명시신청을 한 채권자는 기각·각하 사유를 보완하지 아니하고서는 같은 집행권원으로 다시 명시신청을 할 수 없

1) 김홍엽, 150면; 전병서, 202면; 주석 민사집행법(Ⅰ), 836면; 진성규, “재산명시절차 및 채무불이행자명부” 사법논집(21), 358면 등. 한편 이 견해에 의할 경우 무능력자에게 법정대리인이 없을 때 특별대리인을 선임하여 재산명시절차를 강행할 수 있는지에 대해서는 대체로 회의적인 입장이다.

2) 김종백, “재산명시제도와 채무불이행자명부”, 재판자료(71), 287면; 류승훈/김동욱, 민사집행법강의, 법률출판사(2016), 198면.

3) 동지, 주석 민사집행법(Ⅱ)(4판), 432면(법인 등의 대표자에게는 감치 등의 제재를 하는 규정이 있지만 법정대리인에 대해서는 아무런 규정이 없고, 감치와 형벌로 이어지는 조항을 유추해석하는 것도 곤란하여 발생한 문제로서 입법적 보완이 필요하다고 한다).

다(69조).

재산명시명령은 채권자 및 채무자에게 송달하여야 하고, 채무자에 대한 송달에서는 결정에 따르지 아니할 경우에 제재(68조)를 받을 수 있음을 함께 고지하여야 한다(62조 4항). 송달은 반드시 정본을 송달하여야 하는 것이 아니고 민사소송법 제178조 1항에 의하여 등본으로도 가능하다.[1] 그러나 채무자에게는 우편송달(민소 187조)이나 공시송달(민소 194조)로 할 수 없다(62조 5항). 명시명령이 채무자에게 송달되지 아니하는 경우에는 주소보정명령을 한다(62조 6항). 보정명령을 이행할 수 없는 것은 재산조회사유가 된다(74조 1항 1호). 재산명시명령이 채무자에게 송달되면 시효중단사유인 최고(민 174조)로서의 효력이 있을 뿐이고,[2] 강제집행의 준비행위와 강제집행 사이의 중간단계의 절차에 불과하여 소멸시효 중단사유인 압류 · 가압류 · 가처분에 준하는 효력까지 인정할 수 없다는 것이 판례이다.[3]

(2) 채무자의 이의신청

명시의무자인 채무자는 송달을 받은 날부터 1주일 이내에 명시명령에 대해 이의신청을 할 수 있다(63조 1항. 일본법은 이의신청이 아니라 집행항고사유로 규정). 기간이 있는 이의신청임이 특징이다. 이의신청은 집행이의신청에 관한 규정(규 15조)을 준용하여 이의사유를 구체적으로 밝혀 서면으로 함이 원칙이다.[4] 강제집행의 요건, 제49조의 집행정지서류의 제출, 명시신청요건에 흠이 있다는 것이 이의사유가 된다. 다만 집행채권의 부존재 · 변제 · 면제 등 **실체적 사유**는 절차가 번잡하여도 청구이의의 소로 해결할 것이고 여기의 이의사유가 될 수 없음이 원칙이다.[5] 또 제49조 4호에서 규정한 전액변제받았다는 취지의 **변제증서**의 제출은 위 서류 그 자체가 이의사유라기보다는 채무를 완제하였다는 사실이 재산명시신청의 소극적 요건에 해당되어 이의사유도 되고 그 증서

---

1) 대법 2003. 10. 14, 2003마1144.

2) 대법 1992. 2. 11, 91다41118; 동 2012. 1. 12, 2011다78606.

3) 대법 2001. 5. 29, 2000다32161. 그러나 2004년 발의되었던 민법개정안 제168조 2호에서 재산명시신청은 집행력 있는 정본과 집행개시요건에 해당하는 관계문서를 갖추어야 하는 점에서 압류요건과 다를 바 없으므로 압류의 경우와 마찬가지로 직접적인 시효중단사유로 규정한 일이 있었다.

4) 동지: 강대성, 233면; 주석 민사집행법(Ⅱ)(4판), 438면. 이에 대하여 민사소송법 제161조 1항에 따라 서면 또는 말로 할 수 있다는 반대 견해로, 박두환, 244면.

5) Lackmann, Rdnr. 431; Gaul/Schilken/Becker-Eberhard, §60 Rdnr. 36.

의 제출은 재산명시절차의 정지사유가 된다고 볼 것이다.[1)]

이의신청을 한 때에는 법원은 이의신청사유를 조사할 기일을 정하고 양 당사자에게 통지하여야 한다(63조 2항). 이의신청에 정당한 이유가 있을 때에는 법원은 재산명시명령의 취소결정을 한다(63조 3항). 이의신청에 정당한 이유가 없거나 채무자가 정당한 이유 없이 조사기일에 불출석하는 때에는 법원은 이의신청기각결정을 한다(63조 4항). 취소결정이나 기각결정에 대하여는 즉시항고할 수 있다(63조 5항). 그러나 즉시항고에는 집행정지의 효력이 없다(15조 6항).

3. 재산명시기일의 실시 — 출석 · 재산목록제출 · 선서

(1) 재산명시명령에 대하여 채무자의 이의신청이 없거나 이를 기각한 때에는 법원은 명시기일을 정하여 채무자에게 **출석하도록 요구**하여야 한다(64조 1항).[2)] 채무자가 대리인을 선임한 경우라도 반드시 채무자 본인에게 송달하여야 한다(규 27조 2항). 채무자 본인은 명시기일에 출석하여 진실하다고 선서하여야 하기 때문이다.[3)] 사회적 체면을 중시하는 채무자에게는 이러한 출석의무는 무거운 간접강제일 것이다. 출석한 채무자는 재산목록을 제출하여야 한다. 선서는 일신전속적 행위이므로 대리인이 대신 선서할 수 없다. 선서는 「양심에 따라 사실대로 재산목록을 작성하여 제출하였으며, 만일 숨긴 것이나 거짓 작성한 것이 있으면 처벌을 받기로 맹세합니다」라고 적힌 선서서에 의하여 한다. 채권자는 출석의무가 없다. 재산목록의 정당성 · 완전성에 관하여 출석한 채권자나 법원의 석명에는 채무자가 응하여야 한다. 명시기일의 실시는 비공개가 바람직하다(일본법 199조 6항 참조).

명시기일에 출석한 채무자가 3월 내에 변제할 수 있음을 소명한 때에는 3월의 범위 안에서 그 기일을 연기할 수 있고, 채무자가 새 기일에 채무액의 2/3 이상을 변제하였음을 증명한 때에는 다시 1월의 범위 안에서 연기할 수 있다(64조 4항).

(2) 명시기일에 명시하여야 할 재산목록에는 다음의 내용이 포함되어야

1) 동지, 박두환, 244면; 주석 민사집행법(Ⅱ)(4판), 440면. 변제증서의 제출을 이의사유로 보는 견해는, 법원실무제요 민사집행(Ⅰ), 379면; 강대성, 236면.
2) 이 점은 독일도 같다. Gaul/Schilken/Becker-Eberhard, §60 Rdnr. 25.
3) 浦野雄幸, 511면은 명시의무는 본인이 직접 이행하여야지 대리인을 내세울 수는 없다고 하였다.

한다(64조 2항). 제출할 재산목록에는 실질적인 가치가 있는지 여부와 관계없이 강제집행의 대상이 되는 재산은 모두 기재하여야 한다.[1] 오스트리아 집행법 제47조는 제출할 재산목록을 서식화하였다.

1) 채무자의 현재의 책임재산 채무자 보유의 재산으로서 강제집행의 대상이 되는 일체의 재산, 따라서 부동산(선박 · 자동차 · 항공 기 · 건설기계 포함) · 유체동산 · 채권 그 밖의 재산권이 모두 대상이 된다. 규칙 제28조는 제출할 재산목록에 적어야 할 재산을 구체적으로 규정해 놓고 있다. 채무자 명의의 재산뿐만 아니라 다른 나라와 달리 명의신탁이 성행함에 비추어, 명의신탁한 재산도 반환받을 채권으로 기재하여야 한다고 볼 것이다. 부동산명의신탁의 경우는 부동산 실권리자명의 등기에 관한 법률 제4조에 의하여 무효가 되어 명의수탁자가 무효인 행위에 의한 이익 즉 부당이득을 하게 되므로 명의신탁자가 수탁자에게 부당이득반환청구권을 갖기 때문이고(규 28조 3항 1호. 계약명의신탁의 경우는 매수자금인 금전반환. 등기명의신탁의 경우는 당해 부동산반환청구권을 기재할 것이다), 명의신탁된 예금채권,[2] 주식, 유가증권의 경우라면 차명자의 신탁해제로 인한 피차명자에 대한 채권양도 등 목적물의 인도청구권을 갖기 때문이다. 이것이 재산목록에 기재되지 아니하면 명시선서제도의 효과가 반감될 것이다.

규칙 제28조 2항 단서에서는 민사집행법상의 압류금지물건과 압류금지채권은 제외된다고 했다. 그러나 이 밖에 특별법상의 압류금지재산도 같이 볼 것이다. 현재의 책임재산의 공개는 이를 토대로 당장 강제집행신청을 하게 하려는 것이다.

2) 채무자의 과거의 재산

① 명시명령의 송달 전 1년 내에 채무자가 유상양도한 부동산

② 부동산 이외의 것으로 명시명령의 송달 전 1년 내에 채무자가 배우자, 직계혈족 및 4촌 이내의 방계혈족과 그 배우자 등에 대하여 유상양도한 재산

③ 명시명령의 송달 전 2년 내에 채무자가 무상처분한 재산[3](의례적인 선

1) 대법 2007. 11. 29, 2007도8153.
2) 대법 2001. 1. 5, 2000다49091.
3) 여기서 「재산상의 무상처분」은 증여와 같은 재산의 적극적인 처분뿐만 아니라 대가를 받지 아니하고 하는 채무의 인수, 보증 등과 같은 소극적인 처분을 포함하는 의미이다. 동지, 주석 민사집행법(Ⅰ), 858면; 법원실무제요, 민사집행(Ⅰ), 313면.

물은 제외)

과거의 재산은 강제집행면탈을 목적으로 가장양도 등을 하였을 가능성을 고려한 것으로 채권자취소권을 행사할 수 있게 하려는 것이다.

(3) 이미 제출된 재산목록의 정정이 가능하다. 재산목록에 형식적인 흠이 있거나 불명확한 점이 있을 때에는 선서한 뒤라도 법원의 허가를 얻어 재산목록을 정정할 수 있다(66조).

(4) 재산목록의 열람 · 복사

채무자가 명시기일에 제출한 재산목록은 강제집행을 개시할 수 있는 채권자 즉 집행력있는 정본과 집행요건을 갖춘 채권자라면 누구든지 그 열람 또는 복사를 신청할 수 있다(67조). 열람 · 복사의 거절은 집행이의사유가 된다(16조). 이를 이용하여 채권자가 강제집행에 착수하기 위함이다.

4. 재산명시의무위반자에 대한 제재

명시의무위반자에 대하여는 감치와 형사처벌을 한다.

(1) 감 치

채무자가 정당한 이유 없이 한 명시기일 불출석 · 재산목록의 제출거부 · 선서거부는 감치사유가 된다(68조 1항). 독일은 감치가 채권자의 신청사항이나 (ZPO §802g), 우리 법에는 신청에 의한다는 규정이 없다. 따라서 채권자의 감치신청은 법원의 직권발동을 촉구하는 의미가 될 것이다. 감치는 감치재판개시결정(규 30조 2항) → 감치재판기일(68조 3항) → 20일 이내의 감치결정(68조 1항)의 과정을 거친다. 제도존재가 의미있는 것이지 실행이 제대로 되는가는 의문이다. 검사의 공소제기 없이 행하는 심리이므로 불고불리원칙의 예외이다.

독일 등이 감치기간을 6개월 이내로 한 것(ZPO §802j, 오스트리아도 같다)과 비교할 때 지나치게 단기간이어서 실효성에 의문이 있으며, 기간을 더 늘릴 필요가 있다. 채무자가 법인 등인 때에는 그 대표자나 관리인을 감치에 처한다(68조 2항). 차라리 고액세금체납자에 대하여 하듯이 출국금지(국징 7조의4, 중국도 같다) 등 거주지의 제한이 제재로서는 더 효과적일 수 있을 것이다. 빚을 갚지 못하는 처지에서 많은 돈이 드는 해외여행은 반윤리적이기 때문이다. 중국인민법원도 출국 · 과소비제한의 조치를 한다. 채무자의 무자력이 확정된 경

우에는 감치의 권리보호의 이익은 없는 것으로 볼 것이다.[1)]

감치결정은 집행법원의 재판장의 명령으로 집행한다(규 30조 8항; 법정질서유지규칙 21조 이하는 감치재판고시일로부터 3월 경과 후는 집행불능). 감치의 집행중이라도 재산목록을 내고 선서하거나 채무변제하고 그 증명서를 낸 때에는 채무자의 석방을 명한다(68조 6항). 감치는 형벌이 아니고 질서벌이고,[2)] 따라서 감치집행비용은 국가의 부담이 아니라 채권자의 부담으로 된다고 할 것이다.

(2) 형사처벌

채무자가 재산목록을 제출하였으나 그 내용이 허위임이 판명되었을 때에는 감치가 아닌 3년 이하의 징역 또는 500만원 이하의 벌금에 처한다(68조 9항). 채무자가 법인 등인 때에는 그 대표자·관리인은 징역·벌금에, 채무자인 법인 등은 벌금에 처한다(68조 10항).[3)] 재산명시절차에서 채무자가 특정채권을 실질적 재산가치가 없다고 보아 재산목록에 기재하지 않은 채 제출한 행위는 집행법상의 거짓의 재산목록 제출죄에 해당한다.[4)]

5. 재산명시절차의 정지 등

집행의 정지·제한규정인 제49조와 집행처분의 취소규정인 제50조 그리고 집행비용의 부담규정인 제53조 등이 재산명시절차에 적용되느냐의 문제가 있다. 우리 법에는 이에 관하여 명문규정이 없다. 그러나 2003년 개정 일본법 제203조는 재산개시절차에서 준용규정을 신설하였다. 재산명시절차가 강제집행절차의 일부분이라면 이 규정의 적용은 당연한 것이라 하겠다.

6. 재 신 청

명시신청이 기각·각하되었을 때에는 보완하여 재신청을 할 수 있으며(69조), 나아가 명시선서 후 상속·취업 등으로 새로운 재산취득이 있는 때나 제출한 재산목록의 기재가 허위인 때에는 채권자의 신청에 의하여 다시 명시신청을 할 수 있다고 할 것이다(ZPO §802d에 명문 있음).

---

1) BVerfG NJW 1983, 559.
2) 대법 2002. 8. 27, 2002도2086은 「민사집행법상의 특수한 처벌인 감치」라고 하였다.
3) 법인에 대한 벌금규정은 위헌성이 문제될 수 있다.
4) 대법 2007. 11. 29, 2007도8153.

Ⅱ. 재산조회

1. 의 의

재산조회라 함은 재산명시절차에서 명시신청을 한 채권자의 신청으로 개인의 재산·신용에 관한 전산망을 관리하는 **공공기관·금융기관·단체** 등에 채무자 명의의 재산을 찾기 위해 조회하고 그 결과를 채무자 제출의 재산목록에 준하여 관리하는 제도이다. 1차적으로는 채무자로 하여금 재산목록을 제출케 하였으나 이 절차로 책임재산의 파악이 부족한 경우에 추가적·보충적인 의미에서 전산망을 이용하여 채무자의 재산에 관한 정보를 얻도록 하는 제도이다. 제74조의 규정상으로는 재산명시절차의 보충제도로 되어 있지만 재산명시절차와 병용하도록 함이 바람직할 것이다.[1)]

채무자의 책임재산을 찾아내는데 재산명시명령이 채무자의 자발적 협조를 구하는 것이라면, 재산조회제도는 법원이 나서서 찾아주는 것이다. 이는 명시선서제도의 한계를 극복하기 위한 것으로, 악성채무자가 은닉한 재산을 찾는 데는 명시선서제도보다 그 속행절차인 재산조회제도가 훨씬 효율적일 수 있다. 따라서 앞으로의 운영에 기대를 걸어보지만 부동산실명제·금융실명제의 실시에도 불구하고 여전히 명의신탁·차명계좌·대포차의 조작 등이 성행되기 때문에 문제는 남는다. 2005년 개정법률에서 채무자가 도주한 때도 재산조회에 회부할 수 있도록 제도를 개혁하였고(74조 1항 1호), 나아가 2009년부터 재산분할·부양료·양육비청구사건에서는 직권에 의한 재산조회도 할 수 있도록 하였다(가소 48조의3). 대법원규칙인 「재산조회규칙」에서 그 절차를 상세하게 규정하였다.

2. 신청요건(74조 1항)

다음 두 가지를 갖추어야 한다.

---

1) 프랑스는 집행 대행자의 위탁에 의하여 검사가 채무자가 근무하는 직장의 예금계좌에 관한 정보를 요구할 수 있도록 하였다(정보의 탐색). 독일의 집행관에 의한 사건해명제도(Sach-aufklärung)는 집행실패가 아니라 채권자의 집행신청이 있으면 처음부터 집행관이 채무자가 자기 재산정보제공의 의무를 불이행하거나 채무자정보제공의 재산으로는 채권자의 완전 만족을 기대할 수 없을 때 또는 채무자에게 재산명시기일 통지가 이루어 질 수 없는 일정한 경우에는, 연금관리공단, 국세청, 자동차등록청에 재산조회제도를 두고 있다(ZPO §802 l, Fremdauskünfte).

(1) 채무자가 재산명시절차에서 재산명시명령(62조)을 받았을 것[1]

(2) 채무자에게 다음 중 어느 하나에 해당되는 경우일 것

① **재산명시명령이 채무자의 도주 등 송달불능으로 채권자가 주소보정명령을 받고도 채무자의 주소불명으로 이를 이행할 수 없었던 경우**(74조 1항 1호). 재산명시명령은 우편송달이나 공시송달을 할 수 없는 한계(62조 5항) 때문에 송달불능이 되기 쉽다. 이에 대비하여 2005년 개정법률에서 새로 이 요건을 추가함으로써, 채무자가 도주하여 송달불능이 된 경우는 재산조회를 할 수 있도록 한 것이다.

② **채무자 제출의 재산목록만으로 집행채권의 만족을 얻기에 부족한 경우**(동 2호). 이 경우가 주로 문제될 것이다. 명시기일의 실시가 성과가 없었던 때이다.

③ **정당한 이유 없는 채무자의 명시기일 불출석 · 재산목록 제출 거부 · 선서 거부**(68조 1항) **또는 채무자의 허위재산목록의 제출**(68조 9항)**의 경우**(동 3호). 명시기일의 실시에 채무자가 비협조적인 때이다.

3. 신청절차

재산명시신청을 한 채권자는 신청사유(요건)를 소명하여 서면신청하여야 하는 것이 원칙이다(74조 1항, 규35조). 재산명시절차를 선행절차로 한다. 따라서 재산명시절차의 관할법원에 신청서를 낸다. 신청서에는 ① 규칙 제25조 1항에 규정한 재산명시신청의 경우와 같은 사항을 적고, ② 조회할 기관 · 단체를 특정해야 하며 조회비용도 예납하여야 한다(74조 2항). 조회대상기관은 개인의 재산 · 신용에 관한 전산망관리의 공공기관 · 금융기관 · 단체 등인데 여기에 채무자명의의 재산을 조회할 뜻을 밝힌다. ③ 조회할 재산의 종류도 기재하여야 한다. 조회할 기관으로서 토지 · 건물의 소유권 → 법원행정처, 건물의 소유권 → 국토교통부, 자동차 · 건설기계의 소유권 → 특별시 · 광역시 · 도 또는 교통안전공단, 금융자산 → 금융기관인데, 이를 서면으로 특정하여야 한다(규 35조 1항).

---

1) 재산명시절차를 선결절차로 한 것은 입법론상 부당하다는 주장은 이천교, "재산명시와 재산조회관련", 2019. 10. 17. 법률신문.

조회의 대상은 조회 당시 채무자가 보유하고 있는 재산임이 원칙이나, 법원행정처에 토지·건물의 소유권에 관한 조회를 하는 경우에는 재산명시명령이 송달되기 전 또는 재산조회신청을 하기 전(74조 1항 1호의 경우) 2년 내에 채무자가 보유한 재산내역에 대하여도 조회할 수 있다(규 36조 2항). 다른 기관에 조회시에도 여기에 준하여 2년 내의 것은 조회할 수 있도록 함이 옳을 것이다.

4. 조회실시

(1) 채권자의 조회신청이 그 요건을 갖추고 사실이 소명되어 이유 있다고 할 경우, 법원은 조회할 기관장·단체장에게 의뢰하여 그 기관·단체가 전산망으로 관리하는 채무자 명의의 재산에 관하여 실시한다(규 36조 1항). 재산조회는 집행법원의 관할인데, 2005년 7월부터는 사법보좌관의 업무가 되었다(법조 54조 2항 2호). 사법보좌관의 재산조회의 허부결정은 집행법원의 집행절차에 대한 재판이라 할 것이므로 집행이의신청(16조 1항)을 하여 판사의 판단을 받을 수 있다(16조 1항; 사보규 3조 2호).

법원은 조회시에 채무자의 인적사항을 적은 문서에 의하여 해당기관장·단체장에게 채무자의 재산 및 신용에 관하여 그 기관·단체가 보유하고 있는 자료에 관하여 일괄제출을 요구할 수 있다(74조 3항). 다만 금융재산에 대한 조회시에 해당 금융기관이 보유하고 있는 재산을 조회하는 것에 그치고, 전국의 모든 금융기관에 예치된 재산을 **포괄조회**하는 것은 허용될 수 없다. 그러나 2016. 9. 6. 민사집행법 규칙을 개정하여 일정한 금융기관의 협회등에 대해서는 그 협회등이 회원사, 가맹사가 보유하고 있는 개인의 재산 및 신용에 관한 전산망을 관리하고 있는 경우, 그 협회등의 장에게 채무자 명의자 명의의 재산에 관하여 조회할 수 있도록 하여(규 36조 3항) 이를 일부 해결하였다. 국세체납처분의 집행은 포괄조회가 허용된다.

(2) 공공기관·금융기관·단체 등은 정당한 사유 없이 조회를 거부할 수 없다(74조 4항). 거짓자료의 제출이나 자료제출의 거부에는 500만원 이하의 과태료의 제재가 있다(75조 2항).

5. 조회의 결과

법원은 조회결과를 명시기일에 채무자가 제출한 재산목록에 준하여 관리하여야 한다(75조 1항). 누구든지 재산조회의 결과를 강제집행 외의 목적으로 사용할 수 없다(76조 1항). 위반시에는 2년 이하의 징역 또는 500만원 이하의 벌금에 처한다(76조 2항).

Ⅲ. 채무불이행자명부등재

1. 의 의

채무불이행자명부등재(Schuldnerverzeichnis)란 집행권원이 생긴 뒤 일정 기간 내에 채무를 이행하지 아니하거나 명시기일 불출석 · 재산목록 부제출 · 선서거부, 허위 재산목록 제출 등의 행위를 하는 악성채무자를 black list (schwarze Liste)에 등재하고 이를 일반인이 열람케 하여 일반인의 거래안전을 도모하는 한편, 채무자에게 신용불량자로 각인되는 불이익을 주어 채무의 이행을 간접강제하는 제도이다. 이와 비슷한 금융채무불이행자(신용불량자)제도가 있지만, 이것과 다른 법원관리의 집행채무불이행자 제도이다.

단순한 집행권원의 채무불이행자도 이 명부에 등재하도록 하였다는 점에서 재산명시절차를 그 선행절차로 한 독일 ZPO §882c의 채무자명부제보다 더 강력하다.

2. 등재신청요건

(1) 채무자가 다음 두 가지 사유 중 어느 하나에 해당해야 한다(70조 2항).

① **집행권원이 생긴 후 6월 내에 채무를 이행하지 않은 때**(70조 1항 1호 본문)

집행권원은 금전지급을 목적으로 하는 집행권원이면 되지만 가집행선고가 있는 판결 등은 제외된다(동 1호 단서). 제1호 사유는 재산명시절차를 먼저 거치지 아니하여도 되는 등재사유로서, 집행권원의 확정 후 또는 작성 후 6월이 되도록 채무를 이행하지 않으면 된다(독일 · 일본에 없는 입법). 명부등재신청은 재산명시신청과 달리 강제집행이 아니므로 집행문과 집행개시요건을 갖출 필요가 없다는 견해가 있다.[1] 그러나 명부등재는 집행채무자에 대한 간접강제의 일종으로 넓은 의미의 강제집행이다. 집행문을 필요로 하지 않을 만큼 신속을 요하는 절차도 아니다. 따라서 재산명시신청에 관한 제61조 2항을 유추하여 등재신청의 경우에도 집행력 있는 정본과 집행개시에 필요한 문서를 붙여야 한다고 본다. 그렇게 하지 아니하면 집행력이 현존하지도 않는 채권자의 신청에 의하여 잘못 등재되는 피해를 막기 어려울 것이다.

② **정당한 사유 없이 명시기일 불출석 · 재산목록 제출거부 · 선서거부 또는 거짓의 재산목록제출 등 명시절차에 비협조적인 때**(70조 1항 2호) 이는 제1호의 사유와 달리 명시절차를 거친 경우의 명부등재사유이다.

(2) 쉽게 강제집행을 행할 수 있다고 인정할 만한 명백한 사유가 없을 것을 요한다(71조 2항).

쉽게 재산을 찾을 수 있다고 하여도 강제집행의 비용 · 시간 때문에 어려움이 있다면 여기에 해당한다고 볼 것이다.[2] 판례[3]도 채무자의 재산에 대하여 많은 시간과 비용을 투입하지 아니하고도 가능한 경우를 의미한다는 것이고, 그 증명책임은 채무자에게 있다고 본다.

3. 등재신청절차

집행권원을 가진 채권자가 서면에 의한 등재신청을 하여야 한다(70조 1항; 규 31조). 채무불이행을 사유로 하는 신청의 경우는 채무자의 보통재판적이 있는 곳의 지방법원, 명시절차에의 비협조를 사유로 하는 신청의 경우는 명시절차실시의 법원이 관할한다(70조 3항). 채권자는 신청요건에 해당하는 사유를 소명하여야 한다(70조 2항).

---

1) 송민 91-6; 주석 민사집행법(Ⅰ), 897면(채권의 직접적인 만족을 목적으로 하는 것도 아니고, 규칙 70조 1항 1호에서 요건으로 명시하지 않은 점을 근거로 한다); 법원실무제요, 민사집행(Ⅰ), 339면(강제집행을 개시할 수 있는 채권자가 아니라도 신청할 수 있다고 하여 불필요설을 취하면서도, 등재절차도 민사집행절차의 일종이므로 민사집행법의 총칙규정은 적용되고, 강제집행법의 총칙규정도 성질에 반하지 않는 이상 적용된다고 하였다).

2) 강대성, 241면.

3) 대법 2010. 9. 9, 2010마779.

4. 등재신청에 관한 재판

(1) 등재결정

채권자의 등재신청이 이유있을 때에는 법원은 채무자를 채무불이행자명부에 올리는 결정을 하여야 한다(71조 1항). 등재신청에 정당한 사유가 없거나 쉽게 강제집행할 수 있다고 인정할 만한 명백한 사유가 있는 때에는 기각결정을 한다(71조 2항). 집행법원의 관할로서 사법보좌관의 업무가 되었다(법조 54조 2항 2호). 사법보좌관은 등재결정에 앞서 채무자에게 심문의 기회를 제공하는 것이 실무이다(원칙적으로 필요적 심문, 예규 866-14호). 등재결정 · 기각결정에 대해서는 즉시항고할 수 있다(71조 3항). 즉시항고사유는 절차적 사유에 한정되지 않고 채무부존재, 변제 등 채무소멸과 같은 실체적 사유도 주장할 수 있다.[1] 등재결정 · 기각결정을 사법보좌관이 한 경우에는 즉시항고에 앞서 그 처분에 대한 이의신청을 거칠 필요가 있다(사보규 4조).

(2) 등재결정의 효과

법원이 등재결정을 하면 다음과 같은 효과가 생긴다.

1) 채무불이행자명부는 결정을 한 법원에 비치한다(72조 1항).

2) 법원은 그 부본을 채무자 주소지(법인의 경우에는 주된 사무소)의 시 · 구 · 읍 · 면장에게 보내야 한다(72조 2항).

3) 법원은 그 부본을 금융기관의 장 · 금융기관 관련단체의 장에게 보내어 채무자에 대한 신용정보로 활용하게 할 수 있다(72조 3항). 한국신용정보원장에게도 통지하게 한 결과(규 33조 1항) 채무불이행자명부등재자 = 신용불량자가 되어 대출이나 카드발급이 어려워지게 되었다.

4) 그 원본(법원) · 부본(시 · 구 · 읍 · 면, 금융기관)은 누구든지 보거나 복사할 것을 신청할 수 있다(72조 4항. 독일은 §882f에서 일반열람복사권을 폐지하고 제한적 목적하에 이용할 수 있도록 함). 일반 열람복사권에 관하여는 합헌결정을 받았으나 논란이 있다.[2] 열람이나 복사의 거절은 집행이의사유가 된다. 입법론적으로

---

1) 대법 2022. 5. 17, 2021마6371(채무소멸 등의 실체적 사유는 채무불이행자명부 등재결정 이전에는 신청의 소극적 요건에 해당하고, 등재결정 확정 이후에는 말소요건에 해당하는 점에 비추어 보면, 채무부존재, 변제 등의 실체적 사유도 포함된다고 하였다).

2) 헌재 2010. 5. 27, 2008헌마663 민사집행법 제72조 4항의 채무불이행자명부의 일반 열람 · 복사권에 대한 헌법소원 사건에서,

복사를 무조건 허용하는 것이 옳은가에 대해 논란이 있다.[1] 고액세금체납자는 인터넷홈페이지 및 관보에 공개한다. 고용보험 · 산재보험료의 장기 · 고액체납자도 인터넷공개 및 정보금융기관에 제공을 함에 비추어 균형을 잃은 것은 아니다. 다만 채무불이행자명부를 인쇄물 등으로 공표해서는 안 된다(72조 5항).

5. 명부등재의 말소

채무불이행자명부에 이름을 올리더라도 다음 가운데 어느 하나에 해당하면 법원은 말소결정을 한다.

1) 변제 그 밖의 사유로 채무가 소멸되었음을 증명한 때(73조 1항)

2) 명부에 오른 다음 해부터 10년이 지난 때(73조 3항)

채무가 소멸하였다는 것을 증명하는 방법에는 제한이 없으므로 집행권원이 확정판결 또는 이와 동일한 효력이 있는 것이라고 하더라도 반드시 청구이의의 소의 승소확정판결만으로 국한되는 것이 아니고, 집행권원의 기판력이 발생한 후에 채무의 소멸사유가 생긴 것을 증명하는 것으로 충분하다.[2] 위 1)의 경우에는 채무자의 신청에 의하고, 위 2)의 경우는 법원의 직권에 의한다(73조 1항 · 3항).

1)의 경우로 말소결정을 하면 채권자는 즉시항고할 수 있다(73조 2항). 말소결정도 사법보좌관이 하게 되었으므로 이에 대하여 즉시항고에 앞서 사법보좌관의 처분에 대한 이의신청을 낼 필요가 있다(사보규 4조). 다만 말소신청기각결정에 대하여는 즉시항고할 수 있다는 규정이 없다. 그러나 채무자는 언제든지 다시 말소신청을 할 수 있고, 집행에 관한 이의신청으로 불복할 수도 있다.[3] 말소결정을 한 때에는 채무불이행자명부의 부본을 보낸 채무자 주소지의

법정의견(재판관 4인의 의견): 채무자의 개인정보를 보호할 사익보다는 이 조항이 추구하는 간접강제 및 거래의 안전도모의 공익이 더 크다 할 것이므로 법익균형성의 원칙에 위배되지 않는다.

5인 재판관의 다수의견: 일반 열람 · 복사권은 기본권 최소침해성의 원칙에 위반되고 추구하는 공익에 비하여 개인정보자기결정권의 침해위험이 커서 법익균형성의 원칙에 위반된다.

주문: 합헌 4 / 위헌 5의 대립, 위헌정족수인 6인에 미달하여 합헌으로 결정.

1) 원유석, 주석 민사집행법(Ⅱ)(제3판, 2012년), 442면과 강대성, 신민사집행법(2014), 162면은 등재결정에 대한 즉시항고에 집행정지의 효력이 없으므로 독일 민소법 제915조 4항과 같이 항고가 인용되거나 등재신청이 취하되는 등으로 명부의 원본이 말소되면 그 복사본도 말소되는 것이 보장되는 경우에 한하여 복사를 허용하는 것이 타당하다고 한다.

2) 대법 2023. 7. 14, 2023그610.

3) 주석 민사집행법(Ⅰ), 912면. 대법 2021. 10. 26, 2021마220은 말소신청을 기각하는 결정에

시·군·읍·면장과 금융기관의 장 등에게 이를 통지하여 명부부본에 오른 이름을 말소하게 하여야 한다(73조 4항, 5항).

도표 2-8 한국 재산명시절차의 특징

1. 재산명시명령

	한국 예	독일 등 예
관할	지법단독판사	집행관
요건	① 금전강제집행에 한정 ② 강제집행요건과 개시요건을 갖춘 채권자의 신청(가집행선고 제외) ③ 채무자의 재산을 쉽게 찾을 수 없는 경우	모든 금전집행권원과 동산인도집행·채권압류의 경우
명령·이의	명시 명령과 채무자의 이의신청 — 절차위반만 가능, 실체사유는 청구이의의 소	
기일의 실시	① 채무자 본인 출석 ② 재산목록제출: 현재의 재산과 1년 내 유상 처분한 부동산 및 2년 내 무상처분한 재산 — 명의신탁재산 — 명시요 ③ 선서 ④ 제출재산목록에 대한 채권자의 열람·복사권	2013. 1. 1 이후 선서에 갈음한 보증과 함께 재산정보제공의무제, 재산목록 제출 — 2년(유상), 4년(무상)
제재	① 기일불출석·부제출·선서거부 — 20일 내의 감치(형벌 아닌 질서벌, 불고불리원칙의 예외) ② 제출목록의 허위 — 3년 이하 징역, 500만원 이하의 벌금 ③ 채무불이행자 명부등재	불출석, 제출거부, 선서에 갈음하는 보증거부 — 6월 내 감치

2. 재산조회

	한국 예	독일 예
이의	재산명시명령의 보충적 제도	2013년에 사건해명제도(Sachaufklärung)를 채택한 이래로 집행관에 의한 집행채권에 외부조회제도의 운영(ZPO §802 l), 프랑스의 정보의 탐색 제도와 유사. 일본은 2016년 시행의 마이 넘버제도(우리 주민등록번호 유사)에 연결로 재산개시제도의 활성화 시도
관할	지방법원 사법보좌관	
요건	명시신청자의 신청, 재산명시명령을 받은 채무자의 도주 등으로 명시기일의 실시불능의 경우, 제출재산목록으로 채권만족 부족 또는 명시기일 불출석·제출거부·선서거부, 허위재산 목록제출	
조회 실시	개인재산·신용에 관한 전산망 관리의 공공기관(토지건물-법원행정처, 건물-국토교통부, 자동차-등록관서 등), 금융기관에 의뢰해 재산자료조회	

대하여는 채무자가 즉시항고를 할 수 없고 민사집행법 제16조 제1항에 따른 이의를 신청할 수 있을 뿐이라고 하였다.

조회 거부	500만원 이하의 과태료
조회 결과	명시재산목록에 준하는 관리, 강제집행 외의 목적사용 안됨

3. 채무불이행자명부 등재

	한국 예	독일 예
등재 대상	불출석, 제출·선서거부자 및 허위재산목록제출자, 집행권원작성 6월 내에 채무불이행자	schwarze Liste(=blacklist)의 등재대상은 선서에 갈음한 보증을 한 자, 감치명령을 받은 자
관할	사법보좌관	집행관
등재 절차	원본은 법원비치, 사본은 시·군·면장과 한국신용정보원에 보냄(인쇄물공표는 금지) 명부일반열람·복사가능	일반열람 부적법, 강제집행이나 지급무능력으로 거래상 손해를 피할 목적일 때에 한정
명부 말소	등재 10년 후	3년

제 2 절 부동산집행

제 1 관 총 설

Ⅰ. 부동산집행의 일반원칙

채권자의 금전채권의 만족을 위한 강제집행은 집행대상인 재산의 종류에 따라 부동산집행, 선박·자동차·건설기계 등 준부동산집행, 유체동산집행, 채권집행 등으로 나누어진다. 부동산집행은 다시 부동산의 매각을 목적으로 하는가, 그 수익을 목적으로 하는가에 따라 강제경매와 강제관리로 2분된다. 부동산이 일반적으로 고가이고 또 매각대금으로 일시에 만족을 얻을 수 있으므로, 민사집행법에서는 구법과 달리 부동산의 강제경매를 순서상 모든 재산에 대한 집행에 앞세워 금전집행의 중심에 자리잡게 하였다(오스트리아집행법의 예를 따랐다). 그리하여 그에 관한 절차를 상세히 규정하면서, 이를 부동산의 강제관리, 선박·자동차 등 준부동산집행, 부동산 담보권의 실행, 동산집행 등에 준용토록 하였다. 다만 부동산집행은 채권집행보다 그 사건수가 매우 적은 것이 현실이다. 부동산집행이 비용도 많이 들고 시간도 오래 걸리기 때문으로 보인다.[1)]

부동산의 강제경매도 다른 금전집행과 마찬가지로 압류→현금화(경매)→만족(배당)이라는 3단계를 거쳐 그 부수절차인 부동산인도명령까지 가는데, 이에 대해 개괄적으로 설명한다.

1. 압 류

채권자의 금전채권을 만족시키기 위하여 금전집행의 제1단계로서 집행기관이 대상재산에 대하여 채무자의 처분을 금지하고 그 교환가치를 유지하는 조치를 취하는 것이다.

(1) 압류의 방법

압류의 방법은 대상재산의 종류에 따라 다르다. 부동산집행에서는 집행법원이 강제경매나 강제관리의 개시결정을 하여 부동산을 압류한다는 뜻의 선언 즉 **압류선언**의 방법에 의한다. 그러나 압류선언만으로는 압류가 일반 제3자에 공시되어 거래의 안전을 도모하기 어려워 **압류등기**로 대세적으로 공시하게 되어 있다. 유체동산의 압류공시가 봉인, 채권의 경우가 제3채무자에 대한 송달이라면, 부동산의 경우는 압류등기이다.

(2) 압류의 효력

1) 관리·이용권의 인정(83조 2항) 압류는 목적재산의 처분금지로 현금화하기까지 그 교환가치를 유지함을 목적으로 하기 때문에 이에 저촉되지 아니하는 범위에서 압류재산을 관리·이용하여도 무방하다. 이 점에서 부동산경매에서는 통상의 방법에 따른 채무자의 채권적인 관리·이용권을 인정한다. 채무자가 들어와 거주하거나 그대로 사용하여도 상관 없다는 말이다(매수인에게 인도시까지).

그러나 압류 후 일반임대차는 별론이로되 **주택임대차보호법·상가건물임**

1) 2013년 개정 독일 ZPO §802a에서는 집행의 원칙으로 집행관의 권한을 규정하며, "집행관은 금전집행에서 지체없고, 완전하고 비용절감의 운영에 진력한다"고 하였는데 이는 집행관만이 아니라 모든 집행기관이 준수할 소명일 것이다.

대차보호법상(이하 양자를 '임대차보호법'이라 약칭한다)**의 임대차계약의 체결은** 압류채권자와의 관계에서 대항력이 없어 무효라고 볼 것이다. 왜냐하면 이와 같은 임차인이 동법상의 대항요건과 확정일자를 갖추면 채무자의 단순한 이용행위를 일탈하여 물권과 같은 우선변제권 등이 생겨 저당권 내지 전세권 설정계약과 같은 처분행위가 되기 때문이다(주택 3조의2 2항, 상가 5조 2항 등). 특히 소액임차인의 경우에는 보증금 중 일정액[1]은 당해세나 저당권에 대하여도 우선하는 최우선순위의 법정담보권과 같은 효력이 생긴다. 판례는 소액보증금 최우선변제권은 조세 등에 우선하여 변제받을 수 있는 일종의 법정담보물권을 부여한 것이므로 채무자가 채무초과상태에서 그 소유의 유일한 주택에 대하여 임차권을 설정하는 행위는 사해행위취소권의 대상이 된다고 하였는데,[2] 이곳에서도 같이 볼 것이다. 관리인의 관리·이용을 내용으로 하는 강제관리에서는 압류재산에 대한 채무자의 관리·이용권을 인정하지 아니하는 것이 원칙이다.

2) 처분금지효(92조 1항, 83조 4항) 압류의 본질적 효력은 목적부동산에 대한 처분권을 국가가 거두고 그 소유자인 채무자의 처분을 금지시키는 것이다(Verfügungsverbot). 따라서 압류된 후에는 채무자가 부동산의 양도나 용익권·담보권의 설정을 할 수 없고(양도와 부담금지), 이에 저촉되는 채무자의 처분은 효력이 없다. 압류후에 유치권을 취득한 제3자는 유치권을 내세워 경매절차의 매수인에게 대항할 수도 없다.[3] 이러한 처분은 목적부동산의 교환가치를 감소시켜 집행채권자의 경매절차상의 만족을 부당하게 해치기 때문이다. 그러나 채권자의 만족을 부당하게 해치는 것이 아니면 처분금지의 효력은 생기지 아니한다. 후술하는 바와 같이 절대무효는 아니다.

① 압류효력의 객관적 범위 압류의 효력이 미치는 범위는 원칙적으로 저당권의 효력이 미치는 범위(민 358조)와 같다. 목적부동산만이 아니라 목적부동산의 (i) **부합물**('입목에 관한 법률'에 따른 입목도 아니고 명인방법도 갖추지 아니한

---

1) 2024년 기준으로 서울의 경우 주택은 5,500만원, 상가건물은 2,200만원.

2) 대법 2005. 5. 13, 2003다50771. 유사취지로 서울서부지법 2013가단22259(근저당권이 설정된 주택에 임대차계약으로 채권자배당액이 줄어들게 했다면, 임차인은 경매에서 최우선변제를 받지 못한다). 일본최고재 1999. 11. 24 판결은 제3자가 저당부동산을 불법점유함으로써 경매절차의 진행에 해가 되고 적정가격보다 매각가격이 하락할 우려가 있을 때에는 저당권자가 소유자를 대위하여 불법점유자에게 명도청구를 할 수 있다고 하였다.

3) 대법 2005. 8. 19, 2005다22688; 동 2006. 8. 25, 2006다22050.

입목,[1] 토지사용의 승낙 등 권원 없이 심은 수목,[2] 지하콘크리트 구조물,[3] 주유소의 지하에 매설된 유류저장탱크,[4] 구분소유의사가 나타나지 아니한 기존건물의 증축부분[5] 등), (ii) **종물**(본채에서 떨어진 가재도구보관방이나 연탄창고와 공동변소[6] 등) (iii) **종된 권리**(목적토지에 대해 갖는 지역권, 임대토지상의 건물에 대한 경매시 토지임차권 · 지상권[7] 등)에도 미친다. **집합건물의 전유부분이 경매된 경우에 그 토지사용권**(대지분)은 일체불가분성이 인정되므로, 이를 분리처분한다는 특약이 없다면 압류의 효력이 미치는 것은 물론이다(집합건물법 20조).[8] 그러나 부동산의 임대료채권에는 미치지 않는다.

② **압류효력의 주관적 범위=상대적 무효**[9] 채무자가 압류된 뒤에 압류목적물을 양도하거나 저당권 등을 설정하여 대항요건까지 갖춘 경우라면 이와 같은 채무자의 처분행위는 압류의 효력인 처분금지효의 위반이다. 그러나 채무자의 처분행위를 절대무효로 하는 것은 지나친 것이므로, 압류의 목적과 채무자의 재산처분의 자유를 조화시키는 관점에서 그 처분행위는 **처음의 압류채권자, 그리고 처분 전에 집행절차에 참가한 이중압류채권자나 배당요구채권자**(선행채권자)에게 대항할 수 없는 상대적 무효라는 견해가 확립되어 있다.[10] 다만 처분당사자 사이에는 무효가 아니므로 양도 · 저당권설정 등 처분행위가 있

1) 대법 1998. 10. 28, 98마1817.
2) 대법 1998. 4. 24, 97도3425.
3) 대법 1994. 4. 22, 93마719.
4) 대법 1995. 6. 29, 94다6345.
5) 대법 1999. 7. 27, 98다32540; 동 1999. 7. 27, 98다35020. 등기부에 등재되지 아니한 부속건물의 일부에도 미친다는 것에, 대법 1986. 5. 23, 86마295.
6) 대법 1991. 5. 14, 91다2779.
7) 대법 1993. 4. 13, 92다24950. 따라서 매수인은 건물소유를 위한 지상권을 민법 제187조에 따라 등기 없이 당연히 취득하게 된다는 것에, 대법 1996. 4. 26, 95다52864.
8) ① 집합건물의 전유부분의 소유자가 대지사용권을 취득하고 있다면 비록 그것이 등기되어 있지 않더라도 그 대지사용권은 이를 분리처분할 수 있도록 정한 규약이 존재한다는 등의 특별한 사정이 없는 한 종된 권리로서 당연히 경매목적물에 포함되어 압류의 효력이 미치고 전유부분을 낙찰받은 매수인은 대지사용권을 취득한다는 것에, 대법 2008. 3. 13, 2005다15048; 동 2008. 9. 11, 2007다45777 등. ② 건물전유부분과 대지사용권(대지지분)이 별도 등기되어도 같다(별도 등기사실은 공고사항).
9) 압류의 상대적 효력과 입법례를 정리한 것으로 석호철, "경매개시결정의 효력", 재판자료집(35), 629면; 배태연, "부동산의 압류 · 가압류 후에 설정된 담보물권의 효력과 배당우선순위", 사법논집(21), 389면; 이우재, "압류 · 가압류의 처분금지효와 개별상대효의 이해", 민사집행소송(2008), 283면 등 참조.
10) (가)압류채권자가 채무자의 처분행위의 효력을 긍정할 수도 있다(대법 2007. 1. 11, 2005다47175).

은 뒤에 강제집행의 취하 또는 취소가 있었을 때에는 그 처분이 완전히 유효하게 된다. 이를 압류효력의 상대성(相對性)이라 한다(독일 ZVG 23조, BGB 135조).

나아가 양도·저당권설정 등 **처분 후에 집행절차에 참가한 채권자**(후행채권자)와의 관계에서도 무효인지의 문제가 있다. 이는 압류의 처분금지효의 주관적 범위에 관한 문제이기도 하다.

제1설은 **개별상대효설**로서 압류 후에도 채무자의 재산처분의 자유를 십분 존중하여 압류의 효력을 그 목적을 달성하기 위하여 필요한 한도 내에 그쳐야 한다는 입장이다. 따라서 압류 후에 채무자가 한 처분행위는 압류채권자에 대해서만 대항할 수 없어 무효이고,[1] 처분 후에 집행절차에 참가한 이중압류채권자나 배당요구채권자와의 관계에서는 완전히 유효하다고 보는 것이다.

그리하여 이 설에 의한다면 ① 부동산이 압류된 뒤에 채무자가 저당권을 설정하였더라도 그 저당권자는 그 압류채권자에 대해서만 대항할 수 없을 뿐 저당권설정 후 집행절차에 참가한 이중압류채권자나 배당요구채권자에 대하여는 저당권을 주장할 수 있으며 배당절차에서 후행채권자의 몫을 흡수하여 우선변제를 받을 수 있다(안분흡수배당).[2] 확정일자받은 임차권자도 저당권자와 같이 취급된다. ② 압류된 뒤 채무자가 소유권양도를 하였다면 제3자는 선행압류채권자에 대해서는 소유권취득을 주장할 수 없지만 양도 후에 집행절차에 참가한 채권자에 대해서는 유효한 소유권취득을 주장할 수 있다. 따라서 이제부터는 채무자의 재산이 아니라 제3자의 것이 되어 제3자의 채권자들만이 배당에 참가할 수 있을 뿐,[3] 종전 채무자의 채권자들은 이중압류를 하거나 배당

---

1) 가압류채권자에게도 해당하지 못한다. 대법 2008. 2. 28, 2007다77446.

2) 안분흡수의 실례를 본다. ① (가)압류채권자 A 5,000만원, ② 저당권자 B 5,000만원, ③ 배당요구채권자 C 5,000만원의 순서로 총 채권액 1억 5,000만원이 되지만, 배당금은 9,000만원에 불과할 때,
(i) A 3,000만원, B 3,000만원, C 3,000만원으로 일단은 안분하고
(ii) 그 뒤 B의 저당채권 5,000만원을 채우기 위해 C의 안분액 3,000만원으로부터 2,000만원을 B가 흡수
(iii) 결국 A 3,000만원, B 5,000만원, C 1,000만원 배당이 된다.

3) 대법 2005. 7. 29, 2003다40637은 가압류가 집행된 상태에서 그 소유권이 제3자에게 이전된 후 가압류채권자가 가압류채무자를 집행채무자로 하여 본압류로 이전하는 강제집행을 실시할 수 있으나, 이 경우 그 강제집행은 가압류 당시의 청구금액의 한도 내에서만 가압류채무자의 책임재산에 대한 강제집행절차라 할 것이고, 나머지 부분은 제3취득자의 재산에 대한 매각절차라고 하였다. 이 판례에 대한 평석은, 이범균, "가압류된 부동산의 소유권 이전 후 가압류채권자에 의한 강제경매절차에서 제3취득자에 대한 채권자가 배당에 참가할 수 있는지 여부", 민사집행법연구(3), 100면 이하.

요구를 할 수 없게 되어 배당절차에서 배제된다.[1] 결국 압류채권자나 이중압류·배당요구채권자는 실체법상 마찬가지의 채권자인데 배당절차에서는 압류채권자만이 남고 이중압류·배당요구채권자는 제외되는 차별문제가 생긴다. ③ 채권자들에게 배당이 끝난 뒤에 남은 돈이 있으면 제3취득자에게 돌려 주어야 한다.[2]

제2설은 **절차상대효설**로서 우리 법제가 금전집행에서 평등주의를 취하여 배당요구제도를 인정함으로써 압류채권자나 일반채권자를 달리 취급하지 아니함을 중시한다. 따라서 압류채권자의 압류는 그 압류채권자만이 아니라 그 집행절차에 참가하는 모든 채권자에게 효력이 미치는 것으로 보아 압류 후에 채무자가 처분행위를 하였을 때, 그 처분행위는 압류채권자만이 아니라 처분 후에 집행절차에 참가한 후행채권자를 비롯하여 모든 채권자와의 관계에서 무효가 된다고 한다.

따라서 이 설에 의하면 ① 최초의 압류 후에 채무자가 압류목적물에 저당권을 설정하고 이어 이중압류채권자와 배당요구채권자가 있었을 때, 그 저당권취득자는 최초의 압류채권자만이 아니라 이중압류채권자·배당요구채권자 등 저당권설정 후에 집행에 참가한 모든 채권자에 대하여 자기의 저당권을 유효하다고 주장할 수 없게 되어 우선변제를 받지 못하게 된다. 안분흡수의 변제는 있을 수 없다.[3] ② 압류된 뒤 채무자가 소유권 양도를 한 경우 제3자는 자신의 소유권취득을 양도받은 후 절차참가한 다른 채권자들에게도 주장할 수 없게 되며 따라서 당해 재산은 여전히 채무자의 재산이 되어 종전 채무자에 대한 채권자의 이중압류나 배당요구가 가능하다. 제3취득자의 채권자들은 배당참가를 할 수 없게 된다. ③ 배당금이 남았을 때에는 제3취득자가 아니라 채무자에게 주어야 한다.

결론을 맺어 보기로 한다. 일본민사집행법은 절차상대효설을 입법적으로 채택하였다(87조, 59조). 채무자의 재산권의 행사와 경제활동의 자유를 강조하

1) 대법 1998. 11. 13, 97다57337.
2) 대법 1992. 2. 11, 91누5228.
3) 안분흡수배당의 사례에서 A 3,000만원, B 3,000만원, C 3,000만원으로 안분되지 않고 저당권취득자는 A에게는 물론 C에게도 무효로 되어 배당에서 제외되어 배당금이 A 4,500만원, C 4,500만원으로 된다.

면 압류의 처분금지효는 처분 전의 채권자에만 미친다는 개별상대효설이 옳으나, 평등주의의 원칙상 모든 채권자에게 미쳐야 함을 강조하면 절차상대효설이 옳다. 우리도 민사집행법 제정과정에서 절차상대효설의 채택을 시도하였으나, 이를 채택할 때에 등기를 요하지 않지만 특정부동산에 관하여 압류 후에 우선변제권을 취득한 예컨대 확정일자를 갖춘 임차권자, 임금채권자에 대해서도 저당권취득자와 마찬가지로 압류의 효력이 미쳐 그가 우선배당을 받을 수 없게 되는 가혹한 결과가 생긴다는 이유 등으로 최종단계에서 절차상대효설을 포기했다.[1] 결국 입법적 해결 없이 학설·판례에 일임하였지만, 본압류 아닌 가압류에 대해서까지 절차상대효설을 취함은 무리인 것은 사실이다. 강제집행은 채권자를 만족시키는 것이며, 그 의미가 채무자를 징벌을 하는 것이 아니라면 개별상대효설이 타당한 면이 있으며, 현재 다수설·판례로 되어 있다.[2]

그러나 개별상대효설에 의하면 ① 평등주의 법제하에서 배당표작성의 어려움 등 배당절차가 복잡하여 절차지연의 우려가 있고, ② 후행의 채권자는 물론 선행의 압류채권자마저 완전한 보호를 받지 못하게 되는 문제점이 생기며(압류채권자의 배당액을 후순위저당권자에게 이전하는 결과),[3] 이를 채무자가 집행방해의 목적으로 후순위의 저당권을 설정하는 등 남용할 소지가 있다. 또한 ③ 채권자들에 대한 관계에서 사해행위가 될 여지가 있고, 후행의 채권자를 희생시키며 압류당한 부동산에 새삼 저당잡은 사람, 양도받은 사람을 보호함은 과보호가 아닌가의 문제점도 있다. 나아가 ④ 압류효력의 약화는 공권력의 권위실추로 연결되어 집행절차의 안정에 마이너스 요인이 되는 것도 부인할 수 없고, ⑤ 압류채권자를 우선시키고, 처분후 이중 배당요구채권자를 차별하는 것은 채권자평등주의의 기조하에서 일관성 없는 체계부조화이다. 그러므로 저자는 종전의 입장을 개설하여 가압류의 경우는 개별상대효설에 의하되, 본압류의 경우는 절차상대효설이 옳은 것으로 본다(판례도 유치권의 인수문제에서 가압류와 본압류를 구별함).[4] 앞으로 절차상대효의 입법으로 가야 할 것

1) 자세한 경위는 법원행정처, 민사집행법해설, 195면; 주석 민사집행법(Ⅲ)(4판), 154~157면 참조.
2) 박두환, 289면; 대법 1992. 3. 27, 91다44407; 동 1994. 11. 29, 94마417; 동 1998. 11. 13, 97다57337; 동 2004. 9. 3, 2003다22561 등. 반대: 강대성, 278면. 김홍엽, 164면; 전병서, 236면; 주석 민사집행법(Ⅱ), 85면은 현재 판례와 실무가 개별상대효설에 의한다고 소개하면서 본인들의 견해는 명확히 하지 않고 있다.
3) 한충수, “한국의 민사집행절차 개관 및 문제점”, 민사소송 제12권 제2호, 375면.
4) 같은 견해로, 손흥수, “(가)압류의 개별상대효의 정립과 그 대안의 모색”, 민사집행법연구 제

이다.[1)]

③ **압류의 제3자효** (i) 경매개시결정의 기입등기 즉 압류등기로 공시가 된 후 채무자로부터 권리를 취득한 제3자는 압류사실을 알든 모르든 압류의 처분금지효 때문에 압류채권자에 대항할 수 없어 그 권리취득이 무효로 된다. 압류등기를 모른 데 무과실이라 하여도 마찬가지이다(대물적 효력).[2)] 뒤에서 볼 바와 같이 등기 후 취득한 권리는 어떠한 권리이든 매수인이 인수하지 아니하며 소멸(제)주의에 의하여 소멸된다. 그러나 소유권이전등기청구권이 압류·가압류된 경우에는 등기의 방법이 없어 이와 같은 대물적 효력이 없다.

(ii) 압류의 등기로 공시되기 전에 권리를 취득한 제3자는 압류신청 또는 압류가 있다는 것을 알았으면 압류에 대항하지 못하나 이를 몰랐다면(선의) 압류의 처분금지효를 부인하며 압류채권자에게 대항할 수 있다(92조 1항. 독일 ZVG §23 Ⅱ). 몰랐을 때에는 제3자가 취득한 소유권을 내세워 제3자이의의 소(48조)나 채무자에게서 제3자 명의로 소유권이 넘어갔다는 것을 이유로 경매절차를 취소시켜 그 진행을 막을 수 있다(96조). 다만 압류채권자가 그 부동산에 압류채권을 담보하는 저당권 등 담보권실행의 채권자일 때에는 이 사실을 몰랐다고 하여도 경매절차를 속행하는 데 지장이 없으며 선의취득의 보호를 받을 수 없다(92조 2항).

3) **시효중단효 등** 채권자가 채무자의 부동산에 대하여 압류신청 즉 경매신청을 하면 시효가 중단된다(민 168조 2호). 나아가 근저당권의 실행을 위한 경매신청을 하면 근저당권의 피담보채권이 확정된다.[3)] 다른 채권자에 의한 경매신청에 따라 경매개시결정이 되었을 때에 저당권자의 채권신고는 시효중단의 효력이 생긴다. 압류에 의한 시효중단은 압류가 해제되거나 집행절차가 종료된 때 종료된다.[4)]

12권, 383면(법개정 전에 해석론으로 개별상대효설의 문제점을 해결하기 위해 민사집행법 제88조 1항의 우선변제권이 있는 채권자에서 약정담보권자를 제외하거나 압류채권자에 대한 관계에서 우선변제권이 있는 자로 제한하자고 한다. 377, 386면).

1) 이시윤, "한국민사집행법학회 창립 10주년의 회고와 앞으로의 전망·과제", 민사집행법연구 제10권, 28면.

2) 대법 2006. 8. 25, 2006다22050(압류등기 후 채무자가 부동산의 점유이전으로 공사대금채권자에게 유치권을 취득하게 한 사안).

3) 대법 2005. 4. 29, 2005다3137.

4) 대법 2017. 4. 28, 2016다239840(체납처분에 의한 채권압류로 인하여 채권의 시효가 중단된 경우, 피압류채권의 기본계약관계가 소멸됨으로써 압류의 대상이 존재하지 않게 되는 경우도

2. 매각에 의한 부동산상의 부담의 처리(매수인의 지위)

부동산은 그 가치가 커서 용익권이나 담보권이 잔뜩 설정되어 있는 등 법률관계가 복잡한 경우가 많다. 이와 같은 부동산이 강제경매에 의하여 매각되었을 때, 부동산 위에 존재하는 용익권이나 담보권의 부담을 **소멸**시켜 매수인이 아무 부담 없는 부동산을 취득하게 되는지, 아니면 그와 같은 부담을 그대로 매수인에게 **인수**시키는지가 문제된다. 이는 경매부동산 위의 권리자들이 매각될 때 어떻게 처우받는가의 문제이기도 하다. 이를 경매실무를 하는 법무사, 공인중개사, 은행 등에서는 인수 또는 소멸관계의 **권리분석**이라고 한다.

개인간의 매매에서는 그와 같은 부담문제는 당사자간의 합의에 의하여 개별적으로 정리하는 것이 통례이지만, 부동산의 강제경매와 같이 불특정다수인의 매수신청이 예상되는 경우에는 법정매각조건으로 미리 그 처리를 명시해 둘 필요가 있다. 민사집행법은 가급적 비싼 값으로 매각하기 위해 부동산 위의 부담을 소멸시키는 소멸주의(消滅主義, 소제주의)를 원칙으로 한다. 특히 부동산 위에 존재하는 용익권이나 담보권 가운데 압류등기 후에 설정된 것은 압류채권자에 대항할 수 없게 하는 **대항요건의 원칙**에 따라 처리한다(압류의 제3자효). 소제주의의 원칙은 임의경매뿐 아니라 유치권에 의한 경매[1]를 포함한 형식적 경매[2]에도 적용된다.

(1) 소멸주의(소제주의)와 인수주의 — 소위 권리분석

1) 양 주의의 입장 압류등기(경매개시결정등기) 전에 설정된 용익권 · 담보권 등의 처리에 관하여는 두 가지 입장이 있다. 그 하나가 부동산 위의 부담을 매각에 의하여 소멸시키고, 매수인으로 하여금 부담 없는 깨끗한 부동산을 취득하게 하는 **소멸주의**(소제주의)이다(Löschungsprinzip). 다른 하나는 그 부담을 소멸시키지 않고 그대로 매수인에게 떠안겨 인수시키는 **인수주의**이다(Übernahmeprinzip). 소멸주의는 매각대금을 높이고 매수인의 지위를 안정시킨다. 이에 대해 인수주의는 매각대금을 낮추고 매수인의 지위를 불안정하게 하

시효중단사유가 종료되는 것으로 본다).

1) 대법 2011. 6. 15, 2010마1059.

2) 대법 2009. 10. 29, 2006다37908; 동 2021. 3. 11, 2020다253836. 각 공유물분할을 위한 경매이다.

지만, 부동산상의 기존권리자를 동요시키지 않는다. 특히 저당권 · 임차권이 매수인에게 인수되느냐 소멸되느냐가 입법상 중요한 논점인데, 독일이나 미국 · 영국은 인수를 선택하여 인수주의에 편향된 입법이고, 우리나라와 일본 그리고 프랑스는 소멸을 선택함으로써 소멸주의에 기울어져 있다.

소멸되는 권리는 매각대금지급 후에 법원의 촉탁에 의하여 말소등기되고, 인수되는 권리에 관한 것은 등기부상 그대로 놓아두게 된다. 다만 우리 법에서는 등기부에 공시되지 아니하는 권리(**대항력있는 임차권, 유치권, 법정지상권, 분묘기지권, 특수지역권 등 5가지**)는 매수인에게 인수되어 소멸주의의 관철을 어렵게 하여 불의의 타격을 입을 수 있다.[1] 인수되는 권리는 매각물건명세서에 기재한다(105조 1항 3호. 독일법은 인수주의의 원칙 때문에 권리관계조사를 위한 현황조사나 매각물건명세서를 작성하지 않는다). 경매는 시세보다 값이 싸기 때문에 '고수익'이라 하지만, 부동산의 복잡한 권리관계 때문에 함정이 있을 수 있어 '고위험'이라 한다(high return, high risk). 고위험의 문제는 매수인의 인수 때문에 제기되는 문제이다.

2) 구체적 내용 인수냐 소멸이냐에 관한 현행법의 입장을 구체적으로 살펴보면 다음과 같다.

① **저당권**[2](91조 2항) 그 설정시기가 압류등기 전이든 후이든 막론하고 모두 매각에 의하여 소멸된다. 저당권자는 매각대금에서 우선변제받을 수 있기 때문에 크게 손해날 것이 없다. 무조건 소멸하는 소제주의이다(다만 저당권자의 승낙을 얻어 매수인이 인수가능, 143조 1항).[3] 저당권에 준하는 **가등기담보권**도 원칙적으로 같다(가담 15조). 그러나 경매개시결정이 된 경매신청 전에 청산기간이 경과되거나 청산금이 지급된 경우에는 가등기담보권은 소멸되지 않는

1) 이시윤, "민사집행에 있어서의 주요과제와 ISD", 민사집행법연구 제8권.

2) 은행 등 제1순위저당권을 싸게 매수한 NPL(Non Performance Loan, 저당채무의 원리금 3개월 연체된 부실채권은 여기에 내놓는다)채권자의 지위도 같다고 할 것이다.

3) 근저당권이 설정되어 있는 부동산에 대하여 강제경매신청을 한 경우에 그 근저당권의 피담보채권의 변제기가 아직 도래하지 아니하였다 하여도 적법하게 경매할 수 있고, 근저당권은 항상 소멸된다는 것에, 대법 1992. 4. 14, 91다41996. 집합건물에 대지권 성립 전부터 토지만에 관하여 별도등기가 설정되어 있던 근저당권이라 하여도 경락인이 인수하게 한다는 특별매각조건이 정해져 있지 않으면 토지공유지분에 대한 범위에서는 매각부동산 위의 저당권에 해당하여 소멸한다는 것에, 대법 2008. 3. 13, 2005다15048. 원인없이 등기가 말소된 저당권도 매각으로 소멸되므로 더 이상 근저당권설정등기회복등기절차의 이행을 구할 법률상 이익이 없다는 것에, 대법 2014. 12. 11, 2013다28025.

다(가담 14조).

② **지상권 · 지역권 · 전세권 및 등기된 임차권 등 용익권**(91조 3항)

(i) 저당권 · 압류채권 · 가압류채권에 대항할 수 없는 **후순위**의 용익권일 경우에는 매각에 의하여 소멸된다(91조 3항). 즉 저당권설정등기 후나 압류 · 가압류등기 후에 설정된 후순위의 용익권은 소멸주의에 의한다.[1] 따라서 선순위의 **저당권등기**(기준말소등기)가 있으면 그를 기준으로 그 후의 용익권등기는 말소대상이 되고, 선순위저당권등기가 없으면 압류 · 가압류등기(기준말소등기)를 기준으로 그 후의 용익권등기가 말소되는 것이다.

선순위저당권이 있을 때에 후순위의 용익권이 소멸되게 되는 것은 선순위저당권이 확보한 담보가치가 후순위의 용익권에 의하여 손상되지 않도록 보장해 주어야 하기 때문이다. 즉 용익권이 그대로 남아 있다면 제값을 받고 매각하기 어려워 저당권자의 피담보채권의 회수가 어려워질 수 있어 권리보호가 안되기 때문이다. 저당권이 선순위로 없고 용익권설정 → 압류등기일 때에는 별문제이나, 저당권설정 → 용익권설정 → 압류가 순차로 행하여진 경우에는 압류등기에 기초한 강제집행절차에서 목적물이 매각되었더라도 소위 끼어 있는 **중간의 용익권**은 소멸되게 되고, 그 등기는 말소되게 된다.[2] [3]

(ii) 위와 달리 저당권설정등기 전이나 압류 · 가압류등기 전의 **지상권**[4] · **지역권 · 전세권 및 등기된 임차권** 등 선순위의 용익권은 매수인이 인수한다(91조 4항 본문). 다만 전세권의 경우에 전세권자가 제88조에 따라 배당요구를 선택하면 매각으로 소멸한다(91조 4항 단서). 전세권은 용익물권임과 동시에 담보물권인 이중성 때문에 전세권자가 인수와 소제를 선택할 수 있게 한 option

---

1) 다만 가압류의 경우에는 가압류보다 후순위의 전세권이라도 가압류가 본집행으로 이행된 경우에 한하여 소멸된다는 것에, 박두환, 327면.

2) 대법 1987. 3. 10, 86다카1718. 제1순위저당권 → 가등기에 기한 본등기 → 제2순위저당권일 때에 제2순위저당권 실행의 경우에도 제1순위가 소멸되므로 본등기도 소멸된다는 것에, 대법 1997. 1. 16, 96마231.

3) 확정일자임차권 → 순위보전가등기 → 압류등기의 순서로 되었을 때 확정일자임차권은 저당권 등 담보권과 거의 같은 권리이기 때문에 최선순위의 임차인이 배당요구했으면 매각에 의하여 순위보전가등기는 인수되지 않고 말소된다는 견해에, 윤경, 민사집행법연구 제1권, 89면 이하. 이에 대하여 매수인이 인수하지 않는 부동산에 관한 기입인지 여부는 등기만을 기준으로 판단하여야 하고, 특별법에 의하여 우선변제권이 인정되는 권리를 기준으로 판단하여서는 아니된다는 반대입장은, 법원실무제요, 민사집행(Ⅱ), 355면.

4) 다만 대법 2011. 4. 14, 2011다6342은 금융기관에서 저당권과 동시에 그 후순위로 설정되는 이른바 담보지상권은 피담보채권이 변제로 소멸되면 그 부종성으로 같이 소멸된다고 하였다.

이다.[1)]

③ **대항력있는 임차권** 주택임대차보호법과 상가건물임대차보호법상의 임차인의 지위이다.[2)]

(i) 인도받고 주민등록전입신고(사업자등록)를 마친 주택(상가)임차인의 임차권(주택 3조 1항, 상가 3조 1항)[3)] 주택을 인도받고 주민등록전입신고를 한 주택임차인과 사업자등록신청을 하고 인도를 받은 상가건물임차인의 임차권은 등기가 없어도 등록신고를 하고 수리된 다음날 0시부터 등기된 임차권과 마찬가지로 대항력을 갖게 된다(건물일부분의 임대차의 경우는 그 등록시 그 임차부분의 도면표시를 요한다. 다세대 주택에서는 동과 호수를 표시).[4)] 신고한 날이 아니고 그 다음 날이므로, 이 점을 이용하여 악성 임대인이 임대차계약을 체결하고 신고한 당일에 저당권을 설정하여 신고한 임차인의 우선권을 침해하는 사례도 있으므로, 입법론적인 개선검토가 필요하다.

주민등록·사업자등록은 임대차를 공시하는 효력을 갖기 때문에 등기임차권과 같은 효력이 생긴다.[5)] 따라서 저당권설정등기 후나 압류·가압류등기 후에 대항력을 갖춘 후순위의 주택·상가건물 임차권은 소멸주의에 의하여 소멸되고,[6)] 그 이전에 대항력을 갖춘 **선순위 주택·상가건물임차권**은 인수주의에 의하여 매수인이 인수한다. 다만 대항요건은 그 대항력취득시에만 구비하면 되는 것이 아니고 **계속 존속**하고 있어야 한다.[7)] 또 당해 주택에 거주하는 직접점유자가 자신의 주민등록신고를 한 경우가 이에 해당하고 간접점유자의 주민등록으로는 안 된다.[8)] 대항력을 갖추려면 거주+주민등록신고 두 가지를 요하므로 다른 주소로 주민등록이전[9)]·전대·이사[10)] 등을 한 경우에는 대항력

---

1) 전세권이 낙찰기일(현 매각허가기일) 이전에 만료한 경우에 전세권자가 배당요구한 바 없이 경매절차가 진행되었으면 그 전세권은 기간만료에 불구하고 낙찰자에게 인수되어야 한다고 본 것에, 대법 2004. 6. 25, 2002다71979·71986.

2) 유제민, "부동산경매절차에서의 임대차와 관련된 각종 쟁점－대항력, 배당과 관련한 최신 판례와 실무 경향을 중심으로－", 민사집행법연구 제14권, 102~173면 참조.

3) 미등기 또는 무허가건물도 주택임대차보호법의 적용대상이 된다는 것에, 대법(전) 2007. 6. 21, 2004다26133.

4) 대법 2008. 9. 25, 2008다44238; 동 2011. 11. 24, 2010다56678.

5) 대법 2009. 1. 30, 2006다17850.

6) 대법 2000. 2. 11, 99다59306.

7) 대법 2002. 10. 11, 2002다20957.

8) 대법 2001. 1. 19, 2000다55645.

9) 대법 2007. 2. 8, 2006다70516. 이때에 대항력 및 우선변제권을 상실하며, 비록 전세권설정등

을 상실한다. 이 점이 주소를 이전하여도 대항력을 상실하지 아니하는 등기임차권(임차권등기명령에 의한 등기도 같다)과는 다르다(주택 3조의3 5항 단서, 3조의4 1항; 상가 6조 5항 단서, 7조 1항).

등기부공시처럼 인터넷공시 등 일반열람이 안되는 문제가 있다. 특히 사업자등록 여부를 알아내기가 어려워 이해관계인을 비롯한 경매매수인이 임대건물의 권리관계를 투명하게 파악하기가 쉽지 않기 때문에 뜻하지 않은 손해를 볼 우려가 있다. 또 하나의 문제점은 임대주택에 여러 사람이 임대입주하였을 때 누가 선순위인지 가리기 어려운 경우가 생기기도 한다.

(ii) **확정일자를 갖춘 임차권 – 담보물권화** 대항력과 확정일자 있는 임차인은 배당금에서 보증금의 우선변제권을 갖는다(인도+주민등록·사업자등록+확정일자, 주택 3조의2 2항; 상가 5조 2항). 임차권등기명령에 의하여 등기된 임차인도 같다. 주민등록을 할 수 없는 법인의 경우는 다르나, 전세임대주택을 지원하는 법인의 경우는 우선변제권을 갖는다(주택 3조 2항; 동시행령 2조). 확정일자를 갖춘 경우는 **전세권**에 준해서 목적물의 계속 사용보다도 배당요구를 하여(88조) 보증금을 우선변제받는 쪽을 선택할 수 있다.[1] 확정일자는 주민센터, 등기소, 공증사무소, 법무법인에서 받을 수 있는데, 2015년 7월부터는 공인중개사를 통하여 법원에 임대차계약서를 전송하면 법원으로부터 확정일자를 받을 수 있다. 우선변제권을 행사하여 배당요구를 하고 보증금전액을 변제받았으면 임차권은 소멸된다(소멸주의).

(iii) **배당받지 못한 보증금 잔액** 대항력과 우선변제권을 겸유하고 있는 임차인이 배당요구를 하였으나 순위에 따른 배당이 실시되더라도 배당받을 수 없는 보증금 잔액이 있는 경우, 임차인은 매수인에게 대항하여 보증금 잔액을 반환받을 때까지 임대차관계의 존속을 주장할 수 있다(주택 3조의5; 상가 8조).[2] 전세권자로서의 지위와 대항력있는 임차권자로서의 지위를 함께 갖고

기를 하였다 하여도 마찬가지이다=대법 2007. 6. 28, 2004다69741.

10) 상가건물을 임차하고 사업자등록을 마친 사업자가 임대차건물의 전대차 등으로 당해사업을 개시하지 않거나 사실상 폐업한 경우에는 상가임대차의 공시방법으로 요구하는 적법한 사업자등록이라 볼 수 없다는 것에, 대법 2006. 10. 13, 2006다56299.

1) 대법 1987. 2. 10, 86다카2076.

2) 대법 1997. 8. 22, 96다53628 등. 대항요건과 확정일자를 갖춘 임차인이 소액임차인의 지위를 겸하는 경우, 먼저 소액임차인으로 보호받는 일정액을 우선 배당하고 난 후의 나머지 임차보증금채권액에 대하여는 대항요건과 확정일자를 갖춘 임차인으로서의 순위에 따라 배당해야 한다는 것에, 대법 2007. 11. 15, 2007다45562.

있는 경우에 전세권자로서 배당요구를 하여 전세권이 소멸된 경우, 변제받지 못한 나머지 보증금에 기하여 대항력을 행사할 수 있고, 그 범위 내에서 매수인은 임대인의 지위를 승계한다.[1] 그러므로 보증금 잔액이 있을 때에는 매수인이 인수하는 결과가 된다.

결론적으로 대항력 있는 임차권은 용익물권처럼 되고, 여기에 확정일자까지 받아두었으면 담보물권화되어 우선변제권을 갖고, 나아가 배당받지 못한 잔액보증금이 있으면 임대목적물을 유치할 수 있게 되어 유치권처럼 된다. 여기에 더하여 소액임차인의 보증금 중 일정액은 배당순위에 서 제1순위의 최우선 특권으로 선순위저당권에도 우선한다(유럽의 월세보증금은 월임대료의 3~4배, 그러나 우리는 10배가 넘으므로 저당채권화한 것 같다). 단지 경매신청권을 인정하지 않을 뿐이다. 막강한 물권화로서, 등기공시가 안 되어 권리의 내용도 정확히 파악하기 어려운 괴물권리이기 때문에 남용도 그만큼 크다. 전세권처럼 등기비용이 드는 것도 아니고 소유권자의 동의하에 설정되는 번잡함도 없어 세입자에게 매우 편리한 것은 사실이다. 이 막강한 대세적 권리는 일반열람이 가능한 등기공시(임대차열람부가 주민센터에 비치되기는 한다)도 하지 않는 은둔의 권리인 것이 분명하고 경매질서 혼란의 회오리를 일으키는 태풍의 눈이다.

일본은 2002년 남용의 폐단 때문에 우리나라 소액임차권 모델인 일본민법 제395조의 단기 임대차보호제도를 폐지하였음을 주목할 필요가 있다. 일본은 그 대신 저당부동산의 임차권에 대하여는 새로 건물명도 유예기간(395조) 및 대항력의 동의 부여(387조)를 신설하였다. 독일은 매각허가결정으로 임대차·사용대차가 끝나지 않으며, 임대목적물 양도의 경우처럼 '매매는 임대차를 깨뜨리지 않는다(Kauf bricht nicht Miete)'는 원칙이 적용된다. 이처럼 임대차에 인수주의를 채택하여 경매에 의하여 임차인의 법적 지위가 동요되지 않고 유지시키는 선에서 보호할 문제가 아니었던가 생각된다. 우리 법제는 임차권에 대한 과보호이고 큰 특혜이기 때문에 그만큼 남용도 심각하다(독일강제경매법(§57 ZVG, BGB 566f)과 비교).

(iv) **순위변동의 임차권** 　선순위저당권 → 대항력 있는 임차권 → 압류등기의 순으로 되어 있을 때, 매각으로 인하여 선순위저당권이 소멸되면 그 다음 순위인 대항력 있는 임차권도 앞서 본 중간의 용익권처럼 소멸됨이 원칙

1) 대법 2010. 7. 26, 2010마900.

이다. 선순위저당권등기가 기준말소등기가 되어 다음 등기는 모두 말소된다. 그것이 부동산매각의 효과이다. 그러나 매각대금지급 전에 채무자가 선순위저당채무를 임의변제(임차인에 의한 대위변제도 같다)하여 저당권이 소멸되는 경우에는 대항력 있는 임차권은 최선순위가 되어 소멸되지 않고 매수인에게 인수된다. 이 경우에는 매수인이 뜻밖의 대항력 있는 임차권을 인수하게 되어 피해를 입을 수 있다. 순위변동의 **불의의 타격**이다. 이 경우와 같이 임차권 → 압류등기로 **순위가 변동되는** 사실을 매수인에게 고지하지 아니하여 임차권이 남게 되는 사정을 모른 채 매수인이 매각대금을 지급하였다면, 채무자는 민법 제578조의 규정에 의한 담보책임을 진다.[1] 또 임대차보호법(주택 3조 5항; 상가 3조 3항)에 의하여 민법 제575조 1항, 3항도 준용한다.

(v) **기타 임대차** 주택 · 상가건물임대차보호법 등 특별법의 적용을 받지 아니하는 경우 예를 들면 미등기의 토지임대차나 보증금이 큰 상가건물, 오피스텔 등 임대차는 "매매는 임대차를 깨뜨리므로" 저당권설정등기 전의 것이라도 매수인은 인수할 이유가 없다. **일시사용**의 임대차, 예를 들면 무보증월세임대차의 경우에도 그 적용이 없다(주택 11조; 상가 16조). 그러나 명칭은 전세계약으로 체결하였으나 등기하지 않는 소위 채권적 전세계약은 우리나라 전래의 임대차의 일종으로서 그 **전세금**을 임대차 보증금으로 본다(주택 12조; 상가 17조).

④ **유 치 권** 유치권은 유치적 효력을 본질로 하기 때문에 그 성립시가가 저당권설정등기나 압류 · 가압류등기의 전인지 후인지를 막론하고 매각에 의하여 소멸되지 아니한다(91조 5항). 대세적인 목적물의 인도거부권인 유치권은 경매개시결정 전에 성립된 것이라면 변제받지 못할 경우 무조건 소멸하지 않고 매수인에게 인수된다. 지금까지 일관된 통설, 판례이다. 다만 유치권자는 매수인에 대하여 유치권에 의하여 담보되는 채권의 변제가 있을 때까지 목적부동산의 인도를 거절할 수 있을 뿐이고, 매수인에게 변제청구권을 갖는 것은 아니다.[2]

신축건물이나 개축건물에 대한 건축비 · 수리비로 인한 유치권이 주로 문제된다. 그러나 인수주의를 채택한 것에 편승하여 채무자와 통모하여 목적건

---

1) 대법 2003. 4. 25, 2002다70075.

2) 대법 1996. 8. 23, 95다8713.

물에 대한 건축비지출을 운운하며 유치권을 조작하는 위장유치권자가 있는가 하면, 피담보채무액을 부풀리는 경향이 있는데, 등기부에 공시되지 않는 권리여서 매수인에게 큰 위협이 될 수 있다. 매수인이 안심하고 매수할 수 없게 하고 나아가 저가매각으로 압류채권의 만족을 곤란하게 만들어 유치권 제도의 남용이 경매질서를 어지럽히는 대표적인 요인이 되고 있다. 경매의 큰 함정이라 하며, 경매공적의 제1호라고도 한다. 한편 미완성의 신축건물에 집행채무자가 직접 공사비채무를 부담하지 않는 하수급인들이 '유치권행사중'이라는 팻말을 세워 출입을 금지시키는 등 집행을 방해하는 사례도 적지 않다. 현행법상 유치권자는 배당요구권자에 해당되지도 아니하므로 유치권자가 있는지 여부를 알 수 없는 경우도 있다. 집행관의 현황조사서에 기재되지도 않은 유치권자가 매각절차가 끝난 뒤에 비로소 등장하는 일도 있다.[1] 그리하여 매수인에게 불의의 함정에 빠지는 타격을 입힌다.

이에 대하여는 (i) 제83조 3항, 규칙 제44조 1항에 규정한 경매개시결정 후의 보전처분에 의하여 경매목적물에 수리비지출 등을 못하게 하는 조치, (ii) 경매목적물에 필요불가결이 아닌 개축비·수리비의 지출은 부동산의 가격손상으로 보아 제96조에 의하여 매각허가결정을 취소시키는 방안, (iii) 집행관이 현황조사시에 유치권을 간과하였을 때의 국가배상책임을 강화하는 방안, (iv) 유치권신고의 단계에서 적절하게 남용을 견제하는 방안, (v) 입법론적 개혁[2] 등을 생각할 수 있다.

유치권의 객체를 부동산으로까지 확대한 것도 문제가 있다(스위스민법 895조는 동산과 유가증권에 한정한다). 이러한 유치권의 문제점을 해결하기 위해 민법과 민사집행법 개정안이 발의된 적이 있다. 민법개정안의 골자는 스위스 입법례와 유사하게 동산에 한정함을 원칙으로 하고, 부동산은 미등기부동산에 한하여 인정하되, 피담보채권의 범위를 비용지출채권 등으로 한정하면서 저당권

1) 토지에 대한 경매에서 건물을 건축하거나 수리한 공사자가 토지에 대한 상사유치권을 주장하는 사례도 있다.

2) 이 문제에 대하여 일본의 中野 교수는 압류발효 후 또는 현황조사 후에 성립된 유치권이라도 인수할 수밖에 없지만, 이를 간과한 채 매각이 된 경우에 매수인이 이를 알았을 때에는 매각불허가를 구하거나 매각허가결정에 대한 즉시항고를 할 수 있다고 한다. 나아가 부동산의 가치손상에 준하여 매각허가결정의 취소신청을 할 여지를 시사하는 한편, 대금납부 후에는 담보책임(민 578조)을 물을 수밖에 없다고 한다. 中野貞一郎, 민사집행법, 青林書院(2010), 384면. 입법에 의한 상사유치권의 배제를 주장하는 견해도 있다. 김상수, 183면.

설정청구권을 신설하는 내용이었다. 민사집행법 개정안은 유치권에 관하여 종전의 인수주의를 버리고(91조 5항 폐지) 저당권과 마찬가지로 소멸주의로 바꾸는 한편 유치권자를 배당요구권자에 포함시키는 내용이었다. 필자는 이 입법안에 적극 찬성하였으나, 2013년 국회에 상정된 개정안이 3년째 잠자다가 19대 국회의 임기종료로 자동폐기된 것이 매우 아쉽다.[1)]

판례의 입장을 살핀다.

(i) 근저당권이 설정된 후라도 압류등기(경매개시결정의 기입등기) 전에 유치권을 취득하였다면 매수인에게 유치권을 주장할 수 있다는 것이 판례이다.[2)] 가압류등기 후 압류등기 전에 유치권을 취득한 경우도 마찬가지이다.[3)] 한편 압류등기 전에 점유이전되었어도 압류효력 발생 후에 공사가 완공되어 공사대금채권에 대한 유치권이 후순위로 성립되었으면 수급인은 유치권을 내세워 매수인에게 대항할 수 없다고 하였다.[4)] 압류등기 전에 변제기의 도래를 요한다.

위와 같은 결과 저당권자는 매수인이 인수하게 되는 유치권 때문에 저가 매각으로 저당권자의 배당액이 줄어드는 법적 불안을 이유로 유치권을 주장하는 자를 상대로 **유치권부존재확인의 소**를 제기할 이익이 있다.[5)] 이때 저당권자는 유치권 전부에 대한 부존재만을 구해야 하는 것이 아니라 유치권으로 주장하는 채권이 과다하다면서 유치권 일부 부존재확인을 구할 수도 있고, 이 경우 유치권자는 주장금액의 견련관계에 관한 증명책임을 부담한다.[6)] 자신의 이익을 위하여 유치권을 고의적으로 작출하고, 최우선담보권으로서의 지위를 내세우는 것은 신의칙에 위반되는 유치권의 행사로서 허용될 수 없다.[7)]

---

1) 이에 대하여 위 민사집행법 개정안이 현행 민사집행법의 원리 및 체계와 부조화가 예상되는 문제점이 있었다는 비판적인 견해에, 김홍엽, 170면; 김홍엽, "민사유치권 관련 민사집행법 개정안에 대한 비판적 고찰", 성균관법학 25권 4호, 147면; 그와 달리 입법적으로 유치권자에게도 우선변제권을 인정하고 소멸시키자는 견해는, 장건, "유치권에 기한 경매의 효용성 제고에 관한 검토", 민사집행법연구 제17권, 35면 이하; 임세훈, "부동산경매절차상 유치권의 법적 지위 및 비판적 고찰", 민사집행법연구 제14권, 59면.

2) 대법 2009. 1. 15, 2008다70763. 그러나 상사유치권은 먼저 설정된 저당권자에 대항하지 못한다(대법 2013. 2. 28, 2010다57350).

3) 대법 2014. 4. 10, 2010다84932.

4) 대법 2011. 10. 13, 2011다55214.

5) 대법 2004. 9. 23, 2004다32848. 유치권부존재확인의 소에서 채권의 존재는 피고가 주장·증명하여야 한다(대법 2016. 3. 10, 2013다99409).

6) 대법 2016. 3. 10, 2013다99407; 동 2018. 7. 24, 2018다221553. 건물간판의 공사대금채권은 건물유치권의 피담보채권이 못된다는 것에, 대법 2013. 10. 24, 2011다44788.

7) 대법 2011. 12. 22, 2011다84298.

(ii) 강제경매개시결정이 되어 압류의 효력이 발생한 이후 채무자로부터 그 부동산의 점유를 이전받고 이에 관한 공사를 함으로써 유치권을 취득한 경우, 이러한 점유이전은 목적물의 교환가치를 감소시킬 우려있는 처분행위에 해당되어 압류의 처분금지효에 저촉되므로 점유자가 유치권을 내세워 매수인에게 대항할 수 없다.[1] 경매개시결정의 기입등기(압류등기) 후의 후순위유치권자는 압류등기가 경료되었음을 과실없이 알지 못하였다는 사정을 내세워도 결론은 다를 바 없다.[2] 이와 달리 **가압류등기**가 경료되었을 뿐 경매절차가 진행되지 않은 상황에서는 채무자로부터 점유를 이전받고 공사하여 생긴 유치권은 압류의 처분금지효에 저촉되는 처분행위가 아니므로 대항할 수 있다.[3]

(iii) 대법(전) 2014. 3. 20, 2009다60336에서는 이미 체납처분압류가 되어 있는 부동산이라 하여도 경매개시결정등기가 되기 전에 취득한 유치권자라면 경매절차의 매수인에게 유치권으로 대항할 수 있다고 하였다. 체납처분절차와 민사집행절차는 별도로 진행하는 것이므로 체납처분압류가 되어 있다고 하여 경매개시결정에 따른 압류와 마찬가지로 볼 것이 아니라는 것이 논거이다.

이러한 일련의 판례경향을 요약하면, 압류등기를 기준으로 유치권이 선순위이면 매수인에 대항하고, 후순위이면 대항할 수 없다는 것으로서, 유치권의 대항력을 축소지향적으로 해석하여 유치권남용에 쐐기를 박으려는 의도가 엿보인다. 그러나 인수주의의 축소제한은 입법으로 해결할 문제이지 압류의 처분금지효와 제91조 5항의 해석론만으로는 무리가 있고 완전하지 못하다.[4] 다만 판례 중 신의칙 위반을 이유로 한 유치권행사의 제동은 매우 적절하다고 보여진다. 또한 예컨대 경매건물에 인테리어공사를 한 것처럼 꾸며 유치권을 신고하여 유찰을 시키거나 저가매각을 유도하는 행위를 할 때에는 경매방해죄, 사기죄로 형사고소도 가능하다.[5]

---

1) 대법 2005. 8. 19, 2005다22688; 동 2017. 2. 8, 2015마2025; 동 2022. 12. 29, 2021다253710 등.
2) 대법 2006. 8. 25, 2006다22050.
3) 대법 2011. 11. 24, 2009다19246(다만 이 판결은 현황조사보고서나 매각물건명세서 등에 드러나지 않는 유치권을 인수하게 되어 경매의 공신력이 훼손될 수 있다는 점 등을 근거로 매수인이 인수하지 않게 될 수도 있다는 것을 이유에서 밝혔다).
4) 이재도, "부동산경매절차에서 허위유치권에 관한 문제와 개선방안", 민사집행법연구 제8권 212면 이하; 이시윤, "민사집행에 있어서의 주요과제와 ISD", 민사집행법연구 제8권, 22면.
5) 매각 전에는 유치권부존재확인의 소, 매각 후에는 유치물반환청구의 소, 형사책임으로는 경매방해·공갈·부당이득죄로 문제삼을 수 있다는 것에, 이성환 "경매에서의 유치권 실무", 법률신문 2009. 9. 3.자.

⑤ **법정지상권과 분묘기지권** 동일인 소유에 속하였던 대지와 그 지상 건물이 일괄매각되지 않고 대지만 매각처분 되더라도 건물의 보호를 위하여 건물소유자가 토지를 계속 사용할 수 있는 민법 제366조 소정의 법정지상권 또는 판례법에 의한 관습법상 법정지상권[1]이 발생할 수 있다. 건물을 위한 부지와 주변 토지에 대한 물권적인 사용권이다. 분묘기지권은 분묘가 있는 임야 등 매각에서 발생하는데, 분묘를 위한 기지의 토지사용권이다. 즉 매각대상임야 등에 분묘가 있으면 그 분묘의 수호와 제사에 필요한 범위의 땅에 생긴 관습상 분묘기지권(묘지철거에 대항할 수 있는 지상권 유사의 물권)의 문제이다.

이러한 권리도 용익권에 준하여 저당권설정등기나 압류·가압류등기 전에 건축된 건물이거나[2] 압류등기 전에 분묘가 생긴 경우에는 매수인에게 인수된다고 볼 것이다. 다만 이것도 권리의 설정일자가 등기공시되지 아니하여 발생일자 불명을 기화로 선순위가 되도록 건축시기나 분묘설정시기를 조작하는 등 매수인을 괴롭힐 목적으로 제도를 남용하는 예가 적지 않다. 생각건대 등기부 공시원칙의 예외이고 거래현실에서 오래된 건물은 그 값을 따로 쳐주지도 아니하며, 매장문화도 쇠퇴하여 후손마저 분묘를 잘 관리하지 않는 세태에서, 건물이나 분묘를 과보호하는 것으로서 이와 같은 전근대적 물권에 대해서는 축소지향적 해석을 하는 것이 옳을 것이다.

대법원은 강제경매로 인한 관습법상 법정지상권이 성립여부를 판단함에 있어서 매각당시를 기준으로 토지와 지상건물이 동일인에게 속하면 된다는 종전의 판례[3]를 변경하여, 압류의 효력이 발생하는 때(가압류에서 본압류로 이행되는 경우는 가압류의 효력발생시)를 기준으로 판단할 것이라 하였다.[4] 그후 위 전원합의체판결의 영향으로 대법 2013. 4. 11, 2009다62059는 저당권설정 당시를 기준으로 토지와 그 지상건물이 동일인에게 속하였는지 여부에 따라 관습상 법정지상권의 성립여부를 판단하여야 한다고 했다(임의경매의 경우도 같아졌다).

(i) 미등기의 무허가건물에 대하여도 이러한 법정지상권을 인정하는 것이

---

1) 대법(전) 2022. 7. 21, 2017다236749(김재형 대법관 1인을 제외한 다수의견)는 동일인 소유이던 토지와 그 지상 건물이 매매 등으로 인하여 각각 소유자를 달리하게 되었을 때 건물철거 특약이 없는 한 건물 소유자가 법정지상권을 취득한다는 관습법은 현재에도 법적 규범으로서의 효력을 여전히 유지하고 있다고 보아야 한다고 하였다.

2) 中野/下村, 431면.

3) 대법 1970. 9. 29, 70다1454 등.

4) 대법(전) 2012. 10. 18, 2010다52140.

판례이다.[1] 소위 "제시외 건물포함"으로 경매토지와 함께 일괄매각이 되면 법정지상권이 발생할 가능성이 없지만, 포함이 아닌 '제외'이면 법정지상권이 성립할 가능성이 충분하다. 행정대집행법에 의하여 철거대상인 무허가건물에 법정지상권을 주는 것은 불법을 한 자에게 오히려 권리를 주는 것으로서 문제이다. 유지보전의 가치가 없는 무허가건물에 대하여 법정지상권을 인정하지 아니한다면 지상권조작으로 경매질서를 어지럽히는 폐습은 크게 줄어 들 것이다. 완성건물도 아닌 건축 중의 건물이 세워진 대지를 분리경매하는 경우에 법정지상권의 발생으로 매수인을 어렵게 하므로 완성건물인가의 여부도 압류의 효력발생시를 기준으로 축소해석할 것이다. 컨테이너박스는 원형대로 이동가능한(mobile) 것이므로 토지의 정착물인 건물이라 할 수 없어 법정지상권의 목적이 될 수 없고, 주거용이 아닌 비닐하우스까지 그 보호를 위해 물권인 법정지상권의 객체로 보호해 줄 수는 없다. 텐트는 건물이 아니고, 진지 · 교통호 · 참호 등은 거래대상도 아니어서 지상권 대상이 될 여지가 없다.

(ii) 판례는 분묘기지권에 관하여 권리자가 분묘의 수호와 봉사를 계속하며 그 분묘가 존속하는 동안 분묘기지권이 존속한다고 하나,[2] 이는 「장사 등에 관한 법률」에 의한 분묘의 존속기간인 30년의 원칙과도 맞지 않는 해석이다(동법 19조). 관습상의 분묘기지권의 폐해를 고려하여 입법으로 토지소유자의 승낙 없이 무단설치한 분묘에는 2001년 이후 분묘기지권이 생길 수 없게 하였다(동법 27조 4항). 판례[3]도 2001년 1월 13일 이전의 것만 분묘기지권을 인정한다. 한편 분묘기지권을 취득한 자가 판결에 따라 분묘기지권에 관한 지료의 액수가 정해졌음에도 책임있는 사유로 2년분 이상의 지료지급을 지체한 경우, 새로운 토지소유자가 분묘기지권의 소멸을 청구할 수 있다고 한다.[4]

⑥ **민법 제302조의 특수지역권** 어느 지역의 주민 각자가 남의 토지에서 초목 · 방목 등 수익을 하는 권리(과거는 입회권)로서, 이것도 등기공시가 되지 아니한다. 이러한 권리의 목적인 토지의 경매취득자는 불의의 타격을 받을

1) 대법 1988. 4. 12, 87다카2404; 동 2004. 6. 11, 2004다13533 등.
2) 대법 2007. 6. 28, 2005다44114. 평장되어 있거나 암장되어 있어 객관적으로 인식할 수 있는 외형을 갖추고 있지 아니한 경우는 분묘기지권이 인정되지 아니한다는 것에, 대법 1991. 10. 25, 91다18040.
3) 대법(전) 2017. 1. 19, 2013다17292.
4) 대법 2015. 7. 23, 2015다206850.

수 있으므로, 지역의 총유적인 권리로 부동산등기법 제26조에 준하여 등기할 수 있게 만드는 것이 바람직할 것이다. 이러한 부담있는 토지매수는 소유권은 취득하여도 마치 맹지(盲地)를 매수한 것처럼 자기가 쓸 수 없는 토지로 되는 위험이 있다.

⑦ **기타 권리관계** (i) 압류채권자 이외의 자에 의한 **압류**(체납처분압류도 같다) · **가압류**는 매각에 의하여 소멸된다(148조 1호, 3호). 가압류채권자는 당연히 또는 배당요구에 의하여 매각대금에 배당참가권이 있기 때문이다. 금전채권을 보전하기 위한 것이 가압류임에 비추어 금전채권을 담보하기 위한 저당권과 마찬가지로 선후순위에 관계없이 소멸된다.

다만 부동산에 대한 가압류등기 후 가압류목적물의 소유권이 제3자(제3취득자)에게 이전되고, 제3취득자의 채권자가 경매를 신청하여 매각된 경우, 그 가압류(구가압류)가 매수인에게 인수되는지(인수설),[1] 혹은 매각으로 소멸되는지(소멸설)의 대립이 있다. 판례는 구 가압류채권자는 그 매각절차에서 해당 가압류목적물의 매각대금 중 가압류결정 당시의 청구금액을 한도로 배당받을 수 있고 말소촉탁의 대상이 된다고 하여 원칙적으로 소멸설을 취하였다.[2] 다만 판례는 집행법원이 구 가압류등기의 부담을 매수인이 인수하는 것을 전제로 하여(특별매각조건) 매각절차를 진행한 경우에는 가압류의 효력이 소멸하지 않고 말소촉탁의 대상이 될 수 없다고 하였다.[3] 즉 구체적인 매각절차에서 구가압류등기의 부담을 매수인이 인수하는 것을 특별매각조건으로 하였는지 여부에 따라 구가압류의 소멸여부를 판단하는 절충적인 입장인데, 예견가능성과 매수인의 지위안정을 위하여 소멸설로 일관함이 옳을 것이다.

(ii) **처분금지가처분**(105조 1항 3호),[4] **순위보전의 가등기**(청구가등기),[5] 등기

1) 박두환, 328면.

2) 대법 2006. 7. 28, 2006다19986 등. 체납처분에 의한 압류등기 후 소유권이 제3자에게 이전되고 그 제3취득자의 채권자가 경매신청을 한 경우에도 같다는 견해로, 법원실무제요 민사집행(Ⅱ), 454면.

3) 대법 2007. 4. 13, 2005다8682.

4) 대법 1998. 10. 27, 97다26104 · 26111; 동 1964. 12. 15, 63다1071. 다만 점유이전금지가처분은 매수인의 소유권이전을 방해하지 아니하므로 후순위라도 소멸되지 않는다. 토지소유자가 앞으로의 건물소송을 전제로 지상건물철거청구권의 보전을 위한 건물에 대한 처분금지가처분은 후순위라도 소멸되지 않는다.

5) 대법 1992. 4. 14, 91다41996. 권리신고가 되지 아니하여 순위보전의 일반가등기인지 담보가등기인지가 불명할 때 그 가등기가 등기부상 최선순위이면 그 가등기가 담보가등기인지 순위보전의 가등기인지 밝혀질 때까지 경매절차를 중지하여야 하는 것은 아니라는 것에, 대법

된 **환매권** 등은 배당참가가 쉽지 아니하고 금권채권을 직접 보존하기 위한 것이 아니므로 위에서 본 용익권에 준하여 저당권설정등기나 (가)압류등기보다 선순위인가 여부에 의하여 소멸여부가 정해진다.[1] 즉 이 등기들은 그 등기보다 선순위인 (가)압류, 저당권등기가 비록 경매개시의 원인이 아니라도 매각으로 소멸하면 함께 소멸하여 말소촉탁의 대상이 된다.[2] **예고등기**는 경매질서의 교란물이어서, 부동산등기법 개정으로 폐지되었다. 당해 부동산에 부과된 공과금은 체납처분에 의한 압류등기가 되어 있어도 선후순위를 가리지 않고 매각에 의하여 소멸된다.

(iii) **집합건물의 대지권**의 대상인 토지에 근저당권이 설정된 경우에는 유념할 부분이 있다. 집합건물에서 구분소유자의 대지사용권은 전유부분과 분리처분이 가능하도록 규약으로 정하였다는 등의 특별한 사정이 없는 한 전유부분과 종속적 일체불가분성이 인정된다(집합건물 20조 1항, 2항). 그리하여 판례는 구분건물의 전유부분에 대한 경매개시결정과 압류의 효력은 당연히 종물 내지 종된 권리인 대지사용권에까지 미치고, 그에 터잡아 진행된 경매절차에서 전유부분을 매수한 자는 대지사용권도 함께 취득하며, 매각부동산 위의 모든 저당권은 매각으로 인하여 소멸하므로 설사 대지권 성립 전부터 토지만에 관하여 설정된 근저당권이라도 이를 존속시켜 매수인이 인수하게 한다는 특별매각조건이 없는 이상 그 근저당권은 대지사용권에 상당하는 공유지분 범위에서 매각부동산 위의 저당권에 해당하여 매각으로 인하여 소멸한다고 하였다.[3] 한편 아파트경매의 경우에 체납관리비 중 공용부분은 매수인이 특정승계인으로서 인수하여야 한다(집합건물 18조). 공용부분 관리비의 연체료까지는 승계되지 아니한다.[4]

2003. 10. 6, 2003마1438.

1) 대법 2022. 3. 31, 2017다9121 · 9138(이 판결은 또한 가처분등기보다 먼저 마쳐진 가등기에 의하여 본등기가 마쳐진 경우, 본등기가 가처분등기 후에 마쳐졌더라도 가처분채권자에게 대항할 수 있다고 하였다) 등.

2) 대법 2022. 5. 12, 2019다265376. 위 판결에 대한 해설은 이규진, 대법원판례해설 67호, 724면.

3) 대법 2021. 1. 14, 2017다291319. 반면에 위 대법 2022. 3. 31, 2017다9121 · 9138은 집합건물에 대하여 구분소유가 성립하기 전에 대지에 관하여만 근저당권이 설정되었다가 구분소유가 성립하여 대지사용권이 성립되었더라도 이미 설정된 근저당권 실행으로 대지가 매각됨으로써 전유부분으로부터 분리처분된 경우에는 전유부분을 위한 대지사용권이 소멸한다고 판시한 점을 유념할 필요가 있다.

4) 대법 2007. 2. 22, 2005다65821. 골프장의 필수시설인 골프장 부지를 경락받은 자가 종전 소유자가 받은 사업계획승인을 승계하지 않는다는 것에, 대법 2011. 4. 14, 2008두22280.

도표 2-9 권리의 소멸 · 인수 배당관계

권리의 종류	인수 · 소멸여부	분석자료	배당
저당권 · 담보가등기	선 · 후순위 모두 소멸	등기사항증명서(乙구)	4순위 배당
지상권 · 지역권 · 전세권 · 등기임차권 등 용익권	저당권등기 · 압류등기에 선순위 인수, 후순위 소멸	등기사항증명서(乙구)+매각물건명세서	모두 배당 없음. 단 선순위 전세권 배당요구하면 소멸, 4순위 배당
대항력 있는 주택 · 상가임차권	위 용익권과 같음 단 소액임차권은 저당권 등기후라도 압류등기보다 선순위면 인수	매각물건명세서+현장확인(주민등록 또는 사업자등록확인)	확정일자 임차권은 전액배당(소액은 1순위, 나머지 4순위 배당)되면 소멸. 잔액 있으면 인수
법정지상권 · 분묘기지권 · 특수지역권	위 용익권과 같음	매각물건명세서+현장확인	모두 배당 없음
유치권	압류등기를 기준으로 선순위만 인수	매각물건명세서+현장확인조사	후순위 배당(8순위 배당, 판례)
압류 · 가압류	선 · 후순위 모두 소멸	등기사항증명서(甲구)	8순위 배당(선순위 가압류는 당연, 후순위는 배당요구 있어야)
가처분 · 순위보전 가등기 · 환매권	선순위 인수 후순위 소멸	등기사항증명서(甲구)+매각물건명세서	모두 배당 없음. 소유권 소멸의 위험
압류 · 교부청구의 조세 채권	모두 소멸	등기사항증명서(甲구)	2 · 3순위 배당

※ 매수인의 위험요인: 무등기 권리인 대항력 있는 임차권 · 법정지상권 · 분묘기지권 · 특수지역권 · 유치권 등이 부존재 · 소멸될 것으로 알았는데 인수하게 되는 경우(경매함정).
매각허가확정 전일 때: 매각불허가 신청(121조 6호) · 즉시항고(129조)
매각허가결정 확정 후: 매각허가결정의 취소신청(127조 1항)
매각대금납부 후: 하자담보책임(민 578조)

3) **부담 인수의 효과** 앞서 본 바와 같이 선순위의 순위보전 가등기 · 가처분 · 환매권 등은 매수인이 인수하여야 하는데 이 때문에 경우에 따라서는 매수인이 소유권을 상실할 수 있다. 즉 선순위가등기권자의 본등기, 선순위가처분권자의 승소본안판결,[1] 환매권자의 환매권행사 등에 의하여 매수인은 매각으로 취득한 소유권을 상실할 수 있다. 이때에는 채무자나 그가 재력이 없

1) 대법 1998. 10. 27, 97다26104 · 26111. 대법 2012. 2. 9, 2011마1892는 가처분권자가 승소판결을 받아 소유권이전등기신청을 하는 경우 가처분등기 후의 제3자 명의의 등기말소신청도 동시에 할 수 있다고 한다.

으면 배당받은 채권자에게 민법 제578조의 적용과 제576조의 유추적용에 의한 담보책임을 물을 수 있다.[1)]

그리고 용익권이 인수된 경우 매수인은 그 권리의 존속기간 동안은 사용·수익에 제한을 받는다. 다만 인수된 주택 등 임차권은 임대차계약기간의 종료에도 불구하고 보증금전액을 매수인이 반환하기까지는 임대차관계가 존속되는 부담을 감수해야 한다(주택 4조 2항; 상가 9조 2항).

매수인이 권리분석을 제대로 해야 함정에 빠지지 않고 경매물건을 제대로 살 수 있다는 말은 매수인이 인수되는 부담과 그렇지 아니한 부담을 제대로 파악해야 하고, 만일 인수한다면 그 부담의 내용을 잘 알아야 한다는 것을 뜻한다. 특히 trouble maker로서 등기되지 아니하는 대세적 권리인 대항력 있는 임차권, 유치권, 법정지상권, 분묘기지권, 특수지역권 등 5가지[2)]와 집합건물의 전유부분과 대지사용권의 별도 등기, 맹지(盲地), 부동산공유지분, 건축허가 나지 않는 200m^2 이하의 토지의 경우가 문제이다. 이를 **'특수물건'**이라고 한다. 그러한 의미에서 공인중개사에게도 권리분석대리권을 부여한 제도는 신중한 운영이 필요함을 거듭 강조한다.

(2) 잉여주의

매각대금으로 집행비용과 압류채권자의 채권에 우선하는 채권(저당권, 가등기담보권, 전세권,[3)] 국세·지방세, 임금채권, 주택·상가건물임차보증금, 4대보험금채권 등 선순위채권)을 변제하고 남을 것이 있으면 매각하고, 부족하면 그 부동산의 매각을 허용하지 아니하는 원칙을 잉여주의(Deckungsprinzip)라 한다(91조 1항, 102조). 매각대금이 최저매각가격이 된다는 전제하에 집행비용 그리고 압류채권자보다 우선채권자에게 배당하고 나면 남을 것이 없는 경우이면 압류채권자에게 배당할 금액이 없어 무익한 집행이 되므로 이의 금지를 천명한 것이다. 그러므로 압류채권자의 선순위채권자와 그 액수의 파악이 중요하다. 경매절차개시 전에도 그러하지만, 개시된 후에 밝혀지면 강제집행절차의 취소사유가 된다(102조). 따라서 남을 것이 있느냐가 경매를 진행하느냐를 정하는 기준이 된다.[4)] 담

1) 대법 1997. 11. 11, 96그64(가등기권자의 본등기); 동 2011. 5. 13, 2011다1941(가압류권자의 승소판결에 의한 집행).
2) 이시윤, "민사집행에 있어서의 주요과제와 ISD", 민사집행법연구 제8권, 20면 이하.
3) 여기의 전세권은 물권인 전세권을 말한다. 대법 1961. 7. 6, 4294민재항291.
4) 이해관계인 전원의 합의가 있으면 무잉여경매를 허용할 것이라는 견해에, 김상수, "민사집행

보권실행을 위한 경매에서도 구법시대와 달리 잉여주의를 채택하였다(268조, 102조).[1)]

3. 채권자의 경합과 입법례[2)]

부동산의 강제경매에서 집행채무자의 채권자가 압류채권자 한 사람인 경우는 오히려 예외적이고 압류채권자 이외에 여러 채권자가 경합되는 경우가 많다. 경합하는 채권자간의 이해조정이 문제인데, 특히 문제되는 것은 매각대금을 우선권을 가진 저당권자 등에게 변제한 후 나머지 채권자들에게 변제하기에 부족한 경우이다. 이와 관련하여 입법례를 살핀다.

(1) 평등주의

압류채권자나 일반채권자 모두를 평등하게 취급하기로 하는 채권자평등의 원칙을 채택하는 입장이다. 각 채권자는 압류나 배당요구를 한 시간적 선후에 관계없이 각 채권액에 따라 안분적으로 분배받는다. 과거의 프랑스법, 이탈리아, 일본법이 그러하다. 손해공동(Verlustgemeinschaft)이라는 차원에서 형평주의(Ausgleichsprinzip)라고 한다. 프랑스도 지금은 압류당사자 주도로 경매절차가 진행된다고 한다.

비용을 들여 모험한 압류채권자에게 혜택이 없어 법감정에 반하고(특히 채권자대위권 · 채권자취소권을 행사하여 원상회복시켜 놓거나 재산명시절차에 의하여 겨우 찾아낸 채무자의 재산에 대한 압류채권자의 경우, 간접집행의 경우), 다른 사람이 취한 절차에 편승하여 채권자들이 평등한 지위에서 몰려올 수 있어서 배당절차가 복잡해진다. 경매목적물의 값어치가 크면 평등주의에 의하는 파산절차와 비슷해진다. 압류채권자는 채무자로부터 욕은 혼자 먹고, 과실은 다른 채권자와 평등하게 나누어야 하니, 억울하다고 생각할 수밖에 없을 것이다. 모든 채권자를 위한 빗잔치로 변질된다. 배당요구가 파산절차에서의 채권신고로 되 파산절차와 다른 특색이 희석되는 결과가 된다. 확인하기도 어려운 채무자와 통모한

법의 시행과 부동산경매", 민사소송 제12권 제1호.

1) 대법 2010. 11. 26, 2010마1650(임의경매신청권자가 경매절차진행 중에 신청채권과 별개의 선순위채권 및 근저당권을 양수한 경우에도 선순위저당권의 피담보채권액을 선순위채권액의 계산에 포함시켜 잉여여부를 계산해야 한다).

2) 이에 관한 상세한 고찰은, 김경욱, "민사집행에 있어서 압류채권자에 대한 평등주의와 우선주의", 민사집행법연구 제8권, 93면 이하.

배당채권자 조작의 가능성과 배당이의의 소, 부당이익반환의 소 등 배당에 관한 분쟁의 유발로 뒤끝이 시끄럽고 장기화될 수 있다. 따라서 집행의 단순성과 신속성에는 반하는 법제라고 본다.

(2) 우선주의[1)]

채권자간 시간적 선후에 의하여 순위를 정하여 먼저 최초의 압류채권자가 전액변제를 받고, 다음 순위의 채권자가 나머지에 대하여 변제받을 수 있게 하는 입장이다. 압류채권자는 압류질권자(Pfändungspfandrecht)가 되는 것이다. 독일·오스트리아가 그러하고 미국법에서도 압류채권자에게 채무자의 재산에 lien(우선특권)을 준다(USCA 1962). 독일의 경우에 우리법처럼 압류에 처분금지효가 따르나 배당절차에서 저당권자와 같은 우선순위의 배당을 받고, 채무자가 도산하는 경우에도 별제권을 부여한다. 국세징수법에 의한 공매절차와 증권관련집단소송에서 승소판결을 받을 때의 권리금분배절차는 압류우선주의에 의한다. 자기의 청구권의 실현을 근면하게 추구한 자에게 보상의 메리트가 있는 제도이다. '먼저 잡은 사람이 임자가 된다'는 말이다. 어느 채권자에게도 1등이 될 수 있는 기회보장을 하는 것이므로 평등의 원칙에 위배된다고 할 수 없다.

(3) 군단우선주의[2)]

평등주의는 각 채권자를 평등하게 취급하여 다수의 채권자가 이중압류나 배당요구를 할 가능성이 있다. 한편 우선주의는 먼저 압류를 한 채권자에게 변제하고 나서 잉여금이 생길 가능성이 없으면 다른 채권자는 집행참가를 체념할 수밖에 없다. 어느 것이나 장단점이 없지 아니하여, 우선주의와 평등주의의 중간입장인 군단우선주의의 입법례가 나왔다. 이것은 최초에 압류한 채권자와 그 뒤 일정기간 내에 집행에 참가한 채권자를 제1군단으로 하고, 그 뒤 집행에 참가한 채권자로 구성된 제2, 제3군단에 대한 관계에서 우선순위를 인정하면서, 군단내부에서는 평등배당에 의하는 방식이다. 스위스법이 그러한데

---

1) 우선주의가 집행절차를 단순하고 간명하게 할 수 있다는 명확한 이점 때문에 금전채권에 대한 강제집행에서 우선주의로의 전환은 반드시 필요하다는 것에, 김경욱, 앞의 논문, 123면.

2) 박두환, 234면. 평등주의의 비판과 그 대안으로 군단우선주의가 바람직하다는 것에는, 이석선, "강제집행법상 배당절차의 문제점과 개선방안", 법학박사 이석선논집(사법행정학회, 1995), 224면; 김연, "금전채권집행상의 평등주의와 가압류채권자의 지위", 민사소송 제2권, 547면 이하.

1990년 민사소송법 개정시에 깊이 검토하였으나 채택되지 아니하였다.

(4) 우리 법제와 사견

민사집행법 입법과정에서는 1990년 개정시 당초의 정부안과 같은 군단우선주의를 채택하는 방안과 평등주의, 우선주의, 군단우선주의를 절충하는 방안이 제안되어 검토되었다.[1] 그러나 평등주의와 군단우선주의 모두 장단점을 가지고 있어 결국 입법적으로 선택할 문제인데, 기존의 평등주의를 포기하고 우선주의 등을 채택하는 것은 우선주의에 오래 익숙해져 있는 일반국민의 법감정에 맞지 않고, 생소한 제도를 도입함에 따라 절차의 혼란을 초래할 우려가 있다는 등의 이유로 기존의 평등주의를 유지하되 배당요구의 자격과 기간 등을 제한하는 방법으로 단점을 보완하는 방안을 채택하였다.[2]

결국 민사집행법은 다른 채권자의 이중압류와 배당요구를 인정한다. 그러나 배당요구할 수 있는 자격을 집행정본을 가진 채권자, 경매개시결정등기 뒤에 가압류를 한 채권자, 민법 등에 의하여 우선변제권이 있는 채권자로 한정하고(88), 배당요구시기 즉 집행참가시기를 제한함으로써(84조 1항) 다소 그 폐단을 시정코자 하였다.

그러나 평등주의의 폐단이 근본적으로 시정된 것은 아니고, 평등주의에 대한 비판론이 아직도 우세하다.[3] 따라서 우선주의로 법제를 바꾸든지, 아니면 독일식으로 강제집행을 하고자 하는 채권자가 채무자의 부동산에 강제저당(Zwangshypothek)을 잡게 하는 방안을 생각할 수 있을 것이다.

Ⅱ. 강제경매와 강제관리의 관계

부동산 집행에는 강제경매와 강제관리의 2가지 집행방법이 있는데, 양쪽

1) 자세한 것은 법원행정처, 민사소송법(강제집행편) 개정착안점, 사법정책연구자료(1996), 107면 이하 참조.

2) 자세한 것은 법원행정처, 민사집행법해설, 96면 참조.

3) 박두환, 234면; 전병서, 197면; 김경욱, 앞의 논문, 93면 이하; 김연, 앞의 논문, 547면 이하; 강구욱, "민사집행법상 채권자평등주의의 허상과 실상" 민사집행법연구 제18권 제2호, 366면 이하(프랑스는 과거는 물론 현재도 강력한 우선주의를 채택하고 있고, 일본이 평등주의를 채택하고 있는지 의문이며, 우리 민사집행법 제92조 1항은 우선주의를 천명한 조항이라는 주장이다); 손흥수, "(가)압류의 개별상대효의 정립과 그 대안의 모색", 민사집행법연구 제12권, 326면 이하 등. 다만 김상수, 155면; 김홍엽, 176면; 주석 민사집행법(Ⅱ), 167면은 평등주의를 원칙으로 하여 그 결함을 시정한 현행법의 입장을 지지하는 것으로 보인다.

중 어느 한쪽만을 이용할 수도 있고 함께 이용할 수도 있다(78조 2항). 어떠한 방법에 의하여 집행할 것인가는 채권자의 선택에 달려 있다. 채권자는 동시에 두 가지를 경합적으로 집행신청할 수도 있고(강제경매가 끝날 때까지는 상당한 시간이 걸리므로 그 사이의 임대수익을 거두기 위하여 2가지를 함께 신청할 수 있다), 먼저 강제관리방법에 의한 집행신청을 하였다가 뒤에 부동산을 고가로 매각할 수 있는 가능성이 보이면 강제경매를 신청할 수도 있다. 실무상 강제경매의 선택이 단연 많으며, 강제관리는 사례가 거의 없다.

Ⅲ. 집행법원

(1) 부동산집행은 그 부동산이 있는 곳의 지방법원이 전속관할한다(79조 1항, 21조). 부동산으로 보거나(지상권과 그 공유지분, 규 40조) 부동산에 관한 규정이 준용되는 준부동산(선박 · 자동차 · 건설기계 · 항공기 등)에 대한 강제집행은 그 등기 · 등록을 한 곳의 지방법원이 관할한다.

(2) 부동산이 여러 지방법원의 관할구역에 있는 때에는 각 지방법원에 관할권이 있지만, 이 경우 필요하다고 인정한 때에는 사건을 다른 관할법원으로 이송할 수 있다(79조 2항).

(3) 2005년부터 부동산집행 중 강제경매절차는 법관의 감독하에 사법보좌관의 업무로 되었다. 그러나 강제관리는 지방법원 단독판사가 담당한다.

제 2 관 강제경매

부동산강제경매는 널리 행하여지며 실무상 매우 중요하다. 특히 대표적인 담보물권인 저당권의 실행절차가 이에 준하기 때문이다. 절차진행은 크게 **강제경매의 개시 → 매각준비절차 → 매각기일 · 매각결정기일의 공고 → 매각실시절차 → 대금납부 → 인도명령 → 배당절차**로 이어지는데, 이하 차례로 설명한다.[1)]

1) 부록에 첨부된 부동산 경매사건의 진행기간 등에 관한 예규(재민91-5) 참조.

Ⅰ. 강제경매의 개시(압류)

1. 강제경매의 신청

(1) 강제경매신청을 함에는 신청서에 ① 채권자 · 채무자와 법원, ② 부동산, ③ 경매의 이유가 된 일정한 채권과 집행권원 등 3가지를 기재한 서면을 작성하여 관할법원에 내야 한다(강제경매신청서, 80조). 아울러 집행력 있는 집행권원의 정본과 채무자의 소유로 등기된 부동산의 등기사항증명서(등기부등본)를 첨부서류로 내야 한다(81조 1항 1호). 집행비용도 미리 내야 하는데, 예납비용이 만만치 않다(앞의 「집행비용」 참조)(18조). **신청서 · 첨부서류 · 비용예납** 세 가지는 필수적이다. 경매부동산으로 특히 문제되는 것은 다음과 같은 것이다. 채권액이 소액이라고 해서 강제경매의 권리보호이익이 없다고 할 수 없다. 다만 소액채권 때문에 가옥에 대한 경매신청을 하는 경우 그것이 제도외적 목적의 추구, 예를 들면 채무자를 괴롭힐 목적이라면 권리보호이익이 없다고 볼 수 있다.[1)]

1) **미등기부동산**도 강제경매의 대상이 될 수 있는데, 이때에는 즉시 채무자명의로 등기할 수 있다는 것을 증명할 서류를 첨부해야 한다(81조 1항 2호).[2)] 또한 그 부동산이 미등기건물인 경우에는 ① 건물이 채무자의 소유임을 증명할 서류[3)](건축물대장, 소유권확인의 판결, 수용증명서, 시 · 구 · 읍 · 면장의 건물소유권증명서 등(부동산등기법 131조 소정의 서류)), ② 건물의 지번 · 구조 · 면적을 증명할 서류, ③ 건물에 관한 건축허가 또는 건축신고를 증명할 서류를 붙여야 한다. 이로써 미등기건물 중에서 적법하게 건축허가나 건축신고를 마친 건물이면 비록 사용승인(준공검사)을 받지 아니한 경우라도 부동산집행이 가능하도록 하였다. 따라서 현재는 미등기라 하여도 앞으로 등기가능한 적법한 미등기건물일 것과 건물로서의 실질과 외관을 갖추고 그의 지번 · 구조 · 면적 등이 건축허가 · 신고의 내용과 사회통념상 동일하다고 인정되는 경우라면 집행대상이 된다.[4)] 이렇게 본다면 그 반대해석으로 위 2가지 요건을 갖추지 못해 건축허가

---

1) BGH NJW 2002, 3178(3179).

2) 2호 소정의 서류를 제출하라는 보정명령을 하지 아니한 채 등기부등본의 제출을 명한 보정명령에 불응하였다는 이유로 경매신청을 각하한 것은 잘못이라는 것에, 대법 2005. 9. 9, 2004마696.

3) 대법 1995. 12. 11, 95마1262.

4) 대법 2009. 5. 19, 2009마406(보전처분의 대상이 된다는 사례).

나 건축신고를 하지 아니하거나 할 수도 없고, 건물로서의 실질과 외관미비의 미등기건물은 부동산집행에 의할 수 없다.[1] 이와 관련하여 아래 2가지 건물을 본다.

첫째, **무허가미등기건물**(예: 농지 · 잡종지 등에 건축된 주택건물, 건축물대장에 등재불능의 건물)의 재산가치를 고려해서 거래의 객체에서 배제시킬 것이 아니라면 어떠한 집행방법에 의할 것인가. 이는 토지의 정착물로서 현금화된 뒤에 토지에서 분리되어 거래의 객체가 될 수 있는 것도 아니기 때문에 유체동산에 대한 집행방법에 의하는 것도 문제가 있고,[2] 미등기건물의 매수인의 권리는 소유권에 준하는 관습상의 물권도, 현행법상 사실상의 소유권이라고 할 포괄적인 권리도 아니어서 법률상의 지위 인정이 어려워,[3] 부동산집행의 대상이 될 수도 없을 것이다. 판례[4]도 무허가미등기건물을 경매에 부쳐 공유물분할을 할 수 없다고 했다.

둘째, 건축중인 **미완성건물**에 대해서 본다. 완성된 독립한 건물이라고 하기 위하여서는 건물의 3요소인 최소한의 **기둥과 지붕 그리고 주벽**이 이루어지는 등(건축법 2조 1항 2호 참조), 건물로서의 실질과 외관을 갖추어야 한다. 판례는 신축건물이 매각대금 납부 당시, 이미 지하 1층부터 지하 3층까지 기둥 · 주벽 및 천장슬라브공사가 완료된 상태일 뿐 아니라 지하 1층의 일부점포가 일반분양까지 되었다면, 비록 토지가 낙찰될 당시 지상층 부분이 골조공사만 이루어진 채 벽이나 지붕 등이 설치된 바 없어도 지하층 부분만으로도 구분소유권의 대상이 될 수 있는 점에서 독립한 건물로서의 요건을 갖추었다고 했다.[5]

---

1) 미등기건물에 대한 집행의 문제는, 사용승인을 받지 아니한 건물에 대해서는 소유권보전등기를 허용하여서는 안된다는 건축행정상의 원칙과 채무자 소유의 부동산인 이상 부동산집행의 방법으로 강제집행할 수 있어야 한다는 사법상의 원칙이 충돌하는 문제로 민사집행법은 이를 조화롭게 해결하기 위하여 제81조 1항 2호 단서규정을 신설하여 미등기건물 중 일정 범위, 즉 적법하게 건축허가나 건축신고를 마친 건물로서 사용승인을 받지 아니한 경우에는 부동산집행의 방법으로 집행할 수 있는 길을 마련하였다. 여기에 해당하지 아니하는 미등기건물의 집행방법에 관하여 다양한 견해대립이 있는데 이에 대한 집약적 소개는, 법원행정처, 민사소송법(강제집행편) 개정착안점, 50면; 주석 민사집행법(Ⅱ), 35~36면 참조.

2) 대법 1995. 11. 27, 95마820.

3) 대법 2006. 10. 27, 2006다49000 등.

4) 대법 2013. 9. 13, 2011다69190.

5) 대법 2003. 5. 30, 2002다21592 · 21608. 신축중인 미완성 건물을 부동산집행으로 하기 위한 기준에 관하여는 정영환, "신축 중의 건물의 집행법상의 지위", 민사집행법연구 제1권, 158~189면 참조.

이 경우에 적어도 건축허가·신고요건을 갖추었을 때에 제81조 1항 2호 단서에 의한 부동산집행에 의할 것이다. 그러나 사회통념상 아직 독립한 건물로 볼 실질과 구조를 갖춘 것도 아니고, 제81조 1항 2호의 건축허가·신고 등도 안 되어 있으며, 공사중단된 건물은 토지의 부합물로 평가할 수밖에 없다(민 256조). 이는 독립물로 경매의 대상이 될 수 없다.[1] 건물의 증축부분은 특별한 사정이 없으면 부합물이므로 또한 같다.

2) 오픈상가 등[2] 집합건물의 일부인 소위 오픈상가(경계벽을 설치하지 않고 경계표지나 건물번호로 구분한 상가)도 구조상 및 이용상의 독립성을 갖추고 있으면 구분소유권의 객체가 될 수 있는 것이 원칙이다(집합건물 1조의2). 그러나 오픈상가가 처음부터 구조상 및 이용상의 독립성을 갖추지 못하였거나 등기·등록 당시에는 이를 갖추었으나 이후 독립성을 상실하고 그 복원가능성이 없는 오픈상가는 구분소유권이 소멸하여 경매의 대상이 될 수 없다. 판례도 처음부터 구조상 이용상의 독립성이 없어서 구분소유권이 성립할 수 없음에도 불구하고 등기부에 구분건물로 등기된 경우에는 그 등기는 자체로 무효이고 이러한 등기에 기초한 경매절차에서의 매수인은 소유권을 취득할 수 없다고 한다.[3] 그러한 오픈상가에 대한 저당권설정등기도 무효이고, 경매개시결정도 위법하므로 매수인은 소유권을 취득할 수 없다고 한다.[4]

다만 집합건물법 제1조의2가 신설된 이후에는 현재 상태로는 구조상 또는 이용상의 독립성을 상실하였으나 독립성의 상실이 일시적이고 복원가능성이 있다면(복원에 많은 비용이 들지도 않음) 구분건물로서의 실체를 상실하였다고

1) 주석 민사집행법(Ⅱ), 36면. 이와 달리 설사 건축중인 미완성건물이라도 민사집행법 제81조 1항 2호 단서의 서류를 제출할 수 있다면 토지의 부합물로 보지 말고 독립된 부동산으로 경매하되 그 등기부와 건축물대장에 '건축법상 사용승인 받지 않은 건물임'이라고 공시하자는 것에, 남동현, "건축중인 건물의 부동산강제집행 가능성", 민사집행법연구 제1권, 224~227면; 미완성건물 중 골조공사 중인 건물, 부분적 미완성 건물 등은 등기 가능 여부에 관계없이 부동산집행방법으로 집행하자는 견해에, 이우재 "미완성건물의 경매방안시론", 민사집행법연구 제2권, 272~296면.

2) 오픈상가에 관한 자세한 것은 조관행외 2인, "집합건물법상 구분건물(특히 오픈상가)에 대한 경매의 문제점과 개선방안, 민사집행법연구 제18권 제2호, 107면 이하(오픈상가의 경매현황과 판례를 분석하고, 개선방안으로 독립성을 상실한 오픈상가의 일괄매각, 합병등기 및 공유지분등기, 경매신청인의 대위등기신청권, 경매법원의 통지와 촉탁등기시 조치 등을 제안하였다); 한애라, "구분건물의 구조상 독립성 판단기준과 경매절차", 민사집행법연구 제15권, 93면 이하 참조.

3) 대법 1999. 11. 9, 99다46096; 동 2010. 1. 14, 2009마1449 등.

4) 대법 2008. 9. 11, 2008마696; 동 2010. 1. 14, 2009마1449.

할 수 없고 구분등기가 유효하다고 보고 있다.[1] 그러나 독립성을 완전히 상실한 오픈상가는 등기부상 구분소유권의 목적으로 되어 있어도 그 등기는 무효이고, 구분건물에 대한 소유권 또는 제한물권은 전체 건물 중 그 구분건물이 차지하는 비율에 상응하는 공유지분 위에 존속한다는 것이 판례이다.[2]

따라서 경매법원이 처음부터 구분건물의 독립성이 상실되었다는 점을 발견하였다면 경매신청을 기각(각하) 하여야 하고, 사후에 발견하였다면 경매절차를 취소하여야 한다. 오픈상가 등 구분건물의 독립성 유무는 재판상 자백이나 의제자백의 법리가 적용되지 않는 직권조사사항이다.[3] 오픈상가의 경매와 거래안전에 큰 위협이다. 부동산임차권은 등기되어 있어도 부동산집행의 대상이 아니다. 그 밖의 재산권집행의 대상일 뿐이다.

3) 집합건물의 대지사용권　집합건물에 있어서 전유부분과 분리처분할 수 없는 대지사용권만은 구분하여 압류할 수 없다.[4] 집합건물의 대지사용권은 전유부분의 처분에 따르는 종속성(수반성)을 지닌 종된 권리이므로 규약으로 대지사용권의 분리처분이 가능하도록 정한 것과 같이 특별한 사정이 없는 한 구분소유자는 대지사용권을 전유부분과 분리하여 처분할 수 없는 결과이다(집합건물법 제20조 1항). 오히려 전유부분을 양도하거나 전유부분에 저당권을 설정하거나 (가)압류되거나 전세권이 설정된 경우에는 원칙적으로 대지사용권에 그 효력이 미친다.[5]

---

1) 대법 2017. 12. 22, 2017다225398; 동 2018. 5. 1, 2018마5370 등.

2) 대법 1993. 11. 10, 93다929; 동 2010. 1. 14, 2009다66150; 동 2013. 3. 28, 2012다4985 등. 따라서 이러한 구분건물에 대한 저당권자는 그 근저당권을 합체로 생긴 부동산 중에서 경매대상 구분건물이 차지하는 비율에 상응하는 공유지분에 관한 것으로 등기부를 바로잡아 이에 관하여 경매를 신청하는 것은 별론으로 하고 종전의 구분건물에 대한 경매를 신청하거나 그 경매절차를 계속할 수는 없다.

3) 대법 2015. 9. 15, 2015마813.

4) 최광석, "집합건물 부지에 대한 집행의 제한", 민사집행법연구 제8권, 129~147면; 전장헌, "집합건물의 대지집행에 따른 구분소유권자의 재산권보호에 관한 고찰", 민사집행법연구 제8권, 151~173면 참조.

5) 그런데 현실은 집합건물의 온전한 등기가 되기 이전 단계에서 토지소유자 또는 사업자의 문제로 인하여 또는 부주의로 대지권에 대하여 선순위 제한물권 등이 존재하거나 대지권 등기가 되지 않은 집합건물이 상당수 존재한다. 이 경우 경매법원이 별도의 규약이나 등기, 전세권이나 임차권 등을 확인하는 노력을 한다고 하더라도 집합건물의 매수인과 대지권의 대상인 토지에 권리를 보유한 당사자 사이에 분쟁이 발생할 수 있고 이는 경매절차의 불복과 지연사유가 된다. 이러한 문제를 해결하기 위하여 집합건물법의 관련 규정 개정안 및 집합건물에 대한 건축허가와 건축물대장 작성 단계에서의 개선 방안을 제시한 것에, 함영주, "대지권미등기 부동산경매의 문제점과 개선방안", 민사집행법연구 제18권 제2호, 202면 이하.

4) **압류금지부동산** 예를 들면 학교부지 · 교사,[1] 전통사찰 · 향교건물, 국가유공자에 대한 대출금으로 취득한 부동산에 대한 경매신청은 부적법하다. 신탁법상의 신탁재산도 위탁자가 경매신청을 할 수 없다(신탁 21조 1항).

5) **주무관청의 허가 없이 처분할 수 없는 부동산**, 예를 들면 학교법인(다른 공익법인도 같다)의 기본재산,[2] 사찰소유의 경내지 내의 부동산에 대하여는 경매신청은 할 수 있으나 매각허가기일까지 허가를 얻지 못하면 매수인이 소유권을 취득할 수 없다.[3]

(2) 강제경매신청에 집행법원은 강제집행의 요건과 그 개시요건 그리고 신청의 방식을 포함한 집행신청의 적법요건(앞 「강제집행의 적법요건」 이하 참조)을 심사하여 달리 집행장애사유가 없어, 신청이 적법하다고 인정할 때에는 강제집행개시결정을 하고, 신청이 이유없거나 부적법할 때에는 신청기각이나 각하의 결정을 한다. 채무자가 등기부상 소유자이면 되고, 따로 채무자가 소유권자인가의 실질적 심사는 하지 않는다. 비용을 예납하지 아니한 때에는 신청을 각하하거나 집행절차를 취소할 수 있다(18조 2항).

2. 강제경매개시결정

(1) 경매개시결정과 등기촉탁 · 송달

1) 집행법원의 사무를 처리하는 사법보좌관이 강제경매신청이 적법하여 강제경매개시결정을 하면, 그 결정에는 동시에 그 부동산의 압류를 명하여야 한다(압류명령. 83조 1항). 따라서 경매개시결정은 곧 부동산에 대한 **압류선언**을 뜻한다. 법원사무관 등은 이 개시결정을 다른 이해관계인에게는 필요 없지만[4] 채무자에게는 반드시 송달하여야 하고(83조 4항), 또 즉시 등기부에 기입하도록

---

1) 대법 1972. 4. 14, 72마330 등. 사립학교의 교지(校地)의 경우 국세징수법에 의한 압류가 허용되지 않는다는 것에, 대법 1996. 11. 15, 96누4947.

2) 해산명령으로 청산절차에 들어간 학교법인의 기본재산의 강제집행에는 주무관청의 허가가 필요없다는 것에, 서울고법 2009. 10. 28, 2009나23476.

3) 사립학교 경영자가 그 교지 · 교사 등으로 사용하기 위하여 출연 · 편입시킨 토지 · 건물이 경영자개인 명의로 등기되어 있는 경우에도 강제집행이나 가압류의 목적물이 될 수 없다는 것에, 대법 2011. 4. 4, 2010마1967, 대법 1999. 10. 22, 97다49817. 다만, 유치원교육에 직접 사용되는 교지(校地)라고 하더라도 유치원 설립자가 유치원 설립인가를 얻기 전에 담보권을 설정한 경우, 담보권자의 담보권 실행이 금지되거나 감독청의 처분허가를 필요로 하는 것은 아니라는 것에, 대법 2004. 7. 5, 2004마97.

4) 대법 1986. 3. 28, 86마70.

등기관에게 촉탁하여야 한다(94조).[1] 이를 **압류등기**(등기부에는 경매개시결정으로 표시, 공매는 압류로 표시)라 하는데, 미등기건물에 대한 집행의 경우는 보존등기를 하지 아니하고 압류등기를 하는 특칙이 있다(부등 66조 2항). 채권자에게는 상당한 방법으로 고지하면 된다(민소 221조). 경매개시결정의 효력발생시기는 그 결정이 채무자에 **송달된 때** 또는 개시결정의 **기입등기**가 된 때 중 먼저 된 때이다(83조 4항).

2) 압류의 효력발생 여부에 관계없이 채무자에게 경매개시결정이 송달되지 않으면 경매절차를 진행할 수 없으며,[2] 경매개시결정 송달의 흠은 채무자가 아닌 이해관계인에게도 매각허가결정에 대한 항고이유가 된다.[3] 채무자가 다른 경로로 경매의 진행사실을 알았다 하여도 적법한 송달로 볼 수 없다.[4] 매각기일·결정기일의 통지와 같이 처음부터 발송송달에 의할 수 없다. 송달의 흠이 있을 때에는 설사 뒤에 매각대금이 완납되었다 하여도 경매개시결정의 효력이 발생하지 아니한 상태에서 경매절차를 속행한 것이므로 대금완납에 의한 매수인의 소유권취득의 효과를 인정할 수 없다는 것이 판례이다.[5] 채무자에 교부송달이 되면 별론이로되, 피용자·사무원·동거인 등에 대한 보충송달(민소 186조)의 경우에는, 영수인과의 관계소명이나 동거소명의 보정을 명하고, 보정되면 경매절차를 진행하는 것이 실무관행이다. 그만큼 송달을 중요시하지만, 이 때문에 경매지연의 원인이 되기로 하므로 법령과 실무의 개선도 필요하다.[6] 경매개시결정 후 이해관계인이 사망하여 절차에 관여할 수 없어도 그 때문에 경매절차가 중단되지 아니한다. 이 점이 판결절차와 다르다.[7]

(2) **압류의 효력**에 대해서는 이미 설명하였다. 압류는 그 부동산에 대한 채무자의 점유를 빼앗는 것이 아니며, 채무자의 관리·이용에 영향을 미치지 아니한다(83조 2항). 따라서 통상의 용법에 따라 거주·영업·경작 등 사용하거

1) 등기관은 실체법상의 권리관계와 일치하는지 여부를 심사할 실질적 심사권은 없으나, 그 촉탁서 및 첨부서류에 의하여 등기요건에 해당하는지 여부는 심사할 권한이 있고, 그 심사결과 등기요건에 해당하지 아니하면 등기촉탁을 각하하여야 한다. 대법 2008. 3. 27, 2006마920(미등기건물에 관한 사안).
2) 대법 1991. 12. 16, 91마239.
3) 대법 1997. 6. 10, 97마814.
4) 대법 2006. 3. 27, 2005마912.
5) 대법 1994. 1. 28, 93다9477; 1995. 7. 11, 95마147 등.
6) 김갑수, "경매절차에 있어서의 송달에 관한 고찰", 민사집행법연구 제6권, 277~359면 참조.
7) 대법 1961. 10. 5, 4294민재항531; 동 1970. 11. 24, 70다1894 등.

나 임대차 등 수익하는 것은 관계 없다. 다만 압류 뒤에 새로운 임대차계약, 특히 임대차보호법에 의하여 보호되는 임대차계약을 체결하는 것 등은 채무자의 관리·이용권을 일탈하는 것이므로 압류채권자에 대항할 수 없음은 앞서 보았다.

압류된 부동산은 채무자가 양도하거나 용익권·담보권을 설정할 수 없는 처분금지효가 따른다. 이와 같은 처분금지효가 최초의 압류채권자나 처분 전의 선행 채권자에게만 미치느냐(개별상대효), 그 처분 후에 집행절차에 참가한 후행 채권자에게도 미치느냐(절차상대효)에 관하여 다툼이 있다는 것과 판례는 개별상대효설에 의한다는 것은 앞서 설명하였다. 채무자로부터 권리를 취득한 제3자에게 압류의 효력이 미치는지 여부는 경매개시결정의 채무자에 대한 송달이 아니라 압류등기를 기준으로 하여, 압류등기 후에 권리를 취득한 제3자는 선의·악의를 불문하고 압류채권자에게 대항하지 못하나, 압류등기 전에 권리를 취득한 제3자는 선의의 경우(경매신청 또는 압류가 있다는 것을 모른 경우)에는 대항할 수 있고, 악의의 경우에는 대항할 수 없다(92조 1항).

(3) 경매개시결정에 대한 이의신청과 이해관계인(86조 1항)

이의신청은 이해관계인이 하는 집행이의신청(16조)의 일종인 경매개시결정에 대한 이의(86조)이다. 경매개시결정은 사법보좌관의 업무이나 그 결정에 대한 이의신청의 당부재판은 지방법원 단독판사가 담당한다(사보규 2조 7호 가목, 3조 2호). 다만 강제경매신청의 기각·각하결정에 대한 불복은 즉시항고에 의하므로(83조 5항), 먼저 사법보좌관의 처분에 대한 이의신청을 할 필요가 있다(사보규 4조).

1) 이의신청권자 — 이해관계인 동산집행과 달리 부동산집행에서는 채권자·채무자만이 아니라, 법원의 조치에 의해 피해를 입거나 일정한 신청을 할 권리 있는 자라면 이해관계인으로서 절차관여를 하게 되어 있다. 매각절차의 **이해관계인**(86조 1항, Beteiligten)인데, 이해관계인의 범위는 제90조에 규정되어 있다. 네 그룹이 있다.[1]

(i) 압류채권자와 집행력 있는 정본(사본 포함)에 의한 배당요구채권자

이중압류채권자도 포함된다. 그러나 권리보전단계의 가압류채권자(다툼있

---

1) 이해관계인의 범위를 정한 제90조가 제한적 열거규정이라는 것에, 대법 1999. 4. 9, 98다53240; 동 2005. 5. 19, 2005마59.

음),[1] 가처분권자(다툼있음),[2] 배당요구하지 아니한 채권자는 여기에 포함되지 않는다.[3] 경매개시 전의 가압류권자는 배당요구하지 않았더라도 당연히 배당요구한 것과 동일하게 취급되지만(148조 3호) 이해관계인은 아니다.

(ii) 채무자 및 소유자

진정한 소유자라 하여도 경매개시결정기입등기 당시에 소유자로 등기가 되어 있지 않으면 여기의 소유자가 아니다.[4]

(iii) 압류등기 전에[5] 등기부에 기입된 부동산 위의 권리자

선순위용익물권자, 담보물권자, 환매권자, 등기임차권자,[6] 순위보전의 가등기권리자(가담 16조 3항) 등 등기부를 보면 바로 알 수 있는 자들로서 「**등기된 권리자**」라고 한다. 공유자[7]도 같다.

(iv) 부동산 위의 권리자로서 그 권리를 증명한 자

유치권자, 점유권자, 임대차보호법상의 대항력 있는 임차인,[8] 법정지상권자, 분묘기지권자, 특수지역권자(입회권자) 등 등기부에 등기공시 없이도 대항할 수 있는 권리자[9]들로서, 이들이 집행법원에 신고하고 그 권리를 증명한 때에 이해관계인이 된다(독일법은 소명). 「**등기되지 않은 권리증명자**」라고도 한다. 위 증명은 매각허가결정이 있을 때까지 하여야 한다.[10] 다만 집행관의 현황조

---

1) 대법 1999. 4. 9, 98다53240; 동 2004. 7. 22, 2002다52312. 반대설에 강대성, 264면.
2) 대법 1994. 9. 30, 94마1534; 동 1967. 12. 29, 67마1156; 동 1975. 10. 22, 75마377 등. 이해관계인으로 보자는 반대설로 한상호, "경매절차의 이해관계인", 재판자료 11집, 583면 이하.
3) 대법 1999. 4. 9, 98다53240; 그러나 배당요구한 임금채권자는 불포함에, 대법 2003. 2. 19, 2001마785.
4) 대법 2015. 4. 23, 2014다53790.
5) 대법 1999. 11. 10, 99마5901. 경매개시결정시점이 아닌 경매기입등기시점을 기준으로 그 당시에 이미 권리자로 등기부에 나타나야 한다.
6) 등기되지 않은 임차인은 포함되지 아니한다는 것에, 대법 1996. 6. 7, 96마548.
7) 대법 1998. 3. 4, 97마962.
8) 대법 2004. 2. 13, 2003마44. 확정일자의 임차인일 필요없다(대법 1995. 6. 5, 94마2134).
9) 이에 해당하는 임차인이라도 경매법원에 스스로 그 권리를 증명하여 신고하여야 한다는 것에, 대법 2008. 11. 13, 2008다43976 등. 경매개시결정의 기입등기 후에 그 부동산에 관하여 저당권을 취득한 자가 있어도 경매법원은 이 사실을 알 수 없으므로 제90조 3호의 등기부에 기입된 권리자라 하기보다 경매법원에 그러한 사실을 증명한 때에 동조 제4호의 이해관계인이 된다는 것에 대법 1994. 9. 13, 94마1342. 기입등기 후 소유권을 취득한 제3취득자도 취득사실을 증명한 때에는 제4호의 이해관계인이 된다는 것에 대법(전) 1964. 9. 30, 64마525; 동 1986. 9. 24, 86마608; 동 1992. 2. 11, 91누5228 등. 이것은 압류의 효력에 관하여 개별상대효설의 결과로 볼 것이다.
10) 대법 1988. 3. 24, 87마1198; 동 1999. 8. 26, 99마3792.

사보고서에 이해관계인에 해당하는 주택임대차관계의 기재나 압류가 경합된 후행 강제경매신청기록에 이해관계인으로 표시,[1] 다른 권리자가 제출한 등기사항전부증명서(등기부등본)에 권리자로 등재되어 있다는 사정 등은 집행법원에 스스로 권리를 증명신고한 것이라고 볼 수 없으므로 이해관계인이 될 수 없다. 이 권리신고가 배당요구를 뜻하는 것은 아니다. 재매각을 실시하는 경우의 전매수인도 포함되지 않는다.[2] 부동산 위의 권리자이므로 경매신청자의 배당금채권의 압류 · 전부명령을 받은 자는 권리신고를 해도 해당 없다.[3]

경매실시에 관하여 사실상의 이해관계인이라 하여도 위 4가지 조항에 열거된 자에 해당하지 아니하는 자, 예를 들면 배당요구를 한 임금채권자는 부동산 위의 법정이해관계인이라 할 수 없다.[4]

이해관계인의 절차권 이들 이해관계인은 경매개시결정에 대한 이의신청만이 아니라, 집행법상의 여러 가지 절차권보장 즉 집행이의 · 즉시항고 · 보전처분 · 통지 · 합의 · 출석 · 의견진술권 등이 뒤따른다. 이해관계인에게 송달을 요하며(104조), 그 수의 파악 등에 사법보좌관과 경매공무원의 업무가 번거로워질 수 있고 절차지연의 요인이 될 수 있지만, 다른 이해관계인의 관련사항은 문제삼을 수 없는 것이 특색이다.

2) 이의신청의 시기 매각대금이 모두 지급되기 전까지이다(86조 1항). 이의신청에는 집행정지의 효력이 없다. 이의신청을 받은 법원은 제16조 2항에 준하여 이의신청에 대한 결정에 앞서 담보부 또는 무담보부로 집행정지 등의 **잠정처분**을 할 수 있다(86조 2항). 이의신청을 받은 법원이 잠정처분을 하는 것은 이의신청에 대한 재판을 하기 전에만 허용된다. 이의신청기각결정 후에 잠정처분을 하는 것은 권한없는 법원이 잠정처분을 한 것으로 적법한 절차에 따른 재판을 받을 권리의 침해가 된다.[5] 이의신청은 그에 관한 결정이 있기 전까지 취하할 수 있으며 그에 관한 결정 후에는 취하할 수 없다.[6]

3) 이의사유 집행이의신청(16조)의 경우와 마찬가지로 **절차상의 위법**, 예를 들면 집행요건, 개시요건, 집행장애사유를 비롯하여 경매신청방식의 적

---

1) 대법 1994. 9. 14, 94마1455.
2) 대법 1999. 5. 31, 99마468.
3) 서울고법 1990. 7. 20, 90나21485.
4) 대법 2003. 2. 19, 2001마785.
5) 대법 2011. 5. 27, 2011그64.
6) 대법 2004. 3. 26, 2003마1481.

부, 신청인의 당사자 자격, 대리권의 존부, 부동산표시의 불일치, 집행력 있는 정본의 불일치, 집행채권의 기한미도래 등에 한한다. 이의사유는 원칙적으로 경매개시결정 전의 것이어야 하므로, 개시결정 후에 발생한 절차상의 위법(예: 최저매각가격의 결정 · 매각기일의 공고 · 통지 등의 하자)은 원칙적으로 이의사유가 될 수 없다.[1)]

이의절차에서는 변론주의가 적용되지 아니하므로(15조 7항 단서), 재판상 자백이나 간주자백의 규정이 준용되지 아니한다.[2)] 집행채권의 부존재 · 변제에 의한 소멸 등 실체상의 이유는 이의사유로 삼을 수 없다.[3)] 이 점에서 실체상 이유도 이의사유로 할 수 있는 담보권실행의 경매(265조)와 다르다. 따라서 채무자의 변제 등 실체상의 이유로 경매개시결정을 취소하려면 청구이의의 소(44조)에 의한 집행불허의 판결을 받고 이를 제49조의 서류로 제출하여야 한다.

(4) 채권의 일부청구와 확장, 변경

1) **청구채권의 확장** 경매신청서에 집행채권액의 일부만 기재한 일부청구의 경우에는 경매개시결정 후에 청구금액의 확장은 허용되지 아니하며 그 뒤에 청구금액의 확장으로 잔액청구를 하였다고 하여도 배당요구의 효력밖에 없다. 일부만 청구하고 그 뒤 신청채권자가 채권계산서에 청구금액을 확장하여 제출하는 등의 방법으로 청구금액을 확장할 수 없음은 확립된 판례이다.[4)] 경매신청서에 이자에 대한 기재가 없었다면 뒤에 확장할 수 없다. 일부청구를 함으로써 배당받지 못한 나머지 채권액을 가지고 다른 채권자들에게 부당이득반환청구도 할 수 없다.[5)]

2) **청구채권의 교환적 변경** 청구채권의 교환적 또는 추가적 변경은 청구금액의 확장과 관련하여 학설이 대립되어 있다.[6)] 대법 1997. 1. 21, 96다

---

1) 법원실무제요, 민사집행(Ⅱ), 82면.

2) 대법 2015. 9. 14, 2015마813.

3) 대법 1994. 8. 27, 94마147; 주무관청의 허가 등이 없으면 처분할 수 없는 재산에 대한 주무관청의 허가 등은 경매개시요건이 아니고 소유권취득의 요건에 불과하다는 것에, 대법 2004. 9. 8, 2004마408(학교법인 기본재산), 동 2014. 10. 17, 2014마1631(전통사찰 재산) 등. 실체법상의 사유로 제86조 2항의 잠정처분을 할 수 없다는 것에, 대법 1991. 1. 26, 90그66.

4) 대법 1983. 10. 15, 83마393; 동 2001. 3. 23, 99다11526 등. 이러한 법리는 임의경매의 경우에 피담보채권 중 일부채권의 변제기가 도래하지 아니한 경우에도 마찬가지라고 한 것에, 대법 1995. 6. 9, 95다15261.

5) 대법 1997. 2. 28, 96다495.

6) 학설은 신청채권의 교환적 변경도 청구확장의 하나이므로 청구확장이 허용되지 않는 이상 교

457은 근저당권의 실행을 위한 경매절차에서 경매신청서에 피담보채권으로 기재한 채권이 변제 등에 의하여 소멸하였으나 당해 근저당권의 피담보채권으로서 다른 채권이 있는 경우, 신청채권자는 청구채권을 소멸된 당초의 채권으로부터 다른 채권으로 교환적으로 변경하여 경매신청서에 기재된 청구채권액을 초과하지 않는 범위 내에서 배당받을 수 있다는 취지로 판시하였고, 대법 1998. 7. 10, 96다39479는 신청채권의 추가적 변경의 경우에도 동일한 취지로 판시하여 제한적 소극설의 입장을 취하였다.

3) **부대채권** 이자 등 부대채권의 경우에는 경매신청서에 이자채권에 관한 기재가 없는 경우에는 배당요구의 종기까지 배당요구를 하여야 배당을 받을 수 있고, 다만 청구금액으로 원리금을 기재한 이상 경매개시결정에 원금만이 기재되어 있다고 하더라도 채권자는 원리금의 변제를 받을 수 있다.[1] 판결채권의 법정지연손해금이 특별한 사정이 없으면 연 12%이므로 이의 기재는 매우 중요하다. 경매신청서에 청구채권으로 채권원금 외에 이자, 지연손해금 등의 부대채권을 개괄적으로 표시하였다가 나중에 채권계산서에 의하여 금액을 특정하는 것은 허용되며, 이는 청구금액의 확장이 아니다.[2]

(5) 부수처분

집행법원은 경매개시결정의 부수처분으로서 앞서 본 압류등기의 촉탁, 뒤에 볼 배당요구의 종기결정·공고, 채권신고의 최고 등을 행한다.

3. 경매신청의 취하·경매절차의 취소

(1) 신청취하

강제경매개시결정 후라도 소의 취하처럼 채권자[3]는 강제경매신청을 임의

환적 변경도 허용되지 않는다는 소극설, 신청채권의 교환적 변경 자체는 허용되지만 변경 후의 피담보채권액이 신청채권액을 초과하는 경우에는 신청채권자가 그 초과하는 부분에 대하여 배당을 받을 수 없다는 제한적 소극설, 교환적 변경이 허용되고 변경 후의 피담보채권액이 신청채권액을 초과하더라도 신청채권자가 그 전액에 대하여 배당을 받을 수 있다는 적극설이 대립하고 있다. 주석 민사집행법(Ⅱ), 15~19면 참조.

1) 대법 1968. 6. 3, 68마378.

2) 대법 2011. 12. 13, 2011다59377. 그러나 신청채권자가 이자 등 부대채권을 특정액으로 표시하였다가 나중에 채권신고서에 의하여 그 부대채권을 증액하는 방법으로 청구금액을 확장하는 경우 이는 늦어도 배당요구의 종기까지 이루어져야 하고 그 이후에는 허용되지 않는다는 것에, 대법 2001. 3. 23, 99다11526.

3) 경매신청의 기초가 된 담보물권이 대위변제에 의하여 이전된 경우, 종전의 경매신청인이 한

로 취하할 수 있다. 다만 매각이 실시되어 **매수신고**가 있은 뒤[1]에 경매신청을 취하하려면, 원칙적으로 최고가매수신고인 또는 매수인 및 차순위매수신고인의 동의를 얻어야 한다(93조). 이해관계인의 동의는 요하지 아니한다. 압류채권자의 신청취하에 의하여 배당요구채권자 등은 배당을 받을 수 없게 되는데, 이러한 채권자는 스스로 이중압류를 함으로써 이를 피할 수 있다. 취하의 시한에 관하여 독일법은 매각허가결정시까지로 보지만,[2] 우리 법에서는 매수인의 대금완납시 즉 소유권이전시로 볼 수밖에 없을 것이다. 원래의 대금지급기한까지 그 의무를 이행하지 아니하여 재매각절차를 야기한 전 매수인은 경매신청취하의 동의권자에 해당되지 아니한다.[3]

(2) 경매절차의 취소

압류부동산이 그 뒤에 멸실되거나 제3자가 압류채권자에 대항할 수 있는 소유권을 취득함으로써 권리를 이전할 수 없는 것이 명백하게 된 때[4]에는 법원은 직권으로 강제경매절차를 취소하여야 한다(96조). 취소하여야 할 사정이 명백함에도 취소결정을 하지 아니하면 집행이의로 불복신청을 할 수 있다.[5] 판례[6]는 매각대금을 다 내기 전에 상표권이 소멸하는 등으로 권리를 이전할 수 없게 된 때에는 경매절차의 취소사유에 해당하지만, 상표권의 발생 근거와 그 효력의 특수성, 상표권에 대한 집행절차의 내용과 성격, 집행절차의 안정적인 운영 필요성 등을 종합하여 보면, 상표권에 대한 집행절차에서 매수인이 상표권을 취득하고 집행절차가 종료되었는데 그 후 상표등록 무효심결이 확정됨에 따라 상표권을 소급적으로 상실하게 되더라도 상표권에 대한 집행절차의 효력이 무효로 된다고 할 수는 없다고 하였다.

취하는 효력이 없다는 것에, 대법 2001. 12. 28, 2001마2094.

1) 제93조 2항에서 "매수신고가 있은 뒤"라고 규정하고 있는 것의 의미는 집행관이 개찰을 하여 최고가매수신고인이 있게 된 이후로 볼 것으로, 그 뒤에 경매신청 취하의 경우에만 그 자의 동의가 필요하다고 해석해야 한다. 법원실무제요, 민사집행법(Ⅲ), 284면.

2) RGZ 89, 426.

3) 대법 1999. 5. 31, 99마468.

4) 개시결정 후 압류등기 전에 채무자가 선의의 제3자에 양도하여 이전등기된 경우, 가등기 부동산에 경매개시결정 후에 본등기가 된 경우, 경매목적의 토지가 수용된 경우 등이 해당. 대법 1997. 11. 11, 96그64 참조. 민사집행절차가 진행중에 국세체납 등에 의한 공매절차가 먼저 끝나 그 낙찰자가 매각대금을 지급하여 소유권을 취득한 경우도 같다. 대법 2006. 5. 12, 2004두14717 참조.

5) 대법 1997. 11. 11, 96그64.

6) 대법 2023. 12. 28, 2022다209079(부당이득청구가 불가능하다는 취지이다).

Ⅱ. 채권자의 경합(채권자가 여럿일 때)

강제집행절차 진행 중에 저당권자 그 밖의 채권자 등이 경합하는 문제가 생길 수 있는데, 이를 어떻게 처리할 것인가가 문제된다.

현행법은 압류채권자 외 다른 채권자가 강제경매절차의 진행중에 이중강제경매신청이나 배당요구를 할 수 있게 하여 이들을 보호한다. 모든 채권자가 압류채권자와 나누어 배당받는 **평등주의**의 원칙 때문이다. 우선주의에 의하는 국세징수법상의 공매절차에는 배당(배분)요구는 있지만, 이중압류제도가 없다. 우선주의에 의하는 독일법은 배당요구제도가 없다. 다만 일반채권자는 압류채권자가 신청한 절차에서 이중경매개시결정(부대압류 Anschlusspfändung)을 받지 않으면 배당을 받을 수 없으며, 일반채권자 중에서 배당순위는 압류효력의 발생순위에 의한다(압류선착주의).

압류등기 후에 채무자가 저당권설정을 하거나 제3자에게 양도한 경우에는 후행의 이중압류채권자 · 배당요구채권자 등 다른 채권자는 압류의 개별상대효 때문에 큰 피해를 볼 수 있다. 후행절차참가채권자의 배당몫이 저당권자에게 흡수될 수 있으며(안분흡수), 제3취득자로 인하여 압류채권자 이외의 종전 채무자의 채권자는 배당에서 배제될 수 있음은 앞서 본 바이다. 이 경우에 절차참가채권자는 채무자에게 채권자취소권의 행사로 대응할 수 있다(압류 후 채무자의 물상담보제공은 사해행위).

1. 이중개시결정(압류의 경합)

(1) 의 의

이미 강제경매결정을 한 부동산에 대하여도 다른 채권자가 강제경매신청을 할 수 있고, 이때 법원은 **다시 경매개시결정**(이중개시결정)을 한다(87조 1항 전단). 이러한 이중개시결정의 신청 · 비용예납 · 재판, 등기촉탁, 채무자송달,[1] 불복방법 등은 먼저 한 경매개시결정과 같은 절차를 밟는다.[2] 이 경우에 먼저

---

1) 후행사건으로 절차를 속행하면서 이중경매신청에 기한 경매개시결정을 채무자에게 송달함이 없이 매각절차를 진행하였다면, 그 경매는 경매개시결정이 효력을 발생하지 아니한 상태에서 이루어진 것으로 당연무효이고, 매각대금납부의 효력도 인정할 수 없으며(대법 1995. 7. 11, 95마147), 매각대금의 완납 후에 사후적으로 이중경매개시결정을 채무자에게 송달하였다고 하여 그 결론이 달라지지 않는다(대법 1994. 1. 28, 93다9477).

2) 1990년까지의 구법에서는 이중경매신청을 한 경우에 경매기록에 '기록첨부'의 방식에 의하

경매개시결정을 한 집행절차에 따라 절차가 속행되고(87조 1항 후단), 두 개의 절차가 병행해 나가는 것이 아니다. 배당요구 종기까지 신청한 이중압류채권자는 배당채권자가 된다(148조 1호). 수인의 채권자가 동시에 경매신청하는 공동압류와는 다르며, 이때는 단독경매신청의 규정을 준용한다(162조).

(2) 선행절차의 취하 · 취소의 경우

먼저 한 선행의 경매개시결정이 경매신청의 취하나 경매의 취소로 종결될 사유가 발생하면 뒤에 한 후행의 경매개시결정에 따라 **선행절차**를 토대로 하여 계속 진행하여야 한다(87조 2항). 따라서 선행절차의 결과는 유효한 범위 내에서 그대로 후행절차에 승계되어 이용된다.[1] 선행경매절차는 이중경매신청인을 위하여 시행한 것과 동일시되어 남은 절차만 속행하면 된다.[2] 압류의 효력은 이중개시결정과 관계되는 압류등기를 기준으로 파악하여야 한다. 따라서 최초의 압류 → 지상권 → 이중압류의 시간적 순서로 절차가 진행중에 최초의 강제경매신청이 취하되면 최초의 압류가 소급적으로 실효되므로, 원래 매각에 의하여 효력을 잃을 지상권이 순위변동으로 소멸되지 않고 매수인이 인수하게 된다(91조 3항).[3]

선행경매절차에서 매각허가결정이 선고된 후 그 절차가 취하 · 취소되지 아니하였음에도, 후행경매절차가 진행되어 여기에서도 매각허가결정이 선고되어 확정되고 후행경매절차의 매수인이 대금을 먼저 납부하였다면, 매각부동산의 소유권은 절차상의 위법에도 불구하고 그 매수인이 적법하게 취득하게 된다는 것이 판례이다.[4] 그러나 선행사건의 배당요구의 종기까지 아무런 권리신고를 하지 아니한 이중경매신청인은 선행사건의 매각허가결정에 대하여 즉시항고를 제기할 수 있는 이해관계인이 아니다.[5]

였다.

1) 대법 2001. 7. 10, 2000다66010.

2) 대법 1980. 2. 7, 79마417; 동 1991. 4. 13, 91마131.

3) 이중경매개시결정 후 선행경매신청이 취하 · 취소되어 후행경매절차가 진행된 경우, 선행경매개시결정 → 저당권 → 후행경매개시결정의 시간적 순서일 때에 위 저당권은 후행압류에 대항할 수 있다(대법 2014. 1. 16, 2013다62315).

4) 대법 2000. 5. 29, 2000마603.

5) 대법 2005. 5. 19, 2005마59.

(3) 정지된 절차의 속행

선행 강제개시결정을 한 경매절차가 **집행정지**된 경우에(49조 참조), 이중개시결정을 받은 채권자의 신청에 따라 결정으로 뒤의 경매개시결정에 기초하여 절차를 속행할 수 있다(87조 4항).

(4) 이중경매신청의 시한

위와 같은 선 경매신청의 취하·취소 때의 혜택과 정지중의 속행신청권 등의 merit 때문에 다른 채권자들이 비용은 더 들지만 배당요구 대신에 이중경매신청을 선호할 수 있다(선경매신청취하·취소시의 보험이란 말도 있다). 그런데 이중경매신청을 할 수 있는 **시기**에 관하여는 배당요구의 종기까지로 보는 설과 매수인의 대금완납시까지로 보는 설이 대립되어 있으나 대금완납시설이 통설이고 실무이다.

대금완납시설[1]은 매수인의 대금완납시까지는 최초의 경매신청이 취하·취소될 수 있기 때문에 그 때에 가서 이중경매결정이 의미 있을 것을 근거로 삼는다. 또한 제87조 3항은 후행 경매개시결정이 배당요구의 종기 이후의 신청에 의한 것인 때에는 새로 배당요구의 종기 결정을 하되 이미 배당요구 또는 채권신고를 한 자에 대하여 되풀이하여 고지나 최고를 하지 아니하도록 하였다. 제87조 4항도 대금완납시설을 전제하고 있다. 이 규정들로 보아 대금완납시설이 옳다.[2] 다만 배당요구의 종기까지 이중경매신청을 하지 아니한 자는 첫째로 배당채권자가 될 수 없고(148조 1호), 둘째로 선행경매절차가 집행정지된 경우 집행속행신청을 할 수 없는(87조 4항 괄호 참조) 등의 불이익이 따른다.

2. 배당요구

배당요구제도는 압류우선주의의 독일법에는 없는 제도로서, 채권자 평등주의 채택의 결과이다. 이 때문에 집행절차가 복잡다단해질 수밖에 없고, 절차지연의 요인이 된다.

---

1) 법원실무제요, 민사집행(Ⅱ), 72면; 주석 민사집행법(Ⅱ), 153면; 김홍엽, 196면; 전병서, 245면 등.

2) 대법 1972. 6. 21, 72마507; 동 1978. 11. 15, 78마285 등.

(1) 배당요구권자

배당요구는 다른 채권자에 의하여 개시된 집행절차에 참가하여 동일한 부동산의 매각대금에서 만족을 얻기 위하여 하는 채권자의 신청이다.[1] 이중압류신청에 비하여 절차가 간단하며 경매신청비용을 낼 필요도 없다. 경매개시결정 전의 채권자라야 하는 것은 아니다. 다만 배당요구할 수 있는 채권자라도 배당요구의 종기까지 배당요구를 하지 아니하였으면 배당권자가 될 수 없음은 물론 배당이의를 할 수 없고, 그 뒤에 배당을 받은 후순위자를 상대로 부당이득반환청구도 할 수 없다.[2] 또 배당요구채권자라 할지라도 채권의 일부만 배당요구한 경우에 배당요구의 종기 뒤에 추가·확장할 수 없다.[3] 배당요구는 배당요구채권에 대하여 시효중단의 효력을 갖는다.[4] 배당요구할 수 있는 채권자는 제88조에 다음과 같이 규정되어 있다.

1) 집행력 있는 정본을 가진 채권자 일반채권자도 배당요구할 수 있었던 구법과 달리 범위를 제한하여 집행권원 보유자에 한정하였다. 집행력 있는 정본(집행권원+집행문)을 쉽게 만들 수 있는 현실에서 파산절차의 「채권자신고」와 같은 작용을 한다면 문제일 것이다. 다만 집행력 있는 정본이 아닌 사본이 첨부된 배당요구서를 제출해도 된다.[5] 그러나 지급명령신청 접수증명원의 제출은 배당요구로서 부적법하다.[6]

2) 압류등기된 뒤에 가압류등기를 한 채권자 집행력 있는 정본을 갖지 아니한 일반채권자라도 가압류를 하였으면 배당요구할 수 있다.[7] 그러나 압류등기 전에 가압류등기를 한 채권자는 배당요구 없이 배당받을 수 있다(148조 3호).[8]

---

1) 배당요구와 구별되는 개념으로 권리신고가 있는데, 권리신고는 배당요구와 달리 부동산 위의 권리자가 집행법원에 신고를 하고 그 권리를 증명하는 것이며 권리신고를 함으로써 이해관계인이 되지만(90조 4호), 권리신고를 한 것만으로 당연히 배당을 받게 되는 것은 아니며 별도로 배당요구를 하여야 한다(148조 참조).

2) 대법 2020. 10. 15, 2017다216523; 동 2022. 3. 31, 2021다203760.

3) 대법 2005. 8. 25, 2005다14595; 동 2008. 12. 24, 2008다65242.

4) 어음채권에 관한 집행력 있는 집행권원의 정본에 의한 배당요구는 그 원인채권에 시효중단의 효력이 있는 것에, 대법 2002. 2. 26, 2000다25484.

5) 대법 2002. 10. 29, 2002마580.

6) 대법 2014. 4. 30, 2010다96045.

7) 대법 2003. 12. 11, 2003다47638.

8) 대법 2004. 7. 22, 2002다52312.

3) **법정우선변제권자** 민법, 상법 그 밖의 법률에 의하여 우선변제청구권이 있는 채권자를 말한다. 예를 들면 근로기준법 및 근로자퇴직급여보장법에 따른 우선변제청구권을 갖는 임금채권자,[1] 고용 · 산업재해 · 건강 · 연금 등 4대보험료채권자, 확정일자를 갖춘 주택 등 임차보증금채권자(주택 3조의2 2항, 8조; 상가 5조 2항, 8조)[2] 등인데, 이들도 배당요구를 하여야 한다. 판례는 저당부동산의 소유권을 취득한 제3취득자도 배당요구를 할 수 있다고 하였다.[3] 이들 등기공시하지 않는 우선변제권자는 압류등기의 선후가 문제되지 않는다. 실무상 이들 임차권자에게는 배당요구의 종기까지 배당요구를 해야만 우선변제를 받을 수 있음을 알리는 통지서를 임차인에게 등기우편으로 송부한다는 대법원예규가 있다(재민98-6). 이 **예규**에 따라 경매절차진행 사실을 주택임차인에게 통지하는 것은 법률상의 의무가 아니라 당사자의 편의를 위하여 경매절차의 배당제도를 안내해 주는 것에 불과한 것이다.[4]

등기공시되더라도 **후순위** 저당권자, 담보가등기권자, 전세권자, 등기된 임차권자 등은 배당요구를 하여야 한다(148조 4호의 반대해석, 통설).

등기된 **선순위** 저당권자 · 담보가등기권자 · 동산담보권자 등 매각으로 그 권리가 소멸되는 채권자는 여기에 포함되지 아니하며, 배당요구를 하지 아니하여도 당연히 배당받을 수 있다(148조 4호).[5] 임차권등기명령에 의하여 임차권등기가 경매개시결정등기 전에 된 임차인도 별도로 배당요구를 하지 않아도 당연히 배당받을 채권자에 속한다(148조 4호 준용).[6] 다만 가등기담보권자는 그 권리자가 경매법원에 채권신고를 하여야 배당받을 수 있다(가담 16조).

1) 대법 2015. 8. 19, 2015다204762; 동 1997. 2. 25, 96다10263.

2) 대법 1998. 10. 13, 98다12379; 동 2002. 1. 22, 2001다70702(소액보증금반환채권).

3) 대법 2023. 7. 13, 2022다265093(민법 제367조에 의한 우선상환은 제3취득자가 경매절차에서 배당받는 방법으로 경매절차의 매각대금에서 우선변제받을 수 있다는 것이지 직접 저당권설정자, 저당권자 또는 매수인 등에게 비용상환을 청구할 수 있는 권리가 인정되는 것이 아니므로 제3취득자가 비용상환청구권을 피담보채권으로 유치권을 행사할 수 없고, 한편 제3취득자가 우선상환을 받으려면 배당요구의 종기까지 배당요구를 하여야 한다).

4) 이해관계인도 아닌 주택임차인에게 통지하지 아니하였다고 해서 국가배상책임의 문제가 생기지 아니한다.

5) 대법 1996. 5. 28, 95다34415; 동 1999. 1. 26, 98다21946. 경매개시결정등기 전의 선순위근저당권자는 채권최고액의 범위 내에서 배당요구의 종기 이후라도 채권계산서의 제출에 의하여 배당요구채권액을 확장할 수 있다. 대법 1999. 1. 26, 98다21946.

6) 대법 2005. 9. 15, 2005다33039.

4) **경매개시결정등기가 된 뒤에 국세체납처분에 의한 압류등기가 된 경우** 집행법원에 배당요구로서 교부청구를 하여야 한다.[1] 이 경우에 교부청구를 하지 아니하면 조세채권의 존부를 알 수 없기 때문이다. 그러나 경매개시결정등기 전에 체납처분절차로서 압류등기가 된 경우에는 교부청구를 한 효력이 있으므로 별도의 배당요구가 필요 없다.[2] 다만 조세채권에 대한 교부청구 이후 배당기일까지의 가산금 등을 포함하여 지급을 구하는 취지가 명확하게 밝혀지지 않았다면 배당요구종기까지 교부청구한 금액에 한하여 배당받을 수 있다.[3]

(2) 선택적 배당요구권자 — 선순위 전세권자 등

앞서 본 바와 같이 압류등기 전의 선순위 전세권자나 확정일자를 갖춘 주택·상가건물임차인은 **인수와 소멸을 선택**할 수 있는 지위(option) 때문에 배당요구 종기 이내에 배당요구를 하면 매수인은 그 부담이 소멸되지만, 배당요구를 하지 아니하면 매수인이 전세금이나 보증금의 부담을 인수하게 된다(91조 4항 단서). 이처럼 배당요구를 하느냐 아니하느냐에 따라서 매수인이 인수하여야 할 부담이 바뀌는 경우, 배당요구한 채권자는 그 종기가 지난 뒤에 이를 철회하지 못한다(88조 2항). 경매절차의 안정을 위한 것이다. 실제로 주택임차인과 전세권자로서의 지위를 겸하는 경우(주택임차인이 전입신고와 입주를 하고 보증금에 대해 전세권도 잡아두는 경우)가 흔히 있는데 임차인의 지위에서 배당요구를 하였다고 하여 전세권에 관하여도 배당요구한 것으로 볼 수는 없다.[4]

(3) 배당요구절차, 시기 및 효력

1) 이상 본 배당요구를 할 수 있는 채권자는 법원에 채권의 원인과 액수를 적은 서면으로 배당요구를 한다(규 48조 1항). 그 서면의 제목이 배당요구서가 아닌 권리신고서이든 채권계산서이든, 채권의 원인과 액수가 적혀 있는 서면이라면 배당요구로 볼 것이다.[5] 배당요구서에는 집행력 있는 정본·사본이나 가압류등기가 되어 있는 등기부등본 또는 법정우선변제권이 있음을 증명하는

1) 대법 2001. 5. 8, 2000다21154.
2) 대법 1997. 2. 14, 96다51585. 한편, 이러한 경우 국가가 배당받을 체납세액의 산정방법에 관하여는, 대법 2002. 1. 25, 2001다11055.
3) 대법 2012. 5. 10, 2011다44160.
4) 대법 2010. 6. 24, 2009다40790.
5) 대법 1999. 2. 9, 98다53547. 임금으로 기재하였다 하여도 퇴직금도 포함될 수 있으므로 신중하게 판단할 필요가 있다(대법 2008. 12. 24, 2008다65242).

서류를 붙여야 한다(규 48조 2항). 배당요구서에 법정 서류를 첨부하지 않은 배당요구의 하자를 보완(치유)할 수 있는 때가 언제까지인가에 관하여 대법원은 '배당요구의 종기'[1]라고 한 것과 '배당표의 확정시'[2]라고 본 것이 공존하고 있다.

2) 배당요구권자는 배당요구의 종기까지 배당요구서를 내지 아니하면 매각대금에서 배당을 받을 수 없다(148조 2호). 신법은 집행절차의 혼란 · 지연을 피하기 위하여 배당요구의 종기(終期)제도를 신설하였으며, 그 뒤에는 배당요구를 하여도 배당받을 수 없도록 하였다.[3] 더 나아가 민사집행법은 허위채권자가 배당요구를 할 수 없도록 배당요구할 수 있는 자의 범위를 집행권원보유자 등으로 한정하였음은 앞서 보았다. 그러나 지급명령, 집행증서를 이용하여 허위채권자를 만들어 배당요구의 종기 내에 배당요구를 하는 경우에는 집행이의(15조), 배당표에 대한 이의(151조)로 방어할 수 있다. 채권자의 배당요구는 민법 제168조 2호의 압류에 준하는 것으로서 소멸시효 중단의 효력이 있다.[4]

Ⅲ. 매각준비절차

매각실시에 앞서 그 준비로 집행법원은 배당요구의 종기결정 · 공고, 채권신고의 최고, 보전처분 이외에 세 가지 서면을 작성 · 비치 · 열람케 하는 것이다.

(1) 배당요구의 종기결정 및 공고

경매개시결정에 따른 압류의 효력이 생겼을 경우에는 집행법원은 절차에 필요한 기간을 감안하여 배당요구의 종기를 첫 매각기일 이전으로 정하고 공

1) 집행력 있는 정본 미제출의 배당요구에 관한 대법 2014. 4. 30, 2012다96045; 가압류결정 후 집행 전 배당요구에 관한 대법 2003. 8. 22, 2003다27696.

2) 확정일자부 임대차계약서 미첨부의 배당요구에 관한 대법 2009. 1. 30, 2007다68756; 임금채권자의 자격을 소명하는 자료를 첨부하지 아니한 배당요구에 관한 대법 2022. 4. 28, 2020다299955(민사집행절차의 안정성을 보장하여야 하는 절차법적 요청과 근로자의 임금채권을 보호하여야 하는 실체법적 요청을 형량하여 보면 우선변제청구권이 있는 임금 및 퇴직금 채권자가 배당요구 종기까지 소명자료를 제출하지 않았다고 하더라도 배당표가 확정되기 전까지 이를 보완하였다면 우선배당을 받을 수 있다고 해석하여야 한다).

3) 배당요구종기 후에 배당순위의 변동을 초래하는 새로운 권리를 주장할 수 없다는 것에, 대법 2014. 4. 30, 2013다58057.

4) 대법 2022. 5. 12, 2021다280026(가압류채권자에 대한 배당액을 공탁한 뒤 공탁금을 가압류채권자에게 전액 지급할 수 없어서 추가배당이 실시됨에 따라 배당표가 변경되는 경우, 배당요구에 의한 소멸시효 중단의 효력은 추가배당표가 확정될 때까지 계속된다).

고한다(84조 1항, 2항). 배당요구의 종기는 특별한 사정이 없는 한 종기결정일부터 2개월 이상 3개월 이하의 범위 안에서 정하여야 하되(재민 2004-3), 감정평가와 현황조사가 완료되어 매각물건명세서가 작성될 수 있는 시점 이후로 정한다. 통상 첫 매각기일의 1월 이내로 정하는 것이 실무이다.[1] 공고는 대법원 경매사이트(www.courtauction.go.kr) 또는 법원게시판에 게시하는 방법으로 한다. 배당요구의 종기결정 및 공고는 압류의 효력이 생긴 때부터 1주일 이내에 하여야 한다(84조 3항). 예규(재민 91-5)에는 등기완료통지를 받은 날부터 3일 안에 정하도록 규정하고 있다.

특별히 필요하다고 인정하는 경우가 아니면 배당요구의 종기를 연기할 수 없다(84조 6항). 판례는 특히 필요하다고 인정하는 경우의 판단을 집행법원의 재량에 의한다고 했다.[2] 그러나 종기연기는 특별한 사정이 있는 경우에 한하는 예외규정이므로 엄격해석의 원칙을 지켜야 한다. 함부로 연기해주면 채권자평등주의의 폐해를 시정하려는 입법취지가 몰각될 수 있고, 배당요구의 종기가 없었던 완전평등주의 시대로 환원되는 결과가 될 것이다.[3] 종기연기에 추후보완사유(민소 173조)를 유추적용하여야 한다는 견해도 있다.[4] 또 선행경매절차가 취하·취소되어 후행의 경매개시결정에 따라 절차가 진행되는 경우에 후행의 경매개시결정이 선행절차의 배당요구의 종기 후의 신청에 의한 것인 때에는 새로 배당요구의 종기를 결정공고한다(87조 3항).

(2) 채권신고의 최고

압류채권자에 우선하는 채권의 액수(선순위채권액)가 많기 때문에 압류채권자가 배당받지 못할 가능성이 생길 수 있다. 이를 파악해 놓는 것은 불필요한 집행절차를 진행하지 않도록 하는데 의의가 있으므로, 집행법원은 압류등기전에 등기된 선순위 가압류채권자·저당권자·전세권자·등기명령에 의한 등기임차권자(148조 3호·4 호)·가등기권리자(가담 16조 1항) 및 조세 등 공과금을 주관하는 공공기관에 대하여 채권의 유무, 그 원인 및 액수를 배당요구의 종

1) 법원실무제요 민사집행(Ⅱ), 104면.
2) 대법 2013. 7. 25, 2013다204324.
3) 헌재 2005. 12. 22, 2004헌마142는 배당요구의 종기를 첫 매각기일 이전으로 정하는 규정(84조 1항) 및 법원이 특별히 필요하다고 인정하는 경우에 한하여 배당요구의 종기를 연기하는 규정(동조 6항)이 합리적 이유 없는 재산권의 침해가 아니라고 하여 합헌으로 보았다.
4) 지석재, "부동산집행상 배당요구의 종기", 민사집행법연구 제10권, 57~62면.

기까지 법원에 신고하도록 최고하여야 한다(84조 4항). 이는 공공기관에 조세 등에 대한 교부청구의 기회를 주는 의의도 있다. 다만 압류채권자와 배당요구 채권자는 최고의 대상에서 제외된다. 신고내용에는 원금·이자·비용, 그 밖의 부대채권도 포함된다.

배당요구를 하지 아니하여도 배당권자가 되는 제148조 3호, 4호 소정의 가압류채권자·저당권자 등이 최고를 받았음에도 신고를 하지 아니한 때에는 그 채권자의 채권액은 등기사항증명서 등에 따라 계산하고,[1] 뒤에 채권액을 추가하지 못한다(84조 5항). 일본법은 신고의무를 부과하고 만일 의무불이행의 경우에는 손해배상책임까지 지우는 강력한 제도를 택하였으나(일 52조) 우리 법은 이에 이르지 아니하였다. 다만 최고 없이 한 매각절차가 무효로 되는 것은 아니고, 매각허가결정에 대한 항고이유도 되지 아니한다.[2] 선순위 저당채권자가 채권의 유무, 그 원인 및 액수를 법원에 신고하여 권리를 행사하였다면 그 채권신고는 민법 제168조 2호의 압류에 준하는 것으로 소멸시효중단의 효력이 생기며, 경매신청이 취하되면 중단의 효력도 소멸된다.[3] 그러나 경매절차가 취소되는 경우는(102조 2항) 이와 달리 중단의 효력이 소멸되지 않는다.[4]

(3) 부동산가격유지를 위한 조치 — 보전처분

압류에 의하여서는 채무자의 관리·이용에 어떠한 영향이 미치지 아니하는 것이 원칙이지만(83조 2항), 부동산을 압류당한 채무자는 현금화절차가 끝나고 부동산을 매수인에게 인도하기까지는 선량한 관리자의 주의의무를 다하여야 한다. 그럼에도 채무자가 선관주의의무를 게을리 하고 그 가치유지에 관심이 없게 되는 것이 보통이고, 오히려 보복감정으로 집행방해를 위해 부동산가치를 적극적으로 손상시키는 행위를 할 우려도 있다. 따라서 경매개시결정을 한 뒤 매각허가결정시까지 부동산의 가치를 유지·보전하여 제값으로 매각되게 하기 위하여 제83조 3항에서 법원이 직권 또는 당사자의 신청으로 부동산에 대한 침해행위를 방지하기 위해 필요한 조치를 할 수 있도록 하였다. 말하자면 본경매에 앞서 목적물에 가압류·가처분을 해두는 것과 같은 제도이

1) 대법 1999. 1. 26, 98다21946; 동 2006. 9. 28, 2004다68427.
2) 대법 1979. 10. 30, 79마299.
3) 대법 2010. 9. 9, 2010다28031.
4) 대법 2015. 2. 26, 2014다228778.

다. 규칙 제44조, 제45조는 다음과 같은 조치로 구체화하였다.

1) 침해방지를 위한 조치 경매개시결정이 있은 후 채무자 · 소유자 또는 부동산점유자가 부동산의 가격을 현저히 감소시키거나 감소시킬 우려가 있는 행위, 즉 **가격감소행위를 하는 때**에는 집행법원은 매각허가결정이 있을 때까지 압류채권자 또는 최고가매수신고인의 신청에 의하여 가격감소행위의 금지를 명하는 **금지명령**, 일정한 행위를 명하는 **작위명령**, 집행관에 의한 보관을 명하는 **보관명령**을 할 수 있다(규 44조 1항, 2항). 그러나 배당요구의 종기가 지난 뒤에 경매를 신청한 압류채권자는 이와 같은 신청을 할 수 없다.[1] 이것이 부동산 집행방해에 대한 대책인 보전처분인데, 부동산의 물리적인 손상행위 이외에 부동산매각을 방해함으로써 교환가치를 하락시키는 행위도 포함된다.

① 금지명령으로는 건물을 헐거나 훼손하는 행위, 기계의 중요부품을 빼가는 행위, 유치권 · 법정지상권 조작 등을 위하여 건물을 신축 · 보수하는 행위, 임대 · 입주 등 제3자에게 점유를 이전하는 행위, 제3자의 출입 등을 금지하는 것을 들 수 있고,

② 작위명령으로는 건물에서의 퇴거명령 등을 들 수 있다.

본 규칙은 채무자만이 아니라 제3자의 집행방해행위에 대하여도 적용된다. 공장건물 · 토지 · 기계 등에 대한 경매개시결정이 된 경우에 압류채권자가 가격감소행위를 막기 위해 자체 경비원을 고용배치하는 등의 자력구제를 하는 예가 있는 것이 현실이므로 가격감소행위 방지의 중요성을 고려하여 보다 효과적인 입법대책이 있어야 한다. 그럼에도 불구하고 보전처분의 구체적 내용을 본법이 아닌 규칙에 규정하는 정도로 평가절하시키고 있는 현행 법제는 채무자측의 집행방해에 대한 입법대책의 소홀을 말해주고 있다. 더구나 현행제도조차 실무상 활용되고 있지 아니하고 사문화된 형편이므로, 경매절차에서 압류채권자에게 보복감정이 있는 채무자측의 moral hazard의 소지를 열어 놓고 있다.[2]

2) 지료의 대불 건물에 대한 경매개시결정이 있는 때에 그 건물부지

---

1) 그 이유는 본조에 의한 조치가 부동산의 가격이 현저히 감소됨으로써 충분한 배당을 받지 못하게 되는 압류채권자를 보호하기 위한 것이므로, 배당을 받을 수 없는 배당요구 종기 후의 압류채권자에게 신청권을 부여할 필요가 없기 때문이다. 주석 민사집행법(Ⅱ), 91면.

2) 2003년 일본 집행법 제55조의2는 상대방을 특정하지 않고 발하는 매각을 위한 보전처분을 입법화하였다.

가 제3자 소유이고 채무자가 지상권이나 임차권을 갖고 있을 뿐인 경우라면, 채무자가 이 지료나 차임을 지급하지 아니하고 버틸 수가 있다. 그리하여 지상권이 소멸되게 되거나 임대차계약이 해지되고 경매중에 건물을 철거해야 하는 운명에 처하게 되어 건물매수인의 지위가 불안해지고 적정한 매각이 어렵게 된다. 이를 막기 위해 압류채권자가 법원의 허가를 얻어 채무자를 대신하여 미지급의 지료 등을 변제할 수 있다. 이때 대위변제한 지료 또는 차임은 최우선권을 가진 집행비용으로 보호를 받을 수 있다(규 45조 2항).

(4) 집행관의 부동산현황조사

집행관의 현황조사와 매각물건명세서는 인수주의의 원칙에 의한 독일법에서는 매각에 의한 권리관계분석이 복잡하지 아니하여 구태여 위 두 가지를 필요없게 하였다. 소멸주의에 의하는 우리 법은 위 두 가지 외에 감정평가서까지 소위 3종세트를 갖추게 하여 집행절차를 복잡다단하게 하는가 하면 집행비용 과다의 요인이 되게 한다.

1) 법원은 경매개시결정을 한 뒤에는 바로 집행관에게 부동산의 현상, 점유관계, 차임 또는 보증금의 액수, 그 밖의 현황에 관하여 조사하도록 명하여야 한다(85조 1항). 이를 현황조사명령이라 한다. 실무상 ① **부동산의 현상 및 점유관계**, ② **임대차관계**, ③ 기타 **현황** 등 크게 세 가지로 나누어 조사 보고토록 한다.[1] 집행법원이 부동산의 권리관계·사실관계를 정확하게 파악할 수 있게 하여, 적정한 최저매각가격의 결정, 매각물건명세서의 작성을 가능하게 하려는 취지이다. 집행관은 조사 후에 규칙 제46조 소정의 현황조사보고서를 제출한다. 조사목적이 된 부동산의 현황을 알 수 있도록 도면·사진 등을 붙여야 한다(규 46조 2항).

특히 경매목적물의 정확한 감정평가와 매수인에게 소유권 등이 이전되는 대상물이 무엇인지를 명확히 할 수 있도록 이것들에 중대한 영향을 미칠 사항은 반드시 기재할 필요가 있다. 예를 들면 부합물, 종물, 구성부분(소위 제시외 건물로서 고가의 정원석, 건축중인 건물, 비닐하우스나 컨테이너 등)의 존재 여부나 부합이나 종물성을 판단할 수 있는 사진 등 자료를 첨부하여야 한다.

소유자와 점유자가 다른 경우에는 점유자, 점유권원, 점유기간, 점유부분

1) 상세한 현황조사의 방법과 기재방법은 주석 민사집행법(Ⅱ), 126~134면; 법원공무원교육원, 민사집행실무(2024), 238~242면 참조.

(도면으로 특정)을 기재할 필요가 있다. 임대차의 경우에는 임대차계약의 내용(임차인 성명, 보증금, 임차기간, 확정일자 유무)을 기재하고 주민등록표등본(상가의 경우에는 임대차현황서)을 첨부하되, 주민등록 등에 표시된 동호수와 등기기록상의 그것이 다른 경우에는 이를 명확히 기재하여야 한다.

부동산의 경우에는 일반적으로 위치, 현황, 사용용도, 내부구조 등을 도면과 사진을 첨부하여 기재하는데, 특히 지목은 농지이지만 현황이 다른지 여부, 맹지(盲地)나 위법건축물인지 여부 등도 매수인에게 이해관계가 크므로 이를 기재하는 것이 필요하다.

구분건물에 대한 경매신청서에 대지사용권에 대하여 아무런 표시가 없는 경우에는 대지사용권이 있는지, 그 전유부분 등과 분리처분이 가능한 규약 등이 있는지에 관하여 집행법원은 집행관에게 현황 조사명령을 하는 때에 조사지시를 할 것이다.[1] 일본 판례에 의하면 경매의 목적이 건물인 경우에 대지사용권의 유무가 중요한 의의를 갖는 것이므로, 대지소유자로부터 사정청취를 생략한 것은 집행관이 합리적 재량을 일탈한 것으로 보아 국가배상을 명하였다.[2]

2) 민사집행법은 집행관의 현황조사권을 크게 강화시켰다(85조 2항, 82조). 즉 집행관은 부동산에 대한 현황조사를 위하여 건물에 출입할 수 있고, 채무자 · 건물을 점유하는 제3자에게 질문하거나 문서를 제시하도록 요구를 할 수 있으며, 나아가 건물출입을 위하여 필요한 때에는 잠긴 문을 여는 등 적절한 처분을 할 수 있다. 집행관의 질문에 정당한 사유 없이 진술거부 · 허위진술하는 경우, 문서제시요구에 불응하는 경우에 채무자 · 점유자에 어떠한 제재가 있는가. 현황조사시에 채무자측의 저항 또한 심한 것이 현실인데, 저항을 받으면 집행관은 경찰이나 국군의 원조를 요청할 수 있다(5조 2항). 일본은 2003년 개정법에서 진술등거부죄로 형벌을 과하도록 하여 현황조사를 철저히 할 수 있는 제도적 장치를 마련하였다.

3) 집행관은 목적부동산의 현황을 가능하면 정확하게 조사하여 기재할 의무를 진다. 통상 행하여야 할 조사방법을 채택하지 아니하거나 조사결과에 대하여 충분한 검토 · 평가를 하지 아니하여 현황조사보고서의 기재와 목적부동

1) 대법 2006. 3. 27, 2004마978.
2) 일본센다이고재, 평성4. 1. 28.

산의 실제 현황에 묵과하기 어려운 큰 차이가 있는 경우에는 주의의무위반을 하였다고 인정할 수 있다. 채무자가 폐문부재 또는 집행방해를 핑계로 집행관이 형식적인 조사와 기재를 하는 예가 있는데(불분명으로 기재), 경매의 안정적인 진행과 매수인의 권리취득에 장해사유가 되므로 집행관의 적극적인 조사가 중요하다. 현황조사보고서의 기재를 믿었기 때문에 손해를 본 자에 대한 국가배상책임이 인정될 수 있다.[1)]

유치권이나 임차권 조사에서 문제가 많다. 예컨대 과실로 피담보채무액이 큰 유치권자가 있는데도 없는 것으로, 없는데도 있는 것으로 혹은 대항력이나 확정일자를 갖춘 임차권자가 있는데도 없는 것으로, 없는데도 있는 것으로, 또 임차인이 한 사람밖에 없는데도 여러 세입자가 있는 것처럼 기재함으로 인하여 경매신청인과 매수인, 이해관계인이 피해를 입는 경우이다. 판례는 주택에 대한 현황조사를 하는 집행관이 임대차 관계의 확인을 위해 그 주택소재지에 전입신고된 세대주의 주민등록을 확인할 주의의무가 있다고 보고 있지만, 공동주택에 관한 조사를 함에 있어서 집행관에게 건축물대장에 표시된 명칭과 다른 명칭으로 전입신고된 세대주의 주민등록까지 확인할 주의의무는 없다고 하였다.[2)] 특히 채무자와 야합한 위장전입신고의 임차인, 예를 들면 친인척·가까운 친지 등 사이비 임차인이 등장하는 실정이므로 집행관의 조사에 주의를 요한다고 할 것이다.

4) 다만 현황보고서의 기재가 해당사항에 대한 기재가 없거나 잘못 기재되었어도 집행절차상으로는 집행관이 집행법원의 보조기관으로서 한 것이기 때문에 독립하여 불복할 수는 없다. 이에 터잡아 이루어진 그 이후의 결정, 즉 최저매각가격의 결정이나 일괄매각결정 등에 대한 집행이의사유(16조 1항), 매각허부결정에서는 매각불허가사유 또는 매각허가결정에 대한 즉시항고(129조) 사유가 된다.[3)]

1) 대법 2010. 4. 29, 2009다40615. 일본최고재 1997. 7. 15. 판결(乙 토지의 현황을 甲 토지의 현황으로 조사보고서에 기재한 사안).

2) 대법 2010. 4. 29, 2009다40615. 대법 2003. 2. 11, 2002다65929(동 2008. 11. 13, 2008다43976도 같다)은 집행관의 현황조사의 잘못은 국가배상법상의 책임문제가 생기는 것임을 전제로, 임대차관계의 현황을 조사함에 있어서 주민등록상 단독세대주인 임차인이 가족과 함께 거주하고 있음에도 가족의 주민등록관계를 조사하지 아니한 것은 국가배상법 제2조 2항의 국가로부터 구상청구를 받을 중과실에 해당하지 아니한다고 하였으나 의문이다.

3) 법원실무제요, 민사집행(Ⅲ), 196면; 대법 2008. 3. 17, 2007마1638.

(5) 감정인의 평가[1]와 최저매각가격의 결정(97조)

집행법원은 감정인을 선임하여 부동산을 평가시켜야 한다. 독일은 집행법원이 모든 경매절차에서 부동산가격을 직권으로 정하는 것(§74a ZVG. 꼭 필요한 경매에만 감정인의 의견을 듣는 법제)과 대조적이다. 공매에서는 매각예정가격을 결정하기 어려울 때에 감정인에게 평가의뢰하여 그 가액을 참고할 수 있도록 했다(국징 63조). 그러나 집행법은 조건없이 모든 경우에 감정평가토록 하여 절차지연·고비용의 요인이 되게 한다. 한국감정원의 감정은 내집 담보가치를 'e-시세'로 하는데 오차범위 ±5% 이내로 줄이는 시대이다. 또한 아파트 등 집합건물의 시세는 인터넷에서도 쉽게 확인할 수 있는 시대이므로, 예외 없이 감정인의 평가를 해야 하는 제도는 저비용·고효율을 모색해야 하는 집행법의 과제이다. 감정인은 **감정평가사** 중에서 선임하는 것이 통례인데,[2] 신고된 감정인 중에서 전산프로그램에 따라 선정하는 것이 실무이다.

감정인은 선서가 필요 없다. 감정인은 평가 후에 규칙 제51조 소정의 평가서를 제출하여야 한다.[3] 평가대상[4]은 **압류의 객관적 범위**와 일치하여야 하므로 목적부동산·부합물[5]·종물·종된 권리[6] 등이 평가의 대상이다. 인수주의에 의하여 **인수할 부동산 위의 부담**, 예컨대 선순위의 지상권·지역권·전세권·등기 또는 대항력 있는 임차권·유치권·법정지상권·분묘기지권·특수지

1) 법원공무원교육원, 민사집행실무(2024), 244~249면 참조.

2) 집행법원이 집행관에게 부동산의 평가를 명하고 그 평가액을 참작하여 최저매각가격을 정하였다고 하여 위법이 아니라는 것에, 대법(전) 1994. 5. 26, 94마83.

3) 구분소유적 공유지분에 대한 평가명령에서는 토지의 지분에 대한 평가가 아닌 특정 구분소유 목적물에 대한 평가를 명하여야 한다. 대법 2001. 6. 15, 2000마2633.

4) 평가의 대상과 상세한 조사 평가의 방법은 주석 민사집행법(Ⅱ), 327~355면 참조.

5) 채무자소유의 미등기수목은 토지의 구성부분으로서 토지의 일부로 간주되어 특별한 사정이 없는 한 토지와 함께 경매되는 것이므로 그 수목의 가액을 포함하여 경매대상토지를 평가하여 이를 최저매각가격으로 공고하여야 하고, 다만 입목에관한법률에 따라 등기된 입목이나 명인방법을 갖춘 수목의 경우에는 독립하여 거래의 객체가 되므로 토지평가에 포함하지 아니한다는 것에, 대법 1998. 10. 28, 98마1817.

6) 부동산의 종된 권리로는 토지의 경우 지역권, 건물의 경우 지상권·임차권을 들 수 있는데, 건물에 대한 저당권의 효력은 그 건물의 소유를 목적으로 하는 지상권 및 토지의 임차권에도 미친다. 다만, 건물을 매각하는 경우 부지의 임차권은 매수인에게 양도되는 것으로 보아야 하나, 이 경우에도 부지의 임차권에 관하여 임대인의 동의가 없는 경우에는 임대인과의 관계에서 매수인은 임차권의 취득을 대항하여 양도의 효력을 주장할 수 없으므로(민 629조) 이를 평가에서 제외하여야 한다는 것에, 대법 1993. 4. 13, 92다24950.

역권 · 가처분 · 순위보전가등기 등은 평가에서 감액하여야 한다.[1] 공원지역, 상수원보호지역, 토지거래허가지역, 군사보호지역, 그린벨트, 고도제한지역, 지구단위계획, 토지건축물의 용적률 등 법령에서 정한 규제 · 제한의 유무 · 내용과 공시지가 등도 평가서의 기재사항이다(규 51조 1항 5호). 법정지상권이 성립될 때에 토지의 매수인이 지료를 받게 된다는 점과 지상권의 존속기간을 고려하여 법정지상권에 의한 부담을 평가하여야 한다.[2]

집행법원은 감정인의 평가액을 참작하여 **최저매각가격**을 정하여야 한다(97조 1항). 최저매각가격제도는 부당한 염가매각을 방지함과 동시에 매수희망자에게 기준을 제시함으로써 입찰의 공정을 이루려는 것이다.[3] 실무상 감정평가액을 그대로 최저매각가격으로 정하고 있다.[4] 따라서 감정에 의하여 산정한 평가액이 감정평가의 일반적 기준에 현저하게 반한다거나 사회통념상 현저하게 부당하다고 인정되는 경우에는 그러한 사유만으로도 최저매각가격의 결정에 중대한 하자가 있는 것으로 보아야 한다.[5]

최저매각가격은 경매에 있어서 매각을 허가하는 최저의 가격으로 그 액에 미달하는 매수신고에는 매각허가를 할 수 없다.[6] 이는 **법정매각조건**이며, 이해관계인 전원의 합의에 의하여도 바꿀 수 없다(110조 1항). 최저매각가격을 결정한 후 상당한 기일이 경과하고(감정평가일로부터 첫 매각기일까지는 4~6개월의 갭) 부동산가격의 변동이 있더라도 평가의 전제가 된 중요한 사항이 변경된 경우와 같은 특단의 사정이 없는 한 부동산가격을 재평가하여야 하는 것은 아니다.[7] **최저매각가격의 결정에 중대한 흠**이 있는 경우에는 매각불허가사유가 된다(121조 5호, 123조 2항).

감정인이 '감정평가 및 감정평가사에 관한 법률' 및 '감정평가 실무기준'(국토교통부령) 등의 기준을 무시하고 자의적인 방법에 의하여 감정평가하는 경

1) 감액평가가 원칙임에도 '비고'란에 해당사실을 기재하는 것에 그치는 경우도 많다. 감정촉탁서에 해당 부분이 명확히 구분되어 기재되지 않는다는 점과 잠정적으로 이를 감안하여 구분 지어 평가하는 것은 감정평가료가 올라간다는 이유를 든다. 집행법원은 이러한 경우 현황조사 등으로 확인된 것을 다시 주지하여 재평가를 명하는 것이 필요하다.
2) 대법 1991. 12. 27, 91마608.
3) 대법 1995. 7. 29, 95마540.
4) 법원공무원교육원, 민사집행실무(2024), 250면.
5) 대법 2004. 11. 9, 2004마94.
6) 대법 1967. 9. 26, 67마796.
7) 대법 1998. 10. 28, 98마1817.

우에는 고의 또는 중과실에 의한 부실감정에 해당한다.[1] 감정인의 부실감정으로 인하여 손해를 입게 된 감정평가의뢰인이나 선의의 제3자는 위 법률상의 손해배상책임과 민법상 불법행위로 인한 손해배상책임을 함께 물을 수 있다.[2] 이때의 손해액은 위법한 감정이 없었다면 매수인이 매수할 수 있었던 매각대금과 실제로 치른 매각대금의 차액이 된다. 위법한 감정이 없었다면 실제 지급한 매각대금보다 더 낮은 가격으로 매수할 수 있었다는 사정은 이를 주장하는 자가 증명하여야 한다.[3]

감정인에게도 평가를 위하여 필요하다면 집행관과 같은 건물출입, 채무자등에 질문, 저항을 받을 때에 집행관의 원조요청 등 강제권을 행사할 수 있도록 하였다(97조 2항, 82조 1항). 감정대상물건의 실지조사확인은 반드시 감정인 자신이 해야 하는 것이 아니고, 감정자료의 조사능력있는 보조자에 의하여 행할 수 있다.[4] 부실감정을 방지하기 위해 감정결과를 이해관계인에게 통지하고 이의신청을 할 수 있게 하는 오스트리아법 제144조가 있다.

(6) 매각물건명세서의 작성(105조)

1) 매각물건의 현황과 함께 그 권리관계, 특히 매수희망자가 매수 후에 인수하게 될 부담에 관하여 쉽게 정보제공을 받아 예측하지 못한 손해를 입는 것을 방지하도록 집행법원은 매각물건명세서를 작성하여야 한다(105조 1항).[5] 집행법원의 사법보좌관이 작성한다. 매수에 의하여 소멸될 권리와 인수될 권리의 큰 구별이 없는 인수주의를 채택한 독일법은 이 제도가 없어 절차가 번잡하지 않다. 민사집행법은 기존의 권리, 부담이 소멸되는 소멸주의가 원칙이지만 예외로 인수되는 경우가 있기 때문에 매각물건명세서에서 이를 구분하여 인수되는 부담중심으로 명확히 작성할 필요가 있다. 특별매각조건도 여기에 표시된다. 여기에는 다음 네 가지 사항을 표시한다.

① **부동산의 표시** 아파트 등 집합건물에 관한 경매신청서에 대지권에

1) 대법 1997. 5. 7, 96다52427.
2) 대법 1999. 5. 25, 98다56416 등.
3) 대법 1998. 9. 22, 97다36293.
4) 대법 1993. 5. 25, 92누18320.
5) 대법 2010. 11. 30, 2010마1291; 대법 1995. 11. 22, 95마1197(매각물건명세서는 매수신청인에게 부동산의 물적부담상태, 취득할 종물, 종된 권리의 범위 등과 최저경매가격산출의 기초가 되는 사실의 공시이다). 매각물건명세서에 대한 기재사항과 작성방법은 주석 민사집행법(Ⅱ), 470~499면 참조.

관한 표시가 없어도 대지권의 존재가 밝혀졌으면 이를 매각물건명세서에 표시하여야 한다.[1] 미등기건물인 소위 「제시외 건물」을 경매목적물에서 제외할 때에는 그 취지를 명확하게 하여야 한다.[2] 등기부에 등재되지 않는 「제시외 건물」은 일괄경매하거나 경매부동산의 종물·부합물이 아니면 경매부동산에 포함시켜서는 안 된다.[3]

② **점유자와 점유의 권원, 점유기간, 차임 또는 보증금에 관한 관계인의 진술** 대항력있는 임차권과 유치권에 관한 사항을 적는 것이 중요하다. 실무상 선순위의 대항력 있는 임차인의 임차보증금은 매수인이 인수하게 되나, 확정일자를 갖춘 임차인으로서 배당요구를 한 경우에는 임차보증금을 전액 배당받지 못한 경우에 잔액에 대하여만 인수하게 된다는 취지도 기재한다. 임차권에 대해 다툼이 있는 경우에는 임차권존부가 불분명하다고 기재한다(재판예규 제1442호). 유치권자는 점유자로서 기재한다. 경매될 건물에 거액의 인테리어 등 수리비를 지출하였다는 것이 부자연스러워 유치권의 성립불명으로 기재되는 경우가 있다. 다만 유치권에 의한 경매의 경우는 소멸주의를 원칙으로 진행되는 이상 집행법원은 매각물건명세서에 목적부동산 위의 부담이 소멸되지 않고 매수인이 이를 인수하게 된다는 취지를 기재할 필요가 없다.[4]

③ **등기된 권리 또는 가처분으로서 매각으로 효력을 잃지 아니하는 것** 매각에도 불구하고 매수인이 인수하게 되는 권리관계이다. 선순위용익권이 이에 해당된다. 선순위전세권자가 배당요구를 하였으면 이에 해당되지 아니한다.

④ **법정지상권의 개요**[5] 미등기권리에 대한 것이다. 매각에 따라 발생하는 분묘기지권도 법정지상권에 준해 볼 것이다. 압류의 효력발생시에 동일인의 소유에 속한 토지와 건물을 일괄매각하지 않고, 건물은 남겨놓고 토지만 매각할 때에 건물을 위한 법정지상권이 성립할 수 있으므로[6] 그에 관한 설명이 필요할 것이다. 그러나 집행법원이 법정지상권 발생요건에 대한 조사의 어

1) 대법 2006. 3. 27, 2004마978.
2) 대법 1991. 12. 27, 91마608.
3) 대법 1999. 8. 9, 99마504.
4) 대법 2011. 6. 15, 2010마1059.
5) 토지에 대하여 저당권이 설정될 당시 그 지상에 토지소유자에 의한 건물이 건축중에 있었을 때에 건물의 규모 및 종류를 외형상 예상할 수 있는 정도까지 건축이 진전되어 있었다면 법정지상권을 인정할 것이라는 것에, 대법 1992. 6. 12, 92다7221.
6) 대법(전) 2012. 10. 18, 2010다52140.

려움 등을 이유로 「제시외 물건 제외, 법정지상권성립 불명」으로 기재될 때가 많은 문제점은 앞서 보았다.

2) 법원은 매각물건명세서를 작성함에 있어서 필요한 경우에 이해관계인과 참고인을 심문할 수 있다(규 2조). 점유시기가 압류등기 전인지 후인지 불분명한 임차권 주장자 등은 심문할 필요가 있을 것이다. 일본 2003년 개정법은 나아가 물건명세서의 작성에 관한 집행법원의 심문기일에 정당한 사유 없이 불출석·진술거부·허위진술을 하는 자에게 진술등거부죄를 신설하였다. 그러나 우리법제에서는 진술거부 등에 속수무책이다.

3) 매각물건명세서의 작성은 집행처분에 그치고, **기판력이나 형성력**이 생기는 재판이 아니다. 기재되지 아니한 매수인의 부담이 생겼다 하더라도 매도인에게 하자담보책임을 물을 수 있는 데 그치고(민 578조), 인수할 부담으로 기재되었지만 실제로는 존재하지 아니하는 때라면 매수인은 완전한 소유권을 취득하고 부당이득은 성립하지 아니한다는 것이 통설이다.[1] 그러나 최선순위전세권이 매수인에게 인수됨을 기재하지 아니하는 등 매각물건명세서에 중대한 흠이 있으면 **매각불허가사유**가 된다(121조 5호).

4) 국가배상책임은 문제된다. 대법 2010. 6. 24, 2009다40790에서는 집행법원이나 경매담당공무원이 직무상의 의무를 위반하여 매각물건명세서에 매각대상 부동산의 현황과 권리관계에 관한 사항을 제출된 자료와 다르게 작성하거나 불분명한 사항에 관하여 잘못된 정보를 제공하여 불측의 손해를 입게 하였다면 국가는 손해배상책임이 있다고 하였다(인수하여야 할 전세권을 기재하지 아니한 사안).

(7) 위 세 가지 서류의 비치·열람(105조 2항)

법원은 위 매각물건명세서·집행관 작성의 현황조사보고서·감정인의 평가서 등 3종세트의 사본을 법원에 비치하여 누구든지 볼 수 있도록 하여야 한다(105조 2항). 위 세 가지 세트가 이른바 경매물건의 권리·현황·가격분석 등에 관한 결정적인 자료이다. 매각기일 1주일 전부터 열람에 제공하여 쉽게 정보를 얻게 하여야 하는데, **인터넷 등 전자통신매체**로 공시하여 사본의 비치에 갈음할 수 있고(규 55조), 실무상 주로 이것을 이용한다. 법원경매정보홈페이지

1) 주석 민사집행법(Ⅱ), 504면; 김홍엽, 216면 등.

(www.courtauction.go.kr)는 용도별 · 기일별 물건의 검색은 물론, 지도별 검색과 인지물건 검색까지 무료로 제공받을 수 있게 하였다. 경매물건의 **투명성확보의 조치**이다. 따라서 사법보좌관(경매담당직원 포함) · 집행관 · 감정인은 매수희망자가 경매함정에 빠지지 않도록 신의칙에 의한 성실기재의무의 이행이 중요하다 하겠고(23조; 민소 1조 2항), 책임회피책으로 '불분명' 등 모호한 기재는 금물이다. 이와 같은 서류의 작성 · 비치 · 열람에 대한 불복은 집행이의(16조)로 할 수 있다. 비싼 집행비용을 들여 만든 현황조사서 · 감정평가서를 토대로 만들어진 법원경매정보로는 부족하다고 느껴 유료경매정보사이트(스피드옥션/지지옥션/굿옥션/태인 등)를 더 신뢰할 만하다는 말이 들린다면 문제가 있다. 여기에도 AI adviser의 시대가 올 것인가.

현장답사 · 확인 일본법과 달리 집행관의 현황조사에 불응시나 매각물건명세서의 작성을 위한 심문에 불응시에 형사제재가 없는 등 법제 자체가 불완전하고 매각물건명세서에 공신력도 인정하지 않는 우리 현실에서는 위 세 가지 서류만에 의한 경매물건의 투명성 확보에 한계가 있다. 따라서 우리의 경우는 매수희망자의 직접 현장답사가 필요하다. 등기부에 공시되지 아니하는 대항력있는 임차권 · 법정지상권 · 분묘기지권 · 유치권 · 특수지역권의 존부를 확인하기 위해서도 필요하다. 실제 목적물이 법원공고와 일치하는지 여부를 확인함과 아울러 현장답사에 앞서 **부동산관계문서** 즉 등기사항증명서 · 토지대장 · 건축물대장 · 토지이용계획확인원 · 공시가격서류 · 지적도 등을 발급받을 필요가 있다. 대지인 경우에는 건축가능성, 농지인 경우에는 농지취득자격증명서의 발급가능성을 관할 지자체에서 확인하는 것이 필요하다. 주민센터에 가서 선순위임차인의 존재도 확인하여 보는 것이 좋다.[1] 사업자등록에 제3자에 대한 대항력을 부여하면서 관할세무서에서는 제3자가 그 사항을 확인하기 어렵다는 현실은 방치할 일이 아니며 해결책이 필요하다. 나아가 감정가 즉 최저매각가격을 지나치게 믿지 말고 현장시세를 조사하는 것도 바람직하다.

(8) 남을 가망이 없을 경우의 경매취소(102조)

1) 잉여주의에 의하는 우리 법은 우선채권과 집행비용을 빼고 남을 것이 없는 것이 신청당시 명확하면 경매개시결정을 하지 않지만(Deckungsprinzip),

---

1) 타인의 주민등록표등본 등을 발급받을 수 없지만, 주민센터에서 세대열람확인원에 의하여 확인이 가능하다고 한다.

절차 진행중에도 집행법원은 최저경매가격으로 압류채권자의 채권에 우선하는 채권과 절차비용을 변제하면 남을 것이 없다고 인정할 때에는(소위 '깡통물건') 압류채권자에게 이를 **통지**하여야 한다(102조 1항). 이중경매개시결정의 경우에 무잉여 여부를 결정하는 기준인 권리는 경매개시결정을 받은 채권자 중 최우선순위권리자의 권리이다.[1]

2) 압류채권자가 일반채권자라면 그에 우선변제할 채권은 저당권 · 전세권(배당요구한 경우) · 가등기담보권에 의해 담보된 채권, 국세 · 지방세 · 건강 · 4대보험료, 임금 · 퇴직금 · 재해보상금 그 밖의 근로관계채권, 주택 등 임대차보호법상의 소액보증금 · 확정일자를 갖춘 임차보증금채권 등이다.[2] 이것들의 우선변제에 불구하고 압류채권자가 절차의 속행을 바랄 때에는 그 통지받은 날부터 1주일 내[3]에 남을 것이 있다고 **증명**하든지(규 53조), 아니면 우선채권과 절차비용을 변제하고 남을 만한 가격을 정하여 그 가격에 맞는 매수신고가 없을 때에는 자기가 그 가격으로 매수하겠다고 신청하면서 충분한 **보증**을 제공하게 하였다. 그러나 그와 같은 **증명**을 하지 못하거나 **신청** · **보증**을 제공하지 아니하면 법원은 경매절차를 취소하여야 한다(102조 2항).[4]

3) 최고가매수신고인의 매수가격이 우선채권총액과 집행비용에 미달함을 간과하고 경매절차를 진행하여도 그 흠이 치유되지 아니하며,[5] 법원은 직권으로 **매각불허가결정**을 해야 한다. 이 제도는 무익한 현금화를 막아 집행채권자를 보호함과 동시에 우선채권자의 현금화시기의 자유선택권을 보장하려는 취지이다. 이는 압류채권자나 우선채권자의 보호를 위한 것일뿐 목적부동산의 소유자나 채무자의 보호를 위한 것이 아니므로 이들은 이를 위반한 매각허가결정에 대하여 즉시항고로 다툴 이해관계인이 아니다.[6] 담보권실행의 임의경매에는 제102조의 적용이 없다는 것이 과거의 판례였으나, 민사집행법은 강제경매와 같이 규정하였다(268조, 102조).

---

1) 대법 2001. 12. 28, 2001마2094.
2) 이들이 압류등기 후의 후순위 우선변제권자일 때에는 압류에 관한 개별상대효설에 의해도 압류채권자에게 우선변제권을 주장할 수 없다. 앞의 「압류의 주관적 범위」, 대법 2001. 12. 28, 2001마2094 참조.
3) 위 기간이 지난 뒤에도 취소결정 전에 적법한 매수신청 및 보증의 제공을 하면 된다는 것에, 대법 1975. 3. 28, 75마64.
4) 헌재 2007. 3. 29, 2004헌바93은 이 조문을 합헌이라 했다.
5) 대법 1995. 12. 1, 95마1143.
6) 대법 1984. 8. 23, 84마454; 동 1987. 10. 30, 87마861.

Ⅳ. 매각기일 및 매각결정기일의 지정 · 공고 · 통지

(1) 지 정

매각기일이란 집행법원이 매각부동산에 대하여 매각을 실시하는 기일을 말한다. 집행법원이 부동산을 매각하기 위하여서는 먼저 매각기일과 매각결정기일을 **지정하고 공고**하여야 한다. 법원은 최저매각가격으로 압류채권자의 채권에 우선하는 부동산 위의 모든 부담과 절차비용을 변제하고 남을 것이 있다고 인정할 때나 압류채권자가 제102조 2항의 신청을 하고 충분한 보증을 제공한 때에 매각기일과 매각결정기일을 지정공고한다(104조 1항). 매수희망자에게 매각한다는 것을 널리 알리려는 것이다. 법원은 매각기일(기간입찰의 경우는 입찰기간의 개시일)의 2주일 전까지 공고하여야 한다(규 56조). **매각결정기일**은 매각이 실시되어 최고가매수신고인이 있을 때에 매각허가여부의 결정을 선고하는 기일을 말하는데, 이는 매각기일로부터 1주일 이내로 정하여야 한다(109조 1항). 매각기일과 한 몫에 지정공고됨을 전제로 하고 있다. 이 규정은 훈시규정이다.[1]

(2) 공 고

매각기일과 매각결정기일을 정한 때에는 집행법원은 이를 **공고**하여야 한다(104조 1항). 공고는 ① 법원게시판 게시,[2] ② 관보 · 공보 또는 신문 게재, ③ 전자통신매체를 이용한 공고 가운데 어느 하나의 방법에 의한다(규 11조 1항). 실무상 최초의 매각기일은 일간신문에 신문공고하되, 여러 경매사건을 일괄 공고한다. 속행기일은 비용이 많이 드는 신문공고 없이 법원게시판이나 인터넷 법원경매공고란의 방법으로 공고한다.[3] 대법원은 각 지방법원의 매각공고를 대법원의 홈페이지에 올리고 있다. 변경된 매각결정기일은 발송송달(우편송달, 민소 189조) 등의 방법으로 이해관계인에게 통지하면 되고, 이를 공고하지 아니하였다고 하여 매각허가결정이 위법이라 할 수 없다.[4]

---

1) 대법 1984. 8. 23, 84마454.
2) 집행법원이 매각기일공고서류를 게시하는 경우에 공고내용을 게시판에서 읽을 수 있는 한 법원게시판이 철창문으로 잠겨 있다 하여도 위법이라 할 수 없다는 것에, 대법 1995. 9. 6, 95마596. 철장문으로 잠그지 않으면 게시판에 붙은 게시종이를 뜯어간다고 하여, 이와 같은 고육지책을 쓴다고 하지만 공고의 취지에는 반한다.
3) 법원공무원교육원, 민사집행실무(2024), 280면.
4) 대법 1981. 1. 19, 80마96.

(3) 통 지

1) 매각기일과 매각결정기일은 앞서 본 이해관계인(90조)에게 통지하여야 한다(104조 2항). 이를 공고하는 것만으로 부족하다 하여 개별통지를 하게 하였다. 경매절차에 참여할 기회를 제공함으로써 절차권을 보장하고자 한 것이다.[1] 법원이 수회 매각기일 · 매각결정기일의 일괄지정방식을 택하는 경우에는 이해관계인에 대한 통지도 일괄하여 한다(재민 98-1).[2] 채무자가 외국에 있거나 있는 곳이 분명하지 아니한 때에는 송달이나 통지를 하지 않아도 되고(제12조), 배당요구종기 이후에 권리신고한 이해관계인에게는 통지할 필요가 없다.[3] 통지는 집행기록에 표시된 이해관계인의 최근 주소에 발송송달(민소 189조)할 수 있게 되어 있으므로(104조 3항. 보충송달을 시도해보지 않고 바로 해도 된다) 실제로 통지를 수령하였는지 여부와 관계없이 발송시에 통지의 효력이 발생하는데, 이는 이해관계인에 대한 경매기일 통지절차의 지연으로 인하여 경매절차의 진행이 늦어지는 것을 방지하기 위함이다. 처음에는 교부송달이나 공시송달에 의하다가 뒤에 발송송달로 바꾸어도 상관없다.[4]

채무자 이외의 이해관계인이 외국에 있거나 있는 곳이 분명하지 아니한 때에도 통지를 생략할 수 없다(규 8조 4항 괄호의 법에 규정된 통지에 해당한다).[5] 다만 법원은 외국으로 송달이나 통지를 하는 경우 대한민국 안에서 송달이나 통지를 받을 장소와 영수인을 정하여 신고하도록 명할 수 있고, 그 신고가 없는 경우에는 그 이후의 송달이나 통지를 하지 않을 수 있으므로(제13조) 최초의 송달을 제외하고는 이를 이용하는 것이 실무이다.[6]

2) 기일통지의 누락은 매각허가에 대한 이의사유가 되며(121조 1호),[7] 이 때문에 매각허가결정이 뒤에 취소된 때에는 경매공무원의 직무상 불법행위가 되어 국가가 매각대금을 완납하고 소유권이전등기를 마친 매수인에 대하여 손해배상책임을 져야 한다.[8] 다만 매수신청을 할 수 없는 채무자에게 통지를 누

---

1) 대법 1999. 11. 15, 99마5256.
2) 법원공무원교육원, 민사집행실무(2024), 290면.
3) 대법 2005. 5. 19, 2005마59.
4) 대법 1995. 4. 25, 95마35.
5) 대법 2010. 6. 14, 2010마363.
6) 주석 민사집행법(Ⅱ), 460면.
7) 대법 1995. 12. 5, 95마1053; 동 1999. 11. 15, 99마5256.
8) 대법 2008. 7. 10, 2006다23664.

락한 경우에는 채무자에게 손해가 발생한 것이 아니라는 것이 판례이다.[1)]

등기나 대항력이 없는 임차인 또는 대항력 있는 임차인이라도 스스로 권리를 증명하여 신고하지 아니한 경우[2)]는 이해관계인이라 할 수 없으므로 이에 대한 통지는 필요 없다.[3)] 그러나 공유지분의 경매시에는 다른 공유자에게 통지가 필요하며(139조 1항), 이를 누락한 것은 매각허가에 대한 이의사유가 됨은 물론 그 통지누락 때문에 매각허가결정이 취소된 경우에는 국가배상책임이 문제된다.[4)] 기일통지 없는 매각절차라고 하더라도 불복 없이 확정되면 그 흠은 치유된다.[5)] 그러나 책임에 돌릴 수 없는 사유로 매가허가결정에 대하여 불복의 기회(즉시항고)를 놓친 경우에는 추완항고가 허용된다.

(4) 공고의 기재사항

매각기일공고에 기재할 사항은 법 제106조 소정의 9가지인데, 이 가운데 특히 문제가 되는 것은 ① 부동산의 표시, ② 부동산의 점유관계, ③ 최저매각가격, ④ 등기부에 기입할 필요가 없는 부동산권리자는 채권신고를 하여야 한다는 취지(주택·상가건물임차권, 유치권 등은 채권신고에 의해 이해관계인이 되기 때문임) 등이다.

공고에서 부동산의 표시를 요구하는 것은 경매목적물의 특정과 경매목적물에 대한 객관적 실가를 평가할 자료를 이해관계인에게 알리고자 하는 데 있다.[6)] 부동산의 표시가 실제와 다른 점이 있어도 부동산의 동일성을 식별하는 데 지장이 없으면 위법공고가 아니지만,[7)] 이해관계인에게 목적물을 오인하게 하거나 평가를 그르치게 할 정도라면 그러한 공고는 적법한 공고가 아니다.[8)]

1) 대법 2001. 7. 10, 2000다66010.
2) 대법 2008. 11. 13, 2008다43976.
3) 대법 1961. 2. 6, 4293민재항410; 동 2000. 1. 31, 99마7663. 대항할 수 있는 임대차는 다르다는 것에, 대법 1960. 1. 25, 4292민재항287. 그러나 공고에 임대차가 없는 것처럼 기재되어 있다 하더라도 채무자는 그러한 사유로 매각허가결정에 대한 항고이유로 할 수 없다는 것에 대법 1980. 4. 25, 80마148; 동 1991. 2. 27, 91마18.
4) 대법 1998. 3. 4, 97마962; 동 2007. 12. 27, 2005다62747. 다만 이해관계인에게 기일통지를 하였는데 최저매각가격을 잘못 기재한 경우에는 매각허가결정에 불복사유가 되지 아니한다(대법 1999. 7. 22, 99마2906).
5) 대법 1992. 2. 14, 91다40160.
6) 대법 2003. 12. 30, 2002마1208.
7) 대법 1994. 11. 11, 94마1453.
8) 대법 1999. 10. 12, 99마4157.

매수인에게 대항할 수 없는 임대차의 누락은 위법공고가 아니고,[1] 최저매각가격의 누락은 위법공고이다.[2] 위법공고를 간과하고 집행을 속행하면 매각불허가사유가 되며(121조 7호, 123조 2항), 또 매각허가결정에 대한 항고사유가 된다(129조, 130조). 위법공고로 다시 경매절차를 진행할 때의 최저매각가격은 당초의 가격에 의하여야 한다.[3]

(5) 매각기일의 변경

매각실시에 앞서 채권자나 채권자의 동의를 얻은 채무자는 매각기일의 **변경**(연기)신청을 할 수 있다. 채권자와 채무자 사이에 임의변제의 협의(집행에서의 ADR)가 진행중일 때에 흔히 한다. 실무는 신청채권자가 연기신청을 한 경우에 상당한 이유가 있다고 인정되면 1회의 연기기간을 1~2개월로 하여 2회까지 연기를 허가하지만, 채무자 또는 소유자가 연기신청할 경우에는 채권자의 동의가 없는 한 연기를 허가하지 않고 있다.[4]

(6) 매각조건

경매도 일종의 매매이므로 어떠한 조건으로 사고 파는지를 알게 하는 매각조건이 있다. 법정매각조건과 특별매각조건이 있는데, 전자는 그 내용이 법에 규정되어 있어 이를 매각기일에 관계인에게 알릴 필요가 없지만, 후자는 집행관이 매각기일을 개시할 때에 그 내용을 고지하여야 한다(112조. 신문공고시에 밝힌 경우도 있다). **특별매각조건**의 내용은 매각물건명세서의 열람을 통해 확인할 수 있다.

법정매각조건은 모든 매각절차에서 공통적으로 적용되도록 법이 미리 정해놓은 매각조건을 말하고, 특별매각조건은 법정매각조건 중에서 공공의 이익이나 경매의 본질에 관계없는 조건을 변경하거나 새로운 매각조건을 정한 것(111조)을 말한다. 특별매각조건은 이해관계인의 신청이나 법원의 직권으로 정한다.

1) 법정매각조건 중요한 것으로 다음과 같은 것이 있다. 일반 매매계약의 거래관행과는 다소 다른 특징이 있는데, 강행규정이 아니다.

---

1) 대법 1964. 12. 23, 64마982.
2) 대법 1994. 11. 30, 94마1673.
3) 대법 1994. 11. 30, 94마1673; 동 1998. 10. 28, 98마1817.
4) 법원공무원교육원, 민사집행실무(2024), 278면.

① 우선채권을 변제하고 남을 것이 있을 것(91조 1항, 102조 — 잉여주의)

② 최저매각가격에 이르지 않은 매각의 불허가(97조)

③ 매수신청인의 1/10 보증제공의무(113조)

④ 매각에 의하여 부동산 위의 담보권 · 용익권의 소멸 혹은 인수(91조)

⑤ 개별매각의 원칙,[1] 일괄매각의 예외(98조)

⑥ 대금납부시에 매수인의 소유권취득(135조)

⑦ 매수인의 인도청구시기(136조)

⑧ 대금미납시에 매각의 실효(138조)

⑨ 공유지분매각의 경우에 최저매각가격의 결정(139조 2항), 다른 공유자의 우선매수권(140조)

⑩ 매수인의 자격. 농지매각에서 매수인자격의 제한(농지 6조, 8조), 채무자 · 집행관 · 감정인의 매수금지(규 59조) 등.

2) 특별매각조건 이상과 같은 법정매각조건 중 최저매각가격 외의 매각조건은 법원이 이해관계인의 **전원합의**(다수결이 아님)에 의하여 신청을 받아 바꿀 수 있고(110조), 거래의 실상을 반영하거나 경매절차를 효율적으로 진행하기 위하여 필요한 경우에는 직권으로 배당요구의 종기까지 최저매각가격[2]을 포함한 모든 매각조건을 바꾸거나 새로운 매각조건을 부가할 수 있다(111조 1항). 법정매각조건을 바꾸는 특별매각조건(독일에서는 변칙매각조건 — abweichende Versteigerungsbedingungen이라고도 함)은 배당요구의 종기까지를 시한으로 한다. 법원은 이해관계인의 합의이든 직권에 의한 것이든 변경을 할 경우에는 매각조건변경결정을 하여야 한다.[3] 직권에 의한 매각조건의 변경결정에 대하여는 이해관계인이 즉시항고를 할 수 있다(111조 2항).

---

1) 여러 개의 부동산에 대하여 일괄매각결정이 없었다면 그 부동산들은 개별입찰이 되는 것이므로 개별입찰로 진행되는 입찰절차에서 입찰자가 1장의 입찰표에 의하여 여러 개의 부동산을 입찰가격의 총액만을 기재하였다가 그 뒤 부동산별로 입찰료를 다시 작성 제출하였다고 해도 입찰표는 모두 무효라는 것에, 대법 1994. 8. 8, 94마1150.

2) 다만 직권에 의한 최저매각가격의 변경은 합리적인 이유가 있는 경우에 허용된다(대법 1994. 11. 30, 94마1673).

3) 대법 2023. 3. 10, 2022마6559(집행법원이 최저매각가격의 10분의 1이 아닌 다른 금액으로 보증금액을 정하는 '결정' 없이 다른 금액으로 한 매각기일공고는 위법한 공고이고, 이를 간과한 채 매각을 실시한 경우에는 '경매절차에 그 밖의 중대한 잘못이 있는 때'로서 매각허가에 대한 이의신청사유 및 매각불허가사유가 되므로, 법원은 형식상 유효한 최고가매수가격의 신고가 있었더라도 매각결정기일에 매각을 불허하는 결정을 하고 새 매각기일을 정하여 적법한 매각기일공고를 한 후에 매각을 실시하여야 한다).

실무상 특별매각조건으로 한 몇가지 사례를 보면 (i) 매수인이 매각대금 지급일에 대금납부를 하지 아니하고 지연이자를 납부하는 경우에는 지연이자를 연 15%로 하는 것(규 75조 참조), (ii) 농지매각의 경우에 매각결정기일까지 매수인이 농지취득자격증명을 제출하지 못할 경우 매수보증금을 몰수한다는 것, (iii) 매수신청의 보증금액 1/10을 달리 정하는 것(규 63조 1항), (iv) 저당권이 붙은 별도 등기 있는 집합건물에 관한 경매신청의 경우 그 대지에 대한 저당권을 인수시키는 것,[1)] (v) 공유자 우선매수권 행사에 따른 매수신고가 매수보증금의 미납으로 실효되는 경우 그 공유자의 우선매수권 행사를 제한한다는 것 등이 있다.[2)]

법원이 직권으로 정한 특별매각조건을 이해관계인의 합의에 의하여 다시 변경할 수 있는지가 문제되나, 법 제111조는 공익상 필요가 있는 경우에 법원이 직권으로 매각조건을 변경할 수 있음을 인정한 것이므로, 법원이 정한 특별매각조건은 이해관계인의 합의에 의해서도 변경할 수 없다고 보아야 할 것이다. 이와 반대로 이해관계인의 합의에 의하여 정한 특별매각조건이나 직권으로 변경한 매각조건은 제111조 제1항의 요건에 부합하면 직권으로 다시 변경할 수 있다.[3)]

(7) 일괄매각

특별매각조건으로 개별매각이 아닌 일괄매각을 정하는 경우가 있다. 부동산은 일괄매각결정이 없으면 개별매각이 원칙이다.[4)] 그러나 여러 개의 목적물을 함께 묶어 일괄매각하는 편이 고가로 매각할 수 있는 것이면 그것은 채권자·채무자 쌍방에 이익이 되고 또 이용상의 견련성이 있으면 매수인의 편의에도 도움이 되기 때문에 예외적으로 일괄매각을 결정할 수 있다. 법원의 직권 또는 이해관계인의 신청으로 정한다. 민사집행법은 구법보다 일괄매각의 범위를 넓혔다(98조 2항).

1) 일괄매각의 요건 다음 두 가지 요건 중 하나에 해당하면 일괄매각

1) 신현기, 민사집행법각론(상), 192면.

2) 유치권에 의한 경매에 있어서 부동산 위의 부담을 소멸시키는 것(소멸주의)을 법정매각조건으로 한 뒤, 집행법원은 이와 달리 매각조건변경결정을 통하여 매수인에 인수시킬 수 있다고 한 것에, 대법 2011. 6. 15, 2010마1059.

3) 동지; 주석 민사집행법(Ⅱ), 538면.

4) 대법 1994. 8. 8, 94마1150.

을 할 수 있다.

① 여러 개의 부동산을 동일인에게 매수시키는 것이 **위치 · 형태 · 이용관계** 등으로 보아 알맞다고 인정하는 경우에는 일괄매각하도록 결정할 수 있다(98조 1항). 그 대표적인 경우가 토지와 그 지상건물로서 그와 같은 경우에 대지와 건물을 따로 매각하면 함께 매각할 때에 비하여 가격이 훨씬 낮게 매겨지게 되어 일괄매각이 필요하다. 특히 동일인의 소유에 속하는 토지와 건물 중 토지만 개별매각하면 토지매수인이 건물의 보존을 위한 법정지상권의 부담을 안게 되는 결과 때문이다. 토지와 건물이 하나의 기업시설을 구성하는 경우, 2개 이상의 토지 중 일부만 분할매각하면 나머지 토지가 맹지(盲地)가 되어 값이 현저히 떨어질 경우이면 일괄매각이 좋다.[1] 합쳐야만 건축가능한 두 개의 인접토지, 토지와 그 지상수목, 택지와 사도(私道), 복수의 토지 사이에 사도가 있을 때에도 일괄매각이 활용될 필요가 있다. 그러나 **농지와 농지 아닌 토지**의 일괄매각은 허용되지 않는다.[2]

② 부동산을 매각할 경우에 그 위치 · 형태 · 이용관계 등을 고려하여 **다른 종류의 재산(금전채권은 제외)**을 그 부동산과 함께 일괄매각하게 하는 것이 알맞다고 인정하는 때는 일괄매각하도록 매각조건을 바꿀 수 있다(98조 2항). 공장의 건물 · 토지와 함께 설치기계류를 일괄매각하는 것이 예이다. 공장저당권의 목적이 되어 있지 아니하여도 유기적인 일체성 때문에 일괄매각하는 것이 사회경제적으로도 바람직할 때가 있다.[3] 甲은 토지 · 건물에 대한 일반근저당권자, 乙은 공장 및 광업재단저당법에 의한 동일 목적물에 후순위 공장저당권자일 때에 甲이 토지 · 건물에 경매신청하였다 하여도 乙의 공장저당 때문에 토지 · 건물과 거기에 설치된 기계 · 기구 등도 함께 일괄매각하여야 한다.[4]

이상 두 가지의 경우는 법원의 직권 또는 이해관계인의 신청에 의하여 결정으로 하는데(98조), **법률상 당연히** 일괄매각하여야 할 경우가 있다. 민법 제365조에 의한 토지와 건물,[5] 집합건물의 전유부분과 대지사용권(집합건물 20

---

1) 대법 1968. 12. 30, 68마1406; 동 2004. 11. 9, 2004마94.
2) 대법 2004. 11. 30, 2004마796. 농지와 농지 아닌 토지를 일괄하여 매각하게 되면 농지취득자격증명서를 받을 수 없는 사람은 매수신고를 할 수 없게 되어 매수희망자를 제한하게 된다는 이유에서이다.
3) 대법 1992. 8. 29, 92마576 참고.
4) 대법 2003. 2. 19, 2001마785.
5) 특별한 사유가 있으면 토지만의 경매신청도 가능하다는 것에, 대법 1977. 4. 26, 77다77.

조), 공장 및 광업재단 저당법에 의한 토지 · 건물 · 설치기계 · 가구 · 공장공용물 등이다. 따라서 이 경우에 이해관계인이 분리매각을 신청한다고 하여도 허가할 것이 아니다.

2) 일괄매각의 확대 (i) 신법은 위에서 본 두 가지 중 어느 하나의 요건을 갖추면 일괄매각 대상인 개개의 물건에 대한 ① 압류채권자나 소유자가 서로 다른 경우, ② 경매사건을 관할하는 집행기관이 서로 다른 경우, ③ 공동신청을 하지 않고 개별적으로 신청한 경우라 하더라도 일괄매각결정을 할 수 있도록 하였다(99조 2항). 이에 대비하여 제99조 2항, 3항은 일괄매각사건을 이송 및 병합으로 한 법원으로 모아 진행하는 절차를 규정하였다. 나아가 ④ 개개의 물건이 여러 군데에 산재하여 있어 각기 관할구역을 달리할 때에도 한 법원에서 일괄매각신청을 할 수 있도록 제100조는 관련재판적(민소 25조)의 특례를 규정하고 있다.

3) 일괄매각의 절차 (i) 일괄매각의 경우에 각 재산별로 매각대금액이나 집행비용을 특정할 필요가 있을 때에는[1] 각 재산에 대한 감정가의 비율로 최저매각가격의 비율을 정하고, 각 재산의 매각대금액은 총매각대금액을 각 재산의 최저매각가격의 비율에 의하여 안분한 금액으로 하였으며(101조 2항), **따로 배당표**를 작성하여 처리해야 한다.[2] 따라서 대지와 건물이 일괄매각된 경우 배당받을 채권자가 다른 때에는 각 부동산의 매각대금마다 구분하여 개별 배당재단을 형성하여 각 대금마다 따로 배당표를 작성하여야 한다.[3] 일괄매각절차에서 각 부동산별 매각대금의 안분을 잘못하여 정당한 배당액을 수령하지 못하였다면 그 사유도 배당이의사유가 될 수 있다.[4] 매각절차에서 각 재산의 대금액을 특정할 필요가 있는 경우인데도 이에 의하지 않고 일괄하여 최저매각가격을 결정한 때에는 배당실시가 불가능하게 되어 매각허가결정에 대한 항고이유가 된다.[5] 서로 다른 종류의 수개의 재산을 일괄매각하는 경우에 과잉매각이 되어서는 아니된다. 이를 **과잉매각금지의 원칙**(101조 3항)이라 하는

1) 예를 들면 각 부동산의 매각대금의 배당순위를 달리 하여야 할 경우, 대법 1999. 7. 27, 98다35020.
2) 대법 2003. 9. 5, 2001다66291.
3) 대법 2012. 3. 15, 2011다54587 참조.
4) 위 2011다54587.
5) 대법 1995. 3. 2, 94마1729.

데 뒤에서 본다.

(ii) 일괄매각의 결정은 매각목적물에 대한 매각기일 이전까지 할 수 있는데(98조 3항), 매각기일공고에 일괄매각한다는 취지를 적어야 하므로(규 56조 1항) 법원은 통상 일괄매각결정을 매각기일의 공고 이전에 하여 그 취지를 공고하는 것이 실무이다. 그러나 매각기일 공고 후에 일괄매각으로 변경한 경우에는 그 취지를 다시 공고할 필요는 없고, 집행관이 매각을 실시하면서 매수신고의 최고 전에 이를 고지하면 된다.[1] 일괄매각결정을 이해관계인에게 송달하지는 않는다.

V. 매각실시절차

이상 본 바와 같이 매각준비작업이 종료되고 매각조건이 정하여지면, 강제경매의 본래 목적인 매각이 실시된다. 자유경쟁의 원리와 fair play가 최대한 존중되어야 하는 영역이다. 부동산경매에서 그 절차가 적법하게 행해졌느냐 여부는 민소법 제158조를 준용하여 매각기일조서의 기재만이 증명자료가 된다.[2]

1. 매각기일의 개시

매각기일은 집행관이 주재한다. 매각기일은 소위 경매법정에서 집행관의 개시선언, 즉 출석한 이해관계인과 매수희망자에 대하여 매각을 개시한다는 취지를 선언함에 따라 개시된다. 사법보좌관이 아닌 집행관이 입찰표의 제출을 최고하고 입찰마감시각과 개찰시각을 고시하면서 시작된다(규 65조 1항).

집행관은 기일입찰 또는 호가경매에 의하는 매각기일에 출석한 이해관계인과 매수희망자에게 매각물건명세서 · 현황조사서 · 감정평가서의 사본을 볼 수 있도록 하여야 한다(112조).[3] 집행관은 특별매각조건이 있으면 매수신청의 최고 전에 그 내용을 명확하게 고지하여야 한다(112조).

---

1) 주석 민사집행법(Ⅲ), 434면.
2) 대법 1994. 8. 22, 94마1121.
3) 구법에서는 집행기록을 열람할 수 있게 하였으나 기록의 분실위험과 업무처리의 번잡에 비하여 필요한 정보제공에 실효성이 적다고 하여 제도를 개선하였다.

2. 매각방법과 최고가매수신고

(1) 매각방법[1]

부동산의 매각은 집행법원이 정한 매각방법에 따른다(103조 1항). 매각방법에는 호가경매, 기일입찰, 기간입찰 등의 세 가지 방법이 있다.

1) **호가경매** 호가경매는 경매기일에 남의 매수신청가액을 알면서 그 가액을 서로 올려가는 방법으로 하는데, 집행관은 매수신청액 가운데 최고의 가격을 3회 부른 후 그 신청한 사람을 최고가매수신고인으로 정한다(규 72조 1항·3항). 고전적인 매각방법이다.

2) **기일입찰** 기일입찰은 매각기일 당일에 출석한 자에게 입찰표를 집행관에게 제출하게 하고 입찰을 한 사람의 참여하에 입찰표를 개봉하는 방법으로 한다(규 62조 1항, 65조 2항). 그 날에 입찰받아 그 날에 개봉하므로 기일입찰이라 한다. 호가경매와 달리 타인이 제출한 매수신청액을 비밀로 하는 방식이다. 입찰은 입찰법정에 비치하는 입찰표에 사건번호, 입찰자의 성명·주소, 입찰가격, 보증금액 등을 기재하고 날인하여 보증금 또는 보증서(지급보증위탁계약체결증명서)와 함께 입찰봉투에 넣어 입찰함에 투입하는 방법으로 한다. 2인 이상이 공동입찰할 때에는 입찰표에 각자의 지분을 분명하게 표시하여야 한다(규 62조 5항, 64조).

입찰표의 제출을 최고한 후 1시간이 지나지 아니하면 입찰을 마감하지 못한다(규 65조 1항). 대리입찰이 허용된다. 변호사만이 아니라 법무사·공인중개사의 대리도 가능하다(법무사 2조 5호; 공인중개사법 14조 2항). 그러나 동일 물건에 대하여 A가 입찰자 甲을 대리하여 입찰참가하고 乙도 대리입찰하였다면 그러한 대리인이 한 입찰은 쌍방대리가 되므로 무효이다.[2] 입찰서의 형식준수가 요구되므로, 입찰가액이 일의적으로 명확하다고 인정할 수 없을 때에는 그 입찰서에 의한 입찰은 무효라고 할 것이다.[3]

---

1) 비싸게 팔고 저렴하게 사자는 욕구는 법원경매나 공매 또는 경쟁입찰인 일반경매에서 모두 같다. 일반경매에는 사는 사람끼리의 경쟁매수가 있고, 파는 사람끼리의 경쟁매도가 있다. 한전 땅을 현대차가 10조원에 산 것이 세계최고가 부동산의 매수가격이 된 예가 있는가 하면, 한강다리건설을 10원에 낙찰받은 흥화공작소의 예도 있다. Amazon, Ebay bidding도 그 예이다.

2) 대법 2004. 2. 13, 2003마44.

3) 일본최고재 평성15(2003). 11. 11. 판결. 법인등기사항증명서가 아닌 법인인감증명서만 제출하

3) 기간입찰 기간입찰은 특정한 매각기일에 입찰을 실시하는 기일입찰과 달리 일정한 입찰기간을 정하여 그 기간 내에 입찰표를 직접 또는 등기우편으로 법원에 제출하게 하면서 법원이 정한 최저매각가격의 1할을 법원의 은행계좌에 납입한 뒤 그 입금표를 입찰표에 첨부하게 하거나 또는 보증서를 첨부하게 한다(규 70조). 입찰기간 종료 후 일정한 날짜 안에 별도로 정한 매각(개찰)기일에 개찰을 실시하여 최고가매수신고인·차순위매수신고인을 정하고(일정기간 후 개찰), 매각결정기일에 매각허가결정을 하는 매각방법에 의한다.[1] 기간입찰에서 **입찰기간**은 1주 이상 1월 이하의 범위 안에서 정하고, 매각(개찰)기일은 입찰기간이 끝난 후 1주일 안의 날로 정하여야 한다(규 68조).

기간입찰의 장점으로는, ① 다른 사람의 매수신청 유무 및 그 신청액을 인식 또는 추측하는 데서 야기되는 경매브로커의 횡포를 봉쇄할 수 있는 점, ② 일반인이 널리 경매에 참여함으로써 고액 매각을 기대할 수 있는 점, ③ 매각장소의 질서유지가 상대적으로 용이한 점(아파트 등 대규모 집합건물의 경매시에 발생하는 각종 입찰방해행위에 대하여 우편입찰을 실시함으로써 이를 피할 수 있다) 등을 들 수 있다. 이에 반해 단점으로는, ① 입찰기간 동안 입찰표를 제출받아 매각(개찰)기일까지 보관·관리하는 등의 절차가 복잡한 점, ② 집행관 및 출납공무원의 업무가 증가하는 점, ③ 보관금 취급점이나 보증기관에 의하여 입찰정보가 누설될 수 있는 점 등이다. 기간입찰제도는 2004년 9월부터 시행되고 있다.

자산관리공사(KAMCO)의 공매는 인터넷공매사이트인 온비드(www.onbid.co.kr) 프로그램(Internet으로 공매물건검색, 공인인증서와 입찰서 제출, 낙찰자 결정)을 통해 기일입찰 또는 기간입찰로 한다. 법원경매도 뒤따라야 할 것이다. 독일도 유체동산에는 2009. 5. 8.부터 global의 Internet 경매가 시행되고 있다. 세계 어느 장소, 어느 시간에도 응찰할 수 있는 장점이 있다.

4) 1기일 2회 경매·입찰 호가경매 또는 기일입찰에 의한 매각기일에서 유찰되는 때에는 즉시 매각기일의 마감을 취소하고 최저매각가격의 저감 없이 그 날 즉시 제2회의 매각을 시도할 수 있다(115조 4항). 절차의 신속을 위

여 대표자의 자격을 확인할 수 없는 법인을 개찰에서 제외한 것은 정당하다는 것에, 대법 2014. 9. 16, 2014마682.

1) 법원실무제요, 민사집행(Ⅱ), 223면 이하.

해서이다. 그러나 3회 경매·입찰까지는 허용되지 아니한다(115조 5항). 기간입찰에서는 허용될 수 없다.

(2) 최고가매수신고인의 결정

기일입찰 및 기간입찰 모두 입찰표를 개봉할 때에는 입찰자의 이름 및 입찰가격을 불러야 한다. 최고의 가격으로 매수신고를 한 자를 최고가매수신고인으로 정한다(규 65조 3항, 66조, 71조). 최고가매수신고인이 있음에도 집행관이 그의 이름과 가격을 부르고 매각의 종결을 고지하는 절차를 취함이 없이 추가입찰을 실시하면 직권 매각불허가사유가 된다.[1] 최고가매수신고인이 입찰표와 함께 집행관에게 제출한 보증이 법정매각조건인 최저매각가격의 1/10에 미달한 경우에는 그 입찰표를 무효로 처리하고 차순위입찰자를 최고가매수인으로 정하여야 한다.[2] **최고가입찰자**가 2인 이상인 경우에는 그 입찰자만을 대상으로 추가입찰을 한다. 최고가매수신고인·차순위매수신고인을 제외한 다른 매수신고인의 신청보증금은 입찰절차가 종결되는 즉시 반환한다(115조).

부동산입찰절차에서 수인이 **공동입찰한 경우** 공동입찰인에 대하여 일괄하여 그 매각허가여부를 결정해야 하고 공동입찰인 중의 일부에 매각불허가사유가 있으면 전원에 대하여 매각불허를 하여야 한다.[3] 최고가매수신고인·차순위매수신고인은 대한민국에 주소 등이 없는 때에는 대한민국 안에 송달·통지를 받을 장소와 영수인을 정하여 법원에 신고하여야 하고,[4] 신고를 하지 아니하면 법원은 그에 대하여 송달·통지를 아니할 수 있다(118조).

(3) 차순위매수신고

최고가매수신고인 외의 매수신고인은 **매각기일을 마칠 때까지** 집행관에게 최고가매수신고인이 대금지급기한까지 그 의무를 이행하지 아니하면 자기의 매수신고에 대하여 매각을 허가하여 달라는 취지의 차순위매수신고를 할 수 있다(114조 1항). 차순위매수신고인은 최고가매수신고액에서 그 보증금을 공제한 금액을 넘는 금액으로 응찰한 자로서 차순위매수신고를 한 자를 말한

1) 대법 2000. 3. 28, 2000마724.
2) 대법 1998. 6. 5, 98마626.
3) 대법 2001. 7. 16, 2001마1226.
4) 송달절차가 복잡하고 시간이 많이 걸리는 국외로 변경하여 신고하는 것은 허용할 수 없다는 것에, 대법 1993. 12. 17, 93재마8.

다.[1] 반드시 최고가매수신고인 그 다음 가격의 신고인에 한하지 아니한다.

최고가매수신고인이 대금지급기한까지 대금을 납부하지 아니하여 매각허가결정이 실효되는 경우에, 차순위매수신고인이 있을 때에는 집행법원은 차순위매수신고인에 대한 매각허부의 결정을 한다(137조). 매각허가결정의 실효에 대비한 예비매수신고인이며, 새 매각을 실시함으로써 초래되는 절차지연을 막기 위한 것이다. 매각허가결정이 실효되는 경우가 아니라, 최고가매수신고인에 대한 매각이 불허되는 경우는 그에게 매각허가결정을 하지 않고 새로 매각을 실시하여야 한다.[2] 흔히 「패자부활」이라고 하지만, 최고가매수인이 대금을 납부하지 아니하여 경매가 실효되는 물건이라면 경매이득을 기대할 수 없다고 보아 실제로 차순위매수신고인으로 나서는 경우가 많지 않은 것이 실정이다.

(4) 공유물지분권자 등에 대한 특칙 — 우선매수권

1) 부동산 공유물지분에 대한 경매

① 채무자의 지분에 대한 경매개시결정의 기입등기를 하고 다른 공유자에게 통지를 하여야 하며,[3] 최저매각가격은 공유물 전부의 평가액을 기본으로 채무자의 지분에 관하여 정하여야 한다(139조). 다른 공유자는 매각기일까지 최저매각가격의 1/10의 보증을 제공하고 최고매수신고가격과 같은 가격으로 채무자의 지분에 대한 **우선매수신고**를 할 수 있으며, 법원은 최고가매수신고인이 있어도 그 공유자에게 매각허가를 해야 한다(140조 1항, 2항). 공유자가 우선매수권을 행사한 경우에 최고가입찰자는 더 높은 입찰가격을 제시할 수 없다.[4] **공유자의 우선매수권**을 행사하여 매수하게 되면 최고가매수신고인은 차순위매수신고인으로 된다(140조 4항). 이 경우에는 자기를 차순위매수신고인으로 정하여 달라는 별도의 신고를 할 필요는 없다. 2인 이상의 공유자가 우선매수권을 행사한 경우 공유자간에 매수할 지분을 협의하였다면 그에 따르고, 그러한 협의가 없는 때에는 경매되는 지분을 공유자가 가지고 있는 지분의 비율에 따라 매수하게 하여야 한다(140조 3항).

---

1) 예를 들면 최고가매수신고액이 8억원일 경우에 이 8억원에서 보증금액 7,000만원(최저매각가격이 7억원일 경우)을 뺀 7억 3,000만원을 초과하는 매수신고인을 말한다.

2) 대법 2011. 2. 15, 2010마1793.

3) 매각기일을 통지받지 못한 경우에는 이해관계인으로서 그 절차상의 하자를 들어 항고할 수 있다는 것에, 대법 1998. 3. 4, 97마962.

4) 대법 2004. 10. 14, 2004마581.

이것이 공유자의 우선매수권인데, 말하자면 일종의 연고권을 인정한 것이다. 이러한 특칙은 공유지분의 경매에 국한하므로 공유물전부에 대한 경매에서는 적용의 여지가 없고, 또 경매신청을 받은 당해 공유자는 우선매수권을 행사할 수 없다.[1] 여러 개의 부동산을 일괄매각하기로 결정한 경우에 그 일부 부동산에 대한 공유자는 전체에 대하여 공유자의 우선매수권을 행사할 수 없다.[2] 또 공유물분할판결에 의한 가격분할의 경우에는 우선매수가 적용되지 아니한다(뒤의 「형식적 경매」 참조).[3]

② **우선매수권의 남용과 개선방안** 입찰절차에서 일반인은 매수신청의 보증을 입찰표와 함께 제출하여야 한다(규 64조, 70조). 민사집행법 제140조 제1항은 "공유자는 매각기일까지 제113조에 따른 보증을 제공하고 최고매수신고가격과 같은 가격으로 채무자의 지분을 우선매수하겠다는 신고를 할 수 있다"고 규정하고 있다. 그런데 민사집행규칙 제76조 1항은 "법 제140조 제1항의 규정에 따른 우선매수의 신고는 집행관이 매각기일을 종결한다는 고지를 하기 전까지 할 수 있다"고 규정하였다. 즉 공유자는 입찰마감시까지가 아니라 입찰종결선언을 하기 전까지 보증금을 제공하고 우선매수권을 행사할 수 있다는 것이다.[4]

공유자의 우선매수권 남용은 민사집행규칙 제76조 제1항에서 비롯된 것이 많다. 공유자가 경매기일 전에 보증금의 제출 없이 우선매수신고의 뜻을 밝혀 경매기록에 반영시킴으로써[5] 매수희망자의 접근을 어렵게 하고서는 자신이 용인할 수 있는 금액으로 최고가 매수신고가 되면 보증금을 제공하고, 응찰자가 없으면 보증금을 제공하지 아니하여 유찰되게 만든다(이때 보증금의 불제공이 우선매수권의 포기는 아님). 이러한 방식으로 유찰을 반복하게 만들어 저가매각을 유도하는 일이 실무상 종종 있다.

공유자의 우선매수권을 폐지하자는 견해[6]도 있고, 논의할 단계가 되었다

1) 대법 2008. 7. 8, 2008마693 · 694.
2) 대법 2006. 3. 13, 2005마1078.
3) 대법 1991. 12. 16, 91마239.
4) 대법 2002. 6. 17, 2002마234 등.
5) 공유자의 우선매수신고가 제출되면 집행법원은 경매기록 표지에 이를 표시하여 통지 등의 누락이 없도록 유의하는 것이 실무이다.
6) 김상수, "민사집행의 시행과 부동산경매", 민사소송 제12권 제1호, 347면; 정영환/최광선, "공유자 우선매수권 제도의 문제점과 개선방안", 민사집행법연구 제13권, 158~159면. 이형구, "민사집행법상의 공유자 우선매수권에 관한 소고", 민사집행법연구 제4권, 85면.

고 볼 것이다. 다만, 이를 존치하더라도 일반인은 입찰표 제출시 보증금을 함께 제출하여야 하는데 공유자만 입찰종결선언을 하기 전까지 보증금을 제공하면 되게 한 규칙 제76조 1항의 개정은 시급하다. 입법적인 해결이 근본적일 것이나 그 전이라도 해석론에 의하여 또는 실무의 개선으로 공유자 우선매수권의 오남용을 방지할 필요가 있다. 입법적 개선방안으로서는 우선매수권의 행사시한을 매각기일 전까지로 명확히 하는 방안, 우선매수권을 행사하는 횟수를 1회로 제한하면서 매수금액의 범위를 정하게 하는 방안, 보증의 제공을 우선매수권 행사의 적법요건으로 규정하는 방안 등이 제안되는데 공감이 된다.[1)]

법원에 따라서는 특별매각조건으로 우선매수권행사의 횟수를 제한하거나 첫 경매기일에 한정하여 행사할 수 있도록 하고 있는데 타당한 조치이다. 대법 2011. 8. 26, 2008마637는 공유자가 여러 차례 보증금을 납부하지 않는 방법으로 일반인들의 매수신고를 꺼릴 만한 상황을 만들어 놓은 뒤, 다른 매수신고인이 없을 때는 보증금을 납부하지 않는 방법으로 유찰이 되게 하였다가 다른 매수신고인이 나타나면 보증금을 납부하여 자신에게 매각을 허가하도록 하는 것은 제121조 4호, 제108조 2호의「매각의 적정한 실시를 방해한 사람」에 해당되어 매각불허가사유로 보았다.

2) 임대주택법상의 부도임대주택 임차인의 우선매수 이에 대하여도 공유자와 마찬가지로 우선매수권을 인정하였다(민간임대주택에 관한 특별법 부칙 제3조, 구 임대주택법 22조).[2)] 무단전차인은 우선매수권이 없다.[3)]

특칙·특혜의 확대는 경쟁의 원리를 중시하는 집행법의 이념과 쉽게 양립되지 아니하는 것이어서 문제가 있다. 상속세 문제 때문에 가족간에 사전증여로 부동산 공유화 경향이 성행하는 현실에서 더욱 그러하다. 일본법이나 독일법에서는 지분권자에게 우선매수권과 같은 특혜는 없다. 특혜 있는 곳에 부패가 따라간다는 것을 간과해서는 아니될 것이다.

3. 매각장소와 그 질서유지

매각기일은 법원 안에서 진행하여야 함이 원칙이나 집행관은 집행법원의

1) 정영환/최광선, 위 논문, 153~157면.
2) 이에 관한 상세는, 손흥수, "임대주택법에 기한 임차인의 우선매수청구권에 관한 실무상의 제문제", 민사집행법연구 제3권, 153면 이하.
3) 대법 2011. 8. 26, 2008마637.

허가를 얻어 다른 장소에서 매각기일을 진행할 수 있다(107조). 매각장소에서 질서유지를 하여 자유로운 매수신고를 보장해주기 위하여 집행관은 다른 사람의 매각의 적정한 실시를 방해하거나[1] 부당하게 담합행위를 하는 자 등을 배제할 권한을 갖는다(108조). 배제하지 아니하였으면 매각불허가사유가 된다(121조 4호). 대법원은 입찰방해죄는 위계 또는 위력 기타의 방법으로 입찰의 공정을 해하는 경우에 성립하고, 여기서 '입찰의 공정을 해하는 행위'란 공정한 자유경쟁을 방해할 염려가 있는 상태를 발생시키는 것으로서, 그 행위에는 적정한 가격형성에 부당한 영향을 주는 것뿐 아니라 적법하고 공정한 경쟁방법을 해하거나 공정한 경쟁구도의 형성을 저해하는 행위도 포함된다고 하였다.[2]

4. 매수신청

(1) 매수신청인의 능력과 자격

매수신청은 사법상의 매매의 **매수청약**으로 볼 것이므로 원칙적으로 민법 규정이 적용된다고 할 것이다. 따라서 매각과정에 민법상의 무효·취소사유가 있으면 최고가·차순위매수신고인은 이를 이유로 매각불허사유로 주장할 수 있다. 매수신청인은 자연인이든 법인이든 상관없다. 종중, 사찰, 교회 등과 같은 당사자능력이 인정되는 비법인사단·재단도 매수신청을 할 수 있다(민소 52조, 부등 26조).[3] 미성년자·피성년후견인은 대리행위에 의하지 아니하면 매수신청을 할 수 없다. 피한정후견인의 경우 부동산의 매수가 한정후견인의 동의를 받을 사항으로 되었으면, 마찬가지로 대리행위에 의할 것이다(민소 55조 2항).

채무자와 집행관·감정인 및 그 친족은 매수신청을 할 수 없다(규 59조; 집행 15조, 미국은 압류채무자가 빚을 못 갚아도 현시세대로 살 수 있도록 규제완화). 집행법원의 법관, 사법보좌관, 참여사무관 등은 민사소송법의 제척, 기피조항(민소 41

1) 대법 2011. 8. 26, 2008마637.

2) 대법 2009. 5. 14, 2008도11361; 동 2015. 8. 27, 2015도9352; 동 2023. 12. 21, 2023도10254(피고인이 임의경매절차가 개시되자 낙찰받을 의사 없이 최고가매수신고인으로 매각허가결정만 받고 매각대금을 납부하지 않는 방법으로 경매부동산이 낙찰되지 않게 하기 위하여 제3자 명의로 14회에 걸쳐 감정가보다 매우 높은 금액에 입찰하게 하여 매각허가결정을 받은 후 매각대금을 납부하지 않은 사안).

3) 주석 민사집행법(Ⅱ), 549면. 이순신 장군의 종택을 덕수이씨 종중에서 매수한 사례가 있다. 다만 비법인사단·재단이 매수신청을 하려면 정관(규약), 대표자(관리인)를 증명하는 서면, 사원총회의 결의서, 대표자(관리인)의 주소 및 주민등록번호를 증명하는 서면을 제출하여야 한다(부동산등기규칙 48조).

조 1호, 제50조)이 유추적용되어 매수신청이 금지된다.[1] 이들이 제3자를 내세워 신탁적으로 매수하면 제121조 3호의 매각허가이의사유가 된다. 부동산 실권리자명의 등기에 관한 법률 제4조에 의하여도 그 제3자의 소유권취득이 무효가 된다. 그러나 채무자의 친족·연대채무자·보증인은 매수신청할 수 없는 채무자에 포함되지 않는다. 경매목적물을 취득하는데 **관청의 증명·허가**를 필요로 하는 경우(예컨대 농지취득자격증명)은 매수신청시에 증명할 필요는 없으나 매각허가결정시까지[2] 자격증명을 제출하여야 한다. 미제출시에는 직권으로 매각불허가결정을 한다(공매의 경우처럼 매각불허사항보다 뒤에 소유권취득의 등기요건으로 하는 것이 옳다고 본다). 다만 토지거래허가구역 내의 토지라도 경매목적물이 되는 경우에는 매각허가결정에 앞서 국토의 계획 및 이용에 관한 법률 제118조의 허가를 필요로 하지 아니한다(동법 121조 2항). 이른바 투기지역에도 경매가 활성화되는 것은 이 까닭이다.

(2) 매수신청의 보증

매수신고인은 **최저매각가격**의 1/10의 보증금액(현금 또는 금융기관 발행의 자기앞수표)을 집행관에게 제공하여야 한다(113조; 규 63조). 현금·자기앞수표가 아닌 보증서로 갈음할 수 있다(규 64조). 일본은 우리와 달리 2/10의 보증을 제공하도록 하였다. 다만 한국자산관리공사(KAMCO)가 금융기관의 대리인으로서 매수신고하는 경우에는 공사의 **지급확약서**를 담보로 제공함으로써 보증의 제공에 갈음할 수 있다(한국자산관리공사법 45조).

(3) 새 매각기일

허가할 매수가격 즉 **최저매각가격** 이상의 신고가 없어 매각기일이 최종적으로 마감된 때(유찰, 流札)에는 새 매각기일을 정하여 진행하여야 한다(119조).[3] 매수인이 결정되지 않아 다시 실시한다는 점에서 매각허가결정이 확정

---

1) 주석 민사집행법(Ⅱ), 554면.

2) 대법 1999. 2. 23, 98마2604. 항고심 계속중 농지취득자격증명이 제출된 경우는 항고법원은 이를 고려하여 매각허가결정의 당부를 판단하여야 한다는 것에, 대법 2004. 2. 25, 2002마4061. 그러나 재항고심은 법률심으로서 사후심이므로 재항고사건 계속 중에 농지취득자격증명을 제출한 것은 고려사유가 될 수 없다(대법 2007. 6. 29, 2007마258).

3) 새 매각을 하여야 할 경우로는, 본조의 경우 외에도, ① 집행법원이 제121조 소정의 매각허가에 대한 이의신청사유가 있음을 이유로 매각 불허가를 하거나(125조 1항) 매각허가결정이 항고심에서 취소된 경우(132조), ② 매수가격의 신고 후 또는 매각허가결정의 확정 후에 천재지변 그 밖에 자기가 책임질 수 없는 사유로 부동산이 현저하게 훼손되거나 부동산에 관한

된 뒤에 매수인이 된 자가 대금을 지급하지 않았기 때문에 실시되는 재매각(138조)과 구별된다.

이때에는 제91조의 규정(잉여주의)에 어긋나지 아니하는 한도에서 최저매각가격을 상당히 낮추고 새 매각기일을 정하여야 한다. 낮추는 정도는 법원의 재량이나 현재 실무는 20~30% 정도로 낮추고 있다.[1] 낮추어도 매각대금으로 부동산상의 부담을 변제하는데 부족하지 아니한 한도까지이다. 계속 낮춘 결과 압류채권자에 우선하는 부동산상의 부담과 절차비용을 변제하고 남을 것이 없게 될 때에는 제102조에 의하여 경매취소에 이를 수 있다. 파산적 청산까지도 상정할 수 있다. 유찰이 잦은 부동산은 권리관계 또는 물건 자체에 문제가 있다고 보아 조심하여야 한다고 말한다. 일본법은 3회 입찰기일을 열어도 매수인이 나타나지 않을 경우에는 경매절차를 정지할 수 있도록 했고(일법 68조의 3), 압류채권자에게 이를 통지한다(통지받은 압류채권자의 매수신청이 없으면 절차취소－소위 3진out제). 입법론적으로 참작할 바 있다. 최저매각가격의 저감결정에 대해서는 불복할 수 없다.[2] 그러나 판례는 합리적이고 객관적인 타당성을 갖추지 못할 정도로 과도하게 가격을 낮춘 최저매각가격의 저감은 위법하여 무효라고 했다.[3] 최저매각가격 이상의 신고가 없을 때에 새 매각기일을 정하는 것이 통례이지만, 매각불허가 때문에 새 매각기일을 직권으로 정하는 경우가 있는데(125조 1항, 132조), 이때는 최저매각가격을 낮출 수 없다.[4]

5. 매각결정절차

집행관에 의한 매각실시가 끝난 뒤에는 그로부터 1주일 내로 정해진 매각결정기일에 매각허부를 결정한다. 매각결정절차는 법원 내에서 하여야 한다(109조 2항). 매각기일에 결정된 최고가매수신고인에게 매각을 허가할 것인지 여부에 대하여 이해관계인으로부터 진술(이의신청)을 듣고 법이 정한 이의사유가 있는지를 조사하는 순서로 진행한다. 최고가매수신고인은 매각허가결정을

중대한 권리관계가 변동된 사실이 밝혀져 매각불허가결정을 하거나 매수인의 신청에 의하여 매각허가결정을 취소한 경우(125조 2항, 127조, 134조) 등이 있다.

1) 법원실무제요, 민사집행(Ⅱ), 261면. 1회에 30%를 낮추었다고 하여 위법이 아니라는 것이 판례이다(대법 1964. 4. 14, 64마130).

2) 대법 1971. 7. 19, 71마215.

3) 대법 1994. 8. 27, 94마1171.

4) 대법 1969. 9. 23, 69마544; 동 1994. 11. 30, 94마1673; 동 2000. 8. 16, 99마5148.

받아야 매수인이 된다.

(1) 매각결정기일에서의 진술 — 이의신청

1) 매각허가·불허가 결정의 선고에 앞서 법원은 매각결정기일의 통지를 받고 출석한 **이해관계인**에게 매각허가에 관한 의견을 진술하게 하여야 한다(120조 1항). 매각허가에 대한 이의는 매각허가가 있을 때까지 신청하여야 한다(120조 2항). 이해관계인의 이의가 받아들여지지 아니한 경우에는 매각허가결정에 대한 즉시항고를 할 수 있을 뿐, 이의가 받아들여지지 아니한 데 대하여 따로 불복항고를 할 수는 없다.[1] 개시결정에서 매각허가까지 전과정의 적법여부를 가리는 매각허부의 결정은 집행법원의 직권조사사항이지만, 이의신청은 그 직권발동을 촉구하는 기회를 제공해 준다.

2) **이의신청인**은 제90조의 이해관계인 이외에 최고가매수신고인, 차순위매수신고인 또는 자기에게 매각을 허가할 것을 구하는 매수신고인이다(129조 2항 참조). 전의 매수인은 재매각을 실시하는 경우의 매각결정기일에서 의견을 진술할 이해관계인이 될 수 없다.[2]

3) 이의신청인의 진술은 매각결정기일에 출석하여 구술로 하여야 함이 원칙이나, 서면으로 의견을 제출하여도 무방하다. 이의는 이의신청자인 **이해관계인 자신의 권리**에 관한 이의사유이어야 하고, 다른 이해관계인의 권리에 관한 이유로 이의신청할 수 없다(122조). 이해관계인 자신의 권리가 침해되지 아니한 경우라면 '남의 일'로 이의할 수 없다는 것으로서,[3] 이를 **이의의 제한**이라 한다. 예컨대, 잉여주의(102조)는 압류채권자나 우선채권자의 보호를 위한 것이므로 채무자 또는 소유자는 잉여주의를 어겼다는 것을 이유로 이의를 할 수 없고,[4] 다른 이해관계인에게 매각기일의 통지가 없었음을 이유로 이의신청할 수 없으며,[5] 법정매각조건의 변경에 합의한 이해관계인이 다른 이해관계인의 합의가 없다는 것을 이유로 이의를 할 수 없다. 또한 판례는 채권자에 대한 송달의 흠을 이유로 채무자나 소유자가 이의를 할 수 없고,[6] 임대차관계를 매

1) 대법 1983. 7. 1, 83그18.

2) 만일에 그가 재매각을 실시하는 것이 부당하다고 생각한다면 집행법원의 재매각명령에 대하여 제16조의 집행이의신청을 할 것이다.

3) 대법 1997. 6. 10, 97마814.

4) 대법 1984. 6. 19, 84마238; 동 1986. 11. 29, 86마761; 동 1987. 10. 30, 87마861.

5) 대법 1992. 1. 30, 91마728; 동 1997. 6. 10, 97마814.

6) 대법 1962. 2. 28, 4294민재항640; 동 1990. 11. 10, 90마592(다른 이해관계인에 대한 경매개

각기일공고에 게재하지 아니하였더라도 채무자가 그것을 이유로 매각허가에 대한 이의를 할 수 없다[1]고 하는데 본조의 취지에 의한 것이다. 다만 공익적 규정을 어긴 경우에는(예: 집행권원의 부존재, 직분관할의 위반 등) 이의제한규정이 적용되지 아니한다. 매각결정기일에 출석하여 이의하는 예는 실무상 거의 없고 주로 서면에 의한다.

(2) 이의신청사유

제121조는 **매각허가에 대한 이의신청사유**(실제로는 매각불허가사유)로 7가지를 규정하고 있는데(121조, 123조), 이는 예시가 아니고 **제한적 · 열거적**인 것이다. 제121조 및 제124조 1항(과잉매각)에 규정된 사유가 아닌 다른 사유로는 매각을 불허할 수 없다.[2] 여기에는 매각허가를 함에 있어서 채권자 · 채무자 · 매수인의 보호, 자유경쟁의 원리 그리고 페어플레이 정신 등의 관철의지가 배어 있다.

1) 강제집행을 허가 · 속행할 수 없을 때(1호) 직권매각불허의 사유이다. **강제집행을 허가할 수 없을 때**라 함은 강제집행의 적법요건의 흠(사망자의 경매신청 등), 집행요건인 집행권원이나 집행문의 흠,[3] 법률상 양도금지 · 압류금지부동산[4]에 대한 집행, 집행개시요건의 흠,[5] 경매신청요건의 흠을 말한다. **강제집행을 속행할 수 없을 때**라 함은 집행 중에 생긴 사유로서, 집행장애사유 즉 채무자에 대한 도산절차의 개시, 제49조의 집행정지 · 취소사유의 존재,[6] 잉여주의 위반의 절차진행,[7] 경매신청의 취하[8] 등의 경우이다. 경매개시결정의 채무자에 대한 불송달,[9] 매각기일의 이해관계인에 대한 통지의 누락,[10] 공유지분매각에 있어서 공유자 통지의 누락[11]도 해당된다. 그러나 임의경매에

시결정의 송달이 없었다는 이유로는 항고하지 못한다).

1) 대법 1980. 4. 25, 80마148; 동 1991. 2. 27, 91마18.

2) 대법 2010. 2. 16, 2009마2252.

3) 대법 1961. 11. 8, 4294민재항567.

4) 대법 1966. 8. 12, 66마425.

5) 확정기한의 미도래 등. 대법 1961. 12. 19, 4294민재항617.

6) 집행유예 승낙증서의 제출(대법 1960. 11. 30, 4293민재항298), 변제증서의 제출(대법 1965. 8. 26, 65마797 등), 제49조 1호의 강제집행의 정지를 명하는 취지를 적은 집행력있는 재판의 정본제출(대법 2009. 3. 12, 2008마1855).

7) 대법 1995. 12. 1, 95마1143.

8) 대법 1958. 8. 15, 4290민재항136.

9) 대법 1997. 6. 10, 97마814; 동 1991. 12. 16, 91마239.

10) 대법 1999. 11. 15, 99마5256; 동 2000. 1. 31, 99마7663.

11) 대법 2007. 12. 27, 2005다62747.

서는 경매개시전 또는 진행중에 채무자나 소유자의 사망 후에 절차를 속행하여도 이에 해당되지 아니한다.[1)]

부동산임의경매에서 담보권의 부존재·소멸, 피담보채권의 불발생·소멸·이행기의 연기[2)] 등 **실체상의 하자**는 본호의 불허사유로 보지만,[3)] 강제경매에서는 집행채권의 부존재·소멸·이행기의 연기 등과 같은 **실체상의 하자**는 청구이의의 사유(44조)가 될 뿐 매각불허가사유가 되지 않는다. 경매부동산이 채무자의 소유가 아니라는 것은 여기에 해당하지 아니하고[4)] 제3자이의의 소 사유이다. 경매진행중에 채권자가 경매신청을 취하하기로 합의하였으나 아직 취하하지 않은 경우, 채무자는 제44조에 의한 청구이의의 소로써 다투어야 할 것이므로 본호의 이의사유가 아니다.[5)]

그러나 공과금 주관 공공기관에 최고(84조 4항)를 하지 않은 경우,[6)] 매각기일공고에 기재되지 않은 다른 집행관이 경매를 실시한 경우,[7)] 경매법원의 집행관에 대한 매각명령이 서면으로 작성되지 않은 경우,[8)] 매각명령서에 사법보좌관(판사)의 날인이 누락된 경우[9)] 등은 이의신청사유에 해당되지 않는다.

저가매각문제 국가가 마련한 공식적인 할인판매장이라 할 경매에서 수차례 유찰되다보니 감정가의 20% 정도에 매각되기도 하고, 전세보증금의 80~90%로 경매되는 경우도 있다고 한다. 그러나 아직 우리 실무에서는 매각가격이 **시가에 비하여 지나치게 저렴**하다는 것을 매각불허사유로 보지 아니하며[10)] 큰 문제로 삼지 아니한다. 그러나 독일에서는 다르다. 144,000DM짜리 토지인데 매수인이 인수할 토지채무가 약 20,000DM이지만 2,000DM에 매각허가결정된 사안에서 집행법원이 허가에 앞서 석명권에 의하여 경매신청을 취하할 것인지 그대로 유지할 것인지를 경매신청인에게 물어

---

1) 대법 1998. 12. 23, 98마2509·2510.
2) 매각기일의 연기에 관한 채권자와의 합의는 채권변제의 연기에 관한 합의로 볼 수 없으므로 본호의 이의사유에 해당하지 않는다(대법 1961. 1. 26, 4293민재항432).
3) 대법 1991. 1. 21, 90마946. 그러나 일본 최고재 평성13(2001). 4. 13. 판결은 경매개시결정에 대한 이의사유일 뿐이라고 한다.
4) 대법 1966. 8. 12, 66마425.
5) 대법 1996. 7. 26, 95다19072; 민일영, "청구이의의 소에 관한 실무상 문제점", 재판자료(35), 220~221면.
6) 대법 1959. 5. 19, 4292민재항2.
7) 대법 1961. 2. 24, 4293민재항473.
8) 대법 1961. 5. 30, 4294민재항221.
9) 대법 1962. 2. 1, 4294민준재4.
10) 대법 1964. 5. 20, 64마143.

보지 아니한 채 허가결정함은 기본법 제3조의 '객관적 자의'라고 보았다.[1] 독일의 부동산강제경매법(ZVG)에 의하면 최고가매수신고가격이 거래가격의 5/10에 미치지 못하면 경매불허사유로 되게 하였음은 이미 본 바이다. 일본법은 일단 매각기준가액(부동산표준가)을 정하고 여기에서 2/10을 하회하는 가액의 범위에서 입찰을 허용하는 매수가능가액제도를 채택하였다(일법 60조).

2) 최고가매수신고인의 매수무능력 · 무자격(2호) 「매수무능력」이란 미성년자[2] · 피성년후견인과 같이 독립하여 법률행위를 할 수 있는 능력이 없는 경우를 말한다. 피한정후견인은 부동산의 취득이 한정후견인의 동의를 얻어야 할 경우에 한하여 매수무능력자가 된다(민소 55조 2항). 「매수무자격」이란 법률의 규정에 의하여 매각부동산을 취득할 자격이 없거나 그 부동산을 취득하려면 관청의 증명이나 인허가를 받아야 할 경우를 말한다. 매수할 경제적 능력이 없음을 의미하지 않는다.[3]

매각목적물이 전 · 답 · 과수원 등 농지인 경우에 최고가매수신고인이 **매각결정기일**까지 소정의 농지취득자격증명서를 제출하지 못하면 매각불허사유가 된다[4](연기된 매각결정기일에 추완이 되면 관계없다). 매도나 담보제공에 주무관청의 허가를 필요로 하는 학교법인[5] · 사회복지법인[6] · 전통사찰 · 의료법인 등의 기본재산이 매각목적물이 되었을 때에도 마찬가지이다.[7] 다만 매각허가결정시까지 하자를 보완하면 이의사유가 되지 아니한다.[8] 채무자,[9] 집행관(사법보좌관 포함), 감정인(규 59조)은 물론 재매각에서 전의 매수인[10]도 매수무자격자이다. 최고가매수신고인의 경매담당공무원에 대한 **뇌물공여**는 부동산을 취득할

1) BverfGE 42, 64ff. 이 판례의 소개는 헌법재판자료집 제12권, 123면 이하.
2) 대법 1968. 2. 8, 67마1351.
3) 대법 2004. 11. 9, 2004마94; 동 2009. 10. 5, 2009마1302.
4) 그러나 경매목적 토지가 농지라도 사실상 대지화되어 농경지로 사용하고 있지 아니하며 객관적인 형상이 농지법 적용대상인 농지가 아니라면 예외이다(대법 1987. 1. 15, 86마1095). 국세체납처분에 의한 공매의 경우에는 자격증명을 필요로 하지 아니한다.
5) 해산된 학교법인의 기본재산 처분시에도 주무관청의 허가를 요한다(대법 2010. 4. 8, 2009다93329).
6) 사회복지법인의 기본재산에 관한 낙찰에 주무관청의 허가가 없는 경우에 그 소유권이 낙찰자에게 이전되지 아니한다는 것에, 대법 2003. 9. 26, 2002마4353.
7) 대법 2002. 1. 21, 2001마6076(어업권의 경우).
8) 대법 1968. 2. 22, 67마169.
9) 대법 2009. 10. 5, 2009마1302.
10) 대법 1978. 8. 30, 78마215.

능력이 없는 경우에 해당하여 여기의 매각불허가사유가 된다.[1)]

3) **매수자격이 없는 자가 다른 사람을 시켜 최고가매수신고를 한 때**(3호) 제2호의 매수무자격자가 자기의 계산으로 타인 명의를 빌려 하는 신탁적 매수의 경우이다. 법령상의 매수자격제한에 대한 탈법을 방지하기 위한 것이다. 매수자격제한의 탈법목적이 아닌 타인명의의 신탁적 매수 즉 차명매수의 경우, 판례는 매각대금을 실질적으로 부담하는 자가 누구인가 상관 없이 대외적으로는 물론 대내적으로 그 명의인이 소유권을 취득한다고 하였다.[2)] 그러나 이때 소유권취득자와 매수대금의 부담자 사이에 명의신탁관계가 성립되어 부동산 실권리자명의 등기에 관한 법률 이른바 부동산실명법 제4조의 위반으로 탈법적 매수가 된다 할 것이므로, 매각불허사유로 유추해석하는 것이 옳을 것이다. 팀을 구성한 후 공동투자목적으로 그 중 한 사람을 매수신고인으로 하였을 때에는 나머지 구성원과는 조합적인 손익분담의 관계로 볼 수 있을 것이므로 신탁적 매수의 문제까지로 볼 수는 없을 것이다.

4) **최고가매수신고인·그 대리인 또는 최고가매수신고인을 내세워 매수신고를 한 사람이 제108조 각호 중 어느 하나에 해당되는 때**(4호) 경매절차에 부당관여한 악질업자 등을 매각허가에서 배제하려는 취지로서 부정경쟁방지의 목적이다. 명문의 규정은 없으나, 제108조 1호 내지 3호의 행위는 당해 경매사건의 매각절차에서 행하여진 경우에 한한다고 보아야 할 것이다(일법 71조 4호 참조). 다만, 제108조 4호에 관해서는 이와 달리 당해 절차에서의 행위로 유죄판결을 받을 것을 요하지 않는다. 경매브로커, 조폭이 발호하던 시대에는 문제되던 사유이나, 경매가 대중화된 지금은 사정이 다소 달라졌다. 그러나 공유자의 우선매수권제도를 남용하여 유찰되게 하였다가 최저매각가격이 저감된 매각기일에 다른 매수신고인이 나타나면 그때 비로소 매수신청보증금을 납부하여 공유자에게 매각하도록 하는 것은 제108조 2호의 「최고가매수신고인이 매각의 적정한 실시를 방해한 사람」에 해당되어 매각불허가사유가 됨은 앞서 본 바이다.[3)]

---

1) 대법 1985. 2. 8, 84마카31.
2) 대법 2002. 3. 15, 2000다7011·7028; 동 2010. 11. 25, 2009두19564; 동 2009. 9. 10, 2006다73102.
3) 대법 2011. 8. 26, 2008마637.

5) 최저매각가격의 결정, 일괄매각의 결정 또는 매각물건명세서의 작성에 중대한 흠(5호) ① 적정한 가격형성에 현저한 영향을 준 경우, 예를 들면, 경매목적물인 건물용도를 착각하였을 뿐 아니라 그 면적을 무려 $100m^2$나 적게 잡아 평가한 감정평가보고서를 토대로 최저매각가격을 결정한 경우,[1] 경매부동산에 설정된 근저당권의 채권최고액이 감정평가액의 수배에 달하는데도 그 평가액을 토대로 최저매각가격을 결정한 경우[2] 등이 최저매각가격의 결정에 중대한 흠이 있는 경우의 예시이다. 단순히 감정인의 평가액과 이에 의한 최저매각가격이 매우 저렴하다는 사유는 매각허가에 대한 이의사유가 될 수 없으나, 평가액이 일반평가기준에 현저하게 반하여 사회통념상 현저하게 부당하다고 인정하는 때에는 최저매각가격의 결정에 중대한 흠이 된다.[3] 그러나 근린생활시설인 매각목적물을 업무시설로 잘못 적용하여 가격평가를 한 경우는 매각불허가사유가 아니다.[4]

② 일괄매각의 결정에 큰 잘못이 있는 경우, 예를 들면 농지와 농지 아닌 토지를 일괄매각한 경우,[5] 일괄매각의 요건을 갖추었고 개별매각에 비하여 현저히 유리하게 매각할 수 있음이 명백함에도 개별매각한 경우[6]가 될 것이다. 매각실시 전에는 집행이의신청(16조)으로 막을 것이나, 그 실시 후에는 매각불허가사유가 된다.

③ 부동산의 부담파악 즉 권리분석에 결정적 문서인 매각물건명세서의 작성이 크게 잘못된 경우이다. 입찰목적물의 취득에 농지법 소정의 농지취득자격증명이 필요하지 아니함에도 불구하고 그와 반대의 취지로 작성된 하자,[7] 미등기건물 이른바 '제시외 건물'이 경매목적물에서 제외될 경우에는 그 취지를 명백히 하여 매수희망자들로 하여금 그 취지를 알 수 있도록 하지 아니한 잘못[8] 등은 매각물건명세서의 작성에 중대한 하자가 있는 경우이다.

매각물건명세서의 기재사항에 중대한 잘못이나 그 내용에 중대한 오류가

1) 대법 1991. 12. 16, 91마239; 동 2000. 11. 2, 2000마3530.
2) 대법 2000. 6. 23, 2000마1143.
3) 대법 2004. 11. 9, 2004마94.
4) 대법 2005. 8. 8, 2005마643.
5) 대법 2004. 11. 30, 2004마796.
6) 中野/下村, 442면.
7) 대법 2003. 12. 30, 2002마1208.
8) 대법 1991. 12. 27, 91마608.

있는지 여부는 구체적 사안에 따라 합리적으로 판단할 수밖에 없을 것인데,[1] 특히 **대항력과 우선변제권**을 갖춘 임차인에 대한 것을 잘못 적은 경우가 많이 문제된다. 예컨대 주택임차인의 전입신고일자가 저당권설정일자보다 선순위로 잘못 기재되어 있어 임차인이 대항력을 갖춘 것처럼 보이는 경우, 선순위의 임차인이 있는데도 그 기재의 누락이 있는 경 우[2]는 중대한 오류에 해당한다.[3] 매각으로 인하여 소멸되지 않는 최선순위전세권이 매수인에게 인수된다는 취지의 기재를 하지 않은 경우도 같다.[4]

6) **책임 없는 사유로 인한 부동산의 현저한 훼손 또는 중대한 권리관계의 변동**(6호) 손상 전의 부동산 상태를 전제로 평가한 최저매각가격이 부당할 수밖에 없기 때문이다. 물리적 훼손의 경우는 물론 매각부동산의 **교환가치의 감소**도 포함된다. 법률상의 하자도 포함된다. 매각부동산의 일부가 수용된 경우도 해당할 것이다.[5] 선순위저당권의 존재로 후순위가처분 내지 가등기나 임차권이 소멸되는 것으로 알고 부동산을 매수하였으나 선순위저당권의 소멸로 그 가처분 내지 가등기나 임차권의 대항력이 존속하는 것으로 변경된 경우(순위변동)도 이에 해당한다.[6] 또 유치권(또는 특수지역권)이 없는 것으로 알고 부동산을 매수하였는데, 그 부동산에 관하여 피담보채권이 엄청난 유치권이 존재하는 사실이 새로 밝혀진 때도 매각부동산의 교환가치의 감소가 현저한 경우가 되어 같이 볼 것이다.[7] 집합건물의 대지사용권이 있는 것으로 알았는데 없는 것으로 밝혀진 경우도 같다.

7) **경매절차에 그 밖의 중대한 잘못**(7호) 매각기일 및 매각결정기일의 지정·공고방법과 기간의 불준수,[8] 물건명세서 등의 비치의 불비·흠결, 매각

---

1) 대법 2000. 1. 19, 99마7804 등.
2) 대법 1995. 11. 22, 95마1197.
3) 대법 1999. 9. 6, 99마2696.
4) 대법 2010. 6. 24, 2009다40790.
5) 대법 1993. 9. 27, 93마480 참조.
6) 대법 2010. 11. 9, 2010마1322(담보가등기에 기한 본등기가 강제경매절차의 매각기일 후에 이루어진 사안에서, 이 가등기에 기한 본등기는 무효로 말소되어야 하고 그 가등기는 부동산의 매각에 의하여 소멸되므로 제6호의 매각불허가사유에 해당되지 않는다고 하였다).
7) 대법 2005. 8. 19, 2005다22688; 동 2006. 8. 25, 2006다22050; 동 1998. 8. 24, 98마1031; 동 2005. 8. 8, 2005마643.
8) 대법 1999. 10. 12, 99마4157. 여기의 매각기일은 매각가격의 신고가 이루어진 당해매각기일을 의미하므로, 당해매각기일 이전의 매각기일 공고가 법률의 규정을 위반한 것이어도 문제되지 않는다(대법 2008. 5. 20, 2008마463).

실시절차에서의 위법, 특별매각조건 위배 등이다. 공과금을 실제보다 적은 액수로 공고,[1] 실제 면적이 1,507m^{2}인 부동산을 15.7m^{2}로 잘못 표시한 매각기일의 공고,[2] 최저매각가격의 누락이나 착오로 잘못 기재하였는데 그것이 사소한 것이 아닌 경우,[3] 집행관이 매수보증으로 매각가격의 1/10에 미달하는 금액을 영수한 후 그를 최고가매수신고인으로 호창하고 매각허가한 경우,[4] 최고가매수신고인의 성명과 가격을 호창하지 아니하고 매각종결을 고지하였을 때,[5] 매각기일 5일 전에 매각물건명세서를 정정하였음에도 매각기일을 변경하지 아니한 채 그대로 매각절차를 진행하면서 정정내용을 따로 고지하지 아니할 때[6]도 그 예라고 할 것이다.

판례는 최고가매수신고인이 착오로 입찰가격보다 높은 가격으로 기재하였다는 사유는 제121조 및 제124조 1항의 어디에도 해당한다고 볼 수 없으므로 매각불허사유라 할 수 없다고 하였다.[7] 다만 경매의 성질이 민법상의 매매라면[8] 법률행위의 주요부분의 착오, 사기, 무권대리 등 무효·취소사유가 있으면 매각불허사유가 된다고 볼 여지가 있다고 할 것이다(121조 2호 유추적용). 독일은 매수신청 착오의 경우에 신청이 사법상의 의사표시로 보여지는 한에서는 독일민법 제119조 1항, 제123조에 따라 취소할 수 있다는 것이 통설이다.[9]

(3) 매각허가·불허가결정

집행법원은 이해관계인의 매각허가에 관한 의견진술을 고려하는 한편 그 의견진술 여부에 관계없이 직권으로 7가지의 법정사유의 존재여부에 한하여 심사한다. 그 사유가 없는 때에는 매각허가결정을 하고, 그 사유가 있으면 매각불허가결정을 한다(123조 1항). 매각허부결정은 **사법보좌관의 업무**이다. 다만 제2호·제3호의 경우는 능력의 흠 또는 자격의 흠은 보정에 의하여 제거될 여지가 있으므로(예: 농지매각에서 매각결정일까지 농지취득자격증명서의 보정), 제거되

1) 대법 1991. 1. 21, 90마945.
2) 대법 1999. 10. 12, 99마4157.
3) 대법 1994. 11. 30, 94마1673.
4) 대법 1969. 11. 14, 69마883.
5) 대법 1981. 6. 9, 80사38 등.
6) 대법 2010. 11. 30, 2010마1291.
7) 대법 2010. 2. 16, 2009마2252.
8) 대법(전) 2018. 10. 18, 2016다220143 참조.
9) Brox/Walker, Rdnr. 910.

지 아니한 경우에 한하여 직권에 의한 매각불허가사유가 된다(123조 2항). 집행법원의 재량에 의한 허가여부의 결정은 있을 수 없다.[1)]

매각허가 또는 불허가결정은 **선고**하여야 한다(126조 1항).[2)] 법정에서 선고하는 외에 대법원규칙이 정하는 바에 따라 공고한다(128조). 이 결정은 선고한 때에 고지의 효력이 생기며(규 74조), 따로 이해관계인에게 결정정본을 송달할 필요가 없다.[3)] 결정은 확정되어야 효력이 생기며, 이때부터 '최고가 매수신고인'이 아닌 '매수인'이 된다(126조 3항). 다만, 즉시항고하면 확정이 차단된다.

불허가결정이 확정되면 매수인과 매각허가를 해줄 것을 주장하여 항고한 매수신고인은 집행법원에 매수보증금의 반환을 청구할 수 있다(133조). 매각을 허가하지 아니하고 다시 매각을 명하는 때에는 직권으로 새 매각기일을 정한다(125조). 최고가매수신고인에 대한 매각이 불허된 경우는 차순위매수신고인이 있어도 그에 대하여 매각허가를 할 것이 아니고 새로 매각실시를 하여야 한다.[4)]

(4) 초과압류금지의 원칙과 매각불허가

1) 부동산의 강제경매시 압류의 시점에서는 집행에 참가하는 채권자의 모든 채권액이나 최저매각가격을 알지 못하여 압류채권자가 여러 개의 부동산을 압류할 수 있다. 그러나 그중 일부 부동산의 매각대금으로 모든 채권자의 채권액과 강제집행비용을 변제하기에 충분하면, 집행법원은 초과매각을 피하기 위하여 그 부동산에 대하여만 가분적으로 매각허가결정을 하고 다른 부동산에 대하여는 매각허가결정을 하지 아니한다(124조 1항 본문). 이것 또한 매각불허가 사유의 하나로, 이를 **과잉경매금지의 원칙**이라고 한다.

과잉경매는 매각허가 단계에서 막을 수 있는 것이므로 일부 부동산에 대해서만 경매를 실시할 것인지 모든 부동산에 대해서 함께 경매를 실시할 것인지 여부는 집행법원의 재량이라는 것이 판례이다.[5)] 과잉경매의 경우에 채무자는 그 부동산 가운데 매각할 것을 지정할 수 있으며(124조 2항), 채무자의 지정

---

1) 대법 2009. 3. 12, 2008마1855.
2) 최고가매수신고인에게 특별한 사정없이 매각허가여부 결정을 하지 않은 경우는 제16조의 집행에 관한 이의를 할 수 있다는 것에, 대법 2008. 12. 29, 2008그205.
3) 대법 2000. 1. 31, 99마6589.
4) 대법 2011. 2. 15, 2010마1793.
5) 대법 1998. 10. 28, 98마1817.

이 없으면 법원이 재량으로 매각할 부동산을 선택할 수 있다.[1] 외국에서 한 부동산압류의 효력을 국내에서 승인하였다고 할 때, 이를 국내에서 매각허부를 결정하는 데 과잉경매로 참작할 것인가의 문제가 있다.

2) 과잉경매금지의 원칙의 예외 (i) 토지와 그 지상건물을 일괄매각하는 경우,[2] (ii) 분리매각하면 그 경제적 효용이 현저히 떨어지는 경우, (iii) 채무자의 동의가 있는 경우 등이다(124조 1항 단서, 101조 3항 단서). 경매목적물인 부동산에 신청근저당권자 이외의 근저당권자의 공장저당이 있을 때에는 그 근저당권자의 공동저당의 목적이 된 기계·기구 등도 함께 일괄경매하여야 한다.[3]

3) 과잉경매금지에 위반하여 매각허가결정을 선고한 경우에는 그로 인해 불이익을 받게 될 이해관계인은 매각허가결정에 대한 불복으로 **즉시항고**할 수 있다(129조 1항). 과잉경매가 아니라도 채무자의 적법한 이의권행사가 있었는데 경매법원이 이를 무시하고 매각을 허가하였을 때에도 채무자는 매각허가결정에 대한 즉시항고로써 불복할 수 있고, 과잉경매금지를 부당하게 적용하여 매각을 불허한 경우 채권자 또는 매수인은 매각불허가결정에 대하여 즉시항고할 수 있다. 이의 위반여부는 항고심의 직권조사사항이 아니라는 것이 대법(전) 1978. 4. 20, 78마45 결정이다. 과잉경매금지의 위반이 있어도 결정이 확정되면 그 흠은 치유되고 매각허가결정의 효력을 더 이상 다툴 수 없다.

6. 매각허가여부결정에 대한 불복

(1) 사법보좌관의 처분에 대한 이의신청 — 즉시항고의 선행절차

1) 매각허가·불허가결정에 대하여 이해관계인은 그 결정에 따라 손해를 볼 경우에만 즉시항고를 할 수 있다(129조 1항). 다만 사법보좌관이 한 매각허가·불허가결정에 대한 즉시항고에 앞서 선행절차로 사법보좌관규칙 제4조에 의해 사법보좌관의 처분에 대한 **이의신청절차**를 거칠 것이다. 즉시항고의 선행절차인 이의신청은 사법보좌관에게 서면으로 한다. 원결정을 고지받은 날로부터 1주일 내에 제기하여야 하며, 그 기간은 불변기간이다(사보규 4조 3항). 집

1) 대법 1966. 10. 10, 66마891.

2) 대법 1968. 9. 30, 68마890.

3) 대법 2003. 2. 19, 2001마785.

행법원이 이해관계인 등에게 경매기일이나 매각결정기일의 통지를 하지 않았다면 법이 보장한 절차상의 권리를 침해당한 손해를 입었다고 볼 것이다. 이러한 이해관계인은 즉시항고를 할 수 있고,[1] 통지가 없어 기간 내에 이의신청(즉시항고)을 못하였다면 특단의 사정이 없는 한 이해관계인이 기간을 준수하지 못한 것이 자기책임이라고 할 수 없으므로 추후보완(追後補完)이 허용된다고 할 것이다.[2] 매각허부결정은 송달된 때가 아니라 선고한 때에 고지의 효력이 생기므로, 선고 때로부터 기간이 기산됨을 유의할 필요가 있다.

이의신청단계에서는 항고시와 같은 인지를 첩부할 필요는 없으나(사보규 4조 4항), 항고의 요건인 서류(보증제공서류나 항고이유서)는 민사집행법 등의 규정에 따라 제출하여야 한다(사보규 4조 10항). 사법보좌관의 처분에 대한 이의신청으로 처리할 사건이라면 즉시항고라는 제목으로 제출되었어도 이의신청으로 처리하는 것이 타당하다.[3] 매각허부결정에 대한 이의신청이 이유 없다고 인정되면 이의신청절차는 끝나고 즉시항고로 보는 것이 사법보좌관규칙 제4조 6항 5호이므로, 매각허가결정에 대한 이의신청인 적격은 항고인적격에 관한 법리를 유추함이 옳다고 할 것이다.

2) **이의신청을 할 이해관계인**은 항고인적격자와 마찬가지로 제90조에 정한 경매절차의 이해관계인이다. 즉 압류채권자와 집행력 있는 정본에 의한 배당요구채권자, 채무자 및 소유자, 등기부상의 권리자, 부동산 위의 권리자로서 그 권리를 증명한 사람(비등기권리자) 등이다.[4] 이에 더하여 매수인 또는 매수신고인도 이의신청을 할 수 있다고 할 것이다(129조 2항 유추). 매수신고인은 자기가 적법한 최고가매수신고인임을 주장하는 자를 말한다. 부동산 위에 권리를 가지고 있다는 것만으로 당연히 이해관계인이 되는 것은 아니고, 집행법원에 스스로 권리를 증명한 자만이 비로소 이해관계인이 되며,[5] 그 증명은 매각허가결정이 있을 때까지 할 수 있다.[6] 항고권자의 채권자라도 채권자대위권에

---

1) 대법 2001. 3. 22, 2000마6319.
2) 대법(전) 2002. 12. 24, 2001마1047 참조.
3) 구법에서도 이의신청과 항고라는 제목을 기준으로 처리하지 않았다. 대법 1994. 7. 11, 94마1036; 동 1972. 8. 23, 72마763 참조.
4) 경매절차에 관하여 사실상의 이해관계를 가진 자도 제90조에서 열거한 자에 해당하지 아니하면 이해관계인이라 할 수 없다(대법 2005. 5. 19, 2005마59).
5) 대법 1994. 9. 14, 94마1455.
6) 대법 1994. 9. 13, 94마1342.

의하여 항고할 수 없으므로, 대위하여 이의신청도 할 수 없다고 할 것이다.[1] 매각허부의 결정이 선고되기 전에 한 이의신청은 부적법하다.[2]

3) 이의신청을 받은 **사법보좌관은 지체없이** 소속법원인 제1심 법원 판사에게 사건을 송부하여야 한다(사보규 4조 5항). 사법보좌관은 매각허부결정에 잘못이 있다고 인정하는 경우에는 신속하게(기록을 지체없이 판사에게 송부할 때까지만) 재도의 고안으로 자신이 한 처분을 경정할 수 있다.[3] 사건송부를 받은 판사는 이의신청의 적법요건(사보규 4조 6항 1호, 2호)을 먼저 심사하고 신청의 당부를 검토한다.

이의신청이 이유 있다고 인정할 때에는 판사는 매각허부결정을 **경정**한다(사보규 4조 6항 3호). 그러나 이의신청이 이유 없다고 인정하는 때에는 매각허부결정을 인가하고 사건을 **항고법원**에 송부하는데, 이때에는 이의신청을 즉시항고로 본다(사보규 4조 6항 5호). 해당처분에 관한 사법보좌관의 권한은 이의신청사건의 송부로 끝난다고 할 것이고, 이의신청에 대한 판사의 인가결정이 난 뒤에 이루어진 사법보좌관의 경정결정은 무효라고 할 것이다.[4]

(2) 즉시항고

1) **적법요건** 2014년 9월 개정한 사법보좌관규칙 제4조 4항, 10항은 사법보좌관의 처분에 대한 이의신청시에도 민사집행법상의 항고절차에 따른 요건을 갖추도록 하였다. 따라서 이의신청은 항고전 단계임에도 항고의 적법요건을 갖추어야 하는 것은 즉시항고와 같다.

첫째, 매각허가결정에 대한 이의신청인은 매각대금(최저매각 가격이 아님)의 1/10에 해당하는 금전 또는 법원이 인정한 유가증권을 **보증공탁**하여야 한다(130조 3항). 항고인이 2인 이상인 경우에는 그들이 권리관계를 공유하는 등의 특별한 사정이 없는 한 항고인별로 각 1/10에 해당하는 금전 등을 공탁하여야 한다.[5] 보증서의 제출로 갈음할 수 없다. 구법에서는 보증공탁을 채무자, 소유

---

1) 대법 1961. 10. 26, 4294민재항559. 등기부상 소유자로 등기되어 있지 않지만 매각부동산이 채무자의 소유가 아닌 자기의 소유라고 주장하는 자는 이의신청을 할 자격이 없다(대법 1991. 4. 18, 91마141).
2) 대법 1998. 3. 9, 98마12.
3) 실무도 같은 입장으로 처리하고 있다. 주석 민사집행법(Ⅱ), 717면. 법원실무제요 민사집행(Ⅱ), 289면.
4) 서울고법 2010. 8. 30, 2009라1631.
5) 대법 2006. 11. 23, 2006마513.

자, 매수인이 항고인일 때로 한정하여 요구하였으나, 민사집행법은 모든 항고인에게 확장함으로써 남항고에 의하여 매각허가결정의 확정이 지연되는 것을 방지하고자 하였다.

대법원은 항고장각하에 앞서 보증공탁에 대한 보정명령을 하여야 하는지 여부에 관하여 긍정과 부정의 상반된 판결을 하다가,[1] 2014년에 규칙을 개정하여 보증공탁에 대한 보정명령은 필요 없는 것으로 규정하였다. 항고기각된 경우에는 채무자와 소유자인 항고인은 보증공탁금 전액에 대하여 반환청구를 하지 못하고, 그 이외의 항고인은 보증공탁금 중에서 항고일부터 항고기각확정일까지 매각대금에 대한 연12%의 이율에 의한 금액에 대해 반환청구를 하지 못한다(130조; 규 75조). 항고취하의 경우에도 항고기각의 경우에 준하는 제재가 따르게 하였지만(130조 8항), 다소 가혹한 면이 있다. 다만 매각불허가결정에 대한 항고에는 1/10 보증공탁을 필요로 하지 아니한다.

둘째, 이의신청서를 내면서 항고장과 마찬가지로 항고절차의 요건이 되는 서류인 **항고이유서**를 제출하여야 한다(사보규 4조 10항). 항고이유서 제출강제주의이다.[2] 매각허가결정에 대한 **항고이유**는 매각허가이의사유(121조 각호), 매각허가결정절차의 중대한 잘못,[3] 재심사유(민소 451조 1항 각호) 등 세 가지이다(130조 1항, 2항). 이의신청절차를 거치면서 제1심 단독판사가 항고이유서, 항고보증금이 제출되지 아니한 것을 발견하여도 보정명령을 하지 않는다는 것이 개정 사법보좌관규칙 제4조 6항 6호이다. 이의 보정명령은 항고법원의 몫이 되었으며, 보정되지 아니하였으면 항고법원은 상당한 기간을 정하여 항고인에게 항고이유서제출의 보정을 명하고 보정하지 아니한 때에 비로소 적법한 항고이유가 없음을 이유로 항고를 각하하여야 한다.[4] 이의신청단계에서 인지 외

1) 항고장에 보증공탁을 증명하는 서류를 붙이지 아니한 경우 법원이 그에 대한 보정명령을 하여야 하는 것은 아니라는 판결은 대법 1991. 2. 13, 90그71; 동 1992. 3. 6, 92마58; 동 2006. 11. 23, 2006마513 등. 필자가 이러한 경우에 보정명령을 하게 한 사법보좌관규칙 제4조 6항 6호의 규정을 고려한 것인지 의문을 표시한(제5판, 315면) 후인 대법 2011. 4. 14, 2011마38은 이의신청인에게 상당한 기간을 정하여 보증공탁 명한 후 불응시 이의신청을 각하하여야 한다고 하였다. 그후 2014년 9월 개정 사법보좌관규칙 제4조 6항 6호은 법원이 사법보좌관의 처분을 인가할 때 항고의 요건이 되는 항고이유서, 항고보증금 등은 보정을 명하지 아니하고, 인지만 보정하도록 명하는 것으로 바꾸었다.

2) 대법 1999. 10. 12, 99마4157(항고이유서제출을 촉구할 의무는 없다).

3) 신법에서 추가하였으나 121조 7호와 중복해서 기재된 항고이유로 보여진다. 사법보좌관제도를 도입하면서 민사집행법의 기존의 즉시 항고규정을 조정하지 아니한 데서 비롯된 혼선이다.

4) 대법 2011. 9. 8, 2011마734.

에 항고절차의 요건되는 서류 등을 민사집행법에 따른 요건을 갖추도록 바꾼 2014년 개정 사법보좌관규칙 제4조 4항, 10항 체제하의 해석이다.

사법보좌관 처분에 대한 이의신청절차에서 판사가 경매허부결정을 인가하고 사건을 항고법원으로 송부할 때에는 항고인이 사건의 진행상황을 알 수 있도록 항고인에게 송달하여 고지함이 옳다는 필자의 제6판의 의견을 받아들여 2014년 개정규칙 제4조 6항 5-2호로 신설하였다. 독일에서는 이와 같은 경우에 무형식으로 관계인에게 통지를 하도록 하고 있다.[1]

구법(민소 제642조 1항)은 매각불허가결정에 대한 항고는 모든 직권불허가 사유가 없음을 이유로 하는 때에 한하여 할 수 있도록 하였는데, 신법은 그 규정을 삭제하였다. 그러므로 매각불허가결정에 대해 불복한 경우는 매각불허가 사유를 모두 따질 필요 없이 항고이유서에서 지적한 불허가사유가 없다는 주장만을 심리하면 되도록 하였다.

2) 항고심절차 편면적 불복절차이다. 항고인과 이해가 상반되는 자가 있는 경우라도 판결절차에서와 같은 엄격한 대립당사자의 관계를 인정할 수 있는 것이 아니므로, 항고장에 반드시 상대방의 표시가 있어야 하는 것도 아니고, 항고장을 상대방에게 송달하여야 하는 것도 아니다.[2] 그러나 항고법원은 필요한 경우에 반대진술을 하게 하기 위하여 항고인의 상대방을 정할 수 있다(131조 1항).

항고심구조는 신법이 사후심구조로 변모시킴으로써(15조 7항 참조. 반대 견해 있음), 이에 맞추어 항고심절차에서는 직권매각불허에 관한 제123조를 준용하는 부분(구법 635조 2항)을 삭제하였으며, 항고법원은 **항고이유만 판단**하면 되도록 하였다. 물론 항고법원은 심리의 일반원칙에 의하여 원심재판에 영향을 미칠 수 있는 법령위반 또는 사실오인에 대하여 직권조사할 수 있다(15조 7항). 항고심에서 변론을 열거나 이해관계인을 심문할 것인가의 여부는 항고법원의 자유재량이고 서면심리만으로 결정하여도 잘못이 아니다.[3] 한편 항고법원이 집행법원의 결정을 취소하는 경우에는 매각허가여부의 결정은 항고법원이 스스로 판단(자판)하지 않고 집행법원으로 하여금 하게 한다(132조). 이 점은 절차

---

1) Rosenberg/Schwab/Gottwald, Zivilprozessrecht, §26 Ⅱ.

2) 대법 1997. 11. 27, 97스4.

3) 대법 2001. 3. 22, 2000마6319.

의 촉진을 위하여 항고법원이 자판하게 한 독일법과 다르다.[1)]

3) **즉시항고의 효력** 앞서 본 바와 같이 매각허가 또는 불허가결정은 확정되어야 효력이 생기므로(126조 3항) 사법보좌관의 처분에 대한 이의신청이나 즉시항고는 확정차단의 효력이 생겨 집행법원은 더 이상 대금지급 등 집행절차를 속행할 수 없다. 따라서 일반 즉시항고, 집행이의신청의 경우처럼 별도로 집행정지·취소 등 잠정처분이 필요 없다.

4) **준재심과 추완항고** 매각허가결정은 즉시항고로 불복신청을 할 수 있는 결정이므로 재심사유가 있으면 준재심신청을 할 수 있다(민소 461조). 또 항고기간은 불변기간이므로(15조 2항), 책임에 돌릴 수 없는 사유로 항고를 하지 못한 때에는 추완항고가 허용된다(민소 173조 준용). 추완항고가 허용되면 비록 다른 이유로 항고가 이유 없는 경우에도 매각허가결정이 확정되지 아니하고 매수인이 대금을 납부하였다 하더라도 적법한 대금납부라고 할 수 없는 것이고, 배당절차가 종료됨으로써 경매절차가 완결되었다는 이유로 추완항고를 받아들일 수 없는 것이 아니다.[2)]

7. 부동산훼손 등에 의한 매각허가결정의 취소

(1) 천재지변, 그 밖에 책임질 수 없는 사유로 부동산이 현저하게 훼손된 사실 또는 부동산에 관한 중대한 권리관계가 변동된 사실이 경매절차의 진행 중에 밝혀진 경우에는 앞서 본 바와 같이 제121조 6호에 따라 매각불허가결정을 할 수 있지만, 나아가 그와 같은 사실이 **매각허가결정의 확정 뒤에 밝혀진** 경우에도 매수인은 대금을 낼 때까지 그 결정의 취소신청을 할 수 있다(127조 1항). 취소신청에 관한 결정에 대하여는 즉시항고할 수 있다(동조 2항).

여기서 「훼손」은 단순히 물리적 훼손만이 아니라 다른 사유에 의한 교환가치의 감소도 포함된다고 볼 것이다.[3)] 앞서 본 바와 같이 선순위저당권이 있어서 소멸되는 것으로 알고 매수한 부동산에 가처분·가등기나 임차권이 그대로 존속하는 경우라든지 유치권이 없는 것으로 알고 매수하였는데 뒤에 나타난 경우는 교환가치의 감소로 보아 **매각불허가사유가 되지만 또 여기의 취소**

1) 항고심절차에 항소심에 관한 규정이 준용되므로 항고심법원이 제1심법원과 같이 강제집행에 관한 처분을 할 수 있다는 구법시대 판례(대법 1997. 1. 16, 96마774)가 있다.

2) 대법(전) 2002. 12. 24, 2001마1047.

3) 대법 2001. 8. 22, 2001마2652.

사유도 된다고 볼 것이다.[1] 이러한 경우가 매수인에게 「경매함정」이 되는데 매각허가결정의 취소로 헤어날 길이 있다.

훼손은 매수가격 신고 후 매각대금 납부 전까지 생긴 것이어야 하는 것이 원칙이지만,[2] 훼손이 매수가격 신고 전에 있었던 경우라도 그 훼손 및 이를 간과한 것이 매수인에게 책임을 돌릴 수 없는 사유로 인한 것일 경우에는 본조가 적용된다는 판례가 있다.[3] 재매각명령이 난 이후에는 매수인은 매각허가결정의 취소신청을 할 수 없다.[4]

(2) 대금납부 후에는 잘못 산 매수인은 별소로써 민법 제578조에 따라 담보책임을 추궁할 수 있는 것이 원칙이다.[5] 또 대금납부 전에 부동산이 멸실된 경우에는 강제경매절차는 직권취소된다(96조).[6]

Ⅵ. 대금납부

1. 대금납부절차

(1) 대금지급기한까지 현금납부

매각허가결정이 확정되었을 때에는[7] 법원은 매각대금의 지급기한을 정하고 매수인과 차순위매수신고인에게 통지하여야 한다(142조 1항; 규 78조). 매각허가결정이 확정된 날 또는 상소법원으로부터 기록을 송부받은 날부터 1월 내의 날로 대금지급기한을 정한다. 매수인은 지급기한까지는 어느 때라도 매각대금을 현금으로 집행법원에 지급할 수 있다(142조 2항).

구법의 지급기일제도에서 지급기한제도로 바꾸어 빠른 절차종결을 시도

---

1) 대법 1998. 8. 24, 98마1031; 동 2001. 8. 22, 2001마2652.

2) 대법 2017. 4. 19, 2016그172.

3) 대법 2001. 8. 22, 2001마2652.

4) 대법 2009. 5. 6, 2008마1270.

5) 대법 2017. 4. 19, 2016그172는 대금은 납부하였지만 아직 배당이 실시되기 전이라면 별소로 담보책임을 추급하게 하는 것은 가혹하므로 민사집행법 제96조를 유추하여 집행법원에 대하여 경매에 의한 매매계약을 해제하고 납부한 매각대금의 반환을 청구하는 방법으로 담보책임을 추급할 수 있다고 하였다.

6) 담보책임을 경매절차에서 대금감액신청의 방법으로 주장할 수 있는지 여부와 관련된 논의에, 박준의, "경매절차에 있어서 담보책임의 일환인 대금감액신청과 이를 둘러싼 집행실무상의 제문제", 민사집행법연구 제10권, 279~325면.

7) 매각허가결정확정 전의 일자로 대금지급기한을 정할 수는 없다(대법 1992. 2. 14, 91다40160).

하였다. 이미 매수신청의 보증으로 제공된 금전 등은 매각대금에 넣는다(142조 3항). 이 기한은 매수인의 나머지 매각대금의 조달, 준비기한도 되지만 나머지 매각대금을 내고 확정적으로 소유권을 취득할 것인지 보증금 몰취를 각오하고 매수를 포기할 것인지의 숙려기간(熟慮期間)도 된다. 매수인의 매각대금 지급은 일시에 **전액현금납부**가 원칙이고 분할납부는 인정되지 아니한다.[1)]

(2) 특별지급방법

다음 세 가지가 있다.

① **상계**(차액)**납부** 매수인이 매각대금에서 배당을 받을 채권자일 때에는 매각결정기일이 끝날 때까지 자기 몫의 배당금액(예컨대 전세입주자는 전세보증금)을 제외한 **차액의 대금납부**를 하겠다는 신고를 하고 배당기일에 낼 수 있다. 그러한 신고가 있으면 대금지급기한의 지정 없이 바로 배당기일을 지정하게 되어 대금지급기한이라는 한 단계가 생략된다(143조 2항). 나중에 매수인 채권의 전부 또는 일부가 부존재하는 것으로 밝혀져도 대금납부의 효력에 영향이 없다.[2)] 그러나 매수인이 상계를 구한 채권에 대하여 다른 채권자가 배당이의를 하면 이의한 금액에 해당하는 대금을 배당기일이 끝날 때까지 현금으로 내야 한다(143조 3항).

② **인수납부** 매수인은 배당표의 실시에 관하여 매각대금의 한도에서 관계채권자의 승낙을 얻어 대금납부에 갈음하여 **채무인수**를 할 수 있다(143조 1항). 채무인수는 모든 채권자의 채무를 인수하여야 하는 것이 아니고 승낙을 얻은 채권자의 채무(예컨대 배당표에 기재된 조세나 저당채무)만을 인수하여도 된다. 이 채무인수는 면책적 채무인수로 보아야 한다.[3)] 채무인수의 경우에도 차액납부와 같이 매수인이 채무를 인수한 그 채권자의 채권에 대하여 다른 채권자가 배당이의를 하면 이의한 금액에 해당하는 대금을 배당기일이 끝날 때까지 현금으로 내야 한다(143조 3항).

③ **융자납부** 매수한 부동산을 바로 담보잡히고 융자받은 돈으로 매각대금을 치르는 방법으로서, 2010. 7. 23. 제144조 2항으로 신설하였다. 매수인의 부동산이전등기에 바로 이어서 융자해준 금융기관에 매수부동산에 대해 1

---

1) 동지; 주석 민사집행법(Ⅱ), 891면.
2) 대법 1991. 2. 8, 90다16177.
3) 대법 2018. 5. 30, 2017다241901.

순위의 저당권설정등기를 해주는 방식인데, 이렇게 금융기관의 융자금으로 대금의 대부분을 치르는 길이 열려 있어 자력이 부족한 일반시민에게도 경매접근의 길이 넓어졌다. 등기촉탁시 법원이 할 조치가 통상의 경우와 다르다. 등기비용은 매수인이 부담한다(144조 3항). 공모리츠펀드(crowdfunding)로 자금을 조달하여 경매부동산의 매수대금을 치르는 일도 있다.

(3) 채무변제에 의한 집행취소

매각대금을 납부하기 전까지는 채무자가 채무변제를 할 수 있다. 이 경우 부동산임의경매에서는 경매개시결정에 대한 이의신청(265조)으로, 강제경매에서는 청구이의의 소(44조)로 집행을 취소할 수 있다.

2. 대금지급 · 부지급의 효과

(1) 소유권의 승계취득 등

1) 매수인이 매각대금을 다 낸 때에는 경매개시결정에 이의사유가 있어도 이의신청을 할 수 없으며(86조 1항),[1] 매수인은 부동산의 **인도명령신청권**(136조 1항)과 **소유권**을 취득한다(135조). 이 점이 매각허가확정시(Zuschlag)에 소유권을 취득하고 대금지급의무가 생겨 그때부터 지연이자를 계산하지만, 대금은 배당기일에 바로 납부하면 되는 독일법과 다르다. 등기시가 아니라 대금지급시에 소유권변동이 일어나므로 민법 제187조에 해당하는 경우이다. 매각허가에 의한 소유권의 취득은 원시취득(독일이의 경우)이 아니라 승계취득이다.[2]

2) 이 부동산 소유권 취득의 효과는 압류채권자의 **집행채권이 부존재 · 소멸**하여도 영향을 받지 아니한다. 다만 임의경매의 경우에는 담보권의 부존재가 뒤에 판명되면 다르다(267조). 이를 사전에 청구이의의 사유로 문제삼지 않고 넘어갔으면 소유권의 선의취득과 같은 효과가 생길 수 있다. 확정판결에 터잡아 경매절차가 진행된 경우에 그 뒤 확정판결이 재심에서 취소되었다 하여도 그 경매절차를 미리 정지 · 취소시키지 못한 채 경매절차를 계속진행시켜

1) 강제집행의 일시정지를 명하는 재판의 정본이 제출되었는데도 그대로 진행하여 매수인으로부터 매각대금을 지급받는 것은 위법이나 법 제16조의 집행이의신청이나 규칙 제50조 2항의 취소신청을 함이 없이 경매절차가 완결된 때에는 그 집행행위에 의해 발생한 법률효과를 부인할 수 없다는 것에, 대법 1992. 9. 14, 92다28020.

2) 대법 1991. 8. 27, 91다3703; 동 2001. 6. 15, 2000마2633.

매각대금을 완납하였다면 매수인은 매각목적물을 적법하게 취득한다.[1)]

가장채권에 터 잡은 지급명령을 집행권원으로 한 매각허가결정도 유효하다는 것이 판례이다.[2)] 그러나 **집행권원** 자체가 절차상 무효[3)]·부존재[4)]의 경우에는 매수인이 유효하게 부동산을 취득할 수 없다(일본의 다수설). 이러한 의미에서 경매에 의한 부동산소유권의 취득은 원시취득이 아니라 승계취득이라는 견해가 있다.[5)]

3) 담보책임 — 경매함정과 구제책 매수인은 취득한 경매부동산에 권리의 일부 또는 전부에 하자가 나타날 때에는 일반매매에 준하여 **담보책임**을 물을 수 있고(민 578조) 손해배상청구에 관하여 특칙이 있다(민 578조 3항). 다만 경매한 물건 또는 권리의 전부 또는 일부가 타인에게 속하거나 수량부족이나 일부멸실, 제한물권이 있는 경우, 저당권 등이 행사된 경우 등으로 매수인이 완전한 권리를 취득할 수 없는 권리의 하자에 한하고(추탁담보책임), 물건의 하자에 관한 하자담보책임은 물을 수 없다(민 580조 2항).

하자의 유형을 분류하면, 첫째가 매수인이 소멸되는 부담(권리)으로 알았는데 존속인수하게 된 경우이다. 예를 들면 선순위저당권→대항력있는 임차권→압류등기 순의 부동산을 후순위의 임차권이 소멸하는 것으로 알고 매수하였으나, 채무자 등이 선순위저당권의 피담보채무를 임의변제함으로써 순위변동으로 임차권이 존속되어 매수인이 이를 인수하게 된 경우 이 사정을 모른 채 매수인이 매각대금을 납부한 경우에 채무자는 매수인에게 민법 제578조 3항에 따른 배상책임[6)]을 지는 것은 앞서 보았다.

둘째는 부존재하는 부담(권리)으로 알았는데 뒤에 나타나 매수인이 인수해야 하는 경우이다. 선순위임차인이 있는데도 매각물건명세서에 그 기재가 누락된 때가 그 예이다. 이것은 등기공시원칙의 예외인 무등기의 물권적인 대항력 있는 임차권, 유치권, 법정지상권, 분묘기지권, 특수지역권 등에서 흔히 나

1) 대법 1996. 12. 20, 96다42628.
2) 대법 1968. 11. 19, 68다1624.
3) 대법 1991. 4. 26, 90다20473 참조.
4) 대법 2000. 2. 11, 99다31193. 집행권원이 채무자의 허위주소로 송달된 때에는 집행권원없이 절차진행한 것에 다름없다 하여 강제경매는 무효라고 본 것에, 대법 1973. 6. 12, 71다1252 등.
5) 지창구, "경매에 의한 부동산소유권취득은 원시취득인가", 2019. 7. 8. 법률신문.
6) 대법 2003. 4. 25, 2002다70075. 전경현, "부동산경매에서 매수인에 대한 가압류의 관계와 담보책임에 대한 소고", 민사집행법연구 15권, 316면 이하.

타날 수 있다. 담보책임은 첫째와 같다 할 것이다.

셋째는 매수인이 매수부동산의 소유권을 상실하게 된 경우이다. 경매에 의한 소유권취득은 공용징수와 같은 원시취득이 아니고 승계취득이므로 매각부동산이 채무자의 소유가 아닌 때(예: 채무자명의의 등기가 뒤에 원인무효이고 제3자 소유임이 밝혀진 경우, 집합건물에 대지사용권이 없는 것으로 판명된 경우) 매수인은 유효하게 부동산을 취득할 수 없다.[1] 그러나 매각허가결정이 취소되지 아니하는 한 제3자의 부동산을 매각대상으로 하였다고 하여 당연무효가 되는 것은 아니며 경매는 매매계약 자체로 유효한 것이 된다. 따라서 타인의 권리의 매매처럼(민 568조) 압류채무자가 그 권리를 제3자로부터 취득하여 매수인에게 이전할 의무를 지게 되고, 그렇지 못하고 아직 배당이 실시되기 전이면 매수인은 채무자에 대하여 계약해제와 납부대금의 반환을 청구할 수 있다(민 569조).[2] 추탈담보책임은 배당 후이면 먼저 채무자에게, 채무자가 무자력이면 배당받은 채권자에게 물을 수 있다. 그러나 경매절차 자체가 무효인 때(멸실된 구건물에 대한 경매 등)에는 담보책임을 물을 수 없다.[3] 예를 들면 집합건물의 경우에 전유부분과 분리하여 처분할 수 없는 대지사용권(집합건물법 20조)이 타인에 의하여 압류경매된 경우에 경매는 무효이고, 이 경우 매수인은 국가를 상대로 손해배상청구를 생각할 수 있을 것이다.

이상의 하자담보책임은 매각대금납부 후에 추궁할 일이고, 매각허가결정이 확정되기 전에 밝혀졌을 때에는 매각불허가신청사유(121조 6호), 즉시항고사유(129조)가 되고, 매각허가결정 확정 후 대금납부 전이면 매각허가결정의 취소신청사유(127조 1항)가 된다.

(2) 등기촉탁

매수인이 대금을 지급하였을 때에는 법원사무관 등이 다음과 같은 여러

---

1) 일본 最高裁 平成 5(1993). 12. 17.

2) 대법 1997. 11. 11, 96그64(가등기가 된 부동산을 경락받아 매각대금까지 납부한 뒤에 가등기에 의한 본등기를 함으로써 매수인이 소유권을 상실하게 된 때, 이는 저당권 또는 전세권의 행사로 매수인이 소유권을 상실한 때와 유사하므로 민법 제578조, 제576조에 따라 담보책임을 추급하는 것이 원칙일 것이나, 아직 배당실시 전이라면 구법 제613조(신법 127조, 121조 6호)를 유추적용하여 매수인은 집행법원에 대하여 경매에 의한 매매계약을 해제하고 납부한 매각대금의 반환을 청구하는 방법으로 담보책임을 물을 수 있다). 가압류에 의한 강제집행으로 소유권을 상실한 경우에 같은 취지로 대법 2011. 5. 13, 2011다1941.

3) 대법 1993. 5. 25, 92다15574.

가지 등기를 촉탁한다(144조 1항). 이 경우에 부동산등기법 제171조의 이해관계인의 승낙은 필요없다.[1] 아래와 같이 소유권이전등기, 부동산의 부담 및 개시결정기입등기의 말소에 소요되는 비용은 매수인이 부담한다(144조 3항) 실무상 매수인이 등록세, 촉탁서 송부비용과 등기필증 송부비용 등을 납부한 다음 촉탁을 신청하면 비로소 촉탁하고 있지만 이는 직권발동을 촉구하는 의미에서의 신청에 불과하다. 등기촉탁은 행정조치이고 재판이 아니므로 집행이의신청을 할 수 없다.[2]

1) **매수인 앞으로 소유권이전등기**(1호)[3]

2) **매수인이 인수하지 아니하는 부동산의 부담에 관한 등기를 말소하는 등기**(2호) 예를 들면 순위에 관계없이 저당권등기 · 담보가등기 · 전세권등기(단 배당선택의 경우) · 가압류등기, 후순위의 용익권등기 · 가처분[4] · 일반가등기[5] · 환매등기 등이 말소등기의 대상이다. 압류의 효력이 발생 후 목적물의 소유권을 취득한 제3취득자 명의의 등기도 같다.[6] 소멸(제)주의에 의하여 소멸되는 권리에 관한 등기가 그것이다. 구체적으로는 매각에 의하여 그 효력을 잃지 아니하여 인수되는 것을 제외한 모든 것은 말소대상이 된다.

부동산에 대한 가압류등기 후 소유권이 제3자에게 넘어가고 제3취득자의 채권자에 의한 매각절차가 이루어진 경우의 **구가압류등기의 운명**이 문제이다. 판례[7]는 구체적 매각절차에서 집행법원이 구가압류등기의 부담을 매수인이 인수하는 것을 전제로 절차진행을 하였다면 별론이되(매각물건명세서에 인수로 기재), 그 절차에서 가압류채권자가 가압류결정 당시의 청구금액한도로 배당받을 수 있음을 전제로 진행하였다면 가압류의 효력은 소멸되어 말소등기촉탁의 대상이 된다는 입장이다.

---

1) 대법 1984. 12. 31, 84마473.
2) Brox/Walker, Rdnr. 965.
3) 따라서 이전등기청구의 소를 제기할 이익이 없다(대법 1999. 7. 9, 99다17272).
4) 형식상 등기만 남아있을 뿐인 소멸한 근저당권보다 후순위라는 이유로 집행법원의 촉탁에 의한 가처분기입등기의 말소등기가 되었으면 이는 원인무효이므로 가처분채권자는 그 말소등기에도 불구하고 가처분채권자로서 권리를 갖는다는 것에, 대법 1998. 10. 27, 97다26104 · 26111.
5) 대법 1990. 7. 10, 89다7443.
6) 대법(전) 2012. 10. 18, 2010다52140.
7) 대법 2007. 4. 13, 2005다8682.

3) **경매개시결정**(압류)**등기를 말소하는 등기**(3호)

4) **융자로 대금을 지급하는 경우** 법원사무관 등이 직접 등기촉탁하지 않고, 매수인과 담보제공을 받으려는 금융기관측이 공동지정하는 사람(피지정자는 등기신청의 대리를 업으로 하는 자=법무사, 변호사)에게 촉탁서를 교부하여 등기소에 제출하도록 하는 방법에 의한다(144조 2항; 규 78조의2).

(3) 대금부지급

매수인이 매수가치가 없다고 판단하거나 대금납부능력의 부족 등으로 매각대금을 지급하지 아니한 때에는 매각허가결정은 실효된다. 이 경우에 매수인은 매수신청의 보증금을 돌려줄 것을 요구하지 못한다(몰취. 138조 4항). 차순위매수신고가 있었을 때에는(114조) 집행법원은 그 신고에 대한 매각허가여부를 결정한다(137조). 그러나 차순위매수신고인은 매각허가결정을 받은 매수인이 대금을 모두 지급하였으면 매수책임에서 벗어나게 되고 즉시 매수보증금을 돌려 받을 수 있다(142조 6항).[1)]

3. 재 매 각

(1) 매수인이 대금지급기한까지 완전히 대금지급을 하지 아니하였고(일괄매각의 경우에는 전체대금 납부), 차순위매수신고인이 없는 때에는 법원은 직권으로 부동산의 재매각을 명하여야 한다(138조 1항). 재매각절차에는 새매각절차에서와는 달리 종전의 최저매각가격,[2)] 그 밖의 매각조건을 그대로 적용한다(138조 2항). 재매각의 경우에는 특별매각조건으로 매수보증금을 최저매각가격의 2/10로 변경하여 시행하는 것이 실무이다(규 63조 2항 참조).[3)] 재매각절차에서는 전매수인은 매수신청을 할 수 없으며 전매수인이 타인명의로 재매각을 신청할 수 있지만, 이것은 재매각불허사유가 된다(121조 3호). 재매각명령이 나면 확정된 매각허가결정의 효력이 상실되는 등에 비추어, 종전 매수인은 그 명령

1) 매수인의 법적 지위를 제3자에게 양도할 수 있는가. 허용한다면 양수인이 법정매각조건을 어기는 결과가 되고, 또 매각허가결정을 최고가매수신고인이 아닌 제3자에게 한 것과 마찬가지가 된다. 뿐만 아니라 소유권이전등기가 결국은 매수인을 생략한 채 양수인 앞으로 촉탁을 할 수밖에 없어 중간생략등기를 금하는 부동산등기특별조치법 제2조에 위반된다. 아파트분양권의 양도와 같은 지위양도는 허용되지 아니한다고 할 것이다.

2) 전의 매수인의 매수신고가격을 최저매각가격으로 하여 재경매를 실시해서는 안된다는 것에, 대법 1975. 5. 31, 75마172.

3) 법원실무제요 민사집행(Ⅱ), 310면.

이 난 이후에는 재매각결정의 취소신청을 할 수 없다.[1)]

(2) 그러나 재매각기일로 지정된 날의 3일 전까지[2)] 종전매수인에게 말미를 주어 매각대금 및 대법원규칙이 정하는 이율(연 12%)에 따른 지연이자 · 절차비용을 지급한 때에는 그 지급이 유효하며 **재매각절차**를 취소하여야 한다(138조 3항).[3)] 다만 종전매수인이 재매각절차의 취소를 구함에 있어 제143조의 채무인수납부 · 자기 배당금을 뺀 상계(차액)납부 등 특별지급방법은 허용될 수 없다.[4)]

4. 인도명령

(1) 의의와 입법론

매수인이 매각대금을 납부하여 소유권을 취득하였으면 경매부동산을 매수인에게 인도하는 것이 당연한데도 점유하는 채무자, 소유자 또는 대항력이 없는 점유자 등이 임의로 인도하지 아니하고 버티는 경우가 있다. 이때 매수인은 점유자를 상대로 소송을 하는 대신에 집행법원으로부터 인도명령을 받아 이에 기하여 인도 · 명도의 강제집행을 할 수 있다. 이때의 집행법원의 사무는 **사법보좌관의 업무**이다. 집행관이 인도집행을 한다(258조 1항).

이는 매수인을 위해 신속한 인도 · 명도의 집행을 할 수 있도록 한 것으로 약식절차로 간이하게 기판력이 없는 집행권원을 얻어내기 위한 제도이다. 인도명령은 제56조 1호의 항고로서만 불복할 수 있는 집행권원이며 집행문도 부여를 받아야 한다는 것이 다수설이다.[5)] 독일법은 별도의 인도명령 없이 매각허가결정을 집행권원으로 하여 인도집행을 할 수 있는 간소화 입법이다(독일 ZVG §43 Ⅰ). 오스트리아 집행법도 매각허가결정(Zuschlag)으로 인도집행을 할 수 있는 일본주의(一本主義)에 의하며, KAMCO의 공매절차에서도 별도의 인도명령이 필요없는 간소절차이다. 그런데 일본법을 참고하여 존치한 인도명령제

---

1) 대법 2009. 5. 6, 2008마1270.
2) 대법 1992. 6. 9, 91마500. 예컨대 재매각기일이 1월 10일이면 1월 9일부터 역산하여 3일이 경과한 날은 1월 6일이 되므로 1월 6일까지 대금 등을 납부할 때에는 재매각절차는 취소되어야 한다.
3) 대법 2009. 5. 28, 2009두2733 참조.
4) 대법 1999. 11. 17, 99마2551.
5) 박두환, 160면; 김홍엽, 270면; 전병서, 299면; 주석 민사집행법(Ⅱ), 800면; 법원실무제요 민사집행(Ⅱ), 394면 등.

도 때문에 번잡하고 경매절차의 지연 요인이 되고 있다. 매각허가결정이 확정되면 그것으로 경매절차는 끝이라고 체념하는 인식의 전환을 위해서도 인도명령제도의 존치는 재검토할 필요가 있다.

(2) 당 사 자

1) 인도명령은 매수인이나 그 일반승계인이 대금을 낸 뒤 6월 이내에 집행법원에 신청하여야 한다(136조 1항). 인도명령신청권은 대금을 완납한 매수인에게 부여된 집행법상의 권리이고 양도 등 처분할 수 없는 권리이므로 매수인의 특정승계인의 인도명령신청이나 그의 대위신청은 허용되지 아니한다.[1] 따라서 매수인이 목적물을 제3자에게 양도하였어도 매수인이 인도명령을 구할 수 있는 권리가 소멸하지 아니한다.[2] 양수인 앞으로 소유권이전등기를 마친 경우에도 마찬가지이다.[3] 6월의 기간이 지나면 인도명령은 신청할 수 없으므로 점유자를 상대로 인도소송을 제기할 수밖에 없다.

경매가 무효인 경우에도 인도명령을 청구할 수 있는지 여부는 그 하자가 실체상의 하자인지 절차상의 하자인지에 따라 구분된다.[4] 실체상의 하자인 경우에는 인도명령을 신청할 수 있다. 압류당시 채무자의 소유가 아니었다거나 집행권원이 무효라는 등 매수인의 소유권취득을 방해하는 사유라도 인도명령은 대금을 완납한 매수인에게 부여한 집행법상의 권리이고, 인도명령 단계에서 실체상의 하자를 심리하지 않기 때문이다.[5] 반면에 절차상 하자로 경매가 무효인 경우에는 인도명령을 신청할 수 없다. 경매개시결정을 채무자에게 송달하지 않고 진행한 경매절차에서 대금을 납부한 경우,[6] 매각허가결정이 확정되기 전에 지정된 기한에 대금을 납부한 경우[7] 등은 효력이 있는 대금납부라고 할 수 없으므로 인도명령을 신청할 수 없다. 매각허가결정에 인허가 등이 필요한 경우에 이를 간과한 경우도 같다.[8]

1) 대법 1966. 9. 10, 66마713.
2) 대법 1970. 9. 30, 70마539.
3) 그러나 매수인이 대금납부 후에 채무자 등 점유자에게 소유권을 양도한 경우에는 그를 상대방으로 인도청구를 할 수 없다.
4) 주석 민사집행법(Ⅳ), 8~9면.
5) 대법 1981. 12. 8, 80다2821 참조.
6) 대법 1995. 7. 11, 95마147.
7) 대법 2007. 12. 27, 2005다62747 등.
8) 대법 2002. 1. 21, 2001마6076(시장 · 군수의 인가를 받아야 하는 어업권의 경매에서 인가를 받지 못한 자에게 매각을 허가하여도 대금납부가 무효이고 유효하게 어업권을 이전할 수 없다.

2) **신청의 상대방**은 채무자(그의 일반승계인 포함) · 소유자만이 아니라 대항력 없는 부동산점유자(권원없는 점유자)를 포함한다(136조 1항). 일본 집행법 제83조 1항은 사건의 기록상 매수인에게 대항할 수 있는 권원에 의하여 점유하고 있다고 인정되는 자가 아닌 점유권원의 불명자도 상대방이 된다고 하였다. 구법은 신청의 상대방을 부동산점유자 중 압류의 효력이 발생한 후 점유를 시작한 자에 한정함으로써 그 전에 점유를 시작한 자에 대해서는 인도명령을 활용할 수 없는 문제점이 있었다. 대부분의 점유자가 압류효력발생 전에 점유를 시작한 사람이므로 이들에 대하여는 별도의 인도청구소송을 제기할 수밖에 없는 불편이 있었으며, 부동산경매제도 활성화에 큰 암영이었다. 그리하여 신법은 인도명령의 상대방을 확장하여 점유자가 매수인에게 대항할 수 있는 권원을 가진 경우가 아니면 **점유개시시기가 어느 때인가**를 가리지 않고 모든 점유자에게 인도명령을 발하도록 제도를 개선하였다. 특히 무단점유자, 매수인에게 대항력이 없는 임차인 등에 대해 활용가치가 크다.

채무자, 채무자의 일반승계인, 소유자가 인도명령을 상대방이 되는 경우에는 점유를 요건으로 하지 않는다. 채무자의 실체상의 집행채무가 제3자에게 양도되거나 압류의 효력 발생 후 소유권이 양도되었더라도 채무자의 경매절차상의 지위에 아무런 변화를 초래하지 아니하므로 채무자는 여전히 인도명령의 상대방이 된다. 점유자는 직접점유만을 말하고 간접점유자는 포함되지 아니한다.[1] 점유 여부의 판단기준시는 인도명령의 성립 당시이므로, 인도명령 성립 당시 부동산을 직접 점유하지 않고 있는 자는 상대방이 될 수 없다.[2] 인도명령의 집행력은 당해 채무자 등은 물론 독립한 생계를 영위하지 아니하는 가족과 같이 채무자와 동일시되는 자에 대하여도 미친다. 예컨대 처가 채무자라면 공동점유자인 남편에게 미친다고 할 것이다.[3] 회사가 채무자라면 그 직원은 점유보조자로 집행력을 받는다고 할 것이다.

3) 인도명령에 관하여서도 **신의칙의 법리**가 적용된다. 채권자에 대하여 자신이 임차인도 아니고 목적부동산에 대하여 일체의 권리를 주장하지 않겠다는

다만 매수인이 나중에라도 인가를 받았다면 어업권을 유효하게 취득할 수 있게 되고 인도명령을 받을 수 있다).

1) 김홍엽, 272; 주석민사집행법(Ⅱ), 772면 등 다수설.

2) 대법 1999. 4. 16, 98마3897.

3) 대법 1998. 4. 24, 96다30786.

확인서를 작성해 주었음에도 그 뒤 대항력을 갖춘 임차인이라고 주장하며 매수인의 인도명령신청을 다투는 것은 금반언 및 신의칙에 위배된다.[1] 소유자(채무자)의 동의없이 유치권자로부터 목적물을 임차한 자의 점유는 매수인에게 대항할 수 없다.[2]

(3) 재판과 불복

1) 심리 및 재판 인도명령의 신청에 대한 재판은 변론을 거쳐야 하는 것이 아니다. 인도명령은 사법보좌관이 아니라 지방법원 단독판사의 업무로 남겨 두었다. 인도명령의 발령시 채무자 및 소유자 외의 점유자에 대하여는 필요적 심문절차를 거쳐야 한다. 다만, (i) 매수인에게 대항할 권원이 없는 불법점유자임이 명백한 때, (ii) 이미 그 사람을 심문한 때에는 심문을 생략해도 된다(136조 4항). 구법은 채무자 및 소유자가 점유한 때만 심문이 필요 없는 것으로 하였으나, 신법에서는 심문생략자의 범위를 위 (i), (ii)의 경우까지 확장함으로써 심리절차를 간소화하였다. 인도명령신청을 기각, 각하하는 경우에는 심문이 필요적인 것이 아니다.[3]

심리는 집행기록과 신청인과 상대방이 제출한 자료를 토대로 하되, 변론주의가 적용되지 아니하고 직권주의에 의한다. 신청인은 상대방의 점유사실만 소명하면 족하고, 그 점유가 신청인에게 대항할 수 있는 권원에 의한 것임은 이를 주장하는 상대방이 소명하여야 한다.[4] 재판의 형식은 결정이다. 136조에는 '인도명령'으로 되어 있지만 소송법상 의미의 명령이 아니다. 제136조 1항의 문언상 인도명령에서는 점유자 등에게 부동산의 인도만을 명할 수 있을 뿐 그 밖에 작위(인도대상 토지상의 건물철거[5])나 부작위를 명할 수 없다. 인도명령신청에 대한 재판에는 매수인의 소유권에 기한 인도청구권의 존부에 관하여 기판력이 발생하지 않는다.[6] 위와 같은 이유 등으로 인도명령제도가 있어도 채무자 등을 상대로 한 인도청구소송의 소의 이익이 부정되지 않는다.[7]

---

1) 대법 2000. 1. 5, 99마4307; 2019. 4. 19, 2019그510.
2) 대법 2002. 11. 27, 2002마3516.
3) 주석 민사집행법(Ⅱ), 797면.
4) 대법 2012. 2. 25, 2012마388; 동 2017. 2. 8, 2015마2025.
5) 일본최고재 평성11. 10. 26. 참조.
6) 대법 1981. 12. 8, 80다2821.
7) 대법 1971. 9. 28, 71다1437.

2) 불 복 인도명령신청에 관한 결정에 대하여는 즉시항고를 할 수 있다(136조 5항). 상대방이 인도명령에 대하여 즉시항고를 하여도 집행정지의 효력이 없다(일본법은 집행정지의 효력이 있다). 인도명령의 불복사유는 ① 인도명령발령의 전제가 되는 절차적 요건의 흠(매각허가결정의 미확정, 대금의 미완납 등), ② 인도명령 심리절차의 흠(신청인의 자격, 신청기한, 필요적 심문의 미이행 등), ③ 인도명령의 상대방이 매수인에 대하여 인도를 거부할 수 있는 점유권원이 존재하는지 여부에 한정되고, 경매절차고유의 절차적 흠은 인도명령의 불복사유가 될 수 없다.[1] 집행채권(강제경매의 경우)·담보권이나 피담보채권(임의경매의 경우)의 부존재 또는 소멸, 경매절차의 정지·매각불허가사유의 존재 등 매각절차 고유의 절차적 흠은 인도명령 발령 여부를 결정하는 요건사사실이 아니므로 항고이유로 삼을 수 없다. 즉시항고는 소위 '절차이의'이므로 실체상의 사유는 즉시항고사유가 되지 못한다. 인도명령에 기한 인도집행이 종료되면 즉시항고의 이익은 없어진다.[2]

반면에 **청구이의**는 소위 '실체이의'이고, 인도명령은 일종의 집행권원이므로 인도명령의 상대방은 실체법상의 이유를 들어 인도명령의 집행력을 배제하기 위한 청구이의의 소(44조)를 제기할 수 있다.[3] 인도명령에는 기판력이 인정되지 아니하므로 제44조 2항은 인도명령에 적용되지 아니하고 따라서 인도명령 성립 이전에 생긴 사유를 청구이의사유로 할 수 있다.[4] 즉시항고사유 중 청구이의 사유에도 해당하는 것은 당연히 청구이의 사유로 주장할 수 있다. 인도명령의 목적부동산에 관하여 소유권 등 상대방으로부터 신청인으로의 인도를 방해하는 권리를 가진 제3자는 인도집행을 배제하기 위하여 제3자이의의 소를 제기할 수 있다.

(4) 인도명령의 집행

인도명령은 항고로만 불복할 수 있는 재판(56조 1항)으로서 집행권원이 되므로 인도명령에 대해서는 집행문을 부여받아야 하고,[5] 집행을 받을 자에게

1) 대법 2015. 5. 10, 2015마19.
2) 대법 2010. 7. 26, 2010마458.
3) 대법 2015. 3. 26, 2014다13082; 전병서, 303면; 주석 민사집행법(Ⅱ), 803면.
4) 주석 민사집행법(Ⅱ), 803면.
5) 부동산집행의 효율성 제고를 위하여 인도명령에 집행문부여가 필요 없도록 하자는 견해에, 이형구, "부동산인도집행의 효율적 방안에 대한 소고", 민사집행법연구 제15권, 243면.

인도명령을 송달하는 것이 집행개시요건이다(39조 1항). 즉시항고를 하여도 집행정지의 효력이 없다. 인도명령에도 불구하고 상대방이 버티고 인도하지 아니하면,[1] 매수인 또는 채권자는 집행관에게 위임하여 인도집행을 할 수 있다(136조 6항). 앞서 본 바와 같이 인도명령으로는 부동산의 인도만을 명할 수 있으므로 인도대상 토지 위에 인도대상이 아닌 건물 등이 있다고 하여도 집행관은 완전한 토지인도를 집행한다는 명분으로 건물을 철거할 수 없다. 그러나 인도대상 토지상에 동산이 있는 경우에는 집행관이 그 동산을 옮기고 토지의 인도를 할 수 있다.

(5) 실무상의 문제점과 대책

인도명령의 상대방으로 채무자, 소유자만 있는 경우에는 큰 문제가 없을 것이나, 실무상 주로 문제되는 것은 권리의 존부나 점유권원의 존부가 불확실한 유치권자나 임차인 등(매각물건명세서에 '불명'로 기재된 자 등)이 인도를 거부하고 버티는 경우이다. 실무상 이들에 대하여는 법관이 인도명령의 발령을 주저하는 일이 있다고 하는데, 일반 인도집행과 마찬가지로 채권자를 곤혹스럽게 한다.

대처방안으로는

첫째, 이들을 피고로 한 인도청구소송의 정면대결을 지나치게 두려워할 필요는 없다. 매수인은 대금을 납부한 후에는 점유를 함부로 이전 못하게 점유이전금지가처분을 신청하는 선제조치도 바람직하다. 유치권이나 대항할 수 있는 임차권이 있다는 주장은 인도청구소송에서 항변으로 되어 이를 주장하는 피고가 그 존재에 대한 증명책임을 지게 되므로 피고측이 불리한 지위에 서게 됨을 유의할 필요가 있다. 만일 피고가 항변을 입증하여도 원고인 매수인은 유치권의 채권액[2] 또는 임차보증금액의 지급과 상환이행으로 인도판결을 받을 수도 있다. 또한 성립여부가 불확실한 법정지상권을 주장하면 주위적 청구로 건물철거, 예비적 청구로 지료청구로서 맞대응할 수 있을 것이다.

둘째, 가장유치권자나 가장임차권자로 확인될 경우에는 형법 제315조의 위계에

---

1) 용역회사, 폭력조직 등이 개입하여 집행에 저항하는 예가 있고, 이에 대하여 집행관이 소극적으로 대처하거나 집행불능으로 처리하면 신청인이 부득이 '명도비용'을 주어 해결하는 일도 있는데, 실무가 개선되어야 할 부분이다.

2) 다만 판례는 아파트의 매수인이 유치권자에 대한 채권을 자동채권으로 하여 유치권자의 전소유자에 대한 유익비상환청구권을 수동채권으로 한 상계가 허용되지 아니한다고 하였다(대법 2011. 4. 28, 2010다101394).

의한 경매방해죄로 형사고소하는 길이 있다.

그러므로 점유자에게 이사비용을 제공하는 등 그들과 가볍게 타협하는 관례는 신청인이 과도하게 걱정하는 것이고, 민사집행절차에서의 준법과 정의실현을 위해서도 지양되어야 한다.

5. 관리명령

매각허가결정이 나고 매수인이 매각대금을 납부하고서 목적부동산을 인도받기까지 상당한 기간의 과도기가 있다. 그 사이에 부동산의 소유자·점유자 등이 법률상 처분이나 사실행위에 의하여 목적부동산의 가격을 감소시킬 가능성을 배제할 수 없다. 따라서 매수인의 인도청구권의 보전을 위하여 **매각허가결정 후 인도받기까지** 매수인·채권자의 신청에 의하여 법원이 선임하는 관리인에게 그 부동산을 관리시키는 관리명령을 받을 수 있다(136조 2항). 신청의 상대방은 부동산을 직접점유하고 있는 자로서 채무자와 소유자가 이에 해당한다. 사법보좌관이 아니라 단독판사가 관리명령을 내린다(사보규 2조 1항 7호 나목). 그러나 부동산의 소유자 등이 관리인의 인도요구에 불응하면 매수인이나 채권자의 신청에 의하여 제136조 1항과 같은 인도명령을 받을 수 있다(관리를 위한 인도명령). 담보부 또는 무담보부로 명령을 한다(136조 3항).

법 제83조, 규칙 제44조 1항에 의한 가격감소행위의 방지를 위한 보전처분의 시한이 매각허가결정시까지라면, 그후 인도받기까지 사이에 같은 보전처분이 필요할 것인데 그것이 곧 관리명령이다. 관리명령은 즉시 효력이 발생하는 것이 특징이며, 부수적 보전처분임에 비추어 별도의 집행문이 필요 없다. 그런데 실무상 활용도가 낮다. 2003년 일본 개정법은 최고가매수신고인·매수인을 위한 보전처분규정을 개정하여 부동산의 가격감소·인도곤란행위에 대해 단호하게 대처하는 입법을 하였다.

Ⅶ. 배당절차

경매절차는 경매취득자인 매수인과는 인도명령으로 끝나도 매각대금 등을 압류채권자·이중압류채권자·배당채권자에게 분배하는 문제가 남는다.

1. 매각대금의 배당

(1) 매수인으로부터 대금이 지급되면 집행법원은 반드시 배당절차를 밟아야 한다(145조 1항). 매각대금으로 채권자가 1인이든 수인이든 각 채권자의 채권 및 집행비용의 전부를 변제할 수 있으면 각 채권자에게 대금을 교부함으로써 배당절차는 간단히 끝이 난다. 그러나 매각대금으로 배당에 참가한 모든 채권자를 만족하게 할 수 없는 때에는 법에 의한 우선순위에 따른 배당절차가 개시된다. 1990년 개정법률 전까지는 배당절차는 강제집행에만 적용되었으나, 그 뒤부터는 담보권실행경매에서도 배당절차에 의한다(268조, 145조~161조. 국세징수법에서도 '배분절차' 신설).

(2) 배당에 충당될 금액에 대하여서는 제147조에 규정되어 있는데, 부동산의 매각대금 외에 (i) 매수인이 재매각절차에서 내놓는 대금지급기한이 지난 뒤부터 대금의 지급일까지의 연 12%의 지연이자 및 매수인이 매수신청의 보증으로 금전 이외의 것을 낸 경우에 대금지급기한까지 충당이 이루어지지 못하여 납부하는 보증액에 대한 연 12%의 지연이자(138조 3항, 142조 4항, 규 75조), (ii) 매각허가결정에 대한 항고기각 · 취하시에 채무자 · 소유자가 냈으나 돌려받지 못하는 항고공탁금(130조 6항, 8항), (iii) 채무자 · 소유자 이외의 사람이 제기한 항고가 기각 · 취하된 때에 납부했으나 돌려받지 못하는 항고한 날부터 기각 · 취하시까지의 매각대금에 대한 연 12%의 비율에 의한 금액(130조 7항, 8항, 규 75조), (iv) 재매각의 경우에 종전 매수인의 매수보증금(138조 4항)도 포함된다.[1)]

위와 같은 금액으로 배당재단(配當財團, Schuldenmasse)을 이룬다고 볼 수 있는데, 위 금액으로 모든 채권자에게 배당교부하여 주고 남는 금액이 있으면 우선적으로 채무자 · 소유자가 아니라 매각허부결정에 항고하였다가 기각당한 자에게 돌려준다(147조 2항). 이때 항고인이 여러 명이고 돌려줄 돈은 부족하면 항고인들이 낸 돈의 비율에 따라 안분한다(147조 3항). 물론 항고하지 않은 경

1) 구 국세징수법 제78조 2항 후문은 민사집행법과 달리 계약보증금을 배당재원에 포함시키지 않고 국고귀속토록 규정하였는데, 헌재 2009. 4. 30, 2007헌가8에서 국세징수법상 체납자 및 담보권자를 민사집행법상 경매절차에서의 집행채무자 및 담보권자에 비해 합리적 이유없이 차별한다고 하여 헌법불합치결정을 하였다. 국세체납처분의 공매가 민사집행법상의 경매화되는 경향은 가속화되고 있다.

우는 채무자에게 돌려준다.[1)]

2. 배당실시절차

(1) 배당기일의 지정통지와 계산서제출의 최고

매수인이 매각대금을 지급하면 집행법원은 배당기일을 지정하고 이해관계인과 배당요구채권자에게 통지하여야 한다(146조). 배당기일이 정해진 때에는 법원사무관 등은 각 채권자에 대하여 채권의 원금, 배당기일까지의 이자, 그 밖의 부대채권 및 집행비용을 적은 계산서를 1주일 안에 법원에 제출할 것을 최고하여야 한다(규 81조). **계산서제출의 최고**이다. 1주일이라는 기간은 훈시적인 규정이며, 그 기간이 지난 후에 제출된 계산서도 배당표를 작성하는데 도움이 되는 것은 동일하므로 배당표 작성에 참고할 것이다.[2)] 채권자가 계산서를 제출하지 아니하면 법원이 압류채권자의 신청서, 배당요구서, 집행권원의 정본, 등기부등본 등 기록에 나타나 있는 자료를 토대로 채권액을 계산한다.

(2) 배당표의 작성

집행법원은 배당기일의 3일 전에 **배당표원안**(Teilungsplan)을 작성하여 법원에 비치하여 이해관계인이 열람할 수 있도록 하여야 한다(149조 1항). 배당표의 작성은 **사법보좌관의 업무**이다. Computer와 인터넷을 이용하여 전자화·단순화할 과제이다. 집행법원은 배당기일에 출석한 이해관계인과 배당요구채권자를 심문하고 즉시 조사할 수 있는 서증을 조사한 다음 원안을 추가정정할 것이 있으면 정정하여 배당표를 확정하여야 한다(149조 2항). 심문과정에서 임차권자 등 가짜 채권자가 판명되는 경우가 많다.

배당기일에서 배당의 순위 및 액수에 대하여 모든 채권자 사이의 합의가 성립되면 이에 따라 배당표를 작성하여야 한다(150조 2항). 배당표에는 매각대금, 채권자의 원금·이자·비용·배당의 순위와 비율을 적어야 한다(150조 1항). 한 사람의 채권자가 여러 개의 채권을 갖고 있을 때에 배당금을 어느 채권에

---

1) 매각대금 중 근저당권의 채권최고액을 초과하는 부분은 채무자인 근저당권설정자에 돌려줄 것이 아니라 최고액을 초과하는 채무변제에 충당하여야 한다는 것에, 대법 2006. 7. 28, 2006다19986; 동 2009. 2. 26, 2008다4001.

2) 법원행정처, 민사집행규칙해설, 248면.

먼저 충당할 것인가에 관한 규정이 없지만, 민법의 법정충당의 규정(민 477조~479조)에 따를 것이다. 합의충당은 있을 수 없다.

대지와 건물을 일괄매각하는 경우 각 재산의 매각대금에서 배당받을 채권자 및 채권액이 다른 때에는 각 부동산의 매각대금마다 개별배당재단을 형성하여 따로 배당표를 작성하여야 하며, 이 경우 배당표에 대한 이의는 각 물건마다 작성된 배당표를 대상으로 따로 처리하여야 한다.[1]

배당표에 이의가 있으면 그 부분에 한하여 배당표는 확정되지 아니한다(152조 3항).

(3) 배당표에 대한 이의

1) 개 요 배당표 작성의 절차 등에 위법이 있다고 주장하거나 배당표에 기재된 각 채권자의 채권의 존부·범위·순위에 대하여 불복하는 채권자·채무자는 배당기일에 출석하여 이의할 수 있음이 원칙이다. 불출석한 채권자는 배당표대로 배당하는데 동의한 것으로 본다(153조).

① **절차상의 이의** 배당표 작성의 절차 또는 방법에 위법이 있다고 주장하는 것을 배당표에 대한 절차상의 이의라고 한다. 예컨대, 배당요구를 하지 아니하여 배당표에 기재할 수 없는 채권을 배당표에 기재하였다든지, 제147조에 위반하여 배당할 금액에 가산하여야 할 금액을 빠뜨렸다든지, 배당표에 기재한 금액의 계산이 틀렸다든지 등을 이유로 그 위법을 주장하는 경우가 이에 해당한다. 이는 본질적으로 집행법원에 대하여 집행법을 그르치지 말라고 사전촉구하는 의미를 지니는데 불과하므로, 집행법원은 그 당부를 판단하여 이의가 정당하다고 인정하면 그 주장된 위법을 시정할 것이고 이의가 부당하다고 인정하면 이에 응하지 아니한 채 배당을 실시한다.[2] 이 경우에 이의를 한 사람은 정식으로 집행에 관한 이의(16조)를 할 수 있다.

② **실체상의 이의** 배당표에 기재된 채권의 존부, 순위 또는 배당액수가 사실과 다르다고 주장하는 것을 배당표에 대한 실체상의 이의라고 한다. 채권자가 실체상의 이의를 하는 경우에는 자기에게 이해관계가 있는 것이 아니면 이의를 할 수 없다. 실체상의 이의의 경우에는 집행법원은 그 이의의 적

---

1) 대법 2003. 9. 5, 2001다66291.

2) 주석 민사집행법(Ⅱ), 1038면; 법원실무제요 민사집행(Ⅲ), 162면; 오석락, "배당표의 하자에 대한 불복방법", 고시계(1975. 5), 44면.

법 여부 외에는 그 당부를 스스로 심판할 수 없고, 배당이 유보될 뿐이며(152조 3항) 그 당부는 배당이의의 소(154조 1항) 또는 청구이의의 소(44조)에 의하여 별도로 일반법원이 판결절차로 완결하게 되어 있다. 배당절차에서 선정당사자가 선정된 경우, 배당표에 대한 이의의 주체와 상대방은 원칙적으로 선정당사자이다.[1)]

2) 이의 적격자 배당이의를 할 수 있는 사람은 채무자와 각 채권자에 한정되고, 제3자는 자기의 물건이 채무자의 소유로 오인되어 집행목적물로 매각되어도 제3자이의의 소를 할 것이지 배당기일에 출석하여 배당표에 대해 이의신청할 권한이 없다.[2)] 이의를 할 수 있는 채권자가 우선권 있는 자인지 여부, 집행력 있는 정본을 가지고 있는지 여부, 채권이 사법상의 것인지 공법상의 것인지 여부, 배당표에 배당을 받는 것으로 기재되어 있는지 여부를 불문한다.[3)] 조세채권의 교부청구자도 포함된다. 저당권설정등기가 위법하게 말소되어 아직 회복등기를 하지 못한 경우에도 저당권이 소멸하는 것은 아니므로 그 저당권자는 배당이의는 물론 배당이의의 소를 제기할 수 있다.[4)]

채권자대위권에 기하여 배당이의할 수 있는가. 배당이의란 이의권자에게 부여된 집행법상의 권리이므로 성질상 허용될 수 없다는 소극설이 있다. 그러나 금전채권보전을 위하여 특정채권(특정권리)를 대위행사할 수 있으므로(이 경우 무자력을 요건으로 하지 않는다) 부정할 이유가 없다는 긍정설이 다수이고, 실무도 적극설에 의한다.[5)]

배당이의의 상대방은 채권의 우선권 유무, 집행력 있는 정본의 유무를 불문하고 배당표원안에 배당을 받는 것으로 되어 있는 채권자이다.

3) 이의 방법 채무자는 배당기일에 출석하여(151조 1항) 또는 배당기일

1) 대법 2017. 12. 13, 2015다61507; 동 2015. 10. 29, 2015다202490.

2) 대법 2002. 9. 4, 2001다63155. 경매목적물의 진정한 소유자가 따로 있어도 경매개시결정 당시 소유권자로 등기되어 있는 사람이 배당표에 대하여 이의진술을 할 권한이 있고, 나아가 배당이의의 소의 원고적격이 있다(대법 2015. 4. 23, 2014다53790).

3) 법원실무제요, 민사집행(Ⅲ), 163면.

4) 대법 2019. 8. 30, 2019다206742; 동 2002. 10. 22, 2000다59678(등기는 물권의 효력발생요건이고 존속요건은 아니어서 등기가 원인없이 말소된 경우 물권의 효력에 아무런 영향이 없고, 그 회복등기가 마쳐지기 전이라도 말소된 등기명의인은 적법한 권리자로 추정되기 때문이라고 한다).

5) 주석 민사집행법(Ⅱ), 1044면; 법원실무제요 민사집행(Ⅲ), 161면; 법원도서관, 민사집행법실무연구(재판자료 117집), 221면; 윤경/손흥수, 민사집행실무(Ⅰ) 부동산경매(2), 1660~1661면 등.

에 출석하지 않더라도 사법보좌관이 배당기일 3일 전에 배당표원안을 작성하여 법원에 비치한 이후 배당기일이 끝날 때까지 서면으로(151조 2항) 채권자의 채권 또는 그 순위에 대하여 이의할 수 있다. 이와 달리 채권자는 반드시 배당기일에 출석하여 자기의 이해에 관계되는 범위 안에서 다른 채권자를 상대로 그의 채권 또는 그 채권의 순위에 대하여 이의할 수 있다(151조 3항). 그러므로 채권자가 미리 이의신청서를 집행법원에 제출하였더라도 배당기일에 출석하지 않거나 출석하더라도 이의신청서를 진술하지 않았다면 이의신청을 하지 아니한 것으로 보아야 한다.[1)]

2017. 3. 31. 사법보좌관규칙의 개정으로 제5조가 폐지되기 전까지는 사법보좌관이 작성한 배당표에 대한 이의신청이 있으면 배당기일을 중지하고 이의신청사건을 소속법원의 판사에게 송부하도록 하였으나 현재는 판사가 배당표를 작성한 경우와 똑같이 제151조 등에서 정하는 배당표에 대한 이의절차에 따라 처리한다.

배당문제에 관한 한 우리나라는 평등주의 원칙, 등기공시되지 아니하는 주택·상가건물임차권, 가짜 배당요구채권자의 등장, 도처에 산재된 법정우선변제권, 압류의 효력에 대한 개별상대효설, 인수주의가 아닌 소멸주의의 채택으로 소멸되는 권리가 배당금으로 옮겨지는 등의 이유로 다른 어느 나라보다도 배당표의 작성이 어렵고 복잡하여 시간이 오래 걸린다.

배당표원안을 작성하고 확정하는 사법보좌관의 행위에 어느 정도의 잘못이 있어야 국가배상책임이 발생하는가. 판례[2)]는 이러한 사법보좌관의 행위는 재판상 직무행위에 해당하므로 법관의 직무행위에 대한 국가배상책임의 법리가 그대로 적용된다고 하면서, 사법보좌관이 위법하거나 부당한 목적을 가지고 직무를 행하였다거나 직무수행상 준수할 것을 요구하고 있는 기준을 현저하게 위반하는 등 사법보좌관이 그에게 부여된 권한의 취지에 명백히 어긋나게 행사하였다고 인정할 만한 특별한 사정이 있어야 국가배상책임이 발생한다

1) 대법 1981. 1. 27, 79다1846.

2) 대법 2023. 6. 1, 2021다202224(원고와 원고의 업무수탁기관인 농협은행주식회사를 동일한 주체로 오인하여 원고를 배당절차에서 누락한 사안인데, 국가배상책임이 발생하지 않는다고 하였다). 법관의 국가배상책임에 관하여 같은 취지로 판결한 대법 2001. 3. 9, 2000다29905; 동 2001. 4. 24, 2000다16114(1번 근저당권이 경매대상 토지지분에 설정된 것이 아니라고 오인하여 배당표에서 누락한 사안); 동 2016. 10. 13, 2014다215499; 동 2022. 3. 17, 2019다226975 등 참조.

고 하였다.

(4) 배당의 실시와 공탁

1) 배당기일에 이의가 없는 때는 배당표에 의하여 배당한다. 이의가 있더라도 관계인이 이의를 정당하다고 인정하거나 다른 방법으로 합의된 때에는 이에 따라 배당표를 경정하여 배당을 실시하여야 한다(152조 2항). 배당기일에 이의가 완결되지 아니한 때에는 배당이의가 없는 부분에 한하여 배당을 실시하여야 한다(152조 3항).

2) **채권전부**를 배당받을 채권자에게는 배당액지급증을 교부함과 동시에 그의 집행력 있는 정본 등을 돌려받아 채무자에게 교부하고, **채권일부**를 배당받을 채권자에게는 그의 집행력 있는 정본 등에 배당액을 적어주고 배당액지급증을 교부함과 동시에 영수증을 받아 채무자에게 교부한다(159조 2항, 3항).

확정기한 미도래의 채권을 어떻게 배당할 것인가. 변제기가 도래한 것으로 보고 또 그 채권이 무이자이면 중간이자를 공제하고 배당을 실시하는 것이 일본법(88조)이다. 같은 규정이 없는 우리 법에서는 160조 1항 1호의 반대해석상 배당액을 지급하여야 한다는 견해도 있으나, 불확정기한부 채권에 관한 제160조 1호를 유추하여 공탁할 것이다(공탁설[1]).

3) **배당금액의 공탁**(160조) 다음의 경우에는 배당액을 배당하지 않고 일시보류하는 의미에서 공탁하여 배당절차를 정리한다. 이 경우를 배당유보공탁이라 하며, 배당액지급증을 교부하지 아니한다.

① 정지조건부나 불확정기한부채권(1호)

② 가압류채권(2호). 지급금지가처분이 된 채권도 같이 볼 것이다.

③ 일시 집행정지재판의 정본제출(3호)

④ 저당권설정의 가등기(4호)

⑤ 배당이의의 소 제기를 받은 채권자의 채권액(5호)

⑥ 민법 제340조 2항, 제370조에 따라 공탁청구를 받은 배당금액(6호)

⑦ 배당기일에 불출석한 채권자의 배당액(160조 2항)[2]

---

1) 박두환, 417면; 주석 민사집행법(Ⅱ), 1129면.

2) 민사집행법에 명문의 규정은 없으나, ① 저당권부채권이 압류(가압류)된 경우에는 그것만으로 채권의 권리자가 바뀌는 것은 아니지만 저당권부채권에 대한 압류의 효력은 저당권자의 배당금청구권에 미친다고 해석되므로 압류가 존속하는 한 당해 배당금을 지급하지 않고 저당권자를 피공탁자로 하여 공탁해야 하고, ② 배당받을 채권의 존재 및 수액에 관하여 아무런 다툼

(5) 공탁사유의 소멸과 추가배당(161조)

1) 배당금액을 공탁한 뒤 정지조건의 성취, 기한의 도래, 가압류채권자의 승소확정 등 공탁사유가 소멸되면 그 공탁금은 채권자에게 지급한다.[1)]

2) 그러나 정지조건부채권의 조건불성취가 확정된 경우, 가압류채권자가 본안소송에서 패소한 경우,[2)] 집행정지된 채권에 관하여 궁극적으로 집행이 불허된 경우 등과 같이 채권자에게 배당을 실시할 수 없게 된 때(161조 2항 1호), 채무자가 제기한 배당이의 소송에서 채권자가 패소한 때(161조 2항 2호), 배당기일에 불출석한 채권자가 법원에 공탁금 수령을 포기하는 의사를 표시한 때(161조 3항)에는 그 공탁금을 다른 채권자를 위하여 **추가배당**해야 한다.

구 민사소송법하에서는 채권자가 공탁된 배당금을 받을 수 없는 사정이 생긴 경우에 채무자 또는 소유자에게 교부할 것인가(채무자교부설) 아니면 다른 채권자를 위하여 추가배당을 할 것인가(추가배당설)를 둘러싸고 논란이 많았던 부분인데, 입법적으로 이를 해결한 것이다.[3)] 저당권자가 먼저 저당목적물 이외의 재산에서 배당받은 금액에 대하여 다른 채권자가 공탁을 청구한 후(민 340조 2항, 370조 참조) 그 저당권자가 저당목적물의 매각대금에서 배당을 받게 된 때(161조 2항 3호)에도 그 공탁금을 추가배당해야 한다.

추가배당을 실시하는 때에는 배당에 대하여 이의하지 아니한 채권자를 위하여서도 배당표를 바꾸어야 한다(161조 2항). 추가배당을 위한 배당표의 작성방법에 관한 명문의 규정이 없다. 종전의 배당표를 변경하는 방법과 추가된 배당재단을 배당할 금액으로 하는 추가배당표를 작성한 후 당초의 배당표에 추가배당표가 작성되었음을 부기하는 방법이 있을 수 있는데, 우리 실무는 후자를 이

이 없어 배당표가 확정되었지만 배당금수령채권이 압류(가압류)된 경우에는 당초의 채권자인 압류사건의 채무자를 피공탁자로 하여 당해 배당액을 공탁하여야 한다. ③ 채권자에게 배당하고 남은 금원은 채무자에게 지급하여야 하는데, 이를 수령할 채무자가 배당기일에 불출석한 경우에는 이를 공탁할 것이다.

1) 배당이의가 있었던 채권은 배당표 확정시에 변제의 효력이 발생하여 소멸한다(대법 2018. 3. 27, 2015다70822). 가압류채권자를 위해 배당액이 공탁된 후 채권자 승소의 본안판결이 확정된 경우에는 배당금으로 충당되는 범위에서 본안판결 확정시에 소멸한다(대법 2018. 7. 24, 2016다227014).

2) 대법 2004. 4. 9, 2003다32681. 배당액이 공탁된 후 본안판결에서 확정된 가압류의 피보전채권액이 가압류청구금액에 미치지 못하는 경우, 배당액 조정 및 추가배당방법에는, 대법 2013. 6. 13, 2011다75478.

3) 법원행정처, 민사집행법 해설 구민사소송법(집행절차편) 개정부분, 204면.

용한다.[1] 그러므로 통상의 배당절차에 따라 공탁된 금액에 관하여 배당표를 작성하고, 배당기일 3일 전에 법원에 비치하고 추가배당기일을 정하여 이해관계 있는 채권자들[2]에게 통지하여 배당기일을 진행한다. 추가배당의 경우에는 종전의 배당기일에서 주장할 수 없었던 사유로만 배당이의를 할 수 있다(동 4항).

(6) 대금지급 후의 집행정지의 문제

매수인이 대금지급기한까지 매각대금을 지급하면 부동산소유권이 매수인에게 이전되므로 그후 제49조의 집행정지서류를 제출하여도 배당절차의 실시에 영향이 없다. 따라서 배당절차는 계속 진행된다. 다만 제49조 제1호 · 제3호 · 제5호 · 제6호의 서류가 제출되었을 때에는(집행취소사유이기도 하다) 그 채권자만을 배당에서 제외한다(규 50조 3항 1호). 제2호(일시정지의 재판)의 서류가 제출되었을 때에는 그 채권자에 대한 배당액을 공탁한다(규 50조 3항 2호). 제4호(변제증서 · 변제유예승낙증서)의 서류가 제출된 때에는 그 채권자에 대한 배당액을 지급한다(규 50조 3항 3호). 제4호의 서류가 체출되었음에도 배당액을 일단 지급하는 것은 좀더 일찍 변제나 변제유예를 받아 제출할 수도 있는 서류인데 뒤늦게 제출한 데 대한 불이익이다.[3]

3. 배당받을 수 있는 채권자의 범위와 순위

(1) 배당채권자

법 제148조는 다음과 같이 규정하였다. 배당요구채권자보다는 그 범위가 넓다(자세한 것은 앞의 배당요구권자 참조). 경매실무상 소위 '등기부상 배당채권자'라는 말이 있다. 아래 가운데 1호, 3호, 4호(법률상 우선변제청구권자 제외), 5호의 채권자는 등기부에 올라 있는 채권자를 말하는 것이다.

① **배당요구의 종기까지 경매신청을 한 압류채권자**(1호) 경매신청의 압류채권자와 이중압류채권자를 뜻한다.

② **배당요구의 종기까지 배당요구를 한 채권자**(2호) 제88조 1항에 규정된 채권자들이다.

---

1) 법원실무제요 민사집행(Ⅱ), 1163면; 주석 민사집행법(Ⅳ), 341면. 법원공무원교육원, 민사집행실무, 421면.

2) 종전 배당절차에서 채권 전액을 배당받은 채권자는 이미 채권이 소멸하였기 때문에 기일소환이 필요 없다.

3) 박두환, 421면.

③ **첫 경매개시결정등기 전에 등기된 가압류채권자**(3호) 선순위가압류채권자이다. 가압류등기는 매수인의 매각대금완납 후에는 그 말소촉탁의 대상이 되어 가압류채권자는 당연히 배당받을 채권자가 된다. 가압류채권자의 배당액은 공탁한다(160조 1항 2호). 배당에 참가할 수 있는 채권액은 가압류재판에 표시된 청구금액에 한정된다.[1] 그리고 본안확정판결 등에서 지급을 명한 가압류채권자의 채권은 배당액으로 충당된 범위 내에서 본안판결 등의 확정시에 소멸된다.[2] 가압류채권의 배당순위는 가압류에 의하여 보전된 피보전권리의 실체법상 우선순위에 따른다. 따라서 가압류의 피보전채권이 임금채권과 같이 우선변제권이 있는 채권임이 소명된 경우에는 우선변제를 받을 수 있다(소명되지 않으면 일반채권자로서만 배당받는다).[3] 가압류의 피보전권리가 우선변제권이 있는 채권이라는 점은 배당표의 확정시까지 하면 된다.[4] 가압류 후 담보권 설정 또는 소유권이 변동된 경우 우리나라는 개별상대효설에 의하므로 가압류의 우선순위와 배당금액에 변동이 생길 수 있다는 점은 앞서 보았다.[5]

④ **저당권·전세권, 그 밖의 우선변제청구권으로서 첫 경매개시결정등기 전에 등기되었고 매각으로 소멸하는 것을 가진 채권자**(4호. 선순위담보권자) 본조는 부동산의 강제경매 규정에 따르는(172조) 선박에 대한 강제집행에도 당연히 적용된다.[6] 임차권등기명령에 의하여 임차권등기를 한 임차인도 여기에 포함된다.[7] 저당권설정등기가 위법하게 말소된 경우에는 회복등기를 하기 전이라도 저당권이 소멸하지 아니하므로 본호에 해당한다.[8] 그러나 담보권설정행위가 사해행위로 취소된 경우에는 '담보권자'로서 배당받을 수 없다.[9]

판례는 가등기담보 등에 관한 법률 제16조는 가등기가 되어 있는 부동산

---

1) 주석 민사집행법(Ⅱ), 964면; 법원실무제요 민사집행(Ⅲ), 106면.
2) 대법 2014. 9. 4, 2012다65874.
3) 대법 2002. 5. 14, 2002다4870.
4) 대법 2004. 7. 22, 2002다52312.
5) 자세한 것은 법원실무제요 민사집행(Ⅲ), 106~110면 참조.
6) 외국선박에 대한 집행절차에서 경매개시결정 전에 선박국의 법률에 따라 저당권을 설정하고 등기를 갖춘 저당권자가 배당표확정 전에 이러한 사실을 입증하였다면 이러한 외국의 저당권자도 배당요구와 관계없이 배당받을 수 있다는 것에, 대법 2004. 10. 28, 2002다25693.
7) 대법 2005. 9. 15, 2005다33039.
8) 만일 이러한 저당권자가 배당받지 못한 경우에는 배당이의와 배당이의의 소로 구제받을 수 있고, 배당표가 확정되었을 때는 부당이득반환청구를 할 수 있다(대법 2002. 10. 22, 2000다59678).
9) 대법 2009. 12. 10, 2009다56627.

에 대한 경매개시결정이 있는 경우 법원은 가등기권리자에 대하여 담보가등기인 때에는 채권의 존부 · 원인 및 수액을, 담보가등기가 아닌 경우에는 그 내용을 신고할 것을 최고하여야 하고(1항), 압류등기 전에 경료된 담보가등기권리가 매각에 의하여 소멸하는 때에는 제1항의 채권신고를 한 경우에 한하여 배당받을 수 있다고 규정하고 있으므로(2항) 담보가등기권리자는 집행법원이 정한 기간 안에 채권신고를 하지 않은 경우 배당권을 상실한다고 한다.[1)]

대위변제자는 피대위자가 가지고 있던 채권과 담보권을 이전받게 되므로 만일 피대위자가 배당요구 없이 배당받을 수 있었던 경우에는 대위변제자도 배당요구 없이 배당을 받을 수 있다.[2)]

⑤ **첫 경매개시결정등기 후에 국세체납압류 또는 참가압류등기가 되고 교부청구를 한 국가 · 지방자치단체**[3)] 등기 전에 압류 또는 참가압류등기된 경우는 교부청구가 필요 없으며, 그 등기로서 배당요구와 같은 효력이 생긴다.[4)]

여기에서 주의할 것은 첫째, 제148조 2호의 채권자는 배당요구의 종기까지라는 시기를 지켜 이중경매신청 · 배당요구의 조치를 취한 자라야 하며, 집행력 있는 정본을 가진 자나 압류등기 후 등기된 가압류채권자나 법정우선변제청구권이 있는 자일 것이 전제된다(88조).

둘째, 제3, 4호의 채권자는 경매신청이나 배당요구를 하였느냐 여부에 관계없이 당연히 배당권자가 된다. 이들이 제84조 4항의 채권신고를 하지 아니한 때에는 그 채권자의 채권액은 등기사항증명서 등 집행기록에 있는 서류와 증빙에 따라 계산하며, 이 경우 다시 채권액을 추가하지 못한다(84조 5항).

셋째, 현행법에는 구민법과 같은 선취특권(先取特權)제도가 없지만 정책적으로 등기되지 아니한 법정 우선변제청구권이 있는 채권이 적지 아니하다(근로관계채권, 4대보험 등). 이들도 배당요구[5)]나 이중 경매신청이 있었으면 배당채권자로 된다.

---

1) 대법 2022. 3. 31, 2021다203760; 동 2008. 9. 11, 2007다25278.

2) 대법 2021. 2. 25, 2016다232597(담보가등기 사안).

3) 대법 2001. 11. 27, 99다22311. 교부청구의 효력이 있다고 볼 경우에도 매각허가기일까지 체납된 국세의 세액을 계산할 수 있는 증빙서류를 제출하지 아니한 때에는 경매법원으로서는 당해 압류등기촉탁서에 의한 체납세액을 조사하여 배당할 수 있을 뿐이라는 것에 대법 1992. 3. 10, 91마256 · 257. 그러나 부동산에 대한 경매개시결정등기 전에 체납압류등기가 마쳐진 경우에는 예외라는 것에, 대법 2002. 1. 25, 2001다11055.

4) 대법 2002. 1. 15, 2001다11055.

5) 대법 2015. 8. 19, 2015다204762.

넷째, 배당요구가 필요한 배당요구권자가 제때에 배당요구를 하지 아니하였으면 배당에서 제외된다. 경매신청자나 배당요구자라도 배당요구의 종기 이후에는 경매신청이나 배당요구한 것 이상의 채권을 추가하거나 확장할 수 없다(84조 5항 참조).[1] 추가나 확장할 수 없는 나머지 부분은 뒤에 부당이득반환청구도 할 수 없다. 이를 **실권효**라고 한다.

(2) 배당순위

1) 매각대금으로 배당참가한 모든 채권자를 만족하게 할 수 없는 때에는 법원은 민법·상법, 그 밖의 법률에 의한 우선순위에 따라 배당하여야 한다(145조 2항). 이렇게 추상적인 한 조문뿐인 것은 입법소홀이다.[2] 독일은 ZVG §10 I Nr. 1-8에 순위를 상세히 규정한 것과 대조적이다.

2) 집행비용[3]이 최우선순위인 0순위이다(53조 1항). 저당물의 제3취득자(지상권·전세권·소유권)가 지출한 필요비·유익비는 그 다음 순위이다(민 367조). 그 밖의 채권을 보면 다음과 같다.[4] 독일법은 배당순위를 법률로 정하고 있으나(독일 ZVG §10), 우리 법은 법으로 정해 있지 않아 분명치 아니한 경우가 적지 않다. 따라서 여기에서 밝힌 순위는 개략적인 것이며, 국세기본법 제36조, 지방세기본법 제101조와 특별법에서 우선변제권을 인정한 여러 규정을 종합하여 판단한 것이다. 배당순위를 어겨 배당하면 뒤에 배당이의의 소나 부당이득반환청구의 소 제기의 위험이 따르므로 순위를 지키는 것은 매우 중요하다.

① **1순위**: 최종 3개월분 임금[5]·최종 3년간 퇴직급여등[6]과 재해보상금·

---

1) 대법 2005. 8. 25, 2005다14595; 대법 2002. 1. 25, 2001다11055.

2) 동일채권자가 갖는 수개의 채권에 배당할 때에는 법정충당에 의할 것이고 지정충당에 의할 것이 아니라는 것이 일본 최고재 소화62(1987). 12. 18. 판례이지만, 우리 대법원은 2007. 12. 14, 2005다11848에서 동일채권자의 복수의 채권전부를 소멸시키기에 부족할 경우에 세무서장이 법정충당의 법리에 따르지 아니하여도 위법이 아니라고 했다.

3) 각 채권자가 지출한 비용전부가 아니라 배당재단으로부터 우선변제를 받을 집행비용만을 의미한다(대법 2011. 2. 10, 2010다79565).

4) 배당순위에 관한 상세한 것은 주석 민사집행법(Ⅱ), 984면 이하; 법원실무제요 민사집행(Ⅲ), 25면 이하 참조.

5) 지연손해금 불포함. 고용노동부장관이 대신 지급한 체당임금의 경우도 같다(임금채권보장법 7조 2항). 배당요구 당시 근로계약관계가 종료되었다면 그 종료시부터 소급하여 3개월분(대법 2008. 6. 26, 2006다1930).

6) 당초 퇴직금 전액의 최우선변제권으로 규정하였으나, 헌재 1997. 8. 21, 94헌바19 등(병합)에서 과잉금지원칙의 위배로 보아 헌법불합치결정이 있은 후 법을 개정하여 3년 간의 퇴직금채권으로 감축하였다.

주택 등의 소액임차보증금채권[1] 중 일정액. 최우선특권이기 때문이다. 최종 3개월분의 임금, 최종 3년간의 퇴직급여등과 재해보상금은 사용자의 총재산에 대하여 질권·저당권·동산담보에 따라 담보된 채권, 조세·공과금등에 우선하여 변제하도록 되어 있으므로(근기 38조 2항, 근로자퇴직급여보장법 12조 2항) 사용자가 사용자 지위를 취득하기 전에 설정한 질권 또는 저당권에 따라 담보된 채권에도 우선하여 변제되어야 한다.[2] 위 최우선권리 상호 간에는 배당순위에 우열이 없으나 최소한 중복 경매신청 또는 압류등기 전에 대항요건을 갖추고 배당요구종기까지 배당요구를 하는 등 각자의 우선배당을 위한 요건은 갖추어야 한다. 최종 3년간의 퇴직급여등은 배당요구종기일 전에 퇴직금지급사유가 발생하여야 한다.[3]

소액임차인의 지위[4] 소액임차인과 우선변제받을 채권액은 계속 인상되고 있는데, 2024. 9. 현재 서울특별시의 경우(타 지역은 더 낮다) ① 주택은 보증금 1억 6,500만원 이하 중 5,500만 원(주택시행령 10조, 11조), 상가는 보증금 6,500만원 중 2,200만원(상가시행령 6조, 7조)이고, ② 압류등기보다 선순위의 임차인이면 된다. 위 요건은 경매개시등기(압류등기)시를 기준으로 해당 여부를 판단할 것이다.[5] 저당권보다 후순위라도 문제되지 않으므로 저당권설정 후의 소액임차인은 보호받는다. 따라서 (i) 선순위의 저당권에 큰 위협이며 최우선권을 인정하는 소액보증금 만큼 저당물 담보가치가 저평가되는 요인이 된다. (ii) 임대차계약서가 확정일자로 공인되지 아니한 경우에는 체결일자, 보증금액 등을 조작하여 소액임차보증금 대상으로 만들 가능성을 배제할 수 없다. 일본은 저당권보다 후순위라도 저당권에 대항할 수 있는 단기임대차제도를 남용이 문제되어 2002년에 폐기하였다(일민 307조). ③ 소액임차인은 주택의 경우 5,500만원, 상가의 경우 2,200만원을 최우선변제받고, 나머지 보증금은 확정일자를 갖춘 경우에는 저당권자와 동순위로 우선변제, 확정일자가 없으나 대항력을 갖춘 경우

---

1) 대법 1999. 7. 23, 99다25532은 대지에 대한 저당권이 설정된 뒤에 신축된 건물의 소액임차인에게 우선변제권까지 인정하지 않으면서 그 이유를 공시방법이 불완전한 소액임대차제도로 저당권자가 입을 불측의 손해를 방지하기 위한 것이라고 하였다.

2) 대법 2011. 12. 8, 2011다68777.

3) 대법 2013. 11. 14, 2013다27831.

4) 대법 2008. 5. 15, 2007다23203(임대차계약 당시에는 소액임차인에 해당되지 않았지만, 그 뒤 새로운 임대차계약에 의하여 보증금을 감액하여 소액임차인에 해당되게 되었다면 소액보증인으로 보호받을 수 있다).

5) 저당권설정 당시에는 점포 및 사무실용이었으나 그 뒤 주거용건물로 용도 변경된 경우에 주택의 소액임차인 최우선변제권을 인정할 것이라는 것에, 대법 2009. 8. 20, 2009다26879(저당권자에 불의의 타격임).

에는 매수인에게 인수된다. ④ 매각대금의 1/2 한도 내에서 우선배당을 받되, 주택과 대지의 일괄경매시 대지의 매각대금부분에서도 우선변제된다(주택 8조). 일괄경매가 아니라 대지 부분만 별도로 경매될 경우에도 대지의 경매대금에서 우선변제를 받을 수 있다는 것이다.[1] 여러 필지의 임대주택대지 중 일부만 타인에게 양도되어 일부대지만이 경매되는 경우 임차인은 대지경매대금에 대하여 우선변제받을 수 있다.[2] 임대차 성립당시 임대인의 소유대지가 경매된 경우에도 마찬가지라고 본다.[3] 다만 건물이 저당권설정당시 존재하는 경우이어야지 그 설정 후 신축된 경우는 우선변제를 받을 수 없다.[4]

② **2순위**: 당해세, 즉 조세 중 당해 부동산자체에 부과된 세금이나 가산금(증여세 · 종부세 · 재산세 등 당해세. 국세기본 35조 3항, 지방세기본 71조 1항 3호).[5] 법정기일이 담보권 설정일보다 뒤라도 상관없다.

③ **3순위**: 담보권에 앞서는 일반조세 · 공과금인데 담보물권 설정 이전에 법정기일이 도래한 조세채권 등을 말한다(국세기본법 제35조 1항, 2항). 조세채권 사이에는 압류선착주의에 의하여 먼저 압류한 것이 선순위이다.[6] 경매한 뒤에 원소유자에게 부과되는 양도소득세는 매수인이 대금을 완납한 뒤 목적물이 매수인에게 넘어간 뒤에야 성립 · 확정되기 때문에 배분절차에 포함될 수 없다.

④ **4순위: 조세 등에 뒤지는 담보권** 조세의 법정기일 후에 설정된 저당권 · 가등기담보권 · 전세권[7] · 등기명령에 의하여 등기된 임차권(주택 3조의3 5항). 담보권상호간에는 먼저 한 등기순위배당이 원칙이다. 확정일자를 갖춘 주택 등 임대차보증금채권(주택 3조의2; 상가 5조 2항)은 담보권이 되므로 위와 같다(등록순위, 등록선착주의).

압류등기 후에 취득한 후순위저당권 담보다등기의 경우에도 배당요구를 했으면 여기에 포함되지만 압류채권자에 우선하여 배당받을 수는 없다. 다만 등기로서는 압류등기가 앞서지만, 권리로서는 채권인 압류채권이 물권인 저당

1) 대법 1996. 6. 14, 96다7595.
2) 대법 2012. 7. 26, 2012다45689.
3) 주석 민사집행법(Ⅱ), 992면; 대법(전) 2007. 6. 21, 2004다26133도 같은 취지이다.
4) 대법 1999. 7. 23, 99다25532.
5) 당해세 우선원칙을 정한 입법취지 및 당해세에 해당하는지 여부의 판단은 대법(전) 1999. 3. 18, 96다23184; 동 2007. 2. 22, 2005다10845 등 참조.
6) 대법 2005. 11. 24, 2005두9088(당해세를 제외한 조세채권과 담보물권 사이의 우선순위는 그 법정기일과 담보물권 설정일의 선후에 의하여 결정하고, 이와 같은 순서에 의하여 매각대금을 배분한 후 압류선착주의에 따라 각 조세채권 사이의 우선순위를 결정하여야 한다).
7) 전세권자가 주택 · 상가건물임대차보호법상의 우선변제권을 같이 갖춘 경우에는 이들 법에 의한 보호도 받게 된다는 것에, 대법 1993. 12. 24, 93다39676.

권에 앞설 수 없어 후순위저당권자가 압류채권자와 동순위의 평등배당의 관계가 된다. 저당권 등의 취득 후 집행절차에 참가한 채권자보다 우선배당받을 수 있느냐의 문제에 관하여 우리 판례는 압류에 관한 개별상대효설에 의하므로 이를 긍정한다(안분흡수, 앞의 「압류의 효력」 참조).

확정일자를 갖춘 보증금채권자의 지위를 더 살펴본다.[1)]

(i) 주택 등 임대차보호법(주택 3조의2 3항; 상가 5조 3항)에서 임차인은 임대목적물을 매수인에게 인도하지 아니하면 보증금을 수령할 수 없으므로 배당실시로 보증금을 줄 때에는 임차인이 임대목적물을 매수인에게 인도하였는지 여부를 매수인의 명도확인서 등으로 확인하고 교부할 것이다.[2)] 등기명령에 의한 등기임차권자일 때는 다르다. 임차인에게 보증금 전액을 배당하는 배당표가 확정될 때 임대차가 소멸한다.[3)]

(ii) 여기의 보증금채권자는 대항력+확정일자를 겸유한 임차인이 되는데, 나아가 전세권자(91조 4항 단서)의 경우처럼 실제로 배당을 요구하여(88조) 우선변제를 선택한 자일 것을 요한다. 이러한 임차인이 전액배당을 못 받아 잔액이 있으면 그 반환받기까지 임대차가 존속되기 때문에 목적물을 유치할 수 있다.[4)] 결국 잔액은 매수인이 승계인수되게 된다. 경매청구권이 없을 뿐 가장 강력한 법정담보물권이다.[5)]

(iii) 미등기건물의 임차인에 대하여서도 전원합의체 판결로 종전 판례를 변경하여 우선변제권을 인정하였다.[6)] 임차권 양수인도 우선변제권을 행사할 수 있고, 전차인도

---

1) 주택임차인에게 보증금우선변제권을 인정하기 위하여 읍·면·동사무소에 임대차등록부를 배치하여 보증금 등의 기재, 임차인에게 매수청구권과 경매청구권을 인정하자는 주장에, 민일영, "주택 경매에 있어서 임차인 보호에 관한 연구"(서울대 박사학위논문).

2) 동지; 박두환, 329면. 그런데 실무는 주택 또는 상가건물의 임차인, 임금채권자처럼 채권자가 집행력 있는 정본이나 채권증서를 가지고 있지 아니하는 경우에는 배당을 실시할 때 그 채권자로 하여금 영수증, 임대차계약서 등을 제출하게 하여 채무자에게 교부한다(159조 2항 참조). 주석 민사집행법(Ⅱ), 1129면; 법원실무제요 민사집행(Ⅲ), 205면 참조.

3) 대법 2004. 8. 30, 2003다23885.

4) 대법 2001. 3. 27, 98다4552; 동 2001. 3. 23, 2000다30165; 동 2006. 2. 10, 2005다21166 등. 주택임대차보호법 제3조의5가 신설되었음을 이유로 이에 반대설에는, 민일영, 경매와 임대차(2009), 409면.

5) 전액배당이 되지 아니하면 배당에 불구하고 임차권이 소멸되지 않고 배당받지 못한 보증금잔액의 한도에서는 매수인에게 인수되어 물어주어야 하며, 특히 소액임차보증금 중 일정액은 주택과 토지의 일괄매각시에 토지매각대금에서까지 배당하여야 하는 등의 주택 등 임차권의 특례는 오히려 배당선택시에는 소멸되는(91조 4항 단서) 전세권보다 더 후한 보호이다. 채권인 임차권을 물권인 전세권보다 더 보호하는 면이 있다. 차라리 임차권자에게 우선변제권은 배제하고 보증금전액반환 때까지 임대차가 존속하는 것으로 **유치적 효력**(유치권)만을 부여하는 것으로 일원화하면 임차권자보호도 되고 부동산 매각절차가 간소화될 것이다(주택 4조 2항, 상가 9조 2항 참조).

6) 대법(전) 2007. 6. 21, 2004다26133.

우선변제권을 대위행사할 수 있다.[1] 그러나 임차권과 분리하여 보증금채권만의 양수인은 우선변제권을 행사할 수 없다는 것이 판례이다.[2] 보증금없는 단순한 월세입주자는 우선변제권이 없어 제외된다.

⑤ **5순위**: 임금 · 퇴직금 · 재해보상금 · 기타 근로관계채권(근기 38조 1항; 근로자퇴직급여 보장법 12조 2항). 4순위 담보권과 6순위 담보권에 뒤지는 일반조세채권 사이에서 이것들이 5순위로 자리를 잡게 되는 근거는 근로기준법 제38조 1항 단서와 근로자퇴직급여보장법 제11조이다.

도표 2-10 임대차보호법상의 임차인의 지위*

내용 \ 대상	주택	상가건물
적용범위	주택일반	보증금9억 이내(서울)
등기와 같은 대항력	인도+전입신고	인도+사업자등록
우선변제권	대항력+확정일자(배당요구 필요)	주택과 같음
변제받지 못한 잔액	매수인에 대항(임대차 존속)	매수인에 대항
보증금받지 못한 때	임차권등기명령신청=집행법의 가압류절차준용	주택과 같음
보증금반환채권 이행 · 집행의 특례	임차권 등기말소 미리 해주지 않아도 됨(2005다4529). 목적물인도는 집행개시요건 아님	주택과 같음
경매시 하자담보책임의 강화	민법 578조, 575조 1항 · 3항	주택과 같음
소액임차인의 지위	보증금 1억 6,500만원 중 5,500만원(서울, 단 매각대금 중 1/2 한도 내)=최우선특권.	보증금 6,500만원 중 2,200만원(서울, 단 매각대금 1/3 한도 내)=최우선특권
	압류금지	
	선순위저당권에 우선	주택과 같음

* 임차인의 지위는 등기공시가 되지 아니하며 그 내용을 정확히 파악할 수도 없는 대세적 절대권. 임대인 역차별의 문제점 있으나, 경매신청권 없음(다만 전세권설정이나 따로 집행권원을 얻어 경매신청권확보의 방법이 있음).

** 이에 대하여 임대인은 임대차계약을 하면서 임차인이 2회 임대료 연체시에 임대인에게 인도한다는 내용의 제소전화해조서를 작성하여 두었다가 조건성취집행문(임대료변제는 채권자인 임대인의 증명책임사항이 아니기 때문에 조건성취집행문 대상이 아님)이 아닌 단순집행문을 받아 명도집행하는 기습공격의 횡포(상가건물 임대차의 경우)의 사례도 있을 수 있다.

1) 대법 2010. 6. 10, 2009다101275.

2) 대법 2010. 5. 27, 2010다10276. 그러나 서울고법 2012. 9. 6, 2012나25373은 우선변제권은 전속적 권리로 제한할 수 없음을 근거로 이와 배치되는 판결을 하였다.

⑥ **6순위**: 법정기일 등이 저당권 · 전세권의 설정보다 뒤인 일반 조세채권[1)]

⑦ **7순위**: 국민건강보험료(국민건강보험법 85조) · 국민연금보험료(국민연금 법 98조). 고용보험료와 산업재해보험료채권[2)](고용보험 및 산업재해보상보험의 보험료 징수 등에 관한 법률 30조) 등 4대보험료채권.

⑧ **8순위**: 일반채권: 압류채권자의 배당순위는 강제경매의 경우는 8순위인 것이 보통이나, 담보권실행의 경매에서는 4순위가 된다. 압류채권자의 일반채권과 다른 일반채권자의 채권 간에 아무런 차별이 없다(발생일자 관계 없이 **평등안분배당**. 채권자 평등주의). 다만 채무자 · 채권자간에 약정된 후순위채권이 있다면 그 순위는 뒤로 될 것이다(채무자 회생 및 파산에 관한 법률 446조 2항의 유추). 주식과 채권성이 혼재된 hybrid채권(영구채)은 다시 뒤로 밀린다고 할 것이다. 큰 틀에서 보면, 조세채무(tax), 담보채무(secured debt), 선순위채무(senior debt), 후순위채무(junior debt)의 순으로 배당된다.

4. 배당이의의 소

(1) 배당이의의 소의 대상

1) 배당표에 대한 이의를 해도 반영되지 아니할 때에는 소송에 의할 수밖에 없다. 배당표를 변경할 일체의 사유가 대상이므로 실체상 사유에 한하지 않고 절차상 하자도 포함되나, 특히 배당에 관해 **실체상의 문제**가 있을 때에 소송절차로 가리게 하려는 것이 배당이의의 소를 둔 취지이다. 채권자평등주의, 주택 · 상가임차권자에 대한 과보호입법, 압류의 개별상대효, 명확히 법정화하지 아니한 배당순위 등 때문에 배당절차가 복잡하여 배당채권의 존부, 액수, 순위에 다툼이 생길 가능성이 많아 세계 어느 나라보다도 배당관련 소송이 성행되고 있다. 사해행위로 근저당권설정을 하여 우선배당채권자를 만들어 주는 moral hazard도 원인일 것이다. 게다가 인수주의가 아닌 소멸주의 원칙을 택하였고, 소멸하는 권리에는 순위에 따라 배당금을 지급해야 하므로 이 소송이 성행하는 또 다른 원인이 된다.[3)]

---

1) 대법 2004. 11. 12, 2003두6115.

2) 국세와 지방세 상호간 및 지방세 상호간에는 먼저 압류한 조세가 교부청구한 조세보다 우선한다는 압류선착주의가 적용되지만 산업재해보험료와 지방세 상호간에도 동 법규가 준용된다고 할 수 없다는 것에, 대법 2008. 10. 23, 2008다47732.

3) 대법 2014. 1. 23, 2011다83691 참조.

소에 의하여 하는 배당이의에는 크게 네 가지 유형이 있다. (i) 집행력 있는 집행권원의 정본을 가지지 아니한 채권자(저당권·전세권자 등 담보권)에 대하여 하는 채무자의 이의,[1] (ii) 다른 채권자에 대하여 어느 채권자가 하는 이의,[2] (iii) 집행력 있는 집행권원의 정본을 가진 채권자에 대하여 하는 채무자의 이의, (iv) 가압류채권자에 대하여 하는 채무자의 이의이다.

그 가운데 (i)의 채무자의 집행정본이 없는 채권자에 대한 이의,[3] (ii)의 채권자가 제기하는 이의가 배당이의의 소의 대상이다. 채권자가 다른 채권자에 대한 배당에 대하여 이의를 한 경우에는 그 다른 채권자가 집행력 있는 집행권원의 정본을 가지고 있는지 여부에 상관없이 배당이의의 소를 제기하여야 한다.[4] 제154조 제1항의 법문상 그러하다.

(iii)의 채무자가 집행력 있는 집행권원의 정본을 가진 채권자의 채권의 존재 여부나 범위에 대하여 하는 이의의 경우는 집행력의 배제를 위한 청구이의의 소(44조)에 의할 것이고 배당이의의 소를 제기할 수 없다(154조 2항).[5] 채무자는 청구이의의 소를 제기하고 잠정처분으로 집행정지재판을 받아 그 정본을 제출하여 배당을 막는 것이 정도이다. 또 가집행선고 있는 판결정본을 가진 채권자에 대하여도 상소로써 다툴 수 있으므로 배당이의의 소를 제기할 수 없다.[6]

---

1) 의사무능력자가 자신이 체결한 근저당권설정계약의 무효를 주장하며 배당이의의 소를 제기할 당사자가 될 수 있다는 것에, 대법 2006. 9. 22, 2004다51627. 채무자가 채권자의 채권이 신탁 전의 원인으로 발생한 권리 또는 신탁사무처리와 무관함을 주장하여 배당이의의 소를 제기할 수 있다는 것에, 대법 2018. 2. 28, 2013다63950.

2) 甲소유 부동산에 乙명의 가압류등기와 丙명의 근저당권 등기가 순차 경료된 후 丙의 근저당권에 관하여 계약양도를 원인으로 근저당권자를 丁으로 하는 근저당권 이전등기가 경료된 사안에서, 乙은 근저당권 등 양도행위의 무효를 주장하여 그에 기한 채권의 존부, 범위, 순위에 관한 배당이의의 소를 제기할 수 있다는 것에, 대법 2016. 7. 29, 2016다13710·13727. 혼합공탁금에서 지급 또는 변제받을 권리가 있음에도 이를 변제받지 못하였음을 주장하는 자가 배당표에 배당받는 것으로 기재된 다른 채권자들을 상대로 배당이의의 소를 제기할 수 있다는 것에, 대법 2006. 1. 26, 2003다29456.

3) 대법 2011. 7. 28, 2010다70018. 구법은 이 경우에 채권자가 채무자를 상대로 자기 채권에 대한 채권확정의 소를 제기하여야 하는 것으로 하였으나, 배당이의소송으로 개정하였다.

4) 대법 2023. 8. 18, 2023다234102(소멸시효가 완성된 경우 채무자에 대한 일반 채권자는 채권자의 지위에서 독자적으로 소멸시효의 주장을 할 수는 없지만 자기의 채권을 보전하기 위하여 필요한 한도 내에서 채무자를 대위하여 소멸시효 주장을 할 수 있으므로, 채권자가 배당이의 사유로 채무자를 대위하여 집행권원의 정본을 가진 다른 채권자의 채권의 소멸시효가 완성되었다는 등의 주장을 할 수 있다고 한다).

5) 대법 2023. 8. 18, 2023다234102; 동 2015. 4. 23, 2013다86403 등.

6) 대법 2015. 4. 23, 2013다86403(이 판례에서 채무자가 채권의 존부와 범위가 아닌 채권자의 순위에 대하여 이의하는 경우에는 집행력 있는 정본을 가진 채권자에 대하여도 배당이의의

다만, 예외적으로 집행력있는 정본을 가진 채권자가 우선변제권을 주장하여 담보권에 기하여 배당요구를 한 경우에는 배당의 기초가 되는 것은 담보권이지 집행력 있는 판결정본이 아니므로 채무자도 배당이의의 소로 다투면 되고 청구이의의 소를 제기할 필요가 없다.[1]

(iv)의 채무자가 가압류채권자에 대하여 하는 이의는 채무자가 배당이의의 소를 제기할 것이 아니고, 채권자가 채무자를 상대로 가압류의 피보전채권에 관한 본안소송을 제기하여야 한다. 만일 채권자가 본안소송을 제기하지 않으면 채무자는 가압류이의를 하거나 본안제소명령을 신청하고 제소기간도과로 인한 가압류취소신청으로 대응하면 된다.

따라서 여기에서는 (i), (ii)의 전형적인 배당이의의 소만 살핀다.

2) (ii)의 채권자가 제기하는 배당이의의 소에서는 추가배당의 문제는 생기지 아니한다. 배당이의의 소에서 피고에 대한 배당이 위법할지라도 그로 인하여 원고에게 배당할 금액이 증가하는 것이 아니라면 이러한 사유는 배당이의의 소로 삼을 수 없다.[2] 이의한 채권자나 채무자가 **배당기일로부터 1주 이내**(ZPO §878은 1개월 이내)에 집행법원에 배당이의의 소를 제기한 사실을 증명하는 서류를 제출하지 아니한 때 또는 채무자가 청구이의의 소를 제기한 서류와 집행정지재판의 정본을 제출하지 아니한 때에는 이의가 취하된 것으로 본다(154조 3항). 배당기일로부터 1주일 뒤에 제기한 배당이의의 소는 부적법 각하될 것이나,[3] 부당이득반환청구소송으로 청구취지변경이 가능하다.[4] 소제기가 쉽지 아니한 현실에서 지나치게 제소기간이 단기간인 문제점이 있다. 배당이의의 소는 사해행위취소의 소와 병합하여 제기할 수 있다.[5]

소를 제기할 수 있다고 했다).

1) 대법 2011. 7. 28, 2010다70018; 동 2012. 9. 13, 2012다45702.

2) 대법 1994. 1. 25, 92다50270.

3) 대법 2020. 10. 15, 2017다216523은 소송 도중에 배당이의의 소로 청구취지를 변경한 경우에 제소기간을 준수하였는지를 판단하는 기준 시점은 청구취지 변경신청서를 법원에 제출한 때라고 하였다.

4) 주석 민사집행법(Ⅱ), 1065면.

5) 대법 2004. 1. 27, 2003다6200(근저당권설정계약을 사해행위로서 취소함에 있어서 이미 경매절차가 진행되어 타인이 소유권을 취득하고 근저당권설정등기도 말소되고, 수익자가 배당금을 수령하였을 때에, 채권자가 배당이의를 하였다면 그 채권자는 사해행위취소의 소와 병합하여 원상회복으로 배당이의의 소를 제기할 수 있다고 할 것이고, 이 경우 법원으로서는 그 채권자의 채권이 만족을 받지 못한 한도에서만 근저당권설정계약의 취소와 수익자의 배당액을 삭제하여 당해 채권자의 배당액으로 경정할 것이다).

(2) 배당이의의 소의 성질

배당이의의 소의 법적 성질에 관하여는 여러 설이 있으나 배당표의 취소·변경 또는 새로운 배당표의 형성을 구하는 소송법상 형성의 소로 볼 것이다(통설[1]). 배당이의의 소의 성질을 논하는 실익은 그 판결의 기판력의 객관적 범위, 구체적으로 배당이의소송에서 패소한 당사자가 상대방이 수령한 배당금을 부당이득으로 반환청구할 수 있느냐에 있다. 확인소송설과 구제소송설은 배당받을 권리의 존부를 확정한다고 보므로 패소한 자가 부당이득반환청구를 하는 것은 기판력에 저촉되어 허용될 수 없다. 소송법상 형성소송설은 배당이의의 소에서 실체상의 권리가 확정되는 것이 아니라고 하므로 일응 부당이득반환소송이 기판력에 저촉되지 않는다고 볼 여지가 있다.

그러나 형성소송에서도 형성소권 즉 형성요건 내지 형성원인인 권리관계의 존부에 기판력이 미친다는 것이 통설이므로 배당이의소송의 확정판결은 형성요건 내지 형성원인이 되는 실체적 배당수령권의 존부에 대하여 기판력이 미치므로 이와 내용상 배치되는 부당이득반환청구는 허용되지 않는다는데 견해가 일치되어 있다. 그러므로 실무상 법적 성격을 논할 실익이 없다는 견해도 있다.[2]

판례는 배당이의소송의 본안판결이 확정되면 전소인 배당이의 소에서 판단된 배당금수령권의 존부가 뒤에 부당이득반환청구권의 성부를 판단하는데 있어서 선결문제가 된다고 할 것이므로, 후소인 부당이득반환청구의 소에서 당사자는 그 수령권의 존부에 관하여 전소의 본안과 다른 주장을 할 수 없고 법원도 이와 다른 판단을 할 수 없다고 한다.[3]

채권자가 배당기일에 출석하여 수익자의 배당부분에 대하여 이의를 한 경우, 사해행위취소의 소와 함께 원상회복의 방법으로 배당이의의 소를 제기할 수 있다는 것에, 대법 2018. 4. 10, 2016다272311.

1) 방순원/김광년, 348면; 오시영, 566면; 김홍엽, 305면; 손진홍, 채권집행의 이론과 실무(하), 581면; 윤경/손흥수, 민사집행실무(Ⅰ) 부동산경매(2), 1888면 등.

2) 주석 민사집행법(Ⅳ), 252면 참조.

3) 대법 2000. 1. 21, 99다3501. 그러나 선순위가압류채권자로부터 피보전권리의 양수인이 배당표 확정 전까지 채권양수사실을 제대로 소명하지 못함에 따라 가압류채권자에게 배당된 금액을 다른 배당채권자가 배당이의의 소를 제기하여 배당받은 경우에 채권양수인이 그 채권자를 상대로 부당이득반환을 구할 수 있다는 판례(대법 2012. 4. 26, 2010다94090)도 있다.

(3) 당사자적격

1) 배당이의의 소의 **원고적격자**는 배당기일에 출석하여 배당표에 대한 실체상의 이의를 한 채권자 또는 채무자(채무자는 서면이의한 경우도 포함. 151조 2항)에 한한다. 제3자가 배당기일에 출석하여 배당표에 대한 이의를 하였다고 하더라도 그 제3자는 배당이의의 소의 원고적격이 없다. 다만 담보권 실행을 위한 경매에서는 경매목적물의 소유자도 포함된다.[1] 선정당사자에 대한 배당액 전체에 대하여는 선정자가 아닌 선정당사자가 채권자가 된다. 소극설도 있으나 채권자대위권에 기하여 배당이의의 소를 제기할 수 있다는 것이 다수이고 실무도 같다는 점은 앞서 보았다.[2]

채권자는 배당기일에 출석하여 배당표에 대하여 이의를 진술한 채권자에 한하여 인정되는데, 채권자로서 배당기일에 출석하여 배당표에 대한 실체상 이의를 신청하려면 실체법상 집행채무자에 대한 채권자라는 것만으로 부족하고 배당요구의 종기까지 적법하게 배당요구를 했어야 한다.[3]

채무자나 소유자가 배당이의의 소를 제기한 경우의 소송목적물은 피고로 된 채권자가 경매절차에서 배당받을 권리의 존부 · 범위 · 순위에 한정되는 것이지, 원고인 채무자나 소유자가 경매절차에서 배당받을 권리까지 포함하는 것은 아니다.[4] 배당이의소송이 계속되는 중에 채무자에 대해 파산이 선고되었다면, 배당이의소송의 목적물인 배당금은 배당이의소송의 결과와 상관없이 파산선고가 있은 때에 즉시 파산재단에 속하므로(채무자회생 384조), 소송의 결과가 파산재단의 증감에 아무런 영향을 미치지 못하는 파산채권자들 사이의 배당이의소송은 채무자의 책임재산 보전과 관련이 없고, 파산관재인이 수계할 수 있는 소송에 해당한다고 볼 수 없다.[5]

2) **피고적격자**는 배당표에 대한 이의절차에서 자신의 이의를 정당한 것으

---

1) 대법 2023. 2. 23, 2022다285288. 그러나 진정한 소유자라도 경매개시결정기입등기 당시에 소유자로 등기되지 아니한 자는 제90조 2호의 소유자가 아니므로 배당이의의 소의 원고적격 없다(대법 2015. 4. 23, 2014다53790; 동 2002. 9. 4, 2001다63155).

2) 주석 민사집행법(Ⅱ), 1071면.

3) 대법 2022. 3. 31, 2021다203760.

4) 대법 2023. 2. 23, 2022다285288(그러므로 제3자가 채무자나 소유자로부터 배당받을 권리를 양수하였더라도 배당이의소송의 소송목적인 권리 또는 의무를 승계한 경우에 해당된다고 볼 수 없다).

5) 대법 2019. 3. 6, 2017마5292.

로 승인하지 아니한 자, 즉 배당이의에 의하여 자기에 대한 배당액(채무자는 잉여금)이 줄어드는 자이다. 그러므로 배당이의의 소는 배당받을 채권자 또는 배당에 이해관계 있는 자 전원을 상대방으로 할 필요도 없고 반드시 다른 채권자와 합일하여 확정되어야 하는 필수적 공동소송이 아니다.[1]

3) 채무자가 제기한 배당이의소송에서 채무자가 승소하면 추가배당을 받을 수 있는 채권자가 원고인 채무자측에 보조참가할 수 있음은 의문이 없으나, 배당이의소송은 배당표에 이의가 있는 각 채권자별로 영향 없이 진행하는 것이므로 채권자는 다른 채권자측에 보조참가할 이익이 없는 것이 원칙이다. 다만 동일채권자에 대하여 다른 채권자 여럿이 각각 이의소송을 제기하여 그 결과에 따라서는 자기가 제기한 배당이의소송에서의 승소의 결과에 영향을 미치는 경우(자기에게 귀속될 배당액이 적어지는 경우)에는 그 별소의 피고측에 보조참가를 인정해야 할 것이다.[2]

(4) 이의사유 및 증명책임

1) **이의사유**는 피고의 채권의 존부 · 배당액(범위) · 배당순위 등의 실체적인 사유에 한하지 않고, 절차상의 하자 등 배당표를 변경할 일체의 사유가 포함된다. 예를 들면 원고가 피고보다 선순위배당권자, 피고압류가 무효라든가,[3] 피고의 우선변제권부존재, 일괄매각절차에서 각 부동산별 매각대금의 안분 잘못으로 정당한 배당액의 불수령[4] 등이다. 허위의 근저당권에 기하여 배당이 이루어진 경우에 배당채권자는 채권자취소의 소로써 통정허위표시를 취소하지 아니하여도 배당이의의 소를 제기하여 그에 기한 채권의 존부, 범위, 순위에 관하여 다툴 수 있다.[5] 배당기일 후 사실심변론종결시까지 발생한 사유를 이의사유로 주장할 수 있다.[6]

피고는 배당기일에서 원고에 대하여 이의를 하지 아니하였다 하더라도 원고의 청구를 배척할 수 있는 사유로서 원고의 채권 자체의 존재를 부인하는

1) 주석 민사집행법(Ⅱ), 1075면; 법원실무제요 민사집행(Ⅲ), 179면.
2) 법원실무제요 민사집행(Ⅲ), 180면.
3) 가압류결정의 취소도 가압류채권자에 대한 배당이의사유가 된다(대법 2015. 6. 11, 2015다10523).
4) 대법 2012. 3. 15, 2011다54587.
5) 대법 2001. 5. 8, 2000다9611.
6) 대법 2007. 8. 23, 2007다27427.

등 원고의 청구를 배척할 수 있는 모든 방어방법(권리장애 · 소멸사유[1])을 내세울 수 있다.[2] 따라서 피고는 원고의 청구를 배척할 수 있는 사유로 원고가 배당이의한 금원이 피고가 배당요구하였지만 배당에서 제외된 다른 채권에 배당되어야 한다고 주장할 수도 있다.[3] 원고가 배당기일에서 주장한 이의사유에 한하지 않는다.[4]

2) 증명책임은 일반민사소송법의 증명책임분배의 원칙에 따라 피고에게 채권의 발생원인사실, 원고에게 채권의 장애 또는 소멸사유를 각 증명할 책임이 돌아간다.[5] 판례는 채권자가 원고일 때와 채무자나 소유자가 원고일 때 주장 · 증명책임을 달리 보았는데 이는 이의사유가 다르기 때문이다.

즉 채권자는 자기의 이해에 관계되는 범위 안에서만 다른 채권자를 상대로 그의 채권 또는 그 채권의 순위에 대하여 이의할 수 있으므로(151조 3항), 채권자가 제기한 배당이의의 소에서 승소하기 위하여는 피고의 채권이 존재하지 아니함을 주장 · 증명하는 것만으로 충분하지 아니하고 원고 자신이 피고에게 배당된 금원을 배당받을 권리가 있다는 점까지 주장 · 증명하여야 한다.[6]

그러나 채무자나 소유자는 제151조 3항과 같은 제한이 없고(151조 1항), 채무자나 소유자가 승소하면 집행법원은 배당이의를 하지 아니한 채권자를 위하여서도 배당표를 바꾸어야 하므로(161조 2항 2호), 채무자나 소유자가 제기한 배당이의의 소는 피고로 된 채권자에 대한 배당액 자체만이 심리대상이어서, 원고인 채무자나 소유자는 피고의 채권이 존재하지 아니함을 주장 · 증명하는 것으로 충분하고, 자신이 피고에게 배당된 금원을 배당받을 권리가 있다는 점

1) 채무자로서 담보권에 대한 배당에 이의한 후 제기한 배당이의의 소에서 담보권에 기한 우선변제권이 미치는 피담보채권의 존부 및 범위 등을 다투기 위하여 상계를 주장할 수 있고, 이 경우 채무자의 상계에 의하여 소멸되는 것은 피담보채권 자체이지 집행력있는 판결정본의 집행력이 아니므로 이러한 상계주장을 위하여 청구이의의 소를 제기할 필요는 없다는 것에, 대법 2011. 7. 28, 2010다70018.

2) 대법 2023. 11. 9, 2023다256577; 동 2004. 6. 25, 2004다9398; 동 2012. 7. 12, 2010다42259.

3) 근저당권설정등기일보다 앞선 조세의 법정기일을 그 후의 날짜로 잘못 기재하는 바람에 배당에서 제외된 경우, 배당이의의 소에서 실제 법정기일에 따른 우선권을 주장할 수 있다는 것에, 대법 2008. 9. 11, 2008다29697.

4) 대법 1997. 1. 21, 96다457.

5) 대법 2007. 7. 12, 2005다39617.

6) 대법 2022. 3. 31, 2021다203760; 동 2021. 6. 24, 2016다269698(채무자가 체결한 근저당권설정계약에 관하여 채권자가 사해행위취소의 소를 제기함과 아울러 그 원상회복으로서 배당이의의 소를 제기하는 경우에도 마찬가지이다).

까지 주장·증명할 필요는 없다.[1)]

(5) 소송절차

1) 배당이의의 소의 관할은 **집행법원의 전속관할**인데, 다만 소가가 단독판사의 관할에 속하지 아니할 때에는 지방법원합의부가 관할한다(156조 1항). 이 점이 제1심판결법원의 관할인 청구이의의 소와 다르다. 다만, 원고와 피고가 합의한 경우에는 합의부 관할에 속한 사건도 단독판사가 재판할 수 있다(156조 3항).

2) 배당이의의 소의 청구취지에는 배당표에 기재된 채권자의 배당액 중 부인할 범위를 명확히 하여야 한다.[2)] 따라서 피고에 대한 배당액 중 감액할 액수를 명시할 것이다. 채권자가 원고일 경우에는 다시 그에 대응하여 원고가 받을 증가액을 명시하여 배당표의 경정 또는 새로운 배당표의 작성을 위한 배당표의 취소를 구할 것이다. 처분권주의의 원칙에 의하여 원고가 구하는 청구의 양적 범위를 넘어서 판단할 수는 없다.[3)] 인수주의에 따른 진행의 경우[4)]나 배당절차종결 후에는 배당이의의 소를 제기할 이익이 없다.[5)]

3) 이의한 사람이 배당이의의 소의 **첫 변론기일에 출석하지 아니한 때에는 소를 취하한 것으로 본다**(158조).[6)] 소송에 열의가 없는 채권자를 보호하지 아니하여야 배당절차가 빨리 끝날 수 있기 때문이다. 첫 변론기일이란 최초로 지정된 변론기일을 말하는 것이 아니라 변론을 실제로 하게 된 최초의 기일을 말한다. 제1심의 최초기일을 말하는 것이고, 항소심의 기일이나 제1심의 제2회 이후의 변론기일에는 본조가 적용되지 않는다.[7)] 변론준비기일도 포함되지 아니한다는 것이 판례이다.[8)] 원고와 피고 쌍방이 불출석한 경우에 한하지 않고, 원고가 출석하지 아니한 이상 피고의 출석 여부를 따질 것 없이 소가 취하

1) 대법 2023. 2. 23, 2022다285288; 동 2015. 4. 23, 2014다53790.
2) 대법 2000. 6. 9, 99다70983.
3) 대법 2000. 6. 9, 99다70983.
4) 대법 2014. 1. 23, 2011다83691(유치권에 의한 경매가 인수주의에 따라 진행된 때는 배당요구와 배당이 인정되지 아니하고 배당이의의 소도 허용되지 않는다).
5) 대법 1965. 5. 31, 65다647.
6) 이 규정은 민소법 제268조와 달리하였는데, 재판청구권과 평등권 등의 침해를 이유로 한 위헌 주장에 대하여, 헌재 2005. 3. 31, 2003헌바92는 헌법에 위배되지 아니한다고 하였다.
7) 박두환, 424~425면; 주석 민사집행법(Ⅱ), 1122면.
8) 대법 2006. 11. 10, 2005다41856; 동 2007. 10. 25, 2007다34876. 동지; 김홍엽, 311면. 한종열, 269면은 반대.

된 것으로 간주할 것이라는 것이 판례[1]이다.

(6) 판결 및 그 효력

배당이의소송에서의 청구인용판결의 효력은 원고가 **채권자**일 경우에는 일반원칙에 따라 당사자에게만 미친다(상대효).[2] 따라서 배당표상 당사자 이외의 채권자의 배당에 어떠한 변경이 생기는 것이 아니다. 배당액을 계산함에 있어서 배당이의를 하지 아니한 다른 채권자의 채권을 참작할 필요가 없다.[3] 그러므로 배당이의소송에서 패소확정판결을 받은 자가 아닌 다른 배당요구권자는 그 승소확정판결에 따라 배당받은 채권자를 상대로 부당이득반환청구를 할 수 있고,[4] 배당이의의 소에서 승소한 채권자라도 선순위채권자의 몫을 침해하였다면 그 몫에 해당하는 금액은 부당이득으로 반환청구당할 수도 있다.[5]

이에 대하여 **채무자**가 원고일 경우에는 판결의 효력이 다른 모든 채권자에게도 영향을 미쳐 배당이의를 하지 아니한 채권자에 대해서도 배당표는 변경된다(대세효, 161조 2항 2호).

청구인용판결에서는 배당액에 대한 다툼이 있는 부분에 관하여 배당을 받을 채권자와 그 액수를 정하여야 한다. 이를 정하는 것이 부적당하다고 할 때에는 판결에서 배당표를 다시 만들고 다른 배당절차를 받도록 명하여야 한다(157조). 배당표의 변경 또는 배당표의 재조제(再調製)를 위하여 배당표를 취소하는 판결의 확정과 동시에 당초 배당표는 해당 부분의 한도에서 실효된다(판결의 형성력).

경매절차참가로 소멸시효가 중단된 채권에 대한 소멸시효가 다시 진행하는 시기는 배당표가 확정되는 때[6]인데, 법원이 배당표를 변경하는 판결을 하

---

1) 대법 1967. 6. 27, 67다796.

2) 배당이의소송의 확정판결의 효력은 그 소송의 당사자에만 미치므로, 그 소송에서 패소확정판결을 받은 자가 아닌 다른 배당요구권자는 그 소송의 승소확정판결에 따라 배당받은 채권자를 상대로 부당이득반환청구를 할 수 있다=대법 2007. 2. 9, 2006다39546. 배당이의의 소에서 승소한 채권자라도 선순위채권자의 몫을 침해하였다면 그 몫에 해당하는 금액은 부당이득으로 반환청구당할 수 있다(대법 2012. 4. 26, 2010다94090).

3) 대법 2001. 2. 9, 2000다41844. 근저당권설정계약이 사해행위로 취소된 경우 근저당권자를 상대로 배당이의의 소송이 진행되는 경우 원고인 채권자에 대한 배당액으로 경정되고 근저당권자에 남겨진 배당액은 다른 채권자들에게 추가배당되어야 한다는 것에, 대법 2015. 10. 15, 2012다57699.

4) 대법 2007. 2. 9, 2006다39546.

5) 대법 2012. 4. 26, 2010다94090.

6) 대법 2009. 3. 26, 2008다89880.

고 확정되면, 그 판결의 확정시에 배당표가 확정되고 이의한 채권자의 채권은 배당액으로 충당되는 범위에서 소멸한다. 반면에 법원이 피고에 대한 배당액을 삭제하면서 채권자인 원고가 배당받을 금액을 정하지 않고 배당표를 다시 만들고 다른 배당절차를 밟도록 명한 경우에는(157조 후문), 그 판결에 따라 실시한 재배당절차에서 재조제한 배당표가 확정되어야 원고의 채권이 소멸한다.[1]

5. 부당이득반환청구

(1) 배당이의를 하지 아니한 채권자

1주일의 제소기간 내에 배당이의의 소를 제기하지 아니하거나 배당이의 소송을 취하하는 등 적법한 배당이의를 하지 아니한 채권자가 사후에 아무 제한없이 확정된 배당표에 따라 배당받은 다른 채권자에 대하여 부당이득반환청구를 할 수 있는가.

배당기일의 통지를 받지 못한 채권자나 타인의 사기 · 강박에 의하여 이의를 하지 못한 채권자에 대하여는 절차보장의 관점에서 부당이득반환청구를 인정하여야 한다는데 다툼이 없다.[2] 한편 배당이의의 소의 성질을 소송법상 형성의 소라고 보는 통설과 판례도 배당이의소송의 본안판결이 확정되면 배당이의 소에서 판단된 배당금수령권의 존부가 뒤에 부당이득반환청구권의 성부를 판단하는데 선결문제가 되어 후소인 부당이득반환청구의 소에서 당사자와 법원은 그 수령권의 존부에 관하여 다른 주장과 판단을 할 수 없다고 하는 점은 앞서 보았다. 배당표가 잘못되었으나 아직 배당금이 지급되지 않은 경우에는 부당이득반환을 구할 수 없다.[3]

이곳에서는 그 나머지의 경우에 관하여 본다.

1) 학 설 이에 대하여는 전면긍정설,[4] 부정설,[5] 제한적 긍정설(이분

---

1) 대법 2022. 11. 30, 2021다287171.
2) 주석 민사집행법(Ⅱ), 1092면.
3) 대법 2013. 4. 26, 2009마1932.
4) 박두환, 415면; 강대성, 418면; 김홍엽, 318. 김상수, 245면; 손진홍, 부동산 경매의 실무(하), 법률정보센터(2017), 478면; 주석 민사집행법(Ⅱ), 1098면 등.
5) 이영섭, 189면; 방순원/김광년, 313면; 민일영, "주택 경매에 있어서 임차인 보호에 관한 연구", 민사집행법연구 제1권, 346면; 이형구, "부동산집행에 관한 소유권변동에 관한 연구", 2007년 전북대 박사학위논문; 정동윤, "배당절차종료후의 부당이득반환청구에 관하여", 판례실무연구(Ⅰ), 608면; 전병서/류나연, "배당이의를 하지 않은 채권자의 부당이득반환청구", 민사집행법연구 제16권, 311~313면; 이우재, 부동산 및 채권집행에서의 배당의 제문제, 진

설)[1]이 있다. 제한적 긍정설(이분설)은 채권자를 일반채권자와 담보권자로 구분하여 일반채권자는 부당이득반환청구를 부정하고, 담보권자는 이를 허용하자는 견해이다.

2) 판 례 판례는 확정된 배당표에 의한 배당실시가 실체법상의 권리를 확정하는 것도 아니므로 배당이의 여부나 형식상 배당절차의 확정 여부에 관계없이 부당이득반환청구를 할 수 있다고 한다.[2] 또 배당받지 못한 채권자가 담보권자가 아닌 일반채권자라도 부당이득반환청구를 할 수 있다고 한다(전면긍정설).[3] 대법(전) 2019. 7. 18, 2014다206983은 기존 판례의 입장을 다시 확인하면서, 그 근거를 배당절차에 참가한 채권자가 배당이의 등을 하지 않아 배당절차가 종료되었더라도 그의 몫을 배당받은 다른 채권자에게 그 이득을 보유할 정당한 권원이 없는 이상 잘못된 배당의 결과를 바로잡을 수 있도록 하는 것이 실체법 질서에 부합하고, 나아가 부당이득반환 청구를 허용해야 할 현실적 필요성(배당이의의 소의 한계나 채권자취소소송의 가액반환에 따른 문제점 보완), 현행 민사집행법에 따른 배당절차의 제도상 또는 실무상 한계로 인한 문제, 민사집행법 제155조의 내용과 취지, 입법 연혁 등에 비추어 보더라도 종래 대법원 판례가 법리적으로나 실무적으로 타당하므로 유지되어야 한다고 하였다.[4]

3) 검 토 일본판례가 제한적긍정설의 입장에서 일반채권자 아닌 저당권자에 한하여 긍정하는 것은 일반채권자는 채무자의 일반재산으로부터 채권의 만족을 받을 수 있는 지위에 그치고 특정의 집행목적물에 대하여 우선변

원사(2012), 1418면; 中野/下村, 581면.

1) 일본 최고재 1991. 3. 22. 판결; 일본 최고재 1998. 3. 26. 판결 등.

2) 대법 2004. 4. 9, 2003다32681(선순위임금채권임을 소명하였음에도 후순위채권자에 배당한 경우). 근저당설정등기가 잘못 말소된 저당권자도 부당이득반환청구 가능(대법 2002. 10. 22, 2000다59678). 배당이의의 소송을 제기하여 자신이 배당받아야 할 금액보다 초과하여 배당받은 자를 상대로도 부당이득반환소송 가능(대법 2011. 2. 10, 2010다90708).

3) 대법 2001. 3. 13, 99다26948.

4) 이 판결에서 대법관 조희대, 이기택, 안철상은 반대의견으로, 종래 대법원 판례와 같이 배당절차 종료 후 배당이의 등을 하지 않은 채권자의 부당이득반환 청구를 허용하는 것은 민사집행법 제155조의 문언은 물론이고 민사집행법의 전체적인 취지에 반할 뿐만 아니라, 확정된 배당절차를 민사집행법이 예정하지 않은 방법으로 사후에 실질적으로 뒤집는 것이어서 배당절차의 조속한 확정과 집행제도의 안정 및 효율적 운영을 저해하는 문제점을 드러내고 있다고 하였다. 이 판결에 비판적인 견해로, 김관호, "민사집행절차상 배당오류에 의한 배당종료 후 부당이득반환청구권 연구", 민사집행법연구 제17권, 64면 이하.

제를 받을 실체적 권리가 있는 것이 아닌 만큼, 일반채권자에게 부당이득반환청구권의 요건인 **손해의 발생**이 있다고 할 수 없음을 근거로 한다. 우리 판례가 원칙적으로 담보권자인지 여부에 관계없이, 그리고 배당이의 여부와 관계없이 부당이득반환청구를 인정하는 것은 배당표에 기판력과 같은 구속력이 있는 것도 아니고 채무자와 통모한 가장채권이 발호하는 현실을 도외시할 수 없음을 고려한 것이 아닌가 생각된다. 이러한 판례 때문인지 부당이득반환청구소송이 많다.

생각건대 배당기일에 출석하지 아니하거나 출석하였어도 배당이의를 하지 아니하는 등 배당이의의 기회를 활용하지 않은 일반채권자라면 부당이득반환청구를 못하도록 실권시켜도 가혹한 것이 아니며 그렇게 하는 것이 배당문제를 둘러싼 분쟁의 만성화방지에 도움이 될 것이다. 제155조의 표제와 그 문리에서 우선권을 강조한 것에 비추어 저당권자 등 우선변제권이 있는 채권자는 부당이득반환청구를 허용하여야 할 것이나,[1] 일반채권자는 배당이의한 채권자만 최종적 구제수단으로 부당이득반환청구를 허용하는 것이 옳을 것이다(제한적긍정설).

배당표에 문제가 있으면 1차적으로 채권자 · 채무자는 배당기일에 나가 배당이의하고, 2차적으로는 이의가 관철되지 아니하면 배당이의 소를 제기할 것이며, 3차적으로 이의의 소를 기간 내에 제기하지 못하였으면 이의한 채권자는 부당이득반환청구를 하라는 것이 배당에 관한 다툼을 해결하는 구도인데, 1, 2차 단계를 아예 도외시한 일반채권자에게까지 부당이득반환청구를 허용하는 것은 이 구도와 조화되지 아니한다. 제153조에서 배당기일에의 불출석을 배당표에 대한 동의로 의제하는 것과도 맞지 않는다. 집행절차의 마무리가 시끄럽고 백년하청(百年河淸)의 만성적 배당시비로 집행절차가 국민적 친화력을 잃는 요인이 된다. 대법(전) 2019. 7. 18, 2014다206983의 반대의견이 밝힌 이유를 깊이 생각해 볼 가치가 있다.

(2) 배당요구를 하지 아니한 채권자

부당이득반환의 **제소권자**는 경매개시등기 전에 등기된 저당권자와 같이 당연히 배당참가할 수 있는 채권자나 적법한 배당요구를 한 채권자이어야 한

1) 법 제155조의 소를 우선권을 주장하는 소라고 한 것에, 김봉석, "민사집행법상 집행법원의 배당에 대한 불복방법 및 그 문제점", 민사집행법연구 제1권, 123면 이하.

다는 것이 학설과 판례이다.[1] 집행력 있는 정본을 가진 일반채권자[2]는 물론 실체법상 우선변제권이 있는 채권자라도 적법한 배당요구를 하지 않았다면 부당이득반환청구를 할 수 없다. 즉 **배당채권자**라야 한다. 따라서 배당요구를 하여야만 배당절차에 참여할 수 있는 채권자 예컨대 임금채권자,[3] 주택임대차보호법상의 임차보증금채권자[4] 등이 배당요구를 하지 아니한 경우에는 부당이득반환청구를 할 수 없다.[5] 임의경매에서 경매신청채권자가 피담보채권 중 일부만을 청구금액으로 기재하여 경매신청한 경우에는 청구하지 아니한 나머지 금액이 후순위채권자에 배당되었다고 하여도 부당이익이라고 할 수 없다.[6]

(3) 채 무 자

제155조가 '이의한 채권자'라고 하였으므로, 이 규정의 반대해석으로 채무자는 배당이의신청의 여부에 불구하고 원래의 채권액을 초과배당받은 채권자에 대하여 제155조가 아닌 민법의 일반원칙(민 741조)에 따라 부당이득반환청구가 허용된다고 볼 것이다(통설).[7] 다만 잘못된 배당을 이유로 채무자가 부당이득반환청구를 하려면 부당이득반환의 일반원칙에 따라 채무자에게 손해가 발생하여야 하는데, 실제배당에서 그 요건이 성립하는 예가 많지는 않을 것이다. 판례도 배당절차에서 권리 없는 자가 배당을 받아감으로써 법률상 원인 없이 부당이득을 하였다 하더라도, 그로 인하여 손해를 입은 사람은 배당이 잘못되지 않았다면 배당을 받을 수 있었던 사람이지 다음 순위의 배당을 받을 수 있는 채권자가 있음에도 곧바로 손해가 채무자에게 귀속된다고 할 수는 없다고 하였다.[8]

---

1) 대법 1998. 10. 2, 98다27197; 동 1998. 10. 13, 98다12379; 동 2022. 3. 31, 2021다203760.
2) 대법 2020. 10. 15, 2017다216523.
3) 대법 1997. 4. 25, 96다55709 등.
4) 대법 2002. 1. 22, 2001다70702.
5) 대법 2005. 8. 25, 2005다14595.
6) 대법 1997. 2. 28, 96다495.
7) 전병서, 346면; 주석 민사집행법(Ⅱ), 1099면.
8) 대법 2021. 12. 16, 2021다215701; 동 1990. 11. 27, 90다카28412; 동 2000. 10. 10, 99다53230 등.

Ⅷ. 강제경매와 매매와의 차이

강제경매에 대하여는 그 본질이 공용징수라는 견해도 있으나(독일의 통설), 매매의 일종이라는 것이 우리나라의 통설이고 판례이다. 일반 매매와 매매의 본질에서 차이가 없으나,[1] 처분권을 장악한 법원이 중간에 서서 매수인에게 소유권을 이전시키는 열린 매매이다. 매매의 일종인 강제경매라도 일반매매와는 다른 다음과 같이 주요한 차이가 있다.

도표 2-11 강제경매와 일반매매의 차이

구분	국가기관 개입여부	매각 조건	매매 성립	매각 후 등기절차	대금과 인도	목적물 인도 불응시	소유권 이전 시기	담보 책임	세금	선의 취득
강제경매	집행기관 개입·주도	법에 의해 정함 (법정매각조건)	최고가 매수신고인 결정, 1주일 내 매각허가결정	법원사무관 등의 등기촉탁	대금 선이행	6월 이내 인도명령 신청	대금 지급시	권리의 하자에 한함	양도 소득세	없다 (공용징수와 다름)
일반매매	개입없는 사적자치	당사자의 합의	청약과 승낙	당사자의 신청	대금과 동시 이행	인도소송	이전등기 완료시	권리·물건의 하자 불문	같다	없다

1) 매매의 일종으로 보기 때문에 소유자였던 채무자는 자기 소유의 부동산을 경매로 상실하였는데 소득세법에 따른 양도소득세까지 부과되어 납부해야 한다. 이 때문에 채무자의 부동산경매는 파산에 이르는 길이라 한다.

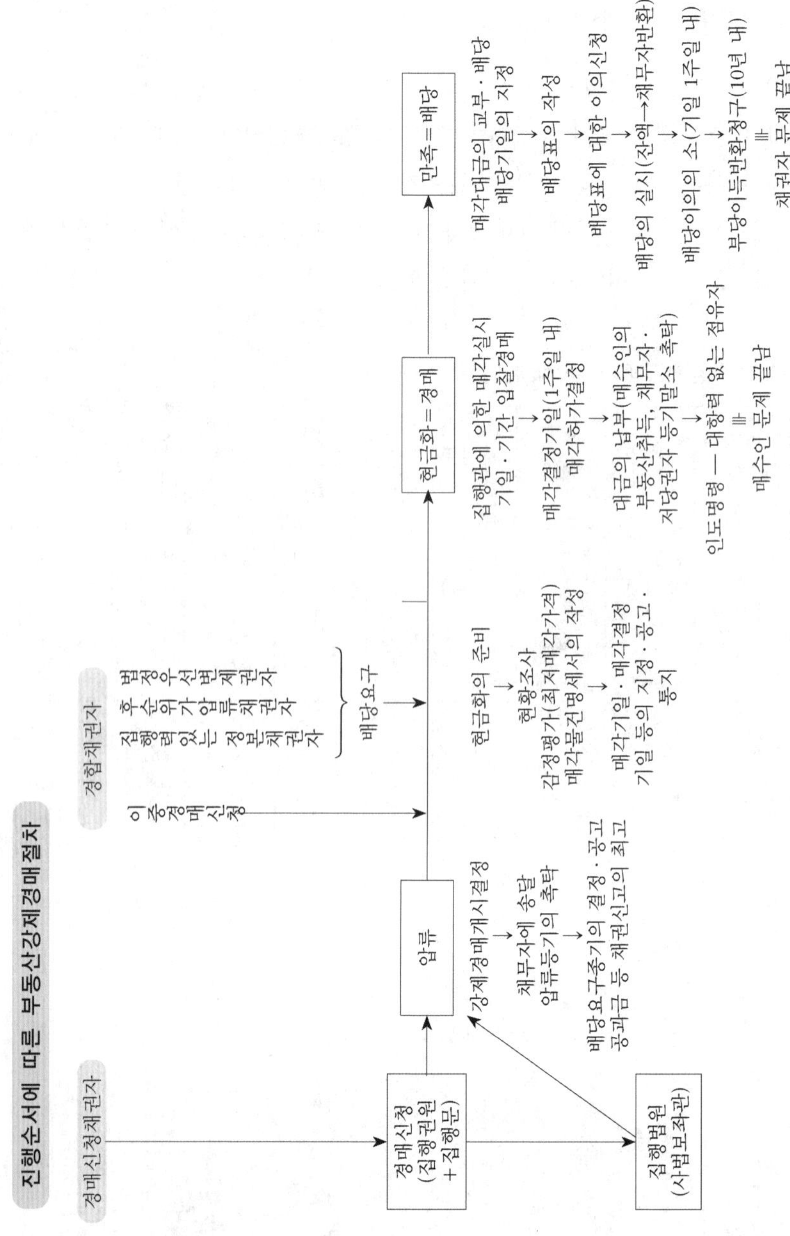
진행순서에 따른 부동산강제경매절차
경매신청채권자
경매신청
(집행권원
+집행문)
집행법원
(사법보좌관)
압류
강제경매개시결정
채무자에 송달
압류등기의 촉탁
배당요구종기의 결정·공고
공과금 등 채권신고의 최고
경합채권자
이중경매신청
집행력 있는 정본채권자
후순위가압류채권자
법정우선변제권자
배당요구
현금화의 준비
현황조사
감정평가(최저매각가격)
매각물건명세서의 작성
매각기일·매각결정
기일 등의 지정·공고·
통지
현금화＝경매
집행관에 의한 매각실시
기일·기간 입찰경매
매각결정기일(1주일 내)
매각허가결정
대금의 납부(매수인의
부동산취득, 채무자·
저당권자 등기말소 촉탁)
인도명령 — 대항력 없는 점유자
매수인 문제 끝남
만족＝배당
매각대금의 교부·배당
배당기일의 지정
배당표의 작성
배당표에 대한 이의신청
배당의 실시(잔액→채무자반환)
배당이의의 소(기일 1주일 내)
부당이득반환청구(10년 내)
채권자 문제 끝남

제 3 관 강제관리

1. 의 의

강제관리란 채무자의 부동산을 강제적으로 관리 · 수익하여, 그 수익으로 채권자의 금전채권을 만족시키는 부동산집행의 한 방법이다. 예를 들면 채무자가 큰 건물이나 점포 · 과수원 · 염전 같은 것을 갖고 있는 경우에 그 매각은 실제로 곤란하지만 그 법정과실 · 천연과실 등 수익이 크게 기대될 때에 그 수익권을 채무자로부터 거두어 집행법원이 선임한 관리인으로 하여금 그 수익을 직접 수취하여 이를 배당에 충당하는 방법을 쓰는 것이다. 강제관리는 부동산에서 계속적으로 생기는 천연과실 · 법정과실을 채무자에게서 거두어 그 수익을 집행대상으로 하는 점에서 수익집행이라고도 한다. 목적부동산을 매각하여 현금화하는 강제경매와는 차이가 있지만, 강제경매의 경우처럼 압류 → 매각 대신에 수익의 현금화 → 만족의 단계를 거친다. 강제관리는 우리 법에서는 강제집행절차에서만 인정하였고, 담보권실행절차에는 없다. 그러나 2003년 일본 개정법은 담보권실행절차에서도 이를 도입하였다.

강제경매와는 공통성이 있기 때문에 강제경매의 매각규정을 빼고는 그 대부분이 강제관리에 준용된다(163조). 그러나 이 제도는 실무상 휴면화되다시피 되었다.[1] 강제관리는 강제경매와 경합적으로 진행할 수 있으며, 강제집행이 시간이 오래 걸리는 만큼 강제집행이 종료될 때까지 잠정적으로 목적물의 임대료 상당의 수익만족을 얻을 수 있으므로 경합적인 활용은 권장할만 하다.

2. 강제관리의 개시

(1) 강제관리개시결정(압류)

강제관리신청이 이유 있을 때에는 집행법원은 강제관리절차를 개시하기 위해 그 개시결정을 한다. 사법보좌관제의 신설에도 불구하고 강제관리는 종전처럼 **지방법원 단독판사**가 관장한다. 그 개시결정에는 채권자를 위해 부동산을 압류한다는 뜻을 선언하면서, 채무자에게는 관리사무에 간섭하여서는 아

1) 2023년 접수된 총 민사집행사건 1,224,610건 중 14건이 강제관리 사건이었다. 2024년 사법연감, 740면. 10년간 그 비율은 비슷하다.

니되고 수익을 처분하여서도 아니된다는 명령을, 수익을 지급할 제3자에게는 채무자가 아닌 관리인에게 지급하여야 한다는 명령을 하여야 한다(164조 1항). 채무자는 이 명령을 위반하여 목적부동산에 용익권을 설정하거나 수익을 처분할 수 없다.

압류의 효력은 개시결정이 채무자에 송달된 때이거나 개시결정등기가 된 때에 생긴다(83조 4항 준용). 수익을 채무자에게 지급할 제3자에게는 그 개시결정서가 송달되어야 효력이 생긴다(164조 3항).

(2) 집행대상인 수익

수익이라 함은 수확하였거나 수확할 농작물 등의 천연과실과 이행기에 이르렀거나 이르게 될 임대료 등의 법정과실이다(164조 2항).

3. 관 리 인

(1) 임 명

법원은 강제관리개시결정과 동시에 1인 또는 수인의 관리인을 임명한다. 다만 채권자는 적당한 사람을 관리인으로 추천할 수 있다. 관리인은 자연인뿐 아니라 법인, 예를 들면 부동산 신탁회사, 금융기관 등도 될 수 있다(166조 1항, 규 85조 2항).

(2) 권 한

관리인은 관리와 수익을 위하여 부동산을 점유할 수 있다. 점유과정에서 저항을 받으면 집행관에게 원조를 구할 수 있다. 또 관리인은 제3자가 채무자에게 지급할 수익의 추심권이 있다(166조 2항, 3항). 관리인은 집행법원의 보조기관으로서 그 지휘·감독을 받는다(167조 1항).

4. 배당절차

(1) 배당을 받을 채권자

배당을 받을 채권자는 집행법원이 정하는 각 기간의 종기까지 강제관리의 신청을 한 압류채권자와 배당요구를 한 채권자이다(규 91조 1항). 구법은 강제관리에 의한 수익이 영세함을 고려하여 배당요구를 할 수 있는 자는 집행력 있는 집행권원의 정본을 가진 채권자로 제한하였으나, 신법은 그 밖의 강제관리개시결정등기 후의 가압류채권자와 법정우선변제청구권자[1]도 배당요구를 할 수 있도록 하였다(163조, 88조).

(2) 배당의 실시

관리인은 부동산수익에서 조세 그 밖의 공과금과 관리비용을 공제하고 나머지 금액을 채권자에게 변제금으로 교부하며, 또 나머지가 있으면 채무자에게 교부한다(169조 1항; 규 91조 2항). 생활이 현저하게 곤란한 채무자에게 수확의 일부를 나누어 주는 일본법의 수익분여(收益分與)제도는 우리나라에는 없다. 채권자의 채권 전액을 만족시킬 수 없는 때에는 채권자 사이에 배당에 관하여 협의가 이루어지면 그 협의에 따라 배당을 실시할 것이나, 배당협의가 이루어지지 아니하면 관리인은 법원에 신고한 후 법원이 작성한 배당표에 따라 배당을 실시한다(169조 3항, 4항).

제 3 절 선박 · 자동차 등에 대한 강제집행(준부동산집행)

선박 · 항공기 · 자동차 · 건설기계는 권리의 존부, 변동을 등기부 · 등록부에 공시하는 점에서 부동산과 유사하여 부동산집행에 준하여 집행한다.[2] 그러나 미등기, 미등록의 것이라면 유체동산의 집행에 의할 것이다.

1. 총 설

(1) 선박은 원래 성질상 동산에 속하지만 통상의 동산에 비하여 값이 비싸기 때문에 등기제도까지 구비하고 있다. 권리관계도 복잡하여 사물의 성질에 따른 차이가 있거나 특별한 규정이 있는 경우를 제외하고는 부동산의 강제경매에 관한 규정을 따르게 되어 있다(172조). 그 강제집행은 강제경매의 방법에만 의하고 강제관리는 인정되지 아니한다. 선박뿐 아니라 항공기 · 건설기계 · 자동차는 부동산에 준하여 그 강제집행의 예에 따르므로(187조), 이들에 대한

1) 주택임대차보호법에 의한 소액임차인의 소액보증금반환채권은 여기의 배당요구채권에 해당한다는 것에, 대법 2002. 1. 22, 2001다70702.

2) 2023년에 접수된 선박집행은 강제경매 114건, 담보권실행등 451건, 자동차 · 건설기계는 강제경매 1,259건, 담보권실행등 16,613건으로서 5년간 큰 변화가 없다. 2024년 사법연감, 740~741면.

집행을 준부동산집행이라고 한다.

(2) 선박집행의 대상은 등기할 수 있는 선박이다(172조).[1] 등기할 수 있는 선박은 총톤수 20톤 이상의 기선(機船)과 범선(帆船) 및 총톤수 100톤 이상의 부선(艀船: 수상에 고정하여 설치하는 선박)이다(선박등기법 2조). 외국선박에 대하여도 같은 기준을 적용한다(186조 참조).[2] 등기할 수 있는 선박이면 실제로 등기하지 아니한 등기선박이라도 상관없다. 20톤 미만의 선박은 유체동산의 집행방법에 의할 수밖에 없으며, 제조중의 선박도 마찬가지이다. 선박지분에 대한 집행은 '그 밖의 재산권'에 관한 강제집행절차(251조)의 예에 따른다.

(3) 선박에 관한 강제집행의 집행법원은 압류 당시에 그 선박이 있는 곳의 지방법원으로 한다(173조). 사법보좌관제이 아니라 지방법원 단독판사가 담당한다. 관할구역 내에 선박이 없을 때에 행한 압류는 무효는 아니나 집행이의 신청으로 취소하여야 하며(180조), 압류된 선박이 관할구역 밖으로 떠난 때에는 집행법원은 선박이 있는 곳을 관할하는 법원으로 사건을 이송할 수 있다(182조).

2. 선박경매신청[3]

(1) 선박경매신청을 할 때에는 그 신청서에 제80조에 규정한 부동산경매신청시의 기재사항(292면 참조) 이외에 선박의 정박항 및 선장의 이름과 현재지를 적어야 하며, 채무자의 소유임을 증명하는 선박등기사항증명서도 첨부서류로 제출해야 한다(177조; 규 95조). 항해의 준비를 완료한 선박과 그 속구(屬具)는 압류하지 못하는 것이 원칙이나, 항해를 준비하기 위하여 생긴 채무에 대해서는 예외이다(상 744조).

(2) 선박집행의 포인트는 이동하는 선박을 붙들어 두는 억류문제이다. 따

1) 등기한 선박에 대한 경매진행 도중에 그 등기가 적법하게 말소되었다면 새로이 경매절차를 밟아야 한다는 것에, 대법 1978. 2. 1, 77마378.

2) 제186조는 외국선박에 대한 강제집행에는 등기부에 기입할 절차에 관한 규정은 적용하지 아니한다고 규정하였지만, 외국선박에 대한 집행절차에서 선박에 관한 등기부초본을 제출토록 한 규정(177조 1항 2호)의 적용을 배제할 근거는 될 수 없다고 한 것에, 대법 2004. 10. 28, 2002다25693.

3) 선박우선특권이 있는 채권자는 집행권원이 없어도 경매청구권이 있으므로 그 선박에 대한 가압류를 할 필요가 없다는 것에, 대법 1988. 11. 22, 87다카1671.

라서 선박집행신청 전에 선박국적증서 등을 받지 아니하면 집행이 매우 곤란할 염려가 있을 경우에는 선적(船籍)이 있는 곳을 관할하는 지방법원은 우선 신청을 받아 채무자에게 선박국적증서 등을 집행관에게 인도하도록 명령할 수 있으며, 급박한 경우에는 선박이 있는 곳을 관할하는 지방법원도 같은 명령을 할 수 있다(175조 1항). 이것이 선박압류에 앞서 보전조치로 하는 선박국적증서 등의 인도명령이다. 자유로운 항행을 불가능하게 하기 위해 선박국적증서를 받아두려는 것이다. 인도명령은 그 송달 전에 집행할 수 있다(175조 4항, 292조 2항 · 3항). 선박집행의 선행처분이므로 집행관은 선박국적증서 등의 인도를 받은 날부터 5일 이내에 선박집행을 신청하였음을 증명하는 문서를 제출받지 못하면, 그 선박국적증서 등을 돌려주어야 한다(175조 2항).

3. 압 류

(1) 선박압류는 목적선박의 처분금지에 그치지 않고, 이의 억류 처분이 뒤따른다. 따라서 경매개시결정시에 집행법원은 채권자를 위하여 압류한다는 뜻을 선언함과 동시에 압류 당시의 장소에 계속 머물고 떠나지 못하게 하는 정박명령을 한다(176조 1항). 또 집행법원은 동시에 직권으로 집행관에게 선박국적증서 등을 선장으로부터 받아 법원에 제출하도록 명하여야 한다(174조 1항). 기동성을 박탈하는 처분이다.

(2) 압류의 효력은 (i) 경매개시결정의 채무자에의 송달, (ii) 압류 등기, (iii) 선박국적증서 등을 받은 때 등 3가지 중에서 가장 빠른 시점에 발생한다(174조 2항). 압류의 효력이 생겨도 경매개시결정이 있은 날부터 2월이 지나기까지 집행관이 선박국적증서 등을 넘겨받지 못하고, 선박이 있는 곳이 불분명할 때에는 목적선박의 억류가 불가능하게 되었으므로 집행법원은 경매절차를 취소할 수 있다(183조).

4. 압류선박의 감수(監守)와 해금(解禁)

(1) 감수 · 보존처분

집행법원은 선박국적증서 등을 받아두어 압류선박을 억류할 수도 있지만, 채무자의 선박점유를 박탈하기 위하여 채권자의 신청에 의하여 선박을 감수 ·

보존하기 위하여 필요한 처분을 할 수도 있다(178조 1항). 압류선박의 가치를 손상시키는 행위를 막기 위한 것이다. 감수·보존처분을 하는 때에는 집행관 등을 감수인으로 선정하고, 그로 하여금 선박을 점유하고 선박의 이동을 방지하기 위하여 필요한 조치를 취하게 한다(규 103조). 이 처분은 경매개시결정 전에도 할 수 있지만(규 102조) 어느 때까지 할 수 있느냐에 대하여 매각허가결정시설[1)]과 대금지급시설[2)]의 대립이 있다. 만일 매각허가결정시설에 의한다면 매각허가결정 전에 감수인을 선임하였다 하여도 그로부터 대금지급시까지 사이에 제136조 2항에 의하여 관리인을 선임하여야 한다. 대금지급기한제도의 신설로 매각허가결정확정시부터 대금지급시까지의 기간이 짧아진 마당에 절차의 번거로움을 피하는 의미에서 새로 선임하기보다 종래의 감수인이 계속 선박의 가격손상행위를 막도록 함이 옳을 것이다. 후설을 따른다.

판례는 선박에 대한 감수명령은 그 선박의 정박항을 관할하는 지방법원이 집행법원이 된다고 했다.[3)]

(2) 운행허가

집행법원은 영업상의 필요, 그 밖에 상당한 이유가 인정되면 선박의 운행을 허가할 수 있는데, 채무자의 신청에 의한다. 선박이 운행을 제대로 못하면 일반 부동산과 달리 항만사용료나 화물에 대한 손해 등 엄청난 불가동손실이 발생하는 점을 고려한 것이다. 이 경우에 채권자·최고가매수신고인·차순위매수신고인 및 매수인의 동의를 요건으로 한다(176조 2항).

(3) 보증의 제공에 의한 경매취소

또 다른 채무자측의 구제수단으로서, 채무자가 압류채권자의 채권에 대한 집행정지서류(49조 2호의 일시집행정지의 서류, 4호의 변제증서·변제유예증서)를 제출하고 압류채권자·배당요구채권자의 채권 및 집행비용에 해당하는 보증을 제공한 때에는 강제집행절차를 취소하도록 하였다(181조 1항). 만일 위와 같은 집행정지가 실효되는 때에는 위 보증금을 배당하여야 한다(181조 2항).

---

1) 강대성, 443면.
2) 박두환, 459면; 김홍엽, 328면.
3) 대법 1970. 10. 23, 70마540.

5. 현금화와 배당

현금화[1]와 배당[2]도 부동산강제경매에 준하게 되어 있지만(172조) 부동산과는 다른 다음과 같은 특색이 있다. (i) 매각기일의 공고에 선박의 표시와 그 정박지를 적어야 하고(184조), (ii) 현황조사에서는 선박의 점유자와 그 점유현황의 조사 보고가 중요한 것으로 이 점이 선박평가에 지대한 영향을 미치며, (iii) 절차의 신속성의 요청을 고려하여 배당요구의 종기까지의 기간을 부동산경매보다 단축시키는 것이 바람직하고, (iv) 매각방법으로는 신속한 절차진행의 요청에 따라 기일입찰이 좋다.[3] (v) 선박에 부착된 기계와 속구(屬具)가 선박에서 분리되어 독립한 동산으로 취급될 때에는 선박이 매각되어 소유권을 취득하였다 하여도 그 기계와 속구의 소유권을 취득할 수 없다.[4] 그리고 배당절차에서는 선박우선특권이 법정우선변제청구권으로 존중되어 먼저 배당받게 된다(상 777조 1항, 893조). 선박우선특권은 저당권에 준한다(상 777조 2항).

판례는 임금우선특권을 선박우선특권보다 우선시켜야 한다는 것이나,[5] 3개월의 임금채권을 우선시키는 것은 별론이로되, 일반임금채권까지 선박우선특권보다 우선시키는 것은 선박우선특권이 저당권에 준하는 것에 비추어 근로기준법 제38조 1항과 맞지 않는 해석이다.

6. 항공기 · 자동차 · 건설기계에 대한 집행

자동차 · 건설기계 · 소형선박 및 항공기에 대한 강제집행절차는 부동산,

1) 세월호 쌍둥이배라고 하는 '오하마나호, 데모크라시 5호' 선박은 유병언 일가재산의 경매절차에 부쳐졌는데 감정가 105억원이었으나 4차례의 유찰 끝에 28억원에 낙찰되었다고 한다. 등기부상 주로 산업은행이 채권자인 채권총액이 170억을 넘었으므로 낙찰금으로 우선채권과 집행비용을 변제하고 남을 것이 없는 경우의 경매취소사유가 되는데도(102조 2항) 경매가 진행된 case이다. 미국에서는 미국인 웜비어 고문치사 사건으로 인한 북한정권에 대한 배상판결의 집행을 위해 억류된 북한선박에 대해 고철로 취급하여 300만불에 경매된 바 있다.

2) 외국선박에 관한 집행에 있어서 배당채권자의 범리는 부동산의 경우와 다르지 않다. 따라서 대법원은 위 대법 2004. 10. 28, 2002다25693에서 외국선박에 대한 집행에서 경매개시결정등기 전에 저당권설정등기를 한 저당권자라면 배당요구와 상관없이 배당받을 수 있다고 했다고 하였다(88조 1항이 아닌 148조 4호가 적용된다는 취지). 또 대법 2011. 9. 8, 2009다49896은 외국선박에 대한 가압류채권자는 선행감수 · 보존처분이 있다 하더라도 가압류집행을 하지 아니하였으면 적법한 배당요구가 있었다고 할 수 없다고 했다.

3) 中野/下村, 642면.

4) 대법 1965. 3. 9, 64다1793.

5) 대법 2005. 10. 13, 2004다26799.

선박, 동산에 대한 강제집행의 규정에 준하여 대법원규칙으로 정한다(187조). 이에 따라 민사집행규칙 제106조에서 제130에 상세한 규정이 있는데, **자동차**에 대한 강제집행은 원칙적으로 **부동산집행의 방법**에 의하도록 규정하였다(규 108조). 선박 · 항공기 등은 특수한 사람 소유의 희귀품이지만 자동차는 필수품이 되다시피 하였다. 따라서 압류대상으로 가장 적합한 물건이기 때문에 유체동산집행보다 월등하게 집행사건이 많다. 그럼에도 자동차집행을 부동산집행에 준한 것은 현실에 맞지 않거니와 민사집행법에 규정하지 않고 대법원규칙에 포괄위임한 것도 입법론상 문제가 있다.

(1) 항공안전법에 따라 등록된 항공기에 대한 강제집행은 매각물건명세서와 현황조사보고서를 작성하지 않고 매각절차가 행하여지는 점을 제외하고는 **선박집행의 예**에 따른다(규 106조). 드론도 문제되겠지만 등록제도가 정비되지 아니한 현재는 유체동산의 집행방법에 의할 것이다. 우리나라에 등록되지 아니한 외국항공기에 대한 강제집행방법에 관하여는 민사집행법 제186조가 준용되므로 선박집행에 준하여 집행할 수 있다는 견해[1]가 있으나 특별한 규정이 없으므로 원칙으로 돌아가 동산집행방법에 의할 수밖에 없을 것이다.[2] 실무도 같다.[3]

(2) **자동차**에 대한 강제집행은 원칙적으로 **부동산집행의 방법**에 의한다(규 108조). 자동차집행의 대상인 자동차는 자동차관리법에 따라 등록된 자동차를 말한다. 세대당 1 · 2대씩 소유하는 자동차 대중화시대인 지금은 각 가정이 아끼는 귀중품이라기보다 필수품이 되고 있으므로 중요한 집행재산이다. **등록할 수 없는 자동차**나 등록을 하지 아니한 자동차는 유체동산의 집행방법에 의한다. 자동차집행은 2005년부터 사법보좌관의 업무로 되었다(사보규 2조 1항 7호). 자동차집행은 자동차리스제도와 맞물려 증가세이다. 자동차등록원부에 등록된 자동차에 경매개시결정을 하여, 등록원부에 압류기입등기를 하면서 행한다(압류등록이라 한다). 그 특칙은 다음과 같다.

1) **공유지분** 자동차의 공유지분에 대한 강제집행은 「그 밖의 재산권」

1) 남기정, 실무 강제집행법7, 육법사(1989), 168면.
2) 동지; 박두환, 464면.
3) 법원실무제요 민사집행(Ⅲ), 583면. 외국항공기 집행에 관한 자세한 설명은, 권창영, "외국항공기 집행에 관한 법리", 민사집행법연구 제18권, 132면 이하 참조.

에 관한 강제집행의 예에 의한다(규 129조).

2) **집행관 인도명령** 강제경매개시결정을 할 때에는 부동산경매개시결정에서 명하는 사항 이외에 채무자에 대하여 집행관에게 자동차를 인도할 것을 명하여야 한다(규 111조). 자동차등록원본에 압류등록의 촉탁을 한다. 인도명령으로 인한 채무자 등의 고통을 덜어주기 위해 이해관계인의 신청에 따라 자동차의 운행을 허가할 수 있다(규 117조). 경매개시결정이 있은 날로부터 2월이 지나기까지 집행관이 인도를 받지 못한 때에는 법원은 집행절차를 취소해야 한다(규 116조). 강제경매신청 전에도 자동차인도명령을 발할 수 있다. 경매신청 전 자동차인도명령의 경우에는 그 자동차가 있는 곳을 관할하는 지방법원이 그 소속 집행관에게 인도할 것을 명할 수 있다(규 113조).

대포차 문제와 입법개혁 자동차집행은 자동차등록원부에 경매개시결정을 기입하고, 등록명의자에 대하여 집행관에게 자동차인도명령을 하는 방식이다. 그런데 등록명의자가 아닌 다른 사람이 운행점유자인 경우가 많다. 명의자와 운행자가 다른 경우의 대표적 예가 이른바 '대포차'이다. 대포차의 경우는 자동차등록부를 기준으로 하여 경매개시결정을 받지만 그 점유자가 달라 그 후속조치인 인도명령이 집행불능에 이르는 경우가 매우 많다. 리스차도 리스이용자로 등록명의를 이전을 한 경우가 아니면 같은 문제에 이를 수 있다. 그리하여 자동차집행불능이 50%를 넘어선다. 문제가 이렇듯 심각하다면 입법론적으로 독일·프랑스처럼 유체동산으로 보아 등록부집행이 아닌 점유집행으로 제도의 근본개혁이 있어야 한다. 가정의 귀중한 재산이 아니고 필수품이 된 시대에 어설프게 일본제도를 모방한 입법상의 잘못이 있다. 그것이 집행의 간소화·신속화의 길일 것이다.[1)]

자동차집행에서 독일법과 우리법의 차이를 본다. 우리 법의 후진성의 극복을 위하여 고려할 바이다.

① 독일은 동산집행이므로 서식으로 집행관위임신청임에 대하여 우리는 준부동산집행이므로 강제경매신청에 의한다.

② 독일은 자동차점유를 빼앗는 집행이고, 다른 동산처럼 Internet경매로도 된다(www.justiz－auktion.de). 우리는 경매개시결정＋집행관인도명령＋등록원부에 압류등록으로 한다.

③ 독일은 점유집행이므로 등록명의자와 점유운행자가 다른 경우에 집행불능의 문제가 없다. 우리는 등록명의집행이므로 점유자가 다른 경우(예컨대 대포차)에 집행불

1) 자동차집행의 문제점과 해결방안에 관한 자세한 것은 조관행 외 6인 공동연구, '자동차집행의 실효성의 확보방안', 여신금융협회(2015. 4.) 참조.

능이 되는 비율이 매우 높다.

④ 독일은 면허증과 등록증 모두 회수+바퀴잠금장치의 설치(미국의 일부 주도 동일) 등 구체화. 우리는 그에 이르지 않는다.

⑤ 독일은 자동차집행에도 적용되는 manual격인 집행관업무지침(GVGA)이 있지만 우리는 없다.

⑥ 독일은 업무용·생계용이면 압류금지. 우리는 그런 규정이 없다.

3) 매각에 관한 특칙 자동차는 일반유체동산과 마찬가지로 저렴한 것이 많고, 또 날이 갈수록 가격의 하락이 거듭되기 때문에 간이·신속하게 매각할 필요가 있다. 따라서 (i) 입찰 또는 호가경매를 행하지 아니하고 집행관에게 그 이외의 방법으로 자동차의 매각을 실시할 것을 명할 수 있다(규 123조. 자동차관리법 제60조에 따른 자동차경매시장에 맡길 수 있을 것이다). (ii) 집행관에게 매각의 실시를 명하지 아니하고 압류채권자의 매수신청에 따라 그에게 직접 자동차의 매각을 허가할 수 있다(규 124조 1항). 이를 양도명령이라고 한다. 이 경우에는 자동차양도명령에 따른 매각허가결정을 선고할 필요 없이 이해관계인에게 고지하면 된다(규 124조 2항). (iii) 최저매각가격결정을 할 때에 감정인의 평가에 의하지 않고 집행관으로 하여금 거래소에 시세를 조회하는 등의 방법으로 자동차를 평가할 수 있다(규 121조). (iv) 집행관이 그 관할구역 내에서 자동차를 점유하기 전에는 집행관에게 매각을 실시하게 할 수 없다(규 120조).

(3) 건설기계관리법에 따라 등록된 **건설기계와 자동차 등 특정동산 저당법의 적용을 받은 소형선박에 대한 강제집행**은 자동차에 관한 강제집행규정을 전면 준용한다(규 130조). 건설기계관리법에 정한 절차에 따라 등록을 마쳐 그 소유권이 생긴 건설기계가 집행의 대상이 된다.[1)]

제 4 절 동산에 대한 강제집행

압류에 의해 개시되는 동산에 대한 강제집행은 크게 유체동산에 대한 강제집행과 채권과 그 밖의 재산권에 대한 강제집행으로 나뉜다. 동산에 대한 압류에 있어서는 다음 원칙을 지켜야 한다.

1) 대법 1991. 8. 9, 91다13267.

(1) 초과압류의 금지

압류는 집행력 있는 정본에 적은 청구금액의 변제와 집행비용의 변상에 필요한 한도 내에서 하여야 한다(188조 2항). 따라서 예금채권의 압류는 집행채권과 집행비용의 한도를 넘어서는 안 된다. 다만 불가분인 하나의 물건·권리를 압류하는 경우에는 이 한도를 넘어도 된다.

(2) 무잉여압류의 금지

압류물을 현금화하여도 집행비용을 빼고 남을 것이 없는 경우에는 집행하지 못한다(188조 3항).

위와 같은 원칙을 위배하여도 당연무효가 되지 아니하고 집행이의신청의 사유가 될 뿐이다(16조).

제 1 관 유체동산에 대한 강제집행

Ⅰ. 서 설

1. 의 의

유체동산에 대한 강제집행은 채권자의 집행채권을 실현하기 위하여 집행관 주관하에 먼저 목적물인 유체동산을 압류하고, 이를 현금화한 다음 이에 의하여 얻는 금전을 채권자에 배당하는 방법으로 한다. 즉 압류 → 현금화 → 배당 3단계의 순서로 진행되는데, 부동산집행보다는 복잡하지 않다. 유체동산에 대한 집행은 유가증권에 대한 집행을 제외하고는 청구권의 실현 외에도 채무자에 대한 압박용이나 변제의 간접강제수단으로 많이 이용된다. 오늘날 up-to-date 되는 신제품의 속출로 곧바로 중고품이 되는 현실에서 유체동산에 대한 집행은 비효율적 채권회수의 수단인 면이 있다. 오히려 채무자가 애착을 갖는 주관적 가치의 동산을 압류함으로써 채무자에게 심리적 압박을 가하고 변제를 촉구하는 의미가 더 크다. 그렇다고 유체동산 집행을 경시해서는 안 된다.

현재 유체동산 집행은 집행관에게만 일임된 채 법원의 무관심과 운영의 소홀로 민사집행에서 사각지대화하였다. 압류의 대외적 공시인 봉인문제, 매각공고, 압류물건의 보관, 매각장소 등 매각실시절차에서 개선할 점이 많다. 4년 단임 임기의 집행관제도로 인하여 전문성이 약하고 소명의식의 결여로 집행동력은 나약화하였다. 게다가 독일의 집행관업무지침(Geschäftsanweisung für Gerichtsvollzieher)과 같은 업무기준 매뉴얼도 없어 집행운영에 혼란을 보이고 있다.[1] 독일은 2013년 강제집행개혁법의 일환으로 ZPO §802a를 신설했는데, 집행의 원칙이라 할 집행관의 기본권한으로서, "집행관은 지체없이 완전 그리고 비용절감의 금전채권의 집행에 힘쓴다"고 규정하여 그 직업적 소명을 강조하였다.

2. 유체동산의 범위

민사집행법상 동산의 개념에는 채권까지 포함하기 때문에, 채권과 구별하여 '**유체동산**' 이라는 용어를 사용하였지만, 유체동산은 민법의 동산을 기본으로 한다. 그 외에 민사집행법은 제189조 2항 각호에 해당하는 물건을 민사집행법상의 '유체동산'으로 본다고 하였다.

1) 민법상의 동산 토지 및 그 정착물 이외의 물건, 예를 들면 가재도구 · 명품 · 사무실의 비품 · 서화 · 도자기 · 골동품 · 상점의 상품 · 가전제품 · 컴퓨터 · 스마트폰 · 금은붙이 · 동물 · 입장권 · 기차 또는 버스표 · 상품권과 같은 무기명채권(민 523조) · 현금 · 자동차등록원부에 등록할 대상이 아닌 이륜차(오토바이, 자동차 관리법 5조) 등이다. 등기나 등록으로 공시되는 선박 · 자동차 등은 경제적 가치가 커서 부동산과 마찬가지로 압류등기 · 압류등록에 의할 수 있으므로 여기의 동산에 해당하지 아니한다. 자동차를 준부동산집행에 의하고 유체동산에서 제외하여 유체동산집행을 큰 의미가 없게 하였다. 암호화폐(비트코인 등) 등 가상자산을 민법 제98조, 제99조 소정의 '관리할 수 있는 자연력'에 해당한다고 보아 민법상 물건(동산)이라고 하는 견해와 유체물이 아니므로 민법상 물건에 포함될 수 없다는 견해[2]가 대립되어 있으나, 적어도 민사집행법 제189조 소정의 유체동산에 해당하지 아니하여 유체동산집행방법에 의할 수 없음은 명확하고 민사집행절차에서는 그 밖의 재산권에 해당하는 것으로 보는 것이 일반적이다.[3]

---

1) 이시윤, "민사집행법상의 몇가지 입법의 문제", 법률신문 2010. 5. 1.자.

2) 박영호, "가상화폐와 강제집행", 민사집행법 실무연구(V), 재판자료 141집(2021), 397면.

3) 암호화폐 문제를 입법적으로 해결하자는 것에, 박영호, "암호화폐의 강제집행, 비트코인을 중

2) 등기할 수 없는 토지의 정착물로서 독립하여 거래의 객체가 될 수 있는 것(1호) 1호는 토지에의 정착성은 있으나 현금화한 후 토지로부터 분리하는 것을 전제로 하여 거래의 대상으로서의 가치를 가지는 것을 말한다.[1] 예를 들면 식재된 수목·정원석·송신용철탑, 급유시설,[2] 컨테이너 박스 등이다. 통상의 엘레베이터는 건물과의 분리가 곤란하므로 독립하여 거래의 객체가 될 수 없을 것이다.

등기하지 못한 완성된 건물 등이 문제인데 (i) 건축신고나 건축허가를 받았으나 사용승인을 받지 못한 완성된 미등기건물은 부동산집행절차에 의할 것이고(81조 1항 2호 단서), (ii) 예컨대 기둥과 지붕 그리고 주벽도 갖추지 못한 건물,[3] 설계상 15층 아파트인데 9층까지만 완성된 상태에서 공사중단된 건물,[4] 건물의 지붕[5] 등은 모두 토지로부터 분리하여 독립하여 거래의 객체가 되기 힘들므로 유체동산집행의 대상이 아니다. 완성건물이라도 무허가·불법의 미등기건물이라면 앞서 본 바와 같이 유체동산집행에 의할 수 없고[6] 또 부동산집행에 의할 것이 아니다(앞의 「강제경매의 신청」참조).

3) 토지로부터 분리하기 전의 천연과실(쌀·보리·야채·과일 등)**로서 1월 이내에 수확할 수 있는 것**(2호) 민법상으로는 부동산의 종물이나, 집행법에서 동산이 된다.

4) 유가증권으로서 배서가 금지되지 아니한 것(3호) 구법에서는 어음·수표 등 지시채권은 채권집행의 대상으로 하였으나, 집행관이 유체동산의 집행시에 금고에서 어음·수표를 발견하여도 채권집행의 대상이므로 당장 압류할 수 없는 불편이 문제되어 1990년 개정시 유체동산과 마찬가지로 하여 집행관의 직분관할로 하였다. 주권[7]·국공채·회사채·화물상환증·창고증권·선하

심으로", 2019. 10. 17. 법률신문.

1) 대법 1995. 11. 27, 95마820; 동 2003. 9. 26, 2001다52773('독립하여 거래의 객체'가 될 수 있는지 여부는 그 물건의 경제적 가치 및 일반적인 거래의 실정이나 관념에 비추어 판단하여야 한다).
2) 대법 2012. 1. 26, 2009다76546은 유류저장탱크를 종물로 보았다.
3) 대법 2001. 1. 16, 2000다51872.
4) 대법 1995. 11. 27, 95마820. 거래의 객체가 될 수 있는 건축 중의 건물은 동산집행의 대상이 될 수 있다는 견해로, 中野·下村, 634면.
5) 대법 1960. 8. 18, 4292민상859.
6) 대법 1994. 4. 12, 93마1933 참조.
7) 대법 2011. 5. 6, 2011그37은 주권은 민사집행법상 유체동산으로 간주될 여지가 있으나, 주권이 표창하는 주식은 유체동산에 해당하지 않는다고 했다.

증권 · 양도성 예금증서 · 지시채권(민 508조) 등도 여기에 포함된다. 은행예금증서와 같은 면책증권이나 차용증서와 같은 증거증권은 여기의 유가증권에 해당하지 아니하고 여기에 표시된 채권에 대하여 채권집행의 방식에 의할 것이다. 예탁유가증권, 전자등록주식 등도 유체동산이 아니라 채권과 그 밖의 재산권에 관한 집행에 의할 것이다. 종이 유가증권 발행의 시대가 가고 2019. 9. 16.부터 유가증권의 발행을 금융기관의 digital 등록에 의하게 하는 전자증권제도가 개막된 마당에 종래의 이 제도는 재검토하여야 할 상황이 되었다. 종이증권의 배서 · 양도가 아니라 등록계좌의 계좌이체로 양도방식이 바뀌었기 때문이다.

Ⅱ. 압 류

유체동산에 대한 집행은 채권자의 서면신청에 기하여(4조), 집행관의 목적물에 대한 압류에 의하여 개시된다(189조 1항). 통상 집행관에게 동산집행을 위임한다고 말하지만 집행신청을 하는 것이다(규 131조 참조).

1. 유체동산집행의 신청

유체동산에 대한 강제집행신청은 그 신청서에 채권자 · 채무자와 그 대리인의 표시, 집행권원의 표시, 집행목적물인 유체동산이 있는 장소, 집행권원에 표시된 청구권의 일부에 관하여 강제집행을 구하는 때에는 그 범위를 적고, 집행력 있는 정본을 첨부하여 압류할 유체동산 소재지의 집행관에게 제출함으로써 한다(규 131조). 채권자는 부동산집행의 경우처럼 신청서에 압류할 목적물까지 특정할 필요는 없다(다만 어디에 있는 동산인가의 장소특정만 필요하다. 장소단위주의라고 한다.). 어떠한 유체동산을 압류할 것인지는 집행관의 선택이며, 채권자의 이익을 해치지 아니하는 범위 안에서 채무자의 이익을 고려해야 한다(규 132조).

독일은 2013. 1. 1 발효한 강제집행의 사실해명개혁법을 통하여 집행위임에 서식도입을 하였다(ZPO §753 Ⅲ). 이 서식강제주의는 집행관에의 위임내용을 쉽게 파악하기 위한 집행위임의 표준화이다. 전자위임의 경우도 같이 하였다. 한번 서식에 의한 집행위임(신청)을 하면, 집행불능에 이르렀을 때 채권자의 별도 신청이 없어도 채무자의 재산정보제공절차(우리나라의 재산명시절차)에 회부할 수 있으며(ZPO §802C), 채무자가 정보제공기일에 불출석, 정보제공의 거부시에는 별도의 신청없이 감치명령(Haftbefehl)신청까지 한 것으로 본다(ZPO §802g). 한번의 집행위임 신청으로 별도의 신청 없이 재산명시 → 감치까지 나가도록 일사천리의 편의를 도모하였다. 입법론상 도입을 검토할 때이다.

집행채권자로부터 유체동산집행의 신청을 받은 집행관은 그 채권자를 위하여 채무자로부터 변제를 수령할 권한을 법률상 당연히 갖고 있다(42조 1항). 따라서 채무자가 동산집행의 개시나 계속 진행을 피하고자 할 때에는 채무액 상당의 금액을 임의변제로서 집행관에게 제공하면 된다.

2. 압류의 방법

채무자가 점유하는 유체동산과 채무자 이외의 자가 점유하는 유체동산은 그 취급을 달리한다.

(1) 채무자 점유물의 압류

채무자가 점유하는 유체동산은 일응 채무자의 책임재산으로 보고 집행관이[1] 채무자의 점유를 배제하고 스스로 이를 **점유함으로써 압류**한다(189조). 집행관이 채무자의 소유임을 확인하고 압류하는 것은 집행의 간이성 · 신속성에 적당하지 아니하고 또 채무자의 소유에 속하는가 여부의 실체판단은 그의 직책도 될 수 없다. 집행관은 채무자의 소유일 고도의 개연성이 추정되는 점유라는 외관을 보고 압류를 시행한다(형식주의). 유가증권의 압류도 권리가 화체가 된 증권, 즉 문서의 점유를 채무자로부터 빼앗아 보관하는 방법에 의한다.

집행관은 압류시에 채무자에 대하여 동산 · 채권 등의 담보에 관한 법률에 따른 담보등기가 있는지 여부를 담보등기부를 통하여 확인하여야 하고, 담보등기가 있는 경우에는 등기사항전부증명서를, 담보등기가 없는 경우에는 등기기록미개설증명서를 집행기록에 편철하여야 한다(규 132조 1항). 또한 담보권의 존재를 확인한 경우에는 그 담보권자에게 매각기일까지 집행을 신청하거나 법 제220조에서 정한 시기까지 배당요구를 하여 매각대금의 배당절차에 참여할 수 있음을 고지하여야 한다(규 132조의2). 한편 집행관은 채무자가 자기 소유가 아니라는 진술이나 담보가 설정되어 있다는 진술을 한 압류물에 관하여는 그 취지를 압류조서에 적어야 한다(규 134조 1항). 만일 채무자가 점유하고 있으나

---

1) 법원조직법 제54조 2항 2호에서는 사법보좌관의 업무로 「동산에 대한 강제경매절차」라고 하여 마치 유체동산집행까지 포함하는 것으로 규정하였으나, 이는 종전처럼 집행관의 소관이다.

제3자의 소유에 속하는 유체동산임이 판명되면(예컨대 이용자가 점유하는 리스물건, 설정자가 점유하는 양도담보물을 압류한 경우), 부당집행이 되므로 제3자이의의 소(48조)로써 집행을 시정한다. 다만 제3자의 소유물임이 명백한 경우이면 집행관의 심사의무위반으로 집행이의가 가능하다고 볼 것이다.[1] 집행종료 후이면 부당이득의 문제가 생긴다.

집행관이 점유한다는 것은 집행관이 목적물을 현실적으로 직접 지배·보관하는 것을 뜻한다. 즉, 민법상의 점유를 말하는 것이 아니라 물건에 대한 사실상의 직접지배 상태인 「소지」를 뜻하는 것으로서, 점유의사를 불문하며 간접점유는 포함되지 아니한다.[2] 집행관은 압류하기 위하여 필요한 경우에는 채무자의 주거·창고 그 밖의 장소를 수색하고, 잠근 문과 기구를 여는 등 적절한 조치를 취할 수 있다. 저항을 받으면 경찰/국군의 원조를 요청할 수 있다(5조). 수색권을 행사하기 위해 법관의 영장이 필요하지 않은데, 영장주의(헌 16조)와의 조화가 문제될 수 있어 위헌론이 제기될 수 있음은 이미 본 바이다(앞의 「집행관」 참조).

(2) 채무자 아닌 자의 점유물의 압류

채권자가 자기가 점유하는 물건이 채무자의 책임재산이라고 하여 제출할 때나 제3자가 점유하는 물건으로서 그 자가 제출을 거부하지 아니하는 때에는 채무자 점유물의 압류에 준하여 압류한다(191조). 이때에는 점유 대신에 채권자나 제3자의 제출이라는 외관에 기초하여 집행관이 압류를 실시할 수 있다. 다만 **제3자가 제출을 거부**하면 채무자가 제3자에 대해 갖는 목적물의 인도청구권 또는 반환청구권에 대한 **채권집행**(242조)의 방법에 의한다.

(3) 부부공유물 등의 압류

채무자와 그 배우자의 공유로서 채무자가 단독점유 또는 공동점유하는 유체동산인 경우에는 **채무자 단독소유**의 점유물처럼 압류한다(190조).[3] 그리하여 공유지분을 주장하는 배우자는 배당요구의 절차에 준하여 매각대금에서 자기의 지분 상당액을 받을 수 있게 하였다(221조). 한편 부부공유물을 매각하는

---

1) Lackmann, Rdnr. 205.

2) 대법 1996. 6. 7, 96마27; 동 2020. 1. 30, 2019다265475.

3) 법 제190조의 규정은 조세체납처분의 경우에 유추적용된다는 것에, 대법 2006. 4. 13, 2005두15151.

경우에 배우자는 부동산 공유자의 경우처럼 매각기일에 출석하여 **우선매수권**을 행사할 수 있다(206조). 여기의 배우자에는 사실혼관계의 배우자도 포함된다는 것이 판례이다.[1] 채무자의 공유가 아닌 배우자의 특유재산이 압류되었을 때에는 그가 압류의 배제를 위한 제3자이의의 소를 제기할 수 있다.

그러나 부부공유물이 아닌 채무자와 제3자의 공유지분은 유체동산의 집행에 의하지 아니하고, '그 밖의 재산권'에 대한 집행에 의한다(251조).

(4) 국가에 대한 강제집행

국고금의 압류방법에 의한다(192조). 따라서 국가의 일반재산은 압류할 수 없다. 판결에 의한 국가배상채무가 적지 않게 문제되므로 국가에 대한 집행문제가 생긴다. 지방자치단체 등 공법인에 대하여는 이 특칙이 적용되지 아니한다.

3. 압류물의 보관

압류물의 보관은 집행관이 하는 것이 원칙이지만, 집행관이 따로 보관소를 갖고 있지 않기 때문에 문제이다. 따라서 채권자의 승낙이 있거나 운반이 곤란할 때에는 채무자에게 보관시키는 것이 통례이다(단, 현금, 귀금속, 유가증권 등 제외). 이 경우에 집행관은 집행관의 점유하에 있음을 명백히 하기 위하여 **봉인**(封印, 소위 딱지를 붙임) 그 밖의 방법으로 압류물임을 명백히 한다(189조 1항). 봉인 그 밖의 방법으로 압류를 명확하게 하는 것은 압류의 효력발생요건이므로 압류의 표지가 명확하지 아니한 경우의 압류는 무효일 뿐 아니라 오히려 불성립에 속한다고 본다.[2] 이러한 하자는 추후에 집행관이 보정하여 매각하였다고 하여 그 흠이 치유되는 것이 아니라는 것이 판례이다.[3] 봉인 등을 손상한 자는 공무상비밀표시무효죄로 형사처벌을 받는다(형 140조. 압류된 원동기의 가동은 무죄, 압류할 장소의 이동은 유죄). 압류조서의 작성은 압류의 사실을 기록·증명하는 것에 불과하며 압류처분의 효력발생의 요건이 아니므로 압류조서의 기재누락은 압류의 효력에 영향이 없다.[4]

부동산의 경우에는 압류등기가 공시방법이라면, 유체동산의 경우에는 봉

1) 대법 1997. 11. 11, 97다34273.
2) 대법 1982. 9. 14, 82누18.
3) 대법 1991. 10. 11, 91다8951.
4) 대법 1984. 8. 21, 84도855 참조.

인이 공시방법이다. 채무자만이 아니라 압류물을 제출한 채권자나 제3자에게 보관시킨 경우에도 봉인 압류표시가 되어야 한다. 채무자 등 종전 점유자에게 보관시킨 경우 집행관은 그 사용을 허가할 수 있다. 실무상 현금·금은붙이 및 유가증권 등을 제외하고 압류물의 이동곤란·이동비용 때문에 채무자에게 보관시키면서 그 사용을 허가하는 것이 대부분이다. 이 때문에 기계와 같은 것은 중요부품이 빠지고 특정물이 아닌 종류물일 때에는 수량이 줄어들기 쉽다. 집행관은 필요하다고 인정할 때에는 압류물의 보관상황을 점검하여야 한다(규 137조 1항).

4. 압류의 효력

(1) 처분금지효

압류는 현금화를 전제로 하기 때문에 압류물에 대한 처분권을 채무자로부터 박탈하여 이를 국가의 수중에 두는 행위이다. 따라서 압류를 당한 채무자는 강제집행의 목적달성에 필요한 한도에서 처분이 금지된다(상대효). 예를 들면 압류된 뒤에 채무자가 제3자에게 양도하더라도 그 양도가 모든 사람에 대해 절대적으로 무효가 되는 것이 아니다. 다만 압류채권자와의 관계에서만 무효가 되느냐(개별상대효설), 그 이외에 당해 집행절차에 참가한 모든 채권자와의 관계에서도 무효가 되느냐(절차상대효설)의 다툼이 있으나 판례는 개별상대효설에 의한다는 점은 부동산의 압류에서 보았다.

(2) 압류효력의 범위

압류의 효력은 압류물에서 생기는 천연물에도 미친다(194조). 예를 들면 압류당한 소나 닭이 송아지나 달걀을 낳은 경우, 그 송아지나 달걀은 어미 가축에서 분리됨과 동시에 독립한 동산이 되지만 어미 가축과는 별도로 압류절차를 밟을 필요 없이 집행관이 송아지와 달걀을 포함하여 현금화할 수 있다. 채무자가 압류물을 보관하고 그 사용허가가 된 경우라도 채무자는 그 천연과실을 취득할 수 없다.

(3) 인도명령

1) 압류물의 보관을 맡은 채무자가 제3자에게 양도한 경우에 집행관이 당해 물건을 회수하는 방법에 대하여는 종전에 많은 논란이 있었다. 그러나

1990년 개정법률 이후 집행절차의 안정을 위하여 간이·신속한 방법으로 압류물을 회수하는 제도를 입법화하였다. 즉 압류물을 제3자가 점유하게 된 경우에는 압류채권자의 신청에 의하여 집행법원으로 하여금 그 제3자에 대하여 그 물건을 집행관에게 인도하라는 명령을 발하게 하여, 그 인도명령을 집행권원으로 하여 집행관이 그 제3자로부터 압류물을 회수할 수 있게 하였다(193조 1항). 이와 같은 인도명령에 대한 집행법원의 사무는 **사법보좌관의 업무**로 되었다(사보규 2조 8호). 이 인도명령제도는 집행절차 내의 부수적 집행절차에 불과하며 동산의 경우에 시일이 경과할수록 선의취득의 기회가 늘어나기 때문에 이러한 인도명령신청은 제3자가 점유하는 것을 안 날부터 1주 이내에 하도록 하였다(193조 2항). 나아가 **인도명령의 집행**은 신속성을 요하기 때문에 그 확정도 집행문도 필요 없고 인도명령의 사전송달 없이도 집행할 수 있지만, 인도명령이 신청인에게 고지된 날부터 2주가 지나면 집행할 수 없다(193조 4항). 이 점에서 가압류·가처분명령의 집행과 흡사하다.

2) 사법보좌관의 인도명령에 대하여는 **즉시항고**가 가능하다(193조 5항). 따라서 항고에 앞서 사법보좌관규칙 제4조에 의해 사법보좌관의 처분에 대하여 이의신청을 하여야 한다. 인도명령은 압류물이 제3자에게 점유이전되었다는 외형적 사실에만 기초하여 발령되는 것이므로, 항고이유는 이 명령의 절차상 하자에 한한다고 볼 것이다. 제3자에게 정당한 점유권이 있다는 것은 항고이유가 될 수 없다. 따라서 제3자가 선의취득자라도 이를 인도명령에 대한 항고이유로 삼을 수 없고, 선의취득한 제3자는 제3자이의의 소로 주장할 수 있을 뿐이다. 채무자가 압류물을 보관하여도 사법상의 점유가 소멸하는 것이 아니며 이를 타인에게 양도한 경우에 선의취득이 허용된다는 것은 확립된 판례이다.[1)]

(4) 부수적 효력 — 시효중단효

압류는 집행채권에 관하여 소멸시효중단의 효력이 있다(민 168조 2호). 그 발생시기는 유체동산집행의 신청시이지만, 압류에 이르지 않거나 집행신청의 취하·각하에 의하여 집행사건이 끝나면 그 효력이 소급하여 소멸된다.

---

1) 대법 1966. 11. 22, 66다1545·1546 등.

5. 압류금지물건

(1) 제195조는 채무자의 최저한의 생활보장 · 사회문화적 고려 · 공공이익의 유지 등의 견지에서 압류금지물건으로 16가지를 열거하였다. 예를 들면 채무자 등(채무자 및 그와 같이 사는 친족, 사실관계의 친족 포함)의 생활에 필요한 의복 · 침구 · 가구 · 부엌가구, 그 밖의 생활필수품(1호), 채무자 등의 생활에 필요한 2개월간의 식료품 · 연료 및 조명재료(2호), 채무자 등의 1개월간의 생계비(3호), 농업 · 전문직에 없어서는 아니 될 업무도구(4~6호. 개업의의 X-ray 촬영기가 이에 해당한다는 것이 일본 판례), 훈장 · 위패 · 족보(7~12호), 학교 · 교회[1] · 사찰 등에서 사용되는 교과서 · 교리서 · 학습용구(13호), 장애인용 경형자동차(15호), 소방설비(16호) 등이다.

이 밖에 개별 입법상의 압류금지 동산이 있음을 주의할 필요가 있다(국민기초생활보장법 35조 1항; 우편법 7조; 신탁 22조; 공장 및 광업재단 저당법 14조; 건설산업기본법 88조 등).

(2) 압류금지 물건이라 하여도 채권자와 채무자의 생활형편, 그 밖의 사정을 고려하여, 집행법원은 당사자의 신청에 의하여 법정압류물건의 범위를 감축시키거나 확장시킬 수 있다(196조 1항). 구체적 상황에 따라 집행법원이 법정압류금지의 범위를 탄력적으로 변경할 수 있도록 한 것이다. 압류금지물을 집행관이 압류한 경우에 집행관은 집행이의신청에 의한 법원의 결정 또는 채권자의 해제신청 없이는 스스로 압류를 해제할 수 없다.[2]

6. 채권자가 여럿이 있을 때(채권자의 경합)

같은 집행관이 다수의 채권자를 위하여 동시에 같은 재산을 압류하는 것을 동시압류라고 하는데, 이와 달리 문제되는 것은 이중압류이다.

(1) 유체동산에 대한 이중압류

이중압류를 금지하는 일본법과 달리 우리 법은 먼저 압류나 가압류한 유체동산에 대하여 매각기일에 이르기 전에 다른 채권자들이 강제집행을 신청하

1) 예배에 직접적으로 공용하는 물건인 종은 압류금지물이다. 대법 1965. 2. 10, 64마1092.
2) 대법 2003. 9. 26, 2001다52773.

여 다시 압류할 수 있다(215조 1항). **부동산집행의 경우처럼** 이중압류를 인정한 것이다. 부동산의 이중압류만큼 집행비용이 들 것은 없다. 이중압류의 종기는 첫 매각기일이 아니라 실제로 매각이 된 매각기일에 이르기 전으로 볼 것이다.[1]

이중압류신청이 있으면 집행관은 그 강제집행신청서를 선행압류를 한 집행관에 교부하여야 하며, 더 압류할 물건이 있으면 이를 추가압류한 뒤에 추가압류조서를 작성하여 그에게 교부하여야 한다(215조 1항). 강제집행신청서를 교부받은 선행압류한 집행관은 뒤에 강제집행을 신청한 채권자를 위하여 다시 압류한다는 취지를 덧붙여 선행의 압류조서에 적어 이중압류임을 명백히 한다(215조 4항). 이중압류신청의 경우에 현금화·배당 등 집행의 위임은 선행압류의 집행관에 이전시켜 뒷처리를 하게 한다(215조 2항). 과정을 간략히 파악하면 「후행집행관이 강제집행신청서 등을 선행집행관에 교부 → 선행집행관이 선행압류조서에 이중압류 명시(이중압류의 부기) → 선행집행관에 집행위임의 이전」의 순이다. 이중압류가 된 경우에 각 압류한 물건은 강제집행을 신청한 모든 채권자를 위하여 압류한 것으로 본다(215조 3항). 선행압류가 취하·각하되어 소멸하거나 집행정지되면 후행압류의 효력에 의하여 절차가 속행된다.

(2) 배당요구

배당요구를 할 수 있는 채권자는 **법률상 우선변제청구권**이 인정된 자에 한한다(217조). 질권자나 특별법에 의하여 우선변제권이 인정된 자, 즉 임금·퇴직금·재해보상금 그 밖의 근로관계채권자, 건강·연금·고용·산업재해 등 보험료채권자(채무자의 부동산에 우선변제권이 있는 채권자 불포함)나 상법상의 우선특권자(상 468조, 808조) 등이 그들이다. 채권의 일부만 배당요구한 경우, 나중에 배당요구하지 아니한 채권을 추가하거나 확장할 수 없다.[2] 부부공유의 동산에 대한 집행에서는 채무자의 배우자가 그 동산의 매각대금 중에서 자기 지분상당액의 지급을 청구할 수 있도록 하여(221조 1항), 배당요구에 준하게 하였다. 동산집행에서는 엄격한 초과압류금지의 원칙이 관철되기 때문에 넓게 배당요구를 허용하는 것은 압류채권자를 해친다. 그러므로 부동산집행의 경우와 달리 법률상 우선변제청구권자가 아니면 **집행력 있는 정본을 가진 채권자**라 하여도 배당요구를 할 수 없으며, 이중압류의 절차를 거쳐 배당에 참가할 수

---

1) 대법 2011. 1. 27, 2010다83939.
2) 대법 2005. 8. 25, 2005다14595.

있을 뿐이다. 양도담보권자·소유권유보채권자 등은 법률상 우선변제청구권자는 아니므로, 배당요구를 할 수 없고, 제3자이의의 소로 대처해야 할 것이다.[1)] 판례는 동산·채권 등의 담보에 관한 법률에 따라 등기를 마친 동산담보권자는 등기로 공시되고 우선변제권이 있으므로 다른 채권자의 신청에 의하여 동산담보권이 등기된 유체동산에 대하여 강제집행절차가 진행되는 경우 민사집행법 제148조 제4호를 유추적용하여 배당요구를 하지 않아도 당연히 배당에 참가할 수 있다고 하였다.[2)]

배당요구의 종기(마감일)는 (i) 압류물을 매각·현금화하는 경우에는 집행관이 매각대금을 교부받을 때, (ii) 금전을 압류하는 경우에는 그 압류시, (iii) 어음 등 유가증권을 압류한 경우에는 집행관이 그 매각대금을 지급받은 때이고(220조 1항), (iv) 매각대금이 공탁된 경우에는(198조 3항, 4항, 296조 5항 단서) 집행의 속행이나 본압류 신청을 한 때이다(220조 2항).

Ⅲ. 현금화절차

1. 현금화의 준비

(1) 유체동산집행의 경우에는 일반적으로 동산의 가격이 낮다는 것을 고려하여 부동산집행에서와 같은 **최저매각가격제도**가 없으며, 집행관이 압류물을 적정한 가격으로 매각하면 된다(ZPO에서는 통상가격의 5/10를 최저매각가격으로 함). 집행관은 필요하다고 인정할 때에는 적당한 감정인을 선임하여 그의 평가를 참고로 할 수 있다(규 144조 1항). 감정인의 평가서는 집행관 사무실 등에 비치하여 누구든지 볼 수 있도록 하여야 한다(규 144조 3항). 값이 비싼 물건, 예를 들면 귀금속·서화·골동품 등에 대하여는 감정인으로 하여금 평가하게 하여야 한다(200조).

(2) 집행관은 압류물의 가치를 보존하기 위하여 적당한 처분을 하여야 한다(198조 1항). 특히 즉시 매각하지 아니하면 값이 크게 떨어질 염려가 있거나 보관에 지나치게 많은 비용이 드는 때에는, 집행정지중에도 집행관은 이를 긴급매각하여 매각대금을 공탁하여야 한다(198조 3항, 4항).

---

1) 대법 1971. 3. 23, 71다225; 동 1999. 9. 7, 98다47283.

2) 대법 2022. 3. 31, 2017다263901.

2. 현금화의 방법

현금화의 방법은 입찰 또는 호가경매의 방법에 의한다(199조). 신법은 오로지 경매방법에 의하였던 구법과 달리 입찰의 방법도 쓸 수 있도록 하였다. 기간입찰의 방법은 할 수 없다. 매각시 주의할 사항은 다음과 같다.

① 미분리과실은 충분히 익은 다음이 아니면 매각할 수 없다(213조).

② 각 동산마다 개별매각이 원칙이나, 집행관이 동일인에게 일괄매각함이 알맞다고 인정하는 때에는 일괄매각이 가능하다(197조).

③ 금전을 압류한 경우에 내국통화이면 집행관은 바로 변제에 충당하여야 하고(201조 1항), 외국통화일 때에는 외국환거래법에 의하여 내국통화로 환전이 필요하다.

④ 금은붙이는 원칙적으로 시장가격 이상의 금액으로(209조) 매각하여야 한다(209조).

⑤ 유가증권은 (i) 그 중 시장가격이 있는 것, 즉 증권시장에 상장된 것은 매각하는 날의 시장가격에 따라 매각하고, 시장가격이 없는 것은 일반 현금화의 규정에 따른다(210조). 경매하거나 입찰을 할 수 있다. (ii) 기명식 유가증권, 예를 들면 기명식 주식일 때에는 집행관은 채무자에 갈음하여 배서 또는 명의개서에 필요한 행위를 할 수 있다(211조). 앞서 말한 바와 같이 전자증권제도가 시행된 이후에도 이 규정이 유지될 수 있을지 여부는 검토할 과제이다. (iii) 어음 · 수표 등 일정한 기간 안에 지급제시를 요하는 것을 압류한 때에는 집행관이 그 기간 안에 채무자에 갈음하여 **지급제시** 등 필요한 행위를 하여야 한다(212조). 제시했을 때에 금전을 지급하면 집행관이 수령하여 보관한다. 집행관은 미완성 어음 등을 압류한 경우에 채무자에게 기한을 정하여 어음 등에 적을 사항을 보충하도록 최고하여야 한다(212조 2항). 어음 · 수표를 집행할 때에 집행관은 권면액(액면액)으로 평가하지만, 필요하다고 인정할 때에는 감정인을 선임하여 평가시킬 수 있다(규 144조).

(i) 배서금지된 유가증권, (ii) 미발행의 주식, (iii) 예탁유가증권, (ⅳ) 전자등록주식에 관하여는 채권 그 밖의 재산권 집행의 방법에 의하는데 뒤에서 설명한다. 또 은행예금증서인 통장 등 이른바 면책증권은 유가증권이 아니고 그 증서의 소지인에게 변제하면 선의의 채무자가 면책이 되는데 그치는 것으

로(민 526조), 일반채권집행의 방법에 의한다.

⑥ 채무자는 매수신청을 할 수 없다(규 158조, 59조 1호).

(1) 호가경매

압류물의 현금화는 대부분 호가경매에 의한다.

1) 매각장소는 압류한 유체동산이 있는 곳이 되며, 채권자와 채무자의 합의가 있으면 합의한 장소가 된다(203조). 집행관은 경매기일의 일시와 장소를 정하는데(규 145조 1항), 경매기일은 압류일로부터 1주일 이상(202조) 1개월 안으로 정하여야 한다. 정해진 경매기일은 재감정의 필요성 등 합리적 이유가 있다면 연기할 수 있지만 연기기간은 합리적 범위로 제한하여야 한다는 것이 판례이다.[1] 집행관은 호가경매기일의 3일 전까지 매각할 물건의 종류·재질 그 밖에 그 물건을 특정하는 데 필요한 사항과 수량 및 평가액 등을 공고하여야 한다(규 146조 1항). 매각할 물건의 특정을 요하기 때문에 물건의 나열없이 'TV 외 10점' 등으로 기재하는 공고는 위법공고라고 생각된다. 집행관실 안에 게시하는 공고는 적절하지 아니하다. 경매의 공개원칙에 부합할 수 없다고 보기 때문이다. 집행관은 경매의 일시와 장소를 각 채권자, 채무자 및 압류물 보관자에게 통지하여야 한다(규 146조 2항). 신문공고는 필요없다.

원칙적으로 매각장소는 압류물이 있는 곳 특히 채무자보관이 보통이기 때문에 채무자의 집이나 사무실 등인 것이 일반적이다. 그리하여 현물을 일반인이 들여다보기 어려운 문제가 있다. 법원 내에 경매소의 설치도 간단치 않고 또 압류물의 운반에도 엄청난 비용이 들어 이러한 고육지책을 쓴다. 그러나 채무자의 집에서 경매가 행하여지면 공개경쟁에 의한 제값의 매각이라는 경매제도의 취지에 반하며, 사실상 비공개 **밀매**(密賣)가 될 수 있어 문제가 있다(open sale이 아닌 closed sale).[2] 그리하여 압류채권자가 매수하지 아니하면 경매장소를 알고 나타나는 경매브로커에 염가로 매각 → 브로커 → 채무자가 더 주고 현장매수하는 촌극이 벌어지는 일이 있다. 채무자는 매수인자격이 없어 일어나는 필요악이라고 하며, 안일하게 방치할 것이 아니라 조속히 해결방안을 모색하여야 할 것이다. 부부공유물의 매각에 있어서는 배우자에게 우선매

---

1) 대법 2003. 9. 26, 2001다52773.

2) 법 제203조 1항 단서에 의해 채권자와 채무자가 합의하여 채무자의 주거근처에 있는 어린이 놀이터를 경매장소로 정한 예도 있는데, 예외적인 일이나 이러한 장소변경은 바람직하다.

수권이 있음을 집행관이 알려주는 배려가 필요할 것이다. 독일은 우리와 달리 매수희망자가 접근하기 쉬운 곳, 예컨대 음식점이나 압류물창고를 매각장소로 정한다. 또 채무자의 주거나 사무실에서의 경매는 채무자가 이에 동의한 경우에 한하여 허용된다. 이는 다중이 주거에 몰려들게 되므로 독일기본법 제12조의 주거의 불가침 위반의 문제 때문이다.[1)]

나아가 2009. 9. 9 발효된 ZPO §814 Ⅱ · Ⅲ에 따르면 경매 플랫폼을 통하여 Internet 경매를 실시할 수 있으며, 그 구체적 시행을 주정부에 위임하였다. 각 주가 경매 플랫폼을 www.justiz-auktion.de로 통일하였다. 어느 때나 세계 어느 장소에서나 경매 플랫폼에 접근가능하게 한 것이다. 따라서 우리나라에서도 경매가 가능하다. 우리가 Internet 강국을 자처하면서도 이에 이르지 못한 것은 문제로서 지금이라도 Internet 경매를 개설할 것이다. 경매 사이트 옥션에서 중고품도 거래되는 실정이면 직접 법원경매에서 이를 원용하지 못할 이유가 없을 것이다. 제214조 1항에 의하여 KAMCO의 경매인 onbid로 위탁하는 것도 가능하다고 본다. 재래식 경매방법이냐 Internet 경매방법이냐가 집행관의 선택인 독일에서는 경매의 공개원칙의 위배는 무효로 보며 소유권이전의 효과가 생기지 아니한다.[2)]

2) 집행관은 경매기일 또는 그 기일 전에 매각동산을 일반인에게 보여주어야 한다(규 148조).

3) 집행관은 매수신청액 중 최고가의 것을 3회 부른 후 그 신청을 한 사람의 이름 · 매수신청액 및 그에게 매수허가한다는 취지를 고지한다(규 147조).

4) 매수가 허가된 때에는 경매기일 마감 전에 매각대금을 지급하는 것이 원칙이다(규 149조. 예외가 있음). 매각물은 매각대금과 맞바꾸어 매수인에게 인도하여야 한다(205조 2항).

(2) 입　　찰

신법에서 새로 도입한 매각방법이지만 예외적인 것이다. 상장되지 아니한 회사의 주식이나 회사채 등은 이에 의하는 것이 좋을 것이다. 집행관은 입찰기일에 입찰시킨 뒤에 개찰을 하여 최고가매수신고자에 대하여 매수를 허가한다는 취지를 고지한다(규 151조 1항 · 2항). 그 외에는 부동산기일입찰의 규칙을

1) Brox/Walker, Rdnr. 397.

2) Thomas/Putzo/Seiler, §814 Rdnr. 5.

많이 준용한다(규 151조 3항).

(3) 특별현금화방법 — 수의계약 · 위탁매각

집행법원은 직권 또는 압류채권자 등의 신청에 따라 호가경매나 입찰의 방법에 의하지 아니하고 수의계약 등 다른 방법으로 매각하게 하는 특별매각에 의할 수 있으며, 집행관 아닌 다른 사람으로 하여금 매각하게 하는 위탁매각을 명할 수 있다(214조). ebay경매도 그 한 가지일 것이다. 이때의 집행법원의 사무는 **사법보좌관이 담당**한다(사보규 2조 1항 8호). 미국에서는 sheriff가 채무자의 매장에 나가 자리를 지키며 8시간 동안 그 매각대금을 수금하는 방법으로 집행을 하는 방식도 있다(관리형경매).

(4) 채권자의 매각최고

상당한 기간이 지나도 집행관이 매각하지 아니한 때에는 압류채권자는 집행관에게 일정한 기간 내에 매각하도록 최고할 수 있다(216조).

Ⅳ. 배당절차

1. 배당받을 채권자

압류채권자 · 이중압류채권자 및 배당요구를 한 우선변제청구권자는 압류물의 매각대금 · 압류금전 · 압류어음 등의 지급금에서 배당을 받을 수 있다. 부부공유동산의 경우에 지급요구를 한 배우자도 같다(221조 1항).

2. 배당의 실시

(1) 집행관에 의한 배당의 실시

1) 채권자가 한 사람인 경우나 채권자가 여러 사람이고 매각대금으로 각 채권자의 채권 및 집행비용의 전부를 변제할 수 있는 경우에는 집행관은 채권자에게 채권액을 교부하고, 나머지가 있으면 채무자에게 교부한다(규155조 1항).

2) 두 사람 이상의 채권자가 있고 매각대금으로 각 채권자의 채권과 집행비용의 전부를 변제할 수 없는 경우, 배당에 관하여 각 채권자 사이에서 **협의**가 이루어진 때에는 협의배당을 실시한다(규 155조 3항). 매각허가된 날부터 2주일 이내에 그 협의가 이루어지지 아니한 때에는 매각대금을 **공탁**하여야 한

다(222조 1항). 여러 채권자를 위하여 동시에 금전을 압류한 경우(공동압류)에도 마찬가지로 공탁하여야 한다(222조 2항). 이러한 경우에 집행관은 집행절차에 관한 서류를 붙여 그 사유를 집행법원에 신고하여야 한다(222조 3항).

도표 2-12 집행절차에 대한 우리나라 · 독일의 비교

항목 \ 나라	우리나라	독일*
법체제	민사집행법	통합민사소송법(ZPO), 강제경매법(ZVG)
채권자 상호간	채권자평등주의	압류우선주의
집행관의 수색권	법관영장주의 아님	법관영장주의
외국판결의 집행	집행판결	EU국가간에 집행판결 불필요
부동산강제집행방법	강제경매, 강제관리	강제경매, 강제관리 외에 강제저당
매각준비	현황조사서 감정평가서 매각물건명세서	우리와 같은 제도 없고, 집행법원이 직권조사 · 평가
매수인의 부담인수 여부	소멸주의원칙, 배당절차 복잡	인수주의원칙(담보권, 임차권 등), 배당절차 단순
저가매각 방지책	최저매각가액제	최저매각가액제, 통상가격의 50% 미만 매각불허
배당순위	법정순서 없음 (학설, 판례에 맡김)	법정되어 있음(ZVG §10)
소유권 취득시기	매각대금 납부시	매각허가 확정시
인도명령	따로 있음	매각허가결정을 집행권원으로 하는 인도집행. 별도 인도명령제 없음
유체동산집행위임	무방식위임	서식강제주의(채권집행도 같다) 한번 집행위임으로 별도신청 없이 재산명시→감치절차까지 일괄진행
유체동산 경매	채무자주소매각	Internet매각(www.justiz-auktion.de)
자동차 집행	준부동산 집행	동산집행

* 독일법은 비교적 단순간소화로 덜 복잡하여 저비용, 신속. 우리법은 세계에 유례가 없이 복잡다단하여 고비용, 지리하고 긴 절차. 특히 등기의 공신력이 없는 점, 주택임대차보호법 등 특례입법, 압류의 개별상대효 등이 복잡가중요인이 된다. 구조개혁이 요망된다. 일본의 법제를 도입하였으나, 일본은 우리만큼 배당절차를 오래 끌고 복잡하지 않다. 압류의 절차상대효, 소액임차보증금제도와 같은 단기임대차제도의 폐기, 배당절차가 끝난 뒤 부당이득반환청구권 행사의 제한 등 때문이다.

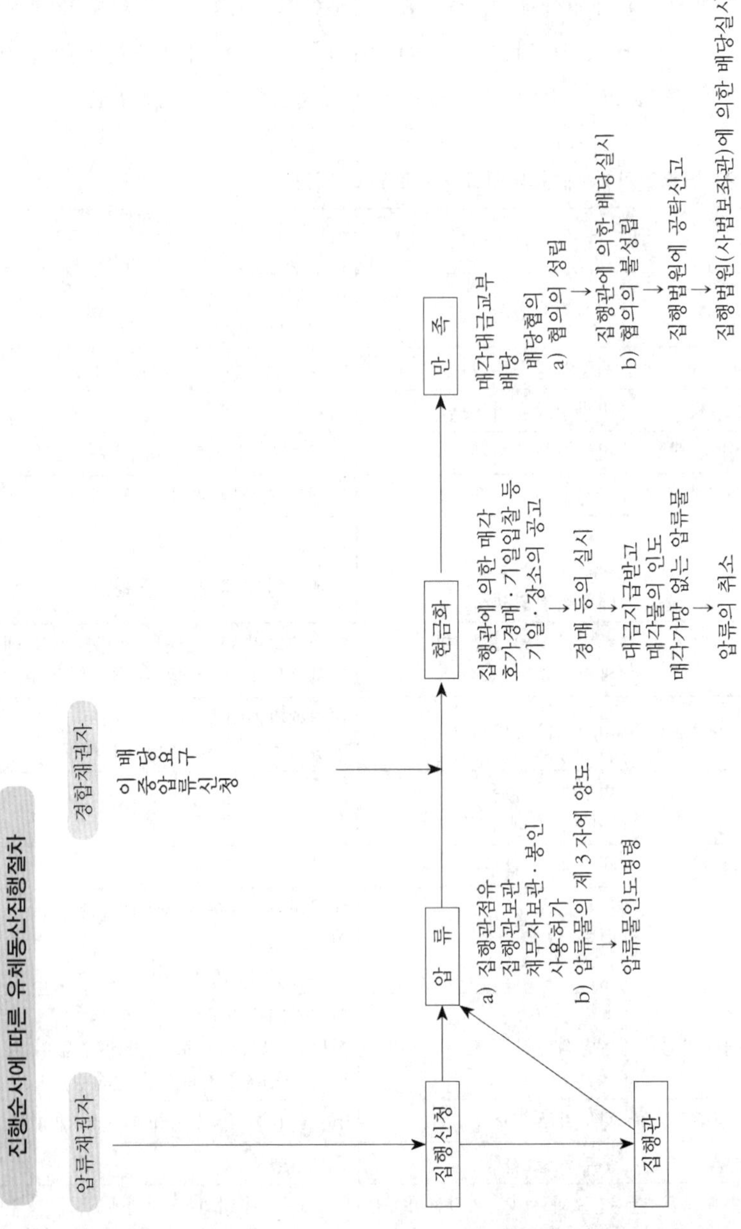
진행순서에 따른 유체동산집행절차
압류채권자
경합채권자
이중압류신청
배당요구
집행신청
집행관
압 류
a) 집행관점유
집행관보관
채무자보관 · 봉인
사용허가
b) 압류물의 제 3 자에 양도
→ 압류물인도명령
현금화
집행관에 의한 매각
호가경매 · 기일입찰 등
기일 · 장소의 공고
→ 경매 등의 실시
→ 대금지급받고
매각물의 인도
매각가망 없는 압류물
→ 압류의 취소
만 족
매각대금교부
배당
배당협의
a) 협의의 성립
→ 집행관에 의한 배당실시
b) 협의의 불성립
→ 집행법원에 공탁신고
→ 집행법원(사법보좌관)에 의한 배당실시

여기에도 부동산의 경우처럼 부당이득의 문제가 생긴다. 판례에 의하면 채무자 이외의 소유에 속하는 동산, 예를 들면 제3자에게 양도담보로 제공된 동산을 압류매각하여 그 동산의 매각대금을 배당받은 채권자는 그 동산의 소유자인 양도담보권자에게 부당이득반환의무를 진다고 본다. 그러나 이 경우에도 경매절차에서 그 동산을 매수하여 매각대금을 납부하고 이를 인도받은 매수인은 특단의 사정이 없는 한 선의취득한다.[1)]

(2) 집행관에 의한 배당금액의 공탁

배당을 받을 채권자의 채권에 대하여 다음의 사유가 있을 때에는 집행관은 그 배당액에 상당하는 금액을 공탁하고 그 사유를 집행법원에 신고한다(규 156조 1항).

① 정지조건부·불확정기한부채권(1호)

② 가압류채권자의 채권(2호)

③ 일시집행정지의 재판서류가 제출된 채권(3호)

배당기일에 출석하지 아니한 채권자·채무자의 배당액도 공탁하여야 한다(규 156조 2항).

(3) 집행법원에 의한 배당실시

채권자 사이에 협의가 성립되지 아니하였거나 배당받을 채권에 대하여 소정의 사유가 있어 집행관으로부터 공탁신고를 받은 때에는 집행법원이 배당을 실시한다. 이와 같은 집행법원의 사무는 **사법보좌관의 업무**로 되었다(사보규 2조 1항 10호). 전자의 경우에는 그 즉시, 후자의 경우에는 공탁사유가 소멸되는 때에 배당을 실시한다고 해석할 것이다.

제2관 채권집행

(1) 민사집행법은 제2편 제2장 제4절 동산에 대한 강제집행의 일부로서 제3관에 채권과 그 밖의 재산권에 대한 강제집행을 규정하고 있다. 최근에는 재산3분법이라 하여 부동산·주식·채권으로 보유하는 경향이므로 이에 관한 집행도 중요하다. 유체동산집행이 고전형 집행, 부동산집행이 근대형 집행, 채

1) 대법 1998. 6. 12, 98다6800; 동 1998. 3. 27, 97다32680; 동 1997. 6. 27, 96다51332.

권집행은 현대형 집행이라 할 수 있다. 부동산경매는 2023년에 80,729건이 접수되어 5년간 큰 변화가 없는데 비하여, 채권과 그 밖의 재산권에 대한 집행은 2023년 접수건수가 1,057,980건으로서 부동산경매의 10배가 넘고, 매년 신청건수가 대폭 증가하는 등 활성화되고 있다.[1] 현재 집행의 중심은 채권집행으로 옮겨가고, 금전채권 이외에 주식, 특허권 등의 재산권으로 확대하는 등 다양성을 보이고 있다. 부동산집행을 중시하여 법제상 채권집행에 앞세운 민사집행법이 물권중심주의에서 채권중심주의로 바뀌는 시대추이를 잘못 읽었다고 하겠다.

채권에 대한 집행은 (i) 금전채권에 대한 집행과 (ii) 유체물의 권리이전·인도청구권에 대한 집행으로 나누어지며(223조), (iii) 그 밖의 재산권에 대한 집행은 부동산·유체동산·채권 이외의 재산권에 대한 강제집행을 뜻하는데, 원칙적으로 채권에 대한 집행규정을 준용한다(251조). (i), (ii)를 합하여 보통 채권집행(또는 권리집행)이라 약칭한다.

(2) **채권집행의 대상**(피압류채권)은 다음의 요건을 갖추어야 한다(일반적 대상적격). 상세한 논의는 관련 부분에서 보기로 한다.

첫째, 채권자의 금전적 만족의 수단이 될 성질의 권리이어야 한다. 따라서 독립한 재산가치를 가진 권리이어야 하고[2] 또 집행채무자에 속하는 권리이어야 한다.

둘째, 법률상 압류금지채권이 아니어야 하고, 성질상 양도금지[3] 또는 제3자가 대신 행사할 수 없는 일신전속적인 권리가 아니어야 한다.

셋째, 우리나라의 재판권에 복종을 받는 집행채무자에 속하는 권리이어야 한다.

넷째, 법률상 압류금지채권이 아니어야 한다.

판례와 다수설은 위 요건 외에 제3채무자에게 송달이 가능하고 대한민국의 재판권이 미칠 것을 요건으로 본다. 압류명령은 대한민국의 재판권 행사의

1) 2024년 사법연감, 740~741면. 채권과 그 밖의 재산권에 대한 집행신청 건수는 2014년 628,438, 2016년 719,154, 2018년 912,539건이었다.

2) '권능' 예컨대 추심권능은 집행의 대상이 아니다(대법 1988. 12. 13, 88다카3465 등). 질권이나 저당권과 같은 담보물권은 피담보채권과 독립하여 압류·현금화할 수 없다(민 361조).

3) 그러나 당사자 사이에 양도금지특약이 있는 채권이라도 압류할 수 있고, 양도금지의 특약에 관한 압류채권자의 선의·악의를 불문한다. 대법 1976. 10. 29, 76다1623; 동 2002. 8. 27, 2001다71699.

결과이고, 제3채무자에 대한 채무이행의 금지를 본질로 하므로, 제3채무자에 대한 압류명령의 송달과 그에 기한 지급금지가 불가능한 경우에는 압류명령을 발할 수 없다는 논리이다.[1] 판례도 외국국가(미합중국)를 제3채무자로 하는 채권은 해당국가의 명시적 동의나 재판권을 포기한 경우에 한하여 제한적으로 압류·추심의 목적이 될 수 있다고 하였다.[2] 이 견해에서도 제3채무자가 국내에 주소가 있다면 압류가 가능하다고 한다. 그러나 이를 절대적 요건으로 보면 외국국가에 대하여 사법적 행위에 의한 채권을 가진 자에게도 이 한도에서 면책특혜를 주는 결과가 되고, 판례의 사안은 피압류채권이 주한미군부대 군무원의 퇴직금채권으로서 한미행정협정에 의하여 우리나라의 재판권이 미치는 경우로서 의문이 있다는 점은 앞서 '우리나라 법원의 재판권' 부분에서 보았다.

한편 제3채무자가 외국에 있다는 점은 압류를 절대적으로 부정할 사유로 할 필요가 없다. 헤이그송달협약 가입국이나 사법공조조약이 체결된 국가에는 송달이 가능하고, 제3채무자가 외국에 주소를 둔 외국인이라는 사정만으로 우리나라의 압류명령을 외국에서의 집행행위로서 그 주권을 침해한다고 할 것도 아니며, 실제로 송달되지 못하는 불이익은 채권자가 부담하게 되므로 피압류적격 자체를 부정하는 것은 타당하지 않다.[3] 독일과 일본에서도 이 경우에 압류긍정설이 통설이다.

(3) 채권집행은 집행법원이 집행기관이 되며, 법원의 압류명령에 의하여 절차가 개시된다(223조). 과거에는 채권집행을 직분관할로 하는 집행법원의 사무를 지방법원 단독판사가 담당하였지만, 2005년부터 **사법보좌관의 업무**로 되었다(법조 54조 2항 2호; 사보규 2조 1항 9호). 채권집행은 통상적으로 압류→현금화→배당으로 진행하는 집행과정에서 압류 이후의 절차에서는 집행법원의 관여도가 낮은 것이 사실이며, 채권자와 제3채무자의 협력으로 절차가 진행되는 면이 강하다. 무형의 재산에 대한 집행이므로 다른 금전집행과는 다른 특색이 있다.

1) 주석 민사집행법(Ⅳ), 48면; 법원실무제요 민사집행(Ⅳ), 188면.
2) 대법 2011. 12. 13, 2009다16766.
3) 주석 민사집행법(Ⅳ), 49면; 손흥수, 민사집행실무총서(Ⅱ) 채권집행, 45면.

제 1 목 금전채권에 대한 강제집행

채무자가 제3채무자에 대해 가지는 금전채권을 강제집행하는 것이다. 예를 들면 집행채권자인 甲이 집행채무자인 乙이 제3채무자 丙에 대하여 갖고 있는 금전채권에 대하여 강제집행을 하는 경우이다. 금전채권집행이 채권집행의 대종을 이룬다.

채권집행의 관계도표

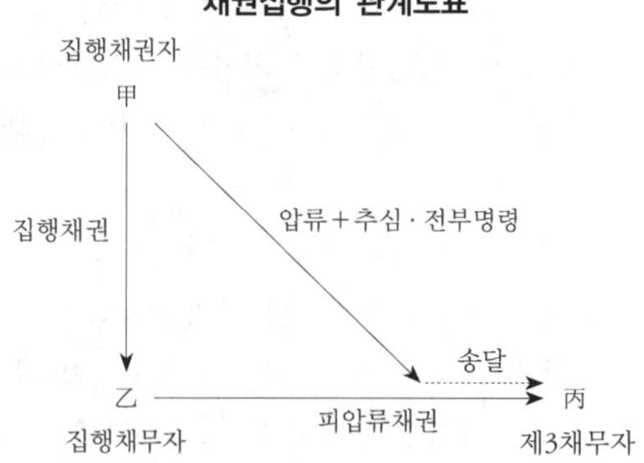

I. 압 류

1. 압류명령의 신청

(1) 신청방식

금전채권에 대한 압류명령의 신청은 채권자가 서면으로 하여야 한다(4조). 압류명령신청은 현금화를 위한 추심명령이나 전부명령신청과 병합하여 하는 것이 보통이다.

신청서에는 채권자 · 채무자 · 제3채무자 및 집행권원을 표시하는 외에(규159조) 특히 **압류할 채권의 특정**을 위하여 압류할 채권의 종류와 액수를 밝혀야 한다(225조). 현재 실무는 채권압류신청시 기재해야 하는 집행채권인 청구채권 중 이자 등 부대채권의 범위를 신청일까지의 확정금액으로 기재하도록 하는데, 필자는 종전부터 집행기관의 편의를 위한 것이고 안분배당에 의하는 채권집행에서 근거 없이 부당하게 신청채권자의 권리를 제한하는 것이라고 주

장하였다. 실무가 개선되기를 바란다.[1)]

채무자가 여러 명인 경우에는 각 채무자별로 어느 범위에 처분금지를 명할 것인지 신청취지 자체에서 특정되어야 한다.[2)] 그리고 강제집행의 요건 및 강제집행의 개시요건(집행권원, 집행문, 송달 등)을 갖추었음을 증명하는 서류도 첨부서로 제출하여야 한다. 독일은 ZPO §829에 기하여 압류 및 이부명령(추심·전부 명령)신청에는 서식강제주의(Formularzwang)에 의한다. ZPO §840에 의하여 법정부양료 청구권 때문에 하는 채권압류신청의 경우에는 별도의 서식을 이용하게 하였다. 우리 집행법의 선진화에 타산지석(他山之石)이 될 것이다.

관할집행법원은 채무자의 보통재판적이 있는 곳(사람의 경우는 주소, 법인의 경우는 본점 소재지)의 지방법원, 그러한 법원이 없는 경우는 제3채무자의 보통재판적이 있는 곳의 지방법원이 된다(224조 1항·2항). 가압류에서 본압류로 이전되는 경우의 채권압류는 가압류법원이 관할한다(224조 3항). Global시대에 국제채권집행관할이 중요하게 되었는데 그 결정기준에 관하여는 견해가 나뉘고 있다.[3)]

(2) 제3채무자와 피압류채권의 특정

압류명령의 목적인 채권(피압류채권)의 표시는 이해관계인 특히 제3채무자

---

1) 판결과 같이 "금000원에 대하여 언제부터 완제일까지 연 5%의 비율에 의한 금원"이라고 기재해도 배당일에 금액의 특정이 가능하다. 대법 2022. 8. 11, 2017다256668은 저당권자가 물상대위권을 행사하여 채권압류 및 추심명령 또는 전부명령을 신청하면서 청구채권 중 이자·지연손해금 등 부대채권의 범위를 신청일까지의 확정금액으로 기재한 경우에는 배당기일까지의 부대채권을 포함하여 원래 우선변제권을 행사할 수 있는 범위에서 우선배당을 받을 수 있다고 판시하였는데 시사하는 바가 크다. 같은 취지; 박진수 2022년 중요판례분석(민사집행법), 2023. 4. 10.자 법률신문.

2) 대법 2014. 5. 16, 2013다52547(수인의 채무자의 채권합계액이 집행채권전액을 초과하지 않는 경우에도 마찬가지). 압류명령에 기재된 문언의 의미가 불명확한 경우 그로 인한 불이익은 채권자가 부담한다는 것에, 대법 2015. 9. 10, 2013다216273.

3) 부동산, 유체동산집행과 달리 목적물의 소재지에 의하여 관할이 결정될 수 없다. 여기에는 관할권유무를 ① 국내집행의 관할규정을 역으로 추지하여 정하자는 역추지설(逆推知說), ② 피압류채권의 소재를 기준으로 내세워, 피압류채권에 대하여 우리나라에서 제3채무자를 피고로 하는 재판상의 청구가 가능하지 않으면 안된다는 설, ③ 우리나라의 재판권에 복종하는 집행채무자에 속하는 채권에 대한 집행이면 된다는 설 등이 대립되어 있다. 2022년에 전부개정한 국제사법은 국제재판관할에 관하여 실질적 관련성을 기준으로 정하는 등 상세한 규정을 두었으나 집행관할권에 관한 규정은 없다. 국제사법 제2조 제2항에 따라 민사집행법 제224조의 관할규정을 참작하여 정할 것이다. 동지; 주석 민사집행법(Ⅳ), 73면. 독일에서는 역추지설이 우세하다(Thomas/Putzo/Seiler, §828 Rdnr. 4). 이에 관한 상세는 中野/下村, 686면 이하.

로 하여금 채무자의 다른 채권과 구별할 수 있는 정도로 기재되어 그 동일성의 인식을 저해할 정도가 아니라야 한다.[1] 제3채무자가 통상의 주의력을 가진 사회평균인을 기준으로 문언을 이해할 때 포함 여부에 의문을 가질 수 있는 채권은 압류명령의 대상이 될 수 없다.[2] 채무자의 제3채무자에 대한 채권이 1개가 아니고 여러 개인 경우에는 그 각 피압류채권을 어느 범위에서 압류할 것을 신청하는지 명확하게 특정하여야 한다.[3] 압류할 채권이 특정되지 아니한 압류는 무효가 된다.[4]

그러나 **은행예금을 압류**할 경우에는 금융기관이 금융실명거래 및 비밀보장에 관한 법률에 의해 예금자의 예금비밀을 지켜 주어야 하기 때문에 채권자로서는 예금채권의 종류, 계좌번호, 예금액 등을 특정하기 어려운 문제가 있다. 그러므로 실무는 피압류채권 자체의 특정 기준을 크게 완화하여 제3채무자인 금융기관은 특정을 하되, 예금채권 등의 종류, 거래지점, 예금액 등은 특정하지 아니하여도 되는 것으로 운영한다. 즉 여러 종류, 여러 계좌의 예금이 있을 것을 상정하여 압류의 순서를 지정하면 되는 것이다. 예를 들면 채무자가 제3채무자에 대하여 갖는 보통예금 · 저축예금 · 자유저축예금 · 정기예금 · 정기적금 · 별단예금 등의 순으로 지정하고, 같은 종류의 예금에서는 변제기가 이른 순서로 또는 금액이 많은 순서로, 압류할 채권에 달할 때까지의 금액으로 기재하면 된다. 만일 압류 · 가압류가 있는 예금채권이 있을 때에는 없는 것이 선순위가 된다.

보험금청구권의 경우에도 동일회사에 여러 개의 보험약정이 있는 경우에는 예금과 같은 방법으로 특정하면 된다.

급여채권을 압류하고자 할 때에는 채무자가 제3채무자로부터 받을 급료라고 표시하면 일단 특정이 되나, 채무자의 소속부서 등을 표시하여 주면 좋다. 채무자가 장차 퇴직할 경우에 대비하여 퇴직금도 아울러 압류하는 것이 보통이다. 급여채권압류의 효력은 아직 현실로 지급되지 않은 채권 전부에 미치므로 급여채권의 시기(始期)는 특정하지 않아도 무방하다.

---

1) 대법 1965. 10. 26, 65다1699; 동 2011. 4. 28, 2010다89036.
2) 대법 2016. 6. 23, 2013다58613.
3) 대법 2012. 11. 15, 2011다38394.
4) 대법 1973. 1. 30, 72다2151.

(3) 피압류채권의 적격

채권집행의 대상(피압류채권)이 갖추어야 할 일반요건에 대해서는 채권집행 첫부분에서 보았다.

금전채권이면 원화채권이든 외화채권이든 무방하며, 그 발생원인이 사법관계이든 공법관계이든 상관없다.[1] 근로자의 임금채권[2](근로기준법 21조 본문의 상계금지와 무관), 공무원의 봉급, 국회의원의 세비청구권, 토지수용의 보상금청구권, 국세환급금채권[3]이라도 상관없다. 그러나 사립학교법 제28조 소정의 기본재산인 채권은 관할청의 허가없이 양도할 수 없으므로 압류의 목적이 될 수 없다.[4]

금전채권이면 기한미도래채권이나 조건부채권, 장래의 채권도 그 기초관계가 성립되어 있으면 무방하다. 권리원인과 제3채무자는 특정할 수 있어야 한다. 그 채권의 발생이 먼 장래에 비로소 기대할 수 있는 것이면 안 된다.[5] 판례도 현재 그 권리의 특정이 가능하고 가까운 장래에 발생할 것임이 상당정도 기대되어야 한다고 했다.[6] 그 결과 환지처분공고 전의 미확정청산금채권에 대하여 채권의 기초와 내용이 구체화되었으면 압류의 목적이 된다고 하였다.[7]

질권·저당권의 대상이 된 권리, 저당권의 대상이 된 전세금반환채권,[8] 압류·가압류된 채권 그리고 압류채권자를 제3채무자로 하는 채권도 상관없다. 배서가 금지된 유가증권상의 금전채권도 같다(233조).

2. 압류명령

(1) 압류명령의 발령

집행법원(사법보좌관)은 신청이 방식에 맞는가, 압류금지채권이 아닌가, 초

---

1) Brox/Walker, Rdnr. 506.
2) 대법 1994. 3. 16, 93마1822·1823.
3) 대법 2008. 7. 24, 2008다19843.
4) 대법 2002. 9. 30, 2002마2209.
5) Thomas/Putzo/Seiler, §829 Rdnr. 10a.
6) 대법 1982. 10. 26, 82다카508; 동 2002. 11. 8, 2002다7527; 동 2010. 2. 25, 2009다76799(공무원이 약 14~15년 근무한 때에 그의 명예퇴직수당채권에 대하여 가압류결정받았고 약 20년 5개월 근속한 뒤 명예퇴직한 사안에서 가압류결정 등은 유효).
7) 대법 1990. 12. 26, 90다카24816.
8) 저당권의 대상이 되어 있는 전세권도 전세권의 존속기간이 만료되면 물상대위에 의하여 전세권에 갈음하여 존속하는 것으로 볼 수 있는 전세금반환채권이 집행의 대상이 된다는 것에, 대법 1995. 9. 18, 95마684.

과압류[1]가 아닌가 등을 심사하여 적법하다고 인정할 때에는 압류명령을 발령한다. 피압류채권이 실제로 존재하는지,[2] 채무자에게 귀속하는지 등은 주장은 하여야 하지만 심사하지 아니하고, 채무자와 제3채무자를 **심문**하지 않고 압류명령을 발하는 것이 특징이다(226조). 압류한다는 사실을 알아차린 채무자가 미리 채권을 처분하는 것을 방지하기 위함이다. 압류명령에서는 제3채무자에게는 채무자에 대한 **지급을 금지**시키고(arrestatorium), 채무자에게는 **채권의 처분과 영수를 금지**시킨다(inhibitorium)(227조). 제3채무자에 대한 지급금지명령은 채권압류의 본질적 요소이므로 그 기재가 없는 압류명령은 무효이다.

집행요건과 집행개시요건을 갖추어야 발령하는 것은 다른 재산의 집행의 경우와 같다. 집행채권의 채권자가 집행권원에 표시된 집행채권을 압류, 가압류 또는 처분금지가처분을 한 경우에는 그 효력으로 집행채권자의 추심, 양도 등의 처분행위과 집행채무자의 변제가 금지되고 이에 위반되는 행위는 집행채권자의 채권자에게 대항할 수 없게 되어 집행기관은 압류 등이 해제되지 않는 한 집행할 수 없으므로 이는 집행장애사유에 해당한다. 다만 채권압류명령은 추심명령이나 전부명령과 달리 집행채권의 현금화나 만족적 단계에 이르지 아니하는 보전적 처분으로서 집행채권에 압류 등을 한 채권자를 해하는 것이 아니기 때문에 집행채권에 대한 압류의 효력에 반하지 않으므로, 집행채권에 대한 압류는 집행채권자가 그 채무자를 상대로 한 채권압류명령의 집행장애사유가 될 수 없다.[3]

압류명령이나 압류신청을 기각·각하한 재판에 대해서는 즉시항고를 할 수 있다(227조 4항). 이때에 채무자심문의 기회가 주어진다. 즉시항고할 수 있는 사법보좌관의 처분이므로 이에 앞서 사법보좌관의 처분에 대한 이의신청으로 판사의 판단을 받을 수 있다(사보규 4조). 만일 뒤에 채권압류 송달 당시에 압류할 채권의 부존재나 채무자에게 귀속되지 아니함이 판명되면 압류명령의 대상이 없는 것이었으므로 그 압류는 무효가 된다.[4]

---

1) 금전채권의 압류에서 피압류채권의 액면가액이 채권자의 집행채권 및 집행비용을 초과하는 경우, 다른 채권을 중복하여 압류할 수 없다(대법 2011. 4. 14, 2010마1791).

2) 실제로 채무자가 제3채무자에게 압류명령의 대상이 되는 채권을 가지고 있는지 따질 필요가 없다는 것에, 대법 1992. 4. 15, 92마213.

3) 대법 2000. 10. 2, 2000마5221. 대법 2023. 1. 12, 2022마6107와 동 2022. 9. 29, 2019다278785은 국가가 체납처분으로 체납자의 채무자에 대한 집행채권을 압류한 경우에도 마찬가지라고 하였다.

4) 대법 1980. 2. 12, 79다1615; 동 2008. 12. 11, 2008다47930.

(2) 압류의 효력발생시기 및 존속기간, 시효중단의 효력

1) 압류명령은 제3채무자에 송달된 때에 압류의 효력이 생긴다(227조 3항. 국세징수법상 채권압류통지서도 동일). 압류의 공시에 의한 투명화의 방법에는 부동산은 압류기입등기이고, 동산은 점유(봉인)라면, 채권은 제3채무자에 대한 송달이다. 압류명령의 경정결정은 당초의 결정이 제3채무자에게 송달된 때로 효력이 소급함이 원칙이다.[1] 채권에 대한 압류의 효력은 압류채권자가 압류명령의 신청을 취하하거나 압류명령이 즉시항고에 의하여 취소되는 경우 또는 채권압류의 목적인 현금화절차가 종료할 때(추심채권자가 추심을 완료한 때 등)까지 존속한다. 압류의 효력이 소멸하는 시기는 제227조를 유추하여 법원사무관 등이 하는 신청취하의 통지서가 제3채무자에게 송달된 때로 볼 것이다.[2] 피압류채권이 압류금지채권에 해당하더라도 이에 대한 압류명령은 당연무효가 아니므로 즉시항고에 의하여 취소되기 전까지는 압류의 효력이 계속된다.[3]

2) 압류명령의 효력발생시와 달리 집행채권에 대한 시효중단의 효력은 압류명령신청시에 생긴다.[4] 한편 시효중단의 효력이 발생하기 위해 집행행위가 종료하거나 성공할 필요는 없으므로 압류신청을 한 이상 피압류채권이 존재하지 않거나 무잉여 등의 이유로 집행불능이 되어도 이미 발생한 시효중단의 효력이 소멸하지 않는다. 다만 압류의 대상이 존재하지 않거나 소멸한 경우에는 압류명령이 제3채무자에게 송달되더라도 압류의 효력은 발생하지 않고 채권압류에 따른 집행절차가 바로 종료하므로, 집행채권의 소멸시효는 그때부터 새로이 진행한다.[5] 또한 채권압류가 집행된 후 해당 채권에 대한 압류가 취소되더라도 이미 발생한 시효중단의 효력이 소멸하지 않는다.[6]

채무자의 제3채무자에 대한 채권, 즉 피압류채권은 민법 제168조 2호에 준하는 시효중단의 효력은 없고 민법 제174조의 소멸시효중단사유인 최고로

---

1) 다만 압류명령의 채무자를 변경하는 경우와 같이 당초 결정의 동일성에 변경을 가한 것일 때에는 경정결정이 제3채무자에게 송달된 때 결정결정의 효력이 발생한다(대법 2005. 1. 13, 2003다29937).
2) 대법 2001. 10. 12, 2000다19373.
3) 대법 2023. 2. 23, 2021모3227.
4) 대법 2009. 6. 25, 2008모1396(벌금에 대하여).
5) 대법 2020. 11. 26, 2020다239601; 동 2014. 1. 29, 2013다47330; 동 2017. 4. 28, 2016다239840.
6) 대법 2023. 2. 23, 2021모3227.

서의 효력이 있을 뿐이다.[1)]

(3) 송 달

1) 압류명령은 채무자와 제3채무자에게 송달하여야 한다. 압류명령의 채무자에 대한 송달은 압류의 유효요건은 아니다. 채권압류신청의 낌새를 알아차린 채무자는 압류의 효력이 생기기 전에 서둘러 제3채무자로부터 변제받으려고 할 것이므로, 신속히 송달이 이루어지는 것이 중요하다. 제3채무자가 법인인 경우의 송달장소는 주된 사무소·영업소이다(23조; 민소 183조 1항).[2)]

2) 제3채무자 등이 여러 명인 경우, 예컨대 피압류채무가 연대채무나 분할채무인 때에는 각 제3채무자에게 송달된 때에 개별적으로 압류의 효력이 생기고, 조합채무 등 합유채무인 경우에는 제3채무자 모두에게 송달된 마지막 시점에 모든 제3채무자에 대한 관계에서 압류의 효력이 생긴다.

제3채무자가 외국에 주소를 둔 경우에도 피압류적격이 있다. 외국송달은 민사소송법 제191조에 촉탁송달(간접실시방식)과 영사송달(직접실시방식)이 있고, 헤이그송달협약 가입국이나 양자조약을 맺은 국가에 대한 송달은 비교적 수월할 것이다. 외국국가가 제3채무자일 때 압류명령의 발령과 송달이 가능한지 여부에 관하여 판례는 부정적이나, 모든 경우에 부정하는 것은 옳지 않다는 점은 앞서 보았다.

제3채무자가 소재불명인 경우 압류명령의 공시송달이 허용되는지 여부에 관하여 다툼이 있으나 압류할 채권에 관하여 보증인이 있거나 물적담보권이 있는 경우에는 제3채무자에게 공시송달을 해서라도 압류의 효력을 발생시킬 실익이 있으므로 우리 실무는 채권자의 신청에 따라 압류명령을 공시송달한다.[3)]

3) 우편집배원 등의 잘못으로 엉뚱한 곳에 송달됨으로써 그 사이에 제3채무자가 채무자에게 변제하여 채권자가 손해를 입은 경우에는 국가배상책임의 문제가 생길 수 있다.[4)] 판례도 우편집배원이 압류 및 전부명령을 부적법한 송

1) 대법 2003. 5. 13, 2003다16238.

2) 다만 은행 등 금융기관이 제3채무자이고 집행채권자가 채무자의 계좌가 있는 지점을 알 경우에는 압류명령을 받은 본점이 거래지점에 연락하기 전에 예금이 인출될 위험이 있으므로 취급지점을 송달장소로 기재하는 것도 바람직한 방법이다.

3) 법원실무제요, 민사집행(Ⅳ), 199면; 대법원예규 1987. 6. 9. 민사 제1206호. 독일도 다수설. Brox/Walker, Rdnr. 608. 다만 실무는 실익이 없는 경우에는 채권자에게 취하를 권고하기도 한다.

4) 대법 2009. 5. 28, 2008다89965. 다만 집행법원의 과실로 채권가압류결정정본이 제3채무자에

달을 하고도 적법하게 송달한 것처럼 송달보고서를 작성한 경우에 집행채권자가 피압류채권을 전부받지 못해 입은 손해에 대해 국가배상책임이 있다고 하였다.[1)]

4) **압류채권자와 채권양수인 간의 경합** 압류명령의 송달을 전후하여 압류된 채권이 다른 사람에게 양도되는 경우가 적지 않다. 이때 압류채권자와 채권양수인의 경합이 생겨 누가 우선하느냐가 문제된다. 압류명령이 제3채무자에게 송달된 날과 확정일자 있는 채권양도통지가 채무자에게 송달된 날을 기준으로 후자가 먼저이면 압류명령은 무효로 된다.[2)] 채권자대위소송을 제기하고 대위채권자가 그 집행사실을 통지하거나 이를 알게 된 후에 이루어진 피대위채권에 대한 전부명령은 무효이다(전부명령=채권양도와 같기 때문).[3)] 만일 어느 쪽이 먼저인지 선후가 불분명한 경우,[4)] 동시인 경우에는 집행채권액과 양수채권액과의 비율로 안분해야 할 것이다.[5)] 이 경우에 후행의 다른 채권자는 그 압류에 따른 집행절차에 참가할 수 없다.[6)]

(4) 저당권이 있는 채권에 대한 압류(압류기입등기)

1) 저당권이 붙은 채권도 금전채권의 일종이지만 압류에 있어서는 실체법과 조화가 되어야 한다. 부종성에 의하여 분리양도가 불가능한 것과 같은 법리로 저당권 없이 채권만의 압류나 채권 없이 저당권만의 압류는 무효가 된다.[7)] 집행채무자가 저당권까지 잡고 빌려준 채권에 대해 압류하는 때에는 피담보채권의 압류사실을 등기부에 기입하여 줄 것을 신청할 수 있다(228조 1항).

게 송달되지 아니하였다는 사유만으로 채권액 상당의 손해가 현실적으로 발생하였다고 할 수 없고, 손해의 현실적 발생은 가압류채권자에게 증명책임이 있다는 것에, 대법 2003. 4. 8, 2000다53038.

1) 대법 2009. 7. 23, 2006다87798.

2) 대법 2010. 10. 28, 2010다57213 · 57220; 동 2019. 12. 6, 2019마6043 등. 주권발행 전 주식의 양도담보권자와 동일 주식에 대한 압류명령을 집행한 자 사이의 우열을 결정하는 방법도 같다(대법 2018. 10. 12, 2017다221501 등).

3) 대법 2016. 8. 29, 2015다236547.

4) 채권양도통지와 채권가압류결정 정본이 같은 날 도달되었는데 그 선후관계에 대하여 달리 입증이 없으면 동시에 도달한 것으로 추정한다. 대법(전) 1994. 4. 26, 93다24223.

5) 대법(전) 1994. 4. 26, 93다24223. 이때의 제3채무자는 이들 중 누구에게라도 그 채무 전액을 변제하면 다른 채권자에 대한 관계에서도 면책되며, 변제공탁을 함으로써 법률관계의 불안에서 벗어날 수 있다고 했다.

6) 대법 2004. 9. 3, 2003다22561.

7) Jauernig/Berger, §20 Rdnr. 1.

저당권이 있는 채권의 압류명령은 제3채무자(=부동산소유자)에게 송달된 때 압류의 효력이 발생하고, 압류기입등기는 단순한 공시방법일 뿐 압류의 효력발생요건이나 제3자에 대한 대항요건이 아니다. 이러한 압류등기는 채권자의 신청에 의하는데, 채무자의 승낙 없이 법원에 대한 압류명령의 신청과 함께 할 수 있다.

2) 압류의 효력이 미치는 저당권의 처분금지를 등기공시하여 거래의 안전을 도모하려는 것이다. 압류의 효력발생 후에는 피압류채권에 부종하는 권리인 저당권에도 압류의 효력이 미쳐, 채무자는 피압류채권의 처분만이 아니라 그 저당권을 실행할 수 없다. 압류채권자는 추심명령을 얻으면 저당권을 실행할 수 있다.

(5) 배서금지의 유가증권에 대한 압류

배서금지된 유가증권은 유동성이 없어 일반 지명채권(指名債權)과 다름이 없다. 따라서 유체동산집행에 의하는 배서가 금지되지 아니한 유가증권(189조 2항 3호)과 달리, 채권집행의 대상으로 한 것이다. 법원의 압류명령에 따라 집행관이 그 증권을 점유한 때(233조)에 압류의 효력이 생긴다.

3. 압류의 효력

채권자·채무자 이외에 제3채무자가 있기 때문에 법률관계가 간단치 않다. 먼저 객관적 범위를 본 다음에 주관적 범위에 관한 고찰을 한다.

(1) 압류효력이 미치는 객관적 범위

1) 채권에 대한 압류명령은 그 대상이 된 채권과 동일성이 있는 한도에서 발생한다. 대상채권의 구체적인 범위는 주문과 '압류할 채권의 표시' 등 압류명령의 문언해석에 따라 결정된다. 불명확한 경우의 불이익은 압류채권자가 부담한다.[1] 제3채무자가 통상의 주의력을 가진 사회평균인을 기준으로 그 문언을 이해할 때 압류될 채권에 포함되는지 여부에 의문을 가질 수 있는 채권은 특별한 사정이 없는 한 압류의 대상에 포함되었다고 보아서는 아니 된다.[2]

압류명령은 피압류채권이 현실로 존재한 경우에 그 한도에서 효력이 발

1) 대법 2013. 6. 13, 2013다10628.
2) 대법 2012. 10. 25, 2010다47117.

생할 수 있고, 채권이 이미 변제 등으로 소멸한 경우에는 존재하지 아니하는 채권에 대한 것이므로 무효로 된다.[1)] 압류의 효력이 발생한 후 새로 발생한 채권에 대하여는 압류의 효력이 미치지 않는다.[2)]

피압류채권액이 집행채권액보다 많은 경우라도 특별히 범위를 한정하여 신청하지 아니하였으면(집행채권과 이자+집행비용 한도로) **피압류채권의 전부**에 대하여 효력이 생긴다(232조 1항 본문 유추).[3)] 다만 피압류채권액이 집행채권액과 집행비용을 초과할 때에는 다른 채권에 대하여 압류할 수 없을 뿐이다(188조 2항, 초과압류의 금지). 물론 압류채권자가 채권의 일부에 대하여 압류를 신청한 경우에는 그 부분에 한하여 압류의 효력이 발생하고 시효중단 범위도 같다.[4)]

2) 임금, 차임 등과 같이 계속적 계약관계에서 장래에 발생하는 채권에 대하여 압류명령이 내려진 경우에 그 효력이 미치는 범위에 관하여 견해가 대립하고 있다. **계속적 수입채권**을 전체적으로 하나의 채권으로 보는 견해에서는 압류의 효력이 원칙적으로 채권전부에 미친다고 한다(무제한설).[5)] 그러나 각 지급기마다 발생하는 채권은 각각 별개의 채권이고, 각 지급기마다 압류절차를 되풀이하는 것은 번거로우므로 1회의 압류의 효력을 그 뒤에 발생하는 채권에 확장시켜 집행채권과 집행비용을 한도로 하여서만 압류의 효력이 장래에 발생하는 채권에 미친다고 할 것이다(제한설, 국징 44조 유추; 일법 151조).[6)] 판례는 어느 설의 입장인지 명확하지 않다.[7)]

---

1) 대법 2003. 10. 24, 2003다37426; 동 2017. 1. 25, 2014다52933. 대법 2023. 12. 14, 2022다210093은 채권가압류결정이 제3채무자에게 송달될 당시 피압류채권이 부존재하는 경우도 집행채권에 대한 권리행사로 볼 수 있어 집행채권의 소멸시효는 중단되지만 가압류의 집행보전의 효력이 없으므로 시효중단사유도 종료되어 소멸시효도 그때부터 새로이 진행된다고 하였다.

2) 대법 2001. 12. 24, 2001다62640.

3) 대법 1973. 1. 24, 72마1548; 동 1991. 10. 11, 91다12233.

4) 대법 2016. 3. 24, 2014다13280 · 13297(채권자가 채무자가 제3채무자에 대하여 가지는 1개의 채권 중 어느 특정 일부분에 대하여 가압류 · 압류를 하여 그 일부에 대해서만 시효가 중단되고 나머지 부분은 이미 시효로 소멸하였다면 가압류 · 압류의 효력은 시효로 소멸하지 않고 잔존하는 채권 부분에 계속 미친다).

5) 김홍엽, 358면.

6) 남기정, 실무강제집행법(3), 89면; 손진홍, 채권집행의 이론과 실무(상), 241면. 이계정, "장래채권의 전부명령에 관한 일고찰", 인권과 정의 388호(2008. 12), 18면; 주석 민사집행법(Ⅳ), 149면.

7) 주석 민사집행법(Ⅳ), 148면; 법원실무제요 민사집행(Ⅳ), 204면. 이와 관련된 판결로 대법

3) 예금채권 등에 대한 압류명령은 기초법률관계가 존재하고 가까운 장래에 발생할 것이 상당한 정도로 기대된다면 압류명령 송달 이후에 해당 계좌에 입금되는 예금 등에도 압류의 효력이 생긴다. 다만 압류명령신청서의 피압류채권의 표시 등에 그 취지를 명확히 기재하여야 한다. 그러므로 단순히 '예금채권 중 다음에서 기재한 순서에 따라 위 청구금액에 이를 때까지의 금액'이라고 기재한 것으로는 (가)압류명령의 송달 이후에 새로 입금되는 예금채권까지 (가)압류대상이 되었다고 할 수 없다는 것이 판례이다.[1]

4) 채권이 압류되었다고 하여도 채무자가 피압류채권을 발생시킨 기본적 법률관계 자체를 처분하지 못하는 것은 아니다.[2] 한편 기본적 법률관계에 기초하여 발생하는 채권을 압류한 경우에 기본적 법률관계가 바뀌면 압류의 효력은 상실된다. 예를 들면 임대차보증금채권이 압류된 경우에도 임차인인 채무자는 임대차계약을 해지할 수 있고,[3] 수급인의 보수채권이 압류되어도 도급계약을 해지할 수 있다.[4] 급여채권이 압류되어도 채무자 또는 제3채무자가 그 기본인 고용관계를 소멸시키는 것을 막을 수 없고, 고용관계가 소멸되면 그 뒤에는 압류의 대상이 없어져 압류는 효력을 잃는다.

임대차기간의 만료, 전직이나 퇴직의 필요 등에 의한 기본적 법률관계의 종료는 막을 수 없는 것이 확실하지만 채무자와 제3채무자가 기본적 법률관계를 합의해제(해지)할 수 있는가. 반대설도 있지만 판례는 합리적 이유 없이 압류된 채권의 소멸만을 목적으로 한 특별한 경우를 제외하고는 가능하다고 한다.[5] 기본적 법률관계의 해제시 집행채권자는 법리상 원상회복의무에 대한 예외규정인 민법 제548조 1항 단서의 제3자에 해당하지 아니하여 보호받을 수도 없다.[6]

기본적 법률관계의 처분에 효력이 미치지 아니하는 허점을 이용한 집행

2003. 5. 30, 2001다10748; 동 2011. 1. 27, 2010다78050; 동 2004. 9. 23, 2004다29354 등이 있으나 본 쟁점에 대하여 직접 답한 판결이 아니고, 판례를 해설하는 사람마다 무제한설 또는 제한설의 판례라고 달리 해석하고 있다고 한다.

1) 대법 2011. 2. 10, 2008다9952; 동 2012. 10. 25, 2010다47117 등.

2) 대법 2015. 5. 14, 2012다41359; 동 1998. 1. 23, 96다53192.

3) 대법 1997. 4. 25, 96다10867.

4) 대법 2006. 1. 26, 2003다29456; 대법 2001. 6. 1, 98다17930. 해지되기 전에 내려진 전부명령은 도급계약이 해지되기 전에 발생한 보수채권에만 미친다.

5) 대법 2001. 6. 1, 98다17930; 동 1991. 11. 12, 91다29736.

6) 대법 2000. 4. 11, 99다51685.

면탈을 방지하기 위하여 전직자를 추적할 정보망의 구축도 바람직할 것이다.[1)] 나아가 급료채권이 압류된 채무자가 퇴직 후 재고용된 경우, 사회통념상 동일한 고용관계를 계속한다고 인정할 때는 재고용 후의 급료에도 퇴직 전의 압류의 효력이 미친다고 할 것이다. 압류효력잠탈은 허용해서는 안 될 것이다. 한편 계속적 법률관계에 기초하여 발생하는 채권을 압류한 경우에는 채무자의 전근·승진·승급 등의 경우와 같이 기본적인 법률관계가 동일한 이상 그 법률관계의 구체적 내용에 다소 변동이 있어도 압류의 효력은 유지된다.

5) 압류의 효력은 **종된 권리**에도 미친다(부종성). 따라서 압류의 효력이 생긴 뒤에 발생한 이자, 지연손해금에도 당연히 미친다. 다만 압류효력 발생 전에 생긴 이자 등에는 효력이 미치지 않는다. 담보권부채권에 대한 압류의 효력은 종된 권리인 담보권에도 미친다. 제228조 1항의 규정이 이를 전제하고 있다. 주채무자에 대한 압류명령은 보증인에게 송달되지 아니하여도 보증채무의 수반성에 비추어 주채무자에 대한 송달로써 보증인에게 압류의 효력이 미친다고 볼 것이다. 실무도 같다.[2)] 그러나 어음채권과 그 원인채권은 별개의 채권이므로 서로 압류명령의 효력이 미치는 관계가 아니다.[3)]

(2) 압류효력의 주관적 범위

1) 채무자에 대한 효력

a) 압류의 직접적인 효력으로 **처분과 영수**가 금지된다(227조). 따라서 채무자는 제3채무자로부터 변제를 영수할 권한이 없게 되며 또 양도나 면제를 시킬 수 없음이 원칙이다. 그러므로 채무자는 자기채권의 추심권이 없음은 물론 상계, 기한의 유예, 대리 영수권의 수여, 배당참가도 허용될 수 없게 되는 것이다. 처분이나 영수하더라도 압류채권자에게 대항할 수 없다. 피압류채권의 양도가 불가능한 것은 아니고, 다만 양도받은 양수인은 압류에 의하여 권리가 제한된 상태의 채권을 양수한다.[4)]

---

1) 그 직장에 종사하며 다른 사람의 이름을 빌리는 차명종사자에는 미친다. 영국과 호주는 급여채권의 압류 때는 그 즉시 컴퓨터에 입력되어 전직의 정보가 집중관리됨으로써 채무자의 전직에 의한 압류잠탈을 방지하는 입법례가 있다.

2) 동지: 이재성, "전부명령에 대하여", 평석집(Ⅲ), 189면; 법원실무제요, 민사집행(Ⅴ), 478면. 반대: 남기정, 실무강제집행법(3), 81면.

3) 대법 2000. 3. 24, 99다1154.

4) 대법 2015. 5. 14, 2012다41359.

그러나 채무자는 아직은 피압류채권의 채권자인 지위에 있다. 따라서 피압류채권에 대하여 무조건의 이행의 소를 제기함에 지장이 없으며(그러나 추심명령을 함께 받는 경우는 채무자는 이행의 소의 당사자적격이 없다는 것이 판례의 입장이다),[1] 제3채무자에 대하여 강제집행을 할 수 없을 따름이다. 채무자의 소제기는 시효중단을 위하여도 필요하다.

채권이 압류되었다고 하여 채무자가 피압류채권을 발생시킨 **기본적 법률관계** 그 자체를 처분하지 못하는 것이 아니라는 점은 앞서 보았다.

b) 압류의 처분금지효력은 절대적인 것이 아니고 채무자의 처분행위 또는 제3채무자의 변제로써 처분·변제 전의 선행압류채권자나 배당요구채권자에게 대항하지 못한다는 의미에서 **상대적 효력**만을 갖는다. 채무자의 처분이나 제3채무자의 변제가 선행 채권자에게는 대항할 수 없더라도 그 처분·변제 후의 후행 채권자에 대하여는 유효한 처분·변제가 된다. 부동산의 경우와 마찬가지로 **압류의 개별상대효** 때문이다. 만일 제1차 압류명령과 제2차 압류명령이 제3채무자에게 송달된 날의 중간에 채무자가 피압류채권을 처분하거나 제3채무자가 채무자에게 변제한 경우에는 제1차 압류채권자에게는 대항할 수 없으나 제2차 압류채권자에게는 유효한 처분·변제가 된다.[2] 따라서 제1차 압류채권자의 압류신청이 취하·취소되면 채무자의 처분 등은 전면적으로 유효하게 된다.

c) 압류된 채권에 대하여 차용증서·계약서·예금통장 등의 채권증서가 있을 때에는 압류채권자에게 **증서인도의무**를 이행하지 아니하면 안 된다(234조 1항). 이것이 채권증서 인도의무인데, ZPO §836 Ⅲ은 채권증서뿐 아니라 채권의 청구에 필요한 정보도 제공하도록 했고, 채무자가 정보제공을 하지 아니할 때에 선서에 갈음한 보증을 요구할 수 있도록 했다(정보제공의무).

2) 제3채무자에 대한 효력

a) **지급금지** 제3채무자는 채무자에 대한 **지급이 금지**된다(227조). 압류명령을 송달받은 뒤에는 채무자에게 변제하거나 감소시키는 행위를 할 수 없으며, 그와 같은 행위는 압류채권자에게 대항할 수 없다. 따라서 제3채무자

1) 대법 2002. 4. 26, 2001다59033. 채권가압류결정이 제3채무자에게 송달된 후에 채권양수인의 이행의 소도 허용된다는 것에, 대법 2000. 4. 11, 99다23888.

2) 대법 2003. 5. 30, 2001다10748; 동 2010. 10. 28, 2010다57213·57220; 동 2022. 1. 27, 2017다256378.

가 변제를 하여도 채무는 소멸되지 않으며, 압류채권자가 추심명령을 받아 추심권을 행사하면 이중으로 변제하여야 한다(민 472조 참조).[1] 이 경우에 제3채무자는 채무자에게 반환청구권을 갖지만, 채무자의 무자력 등에 의한 회수불능의 위험을 부담하게 된다. 대물변제 · 경개(更改) · 준소비대차,[2] 채권액의 감소 · 소멸, 변제기일의 연기 등을 목적으로 하는 계약도 할 수 없다.

b) **제3채무자의 항변** 그러나 제3채무자는 압류명령의 효력 발생일을 기준으로 집행채무자에 대하여 갖는 **모든 항변사유**로써 압류채권자에게 대항할 수 있다(압류추심명령, 압류전부명령의 경우도 같다).[3]

제3채무자가 압류채권자에게 대항할 수 있는 사유는 압류의 효력발생 당시에 반드시 현실적으로 발생하였어야 하는 것은 아니고, 그러한 항변에 대한 기대가 정당성 내지 합리성을 인정받을 수 있을 정도로 그 기초가 되는 법률관계가 존재하였으면 된다.[4] 예컨대 제3채무자의 채무자에 대한 자동채권이 수동채권인 피압류채권과 동시이행관계에 있는 경우에는 압류명령의 송달 후에 자동채권이 발생하였어도 제3채무자는 동시이행의 항변권을 행사하고 그에 기초한 상계를 주장할 수 있다.[5] 또한 원인채권에 대한 압류의 효력이 발생하기 전에 원인채권의 지급을 위하여 어음이나 수표를 발행하고 그것이 다시 제3자에게 양도된 경우에는 그 어음이나 수표의 소지인에 대한 지급이 압류의 효력발생 후라고 하더라도 원인채무자인 제3채무자는 그 어음 · 수표금의 지급으로써 압류된 원인채권이 소멸하였다는 것을 압류채권자에게 대항할 수 있다.[6]

c) **상 계**[7] 제3채무자는 **압류 후에 취득**한 채무자에 대한 반대채권(자동채권)을 가지고 상계를 하여도, 압류채권자에 대하여 채무의 소멸을 주장

1) 대법 2021. 3. 11, 2017다278729.
2) 대법 2007. 1. 11, 2005다47175 참조.
3) 대법 2023. 4. 13, 2022다293272; 동 1984. 8. 14, 84다카545; 동 2022. 6. 9, 2021다270494 등.
4) 주석 민사집행법(Ⅳ), 172면.
5) 대법 2010. 3. 25, 2007다35152; 동 2001. 3. 27, 2000다43819; 동 1993. 9. 28, 92다55794; 동 2005. 11. 10, 2004다37676.
6) 대법 2000. 3. 24, 99다1154. 참고로 원인채권에 대한 압류의 효력은 어음이나 수표채권에는 미치지 아니한다. 다만 채무자가 어음이나 수표채권을 행사할 때에는 제3채무자는 원인채권의 압류를 인적항변으로 주장할 수 있을 것이다.
7) 변제공탁을 하면 이중변제의 위험에서 벗어나고 이행지체의 책임을 면할 수 있다. 대법 1994. 12. 13, 94다951.

할 수 없다(민 498조). 따라서 상계로 대항하기 위해서는 제3채무자가 채무자에 대하여 **압류 전에 취득한 채권**(자동채권)에 의하여 상계하여야 한다. 금전채권 중 일부에 대한 전부명령이 확정된 경우, 압류채무자에 대해 반대채권을 갖고 있는 제3채무자는 전부채권자와 압류채무자 중 누구를 상계의 상대방으로 지정하여 상계하여도 된다.[1)] 특히 이 문제는 피압류채권이 은행예금일 때에 많이 생긴다.

① 상계로 대항할 수 있는 **반대채권의 변제기**는 반드시 압류명령 송달 전에 도래하여야 하는가. 이에 관하여 학설은 **상계적상설**(압류 당시에 적어도 반대채권은 변제기가 도래하여 **상계적상**에 있었어야 한다), **변제기선도래설**(압류 당시에 반대채권의 변제기가 도래하지 아니하여도 적어도 피압류채권의 그것과 동시에 또는 먼저 도래하면 상계할 수 있다), **무제한설**[2)](압류당시에 반대채권이 존재하기만 하면 피압류채권과 반대채권의 변제기 중 어느 것이 먼저인지를 불문하고 향후 상계적상 시점에 상계하고 압류채권자에게 대항할 수 있다) 등으로 나누어져 있었다.

일본 판례는 **무제한설**에 의하고 있다(일본 민법개정안은 무제한설의 명문화와 압류발효전의 원인에 기해 생긴 반대채권까지 확장하는 내용).[3)] 대법원 판결은 상계적상설에 의한 것도 있고,[4)] **변제기선도래설**[5)]의 입장도 있었다. 그러다가 무제한설이 강하게 대두되자 대법 2012. 2. 16, 2011다45521 전원합의체 판결로 **변제기선도래설**로 정리하였다. 무제한설은 제3채무자에 대한 지나친 보호이고, 변제기선도래설이 무난하다고 생각한다.

② **상계 가능범위 확장**을 위한 상계계약이 유효한가. 은행거래시 여신거래기본약관에서 **상계예약**을 해놓는 일이 많다. 압류 등 일정한 사유가 발생한 때에는 은행이 대출한 반대채권의 변제기가 압류명령 송달 후에 도래되어도 은행이 즉시 상계할 수 있도록 압류명령을 기한의 이익 상실사유로 삼아 변제기를 앞당기고 상계적상을 만드는 예약이다. 이에 기하여 은행 등 금융기관은 예금채권을 대출채권의 담보로 삼아 대출채권의 변제기의 제한없이 상계권을

1) 위 2010. 3. 25 판결.
2) 이영수, "피압류채권을 수동채권으로 한 제3채무자의 상계", 사법논집(4), 241면; 김병재, "제3채무자가 가압류채무자에 대한 반대채권으로써 상계할 수 있는 요건", 민사판례연구(10), 90면.
3) 일본 최고재 대법정 1970. 6. 24. 판결.
4) 대법 1980. 9. 9, 80다939.
5) 대법 1982. 6. 22, 82다카200; 동 2003. 6. 27, 2003다7623.

행사한다(위 전원합의체 판결의 소수의견 참조). 이러한 상계예약조항(상계권유보조항)의 효력에 대하여 판례[1]와 다수설[2]은 그 효력을 인정한다. 위에서 본 무제한설과 같은 맥락의 입장이다.

그러나 공시방법도 없는 상계예약에 위와 같은 대항력을 주는 것은 일반 제3채무자와 달리 은행을 지나치게 보호하는 것이고, 은행에 일종의 독점적인 우선변제권을 주는 특혜가 된다(은행의 사적 집행). 채권자평등주의에 반하는 것일뿐더러 은행이 일방적으로 작성하는 보통거래약관에 의하여 이루어지는 점을 감안할 때 상계예약으로 압류채권자에게 대항할 수 없다고 봄이 옳을 것이다. 계약자유의 남용이다.[3]

c) **제3채무자의 진술의무**(절차협력의무 = 정보제공의무 1) 압류채권자는 제3채무자로 하여금 압류명령을 송달받은 날부터 1주일 내에 서면으로 다음 사항을 진술하도록 집행법원에 신청하여 압류채권의 내용에 대하여 진술의무를 부담하게 할 수 있다. 압류채권의 내용을 진술케 하는 신청은 추심 또는 전부명령신청처럼 압류명령신청과 함께 하는 것이 보통이다. 진술명령을 송달받은 제3채무자의 진술의무 있는 사항은 (i) 채권을 인정하는지 여부 및 그 한도, (ii) 지급의사의 존부 및 그 한도, (iii) 다른 채권자의 청구여부 및 그 종류, (iv) 다른 채권자의 압류여부 및 그 종류 등이다(237조). 제3채무자의 진술의무는 압류채권자가 제3채무자로부터 피압류채권에서 채권만족을 얻을 가능성에 관한 정보자료를 제공받도록 하기 위한 제도이다(금융기관이 제3채무자일 때 법원으로부터 명령을 받았으면 금융거래의 비밀보장의 예외가 됨, 금융실명법 4조 1항 1호). 일본법은 이를 매우 중요시하여 만일 제3채무자가 진술통고를 받고 고의·과실로 진술하지 아니한 때 또는 부실한 진술을 한 때에는 이에 의하여 생긴 손해에 대하여 배상책임을 지운다(§147 Ⅱ). ZPO §840 Ⅱ도 마찬가지로 제3채무자의 진술의무불이행으로 인해 발생한 손해에 대하여 배상책임을 지도록 하고

---

1) 유효로 보는 것은, 대법 2003. 6. 27, 2003다7623.

2) 박두환, 546면; 김홍엽, 357면. 다만 주석 민사소송법(Ⅳ), 176면; 최준규, "상계계약의 대외적 효력에 관한 고찰", 법조(2014. 3), 90~108면은 계약자유의 원칙, 은행의 상계 기대에 대한 보호, 압류채권자는 상계의 위험이 객관적으로 드러난 예금채권을 압류한 것이므로 불측의 불이익이 아니므로 그 효력을 인정하되, 압류명령을 받은 후에 취득한 채권에 의한 상계까지 가능하도록 하는 부분은 민법 제498조에 정면으로 위배되는 것이므로 그 효력의 인정에 신중해야 한다고 하였다.

3) 김형배, 채권총론, 857면; 예약제한설에, 김상수, 322면.

있다. 비록 우리 법에는 그러한 규정이 없어도 같은 해석을 할 것이다.[1] 제3채무자가 채권을 인정하였다고 해서, 청구의 인낙과 같은 효력이 생기는 것은 아니고, 단지 증명책임의 전환으로 제3채무자는 이후 채무가 부존재한다는 것의 증명책임을 지는 효과가 생긴다.[2]

d) **제3채무자의 공탁** 채권이 압류되었을 때에 순전히 타의에 의하여 다른 사람의 분쟁에 편입된 제3채무자는 공탁에 의하여 복잡한 집행 소용돌이에서 자의나 타의로 빠져나가 면책이 될 수 있다. 공탁으로 인한 면책의 효력이 압류경합관계에 있는 모든 채권자에게 미치기 때문이다.[3] 공탁 후에는 제3채무자에 대하여 변제청구를 할 수 없고, 채권압류명령이나 채권양도도 효력이 없다.[4] 민사집행절차에 의한 압류경합을 전제하지만 가압류와 국회재난처분압류가 경합된 경우에도 제3자의 집행공탁이 허용된다.[5] 그러나 국세징수법에 의한 채권압류만을 이유로는 집행공탁을 할 수 없다.[6] 이러한 면책공탁은 피공탁자를 지정하는 민법상의 변제공탁과 다르며, 변제공탁과 구분하여 **집행공탁**이라고 한다. **집행공탁**은 피공탁자의 지정이 없고 집행기관이 직접관리권을 갖는 점이 특색이다.[7] 변제공탁과 집행공탁이 섞인 것이 **혼합공탁**이다.[8] 제3채무자는 변제공탁, 집행공탁, 혼합공탁 중 어느 것이든 자신의 의사에 의하여 선택할 것이나, 어떠한 공탁을 하였는지는 피공탁자의 지정여부, 공탁의 근거조문, 공탁이유, 공탁사유신고 등을 종합적, 합리적으로 고려하여 판단할 것이다.[9]

---

1) 동지; 김홍엽, 352면; 주석 민사집행법(Ⅳ), 432면; 손진홍, 채권집행실무, 168면 등.
2) Lackmann, Rdnr. 305.
3) 대법 2015. 4. 23, 2013다207774(이때 압류경합관계에 있는 채권자의 압류명령은 목적을 달성하여 효력을 상실하고, 압류채권자의 지위는 집행공탁금에 대하여 배당받을 채권자의 지위로 전환하므로 배당절차에 참가할 수 있다).
4) 대법 2011. 1. 27, 2010다78050. 집행공탁후에 제3채무자에게 송달된 다른 채권자의 압류가 무효라는 것에 대법 2015. 7. 23, 2014다87502.
5) 대법 2015. 3. 9, 2013다60982.
6) 대법 2007. 4. 12, 2004다20326.
7) 제3채무자가 채권양도 및 압류경합을 공탁사유로 공탁하면서 채권자를 확실히 모른다는 취지를 기재하지 않고 공탁근거조문으로 민사집행법 제248조 1항만을 기재한 경우는 변제공탁으로 볼 수 없다(대법 2005. 5. 26, 2003다12311).
8) 혼합공탁된 공탁금에 대하여 그 공탁금에서 지급 또는 변제받지 못하였음을 주장하는 자는 배당받은 다른 채권자들을 상대로 배당이의의 소를 제기할 수 있다(대법 2006. 1. 26, 2003다29456). 혼합공탁에서 피공탁자가 공탁물의 출급을 청구하는 방법에 관하여는, 대법 2012. 1. 12, 2011다84076 참조.
9) 대법 2005. 5. 26, 2003다12311; 동 2012. 1. 12, 2011다84076.

집행공탁은 채권가압류·가처분을 이유로 한 제3채무자의 공탁(297조)과는 다르고,[1] 법정공탁만이 가능하며, 당사자 사이의 공탁약정이 있어도 공탁할 것을 청구할 수 없다.[2] 두 가지가 있다.

① **권리공탁**(248조 1항) 압류채권자가 경합된 경우(압류권자·가압류권자·배당요구채권자)는 물론, 경합되지 않고 1인인 경우라도 압류채권자가 추심해오지 않거나 집행정지에 의하여 추심권의 행사가 제한되었을 때에는, 제3채무자가 **자발적으로** 이행지체의 책임을 면하기 위해 공탁할 수 있다. 이를 권리공탁이라 한다. 제3채무자는 압류된 금전채권을 공탁하고 채무를 면할 수 있다. 제3채무자에게 압류의 적법여부를 심사하게 하고 채권자들에게 적정한 배당을 하게 하는 것은 제3채무자에게 무거운 부담을 주는 것이고 집행절차의 적정을 해칠 우려도 있기 때문에, 이러한 부담의 제거가 권리공탁의 목적이다.[3] 구법은 채권자가 경합할 때만 권리공탁이 가능하도록 하였으나, 민사집행법은 이를 확대시켜 압류경합이 없더라도 압류에 관련된 금전채권을 권리공탁을 할 수 있도록 하였다.

일부 압류의 경우에는 압류된 부분만 공탁할 수도 있고 전액을 공탁할 수도 있다.[4] 압류를 초과하는 부분은 성질상 변제공탁이므로[5] 채무자가 공탁금을 환급받을 수 있다. 그러나 압류된 부분의 공탁은 변제공탁과는 구별되는 집행공탁이며,[6] 이때는 집행채권자들을 위하여 배당실시할 것이지 채무자가 환급받을 수 없다. 또한 이와 같은 구분의 결과 제247조 제1항에 의한 배당가입차단효는 배당을 전제로 한 집행공탁에 대하여만 발생하므로, 변제공탁에 해당하는 부분에 대하여는 제3채무자의 공탁사유신고에 의한 배당가입차단효가 발생할 여지가 없다.[7]

가압류는 본집행에 대비하여 채권을 동결하는 조치일뿐 가압류채권자가 피압류채권을 추심할 권한이 없기 때문에 가압류가 경합하더라도 압류의 경합

1) 채권처분금지가처분의 경우에 제3채무자는 이를 이유로 집행공탁을 할 수 없고, 채권자를 모른다(불확지)는 이유로 변제공탁을 할 수 있다는 것에, 대법 2008. 5. 15, 2006다74693.
2) 대법 2014. 11. 13, 2012다52526.
3) 대법 1989. 1. 31, 88다카42.
4) 대법 1999. 11. 26, 99다35256.
5) 대법 2020. 10. 15, 2019다235702.
6) 대법 2008. 5. 15, 2006다74693.
7) 대법 2020. 10. 15, 2019다235702.

이나 압류와 가압류가 경합한 경우와 같은 문제는 발생하지 않는다. 그러나 채권의 가압류로 인하여 제3채무자는 채무자에 대한 지급이 금지되고, 반면에 가압류가 있더라도 채권의 이행기가 도래한 때에는 제3채무자가 지체책임을 면할 수 없으므로, 민사집행법은 가압류의 제3채무자에게는 공탁의무를 부과하지 않고 권리공탁(291조, 248조 1항)만을 인정하여 이중변제의 위험에서 벗어날 수 있고, 이행지체의 책임도 면할 수 있게 하였다.[1] 따라서 가압류를 이유로 한 제3채무자의 공탁은 배당받을 수 있는 채권자의 범위를 확정하는 효력이 없고, 제3채무자가 공탁 후 공탁사유신고를 하더라도 배당절차를 실시할 수 없으며, 공탁금에 대한 채무자의 출급청구권에 대하여 압류 및 공탁사유신고가 있을 때 비로소 배당절차를 실시할 수 있다.[2]

대법원 행정예규 제528호는 제3채무자의 권리공탁 및 그 공탁금을 출급하는 절차에 관하여 규정하고 있다.

② **의무공탁**(절차협의의무 2)(248조 2항, 3항) 채권자가 경합할 때에는 제3채무자로서는 어느 채권자에게 지급해야 되는지를 판단하기 어려운 경우가 있고, 또 일부 채권자에게 지급하면 경합하는 다른 채권자에게 분배되지 아니할 우려가 생길 수 있다. 따라서 여러 채권자가 경합할 때 **채권자의 청구**가 있으면 제3채무자로 하여금 의무적으로 공탁하게 하였다. 압류경합 등이 있으면 무조건 제3채무자에게 공탁의무가 발생하는 것이 아니라 채권자의 청구가 있을 때 공탁의무가 생긴다는 것이다. 이에 대하여는 부동산과 달리 채권집행에서는 집행상황을 알기 힘든 다른 채권자의 공탁청구가 실무상 거의 없으므로 채권자의 청구가 없어도 의무적으로 공탁하게 하자는 의견이 있다.[3] 공탁에 따른 변제의 효과는 압류대상에 포함된 채권에 대해서만 발생한다.[4] 공탁금으

1) 대법 2020. 6. 25, 2016두55896.
2) 주석 민사집행법(Ⅳ), 883면.
3) 2009. 1. 7. 제248조 2항, 3항 등의 개정안이 발의되었으나 성사되지 못하였는데, 그 내용은 「압류가 경합하거나 다른 채권자의 배당요구가 있는 경우에는 채권자의 청구가 없더라도 제3채무자가 의무적으로 공탁하여야 한다」는 것이었다. 일본법 제156조와 같은 취지이다. 제248조 2, 3항은 우선주의를 취한 독일법을 평등주의에 의하는 우리법에 여과 없이 도입한 근원적인 문제가 있고, 실무상 채권자의 공탁청구가 거의 없는 등의 문제가 있으므로 이를 개정안과 같이 개정하고, 간과하거나 오남용되어 집행의 문제를 야기하는 제236조 2항은 불필요하게 되므로 삭제하자는 의견은, 손진홍, "2009년 민사집행법 개정 논의에 대한 검토", 민사집행법연구 제6권, 13~54면.
4) 대법 2018. 5. 30, 2015다51968.

로 경합채권자 간에 평등한 만족을 확보하려는 취지이다. 이는 제3채무자의 정보제공의무인 진술의무와 더불어 또 다른 절차협력의무에 속한다.

여기에는 다시 두 가지가 있다. (i) 하나는 배당요구서를 송달받은 제3채무자가 **배당참가한 채권자의 공탁청구**가 있으면 압류 부분에 해당하는 금액을 공탁하여야 하는 경우이다(부분공탁). 일부압류의 경우에 일부공탁을 하지 않고 전부공탁을 하였다면 압류부분의 공탁은 집행공탁이 되고, 나머지 부분의 공탁은 변제공탁이 된다고 함은 이미 보았다. (ii) 다른 하나는 압류되지 아니한 부분을 초과하여 이중압류명령 또는 가압류명령이 내려진 경우에 그 명령을 송달받은 제3채무자가 **압류 또는 가압류채권자의 공탁청구**가 있으면 채권 전액에 해당하는 금액을 공탁하여야 하는 경우이다(전액공탁).[1)]

여기에서 「공탁하여야 한다」란 공탁의 방법에 의하지 아니하고는 면책을 받을 수 없다는 의미이므로, 공탁청구를 받은 제3채무자가 추심채권자 중 한 사람에게 임의변제하거나 일부채권자가 강제집행절차 등에 의하여 추심하여 받아가는 경우, 이로써 공탁청구한 채권자에게 채무의 소멸을 주장할 수 없으며 꼼짝없이 이중지급의 위험을 부담한다. 그러나 그와 같은 경우에 공탁청구한 채권자 외의 다른 채권자에게는 여전히 채무의 소멸을 주장할 수 있다고 보아야 한다는 것이 판례이다.[2)] 그러나 공탁의무는 상대적이다. 변제기가 도래하지 아니하였으면 실제로 공탁할 필요는 없다(동시이행이나 후이행의 경우도 마찬가지이다).

제3채무자가 공탁의무가 있음에도 불구하고 공탁하지 않는 경우에도 특별한 제재가 없다. 다른 채권자에게 변제한 경우에는 공탁을 청구한 채권자에게 채무의 소멸을 주장할 수 없는 것뿐이다. 다만 제248조 2항에 따라 배당에 참가한 채권자의 공탁청구를 불이행한 경우에는 제249조 제1항에 따라 '공탁을 명하는 추심의 소'를 제기할 수 있는데, 다만 이 소를 제기하려 추심명령을 받은 경우에 한하여 원고적격이 있다.[3)]

e) **공탁사유신고** 제3채무자가 공탁을 한 때에는 집행법원에 그 사유를 신고하여야 한다(248조 4항). 제3채무자가 공탁만 하고 상당기간 안에 신고

1) 압류경합상태에 있는 피압류채권 중 일부압류의 경우라도 제3채무자가 강제집행의 저지를 위하여 전액공탁을 요한다는 것에, 대법 2004. 7. 22, 2002다22700.

2) 대법 2012. 2. 9, 2009다88129.

3) 대법 1979. 7. 24, 79다1023.

하지 아니하는 경우에는 압류채권자 등이 사유신고를 할 수 있다(동항 단서). 압류명령과 가압류명령이 경합된 때에는 압류명령을 발령한 법원에, 복수의 압류명령이 발령된 때에는 먼저 송달된 압류명령을 발령한 법원에 신고한다(규 172조 3항).[1] 공탁법원은 일반적으로는 채권자나 채무자의 보통재판적이 있는 곳의 지방법원 또는 집행법원이지만(19조 1항), 이 경우는 집행법원으로 볼 것이다.[2]

권리공탁 · 의무공탁 어느 경우나 제3채무자의 공탁사유신고시가 배당요구의 종기가 되므로(247조 1항 1호), 그 뒤의 배당요구는 허용될 수 없는 **배당요구차단효**가 생기며, 배당절차가 개시된다(252조 2호). 다만 제247조 1항에 의한 배당가입차단효는 배당을 전제로 한 집행공탁에 대하여서만 발생하므로, 집행공탁과 변제공탁의 혼합된 혼합공탁의 경우에는 변제공탁의 해당부분에 대하여서는 공탁사유신고에 의한 배당가입차단효가 발생할 여지가 없다.[3] 집행법원이 사유신고서를 접수한 결과 배당절차에 의할 것이 아니라고 판단될 경우 신고서 각하의 결정을 할 수 있고, 이 때에는 배당요구차단효가 없다.[4]

3) 채권자에 대한 효력 채권자는 압류의 효력에 의하여 그 후 채무자가 채권을 처분하거나 제3채무자가 채무자에게 변제하더라도 이를 무시하고 강제집행을 속행할 수 있다.[5] 그러나 압류명령을 받는 것만으로 당연히 압류된 채권의 **추심권**이 생기는 것이 아니고 기대권이 생길 뿐이다. 이 점은 압류의 효력에 추심권까지 포함시켜 별도의 추심명령을 받지 아니하여도 되는 일본민사집행법의 입장과 다르다. 또 국세체납처분에 의한 채권압류에는 대위권이라는 추심권이 주어지는 것과도 다르다(국세징수 41조 2항). 민사집행법에서 입법론으로 참고할 바 있다. 그러므로 채권자가 압류한 채권에 대해 권리를 행사하려면 별도의 추심명령이나 전부명령을 받아야 한다. 그러나 채권자는 압류명령만을 받은 단계에서도 그 고유의 권한으로 피압류채권의 보존을 목적으로 소멸시효중단을 위하여 그 채권에 관한 확인소송을 제기하는 등의 행위

1) 법원행정처, 민사집행규칙해설, 461면.
2) 박두환, 556면.
3) 대법 2008. 5. 15, 2006다74693.
4) 대법 2005. 5. 13, 2005다1766.
5) 대법(전) 2013. 1. 17, 2011다49523은 임대주택이 양도되었을 때 그 양수인에 대해서 (가)압류의 효력이 미친다고 하였다.

를 할 수 있다.

4. 압류금지채권

(1) 민사집행법상의 압류금지

제246조 1항은 ① 부양료 및 유족부조료, ② 구호사업이나 제3자의 도움으로 계속 받는 수입, ③ 병사의 급료는 전액을 **압류금지채권**으로 하였다(1호~3호). 그러나 급료, 연금, 봉급, 상여금, 퇴직연금[1] 그 밖에 이와 비슷한 성질을 가진 급여채권(5호)은 그 **채권의 1/2**을 압류금지채권으로 하였다.[2] 회사 이사의 퇴직금 또는 퇴직위로금도 원칙적으로 포함된다.[3] 퇴직연금도 같다. '급여채권의 1/2에 해당하는 금액'이란 총액에서 원천징수되는 소득세·주민세·보험료 등을 잔액의 1/2로 보는 것이 실무이다.[4]

도표 2-13 급여에 대한 압류금지 허부

월 급여구간	압류금지허부
월 185만원 이하	전액금지
월 185만원 초과~월 370만원	초과금액전액압류
월 370만원 초과~월 600만원	1/2 압류
월 600만원 초과	표준가구 생계비{370+(급여 1/2−370)×1/2}를 공제한 전액압류

1) 급여채권 여기의 급여에는 기본급여만이 아니라 봉급·상여금·퇴직연금 그 밖에 이와 비슷한 성질을 가진 것을 포함하며 제수당이 포함된다. 무조건으로 급여 등 채권의 1/2에 대하여 압류를 가능하는 한 제도는 노동운동의 탄압수단으로 이용된다고 하여 노사간의 큰 쟁점이 되어 있었다. 예를 들면 월 소득 1,000만원의 고소득자에게는 지나치게 관대하지만, 월 200만원의 저소득자에게는 생존권을 위협하는 가혹한 제도라는 비판이 있었다. 그리

1) 대법 2014. 1. 23, 2013다71180은 민사집행법 제246조 1항 4호에도 불구하고 근로자퇴직급여보장법상의 퇴직연금채권은 전면적으로 압류가 금지된다고 하였다.
2) 대법 2000. 6. 8, 2000마1439은 근로기준법 36조 1항 본문에 불구하고 사용자가 집행권원의 집행을 위하여 피용자의 급료채권에 대한 압류는 허용된다고 하였다.
3) 대법 2018. 5. 30, 2015다51968.
4) 법원실무제요 민사집행(Ⅳ), 157면.

하여 2005년 개정한 제246조 1항 4호 단서와 민사집행법시행령에서 **압류금지최저금액제**와 **압류금지최고금액제**를 새로 채택하였다. 난해하지만 그 내용은 다음과 같이 풀이된다.

① **압류금지최저금액제** 압류가 전면금지되는 금액이다. 저소득층에는 급료 중 국민기초생활보장법에 의한 최저생계비를 감안하여 민사집행법시행령이 정한 금액(2019년 3월 5일부터 월 150만원에서 185만원으로 인상)을 최저한도로 하여 ① 그 이하는 전액압류금지, ② 월급료 185만원 초과 370만원까지는 초과부분 전액압류가능, ③ 압류금지금액이 월 185만원이 되는 월급료 370만원부터 600만원까지는 월급료 1/2이 압류가능하게 하는 내용이다. 따라서 최저생계비 185만원에 미치지 못하는 급여를 받는 경우에는 전액 압류가 금지되지만, 월 400만원의 급여를 받는 자이면 그 1/2인 200만원이 압류가능하게 된다.[1)]

② **압류금지최고금액제** 그 이상은 압류가 전면허용되는 금액이다. 월급료가 600만원을 초과하는 고소득층에 대하여는 급료 중 표준적인 가구의 생계비를 감안하여 대통령령이 정하는 금액까지를 압류금지의 최고한도로 하되, 그 초과부분은 **전액압류**할 수 있도록 하는 것을 말한다. 표준적인 가구의 생계비의 계산방법은 민사집행법시행령 제4조에 규정되어 있는데, 월 370만원에 급료가 늘수록 체증하는 가산금(급료의 1/2－370만원)×1/2을 합산하는 방식이다. 따라서 월 1,000만원의 급료를 받는 자의 표준적인 가구의 생계비는 {370만원＋(500만원－370만원)×1/2}＝435만원이 되며, 그것이 압류금지최고금액이 되어 이를 초과하는 565만원은 전액압류할 수 있다. 이는 급료의 1/2 압류금지의 제약없는 구간이라 볼 것이다. 이러한 시행령이 본법의 1/2 압류금지와 조화될 수 있는지 의문이나 고소득층에 대한 과보호는 필요없다는 것이다.

③ **급료의 합산** 압류금지 최저금액 및 최고금액제에 의한 압류금지채

1) 이시윤, "불법쟁의행위와 가압류", 「불법쟁의에 대한 손해배상 · 가압류제한의 문제점과 법리적 검토」세미나(2003. 12. 15), 한국경제인연합회 간행 참조. 일본은 급료의 3/4을 압류금지하되 표준세대의 월 생계비의 한도에서, 독일은 급료채권 중 압류가 금지되는 것은 1인 가정일 경우에는 월 1,491.28유로, 부양가족 5인을 최대로 월 2,851유로이며(2021. 5. 8. 시행 ZPO §850C), 오스트리아법도 그러한데 부양가족의 수에 따라 금지범위가 할증된다. 미국의 경우도 급료의 3/4은 압류가 금지된다. 인간다운 생활(헌 34조)을 위해 최저생계비는 보장한다는 것이다.

권액의 계산에 있어 채무자가 다수의 직장으로부터 급여를 받거나 여러 종류의 급여를 받는 경우에는 이를 합산한 금액을 급여채권으로 한다(시행령 5조).

2) **압류금지채권의 추가** 2005년, 2010년, 2011년 개정법률로 압류금지채권을 추가하였다. ① 퇴직금과 이와 비슷한 성질을 가진 급여채권은 1/2(5호), ② 소액주택임차보증금(6호), ③ 저축성보험이 아닌 보장성보험의 보험금(해약환급 및 만기환급금 포함)(7호),[1] ④ 채무자의 1월간 생계유지에 필요한 예금(적금·부금·예탁금과 우편대체 포함)(8호)이다. 제8호에 따라 압류가 금지되는 예금은 채무자 명의의 어느 한 계좌에 예치되어 있는 금액이 아니라 개인별 잔액, 즉 각 금융기관에 예치되어 있는 채무자 명의의 예금을 합산한 금액 중 일정 금액을 의미한다.[2]

(2) 특별법상의 압류금지

사회정책적으로 압류를 전면금지시킨 채권이 많다. 공무원연금, 군인연금, 사학연금, 국민연금, 실업급여, 산업재해보상보험급여, 국가배상금 등이다. 건설공사의 도급금액 중 근로자에 지급할 노임채권,[3] 학교법인의 수업료 기타 납부금 수입[4]을 관리하는 별도계좌의 예금채권도 같다(사립학교 29조 2항, 28조 3항). 국민기초생활보장법상의 수급자가 받을 권리, 급여수급계좌의 예금채권(동법 35조), 소상공인이 불입하는 노란우산 공제금(중소기업협동조합법)도 같다.

또 성질상 양도금지채권도 압류금지채권이라 할 수 있다. 국가나 지방자치단체에 대한 보조금청구채권은 양도금지되는 것으로 압류금지채권이 된다.[5] 다만 헌법재판소는 우체국보험 및 환급금청구채권전액에 대한 압류금지조항(우체국예금·보험에 관한 법률 45조)은 헌법에 불합치한다고 하였다.[6] 조합원

1) 하나의 보험계약에 보장성보험과 저축성보험의 성격이 모두 포함된 경우에 저축성보험을 분리하여 압류할 수 없을뿐더러, 이때에는 보장성보험으로 보아야 한다는 취지의 것에, 대법 2018. 12. 27, 2015다50286.

2) 대법 2024. 2. 8, 2021다206356. 압류가 금지되는 1월간 생계유지에 필요한 예금에 양도성예금증서, 휴면예금 지급청구권, 공동명의 예금이 포함되는지 여부와 배당시에도 적용되어 채무자에게 배당하는 것이 옳은지 여부에 관하여는 이형범, "민사집행법 제246조 제1항 제8호의 적용범위에 관한 소고", 민사집행법연구 제11권, 189~227면.

3) 대법 2000. 7. 4, 2000다21048.

4) 육성회비, 특기·적성비, 보충수업비, 수학여행비도 여기에 해당된다는 것에, 대법 2001. 3. 20, 2000마7801.

5) 대법 2008. 4. 24, 2006다33586; 동 2009. 3. 12, 2008다77719 등.

6) 헌재 2008. 5. 29, 2006헌바5.

1인에 대한 집행채권으로서 그 조합원을 집행채무자로 하여 조합원 전원의 합유물인 조합채권에 대하여 강제집행을 할 수 없다.[1] 사립학교법에 정해진 기본재산인 채권에 대하여는 압류명령은 발할 수 있지만, 피압류채권이 사립학교의 기본재산임이 밝혀지고 관할관청의 허가를 받을 수 없는 사정이 인정되면 채무자는 즉시항고로 압류명령의 취소를 구할 수 있다는 것이 판례이다.[2] 국회의원에게 지급하는 세비 아닌 입법활동비 · 특별활동비 · 입법 및 정책개발비 · 여비 등은 성질상 압류금지채권이다.[3] 압류금지채권의 목적물이 채무자의 예금계좌에 입금된 경우, 그 예금채권은 압류금지채권에 해당되지 않는다.[4] 압류금지채권인지 여부는 공익에 관계되기 때문에 법원의 직권조사사항이다. 제3채무자는 집행이의신청을 할 것이고 채권자와 소송할 사항이 아니다.

(3) 금지범위의 확장 · 감축과 위 금지금원의 이체와 취소

압류금지의 범위에 대하여는 당사자의 신청에 의하여 채권자와 채무자 양쪽의 생활상황, 그 밖의 사정을 고려하여 압류금지의 **범위를 확장**(예: 많은 부양가족)하거나 또는 **감축**(예: 독신)할 수 있다(246조 3항). 주식회사 또는 퇴직연금사업자도 압류금지채권 축소재판을 신청할 수 있다.[5] 이러한 집행법원의 사무는 사법보좌관의 업무에서 제외되어 판사의 업무에 속한다(사보규 2조 1항 9호 다목). 채무자가 현금으로 지급받을 급여만 제246조 1항 4호에 의하여 1/2 한도에서 압류금지된다면, 이에 비추어 채무자의 급여가 채무자의 예금계좌에 입금된 경우에도 채무자의 최저한도의 생활보장을 위한 배려가 있어야 한다. 그러므로 제246조 1항 1호 내지 7호에 규정된 종류의 금원이 채무자의 예금계좌에 이체된 경우에 이를 압류하면 채무자의 신청에 따라 그에 해당하는 부분의 압류명령을 취소하여야 한다(246조 2항). 금지범위확장의 경우와 달리 필요적 취소이다.[6] 취소에 의하여 장래에 대해서만 압류명령의 효력이 상실되므로 이미 완결된 집행행위에는 영향이 없고 그로 인한 부당이득반환청구권도 성립

1) 대법 2001. 2. 23, 2000다68924.
2) 대법 2002. 9. 30, 2002마2209.
3) 대법 2014. 8. 11, 2011마2482(그 외 일반수당 · 관리업무수당 등은 급여채권과 같이 취급된다).
4) 대법 2017. 8. 18, 2017도6229은 채무자가 압류되지 않은 다른 예금계좌를 통하여 압류금지채권의 목적물을 수령하는 것은 강제집행면탈죄가 성립하지 않는다고 하였다.
5) 대법 2018. 5. 30, 2015다51968.
6) 대법 1996. 12. 24, 96마1302 · 1303; 동 1999. 10. 6, 99마4857; 동 2008. 12. 12, 2008마1774.

하지 않는다.[1]

(4) 압류금지채권에 대한 압류명령의 효력

압류금지채권에 대한 압류명령은 강행법규에 위배되어 무효가 된다. 압류 자체가 무효라면 이에 기한 전부명령 역시 무효라고 할 것이지만, 이것도 하나의 재판인 이상 당연무효는 아니다.[2]

5. 채권자가 여럿이 있을 때(채권자의 경합)

(1) 채권에 대한 공동압류와 이중압류

1) **공동압류** 수인의 채권자가 하나의 신청서로 동일한 채무자의 동일한 제3채무자에 대한 채권에 대하여 압류명령을 신청한 경우에는 다음과 같이 두 가지 경우로 나누어 볼 수 있다. 채권자별로 집행채권과 피압류채권의 액수를 구분하여 신청한 경우에는 비록 1개의 결정으로 발령되었더라도 그 실질은 복수의 압류명령이 존재하고 채권자들 상호간에는 제3채무자에게 동시에 송달되었다는 것 외에는 특별한 의미를 갖지 않는다.[3] 수인의 채권자가 동일한 청구채권에 대하여 압류명령을 신청한 때에는 단독압류명령에 준하여 1개의 압류명령을 발하면 된다. 이를 공동압류라고 한다. 공동압류가 된 경우에는 수인의 채권자가 공동으로 추심명령을 신청하여야 한다. 전부명령의 경우에는 성질상 채권자 전원이 공동하여 전부명령을 구할 수 없으나 피압류채권액이 각 채권자의 집행채권을 모두 만족시켜 줄 수 있는 경우에는 각 그 일부에 관하여 전부명령을 구할 수 있다. 공동압류채권자 중 일부가 압류를 포기하거나 일부에 대하여 강제집행의 정지 또는 취소사유가 발생하더라도 다른 채권자의 집행에는 영향이 없다.[4] 압류채권자들이 집행채권을 준합유하거나 연대채권·불가분채권인 경우에는 공동압류명령을 발령할 수 있으나, 압류채권자들이 개별적으로 집행채권을 가지고 있는 경우라면 공동압류명령을 하는 것은 부적절하다.[5]

---

1) 대법 2014. 7. 10, 2013다25552.
2) 대법 1987. 3. 24, 86다카1588.
3) 유현웅, "채권에 대한 공동압류·추심명령의 법률관계", 민사집행법연구 제14권, 254~255면.
4) 강대성, 499면; 조정래, "채권에 대한 강제집행에 있어서의 다수 채권자의 경합", 재판자료 35집(1987), 442~443면; 兼子, 214면; 鈴木忠一, 注解強制執行法(2), 434면.
5) 자세한 것은 유현웅, 위 논문, 249면 이하 참조. 수인의 채권자가 하나의 (가)압류신청을 한

2) 이중압류 여러 채권자가 때를 달리하여 A채권자가 먼저 압류명령을 받고 난 뒤에 B채권자가 거듭 압류명령 또는 가압류명령을 받을 수 있는가. 명문의 규정이 없었을 때에도 일찍부터 학설·판례[1]는 긍정하여 왔는데, 제235조는 이를 명문화하였고, 그 밖에도 이중압류를 전제로 하는 규정이 많이 있다(229조 5항, 236조 2항 등). 따라서 압류와 압류, 압류와 가압류의 경합이 있을 수 있다. 체납처분 압류와 민사집행법상의 채권압류도 중복할 수 있다.[2] 압류에 비용도 별로 들지 아니하므로 부동산의 압류경합보다 흔하다. **이중압류의 종기**는 제3채무자가 추심명령에 기하여 압류채권자에게 지급을 해주거나 그 채무액을 공탁한 때까지이다.[3] 지급이나 공탁·상계 후에는 제3채무자의 변제책임은 소멸되므로 동일 채권에 대한 압류는 무효로 된다. 그러나 추심채권자가 집행법원에 추심신고를 할 때까지 배당요구는 할 수 있으므로(247조) 이중압류의 신청이 추심 후 추심신고 전에 행해졌을 때에는 배당요구로서의 효력이 있다고 볼 것이다. 이중압류, 즉 압류경합의 경우에 제3채무자는 공탁절차에 의하지 않고 압류채권자 중 한 사람인 추심권자에게 채무액을 변제하여도 그 변제의 효력은 경합관계에 있는 모든 채권자에게 대항할 수 있다.[4] 그러나 이중압류채권자의 공탁청구가 있으면 변제하여서는 안 되며 채권전액을 공탁하여야 한다(248조 3항. 앞의「의무공탁」참조). 채권압류가 경합된 경우에 그 압류채권자 중의 한 사람에게 내어준 전부명령은 무효이다.[5]

(2) 배당요구

1) 배당요구권자 민법·상법 그 밖의 법률에 의하여 **우선변제청구권**이 있는 채권자와 **집행력 있는 정본**을 가진 채권자는 배당요구를 할 수 있다(247조 1항. 부동산과 달리 후순위가압류채권자는 불포함[6]). 저렴하고 간이한 방법의

경우 실무는 각 채권자별 청구금액과 채권자들의 관계를 밝히도록 보정명령을 하는 경우가 많다.

1) 계속적 수입채권에 대한 압류의 경합이 있는 경우 특별한 제한이 없으면 각 압류의 효력은 그 압류 후에 발생한 계속적 수입채권 전부에 미치고, 한편 다른 압류보다 뒤에 발하여진 압류라도 원칙적으로 당해 압류 전에 발생한 채권전부에 대하여 미친다. 대법 2003. 5. 30, 2001다10748.

2) 대법 1991. 10. 11, 91다12233 참조.

3) 손진홍, 채권집행실무, 709면.

4) 대법 2003. 5. 30, 2001다10748.

5) 대법 1987. 12. 22, 87다카2015 등.

6) 그러므로 우선변제청구권 있는 채권자와 집행력 있는 정본을 가진 채권자 어디에도 해당하지

집행참가이다. 법률상의 우선변제청구권자에는 채무자의 총재산에서 우선변제권이 있는 채권자가 포함될 것이다. 채권질권자는 독자적인 우선적 추심권이 있으므로(민 353조), 배당요구자에 포함되지 않는다.

2) 배당요구의 시기와 종기 배당요구를 언제부터 할 수 있는가에 관한 규정이 없으나 해석상 압류의 효력이 발생한 뒤, 즉 압류명령이 제3채무자(제3채무자가 없는 경우에는 채무자)에게 송달된 때부터 할 수 있다고 볼 것이다.[1)] 집행법원은 배당요구를 받은 때에는 그 사유를 압류채권자 · 제3채무자 · 채무자에게 통지하여야 한다(219조 준용, 247조 3항).

배당요구의 종기(247조 1항)는 부동산경매의 경우처럼 집행법원이 결정하는 것이 아니라 법으로 정해져 있다. 제247조 1항에서는 (i) 제3채무자의 공탁신고시(1호)(배당가입차단효),[2)] (ii) 채권자의 추심신고시(2호), (iii) 집행관의 현금화한 금전 제출시(3호)로 정하고, 동 제2항에서 전부명령의 제3채무자에 대한 송달시(247조 2항)까지로 정하였으며, 그 이후는 배당요구를 할 수 없다.[3)] 제247조 제1항 제1호가 배당요구의 종기를 제3채무자가 공탁의 사유를 신고한 때까지로 제한하고 있는 이유는, 제3채무자가 채무액을 공탁하고 그 사유신고를 마치면 배당할 금액이 판명되어 배당절차를 개시할 수 있는 만큼 늦어도 그때까지는 배당요구가 마쳐져야 배당절차의 혼란과 지연을 막을 수 있기 때문이다.[4)] 배당요구의 종기까지 배당요구를 하지 못한 채권자이면 비록 물상대위에 있어서 우선변제청구권을 가진 자도 실권한다.[5)] 특별현금화방법으로 양도명령이 내려진 경우에도 마찬가지이다. 추심명령이 내려진 뒤 채무자의 신청에 의하여 압류액을 채권자의 요구액으로 제한한 경우에는 그 제한부분에

아니하는 채권자는 미리 가압류를 하여 경합압류채권자로서 배당에 참가하는 길밖에 없다(대법 2003. 12. 11, 2003다47638).

1) 법원실무제요, 민사집행(Ⅳ), 381면.

2) 대법 1999. 5. 14, 98다62688(물상대위에 있어서 우선변제청구권자라 하여 시기제한에서 달리 취급할 수 없다). 공탁신고의 각하결정의 경우는 배당가입차단의 효력이 없다는 것에, 대법 2005. 5. 13, 2005다1766. 추심권자가 추심신고를 하기 전에 다른 채권자가 동일한 피압류채권에 대하여 압류 · 가압류 명령을 신청하였다 하더라도 이를 당해 채권추심사건에 관한 적법한 배당요구로 볼 수 없다는 것에, 대법 2008. 11. 27, 2008다59391.

3) 국세징수법의 체납처분에 의한 압류만을 이유로 집행공탁이 이루어진 경우는 공탁신고를 하였다고 하여도 법 제247조 1항에 의한 배당요구 종기가 도래할 수 없다는 것에, 대법 2007. 4. 12, 2004다20326.

4) 대법 2022. 3. 31, 2017다276631.

5) 대법 1999. 5. 14, 98다62688; 동 2003. 3. 28, 2002다13539; 동 2022. 3. 31, 2017다276631.

관한 한 다른 채권자의 배당요구가 금지된다(232조 2항). 제3채무자가 압류된 채권 중 압류채권자의 청구채권액을 초과하는 부분을 채무자에게 임의로 변제한 경우 그 뒤에 한 배당요구는 잔존부분에 한하여만 그 효력이 있다.

3) 배당요구의 효과 적법한 배당요구가 있으면 배당요구채권자는 추심금(추심명령)이나 현금화한 금전(특별현금화명령)에서 압류채권자와 평등하게 배당을 받을 수 있는 지위 또는 우선변제권이 있는 경우라면 다른 채권자에 우선하여 배당을 받을 수 있는 지위에 서게 된다. 배당요구는 민법 제168조 2호의 압류에 준하는 것으로서 배당요구에 관련된 채권에 관하여 소멸시효를 중단하는 효력이 있다.[1] 배당요구는 그 기초가 된 압류가 취소되거나 압류채권자가 신청을 취하한 때에는 그 효력을 상실한다.

Ⅱ. 현금화절차(換價)

금전채권에 대한 집행에 있어서도 압류의 다음 단계는 압류채권을 현금화시키는 것인데, 현금화는 이부명령에 의하여 이루어진다. 이부명령(移付命令, 移替命令, Überweisungsbefehl)이란 압류에 의하여 국가가 걷어들인 금전채권의 처분권을 압류채권자에게 부여하는 집행법원의 처분이다. 여기에는 추심명령, 전부명령, 특별현금화명령 등 세 가지가 있다. 일본은 세 가지였다가 추심명령을 없앴기 때문에 두 가지로 단순화하였다. 압류채권자는 어느 하나를 선택할 수 있는데, 독일과 달리 전부명령의 선호율이 높다. 위 세 가지의 이부명령 중 추심명령과 전부명령은 2005년부터 **사법보좌관의 업무**로 하였으나 특별현금화명령은 판사의 업무로 남겨 두었다(사보규 2조 1항 9호 나목).

1. 추심명령[2]

(1) 의 의

추심명령이란 압류채권자에게 피압류채권의 추심권을 수여하는 집행법원의 이부명령이다. 압류채권자가 찾게끔하는 명령이다. 갖게끔하지는 않는다.

---

1) 대법 2002. 2. 26, 2000다25484.

2) 고주현, "집행법상 채권집행제도의 운영 및 개선방안에 관한 연구, 추심명령제도를 중심으로", 고려대 석사학위논문 참조.

피압류채권의 추심권을 국가가 행사하지 않고 압류채권자에게 수권하여 그로 하여금 현금화하게 하는 것이다(writ of garnishment).[1] 원래 채권자는 채무자의 제3채무자에 대한 권리를 채권자대위권(민 404조)에 의하여 행사할 수 있지만 추심명령을 받으면 대위절차를 밟지 않고(채무자의 무자력은 불문) 채권자가 바로 피압류채권의 지급을 받을 수 있게 된다(229조 2항).

추심명령은 전부명령(轉付命令)과 달리 금전채권뿐만 아니라 유체물의 인도·권리이전청구권에 대하여도 인정되며(245조의 반대해석), 금전채권 중 권면액이 없는 것도 가능하여 대상범위가 넓다. 또한 전부명령과 달리 압류가 경합된 경우에도 할 수 있으며 또 이중으로 발령하여도 상관없다. 다만 추심명령은 채무자의 제3채무자에 대한 채권을 추심할 권능만을 부여하는 것으로서 환가처분의 실현행위에 지나지 않고, 이러한 추심권능은 그 자체로 독립적으로 처분하여 환가할 수 있는 것이 아니므로 추심권에 대한 (가)압류는 무효이다.[2]

집행채권자의 채권자가 집행권원에 표시된 집행채권을 압류 또는 가압류, 처분금지가처분을 한 경우에는 압류 등의 효력으로 집행채권자의 추심, 양도 등의 처분행위와 채무자의 변제가 금지되고 이에 위반되는 행위는 집행채권자의 채권자에게 대항할 수 없게 되므로 집행기관은 압류 등이 해제되지 않는 한 집행할 수 없는 것이므로 이는 집행장애사유에 해당한다.[3] 다만 집행채권자의 채권자가 집행채권을 압류하게 되면 그 부수성으로 인하여 집행채권자의 채권자에게 추심권이 넘어가게 된다.[4]

---

1) 우리 민사집행법상의 추심명령제도는 독일법(ZPO §835 Ⅰ)을 계수한 것이지만, 독일의 경우에는 채권압류의 효력에 의하여 압류채권자는 압류질권(Pfändungspfandrecht)을 취득하므로 압류채권자는 추심명령만을 얻더라도 선순위의 압류채권자가 없는 한 독점적 만족을 얻을 수 있는 우선주의를 취하고 있는 점에서 우리와 다르다. 이 때문에 추심명령의 선호도가 높으며 제3채무자의 무자력의 위험을 피하는 길이라서 뒤에 볼 전부명령보다 선호도가 높다. 그러나 제3채무자가 자력이 있을 때에는 구태여 추심명령에 의할 필요가 없다. 일본 구민소법상의 추심명령제도(600조, 602조)는 기본적으로 우리의 추심명령제도와 같았으나, 일본 신민사집행법 제155조 1항은 금전채권의 경우 별도의 추심명령제도를 폐지하고 채권의 압류명령이 채무자에게 송달된 때부터 1주일이 경과하면 압류채권자는 당연히 압류된 채권의 추심권능을 취득하는 것으로 개정하였다(우리 국세징수법에 의한 채권압류의 경우에 대위권이라는 추심권을 부여한 것과 같다).

2) 대법 1997. 3. 14, 96다54300; 동 2019. 12. 12, 2019다256471 등.

3) 대법 2023. 1. 12, 2022마6107(국세징수법에 의한 체납처분으로 체납자의 채무자에 대한 집행채권을 압류한 경우에도 같다).

4) Brox/Walker, Rdnr. 638.

(2) 추심명령의 절차

추심명령은 압류채권자가 집행법원에 서면으로 신청하는데(4조, 229조 1항), 압류명령신청과 동시에 하는 것이 보통이다. 추심명령은 압류명령을 전제로 하므로 압류명령의 요건 이외에 추심명령에 특유한 요건을 갖추었는지를 심사하여 그 허부를 결정한다.[1] 따라서 압류명령에 따른 압류의 효력이 발생하지 않는 경우에는 추심명령도 효력이 없다.[2] 추심명령을 발부하는데 채무자의 심문이 반드시 필요한 것은 아니고 실무는 특별한 경우를 제외하고는 심문 없이 발령한다. 추심명령도 압류명령처럼 제3채무자와 채무자에게 송달하여야 하며, **제3채무자에게 송달**하면 그 효력이 생긴다(229조 4항, 227조 2항·3항). 다만 당초의 압류 및 추심명령의 동일성을 실질적으로 변경한 경정결정은 효력이 소급하지 않고 경정결정이 제3채무자에게 송달된 때 비로소 그 효력이 생긴다.[3] 추심명령이 제3채무자에게 송달되었다면 채무자의 제3채무자에 대한 채권에 관하여 시효중단사유인 최고(민 174조)로서의 효력이 생긴다.[4]

추심명령의 신청에 대한 재판에 대해서는 즉시항고할 수 있는데(229조 6항), 추심명령은 사법보좌관이 발령하므로 즉시항고에 앞서 사법보좌관의 처분에 대한 이의신청으로 판사의 판단을 받을 수 있다. 추심명령에 대한 항고권자는 채무자 및 제3채무자이고, 추심명령의 신청을 기각·각하한 결정에 대하여는 신청권자가 **즉시항고**할 수 있다. 즉시항고에는 집행정지의 효력이 없다(15조 6항). 확정이 되지 아니하여도 효력이 생기는데 이 점에서 전부명령과 다르다(229조 7항 참조). 압류명령과 추심명령의 요건불비는 즉시항고사유가 된다. 추심명령의 집행권원이 된 가집행선고 있는 판결이 상고심에서 취소되면 항고사유가 된다.[5] **피압류채권의 부존재·소멸**은 추심의 소에서, 피압류채권이 제3자가 보유한 채권이면 제3자이의의 소에서, **집행채권의 부존재·소멸**은 청구이의의 소나 부당이득반환청구의 소에서 다툴 사유이고,[6] 즉시항고사유가 아

---

1) 대법 2014. 11. 13, 2010다63591은 압류명령과 추심명령의 적부는 각각 판단해야 하므로 추심권을 포기하여도 압류로 인한 시효중단의 효력은 유지된다고 하였다.

2) 대법 2012. 11. 15, 2011다38394.

3) 대법 2017. 1. 12, 2016다38658.

4) 대법 2003. 5. 13, 2003다16238(이후 6개월 내에 추심의 소를 제기하면 시효중단의 효력이 유지된다).

5) 대법 2007. 3. 15, 2006마75.

6) 대법 1998. 8. 31, 98마1535·1536. 도산법에 의한 면책된 채무에 대한 집행권원에 기하여 면

니다.

(3) 추심명령의 효과

추심명령이 발령되면 집행채권자, 집행채무자 그리고 제3채무자의 지위에 영향이 미친다. 추심명령의 대상 채권과 동일성이 없는 채권이면 추심명령의 효력이 미치지 않는다.[1] 판결 결과에 따라 제3채무자가 채무자에게 지급하여야 할 금액을 피압류채권으로 표시한 경우, 해당 소송의 소송물인 실체법상의 채권이 채권압류 및 추심명령의 대상이 될 수밖에 없다.[2]

1) 집행채권자의 지위

① **추 심 권** 추심채권자는 집행기관의 수권에 기하여 일종의 추심기관으로서 **추심권**(추심권능)을 갖고 채무자를 대신하여 추심할 수 있다. 즉 제229조 2항에 따라 대위절차 없이 압류채권을 직접 추심할 수 있는 권능을 취득한다.[3] 다만 추심의 목적에 맞도록 채권을 행사하여야 한다. 특히 압류 등의 경합이 있는 경우에는 압류 또는 배당에 참가한 모든 채권자를 위하여 제3채무자로부터 채권을 추심해야 하므로, 추심채권자는 피압류채권의 행사에 제약을 받게 되는 채무자를 위하여 선량한 관리자의 주의의무를 가지고 채권을 행사해야 한다.[4] 추심채권자는 **추심목적을 넘는 행위**, 예를 들어 피압류채권의 면제, 포기, 기한 유예, 채권양도 등의 행위는 할 수 없다.[5]

추심채권자는 추심을 위한 일체의 재판상 · 재판 외의 행위를 채무자의 대리인으로서가 아니라 자기 이름으로 할 수 있다. 따라서 제3채무자에게 지급

책 후 신청하여 발령된 압류 및 추심명령이라 하여도 집행채무의 소멸에 관계되는 실체법상의 사유이므로 즉시항고 사유가 아니다 = 대법 2013. 9. 16, 2013마1438.

1) 추심명령의 대상 채권은 채무자의 제3채무자에 대한 공사금채권인 반면, 그가 갖는 채권은 사해행위취소로 인한 가액배상채권이므로 양자간의 동일성이 없어 그에 추심명령의 효력이 미치지 않는다(대법 2008. 12. 11, 2008다47930).

2) 대법 2018. 6. 28, 2016다203056.

3) 대법 2020. 10. 29, 2016다35390.

4) 대법 2022. 4. 14, 2019다249381; 동 2007. 11. 15, 2007다62963.

5) 대법 2020. 10. 29, 2016다35390(추심금소송에서 추심채권자가 제3채무자와 '피압류채권 중 일부 금액을 지급하고 나머지 청구를 포기한다'는 재판상 화해를 한 경우 '나머지 청구 포기 부분'은 추심채권자가 적법하게 포기할 수 있는 자신의 '추심권'에 관한 것으로서 제3채무자에게 더 이상 추심권을 행사하지 않고 소송을 종료하겠다는 의미로 보아야 하고, 자신에게 처분권한이 없는 '피압류채권' 자체를 포기한 것으로 볼 수는 없다. 따라서 위와 같은 재판상 화해의 효력은 별도의 추심명령을 기초로 추심권을 행사하는 다른 채권자에게 미치지 않는다).

을 구하여 받아낼 수 있지만, 그가 임의로 지급에 응하지 아니할 때에는 법정소송담당자가 되어 그를 상대로 지급명령이나 추심의 소를 제기할 수 있다(채무자의 소송이 계속 중에는 승계인으로 참가 가능). 뿐만 아니라 그 채권에 대하여 담보가 있으면 담보권을 실행할 수 있으므로 경매신청도 가능하다. 또 추심에 필요하다면 가압류도 가능하며, **최고권 · 해제권 · 해지권 · 취소권** 등을 행사할 수 있다.[1] 그러므로 보험계약에 관한 해약환급금채권은 압류금지재산이 아니어서 압류 및 추심명령의 대상이 되며 그 채권에 대하여 추심채권자는 채무자의 보험계약의 해지권을 자기의 이름으로 행사하여 그 채권의 지급을 청구할 수 있다.[2] 공탁금출급 또는 회수청구권에 대하여 추심명령을 받은 채권자는 추심명령정본 및 그 송달통지서 또는 송달증명서를 첨부하여 공탁공무원에게 공탁금의 출급 또는 회수를 청구할 수 있다.[3]

채권자가 피압류채권을 자동채권으로 하여 제3채무자에 대한 자신의 채무와 **상계**할 수 있는가. 학설은 긍정설,[4] 부정설,[5] 제한적 긍정설[6] 등이 있다. 판례는 자동채권으로 될 수 있는 채권은 상계자가 상대방에 대하여 가지는 채권이어야 하는데 압류한 채권은 압류채권자가 제3채무자에 대하여 가지는 채권이 아니므로 추심채권자의 상계가 허용되지 아니한다고 하였다.[7] 추심권자가 제3채무자로부터 피압류채권의 변제를 받은 후 다시 제3채무자에게 자기 고유의 채무를 변제하는 것은 무용의 절차를 반복하는 것이고, 또한 제3채

---

1) 방순원/김광년, 278면; 김상수, 327면.

2) 대법 2009. 6. 23, 2007다26165. 일본 최고재 평성18(2006). 12. 14. 판결은 투자신탁 MMF의 수익자인 채무자가 수탁증권의 판매회사(은행)에 대하여 해약환급청구권을 갖고 있을 때, 이에 대한 압류 및 추심명령을 받아 채권자는 해약청구를 할 수 있고(환매권행사) 이 실행청구에 기하여 투신위탁자(신탁회사)가 해약실행으로 해약금이 판매회사에 교부되면 집행채권자는 판매회사에서 해약금의 지급을 받을 수 있다고 하였다.

3) 조관행, "추심명령에 의한 추심에 관한 제문제", 재판자료(35), 510, 512면.

4) 방순원/김광년, 201면. 일본은 평성29년 개정민법으로 제3채무자가 압류효력 발생 전의 원인에 기하여 발생한 채권을 자동채권으로 하는 경우에 무제한으로 상계가 가능하게 하였다. 中野/下村, 716면 참조.

5) 강구욱, "금전채권에 대한 추심소송에 관한 재고", 민사집행법연구, 제16권, 198면; 주석 민사집행법(Ⅳ), 345~346면(추심권자의 일방적 상계는 허용되지 않으나, 무용의 절차의 반복을 피하기 위해 경합 여부에 불문하고 상계합의를 변제방법에 관한 합의로 보아 효력을 인정해도 무방하다고 한다).

6) 김일룡, 424면; 오창수 405면; 김상수, 330면(경합하는 다른 채권자(이중압류자나 배당요구자)가 없으면 긍정해도 좋다고 한다).

7) 대법 2022. 12. 16, 2022다218271.

무자가 임의로 압류채무를 변제하지 않는 경우 그 추심에 많은 시간과 비용이 소요될 수 있는 것을 고려하면 경합하는 다른 채권자가 없는 경우에는 추심채권자의 상계권행사를 허용하는 것이 좋다고 생각한다.[1] 다만 이 경우에도 추심권자는 추심신고를 하여야 하므로 추심신고 전에 다른 채권자가 중복압류 또는 배당요구를 한 경우에는 현실로 추심한 경우와 마찬가지로 추심금 상당액을 공탁하고 사유신고를 하여야 한다고 본다.

② **추 심 금** 추심명령을 받은 채권자가 제3채무자로부터 추심을 받은 때에는 피압류채권은 소멸되고,[2] 추심신고시에 경합하는 다른 채권자가 없으면 자기의 집행채권의 변제에 충당한다. 그러나 경합하는 다른 채권자가 집행에 참가한 때에는 추심한 금액을 전액 공탁하고 공탁금에서 배당받지 아니하면 안 된다. 따라서 경합하는 다른 채권자가 참가하지 아니한 경우는 압류채권자의 독점적 만족을 얻을 수 있다는 점에서 실제로 전부명령과 차이가 없다. 경합하는 다른 채권자가 있더라도 추심명령의 발령과 그 효력에는 영향이 없지만 압류채권자가 독점적 만족을 얻지 못한다.

③ **추심의무** 채권자는 추심명령에 의하여 추심의 권능이 부여됨과 동시에 추심의 의무를 부담한다. 선량한 관리자의 주의의무 때문이다. 따라서 추심의무를 게을리하면 손해배상책임이 생기고(239조), 다른 배당요구채권자에 의해 추심할 것의 최고를 받게 되고, 따르지 아니할 때에는 그가 법원의 허가를 얻어 직접 추심할 수 있다(250조). 그러나 추심채권자는 추심명령에 의하여 얻은 추심권을 포기할 수 있는데(240조 1항), 이는 법원에 서면으로 신고하여야 하고 법원사무관 등은 그 등본을 제3채무자와 채무자에게 송달하여야 한다(동 2항).[3] 압류명령을 제외한 추심권만의 포기는 집행채권이나 피압류채권에 아무런 영향이 없다.[4]

④ **추심권의 범위** 추심명령이 발령되면 특별히 한정하지 아니한 이상 추심권의 범위는 압류된 채권의 전액에 미치므로(232조 1항 본문), 추심채권자는

1) 조관행, “추심명령에 의한 추심에 관한 제문제”, 재판자료(35), 510, 520면(압류액수의 제한 허가가 있는 경우에도 허용이 필요하다); 손진홍, 채권집행실무, 515면.
2) 대법 2005. 1. 13, 2003다29937; 동 2008. 11. 27, 2008다59391(제3채무자가 추심권자에게 지급한 후에 다른 채권자의 압류명령이 제3채무자에게 송달된 경우에는 추심권자가 추심한 금원에 압류의 효력이 미친다고 할 수는 없다).
3) 대법 1983. 8. 23, 83다카450.
4) 대법 2020. 10. 29, 2016다35390.

집행채권과 집행비용액을 넘는 부분에 대해서도 변제를 수령할 수 있다.[1] 그러나 추심명령을 받은 자가 그 일부만 청구할 수는 있다. 법원은 채무자의 신청에 의하여 압류채권자를 심문한 후에 초과액을 채무자가 처분하거나 영수하도록 허가할 수 있다(232조 1항 단서).[2] 이것이 **채권압류액의 제한허가**인데, 이는 사법보좌관이 아닌 판사의 업무이다(사보규 2조 1항 9호 가목).

제한허가의 신청은 압류 후 추심명령 발령 전이라도 할 수 있지만 다른 채권자들로부터 배당요구를 할 수 있는 기회를 박탈하지 않기 위하여 제한허가의 결정은 추심명령 후에만 할 수 있다고 보는 것이 일반적이다.[3] 추심채권자가 제3채무자로부터 지급을 받았을 때에는 그 범위 내에서 집행채권과 집행비용이 변제된 것으로 본다. 집행채권 전액이 변제된 경우는 집행력 있는 정본을 채무자에게 돌려주고, 일부변제된 경우는 그 취지를 집행력 있는 정본에 적은 다음에 채권자에게 돌려주는 등의 조치를 취함으로써 채권집행이 종료된다.[4]

2) 집행채무자의 지위 추심명령이 있더라도 채무자는 여전히 채권의 귀속주체로서의 지위를 잃지 않지만 추심권 및 소송수행권은 상실한다는 것이 판례이다.[5] 따라서 추심명령이 있는 채권에 대하여 채무자가 제3채무자를 상대로 제기한 이행의 소는 추심명령과의 선후와 무관하게 부적법한 소로서 본안에 관하여 심리 판단할 필요 없이 각하하여야 하고,[6] 이러한 사정은 직권조사사항이라고 한다.[7] 채무자의 이행소송 중에 추심명령이 내려진 경우에도 적용되고 직권조사사항이므로 채무자의 이행소송이 상고심에 계속되고 있는 경우에도 같다는 것이 판례이다.[8] 다만, 추심명령이 취하되어 추심권을 상실하게 되면 채무자는 당사자적격을 회복하게 된다고 한다.[9] 학설도 다수가 판례

---

1) 다만 공탁청구한 채권자가 제3채무자를 상대로 추심할 수 있는 금액은 공탁청구채권자에게 배당될 수 있었던 금액에 한정된다. 대법 2012. 2. 9, 2009다88129.

2) 채권자가 추심할 채권액이 집행채권액보다 많을 때에만 이러한 결정을 할 수 있고(대법 1976. 12. 29, 76마502), 채권자가 심문절차에서 채무자의 압류제한신청에 동의하였으면 법원으로서는 반드시 압류제한허가의 결정을 하여야 한다(대법 1977. 2. 8, 76마497).

3) 이재성, "압류액 제한신청과 채권자의 동의", 평석집(Ⅳ), 361면; 조관행, "추심명령에 의한 추심에 관한 제문제", 재판자료(35), 508면.

4) 대법 2004. 12. 10, 2004다54725.

5) 대법 2000. 4. 11, 99다23888 등.

6) 대법 2008. 9. 25, 2007다60417 등.

7) 대법 2004. 3. 26, 2001다51510; 동 2010. 2. 25, 2009다85717 등.

8) 대법 2004. 3. 26, 2001다51510.

9) 대법 2009. 11. 12, 2009다48879; 동 2010. 11. 25, 2010다64877.

와 같은 입장이다.[1)]

이에 대하여 추심명령이 있더라도 채권은 여전히 집행채무자에게 귀속되므로 채권자대위권이 행사된 경우와 마찬가지로 채무자의 소송수행권은 유지된다는 반대설이 있다.[2)] 추심명령이 있더라도 채무자는 여전히 채권의 귀속주체이므로 집행채권자의 권리를 침해하지 아니하는 범위 내에서는 피압류채권에 관하여 채권자로서의 권리를 갖는다고 보는 것이 옳을 것이다. 판례는 추심금 청구의 소가 집행채권에 대해서만 시효중단의 효력이 있고, 피압류채권에 대해서는 최고로서의 효력밖에 없다[3)]고 하는데 그렇다면 압류채권의 시효중단을 위해서도 채무자의 소송수행권은 필요한 것이라고 볼 것이다.[4)]

2인 이상의 불가분채무자 또는 연대채무자가 있는 금전채권에 대하여 그 채무자 중 1인을 제3채무자로 한 압류추심명령이 발령된 경우, 집행채무자는 압류추심명령의 제3채무자가 아닌 나머지 채무자에 대해서는 여전히 채권자로서의 추심권을 상실하지 아니하므로 이행의 소를 제기할 수 있음은 어느 설에 의하여도 같다.[5)]

추심명령이 있더라도 채무자는 여전히 채권의 귀속주체이므로 추심채무자는 제3채무자에 대하여 피압류채권에 기초하여 동시이행을 구하는 항변권을 상실하지 않는다.[6)] 채권에 관한 위험부담도 채무자가 부담하므로 제3채무자

1) 김홍엽, 384면; 전병서 435면; 주석 민사집행법(Ⅴ), 723면; 양진수, “추심의 소와 채무자의 당사자적격, 중복된 소제기의 금지”, 민사판례연구 37권(2015), 832~840면; 손진홍, 채권집행실무, 523면 등.

2) 이백규, “압류된 채권양수인의 이행청구과 추심명령”, 민사판례연구 24권(2002), 520~524면; 최성호, “추심의 소와 중복소송에 관한 검토”, 이화여자대학교 법학논집 18권 3호, 544면; 김세진, “이행소송 계속중 압류채권자가 제기한 추심소송의 중복제소 여부”, 법조(2014. 9), 225면; 손흥수, 채권집행, 한국사법행정학회(2017), 55~356면; 강구욱, “금전채권에 대한 추심소송에 관한 재고”, 민사집행법연구 제16권, 202면; 곽종훈, 법률신문(2024. 9. 12), 10면 등.

3) 다만 대법 2019. 7. 25, 2019다212945은 채무자의 제3채무자를 상대로 한 소송의 계속 중 추심명령이 발령되어 채무자의 소가 각하된 경우, 채무자가 권리주체의 지위에서 한 시효중단의 효력은 추심채권자에게도 미치므로 추심채권자가 6개월 안에 추심의 소를 제기하면 위 시효중단의 효력이 그대로 유지된다고 하였다.

4) Brox/Walker, Rdnr. 645. 채무자는 제3채무자를 상대로 압류채권자에게 압류채권의 이행을 구하는 소제기가 허용된다는 것은 BGH의 판례도 같다.

5) 대법 2013. 10. 31, 2011다98426(금전채권 중 일부에 대해서만 압류추심명령이 내려진 경우에도 같다).

6) 대법 2001. 3. 9, 2000다73490(제3채무자의 임대목적물 인도청구에 대하여 채무자가 압류추심된 보증금의 동시이행항변권을 행사한 사례).

가 무자력일 때의 손실은 채무자가 부담하게 되며, 집행채권자는 채무자의 다른 재산에 다시 집행할 수 있다. 채권자의 위험부담으로 재집행을 할 수 없는 전부명령과 다르다.

3) 제3채무자의 지위 제3채무자는 추심명령발령의 전후를 통하여 그 지위가 채무자에 대한 것과 달라질 이유가 없다. 제3채무자는 채권양도의 경우처럼(민 451조) 압류 전에 생긴 채무자에 대한 항변 내지 이의로 압류채권자에게 대항할 수 있다.[1] 제3채무자는 압류채권자에게 채무이행을 하여야 할 것이지만 권리공탁(248조 1항)에 의해 이행지체의 책임을 면할 수 있다. 그러나 추심명령의 효과로 집행채권의 주체가 압류채권자에게로 옮겨가는 것은 아니므로 제3채무자가 압류채권자에 대한 자신의 반대채권으로 상계권행사를 할 수 없는 것이 원칙이나, 경합하는 다른 채권자가 없을 때에는 달리 볼 수 있다는 것은 앞서 보았다.

제3채무자는 추심명령의 효력을 다툴 수는 있지만 그 유무효를 조사할 의무는 없다. 추심명령이 경합된 경우에 제3채무자는 그 중 한 사람에게 변제하거나 집행공탁이나 상계 등으로 압류채권을 소멸시키면 그 효력은 모든 채권자에게 미치며,[2] 다른 추심권자의 집행채권액에 안분하여 변제하여야 하는 것이 아니다.[3] 제3채무자가 추심권자에게 지급한 후에 다른 압류명령이 제3채무자에게 송달된 경우에는 추심권자가 추심한 금원에 압류의 효력이 미치지 않는다.[4]

(4) 공탁 및 추심신고

추심채권자가 추심금을 지급받았을 때에는 바로 그 사실을 집행법원에 신고하지 아니하면 안 된다(236조 1항). 채권자가 그때까지 경합하는 다른 채권자 없이 지급을 받았을 때에는 추심한 금액 중에서 자기 채권액에 충당하고 추심채권액 신고만 하면 되고, 신고 전에 경합하는 다른 채권자가 있거나 배

---

1) 대법 2001. 3. 27, 2000다43819; 동 2023. 5. 18, 2022다265987; 동 2004. 12. 23, 2004다56554 등.
2) 대법 2003. 5. 30, 2001다10748; 동 2008. 11. 27, 2008다59391. 다만 제3채무자가 공탁관일 때에는 추심권자에게 지급할 것이 아니라 집행법원에 사유신고를 하여야 한다(대법 2002. 8. 27, 2001다73107).
3) 대법 2001. 3. 27, 2000다43819.
4) 대법 2005. 1. 13, 2003다29937.

당요구가 있을 때에는 자신이 독차지할 것이 아니므로 추심금을 바로 공탁하고 그 사유를 신고하여야 한다(236조 2항). 이는 압류 또는 배당에 참가한 모든 채권자들이 배당절차에서 공평하게 채권의 만족을 얻도록 하기 위한 것이다.[1] 이를 **추심신고의무**라고 한다.

추심금을 지급받은 뒤에 공탁 및 신고가 늦어지면 법정지연손해금도 공탁해야 한다.[2] 경합채권자가 없어 단순히 추심신고만 한 때에는 배당절차 없이 집행이 끝이 나고, 경합자가 있어 공탁과 사유신고를 했을 때에는 배당절차가 실시된다(252조 2호). 추심명령만으로 추심채권자에게 채권 자체를 차지하게 하는 것이 아님에도 불구하고, 추심이 완료되었을 때 추심채권자가 추심금을 공탁하지 않거나 추심신고를 하지 않아 낭패를 보는 예가 실무상 종종 있다.[3]

(5) 추심소송(238조, 249조)

1) 의 의 추심권의 재판상 행사가 추심소송이다. 제3채무자가 추심명령에 기한 추심에 불구하고 임의로 응하지 않을 경우에 추심권자가 직접 제3채무자의 재산에 강제집행을 할 수 있는 것은 아니다. 제3채무자에 대한 집행권을 갖고 있지 않기 때문이다. 이때 추심채권자는 **소송수행권**을 갖고 제3채무자를 상대로 별도의 이행의 소를 제기하여야 한다. 이를 추심소송이라 한다.

추심의 소는 일반규정에 의한 관할법원에 제기하는 민사소송의 일종이다(제238조). 제238조에 의하여 추심의 소는 집행법원의 관할에 속하지 않는다는 점에 대해서는 이론이 없다. 다만 민소법 제8조의 특별재판적인 의무이행지에 관하여는 추심채권자의 주소지라는 설도 있으나, 제238조에서 말하는 '일반규정에 의한 관할법원'이란 압류된 채권의 의무이행지를 말하는 것이므로 채무자의 주소지라는 설[4]이 다수이고 실무도 후자에 따르고 있다.

추심의 소를 제기하는 집행채권자의 소송상 지위에 관해서는 채권자대위의 소를 제기한 채권자의 지위와 동일하게 집행채권자가 집행채무자의 권리를 소송상 행사하는 소송담당자로서 당사자적격을 가지는 것으로 보는 견해(법정

---

1) 대법 2022. 4. 14, 2019다249381; 동 2007. 11. 15, 2007다62963 등.

2) 대법 2005. 7. 28, 2004다8753.

3) 대법 2002. 9. 30, 2002마2209 참조. 추심신고를 잊거나 지연하는 동안 다액의 배당요구채권자가 발생한 경우에 소송대리인에게 손해배상책임이 문제되기도 하고, 추심채권자가 공탁하지 않고 전액을 소비한 경우 횡령죄가 문제되기도 한다.

4) 손진홍, 채권집행실무, 544면; 주석 민사집행법(Ⅳ), 444면; 법원실무제요 민사집행(Ⅳ), 301면.

소송담당설)가 판례와 다수설이지만, 추심권이 생기면 그에게 고유한 실체법상의 권리가 발생하고 집행채권자가 그러한 자신의 권리를 행사하는 것이라는 견해(고유적격설)[1]가 있다. 법정소송담당설을 취한 판례는 추심소송은 추심권자만이 제기할 수 있고 채무자는 당사자적격을 잃는다고 하는 점은 앞서 보았다. 다만 채무자는 추심권자가 제기한 추심소송에 보조참가(공동소송적 보조참가)를 할 수 있다. 고유적격설에 의하면 채무자는 자신의 추심권능을 상실하지 않으므로 당연히 당사자적격을 상실하지 않고, 추심의 소의 소송목적과 채무자의 소송목적이 동일하지 않으므로 중복소송에 해당하지도 아니하며, 추심소송의 판결의 효력이 채무자에게 미치지 않는다고 한다.[2]

추심소송에서 압류채권자는 직접 자기에게 지급을 청구할 수 있지만, 채권자가 경합할 때에는 공탁을 청구할 수도 있다(**공탁청구의 소**). 외국국가를 제3채무자로 한 압류추심명령은 특별한 사정이 없는 한 허용될 수 없기 때문에 추심명령이 나도 외국국가 상대의 추심소송은 부적법하다는 것이 판례[3]이고 이에 대한 검토는 앞서 보았다. 공탁청구의 소라도 추심명령을 받은 압류채권자에 한하고, 추심명령을 받지 아니한 다른 압류채권자는 원고적격이 없다.[4]

집행채권의 부존재·소멸은 집행채무자가 청구이의의 소에서 주장할 사유이므로, 추심의 소에서 제3채무자가 항변으로 주장하여 집행채무의 변제를 거절할 수 없다.[5] 피압류채권의 존재는 추심채권자가, 부존재·소멸·기한유예 등 항변사유는 제3채무자가 증명책임분배의 일반원칙에 따라 증명책임을 부담한다.[6] 추심명령이 무효라는 점도 추심금소송에서 다툴 수 있다.[7] 판례는 추심의 소를 제기한 후에 추심명령의 토대가 된 집행권원인 제1심판결에 대하여 강제집행정지결정이 있을 경우, 그 사정만으로는 추심의 소 자체의 소송절차가 중단되지 아니한다고 하였다.[8] 압류경합상태에 있는 피압류채권 중 일부

1) 김상수, 332면; 강구욱, "금전채권에 대한 추심소송에 관한 재고", 민사집행법연구 제16권, 213~222면(실체적 권리행사설이라는 용어가 더 적합하다고 한다); 中野·下村, 744~745면
2) 상세한 주장과 논거는 강구욱, 위 논문, 185~243면 참조.
3) 대법 2011. 12. 13, 2009다16766.
4) 대법 1979. 7. 24, 79다1023.
5) 대법 1994. 11. 11, 94다34012; 동 2017. 5. 30, 2015다25570 등.
6) 대법 2015. 6. 11, 2013다40476; 동 2023. 4. 13, 2022다279733·279740.
7) 대법 2012. 11. 15, 2011다38394.
8) 대법 2010. 8. 19, 2009다70067.

에 관하여 일부 압류권자가 추심의 소를 제기하여 승소확정판결을 받은 경우 그에 의한 강제집행의 저지를 위해서는 채무전액을 공탁할 것이며,[1] 이에 의해 면책이 된다.

2) 소송의 특징 ① 채권자는 채무자에게 민소법 제84조의 **소송고지**를 하여야 한다(일본은 폐지). 다만 채무자가 외국에 있거나 있는 곳이 불분명하면 소송고지의 필요가 없다(238조). 여기의 고지는 권한이 아니고 의무이다. 채권자가 소송고지를 게을리하였고 그로 말미암아 제3채무자에 대한 추심소송에서 패소함으로써 채무자에게 손해가 발생한 때에는, 명문의 규정은 없으나 채무자는 채권자에게 손해배상청구를 할 수 있고, 이 경우 채권자는 어차피 패소하였을 것이라는 점을 증명하지 못하는 한 손해배상책임을 면하지 못한다.[2] 이 의무를 이행하지 아니하였으면 별론이지만, 고지했으면 추심소송의 기판력은 채무자에게도 미친다.[3]

② 압류추심명령이 경합하는 경우 다른 추심채권자가 먼저 추심의 소를 제기한 경우에 그와 별개로 제기한 추심의 소는 중복소송에 해당한다.[4] 그 결과 경합하는 채권자에게는 **공동소송참가**(민소 76조)의 길을 활짝 열어 놓아, 분쟁의 1회적 해결을 도모하였다.

(i) 집행력 있는 정본을 가진 모든 채권자가 공동소송인으로 추심의 소의 원고 쪽에 참가할 권리를 가진다(자발참가, 249조 2항, 일본은 공동소송참가권을 이중압류채권자에게만 한정). (ii) 추심의 소의 피고인 제3채무자도 집행력 있는 정본을 가진 모든 채권자에 대하여 공동소송인으로 원고쪽에 참가하라는 참가명령을 첫 변론기일까지 신청할 수 있다(강제참가, 249조 3항). 참가명령을 받은 다른 채권자는 참가여부에 관계없이 추심소송의 판결의 효력을 받는다(249조 4항). 따라서 제3채무자로서는 승소판결을 받았으나 다른 채권자가 같은 소송을 중복제기함으로써 다시 동일채무의 부존재를 주장해야 하는 방어부담에서 해방될 수 있다.

원고와 공동소송참가한 압류채권자는 합일확정을 요하는 유사필수적공동

1) 대법 2004. 7. 22, 2002다22700.
2) 조관행, "추심명령에 의한 추심에 관한 제문제", 재판자료(35), 513면; 남기정, 실무강제집행법(3), 283면.
3) 이시윤, 신민사소송법(제17판), 699~701면 참조.
4) 대법 2020. 10. 29, 2016다35390; 동 1994. 2. 8, 93다53092.

소송관계로 된다(민소 67조).[1] 다만 입법론적으로 집행력 있는 정본을 가진 모든 채권자에게까지 공동소송 참가권의 확대가 옳은지는 의문이다.

③ 추심의 소는 **채권자대위소송**(민 404조)과 유사하다. 채권자가 채무자가 제3채무자에 대하여 가지는 채권을 소송의 대상으로 하기 때문이다. 그러므로 추심의 소와 채권자대위소송이 경합할 수 있다. 이때 다툼은 있으나 국가가 수권한 추심권에 기한 추심의 소를 우선시켜 추심의 소가 계속중일 때에는 채권자대위소송은 부적법한 것으로 볼 것이다.[2]

채무자가 제3채무자를 상대로 제기한 소송이 계속 중에 채권자가 제기한 채권자대위소송은 중복소송이 되지만, 추심의 소는 중복소송이 아니라는 것이 대법원 전원합의체판결이다.[3] 이때는 두 소송을 병합심리하는 것이 옳다는 일본의 학설이 있다.[4]

추심권자와 채권자대위권을 행사하는 채권자 지위의 차이를 유념할 필요가 있다. 채권자대위권을 행사하는 대위채권자도 제3채무자에 대하여 직접 자기에게 지급하도록 청구할 수 있고, 제3채무자로부터 변제를 수령할 수도 있는 것은 추심채권자와 같다. 그러나 이로 인하여 채무자의 제3채무자에 대한 피대위채권이 대위채권자에게 이전되거나 귀속되는 것이 아니고, 대위채권자의 제3채무자에 대한 추심권능 내지 변제수령권능은 자체로서 독립적으로 처분하여 환가할 수 있는 것이 아니어서 압류할 수 없는 성질의 것이므로 이에 대한 압류명령은 무효이고, 직접 지급을 명한 대위소송판결에 기하여 대위채권자가 지급받을 채권에 대한 압류명령도 무효라는 것이 판례이다.[5]

---

1) 이 경우의 판결주문에 관한 연구는, 임정윤, "복수의 추심채권자가 관여한 추심소송에서 인용판결 주문의 형식과 그 집행 등에 관한 문제", 민사집행법연구 제16권, 251~288면(피고에게 채권 전액을 공탁하라는 판결은 법적 근거가 미약하므로 피고가 원고들에게 심리결과 인정되는 피압류채권 전액을 지급하라는 형식이 타당하다고 한다).

2) 박두환, 579면; 강대성, 502면. 이에 반해 일본 최고재 1970. 6. 2.은 채권자 대위소송 계속 중에 다른 채권자가 동일한 채권에 대하여 추심의 소를 제기한 경우에 양 소송을 병합심리하여 쌍방의 청구를 모두 인용할 수 있다고 한다.

3) 대법(전) 2013. 12. 18, 2013다202120.

4) 中野·下村, 744~745면. 이 설은 추심의 소(일본은 추심명령이 별도로 필요 없으나 제3채무자가 임의이행을 하지 않으면 取立訴訟을 제기한다)를 법정소송담당이라고 보는 통설과 달리 압류채권자 고유의 실체적 지위에 기한 이행소송이라고 보는 고유적격설에 기초한다.

5) 대법 2016. 8. 29, 2015다236547. 채권자대위소송과 채권집행의 체계 정립을 위한 입법론적, 해석론적 상세한 의견은 오창수, "채권자대위소송과 채권집행의 경합과 해소", 민사집행법연구 제15권, 43면 이하 참조.

3) 추심소송과 기판력의 주관적 범위 ① 추심채권자가 한 추심소송은 제3자소송담당자(법정소송담당, 갈음형)의 지위에서 한 것이므로 권리귀속주체인 채무자에게 기판력이 미친다.

② 채무자가 수행한 소송의 확정판결의 효력이 추심채권자에게 미치는지 여부는 추심채권자는 채무자로부터 당사자적격의 지위를 이전받는 것이므로, 채무자 소송의 확정판결선고 후에 추심명령을 받은 경우에는 민소법 제218조 1항의 승계인에 해당하여 기판력이 미치고, 확정판결선고 전에 추심명령이 있는 것을 간과하고 판결이 선고된 경우에는 당사자적격이 없는 사람이 수행한 판결로서 정당한 당사자인 추심채권자에게 효력이 미치지 않는다고 본다.[1)]

③ 동일한 채권에 대해 복수의 채권자들이 압류추심명령을 받은 경우, 어느 한 채권자가 제기한 추심금소송에서 확정된 판결의 기판력은 추심소송에 참가한 채권자 또는 참가명령을 받고도 참가하지 아니한 채권자에게는 미치나, 그 소송의 변론종결일 이전에 압류추심명령을 받았던 다른 추심채권자에게 미치지 않는다.[2)]

2. 전부명령

(1) 의 의

전부명령이란 압류된 금전채권을 집행채권의 지급에 갈음하여 압류채권자에게 이전시키는 집행법원의 명령이다(229조 3항). 피압류채권으로 집행채권을 대물변제받게 하되 피압류채권의 권면액만큼 집행채권이 변제된 것으로 하는 제도이다(Überweisungsbeschluss an Zahlungs statt, 집행채권변제에 갈음하는 이전명령). 당사자의 의사에 의하여 채권이 다른 사람에게 양도되는 것이 민법상의

1) 주석 민사집행법(Ⅴ), 733~734면; 양진수, "추심의 소와 채무자의 당사자적격, 중복된 소제기의 금지", 민사판례연구 제37권(2015), 846~849면(다만 사실심 변론종결일을 기준으로 삼았다); 황진구, "추심의 소제기가 채무자가 제기한 이행의 소에 대한 관계에서 중복된 소제기에 해당하는지", 민사재판의 제문제 23권(2015), 641면.

2) 대법 2020. 10. 29, 2016다35390(다만 추심소송의 확정판결 선고 후에 다른 추심명령을 받은 채권자에게는 종전 추심소송의 기판력이 미친다고 볼 것이다): 주석 민사집행법(Ⅳ), 467~469면. 추심의 소의 성질을 법정소송담당이라고 본다면 변론종결일 이전에 추심명령을 받은 다른 채권자에게도 판결의 효력이 미친다고 하는 것이 논리적으로 일관되는데 판례가 그렇지 않다고 한 것 등을 근거로 위 판결을 고유적격설의 입장에서 보면 이해하기가 수월하다는 견해는, 전병서, "추심의 소에 있어서 몇가지 쟁점에 관한 검토", 민사집행법연구 제17권, 196~204면.

채권양도라면, 법원의 명령으로 채권이 압류채권자에게 양도되는 것이 전부명령이다. 전부명령이 확정되면 전부명령이 제3채무자에게 송달된 때에 채무자가 채무를 변제한 것으로 본다(231조).

피압류채권에 의한 대물변제와 같은 효과가 생기기 때문에 전부채권자로서는 제3채무자가 **무자력일 경우의 위험**을 부담하여야 하나, 그 반면에 전부명령의 확정으로 집행절차가 종료되어 다른 채권자가 이중압류나 배당요구를 할 여지가 없게 만들어 사실상 우선변제나 독점적 만족을 얻게 되는 것이다. 제3채무자의 무자력일 경우의 위험부담 대신에 독점적 만족의 이점이 있으므로, 제3채무자가 국가, 지방자치단체 등 공법인, 금융기관, 대기업 등일 때에는 이용이 바람직하다. 전부명령이 압류우선주의의 독일법제에서는 별로 인기가 없지만, 평등주의의 우리 법제하에서는 예외적 제도이므로 그 선호도가 높다.

(2) 전부명령의 요건

전부명령이 유효하기 위해서는 유효한 압류명령이 존재하는 이외에 다음의 세 가지 요건을 필요로 한다.

1) 압류된 채권이 권면액을 가질 것(즉시결제가능성) 전부명령의 대상적격 또는 전부적격의 문제이다.

① **권면액**(券面額, Nennwert)이란 일정한 금액으로 표시된 명목액(액면액, 값매김이 있는 채권)을 말하고 그 채권의 실가를 말하는 것이 아니다.[1] 여기에 두 가지 뜻이 담겨 있다. 하나는 금전채권이라야 권면액이 있는 채권이 되는 것이다. 금전채권에서만 가능하고, **비금전채권** 예를 들면 쌀인도채권,[2] 건설공제조합의 조합원지분권[3]은 금전채권이 아니어서 피전부적격이 없다.[4] 그 때문에 금전채권이 아닌 액수표시가 없는 유체물의 인도청구권·권리의 이전청구권은 전부명령의 대상에서 제외했다(245조). 이는 다툼이 없는 문제이다.

다른 하나는 압류채권자가 피압류채권을 차지하여 집행채권을 결제하는 경우이므로 피압류채권의 액면액으로 집행채권이 변제된 것으로 볼 수 있는

1) 이재성, "전부명령에 대하여", 평석집(Ⅲ), 159면.

2) 대법 1962. 1. 25, 4294민상148.

3) 대법 1979. 12. 11, 79다1487.

4) 가사소송법 제63조의2에서는 양육비지급심판을 받은 채무자가 2회 이상 지체를 한 경우 양육비직접지급명령을 발하여 소득세원천징수의무자(제3채무자)에 대하여 의무있는 배우자(채무자)의 월급에서 양육비를 공제하여 양육비채권자에게 직접 지급하는 제도를 신설하였는데, 이는 압류명령과 전부명령이 겸유된 특례로서 전부명령제도의 원용이다.

경우이어야 한다. 따라서 그와 같은 간명한 결제가 되려면 압류된 채권이 단순하고 확실한 채권이어야 하는 것이지(즉시결제가능성), 아직 발생하지 아니한 장래의 채권, 조건부채권, 반대의무에 걸린 채권, 유동적인 채권 등 채권의 발생, 수액이 불확정한 채권은 바로 평가하기도 쉽지 아니하여 대상이 되어서는 안 된다. 다시 말하면 불확실한 채권까지 피전부적격이 있다면 압류채권자가 조건불성취로 한 푼도 받을 수 없는 결과가 생길 수 있는가 하면, 반대채무의 이행문제 때문에 매우 받아내기 어려워질 수 있다. 그렇게 되면 피압류채권자가 압류채권으로 집행채권의 결제가 제대로 안 되어 장차 재집행의 문제나 피전부채권의 부존재를 이유로 부당이득반환의 후유증이 생길 수 있어 전부명령에는 부적합하다는 것이다. 이것이 지금까지의 우리의 다수설의 입장이다.[1] 그러나 우리법은 외국법과 달리 피압류채권의 「권면액」을 요구하지 않고 있다. 우리 법에서 권면액을 없앤 입법취지를 고려하면 확정적이 아닌 금전채권 즉 **기한부나 조건부금전채권**, 반대급부관련채권이라도 전부명령의 대상적격을 갖추었다고 해석할 여지가 있다.[2]

② 판례는 채권에 대한 압류 및 전부명령이 유효하기 위해서는 압류전부명령이 제3채무자에게 송달될 당시에 반드시 피압류채권이 현실적으로 존재하고 있어야 하는 것이 아니고, 장래의 채권이라도 채권발생의 기초가 확정되어 있어 특정이 가능할 뿐 아니라 권면액이 있고 가까운 장래에 채권이 발생할 것이 상당한 정도로 기대되는 경우에는 **장래의 불확정채권**이라도 그 대상이 될 수 있다고 했다.[3]

판례가 전부적격을 인정한 예 퇴직 전의 퇴직금청구권,[4] 공탁원인소멸 전의 공탁금회수청구권,[5] 경매취하를 조건으로 한 매수보증금의 반환청구권,[6] 공사완성 전의 공사대금채권,[7] 정지조건부채권,[8] 매매계약해제시에 발

1) 방순원/김광년, 317면; 박두환, 562면; 강대성, 502면; 남동현, 205면; 김상수, 336면.
2) 이영섭, 175면; 김홍엽, 394면; 전병서, 441면; 김종대, "임차보증금의 법적 성질과 그 전부에 따른 실무상 제문제", 사법논집(18), 132면도 같은 취지.
3) 대법 2002. 11. 18, 2002다7527; 동 2010. 5. 13, 2009다98980(전부명령송달 당시에 채권액을 알 수 없는 경우에).
4) 대법 1975. 7. 22, 74다1840.
5) 대법 1984. 6. 26, 84마13.
6) 대법 1976. 2. 24, 75다1596.
7) 대법 1962. 4. 4, 62다63.
8) 대법 1978. 5. 23, 78다441.

생할 매매대금반환채권,[1] 공무원의 봉급채권,[2] 법무사 합동사무소의 구성원이 이익이 생기면 배당받을 배당금청구권,[3] 수용재결 이전단계에 있는 피수용자의 기업자에 대한 손실보상채권[4] 등이다.

나아가 우리 실무는 동시이행항변권이 붙은 금전채권도 전부적격을 인정한다. 임차인이 임대건물을 명도하기 전에는 임대인이 지급거부의 항변을 할 수 있는데다가 명도시까지 밀린 임대료가 있으면 이를 공제할 수 있는 임차인의 보증금반환채권이 그것이다. **압류전부명령송달시**까지 밀린 임대료가 아니라 **임대목적물의 반환시**까지 밀린 임대료채권을 공제한 잔액에 대해서만 전부명령이 유효하다(임대목적물의 반환시기가 늦어지면 보증금채권이 '0'가 될 가능성).[5] 이처럼 발생 여부와 전부될 금액이 불확정한 채권이므로 간명한 결제가 부적절한 문제점은 있으나「권면액」을 없앤 우리 법제에 정면으로 배치되는 것은 아니라 본다. 다만, 조건부 채권에서 조건성취의 개연성이 없는 경우, 장래의 채권이 그 기초법률관계가 성립되지 아니한 경우(계약성립 전의 공사금청구권) 등에도 전부적격을 인정하는 것은 무리라고 본다.

생각건대 집행채권자로서는 채무자의 책임재산을 찾아내기가 매우 어려운 것이 현실이고, 또 평등주의로 인해 이를 찾아내어도 채무자와 통모한 가장채권자까지 몰려와서 집행채권을 제대로 배당받기 어려운 현실에서 겨우 장래의 채권, 기한부나 조건부채권, 반대의무에 걸린 채권, 채권액이 유동적인 채권을 찾아내어 이것으로나마 집행채권에 독점적인 만족을 받아보려는 채권자의 요구를 법이 쉽게 거부할 수 없을 것이다. 그러나 이와 같은 불확실한 채권에도 전부적격을 인정하는 것은 뒤에 조건불성취 · 기한미도래 · 반대의무미이행 등 권리저지의 항변을 제3채무자로부터 제출받기 십상이고, 따라서 집행채권자가 제3채무자를 상대로 전부금청구소송을 불가피하게 제기해야 하는 등 분쟁이 재연되는 부작용을 낳기 때문에 바람직하지는 않다.

불확실하거나 추심이 곤란한 채권은 차라리 **양도명령**의 대상(241조 1항 1호)

1) 대법 2000. 10. 6, 2000다31526; 동 2010. 4. 29, 2007다24930(권면액이 있다고 봄).
2) 대법(전) 1977. 9. 28, 77다1137.
3) 대법 1978. 5. 23, 78다441.
4) 대법 2004. 8. 20, 2004다24168.
5) 대법 1988. 1. 19, 87다카1315. 추심명령의 경우도 같다(대법 2004. 12. 23, 2004다56554). 일본 최고재 소화48(1973). 2. 20 판결은 임차물을 반환하기 전의 보증금반환청구권에 대하여 전부적격이 없는 것으로 보았다.

으로 하는 것이 원칙이고 전부명령이 부적합한 것은 사실이다. 그러나 양도명령은 필요적 심문, 평가문제 때문에 전부명령처럼 빨리 끝나지 아니하므로 위험을 무릅쓰고 전부명령을 선택하는 것도 이해할 여지가 있다.[1] 그러므로 판례의 입장을 받아들이고 불확실한 채권에 대한 전부명령의 뒷수습을 적절히 하는 것이 바람직한 해결책이라고 본다. 조건불성취·불확정기한의 미도래 등으로 채권이 부존재하거나 채권액이 줄어들게 되어도 전부명령이 확정되었을 때의 피압류채권의 액면 100% 그대로 집행채권이 소멸되거나 변제의 효과가 생겼다고 볼 것인가의 문제는 짚고 넘어가야 한다. 뒤에서 본다.

2) 양도성이 있을 것 피압류채권이 압류채권자에게 양도되는 것이 전부명령이므로 법률상 양도가 금지되는 채권(예 민 979조의 부양료청구권)에 대해서는 전부명령을 발할 수 없다. 양도금지특약이 있는 채권에 대하여 판례는 압류채권자의 특약에 대한 선의·악의를 불문하고 전부명령에 따라 채권이 이전된다고 보았다.[2] 상계가 금지되는 채권이라도 압류금지채권이 아닌 한 전부명령의 대상이 될 수 있다.[3]

3) 압류의 경합 또는 배당요구가 없을 것 전부명령은 한 사람의 채권자에게 배타적·독점적인 만족을 주는 것이므로, 경합채권자가 있어서는 안되기 때문이다. 매우 주의를 기울여야 할 요건이다. 따라서 전부명령이 제3채무자에게 송달될 때까지 그 금전채권에 관하여 다른 채권자가 압류·가압류 또는 배당요구를 한 경우에는 전부명령은 효력을 가지지 아니한다(229조 5항).[4] 체납처분에 의한 압류도 다른 채권자의 압류에 해당한다.[5] 동일한 채권에 대하여 다른 채권자가 압류·가압류 또는 배당요구를 한 경우에도 그 압류 등의 효력이 미치는 범위가 채권의 일부에 국한되고 합산하더라도 피압류채권의 전

---

1) 다만 사법보좌관이 민소법 제136조 4항에 근거하여 심문절차를 통해 그 위험성을 지적하는 것도 생각할 수 있을 것이다.

2) 대법 2002. 8. 27, 2001다71699; 동 2003. 12. 11, 2001다3771.

3) 대법 2017. 8. 21, 2017마499.

4) 대법 1983. 8. 23, 83다카450 등. 채권압류가 경합되는 경우에 그 압류채권자 중의 한 사람에게 행하여진 전부명령은 무효이나 제3채무자가 선의·무과실로 전부채권자에게 변제하면 이는 채권의 준점유자에 대한 변제로서 유효하다(대법 1987. 12. 22, 87다카2015). 다만 이때 선의·무과실이 아니었다면 변제의 효력이 없고, 또 경합압류채권자에 대하여 불법행위가 될 수도 있다(대법 1988. 8. 23, 87다카546).

5) 대법 2016. 8. 29, 2015다236547; 동 1991. 10. 11, 91다12233. 조정래, "채권에 대한 강제집행에 있어서의 다수채권자의 경합", 재판자료(35), 452면.

체에 미치지 않는 경우에는 진정한 압류의 경합이 아니므로 이때에는 전부명령이 무효로 되지 않는다.[1)]

전부명령이 제3채무자에게 송달된 때를 기준으로 압류경합 여부 등을 가린다. 장래의 불확정채권에 대한 압류경합 등을 판단하는 것은 쉽지 않은 문제이다. 판례는 장래의 불확정채권에 대하여 압류가 중복된 상태에서 전부명령이 내려진 경우에 전부명령이 무효(압류경합)로 되는지 여부는 나중에 확정된 피압류채권액을 기준으로 하는 것이 아니라 전부명령 송달당시의 계약상의 피압류채권액을 기준으로 판단해야 한다고 한다.[2)] 채권액의 확정에 불확실한 요소가 내포된 공사 완성 전의 공사대금채권에 대하여 전부명령이 내려진 경우도 나중에 확정된 피압류채권액을 기준으로 판단할 것이 아니라 전부명령이 제3채무자에게 송달된 당시의 계약상의 피압류채권액을 기준으로 장래 발생할 것이 상당히 기대되는 채권액을 산정한 후에 판단하여야 한다고 했다.[3)]

송달 이후에 압류의 경합은 문제되지 않는다. 판례는 장래의 채권에 관하여 전부명령이 확정되면 그 부분 피압류채권은 이미 전부채권자에게 이전된 것이므로 그 이후 동일한 장래의 채권에 관하여 다시 압류전부명령이 내려졌다고 하더라도 압류의 경합은 생기지 않고, 선행 전부채권자에게 이전된 부분을 제외한 나머지 부분만 후행 전부채권자에게 이전될 뿐이라고 한다.[4)] 또한 집행채권자가 경합하는 채권자보다 실체법상 우선변제권이 있을 때[5)]도 무효가 되지 않는다. 한번 무효로 된 전부명령은 그 후 채권가압류의 집행해제 등으로 경합상태에서 벗어났다고 하여 되살아나는 것은 아니다.[6)]

(3) 전부명령의 절차

1) 전부명령의 신청 · 재판 압류명령을 받은 후 전부명령을 신청할 수 있지만 압류명령과 전부명령을 병합 신청할 수도 있다.[7)] 압류채권자로서는 우

1) 대법 1995. 9. 26, 95다4681; 동 2002. 7. 26, 2001다68839.
2) 대법 1998. 8. 21, 98다15439(임차보증금 반환채권); 동 2010. 5. 13, 2009다98980.
3) 대법 1995. 9. 26, 95다4681.
4) 대법 2004. 9. 23, 2004다29354.
5) 대법 2008. 12. 24, 2008다65396(저당권이 설정된 전세권의 존속기간이 만료된 경우에 저당권자가 전세금반환채권에 대하여 압류전부명령을 받은 사안). 일본 최고재 소화60(1985). 7. 19.
6) 대법 2001. 10. 12, 2000다19373; 동 2008. 1. 17, 2007다73826.
7) 가사소송법상 급료채권에 대한 양육비직접지급명령시에는 따로 압류명령 불필요.

선변제를 받으려면 다른 채권자가 나타나기 전에 빨리 손을 쓰는 것이 상책이므로 병합신청률이 당연히 높다. 압류명령은 채무자나 제3채무자를 심문하지 아니하고 발령하지만, 전부명령을 발령함에는 일반원칙으로 돌아가 이해관계인을 심문할 수 있다.

법원은 압류 및 전부명령을 결정함에 있어서 집행권원의 송달, 선행되는 압류명령의 존부, 피전부적격의 유무 등의 요건을 심리하면 되고, 채무자가 제3채무자에게 압류 및 전부명령의 대상이 되는 채권을 갖고 있는지 여부는 심리할 필요가 없다.[1] 전부명령은 채무자와 제3채무자에게 송달됨으로써 그 효력이 생긴다.

채무자가 여럿이거나 제3채무자가 여럿인 경우 또는 채무자가 제3채무자에게 여러 채권을 갖고 있는 경우에는, 집행채권액을 한도로 하여 각 채무자나 제3채무자별로 얼마씩의 전부를 명하는지를 특정하여야 하고 이를 특정하지 아니하면 전부명령은 무효로 된다.[2] 집행대상채권의 명확성을 요한다.

2) **즉시항고** 전부명령에 대하여는 채무자, 제3채무자가 즉시항고할 수 있다(229조 6항). 경합압류한 다른 채권자 등 제3자도 이의신청 내지 즉시항고의 이익이 있을 수 있다. 즉시항고할 수 있는 사법보좌관의 처분이므로 항고심에 앞서 사법보좌관처분이의를 하여 판사의 판단을 받을 수 있다.[3] 전부명령에 대한 즉시항고는 집행정지의 효력이 있기 때문에 확정되지 아니하면 전부명령의 효력이 생기지 아니한다(229조 7항).

전부명령에 대한 항고사유는 집행법원이 전부명령을 발령함에 있어서 조사·준수할 사항의 흠이다. 전부명령은 압류명령의 유효를 전제로 하므로 압류명령에 대한 항고이유(강제집행의 요건·그 개시요건의 불비, 집행장애사유의 존재, 압류채권의 불특정 등) 이외에 앞서 본 전부명령의 유효요건의 불비이다.[4] 집행채권의 부존재·소멸은 절차적 사항이 아니므로 적법한 항고이유가 아니고,[5] 청구이의의 사유가 되거나 확정되어 종료된 뒤에 채권자의 부당이득반환청구

---

1) 대법 2004. 1. 5, 2003마1667.
2) 대법 2004. 6. 25, 2002다8346; 동 2010. 6. 24, 2007다63997.
3) 이처럼 전부명령에 불복절차가 있으므로 가집행선고 있는 판결에 의한 금전채권집행을 하는 경우에 가집행면제선고(민소 213조)가 붙은 때는 전부명령을 불허한 구법과 달리, 이제는 전부명령을 할 수 있도록 하였다.
4) 대법 1994. 5. 13, 94마542·543.
5) 대법 1994. 11. 10, 94마1681·1682; 동 1997. 4. 28, 97마360·361.

의 사유가 된다.[1] 전부된 압류채권이 존재하지 아니한 경우에는 채무자에게 어떠한 불이익이 있는 것도 아니므로 채무자는 피압류채권의 부존재를 이유로 즉시항고할 수 없다(231조 단서에 의하여 무효).[2]

집행법원은 강제집행의 개시나 속행에 있어서 집행장애사유에 대하여 직권으로 그 존부를 조사하여야 하므로 집행개시 전부터 그 사유가 있는 경우에는 집행신청을 각하 또는 기각하여야 하고, 강제집행을 개시한 다음 집행장애사유가 개시당시부터 부존재하였음을 발견한 때에는 이미 한 집행절차를 직권으로 취소하여야 한다. 그리고 집행개시 당시에는 집행장애사유가 없었더라도 집행 종료 전 집행장애사유가 발생한 때에는 만족적 단계에 해당하는 집행절차를 진행할 수 없으므로, 즉시항고절차 단계에서 집행채권이 압류되는 등으로 집행장애사유가 발생한 경우에는 특별한 사정이 없는 한 항고법원은 전부명령을 직권으로 취소하여야 한다.[3] 다만 제49조 2호(일시집행정지의 결정) 또는 4호(변제수령증서)의 서류제출을 이유로 즉시항고를 제기한 경우에는 다른 이유로 전부명령을 취소하는 경우와 달리 항고에 관한 재판을 정지하여야 한다(229조 8항).

(4) 전부명령의 효과

1) 유효한 전부명령이 확정되면, 다음과 같은 소급적인 실체적 효과가 발생한다. 세 가지이다.

첫째, 전부명령이 제3채무자에게 송달된 때에 소급하여 채무자가 집행채무를 변제한 것으로 본다(**변제효**)(231조 본문). 비록 피압류채권의 존부나 범위가 불확실한 장래의 채권의 경우라도 전부명령이 확정되면 제3채무자에게 송달시에 소급하여 효력이 생기는 점에서 같다.[4]

둘째, 집행채권은 소멸된다(**집행채권의 소멸**). 집행채권의 소멸시기는 전부명령의 제3채무자에 대한 송달시이고 전부명령확정시가 아니다(229조 5항). 전부명령에 의한 채무소멸의 효과는 채권자가 압류명령신청 시에 명시한 집행채권의 변제를 위하여서만 생긴다.[5]

---

1) 대법 2008. 2. 29, 2007다49960.
2) 대법 2004. 1. 5, 2003마1667 등.
3) 대법 2023. 1. 12, 2022마6107.
4) 대법 2004. 9. 23, 2004다29354.
5) 대법 2021. 11. 11, 2018다250087(압류명령신청에 기재된 집행채권이 수 개인 경우에 전부명

집행채권이 소멸되는 범위는 피압류채권의 권면액(액면액) 상당의 액수이다. 피압류채권의 권면액이 집행채권액과 꼭 같으면 집행채권이 전부 소멸된다. 그러나 피압류채권액이 집행채권보다 적을 경우, 예컨대 피압류채권액이 5,000만원이고 집행채권이 1억원이면 5,000만원의 범위에서 일부 소멸된다. 집행채권인 약속어음채권이 전부명령의 확정에 의하여 소멸되면, 그 약속어음채권에 의하여 담보되는 원인채권인 대여금채권도 같은 액수만큼 확정적으로 소멸된다.[1] 다만 전부명령이 확정된 뒤에 집행권원상의 집행채권이 소멸된 것으로 판명된 경우에는 집행채권자가 집행채무자에 대한 관계에서 부당이득이 되어 채무자는 반환을 구할 수 있다.[2]

셋째, 권면액으로 압류된 채권은 압류채권자에게 이전된다(권리이전효)(229조 3항). 그러한 의미에서 채권자 변경의 이전명령이라 해도 좋다. 집행채권이 이미 소멸되었거나 실제 채무액을 초과하더라도 확정된 전부명령에 따라 전부채권자에게 피전부채권이 이전되는 효과를 부정할 수 없다(부당이득반환을 구할 수 있을 뿐이다).[3] **지명채권의 양도의 효과**와 마찬가지로 채무자로부터 압류채권자에게 이전하지만, 민법 제450조의 채권양도의 경우와 같은 대항요건(통지·승낙·확정일자 있는 증서)을 갖출 필요가 없다.

피압류채권이 전부채권자에 **이전되는 효력의 범위**는 집행채권액인 원금과 전부명령이 제3채무자에게 송달시까지의 이자 등 부대채권액을 합한 금액의 범위 내이다.[4] 이 범위 내에서는 압류채권인 전부채권 자체만이 아니라 종된 권리[5]인 이자·지연손해금, 인적[6]·물적담보도 이전된다. 저당권에 의하여 담보되는 채권이 전부되면 저당권도 이전된다. 이 경우 법원사무관 등은 전부

령에 의한 채무변제의 효과가 어느 채무에 대하여 생기는지는 법정변제충당의 법리가 적용되기에 앞서 집행채권의 확정에 의하여 결정되고, 구체적으로는 집행권원과 청구금원 등 채권자가 압류명령신청서에 기재한 내용에 의하여 정하여진다).

1) 대법 2009. 2. 12, 2006다88234.
2) 대법 2008. 2. 29, 2007다49960; 동 2010. 12. 23, 2009다37725.
3) 대법 2005. 4. 15, 2004다70024.
4) 대법 1999. 12. 10, 99다36860.
5) 판례는 임차인의 보증금반환청구권에 대한 전부명령의 효력은 임차인의 임대인에 대한 부속물매수대금채권에는 미치지 아니한다고 한다(대법 1981. 11. 10, 81다378).
6) 법 제233조의 지시채권(배서금지되는 증권채권)은 전부명령이 되어도 지명채권양도의 효력밖에 없으므로 인적항변차단의 효과가 생기지 않는다. 보증인에게 별도로 전부명령을 송달하지 않더라도 전부채권자에게 보증인에 대한 채권도 이전한다는 학설로는, 이재성, "전부명령에 대하여", 평석집(Ⅲ), 189면. 반대: 남기정, 실무강제집행법(3), 81면.

채권자의 신청에 의하여 전부채권자 앞으로 저당권이전등기의 촉탁과 일찍이 행한 저당권에 대한 압류등기(228조)의 말소촉탁을 한다(규 167조).

장래에 계속적으로 발생하는 피압류채권 중 청구금액에 이를 때까지의 부분에 대한 전부명령이 송달 · 확정되면 청구금액에 이를 때까지의 채권은 전부채권자에게 이전됨과 동시에 같은 금액의 집행채권은 소멸된다. 청구금액에 이르게 된 이후 새로이 발생한 계속적 수입채권에 대하여 전부명령의 효력이 미치지 않는다.[1)]

전부를 받은 압류채권자는 그 채권의 주체가 되기 때문에, **추심명령이 있는 경우**와 달리 면제 · 화해 · 상계 · 양도 등 채권의 처분행위를 할 수도 있다. 제3채무자는 그 지위가 전부명령 전보다 악화될 이유가 없으므로 채무자에 대한 채권압류 전의 실체상의 항변사유로써 압류채권자에 대하여도 대항할 수 있다.[2)] 이 점 채권양도의 경우와 차이가 없다. 전부명령이 확정되어 임차인의 보증금반환채권이 집행채권자에게 이전된 경우에도 제3채무자인 임대인으로서는 임대차목적물의 소유자로서 이를 제3자에게 매도할 권능은 그대로 보유하게 되는 것이며, 그 경우 주택임대차보호법 제3조 4항에 따라 전부채권자에 대한 보증금지급의무를 면하게 된다(주택양수인의 임대인의 지위승계 때문).[3)]

제3채무자의 무자력 그 밖의 사정에 의하여 만족을 얻지 못하여도 그 위험은 집행채권자가 부담하여야 하는 만큼 집행채권은 부활하지 아니한다. 따라서 제3채무자가 무자력이 아닐 때에 전부명령을 선택할 일이다.

① **전부금청구소송** 전부명령에 의하여 권리이전효가 발생하였음에도 제3채무자가 집행채권자에게 임의지급을 하지 아니하는 수가 있다. 이때 집행채권자는 전부채권의 만족을 위하여 담보권을 실행하여야 할 경우도 있고, **전부금청구**의 이행소송을 제기하여야 할 경우도 있다. 이러한 소송을 **전부금청구소송**이라 한다. 추심명령의 경우에 추심의 소에 견줄 수 있는데, 이와 달리 명문의 규정은 없다.

제3채무자는 전부금소송에서 전부명령의 원인인 집행채권의 부존재 · 소

1) 대법 2011. 2. 10, 2008다9952 참조.

2) 대법 1988. 1. 19, 87다카1315(임차보증금을 피전부채권으로 하여 전부명령이 있는 경우, 임대인의 연체임대료 채권을 공제한 잔액에 관하여서만 유효하다, 그리고 보증금반환채권과 상계할 수 있는 범위는 전부명령 송달시까지 상계적상에 있었던 연체차임 등 채권에 한한다).

3) 대법 2005. 9. 9, 2005다23773.

멸은 다툴 수 없다.[1] 판례도 집행력 있는 집행권원에 기하여 압류 및 전부명령이 적법하게 이루어진 이상 집행채권이 이미 소멸되었거나 실제 채무액을 초과하더라도 그 압류 및 전부명령에는 아무런 영향이 없다고 하였다.[2] 부존재, 원인무효, 소멸된 집행권원에 의하여 전부채권자가 전부금을 추심해 갔다면 부당이득이 성립될 수는 있다.[3] 따라서 전부금청구소송의 청구원인사실은 ① 피압류채권의 존재, ② 압류 및 전부명령의 발령, ③ 제3채무자 등에의 송달이라 볼 것이다.[4]

그러나 피압류채권의 부존재 등으로 전부명령이 무효인 경우에는 제3채무자는 전부금청구소송에서 무효를 주장할 수 있다.[5] 무권대리인의 촉탁에 의하여 작성된 공정증서는 집행권원으로서의 효력이 없으므로 이에 기초한 전부명령 등은 실체법상 무효이므로, 제3채무자는 그러한 실체법상 무효를 들어 항변할 수 있다.[6] 압류채권의 부존재에 해당되어 제231조 단서의 적용을 받게 된다. 판례는 압류금지채권에 대한 전부명령은 당연무효라고는 할 수 없지만 실체법상 무효라고 할 것이므로 이를 항변사유로 할 수 있다고 한다.[7] 채권자가 제3채무자가 이미 사망한 사실을 모르고 제3채무자로 표시하여 받은 압류 및 전부명령은 그 제3채무자표시를 상속인으로 경정하는 것이 허용된다.[8]

② **피압류채권의 부존재**(231조 단서) 이전된 피압류채권이 부존재하는 경우에는 전부명령이 무효이고,[9] 변제의 효과와 집행채권의 소멸효과가 발생하지 아니한다.[10] 전부명령이 제3채부자에게 송달될 당시 이전될 채권이 존재하지 않았다면, 처음부터 존재하지 아니한 경우만이 아니라 **권리멸각**(취소 · 해

---

1) 대법 1976. 5. 25, 76다626; 동 1997. 4. 28, 97마360 · 361; 동 1997. 10. 24, 97다20410.
2) 대법 2004. 5. 28, 2004다6542.
3) 대법 2005. 4. 15, 2004다70024(원인무효); 동 2008. 2. 29, 2007다49960; 동 2008. 9. 25, 2008다34668(각 부존재, 소멸된 집행채권).
4) 권혁재, “전부금청구의 요건사실”, 민사집행법연구 제7권, 173면 이하.
5) 대법 1987. 3. 24, 86다카1588. 상세는 윤경, “무효인 전부명령 또는 추심명령에 대한 구제방법”, 민사집행법연구 제1권, 245면.
6) 대법 2016. 12. 29, 2016다22837.
7) 대법 2000. 7. 4, 2000다21048.
8) 대법 1998. 2. 13, 95다15667.
9) 지방자치단체의 주문으로 조달청(국)과 납품자 사이 체결한 계약은 제3자를 위한 계약이므로 제3자인 지방자치단체는 전부금청구의 피고적격이 없어 배척한 사례로는, 대법 2010. 1. 28, 2009다56160.
10) 대법 1992. 4. 15, 92마213; 동 2007. 4. 12, 2005다1407.

지 · 해제 · 상계 · 소멸시효 등)이나 **권리저지**(정지조건의 미성취 · 기한의 미도래) 항변의 행사에 의하여 후발적으로 존재하지 않게 된 경우를 포함한다.[1)]

이 경우에는 집행채권은 소멸되지 아니하므로 압류채권자는 피전부채권이 존재하지 아니함을 입증하여 다시 집행력있는 정본을 부여받아 채무자의 다른 재산에 대해 강제집행할 수 있다.[2)] 장래의 채권에 대한 전부명령의 확정 후 후발적으로 피압류채권의 전부 · 일부가 부존재하는 것으로 판명되었으면 이때에는 제231조 단서에 의하여 전부명령이 실효되며, 집행채권자는 재집행할 수 있다는 점은 뒤에서 본다.

전부명령의 제3채무자는 그 명령이 송달되기 이전에 채무자에 대하여 상계적상에 있었던 반대채권을 가지고 그 명령이 송달된 이후에 상계로써 전부채권자에게 대항할 수 있다.[3)] 금전채권의 일부에 대한 전부명령이 확정되면 전부된 채권 부분과 전부되지 아니한 채권 부분에 대하여 각기 독립한 분할채권이 성립되므로 반대채권으로 상계하고자 하는 제3채무자로서는 전부채권자 또는 압류채무자를 임의로 상대방으로 지정하여 상계할 수 있다.[4)] 전부명령이 일부무효가 되는 경우가 있다.[5)]

2) 집행절차의 종료 집행채권 및 집행비용 전부에 관하여 압류채권에 대한 전부명령이 확정된 경우에는 집행절차는 종료된다. **배당절차**는 따로 없다. 절차가 종료되면 집행채권자를 상대로 부당이득반환청구를 할 수 있는 경우는 있으나, 집행정지 · 취소나 배당요구 나아가 청구이의[6)] · 제3자이의의 여지가 없다. 판례는 한정승인 때문에 상속재산의 범위 내의 집행의 유보부판결이 났음에도 집행채무자의 고유재산인 임금채권에 압류 및 전부명령이 내려져 확정된 경우, 집행채권자가 찾아간 부분에는 부당이득반환을, 아직 찾아가지 않은 부분에 관하여는 그 채권자체의 양도를 구하는 방법에 의할 수밖에 없다고 했다.[7)]

---

1) 동지; 전병서, 450면.
2) 대법 1996. 11. 22, 96다37176.
3) 대법 1980. 9. 9, 80다939.
4) 대법 2010. 3. 25, 2007다35152.
5) 채무자 회생 및 파산에 관한 법률 제616조 1항에 의하면 변제계획인가결정이 있으면 급여 등 임금채권에 관하여 개인회생절차개시 전에 확정된 전부명령은 변제계획인가 후에 제공된 노무로 인한 부분 한도에서 실효가 된다.
6) 대법 1989. 12. 12, 87다카3125.
7) 대법 2005. 12. 19, 2005그128; 동 2010. 12. 23, 2009다37725.

(5) 불확정채권 전부의 효과

문제는 액면대로 받아내는 것이 불확실한 채권 즉 기한부·조건부채권, 장래의 채권, 반대급부의 제공 등 항변권이 붙은 채권, 채권액이 유동적인 채권도 피전부적격이 있는 채권임은 이미 본 바인데, 뒤에 조건의 미성취 또는 기한의 미도래, 반대의무의 미이행 등 불확정요소가 확정되어 이전된 채권이 전부 부존재에 이르거나 일부만 존재하게 되는 경우에 채권자의 구제책은 무엇인가.[1] 이때 제231조 단서에 의하여 채권의 전부 또는 일부가 부존재임을 전제로 하여 전부명령을 전부 또는 일부무효로 보고 그 한도에서 기존의 집행권원에 의하여 전부채권자가 재집행을 하는 것이 가능한가.

1) **전부명령무효설** 전부명령의 경우에 채권자는 채권의 부존재의 위험까지 부담하는 것은 아니고 어디까지나 제3채무자의 지급능력의 위험을 부담하는 것에 그친다.[2] 따라서 채권자가 제3채무자의 무자력으로 변제받지 못하는 경우는 전부명령이 무효가 아니지만, 채권의 존부나 범위를 불확정하게 하는 요소가 확정되어 채권이 전부 또는 일부 부존재(231조 단서)로 귀착되며 전부명령은 그 한도에서 무효로 돌아가, 채권자는 집행문을 재도부여받아 채무자의 다른 재산에 재집행할 수 있다는 견해이다.[3]

2) **부당이득반환설** 전부명령이 확정되면 피전부채권의 이전과 집행채권의 소멸이라는 효력이 발생하고, 그후 피전부채권의 전부 또는 일부가 부존재하는 것으로 밝혀지더라도 그러한 사정은 이미 발생한 집행채권 소멸의 효과에 영향을 미치지 못한다. 다만 채무자는 집행채권자에 대한 관계에서 부당이득을 한 것이 되므로 집행채권자는 채무자를 상대로 부당이득청구권에 관한 새로운 집행권원을 얻어 강제집행하여야 한다는 견해이다.[4] 일본 최고재 2000. 4. 7. 판결도 같은 입장이다.[5]

---

1) 예컨대 정년까지의 퇴직금채권이 합계 2억원으로 전부가 되었는데 그 이전에 퇴직하여 1억원밖에 안 된 경우나 이익이 생길 것을 조건으로 한 배당금청구권이 이익은 커녕 파산에 이르러 전부 부존재하게 된 경우이다.

2) Lüke, §26 Rdnr. 43.

3) 김종대, "임차보증금의 법적 성질과 그 전부에 따른 실무상 제문제", 사법논집(18), 135면; 신창수, "임대차보증금관계의 법률적 구성", 사법논집(19), 135면; 윤진수, "전부명령의 요건과 효력", 김기수 화갑기념논문집(1992), 1056면. 주석 민사집행법(Ⅴ), 628면.

4) 이재성, "전부명령에 대하여", 평석집(Ⅲ), 161, 165면.

5) 일본 최고재판소는 질권이 설정되어 있는 금전채권도 전부적격을 인정하면서 전부명령이 확정되어 집행채권이 권면액으로 변제된 것으로 본 뒤에 질권이 실행되어 전부채권자가 전부된

3) 조건성취시 효력발생설 장래의 채권 등에 대한 전부명령의 실체적 효력은 채권의 존부 내지 그 범위를 불확실하게 하는 요소가 확정되었을 때(정지조건부 채권의 경우에는 그 조건이 성취되었을 때) 발생한다는 입장이다.[1]

위 견해 중 부당이득반환설에 의한다면 다시 소송하고 다시 집행하여야 하지만, 전부명령무효설에 의한다면 다시 소송할 필요 없이 제35조의 규정에 의하여 집행문을 재도부여받아 재집행하면 되는 장점이 있다. 위 학설의 대립은 피압류채권의 전부 또는 일부가 부존재한 것으로 판명된 경우에도 전부명령의 송달에 의하여 집행채권이 모두 변제되어 소멸의 효과가 생기느냐와 관계되는 문제인데, 부당이득반환청구설은 소멸된다고 보는 입장이고 조건성취시 효력발생설과 전부명령무효설은 이와 달리 소멸되지 않는다고 보는 입장이다. 집행채무자에게 부당이득반환청구는 절차만 번잡할 뿐 비경제적이고 실효성에 문제가 있어 전부명령무효설을 지지하고 싶다.

우리 대법원은 초기에 조건성취시 효력발생설과 같은 판시를 한 것도 있었지만[2] 그후 전부명령무효설의 입장으로 확립된 것으로 보인다. 즉 판례는 2001. 9. 25, 99다15177 판결[3] 등에서 전부명령이 확정되면 피압류채권의 존부 및 범위를 불확실하게 하는 요소를 내포하고 있는 장래의 채권의 경우에도 피압류채권이 전부채권자에게 이전함과 동시에 집행채권소멸의 효력이 발생하는 것은 마찬가지라고 할 것이나, 장래의 채권에 대한 전부명령이 확정된 후에 그 피압류채권의 전부 또는 일부가 존재하지 아니하는 것으로 밝혀진 경우에는 제231조 단서에 의하여 그 부분에 대한 전부명령의 실체적 효력은 실효된다고 하였다.

채권의 지급을 받을 수 없는 사태가 생길 우려가 있지만, 이 경우 전부채권자는 집행채무자에 대하여 부당이득반환청구를 할 수 있다고 했다. 집행채무자는 집행채권자에게 갚지도 않고 갚은 결과가 됨으로써 부당이익을 한 것이 되므로 집행채권자는 그 반환청구가 가능하다는 입장이다.

1) 박우동, 판례회고 제7호, 170면.

2) 대법 1978. 5. 23, 78다441은 피전부채권이 정지조건부채권인 경우에는 전부명령도 정지조건이 성취된 때에 효력이 생기므로, 전부명령을 받은 것만으로 확정적으로 집행채권소멸의 효과가 생기지 않는다고 했다.

3) 대법 2002. 7. 12, 99다68652; 동 2004. 8. 20, 2004다24168도 같다.

도표 2-14 추심명령과 전부명령의 비교

구분	집행채권자에 이전되는 권리	대상채권	압류의 경합	제3채무자의 무자력	즉시항고의 집행정지	채무자의 도산시	비교될 민법제도
추심명령	추심권	금전채권에 한하지 않음(245조)	유효	재집행	효력 없음	실효	채권자대위권 (일본은 이것으로 대체)
전부명령	채권자체	권면액 있는 금전채권	무효	채권자 위험부담	효력이 있어 확정안됨	유효	채권양도

3. 특별현금화명령 — 양도명령, 매각명령, 관리명령

압류된 채권이 조건 또는 기한이 있거나 반대의무의 이행과 관련되어 있거나 타인의 우선권의 목적이 되어 있는 등 그 밖의 사유로 추심하기 곤란한 경우에는 양도명령, 매각명령, 관리명령, 그 밖의 적당한 방법에 의한 현금화 명령을 발할 수 있다(241조 1항). 특별현금화명령은 추심·전부명령과도 달라 법률상 어려운 문제가 있으므로, 사법보좌관제의 도입에도 불구하고 집행법원의 사무를 단독판사에게 그대로 유보시켰다. 판사는 여러 가지 사정을 고려하여 재량으로 결정할 것이다.[1] 이와 같은 현금화방법은 예외적인 것이고 관계인의 이해에 중대한 영향을 미칠 가능성이 있으므로 압류채권자의 신청이 있을 때에 한하며, 그 결정 전에 채무자심문이 불가능하거나 채무자가 심문을 포기하는 등 특별한 사정이 없는 한 필수적으로 채무자심문절차를 거쳐야 한다(241조 2항).[2] 적정한 현금화를 위하여 필요하다면 감정인을 선임하여 채권의 가격을 평가하게 할 수 있다(규 163조).

채권자의 특별현금화명령신청에 대하여 신청을 받아들이는 결정뿐만 아니라 신청기각의 결정도 즉시항고로써 다툴 수 있다.[3] 집행력 있는 정본의 유무와 그 송달 여부, 집행개시요건의 존부, 집행장애사유의 존부 등과 같이 집행법원이 조사하여 준수할 사항에 관한 흠을 이유로만 즉시항고사유로 할 수

1) 대법 2009. 2. 2, 2007마1027.
2) 대법 2009. 12. 24, 2007다184.
3) 대법 2012. 3. 15, 2011그224; 동 2010. 7. 23, 2008마247.

있고, 집행채권의 소멸 등과 같은 실체상의 사유는 적법한 항고이유가 되지 아니한다.[1] 판례는 주권(株券)은 민사집행법상 유체동산으로 간주될 여지가 있으나 주권이 표창하는 주식(株式)은 이에 해당되지 아니하므로, 특별현금화명령의 대상이 되고 이에 대한 불복으로 즉시항고할 수 있다고 했다.[2]

(1) 양도명령

압류된 채권을 집행법원이 정한 값으로 집행채권의 지급에 갈음하여 압류채권자에게 양도하는 명령이다. 금전채권에 한정하지 아니하며 집행법원이 정한 값에 의한다는 점을 제외하고는 전부명령과 유사한 면이 있다. 전부명령의 경우처럼 채권의 액면액(Nennwert)대로 대물변제가 되는 것이 아니라 그 이하인 평가액(Schätzwert)대로 대물변제가 될 수 있는 차이가 있을 뿐이다.[3] 전부명령이 **액면액** 양도명령이라면, 여기의 양도명령은 **평가액** 양도명령인 셈이다. 따라서 전부명령에 관한 규정이 준용된다(241조 6항). 그러나 금전채권인 한 조건부나 기한부채권, 반대의무의 이행과 관련된 채권이라도 전부명령의 대상으로 하고 있는 것이 우리 판례이므로 양도명령은 독자적인 입지확보가 어렵게 되었고, 결국 형해화의 운명을 피할 수 없게 되었다. 이는 채권의 현금화를 전부명령 일변도로 운영한 결과인데 제도의 본지대로 실무운영이 되도록 홍보 등 개선의 노력이 요망된다. 양도명령이 확정되면 그 평가액의 한도 안에서 양도명령이 제3채무자에게 송달된 때에 변제된 것으로 본다. 양도가액이 집행채권과 집행비용의 액을 넘는 때에는 집행법원은 양도명령을 하기 전에 그 초과액을 압류채권자가 납부하게 하고, 양도명령의 효력이 생긴 뒤에 위 납부액을 채무자에게 교부하여야 한다(규 164조).

(2) 매각명령

추심에 갈음하여 집행법원이 정한 방법으로 압류채권을 매각하도록 집행관에게 명하는 재판이다. 부동산의 매각절차에 관한 규정이 준용된다(241조 6항). 채권을 매각하여 대금의 지급을 받았을 때에는 집행관이 채무자 대신에 제3채무자에 대하여 서면으로 채권양도의 통지를 한다(241조 5항). 이때의 서면은 확정일자 있는 증서라야 한다.

---

1) 대법 2021. 4. 2, 2020마7789.
2) 대법 2011. 5. 6, 2011그37.
3) Brox/Walker, Rdnr. 671.

(3) 관리명령

집행법원이 관리인을 선임하여 채권의 관리를 명하는 재판으로서, 그 관리수익으로 집행채권의 변제에 충당하는 방법이다. 부동산의 강제관리에 관한 일부규정을 준용한다(241조 6항). 관리명령을 금전채권에 대하여 행하는 일은 희귀한 일이나, 채권집행의 예에 따르는 그 밖의 재산권, 예를 들면 지식재산권에 대한 강제집행에는 이용의 여지가 있을 것이다.

(4) 그 밖의 적당한 현금화명령

유체동산의 특별현금화방법(214조)에 준하여, 수의계약, 위탁매각(집행관, KAMCO, 개인 등), 나아가 Ebay 경매도 생각할 수 있다.

Ⅲ. 배당절차

1. 배당절차를 개시할 경우

금전채권에 대한 집행에서는 압류채권자가 경합되는 다른 채권자 없는 상태에서 압류된 채권에 대한 추심명령에 의하여 제3채무자로부터 추심을 받고 추심신고했을 때(236조 1항), **전부명령·양도명령**에서는 그 명령이 제3채무자에게 송달되어 확정되었을 때(229조 5항·6항), 변제의 효력이 생겨 집행절차가 종료되므로 그 이후의 배당절차는 생각할 여지가 없다.

금전채권에 대한 집행에서 배당절차가 실시될 것은 다음의 경우이다(252조).

① 경합하는 다른 채권자의 집행참가가 있어 추심채권자가 추심한 금액을 공탁(236조)한 때(252조 2호 전단).

② 제3채무자가 권리공탁(248조 1항) 또는 의무공탁(248조 2항·3항)을 한 때(252조 2호 후단). 다만 채권가압류의 경우 제3채무자의 공탁은 이와 달라서(297조) 제3채무자가 공탁을 하고 법원에 신고를 하여도 배당절차를 실시할 수 없다.[1)]

③ 매각명령(241조)에 의하여 현금화된 금전을 법원에 제출한 때(252조 3호).

1) 대법 2006. 3. 10, 2005다15765; 동 2008. 1. 17, 2006다56015.

2. 배당받을 채권자와 배당절차

배당받을 채권자는 압류 · 가압류채권자(256조, 160조 1항 2호) 또는 배당요구한 채권자이다. 집행법원은 배당기일을 지정하고 채무자와 제3채무자에게 통지하여야 한다(255조). 이 경우에 집행법원의 사무는 **사법보좌관**이 담당한다(사보규 2조 1항 10호). 배당절차에 대하여는 부동산 강제경매의 배당절차에 관한 규정이 널리 준용된다(256조). 따라서 배당기일 3일 전에 배당표원안을 작성하여 비치 · 열람토록 한다. 여기의 배당절차에서도 채무자가 배당이의를 할 수 있다.[1] 집행공탁금과 변제공탁금이 섞인 혼합공탁의 공탁금에서 배당 또는 변제받을 권리가 있음에도 지급을 받지 못하였음을 주장하는 자는 배당표에 기재된 다른 채권자들을 상대로 배당이의의 소를 제기할 수 있다.[2] 다만 제3채무자가 혼합공탁을 하고 그 공탁사유신고를 한 후에 채무자의 공탁금출급청구권에 대하여 압류 및 추심명령을 받은 채권자는, 집행공탁에 해당하는 부분에 대하여는 배당가입차단효로 인하여 적법한 배당요구를 하였다고 볼 수 없으므로 집행공탁에 해당하는 부분으로부터 배당받은 사람에 대하여는 배당이의의 소를 제기할 원고적격이 없고, 변제공탁에 해당하는 부분으로부터 배당받은 사람에 대하여는 배당이의의 소를 제기할 원고적격이 있다.[3]

제 2 목 유체물인도청구권에 대한 집행

채권자가 집행권원화된 금전채권을 갖고 있고 채무자가 제3자에 대하여 유체물(부동산, 유체동산, 선박, 자동차, 건설기계, 항공기 등) 인도청구권이나 권리이전청구권을 갖고 있는 경우에 채권자가 이 청구권을 강제집행의 대상으로 하는 것이다.

제1단계로 채권집행의 방법으로 이들 권리에 대하여 압류명령을 받아 인

1) 제3채무자가 채권양도의 효력에 관하여 의문이 있어 채권자 불확지를 원인으로 변제공탁과 압류경합 등을 이유로 집행공탁을 아울러 한 경우에, 채권양도인과 양수인 사이에 채권양도의 효력에 관한 다툼이 확정된 뒤에 공탁금을 출급하거나 배당절차를 실시할 수 있다는 것에, 대법 2001. 2. 9, 2000다10079.

2) 대법 2006. 1. 26, 2003다29456; 동 2014. 11. 13, 2012다117461 등.

3) 대법 2008. 5. 15, 2006다74693.

도 · 권리이전을 받고나서, **제2단계**로 인도 · 권리이전받은 물건의 내용에 따라 앞서 본 부동산 · 선박 등 · 유체동산의 집행방법대로 현금화와 배당을 실시한다. 압류는 채권집행처럼 하고, 현금화 및 배당은 유체물집행처럼 하는 것이다. 따라서 두 단계가 결합된 집행임이 특색인데 제1단계의 집행은 앞으로의 부동산 · 선박 등 유체동산집행의 준비적, 선행적 성격을 갖고 있다. 채권자가 자기 집행채권에 갈음하여 인도청구권을 차지하는 **전부명령**은 허용될 수 없다(245조, 독법 §849). 인도청구권은 금전청구권도 아니고 권면액(Nennwert)도 없기 때문이다.

나아가 인도청구권을 추심하기가 곤란할 때에 제241조에 따른 **특별현금화방법**(양도명령, 매각명령, 관리명령 등)으로 현금화가 가능할 수 있느냐가 문제되는데, 견해대립이 있다.[1] 판례는 부동산이전등기청구권에 추심하기 곤란한 사정이 있어도 특별현금화방법이 허용될 수 없다는 소극설이다.[2] 생각건대 만일 부동산이전등기청구권에 대해 특별현금화방법을 허용하면 제3채무자 → 채무자 → 매수인으로 소유권이전등기가 옮겨지지 않고 제3채무자 → 매수인으로 곧바로 옮겨지는 결과가 되어 부동산등기특별조치법 제2조에서 금하는 중간생략등기를 허용하는 결과가 되어 문제가 있다. 원래 민사집행법 기초시에 부동산청구권의 집행을 특별현금화방법에 의하고자 하였으나 현재대로 제244조를 둔 입법연혁으로 보아도 적극설은 찬성하기 어렵다.[3]

Ⅰ. 유체동산인도청구권에 대한 집행

(1) 유체물인도청구권에 대한 집행에 있어서 그 유체물이 유체동산일 때의 문제이다. 예를 들면 乙에 대하여 금 1억원의 금전채권을 갖고 있는 甲은 승소판결을 받아 강제집행을 하고자 하는데 乙이 丙에게 맡겨 놓은 유체동산 혹은 유가증권를 찾아냈다. 丙이 乙에게 이를 임의인도하지 아니할 때에 乙이 丙에게 갖는 유체동산이나 유가증권인도청구권을 어떻게 집행할 것인가의 문제인 것이다. 다만 집행대상은 채무자의 소유물인도청구권이므로 단순한 점유

1) 적극설: 박두환 587면; 中野/下村, 799면, 소극설: 강대성, 511면; 김상수, 347면; 김홍엽, 409면.
2) 대법 1999. 12. 9, 98마2934.
3) 법원행정처, 민사집행법해설, 224면 이하.

물인도청구권은 집행대상이 아니다.

유체동산의 인도청구권에 대한 압류절차는 원칙적으로 금전채권의 압류에 준하여 집행법원이 **압류명령으로** 한다. 따라서 사법보좌관의 업무이다(사보규 2조 1항 9호). 제3채무자에게 송달함으로써 효력이 생기는데, 여기의 압류명령에는 집행법원이 제3채무자에 대하여 그 유체동산을 집행관에게 인도하라는 명령이 포함된다(243조 1항). 인도의 목적인 동산을 특정하여 강제집행을 신청하여야 한다. 판례는 인도명령은 압류명령의 본질적 부분이 아니라는 전제하에서 비록 인도명령의 기재가 없는 압류명령도 완전히 유효하며, 압류명령이 제3채무자에게 송달됨으로써 유체동산인도청구권 자체에 대한 압류의 집행이 끝난다고 했다.[1]

은행대여금고의 내용물인도청구권의 집행은 그 압류명령신청이나 압류명령에서 대여금고 내의 개개의 목적물을 특정할 필요는 없고 대여금고를 특정함으로써 한다.[2] 압류명령(인도명령 포함)에 제3채무자가 협력하여 집행관에게 인도하면 제1단계의 집행은 끝이 난다. 그러나 제3채무자인 은행이 인도명령에 불응하면 채권자의 신청에 의하여 **추심명령**을 발령받아 추심권을 행사할 수 있고, 이 역시 불응하면 추심의 소를 제기하여 강제인도를 받는다(243조 2항, 257조). **추심의 소**에서는 채권자가 위임한 또는 위임할 집행관에게 인도하라는 취지로서 소를 제기하여야 한다.[3]

(2) 인도받아 수중에 넣은 뒤에는 소유권취득이 아니므로 집행관은 유체동산의 집행방법과 마찬가지로 현금화한다. 경매에 부친 뒤 매각대금의 배당은 집행법원의 권한이다.

---

1) 대법 1994. 3. 25, 93다42757.

2) 일본 최고재 1999. 11. 29. 판결.

3) 대법 1961. 12. 28, 4292민상667 · 668. 다만 국세 · 지방세체납처분절차에서는 체납자(1,000만원 이상인 자)의 대여금고에 대하여는 체납채무자가 직접 점유하는 유체동산인 것처럼 점유를 빼앗는 압류를 하여 그 속의 현금 · 유가증권 · 보석 등을 꺼내지 못하도록 '노란 딱지'의 봉인을 하는가 하면, 국세청이나 지방자치단체가 그 비용으로 대여금고문을 부수고 그 속의 현금 · 유가증권 · 보석 등을 꺼내 운반하여 경매에 부친다. 대여금고의 점유자는 은행이고 체납채무자는 그 은행에 대하여 대여금고물인도청구권을 가질 뿐인데, 이의 이해부족으로 체납자가 점유자임을 전제로 한 집행방법을 쓰고 있다.

Ⅱ. 부동산인도청구권 등에 대한 집행

(1) 유체물인도청구권에 대한 집행에서 그 유체물이 부동산일 때이다. 여기에는 부동산에 관한 점유인도청구권(건물명도청구권)과 권리이전청구권(소유권이전등기청구권, 아파트분양권 등)이 포함된다.[1] 이 집행은 제1단계로 채무자의 제3자에 대한 청구권에 대해 압류명령을 받아 채무자의 책임재산으로 돌려놓고 나서, 제2단계로서 통상의 부동산 강제집행의 경우처럼 현금화→배당의 절차를 밟는 것이다. 선박 등 준부동산청구권에 대한 집행도 이에 준한다(규 171조). 일본은 채무자의 부동산청구권에 대한 집행으로 채무자의 책임재산을 만드는 것은 채무자의 제3자에 대한 부동산인도청구권을 채권자가 대위행사하는 것으로 가능하다고 하여 이 제도를 폐지시켰다(추심명령제도를 없앤 것과 같은 맥락). 집행제도의 간소화를 위해서 참고할만 하다.

채권에 대한 집행과 마찬가지로 집행법원의 **압류명령**에 의하여 개시된다. **사법보좌관**이 압류명령을 한다. 압류명령시 점유인도청구권의 경우는 제3채무자에 대하여 그 부동산 소재지의 지방법원이 정하는 보관인(sequester)에게로 그 부동산을 인도할 것을 명하고(244조 1항), 권리이전청구권의 경우는 제3채무자에 대하여 지방법원이 정하는 보관인을 통해 채무자 명의로 권리이전등기절차를 이행할 것을 명하여야 한다(244조 2항). 채권자 앞으로의 이전등기명령이 아니다. 제3채무자가 임의로 이전등기의무를 이행하고자 하면 보관인에게 권리이전을 하여야 할 것이고, 이 경우 보관인은 채무자의 법정대리인의 지위에서 이를 수령하여 채무자 이름으로 소유권이전등기를 마치면 된다.[2] 제3채무자가 이에 응하지 아니할 때에는 **추심명령**을 받을 수 있으며(244조 4항), **추심의 소**를 제기하여 보관인에게 인도나 등기절차를 이행하라는 판결을 받아 인도(258조)나 등기절차이행(263조)의 강제집행을 할 수 있게 된다.

(2) 인도나 등기이전이 끝난 뒤에는 처음 **부동산 강제집행**의 방법과 마찬가지로 현금화시켜야 한다. 이렇게 되면 결국 제3채무자→채무자→매수인

---

1) 예를 들면 乙에 대해 금 1억원의 집행권원을 갖고 있는 甲이 강제집행을 하고자 하는데 마침 乙이 제3자인 丙으로부터 매수하였으나 미적거리면서 아직 소유권이전등기나 목적물인도를 받지 아니한 부동산을 찾아내어 이에 대하여 강제집행을 하고자 할 경우이다.

2) 대법(전) 1992. 11. 10, 92다4680.

으로 등기가 이전되게 되므로 부동산등기특별조치법에서 금하는 중간생략등기가 행하여질 염려는 없게 된다.

(3) 여기에서 살필 것은 소유권이전등기청구권이 (가)압류가 되었을 때의 효력의 문제이다. 이와 같은 청구권의 압류·가압류는 현행법상 등기부에 공시하는 방법이 없는 것으로서 당해 채권자와 채무자 및 제3채무자 사이에서만 효력이 있고, 압류나 가압류와 관계없는 제3자에 대하여는 처분금지적 효력을 주장할 수 없으며(압류의 제3자효) 청구권의 목적인 부동산 자체의 처분을 금지하는 대물적 효력은 없다(소유권이전등기청구권에 대하여 가등기되었을 때에는 부기등기의 길이 있다).[1] 이 경우에 제3채무자나 채무자로부터 이전등기를 넘겨 받은 제3자에 대하여 원인무효를 주장하여 그 등기의 말소를 청구할 수 없다. 그러나 제3채무자가 소유권이전등기청구권의 압류결정을 무시하고 제3자에게 이전등기를 하거나 제3채무자가 압류결정을 무시하고 이전등기를 이행하고 채무자가 다시 제3자에게 이전등기를 마쳐준 결과 채권자에게 손해를 입힌 때에는 불법행위에 따른 배상책임을 진다는 것이 판례이다.[2] 생각건대 압류사실을 알고 있는 악의의 제3자에 대하여는 제92조 1항을 준용하여 압류의 효력이 유효임을 주장하여 대항할 수 있다고 보는 것이 옳을 것이다.

소유권이전등기청구권이 가압류되어 있는 경우 채무자는 가압류의 해제를 조건으로 제3채무자를 상대로 이전등기를 청구할 수 있다는 것이 판례이다.[3]

제 3 목 그 밖의 재산권에 대한 집행(251조)

Ⅰ. 총 설

(1) 그 밖의 재산권의 대상

부동산(선박 등 준부동산 포함), 유체동산 및 채권 이외의 재산권을 말한다. 제4차 산업혁명을 맞이하는 현시점에서 다종다양한 재산권이 나타나므로 이는

1) 대법(전) 1992. 11. 10, 92다4680.
2) 대법 2000. 2. 11, 98다353279(제3채무자가 제3자에게 이전등기한 사례); 동 2022. 12. 15, 2022다247750(제3채무자가 채무자에게 이전등기한 후 채무자가 제3자에게 이전등기한 사례); 동 2007. 9. 21, 2005다44886 등.
3) 대법(전) 1992. 11. 10, 92다4680.

집행법의 새로운 연구개척의 분야가 되고 있다. i) 재산권에 속하고 ii) 사법상의 원칙에 따라 양도할 수 있는 양도성(Übertragbarkeit), iii) 독립성(Selbstständig-keit) 등의 요건을 갖추면 된다.

여기에는, ① 선박·항공기·자동차·건설기계의 지분(185조; 규 129조), 유체동산의 공유지분(부동산공유지분 제외), ② 합명회사나 유한회사의 사원권,[1] 민법상 조합원의 지분 또는 합유물의 합유지분,[2] 예탁유가증권, 전자등록주식, 전환사채나 금융시장 펀드지분,[3] 신탁수익권, ③ 입목의 벌채권·채석권 등의 부동산이용권, 전세권·임차권(임대인의 동의 필요) 등 용익권, 리스이용권, ④ 특허권·상표권·실용신안권·디자인권·저작권(저작인격권은 일신전속권이므로 제외)·출판권 등의 지식재산권, ⑤ 가등기상의 권리(예컨대 소유권이전등기청구권 가등기상의 소유권이전등기청구권),[4] 환매권,[5] 조건부소유권(동산소유권의 기대권), ⑥ 하천점용허가권,[6] 공유수면점용허가권[7]과 같이 관청의 허가 없이 자유로이 양도할 수 있는 허가권 ⑦ 컴퓨터소프트웨어,[8] 인터넷 도메인,[9] 헬스·콘도·골프회원권, 주차장·매점사업권 등이 그것이다.

(2) 제 외 례

자동차운수사업면허[10]나 건설업자의 건설업면허,[11] 어업허가[12]는 사업이나 영업을 떠나 그 자체만으로는 양도성이 없고, 사업의 양도 등으로 일괄하여 이전되는 것이므로 그 면허 또는 허가만을 집행의 대상으로 할 수 없다는 것

1) 대법 2014. 5. 29, 2013다212295(상법 제224조 1항에 정한 사원의 지분을 압류한 채권자에게 퇴사청구권을 인정하고 지분환급에 의하여 채권의 변제를 받을 수 있다는 취지였다).
2) Gaul/Schilken/Becker-Eberhard, §58 Rdnr. 3; Brox/Walker, Rdnr. 773f. 민법상의 조합채권은 조합원전원에 합유적으로 귀속되는 것이어서 조합원 중 1인에 대한 채권으로써 그 조합원 개인을 집행채무자로 하여 조합의 채권에 강제집행할 수 없는데(대법 2001. 2. 23, 2000다68924), 합유지분에 대한 강제집행과 구분하여야 한다.
3) Thomas/Putzo/Seiler, §857 Rdnr. 6.
4) 이원, "그 밖의 재산권에 대한 강제집행", 민사집행소송, 한국사법행정학회(2008), 683면.
5) 대법 1984. 4. 10, 81다239.
6) 대법 2014. 10 10, 2014마14043.
7) 대법 2005. 11. 10, 2004다7873; 동 2013. 4. 26, 2012두20663.
8) Thomas/Putzo/Seiler, §857 Rdnr. 6; 강대성, 516면 참조.
9) Brox/Walker, Rdnr. 850a.
10) 여객자동차운수사업면허권(대법 2007. 12. 28, 2005다38843), 화물자동차운송사업권(대법 2014. 5. 16, 2013다36453)
11) 대법 1994. 12. 15, 94마1802·1803.
12) 대법 1966. 5. 31, 66다497; 대법 2010. 4. 29, 2009다105734.

이 판례이다. 성명권 · 직위권과 같은 인격권, 친권과 같은 가족권, 대리권 등은 **재산권**이 아니므로 집행의 대상이 될 수 없다.[1] 이혼시의 재산분할청구권, 상속재산분할청구권 등 일신전속권도 같다. 상호권도 영업과 함께 하지 않으면 독립하여 양도할 수 없으므로(상 25조) 상호권만의 압류는 허용되지 않는다.[2] 추심채권자의 추심권도 독립하여 환가할 수 없으므로 집행대상이 될 수 없다.[3]

주된 권리에 부종하는 **종된 권리**, 예를 들면 질권, 저당권, 전세기간만료 후의 전세권, 가등기담보권, 보증인에 대한 권리는 독자적 집행에서 배제된다(민 361조 참조). 독립성이 없는 것으로, 주된 권리와 함께 경매할 것이다. 부동산소유권 · 저당권말소등기청구권도 독립성(Selbstständigkeit)이 없기 때문에 물권과 함께 하지 않으면 집행할 수 없다.[4] 집합건물의 전유부분의 처분에 따라가는 종된 권리인 대지사용권(집합건물 20조)도 특약이 없는 한 처분이 금지되는 것으로서 독자적인 집행대상이 아니므로 그 집행은 무효라 할 것이다.[5]

또 부동산으로 취급하는 지상권과 그 공유지분(규 40조), 광업권(광업 10조 1항)과 어업권(수산 16조 2항)도 제외된다(광업권지분은 별론).[6] 나아가 취소권, 해지 · 해제권 등의 **형성권**도 집행의 대상이 되는 재산권이 아니다.

(3) 집행절차

그 밖의 재산권에 대한 강제집행은 **채권집행의 규정을 준용**하도록 하였다.

1) 제3채무자가 있을 때에는 압류는 그에게 송달되었을 때에 효력이 생긴다(부동산이용권의 경우는 부동산소유자, 공유 · 합유지분의 경우는 다른 공유자 · 합유자가 제3채무자). 그러나 무체재산권과 같이 제3채무자가 없을 때에는 압류는 채무자에게 **권리처분금지명령**이 송달된 때에 효력이 생긴다는 특칙이 있다(251조 2항).

2) 특허권등록과 같이 등기 · 등록이 필요한 그 밖의 재산권에 관한 집행에는 부동산강제경매의 경우의 압류등기에 관한 규정 등을 준용하는 특칙이 있

---

1) Brox/Walker, Rdnr. 719.
2) 홍광식, "각종 회원권, 면허권 등 기타재산권에 대한 강제집행", 재판자료(72), 283면; 주석 민사집행법(Ⅴ), 963면.
3) 대법 1988. 12. 13, 88다카3465.
4) Brox/Walker, Rdnr. 722.
5) 공매관계: 대법 2013. 11. 14, 2013다33577.
6) 대법 1970. 3. 10, 69다2103 참조.

다(규 175조).

3) 그 밖의 재산권에 대한 현금화는 채권자의 신청에 따라 추심명령 또는 특별현금화 방법(양도명령, 매각명령 등)에 의하는데, 권면액이 없는 성질상 전부명령은 불가능하다고 본다. 추심명령도 사실상 그 밖의 재산권에서 생기는 금전채권, 예컨대 사원권에서 생기는 이익배당청구권, 지분환급청구권, 골프장 회원권의 예탁금반환청구권과 같은 금전채권에서 활용될 수 있을 것이다.

Ⅱ. 주식에 대한 집행

1. 총　　설

주식회사에서의 사원(주주)의 지위를 '주식'이라 하고, 이 주식을 표창하는 유가증권을 '주권'이라고 한다. 주식에 대한 집행은 주권이 발행되었는지, 한국예탁결제원에 예탁 또는 보호예수되었는지, 전자등록되었는지, 채무자가 주권을 점유하고 있는지 등에 따라 집행방법이 달라진다. 실무상 이러한 구별 없이 주주를 채무자로, 발행회사를 제3채무자로 하여 압류신청을 하는 경우가 많고, 법원이 압류대상인 주식이 위 중에서 어디에 해당하는지 명확하지 않거나 집행방법이 잘못된 것으로 의심된다는 이유로 보정명령을 발령하는 일도 빈번하다.

주식에 대한 집행 중 예탁유가증권 또는 전자등록주식에 대한 집행의 대상이 되는 것은 별도로 보기로 하고 이곳에서는 그 외의 것을 살핀다.

2. 권 리 주

주식회사 설립시 또는 신주발행시 주주로 될 때까지의 주식인수인의 지위를 '권리주'라고 한다. 권리주의 양도는 양도당사자 사이에 채권적 효력이 있을 뿐 회사에 대하여는 효력이 없으므로(상 319조, 425조 1항), 권리주 자체를 압류·환가하는 강제집행은 불가능하다.

그러나 주식인수인은 회사에 대하여 설립등기 후 또는 납입기일 후 회사가 발행하는 주권의 교부청구권(장래채권)을 갖게 되므로 제251조 및 243조(유체동산에 관한 청구권의 압류)에 의하여 채무자의 회사에 대한 주권교부청구권을 압류한 후 주권의 교부를 받게 하여 이 주권을 현금화하는 방법으로 강제집행할 수 있다. 주권교부청구권의 압류명령의 내용과 그 후의 절차는 '6개월 경과 전의 주권발행 전의 주식'의 경우와 같다.

3. 주권발행 전의 주식

(1) 6개월 경과 전의 주식

1) 회사성립 후 또는 신주납입기일 후 6개월이 경과하기 전에는 주권발행 전의 주식의 양도는 회사에 대하여 효력이 없으므로(상 335조 3항), 주식 자체를 압류·환가하는 집행은 불가능하고, 채무자인 주주가 회사에 대하여 가지는 주권교부청구권[1]을 집행의 대상으로 삼을 수밖에 없다.[2]

[주 문 례]

1. 채무자의 제3채무자에 대한 별지기재 주권교부청구권을 압류한다.
2. 제3채무자는 채무자에 대하여 위 주권을 교부하여서는 아니 된다.
3. 채무자는 위 청구권의 추심 그 밖의 일체의 처분을 하여서는 아니 된다.
4. 제3채무자는 위 주권을 채권자가 위임하는 집행관에게 인도하여야 한다.
5. 채권자는 그가 위임하는 집행관으로 하여금 위 주권교부청구권을 추심하게 할 수 있다.

2) 주권교부청구권에 대한 강제집행은 유체동산인도청구권에 대한 강제집행에 의한다(242조, 243조). 즉 압류명령에 따라 회사가 주권을 발행하고 채권자가 위임하는 집행관에게 인도하면 집행관이 유체동산 현금화의 방법으로 현금화하여 집행법원에 매각대금을 제출하면 그로부터 만족을 얻게 된다. 회사가 주권을 발행하지 않으면 채권자는 추심명령을 받아 주권을 발행하라는 추심의 소를 제기할 수 있으나 그 판결에도 응하지 않으면 간접강제의 방법에 의할 수밖에 없다. 주권교부청구권 자체를 현금화하는 방법은 없다.[3] 주권교부청구권에 대하여는 전부명령을 하지 못하고(245조), 주권교부청구권을 타인

1) 주권인도청구권에 대한 가압류는 채권에 대한 것이지 인도청구권의 목적물인 주권이나 주식에 대한 것이 아니고, 채무자와 제3채무자에게 그 결정을 송달하는 외에 달리 이를 공시하는 방법이 없어 해당 채권자와 채무자 및 제3채무자 사이에서만 효력을 가지며, 제3자에 대하여는 가압류의 처분금지적 효력을 주장할 수 없다(대법 2011. 2. 10, 2010다69797).
2) 대법 1974. 12. 28, 73마332.
3) 채권등집행재판실무편람, 법원행정처(2005), 55면.

에게 이전하는 결과를 초래하는 방법의 특별현금화도 불가능하기 때문이다.[1)]

(2) 6개월 경과 후의 주식(주식 자체가 집행대상)

회사성립 후 또는 신주납입기일 후 6개월이 경과하도록 주권을 발행하지 않는 경우에는 주권 없이 주식을 양도할 수 있고, 양수인은 회사에 대하여 양수인 명의로의 명의개서 후 양수인에게로의 주권의 발행을 청구할 수 있다. 이 경우에는 주식 자체가 채무자의 재산권이고 양도성이 있어, 주식 자체를 압류 목적물로 하여 집행법원으로부터 압류명령을 받고 그에 대한 양도명령, 매각명령 등 특별현금화방법의 결정을 받아 현금화하면 된다.[2)]

[주 문 례]

1. 채무자가 제3채무자에 대하여 가지는 별지기재 주식을 압류한다.
2. 제3채무자는 위 주식에 대하여 채무자의 청구에 의하여 명의개서를 하거나 채무자에게 주권을 교부하여서는 아니 된다.
3. 채무자는 위 주식에 대하여 매매, 양도, 그 밖에 일체의 처분을 하여서는 아니 된다.

4. 주권발행 후의 주식

주권이 발행된 경우에 주식의 양도는 주권의 교부를 요하고(상 336조1항), 양수인은 주권을 회사에 제시하여 단독으로 명의개서를 청구할 수 있으므로, 원칙적으로 유체동산인 주권 자체가 집행의 대상이다(예탁유가증권 또는 전자등록 주식은 예외).

주권은 민사집행법상 유체동산에 해당하므로 채무자가 주권을 점유하고 있는 경우에는 유체동산집행방법으로 하면 된다. 채권자가 질권자로서 자신이 점유하던 주권을 제출하여 질권의 실행으로서의 경매를 구하는 경우에는 담보권 실행을 위한 경매절차에 따라야 하지만 집행력 있는 정본을 소지한 때에는 유체동산의 강제집행절차에 의할 수도 있다.

1) 제242조가 유체물 인도청구권의 현금화방법으로 제241조의 특별현금화방법을 준용하지 않고 있기 때문이다. 판례도 같다(대법 1974. 12. 28, 73마332).
2) 대법 2011. 5. 6, 2011그37 참조.

제3자가 채무자의 주권을 점유하고 있는 경우에 그 제3자가 압류를 승낙하여 주권을 제출한 때에는 이를 압류할 수 있으나(191조), 제출을 거부하는 때에는 채무자가 제3자에 대하여 가지는 주권인도청구권을 압류하여 그 추심에 의하여 집행관에게 인도시키는 방법을 취할 수밖에 없다(242조, 243조).

주식의 공유지분에 대한 강제집행은 유체동산에 대한 집행에 의할 수 없고, 그 지분권에 대하여 그 밖의 재산권에 대한 집행방법으로 한다.

주주가 주권의 불소지를 신고하여 회사가 그 조치를 취한 경우에는 주주가 주권을 교부할 수 없으므로 결과적으로 주식을 양도할 수는 없다. 다만 주주는 회사에 대하여 주권의 발행을 청구하여 주권을 교부받은 후 주식을 양도할 수 있으므로 채무자의 회사에 대한 주권교부청구권을 압류하는 방법으로 집행한다.

Ⅲ. 예탁유가증권 및 전자등록주식등에 대한 집행

1. 총 설

(1) 유가증권을 양도하거나 질권의 목적으로 하기 위해서는 그 증권을 교부하는 것이 원칙이나(상 336조 1항, 338조 1항), 주식 등 유가증권의 대량거래시대에 증권을 현물로 수수하는 것이 번거롭고 보관 등의 문제로 **증권대체결제제도**가 도입되었다. 증권대체결제제도는 주식 그 밖의 유가증권을 한국예탁결제원에 집중 보관하고, 매매, 담보 등 거래시에 증권의 현실인도로 행하지 않고 장부상 계좌의 대체로 대신하는 제도이다. 이 제도와 관련된 관계자로는 ① 보관대체업무를 행하는 한국예탁결제원, ② 예탁자로서 관여하는 투자매매업자나 투자중개업자, 은행 등, ③ 고객으로서 이 제도를 이용하는 일반투자자의 3자가 있다.

증권의 소유자는 투자자로서 그 소유 증권을 투자매매업자나 투자중개업자 등(예탁자)에 예탁하고, 예탁자로부터 투자자 계좌를 개설받는다. 투자자 계좌부에는 투자자의 성명과 주소, 예탁유가증권의 종류 및 수와 그 발행인의 명칭 등이 기재된다(자본시장법 310조 1항). 예탁자는 자기가 소유하고 있는 증권과 투자자로부터 예탁받은 증권을 투자자의 동의를 얻어 한국예탁결제원에 예탁할 수 있다(자본시장법 309조 2항). 한국예탁결제원에는 예탁자별로 예탁자 계좌부가 작성·비치되어 있다. 위 장부에 기재된 자는 그 증권을 점유하는 것으로 본다. 증권소유자는 예탁자의 투자자 계좌부에 자기 계좌를 개설하면 예탁된 증권의 이전이나 담보권의 설정은 증권의 교부 없이 양도인의 계좌에서 양수인의 계좌로 대상이 된 증권을 대체하는 장부상의 기재만으로 이루어진다. 즉 장부에의 대체의 기재는 증권의 교부와 동일한 효력이 있다(자본시장법 311조 2항).

(2) 투자자가 예탁자에게 증권을 예탁하는 계약은 이른바 '혼장임치', 즉 수치인이 다수의 임치인으로부터 대체물을 임치받아 다른 동종·동질의 임치물과 혼합하여 보관하고 임치된 것과 동량을 반환하기로 하는 내용의 임치계약에 해당하므로, 임치인인 투자자는 수치인인 예탁자에 대하여 예탁증권 반환청구권을 갖게 됨과 동시에 혼장임치된 증권 전부에 대하여 공유지분을 갖게 된다.[1]

예탁유가증권에 대한 강제집행은 그 밖의 재산권에 대한 집행방법에 따라 예탁유가증권에 관한 공유지분에 대한 법원의 압류명령에 따라 개시되고(규 176조), 채권집행 등에 관한 규정의 대부분이 준용되고 있다(규 182조).

(3) **증권예탁제도**는 유가증권의 존재를 전제로 한 것인데, 유가증권은 발행이나 관리에 많은 비용이 들고, 위조 또는 분실의 위험도 있다. 이 문제를 해결하기 위하여 2019. 9. 16.부터 시행된 주식·사채 등의 전자등록에 관한 법률(전자증권법)은 유가증권의 존재를 전제하지 않고 주식 등 권리의 이전 및 행사를 일정한 기관의 장부에 전자적 방식의 기재로써만 행하는 **전자등록제도**를 도입하였다. 이 전자등록제도에서는 실물을 발행할 수 없고 발행하여도 무효가 된다(전자증권법 36조 1항, 2항 등).

전자등록주식등에 대한 강제집행, 가압류, 가처분의 집행 등에 관하여 필요한 사항은 대법원규칙으로 정하도록 규정하고 있는데(전자증권법 68조), 민사집행규칙 2편 2장 7절 3관의2에서 전자등록주식등에 관한 강제집행에 관하여 필요한 사항을 정하고 있다. 예탁유가증권과 전자등록주식등은 유가증권의 존재를 전제로 하는지의 여부에 관하여 차이가 있지만, 양자에 대한 집행절차는 그 밖의 재산권에 대한 집행절차에 따르면서(규 176조, 182조의2 등) 채권집행 등

1) 자본시장법 312조 1항. 대법 2008. 11. 27, 2008다17212.

에 관한 규정의 대부분이 준용되므로(규 182조, 182조의9), 집행공탁(규 182조의8)을 제외하면 유사하다.

상장주식등은 모두 전자등록이 된다. 비상장주식등은 전자등록된 것, 예탁된 것, 어느 것도 되지 않는 것으로 분류할 수 있다. 전자등록이나 예탁의 어느 것도 되지 않은 비상장 주식은 앞서 본 주식에 대한 집행방법에 의한다.

2. 예탁유가증권에 대한 집행

(1) 압 류

예탁유가증권에 대한 강제집행은 예탁유가증권에 관한 공유지분에 대한 법원의 압류명령에 따라 개시된다(규 176조). 압류명령에는 ① 채무자에 대하여 예탁유가증권에 대한 계좌대체청구 또는 증권반환의 청구 그 밖의 처분을 금지하고, ② 제3채무자(채무자가 투자자인 경우에는 예탁자, 채무자가 예탁자인 경우에는 한국예탁결제원)에 대하여 예탁유가증권의 계좌대체와 증권의 반환을 금지한다(규 177조). 압류명령의 효력은 제3채무자에게 송달된 때 발생한다.

(2) 현 금 화

현금화방법으로는 압류채권자의 신청에 따라 예탁유가증권 지분 양도명령(241조 1항 1호), 매각명령(241조 1항 2호), 그 밖에 적당한 방법에 의한 현금화명령의 3가지 방법에 의한다(규 179조).

양도명령이 확정된 때에는 법원사무관등은 예탁자 또는 예탁결제원에 대하여 양도명령의 대상인 예탁유가증권 지분에 관하여 압류채권자의 계좌로 계좌대체의 청구를 하고, 위 청구를 받은 예탁자 등은 그 취지에 따라 계좌대체를 하여야 한다(규 180조 2항, 3항). 양도명령이 제3채무자에게 송달될 때까지 선행 압류 등이 있으면 양도명령은 무효이다(규 182조 2항, 229조 5항). 양도명령이 확정되면 압류채권자의 채권 및 집행비용은 집행법원이 정한 양도가액으로 변제된 것으로 본다(규 182조 2항, 231조).

예탁유가증권 지분 매각명령이 있는 경우, 집행관은 제3채무자에 집행관 명의의 계좌를 개설하여 예탁유가증권 지분의 계좌대체를 받은 다음 투자매매업자나 투자중개업자에게 매각위탁을 하여 매각한다. 집행관은 매각대금에서 조세, 공과금과 위탁수수료를 뺀 나머지를 매각위탁을 받은 투자매매업자 등으로부터 교부받아 법원에 제출하고 법원이 배당절차를 실시하는 방법으로 한다(규 182조 1항).

(3) 보호예수된 유가증권에 대한 집행

1) **보호예수제도** 보호예수(Separate Safekeeping) 제도란 보호예수의뢰인(유가증권의 소유자) 또는 보호예수의무자(유가증권의 발행회사나 주관회사)와 한국예탁결제원 간의 보호예수계약[1]에 의하여, 결제원이 이들로부터 유가증권을 인도받아 보관한 후 계약기간 또는 의무보호예수기간 만료 시, 인도받은 것과 '동일한' 유가증권으로 반환하는 유가증권 보관제도를 말한다. 보호예수는 보관의 안전성과 유가증권시장의 공정성 등을 확보하기 위한 제도이므로 보호예수의뢰인 등만이 반환청구할 수 있고, '동종, 동량'의 유가증권으로 반환하는 예탁유가증권과 달리 동일한 유가증권을 반환하는 특징이 있다.

2) **보호예수의 종류**(보호예수의 사유) **및 법률관계** 일반보호예수는 보호예수의뢰인(유가증권의 소유자)이 임의로 결제원과 보호예수계약을 체결하여 유가증권을 보관시키는 것으로서, 보호예수의뢰인의 자유로운 의사에 기한 것이므로 그 사유에 제한이 없고, 보호예수의뢰인은 계약기간 만료 여부를 불문하고 결제원에게 보호예수한 유가증권의 반환을 청구할 수 있다.

법령 또는 계약에 의하여 특정한 주주가 일정기간 소유주식을 매매하는 것이 제한되는 경우가 있다.[2] 이때 주식매도 제한의 실효성을 확보하기 위하여 매도제한을 받는 주주(계속보유의무자)의 주권을 일정기간 한국예탁결제원에 보관시킨 후 관련 규정에서 정한 반환사유가 존재하지 않는 한 주권의 반환을 금지하는 것이 의무보호예수이다. 보호예수계약(보관계약)의 법적 성질은 임치 내지는 이와 유사한 무명계약인데, 당사자가 자유롭게 내용을 정할 수 없다. 유가증권은 계속보유의무자(유가증권의 소유자)와 보호예수의무자(발행회사나 주관회사) 사이의 보관계약, 보호예수의무자와 결제원 사이의 보관계약에 의한 중첩적 구조를 거쳐 결제원이 점유한다.

---

1) 보호예수계약은 민법상의 임치 내지 이와 유사한 계약으로서, 한국예탁결제원은 그 보호예수계약에서 정한 기간이 지나면 특별한 사정이 없는 한 계약의 상대방인 보호예수의뢰인 등에게 그 주권을 반환할 의무가 있다(대법 2008. 10. 23, 2007다35596).

2) 주식상장 또는 기업회생 M&A에 의하여 대량의 주식이 제3자에게 배정되는 경우, 주식의 안정적인 수급을 통하여 공정한 주식가격의 형성을 도모하고, 내부거래자 등의 불공정한 투기적 거래로부터 다수의 소액투자자들을 보호하기 위해 대주주 등에게 일정기간 주식매각을 제한(Lockup)하는 것이 그 예이다.

의무보호예수계약에서 정한 기간이 지나면 계속보유의무자는 계약상대방인 보호예수의무자를 상대로, 보호예수의무자는 계약상대방인 한국예탁결제원을 상대로 각각 반환청구를 할 수 있으나, 결제원과 아무런 법적 관계가 없는 계속보유의무자는 결제원을 상대로 직접 반환청구를 할 수 없음이 원칙이다.[1]

3) 보호예수된 유가증권에 대한 집행방법 보호예수된 주권은 유체물인도청구권에 대한 집행방법(242조, 243조)에 따라 집행한다. 일반보호예수의 경우에는 유가증권의 소유자인 보호예수의뢰인이 결제원에 직접 반환청구를 할 수 있으므로 결제원을 제3채무자로 하면 된다. 반면에 의무보호예수의 경우에는 보호예수의무자만 결제원을 상대로 반환청구를 할 수 있음이 원칙이므로, 유가증권 소유자(계속보유의무자)가 채무자라면 보호예수의무자(발행회사, 주관회사 등)를 제3채무자로 하여 압류명령을 발하여야 한다. 이 경우 의무보호예수기간 만료 후 보호예수의무자가 결제원으로부터 증권을 반환받아야 추심 또는 현금화가 가능한데, 보호예수의무자가 채무자인 계속보유의무자와의 긴밀한 관계로 인하여 협조하지 않는 경우 집행절차 진행이 용이하지 않다. 집행관은 제243조에 의하여 주권을 인도받은 후 유체동산으로 집행하거나 또는 반환청구권 자체를 현금화하면 된다.[2]

3. 전자등록주식등에 대한 집행

(1) 전자등록의 대상 및 전자등록의 효력

전자증권법에 따라 전자등록의 대상이 되는 권리에는 주식, 사채, 국채, 지방채, 법률에 따라 직접 설립된 법인이 발행하는 채무증권에 표시되어야 할 권리, 신주인수권증서 또는 신주인수권증권에 표시되어야 할 권리 등이 있다(동법 2조 1호 각목). 이러한 권리의 종류, 종목, 금액, 권리자 및 권리 내용 등 주식등에 관한 권리의 발생 · 변경 · 소멸에 관한 정보를 전자등록계좌부에 전

1) 제3자가 보호예수된 주권에 대하여 소유권을 주장하면서 한국예탁결제원에 주권의 인도를 청구하는 경우, 제3자가 주권의 소유자이고 보호예수의무자도 그 제3자에게 주권을 반환할 의무가 있다면, 결제원으로서는 그 제3자에 대하여 주권의 인도를 거부할 수 없다고 한다. 다만 결제원이 선량한 관리자의 주의를 다하여도 보호예수의무자와 소유권을 주장하는 제3자 중 누구에게 주권을 반환해야 되는지를 알 수 없는 경우에는 '과실 없이 채권자를 알 수 없는 경우'에 해당하므로, 민법 487조 후단의 채권자 불확지를 원인으로 하여 주권을 변제공탁할 수 있다고 한다. 대법 2008. 10. 23, 2007다35596.

2) 주석 민사집행법(Ⅳ), 764면.

자적 방식으로 기재하는 것을 '**전자등록**'이라고 한다. 전자등록제도의 관계자는 전자등록기관(동법 2조 6호, 5조), 계좌관리기관(동법 2조 7호, 19조, 증권사, 신탁사, 은행 등), 제도를 이용하는 고객이 있다.

고객이 전자등록된 주식등의 거래를 증권회사 등(계좌관리기관)에 의뢰하면, 계좌관리기관은 고객별로 '고객계좌부'를 작성하고, 전자등록기관은 다시 계좌관리기관별로 '고객관리계좌부'를 작성한다. 고객관리계좌에는 고객계좌부에 기재된 주식의 총수량과 총금액이 기록되기 때문에 개별 고객의 보유상황은 알 수 없고, 계좌관리기관 이름으로 반영된다. 그 결과 고객이 주식을 거래했다는 사실은 고객계좌부에만 나타나게 되는데, 이 고객계좌부가 '전자등록계좌부'에 해당한다.

주식등의 양도는 계좌 간 대체의 전자등록으로 하고(동법 30조), 질권의 설정 또는 말소도 전자등록계좌부에 등록하는 방식으로 한다(동법 31조). 전자등록계좌부의 등록은 권리이전의 효력발생요건이며, 그 결과 고객 등록된 주식등을 적법하게 가지는 것으로 추정한다(동법 35조 1항). 발행인은 전자등록주식등에 대해서는 증권 또는 증서를 발행해서는 안 되고, 이를 위반하여 발행된 증권 또는 증서는 효력이 없다.

(2) 압 류

고객이 채무자인 때에는 계좌관리기관이 제3채무자가 된다. 압류명령에는 채무자에 대하여 전자등록주식등에 대한 계좌간 대체등록·말소등록의 신청이나 추심 그 밖의 처분을 금지하고, 계좌관리기관(제3채무자)에 대하여 전자등록주식등의 계좌대체와 말소를 금지한다(규 182조의3). 압류명령의 효력은 제3채무자에게 송달된 때에 생긴다(규 182조의9 1항, 법 227조 3항). 압류명령이 송달되면 계좌관리기관등 자기계좌부나 고객계좌부에 처분제한의 등록을 하게 된다.

(3) 현금화 및 집행공탁

전자등록주식등에 대한 추심명령, 전부명령은 인정되지 않으며, 그에 대한 현금화는 압류채권자의 신청에 따라서 양도명령, 매각명령, 그 밖에 적당한 방법에 의한 현금화명령 등 3가지 방법에 의한다(규 182조의5 1항). 예탁유가증권은 동산으로서의 유가증권을 집행관을 통해 반환받아 매각하도록 하는 방식이 그 밖에 적당한 방법으로 허용됨에 비하여(자본시장법 312조 2항), 전자등록주식등의 경우에는 허용되지 않는다(전자증권법 36조 1항, 2항)는 점을 제외하면 예탁유가증권의 현금화방법과 기본구조가 동일하다.

한편 전자등록주식등 중 사채, 국채, 지방채, 그 밖에 이와 유사한 것으로서 원리금지급청구권이 있는 것에 대해서는 예탁유가증권과 달리 집행공탁이 인정된다(규 182조의8). 집행공탁은 원리금을 수령한 전자등록기관 또는 계좌관리기관이 하는데, 권리공탁 · 의무공탁 · 배당절차개시 등은 채권집행과 유사하다(규 182조의8). 그 결과 동일한 전자등록사채등에 대하여 특별현금화절차(매각명령, 양도명령)와 집행공탁이라는 별도의 경로로 배당재단이 중복되어 형성될 수 있다.[1]

의무보유등록된 전자등록주식등에 대한 집행은 전자등록등에 대한 집행절차에 의하되, 의무보유등록 제도의 취지를 반영하면 된다.

Ⅳ. 신탁수익권에 대한 집행

(1) 근래 들어 부동산담보신탁, 금전신탁 등 여러 형태의 신탁이 이용됨에 따라 신탁수익권이 집행대상으로 중요해졌으나, 그 형태가 다양하고 법률관계도 복잡하여 그에 대한 집행가능성과 집행방법이 명확하지 않은 것이 많다. 신탁계약의 위탁자가 신탁재산으로부터 발생하거나 신탁재산의 환가로 생기는 금전 등을 취득할 수익자(우선수익자)로 지정된 자가 갖는 권리를 포괄하여 수익권(우선수익권)이라 한다. 수익권은 신탁계약 등에서 정한 수익자의 여러 권리를 포괄하는 모습의 '기본 수익권'과 기본 수익권의 일부로서 신탁기간 동안 신탁계약 등의 내용에 따라 수익자에게 교부되는 '구체화된 수익권'으로 나눌 수 있는데, 그에 따라 집행방법 이 달라진다.[2]

신탁재산 자체에 대한 강제집행은 금지되는 것이 원칙이지만(신탁 22조 1항), 이는 수탁자의 고유재산과 신탁재산의 분별 관리의 필요성 때문이므로 위 규정의 취지에 저촉되지 않는 신탁수익권에 대한 집행은 가능하다는 것이 일반적이다.[3]

---

1) 이 경우의 처리에 관하여는 법원실무제요, 민사집행(Ⅳ), 438면 참조.

2) 임채웅, "신탁수익권에 관한 민사집행의 연구" 법학 제50권 4호, 서울대학교 법학연구소(2009), 279면 이하; 신종신, "신탁수익권의 강제집행방법", 조사월보 420호, 한국산업은행(1990) 참조.

3) 주석 민사집행법(Ⅳ), 794면; 법원실무제요 민사집행(Ⅳ), 440면; 손흥수, 민사집행실무총서(Ⅱ), 채권집행, 612면.

(2) 기본 수익권의 내용은 신탁계약 및 위탁자와 수익자 간의 계약에 따라 매우 다양하다. 수익자의 권리 대부분이 금전에 관한 것이라고 하여 금전채권이라고 단정할 수 없고, 신탁의 대상물이 부동산이라고 하여 부동산에 관한 권리라고 보기도 힘들다. 그 결과 기본 수익권에 대한 집행은 제251조가 정한 '그 밖의 재산권'에 의하는 것이 가장 적절하나, 성질상 추심명령은 가능하지 않고, 특별현금화방법에 의하여야 한다고 본다.[1)]

구체화된 수익권의 내용도 다양할 수 있으나 통상 금전채권의 형태를 띠고 있으므로 일반 금전채권에 관한 집행방법으로 하면 될 것이다. 이미 발생한 수익권 외에 장래 발생할 수익권도 압류와 추심명령이 가능함은 다툼이 없으나 전부명령의 가능성에 대해서는 수익권의 가치가 미확정 상태이므로 불가능하다는 견해[2)]와 잔여재산에 대한 권리 또는 구체화된 수익권으로서 금전으로 표시될 수 있는 것에 대해서는 전부명령도 가능하다는 견해[3)]가 있다.

Ⅴ. 가상자산(암호화폐 등)에 대한 집행

1. 가상자산의 개념과 집행가능성

(1) 가산자산의 개념

특정 금융거래정보의 보고 및 이용 등에 관한 법률(특정금융정보법) 제2조 제3호와 가상자산 이용자보호 등에 관한 법률 제2조 제1호는 "가상자산이란 경제적 가치를 지닌 것으로서 전자적으로 거래 또는 이전될 수 있는 전자적 증표(그에 관한 일체의 권리를 포함한다)를 말한다"고 규정하였다. 가상자산의 의미와 범위에 대하여는 많은 견해가 있다. 한편 가상자산은 비트코인, 이더리움, 리플과 같이 특정한 발행주체가 존재하지 않는 분산형 가상자산과 특정한 법적 주체가 발행 및 관리를 하는 중앙형(집중형) 가상자산으로 분류할 수 있다. 이곳에서는 가상자산의 의미를 규정한 위 법조항을 존중하면서[4)] 민사집행의

1) 대법 2013. 10. 31, 2012다14449; 동 2013. 12. 12, 2012다111401 참조.
2) 신종신, 위 논문, 51면,
3) 임채웅, 위 논문, 294~298면; 손흥수, 민사집행실무총서(Ⅱ), 채권집행, 615면.
4) 위 법률들은 가상자산뿐만 아니라 '가상자산에 대한 일체의 권리'를 포함하여 규율의 대상으로 삼았으나 일체의 권리는 그 범위가 광범위하고 특정의 문제도 있어 이곳에서는 가상자산 자체에 대한 민사집행을 중심으로 보기로 한다.

현안이 되고 있는 분산형 가상자산을 중심으로 살펴본다.

(2) 가상자산의 책임재산성

대법원은 범죄수익은닉의 규제 및 처벌 등에 관한 법률 제8조 1항 1호가 몰수의 대상으로 규정한 '범죄수익'(재산적 가치가 있는 유·무형의 재산)에 비트코인이 포함되는지가 문제가 된 사건에서, "비트코인은 경제적 가치를 디지탈로 표상하여 전자적으로 이전, 저장 및 거래가 가능하도록 한 이른바 '가상화폐'의 일종이다."라고 판시하여 비트코인을 재산적 가치가 있는 무형의 재산으로 보아 몰수할 수 있다고 하였다.[1)]

위 판결 후 2020. 3. 24. 개정된 특정금융정보법에 가상자산에 관한 규정이 처음 도입되었고, 2023. 7. 18. 제정되어 2024. 3. 12.부터 시행되고 있는 '가상자산 이용자보호 등에 관한 법률'에서 가상자산을 명문으로 재산으로 인정하였다. 한편 국세징수법 제55조 제3항과 지방세징수법 제61조 제3항은 특정금융정보법 제2조 제3호에 따른 가상자산을 압류대상으로 규정하고 있다.

집행당시 채무자가 가진 재산으로서 금전적 가치가 있는 것이면 원칙적으로 민사집행의 대상이 되는 책임재산에 해당한다. 가상자산 보유자는 자기의 개인키를 관리함으로써 직접 가상자산을 배타적으로 지배하거나 가상자산사업자(거래소)에게 관리를 위탁한 경우에는 그 반환 또는 처분금액의 지급을 청구할 수 있고, 가상자산은 가격의 변동성이 크기는 하지만 금전으로 대가를 지불하는 거래 또는 금전으로의 환가도 이루어지고 있다.

그러므로 가상자산 자체는 물론 가상자산의 이전(인도)청구권은 금전적 가치가 있고, 양도성과 독립성을 갖추었으므로 민사집행의 대상이 될 수 있다는 점에는 의문이 없다.

2. 가상자산에 대한 집행방법[2)]

(1) 총 설

특정금융정보법이나 가상자산 이용자보호 등에 관한 법률은 비록 가상자

1) 대법 2018. 5. 30, 2018도3619.

2) 가상자산에 대한 민사집행에 관한 국내외의 견해와 실무를 자세히 소개하고 우리의 입법안을 제시한 것에, 이혜정/김정환/서용성, 가상자산에 대한 민사집행연구, 사법정책연구원(2022) 참조. 비트코인의 채굴·거래 및 이에 대한 집행방법에 관한 여러 견해를 종합한 것은 주석 민사집행법(Ⅳ), 855~878면 참조.

산의 개념을 정의하기는 하였으나 가상자산 이용자의 보호와 가상자산사업자에 대한 관리·감독을 위한 것이고 가상자산에 대한 민사집행절차를 규율하는 법이 아니다. 그러므로 현재는 민사집행법의 규정을 가상자산의 특성에 맞추어 적용·준용할 수밖에 없는 상황이다.

가상자산에 대한 민사집행을 어떤 방법으로 할 것인가를 정하는데 필요한 요소로는 다음과 같은 것이 있다. 우선 집행채권이 금전채권인 경우와 가산자산 자체의 이전(인도)청구권인 경우로 나눌 수 있다. 한편 가상자산에 대한 집행방법은 채무자가 전자지갑과 개인키를 보유하면서 직접 관리하는 경우와 거래소에 위탁한 경우에 따라 달라질 것이다.

이곳에서는 본집행을 중심으로 살피지만 가압류·가처분절차에 그대로 준용될 수 있다고 볼 것이다.

(2) 집행채권이 금전채권인 경우

1) **가상자산사업자**(거래소)**에 관리가 위탁된 경우**

① **채무자가 거래소에 금전청구권을 가진 경우** 이 경우에는 집행권원도 금전채권이고 집행의 대상도 금전채권이므로 통상의 금전채권에 대한 집행절차로 하면 된다. 즉 거래소를 제3채무자로 하여 압류명령은 물론 추심명령, 전부명령도 가능하다. 우리나라의 거래소(빗썸, 업비트 등)들은 이용약관에 거래의 종료나 계속 중에 이용자가 거래소에 대하여 비트코인 자체의 지급이나 반환을 구할 수 있는 것이 없다고 하나,[1] 매우 의문이고 실무도 가상자산의 반환을 인용하고 있다.

② **채무자가 가상자산의 이전**(반환, 인도)**청구권을 가진 경우** 이 경우에는 채무자가 거래소에 대하여 갖는 가상자산의 이전(반환, 인도)청구권의 법적 성질을 무엇으로 보느냐에 따라 집행방법이 달라진다. 유체동산에 대한 강제집행방식에 의하자는 견해,[2] 예탁유가증권 지분에 대한 강제집행방식에 의하자는 견해[3]가 있으나 가상자산 자체가 집행의 대상이 아니고, 예탁유가증권의 거래구조와 유사한 면은 있으나 그것과 동일하지는 않으므로 가상자산의 이전(인도)

1) 주석 민사집행법(Ⅳ), 876면 참조.
2) 전승재/권헌영 "비트코인에 대한 민사상 강제집행방안", 정보법학 제22권 제1호, 한국정보법학회(2018), 98면.
3) 윤배경, "가상화폐에 대한 강제집행의 제문제와 특별현금화 방안에 대한 제언", 변호사 제51집, 서울지방변호사회(2018), 133면.

청구권을 독립된 그 밖의 재산권에 해당한다고 보고 가장 적합한 집행방법을 정하는 것이 타당하다. 실무도 그 밖의 재산권으로 보는 것으로 해석된다.[1] 일본에서도 그 밖의 재산권인 가상자산이전청구권에 대한 집행절차로 하자는 견해가 일반적이고 실무도 같다고 한다.[2] 미국은 채권집행절차로 한다고 한다.[3]

그러므로 채무자의 제3채무자에 대한 가상자산의 이전청구권에 대한 집행기관은 집행관이 아니고 집행법원(사법보좌관)이 된다. 압류명령은 금전채권집행에 관한 제227조를 준용하여 채무자에게는 처분과 영수를 금지시키고, 제3채무자인 거래소에게는 채무자에 대한 지급을 금지시키는 것으로 할 것이다. 압류명령에는 이전청구권의 대상인 가상자산의 종류와 수량을 적어야 한다.[4] 제3채무자는 특정금융정보법상 신고수리된 가상자산사업자로 국한할 필요가 없다.[5]

가상자산이전청구권을 압류한 후 현금화를 위해서는 가상자산사업자로부터 가상자산을 인도(집행관의 전자지갑으로 이체)받을 필요가 있다. 이때 제3채무자가 협력하지 않는다면 어떻게 할 것인가. 그 밖의 재산권에 관한 제251조는 금전채권에 대한 집행 규정 외에도 유체물인도청구권에 대한 집행 규정인 제242~244조도 준용하고 있으므로 이에 의하면 될 것이다.[6] 구체적으로 절차를 보면, 집행법원이 압류명령 또는 후속 절차로서 제3채무자에 대하여 가상자산을 채권자의 위임을 받은 집행관에게 인도하도록 명하는 방법으로 한다(243조 1항). 그럼에도 불구하고 제3채무자가 협력하지 않으면 채권자는 제3채무자에 대하여 위 명령의 이행을 구하기 위한 추심명령을 신청할 수 있다(243조 2항).[7]

---

1) 전휴재, "가상자산에 대한 민사집행에 관한 소고", 사법 제66호, 사법발전재단(2023), 104면; 임성민, "가상자산에 관한 민사절차법상의 문제－민사집행절차를 중심으로－", 2022. 3. 19. 한국민사집행법학회 발표문, 8면. 서울서부지법 2021. 8. 2, 2021타채60434; 서울동부지법 20121. 5. 31, 2021타채60757 등.

2) 中島弘雅(전병서 번역), "암호자산을 둘러싼 민사집행법상의 문제점", 민사집행법연구 제18권 제2호, 95면. 이혜정/김정환/서용성, 앞의 보고서, 189면.

3) 이혜정/김정환/서용성, 앞의 보고서, 200~201면.

4) 채무자의 거래소에 대한 가상자산반환청구권과 금전채권을 하나의 신청서로 신청하여 포괄압류할 수 있는지에 관한 논의가 있다. 하급심에서는 부정설에 입각하여 별개로 신청하라는 보정명령을 발하고 있다(서울중앙지법 2021. 7. 26, 2021타채120151 사건의 2021. 7. 22.자 보정명령; 동 2021. 8. 23, 2021타채120840 사건의 2021. 8. 6.자 보정명령). 일본의 하급심은 긍정적 입장에서 소극적 입장으로 변경되었다고 한다(임성민, 앞의 논문, 9면). 금전채권과 그 밖의 재산권은 현금화절차가 반드시 동일하다고 할 수 없으므로 부정적으로 보아야 할 것이다.

5) 이혜정/김정환/서용성, 앞의 보고서, 234~237면.

6) 일본에서도 清水宏 교수 등이 이 견해를 취하고 있다고 한다. 中島弘雅, 앞의 논문 96면.

7) 현금화는 유체동산의 현금화에 관한 규정을 적용한다는 제243조 3항은 성질상 준용을 배제

현금화방법은 주로 양도명령이나 매각명령에 의한다. 추심명령에 대해서는 부정설[1]도 일리가 있으나, 추심명령은 압류한 채권의 목적인 급부를 제3채무자로부터 추심할 권능을 집행채권자에게 수여하는 집행법원의 결정으로서 피압류채권이 금전채권이든 비금전채권이든, 권면액이 없더라도 발령할 수 있으므로 추심명령도 가능하다고 보고 싶다.[2] 다만 피압류채권이 권면액을 가져야 하는 전부명령은 불가능하다고 볼 것이다.[3]

2) 집행채무자가 자신의 전자지갑에 보관하는 경우 집행채무자가 직접 전자지갑을 보유하면서 자신의 가상자산을 관리하는 경우에는 일종의 비밀번호(pass word)인 개인키(private key)를 알아야 집행의 실효성을 확보할 수 있다. 민사집행의 완결을 위해서는 채무자의 지갑에 있는 가상자산을 집행관의 지갑으로 이전하는 것이 필요한데 개인키를 확보하지 못하는 한 채무자가 처분금지명령에 위반하여 제3자에게 이전하는 것을 막기 어렵다. 그 때문에 이 경우의 집행방법에 관하여는 여러 견해가 대립되고 있다.

① **유체동산으로 취급하자는 설** 민법 제98조, 99조는 부동산 이외의 물건은 동산으로 하면서 유체물 및 전기 기타 '관리할 수 있는 자연력'을 물건으로 보고 있는데, 가상자산은 유체물은 아니지만 배타적 지배가 가능하여 관리가능성이 있으므로 민법상 물건(동산)에 해당하고, 그 민사집행은 유체동산에 대한 집행절차에 의하여야 한다는 견해이다.[4]

② **집행불능설** 이 설은 현행법상 가상자산에 적합한 민사집행방법이 없으므로 입법을 통하지 않는 한 집행이 불가능하다는 견해이다.[5] 이 견해는

해야 할 것이다.

1) 가상자산이전청구권은 금전채권이 아니므로 추심에 의한 현금화는 허용할 수 없다거나 비금전채권에서 금전채권으로의 성질 변경이 개재되므로 제3채무자의 현금화권능이 당연히 발생하는 것은 아니라는 등이 주된 이유이다. 즉 가상자산이전청구권에 대한 압류의 효력은 제3채무자인 거래소에 송달된 때 효력이 발생하는데, 가격변동성이 큰 가상자산에 대하여 제3채무자가 송달을 받은 때 바로 환가하여 금액이 특정된 금전으로 바꾸어야 하는 것을 전제로 하는 추심명령은 제3채무자에게 법률에 없는 의무를 부과하는 것이고, 추심신고와 공탁의무를 이행할 때 금액의 특정에 어려움이 있게 된다는 설명이다. 임성민, 앞의 논문, 12면 참조.

2) 동지; 주석 민사집행법(Ⅳ), 875~876면.

3) 일본의 다수설이기도 하다. 반면에 암호화폐가 환금성이 존재하고 거래소를 통한 매각이 용이한 점에 비추어 권면액을 인정해도 무방해 보이므로 전부명령도 가능하다는 견해는, 박영호 외 2인, 민사집행실무총서(Ⅱ) 채권집행, 한국사법행정학회(2023), 650~651면; 윤배경, "암호화폐에 대한 민사강제집행", 법률신문 2018. 4. 26.자.

4) 전승재/권헌영, 앞의 논문, 92~98면.

5) 주석 민사집행법(Ⅳ), 866~869면; 박영호 외 2인, 앞의 책, 636~641면.

가상자산은 유체성과 관리가능성이 없어 민법상 동산으로 볼 수 없고, 민사집행법상의 유체동산에 속한다고 보기는 더욱 어려우므로 유체동산으로의 집행은 불가능하고, 채무자가 직접 개인키를 보관하는 경우에는 제3채무자가 있을 수 없어 채권집행도 불가능하며,[1] 민사집행법 제251조 제2항이 그 밖의 재산권에 대한 집행과 관련하여 '제3채무자가 없는 경우에 압류는 채무자에게 관리처분을 금지하는 명령을 송달한 때 효력이 생긴다'고 규정하고는 있으나 이는 지적재산권, 전세권, 등기된 임차권 등과 같이 대외적인 공시인 등기·등록이 효력요건이나 대항요건인 경우에 한하여 이용되는 것이므로 채권집행을 준용하는 그 밖의 재산권으로서의 집행도 불가능하다고 한다.

나아가 이 설은 가상자산은 유체동산은 아니나 법개정을 통해 유체동산의 집행에 관한 민사집행법 제189조 제2항에 가상자산을 추가하여 유체동산 집행방법으로 하는 것이 가장 간명하다고 주장한다.[2]

③ **외국의 예** 일본은 전자기록채권에 대한 강제집행절차에 의하자는 견해, 동산집행방식으로 하자는 견해가 있으나 가상자산을 '그 밖의 재산권'으로 보면서 채권집행방식으로 한다는 견해가 학설의 대부분이라고 한다.[3] 현금화는 양도명령과 매각명령에 의한다고 한다.

독일의 경우에는 가상자산을 유체동산이나 채권집행으로 할 수 없고, 그 밖의 재산권에 관한 독일 민소법 제857조도 적용할 수 없으나 이는 규정의 흠결로서 강제집행에서 자유로운 영역이 형성되는 위험을 방지하기 위해 독일 민소법 제857조를 유추적용하여 가상자산 자체에 대한 강제집행으로 하자는 견해가 다수라고 한다. 이때는 압류명령의 송달로 집행한다고 한다.[4] 미국의 경우에는 채권압류방법으로 한다고 한다.

④ **검토 및 사견** 가상자산이 민법 제189조 제2항에 규정된 유체동산 간주대상인 관리할 수 있는 자연력에 해당하는지 여부는 논쟁이 가능하다.[5]

---

1) 정다영 "암호화폐 거래에 대한 민사법적 고찰", 민사법이론과 실무 22권 2호(2019), 85면.
2) 주석 민사집행법(Ⅳ), 868~869면; 박영호 외 2인, 앞의 책, 641~642면.
3) 이혜정/김정환/서용성, 앞의 보고서, 189면.
4) 이혜정/김정환/서용성, 앞의 보고서, 196~200면.
5) 유체동산집행설에 대한 반론으로, 가상자산의 재산으로서의 핵심 요소는 전자적 형태로 존재·거래되는 경제적 가치 있는 정보인데, 정보가 관리할 수 있는 유체물이나 자연력에 해당하지 않음은 명백하다는 것을 논거로 드는 견해도 있다. 이현종 "가상재산에 대한 민사강제집행", 민사집행법연구 제18권 제2호, 447면; 정영수, "가상자산의 강제집행에 관한 소고", 서울법학 제29권 2호(2021), 175면.

그러나 민사집행법 제189조 소정의 유체동산으로서의 집행대상이 되려면 물리적인 점유에 적합한 유체물이어야 하는데 가상자산은 물리적 실체가 없으므로 현행법하에서는 유체동산집행방법에 의할 수 없음은 명확하다. 더구나 유체동산의 집행은 집행관이 점유를 취득해야 효력이 발생하고 가상자산의 점유는 채무자의 지갑에서 집행관의 지갑으로 이전되는 것인데 유체동산집행방법으로 할 경우 채무자가 개인키(비밀번호)를 알려주지 않을 때 이를 강제할 규정이 없어 압류 자체가 불가능하게 될 우려가 있다.

집행불능설은 제3채무자가 없는 채권집행에 관한 제251조 제2항은 등기·등록으로 공시할 수 있는 채권에만 적용된다고 하는데 그렇게 한정한 근거가 없다. 제251조 제2항은 집행대상적격이 있는 재산을 남기지 않고 보충하는 취지를 갖고 있다는 점을 유념하여야 한다.[1] 집행불능성은 집행의 실효성도 언급하는데, 유체동산이 집행된 후에도 선의취득이 인정될 수 있듯이 전형적인 집행방법에서도 채무자에 대한 처분금지명령이 완벽하지 못한 것도 있다.

집행채무자가 직접 전자지갑을 보유하는 경우에도 집행이 가능하게 하려면 현행법상 가장 적합한 것은 그 밖의 재산권에 대한 집행방법이라고 보아야 할 것이다. 이런 견해가 일반적이다.[2] 국세징수법에서도 가상자산 관련 규정을 '그 밖의 재산권' 부분에 신설한 것도 참고가 될 것이다.

압류명령에는 압류의 취지와 채무자의 처분금지를 기재한다. 압류의 실효성확보와 환가를 위해서는 압류단계부터 채무자의 지갑에 있는 가상자산을 집행관의 지갑으로 이전하는 명령이 필요하다. 채무자가 압류명령에도 불구하고 개인키(비밀번호)를 공개하지 않는 경우에는 현행법 하에서도 재산명시절차에 의한 강제는 가능하다고 볼 것이다.[3] 집행권원이 금전채권인 경우에도 간접강제에 관한 제261조를 준용할 수 있는가. 제261조는 집행권원이 비금전채권인

---

1) 中野貞一郎/河村正明, 民事執行法, 青林書院(2016), 770면.

2) 이현종, 앞의 논문 449면; 정영수, 앞의 논문, 176면; 이혜정/감정환/서용성, 앞의 보고서, 215면; 임성민, 앞의 논문, 3면; 전휴재, 앞의 논문, 100~101면 등.

3) 주석 민사집행법(Ⅳ), 878면; 박영호, "가상화폐와 강제집행", 재판자료(141), 400면; 中島弘雅, 앞의 논문 102~103면. 中島弘雅 103~104면은 재산명시절차 외에 채권집행에서의 채권증서인도 규정을 유추하여 비밀번호개시청구의 인정을 생각할 수 있다고 한다. 입법안으로 법원이 채무자에 대하여 가상자산을 집행관에게 이전할 것을 명하는 '가상자산 이전명령'제도의 신설을 제안하면서 재산명시절차로 기인키 제공을 명하는 것에 회의를 표시하는 견해도 있다. 이혜정/감정환/서용성, 앞의 보고서, 215, 227면.

부대체적 작위채무 또는 부작위채무 등 '하는 채무'의 불이행에 관한 집행방법이고, 그 밖의 재산권에 관한 제251조에서 정한 준용의 대상에 해당하지 않으므로 현행법의 해석으로는 어렵다고 보아야 할 것이다. 가상자산에 대한 집행의 효율성을 위해 입법을 통해 도입할 필요가 있다.[1)]

현금화는 압류한 가상자산 자체는 금전채권이 아니므로 추심명령이나 전부명령은 불가능하고 매각명령이나 양도명령을 이용할 것이다.

(3) 집행채권이 비금전채권(가상자산 이전 · 인도청구권)인 경우

채권자의 채무자에 대한 가상자산 이전(인도)청구권은 계약 등의 내용에 따라 특정물 인도청구권일 수도 있으나 그와 같이 볼 약정이 없다면 종류물 인도청구권으로 보는 것이 일반적이다.[2)]

1) 집행채무자가 자신의 전자지갑에 보관하는 경우[3)] 채권자가 채무자에게 특정 가상자산의 이전(인도)를 청구할 수 있는 채권은 '주는 채무'라기보다는 '하는 채무'라고 보아야 한다. 가상자산 이전(인도)청구권의 실효적인 집행을 위해서는 채무자의 협력(암호의 공개)이 필수적이다. 주는 채무의 집행방법은 직접강제로서 채무자의 행위가 개입되지 않아도 집행할 수 있는 것이 본질인데, 가상자산의 경우에는 채무자의 작위행위 없이 그 점유를 이전(이체)할 수 없기 때문에 주는 채무로 보기는 어렵다. '하는 채무' 중에서도 채무자 외의 제3자가 대신할 수 없는 부대체적 작위채무에 속한다.[4)]

채무자가 개인키 번호를 알려주지 않을 경우 이를 강제할 방법은 무엇인가. 가상자산 이전(인도)청구권은 집행권원이 비금전채권이고, 부대체적작위의무에 속하므로 간접강제에 관한 제261조를 준용하는데 무리가 없다고 본다.[5)]

한편 대법원은 채권자가 본래적 급부청구에 이를 대신할 전보배상을 부

---

1) 일본은 민사집행법 제173조를 개정하여 물건의 인도, 명도채무 및 대체적 작위의무의 경우 간접강제를 허용하고, 간접강제의 보충성을 포기한 것이 참고가 될 것이다.

2) 전승재/권헌영, 앞의 논문, 91면.

3) 법리상으로는 제3자가 독립된 권원에 기초하여 가상자산을 보유하는 것이 아니고, 채무자의 보조자에 불과할 때에도 같이 보아야 할 것이다. 다만, 가상자산의 이전을 위해서는 개인키의 오픈이 핵심이므로 가상자산의 집행에서 보조자인지 여부는 채무자가 개인키 번호를 알고 있는지, 아니면 제3자만이 개인키 번호를 알고 있는지로 구분하여야 할 것이다.

4) 동지; 주석 민사집행법(Ⅳ), 877면; 박영호, 앞의 논문, 411면. 반면에 '주는 채무' 중 종류채권에 속하고, 동산인도집행에 관한 제257조를 유추적용하여 직접강제를 허용하자는 견해는, 전휴재, 앞의 논문, 108~111면.

5) 동지; 주석 민사집행법(Ⅳ), 877면; 서울중앙지법 2024. 7. 29, 2024카합20507.

가하여 대상청구를 병합하여 소구하는 것을 허용하는데,[1] 집행채권이 가상자산이전(인도)청구권인 경우에는 집행불능이 될 가능성이 높아 실무상 이를 이용하는 예도 있다.[2]

2) 채무자가 제3자에게 가상자산 이전(인도)**청구권을 가진 경우** 이 경우에는 채무자가 개인키를 보유하는 것이 아니고 자신이 제3자에게 가지고 있는 이전(인도)청구권을 채권자에게 넘기는 것이므로 채무자의 특별한 작위가 필요하지 않다. 그러므로 부대체적 작위채무로 볼 필요없이 '주는 채무'로 보고 그 일반적인 집행방법에 따르면 된다. 금전채권 외의 채권에 기초한 강제집행 규정 중 인도할 동산을 제3자가 점유하고 있는 경우에 활용되는 제257조, 제259조를 준용하여 집행하면 될 것이다.[3] 채무자가 제3자에게 가상자산의 이전(인도)을 구할 채권이 있을 때[4]에는 집행법원이 채무자의 제3자에 대한 이전(인도)청구권을 압류하여 그 이전(인도)청구권을 채권자에게 넘겨주는 이부명령으로 하는 것이다(259조, 규 190조).[5] 이부명령은 추심명령에 준한다.

제3자가 계약 등에 의하여 가상자산을 점유(보관)할 독립된 지위(권원)를 갖고 있는 경우에는 변론종결후의 승계인에 해당하지 않는다. 채무자에 대한 집행권원은 제3자에게 집행력이 미치지 아니하고 승계집행문을 받을 수가 없으므로 제3자를 집행채무자로 하여 집행하려면 별도의 집행권원이 필요하다. 통상 채무자를 대위한 대위소송이 본안이 될 것이다. 이와 같이 제3자에게 집행력이 미치지 않는 경우를 상정하여 제259조를 둔 것이다.

---

1) 대법 2011. 8. 18, 2011다30666 · 30673.

2) 서울중앙지법 2020. 4. 21, 2018가단5083389; 동 2021. 7. 13, 2020가단5269629 등.

3) 금전집행에서는 가상자산을 유체동산이 아니라고 하고는 비금전집행에서는 동산인도청구권에 관한 규정을 준용하자는 것이 논리적 일관성이 없다고 의문을 제기할 수도 있을 것이다. 그러나 민사집행법은 동산인도청구권에 관한 제257조와 부동산 등의 인도청구권에 관한 제258조 등 두개의 조문만을 두고 있다. 가상자산인도청구권도 비금전채권인 인도청구권인데 그 성질상 부동산의 인도보다는 동산인도에 관한 규정이 적절할 것이다.

4) 채무자가 가상자산사업자(거래소)에게 가상자산을 위탁한 경우에도 이용계약상 채무자가 가상자산 자체의 이전(인도)을 구할 수 있다면 동일하게 적용할 수 있을 것이다.

5) 전휴재, 앞의 논문, 127면; 전승재/권헌영, 앞의 논문, 106면; 윤배경, "가상화폐에 대한 강제집행의 제문제와 특별현금화 방안에 대한 제언", 변호사 제51집, 서울지방변호사회(2018), 127면.

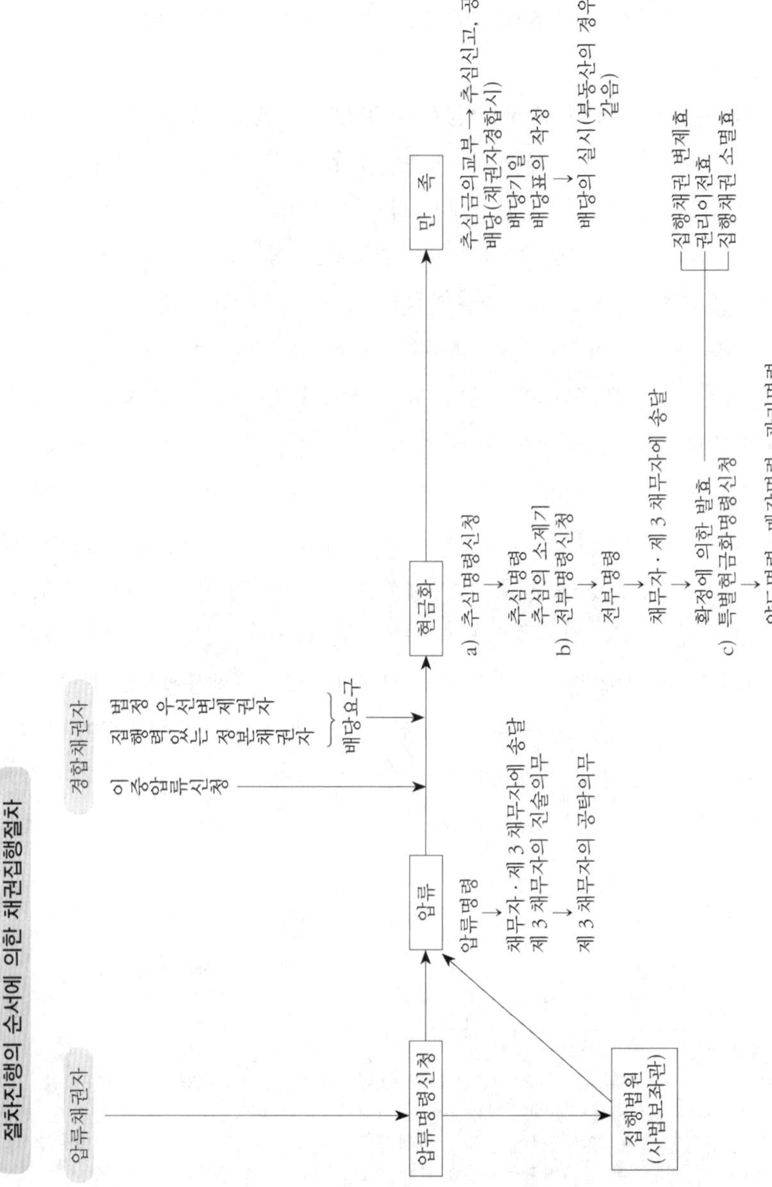
절차진행의 순서에 의한 채권집행절차
압류채권자
경합채권자
이중압류신청
법정 우선변제권자
집행력있는 정본채권자
배당요구
압류명령신청
압류
현금화
만 족
집행법원
(사법보좌관)
압류명령
채무자 · 제 3 채무자에 송달
제 3 채무자의 진술의무
제 3 채무자의 공탁의무
a) 추심명령신청
추심명령
추심의 소제기
b) 전부명령신청
전부명령
채무자 · 제 3 채무자에 송달
확정에 의한 발효
c) 특별현금화명령신청
양도명령 · 매각명령 · 관리명령
추심금의교부 → 추심신고, 공탁
배당(채권자경합시)
배당기일
배당표의 작성
배당의 실시(부동산의 경우와 같음)
집행채권 변제효
권리이전효
집행채권 소멸효

도표 2-15 집행대상별 집행절차의 비교

집행순서 / 집행대상	압류결정	효력발생 시기	압류효력	현금화	배당	비율
부동산＝ 등기부기입집행(집행법원)	경매개시 결정 채무자의 소유여부 무심사 (다른 사람 소유－제3자이의의 소)	채무자송달시나 기입등기시 중 선착시	처분 금지효 기입등기 후 제3자의 취득은 무효(개별상대효)	① 경매준비－매각기일·매각결정기일의 공고·통지, 현황조사, 감정평가, 매각물건명세서 ② 경매실시－호가경매, 기일·기간입찰	복잡한 배당표 작성에 의한 배당 실시, 배당이의·부당이득반환청구 많음	80,729(2023년) 강제경매: 35,964 (집행권원＋집행문) 임의경매: 65,181 (담보권존재증명서류)
채권집행＝ 명령송달 집행 (집행법원)	압류명령 제3채무자에 대한 채권존부 무심사(다른 사람 채권 — 위와 같음)	제3채무자 송달시	처분·영수금지(채무자) 지급금지(제3채무자)→진술의무, 공탁의무, 상계—민498조	경매없음 추심명령, 전부명령, 특별현금화 명령	없음(전부명령), 있지만 예외적임(추심명령)→추심신고·공탁→배당 실시	채권 및 그 밖의 재산권: 1,057,980건 (2023년) (일본 2011년－433,596건)
유체동산 (집행관)＝ 점유집행	집행관의 점유－채무자 소유 무심사(다른 사람 물건－제3자이의의 소)	채무자에 보관－망실우려－봉인	처분 금지	경매준비 단순(최저매각가격이나 경매기일 신문공고 없음) 주로 호가 경매, 예외 기일입찰 (closed sale의 문제)	경매현장에서 압류채권자에게 배당	통계없음

* 부동산집행은 비용과다(집행관매각 수수료, 현황 조사비·감정비, 신문공고비, 송달료 등)＋많은 시간＋절차복잡 → 소액집행채권은 이용 어려움.
채권집행은 집행비용 저렴＋단기간(특히 압류와 현금화의 동시 신청 때문)＋채권자경합문제 있음. 그러나 제3채무자가 집행채권자에 임의이행하지 않으면 추심의 소나 전부금청구의 소제기의 번잡(단, 집행채권의 부존재·소멸은 청구이의의 소 대상이나 피압류채권의 부존재·소멸은 당해 소송에서 항변가능).

** 투자신탁수익증권의 환매청구권집행: 신탁회사/종합금융회사 발행의 신탁수익권. 제1차적으로 판매회사(투자매매업자·투자중개업자), 제2차적으로 판매회사의 해산 등 사유 있으면 자산운영회사(집합투자업자), 제3차적으로 자산운영회사의 해산 등 사유있으면 신탁회사(투자재산보관·관리자)에 순차청구권이 있으므로(수익증권약관에 따른 차이), 특별한 사정이 없는 한 판매회사를 제3채무자로 한 압류 신청 → 추심명령받아 환매권행사. 신탁수익권에 대한 집행은 고주현, 앞의 논문 참조.

제 6 장 비금전집행

제 1 절 서 설

지금까지는 채권자가 가진 금전채권을 집행하고자 할 때의 금전집행을 설명하였다. 이 장에서는 채권자가 금전채권 외의 채권을 갖고 있을 때에 이를 만족하기 위한 강제집행인 비금전집행에 대하여 본다. 비금전집행은 금전집행과 달리 집행수단으로서 압류 → 현금화 → 만족이라는 3단계를 예정한 것 이외의 것을 말한다. 현행법은 비금전집행으로 7개 조문을 규정한 데 그치나(257조~263조), 채권이 무엇을 목적으로 하는 것인가에 따라 그 집행절차의 구조를 크게 달리한다.

비금전집행의 대상이 되는 채권은 유체물의 인도를 목적으로 한 것과 채무자에게 일정한 작위 등을 구하는 것으로 대별할 수 있다. 이른바 「주는 채무」와 「하는 채무」의 대별인 것이다. 앞의 집행절차는 다시 집행의 대상으로 되는 물건이 부동산이냐 동산이냐에 의하여, 뒤의 것은 채권자가 채무자의 작위·부작위 혹은 의사표시를 구하는가에 따라 각기 절차를 달리 한다. **「주는 채무」**인 물건의 인도청구권의 집행방법은 채무자의 목적물에 대한 점유를 빼앗아 채권자에게 인도하는 직접강제에 의한다. 집행관이 집행기관으로서 행한다. **「하는 채무」**는 그 성질상 직접강제의 방법이 없으며, 우리 법에서는 ① 채무자가 해야 할 행위를 채권자나 제3자로 하여금 실시하도록 하고, 그 실시에 소요되는 비용을 채무자로부터 추심하는 대체집행, ② 채무자 자신에게 본래의 의무내용을 간접적으로 강제하는 간접강제, ③ 의사표시를 할 것을 채무자에게 명하는 판결로써 채무자가 「의사표시를 한 것으로 보는」 방법을 인정할 뿐이다.

현행법의 집행방법의 전체적 구도는

(i) 금전채무 및 물건의 인도채무 → **직접강제**(집행관, 집행법원)

(ii) 대체적 작위·부작위 채무→ **대체집행**(채권자나 제3자)

(iii) 부대체적 작위·부작위 채무→ **간접강제**(제1심법원)

(iv) 의사표시채무→ **판결확정이 곧 집행**(집행기관 무개입)

제2절 물건인도청구의 집행

이는 앞서 본 유체물인도청구권에 대한 집행과는 구별하여야 한다. 앞서 본 것은 채무자가 유체물인도청구권인 재산을 갖고 있을 때이고, 이 곳에서 살피는 것은 채권자가 인도판결 등으로 집행권원화된 유체물인도청구권을 갖고 있는 경우임을 주의할 필요가 있다.

Ⅰ. 동산인도청구의 강제집행

채권자가 집행권원이 된 동산인도청구권을 갖고 있을 때에 이의 실현을 위한 동산인도의 강제집행은 제257조가 규율하는 집행방법에 의한다. "피고는 원고에게 훈민정음원본을 인도하라"는 판결에서 그 급부를 명한 부분의 집행 문제이다.

1. 집행목적물

동산인도집행의 대상은 엄밀하게는 유체동산이다. 부동산·선박 이외의 것으로서 동산으로 취급되는 유가증권도 포함된다(주권의 인도를 구하는 채권적 청구권, 어음·수표의 반환을 구하는 물권적 청구권의 집행이 그러하다). 반드시 특정동산에 한하지 않고 대체물의 일정한 수량도 해당된다. 집행은 집행관이 채무자로부터 목적물을 빼앗는 방법에 의하며 일종의 압류라고 할 수 있다. 그러나 이것은 금전채권 집행에서와 같은 현금화를 목적으로 하는 것이 아니므로 목적물에 재산가치가 있는가, 압류금지물에 해당되는가 등은 문제되지 아니한다. 다만 그 목적물이 유체물일 것을 요한다. 집행할 때 집행관이 목적물을 채무자로부터 빼앗을 필요가 있기 때문이다. 전기나 열과 같은 지배가 가능한 자연력은 그 공급의무를 이행하기 위하여 특별한 장치나 조작을 필요로 하기 때문에 '하는 채무'에 속하므로 동산인도집행에 의할 수 없고 대체집행이나 간접강제방법에 의하여야 한다. 수돗물이나 가스의 공급도 마찬가지이다. 다만 용기에 들어있는 물이나 가스는 동산인도청구의 집행에 의한다.[1)]

가사소송법상 **유아인도**는 심판으로도 판결로도 할 수 있으며 가집행선고까지 붙일 수 있어(가소 42조) 집행이 가능함은 의문이 없지만, 인도의 집행방법에 명문의 규정이 없어 견해대립이 있다. (i) 동산인도에 준하여 집행관이 빼앗을 것이라는 직접강제설,[2)] (ii) 인도하지 아니할 때에 배상명령을 하여 간접강제할 것이라는 간접강제설,[3)] (iii) 구체적 사안을 보아 직접강제나 간접강제에 의하여 양자를 병용하자는 절충설[4)]이 있다. 절충설은 의사능력이 없는 유아의 인도청구권의 집행은 직접강제에 의할 수 있으나,[5)] 의사능력이 있는 유아의 경우에는 그가 반항하면 집행불능이 될 수밖에 없고,[6)] 집행관으로서도 유아의 의사에 반하여 행동을 속박할 수 없으므로 채무자에 대하여 채권자의 인수를 방해하지 않을 부작위의무의 집행만을 인정해야 한다고 한다.

이에 우리 가사소송법은 입법적으로 접근하여, 제64조에서 이행명령 규정을 두고 이를 위반한 경우 1,000만원 이하의 과태료(67조 1항)를 부과하고, 과태료 제재를 받고도 불이행하는 경우 30일 내의 감치명령의 제재를 하는 등 강한 간접강제에 의한다. 다만 가사소송법의 규정이 신설되었다고 하여 본조에 의한 직접강제가 불가능하다는 것은 아니므로 원칙적으로 가사소송법에 의한 간접강제에 의하고, 이것만으로는 실효성이 없거나 긴급한 사정이 있는 경우에는 직접강제에 의하는 것으로 해석하는 것이 다수이고 실무이다.[7)]

우리나라가 가입한 '헤이그 국제아동탈취협약'에 따라 탈취된 16세 미만의 아동에 대한 인도집행에는 제257조를 준용하되 '유아인도를 명하는 재판의 집행절차'를 준용하지 아니하여 집행의 실효성을 높였다.

---

1) 법원실무제요, 민사집행(Ⅳ), 551면; 박두환, 609면.
2) 박두환, 610면; 兼子一, 增補强制執行法, 278면.
3) 日 注解執行(5)(鈴木重信), 62면; 日 注釋執行(7)(高世三郞), 239면.
4) 법원실무제요, 민사집행(Ⅳ), 553면; 주석 민사집행법(Ⅳ), 986면.
5) 대법 2002. 11. 28, 2002으4 및 "유아인도를 명하는 재판의 집행절차(재특 82-1)", 재판예규 제917-2호.
6) "유아인도를 명하는 재판의 집행절차(재특 82-1)", 재판예규 제917-2호.
7) 법원실무제요, 민사집행(Ⅳ), 553면; 주석 민사집행법(Ⅳ), 987면.

2. 집행방법

집행기관은 **집행관**이다. 집행관은 집행채권자의 신청이 있을 때만 집행에 착수한다. 집행기관인 집행관은 채무자로부터 특정한 동산이나 대체물의 일정한 수량을 **빼앗아** 어떠한 방법으로든 이를 채권자에게 **인도한다**(257조). 따라서 채무자가 목적물을 **직접점유**할 필요가 있으며, 간접점유에 그칠 때에는 이 집행은 불능이 된다. 집행관은 **저항배제**를 위하여 경찰 또는 국군의 원조를 요청할 수 있으며, 필요한 경우에 채무자의 주거 · 창고 · 금고 · 그 밖의 장소를 수색하고 잠근 문과 기구를 따고 여는 등 강제력을 행사할 수 있다(5조). 부동산인도집행의 경우와 마찬가지로 제258조 3항 내지 6항을 준용하여, 집행관은 집행목적물이 아닌 동산을 제거하여 이를 채무자에게 인도하거나 또는 이를 인도할 수 없을 때에는 보관 또는 매각할 수 있다. 집행목적물을 제3자가 점유하는 때에는 금전채권압류의 규정에 의하여 채무자가 제3자에 대하여 갖는 유체동산인도청구권을 압류하여 채권자에게 넘겨주는 방법에 의한다(250조). 집행관이 인도할 목적물을 찾지 못했을 경우에 우리 법에는 아무런 대책이 없다. 독일법은 이러한 경우에 채권자의 신청이 있으면 채무자는 목적물을 자기가 소지하고 있지 아니하며 어디에 있는지도 모른다는 내용의「선서에 갈음한 보증의무」를 부과하였다(ZPO §883 Ⅱ · Ⅲ).

Ⅱ. 부동산 · 선박 인도청구의 강제집행

부동산 인도청구권 등의 집행은 직접 부동산에 대한 채무자의 점유를 빼앗아 채권자에게 그 점유를 취득하게 하는 직접강제 방법에 의하여 진행하므로(258조 1항), 집행의 대상자는 집행권원에 표시된 채무자 본인이고, 목적물을 제3자가 점유하고 있는 경우에는 인도집행을 할 수 없다. 따라서 집행관은 부동산인도 집행을 개시함에 있어 집행권원에 표시된 채무자가 목적물을 점유하는지를 스스로 조사 · 판단하여야 한다. 다만 간접점유자가 직접점유자를 통하여 부동산을 간접적으로 점유하는 경우에는 부동산에 대한 인도청구권을 집행하는 채권자가 직접점유자에 대하여 인도집행을 마치면 간접점유자에 대하여도 집행이 종료한 것으로 볼 것이다.[1)] 대표적으로 채무자의 집행저항에 당면하는 집행이며, 경찰에 집행원조를 요청하여도 "팔장끼고" 방관하는 일이 다반사라 하여 비판이 자자하다.[2)]

1. 집행목적물

여기서 말하는 부동산이란 토지, 건물과 등기된 입목(입목에 관한 법률)만을 말하고, 부동산집행에서 부동산으로 보는 권리나 부동산에 관한 규정이 준용되는 공장재단·광업재산·광업권·어업권 등은 여기에서 말하는 부동산이 아니다.[3)] 1개의 부동산의 일부도 물리적으로 다른 부분과 구분할 수 있고 독립된 효용을 가지는 한 인도집행의 목적물이 될 수 있지만 부동산의 지분은 인도집행의 목적이 아니다. 공유지분의 매수인은 실체법상 당연히 매도인에 대하여 목적물 전부에 대한 인도청구권을 갖는 것도 아니고, 인도집행은 공유지분 자체의 만족을 도모하기 위한 수단이라고 말할 수 없기 때문이다. 목적물인 부동산의 종물인 동산은 제3자 소유임이 명백하지 아니하는 한, 목적물과 함께 채권자에게 인도할 것이다. 여기의 부동산에는 등기·등록의 유무나 그 명의인, 그리고 소유권 귀속여부는 문제되지 않는다.

선박은 원래 동산이지만 이 조문에서는 그 대소, 등기의 유무, 국적을 불문하고 이를 부동산과 같이 취급한다. 따라서 20톤 미만의 선박도 포함되고 단수 등도 포함된다. 선박의 인도는 그 안에 거주하는 사람을 퇴거시킬 필요도 있어 부동산 명도와 같은 방법으로 집행하는 것이다.

2. 집행방법

(1) 집행관은 집행권원에 표시된 채무자가 목적물을 점유하는지 여부를 조사·판단함에 있어 그 개연성을 인정할 수 있는 외관과 징표에 의하여서만 판단할 수 있을 뿐이고 실질적 조사권은 없더라도, 집행권원 등 관련 자료를 조사하면 쉽게 그 점유관계를 판단할 수 있는 경우에는 이를 조사·판단하여야 한다. 한편 점유사실을 인정하거나 점유자가 누구인지 판단하는데 주민등

1) 대법 2000. 2. 11, 99그92.
2) 이형구, "부동산인도집행의 효율적 방안에 대한 소고", 민사집행법연구 제15권, 224면 이하.
3) 법원실무제요, 민사집행(Ⅳ), 558면.

록표 등본이나 사업자등록증은 중요한 자료이지만 유일한 자료는 아니다.[1]

(2) 법은 넓게 인도라고 했으나, 명도도 포함된다. 좁은 의미의 **인도**(引渡)는 집행관이 채무자로부터 점유를 빼앗아 채권자에게 점유를 이전하는 것이고, **명도**(明渡)는 채무자로부터 점유를 빼앗으면서 목적물 속에 있는 채무자 등의 동산을 거두거나 거주하는 사람을 퇴거시켜 점유를 채권자에게 이전시키는 것을 말한다. 명도는 깨끗하게 비워 점유이전함을 뜻하는 것으로 실무상 건물의 경우에 명도를, 토지의 경우에 인도를 사용한다. 판례는 토지인도를 명한 집행권원에 그 토지와 독립하여 그 토지의 전부에 걸쳐 심어져 있는 채무자 소유의 감귤나무의 수거를 명하는 기재가 없는 이상 집행관이 그 감귤나무를 그대로 두고 토지인도를 집행할 수 없다고 하였고,[2] 또 토지인도를 명한 집행권원의 효력(토지 자체의 압류의 경우는 부합물로 되어 별론)은 그 지상의 **건물이나 수목의 인도**에까지 미치는 것이 아니므로 지상건물이나 수목을 그대로 둔 채 토지에 대한 인도집행은 할 수 없다고 하였다.[3] 토지인도판결의 집행력의 물적 범위를 정한 판례인데, 그 때문에 토지인도청구를 할 때는 지상의 수목수거나 건물철거청구를 함께 하여 판결을 받아 인도집행을 할 것이다.

문제는 건물명도집행에 있어서 **건물 내의 동산**이 채무자의 소유가 아님을 알면서도 채권자가 집행관에게 명도집행을 위임한 경우이다. 판례는 건물명도의 강제집행은 당해 건물에 대한 채무자의 점유를 배제하고 채권자에게 그 점유를 취득케 함으로써 종료되는 것이고, 당해 건물 내에 있는 집행목적 외의 동산의 처리는 종료된 강제집행에서 파생된 사무적인 부수처분에 불과한 것이므로, 채권자가 채무자 소유가 아님을 알았다고 하여 그 명도집행이 위법이라 할 수 없다고 했다.[4]

(3) 점유를 이전시킴에 있어서 집행기관인 집행관은 실력을 행사할 수 있다. 따라서 동산인도집행의 경우와 마찬가지로 필요한 경우에는 채무자의 주

1) 대법 2022. 6. 30, 2022그505(집행관은 이러한 자료뿐만 아니라 실제의 점유상황과 그 밖의 사정 등을 종합적으로 살펴 점유사실의 인정 내지 점유자를 특정하여야 하고, 특히 영업장 등의 점유자는 사업자등록증, 간판, 상호, 영수증, 기타 영업장 내의 부착물이나 집기, 각종 우편물, 납세고지서 등으로 점유자를 확인하고, 이를 통하여도 채무자의 점유를 확인할 수 없는 경우에 이르러야 집행불능으로 처리할 수 있다).

2) 대법 1980. 12. 26, 80마528.

3) 대법 1986. 11. 18, 86마902.

4) 대법 1996. 12. 20, 95다19843.

거 · 창고, 그 밖의 장소를 수색하고 잠근 문과 기구를 여는 등 적절한 조치를 취할 수 있다(5조 1항). 부동산인도집행은 채권자나 그 대리인이 집행장소에 인도받기 위하여 출석한 때에 한하여 한다(258조 2항). 집행관은 채권자의 대리인이 아니므로 점유자가 집행관에게 점유부동산의 열쇠를 교부하여도 그 명도의무를 이행한 것이 되지 아니한다. 집행관이 채무자 등의 점유를 실력으로 배제하는 과정에서 흔히 저항을 받게 되는데 이때 저항배제를 위하여 경찰 또는 국군의 원조를 요청할 수 있다(5조 2항). 강제권을 어느 정도로 행사할 것인가는 저항의 강도를 고려하여 비례원칙을 지킬 것이다. 집행관은 직무수행과정에서 기술자 또는 노무자를 보조자로 사용할 수 있는데(집행규 26조), 인도집행에서 용역업체를 동원하는 경우가 많다. 그러나 용역비는 집행관 수수료에 포함되지 않는다.

(4) 채무자의 주거에서 명도집행을 실시하려는데 채무자나 그 친족 · 고용인이 없어 만나지 못한 때에는 성년 2명이나 구청/동(주민센터) 직원, 시 · 읍 · 면 직원/경찰관 1명을 **증인**으로 참여시켜 집행하면 된다(동규칙 6조). 채무자측이 없다고 명도집행이 불능이 되는 것은 아니다.[1)]

(5) 채권자가 부동산인도집행을 바로 단행하도록 요구할 때는 별론으로 하고, 첫번째 기일에는 집행관이 인도의 유예기간을 주면서 그 때까지 임의이행을 권고하는 강제집행예고를 하는 것이 실무이다. 독일에서는 주거명도집행에는 **명도유예기간제도**(ZPO §721)를 두어 채무자를 보호한다. 일본 2003년 개정법은 부동산인도집행방해에 대비하여 다음과 같은 획기적인 개혁을 하였다.

첫째, **명도최고제**를 제도화하여 집행관은 1개월을 경과하는 날을 명도기간으로 정하여 명도최고를 하고 그 뜻을 부동산소재지에 공시서로 공시한다. 최고를 받은 채무자는 부동산의 점유를 이전해서는 안 되며, 최고받은 뒤에 점유이전을 하였을 때에는 명도기간 내이면 승계집행문 없이 명도집행을 가능하게 하였다. 둘째, 채무자에 의한 저항위험에 대비하여 물건의 인도채무에 대하여도 직접강제 외에 **간접강제**도 가능하게 하였다. 셋째로, 부동산의 점유자를 점유의 승계로 점차 바꿔 나가는 방법으로 행하는 집행방해에 대처하기 위하여 승계인 등을 특정하지 아니하는 **불특정승계집행문**제도와 채무자 불특정의 점유이전금지가처분제도를 채택하였다.

1) 박두환, 613면.

부동산명도집행에서 '가진 자의 횡포' 운운하면서 법치무시 · 집행저항이 극심한 우리 현실에서 일본의 새 제도를 '피안의 불'로만 바라볼 것이 아니다.

3. 집행목적이 아닌 동산의 처리

(1) 본집행의 목적은 부동산 또는 선박의 인도인데, 문제는 부동산 속에 남아 있는 채무자의 동산이나 집행대상이 아닌 부동산의 종물 이외의 물건[1]을 어떻게 처리할 것인가이다. 채권자가 이를 버리면 안 된다. 법은 이때에 집행관이 이를 제거하여 ① **채무자**에게 인도, ② 그가 없을 때에는 채무자와 동거하는 사리분별의 지능이 있는 **친족** 또는 **채무자의 대리인**이나 고용인에게 인도하고(258조 3항 · 4항), 누구에게 무엇을 인도하였는지를 집행조서에 적도록 하였다(규 189조 1호). ③ 채무자나 대리인도 없어 인도할 수 없을 때에는, 집행관은 집행조서에 동산을 표시하고(규 189조 2호), 집행관이 스스로 보관하거나 채권자 또는 채무자의 비용으로 제3자(등록된 보관업자(이삿짐물류센터)를 보관인으로 선임하여 **보관**하게 할 수 있다(258조 5항).[2]

집행관이 목적외 동산을 스스로 보관하지 않고 채권자의 승낙을 얻어 그에게 보관하게 한 경우, 채권자가 그 동산을 보관하던 중 이를 분실하는 때에는 채권자가 그 보관에 필요한 계약상의 주의의무의 위반으로 손해배상책임을 진다.[3]

(2) 보관된 동산에 대하여 채무자가 그 수취를 게을리할 때에는 집행관은 집행법원의 허가를 받아 동산의 매각절차에 따라 이를 매각하고, 비용을 뺀 뒤에 나머지 **대금을 공탁**하여야 한다(258조 6항). 부동산인도집행을 한 경우에 그 목적물 안에 압류 · 가압류 또는 가처분의 집행이 된 동산이 있었던 때에는 그 집행을 한 집행관에게 그 취지와 그 동산에 대하여 취한 조치를 통지하여야 한다(규 188조). 집행목적물이 아닌 동산을 제거하여 보관하는 것이 불가능하거나 현저히 곤란한 경우는 제258조 6항에 따라 그 동산을 매각할 수 있다.[4]

1) 예를 들면 장기간 방치한 가구, 의류, 애완동물, 건물에 붙은 광고용 공작물.
2) 대법 2020. 9. 3, 2018다288044(이때 발생한 보관비용에 관하여 동산에 유치권을 행사할 수 있다); 대법원행정예규 제897호 집행절차에서의 보관업자 등록 등에 관한 예규.
3) 대법 1996. 12. 20, 95다19843; 동 2008. 9. 25, 2007다1722.
4) 대법 2018. 10. 15, 2018그612.

Ⅲ. 제3자점유의 인도집행

인도집행의 인적 범위에 관한 문제이다. 목적물을 제3자가 점유하는 경우의 인도집행은 유체동산이든 부동산이든 공통적으로 문제되지만, 주로 많이 문제되는 부동산의 경우를 본다. 예를 들면 甲이 乙에 대하여 건물명도판결을 받아 집행력 있는 정본을 갖추었는데 집행목적물을 집행채무자나 변론종결 후의 승계인이 아닌 제3자 丙이 점유하고 있는 경우이다. 네 가지로 나누어 본다.

1) 그 제3자가 채무자와 함께 거주하는 가족이나 동거인 또는 피고용인 등일 때에는 사회통념상 그들이 채무자와 별개의 독립한 점유를 가진다고 인정되는 특별한 사정이 없는 한 채무자와 함께 명도의무를 진다(민 195조 참조). 이들에 대한 집행권원이 따로 필요 없다. 문제는 부부동거가옥의 명도집행이다. 남편에 대한 명도집행권원으로 처를 강제퇴거시킬 수 있는가이다. 이에 대하여서는 오래전부터 논란이 있었다. 처가 공동거주의 외형이나 이용상황 등에 비추어 독립한 점유권원을 갖고 있다고 인정되지 아니하면 점유보조자로 보아 남편의 명도집행권원으로 처를 강제퇴거시킬 수 있다 할 것이다.[1] 그러나 처가 남편과 공동임차권자, 공동채무자 등 독립된 점유권원이 있음이 명백하면 별론이지만, 독립권원이 있는지 여부가 문제되면 실체법에 관계되므로 제3자이의의 소로 가릴 것이다.[2]

2) 목적물의 **임차인·전차인** 등 독립한 지위를 갖는 자라면 그에 대해서는 집행력이 미치지 아니하여 승계집행문을 부여받을 수는 없고 그 자에 대한 별도의 집행권원을 필요로 한다. 그러나 이러한 자가 채무자에 대하여 당해 부동산의 인도의무를 부담하고 있을 때에는 금전채권에 대한 집행 규정대로 집행법원은 채무자의 제3자에 대한 인도청구권을 압류하여 그 인도청구권을 채권자에게 넘겨주는 **이부명령**(移付命令)에 의하도록 하였다(259조; 규 190조). 이부명령은 추심명령에 준한다. 예를 들면 채무자인 임차인이 전차인(轉借人)에게 임대차기간의 만료 후에 보증금을 돌려줌으로써 채무자가 제3자인 전차인에게 명도청구권을 갖고 있는 경우에 이와 같은 집행을 한다. 채무자가 제3채

1) 주석 민사집행법(Ⅳ), 1014면; 법원실무제요 민사집행(Ⅳ), 562면; 김홍엽, 421면; 전병서, 480면. 일본 동경고재 1956. 6. 29. 독일에서도 통설이라고 한다(Stein/Jonas/Münzberg, §885 Rdnr. 9ff.).

2) 中野/下村, 297면; Thomas/Putzo/Seiler, §885 Rdnr. 4ff.

무자에게 갖는 인도청구권은 채권적 청구권이든 물권적 청구권이든 불문한다.

3) 부동산인도판결의 패소자인 채무자를 위하여 **목적물을 소지하는 자**, 예를 들면 수치인·운송인·관리인 등에 대해서는 승계집행문을 부여받아 집행할 수 있다(민소 218조 1항). 이 경우는 목적물의 소지자가 직접 채무자가 되는 것이므로, 목적물을 제3자가 점유하는 경우의 인도집행과는 다른 문제이다.

다만 간접점유자에 대한 집행이 문제인데, 직접점유자에 대한 집행권원도 함께 취득한 경우이면 직접점유자에 대한 인도집행을 마치면 간접점유자에 대하여도 집행이 종료된 것으로 본다.[1)]

4) 부동산인도판결이 난 경우에 목적물에 대하여 제3자의 **점유시기가 불분명**할 수 있다. 판결의 변론종결 전인지 그 뒤인지 알 수 없을 때이다. 생각건대 당사자가 점유승계사실을 소송과정에서 진술한 바 없는 것이 사실이면 변론종결 후의 점유승계인으로 추정되는 민소법 제218조 2항의 규정이 있으므로 이를 활용하여 승계집행문을 받아 인도집행을 할 수 있다고 할 것이다.

제 3 절 작위·부작위·의사표시의 집행

채권자가 채무자에 대하여 집행권원이 된 작위·부작위·의사표시청구권을 갖고 있을 때에 이를 강제실현하는 절차이다. 특히 작위·부작위의 집행방법은 이를 준용하는 가처분명령이 집행권원이 되어 집행하는 때에 큰 몫을 한다.

I. 서 설

1. 현재의 통설·판례의 입장

작위·부작위·의사표시의무의 집행방법은 다음과 같은 원칙에 의한다.

첫째, 이 의무들은 「주는 채무」인 금전채권이나 유체물의 인도청구권과 달리 「하는 채무」이므로 직접강제가 인정되지 아니한다. 채무의 성질상 직접강제를 하지 못할 것이기 때문이다(민 389조 1항 단서).

둘째, 대체적 작위의무 즉 제3자가 채무자에 갈음해서 이행하여도 채권자

1) 대법 2000. 2. 11, 99그92.

에게 주는 경제적·법률적 효과에 같은 것에 대하여는 대체집행(민 389조 2항)에 의할 것이고 간접강제에 의할 수 없다.

셋째, 부대체적 작위의무에 대하여는 대체집행에 의할 수 없으며 전적으로 간접강제에 의하여야 한다(261조).

넷째, 부작위의무에 대하여는 그 의무 위반의 억제에는 간접강제, 위반에 의한 물적 상태의 제거에는 대체집행을 각 인정한다(민 389조 3항).

다섯째, 의사표시의무는 부대체적 작위의무의 일종이나 법은 판결의 확정이 곧 자동집행으로 되는 특이한 집행방법을 정해놓고 있다.

2. 집행기관

작위·부작위 집행의 집행기관은 제1심법원이다(260조 1항, 261조 1항). 제1심판결을 한 수소법원(受訴法院)이 맡는다는 뜻으로, 집행권원인 판결을 하면서 소송사건의 내용도 잘 알고 있고 그 기록도 갖고 있는 법원의 법관이 다루는 것이 적절한 집행처분을 하는데 도움이 된다는 이유에서였다. 이 한도 내에서는 판결기관과 집행기관을 분리시키지 않고 판결기관이 집행까지 one stop으로 처리하는 시스템이다.[1)]

Ⅱ. 대체집행

1. 의 의

대체집행이란 채무자의 비용으로 채무자 이외의 자로 하여금 채무자 대신에 집행행위를 하도록 채권자에게 권한을 주는 수권결정(授權決定)을 하여 행하는 집행이다. 채권자의 신청에 의한다.

2. 대체집행의 대상

대체집행을 규정한 법 제260조는 민법 제389조 2항 후단과 3항의 경우라고 하였다.

1) 2023년에 접수된 대체집행은 1,254건, 간접강제는 193건(2014년 각 1,359건, 179건)으로서 매년 비슷한 수준이다. 2024 사법연감, 740면.

(1) 대체적 작위의무

민법 제389조 2항 후단은「채무자의 일신에 전속하지 아니한 작위를 목적으로 하는 것」즉 제3자가 대신하여도 채권자에게 주는 경제적 · 법률적 효과에 차이가 없는 대체적 작위의무인데, 이 경우는 대체집행이 원칙이다. 다른 사람이 대신할 수 있는 행위가 집행의 대상이 된다. 채권자가 지상물 특히 수목 · 쓰레기의 벌채나 수거, 건축물철거 · 퇴거 · 수리, 단순한 노무의 제공, 물품운송 등 채무자가 아닌 다른 사람이 하여도 차이가 없는 비개성적 노무청구권을 갖고 있을 때가 이에 해당한다. 사죄광고의 게재는 대체집행할 수 없다.[1)]

(2) 부작위의무[2)]

민법 제389조 3항은 부작위의무를 가리키는데, 이 의무는 원칙적으로 간접강제의 대상이 되지만 그 의무위반의 경우에는 대체집행의 대상도 된다. 부작위의무의 위반으로 생긴 물적 상태의 제거(제각)의무는 그 자체가 부작위의무가 아니고 작위의무가 되기 때문이다. 채무자의 비용으로 위반한 것을 제거하고 위반행위의 반복을 방지하기 위하여「장래에 대한 적당한 처분」(예방처분)의 집행이 그러하다. 예를 들면 자기소유의 땅에 통로 차단시설을 설치하지 아니할 의무를 위반하여 이를 설치한 경우에는 차단시설의 제거는 대체성이 있기 때문에 대체집행이 인정된다.

부작위의무에는 채무자가 일정한 적극적 행위를 하지 아니할 의무만이 아니라 채무자가 채권자의 일정한 행위를 참고 견뎌야 할 수인(受忍) 의무도 포함된다. 이러한 수인의무 위반의 경우, 앞의 예에서 토지 소유자는 자기 소유 토지에 통행을 방해하는 차단시설을 설치해서는 아니될 의무를 지는데 이 의무에는 타인이 자기 소유 토지를 통행로로 이용하는 것을 참고 방해해서는 아니될 수인의무가 포함되어 있는 것이다.

부작위의무의 위반이 어떠한 물적 상태도 남기지 아니한 경우는 채권자로서는 간접강제와 의무위반으로 입은 손해배상청구를 할 수 있다.[3)]

---

1) 과거에는 사죄광고의 신문게재도 대체집행을 허용하였으나 헌재 1991. 4. 1, 89헌마160에서 사죄광고의 게재에 대한 한정위헌결정이 내려지면서 대체집행 대상에서 제외되게 되었다.
2) 부작위의무위반 → 부작위의무 이행의 소 → 확정판결을 집행권원으로 대체집행 · 간접강제결정 → 위반상태중지나 위반결과의 제거를 할 수 있다는 것에, 대법 2012. 3. 29, 2009다92883.
3) 대법 2007. 6. 15, 2004다37904 · 37911.

2003년 일본개정법 제173조 1항은 대체적 작위의무도 부작위의무와 함께 강제집행을 권리실현의 실효성 확보의 차원에서 대체집행 이외에 간접강제에 의할 수 있도록 하였다. 간접강제제도의 확대이다.

3. 대체집행의 절차

(1) 대체집행을 하기 위해서는 우선 채권자가 집행력 있는 집행권원의 정본(강제집행의 요건)과 그 송달증명서(강제집행의 개시요건)를 갖추어, 집행법원이 아닌 제1심법원에 **수권결정**의 신청(강제집행신청)을 하여 그 결정을 받아 집행을 개시한다. **수권결정**(授權決定)이라 함은 채무자의 비용으로 채무자가 할 행위를 채무자 이외의 자가 대신하여 실시할 수 있도록 채권자에게 권한을 주는 결정을 말한다(260조 1항; 민 389조 2항). **대체집행결정**이라고도 한다. 강제집행을 채권자 스스로 하든지 도급을 주는 등으로 제3자를 시켜 실시하든지 채권자에게 그 선택권을 주는 것이 수권결정이기도 하다. 수권결정에서는 집행권원에 기하여 채무자에 갈음하여 할 수 있는 행위와 대상물을 특정하여야 하지만, 작위의무를 실행할 자를 지정할 필요는 없다.[1] 수권결정에서 작위의무의 실행자는 본질이 아니므로 수권결정에서 이를 특정하지 않았으면 채권자 스스로 실시자가 되거나 그가 지정한 제3자가 실시자로 되어도 무방하다.[2] 다만 수권결정에서 실시자를 지정하는 것도 가능하면 이 지정이 있으면 채권자는 이에 구속되어 그 자를 실시자로 하여야 한다.[3] 실무상 집행관이 제3자인 실시자로 되는 것이 보통이다. '건물을 철거하고 토지를 인도하라'는 판결이 선고된 경우, 집행관 소관인 토지인도의 집행과 작위의무집행에 의하는 건물철거가 동시에 실시되는 경우가 많아 집행관을 실시자로 지정하는 예가 많은 것이다. 그리하여 대체집행이 실질상 국가기관인 집행관에 의한 **직접강제**와 같이 운영된다.

(2) 제1심법원이 수권결정을 함에는 **채무자를 심문하여야 한다**(262조). 채무자에게 주장·입증의 기회를 주기 위한 것이다. 그러나 채무자가 적법한 통

---

1) Jauernig/Berger, §27 Rdnr. 8.

2) 전병서, 489면; 주석 민사집행법(Ⅳ), 1059면; Brox/Walker, Rdnr. 1074. 수권결정에서 실시자 지정은 제도목적에 반한다는 것에, Baumbach/Lauterbach/Albers/Hartmann, §887 Rdnr. 7.

3) 대법 1966. 1. 25, 65다2318.

지를 받고도 정당한 사유 없이 출석하지 아니한 경우에도 채무자의 진술을 들어야 하는 것은 아니다.[1)]

(3) 대체집행에 따르는 비용은 집행종료 후 비용확정 결정에 의하여 집행할 수 있고(23조), 채무자에 대해 필요비의 선지급 결정을 법원에 신청할 수도 있다(260조 2항). 선지급결정[2)]은 집행권원이 되고 집행문을 받아 강제집행할 수 있다.

(4) 수권결정 또는 비용선지급결정(비용액수는 법원의 재량)에 대한 불복방법은 **즉시항고**이다(260조 3항). 대체집행 방법의 하자 등 형식적인 흠을 이유로 불복할 수 있고, 실체상의 청구권 존부에 관한 주장이나 집행권원의 당부를 다투는 사유는 적법한 항고이유가 되지 아니한다.[3)]

(5) 수권결정은 제1심법원이 하지만 이에 의한 **대체집행의 실시**는 채권자 또는 제3자가 한다. 대체집행의 수권결정을 받은 채권자가 집행기관인 집행법원의 집행보조자라면, 그 실시자는 집행보조자의 대행자이다(통설). 따라서 대체집행정지·취소의 사유(49조, 50조)가 있을 때에 그 서류를 집행기관인 집행법원에 제출할 것이지 채권자나 집행실시자에게 제출할 것이 아니다.[4)]

채권자 또는 제3자가 대체집행과정에서 **집행방해**를 받고 저항을 받게 되는 것이 문제이다. 집행실시자는 집행과정에서 집행기관보조자의 대행자로서 공권력을 행사할 수 있으므로 그가 집행관일 때에는 제5조에 의하여 채무자의 주거 등을 수색하고 잠근 문과 기구를 여는 등 적절한 조치를 취할 수 있고 스스로 저항을 배제할 수 있으며, 나아가 경찰 또는 국군의 원조를 요청할 수 있다. 집행실시자가 집행관 이외의 사람인 때에 저항을 받으면 제7조에 의하여 집행관에게 원조를 요구할 수 있다. 특히 대체집행(가건물철거)에서의 채무자들의 완강한 집행저항, 집행관의 소극적 태도, 원조를 요청받은 경찰의 자율적 해결의 종용 등 수수방관적인 태도로 인하여 대체집행도 매우 어려운 경우

---

1) 대법 1977. 7. 8, 77마211.

2) 대체집행비용지급명령은 이른바 수권결정으로서 집행권원의 내용인 실체법상의 청구권의 당부와 관계없이 일반의 집행요건과 대체집행요건을 심사하여 내리는 결정이라는 것에, 대법 1987. 9. 8, 86다카2771.

3) 대법 1990. 12. 27, 90마858; 동 1992. 6. 24, 92마214.

4) 주석 민사집행법(Ⅳ), 1071면; 전병서, 490면. 건물철거의 대체집행에서 그 건물에 가등기·가처분·저당권설정등기 등이 있을 수 있는데 이는 집행정지·취소사유가 아니다.

가 있다. 대체집행이 채무자가 스스로 의무이행을 하도록 간접강제하는 것보다 단순하고 신속한 집행임에 틀림없으나 채무자측의 집행저항이 문제이다.[1)]

Ⅲ. 간접강제

1. 의 의

집행권원의 채무의 성질상 직접강제를 할 수 없는 경우에 제1심수소법원이 채권자의 신청에 의하여 채무자에게 압박을 주는 **간접강제결정**을 하여 이에 기해 행하는 집행방법이다(261조; 민 389조 1항 단서; 법조 54조 1항 2호). 다른 사람이 대신 할 수 없는 작위(Unvertretbare Handlungen) 및 부작위(Unterlassung) 의무가 집행의 대상이 된다. 판례도 간접강제는 직접강제와 대체집행이 불가능한 부대체적 작위채무와 부작위채무 위반에 한해서만 허용한다는 입장이다.[2)]

간접강제는 근대법에서 강조되는 「인간의 존엄과 가치」때문에 다른 강제수단이 없는 경우에 사용하는 최후의 수단이라는 점에서 보충적 집행방법이므로, 다른 강제집행이 허용되는 경우에는 간접강제가 허용되지 아니한다. 그러나 이러한 간접강제의 **보충성**(補充性)에 대해서는 그 합리성에 회의적 시각이 없지 않고,[3)] 오히려 간접강제가 강제집행의 신속과 효율에 도움이 된다는 비판이 있어 왔다. 그리하여 일본 2003년 개정법은 물건의 인도채무나 대체적 작위의무·부작위의무에 대하여도 간접강제에 의할 수 있도록 하였다. 비단 이에 그칠 것이 아니라 지식재산권에 기초한 중지청구나 공해·생활방해에 대한 중지청구 등 비금전청구, 소액사건 그리고 부양료채권 등에 대하여까지 그 적용범위를 확대시켜야 한다는 논의가 일본에서 활발하였는데, 일본은 2004년 개정법률에서 부양료채권의 집행방법으로 간접강제를 채택하였다.

우리도 행정청이 거부처분취소의 판결을 받고 그 처분을 하지 아니하는

1) 특히 철거집행에서 전국철거민연합(전철연)이 '살인행위' 운운하며 조직적으로 집행에 저항하는 것 때문에 집행불능에 이르는 경우가 적지 않다. 이시윤, "민사집행에 있어서 주요과제와 ISD", 민사집행법연구 제8권, 19면 이하; 동, "한국민사집행법학회 창립 10주년의 회고와 앞으로의 전망 과제", 민사집행법연구 제10권, 25면.

2) 대법 2012. 1. 27, 2010마1850.

3) 보충성을 완화하여 직접강제나 대체집행이 현저히 곤란한 경우에도 허용하고 이를 제261조에 명시하자는 견해로, 전휴재, "임시의 지위를 정하기 위한 가처분 제도와 실무의 개선방안", 민사집행법연구 제18권 제2호, 711면.

때 제1심수소법원은 간접강제에 의하도록 하였고(행소 34조), 정정·반론보도청구나 추후보도청구의 소에서 그 인용을 조건으로 간접강제신청을 병합하여 제기할 수 있도록 하는 등(언론중재 및 피해구제 등에 관한 법률 26조 3항) **간접강제제도를 확대시키고** 있다.

우리 판례에서도 부작위채무에 관한 소송절차의 변론종결 당시로 보아 ① 집행권원이 성립하더라도 채무자가 단기간 내 위반할 개연성이 있고, ② 그 판결절차에서 간접강제결정의 당부에 관하여 충분히 변론할 기회가 부여되었으며, ③ 제261조에 의하여 명할 적정한 배상액을 산정할 수 있는 경우에는, 그 부작위채무에 관한 판결절차에서도 장차 채무자가 그 채무를 불이행할 경우에 일정한 배상을 할 것을 명할 수 있다고 하였다.[1] 부작위채무에 대한 판결을 받고서 그 뒤 수소법원에 또 찾아가 간접강제결정을 받는 것이 아니라 두 가지를 하나의 절차에서 one stop으로 병합 해결하는 것이므로 소송경제에 큰 도움이 될 것이다. 이와 같은 본안소송과 간접강제의 병합제도는 부작위채무를 명하는 판결의 실효성 있는 집행을 위해서 앞으로 크게 활성화되었으면 하는 바람이다.

최근에는 본안판결보다 가처분절차(특히 임시지위의 가처분)에서 간접강제결정이 자주 이용된다.

2. 간접강제의 대상

채무의 성질상 직접강제를 할 수 없는 경우가 대상이 된다. 금전지급·물건인도 등의 집행에는 허용될 수 없다.[2]

(1) 첫째 대체집행이 허용되지 아니하는 **부대체적 작위의무**의 집행이다. 민법 제389조 2항 후단에서는 일신전속적 작위의무의 존재를 전제로 하고 있다. 그 행위를 채무자만이 할 수 있고 그 행위를 하느냐의 여부가 채무자의 의사에 전적으로 달린 경우이다. 증권에 서명할 의무, 주식에 명의개서를 할 의무, 감정·계산보고·채무목록작성의 의무, 점거장소에서 퇴거의무, 정정보도문의 게재의무[3] 등이 그 예이다.

---

1) 대법 2013. 11. 28, 2013다50367; 동 2014. 5. 29, 2011다31205.
2) 대법 1957. 8. 8, 4290민재항33.
3) 대법 1986. 3. 11, 86마24 참조.

그러나 부대체적 작위의무라도 그 성질상 간접강제가 허용될 수 없는 것도 있다. 예를 들면 채무자의 병 때문에 그 이행불능이 된 의무, 채무의 이행에 제3자의 협력이 필요한데 그 협력이 용이하지 아니할 경우, 문화관념에 반하는 것으로 부부의 동거의무[1]나 수혈의무, 본래의 내용을 실현할 수 없는 예술적 창작이나 학술적 저술의 의무,[2] 청구권의 강제실현이 헌법위반이 될 것일 때(예컨대 화해조서에 기재된 사생활의 비밀공개의무) 등이 그것이다.

(2) 둘째 **부작위의무의 경우**인데 그 의무위반이나 위반의 개연성을 요건으로 한다.[3] 근자에는 부작위판결보다 부작위가처분결정이 간접강제결정의 집행권원이 되는 경우가 더 많다. 그 위반이 물적 상태를 남기지 않고 계속되는 때가 전형적인 간접강제의 대상이 된다. 계속적 부작위의무, 예를 들면 일조방해금지의무에 위반하여 일조를 계속 방해하는 경우이면 간접강제의 방법에 의할 것이다. 지식재산권이나 부정경쟁방지, 소유권 또는 인격권의 침해, 건설공사나 생활·업무방해, 상린관계, 공해사건, 불법시위투쟁 등에서 간접강제는 중요한 의미를 갖는 집행방법이다.

1회적 부작위의무, 예를 들면 특정물을 양도하지 아니할 의무는 한번 있은 뒤에는 의무위반의 여지가 없어 간접강제가 허용되지 아니한다는 것이 전통적인 견해였으나,[4] 앞으로 위반행위를 할 위험성이 있다고 합리적으로 판단되는 경우에는 허용할 것이라는 설이 유력하다.[5] 전통적인 학설은 위반행위 필요설의 입장이고, 새 학설은 위반행위 불요설에 기초한 것인데, 사전의 위반 예방을 위한 집행으로 앞으로 위반행위가 있으면 간접강제금의 지급을 명하는 결정을 하는 것이므로 후자가 타당하다고 생각한다.

부작위의무(수인의무 포함) 위반으로 물적 상태가 새로 형성되었을 때에는 대체집행에 의할 수 있다는 것은 앞서 보았다. 경우에 따라서는 대체집행과 간접강제를 병용할 경우도 있을 수 있을 것이다. 간접강제 대신에 채권자가

1) 일본 대심원 소화5(1930). 9. 30(민집 9, 926면). 약혼에 기한 혼인의무의 이행은 소로써도 청구할 수 없으나(민 803조), 부부의 동거의무는 그 이행을 소로써 청구하는 것이 가능하다.
2) 박해성, “작위·부작위채권의 강제집행”, 재판자료(36), 644면; 남기정, 실무강제집행법(7), 449면.
3) 부작위위법확인소송의 판결이 확정된 후 피고가 그 취지에 따른 처분을 하였으므로 간접강제 신청은 요건을 갖추지 못했다고 한 것에, 대법 2010. 2. 5, 2009무153.
4) 일본 주석민사집행법(7), 205면.
5) 주석 민사집행법(Ⅳ), 1096면; 전병서, 499면; 서울고법 1997. 4. 10, 96라269.

민법에 따라 손해배상청구도 가능하다고 할 것이다.[1)]

3. 간접강제의 절차

(1) 간접강제신청과 요건

1) 대체집행의 경우와 마찬가지로 집행력 있는 집행권원의 정본 등을 갖추어 채권자가 제1심법원에 신청하여 **간접강제결정**을 받아 집행을 개시한다(261조 1항). 다만 확정판결 등에서 간접강제의 재판까지 함께 받았으면 따로 신청을 할 필요가 없다. 가처분절차에서의 간접강제는 가처분신청과 동시에 신청할 수도 있고, 가처분결정을 받은 후 별도로 신청할 수도 있다. 다만 실무상 동시에 신청하더라도 채무자가 가처분결정에 따르지 않을 우려가 있다는 점이 충분히 소명된 때를 제외하고는 간접강제결정을 함께 하는 경우는 드물다고 한다. 간접강제결정을 위해서는 배상금 산정을 위한 자료가 필요한데 법원이 이를 요구하면 가처분이 인용될 것이라는 선입견을 줄 염려가 있고, 가처분결정에 대한 불복방법은 이의와 취소이고, 간접강제결정에 대한 불복방법은 즉시항고로서 후속절차에 차이가 있다는 점 등이 이유라고 한다.[2)] 신청서에는 채무자가 해야 할 작위 또는 부작위의무의 내용을 정확하게 표시하여야 한다. 제1심법원은 집행권원에 표시된 작위 또는 부작위의무의 내용을 해석하여, 그 내용이 과연 간접강제에 적합한지 여부를 심리 판단하여야 한다.

2) 그런데 공해나 생활방해 등 기업활동에 의하여 권리가 침해되는 때에는 침해발생의 원인과 경위를 피해자가 확실히 알 수 없고 청구해야 할 침해방지조치(부작위의무)의 구체적인 특정이 어려운 경우가 많다. 이러한 경우에 채권자가 침해배제행위를 구체적으로 특정하지 아니하고 추상적으로 침해행위의 방지를 구하는 추상적 부작위명령이 가능한가. 예컨대, 일정음량 이상의 소음발생을 금지하는 청구, 또는 고속도로에서 대기오염물질의 유입방지를 위하여 통행의 규제나 방지공사 등의 구체적 방법을 특정하지 않고 일정량의 오염물질의 유입금지를 청구하는 것이다.

추상적 부작위명령의 청구가 불가능하다는 견해도 있으나 대체로 가능하다는 견해가 다수이다. 한편 적극설에서도 부작위의무를 명한 판결의 집행방

1) Brox/Walker, Rdnr. 1110.
2) 유아람, "간접강제의 법리와 실무상 문제", 민사집행법연구 제7권, 219면.

법으로 간접강제 외에 대체집행인 '장래에 대한 적당한 처분'으로서 부작위의무의 위반을 방지하는 물적 설비의 설치를 명하는 수권결정이 가능한지에 관하여 적극설, 소극설, 제한적 적극설[1] 등의 견해가 있다.[2] 대법 2007. 6. 15, 2004다37904은 고속도로에서 발생하는 소음이 주택을 기준으로 일정한 한도를 초과하여 유입되지 않도록 하라는 취지의 유지(留止)청구는 청구가 특정되었고, 제261조 1항에 따라 간접강제의 방법으로 집행할 수 있다고 하였다.

3) 부작위의무의 간접강제를 하기 위해서는 집행권원의 성립 후에 채무자의 의무위반 사실이 있어야 하는가에 대하여 다툼이 있다. 이를 필요로 한다는 견해(위반행위 필요설)[3]도 있지만, 반드시 위반행위의 존재를 요하지 않고 위반행위가 행해질 고도의 개연성이나 위반행위의 위험이 중대하고 명백하면 된다고 볼 것이다(개연성설, 위반행위 불요설).[4] 우리 판례도 부작위채무에 관하여는 변론종결 당시에 보아 부작위채무를 명하는 집행권원이 성립하더라도 채무자가 이를 단기간 내에 위반할 개연성이 있고, 또한 판결절차에서 민사집행법 제261조에 의하여 명할 적정한 배상액을 산정할 수 있는 경우에는 각 판결절차에서도 채무불이행에 대한 간접강제를 할 수 있고,[5] 이러한 법리는 가처분결정에서도 마찬가지라고 하였다.[6]

(2) 심리와 신청기간

1) 신청을 받은 법원은 일반 강제집행의 요건(집행권원, 집행문), 집행개시의 일반 및 특별요건(송달, 확정기한의 도래, 담보제공, 반대급부의 제공 등)과 간접강

---

1) 전병서, 500~501면; 中野/下村, 865면(채무자에게 구하는 구체적 조치의 내용이 추상적 금지판결 중에 실질상 포함된 경우에 한하여야 하고, 명령할 구체적 조치는 채무자에게 최대한 부담이 적은 방법으로 선택되어야 한다)

2) 이에 대해 상세한 것은 주석 민사집행법(Ⅳ), 1084~1086면; 박해성, "작위·부작위 채권의 강제집행", 재판자료(36), 법원행정처(1987), 644면 참조.

3) 박해성, "작위·부작위채권의 강제집행", 재판자료(36), 646면; 남기정, 실무강제집행법(7), 469면. 일본의 종래 통설이자 독일의 통설이다.

4) 김홍엽, 424면; 전병서, 498면; 주석 민사집행법(Ⅳ), 1129~1131면; 강용현, "비방광고를 한 자에 대하여 사전에 광고금지를 명하는 판결 및 그 판결절차에서 명하는 간접강제", 판례해설(25), 78~79면. 일본최고재 평성17(2005년) 12. 19.

5) 대법(전) 2021. 7. 22, 2020다248124; 동 2021. 9. 30, 2020마7677; 동 1996. 4. 12, 93다40614·40621(인격권침해로 인한 광고중지청구사건). 일본최고재 2005. 12. 9. 결정에서도 부작위채무의 강제집행을 위하여 간접강제결정을 함에 있어서 위반할 우려가 있음을 입증하면 된다고 했다.

6) 대법 2008. 12. 24, 2008마1608; 동 2013. 2. 14, 2012다26398 등.

제의 요건을 심리한다. 채무자의 심문은 대체집행의 경우와 마찬가지로 필요적이다(262조). 일반 집행권원에 기한 간접강제 신청기간은 원칙적으로 제한이 없다.

2) 그러나 가처분결정이 집행권원일 때에는 제301조에 의하여 집행기간에 관한 제292조 2항이 준용되므로 부대체적 작위의무 또는 부작위의무의 이행을 명하는 가처분결정의 송달시부터 2주 내에 간접강제신청을 하여야 하는지가 문제이다.

이에 대하여는 법문 그대로 준용된다는 긍정설, 채무자의 위반행위가 있기까지는 집행이란 있을 수 없으므로 집행기간에 관한 규정이 준용되지 않는다는 부정설,[1] 원칙적으로 준용되지만 채무자의 위반행위가 있을 때부터 집행기간을 기산하여야 한다는 위반행위시설[2] 등이 있다.

판례는 부대체적 작위의무에 관하여, "부대체적 작위의무의 이행을 명하는 가처분결정을 받은 채권자가 간접강제의 방법으로 그 가처분결정에 대한 집행을 함에 있어서도 제292조 제2항의 규정이 준용되어 가처분결정이 채권자에게 고지된 날부터 2주 이내에 간접강제를 신청하여야 함이 원칙이고, 그 집행기간이 지난 후의 간접강제 신청은 부적법하다. 다만 가처분에서 명하는 부대체적 작위의무가 일정 기간 계속되는 경우라면, 채무자가 성실하게 그 작위의무를 이행함으로써 강제집행을 신청할 필요 자체가 없는 동안에는 위 집행기간이 진행하지 않고, 채무자의 태도에 비추어 작위의무의 불이행으로 인하여 간접강제가 필요한 것으로 인정되는 때에 그 시점부터 집행기간이 기산된다"고 하였다.[3] 다만 판례는 부대체적 작위의무이행의 가처분결정과 함께 그 의무위반에 대한 간접강제결정이 동시에 이루어진 경우에는, 간접강제결정 자체가 독립한 집행권원이 되고 이 결정에 기초하여 배상금을 현실적으로 집행하는 절차는 별개의 금전채권에 기초한 집행절차이므로 가처분결정이 송달된 날부터 2주일 내에 할 필요가 없다고 하였다. 다만 그 집행을 위해서는 결

1) 김홍엽, 548면(단순한 부작위를 명하는 가처분에서 부정설을 취했다).
2) 법원실무제요, 민사집행(Ⅴ), 199면; 주석 민사집행법(Ⅳ), 1129면; 하태현, "보전처분 집행에서 나타나는 실무상 쟁점에 관한 고찰", 민사집행법연구 제5권, 299면.
3) 대법 2010. 12. 30, 2010마985; 동 2001. 1. 29, 99마6107. 한편 대법 2021. 6. 24, 2016다268695은 "부대체적 작위의무에 관하여 의무이행 기간을 정하여 그 기간 동안 의무의 이행을 명하는 가처분결정이 있은 경우에 그 가처분결정에서 정한 의무이행 기간이 경과하면, 가처분의 효력이 소멸하여 그 가처분결정은 더 이상 집행권원으로서의 효력이 없다"고 한다.

정정본에 집행문을 부여받아야 한다.[1)]

한편 판례는 부작위의무에 관하여, "채무자에 대하여 단순한 부작위를 명하는 가처분은 그 가처분 재판이 채무자에게 고지됨으로써 효력이 발생하는 것이지만, 채무자가 그 명령 위반의 행위를 한 때에 비로소 간접강제의 방법에 의하여 부작위 상태를 실현시킬 필요가 생기는 것이므로 그때부터 2주 이내에 간접강제를 신청하여야 함이 원칙이고, 다만 채무자가 가처분 재판이 고지되기 전부터 가처분 재판에서 명한 부작위에 위반되는 행위를 계속하고 있는 경우라면, 그 가처분결정이 채권자에게 고지된 날부터 2주 이내에 간접강제를 신청하여야 한다"고 하였다.[2)]

사견을 정리한다. 부대체적 작위의무를 명하는 가처분에도 원칙적으로 집행기간에 대한 규정이 준용되고 그 기산일은 가처분결정의 송달일로 보아야 한다.[3)] 다만 부대체적 작위의무가 일정기간 계속되고 채무자가 이를 이행하고 있는 동안에는 집행기간이 진행하지 않고, 불이행시부터 진행한다고 볼 것이다. 단순한 부작위를 명하는 가처분은 부작위의무위반시에 비로소 간접강제에 의하여 부작위 상태를 실현시킬 필요가 생기는 것이므로 그때부터 2주 이내에 간접강제를 신청하면 될 것이다.

(3) 배상금결정

신청이 간접강제의 요건을 갖춘 경우, 법원은 채무의 이행의무 및 상당한 이행기간을 밝히고, 채무자가 그 기간 내에 이행하지 아니한 때에는 늦어진 기간에 따라 **일정한 배상 혹은 즉시 손해배상**을 하라는 배상금 지급결정을 한다(261조 1항).[4)] 배상액은 제1심법원의 재량으로 정한다. 간접강제결정을 한 제1심법원은 사정의 변경이 있는 때에는 채권자 또는 채무자의 신청에 의하여 배상액 등 결정의 내용을 변경할 수 있다(규 191조).

---

1) 대법 2008. 12. 24, 2008마1608.

2) 대법 2010. 12. 30, 2010마985; 동 1982. 7. 16, 82마카50. 대법 1982. 7. 16, 82마카50를 근거로 우리 판례가 부작위의무에 관하여는 준용부정설을 취한 것이라고 보는 견해도 있으나 사안을 면밀히 보면 위 판지와 다르지 않다고 본다.

3) 그러므로 가처분결정 당시 의무를 불이행하고 있는 상태였다면 가처분결정의 송달일부터 집행기간을 기산하여야 한다. 서울중앙지법의 실무례도 같다고 한다. 하태현 앞의 논문, 299~300면.

4) 예를 들면 "채무자는 이 결정을 고지받은 날부터 10일 내에 업무방해를 중지하라. 만일 채무자가 위 의무를 이행하지 아니할 때에는 채권자에게 1일 금 1,000,000원의 비율에 의한 금원을 지급하라"는 결정.

배상금은 채무자로부터 추심된 후 국고로 귀속하는 것이 아니라 채권자에 지급하여 채무자의 의무불이행으로 인한 손해전보에 충당한다.[1] 문제의 채무불이행에 의하여 생긴 실손해액이 법원이 명한 간접강제금을 넘어설 때는 채권자는 그 초과액에 대하여 손해배상을 별도로 청구할 수 있다.[2] 그러나 강제금이 실손해액을 넘어서 지급된 경우에도 위약금의 성질을 갖고 있으므로 그 차액의 반환을 청구할 수는 없다.[3]

간접강제에 관한 입법론 일본법을 따른 우리 법은 간접강제수단이 배상금인 강제금뿐이다. 독일의 경우는 우리와 다르다. 부대체적 작위의무의 간접강제의 수단은 25,000유로 한도의 강제금(Zwangsgeld)이나 강제감치(Zwangshaft)이다(ZPO §888). 감치는 6개월 한도이다. 부작위의무(수인의무 포함)에 대한 간접강제는 1회 위반시마다 5유로 이상 250,000유로 한도의 질서금(Ordnungsgeld), 혹은 1회 위반시 1일 이상 6개월 한도로 합계 2년을 넘지 않는 질서감치(Ordnungshaft)를 행한다(ZPO §890). 이를 판결이나 가처분결정에서 미리 예고한다. 여기에 나아가 독일법 제892조는 채무자가 수인의무를 어기면서 저항할 때에는 채권자는 집행관을 끌어들여 저항을 배제할 수 있도록 하였다. 오스트리아는 100,000유로의 벌금, 1회 위반 2개월 한도의 감치처분을 한다.[4]

영미의 집행법에서는 작위·부작위 의무를 과하는 injunction(금지, 유지) 명령을 위반한 때에는 법정모욕(contempt of court)이 되어 벌금·징역의 형벌로 다스려 이행강제를 한다.[5] Injunction이 예비적(preliminary)이든 종국적(final)이든 불문한다. EU사법재판소도 그 판결을 따르지 않는 회원국에 대하여는 벌금이나 제재를 과하여 간접강제를 한다.

우리 법은 원칙적으로 강제수단이 배상금에 그쳤지만, 가사심판법 제68조

1) 대법 2014. 7. 24, 2012다49933; 동 2022. 11. 10, 2022다255607.

2) 같은 이유로 채무자의 작위·부작위의무 불이행으로 인한 손해배상판결이 확정된 경우에도, 이미 동일한 작위·부작위의무에 대한 간접강제 배상금이 지급되었다면, 확정판결에서 정한 손해가 간접강제 배상금을 초과하는 부분이 아닌 이상, 채권자가 지급받은 간접강제 배상금과 별도로 확정판결에 따른 손해배상금을 추심할 수는 없다(대법 2022. 11. 10, 2022다255607).

3) 법원실무제요, 민사집행(Ⅳ), 627면; 박두환, 630면.

4) 오스트리아 집행법(Exekusionsordnung)은 우리 민사집행법 체제로서 조문수도 400개 정도이고, 제278a조에서 인터넷 경매을 법제화하였다.

5) 영국 London 항소법원은 2012. 11. 1.에 "삼성 Galaxy Tab 10.1 등이 Apple의 design 특허를 침해하지 않았다"의 내용의 수정공고문을 다시 게재하라고 명령하면서, 이 판결을 어기면 애플의 CEO 등이 감옥에 가거나 벌금을 내거나 자산을 압류당하게 됨을 경고하였다(매일경제 2012. 11. 3.자 1면).

에서는 정기금지급명령, 유아인도명령, 양육비일시금지급명령을 받은 자가 정당한 사유없이 그 의무를 이행하지 않을 때에는 30일 범위 안에서 감치할 수 있는 특례를 두었다. 특허관계소송에서 알게 된 영업비밀에 대한 법원의 비밀유지명령 위반시에 형사처벌하는 등(특허법 224조의2) 영미의 법정모욕죄가 부분적으로 나타나고 있다.

현행제도에 **입법론적 문제점**이 있다.[1] 첫째, 배상금의 하한도 없고 상한도 없다. 2010년대 들어와 부작위의무의 이행강제를 위해 의무위반시 하루 300만원(현대차비정규직철탑농성)이나 100만원(한진중공업 고공농성), 1회당 200만원(제주강정마을 해군기지공사)이 있는가 하면, 하루 3,000만원(전교조명단 인터넷게재금지), 1억 5,000만원(CJ 헬로비전의 KBS, MBC, SBS 지상파재송출금지)인 것도 있다.

둘째, 배상금이 간접강제수단으로서 아무런 실효성이 없는 경우에 대한 대비책이 없다. 배상금결정이 나도 여전히 의무위반을 할 경우에는 이를 집행권원으로 하여 집행채무자의 재산에 금전집행으로 압박을 가하는 것이 수순인데, 문제는 채무자가 무자력하여 금전집행의 불능으로 고통을 가할 여지가 없는 경우이다. 이때는 배상금지급결정이 솜방망이의 무용지물이 될 수밖에 없으며, 배상금결정을 한 법원의 체통만 손상될 뿐이다(한진중공업·강정마을사건이 그 대표적 예로서, 이와 같은 배상금결정의 간접강제가 있어도 농성이 그치지 않는다).

현행법의 간접강제수단은 채무자가 가진 자(to have)일 때에 효용이 있을 뿐, 갖지 아니한 자(not to have)에 대하여는 집행책이 못 된다. 일본제도를 기계적으로 모방하다 보니 이러한 결과가 되었으니, 조속한 입법개선이 필요하다. 위에서 본 것처럼 독일처럼 배상금 외에 질서벌인 감치결정이 병용되어야 한다. 아니면 사법국가로 나가기 위해 영미법계처럼 법정모욕죄 제도의 도입이 필요할 것이다.[2] 앞서 말한 유아인도명령의 간접강제를 위한 가사소송법 제67조, 제68조의 제재 등과 어느 정도는 균형을 맞추는 입법적 검토가 필요할 것이다.

(4) 즉시항고

간접강제결정이나 간접강제신청을 배척한 결정에 대하여는 즉시항고할

---

1) 이시윤, "민사집행에 있어서의 주요과제와 ISD", 민사집행법연구 제8권, 27면 이하.

2) 이시윤, "한국민사집행법학회창립 10년의 회고와 앞으로의 전망", 민사집행법연구 제10권, 25면; 집행의 실효성 확보를 위하여 기존의 간접강제 제도의 적극적이고 과감한 운영은 물론, 미국과 같이 벌금, 감치, 구금 등 보다 강력한 제재수단의 도입을 검토하자는 견해에, 하태현, "미국법상 법원 명령 위반에 따른 제재 수단에 관한 연구－간접강제의 실효성 확보를 위한 제재수단을 중심으로－", 민사집행법연구 제9권, 355~356면.

수 있다(261조 2항).[1] 그러나 가집행 선고 있는 판결과 동시에 이루어진 간접강제에 대해서는 즉시항고가 아니라 상소를 통해서 불복해야 한다.[2] 즉시항고에는 집행정지 효력이 없으므로 정지를 위해서는 별도의 집행정지결정이 필요하다.

채무자의 즉시항고사유로는 적법한 집행권원 또는 집행문의 부존재, 집행개시요건의 결여, 채무자 심문의 결여 등 간접강제결정에서의 심사사항 또는 결정절차의 위법을 들 수 있다. 간접강제의 기초인 가집행선고 있는 판결이나 가처분결정이 잘못되었다는 주장은 즉시항고사유가 되지 못한다.[3] 부대체적 작위의무를 이행하지 아니하였다는 사실은 간접강제결정의 발령요건에 포함되지 않으므로, 결정 전에 부대체적 작위의무를 이행하였다는 사실은 즉시항고사유가 되지 않는다. 이는 부대체적 작위의무의 이행을 명한 본래의 집행권원(집행권원이 본안확정판결인 경우) 및 간접강제결정에 대한 청구이의사유가 된다.[4] 판례는 본래의 집행권원에 기초한 강제집행의 일시정지를 명한 취지를 기재한 재판의 정본이 간접강제발령법원에 제출된 경우에 이미 실시한 집행처분을 일시유지하여야 한다는 제50조 1항의 규정은 간접강제에 적용되지 아니하므로 이의 제출은 간접강제결정의 취소사유가 되고 나아가 즉시항고사유로도 주장할 수 있다고 하였다.[5]

(5) 간접강제결정의 집행

1) 채무자가 간접강제결정을 받고도 이를 이행하지 아니하면 간접강제결정을 집행권원(56조 1호)으로 하여 집행문을 부여받아 금전채권집행을 할 수 있다. 집행문부여시 단순집행문으로 충분한지 조건성취집행문을 부여받아야 하는지는 간접강제결정으로 명한 의무가 부대체적 작위채무인지 아니면 부작위채무인지에 따라 다르다(작위·부작위구분설).

다수설인 작위·부작위구분설에 의하면 부대체적 작위채무에 있어서는 채권자가 부대체적 작위채무의 불이행을 증명하는 것이 아니라 채무자가 그

1) 부작위채무에 대한 간접강제결정의 집행력배제를 구하는 청구이의의 소에서 채무자에게 부작위의무위반이 없었다는 주장을 청구이의사유로 내세울 수 없다고 한 것에, 대법 2012. 4. 13, 2011다92916.

2) 대법 1996. 4. 12, 93다40614·40621.

3) 유아람, 앞의 논문, 220면.

4) 주석 민사집행법(Ⅳ), 1103, 1105면.

5) 대법 1997. 1. 16, 96마774.

이행사실을 주장 증명해야 하므로 제30조 제2항이 적용되지 않고, 집행문부여 단계에서는 아무런 심리를 거치지 않고 단순집행문을 부여한다고 본다. 따라서 부대체적 작위채무의 간접강제결정에 부여되는 단순집행문에는 의무위반 일수 회수와 집행할 수 있는 배상금의 액수 등도 기재되지 않는다고 한다.[1)]

이에 대하여 논거는 서로 다르지만 작위채무와 부작위채무를 구별할 필요 없이 모두 조건성취집행문으로 하자는 견해(집행문부여조건설)도 최근에 유력하다.[2)] 그 논거로는 작위채무와 부작위채무의 구별이 쉽지 않고, 이를 구별할 실익이 적다는 견해,[3)] 집행문부여조건 해당 여부는 부작위의무든 부대체적 작위의무든 불문하고 동일한 기준인 실체법상 증명책임 분배원칙에 의하여 판단하면 되는데, 부대체적 작위의무의 불이행은 간접강제금 지급청구권의 효력 발생 여부를 좌우하는 장래의 불확실한 사실로서 간접강제금 지급을 위한 정지조건에 해당하므로 채권자에게 증명책임이 있다는 견해[4)] 등 다양하다.

판례는 부대체적 작위채무의 주문의 형식과 내용에 비추어 간접강제결정에서 명한 배상금 지급의무의 발생 여부나 발생 시기 및 범위를 확정할 수 있다면 간접강제결정을 집행하기 위한 조건이 붙어 있다고 볼 수 없으므로, 민사집행법 제30조 제2항에 따른 조건의 성취를 증명할 필요 없이 집행문을 부여받을 수 있고,[5)] 장부등의 열람·등사 허용가처분 위반에 대비한 간접강제결정에서 채무자가 위 의무를 위반하는 경우 배상금을 지급하도록 명하였다면 그 문언상 배상금 지급 여부나 시기 및 범위가 불확정적이라고 봄이 타당하므로 제30조 제2항의 조건이 붙어 있다고 보아야 한다고 하였다.[6)]

---

1) 주석 민사집행법(Ⅳ), 1117면; 법원실무제요 민사집행(Ⅴ), 776면; 양진수, "부대체적 작위의무에 관한 가처분결정이 정한 의무이행 기간 경과 후 그 가처분결정에 기초하여 발령된 간접강제결정의 효력과 채무자의 구제수단", 대법원 판례해설 제111호, 142~144면; 조병구, "간접강제 배상금의 법적 성질과 실무상 제 문제", 재판자료 제131집, 369~370면.

2) 오흥록, "간접강제에 대한 몇 가지 검토", 민사판례연구 제37권, 954면.

3) 강윤희, "간접강제결정의 집행에 있어 작위채무와 부작위채무의 구별", 민사집행법연구 제19권 제1호, 69면 이하에서, 조건성취집행문과 단순집행문은 발급 요건, 구체적인 발급 절차 등에 있어 차이가 상당함에도, 작위채무와 부작위채무의 구별이 쉽지 않고, 이를 구별할 실익인 증명 곤란의 문제는 본질적으로 다르지 않은데 오히려 이를 구별함으로 인하여 채무자의 구제수단에 불필요한 복잡한 문제가 생기는 문제가 발생한다고 한다.

4) 이민령, "간접강제결정의 집행문부여 절차에서 작위·부작위의무 위반사실의 집행문부여조건 해당 여부" 민사집행법연구, 제17권, 246면, 253면 등.

5) 대법 2022. 2. 11, 2020다229987(교섭요구사실을 채무자의 교섭단위 내 모든 사업장에 가처분결정 송달일부터 7일간 공고하는 등 교섭창구 단일화 절차를 이행하라는 의무위반).

6) 대법 2021. 6. 24, 2016다268695(채권자가 그 조건이 성취되었음을 증명하기 위해서는 채무

부작위채무에 대하여는 학설[1]이 갈리지만, 앞서 본 바와 같이 간접강제결정의 신청단계에서는 채무자의 부작위채무 위반사실을 증명할 필요가 없고(위반행위불요설, 개연성설), 간접강제결정의 집행단계에서 위반행위가 있을 것이 집행의 조건에 해당하므로 제30조 2항에 의하여 채권자가 조건의 성취를 증명하여야 집행문을 받을 수 있다. 판례도 같다.[2]

2) 간접강제결정은 제1심법원의 직분관할이지만, 그 집행은 금전채권의 집행이므로 사법보좌관의 업무로 된다. 간접강제결정은 그 자체가 강제금 지급을 명하는 독립한 집행권원이다(56조 1호). 본래의 집행권원이 가처분이 경우에도 마찬가지이다.[3] 따라서 간접강제결정에 따라 발생한 강제금 지급의무를 이행한 경우에는 간접강제결정에 대하여 청구이의의 소를 제기할 수 있음은 당연하다.

본래의 집행권원에서 명한 의무를 이행하여 강제금을 집행할 위반사실이 없다는 것은 어떤 방법으로 주장할 것인가. 부대체적 작위의무는 원칙적으로 집행문부여 단계에서 조건의 성취를 증명할 필요가 없는 논리적 결과로서, 의무를 이행하여 채무가 소멸하였음을 이유로 이행 이후의 강제금 지급의무에 관하여 본래의 집행권원인 판결 등과 간접강제결정에 대하여 청구이의의 소를 제기할 수 있다.[4] 반면에 부작위채무의 경우에는 부작위의무의 위반이 간접강제결정에 대한 집행문부여요건이고, 금전집행을 저지하기 위하여 부작위의무 위반이 없다고 주장하는 것은 청구이의사유가 아니라 집행문부여에 대한 이의사유로 된다.[5]

3) 채무자가 부대체적 작위의무를 이행하면 간접강제의 집행은 종료하고 강제금결정은 실효된다. 작위의무의 이행이 없을 때에는 채권자가 결정의 내

자에게 특정장부나 서류의 열람·등사를 요구한 사실, 요구한 서류가 집행권원에서 열람·등사의 허용을 명한 서류에 해당한다는 사실을 증명해야 한다). 위 판결에 대한 평석으로 박진수, 2021년 민사집행법 중요판례분석, 법률신문 2022. 2. 17.(대상판결이 모든 부대체적 작위채무 위반에 대비한 간접강제결정의 집행에 관하여 작위채무의 불이행이 조건에 해당한다고 판단한 것은 아니고, 채무자가 채권자의 요구나 협력이 없이 독자적으로 채무를 이행할 수 있는 경우에는 여전히 단순집행문이 부여될 것이라고 한다).

1) 간접강제 신청단계에서 부작위채무의 위반사실에 대한 증명이 필요하다는 위반행위 필요설에 의하면 집행단계에서는 위반사실을 다시 증명할 필요가 없으므로 단순집행문으로 된다.

2) 대법 2012. 4. 13, 2011다92916.

3) 대법 2008. 12. 24, 2008마1608.

4) 대법 2013. 2. 14, 2012다26398; 동 2023. 2. 23, 2022다277874. 학설로도 일반적 견해이다.

5) 대법 2012. 4. 13, 2011다92916. 주석 민사집행법(Ⅳ), 1133면.

용에 따라 금전을 추심한 때에 집행은 종료한다. 간접강제결정이 있은 후 그 집행의 정지·취소 사유가 있는 경우에 어떤 조치를 하는 것이 적절한가.

간접강제의 대상인 부대체적 작위의무를 명하는 본래의 집행권원 자체의 집행과 간접강제결정에 기초한 집행절차는 서로 별개의 절차이므로 기본이 되는 집행권원에 관하여 집행의 정지·취소를 명하는 서류의 제출만으로 금전집행의 정지·취소사유가 되지 아니한다. 그러므로 본래의 집행권원 자체의 집행을 취소하여야 할 사유가 있는 경우(상소심의 취소, 청구이의 인용, 가처분취소), 이 취소문서를 집행법원인 제1심 수소법원에 제출하여 간접강제결정을 취소하게 하여야 한다(49조 1호, 50조). 간접강제결정을 취소하는 경우에는 이미 내린 금전지급의 예고명령을 취소하고, 이 취소결정이 금전집행에 대한 제49조 1호의 집행취소문서가 된다.[1] 반면에 집행권원에 집행정지사유가 있을 때에는 이견이 있으나 간접강제결정(지급예고명령)을 취소하고 정지사유가 소멸한 때에 다시 간접강제결정을 한다는 것이 판례이다.[2] 이와 달리 간접강제결정을 집행권원으로 한 금전집행 자체에 집행정지·취소사유가 있다는 이유로 제49조 1항, 제50조의 서류가 제출되면 금전집행 자체의 집행을 정지·취소한다.[3]

간접강제결정이 취소, 변경되면 배상금의 운명은 어떻게 될까. 집행권원이 처음부터 요건을 충족하지 못하였다는 이유로 간접강제결정이 취소된 경우에는 채무자가 위반행위를 하였다고 볼 수 없고 채권자가 이미 수령한 배상금은 부당이득으로 반환하여야 하므로 배상금 지급의무도 소멸하지만, 사후적인 사유(이행)로 가처분결정이 취소된 경우에는 취소 전에 발생한 배상금은 소멸하지 않는다.[4] 판례도 간접강제결정 발령 후에 부대체적 작위채무를 이행하여도 이미 발생한 강제금지급의무는 소멸하지 않고, 추심가능한 강제금 부분의 추심을 위하여 그 간접강제취소결정에는 소급효가 없다고 한다(추심가능설).[5]

1) 간접강제결정의 취소방식과 효과(부당이득성립 여부)는 집행권원이 처음부터 잘못된 것인지 사후적인 사유로 취소된 것인지에 따라 다르다. 이에 관한 자세한 것은 법원실무제요 민사집행(Ⅳ), 628면 참조.

2) 대법 1997. 1. 16, 96마774.

3) 법원실무제요 민사집행(Ⅳ), 629면.

4) 유아람, 앞의 논문, 221면. 어느 경우에나 강제금을 추심하기 전에 부대체적 작위의무를 이행하였으면 더 이상 강제금을 추심할 수 없다는 추심불능설도 있다.

5) 대법 2013. 2. 14, 2012다26398. 다만 판례는 행정소송법 제34조의 간접강제결정에서 정한 의무이행기한이 경과된 뒤라도 의무(재처분)이행이 있으면 더 이상 배상금추심은 허용되지 않는다고 하였다(대법 2004. 1. 15, 2002두2444; 동 2010. 12. 23, 2009다37725).

4) 부작위채무의 이행을 위한 간접강제결정에서의 금전집행절차도 부대체적 작위채무의 경우와 대체로 같다. 즉 부작위채무 집행의 정지·취소서류가 직접 금전집행의 취소서류로 되는 것이 아니고, 간접강제결정의 취소결정이 금전집행절차의 취소서류가 된다. 부작위의무의 이행을 명한 본래의 집행권원이 처음부터 피보전권리가 존재하지 않는 것으로 판명되어 취소된 경우에는 채권자가 이미 추심한 간접강제금은 부당이득으로 된다.[1)]

계속적 부작위의무에 대한 간접강제결정이 발령된 상태에서 의무위반행위가 계속되던 중 채무자가 그 행위를 중지하고 장래의 의무위반행위방지를 위한 적당한 조치를 취하였거나 가처분에서 정한 금지기간이 경과하였다 하더라도 처음부터 위반행위를 하지 않은 것과 같이 볼 수 없고 기왕의 위반행위의 효과가 소급적으로 소멸하는 것이 아니므로 채권자는 위반행위에 상응하는 배상금의 추심을 위한 강제집행을 할 수 있다는 것이 판례이다.[2)] 한편 판례는 위반일수에 비례하여 배상금 지급을 명하였는데 중간에 부작위의무를 이행한 경우, 청구이의의 소로 집행력 배제를 구할 수 있는 배상금의 범위는 의무이행일 이후 발생할 배상금이라고 하였다.[3)]

Ⅳ. 의사표시의무의 집행[4)]

1. 의사표시의 간주

의사표시를 구하는 청구는 부대체적 작위채무를 구하는 것이고 따라서 간접강제의 방법으로도 집행이 가능하지만, 법은 의사표시를 할 것을 채무자에게 명한 판결이 확정되거나 그와 같은 효력이 있는 화해[5)]·인낙 또는 조정조서가 성립된 때에는 **그 재판이 확정된 때 또는 그 조서가 성립된 때**에 의사표시를 한 것으로 본다(263조). 여기의 판결은 확정판결을 의미하고 가집행선고 있는 판결은 포함하지 아니한다.[6)] 원칙적으로 그와 같은 시점에 집행된 것

1) 주석 민사집행법(Ⅳ), 1135~1136면.
2) 대법 2012. 4. 13, 2011다92916.
3) 대법 2023. 2. 23, 2022다277874.
4) 최돈호, "판결에 의한 등기의 집행", 민사집행법연구 제2권, 298면 이하.
5) 화해조항에 "본건건물의 소유권지분 3/10을 양도한다"고 되어 있다면 화해조서가 소유권(지분)이전등기의 의사진술을 한 것이라 보기 어렵다는 것에, 대법 1991. 6. 25, 91다11476.
6) 박두환, 636면; 유현, "판결에 의한 등기", 재판자료(43), 754~755면. 반대: 김홍규, 596면.

으로 보기 때문에, 집행문의 부여나 현실의 집행처분 및 집행기관의 관여가 필요 없다.[1] 판결이 확정되면 그것으로 집행이 끝나는 대표적인 예이다. 물론 조건부의사표시의무를 집행할 때는 집행문을 받아야 하므로(263조 2항) 다르다고 할 것이다. 집행기관이 관여할 여지가 없으므로 집행정지 규정의 적용이 없다.[2] 집행기관이 관여하는 현실적인 강제집행절차가 존재할 수 없으므로, 등기공무원은 강제집행정지결정에 구애됨이 없이 등기신청을 받아들여야 한다.[3] 의사표시 간주의 효과가 생긴 후에 등기권리자의 지위가 승계된 경우에는 승계집행문을 부여할 수 없다.[4]

이러한 의사표시 간주의 전형적인 예로 등기청구를 들 수 있는데(토지거래허가신청협력의무의 이행,[5] 등록명의변경 · 건축주명의변경청구,[6] 부재자 재산관리인의 권한초과 행위에 대한 허가신청절차의 이행청구[7] 등 포함), 이 경우에는 판결 등의 확정으로 의사표시가 된 것으로 간주하기 때문에, 판결 등에서 승소한 등기권리자가 확정판결 등을 첨부하여 단독으로 등기 · 등록을 신청하면 등기부 등에 등재한다(부동산등기 23조 4항). 등기관의 사후적 사무처리일 뿐 집행기관으로 관여하는 것이 아니므로 본래의 집행에 해당하지 아니한다. 넓은 의미의 집행에 속할 뿐이다. 등기의무자가 등기가 자기명의로 되어 있기 때문에 사회생활상 · 법률상 불이익을 입을 우려가 있는 경우에는 등기권리자를 상대로 등기인수청구를 하고 그 판결을 받아 단독으로 신청하는 길도 있다(부동산등기 23조 4항).[8]

본조의 적용을 받는 의사표시는 일정한 법률효과를 생기게 하는 것이어야 하므로, 단순한 감정(감사, 사죄)이나 사고(의견의 찬부 등)의 표명은 해당하지

ZPO §895는 의사의 진술을 명한 판결에도 가집행선고를 할 수 있게 하였으며, 이때에는 이를 가등기하게 하고, 가집행선고 있는 판결이 뒤에 취소되면 말소할 수 있게 하였다.

1) 따라서, 이에 대한 청구이의의 소(44조)나 제3자이의의 소(48조)는 더 이상 허용되지 않는다(대법 1995. 11. 10, 95다37568).

2) 대법 1971. 6. 9, 70마851; 동 1979. 5. 22, 77마427. 등기의무와 같은 의사의 진술을 명하는 집행권원은 채무자가 임의로 그 등기의무를 이행하면 그 효력을 상실한다(대법 1989. 10. 24, 89다카10552).

3) 대법 1979. 5. 22, 77마427.

4) 대법 2017. 12. 28, 2017그100.

5) 대법(전) 1991. 12. 24, 90다12243.

6) 대법 1989. 5. 9, 88다카6754 등.

7) 부재자재산관리인을 상대로 한 권한초과 행위에 대하여 허가신청절차를 이행하라는 판결이 확정되면 제263조에 의하여 허가신청의 진술이 있는 것으로 간주되어 집행이 끝난다는 것에, 대법 2000. 12. 26, 99다19278.

8) 대법 2001. 2. 9, 2000다60708.

않는다.[1] 그러나 법률행위의 요소로서의 의사표시에만 국한되지 않고, 준법률행위인 의사의 통지(최고 등), 관념의 통지(채권양도의 통지나 승낙)도 제263조가 적용된다. 채무자의 채권자에 대한 의사표시만이 아니라 채무자가 제3자에 대하여 의사표시를 할 것을 목적으로 하는 채무에 대하여도 적용된다(부등 23조 4항 참조). 어음의 발행, 배서 등과 같이 의사표시 외에 채무자 자신의 사실적 행위를 필요로 하는 경우에는 부대체적 작위채무의 간접강제방법에 의할 것이지 본조가 적용될 수 없다. 소의 취하, 고소의 취하, 경매신청의 취하, 가압류·가처분의 신청취하 및 집행해제[2] 등과 같은 소송행위에 대하여도 본조가 적용된다는 것이 다수설[3]이다. 그러나 소취하, 상소의 취하 등의 합의는 소송법상 유효하고 이를 이행하지 않을 경우에는 권리보호의 이익이 없어 소(상소)를 각하하게 되므로 실제로 소로써 의사표시를 청구하는 것을 상정하기 어려울 것이다. 판례도 소취하, 상소취하, 경매신청의 취하를 소로써 청구하는 것을 허용하지 않는다.[4]

2. 의사표시의 간주시기

(1) 단순한 의사표시의무의 경우

판결 또는 조서가 무조건 의사표시를 할 것을 명하는 내용인 때에는 그 판결확정시 또는 조서성립시에 의사를 진술한 것으로 보는 것이 원칙이다(263조 1항). 예를 들면 甲이 乙을 상대로 단순히 매매를 원인으로 한 소유권이전등기의무를 이행하라는 청구를 하여 승소확정판결을 받은 경우이다. 이 경우에는 현실의 집행도 생략되고 집행문의 부여도 필요 없음은 앞에서 본 바이다.

(2) 의사표시의무가 조건 등에 걸린 경우

다음과 같이 조건부의사표시를 명한 판결·조서의 경우 등은 간주시기가 미뤄지는 예외이다.

1) 채무자의 의사표시가 채권자의 반대의무(급부)의 선이행, 불확정기한의 도래, 정지조건의 성취(주무관청의 허가를 받으면 이전등기의무를 이행하라는 판결)에

1) 대법 2016. 9. 30, 2016다200552.
2) 대전고법 2015. 2. 13, 2013나5884.
3) 박두환, 635면; 강대성, 535면; 주석 민사집행법(Ⅳ), 1153~1154면.
4) 대법 1966. 5. 31, 66다564(경매신청취하 사례).

걸려 있는 경우에는, 그 증명책임이 있는 채권자가 조건성취 등을 증명하고 재판장(32조) 또는 사법보좌관의 명령(법조 제54조 2항 2호; 사보규 2조 1항 4호)에 따라 **조건성취집행문**을 부여받았을 때 의사표시를 한 것과 동일한 효력이 발생한다.[1] 따라서 조건부 등기이행판결에 조건성취집행문을 받지 않고 한 등기는 원인무효가 된다.[2] 의사표시를 명하는 판결에서는 가집행선고를 붙일 수 없고 주로 가집행선고 있는 판결에서만 담보의 제공이 문제되는 만큼(민소 213조 1항), 담보제공사실을 증명하여 집행문을 받아야 할 경우는 없을 것이다.

2) 채무자의 의사표시가 반대의무와 **동시이행관계**가 있는 경우, 예를 들면 피고는 원고로부터 잔대금의 지급을 받음과 동시에 원고에게 소유권이전등기절차를 이행하라는 판결과 같은 경우에도 채권자가 반대의무의 이행 또는 그 제공이 있는 것을 증명하는 문서를 제출하고 집행문을 부여받을 때에 의사표시가 있는 것으로 본다(263조 2항). 원래 반대의무의 이행은 집행기관의 집행개시의 요건인데(41조 1항), 의사표시를 할 의무에서는 반대의무의 이행이 집행문 부여의 요건이 되는 예외적 취급을 한다. 집행기관의 개입에 의한 현실적인 강제집행절차가 아니므로 집행기관이 반대의무의 이행을 심사할 수 없기 때문이다.

다만 법원사무관 등이 잘못 알고 반대급부의 이행 등 조건이 성취되지 아니하였는데도 집행문이 잘못 부여된 경우에는 그 집행문부여는 무효이고, 채무자는 이에 의한 등기신청에 관한 의사표시가 무효라고 주장하거나 그 등기의 말소, 회복의 청구를 할 수 있다는 것이 판례이다.[3]

3) 채무자의 의사표시가 오히려 채무자가 증명책임이 있는 사실의 부존재에 걸려 있는 경우가 있다. 예를 들면 채무자가 일정한 시기까지 채무를 지급하지 아니하면 채권담보의 의미에서 채권자 앞으로 소유권이전등기절차를 이행할 뜻의 화해를 한 경우이다. 집행권원이 **과태약관**(過怠約款)이 붙은 청구권일 때가 그것이다. 이때에는 의사표시의 집행방법의 특수성을 고려하여 이때에도 조건으로 취급하여 조건성취집행문을 부여받아야 한다는 것이 실무이고,[4]

1) 대법 1979. 5. 22, 77마427.
2) 대법 1951. 4. 17, 4282민상92.
3) 대법 2012. 3. 15, 2011다73021(이러한 경우 집행문의 부여로 집행이 종료된 경우로서 집행문부여에 대한 이의신청, 그에 대한 이의의 소를 제기할 이익이 없다).
4) 박두환, 637면; 深澤利一, 民事執行の實務(下), 新日本法規(2007), 901면.

그 부여시기가 의사표시 진술 간주시기라고 본다. 다만 조건성취를 증명책임 분배의 원칙에 걸맞지 않게 채권자가 조건성취를 증명하도록 하면 사실상 집행문을 받기 어렵게 되는 문제가 있다. 일본법 제174조 3항처럼 과태약관이 붙은 집행권원에 대해서는 법원사무관 등이 집행문을 부여하기에 앞서 채무자에게 일정한 기간을 정하여 채무를 해태하지 않고 이행한 사실을 증명하는 문서의 제출을 최고하고, 채무자가 그 기간 내에 그 증명문서를 제출하지 못할 때에 비로소 집행문을 부여하는 입법이 바람직하다.

집행문부여에 의한 의사표시의 의제로 집행은 종료되고 집행기관에 의한 강제집행절차가 없으므로 조건성취 집행문을 채무자에게 송달할 필요가 없다는 반대설[1]도 있으나, 위와 같은 조건성취의 경우의 집행문의 부여는 의사표시의 간주시기와 관계되므로, 채무자에게 방어의 기회를 부여하기 위해 집행문을 채무자에게 송달하여야 할 것이다.[2]

4) 의사표시 가운데 **제3자에 대한 의사표시**일 때는 채권자가 확정판결 등 집행권원의 정본이나 등본을 제시 또는 송부한 때에 의사표시의 의제가 된 것으로 볼 것이다. 채권양도 및 채권양도통지의 소의 경우, 예를 들면 은행차명계좌의 예금채권을 실명자 앞으로 옮기기 위해 피차명자 상대로 실명자에게 채권양도 및 은행에 대한 채권양도통지의 소[3] 따위는 그 승소판결과 확정증명이 제3채무자인 은행에게 제시나 통지된 때이다.

3. 집행문부여의 소

위의 조건부 집행권원, 동시이행집행권원의 경우에 채권자가 문서로 필요한 증명을 하였거나 제출하였는데도 법원사무관 등이 조건성취집행문을 부여하지 아니하는 때에는 채권자는 집행문부여의 소(33조)를 제기할 수밖에 없다. 이 경우에 집행문부여의 소 인용판결이 확정되면 그 사람에게 의사표시가 된 것으로 본다. 법원사무관 등의 별도의 집행문부여의 절차는 필요 없다.

1) 주석 민사집행법(Ⅳ), 1161면.
2) 법원실무제요 민사집행(Ⅳ), 641면.
3) 대법 2001. 1. 5, 2000다49091 참조.

도표 2-16 비금전 집행

내용 / 집행의 종류	집행기관	집행방법	비고
인도채무 (명도 · 인도집행)	집행관 집행비용 과다(실비주의)	명도최고, 채무자 점유 빼앗아 채권자 이전	부동산 내의 동산— 채무자 인도 → 동거 친족 · 고용인 인도 → 선임된 보관업자 보관 → 매각처리 · 공탁
대체적 작위채무 (대체집행) (건물철거 · 퇴거 · 쓰레기수거 등)1)	제1심판결법원, 2,000원의 인지	채무자 심문+수권결정	사실상 집행관 집행 (2023년 1,254건)
부대체적 작위의무 · 부작위채무금지(중지 등 집행)	제1심판결법원 (위와 같음)	채무자 심문+배상금 등 간접강제 결정	배상금 불이행시는 금전집행의 방법 집행 → 집행재산 없을 때에 무용지물(2023년 193건)
의사표시 의무 (등기 등 집행)2)	집행기관 없음	현실의 집행 없이 판결 확정시 집행종료 원칙 (자동집행)	단, 조건부집행권원 · 동시이행의 집행권원 – 집행문부여 대상, 판결확정시 아닌 부여시 집행종료

1) 인도집행 · 대체집행의 경우에 채무자측의 집행저항은 문제.

2) 4가지 중 위 3가지 의무는 확정판결, 가처분명령, 가집행선고 판결 등으로 생길 수 있으나, 의사표시 의무는 확정판결뿐 가처분명령, 가집행선고의 대상이 아님.

제 3 편

담보권실행 등을 위한 경매

제1절 서 설

과거에 강제집행절차는 민사소송법에서, 담보권실행을 위한 경매절차는 경매법이라는 독립법에서 각 규율하였으나, 1990년 민사소송법중개정법률에서 경매법을 폐지하고 강제집행편에 편입시켜 통일적으로 규율하는 체제가 되었으며, 2002년에 제정된 민사집행법에서도 두 절차를 함께 일원적으로 규율하는 체제를 유지하였다.[1] 담보권실행을 위한 경매는 지금도 구법시대처럼 임의경매(任意競賣)라고도 한다. 당사자가 임의로 설정한 담보권을 실행하는 경매이기 때문이다. 당초에는 당사자의 위임에 의한 집행관경매에서 유래했다고도 한다. 또 이를 공권력개입의 집행권원에 의한 강제집행에 대비하여 담보집행이라고도 한다.

1. 강제경매와의 차이

일원화를 계기로 강제집행과 거의 균질화되었지만 담보권 실행을 위한 경매는 강제집행과 다음과 같은 주된 차이가 있다.

첫째, 담보권실행을 위한 경매는 **집행권원이 없는** 담보권자에 의해 행해지는 데 대하여, 강제경매는 집행권원을 가진 채권자에 의해 행해진다. 따라서 강제경매신청을 위해서는 집행력 있는 정본이 필요하나, 담보권실행의 경매에서는 담보권의 존재를 증명하는 서류(저당권이 기입된 등기사항전부증명서 등)를 내면 된다.

둘째, 담보권실행을 위한 경매를 개시함에는 집행권원이나 **집행문**이 필요없다. 저당권의 경우에는 등기사항전부증명서를 제출하면 된다. 따라서 집행권원이나 집행문의 존재를 전제로 한 청구이의의 소, 집행문부여에 대한 이의나 그 이의의 소 제도가 없다.

셋째, 담보권실행을 위한 경매에서는 채무자 등이 **담보권의 부존재 · 소멸** 또는 변제기의 연기를 경매개시결정에 대한 이의신청 등 간단한 절차로 다툴 수 있다[2](265조). 이 점이 강제경매에서는 집행채권의 부존재 · 소멸 · 변제기의

1) 미국은 법원의 관여없이 행하는 power of sale이라는 민간경매가 주류인데, 저당권자 등이 채무자에게 실행통지 · 신문광고 후에 직접 담보물을 경매한다.

2) 대법 2008. 9. 11, 2008마696.

연기 등 실체법상의 사유를 경매개시결정에 대한 이의사유로 삼을 수 없는 것과 대조적이다. 집행권원은 어렵게 만들어졌으므로 청구이의의 소로 어렵게 다투도록 하였다. 불복방법의 차이이다. 담보권실행의 경매에서도 채무부존재확인소송, 담보권부존재확인소송, 저당권설정등기말소청구소송 등 채무이의소송이 실무상 널리 행하여지지만, 반드시 그것만이 아니라 경매개시결정에 대한 이의제도에 의해서도 해결할 수 있다(실체이의 · 실체항고). 다만 후자로는 기판력을 얻을 수 없다.

넷째, 집행정지 · 취소문서와 관련하여 강제집행은 재판의 정본(집행권원의 취소, 집행정지결정 등)이 중심이 되지만, 담보권실행의 경우는 재판정본 이외에 저당권설정등기 말소등기 등이 된 **등기사항전부증명서**를 내도 된다. 강제집행의 취소결정에 대해서는 즉시항고를 허용하나(17조), 담보권실행의 취소결정에 대해서는 그 원인인 취소사유가 명료하다는 이유로 즉시항고를 인정하지 아니한다(266조 3항).

다섯째, **집행장애**와 관계해서도 차이가 있다. 채무자에 대한 파산 등 도산절차가 개시되면 강제집행은 더 이상 허용되지 아니한다. 그러나 담보권자는(유치권 · 질권 · 저당권 · 전세권) 채무자가 파산선고가 받아도 별제권(別除權) 때문에 경매를 진행할 수 있다(도산 412조, 586조).

여섯째, 압류등기 전 압류부동산의 **제3취득자의 지위**와 관련하여 강제경매에서는 제3취득자가 압류신청 · 압류사실을 모른 선의일 때에는 경매절차를 취소시킬 수 있으나, 담보권실행의 경매에서는 선의라도 취소할 수 없다(92조 2항).

일곱째, **절차종결**에서도 차이가 있다. 강제경매에서는 유효한 집행권원에 의하여 경매절차가 끝났으면 전면적 공신력을 인정한다. 즉 집행권원에 표시된 집행채권의 부존재 · 소멸이 있더라도 매수인이 대금을 완납하면 유효하게 소유권을 취득한다. 그러나 담보권실행의 경우는 담보권증명서류에 표시된 담보권의 부존재 · 원인무효 등의 사유가 있으면 매수인이 매각대금을 완납하여도 목적물의 소유권을 취득하지 못하고,[1] 다만 **담보권**이 소멸된 경우에만 매

---

1) 대법 1975. 12. 9, 75다1994; 동 1999. 2. 9, 98다51855. 일본법은 담보권의 부존재 · 소멸 모두 경매거래의 안전을 위하여 소유권취득에 영향이 없는 것으로 하였고, 그것이 필자의 1990년 법률개정시의 주장이었으나 절충적으로 담보권소멸시만 소유권취득에 영향 없는 것으로 수정되었다.

수인의 소유권취득에 영향이 없다(267조).[1] 담보권실행경매에는 부분적 공신력을 인정한 것이다.

여덟째, '금융기관부실자산 등의 효율적 처리 및 한국자산관리공사의 설립에 관한 법률' 제45조의2의 통지·송달에 있어서 발송송달의 특례규정은 담보권실행의 경매에만 적용될 뿐이고 강제경매에는 그 적용이 없다. 위 법률에 의하면 한국자산관리공사의 업무인 담보권실행의 경매에서는 경매개시결정 등을 송달함에 있어서 경매신청 당시 부동산등기부에 기재된 주소나 주민등록표에 기재된 주소로 발송함으로써,[2] 등기부 및 주민등록표에 주소가 기재되어 있지 아니하거나 주소신고를 하지 아니한 때에는 공시송달에 의하여 통지·송달을 할 수 있게 되어 있다.

이처럼 담보권실행은 간단히 시작할 수 있는가 하면, 간단히 쉽게 뒤집을 수 있는 점에서 강제집행과는 큰 차이가 있다. 담보권실행의 경매가 간단히 개시될 수 있는 것은 담보권에는 경매권이 뒤따르기 때문이다.

2. 담보권실행에 있어서 집행방해 등

특히 부동산담보권의 실행에 있어서 집행방해가 문제이다. 구법하에서는 경매장에서 경매브로커의 경매방해가 큰 문제가 되었는데, 경매시장이 개방체제로 되면서 많이 시정되었으나 문제는 아직 남아 있다. 공장저당의 경우에 기계부품을 빼가는 등 매각대상물건에 대한 가격손상행위, 등기부에 나타나지도 아니하는 법정지상권·분묘기지권·주택 등 소액임차권·유치권의 조작, 저당권설정등기말소청구 등을 본안으로 하는 집행정지제도의 남용, 경매개시결정에 대한 이의신청권의 남발, 그리고 송달의 지연책 등 방해방법이 실로 다종다양하다.

특히 담보권자를 당황하게 하는 것은 없는 것으로 알았던 최선순위의 소

1) 근저당권 설정계약이 사해행위로 인정되어 취소되는 경우 경매절차가 진행되어 타인이 소유권을 취득하고 근저당권설정등기가 말소되었다면 원물반환은 불가능하므로 가액배상의 방법으로 원상회복을 명할 것이라는 것에, 대법 2001. 2. 27, 2000다44348; 동 2004. 1. 27, 2003다6200; 채무자가 경락인의 대금납부 전에 채무를 변제하여 담보권을 소멸시켰다 하더라도 이를 근거로 이의신청을 하고 나아가 경매절차를 정지시키지 아니하여 매수인이 매각대금을 납부하였다면 매수인은 유효하게 소유권을 취득하게 된다는 것에, 대법 1992. 11. 11, 92마719.

2) 헌재 1998. 9. 30, 98헌가7 등에서 이러한 금융기관신청의 발송송달의 특례는 금융기관이 비금융기관에 비하여 공신성이 크다는 점에서 합리적 근거가 있는 차별이라고 하여 합헌결정을 했다.

액임차인이나 유치권자의 늦은 신고 또는 출현이다. 법제도상 집행정지서류의 제출가능시기를 대금완납시까지로 연장함으로써 매수인의 지위를 쉽게 무너뜨릴 수 있게 된 것도 집행방해에 일조하고 있다. 입법론·해석론을 통한 대처방안의 강구가 우리 사법이 당면한 긴요한 과제이다. 채무자측이 경매목적물에 대하여 사전사후 장난치지 못하게 하는 보전처분제도(268조, 83조 2항; 규 44조, 45조)의 활성화도 중요한 해결책일 것이다. 민법 제365조를 일본민법 제369조처럼 저당권설정자가 아닌 제3자 축조의 건물도 일괄경매의 대상으로 하는 확대입법이 좋은 방안일 것이다.

대법 2006. 1. 27, 2003다58454에서는 대지의 소유자가 나대지상태에서 저당권을 설정해 놓고 그 뒤에 그 대지상에 신축공사가 진행되는 경우는 저당권자가 지배하는 교환가치의 실현을 방해하거나 방해할 염려가 있는 사정에 해당되어 저당권자는 저당권에 기한 방해배제청구권을 행사하여 공사중지청구를 할 수 있다고 하였는데, 이는 집행방해대책으로 주목할 만하다.[1] 또 판례[2]에서 나대지 상태에서 저당권을 설정한 뒤에 신축공사를 진행하여 건물을 신축한 경우에는 일괄매각의 대상이지 매각되어도 법정지상권이 성립되지 아니한다는 것도 같은 맥락이다.

나아가 임대차보호법상의 임차보증금제도(다수의 소액임차인의 등장, 저당권설정 후에 임차권설정, 위장임대차 등)나 유치권제도(제2번 저당권자가 채무자와 야합하여 유치권조작으로 사실상 최우선순위담보권자로 나서거나 압류등기 후 점유이전에 의한 유치권형성 등)의 남용을 비롯하여 폭력배에 의한 저당부동산의 점유도 문제이다. 따라서 그와 같은 점유는 저당권에 대한 침해로 평가할 것이므로, 저당권자는 그 점유자에 대하여 저당권에 기해 그 부동산의 명도를 구하거나 소유자를 대위하여 명도를 구할 수 있다고 볼 것이다.[3] 신의칙으로 막든지 명도단행가처

---

1) 일본 최고재 2005. 3. 10. 판결에서는 저당권 설정등기 뒤에 설정된 저당권실행 방해목적의 점유로 인정되고 그 점유로 인하여 저당권의 우선변제권의 행사가 곤란하게 될 상태가 될 때는 저당권자는 그 점유자에 대해 방해배제청구를 할 수 있다고 하고, 저당부동산의 소유자에게서 저당권에 대한 침해가 생기지 않도록 하는 저당부동산의 유지관리를 기대할 수 없는 경우에는 저당권자는 점유자에 대해 직접 자기에게 저당부동산의 명도도 구할 수 있다고 했다.

2) 대법 1971. 9. 28, 71다1238; 동 2013. 4. 11, 2009다62059 판결에서도 저당권설정 당시를 기준으로 토지와 그 지상건물이 동일인에 속하였는지를 기준으로 관습상 법정지상권의 성립여부를 판단하여야 한다고 하여, 저당권설정 후에 신축된 건물은 법정지상권에 의한 보호를 주장할 수 없게 되었다.

3) 대법 2005. 4. 29, 2005다3243 참조.

분제도의 적극 활용도 필요할 것이다. 매각절차가 끝나도 매수인이 인도명령을 별도로 받아 인도청구할 때를 기다려 고액의 퇴거료 · 이사비의 요구 등 인도문제 때문에 매수희망자가 없거나 있다 해도 저가매각의 요인이 되는데, 이것도 문제로서 인도명령제도의 유지가 옳은지 검토할 사항이다.

3. 담보권실행과 금융제도의 원활한 운영책

부동산집행을 신속히 행하고 가능하면 고가로 현금화함으로써 부실채권을 정리하여 문제를 합리적으로 처리하는 것은 비단 개인 채권자의 소망만이 아니라, 저당권을 담보로 여신업무를 처리하는 금융기관 시스템을 안정시키는 과제이다. 그리하여 경매과정에서의 금융기관 부실채권의 신속한 회수와 여신업무의 합리화를 위하여 한때 **금융기관연체대출금에 관한 특별조치법**을 제정하여 경매절차에 대한 특례규정을 두었으나 일부 규정이 헌법재판소에 의하여 위헌결정을 받았다. 뒤에 이 법이 폐지되고, 앞서 본 '금융기관부실자산 등의 효율적 처리 및 한국자산관리공사의 설립에 관한 법률'(이하 "자산관리공사법"이라 한다)이 나오면서 자산관리공사에 대출금의 회수위임, 보증금제공의 특례, 부동산등기부 등 주소에 발송송달 · 통지의 특례 등으로 입법대처하였다. 이제 부동산 특히 주택담보권실행제도의 합리화는 금융제도의 원활한 운영이라는 국가적 차원의 과제로 부상하게 된 것이라면, 현안문제 몇 가지를 지적한다.

첫째, 등기로 공시되지 아니하는 유치권, 법정지상권, 분묘기지권의 출현과 복잡한 배당절차 등은 절차지연의 요인이 되고 부실채권의 회수를 어렵게 하여 문제이다. 금융기관이 나대지나 임야를 담보로 하여 저당권을 설정할 때에는 설정당시 건물이나 분묘가 없음을 사진 등으로 채증하여 두면, 그 목적물 경매시에 법정지상권 · 분묘기지권 주장을 막을 수 있다.

둘째, 저당권보다 후순위라도 그에 대항할 수 있는 소액임차인의 임차보증금 중 일정액에 부여하는 제도도 문제이거니와 이 제도의 남용을 예상하여 주택의 방실마다 한 명씩 소액임차인이 입주한다는 전제로 방실 수×최우선임차보증금액 만큼 담보가치를 줄여 평가하는 기형적 사태가 나타나 문제이다. 이 점을 간과하였을 때는 금융기관의 융자금회수에 어려움을 겪게 된다.

셋째, 자산관리공사법 제45조의2의 송달특례가 일반 시중은행 등 금융기관에의 적용배제로 인한 송달지연 때문에 융자금의 회수가 지연되고 있는 현

실은 방관만 할 것이 아니므로 법 개정이 필요한 부분이다.[1]

넷째, 부동산경기의 침체에 의한 건물가격의 하락은 소위 '깡통주택(주택담보대출금과 전세보증금의 합산액이 매매가격의 80%를 넘는 주택)'의 발생시키는 문제를 낳고 있다.[2] 다시 말하면 담보가치 대비 대출비율인 담보인정비율(LTV=Loan to value)이 넘는 주택담보대출이 엄청난 규모라고 한다. 그런데 경매로 인한 낙찰가율이 70% 정도라니 은행이 저당권을 실행하여도 집행비용을 부담하면 전액 대출금회수가 곤란하게 되어 금융기관의 건전화에 악영향을 줄 수 있다. 대출금은 물론 전세금도 경매로 회수가 어렵게 된 사례가 최근에 다수 발생하였다. 담보대출금 이하 담보집값 하락 → 압류주택증가 → 집값추가하락을 유발하여 미국발 subprime mortgage 사태의 우려를 배제할 수 없다. 또한 금융기관(은행, 저축은행, 카드사 등)이 담보대출금의 회수가 어려은 경우에는 피담보채권액 이하로 매각하는 NPL(non performance loan)채권이 늘어날 수 있다. 현재 1,000조원이 넘어서는 가계대출이 대부분 주택담보대출이므로 주택값이 떨어지면 문제는 심각해질 수 있다.

이에 채무자가 담보주택을 금융기관에 신탁하면서 5년간 경매를 유예해 두고 그동안 임대료를 내고 살다가 5년 뒤 원금을 갚아서 주택을 다시 찾게 하는 trust and lease back 제도도 일각에서 구상하는가 하면, 금융권이 일단 3개월간 경매를 유예해 주고 주택매매를 중개하는 방안을 제2금융권까지 확대하는 방안도 나오고 있다(하우스푸어대책). 후자가 채권자 주도형의 임의경매라 할 수 있는데, 대체적 분쟁해결제도(ADR)라 할 수 있다. 금융권의 담보권행사 과정에는 감독기관의 규제보다는 자율적 운영의 통로를 열어주어야 한다.

도표 3-1 강제경매와 담보권실행의 경매비교

절차 / 항목	강제경매	담보권실행경매(임의경매)
기초	집행권원	담보권존재증명서(저당권이 기재된 등기사항증명서) 등
행사	집행문	집행문불필요
청구이의의 소 ·	있음	없음

1) 김갑수, "경매절차에 있어서의 송달에 관한 고찰", 민사집행법연구 제6권, 325~329면.

2) 게다가 소위 up 계약으로 담보가치를 부풀린 뒤에 초과대출받는 사례도 많다.

집행문부여의 이의		
집행권의 부존재·소멸을 다투는 절차	청구이의의 소	경매개시결정에 대한 이의신청
집행정지	집행권원 취소의 재판·집행정지의 재판정본 등(49조·50조)	저당권설정등기말소사항증명서 등(266조)
배당관계	평등배당	우선배당
대금완납 후 소유권취득	집행채권의 부존재·소멸되어도 영향 없음	담보권의 소멸시에만 영향 없음
통지·송달	교부송달·보충송달 등	KAMCO 경매시는 발송송달
도산절차와 관계	집행장애사유	별제권으로 집행장애 없음

제 2 절 부동산담보권의 실행

부동산담보권에는 전세권·가등기담보권도 있어 저당권이 전부를 이루는 것은 아니나, 그 중요성이나 이용비율로 보아 저당권이 단연 압도적이다. 담보권실행의 부동산경매에는 부동산의 강제경매에 관한 민사집행법 규정은 물론 민사집행규칙도 대부분 준용된다(268조, 규 194조). 아울러 강제집행 총칙규정도 일부 준용한다(275조; 규 202조). 절차부분이 거의 공통적이므로 예외 4개의 조문(264조 내지 267조)을 빼고는 **전적인 준용**이다.

부동산강제경매절차에 대한 특칙이라면 ① 경매신청서류(264조), ② 경매개시결정에 대한 이의사유(265조), ③ 경매절차의 정지(266조), ④ 매수인의 소유권취득과 담보권의 소멸(267조) 등 4가지뿐이다. 나머지는 부동산강제경매절차와 같다고 보면 된다. 담보권의 발생·변경·소멸은 민법 등 실체법에 규정되어 있는데 반하여, 그 실행절차는 민사집행법에서 다루어지는데, 그 절차는 경매신청 → 압류(경매개시결정) → 현금화 → 배당으로 진행됨은 강제경매와 차이가 없다. 강제경매규정의 준용 결과 담보권실행의 부동산경매에서도 잉여주의(91조 1항, 102조)가 적용된다. 또 부동산강제경매절차와 마찬가지로 부동산담보권의 실행경매도 법관이 아니라 **사법보좌관**의 업무로 되었다. 준부동산 중 선박담보권실행은 다르나 자동차·건설기계 담보권실행의 경매도 같다(사보규 2조 1항 11호). 담보권실행의 경매가 비록 강제경매규정을 거의 전적으로 준용

하는 체제이지만, 경매 사건수는 전자가 후자보다 많다.[1]

Ⅰ. 경매절차

1. 경매신청

(1) 경매신청의 방식

담보권의 실행은 담보권자가 집행법원에 경매신청을 함으로써 개시된다. 경매청구권이 없는 담보권 예컨대 확정일자를 갖춘 주택 · 상가건물임차권자는 여기의 신청권자에서 제외된다. 신청은 서면에 의하여야 한다(4조. 전자신청이 된다). 채권자대위권(민 404조)에 의한 대위경매신청도 가능하다.[2] 대위변제자도 채권자를 대위하여 경매신청을 할 수 있다.

신청서에는 채권자 · 채무자 · 소유자 이외에 담보권 · 피담보채권, 실행대상 재산 및 피담보채권의 일부에 대한 실행인 때에는 그 취지와 범위를 적게 되어 있다(규 192조). 경매대상건물이 인접건물과 합동되어 독립성을 상실한 경우는 합동으로 새로 생겨난 건물 중에서 차지하는 비율에 상응하는 공유지분에 관하여 경매신청을 하여야 한다.[3] 명문의 규정은 없어도 피담보채권의 변제기도래 사실은 적어야 한다. 신청인은 이와 같은 신청서와 다음의 첨부서류 외에 집행비용을 예납해야 한다(53조 1항).

경매신청에도 처분권주의가 적용된다. 따라서 채권자에 의하여 경매신청되지 아니하였고 경매법원으로부터 경매개시결정을 받은 바도 없는 독립한 부동산에 대하여 경매되었으면 당연무효이고, 매수인은 그 부동산을 취득할 수 없다.[4]

공동근저당권 목적부동산 중 하나의 부동산에 담보권실행경매의 진행 결과 담보된 채권최고액에 해당하는 전액을 배당받았다면 담보권의 소멸로 다른 부동산에 경매신청을 할 수 없다.[5]

---

1) 2023년에 접수된 부동산경매사건 80,729건 중 강제경매는 34,572건, 담보권실행등은 46,157건이고, 경매 중 강제경매와 담보권실행등의 비율은 매년 유사하다.

2) 김홍엽, 434면; 주석 민사집행법(Ⅵ), 187면.

3) 대법 2010. 3. 22, 2009마1385(독립성상실의 건물에 대해서는 직권으로 경락허가하지 아니하여야 된다). 유사취지는, 대법 2011. 9. 5, 2011마605.

4) 대법 1991. 12. 10, 91다20722.

5) 대법 2012. 1. 12, 2011다68012.

(2) 근저당권의 피담보채권 확정과 경매절차상 일부청구

1) 담보권이 근저당인 경우에는 경매신청시에 근저당채무액이 확정되고, 그 이후부터 근저당권은 부종성을 가지게 되어 보통의 저당권과 같은 취급을 받게 된다.[1] 근저당권의 피담보채권이 확정되면 그 이후에 발생하는 원금채권은 그 근저당권에 의하여 담보되지 아니한다.[2] 그러나 후순위근저당권자가 경매신청을 한 경우, 선순위근저당권자는 그가 확보한 담보가치를 최대한 활용할 수 있도록 함이 타당하므로 선순위근저당권이 소멸되는 시기, 즉 매수인의 매각대금완납시에 확정된다고 볼 것이다.[3]

2) 담보권이 근저당권인지 여부와 무관하게 규칙 제192조에서는 경매신청서에 피담보채권의 액수를 적게 되어 있다. 그런데, 경매신청인이 경매신청서의 청구금액을 피담보채권액 전액으로 기재하지 않고 일부만 청구한 경우에 그후 채권계산서 등의 방법으로 청구금액을 확장할 수 있는가의 문제가 있다. 확장불가능설(제한설)[4]과 확장가능설[5]이 있는데, 판례는 구 경매법 시행당시에는 담보권실행경매의 경우에만 확장할 수 있다고 한 것이 있으나,[6] 1990년 민사소송법의 개정으로 강제경매와 동일한 절차로 진행된 후에는 담보권실행경매의 경우에도 청구금액의 확장, 보충이 불가능한 것으로 보고 있다.[7] 청구금액의 확장이 불가능하므로 후순위자가 배당받는 경우에 부당이득반환청구를 하지 못한다고 한다.[8] 다만 판례는 경매신청서에 이자 등 부대채권을 표시한 경우에는 그 표시를 개괄적으로 하였는지, 확정액으로 표시하였는지 여부와 무관하게 배당요구의 종기시까지 채권계산서를 제출하는 방법으로 부대채권을

---

1) 대법 1993. 3. 12, 92다48567; 동 1997. 12. 9, 97다25521; 동 2002. 11. 26, 2001다73022 등.

2) 대법 2023. 6. 29, 2022다300248(설사 경매신청서에 장래의 채권으로 기재한 경우도 같다); 동 1998. 10. 11, 87다카545; 동 1998. 10. 27, 97다26104 · 26111 등.

3) 대법 1999. 9. 21, 99다26085.

4) 김홍엽, 435면; 주석 민사집행법(Ⅴ), 45면; 서명수, "청구금액의 확장과 배당후 부당이득반환청구의 허부", 판례실무연구 제1권(1997. 9.), 564면.

5) 김능환, "근저당권실행을 위한 경매절차에서의 청구금액확장의 허부", 민사재판의 제문제(하)(송천 이시윤박사 화갑기념, 1995. 10.), 542면 이하; 김신, "경매신청 후의 청구채권액 확장의 가부", 판례연구(부산판례연구회) 5집(1995. 1.), 399면 이하.

6) 대법 1990. 4. 24, 90그2.

7) 대법 1994. 1. 25, 92다50270; 동 1997. 1. 21, 96다457; 동 2008. 6. 26, 2008다19966; 동 2022. 8. 11, 2017다225619 등. 제80조 3호, 규칙 192조 2호, 4호의 취지는 경매신청단계에서 피담보채권을 특정시키기 위한 것일 뿐만 아니라 이를 확정하기 위한 것이라고 보았다.

8) 대법 1997. 2. 28, 96다495.

증액하는 것은 허용된다고 하였다.[1]

과잉매각 여부를 판단할 때 청구채권액을 기준으로 결정하고, 확장을 불허하는 것이 경매절차가 단순하고 간명하여 절차의 안정에도 기여할 수 있으며, 이중경매신청이나 배당요구 등 다른 구제수단도 있으므로 확장을 불허하는 판례가 옳다고 본다.

경매신청인은 나머지 채권에 대하여 담보권에 기하여 이중경매신청을 하거나,[2] 확장할 부분에 대하여 집행권원 있다면 배당요구신청, 집행권원이 없다면 가압류결정을 받아 배당요구종기까지의 채권을 일반채권자로서 배당받을 수 있을 것이다.[3] 또한 판례는 근저당권자인 신청채권자는 채권신고의 방법으로 경매신청시 기재한 청구금액을 한도로 당해 근저당권의 다른 피담보채권을 청구채권으로 추가하거나 교환할 수 있다고 한다(피담보채권의 유용).[4]

위에서 본 청구금액 확장의 불허는 경매를 신청한 채권자에 대한 것이고, 신청채권자가 아닌 당연히 배당받을 자격을 가진 채권자에 대해서는 다른 법리가 적용된다. 판례는 경매신청채권자에 우선하는 근저당권자는 배당요구를 하지 아니하더라도 당연히 등기부상 기재된 채권최고액의 범위 내에서 배당을 받을 수 있으므로(88조 1항 4호) 매각결정기일 이후라도 배당표가 작성될 때까지 피담보채권액을 확장할 수 있다고 한다.[5] 또한 체납처분 압류권자인 국가는 매각결정기일 이전에 체납세액신고를 하였더라도 배당표가 작성될 때까지 압류등기의 청구금액 범위 내에서 증액하는 증빙서류 등을 다시 제출할 수 있다고 하였다.[6]

(3) 첨부서류

경매신청에 필요한 증명서류로서 경매신청서에 첨부할 서류는 다음과 같다.

1) 담보권증명서류 담보권실행의 경우는 강제경매에서의 집행력 있

1) 대법 2022. 8. 11, 2017다225619; 동 2001. 3. 23, 99다11526; 동 2007. 5. 11, 2007다14933; 동 2011. 12. 8, 2011다65396 등.

2) 대법 1997. 2. 28, 96다495; 동 1998. 7. 10, 96다39479.

3) 김홍엽, 436면; 주석 민사집행법(V), 47면.

4) 대법 1997. 1. 21, 96다457; 동 1998. 7. 10, 96다39479. 그러나 이 경우에도 경매신청에 의하여 근저당권의 피담보채권이 확정된 이후 발생한 채권으로 청구채권을 변경할 수는 없다(대법 1989. 11. 28, 89다카15601).

5) 대법 1999. 1. 26, 98다21946.

6) 대법 2002. 1. 25, 2001다11055.

는 정본 대신에 **담보권의 존재를 증명하는 서류**를 내야 한다(264조 1항). 이것이 담보권실행의 경매에서는 집행권원+집행문인 집행력 있는 정본격이 다. 저당권·전세권·가등기담보권·법정우선변제권 등의 존재를 증명하는 서류가 여기에 해당된다. 담보권이 존재할 것이라는 고도의 개연성을 나타내는 서류로 다음과 같은 것이 그 예시라고 할 것이다. 이것은 경매절차의 정지를 규정한 제266조의 반대해석으로도 유추할 수 있을 것이다.

(i) 저당권 등 담보권의 등기사항증명서(등기부등본). 이것은 담보권의 본등기이어야 하고, 가등기로는 아니 된다.

(ii) 저당권 등 담보권의 존재를 증명하는 확정판결이나 확정판결과 같은 효력이 있는 청구인낙·화해·조정조서의 등본.

(iii) 저당권 등의 존재를 증명하는 공정증서 등. 공정증서는 집행수락의 의사표시가 있는 집행증서를 말하는 것이 아니고, 공증인이 인증한 것이면 된다.

(iv) 법정우선변제권의 경우에는 그것을 증명하는 서류(예컨대 선박경매의 경우, 상법상의 선박우선특권[1]의 존재를 증명하는 서류). 반드시 공문서일 필요는 없고 사문서라도 된다.

이들 서류는 집행권원에 대응하는 담보권실행에 필요한 서류로서 담보권원(擔保權原)이라 할 수 있다. 이처럼 담보권의 존재를 증명하는 서류면 되지, 피담보채권의 존재를 증명하는 서류 예컨대 채권증서의 제출까지는 필요하지 아니하다.[2] 강제집행에서 집행력있는 정본이 있으면 강제집행의 요건이 되고 별도로 권리증서를 제출할 필요가 없는 것에 견주어 그러하다. 이것이 실질심사없이 형식주의의 운영에 의하여 경매절차의 간이·신속을 도모해야 할 경매법질서의 기본요청에 맞을 것이다.

판례도 집행법원은 담보권의 존재에 관하여 담보권증명서류의 한도에서 심사하고, 그 밖의 실체법상의 요건은 신청서에 기재하도록 하는 데 그치며, 담보권실행을 위한 경매절차의 개시요건으로서 이를 증명하도록 요구하고 있

1) 선박우선특권 있는 채권자는 선박소유자의 변동에 관계없이 그 선박에 대하여 집행권원이 없어도 경매청구권을 행사할 수 있으므로 동 채권자는 채권보전을 위하여 그 선박에 대한 가압류를 하여 둘 필요가 없다는 것에, 대법 1976. 6. 24, 76마195; 동 1982. 7. 13, 80다2318.

2) 대법 2000. 10. 25, 2000마5110; 동 2024. 8. 19, 2024마6339. 담보권증명서류의 법적 성질에 관하여 준집행권원설과 서증설(법정증거설)이 있다. 담보권실행의 절차법적 정당성은 담보권의 존재 자체에 근거하고 있다는 서증설(법정증거설)이 일본실무의 주류라고 한다. 伊藤 眞/園尾隆司 共編, 条解 民事執行法(第2版), 1694~1695면.

지 않다고 한다.[1] 그러나 위와 같은 사유는 경매개시결정에 대한 이의나 항고절차에서는 신청채권자가 증명하여야 한다.[2] 한편 판례는 정관규정에 따라 주무관청의 허가·승인을 받아 민법상 재단법인의 기본재산에 설정한 근저당권을 실행하여 기본재산을 매각할 때에는 주무관청의 허가를 다시 받을 필요가 없다고 한다.[3]

2) **승계증명서류** 담보권의 승계가 있은 때에 담보권을 실행함에는 승계집행문제도가 없는 만큼 **승계집행문**이 필요 없으나, 승계증명서류를 경매신청서에 담보권증명서류와 함께 내면 된다(264조 2항). 일반승계이든 특정승계이든 마찬가지이다. 승계를 증명하는 서류는 상속 등 일반승계의 경우는 공문서이든 사문서이든 상관없다. 가족관계증명서, 상속재산분할협의서 등이 그 예이다. 그러나 양도·전부명령 등 특정승계의 경우는 일본법처럼 명문의 규정은 없으나 전부명령서나 저당권부채권계약의 공정증서 등 공문서인 것이 바람직할 것이다. 부동산소유자(채무자 또는 물상보증인)에게 경매개시결정을 송달할 때에는 승계증명서류도 같이 송달하여야 한다(264조 3항).

판례는 경매절차의 개시 전이나 진행 중에 채무자 등이 사망한 경우, 그 재산상속인이 경매법원에 사망사실을 밝히고 경매절차를 수계하지 않은 이상 그 절차를 속행하여 이루어진 매각허가결정이 무효라고 할 수 없다고 하였다.[4]

(3) 절차적 요건과 이행기(변제기)의 도래

채권자의 신청에 의하여 부동산경매가 개시되기 위하여는 실체법상의 담보권실행요건 이외에 집행법원의 관할 등 민사집행 일반에 필요한 절차적 요건도 갖추어야 한다(제2편 제1장, 제3장 제1절 참조). 담보권실행의 경매에는 따로 집행문제도가 없으므로 집행문을 부여받게 하지 않고 집행기관인 집행법원이 이를 직접 심리하게 된다. 담보권실행을 위하여서는 피담보채권의 이행기(변제기)가 도래되었을 것이 필요하므로, 그 도래와 이행지체의 주장은 해야 한다.

1) 따라서 저당권부채권의 양수인은 저당권이전의 부기등기를 마치고 저당권실행의 요건을 갖추고 있는 한 채권양도의 대항요건을 갖추었다는 점을 증명할 필요 없이 경매신청을 할 수 있고, 채권양도의 대항요건을 갖추었다는 점은 경매개시결정에 대한 이의나 매각허가결정에 대한 즉시항고절차에서 신청채권자가 증명하면 된다고 한다(대법 2022. 1. 14, 2019마71; 동 2024. 8. 19, 2024마6339).

2) 대법 2000. 10. 25, 2000마5110; 동 2014. 12. 2, 2014마1412.

3) 대법 2019. 2. 28, 2018마800.

4) 대법 1998. 10. 27, 97다39131.

담보권실행개시의 요건이다. 다만 경매신청의 단계에서는 채권자가 피담보채권의 존재나 이행기의 도래사실을 증명할 필요는 없다. 변제사실은 채무자의 항변사항이므로 채무자에게 증명책임이 있어 경매개시결정 후 개시이의사유가 될 것이다(265조). 이행기의 도래 전에 경매절차가 개시되어도 경매개시결정이 무효가 되는 것은 아니다. 따라서 이의신청으로 경매절차의 진행을 저지하지 아니하여 절차가 진행되어 매각허가결정이 되고 매각대금을 납부하였다면 매수인(경락인)의 소유권 취득에는 영향이 없다.[1] 그러나 피담보채권의 도래가 정지조건의 성취 또는 불확정기한의 도래에 걸린 경우는 조건성취나 그 도래를 증명할 서류를 제출할 것이다(30조 참조).

2. 경매개시결정

(1) 사법보좌관의 결정

1) **사법보좌관**이 경매신청의 요건이 충족되었는지 여부를 심사하여 경매개시결정을 한다. 경매신청서의 기재나 첨부서류 등에 의하여 채권이 존재하지 않거나 변제기가 도래되지 아니한 것이 명백한 경우는 별문제이나, 그렇지 아니한 경우까지 경매개시결정을 함에 있어서 채권자에게 피담보채권의 존재와 이행기의 도래를 증명하게 할 필요가 없다는 점[2]은 앞서 보았다. 피담보채권의 부존재·소멸은 채무자가 주장하여 경매개시결정에 대한 이의신청으로 다투면 될 것이다.[3]

2) 경매개시결정이 내려지면 강제경매의 경우처럼 등기부에 압류등기가 기입되며 직권으로 채무자에게 송달한다. 압류의 효력은 개시결정이 채무자에게 **송달**된 때 또는 **압류등기**가 된 때 중에서 먼저 된 때에 생긴다. 이중경매개시결정이 허용됨은 강제경매의 경우와 같다. 지금은 담보권실행의 경매도 두 대립당사자 구조인 것으로 보지만,[4] 구법하의 임의경매에서는 판결절차에서와 같은 절차상 상대방이 없다는 전제하에 경매개시결정 당시에 이미 채무자나 소유자가 사망하였어도 후에 이를 경정하여 채무자나 소유자의 표시를 고

---

1) 대법 2002. 1. 25, 2000다26388.

2) 대법 2000. 10. 25, 2000마5110.

3) 증명책임은 일반론에 따를 것이므로, 신청채권자가 담보채권의 양수인인 경우, 신청채권자는 이의절차에서 채권양도의 대항요건을 증명하여야 한다는 것에, 대법 2014. 12. 2, 2014마1412.

4) 中野/下村, 361면.

칠 수 있을 뿐 경매개시결정의 효력 자체에는 영향이 없다고 한 것이 판례임은 앞에서 보았다.[1] 따라서 매각허가결정이 나도 무효로 되지 않는다고 한다.[2]

3) 부동산소유자에게 경매개시결정을 송달할 때에는 **승계증명서류의 등본**도 함께 송달하여야 하는데(264조 3항), 이는 강제집행에 있어서 채무자 등에게 승계집행문 및 승계증명서의 송달(39조 2항·3항)에 대응한다. 소유자에게 방어의 기회를 보장하려는 것이다. 경매절차의 개시 전이나 절차 진행 중에 채무자 등이 사망한 경우라도 절차를 속행하여 이루어진 매각허가결정이 무효가 되지 않는다는 것은 앞에서 보았다.

(2) 개시결정에 대한 이의신청

담보권자가 피담보채권의 이행기가 도래되기 전에 한 경매신청은 부적법하므로 경매신청을 각하하여야 한다.[3] 이를 간과하고 경매개시결정을 하였다고 하여 무효가 되는 것은 아니고, 이러한 경우에는 이해관계인의 **개시결정에 대한 이의사유**가 될 뿐이다.[4] 채무자가 담보채무를 변제하여 담보권을 소멸시켰음을 이유로 이의신청을 하고 경매절차를 정지시키지 아니하였으면 대금을 납부한 매수인의 소유권취득에 영향이 없다.[5] 이의사유가 불명하면 증명책임이 이의신청자에게 있다고 보아야 하기 때문에 이의신청기각을 하여야 한다.[6]

(3) 건물일부 전세권자의 경매신청

건물 일부의 전세권자에게 민법 제303조 1항에 따라 건물 전부에 대한 우선변제권은 인정되나, 전세권의 목적물이 아닌 나머지 건물부분에 대하여 경매신청을 할 수는 없으므로[7] 건물 전부에 대한 임의경매신청권은 없다. 따라서 일부 전세권자가 경매신청을 하기 위해서는 전세금반환청구의 소를 제기하여 승소판결을 받은 후 강제경매를 하여야 하고, 그 매각절차에서 전세권에 기해 우선변제를 받을 수 있게 된다.[8] 민법 제318조는 전세권자에게 전세목적

1) 대법 1964. 8. 28, 64마478 등.
2) 대법 1998. 10. 27, 97다39131.
3) 대법 1968. 4. 14, 68마301 등.
4) 대법 2000. 6. 28, 99마7385.
5) 대법 2002. 1. 25, 2000다26388.
6) 박두환, 653면.
7) 대법 1992. 3. 10, 91마256·257.
8) 대법 2001. 7. 2, 2001마212.

물에 임의경매청구권을 인정하였지만, 이처럼 제한을 받는다. 소유자가 한 동의 건물 중 일부에 대하여 경매신청을 하고자 할 때에는 그 부분에 관한 분할등기를 한 후에 하여야 한다.[1)]

3. 현금화와 배당

임의경매에서의 현금화(환가)와 배당도 원칙적으로 부동산 강제경매에 준한다.

(1) 현금화의 준비와 채권자의 경합

① 압류의 효력이 생기면 집행법원은 매각물건명세서 작성까지의 기간을 고려하여 배당요구의 종기를 정하여 공고하며, 그때까지 배당요구가 없어도 배당받을 가압류채권자 · 담보권자 · 조세 등을 주관하는 공공기관 등에 채권신고를 최고한다.

② 채권자경합시의 법리도 강제경매와 같다. 따라서 담보권실행의 경매에서 먼저 경매개시결정이 있었다 하여도 다른 담보채권자의 경매신청에 의한 이중경매개시결정을 할 수 있고, 또 배당요구권자는 배당요구의 종기까지 배당요구를 할 수 있다. 구경매법에는 없었던 **배당요구제도**를 채택한 것이다(이는 국세체납처분에 의한 「공매」에도 확산되었다).

③ 매각에 앞서 집행관의 현황조사와 감정인의 평가가 행하여지며, 최저매각가격이 정해진다. 그리고 집행법원은 매각물건명세서를 작성한다.

(2) 현금화(매각)

① 임의경매도 호가경매, 기일입찰, 기간입찰에 의하여 최고가매수신고인을 정하는데 기간입찰이 바람직하다. **「열린 경매」**라고 할 기간입찰은 앞으로 전자입찰(Internet 경매)에 의할 수 있으므로 크게 활성화될 전망이다.

② 매각기일은 공고하게 되는데, 매각할 부동산, 매각방법, 부동산의 점유자 · 점유권원 등, 매각기일의 일시 · 장소, 최저매각가격, 매수신청의 보증금액과 보증제공방법, 매각결정기일의 일시 · 장소, 매각물건명세서 · 현황조사보고서 · 감정인의 평가서 등 세 가지 서류의 사본을 비치 · 열람에 제공한다는

---

1) 대법 1973. 5. 31, 73마283. 대법 1983. 3. 22, 81다43은 공동저당물인 토지와 건물 중 건물에 대하여는 경매신청을 취하하고 토지에 대하여서만 경매를 실행하여 토지소유자가 그 소유권을 상실하였다 하더라도 불법행위가 된다고 할 수 없다고 하였다.

취지, 등기부상 권리자 아닌 자는 채권신고를 요한다는 취지, 이해관계인이 매각기일에 출석할 수 있다는 취지 등이 공고사항이다(268조, 106조).

최초의 매각기일은 신문에 공고하지만, 그 뒤의 기일은 법원게시판 게시, 관보·공보 또는 신문 게재, 인터넷 등 전자통신매체를 이용한 공고에 의한다(규 11조 1항).

③ 법원은 매각물건명세서·현황조사보고서·감정인의 평가서의 사본을 매각기일 1주일 전까지 법원에 비치하여 일반 열람에 제공한다. 매각물건명세서에는 그 부동산을 매수하게 될 때에 소멸되지 않고 인수하여야 할 권리(용익권, 임차권, 유치권, 가처분, 일반가등기 등)가 있느냐의 여부와 점유자의 점유권을 기재한다. 강제경매의 경우와 마찬가지로 이른바 권리분석의 결정적 자료이다.

현황조사보고서에는 조사의 목적이 된 부동산의 현황을 알 수 있도록 도면·사진 등을 붙여야 한다. 감정인의 평가서에는 부동산의 평가액·부동산 있는 곳의 환경의 개요 등이 기재되어야 한다.

④ **민법 제365조의 일괄매각** 일괄매각에 대하여서는 법 제98조 내지 제101조의 규정을 준용하게 되었지만, 임의경매에는 **민법 제365조**의 특칙이 있음을 주의할 필요가 있다. 토지를 목적으로 한 저당권을 설정한 후 그 설정자가 그 토지에 건물을 축조한 경우에는 저당권자는 토지와 함께 그 건물에 대하여 경매신청을 할 수 있다. 토지와 건물을 개별로 매각하기보다 일괄매각을 하는 것이 매각절차에 의한 매각 뒤에 건물철거문제를 방지할 수 있고 저당권자에게도 저당토지상 건물의 존재로 인하여 생기게 되는 경매의 어려움을 해소하여 저당권실행을 쉽게 하는데 도움이 되기 때문이다.[1]

(i) 판례는 저당권설정자가 직접 건물을 축조한 경우뿐 아니라 저당권설정자로부터 저당토지에 대한 용익권을 설정받은 자가 건물을 축조한 경우라도 그 뒤 설정자가 그 건물의 소유권을 취득한 경우에는 토지와 건물을 일괄경매할 수 있다고 하였다.[2] 건물이 인접대지 위에 걸쳐서 건축되어 있더라도 건물의 상당부분이 대지 위에 있고 건물 전체가 불가분의 일체로서 소유권의 객체를 이루고 있다면, 대지의 담보권자는 건물 전부를 민법 제365조에 따른 일괄

1) 대법 2012. 3. 15, 2011다54587(판결은 또한 일괄매각절차에서 각 부동산별 매각대금안분을 잘못하여 권리자가 정당한 배당액을 수령하지 못하게 되었다면 배당이의사유가 될 수 있다고 하였다).

2) 대법 2003. 4. 11, 2003다3850.

경매신청을 할 수 있다.[1] 저당권설정자가 목적건물을 철거하고 신축한 경우에도 신축건물에 대하여 일괄경매신청을 할 수 있다.[2] 토지에 대하여 경매신청한 후에도 경매기일공고 전까지는 건물에 대하여 일괄경매의 추가신청을 할 수 있다.[3]

(ii) 일본은 우리 민법 제365조와 같은 일본민법 제389조를 개정하여 저당권설정자가 아닌 제3자가 건물을 축조한 경우에도 저당권자가 일괄경매할 수 있도록 확대하였다. 저당권설정 후에 제3자가 타인의 토지 위에 무단으로 가건물을 지어 집행을 방해하는 사례가 끊이지 아니하여 이에 대한 대책으로 이 경우도 일괄매각을 할 수 있도록 한 것이다. 입법론상 원활한 금융운영책이 될 수 있을 것이다. 이렇게 되면 토지경매의 경우에 매각물건명세서나 경매공고에서 「제시외 건물 제외, 법정지상권성립 불명」의 사례가 줄어들 것이다.

(iii) 민법 제365조 단서는 토지의 저당권자가 건물의 매각대금에서 우선변제를 받을 수 없게 하고 있다. 이 점에 비추어, 그 저당권자가 건물매각대금에서 배당을 받으려면 제268조, 제88조에 의한 적법한 배당요구를 하였거나 그 밖에 배당받을 수 있는 채권으로서 필요한 요건을 갖추어야 한다.[4] 저당권자의 이와 같은 일괄경매신청이 의무인가 여부는 논란이 되지만, 판례는 신청할 수 있는 기능만을 인정하였을 뿐 그 의무를 정한 것이 아니므로, 저당권자가 단지 건물의 소유권자만을 괴롭힐 목적으로 일부러 토지에 대해서만 경매신청을 하는 등 특별한 사정이 없는 한 토지만의 경매신청도 가능하다고 본다.[5] 다만, 대법 1987. 4. 28, 86다카2856은 저당권설정 당시 건물의 존재가 예측이 되고 또한 당시 사회경제적 관점에서 그 가치유지를 도모할 정도로 건물축조가 진행된 경우에는 토지만의 경매신청이 가능하지 않다고 하였다.

⑤ 매각에 참가하는 사람은 매수보증금을 제공하여야 하며, 이는 최저매각가격의 1/10이다. 한국자산관리공사가 매수신고인이 되는 경우는 지급확약서로 보증금을 갈음하는 특례가 있다.

---

1) 대법 1985. 11. 12, 85다카246.

2) 대법 1998. 4. 28, 97마2935.

3) 대법 2001. 6. 13, 2001마1632. 특별한 사정이 없는 한 저당물의 경매로 인하여 토지와 그 신축건물이 다른 소유자에게 속하게 되더라도 그 신축건물을 위한 법정지상권이 생기지 않는다고 한 것에, 대법(전) 2003. 12. 18, 98다43601.

4) 대법 2012. 3. 15, 2011다54587.

5) 대법 1977. 4. 26, 77다77.

⑥ 입찰한 사람 가운데 최고가격을 써넣은 사람을 최고가매수신고인으로 정하며, 그가 제공한 보증금은 그대로 법원에 맡겨두되, 그 밖의 입찰자에 대하여는 보증금을 반환한다. 최고가매수신고인이 결정되면 미리 공고된 매각결정기일을 열어 최고가매수신고인에 대한 매각허가여부를 결정한다. 매각장소의 질서방해자 등으로 인정되면 허가하지 않는다. 소유자가 아닌 채무자의 매수신청은 허용되지 않지만(규 202조, 59조), 물상보증인은 매수신청을 할 수 있다.

⑦ 최고가매수신고인에게 매각을 허가하는 법원의 결정이 확정되면, 법원은 그 날부터 1월 안의 날로 대금지급기한을 정하여 매수인에게 통지한다. 매수인이 대금을 지급하지 아니하면 부동산을 매수할 자격을 잃고, 제공한 보증의 반환도 받을 수 없게 된다.

⑧ 대금을 지급하면 부동산은 매수인의 소유로 된다.

부동산의 소유권은 매수대금을 실질적으로 부담한 사람이 누구인가와 관계없이 매수명의인이 취득한다. 이 경우 매수대금의 부담자와 이름을 빌려준 사람 사이에는 명의신탁관계가 성립된다는 것이지만,[1] 이와 같은 부동산 실권리자명의 등기에 관한 법률 제4조 위반의 경매를 매각불허가사유로 보지 않는 것이 판례임은 이미 본 바이다. 다만 이때 내부적으로 명의신탁자는 수탁자에게 그 부동산자체의 반환청구를 하지 못하고 매수대금만큼의 부당이득반환청구권을 가질 뿐이다.[2] 명의신탁의 경매가 대외적으로 유효, 대내적으로는 무효임을 전제한 것인데, 실명제법의 입법취지의 약화가 아닌가 생각된다.

임의경매에서 저당권 등 담보권이 처음부터 부존재(위조서류에 의한 담보권설정등기 또는 원인무효 등)하였다면 매수인이 소유권을 취득하지 못하며,[3] 이 점에서 집행채권이 부존재하여도 소유권취득에 영향이 없는 강제경매와 다르다. 또 담보권의 부존재가 뒤에 밝혀져도 소유권취득에 영향이 없게 한 일본법과

1) 대법 2005. 4. 29, 2005다664; 동 2010. 11. 25, 2009두19564.

2) 대법 2009. 9. 10, 2006다73102.

3) 대법 1976. 2. 10, 75다994; 동 1999. 2. 9, 98다51855. 다만 이와 같은 효과는 진실한 부동산 소유자를 상대방으로 하여 경매절차가 진행된 경우에 한한다고 할 것이다. 따라서 예를 들면 진실한 소유자가 알지 못하는 사이에 위조문서에 의하여 부동산소유권이전등기가 되고 그 새 등기명의인에 의하여 저당권이 설정되어 그에 기하여 경매가 행하여진 경우에는 매수인이 대금을 납부한 뒤에도 당연히 진실한 소유자는 매수인의 소유권 취득을 다툴 수 있다고 한 것에, 방순원/김광년, 463면.

다르다. 그러나 존재하였다가 변제 등에 의해 소멸된 경우는 매수인의 소유권취득에 영향이 없으므로 부분적 공신력은 인정되고 있다(267조). 담보권이 소멸된 경우에 매수인의 소유권취득에 영향이 없도록 한 이 규정은 매수인의 지위의 안정을 위하여 1990년 개정법률에서 채택한 것으로서, 종래의 판례입장을 확인한 것이 아니라 새 제도의 신설이다. 집행채권의 소멸[1]은 사후에 매수인의 소유권취득에 영향이 없는 강제집행절차와 이 점에서 입장을 같이 한 것이다. 일본법과 같이 담보권부존재의 경우도 소유권취득에 영향이 없도록 하는 전면도입안이 나왔다가 담보권소멸로 한정도입한 것이 입법경위이다.

그런데 개정 이후에도 판례는 경매개시결정 전에 담보권이 소멸된 경우에는 매수인이 대금을 납부하였다 하더라도 경매부동산의 소유권을 취득하지 못하고, 담보권이 경매개시 후에 피담보채권의 변제 등의 사유로 소멸한 경우에만 소유권취득에 장애가 없다는 입장이다(사후소멸설).[2] 경매개시결정 전과 후를 차별하는 입장이다.

그러나 일본법은 담보권이 부존재한 경우까지도 매수인의 소유권취득에 영향이 없도록 하여 경매의 전면적 공신력을 인정함으로써 매수인의 지위를 안정시키고자 하였는데, 담보권의 소멸에 한하여 공신력을 인정하는 우리 법제하에서 그나마 담보권의 사후소멸에 한하여 매수인의 소유권취득에 영향이 없도록 축소해석하는 것이 옳은가는 의문이다. 매수인의 지위안정과 경매의 신인도 제고를 위해서 경매개시결정 전후를 막론하고 조문의 문언 그대로 담보권의 소멸은 소유권취득에 영향을 주지 않는다고 해석해야 한다(사전소멸설).[3] 판례의 입장에 반대이다. 저당권 등 담보권이 이미 소멸되었음에도 불구

---

1) 저당권설정계약이 사해행위로 취소되었으나 당해 부동산이 매각허가되어 대금이 완납된 경우에는 매수인의 소유권의 취득에 영향이 없다는 것에, 대법 2001. 2. 27, 2000다44348. 이때에 수익자는 배당금을 내놓아야 한다.

2) 대법(전) 2022. 8. 25, 2018다205209; 동 1999. 2. 9, 98다51855; 동 1992. 11. 11, 92마719 등.

3) 대법(전) 2022. 8. 25, 2018다205209에서는 대법관 5인이 별개의견으로 “민사집행법 제267조의 입법취지, 문언의 통상적인 의미에 비추어 보면 위 조항은 ‘담보권의 소멸’, 즉 담보권이 유효하게 성립한 후 나중에 발생한 사유로 소멸한 경우에는 담보권이 경매절차개시전에 소멸한 것인지 묻지 않고 모두 적용된다고 보아야 하고, 경매제도에 대한 신뢰와 법적안정성, 거래안전과 이해관계인의 이익형량을 고려하더라도 경매개시결정 당시 담보권이 이미 소멸한 경우에도 경매의 공신력을 인정하는 것이 타당하다”고 하였다. 필자와 같은 견해로는 박두환, 659면; 김상수, “임의경매의 공신력”, 민사집행법연구 제19권 제1호, 212~216면; 강은현, “담보권실행경매의 공신력 인정 범위에 관한 고찰”, 민사집행법연구 제20권, 237면; 박진수, 2022년 중요판례분석(민사집행법), 법률신문 2023. 4. 10자.

하고 담보권이 존재함을 전제로 담보권실행의 경매에 붙여 담보권자가 배당까지 받아갔다면 법률상 원인없는 이득이므로 담보권설정자인 소유권자는 그에게 부당이득반환청구를 할 수 있으므로[1] 사전소멸설에 의하여도 크게 부당한 결과가 생기는 것도 아니다.

다만 본래의 소유자가 담보권이 존재하였으나 뒤에 소멸되었다는 것을 경매개시결정에 대한 이의사유로 주장할 수 있는 절차보장을 받았는데(265조), 행사하지 않고 미루어두었다가 경매절차가 끝난 뒤에 내세우는 데 대한 실권적 제재가 제267조의 취지라면, 소멸사실을 몰랐거나 경매절차의 개시를 전혀 알지 못하여 이의 등으로 문제삼지 못한 경우까지도 매수인의 소유권 취득에 영향이 없게 되는 것은 아닐 것이다(절차보장=실권효설).[2] 매수인 자신이 담보권의 소멸사실을 알고 있었던 경우에 제267조가 적용되는냐는 다툼이 있다.

⑨ 대금을 지급하면, 법원사무관 등은 등기관에게 매수인 앞으로의 소유권이전등기, 매수인이 인수하지 아니하는 부동산 권리의 말소등기를 촉탁한다.

부동산을 취득한 매수인은 인수하지 아니하면 안 될 선순위지상권(법정지상권·분묘기지권 포함)·지역권·전세권(배당요구하지 않은 경우) 및 등기나 대항력 있는 임차권이나 유치권이 있는 경우를 제외하고, 부동산을 점유하는 자에 대한 인도명령을 받을 수 있다.

(3) 배당절차

배당절차도 강제집행절차에 준한다(145조 준용). 소액임차인(3개월의 노임채권, 최종 3년간 퇴직금과 재해보상채권도 같다)이나 당해세(當該稅)가 없으면 압류채권자가 담보권자이므로 변제순위가 우선순위로 될 수밖에 없다. 배당채권자도 강제집행절차와 다를 바 없다. 따라서 상속재산에 관한 임의경매절차가 진행된 경우에는 비록 한정승인절차에서 상속채권자로 신고한 자라 하더라도 집행력 있는 정본을 갖고 배당요구를 하여야 일반채권자로 배당받을 수 있다. 한정승인자로부터 상속재산에 관하여 저당권 등의 취득자와 상속채권자 사이의

---

1) 대법(전) 2022. 8. 25, 2018다205209은 경매는 무효이지만 배당에서 제외된 가압류채권자인 원고는 신의칙, 금반언칙에 따라 경매의 무효를 주장할 수 없고, 이미 소멸한 저당권에 기하여 경매를 신청하고 우선배당을 받은 피고를 상대로 부당이득반환을 구할 수 있다고 하였다.

2) 곽윤직, 제7판 물권법, 345면. 강제경매사건이지만 대법 1992. 7. 28, 92다7726에서는 자기 집이 경매당하는 채무자가 무효인 공정증서에 기한 경매절차 진행 중에는 증서의 무효를 주장하지 않다가 매각대금까지 받은 후 경매의 무효를 주장하는 것은 신의칙 위배라고 하였다.

배당의 우열관계는 민법상의 일반원칙에 따라야 한다.[1)]

근저당권의 준공유자 乙이 공유지분을 특정하여 근저당권설정등기를 한 경우, 그 경매절차에서의 배당은 준공유자 각자의 채권액에 따라 안분배당할 것이 아니라, 각자의 지분비율에 따라 안분배당하여야 한다.[2)] 공동근저당권자가 목적부동산 중 일부에 대하여 제3자가 신청한 경매절차에 소극적으로 참가하여 우선배당을 받더라도 나머지 부동산에 대한 피담보채권은 기본거래가 종료되지 않는 한 확정되지 아니한다.[3)] 그러나 공동저당권의 목적인 부동산에 대하여 이시배당이 되는 경우에는 우선변제받은 금액을 공제한 나머지 채권최고액으로 제한된다.[4)]

Ⅱ. 담보권실행에 관한 구제방법

크게 보아 다음 3가지가 있다.

1. 경매개시결정에 대한 이의신청

(1) 이해관계인은 사법보좌관이 한 경매개시결정에 대한 이의신청을 할 수 있다(268조, 86조 준용). 경매개시결정에 대한 불복방법은 즉시항고가 아니라 이의신청이다. 그러나 경매신청을 기각하는 결정에 대하여는 즉시항고할 수 있다(83조 5항 준용).

경매개시결정에 대한 이의사유로 **절차상의 위법사유**만이 아니라 **담보권의 부존재 또는 소멸**을 주장할 수 있다(265조). 변제, 변제공탁 등 채권의 소멸사유는 물론 변제기의 미도래,[5)] 연기[6)] 등 **실체상의 사유**도 포함된다. 이 점에서 절차상의 위법사유만을 문제삼는 강제경매개시결정에 대한 이의와 다르다.

---

1) 대법(전) 2010. 3. 18, 2007다77781; 동 2010. 6. 24, 2010다14599.

2) 대법 2008. 3. 13, 2006다31887. 근저당권설정자와 채무자가 동일하고 민사집행법 제148조에 따라 배당받을 채권자나 제3취득자가 없는 상황에서 근저당권자의 채권액이 근저당권의 채권최고액을 초과하는 경우, 매각대금 중 근저당권의 채권최고액을 초과하는 부분은 위 채권최고액을 초과하는 채무의 변제에 충당하여야 하고 근저당권설정자에게 반환할 것은 아니라는 것에, 대법 2009. 2. 26, 2008다27769.

3) 대법 2017. 9. 21, 2015다50637.

4) 대법(전) 2017. 12. 21, 2013다16992.

5) 대법 1968. 4. 24, 68마300.

6) 대법 1973. 2. 26, 72마991; 동 2000. 6. 28, 99마7385.

이는 담보권실행을 간단하게 개시할 수 있도록 한 것과의 균형을 유지하기 위한 것이다. 담보권실행은 집행력 있는 정본을 필요로 하지 아니하고 따라서 직접 청구이의의 소나 집행문부여에 관한 이의의 소 등 집행권원 내지 집행문에 관한 구제가 적용될 수 없기 때문에 이와 같은 길을 튼 것이기도 하다. 예를 들면 압류등기 후 목적물을 양도받은 제3취득자는 압류채권자의 청구금액을 (대위)변제공탁하여 담보권을 소멸시켜 이의신청으로 경매개시결정을 취소시킬 수 있다.

경매개시결정에 대하여는 **매각대금완납시**까지 이의신청을 하여 판사의 판단을 받을 수 있다(268조, 86조 1항). 매각대금완납시까지 채무자가 채무를 변제하여 담보권을 소멸시키면 경매개시결정을 취소할 수 있다.[1] 담보권이 경매개시결정 전에 소멸된 경우는 물론 개시결정 후 대금완납 전에 소멸한 경우도 이의사유가 되기 때문이다.[2] 다만 채무자가 아닌 설정자(물상보증인)나 제3취득자는 채권최고액과 집행비용을 변제하면 되지만,[3] 채무자 겸 설정자는 채무액이 근저당권의 채권최고액을 초과하는 경우에 채권최고액 · 집행비용만의 변제를 하여서는 안 된다.[4] 생각건대 매수인의 지위를 불안하게 하고 경매브로커가 장난칠 소지를 남기는 것이므로 이의신청시기를 단축함이 옳을 것이다.

경매개시결정에 기재된 채권액이 실제보다 더 많다는 것은 배당이의절차로 시정할 일이고 이의사유가 되지 아니한다.[5] 청구채권의 일부만 존재한다는 것도 이의사유가 아니다.[6] 매각허가결정과 달리 경매개시결정은 즉시항고로 불복할 수 있는 결정이 아니므로 준재심의 대상이 되지 아니한다.[7]

(2) 담보권의 부존재 · 소멸이라는 실체상의 이유를 이의사유로 한 것에 대하여 이를 어떻게 파악할 것인가에 대해 **준청구이의설**과 **보충적절차보장설**로 갈려 있다. 앞의 설은 이를 간이한 청구이의의 신청에 지나지 아니하는 것으

1) 대법 1964. 8. 10, 64마386 등.
2) 대법 1987. 8. 18, 87다카671. 채무자가 피담보채무를 이행제공하였는데도 채권자의 수령거절로 채권자지체에 빠진 경우도 이의할 수 있다는 것에, 대법 1973. 2. 26, 72마991.
3) 대법 1974. 12. 10, 74다998; 동 1971. 5. 15, 71마251.
4) 대법 1981. 11. 10, 80다2712; 동 1972. 1. 26, 71마1151.
5) 대법 1969. 3. 18, 69마88. 이와 달리 경매개시결정에 대한 이의신청에서 피담보채권의 액수를 다투는 것이 허용되어야 한다는 견해는, 김정현, 경매실무요론(상), 206면.
6) 대법 1971. 3. 31, 71마96.
7) 대법 2004. 9. 13, 2004마660.

로 간이한 청구이의의 소(44조)로 볼 것이라는 입장이다. 담보권실행경매에 청구이의의 소가 없는 대신에 이 제도가 대역이라는 취지이다. 이에 대해 뒤의 설은 담보권실행의 경우 간이한 방법으로 경매개시되는 반면에 채무자를 위해 절차보장을 사후적으로 보충해 줄 간이수단의 필요 때문에 생긴 제도라는 입장이다. 청구이의의 소를 담보권실행의 경매에서도 준용하는 것이 우리 법제이므로(275조, 44조), 후설이 옳다고 본다.

(3) 담보권실행을 위한 경매에서 경매개시결정에 대한 이의신청에 대한 재판은 사법보좌관이 아니라 **법관의 업무**가 되어 있다(사보규 2조 1항 7호 가목). 이때에 판사는 법 제16조 1항의 규정에 따른 이의신청, 즉 집행이의의 일종으로 처리한다. 그 결정에 대한 이의사유에 담보권의 부존재 또는 소멸 등 실체상의 하자도 포함될 수 있으나 그 재판은 경매개시결정의 당부에 관하여 판단하는 것에 불과하고, 그 재판에 의하여 이의사유가 된 담보권의 소멸 등 실체관계를 확정하는 기판력은 없다.

이의신청제도의 남용

구제제도 남용의 한 예로 경매개시결정에 대한 이의 제도의 남용을 본다. 예를 들면 A가 B소유의 부동산에 대한 저당권실행의 경매절차에서 매수신고를 하였으나 A보다 고가매수신고한 C 때문에 C가 최고가매수신고인이 되고 A는 떨어졌는데, C가 매각대금의 지급을 준비하는 사이에 A가 B에게 돈을 대주어 B로 하여금 피담보채무를 변제하게 하는 사례가 있다. 특히 부동산을 저가매수한 경우에 나타나는 일이다.

강제집행의 경우와 달리 피담보채권이 변제에 의하여 소멸되면 경매개시결정에 대한 이의신청사유가 되므로(265조), 이제 B는 담보권소멸을 이유로 C가 매각대금을 지급하기 전에 이의신청을 내는 것이다. 경매법원은 법을 형식적으로 적용하면 이의신청을 받아들일 수밖에 없으며 종전의 경매절차를 취소할 수밖에 없다. 이는 억지로 A를 사실상 매수인으로 만드는 획책이므로 이러한 개시결정에 대한 이의신청은 민소법 제1조의 신의칙규정을 준용하여 신의칙 내지 권리남용으로 막는 것이 옳다고 할 것이다(앞의 「신의성실의 원칙」 참조).

2. 부동산경매의 취소 · 정지

(1) 정지 · 취소문서

담보권실행이 간단히 개시될 수 있는 것과의 균형상 간단하게 부동산 경매를 정지 · 취소시킬 수 있도록 하였다. 다음과 같은 문서를 경매법원에 제출하였을 때 담보권실행은 정지된다(266조 1항). 강제경매절차의 정지규정인 제49조, 제50조에 대칭이 되는 규정이다. 「담보권의 존재를 증명하는 서류」가 담보권원(擔保權原)이라면, 다음의 것은 반담보권원(反擔保權原)이라 할 수 있다.

① 담보권 등기가 말소된 등기사항증명서(1호)

② 담보권 등기를 말소하도록 명한 확정판결의 정본(2호)

③ 담보권이 부존재하거나 소멸되었다는 취지의 확정판결의 정본(3호)[1)]

④ 담보권의 불실행 · 경매신청취하 취지의 서류 또는 피담보채권변제증서 · 변제유예증서(4호)

⑤ 담보권 실행을 일시정지하는 재판의 정본(5호)

위 제1호 내지 제3호의 경우와 제4호의 서류가 화해조서의 정본 또는 공정증서의 정본인 경우에는 집행기관은 경매의 정지에 그치지 않고 나아가 이미 실시한 경매절차를 취소하여야 한다(266조 2항). 다만 담보권실행의 경매에도 준용되는 법 제93조 2항 · 3항의 해석상 매수신고가 있은 뒤 제4호의 문서 즉 채권자의 담보권불실행 또는 경매신청취하문서나 변제증서 · 변제유예증서의 제출로 경매를 취소하고자 할 때에는 최고가매수신고인 · 매수인과 차순위매수인의 동의를 필요로 한다고 할 것이다.[2)] 또 제4호와 관련하여 매수인의 대금납부 후 화해조서 · 공정증서의 정본인 그와 같은 서류를 낸 때에는 그 채권자를 배당에서 제외시키는 특례가 있다(규 194조 단서).

취소처분에 대해서는 집행법원에 의한 것이든 집행관에 의한 것이든 가리지 않고 즉시항고(17조)할 수 없다(266조 3항, 구법은 허용). 사법보좌관규칙 제2조 1항 14호 다.목에 의하여 담보권실행의 경매절차의 정지 · 취소는 **사법보좌관의 업무**로 되었다. 정지 · 취소처분은 집행절차에 관한 것으로서 즉시항고할 수 없는 것이기 때문에 이에 대해서는 집행이의신청할 수 있다고 할 것이다(사보규 3조 2호). 만일 사법보좌관이 집행정지의 사유가 제출되었음에도 정지

1) 저당권에 의한 물상대위절차에서 저당권에 피담보채권의 부존재를 확인하는 확정판결정본이 제출된 경우에 물상대위절차인 채권압류 및 전부명령을 취소하여야 한다는 것에, 대법 2008. 10. 9, 2006마914.

2) 박두환, 658면; 강대성, 551면. 주석 민사집행법(Ⅴ), 113면. 그러나 대법 2000. 6. 28, 99마7385는 채권자로부터 변제유예를 받은 사실로 이의한 경우는 매수신고가 있더라도 최고가매수신고인 등의 동의가 필요 없고, 이의신청이 신의칙에 반하거나 권리남용에 해당하는 경우와 같은 특단의 사정이 없는 한 이를 인용하여야 한다고 했다.

하지 아니하고 대금지급기일을 정하고 대금납부를 받는 등 경매절차를 진행하는 것은 위법이라 할 것이나, 이에 대한 불복절차 없이 경매절차가 그대로 완결된 경우에는 그 집행행위에 의하여 발생된 법률효과를 부인할 수 없다고 할 것이다.[1)]

(2) 담보권부존재 등을 다투는 소송과 집행정지

채무자는 담보권실행의 경매에서 그 기본되는 담보권부존재확인 · 채무부존재확인,[2)] 담보권설정등기말소의 소[3)] 등 채무에 관한 이의의 소[4)](275조에 의한 44조 준용)를 제기하면서 **집행정지의 잠정처분**을 받을 수 있다. 이때는 제49조를 준용하여 경매정지명령을 받아 집행정지를 시킬 수 있다(275조). 집행정지의 잠정처분은 본안소송의 부수절차이므로 채무부존재확인의 소나 근저당권설정등기말소와 같은 본안소송이 먼저 제기되어 있을 것을 전제로 한다.[5)] 담보권실행의 경매절차를 일반가처분에 의하여 정지할 수 없다는 것이 판례이다[6)](일본에서는 담보권실행금지의 가처분 허용). 또 경매불허를 구하거나 경매절차의 무효확인소송은 허용되지 아니한다.[7)]

경매개시결정에 대한 이의신청에 부수하는 집행정지결정(86조 2항 준용), 집행이의신청에 부수하는 집행정지결정(16조 2항 준용) 등이 있는데, 이는 앞서 본 제266조 1항 5호의 정지사유에 속한다. 이와 같은 잠정처분에 의하여 담보권실행이 저지되는 경우가 매우 많다.

3. 제3자이의의 소

담보권실행의 목적이 되는 재산에 대하여 소유권 그 밖에 목적물의 양

1) 대법 1992. 9. 14, 92다28020 참조.
2) 대법 1993. 10. 8, 93그40. 채무자가 앞으로 채무변제를 하겠으니 그 때 저당권설정등기를 말소하라는 장래이행의 소(조건부 이행의 소)를 제기하고 그 본안판결이 날 때까지 경매절차를 정지시키는 집행정지결정은 허용되지 아니한다.
3) 대법 1970. 3. 2, 69그23.
4) 대법 2004. 8. 17, 2004카기93.
5) 대법 2012. 8. 14, 2012그173는 저당권과 그 피담보채권이 양도된 경우, 채무자가 원래의 채권자(양도인)를 상대로 채무부존재확인소송을 제기하였을 뿐 저당권을 이전받은 양수인을 상대로 저당권의 효력을 다투는 소를 제기하지 않은 상태에서 위 채무부존재확인소송의 잠정처분으로 양수인의 경매절차를 정지시키는 것은 양수인의 적법한 절차에 따른 재판을 받을 권리를 침해한 것으로 보았다.
6) 대법 2004. 8. 17, 2004카기93 등.
7) 대법 1993. 6. 29, 92다43821 등.

도·인도를 막을 수 있는 법적 지위를 가진 제3자는 채권자에 대하여 그 담보권실행의 불허를 구하기 위하여 제3자이의의 소를 제기할 수 있다(275조, 48조).

제3절 유체동산담보권의 실행

1. 압 류

(1) 유체동산에 대한 담보권실행의 경매는 목적물을 점유하는 채권자가 이를 제출하거나 그 목적물을 제3자가 점유하는 때에는 점유자가 압류를 승낙한 때에 개시한다(271조). 집행관이 목적물에 대한 점유를 확보하지 아니한 상태에서 경매절차가 실시되면 절차가 불안정해질 수 있어 절차의 안정을 목적으로 이와 같이 규정하였다. 동산담보권실행의 경매에는 유체동산에 대한 강제집행의 규정과 부동산담보권실행에 관한 제265조, 제266조의 규정이 준용된다(272조).

여기에서는 동산질권의 실행경매가 주로 문제가 된다. 예를 들면 甲이 乙의 IT기기를 담보로 잡고 돈을 빌려준 경우와 같이 사채업자나 전당포주인이 유체동산을 담보로 잡고 돈을 빌려 준 경우이다.[1] 현실은 법이 금하는(민 339조) 유질계약의 성행으로 그 담보권실행신청이 거의 없다. 따라서 유질계약이 문제되기보다는 법정대부최고이자율 이상의 고리대부가 문제된다.

다만 유가증권 중 배서가 금지되는 유가증권 이외의 것은 집행절차에서 유체동산으로 보는데(189조 2항), 이러한 유가증권을 담보잡은 때의 담보권실행의 경우는 다르다 할 것이다.

특정물의 동산질권에 의한 압류에 있어서는 질권의 불가분성 때문에 ① 초과압류금지의 규정(188조 2항), ② 압류금지동산이나 그 범위변경의 규정(195조, 196조)이 준용되지 아니한다.

(2) 2012. 6. 11.부터 시행된 **동산·채권 등의 담보에 관한 법률**에 의한 동산담보제도는 부동산담보가 부족한 중소기업의 실물재산담보를 위한 것으로,

---

1) 1999년 전당포법 폐지. 허가제에서 신고제로 바뀌고, 인터넷전당포를 비롯하여 전국에 수백곳의 전당포가 있는데, 전당포 주인이 유질(流質)로 전당잡은 물건에 대해 경매 없이 차지하지 못하게 하는 금지가 없어졌다.

기계 · 가구 등 유형자산, 재고자산, 농 · 수 · 축산물, 매출채권 나아가 지식재산권을 담보로 제공하고 금융기관에서 대출받을 수 있는 길을 열었다. 이는 담보목적물의 점유를 채권자에게 이전하는 질권설정과 달리 채무자가 목적물의 점유를 계속 유지하는 상태로 담보를 잡는 것으로서 동산저당권이라고도 볼 수 있다. 담보가 부족한 중소기업에서 주로 활용하고 있다.

담보물에 대하여 저당권설정등기처럼 등기제도가 마련되어 있으나 그 이용이 저조하다는 문제가 있다. 그 이유로 변동하는 동산과 채권의 특정과 담보권 존속기간의 존재로 그 등기이용이 번거롭다는 등이 거론되고 있다.[1] 등기가 되지 아니한 상태라면 형식주의에 의하는 현행 민법구조상 동산담보권이 설정된 것이라 보기 어려울 것이다. 이 법에 따른 동산담보권의 실행방법에 대하여 동법 제21조, 제22조는 금융기관 등 담보권자는 자기 채권을 변제받기 위하여 담보목적물의 경매를 청구할 수 있되, 그 경매신청은 부동산에 대한 경매신청에 의하도록 하였으며(264조 준용. 담보권설정자가 담보목적물의 점유시는 압류에 의한 개시), 현금화와 배당은 유체동산의 경매절차를 준용한다(271조 · 272조 준용). 그러나 정당한 이유가 있으면 담보권자가 담보목적물로 변제충당하거나 매각충당할 수 있도록 특칙도 두었다(KAMCO에 위탁매각으로 onbid 경매에 부칠 수 있을 것임).

2. 현금화와 구제방법

법 제271조가 충족되면 집행관은 목적유체동산의 점유를 거두어 압류를 행한다. 압류가 된 이후에는 통상의 유체동산에 대한 강제집행에 준하여 유체동산경매가 행해진다(272조). 한편 채무자나 동산의 소유자는 담보권의 부존재 · 소멸을 이유로 경매개시결정에 대한 이의신청을 할 수 있다(272조, 265조). 그러나 제272조에서 부동산경매에서 매수인의 보호를 위한 제267조(대금완납에 따른 부동산 취득의 효과)의 규정은 준용하는 것에서 제외하였다(272조). 유체동산경매에서 매수인은 동산의 선의취득(민 249조)에 의하여 보호되기 때문에 결과적으로 부동산경매에서 제267조를 적용한 것과 같은 효과를 볼 수 있기 때문이다.[2]

1) 김효석, "동산 · 채권 담보등기의 현황과 담보권 실행상의 문제점", 민사집행법연구 제10권, 465~493면.

2) 김홍엽, 450면; 전병서, 527면; 주석 민사집행법(Ⅴ), 148면. 준용을 주장하는 견해로 박두환,

동산양도담보 판례는 동산양도담보계약을 체결함과 동시에 채무불이행시 강제집행을 수락하는 공정증서를 작성한 경우, 채무자의 채무불이행시에 채권자로서는 양도담보권의 실행을 위하여 담보목적물인 동산을 현금화함에 있어서 공정증서에 기하지 아니하고 양도담보계약의 내용에 따라 사적으로 처분하거나 스스로 취득한 후 정산하는 방법으로 현금화할 수 있다고 한다.[1] 양도담보권실행을 위한 현금화절차에서 현금화로 인한 매득금에서 현금화비용을 공제한 잔액전부를 양도담보권자의 채권변제에 우선 충당하여야 하고, 다른 채권자들은 양도담보권자에 대한 관계에서 안분배당을 요구할 수 없다.[2]

3. 채권자의 경합과 배당절차

유체동산의 경매에서도 채권자가 여럿인 경우(경합)에 유체동산 강제집행의 경우와 마찬가지로 이중압류가 가능하며(215조 준용), 또 법률상 우선변제청구권자는 배당요구를 할 수 있다(217조 준용). 배당절차도 유체동산에 대한 강제집행과 동일하게 취급한다(272조).

제4절 채권 그 밖의 재산권에 대한 담보권의 실행 —특히 물상대위권의 실행

1. 개 설

(1) 채권담보권의 실행조문인 제273조는 1990년 개정법률에서 생긴 것으로서, 첫째 채권담보권의 실행은 담보권의 존재를 증명하는 서류가 제출된 때 개시하고(1항), 둘째 민법 제342조의 물상대위권의 행사도 위 1항과 같으며(2항), 셋째 권리실행의 절차에 채권 그 밖의 재산권에 대한 강제집행 규정을 준용하도록 하였다.

665면; 강대성, 520면.

1) 대법 1994. 5. 13, 93다21910.

2) 대법 2000. 6. 23, 99다65066. 대법 2005. 2. 18, 2004다37430은 이 경우에 공정증서에 기하여 강제경매를 실시하는 때라도 형식은 강제집행이나 그 실질은 동산양도담보권의 실행을 위한 현금화절차이기 때문에 그 경매절차에 압류를 경합한 양도담보설정자의 다른 채권자가 양도담보권자에 대한 관계에서 압류경합권자나 배당요구권자로 인정될 수 없다고 하였다.

채권 그 밖의 재산권을 목적으로 하는 담보권의 실행으로서의 경매는 **담보권의 존재를 증명하는 서류**가 제출된 때에 개시한다. 여기의 서류는 사문서라도 상관없다. 다만 특허권과 같은 권리의 이전에 **등기·등록을 필요로 하는 재산권**을 목적으로 하는 담보권의 경우에는 그 등기부 또는 등록원부의 제출을 요한다(273조 1항). 이러한 담보권의 존재를 증명하는 서류는 강제집행에서의 집행권원에 해당하는 것으로 담보권실행의 요건사실을 제대로 증명할 수 있는 것이어야 한다. 채권담보권실행의 경매는 **사법보좌관이 담당한다**(사보규 2조 1항 12호).

(2) 채권 그 밖의 재산권에 대한 담보권, 즉 권리질 중에서 많이 활용되는 것은 금전채권에 대한 질권인 **채권질**(債權質)[1]인데, 채권질의 경우에는 민법 제353조가 집행기관의 도움없이 직접청구라는 실현방법을 규정하고 있다. 예를 들면 乙의 A은행 예금채권에 대하여 甲이 질권을 설정한 경우, 甲은 자기 채권액의 한도에서 A은행에 직접 자기에게 지급하라고 청구하고 변제에 충당할 수 있다. 또 제3채무자에 대하여 공탁청구를 할 수도 있다. 따라서 채권질의 실행을 위해서는 제273조의 활용가치가 높지 않다.

물론 민법 제353조에 질권자의 직접청구권이 있다고 하여도 민사집행법에 정한 집행방법에 의한 질권의 실행이 가능한 것은 물론이다(민 354조).[2] 질권의 목적이 조건부채권인 때문에 추심이 곤란하여 매각명령을 얻을 필요가 있는 경우(241조) 등은 나름대로 존재의미가 있다. 민사집행법에 의한 질권실행절차는 질권의 목적인 채권을 압류하고 추심명령·전부명령·특별현금화명령[3]에 의하여 현금화할 수 있는 점은 금전채권에 대한 강제집행의 경우와 다를 바 없다. 그러나 민법 제353조에 의한 직접추심권 때문에 제3채무자는 질

1) 근질권이 설정된 금전채권에 대하여 제3자의 압류로 강제집행절차가 개시된 경우 근질권의 피담보채권은 근질권자가 위와 같은 강제집행이 개시된 사실을 알게 된 때에 확정된다고 본 것에, 대법 2009. 10. 5, 2009다43621.

2) 선박운임채권을 대상으로 하는 선박우선특권도 제273조 1항에 해당하므로 이에 근거하여 집행권원이 없어도 운임채권을 압류하는 등 집행을 할 수 있다고 한 것에, 대법 1994. 6. 28, 93마1474.

3) 집행관이 질권에 기초한 채권특별환가(현금화)명령에 따라 매각절차를 진행하면서 위 명령에서 정한 최저매각가격을 경정한 경정결정이 확정되지 아니하였음에도 그 경정결정에 따라 매각을 허가한 경우, 매수인은 그에 따라 매각대금을 납부하면 원칙적으로 그 채권을 취득하게 되고, 그 뒤에 경정결정이 즉시항고에 의하여 취소되었다 하여 매수인의 채권취득의 효과가 번복되지 않는다는 것에, 대법 2010. 7. 23, 2008마247.

권자의 동의가 없으면 공탁(248조)에 의하여 채무를 면할 수 없는 것이 특색이다. 질권자가 피담보채권을 초과하여 질권의 목적이 된 금전채권을 추심하였다면 그 중 피담보채권을 초과한 부분은 특별한 사정이 없는 한 법률상 원인 없는 것으로서 질권설정자에 대한 관계에서 부당이득이 된다.[1)]

(3) **권리질** 중 채권질이 아닌 **그 밖의 재산권**, 예를 들면 특허권 · 저작권 · 사원의 지분권 · 예탁유가증권 등에 대한 질권(규 201조)에는 민사집행법의 활용가치가 다르다. 이때는 질권자가 민법 제353조에 의하여 직접청구할 수 없으므로 민사집행의 방법에 의하여야 한다. 결국 경매법원은 질권의 목적인 「그 밖에 재산권」에 대한 압류명령 → 추심명령 · 특별현금화명령 등(금전채권이 아니므로 전부명령은 안됨)으로 현금화 → 배당의 순서를 밟게 된다. 예탁유가증권에 관한 담보권의 실행에 관해서는 예탁유가증권집행에 관한 규정을 대폭 준용하고 있다(규 201조 3항).

(4) **동산 · 채권 등의 담보에 관한 법률에 따른 채권담보권**은 동산, 채권, 지식재산권을 함께 담보로 하고 등기할 수 있는 제도이다. 동산담보권자는 동법 제36조에 따라 ① 피담보채권의 한도에서 채권담보권의 목적이 된 채권을 직접 청구할 수 있고(1항), ② 채권담보권의 목적이 된 채권이 피담보채권보다 먼저 변제기에 이른 경우에는 제3채무자에게 그 변제금액의 공탁을 청구할 수 있으며(2항, 공탁한 후에는 채권담보권은 공탁금에 존재한다), 위 1, 2항에 따른 실행방법 외에 민사집행법에서 정한 집행방법으로 채권담보권을 실행할 수 있다(3항). 물적 담보가 부족한 중소기업 등을 위해 활성화가 필요한데, 홍보부족, 등기시의 난점, 담보권실행을 민사집행법의 원칙에 따라 개별집행으로 하는 것 등의 이유로 이용률이 저조하므로 개선이 필요하다.[2)]

---

1) 대법 2011. 4. 14, 2010다5694.

2) 동산담보권의 성립, 등기, 담보권실행에 관하여는, 김효석, "채권을 활용한 새로운 담보제도에 관한 소고", 민사집행법연구 제8권, 42~87면 참조. 담보로 제공된 동산 · 채권 · 지식재산권에 대한 집행을 현재와 같이 민사집행법에 따른 개별집행 원칙에 의해서는 활성화가 되지 않으므로 일괄집행제도를 마련할 필요가 있다는 견해는. 손흥수, "일괄집행제도 도입을 위한 법무부 동산채권담보법 개정법률안 및 수정안에 대한 입법론적 검토", 민사집행법연구 제18권 제2호, 475면 이하.

2. 물상대위권의 실행

(1) 의의와 경매신청

물상대위란 질권 또는 저당권과 같은 담보권자가 담보물의 멸실, 훼손 또는 공용징수로 인하여 담보권설정자가 받을 금전 기타 물건에 대하여 권리를 행사하는 것을 말한다(민법 342조, 370조), 그런데 민법 제342조 후문이 물상대위권을 행사하는 경우에는 그 지급 또는 인도 전에 압류하여야 한다고만 규정한 데 그치고, 그 외 물상대위권 행사방법에 관하여 규정을 하지 않아서 그 실현절차가 불명확한 문제점이 있었다. 이에 1990년 민사소송법개정법률에서 물상대위권을 행사하는 경우에도 채권담보권의 실행절차에 의한다고 명문화함으로써(273조 2항, 3항), 법의 공백을 메웠다. 따라서 채권담보권실행의 경매에서는 물상대위를 그 중심에서 빼놓을 수 없다. 일본은 근자에 판례가 저당부동산의 임대료에도 물상대위를 인정함으로써 단연 물상대위의 실행건수가 늘어나고 있다고 한다(우리 학설에서는 다툼 있음).

담보목적물에 멸실·훼손·공용징수 등의 사유가 생겼을 때, 예를 들면 甲이 저당잡은 乙소유의 건물에 제3자가 불을 놓아 멸실이 되어 乙이 A보험사에 대한 보험금청구권을 갖게 된 때, 甲이 저당잡은 乙소유의 토지가 수용당하여 乙이 손실보상청구권을 갖게 된 때에는 저당권이 보험금청구권이나 손실보상청구권(국토의 계획 및 이용에 관한 법률 47조에 의한 청산금청구권도 같다)에 대한 질권으로 바뀌므로, 甲의 물상대위권의 행사는 금전채권에 대한 질권행사와 동일한 방법으로 실행한다(민 353조에 의한 담보권의 목적이 된 채권의 직접 청구가 아님). 즉 **채권질권의 실행**과 같은 절차에 의한다. 따라서 甲이 물상대위권을 행사하고자 하면, 보험금청구권이나 손실보상청구권 등에 대하여 **담보권의 존재를 증명하는 서류**를 제출하며 경매신청을 하여야 한다(273조 2항·1항).[1] 이때 담보권의 존재를 증명하는 서류란 甲이 乙소유의 건물이나 토지에 대한 저당권자라는 사실을 증명하는 서류를 말하는데, 반드시 등기사항증명서와 같은 공문서일 필요는 없고 사문서도 관계없으나, 담보권의 존재를 고도의 개연성을 갖고 직접 그리고 명확하게 증명할 문서일 필요가 있다. 물론 일반채권

---

1) 대법 2003. 3. 28, 2002다13539; 물상대위권 행사의 경우에는 담보권의 존재만이 아니라 물상대위권의 존재를 증명하는 서류의 제출도 필요하다는 것에, 中野·下村, 344면.

자로서 강제집행을 하는 것이 아니므로 집행권원은 필요 없다.[1] 앞의 예에서는 대위물이 금전청구권일 때를 들었지만, 물건인도청구권일 때도 마찬가지이다.

(2) 일반집행권원에 의한 집행과의 관계

판례는 어선보험의 대상인 어선에 대한 근저당권자가 어선보험청구권에 대한 물상대위권을 행사하지 않고, 일반집행권원에 기하여 그 권리를 압류한 경우에 그 압류는 무효로 된다고 했다.[2] 또 전세권에 설정된 저당권의 경우에 그 전세권이 존속기간 만료로 소멸되면 더 이상 전세권 자체에 대하여 저당권을 실행할 수 없게 되고 민법 제371조, 제342조에 의하여 전세권에 갈음하는 전세금반환청구권에 물상대위권이 생기기 때문에, 제273조에 의하여 집행권원 없이 이에 대하여 자신의 권리를 행사할 수 있다고 했다.[3] 즉 압류명령 및 추심명령 또는 전부명령을 받거나 제3자가 실시한 강제집행절차에서 배당요구 등의 방법으로 물상대위권을 행사하여 전세금의 지급을 구할 수 있다.[4]

(3) 압류명령과 이후의 절차

1) 집행법원은 물상대위권을 행사하는 저당권자가 담보권을 증명하는 서류를 제출하였다고 인정하면, 그 채권이 **금전청구권**일 때에는 그에 대하여 **압류명령**을 발한다. 물상대위권자는 압류명령과 동시에 또는 그 뒤에 추심명령·전부명령을 구할 수 있으며, 양도명령 등 특별현금화명령도 가능하다. 추심명령을 받은 제3채무자가 추심에 불응하면 추심의 소를 제기할 수 있다.[5] 다만 대위물이 금전이 아닌 **물건인도청구권**일 때에는 유체물인도청구권의 압류방법(242조)에 의한다. 물상대위에 의한 압류채권자 상호간의 우선순위는 압류의 순위에 의할 것이 아니라 실체법상의 우선순위에 의하는 것이 옳다.[6] 따라서 제2순위의 저당권자가 먼저 물상대위를 실행하여도 뒤에 제1순위의 저당권자가 압류를 했으면 후자가 우선배당을 받는다. 저당권설정자인 소유자는

1) 대법 1992. 7. 10, 92마380·381.
2) 대법 2009. 1. 30, 2008다73311.
3) 대법 1995. 9. 18, 95마684; 동 2008. 3. 13, 2006다29372·29389.
4) 대법 2014. 10. 27, 2013다191672.
5) 대법 2022. 8. 11, 2017다256668은 저당권자가 물상대위권을 행사하여 채권압류 및 추심명령 또는 전부명령을 신청하면서 청구채권 중 이자·지연손해금 등 부대채권의 범위를 신청일 무렵까지의 확정금액으로 기재한 경우에는 배당기일까지의 부대채권을 포함하여 원래 우선변제권을 행사할 수 있는 범위에서 우선배당을 받을 수 있다고 하였다.
6) 동지; 주석 민사집행법(Ⅴ), 158면. 대법 2008. 12. 24, 2008다65396.

물상대위권자의 담보권의 부존재나 소멸을 다툴 수가 있다(265조). 저당권자는 동일채권에 대한 담보권의 실행이 경합할 경우에는 이중압류명령을 할 수도 있으며, 그 경우에 송달을 받은 제3채무자는 경합채권자의 청구가 있으면 공탁의 의무를 진다(248조).

판례는 전세권저당권자가 전세금반환청구권에 대하여 물상대위권을 행사하였을 때, 전세권저당권이 설정된 때에 이미 전세권설정자가 전세권자에 대하여 반대채권을 갖고 있고 반대채권의 변제기가 장래 발생할 전세금반환채권의 변제기와 동시 또는 선도래의 경우에는 전세권설정자는 반대채권을 자동채권으로 하여 전세금반환채권과 상계할 수 있다고 보았다.[1)]

2) 대위권행사의 방법 저당권자에게 물상대위권이 생겼을 때에 이처럼 직접 자신이 제273조 2항에 의한 채권담보권실행의 **경매신청**을 할 수도 있지만, 이에 의하지 않고 다른 채권자가 압류하여 대위물건이 특정된 이상 제273조 3항, 제247조에 의하여 **배당요구**를 하는 방법으로 물상대위권을 행사할 수도 있다.[2)] 이에 대하여 민법 제342조 단서의 압류는 물상대위권자 자신의 압류이어야 한다는 등의 이유로 배당요구에 의해서는 물상대위권을 행사할 수 없다는 부정설이 있다.[3)] 배당요구는 그 종기까지 하여야 하므로 배당요구종기 이후에는 물상대위권자로서 우선변제권을 행사할 수 없다.[4)] 판례는 물상대위

1) 대법 2014. 10. 17, 2013다191672; 동 2021. 12. 30, 2018다268538(임대차계약에 따른 임대차보증금반환채권을 담보할 목적으로 유효한 전세권설정등기가 마쳐지고 전세권저당권자가 이를 알고 있었던 경우, 전세권설정자는 전세권저당권자에게 임대차계약에 따른 연체차임 등의 공제주장으로 대항할 수 있다).

2) 방순원/김광년, 469면; 곽윤직, 물권법, 304면; 김홍엽, 453면; 전병서, 530면; 주석 민사집행법(Ⅴ), 157면. 대법 2014. 10. 27, 2013다191672; 동 2000. 5. 12, 2000다4272; 동 2002. 10. 11, 2002다33137; 동 2010. 10. 28, 2010다46756도 같은 입장이다. 민법 제342조 후문에서 물상대위권자가 대위물의 지급 또는 인도 전에 압류하여야 한다고 규정한 것은 물상대위권자 자신이 직접 압류를 해야 하지 다른 일반채권자에 의한 압류로는 안된다는 것으로 이해한다면, 물상대위권자 자신이 경매신청을 해야 하는 것은 당연하다고 하겠다. 그러나 이 규정이 다른 채권자에 의한 압류의 경우에 물상대위권자의 배당요구까지 배제하는 것은 아니라고 할 것이다. 여기의 압류는 대위물의 특정성을 보전함과 아울러 그 소멸을 방지하여 우선권자의 권리행사를 가능하게 하려는 것이므로(특정성유지설) 다른 일반채권자의 압류에 의하여도 우선권은 보전될 수 있기 때문이다.

3) 이한승, "물상대위에 있어서의 '지급 또는 인도전 압류'에 관하여", 민사판례연구 제22집(2002. 2.) 89면; 일본 최고재 평성13(2001). 10. 25 판결(제3채무자보호설의 입장).

4) 대법 2000. 5. 12, 2000다4272. 대법 2008. 4. 10, 2006다60557은 요건 흠결의 부적법한 집행공탁에 기한 공탁사유신고 이후 배당금이 지급되기 전에 공탁금출급청구권에 압류·추심명령을 받아 배당절차에서 배당요구를 하였다면 적법한 물상대위권을 행사한 것이 되어 배당절차

권의 행사방법과 시한을 제한하는 것은 대위물인 채권의 특정성 유지로 그 효력의 보전, 평등배당을 기대하는 일반채권자의 신뢰보호 등으로 제3자에게 불측의 손해를 입히지 아니함과 동시에 집행절차의 안정과 신속을 도모함에 취지가 있다고 한다.[1] 그 결과 담보물에 대하여 담보권등기가 된 것만으로는 보상금 등으로부터 우선변제를 받을 수는 없다(일반경매에서는 선순위담보등기만으로 배당된다).[2] 물상대위권을 제대로 행사하지 아니하여 우선변제권을 상실한 이상 다른 채권자가 보상금 등에서 이득을 얻었다 하여도 등기만을 한 저당권자는 부당이득반환청구를 할 수 없다.[3]

제5절 형식적 경매

형식적 경매란 청구권의 만족·보전을 목적으로 하지 않지만 담보권실행으로서의 경매의 예에 따라 법원경매에 부쳐 현금화를 실시하는 절차이다. 유치권에 의한 경매와 민법·상법, 그 밖의 법률이 규정하는 바에 따른 경매가 있다(274조). 후자만을 형식적 경매라고 하는 견해도 있으나,[4] 이는 좁은 의미의 형식적 경매라고 할 것이다. 좁은 의미의 형식적 경매는 **순현금화형**[5]과 **청산형**[6]이 있다. 매각에 의해 목적부동산 위의 부담이 소멸되느냐 인수되느냐에 대하여 학설상 인수설, 청산형만 소멸된다는 절충설이 있다. 대법 2009. 10. 29, 2006다37908은 공유물분할을 위한 경매, 이른바 형식적 경매도 강제경매나 담보권실행을 위한 경매와 마찬가지로 목적부동산 위의 부담을 소멸시키는

에서 물상대위권자로서 배당받을 수 있다고 하였다. 이 경우는 공탁사유신고가 배당요구차단의 효력이 생기지 않기 때문이다(대법 2007. 4. 12, 2004다20326).

1) 대법 2003. 3. 28, 2002다13539.
2) 대법 2002. 10. 11, 2002다33137.
3) 대법 2010. 10. 28, 2010다46756.
4) 방순원/김광년, 473면; 강대성, 559면.
5) 공유물분할을 위한 경매: 민법 490조, 상법 67조, 민사집행법 258조 6항 등의 자조매각: 단주의 경매: 상법 760조, 집합건물법 45조의 타인의 권리를 상실시키는 경매 등. 대법(전) 2020. 5. 21, 2018다879은 금전채권자가 채무자를 대위해서 공유물분할청구권을 행사할 수 없다고 하였다.
6) 한정승인, 재산분리에 따르는 상속재산의 경매 등으로서 민법 1037, 1051조 3항, 1056조 2항에 근거한 청산을 위한 경매임.

것을 법정매각조건으로 하여 실시된다는 소멸설을 취하였다.[1)]

주로 문제되는 것은 유치권이다. 유치권에 경매권이 있는지 여부가 한 때 논의되었지만,[2)] 민법 제322조 1항과 민사집행법 제274조에서 유치권에 경매청구권이 있음을 명확하게 하였다.

(1) 유치권의 경매신청권

경매신청은 부동산이면 집행법원, 동산이면 집행관에게 서면으로 한다(4조). 집행법원의 사무는 사법보좌관이 담당할 수 있다. **유치권의 존재를 증명하는 서류**(264조 1항 참조)를 집행기관에 제출할 것을 요한다. 그 서류에 의하여 유치권의 성립이 추정되면 경매를 개시한다.

(2) 유치권에 의한 경매정지의 경우

유치권에 의한 경매절차가 동일 목적물에 대하여 강제경매나 담보권실행의 경매와 경합적으로 개시되면 이를 정지하여야 하며, 강제경매나 담보권실행의 경매절차만을 속행한다(274조 2항). 유치권에 의한 경매절차가 정지되고 그 채권자를 위한 강제경매절차를 진행한 경우, 강제경매에서 목적물이 매각되더라도 유치권자의 지위에 영향이 없고 매수인이 유치권을 인수한다.[3)] 그러나 뒤의 경매가 취소되면 형식적 경매를 속행한다(274조 3항). 다만 판례는 일부지분에 대한 강제집행 등 절차의 진행 중에 목적물 전체에 대한 공유물분할경매가 개시되면 양절차를 병합하여 한꺼번에 매각할 수 있다고 했다.[4)] 민법 제322조 2항에서 유치권자가 간이변제충당을 법원에 청구할 때에 미리 채무자에게 통지하게 하였는데, 유치권에 의한 경매신청의 경우에도 유치권자가 채무자에게 유치물을 경매에 부친다는 것을 미리 통지함이 타당할 것이다.

(3) 유치권의 소멸주의와 우선변제 여부

유치권에는 우선변제권은 없기 때문에, 유치권자는 경매대금에서 우선변

---

1) 대법 2009. 10. 29, 2006다37908(단 필요한 경우에 법정매각조건과 달리 부담을 인수시킬 수 있지만, 이러한 매각조건변경은 이를 고지하여야 한다).

2) 독일에는 우리의 유치권에 상응하는 권리를 인정하는 규정이 없고, 독일민법 제273조의 이행거절권은 채권관계상의 연기적 항변권인데, 일본과 이를 계수한 우리나라가 이를 물권적 성질의 물건인도거절권으로 오해하였다는 견해에, 강구욱, "유치권의 물권성에 관한 단상", 민사집행법연구 제15권, 349~350면.

3) 대법 2012. 9. 13, 2011그213.

4) 대법 2014. 2. 14, 2013그305.

제를 받을 수 없다. 유치권에 의한 경매대금에 일반채권자의 **배당요구**가 허용되는지 여부와 배당절차가 실시되는지 여부에 대하여는 인수주의와 소멸주의 중 어느 쪽을 지지하느냐에 따라 견해가 갈린다. 형식적 경매는 일반경매와 다르다는 이유로 부정설이 다수설이다.[1] 유치권에 의한 경매에서 유치권자에게도 우선변제권을 인정하자는 견해에 의하면 당연히 일반채권자의 배당요구는 허용되고 배당절차가 실시될 수 있다.[2] 절충적인 견해도 있다.[3] 일반채권자의 배당요구를 부정하면 유치권자 혼자 남기 때문에 현금화 후의 매각대금은 경매비용을 빼고 난 뒤에는 경매신청인인 유치권자에게 교부할 수밖에 없다. 매각대금을 교부받은 유치권자는 결국 채무자에게 돌려줄 매각대금인도채무와 자기의 피담보채권을 상계처리함으로써 사실상 우선변제를 받게 된다는 것이 다수설의 논지이다.

그러나 대법 2011. 6. 15, 2010마1059[4] 등에서는 경매의 대부분에서 소멸주의를 원칙으로 하고 있다고 하면서 유치권에 의한 경매에서도 강제경매나 임의경매와 마찬가지로 목적부동산 위의 부담을 소멸시키는 것을 법정매각조건으로 하여 실시되고 우선변제권뿐 아니라 일반배당요구도 허용되며, 유치권자는 일반채권자와 동일한 순위로 배당을 받을 수 있다고 하였다. 국세 등의 교부청구에 관해서도 긍정설과 부정설이 대립하고 있으나 실무는 이를 허용하고 있다.[5]

그러나 판례에 의하면 유치권자의 지위가 단지 경매신청권을 가진 일반채권자가 되는데 그칠 수 있어 유치권에 의한 경매절차의 진행동력을 잃게 되

1) 일본 동경지방재판소 소화60(1985). 5. 17. 결정 등.

2) 입법적으로 유치권자에게도 우선변제권을 인정하고 소멸시키자는 견해는, 장건, "유치권에 기한 경매의 효용성 제고에 관한 검토", 민사집행법연구 제17권, 35면 이하; 임세훈, "부동산 경매절차상 유치권의 법적 지위 및 비판적 고찰". 민사집행법연구 제14권, 59면. 유치권등기 명령을 입법화하여 유치권등기가 되면 인도거절권은 소멸하고 우선변제권을 인정하여 소멸하게 하자는 견해는, 전장현, "부동산경매절차에서 유치권에 관한 개선방안", 민사집행법연구 제9권, 189~191면.

3) 청산형의 형식적 경매의 경우에는 일반채권자는 배당요구를 할 수 없으나 우선권 있는 채권자는 인정해야 한다는 절충적 입장에, 박두환, 677면. 유치권에 의한 경매는 환가를 위한 형식적 경매가 아니고 담보권실행경매와 같이 유치권자의 채권만족을 위한 실질적 경매로 보아야 하므로 배당절차는 실시하되, 그 경매절차에서 유치권자는 배당받을 수 없고 매수인이 유치권자에 대한 채무를 인수하므로 유치권을 소멸시켜서는 아니된다는 견해에, 강구욱, "부동산에 대한 유치권에 의한 경매에 관한 일고", 민사집행법연구 제14권, 65~101면.

4) 동지; 대법 2011. 6. 17, 2009마2063; 동 2011. 8. 18, 2011다35593.

5) 실무제요 민사집행(Ⅲ), 342면.

는 문제가 생길 것이다.[1)] 인수주의를 규정한 법 제91조 5항과 조화되는지도 의문이다.[2)]

附 국세 등 체납처분과 공매

민사집행법에 규정된 경매는 강제경매, 담보권경매, 형식적 경매 3가지이지만, 여기에 포함되지 않는 넓은 의미의 경매에 해당하는 '공매'를 함께 살핀다.

1. 개 요

(1) 체납된 국세 · 지방세 및 일정한 범위의 공과금채권의 집행절차가 이른바 국세 등 체납처분이며, 집행채권 · 담보채권 등의 집행절차인 민사집행절차와 대비된다. 이를 공매(公賣)처분이라 한다. 국세 등 조세채권과 공과금채권은 민사집행법에 의한 경매신청을 할 수 없고, 국세징수법(61조) · 지방세기본법(98조) 등에서 정한 체납처분 또는 그 예에 의하여 강제적 실현을 하여야 한다. 4대 보험료를 비롯한 공기관의 공과금과 벌금 · 추징금 등 재산형의 집행도 이에 의할 수 있다(형소 477조 4항). 이러한 국세 등 체납처분인 공매절차도 민사집행절차처럼 압류 → 현금화 → 배당(배분)의 3단계로 나가지만, 판결과 같은 집행권원을 필요로 하지 아니한다. 체납처분절차는 경매절차와 여러 점에서 차이가 있고, 병존적으로 진행될 수 있어 여러 문제가 발생하므로 그 해결이 필요하다.[3)]

압류는 세무서장 · 지방자치단체장 · 공공기관장 등이 집행기관이 되어 하지만, 현금화를 위한 경매절차는 이들이 직접 하지 않고 한국자산관리공사(KAMCO)로 하여금 일괄하여 공매대행을 하게 한다. 다른 나라는 세무서장 등

---

1) 법정매각조건의 변경으로 매수인이 인수하는 것으로 정할 수 있는데, 유치권자가 단순한 채권자가 아닌 목적물인도거절권자인 지위임을 간과한 것 같다. 법이 유치권자에게 현금화의 권리를 인정한 목적 자체를 몰각시켜 버릴 염려가 있어 허용되지 않는다는 견해는, 손진홍, "유치권자의 신청에 의한 경매절차", 민사집행법실무연구(재판자료 109집), 430면.

2) 그리하여 19대 국회의 폐회와 더불어 폐기된 민사집행법 개정안에서는 제91조 5항은 폐지하고 동조 2항에서 저당권과 마찬가지로 매각에 의하여 유치권은 소멸하는 것으로 하였다. 개정안이 다시 부활하면 신중한 입법검토를 거쳐야 할 것이다.

3) 곽용진, "체납처분절차의 문제점과 그 개선방향", 민사집행법연구 제2권, 44~130면.

이 공매처분까지 주관하지만, 우리나라에서는 공매처분은 물론 배분까지도 일괄집중시켜 한국자산관리공사가 주관함이 특이하고, 이 점에서 국제적 주목을 받는다고 한다. 우리나라는 세금·공과금 등 체납자들이 많기 때문에 법원경매에 못지않게 체납처분을 위한 공매가 많다.

(2) 한국자산관리공사는 국세 등 체납처분 외에도 신탁회사 등이 의뢰하는 신탁재산의 처분도 공매절차로 처리하고 있다. 최근에는 부동산의 담보로 저당권 못지않게 담보신탁을 사용하는 경우가 많다. 시장에서는 ① 금융기관 등이 민사집행법이 정한 까다로운 법정집행절차를 피하기 위해 선택하는 경우, ② 각종 개발사업에서 담보가치를 개발이 완료된 상태의 부동산 가치로 삼아 대출하는 Project Financing과 연계하여 그 PF의 담보로 활용하는 경우, ③ 각종 재건축, 재개발 등에서 수분양자의 보호를 위하여 법령이 대상 토지와 향후 건축될 건물의 소유자를 신탁회사로 할 것을 요구하는 경우 등 그 이용의 필요와 용도가 다양하다.

위와 같은 담보신탁 등에서 채무자 겸 위탁자가 채무를 불이행하는 경우 담보권자에 해당하는 (우선)수익자가 신탁재산을 처분하여 채권을 회수할 것을 결정하면, 수탁자는 신탁재산을 민사집행법이 정한 집행절차에 의하지 아니하고, 신탁계약에서 정한 방법(수의계약, 공개매각, 임의절차에 의한 환가, 취득정산 등)으로 임의처분하게 된다. 이때 종전에는 공개매각하는 소위 공매절차를 수탁자가 직접, 또는 회계법인 등에 의뢰하여 실시하였으나 요즘에는 그 공개매각 절차를 대부분 한국자산관리공사에 위임하여 onbid공매절차로 진행하는 것이 일반적이다.

(3) KAMCO가 국세 등 체납처분 또는 담보신탁재산 등의 처분을 위해 실시하는 공매는 전자공매(www.onbid.co.kr)[1]에 의하므로 onbid공매라고 한다. 공매의 대상은 부동산뿐 아니라 유체동산, 유가증권, 채권, 무체재산권 등을 포함하여 KAMCO 한 기관에서 집중시행한다. 이 점에서 유체동산은 집행관, 채권과 부동산은 집행법원 등 집행기관이 각각인 비집중형과 다르다. 법원경매는 매각기일에 경매법정에 출석하여야 하나, onbid 공매는 어느 장소에서

1) 이동욱, "한국자산관리공사의 전자입찰을 통한 압류재산 공매 실무상의 제문제", 민사집행법 연구 제2권, 13~42면 참조.

어느 때나 시공을 초월하여 onbid 인터넷에 접속하면 된다. 부동산·동산 모두 공매거래가 급증되는 추세로 2014년 부동산입찰 7,626건, 입찰참가자수 13,138명(경쟁률 1.92 : 1), 동산경쟁입찰률은 6.6 : 1로 부동산의 3배에 이른다(최신자료는 KAMCO의 비공개 때문에 알 수 없음).

(4) 체납처분을 위한 공매의 내용은 도표 3-2와 같으며, 경매절차와 대비한 것이므로 이해에 도움을 줄 것이다. 공매절차에는 경매절차와 같은 인도명령제도가 없어 체납자가 임의로 인도하지 아니하면 매수인이 별도로 인도소송을 제기하여야 한다. 농지매각에서 경매에서는 농지취득자격증명의 제출이 매각허가사유이나 공매에서는 매각허가사유는 아니고, 매수인이 이전등기를 할 때 제출하면 된다.

공매는 전자입찰인 관계로 이용이 편리하고, 절차진행이 신속하며, 집행비용이 경매에 비하여 저렴하고, 절차진행에 여러 규제나 준수할 사항이 적어 매수인이 소유권을 안정적으로 취득할 확률이 높아 매수희망자의 문호가 넓어지고 있다.

(5) 현재 벌금·추징금 등 재산형의 집행은 법원집행과 KAMCO집행이 선택이지만 검찰이 법원의 경매보다 KAMCO집행을 선호하는 이유를 법원이 유념하여야 할 것이다. 학자에 따라서는 법원의 경매절차 주관이 그 본질적 기능에 적합한가에 대한 의구심을 갖고 차라리 경매 중 매각절차는 전문기관인 KAMCO에 위탁하는 것이 바람직하다는 의견도 있다. 경매절차 중 압류는 기존의 관할집행기관이 하되, 매각절차는 집중화시대에 걸맞게 전국 통합경매센터에서 일괄실시하는 방안,[1] 또는 필요시 매각절차를 KAMCO에 위탁하는 방안도 민사집행 선진화의 한 방법일 것이다.

(6) 국세 등 체납처분절차는 국세징수법과 지방세기본법에 공매절차(환가절차) 중 지켜야 할 기준이 규정되어 있고, 한국자산관리공사도 정부 등이 의뢰하는 업무라는 생각에서 법원의 경매에 준하는 채무자 및 이해관계인의 보호를 위한 최소한의 룰을 지켜 절차를 진행한다.[2]

---

1) 일본은 동경지재와 대판지재에 민사집행사건만을 전담하는 집행전문부가 설치되어 있다. '집행센터'라고 하는 이 기구는 지방재판소와는 별도의 건물을 쓰며, 각 10여명의 법관과 그 4.5배에 달하는 법원공무원이 왕성하게 집행업무를 담당하며 노하우를 축적한다고 한다.

2) 이동욱/이영준, "한국자산관리공사의 압류재산 공매실무상의 제문제", 민사집행법연구 제1권,

반면에 공매의 방법과 절차에 관하여 아무런 법적 제한이 없고, 오로지 담보신탁계약에서 정한 임의의 방법으로 처분할 수 있는 신탁회사 등이 의뢰하는 공매절차는 개선할 점이 몇 가지 있다. 먼저 신탁계약의 수탁자는 신탁계약서 등에 공매매각, 수의계약, 취득정산 등 중 적당한 방법으로 신탁재산을 처분할 수 있다고 되어 있는 것을 들어 신탁재산의 처분방법을 임의로 선택하는 문제가 있다. 공매할 부동산 등의 평가를 신탁사가 임의로 선정한 감정평가법인에 맡겨 이를 기준가격으로 시작하는데 그 평가서가 법원경매와 비교할 때 단시간 안에 간략히 작성되어 탁상감정에 다름 없는 경우도 있다.[1] 공매절차도 위탁자의 채무불이행이 있으면 단 며칠간의 평가기간이 지나면 바로 의뢰되는데, 공매를 의뢰받은 KAMCO는 단기간의 인터넷 공고 후에 바로 공매기일을 실시하면서, 1일 2회 공매기일 실시, 공매기일의 매일 또는 격일 실시 등 순식간에 공매절차를 완료한다.

물론 신속한 공매의 진행은 채권자인 (우선)수익자를 위해서는 좋을 것임이 틀림없다. 그러나 채무자인 위탁자가 기한의 이익을 상실하거나 변제기일를 며칠 도과하였다는 사정만으로 위와 같이 신속하게 공매를 당하는 것이 관련 당사자 간의 공평한 이해조정을 위해 반드시 바람직한 것인가는 생각해 볼 부분이 있다. 비록 연체의 책임을 지게 되었지만 채무자가 다른 금융기관 또는 새로운 투자자를 물색하여 변제자금을 조금 늦게 마련할 수도 있는데 이러한 위탁자측의 사정은 전혀 고려되지 않는다. 더구나 공매절차는 아무런 법적 기준이나 규율이 없고 오로지 당사자가 작성한 신탁계약서 등에 의하는데, 그 신탁계약서라는 것은 대출이 아쉬운 채무자는 아무런 의견을 제시하지 못하고, 금융기관인 (우선)수익자와 수탁자의 의사대로 조문화된 것이 실정이다. 금융당국의 표준계약서 요구, 또는 최소한 준수할 사항의 법령화도 필요하다고 생각한다.

13~36면 참조.

1) 공매대상 부동산을 평가하는 감정인도 관련 법령상의 평가기준을 따라야 하는 것은 다르지 않다. 그러나 법원이 의뢰한 감정을 수행할 때와 평소 고객인 특정 신탁회사가 의뢰한 경우에 감정인이 갖는 책임 정도가 다른 것이 솔직한 현실이고, 그들도 영업인 관계로 의뢰인의 needs를 감안하여 감정한다. 더구나 법원경매와 달리 개발중인 토지의 공매도 많은데, 그 감정을 위해서는 개발계획, 관련 인허가 문제, 매수인이 매수후 시행을 위해 해결되어야 할 사항 등에 대한 여러 사실과 자료를 수집하여 이를 반영한 평가를 하여야 함에도 불구하고, 채무불이행한 소유자겸 위탁자로부터 그에 대한 사실과 자료의 청취와 취득 없이 단시간 안에 평가하는 예가 허다하다.

신탁회사 등의 공매결정이나 공매절차에 민법 등 실체법이나 민사집행법 등 절차법의 기본정신을 훼손한 심각한 위법부당이 있는 경우, 위탁자 등은 시간상 본안소송으로는 목적을 달성할 수 없어 부득이 공매절차중지 등을 구하는 가처분신청을 하게 되는데, 법원은 그 가처분은 임시의 지위를 정하는 가처분이라는 이유로 본안소송보다 승소하기가 더욱 어렵다.[1] 위에서 본 문제는 주로 신탁회사 등이 개선할 사항이나 한국자산관리공사도 체납처분공매에서와 같은 마음과 정신으로 공정하고 신중하게 공매절차를 진행할 필요가 있고, 관련 당국도 계약자유의 원칙이라고 방치할 것이 아니라 필요최소한의 조치는 할 필요가 있다는 것이 시장의 일반적인 의견이다.

2. 민사집행절차와의 관계

1) 문제되는 것은 채무자가 조세도 체납하고 강제집행도 당할 입장에 있어 강제집행절차와 체납처분절차라는 두 절차가 경합하는 경우이다. 일본처럼 법령으로 두 절차를 조정하는 것이 바람직하나 우리는 이러한 법령이 없어 문제점이 많다. 우리는 독일처럼 양 절차 모두 압류 우선주의에 의하는 것이 아니라 강제집행절차는 평등주의, 국세 등의 공매는 우선주의에 의하는 법제인 데다가 한쪽이 다른 쪽을 반드시 준용하는 관계도 아니므로,[2] 특히 양 절차의 조정이 필요하다. 한때 일본처럼 두 절차를 조정하는 법안의 제정이 활발히 논의되었으나[3] 현재는 주춤한 상태이다.

2) 조세채권은 일반채권에 대한 관계에서 우선권이 인정되므로 조세채권의 납기 전에 납세의무자에 대한 민사집행절차가 진행될 때에는 그 절차에 편승하여 조세채권으로 배당참가를 할 수 있는 것이 특색이다(국징 14조; 지방세기본법 73조). 이때 납기 전의 국세·가산금과 체납처분비일 때는 교부청구를 하여야 하며, 이로써 배당요구의 효력이 생긴다(국징 56조). 그러나 조세채권이

---

1) 소명자료는 즉시 조사할 수 있는 것으로 제한됨에도 불구하고 피보전권리에 대한 소명은 본안소송 못지 않게 사실상 증명을 요구하고, 보전의 필요성도 매우 높게 요구하여 관련 업계에서는 신청인이 승소하기는 하늘에서 별따기라고 자조하기도 한다. 그 결과 위탁자는 한번의 계약위반으로 수년간 개발을 위하여 갖은 애를 쓴 수백, 수천억원의 토지를 일거에 공매당하고, (우선)수익자를 제외한 관련 당사자들은 모두 손해를 보게 되는 결과가 되기도 한다.

2) 대법 1998. 12. 11, 98두10578.

3) 김경종, "강제집행 등과 체납처분의 절차조정법의 입법필요성에 관한 고찰", 민사집행법연구 제3권, 29~67면.

납기에 도달하여 압류의 요건을 갖추면 민사집행절차가 먼저 진행된 때에도 교부청구에 갈음하여 참가압류통지서를 집행기관에 송달하여 압류에 참가할 수 있다(국징 57조). 이때에도 배당요구의 효력이 있다.

3) 국세기본법 제36조 1항과 지방세기본법 제99조 1항이 채택한 압류선착주의는 조세가 체납처분절차에 의하여 징수되는 경우뿐만 아니라 강제집행절차를 통하여 징수되는 경우에도 적용되어 먼저 압류된 조세채권은 교부청구된 다른 조세채권보다 배당순위가 우선한다.[1]

4) 가압류 · 가처분중이라도 체납처분에 지장이 없다. 체납처분에 의한 현금화(공매)가 끝나면 가압류채권자에게 배당할 몫은 집행법원에 공탁함이 옳을 것이다(160조 1항 2호, 222조).[2]

5) 구 국세징수법에서는 집행력있는 정본을 가진 일반채권자가 체납처분절차에 배당참가할 수 있는 규정이 없었고, 배당요구의 종기제도도 없었다. 그러나 민사집행법과 같은 배당(배분)요구제도가 2011년 4월 국세징수법, 지방세기본법 개정법률에 의하여 신설되었다. 뿐만 아니라 지분권자의 공유지분우선매수권 등 민사집행법의 법리를 대폭 수용함으로써 국세체납처분절차가 민사집행절차와 유사한 절차로 변모하였다(국징 68조의2, 81조).[3] 이제는 오히려 민사집행법에서 국세징수법의 좋은 모델을 따를 차례일 것이다.[4] 다만 여기서는 배당절차 아닌 배분절차라는 용어를 쓰며, 배분절차에서 배분계산서에 대한 이의를 한 바 있고 이를 취하하였다 하여도 당초 배분계산서대로 확정된다고 볼 수 없고, 세무서장은 이의제기로 확정되지 않은 부분에 대해 다른 사유를 고려하여 배분계산서를 수정할 수 있다.[5]

3. 양 절차의 병행주의

① 부동산에 대하여 국세체납처분이 선행되었을 때에도 집행법원에 의한

1) 대법 2003. 7. 11, 2001다83777.

2) 박두환, 304면.

3) 국세징수법의 주요 개정내용과 경매와 공매의 이동(異同)에 관하여는, 곽용진, "공매와 경매의 이동" 민사집행법연구 제11권, 296~336면 참조.

4) 일본식의 양 절차 조정법 제정은 근본적인 해결책이 아니고, 민사집행의 평등주의를 재검토하여 우선주의를 취하고 있는 강제징수절차와 근본원리를 일치시키면 보다 간이하게 양 절차의 관계를 재정립할 수 있다는 견해는, 최광선, "민사집행과 강제징수 절차의 관계 재정립", 민사집행법연구 제18권 제2호, 335면 이하.

5) 대법 2018. 6. 15, 2018두33784.

강제집행을 독립하여 진행할 수 있고, 그 반대의 경우에도 같다(병행주의).[1] 공매절차와 경매절차가 별도로 진행되므로 체납처분압류가 되었다고 하여 경매절차에서 경매개시결정에 의한 압류가 행해진 경우와 같이 볼 수 없다.[2] 경매절차에서 체납처분을 고려할 필요가 없다. 양 절차가 각기 병행 진행되었을 때에는 양 절차의 낙찰자 중 선순위로 소유권을 취득한 자가 결국 진정한 소유자로 확정되고, 후순위자는 소유권을 취득하지 못하는 결과가 발생한다.[3] 만일 체납처분 쪽이 먼저 진행되어 낙찰결과 매각대금이 납부되었다면 강제집행절차는 집행목적물이 다른 사람에게 넘어간 소유권변동으로 취소되게 된다(96조).

② 동일채권에 대하여 강제집행절차와 국세체납처분에서 별도로 각각 압류하여 서로 경합하는 경우에 제3채무자의 공탁(248조)을 인정할 수 없다. 체납처분에 의한 채권압류 후 행하여진 피압류채권에 대한 (가)압류가 우선변제권이라 하여도 제3채무자로서는 체납처분에 의한 압류채권자인 국가의 추심청구에 의하여야 한다.[4] 국세징수법 제41조 2항에 의하여 채권압류에는 체납자인 채권자를 대위할 추심청구권이 생기기 때문이다.

4. 동산공매

유체동산의 압류는 세무공무원 등과 집행관들이 잘 나서지 않지만 dy-namic하게 강제력을 행사하여 출입문과 금고를 강제로 열고, 대여금고보관물은 마치 동산집행의 형태로 집행하며 개가를 올린다. 압류당한 유체동산의 공매도 KAMCO에서 대행하는데 법원경매처럼 집행관이 주재하여 점유자인 채무자의 집 등에서 하는 매각이 아니고, onbid공매이다. 누구나 쉽게 접근할

---

1) 대법 1989. 1. 31, 88다카42. 구 국세징수법 제35조(체납처분은 재판상의 가압류 또는 가처분에 의하여 그 집행에 영향을 받지 아니한다)가 삭제되기 전에는 민사집행이나 강제징수 중 어느 일방의 압류가 먼저 실행되면 다른 절차에 의한 압류는 허용되지 않는다는 소극설이 다수였다. 일본은 1959년 '체납처분과 강제집행 절차의 조정에 관한 법률'을 제정하여 이중압류는 허용하되 이중환가는 금지하고 먼저 압류한 절차에 의하여 환가절차를 진행한다. 우리나라에서도 일본과 같은 견해(절충설)가 있고(서기석, "체납처분과 강제집행등과의 경합에 관한 입법론적 고찰", 조세법의 논점, 조세통람사(1992), 874면), 2009년 같은 내용의 법안이 발의되었으나 회기만료로 폐기되었다.

2) 대법(전) 2014. 3. 20, 2009다60336.

3) 대법 1959. 5. 19, 4292민재항2.

4) 대법 1999. 5. 14, 99다3686; 동 2008. 11. 13, 2007다33842.

수 있는 open sale이다. 나라에서 운영하는 공매사이트이므로 중고품이지만 신뢰가 가고 가격은 저렴하여 '명품재테크'라는 말도 나온다. 명사들의 체납세금·형사추징금 때문에 압류당한 명품·고급시계 등이 공매물로 나오는 예도 많다.

도표 3-2 경매와 공매(국세 등 체납처분절차)

법적 근거	민사집행법	국세징수법·지방세기본법
부동산압류기관	집행법원	세무서장, 지방자치단체
기초	집행권원·담보권 증명서류	체납된 조세·공과금 등 채권
이중압류	가능	불가능
현금화·배당기관	집행법원	자산관리공사(KAMCO)
Site	www.courtauction.go.kr	www.onbid.co.kr (onbid 접속+공인인증서 발급)
매각 방법	주로 법정(기일)입찰	전자 입찰(기간)=Internet공매
유찰시 가격체감	10~20% 체감	매각예정가격 10% 체감 50% 이하 체감시(5회 유찰시) → 재공매 결정
농지	허가결정시까지 취득자격 증명	공매시 불요, 이전등기시 필요
현황조사서/ 매각물건명세서	있다	법개정으로 있음(국징 62조의2, 68조의3)
대금불납매수인	재매각, 참가불가	가능
공유지분권자의 매수권	우선매수권 있음	있음(2006년 법 개정)
배당후 잔여금	채무자	체납자반환(국고반환은 위헌)
배당	평등주의(배당금 안분)	압류우선주의
배당요구의 종기	첫 매각기일 이전에 지정	최초의 입찰기일 전
매각대금 납부기한	허가결정확정시부터 1개월	매각결정일부터 7일 이내 (30일 연장가능)
매각대금 상계	매수인의 배당금액과 매각대금 상계가능(저당권자 등)	불가능
배당순위	① 소액보증금, 임금이나 퇴직금 등 ② 조세 ③ 담보권 ④ 집행정본의 일반채권(가압류 채권자 포함)	국세기본법 35조, 국세징수법 68조의2, 81조로 배당순위 밝힘. 일반채권보다 우선, 조세채권자 사이에서는 압류선착주의
채무자 제재	채무불이행자 명부 등재	출국금지+고액체납자 언론 공개

		+ 배우자등 주변인물 → 압수수색, 계좌추적 + 무한추적팀 가동 → 국제협약에 의한 역외재산추적
재산은닉	사해행위취소소송 강제집행면탈죄	사해행위취소소송 준용 조세범처벌법
양 절차 경합	각 절차 경합진행 — 한쪽 중단 없다. ① 경매절차와 공매절차 병행진행 가능, 선취득자 우선 ② 선공매낙찰 → 매각대금완납 → 강제집행취소	
인도명령	있음	따로 없음
집행절차만 진행한 경우 조세채권의 배당요구	조세채권의 납기전 — 교부청구 조세채권의 납기후 — 참가압류통지서의 송달	
채권집행	압류 + 추심 · 전부명령	압류에 대위권 포함 → 추심명령 · 전부명령 불요
제3자재산압류	제3자이의의 소	매각 5일 전까지 소유자 확인의 증거서류 제시
동산집행	집행관압류 · 매각집행	세무공무원에 의한 압류, KAMCO에 의한 공매대행

제 4 편 보전처분

제 1 장 서 설

Ⅰ. 보전처분의 의의

(1) 보전처분에 대하여는 민사소송법의 강제집행편에 포함시킨 예(독일, 미국), 민사소송법에서 분리된 민사집행법에 함께 규정한 예(오스트리아), 민사집행법에서조차 분리시켜 민사보전법이란 독자적인 단행법화한 예(일본) 등 3가지 유형의 입법례가 있다. 우리 법은 처음에는 제1유형의 입법례에 속했다가, 2002년 민사집행법을 제정하면서 제2유형의 입법례가 되었다.

(2) 좁은 의미의 보전소송 또는 보전처분은 민사집행법상의 가압류와 가처분의 재판과 그 집행절차를 말하지만, 넓은 의미의 보전처분이라 할 때에는 특수보전처분 특히 특수가처분까지 포함한다. 좁은 의미의 보전소송의 목적은 케이스에 따라 다르지만, 공통적인 것은 본안재판이 오래가면서 뒤에 본안판결이 나도 권리실현이 어렵게 될 위험·손해를 방지하기 위하여 본안재판이 나기 전에 신속하게 취하는 잠정적인 처분절차인 점이다. 이러한 의미에서 보전소송은 간이 내지 약식소송의 일종이다(신속한 판결절차라 한다). 비록 민사집행법에서 규정하였지만, 이는 집행절차가 아닌 소송절차이다. 왜냐하면 가압류·가처분명령의 신청은 집행권원을 얻으려는 소제기와 같은 것이고 그 자체가 집행행위가 아니기 때문이다. 다만 가압류·가처분명령에 뒤따르는 집행이 제291조 이하의 임시적·보전적인 강제집행이다.[1]

보전소송은 그 필요성에 대한 인식이 증대되고 신용카드 대란 등 경제불황까지 겹쳐 그 이용이 한때 급격히 증가하였으나, 최근에는 다소 감소세를 보인다. 통계상 가압류신청이 가처분신청에 비하여 훨씬 많지만,[2] 가처분의

---

1) Schellhammer, Rdnr. 1899.

2) 가압류·가처분천국: 2011년도 보전처분 신청건수는 가압류 307,589건, 가처분 53,301건(2012년 사법연감)이었고, 2023년에는 가압류 248,081건, 가처분 42,789건(2024년 사법연감, 742

중요성은 아무리 강조해도 지나침이 없을 것이며 소송현실에서 결정적인 기능을 한다. 다툼의 대상에 관한 가처분인 처분금지가처분, 점유이전금지가처분은 소송승계주의를 채택한 우리나라에서는 당사자를 바꾸어도 소용이 없게 하는 당사자항정(恒定)의 효력이 있어 중요한 몫을 하고, 임시의 지위를 정하기 위한 가처분은 생활방해와 인격권, 노동관계, 지적재산권, 주주권·경영권 등 business를 둘러싼 분쟁 나아가 정치적 쟁점에 이르기까지 본안판결이 날 때까지 잠정적 조치로 매우 중요한 역할을 하는 것이 사실이다. 그럼에도 불구하고 독일법[1]을 모델로 한 우리 법제가 가압류를 중심으로 규정함으로써(301조 참조) 가처분의 입법이 소홀히 되었다는 비판을 받고 있다.[2] 그 고유 조문 수가 겨우 11개에 그치고 있다(300조 내지 310조).

Ⅱ. 보전처분의 특성

보전처분은 흔히 다음 다섯 가지 특성을 지닌 것으로 평가한다.

첫째가 **잠정성**(임시성)이다. 보전처분은 소송물인 권리 또는 법률관계의 확정을 목적으로 하는 것이 아니고, 판결의 확정시까지 현재의 권리 또는 법률관계를 잠정적으로 확보해 두거나 이에 대하여 임시적인 규율을 하는 조치이다. 독일·오스트리아에서 가처분을 놓고 einstweilige Verfügung, 즉 임시처분이라고 하는 것은 그 까닭이다. 가압류·가처분이라는 용어의 "가(假)"가 잠정성의 단적인 표현이다. 미국에서도 일시적 구제(provisional remedies)라 한다. 이 점에서 가집행과 맥락을 같이 한다. 그 효력이 임시적이므로 보전처분의 주문에서 「제1심판결선고시까지」 또는 「본안판결의 확정시까지」로 효력의 종기를 정하는 경우가 많다. 잠정성 때문에 보전명령과 보전집행에 의하여 생

면)이다. 인구가 우리에 비하여 1.5배인 독일에 비하여, 2.5배인 일본에 비해도 각기 20배가 넘는 접수건수로서 보전처분 천국이 되어 있다. 한편 우리나라의 경우는 2023년도 본안사건이 850,926건(2024년 사법연감, 723면)이므로 본안사건 대 보전사건 비율이 약 35%임에 대하여, 독일은 전체 민사사건 165만 건 중 보전사건이 4.75%에 불과하고(2007년 기준), 일본은 2011년~2012년에 가압류 12,000건, 다툼대상가처분 3,100건, 임시지위가처분 4,400여 건에 불과하다.

1) Lüke, §38 Rdnr. 4 참조.

2) 프랑스 민사집행법상 보전처분에 관한 소개는 최광선, "프랑스 민사집행법상 보전조치에 관한 개관", 민사집행법연구 제20권, 55면 이하 참조

긴 결과가 본안소송에 영향을 미치지 아니한다.[1)]

둘째로 **긴급성**(신속성)이다. 장래의 권리실현에 대비하는 긴급 내지 급박한 조치이다(Dringlichkeit). 다시 말하면 빨리 서둘지 아니하면 판결을 받아도 권리실현이 어려워지거나 회복할 수 없는 손해발생의 우려가 있어서 응급조치를 취하는 것이다. 가처분에서의 「급박한 위험」의 규정(300조 2항)이나 급박한 경우에 재판장이 재판할 수 있도록 한 규정(312조)을 둔 것, 보전명령을 발령함에 있어서 필요적 변론이 아닌 임의적 변론에 의하게 한 것(280조 1항), 판결 아닌 결정의 형식으로 재판하고(281조), 증명 대신 소명에 의하게 한 것(279조 2항)은 신속성의 특징을 반영한 결과이다. 마찬가지로 보전집행에 있어서도 신속한 처리를 위하여 집행문불요(292조 1항), 집행기간제도(292조 2항), 보전명령의 송달 전 집행의 특칙을 두었다(292조 3항). 본안재판이 오래가기 때문에 신속한 응급조치가 강구된 것이다(Eilverfahren). 그러므로 보전처분신청(특히 가처분)을 본안사건과 병행심리하고 동시에 선고하는 것은 가처분사건의 긴급성(신속성)을 위반하는 것이므로 지양해야 한다.

셋째로 **밀행성**이다. 채무자측의 집행방해에 대비하여 채무자에게 알려지기 전에 비밀리에 진행하는 것이 합목적적이라는 것이다. 변론 없이 채무자심문을 하지 않고 서면심리로 끝내게 한 것이라든가(280조 1항), 보전처분의 채무자 송달 전에 집행(292조 3항)할 수 있도록 한 것은 밀행성 때문이다. 가압류에서 밀행성이 두드러진다. 그러나 집행채무자의 절차보장 내지 불의의 타격방지를 위하여 근자에는 특히 가처분에서 밀행성이 다소 후퇴되고 있다.[2)] 제304조에서 임시지위를 정하는 가처분의 경우에 변론기일 또는 채무자가 참석할 수 있는 심문기일을 반드시 열게 한 것이 그 경향의 반영이다.

넷째로 **부수성**이다. 권리관계를 확정하는 본안소송의 존재를 예정한 부수적 절차이다. 본안소송에 대한 부수성 때문에 채무자의 본안 제소명령신청제도(287조 1항), 3년의 본안 제소기간의 도과로 인한 보전처분의 취소제도(288조 1항 3호)를 두었다. 나아가 본안소송에서 피보전권리의 부존재·소멸로 판명되면 사정변경에 의한 취소사유가 된다(288조). 또 관할의 경우도 가압류할 물건

1) 대법 1992. 6. 26, 92마401; 동 2007. 10. 25, 2007다29515(단행가처분의 집행결과를 본안소송의 심리에서 고려할 필요없다).

2) 박두환, 464면은 밀행성을 특성에서 제외하였다.

이나 다툼의 대상이 있는 곳을 관할하는 지방법원과 더불어 본안의 관할법원에 전속된다(278조, 303조). 나아가 본안소송에서 얻을 수 있는 권리범위를 넘어서는 보전처분은 안된다. 민사집행법은 더 나아가 보전명령이의사건을 본안법원으로 재량이송할 수 있는 제도를 마련했다(284조). 다만「가처분의 본안화」경향 때문에 부수성(종속성)이 희석되어 가고 있다.

다섯째로 **자유재량성**이다. 심리에 있어서 임의적 변론절차(280조 1항)에 의함으로써 서면심리 · 심문 · 변론 중 어느 것이든 재량으로 선택할 수 있다(임시지위를 정하는 가처분의 경우는 예외, 304조). 담보제공 여부와 그 제공의 방법 및 액수도 재량사항이다. 제305조에서 가처분의 방법에 관하여 법원은 신청목적을 이루는 데 필요한 처분을 직권으로 정한다고 하여 비록 신청목적에는 구속되지만 처분내용은 법원이 재량껏 정할 수 있다. 따라서 보전처분에는 많은 비송적 성질이 가미되어 있다.

Ⅲ. 특수보전처분

민사집행법상의 보전처분이 아닌 다음과 같은 특수보전처분이 있다.

파산 · 회생 · 개인회생 등 신청에 따르는 재산동결의 보전처분 및 포괄적 금지명령, 가사소송사건 등에서 현상변경 · 물건처분의 금지처분 · 재산보전처분 · 관계인의 감호와 양육을 위한 처분(가소 62조. 집행력이 없다. 그러나 동 63조의 가압류 · 가처분은 다르다), 민사조정에서 조정 전의 처분(민사조정 21조), 가등기가처분(부등 90조), 저작권법상의 임시처분(저작 123조 3항), 행정처분의 집행정지결정(행소 23조), 공무원범죄에 관한 몰수 특례법상의 추징보전(동법 42조), 정당의 정치활동정지나 쟁의기관처분의 효력정지가처분(헌재 57조, 65조. 국회의 탄핵소추의결시 소추대상자의 직무집행정지도 잠정처분인 점에서 같은 맥락이다), 헌법소원사건에서 법령의 효력정지가처분,[1] 민소법 제500조 · 제501조 등에 의한 일시 집행

1) 법령효력정지의 가처분의 예: 헌법재판소 제1기 재판부에서 가처분제도는 민사사건에 적용되는 제도이고, 헌법소송까지 확대적용은 옳지 않다는 것이 재판관들 다수의 견해이었으나, 필자가 완강하게 긍정적인 입장을 표했던 것이 기억난다. 사법시험 1차시험을 4회 응시한 자는 마지막 응시 이후 4년간 1차시험을 다시 응시할 수 없도록 한 사법시험령 제4조에 대하여 회복할 수 없는 손해와 긴급성 등 보전의 필요성이 있다는 이유로 효력정지의 가처분을 받아들인 것에 헌재 2000. 12. 8, 2000헌사471. 헌재 2002. 4. 25, 2002헌사129는 군행형법시행령 제43조 2항 본문 중 전단부분(미결수용자의 면회횟수를 주 2회로 제한)에 대하여 피보전권

정지 · 취소 등 잠정처분이 있다. 넓게 보면 형사소송절차에서 유죄판결확정 전까지의 피의자 · 피고인의 신병확인과 몰수할 물건을 확보해두는 형사보전처분도 포함된다고 할 것이다. 상법 제407조와 제408조에 의한 주식회사 이사의 직무집행정지 · 대행자 선임의 가처분이 있는데, 특수가처분인지 민사집행법상의 가처분인지 다투어졌으나,[1] 민사집행법 제306조에서 이를 민사집행법에 포함시켰으므로, 이제는 특수보전처분이 아니다.

행정소송에서의 집행정지(행소 23조) 행정처분 · 집행의 속행으로 인하여 회복하기 어려운 손해를 예방하기 위하여 긴급한 필요가 있다고 인정할 때 본안법원이 처분의 효력정지 · 집행정지의 결정을 하는 제도이다. 민사집행법상의 임시지위가처분과 비슷한 보전의 필요성을 충족시켜야 하지만, 이와 달리 ① 행정처분취소의 본안소송이 계속되어 있어야 하고, ② 공공복리에 중대한 영향을 미칠 우려가 없어야 하며, ③ 이에 대한 불복은 이의신청이 아닌 즉시항고이다.

이 집행정지제도는 그 파급효가 정치적 · 사회경제적으로 가공할만한 것이 있어 인용결정에 신중을 요한다. 정치투쟁의 큰 도구로 이용(고속철 · 새만금 · 4대강 · 제주해군기지 · 영주댐건설사업 · 청와대 촛불시위 불허사건 등의 집행정지사건)되는가 하면, 비리척결 등의 국책추진에 부적절한 제동을 건다는 오남용의 논란도 있다.[2]

이 제도는 미국에서는 우리처럼 따로 행정법원의 관할사항이 아니다. 미국연방민사소송규칙(FCRP)에 의하여 일반 연방법원에서 일괄 temporary order 또는 preliminary injunction으로 운영한다. 미국 대통령의 행정명령(executive order)도 그 대상이 되므로 대통령이 사법부에 의한 견제를 받아 주목할 만한 제도가 되고 있다.

리와 보전의 필요성에 대한 소명이 있다고 하여 효력정지의 가처분을 하였다. 또 헌재 2006. 2. 23, 2005헌사754에서 대학교원 기간임용제 탈락자 구제를 위한 특별법 제9조 1항에 대하여 헌법소원사건의 종국결정시까지 효력정지의 가처분을 하였다. 이외에도 헌법재판소는 권한쟁의심판청구를 본안으로 하는 가처분결정이 1999년에 있었다. 그러나 외국에 비하여 활용이 저조하며 헌재가 가처분을 신속하게 결론내지 않고 본안과 같이 처리하는 등 문제가 있어 보인다.

1) 협의의 가처분과 별개의 새로운 가처분이 아니라 임시의 지위를 정하기 위한 가처분의 일종이라는 것에, 대법 1989. 5. 23, 88다카9883; 동 1997. 1. 10, 95마837.

2) 조선일보 2012. 2. 21.자; 동 4. 21.자 등 참조. 한강팔당상수원보호구역에는 음식점 · 호텔 등 유락시설의 설치를 제한하고, 여기의 오폐수가 수원지로 유입되지 않도록 오폐수처리장도 부설하도록 하였다. 그런데 20평 음식점허가에 100평짜리 무허가증축, 200평 허가 호텔에 1,000평짜리 증축에다가 오폐수처리장은 당국의 점점검시에만 가동할 뿐이므로, 엄청난 오폐수가 수원지로 유입된다. 이에 남양주시가 영업정지 등 행정처분으로 폐수의 유입을 막아 상수원보호를 시도하였지만, 법원이 생존권 등을 이유로 손쉽게 집행정지결정을 해주어 행정당국의 단속을 무산시킨다는 비판을 들은 바 있다.

Ⅳ. 특수보전처분과 민사집행법상의 보전처분의 관계

특수보전처분이 인정되어 별도의 구제책이 있는 경우에는 민사집행법상의 보전처분은 원칙적으로 허용되지 아니한다. 특별법과 일반법의 관계이기 때문이다. 그러나 이러한 특수보전처분에는 자족적인 법체계를 미처 갖추지 못하였으므로 민사집행법상으로 발전된 법리를 특수보전처분에 준용할 필요가 있다.

특히 민소법 제500조, 제501조에 의한 재심·상소제기의 경우에 하는 집행정지·취소 등 **잠정처분**(가집행선고 있는 판결의 집행정지, 즉시항고·집행이의신청 그리고 청구이의·집행문부여이의·제3자이의의 소 등에서의 잠정처분도 같다)[1]은 효력정지의 **일반가처분**과 혼동하기 쉬우나 구별할 필요가 있다. 본안절차와의 관계, 관할법원, 불복방법, 취소 등에서 차이가 있는데[2] 구체적으로 본다.

첫째 일반가처분의 경우에는 미리 본안소송이 제기되어야 하는 것은 아니며 본안사건이 아닌 다툼의 대상이 있는 곳을 관할하는 지방법원도 관할권을 가지나, 잠정처분인 일시처분은 본안이 이미 계속되어 있을 것을 요하며,[3] 본안사건을 처리하는 법원이 관할한다.

둘째 잠정처분신청이 기각되는 경우에 일반가처분신청의 기각은 즉시항고할 수 있는 것과 달리 불복신청이 허용되지 아니한다(민소 500조 3항).

셋째 일반가처분에 의하여 일시처분은 할 수 없다.[4] 모두 임시조치인 점에서 유사하지만 일반가처분과 구별할 목적으로 민소법에서는 일시정지라는 용어로 대체하였다.

넷째 본안사건에서 패소하였을 때 일반가처분은 사정변경에 의한 취소사유(301조, 288조)가 되지만 일시정지·취소의 경우에는 당연히 실효된다. 잠정처분은 일시적이기 때문에 어느 때라도 취소·변경할 수 있다.

---

1) 강제집행정지사건은 2023년에 10,833건(2024 사법연감, 742면)이다. 2011년은 14,075건(2012 사법연감, 767면).
2) Stein/Jonas/Münzberg, Vorbem. §704 Ⅵ Rdnr. 95.
3) 대법 2012. 8. 14, 2012그173(저당권설정등기말소청구를 본안사건으로 하는 집행정지의 잠정처분).
4) 대법 1986. 5. 30, 86그76; 동 1969. 3. 5, 68그7.

Ⅴ. 2005년 개정법률과 보전처분

2002년 민사집행법이 제정된 이후 2005년에 1차개정이 되었는데 보전처분 분야에도 중요한 개정이 있었다. 대표적인 것은 다음 두 가지이다.

첫째, 전면적 결정주의, 소위 all 결정주의의 채택이다. 구법은 가압류·가처분명령절차 모두 변론하는 때에는 판결, 변론을 열지 아니하면 결정의 형식으로 재판하도록 했지만, 개정법률은 변론을 열든 열지 아니하든 어느 때나 결정으로 재판하도록 한 것이다. 심리가 조잡해지는 문제는 있어도 절차의 간이화와 신속화를 위해 일본 민사보전법을 뒤따랐다.

둘째, 가압류·가처분명령에 대한 불복절차에서도 전면적 결정주의의 결과 판결의 불복방법인 항소·상고제도를 없애고, 이의신청·사정변경에 의한 취소신청·특별사정에 의한 가처분취소신청절차를 결정절차에 의하도록 하였다. 기왕에 일본 민사보전법을 도입할 바에야 점유이전금지가처분이나 처분금지가처분의 집행절차나 효력에 관한 신설규정도 함께 도입하였으면 더 좋았을 것이다.

Ⅵ. 판결절차와 보전처분절차의 관계

다음 도표로 대체한다.

도표 4-1 판결절차와 보전처분(가압류·가처분)절차

(가압류·가처분 절차－판결절차－강제집행절차의 순)

	판결절차(본안소송)	가압류·가처분절차(보전처분)
적용법	민사소송법	가압류·가처분명령－민사소송법[1] 동집행－민사집행법
절차개시	소의 제기	신청(279조, 301조)
관할	재판적(토지관할규정)	본안관할법원, 물건·대상이 있는 곳의 법원
소송물	확정적인 이행·확인·형성판결 요구	잠정적인 권리보전·임시조치 요구[2]
절차계속	소장부본의 피고 송달	법원에 접수
심리방법	법정구술변론	서면·심문심리, 구술변론(예외)
증거	완전증명(고도의 개연성	소명(확실할 것이라는 추측의 심증)

	확신) 모든 증거	즉시 조사할 수 있는 증거
담보제공	원칙적으로 불필요	원칙적으로 필요(예외 보증서로 대체)
재판	판결	결정(이유설시 불요)
알리는 방법	선고	송달 등 방법으로 고지
불복절차	항소	① 인용결정－이의신청 ② 각하 · 기각결정－즉시항고 ③ 별도의 취소사유－사정변경 · 제소명령위반 · 제소기간도과
패소시 배상책임	원칙적으로 없음	본안패소시 과실추정의 배상책임[3]
인지	소가의 0.5~0.35%	10,000원 균일 단 임시지위가처분－본안사건 1/2, 50만원 한도
본안소송과 보전처분은 병합불가(민소 253조), 병행뿐		

1) 보전처분에도 민사소송법이 준용되므로, 민사소송의 경우와 유사법리를 밝힌 것에, 대법 2018. 10. 4, 2017마6308.

2) 피보전권리＋보전의 필요성이 심판대상(대법 2005. 8. 19, 2003마482)

3) 대법 2010. 2. 11, 2009다82046 · 82053 등

제 2 장 가압류절차

제 1 절 서 설

Ⅰ. 가압류의 목적

가압류의 목적은 금전채권자가 장래의 강제집행에 대비하여 미리 채무자의 책임재산을 동결시켜 잠정적으로 그 처분권을 빼앗는 데 있다. 본압류와 같은 **처분금지효**가 생긴다. 채권자가 실체법상 채권을 갖고 있어도 바로 강제집행을 개시할 수 있는 것이 아니다. 집행권원의 취득·집행문의 부여가 있어야 하고, 집행권원의 송달, 기한의 도래 등 그 밖의 집행개시의 요건을 갖추어야 하는데, 이를 위하여는 적지 아니한 시일을 필요로 한다. 그 사이에 채무자에게 그 재산의 자유처분을 허용하게 되면, 그 뒤에 강제집행을 개시하고자 하여도 강제집행할 재산이 없어 낭패를 당하게 된다. 이에 채무자 재산을 일단 동결시켜 놓는 가압류제도를 마련하게 되었다. 이른바 채무자재산의 동결제도를 인정한 것이다. 금전채무불이행자에 대한 이행압박의 간접강제의 효과도 있다. 따라서 본안소송에 이르지 않고 가압류해제를 조건으로 화해가 이루어지는 경우가 적지 않다. 그리하여 가압류는 예로부터 필요불가결의 제도로 인정되어 왔다. 독일법에서는 Arrest로, 미국법에서는 prejudgement attachment로, 영국법에서는 freezing injunction으로 유지·존속되어 오고 있다.

Ⅱ. 가압류의 요건

가압류는 다음의 두 가지 요건을 모두 갖춘 경우에 허용한다.[1)] 어느 한

1) 두 요건의 심리의 순서는 법정되어 있지 아니하나 먼저 피보전권리의 존부를 심리하여 일응 그 존재가 소명되면 그 다음에 보전의 필요성에 관하여 심리하는 것이 논리적이고, 실무상으

가지라도 흠이 있으면 가압류신청은 배척된다. 피보전권리와 보전의 필요성 두 가지 요건은 서로 별개의 독립한 요건이므로 독립적으로 심사하여야 함이 원칙이다.[1]

1. 피보전권리

(1) 가압류는 장래에 **금전채권**의 강제집행을 보전하는 것이므로, 그 피보전권리는 금전채권이나 적어도 금전으로 환산할 수 있는 채권이 아니면 안 된다(276조 1항). 예를 들면 특정물인도청구권은 아니 되지만, 이의 이행불능·집행불능에 의한 손해발생을 예상하여 그 손해배상청구권의 보전을 위하여도 가압류를 청구할 수 있다. 채권자의 작위나 부작위를 구하는 청구권은 금전채권이 아니므로 그 집행보전의 한도에서는 가압류신청을 할 수 없으나, 이에 대하여 대체집행이나 간접강제를 할 경우에는 비용청구권으로서의 금전채권이 생기므로 이 채권의 집행보전의 한도에서 가압류를 할 수 있다.

원래 동일한 청구권에 대하여 가처분이나 가압류의 중복선택은 허용되지 않지만, 금전으로 환산할 수 있는 특정물인도청구권(잠재적 금전청구권)의 경우에는, 주위적으로 가처분, 이행불능·집행불능일 때를 대비한 예비적인 가압류신청이 허용될 수 있다. 준용하는 민소법에서의 소변경 요건을 갖추었으면, 가압류절차에서 가처분절차로, 그 반대로의 신청변경도 가능하다. 다만 본안사건에서 가압류·가처분사건으로의 변경은 절차의 종류가 다르므로 부적합하다(민소 253조 참조).[2]

(2) 금전채권이면 기한부이든, 조건부이든, 장래의 청구권이든 관계없다(276조 2항). 구법은 피보전권리로 기한부채권만을 명시하고 조건부채권에 관한 규정이 없었으나 통설·판례는 조건부채권도 성질상 피보전권리가 될 수 있다고 해석하였고, 민사집행법은 이를 반영하여 **조건부채권도** 명시하였다.

판례는 장래 발생할 채권이나 조건부채권을 현재 그 권리의 특정이 가능하고 가까운 장래에 발생할 것이 상당한 정도로 기대되는 경우이면 가압류의 대상이 된다고 하였다.[3] 예를 들면 보증인의 주채무자에 대한 장래의 구상

로도 통상 그와 같은 순서에 따르고 있다. 판례도 같다(대법 1967. 2. 21, 66다2635).

1) 대법 2005. 8. 19, 2003마482.

2) Gaul/Schilken/Becker-Eberhard, §76 Rndr. 13.

3) 대법 1982. 10. 26, 82다카508; 동 2009. 6. 11, 2008다7109.

권,[1] 이행불능이 될 때에 발생할 손해배상청구권도 가압류가 가능하다. 수급인의 보수청구권은 도급계약의 성립과 동시에 발생하고 단지 그 행사의 시기가 특약이 없는 한 일을 완성한 후에 도래하는 것이며, 고용계약상의 보수청구권도 고용계약 성립과 동시에 발생하고 단지 그 행사의 시기가 노무제공 후에 도래하는 것이므로 이러한 채권을 위해서도 가압류가 가능하다.

그 밖에 동시이행이나 유치권 등의 항변권이 붙어 있는 청구권, 채권양도의 대항요건을 갖추지 않은 청구권의 보전을 위해서도 가압류가 된다. 그러나 조건성취나 기한도래의 가능성이 없기 때문에 재산적 가치가 없는 것은 가압류의 대상이 아니다(ZPO §916 Ⅱ 참조). 장래의 이행의 소나 확인의 소의 대상이 될 수 없는 경우가 그러하다.

(3) 피보전권리는 판결절차에서 이행의 소로써 심리할 금전채권 등이다. 가압류의 본안소송은 집행권원이 이행판결일 것임에 비추어 주로 이행의 소일 수밖에 없다. 피보전권리와 본안소송의 소송물이 서로 완전 일치하여야 할 필요는 없지만 청구의 기초(민소 262조)의 동일성은 유지되어야 한다. 청구의 기초에 변경이 없으면 피보전권리를 바꿀 수 있다.[2]

(4) 피보전권리는 통상의 강제집행에 적합한 권리여야 한다. 따라서 자연채무, 부집행특약이 있는 채권은 피보전권리가 되지 못한다. 체납처분에 의하여 징수될 조세채권에 대하여는 집행법상의 강제집행은 인정되지 않기 때문에 피보전적격이 없다. 재산형의 일종인 추징(追徵)은 가압류에 의하여 보전할 수 있는 피보전권리라고 할 수 없다.[3]

그러나 당해청구권에 대하여 중재계약을 체결했거나 외국법원으로 전속적 관할합의를 했기 때문에 우리나라 법원에 제소할 수 없는 경우라도 장래의 강제집행의 가능성이 있는 한 피보전적격이 있는 것으로 볼 것이다. 이미 제3자에 의하여 압류 또는 가압류된 채권은 강제집행절차에서 현금화 내지 만족의 단계까지 나아가지 못하여도 압류는 할 수 있으므로 강제집행에 적합한 청구권이다.[4]

---

1) 대법 1993. 2. 12, 92다29801.
2) 대법 2001. 3. 13, 99다11328; 동 2009. 3. 13, 2008마1984.
3) 대법 1971. 10. 11, 71다1588. 공무원범죄에 관한 몰수특례법 제42조 이하의 추징보전에 의할 수 있다.
4) 대법 2000. 10. 2, 2000마5221.

(5) 가사소송법상의 가사소송사건 또는 마류가사비송사건, 예를 들면 이혼시의 위자료·재산분할청구권, 양육비·부양료청구권 등을 피보전권리로 하는 가압류사건은 관할이 가정법원일뿐, 별개의 절차규정이 없고 전적으로 민사집행법의 가압류의 규정이 준용되므로 민사집행법상의 가압류이다(가소 63조 1항). 이혼시의 재산분할청구권을 피보전권리로 하는 가처분도 같이 볼 것이다.

2. 보전의 필요성

(1) 가압류의 이유이기도 하다. 가압류를 하지 아니하면 나중에 판결을 집행할 수 없거나 집행하는 것이 매우 곤란할 염려가 있을 경우에 인정된다(277조). **즉 집행불능·집행의 현저한 곤란**이 있어야 한다. 판결 등 집행권원이 허사가 될 경우이다. 집행불능·곤란의 사유는 채무자에게 있음을 요하고, 채무자의 보증인 또는 연대채무자에게 있는 것만으로는 보전의 사유가 되지 못한다.[1) 여기의 집행불능·곤란은 금전채권의 집행이 위태로울 경우이고, 비금전채권의 집행이 위태로울 경우에는 뒤에 볼 다툼의 대상에 관한 가처분으로 대응하여야 한다.

구체적으로는 채무자가 재산을 낭비·헐값으로 매도·훼손·은닉·명의신탁을 하거나, 도망이나 해외이주 또는 재산의 해외도피나 책임재산에 대한 과대한 담보권의 설정 등에 의하여 그 책임재산을 감소시켜 강제집행을 곤란하게 만들 경우이다. 외국에서 집행하지 아니하면 안 될 경우도 가압류의 이유가 될 수 있다. 이러한 사정은 채무자의 행위에 의한 것일 필요가 없고, 제3자의 행위나 우연한 사정에 의하여 생길 경우라도 상관없다. 그러나 채무자의 이행거절·다른 채권자에 의해 집행을 당할 우려·채권자에 파산원인이 있다는 것만으로는 보전의 이유가 되지 아니한다.[2) 또 채무자의 재산에 도산절차(파산·회생 등)가 개시된 때에는 개별집행이 허용되지 아니하므로 가압류신청은 부적합하다.

(2) 보전의 불필요

일반적으로는 가압류의 이유가 인정되는 경우라도 국내에 충분한 재산을

---

1) 전병서, 581면, 주석 민사집행법(V), 301면; 법원실무제요 민사집행(V), 53면.

2) 법원실무제요 민사집행(V), 54면.

보유하고 있는 경우,[1] 채권자가 피보전권리에 대하여 충분한 물적담보를 확보하고 있는 경우,[2] 가압류 아닌 바로 본압류의 강제집행을 할 수 있는 확정판결 등 집행권원을 갖고 있는 경우[3]에는 보전의 필요성이 없다. 그러나 바로 집행할 수 없는 상태에 있는 때, 예컨대 집행권원이 기한부·조건부채권이거나 청구이의의 소가 제기되어 집행정지된 경우에는 가압류의 필요성을 인정할 수 있다.[4] 가압류의 피보전권리가 가까운 장래에 소멸할 것이 예상되는 경우에는 피보전권리 자체를 인정할 수 없다는 견해와 피보전권리는 인정되지만 보전의 필요성이 없다는 견해가 대립되고 있으나, 후자의 견해처럼 필요성의 문제로 해결함이 타당할 것이다.[5]

보전의 필요성을 판단할 때 가압류의 목적물도 고려하여야 한다. 특히 생존에 위협이 될 수 있는 급여채권 1/2에 대한 가압류신청, 채무자의 주소지나 영업소의 유체동산에 대한 포괄가압류신청은 채무자에게 타격이 적은 부동산 등 다른 재산이 있으면 그 쪽의 가압류를 우선시킬 것이고 보전의 필요성을 까다롭게 인정하는 것이 실무이다.[6] 주채무자가 자력이 있는 경우에는 연대채무자 또는 연대보증인의 재산을 가압류할 필요가 없을 것이다. 서울중앙지법의 실무에서는 300만원 미만의 소액채권에 대해서는 부동산가압류의 필요가 없다고 보며, 동산이나 채권가압류를 하도록 하고 있다고 한다.

(3) **과잉가압류**는 원칙적으로 허용되지 아니한다. **추가가압류**는 문제인데,

---

1) ZPO §917 II 은 판결을 외국에서 집행해야 하고 외국과의 상호보증(Gegenseitigkeit)이 없는 경우는 보전의 필요성이 있는 것으로 규정하고 있다.
2) 대법 1967. 12. 29, 67다2289.
3) 가압류채권자가 본안소송에서 승소판결을 받고 확정된 뒤에 상당한 기한이 지나도록 본집행에 착수하지 아니하였으면 보전의 필요성이 소멸된다(대법 1990. 11. 23, 90다카25246; 동 2005. 5. 26, 2005다7672). 가처분채권자가 본안소송에서 승소판결을 받은 집행채권이 정지조건부인 경우라 할지라도 그 조건이 집행채권자의 의사에 따라 즉시 이행할 수 있는 의무의 이행인 경우 정당한 이유 없이 그 의무의 이행을 게을리하고 집행에 착수하지 않고 있다면 보전의 필요성은 소멸되었다(대법 2000. 11. 14, 2000다40773). 판례는 선박우선특권이 있는 채권자는 선박소유자의 변동에 관계없이 그 선박에 대하여 집행권원이 없어도 경매청구권을 행사할 수 있으므로 보전의 필요가 없다고 했다. 대법 1988. 11. 22, 87다카1671.
4) 김상원/정지형, 가압류·가처분(신판) 111면; 박두환, 695면; 김상수, 442면; 전병서, 581면; 주석 민사집행법(V), 305면.
5) 주석 민사집행법(V), 305면. 임시의 지위를 정하는 가처분에서 판례도 같은 취지이다. 대법 1993. 1. 12, 92다40563.
6) 법원실무제요 민사집행(V), 55면; 주석 민사집행법(V), 301~303면(부동산, 채권, 유체동산 순으로 보전의 필요성을 용이하게 인정하는 것이 실무라고 한다).

판례는 채무자소유의 일부부동산에 대한 가압류만으로 채권자의 공사대금채권을 보전할 수 있는데도 채무자 소유의 다른 부동산에 대하여 추가로 가압류를 인가한 원심결정은 잘못이라고 했다.[1] 다만 다른 목적물에 대하여 추가 가압류를 하지 아니하면 당해 채권의 완전한 변제를 받기에 족한 강제집행을 할 수 없게 될 우려가 있을 때 또는 그 강제집행을 하는데 현저한 곤란이 생길 우려가 있을 때에는 보전의 필요성이 있다고 볼 것이다.[2] 부동산에 타인의 경매신청으로 압류등기가 된 후에 집행권원을 갖지 아니한 채권자가 배당요구를 하기 위해서는 가압류명령을 받을 필요가 있으므로(148조 2호), 이를 보전의 필요성으로 주장하여 가압류신청을 할 수 있을 것이다.

보전의 필요성은 보전처분의 권리보호의 이익 내지 필요이다. 이는 확인의 소에서의 확인의 이익이나, 일반소송에서 요구되는 권리보호의 필요에 비유하기도 하지만, 이는 소송요건이 아닌 실체법적 요건이다. 따라서 보전의 필요성이 없을 때에 신청의 각하가 아닌 신청을 기각할 것이다(독일통설).[3]

Ⅲ. 가압류절차의 구조

가압류절차는 가압류명령을 구하는 **가압류소송절차**와 가압류명령을 집행권원으로 하여 그 집행을 구하는 **가압류집행절차**로 나누어진다. 전자는 법편제상 민사집행법에 속해 있지만 강제집행절차가 아니고 소송절차이다.[4] 보전소송은 민사소송의 일환으로 대립당사자의 구조이다. 이는 소와 같이 집행권원을 얻어내려는 것이지 집행행위를 하는 것이 아니다. 후자만이 엄밀한 의미의 강제집행절차에 속하는데, 양 절차는 가압류의 긴급성·잠정성 때문에 서로 밀접한 관계에 있으며 섞여 있다. 임대차보호법상의 임차권등기명령신청의 경우 간이·신속을 위해 가압류절차를 준용한다(주택 3조의 3 3항; 상가 6조 3항).

---

1) 대법 2009. 5. 15, 2009마136.
2) 일본 최고재 2003. 1. 31. 결정.
3) 법원실무제요 민사집행(Ⅴ), 89면. Schellhammer, Zivilprozeßrecht, 13. Aufl., Rdnr. 1904.
4) 이를 약식판결절차(summarisches Erkenntnisverfahren)라고 한 것은, BverfGE 46, 182.

제 2 절 가압류소송(가압류명령절차)

Ⅰ. 가압류신청

신청 → 심리 → 결정 → 불복(항고/이의)으로 이어지는 가압류소송절차의 첫 단계이다. 신청을 어느 법원에 어떠한 방식으로 할 것인가를 본다.

(1) 관할법원

가압류소송은 가압류할 물건이 있는 곳을 관할하는 지방법원이나 본안의 관할법원에 전속한다(278조, 21조). 채권자는 편리한대로 물건소재지나 본안법원 중 어느 하나를 선택하여 신청하면 된다. 사법보좌관제도에도 불구하고 제1심법원 법관의 직분관할이다. 가압류의 목적물이 여러 곳에 산재하여 있을 때에는 그 중 어느 곳의 관할법원에 신청하여도 된다(민소 25조 관련재판적 규정의 준용).

본안의 관할법원은 피보전권리에 관한 소송, 즉 본안소송에 대하여 관할권이 있는 법원이다. 가압류신청 당시 본안사건이 계속되어 있는 법원에 적법하게 계속되면 그 뒤에는 본안사건에 대한 소송계속의 존속여부는 그 가압류에 대한 관할권에 영향을 미치지 않는다(가처분도 같다),[1] 본안소송이 제소되기 전이면 여러 법원에 관할권의 경합이 생길 수 있으며 이 때문에 forum shopping이 일어날 수 있다. 가압류를 잘 내주는 법원을 찾아나서거나, 어느 한 법원에서 기각결정을 받았을 때에 즉시항고보다 잘 내주는 관할법원에 재신청하는 경향이 있다. 제소 후에는 현재 계속중인 제1심법원이 관할권을 갖게 될 것이나, 본안이 제2심에 계속된 때에는 항소법원이 관할권을 갖는다(311조). 본안사건이 항소는 되었지만 소송기록이 아직 항소법원에 넘어가기 전의 관할법원은 제1심법원설[2]과 항소법원설[3]이 대립되어 있다. 제1심법원설이 타당하다. 다만 본안사건이 상고심에 계속중이면 제1심법원이 본안의 관할법원이 된다(311조). 상고심은 사실심리를 하기에 적당하지 않고 집행법원으로서도

1) 대법 1963. 12. 12, 4293민상824.
2) 박두환, 696면; 김홍엽, 468면; 대법 1971. 9. 28, 71다1532; 동 1960. 6. 30, 4293민재항115.
3) 강대성, 573면.

적합하지 않기 때문이다.[1)]

global 시대에 가압류에 관한 국제재판관할권이 문제된다. 우리나라에 본안재판관할권이 있거나 가압류목적물이 우리나라에 있는 경우에는 특별한 사정이 없는 한 가압류소송에 **국제재판관할권**을 인정해도 된다고 할 것이다.[2)] 국제사법 제2조의 실질적 관련성의 원칙이 이 경우에도 적용된다고 볼 것이다 (법정지와 당사자 사이, 법정지와 분쟁이 된 사안과 사이의 실질적 관련성).

보전소송의 관할 중 토지관할은 전속관할이나, 사물관할은 법 제21조의 재판적과도 관계가 없는 것이므로 전속관할이 아니라고 볼 것이다. 신청목적의 값을 기준으로 하여 본안소송처럼 2억원 이하 사건은 단독사건, 초과하는 사건은 합의부사건이 된다.

합의부 관할인 보전처분사건에서 급박한 경우에는 재판장이 단독으로 가압류명령을 할 수 있다(312조). 그리고 소액사건심판법의 적용대상인 소송목적의 값이 3,000만원 이하가 본안사건으로 되는 경우에는 시 · 군법원이 설치된 지역에서는 그곳에서 보전처분사건을 관할하게 하여(22조 4호), 지역주민의 편의에 이바지하도록 하였다.

(2) 신청방식

가압류소송은 관할법원에 **채권자가 가압류명령신청서**를 제출하면 개시된다. ① 당사자, ② 신청의 취지, ③ 신청의 이유인 청구채권(피보전권리)과 그 금액, ④ 가압류의 이유가 될 사실(보전의 필요성), 그리고 사실상의 주장을 소명하기 위한 증거방법 즉 소명자료를 기재하여 서면신청한다(279조; 규 203조). 신청인지는 청구금액에 관계없이 균일 10,000원이다(민인 9조 2항. 독일은 본안소송의 1/3). 2013. 9. 16.부터 가압류뿐 아니라 가처분신청도 전자신청을 할 수 있도록 하였다. 항고 · 재항고도 같다.

1) 신청당사자 제279조에는 규정이 없지만 신청당사자는 당연히 적어

---

1) 가사소송사건의 본안이 상고심에 중일 때에는 제1심가정법원이 가압류 · 가처분사건의 관할법원이 된다는 것에, 대법 2002. 4. 24, 2002즈합4.

2) 권창영, "국제민사보전법상 국제재판관할", 21세기 민사집행의 현황과 과제(민사집행법 실무연구 Ⅲ), 281면; 전병서, 556면; 주석 민사집행법(V), 318~320면(민사소송법 제11조도 그 근거로 든다). 일본은 2011년 개정 민사보전법 제11조에서 명문으로 일본의 법원에 본안의 소를 제기한 때, 또는 가압류할 물건 또는 다툼의 대상이 일본 국내에 있는 때는 일본의 법원에 보전사건의 관할이 있다고 규정하였다. 외국선박에 대하여 유류비채권을 피보전권리로 하여 가압류집행을 한 사례로, 대법 2007. 6. 29, 2006다5130.

야 한다. 가압류, 가처분의 당사자는 제280조, 287조, 292조 등의 용어에 따라 신청한 당사자를 '채권자', 그 상대방을 '채무자'라고 하고, 이의절차에서도 이 명칭은 그대로 유지된다.[1] 다만 가압류·가처분의 취소절차에서는 취소를 신청한 채무자를 '신청인', 그 상대방을 '피신청인'으로 표시하는 것이 실무이다.[2] 채권가압류의 경우에 제3채무자가 등장하지만 이해관계인에 불과할 뿐 당사자는 아니다.[3] 따라서 제3채무자는 이의·취소·항고를 신청하거나 보전집행취소를 신청할 수 없다.[4]

가압류·가처분신청은 판결절차의 소제기와 같은 것이므로, 당사자능력 이외에 소송능력, 당사자적격, 신청의 이익을 갖추어야 한다. 필요적 변론절차가 아니므로, 변론능력까지는 필요치 않다. 보전소송절차에서도 소송절차와 같이 보조참가, 독립당사자참가, 공동소송참가가 허용되고, 소송참가, 소송인수에 관한 민사소송법 제81조, 82조가 준용된다(23조 1항, 292조, 301조 참조). 소송의 중단과 수계에 관한 규정도 그대로 준용된다.[5]

채권자·채무자는 당사자능력이 있어야 하므로 사망자나 자연물(예: 도롱뇽)이 아닐 것을 요한다. 따라서 가압류신청이 사망자를 상대로 한 것[6]이라면 사망자를 채무자로 한 가압류결정은 무효가 된다.[7] 무효인 가압류결정의 효력은 상속인에게 미칠 수 없으므로 채무자를 상속인으로 하는 결정경정을 할 수 없다.[8] 다만 판례는 신청 당시 생존해 있었다면 보전처분 당시 사망했어도 보

---

1) (가압류)신청인, 피신청인이라고 하지 않는다. 이의절차에서도 이의신청인, 이의피청인이라고 하지 않는다.
2) 법원실무제요 민사집행(Ⅴ), 12면.
3) 제3채무자에게 일정한 의무를 부과하지 않으면 채권가압류 집행의 목적을 달성할 수 없기에 집행에 관여시키는 것일 뿐이다. 주석 민사집행법(Ⅴ), 357면; 법원실무제요 민사집행(Ⅴ), 16면.
4) 대법 1993. 10. 15, 93마1435.
5) 전병서, 558면; 주석 민사집행법(Ⅴ), 364면; 법원실무제요 민사집행(Ⅴ), 19, 81면. 실무상 서면심리에 의하는 보전처분 발령단계에서는 그 이용이 거의 없으나 발령단계에서 심문기일을 여는 경우와 이의, 취소절차에서는 유용할 것이다. 대법 1970. 4. 28, 69다2108도 제3자는 보조참가를 하여 보전처분에 대한 이의를 할 수 있고, 참가절차를 취함이 없이 자기 이름으로 직접 이의신청을 하는 것은 허용되지 아니한다고 하였다.
6) 이천교, "사망한 채무자의 부동산에 대한 부동산경매와 가압류의 방법과 효력", 민사집행법연구 제15권, 294면 이하 참조.
7) 대법 2002. 4. 26, 2000다30578; 2004. 12. 10, 2004다38921·38938 등.
8) 대법 1991. 3. 29, 89그9. 이 경우 채무자의 상속인은 일반승계인으로서 무효인 보전처분에 의하여 생긴 외관을 제거하기 위한 방편으로 보전명령에 대한 이의신청을 할 수 있다(대법 2002. 4. 26, 2000다30578; 동 2006. 8. 24, 2004다26300).

전처분이 당연무효는 아니라고 한다.[1] 채무자가 사망한 자임을 모르고 사망자를 채무자로 표시한 선의의 신청일 때에는 일반소송의 경우처럼 보전처분의 발령 전에 당사자표시정정의 방법으로 바로잡을 수 있다고 볼 것이다.

2) 소명자료 채권자는 피보전권리와 가압류의 이유를 **소명**(疎明)하여야 한다(279조 2항). 소명자료는 신청서에 기재하여 동시에 제출할 것이다(소 갑제1호증, 소 을제2호증 등으로 표시한다).

대법원재판예규[2]에 따라 2003. 11. 1.부터 접수되는 가압류사건에서는 신청서에 피보전권리, 보전의 필요성, 중복가압류 등과 관련된 사항을 자세히 기재한 「**가압류신청진술서**」를 첨부하여야 하고, 이를 첨부하지 아니하거나 허위로 기재한 때에는 보정명령 없이 신청을 기각할 수 있게 하였다. 이는 가압류신청의 폭주·남용의 경향에 대한 제동으로서 가압류신청을 심리하는 단계에서 통상적으로 발견되는 미비점에 대한 보정명령의 필요성을 줄여 요건의 심리를 강화하고 신속한 심리를 위해 도입된 것이다. 뒤에 다시 보충설명한다.

3) 가압류의 목적물과 그 특정 부동산, 선박·자동차 등 준부동산, 유체동산, 채권, 그 밖의 재산권 모두 가압류의 대상이다.[3] 가압류할 물건을 찾아내는 것도 중요함을 명심할 것이다.[4] 미등기부동산에 대하여도 제81조 1항 2호의 요건을 갖추어 가압류신청을 할 수 있고,[5] 채권자가 채무자를 대위하여 소유권보존등기를 할 수 있는데 등기가 가능한 미등기건물의 기준과 절차는 강제경매시와 다르지 않다.[6]

문제는 가압류신청과 명령시에 가압류의 **목적물을 표시**할 것인가이다. 법 제279조에서는 가압류신청서의 필요적 기재사항으로 가압류의 목적물의 표시가 빠져 있다. 그런데도 실무상으로 부동산, 동산, 채권 등을 구별하여 신청하고 유체동산 가압류의 경우에는 「**채무자의 유체동산**」이라고만 표시하는 데 그

1) 대법 1976. 2. 24, 75다1240; 동 1993. 7. 27, 92다48017.
2) 재민 2003-4 보전처분신청사건의 사무처리요령.
3) 2023년도 접수 가압류사건 248,081건 중 유체동산 1,056건, 부동산 160,869건, 선박 1,723건, 항공기·건설기계 581건, 자동차 13,595건, 채권 63,373건, 그 밖의 재산권 6,884건이다. 2023년 사법연감, 742면.
4) 윤명철, “실무자가 쓴 채무자의 재산 찾는 법”, 법전출판사(2016).
5) 완공되지 아니하여 보전등기를 마치지 아니하였거나 사용승인되지 아니한 건물이라도 보전처분의 대상이 될 수 있다는 것에, 대법 2011. 6. 2, 2011마224.
6) 하태현, “보전처분 집행에서 나타나는 실무상 쟁점에 관한 고찰”, 민사집행법연구 제5권, 276~291면.

치지만, 그 이외의 경우에는 가압류목적물 특정하여 신청하는 것이 보통이다.[1)]

그러나 학설로는 목적재산의 특정은 가압류명령의 단계가 아니라 그 집행단계에서 필요한 것이기 때문에, 가압류신청의 단계에서는 가압류목적물의 특정이 반드시 필요한 것이 아니라는 견해가 있다(불특정설, 일반적 가압류명령설).[2)] 이에 대하여 가압류신청을 하면서 한 목적물의 특정은 그 재산에 대하여서만 집행하려는 한정적인 보전권원(保全權原)을 구하는 것으로 볼 것이며, 이러한 가압류명령으로는 다른 재산에 대하여는 가압류집행을 할 수 없다는 특정설(한정적 가압류명령설)[3)]이 있다.

그러나 위 논쟁은 실익이 적다. 유체동산 가압류 신청의 경우에는 두 견해 모두 목적물의 특정이 필요하지 않다고 하고 있고, 그 외의 보전신청에 대한 판례와 실무에 비추어 보면 사실상 목적물을 특정하여 신청할 필요가 있기 때문이다. 우선 채무자의 모든 재산에 대하여 처분을 제한하는 일반가압류는 허용되지 아니한다. 과잉가압류 여부를 판단하기 위해서도 청구채권과 피압류재산을 대비해 보아야 한다. 그리고 집행관에 위임이 필요한 유체동산 가압류를 제외하고는 가압류의 신청에 집행신청이 포함된 것으로 보고 가압류명령을 발령하면 별도의 집행신청이 없어도 집행절차를 진행한다. 특히 판례는 채권자가 가압류할 채권의 대상과 범위를 특정하지 아니하여 가압류명령에서도 피압류채권이 특정되지 않은 경우에는 가압류의 효력이 발생하지 아니한다고 하였고,[4)] 다툼의 대상에 관한 가처분은 그 피보전권리가 특정물에 관한 이행청구권이므로 가처분신청서에 그 목적물을 명확하게 표시하여야 한다고 한다.[5)] 물건이 있는 곳의 법원에 보전신청하는 경우에는 그 관할원인을 밝히는 의미에서도 물건과 그 소재지를 밝혀야 한다.[6)]

---

1) 법원실무제요, 민사집행(Ⅴ), 67면; 주석 민사집행법(Ⅴ), 260면.
2) 김연, "가압류와 목적물의 표시", 민사소송, 한국사법행정학회(2016). 김연, 민사보전법, 47면. 가압류명령절차가 일종의 소송절차라면 여기에서는 피보전권리와 보전의 필요성만을 심리하는 데 그치고, 집행목적인 재산의 특정은 채권자의 신청에 의하여 현실적으로 집행절차를 실시할 때에 처리할 사항이라고 보기 때문이다. 그러므로 가사 목적물을 특정하여 가압류명령을 발령하였다 해도 그 부분은 법률상 무의미하다는 것이다.
3) 방순원/김광년, 489면; 김홍엽, 470면; 주석 민사집행법(Ⅴ), 260~261면.
4) 대법 2012. 11. 15, 2011다38394(채무자가 제3채무자에 대하여 여러 개의 채권이 있는 경우 그 중 어느 채권인지를 특정하지 아니한 사례).
5) 대법 1999. 5. 13, 99마230.
6) 같은 취지: 방순원/김광년, 489면.

예금채권에 대한 가압류신청에서 그 대상의 표시가 문제된다. 금융실명제[1] 때문에 반드시 예금의 종류와 계좌를 정확히 파악하여 특정하지 않더라도 가압류의 대상이 특정된 것으로 볼 수는 있다.[2] 그러나 가압류할 대상예금으로 기재된 것과 완전히 새로운 금융상품에까지 가압류의 효력이 미친다고 단정할 수 없다. 한편 장래 입금할 예금에까지 가압류의 효력이 미치게 하려면 이를 명확히 기재하여 신청하여야 한다. 판례는 가압류할 채권의 표시에 "채무자가 제3채무자에 대하여 가지는 다음의 예금채권 중 다음에서 기재한 순서에 따라 위 청구금액에 이를 때까지의 금액"이라는 기재만으로는 장래 입금할 예금채권에 대한 가압류신청이 있었다고 볼 수 없다고 하였다.[3] 채권자가 장래 입금할 예금까지 가압류를 신청하는 취지를 명확히 하더라도 가압류 대상인 예금이 가압류 효력발생 당시 특정되어 있어야 하는 것도 필요하다. 판례[4]는 가압류명령의 송달 이후에 채무자의 계좌에 입금될 예금채권도 그 발생의 기초가 되는 법률관계가 존재하여 현재 그 권리의 특정이 가능하고 가까운 장래에 예금채권이 발생할 것이 상당한 정도로 기대된다고 볼 만한 예금계좌가 개설되어 있는 경우 등에는 가압류의 대상이 될 수 있으나, 가압류결정이 제3채무자에게 송달되었을 때에 채무자의 제3채무자에 대한 예금계좌가 개설되어 있지 않는 등 피압류채권 발생의 기초가 되는 법률관계가 없는 경우에는, 그러한 채권가압류는 피압류채권이 존재하지 않으므로 가압류로서 집행보전의 효력이 없다고 하였다.

4) 부동산에 관한 **소유권이전등기청구권**이 가압류의 목적물이 될 수 있는가. A가 B에 대한 소유권이전등기청구권을 갖고 있는데, A의 채권자인 甲이 이 청구권을 가압류할 수 있는가의 문제이다. 판례는 과거에는 소유권이전등기청구권은 막바로 환가할 수 없다고 하여 부정하였다. 그러나 대법(전) 1978. 12. 18, 76마381에서 먼저 청구권의 내용을 실현시켜 놓고(제1단계), 그 다음에

1) 가압류채무자가 차명계좌를 갖고 있는 예금채권에 대하여는 금융실명제 때문에 문제는 있으나 차명계좌임이 입증되면 가압류의 목적으로 할 수 있을 것이다.

2) 대법 2007. 11. 15, 2007다56425.

3) 대법 2011. 2. 10, 2008다9952. 가압류할 채권의 표시에 기재된 문언은 그 문언 자체의 내용에 따라 객관적으로 엄격하게 해석하여야 하고, 제3채무자가 통상의 주의력으로 그 문언을 이해할 때 포함 여부에 의문을 가질 수 있는 채권은 특단의 사정이 없는 한 가압류의 대상에 포함되었다고 보아서는 안 된다는 것이다. 제3채무자가 그 범위파악에 과도한 부담을 갖지 않도록 보호할 필요가 있다는 취지이다.

4) 대법 2023. 12. 14, 2022다210093.

실현된 목적의 부동산을 경매함으로써(제2단계) 채권자를 만족시키는 방법을 쓸수 있음이 제244조의 취지로 알 수 있다고 하여 소유권이전등기청구권에 대한 강제집행이 가능하므로 선행집행이라고 할 가압류도 가능하다고 하였다. 그러나 이 가압류결정은 등기공시를 할 수 없어 대물적 효력이 없으며, 목적물을 가압류한 후 제3채무자가 처분하여도 이를 취득한 제3자에게 무효를 주장할 수 없는 한계가 있다.

(3) 가압류신청의 효과

소송법상 가압류소송이 계속되는 효과가 생긴다. 계속된 뒤에 동일채무자에 대한 동일내용의 신청은 허용될 수 없다(민소 259조). **중복신청의 금지**이다.[1] 신청의 동일성은 피보전권리와 보전의 필요성이 동일한가에 의하여 판별된다.[2] 반대설이 있으나 실무에서는 동산가압류를 제외한 가압류사건에서는 가압류목적물을 특정하여 신청하므로 목적물이 다르면 중복신청에 해당되지 아니한다고 본다.[3]

가압류를 신청하여 집행되면 가압류신청시에 소급하여 실체법상 **시효중단**의 효력이 발생한다는 것이 다수설[4]이다(민 168조). 판례[5]도 가압류신청으로 채권자가 권리를 행사하였다고 볼 수 있다는 이유로 가압류신청시설을 취하고 있다. 이에 대하여 시효중단의 발생시점은 집행신청시라는 견해가 있다.[6]

채권자가 가압류를 신청한 피압류재산이 부존재하여도 채권자의 권리 행사로 볼 수 있어 소멸시효 중단의 효과는 일단 발생한다.[7] 그러나 채권자가

1) 보전처분 신청에 관하여도 중복된 소제기의 금지에 관한 민소법 제259조가 준용된다는 것에, 대법 2018. 10. 4, 2017마6308. 방순원/김광년, 490면; 박두환, 699면; 김홍엽, 731면; 주석 민사집행법(Ⅴ), 235면; 법원실무제요 민사집행(Ⅴ), 72면 등.

2) 김홍엽, 731면; 주석 민사집행법(Ⅴ), 235면.

3) 김홍엽, 474면; 주석 민사집행법(Ⅴ), 235~236면.

4) 전병서, 594면; 주석 민사집행법(Ⅴ), 342면; 법원실무제요 민사집행(Ⅴ), 73면 등.

5) 대법 2017. 4. 7, 2016다35451.

6) 김홍엽, 474~475면. 부동산과 채권의 가압류는 가압류신청에 가압류신청의 인용을 대비한 가압류집행신청이 포함되어 있기 때문에(가압류발령법원과 집행법원이 동일하다) 다수설과 결론이 같지만, 유체동산 가압류는 집행관에게 가압류집행신청시 시효중단의 효력이 발생한다고 한다.

7) 대법 2023. 12. 14, 2022다210093(채권가압류결정이 제3채무자에게 송달될 당시 피압류채권이 존재하지 않는 경우에는 가압류의 집행보전 효력이 없으므로, 가압류결정의 송달로써 개시된 집행절차는 곧바로 종료되고, 이로써 시효중단사유도 종료되어 집행채권의 소멸시효는 그때부터 새로이 진행한다).

유체동산에 대한 가압류집행절차에 착수하지 않은 경우에는 시효중단의 효력이 없다고 하였다.[1] 시효중단의 효력은 가압류의 집행보전의 효력이 존속하는 동안 계속되고,[2] 피보전권리에 관하여 본안의 승소판결이 확정되어도 시효중단의 효력이 이에 흡수되어 소멸되는 것이 아니다.[3]

사망자를 피신청인으로 한 가압류결정은 당연무효이므로 이러한 가압류신청에는 시효중단의 효력이 없다.[4] 그러나 신청당시에 생존하고 있던 채무자가 결정 직전에 사망하였다거나 수계절차를 밟음이 없이 채무자명의의 결정이 이루어진 경우에는 다르다 할 것이다.[5] 가압류이의 또는 가압류취소절차에서 가압류가 취소되면 시효중단의 효과가 소급적으로 소멸한다.[6] 가압류로 인한 시효중단이 종료되고 새로운 소멸시효가 진행되는 경우도 있다. 판례는 경락(매각허가결정)으로 가압류등기가 말소되고 가압류채권자의 채권이 배당액공탁된 경우에는 가압류등기가 말소된 때에 가압류에 의한 시효중단사유가 종료되어 그때부터 새로이 소멸시효가 진행된다고 하였다.[7]

그 외 가압류로 인한 시효중단의 주관적, 객관적 범위는 압류와 같다. 민법 제168조 2호는 가처분도 소멸시효 중단사유로 정하고 있는데 가처분으로 인한 시효중단의 효력은 가압류와 유사하다.

(4) 대위신청과 대리권의 범위

1) 채권자는 자기 채권의 강제집행의 보전을 위하여 채무자를 대위하여 가압류신청을 할 수 있다.[8] 즉 채권자대위권(민 404조)에 기하여 **대위신청**을 할 수 있다. 대위보전처분의 사실을 채무자가 알게 된 후에는 채무자가 자기권리를 처분할 수 없다.[9]

2) 본안소송에서 소송대리권을 가지는 자는 당연히 **가압류소송의 대리권**

1) 대법 2011. 5. 13, 2011다10044.
2) 대법 2017. 4. 7, 2016다35451; 동 2006. 7. 4, 2006다32781.
3) 대법 2000. 4. 25, 2000다11102.
4) 대법 2006. 8. 24, 2004다26287 등.
5) 대법 1976. 2. 24, 75다1240.
6) 다만 제소기간 도과로 인한 취소의 경우에는 종전 소멸시효중단은 유효하고, 제소기간도과로 취소된 때부터 소멸시효가 다시 진행된다고 한다. 대법 2011. 1. 13, 2010다88019.
7) 대법 2013. 11. 14, 2013다18622 · 18639.
8) 대법 1958. 5. 29, 4290민상735.
9) 대법 2007. 6. 28, 2006다85921.

도 갖는다(민소 90조 1항).[1] 따라서 본안소송의 위임장을 제출하고 본안소송의 소장 사본 등을 첨부하여 피보전권리를 소명한다면 별도의 소송위임장을 제출하지 아니하여도 된다. 그러나 실무에서는 편의상 보전소송에 별도의 소송위임장을 제출하기도 한다.

(5) 가압류신청의 취하

가압류신청은 그 발령 후 가압류가 존속하는 한 이의신청에 대한 재판에서 인가결정이 확정된 후에도 취하할 수 있다.[2] 변론을 연 경우에는 민사소송법 제266조 2항을 준용하여 채무자의 동의를 필요로 한다는 견해가 있으나, 가압류절차의 채무자를 본안소송의 피고만큼 보호할 필요는 없다고 할 것이므로 동의가 필요 없다는 것이 통설이다.[3] 다만 가압류결정이 있은 후에도 채권자는 가압류집행취소(해제)신청으로 가압류결정의 효력을 없앨 수 있으므로 실제로 신청취하의 시기는 중요하지 않다.

가압류신청의 취하로 인하여 가압류결정은 실효되므로 취하와 동시에 소송계속의 효과는 소멸하고, 시효중단의 효과는 소급적으로 소멸한다(민 175조).[4] 보전집행이 이루어진 후 보전처분신청이 취하된 경우에는 별도로 집행을 취소하여야 한다.[5] 채권자가 채권가압류신청을 취하하면 가압류명령은 그로써 효력이 소멸되지만 이미 채권가압류가 집행되었다면 그 취하통지서가 제3채무자에게 송달된 때에 비로소 가압류집행의 효력이 장래를 향하여 소멸된다.[6]

---

1) 다만 판례는 본안소송을 수임한 변호사가 가압류 등 보전처분에 관한 소송행위를 할 수 있는 권한을 가진다고 하여 의뢰인에 대한 관계에서 당연히 그 권한에 상응한 의무를 부담한다고 할 수 없고, 위임계약의 내용에 의하여 정하여진다고 하였다(대법 1997. 12. 12, 95다20775).

2) 보전처분이의신청에 대한 재판을 판결로 하던 구법시대에는 이의신청에 대한 판결이 확정되기 전까지만 가능하다는 것이 판례였다(대법 1979. 9. 27, 79마259). 그러나 이의재판의 형식도 결정으로 통일된 후에는 이의재판확정후에도 취하할 수 있다는 것이 다수설이고 실무이다. 주석 민사집행법(Ⅴ), 351면. 법원실무제요 민사집행(Ⅴ), 74면; 김홍엽, 476면.

3) 김홍엽, 476; 전병서, 599면; 주석 민사집행법(Ⅴ), 351면; 법원실무제요 민사집행(Ⅴ), 72면 등. 독일의 통설임.

4) 대법 2010. 10. 14, 2013다18622.

5) 실무상 '가압류신청 취하 및 집행취소 신청서'를 제출하고, 이러한 서면이 제출되면 집행기관은 별도의 집행취소결정 없이 집행을 취소한다.

6) 대법 2001. 10. 12, 2000다19373.

Ⅱ. 심 리

가압류신청에 대한 재판은 변론 없이도 할 수 있다(280조 1항). 따라서 가압류신청에 대하여 법원이 행할 심리방식으로는 서면심리, 심문을 거치는 심리, 변론심리의 세 가지가 있을 수 있다. 이 점이 필요적 변론을 하여야 하는 판결절차와 다르다. 그런데 2005년 개정법률은 일본민사보전법을 따라서 가압류명령은 물론 가압류명령에 대한 이의·취소도 모두 변론을 열든 열지 아니하든 결정절차로 일원화하였다. **전면적 결정주의**라고 한다.

1. 서면심리

채권자가 제출한 신청서나 소명자료 등 서면만에 기하여 재판을 하는 것이다.[1] 따라서 사실상 채무자 모르는 사이에 가압류명령이 발하여지게 된다. 절차의 신속을 도모하고 채무자의 집행방해를 피하려는 의미가 있다. 따라서 채권가압류의 경우에 가압류의 밀행성에 의하여 가압류채무자와 제3채무자를 심문하지 아니하므로 가압류법원은 그 채권의 귀속에 관하여도 가압류채권자의 주장과 소명에 의하여 판단할 수밖에 없게 된다(291조, 226조). 이로 인하여 너무 쉽게 가압류명령이 발령되어 가압류제도 남용의 문제점도 생긴다.

가압류명령의 발령 후에 가압류채권자가 본안소송에서 패소확정되어 잘못된 가압류임이 판명되면 가집행선고의 실효시에 **무과실책임**을 인정한 것(민소 215조 2항)과 같이 고의·과실의 추정을 받아 채권자가 **배상책임**의 위험을 안아야 한다.[2] 가압류신청이 위법, 부당한 경우로 밝혀진 경우만이 아니라 판례는 채권자가 청구채권액을 지나치게 과다하게 신청한 경우에도 이후 본안소송에서 피보전권리가 없는 것으로 확인된 부분의 범위 내에서 채권자의 고의·과실이 추정된다고 하였다.[3] 채권자는 위법, 부당한 가압류로 채무자 외에도 제3자에게 손해배상책임을 질 수도 있다. 판례는 채권가압류의 경우

---

1) 미국연방대법원은 잠정적이 아닌 통상의 가압류결정을 채무자의 심문 없이 하는 것은 미국헌법 수정조항 제14조의 due process 위배라고 보았다. Sniadach v. Family Finance Corp. (1969) 395 US. 337. 89 Sct 1820.

2) 대법 2010. 2. 11, 2009다82046·82503; 동 2023. 6. 1, 2020다242935 등 확립된 판례.

3) 대법 2023. 6. 1, 2020다242935(다만 이 판결은 동시에 채권자에게 가압류 집행으로 인하여 채무자가 입은 손해의 전부를 배상하게 하는 것이 공평의 이념에 반하는 경우, 채권자의 손해배상책임을 제한할 수 있다고 하였다).

에 진정한 채권자가 자신이 진정한 채권자라며 제3자이의의 소를 제기하여 승소확정판결을 받고 이에 의하여 가압류집행이 취소되었다면, 가압류채권자는 그 가압류집행으로 인하여 제3자가 입은 손해를 배상할 책임이 있다고 했다.[1]

2. 심문을 거치는 심리

민사소송법 제134조 2항은 변론을 열지 않는 경우에 법원은 당사자와 이해관계인, 그 밖의 참고인을 심문할 수 있도록 하였다. 가압류신청에 대한 재판에서 변론을 거치지 아니할 때에 이 규정을 준용하여(23조), 심문을 거쳐 재판할 수 있다. 이와 같은 심문은 서면심리를 보충한다는 의미가 있는데, 법원이 당사자, 그 밖의 이해관계인에게 특별히 방식을 정하지 아니하고 의견진술의 기회를 제공하는 절차이다. 공개법정에서 열지 않아도 된다. 심문의 방법에는 주로 채권자만의 심문[2]이 대부분이고, 당사자 쌍방을 참여시키는 심문도 있을 수 있다. 의견진술은 서면으로 해도 되고 말로 해도 된다. 채무자를 부르면 재판이 크게 지연될 염려가 있거나, 채무자에게 가압류할 것임을 예고하는 것이 가압류를 헛되이 할 위험이 있는 경우가 아니면 채무자를 심문하는 것이 마땅하다.[3] 법관 앞에서의 심문에는 변호사대리가 원칙이며(민소 87조 준용), 뒤에 볼 법원의 운영개선대책 때문에 심문절차의 활성화가 기대된다.

3. 변론심리

법원은 구술변론을 열 수도 있다. 즉 양쪽 당사자를 공개법정에서 불러 심리할 수도 있다는 말이다. 법원의 재량에 의하여 가압류신청에 대한 재판을 변론없이도 할 수 있고(280조 1항), 변론을 열어 재판할 수도 있기 때문에 임의적 변론이다. 변론을 연 이상 공개·대심(對審, 쌍방심리)·구술의 방식에 의하지만, 신청서나 주장서면을 진술하지 아니하고 서면제출하여도 재판자료로 되며, 당사자가 출석하지 아니하여도 필요적 변론절차에서와 같은 불이익을 입힐 수 없고(민소 148조, 150조, 268조 적용 안됨), 직접주의의 적용이 없으므로 판

1) 대법 2009. 2. 26, 2006다24872.
2) 채권자 등 면접으로 주장의 보충촉구 – 일본실무에서 많이 활용, 소명자료의 원본확인, 증거설명의 촉구 등.
3) BVerfGE 9, 89 참조.

사의 경질에 의한 변론갱신도 필요 없다.[1] 당사자는 변론기일에 피보전권리 자체에 대하여 재판상 화해를 할 수도 있다. 보조참가·당사자참가 등 소송참가도 허용된다. 일단 변론을 열었다고 하여도 서면심리나 심문을 거치는 심리로 바꿀 수 있다. 다만 변론을 여는 것은 긴급성에 비추어 실무상 극히 예외적일 수밖에 없다.

4. 가압류제도의 남용방지를 위한 법원의 운영개선대책

(1) 경제불황으로 인한 대출채무의 연체, 카드대금의 연체 등 신용불량자의 급증으로 한 때 가압류사건이 급증하였고, 특히 청구금액이 소액인 가압류 신청이 많은 등 가압류제도의 남용이라고 볼 사례도 증가하였다. 게다가 사용자측이 불법쟁의를 원인으로 한 노조와 근로자들에 대한 손해배상청구를 본안으로 하여 노조의 재산이나 근로자들의 급여를 가압류신청하는 방법으로 불법쟁의에 대응하는 사례가 나타나 노동운동탄압이라는 비판이 대두되었다. 이에 가압류제도가 남용되는 것을 방지하기 위해 2003. 10. 20. 전국신청담당판사회의는 다음과 같은 운영개선책을 마련하였으며, 그 내용 일부를 대법원의 재판예규로 정하였다.[2] 운영개선책의 주요 내용은 다음과 같은데 입법과 실무에 모두 반영되었다.[3]

첫째 보전처분 발령요건 심사의 강화 및 심문제도의 활용이다. 그간 가압류는 피보전권리의 존재 여부 및 보전의 필요성에 대한 구체적 검토 없이 채권자의 소명만으로 쉽게 결정되는 경향이 있어 채무자에게 부당한 결과를 초래할 수 있었으나 채무자에 대한 심문을 적극 활용하여 가압류 결정절차를 신중하게 운영한다는 것이다. 채무자의 심문은 거의 행해지지 않고, 변론을 열지 아니하는 경우는 가압류신청서를 채무자에게 송달하지도 않고 채무자가 알지 못하는 사이에 가압류명령이 발령되기 때문이다. 그러나 종전부터의 타성 때문인지 청구금액이 큰 사건이 아니면 채무자의 심문이 활성화되고 있지 아

1) 법원행정처, 2005년 개정민사집행법과 민사집행규칙 해설, 11면.

2) 대법원예규는 대법원규칙이 아니므로 법적 구속력이 없지만, 사실상의 구속력을 무시할 수 없다. 일반 국민이 알 수 있도록 하는 공포절차도 없으므로 법치주의 관철의 견지에서나 입법부의 입법권 존중의 차원에서 예규의 제정을 자제하고 법적 구속력이 있는 법률 또는 대법원 규칙화하는 노력이 필요할 것이다. 같은 취지: 이천교, "가압류신청진술서 유감", 법률신문 2016. 8. 22.자.

3) 서경환, "법원의 새로운 보전처분 심리방식", 민사집행법연구 제1권, 267~287면.

니한 실정이다. 다만 재판부의 채권자에 대한 보정이나 추완의 지시는 종종 있는 것 같다. 진술서제도의 채택에 관하여는 앞에서 보았다.

둘째 담보공탁제도의 개선이다. 종전에 채권가압류시에는 청구금액의 1/5, 유체동산가압류시에는 청구금액의 1/3을 각 현금공탁하거나 또는 그에 상당하는 보증서를 제출토록 하던 것을, 공탁금액을 청구금액의 2/5와 4/5로 각 상향조정하고, 특히 급여 및 영업자의 예금가압류시에는 청구금액의 1/5, 유체동산가압류시에는 청구금액의 2/5를 현금공탁 하도록 하여 가압류남용을 억제하였다.

셋째 보전처분 이의·취소 소송의 심리방식 개선이다. 제286조 등을 개정하여 이의사건의 심리를 결정절차로 하자는 의견과 이의사건을 본안재판부로 이부하지 말고 신속하게 처리하자는 것이었다.

위 2003년의 운영개선책 외에도 법원 내부에서 보전처분의 남용을 해결하기 위한 여러 해결방안이 논의되었다. 그 주된 방향은 피보전권리와 보전의 필요성에 대한 소명을 충실히 요구하고 심문을 확대하는 것, 공탁금을 상향조정하고 현금공탁도 적절히 병존시키는 것, 이의·취소절차를 신속히 진행하자는 것, 부당한 보전처분의 신청에 대한 손해배상을 적극적으로 인정하자는 것 등이 있다.[1)]

(2) 2009년 기준 우리나라 보전처분사건이 534,618건인 데 대하여 일본은 2만 여건, 독일은 2만 4,000여 건에 불과하다. 우리나라가 독일과 일본에 크게 영향을 받으면서도 이 제도의 이용률이 무려 각 20배가 넘는 사건폭주의 상황이었다. 이는 분명히 제도의 오남용으로 사법인력의 낭비요 선량한 시민을 재판의 소용돌이로 끌어들여 채무자에게 피해를 주는 것이므로 해결해야 할 주요사법과제이다.[2)] 앞서 본 남용방지대책이 주효했는지 2014년에 30만건 정도로 크게 감소하고 그 후 정체되어 2023년에는 가압류 248,081건, 가처분 42,789건이다.[3)]

(3) 생각건대 보전처분사건은 세계 유례없이 폭주하는데 전담법관이 적어 충실한 심리가 어렵고, 이에 편승하여 가압류결정을 쉽게 얻어 채무자에

1) 심승우/이혜민, "보전처분의 남용 및 해결방안", 민사집행법연구 제9권, 226~294면.
2) 이시윤, "민사집행법상의 몇 가지 입법론적 문제", 법률신문 2010. 5. 3.자.
3) 2024년 사법연감, 742면.

대한 심리적 압박수단으로 삼으려는데 남용의 원인이 있다고 할 수 있다. 법관의 증원이 근본대책임은 틀림없다. 나아가 가압류명령은 쉽게 발령되는 반면 가압류를 취소하기는 어려운 것도 문제이다. 또한 채권자의 담보제공은 현금 대신에 보증서로 갈음할 수 있지만, 채무자의 해방공탁금은 반드시 현금으로 하는 것도 문제이다. 제도와 운영개선이 요망된다.

가압류의 오남용을 막아야 하는 것이 중요하지만 이를 너무 과도하게 의식하면 필요한 가압류를 못하게 막는 장애가 될 수도 있다. 2003년의 신청판사회의 이후 일부 법원에서는 청구금액이 1억원이 넘는 가압류에서는 거의 예외 없이 채권자심문을 하여 절차가 지연되는 부작용이 있었다. 또한 담보액을 높이고, 피보전권리가 충분히 소명됨에도 불구하고 일율적으로 공탁금의 일부는 현금으로 공탁하도록 한 결과 능력이 부족한 채권자는 오히려 가압류결정을 받지 못하는 사례가 종종 발생하였다. 즉시 조사할 수 있는 증거에 국한된 소명방법의 제한에도 불구하고 피보전권리에 대한 소명을 본안 못지 않게 요구하여 증언, 감정, 사실조회 등으로 입증될 사건에서는 보정명령을 수차 받다가 결국 신청을 취하하거나 기각되는 예도 많았다.

어느 제도나 그 운영은 제도의 목적과 현실을 감안하여 적절하고 합리적인 방안을 찾는 것이 중요함을 확인한 학습이었다. 보전처분제도의 일차적인 목적은 정당한 채권자의 보호에 있다는 점을 잊어서는 안 된다. 근자에는 필자와 같은 지적을 감안하여 소명방법과 소명의 정도를 사건의 유형과 증거의 편재 여부를 감안하여 정하고, 담보금액비율과 현금공탁 여부 등을 피보전권리와 보전의 필요성에 대한 소명의 정도에 맞추어 정하는 실무가 정착되고 있는 것 같다.[1)]

5. 민사소송법의 준용

가압류·가처분소송도 일종의 소송이므로 성질에 반하지 않는 한 심리에 관한 민사소송절차 규정이 준용된다(23조 1항). 민사소송의 이상과 신의성실의 원칙(민소 1조), 보조참가(71조), 변론의 병합·분리(141조. 본안사건과의 병합은 안

1) 민사집행법 시행 이후 20년간의 가압류와 다툼의 대상에 관한 가처분에 관한 실무현황를 분석하고 필자와 유사한 개선책을 제시한 것에, 노재호, "현행 가압류 및 다툼의 대상에 관한 가처분 제도의 문제점과 개선방안", 민사집행법연구 제18권 제2호, 553면 이하 참조.

됨), 변호사대리의 원칙(87조), 절차이의권의 포기 · 상실(151조), 처분권주의(203조),[1] 재판상 자백(288조) 등의 규정이 그대로 준용된다. 전면적 결정주의의 채택에 따라 결정에 관한 민소법 제134조 2항의 심문, 동 제221조의 결정고지, 동 제224조 단서의 이유기재 생략 등의 규정을 준용한다.[2]

즉시항고에 관하여는 민사집행법 제15조를 따르지 않고, 민사소송법상의 즉시항고의 규정을 준용한다.[3] 그러나 임의적 변론이므로 진술간주(148조), 자백간주(150조), 취하간주(268조) 규정의 적용은 없다. 또 변론의 종결 · 재개 · 갱신에 관한 규정도 준용되지 않으며 간접심리주의에 의한다. 보전소송의 신속성 등 요청으로 준비서면과 변론준비절차에 관한 규정은 준용되지 않는다. 민소법 제220조의 청구의 포기 규정은 신청이 이유 없다는 자백과 같으므로 이를 준용하되[4] 청구의 인낙에 관하여는 논란이 있으나 보전처분의 신청취지가 실체법상의 권리주장이 아닌 점에 비추어 그대로 준용하기는 어려울 것이다.

재판상의 화해에 대해서는 오래 전의 부정 판례[5]가 있으나 화해의 성질을 소송행위설로 변경하기 이전의 판례로서 현재도 유효하다고 보지 않고, 지금은 보전절차에서도 화해 · 조정을 할 수 있다는 것이 통설이고 실무이다.[6] 다만 조정 · 화해의 대상에 따라서는 조정 · 화해가 불가능할 수도 있다. 판례[7]는 보전절차에서의 조정 · 화해는 당사자가 자유로이 처분할 수 있는 권리를 대상으로 할 수 있을 뿐 보전처분 신청과 보전처분에 대한 법원의 권한을 대상으로 삼을 수 없다고 하였는데 당연한 판시이다.

본안에 관한 권리 중 당사자가 자유롭게 처분할 수 있는 권리의무를 대상

1) 민사집행법 305조 1항이 "법원은 신청목적을 이루는데 필요한 처분을 직권으로 정한다"고 규정하고 있어 당사자의 처분권주의가 제약받는 것이 아닌가 하는 의문이 제기되기도 한다. 그러나 이 조항은 보전처분의 성격을 감안하여 구체적인 가처분의 태양에 관하여 법원이 당사자의 신청문언에 얽매일 필요 없이 합목적적인 재량으로 적절한 처분을 할 수 있음을 규정한 것에 불과하다. 보전소송도 당사자의 신청으로 개시되고 취하로 종결되므로 처분권주의가 적용됨은 당연하고, 판례(대법 1962. 4. 26, 4294민상1436)도 보전처분은 당사자의 신청범위 내에서 정한다고 하였다.

2) 대법 2008. 2. 29, 2008마145.

3) 민사집행에서의 즉시항고에는 재판상 자백 · 의제자백의 법리 부적용.

4) 전병서, 602면.

5) 대법 1958. 4. 3, 4290민재항121.

6) 김홍엽, 477면; 전병서, 602면; 주석 민사집행법(V), 423면; 법원실무제요 민사집행(V), 113면.

7) 대법 2022. 9. 29, 2022마5873.

으로 조정 · 화해(화해성립시 제소전 화해가 됨)한 경우 또는 강제조정 · 화해권고결정이 확정된 경우에는 그 조서나 결정은 보전처분 자체가 아니므로 집행문을 받아야 강제집행을 할 수 있고, 집행기간의 제한도 받지 않는다.[1)]

보전소송물에 관한 조정 · 화해가 어느 범위에서 가능한지에 대하여는 검토가 필요하다. 보전신청을 취하하고 신청비용을 각자 부담한다거나, 본안판결확정시까지 재산보전조치를 협정하는 내용의 것은 가능할 수 있다. 다툼의 대상이 되는 물건의 현상유지와 관리방법에 대한 합의, 채권자의 생활에 필요한 금원의 일시지급 합의 등도 잠정적인 합의임을 밝혀 조정 · 화해하면 가능하다고 본다. 그러나 당사자가 자유롭게 처분할 수 없고 법원에만 그 권한이 주어진 사항, 예컨대 가압류 · 가처분의 목적물의 처분금지를 명하거나 기존의 보전처분을 취소 또는 인가하는 내용의 조정 · 화해는 인정되지 않는다.[2)]

Ⅲ. 재　　판

1. 소　　명

(1) 가압류재판에 있어서 신청을 이유 있게 할 사실(피보전권리), 가압류의 이유에 관한 사실(보전의 필요성), 채무자의 항변사실에 대하여는 가압류의 잠정성 · 신속성에 비추어 판결절차에서와 같은 증명이 아니라 그보다는 증명도가 낮은 소명으로 족하다. 그러나 관할 · 당사자능력 · 당사자적격 · 소송능력 · 대리권 등의 소송요건에 관하여는 증명이 필요하다.[3)]

소명은 진실에 대한 고도(高度)의 개연성에 이른 확신인 증명에 비하여 그보다는 심증 정도가 낮은 저도(低度)의 개연성, 즉 법관이 일응 확실할 것이라는 추측을 얻은 상태를 말한다. 소명은 **"즉시 조사할 수 있는 증거"**(민소 299조 1항)에 의하지 않으면 안 되는 것으로 되어 있다. 즉시 조사할 수 있는 증거라 함은 법원이 증거신청한 당해 기일에 조사를 마칠 증거방법에 한하느냐 아니면 다음 기일에 조사할 수 있는 증거방법도 포함하느냐의 다툼이 있다.

장소적으로 심리가 행하여지는 곳에 있으며 조사함에 준비를 요하지 아

1) 대법 2022. 9. 29, 2022마5873.
2) 재민 95-1 참조. 주석 민사집행법(Ⅴ), 424면; 법원실무제요 민사집행(Ⅴ), 113면.
3) 박두환, 700면; 김홍엽, 478면; 전병서, 601면; 법원실무제요 민사집행(Ⅴ), 85면.

니하는 증거에 한하는 것으로 볼 것이다. 예를 들면 소지하는 서증의 제출, 재정증인 또는 당사자 본인의 신문, 법정에서 바로 내어 놓을 검증물의 검증이 이에 해당되고, 재정하지 아니하는 증인, 시간 걸리는 검증 · 감정, 문서제출명령, 문서송부촉탁, 문서소재지 서증신청은 포함되지 아니한다고 볼 것이다.[1] 증인의 대용(代用)으로 제3자 또는 당사자의 진술서 · 사실확인서 내지 각서와 같은 문서를 제출할 수 있다. 이에 대하여 공증인사무소의 인증을 받아오는 것이 바람직할 것이며, 실제 많이 활용되고 있다. 검증에 갈음하여 사진 · 녹취물 · 비디오 · CCTV 등 영상물이 이용될 수 있다. 법원이 소명 규정에 위배하여 즉시성이 없는 증거방법을 조사한 경우 그 절차위배는 절차이의권의 포기 · 상실(민소 151조)의 대상이 된다.

(2) 소명의 방법으로 제출하는 서증은 **엄격한 증명**일 것을 요하지 아니하므로 반드시 당사자 사이에 그 성립에 다툼이 없을 것임을 요하지 않고 또 소송제기 후에 작성된 것이라도 무방하고, 따라서 가압류명령의 신청 후에 제3자가 증인으로 진술하는 것에 갈음하여 작성한 보고문서도 소명방법으로 쓸 수 있다.

(3) 보전소송에서의 소명책임의 분배는 원칙적으로 판결절차의 그것과 같으므로, 피보전권리의 존재와 보전의 필요성을 이유 있게 하는 사실에 관해서는 **채권자에게 소명책임**이 있고 소송요건의 구비에 관해서도 채권자에게 증명책임이 있다. 소명 대신에 보증금의 공탁 또는 진실이라는 당사자의 선서로 갈음할 수 있게 되어 있으나(민소 제299조 2항), 실무상 활용되지 아니한다(일본법은 폐지).[2] 그러나 피보전권리의 장애 · 멸각 · 저지사유 등 항변사실은 원칙적으로 채무자의 소명책임으로 돌아가므로, 그와 같은 사유의 부존재를 처음부터 채권자에게 소명할 것을 요구하는 것은 옳지 않다. 다만 채무자의 소명책임에 돌아갈 항변사실의 존재가능성의 심증이 들 때에는 채무자를 불러 심문하는 심문심리를 할 것이고 항변사실의 부존재를 채권자에게 소명시킬 수도

1) 대법 1956. 9. 13, 4289민재항30. 그러나 실무상 재정증인이나 당사자본인신문을 하는 사례가 거의 없다.

2) 민소법 제299조 2항의 삭제 및 그 전이라도 가압류의 남용을 방지하기 위해 위 규정은 가압류 요건의 소명에 준용할 수 없도록 해석하자는 견해는, 김경욱, "가압류 요건의 소명", 민사집행법연구 제10권, 516~518면.

있다 할 것이다.[1]

2. 재판의 방식 – 결정

구법은 보전처분신청에 대한 재판을 변론을 하는 경우에는 종국판결로, 그 외의 경우에는 결정으로 하였다. 그러나 2005년 개정법률부터는 변론을 거칠 때나 거치지 아니할 때를 막론하고 **결정**의 방식으로 재판하게 하였다(281조 1항). 합의부사건에서 급박한 경우에 재판장이 단독으로 하는 재판도 결정이다(312조). 이 점이 판결로 일관하는 판결절차와 다르다. 판결의 경우에는 이유를 적어야 하지만(민소 208조), 결정에는 특별한 경우가 아니면 이유를 적을 필요가 없다(민소 224조 1항 단서).[2] 판결처럼 공개법정에서 선고할 필요가 없으며, 상당한 방법으로 고지하면 된다(민소 221조).

3. 재판의 종류

(1) 각하 · 기각의 재판

가압류신청에 대하여 소송요건(관할, 당사자 자격, 대리권 등)의 흠이 있거나 법원이 명한 담보제공을 하지 아니하는 때에는 신청을 각하한다. 가압류의 요건이 제대로 소명이 되지 아니한 때에는 신청을 기각한다. 가압류신청을 배척하는 경우 그 재판에 기판력이 있는 것은 아니므로 엄격히 기각과 각하를 구별할 필요는 없다.[3] 각하 · 기각결정이나 담보제공명령은 채무자에게 고지할 필요가 없다(281조 3항).

가압류재판에는 기각 · 인용을 막론하고 피보전권리의 존재 · 부존재에 기판력이 생기지 않는다.[4] 만일 그렇지 않으면 가압류재판에 의하여 이미 본안에 관하여 판단이 난 결과가 될 것이기 때문이다. 기각결정 후 재신청은 새로운 사실이나 과거보다 소명을 개선할 수 있을 때에는 적법하다고 할 것이다.[5] 즉시항고보다 다른 관할법원에 재신청의 경우가 적지 않다.

---

1) 법률적 심문에 의하지 아니하는 결정을 함에 있어서 증명책임의 일반원칙을 채무자의 불이익의 조정을 위하여 수정할 수도 있다는 것에, Thomas/Putzo/Seiler, Vorbem. §916 Rdnr. 9.

2) 독일은 가처분결정을 외국에서 집행시에는 이유를 명시해야 함. §922 I Nr. 2.

3) 대법 1960. 7. 21, 4293민상137.

4) 대법 1977. 12. 27, 77다1698(가처분이의사건).

5) Jauernig/Berger, §35 Rdnr. 26.

(2) 가압류명령

신청이 적법하고 가압류의 요건을 갖추었으면 가압류명령을 발령한다. 그 주문에는 피보전권리 및 청구금액, 피보전권리의 보전을 위해 채무자의 재산을 가압류한다는 선언, 그리고 채권자의 담보제공조건, 즉 담보부일 때는 제공할 담보액 · 종류 및 방법(280조 4항), 채무자의 가압류해방금액(282조)을 적어야 한다. 채권자가 신청한 청구금액 또는 가압류의 대상 중 일부만을 인용하는 결정도 가능하다. 가압류명령은 채권자에 송달한다(281조 3항의 반대해석). 채무자에게 송달하기 전이라도 집행할 수 있지만(292조 3항), 집행착수 후에 채무자에게 송달하는 것이 실무이다. 채무자에게 알려서 이의신청의 기회를 제공하기 위하여 바람직하다.

1) **채권자의 담보제공** 가압류요건에 대하여 소명이 없어도 가압류로 생길 수 있는 채무자의 손해에 대한 담보제공이 있는 때에는 신청을 인용할 수 있으며, 반대로 소명한 때에도 그 강화의 의미에서 담보제공을 하게 할 수 있다(280조 2항 · 3항). 그러나 이 조문에도 불구하고 판례는 가압류가 이유 없음이 소명된 경우에는 담보제공을 하여도 가압류를 명할 수는 없다고 한다.[1] 담보제공에는 반드시 현금공탁이나 유가증권[2]을 요하는 것은 아니며 **보증서**(금융기관 · 보험회사와 맺은 지급보증위탁계약서, 민소 122조 본문)의 제출로 갈음할 수 있다. 가압류신청에는 미리 보증서를 제출하고 이에 대하여 법원의 허가를 받는 방법으로 **담보제공방식의 특례**가 있다(규 204조, 민소규 22조). 현금이나 유가증권이 아닌 보증서에 의한 담보제공은 보전처분신청의 오남용을 방지하는 기능을 약화시킬 수 있다.

담보는 채무자가 가압류로 입는 손해를 쉽게 회복하기 위한 목적이다. 채권자가 담보제공한 현금 등에 채무자가 질권을 잡은 효과가 생긴다(민소 123조). 가압류신청을 인용하면서 무담보로 할 수도 있고 담보를 조건으로 할 수도 있다. 무담보부가압류신청에 대한 담보부가압류명령은 일부기각의 재판과 같으므로 채권자는 불복할 이익을 갖는다. 담보의 수액이 지나치게 과다하다고 다투는 경우도 같다.[3] 담보로 제공할 금액은 법원의 재량으로 결정한다.

---

1) 대법 1965. 7. 27, 65다1021.
2) 담보제공자발행의 당좌수표와 같은 것은 현금화가 확실하다 볼 수 없으므로 공탁할 유가증권이 되기에 부적절하다는 것에, 대법 2000. 5. 31, 2000그22.
3) 대법 2000. 8. 28, 99그30.

법원간의 운영불균형의 시정과 재량권남용 방지의 견지에서 실무상 이에 관한 일응의 기준을 정하여 놓았다. 물론 법적 구속력이 없고 이와 다르게 담보제공을 명하였다고 하여 위법의 문제도 생기지 아니한다. 2003. 11. 1.부터 전국 법원의 신청판사들이 합의한 담보기준은 아래와 같다(서울중앙지법의 경우).

도표 4-2 담보기준

가압류 목적물	담보액
부동산 · 자동차 · 건설기계	청구금액의 1/10(현금 또는 보증서)
채권 · 그 밖의 재산권	청구금액의 2/5 (급여, 영업자예금의 경우 1/5 이내의 현금공탁 포함)
유체동산	청구금액의 4/5(청구금액의 2/5 이내의 현금공탁 포함)

다만, 국가는 국가를 당사자로 하는 소송에 있어서 민사소송법 규정의 공탁을 하지 아니하므로(인지첩부 및 공탁제공에 관한 특례법 3조) 담보제공의 문제가 생기지 아니하는데, 국가에 무담보의 특혜를 주는 것이 옳으냐는 문제가 있다. 담보의 본래 기능을 단순히 손해의 담보인 것으로 보면 자력이 충분한 대한민국은 배제되어야 하겠지만, 담보제공이 채무자의 손해배상청구권의 행사를 용이하게 하는 면도 있음을 고려할 때는 담보제공에서 배제하는 것이 타당하다고 할 수 없으므로 다툼이 있다(국가의 담보배제 조항은 미국의 FRCP §65(c)에도 있다). 근로자의 임금채권이나 교통사고 피해자의 손해배상청구권을 피보전권리로 하는 경우에는 무담보 또는 소액의 담보제공에 그치는 것이 실무이다. 그러나 이때는 피보전권리나 보전의 필요성에 대하여 고도의 소명을 요구할 것이다.

담보제공과 보전처분의 선후는 법원이 일정한 기간까지 채권자에게 담보제공을 명하면서 그 때까지 담보제공한 것이 입증되면 가압류명령을 하는 방법이 있고, 가압류명령을 내리면서 동시에 담보제공명령도 발령하는 방법이 있다. 전자의 **선담보제공**의 경우에는 채권자가 담보제공을 하지 못하면 가압류신청을 기각하나, 후자의 경우는 **동시담보제공이** 집행개시의 요건이다(40조 2항). 실무상 전자가 많이 활용된다. 가압류채권자가 나중에 본안소송에서 승소확정판결을 받는 등으로 담보권의 소멸사유가 생기면 회수청구권이 생긴다(19조 3항; 민소 125조).

2) 가압류해방금액 가압류명령에는 직권으로 가압류해방금액을 적어야 한다(282조). 가압류해방금액이란 가압류의 집행정지를 위하거나 이미 행한 가압류의 취소를 위하여 채무자가 공탁하는 금액을 말한다. 채무자가 이를 공탁할 때에는 집행법원은 집행취소결정을 하여 해방시켜 주어야 한다(299조 1항). 가압류해방금액은 가압류이의처럼 가압류명령 자체를 취소시키려는 것이 아니라, 가압류명령의 존속을 전제로 하며, 단지 집행에서 해방시키려는 것이다. 집행에서 풀려난다고 해서 해방금(Löschungssumme)이라고도 한다. 가압류물건 대신에 돈을 내어 놓게 하는 것이므로 채무자가 물건 가압류 때문에 불편이 있을 때에는 이를 활용하는 것이 좋다.

집행이 풀려 취소되면 해방공탁금은 앞으로 가압류채권자가 본안에서 승소확정판결을 받게 될 때에 집행의 목적물로 된다. 가압류해방공탁금액은 채무자가 입을 수 있는 손해를 담보하는 취지의 소송상의 담보와 달리 가압류의 목적물에 갈음하는 것이다. 해방공탁금은 가압류집행의 목적물이 되기 때문에 법원이 해방금액을 정함에는 목적물의 가액을 표준으로 정할 것이 아니고 보전할 청구권의 채권액(원금 및 이자)과 집행비용을 합산한 금액에 의하여 정하는 것이 합리적이다.[1)]

가압류명령시의 담보와 달리 해방공탁금은 금전공탁만이 허용되고, 유가증권공탁은 그 유가증권이 실질적 효용가치가 있는 것이라 하여도 허용되지 아니한다는 것이 판례이고 다수설이다.[2)] 담보제공이 가압류명령 때는 채권자측이 비용도 별로 들지 않는 보증서의 제공으로 되고 해방공탁 때는 채무자의 금전공탁만 허용한다는 것은 당사자평등의 원칙에 반하고, 가압류는 쉽게 받을 수 있어도 풀기는 어렵다는 문제점을 남긴다. 따라서 은행의 보증서나 국채, 지방채, 주택채권과 같이 실질적 통용가치가 있는 유가증권도 담보로 허용해야 한다는 견해[3)]를 지지하고 싶다(독일은 은행보증서로 된다).

해방공탁은 변제공탁이 아니므로 해방공탁한 채무자가 채무소멸을 주장할 수 없고, 따라서 지연이자도 계속 발생한다.[4)] 변제공탁이 아니므로 가압류

1) 방순원/김광년, 494면; 김상원/정지형, 가압류 · 가처분, 한국사법행정학회(1995), 173면.
2) 대법(전) 1996. 10. 1, 96마162. 재판예규 제1787(재민 2003－5)도 같다. 박두환, 708면; 김홍엽, 480면; 전병서, 605면 등.
3) 방순원/김광년, 494면; 김상원/정지형, 172면.
4) 주석 민사집행법(Ⅴ), 500면.

해방공탁금에 대하여는 가압류채권자의 공탁금출급청구권은 없고, 가압류채무자의 공탁금회수청구권만 있다. 채무자에 의하여 가압류해방금액이 공탁되면 그 뒤 가압류의 효력은 공탁금자체가 아닌 채무자가 갖는 **공탁금회수청구권**에 존속하게 된다.[1] 가압류채권자가 본안소송에서 승소확정판결을 받은 경우에는 이를 집행권원으로 하여 위 공탁금회수청구권에 대한 채권압류 및 추심(전부)명령을 받아 청구채권을 회수한다. 그러므로 만일 다른 채권자가 위 공탁금회수청구권에 대하여 압류를 하였으면, 가압류채권자의 압류와 다른 채권자의 압류는 그 집행대상이 같아 경합하게 되며,[2] 이때 가압류채권자가 우선배당을 받게 되는 것이 아니다(채권자 평등의 원칙). 다만, 저당부동산에 가압류를 한 저당권자는 가압류채무자가 가압류해방금을 공탁하여 가압류집행을 취소할 수 있을 때에 공탁금반환청구권에 우선변제권을 갖는다.[3]

가압류채무자가 해방공탁금을 회수하기 위해서는 가압류이의, 취소절차를 통해 가압류결정을 취소시키거나 가압류취하 · 집행해제신청 등으로 가압류를 실효시키면 된다. 가압류로 인한 손해담보공탁이 아니므로 담보취소결정은 필요없다.[4]

Ⅳ. 불복신청

일련의 가압류절차 중 마지막 제4단계 절차이다.

2005년 민사집행법 개정 전에는 가압류신청에 대한 재판을 판결로 한 경우의 불복방법은 항소, 상고였다(민소 390조, 422조). 그러나 2005년 개정법률 이후부터 가압류사건에서 변론을 연 경우에도 결정으로 하는 전면적 결정주의를 채택하면서(281조 1항), 이제는 판결로 재판하는 예가 없게 되었다. 따라서 불복방법으로 항소 및 상고도 있을 수 없다. 그리하여 결정으로 가압류신청을 배척(각하 · 기각)하였을 때에는 **즉시항고**, 그 신청을 받아들인 때에 **이의신청**만이 있을 뿐이다.[5] 가압류신청에 대하여 일부인용, 일부기각하는 결정을 한 경

1) 대법 2012. 5. 24, 2009다88112.
2) 대법 1996. 11. 11, 95마252.
3) 일본최고재 소화45(1970). 7. 16.
4) 주석 민사집행법(Ⅴ), 506면.
5) 독일 등 대륙법계는 가압류인용의 경우에 동일심급에 이의신청(Widerspruch), 미국 등 영미

우에 채권자는 즉시항고, 채무자는 이의신청을 한 경우에는 각각 다른 심급의 법원에서 별도의 불복절차가 진행되는 문제가 있다.[1)]

1. 기각·각하결정 등에 대한 즉시항고

(1) 가압류신청을 기각·각하하는 결정에 대하여 채권자는 즉시항고를 할 수 있다(281조 2항). 무담보의 가압류결정을 구하는 신청에 대하여 담보부가압류결정을 한 경우나 담보액이 과다한 가압류결정도 가압류신청에 대한 일부기각[2)]으로 볼 것이므로 채권자는 가압류결정 자체에 대하여 즉시항고로 다툴 수 있다.[3)] 여기의 즉시항고에는 민사소송법의 즉시항고 규정(민소 444조)이 준용된다. 민사집행법 제15조는 집행절차에만 한정적으로 적용된다. 지금까지는 민사소송법상 항고이유서 제출의무와 그 제출기간에 관한 규정이 없었으므로 항고이유서를 제출하지 아니하였다고 해서 항고각하할 수 없었으나.[4)] 2024. 1. 16. 민사소송법 개정으로 2025. 3. 1.부터는 항고이유서 제출강제주의가 시행되므로, 항고장에 항고이유를 기재하지 않은 경우에는 항고기록접수통지를 받은 날부터 40일 이내에 항고이유서를 제출하지 아니하면 항고각하를 당할 수 있다(민소 443조 1항, 400조의2 1항, 400조의3 1항). 항고법원이 항고를 받아들여 제1심결정을 취소하는 때에는 특별한 규정이 없는 한 제1심법원으로 환송하지 않고 직접 신청에 대한 결정을 할 수 있다.[5)]

(2) 항고법원에서도 가압류신청을 인용하지 않고 항고를 기각하는 경우에는 그 결정에 대하여 재항고할 수 있다. 다만 재항고이유에 관한 주장이 ① 헌법위반, ② 명령·규칙·처분의 법률위반여부에 관한 부당판단, ③ 대법원판

법계는 상급법원에 상소(appeal)이다.

1) 이 경우 재판의 모순저촉을 방지하고 심급의 이익 등을 고려하여 즉시항고의 심리를 정지하고 이의재판을 우선하는 것이 바람직할 것이다. 주석 민사집행법(Ⅴ), 538면 참조.

2) 청구채권의 일부 또는 신청한 목적물의 일부만 가압류하는 경우에는 '나머지 신청을 기각한다'고 표시하나, 담보에 관하여는 신청과 다르다고 하여 일부기각의 표시를 하지 않는 것이 실무이므로 일부기각 여부는 신청서와 결정을 비교해 보아야 한다.

3) 대법 2000. 8. 28, 99그30 참조(통상항고였으나, 신법에 의한 불복방법은 즉시항고). 동지; 김홍엽, 481면; 전병서, 610면; 주석 민사집행법(Ⅴ), 445면. 다만 담보제공명령은 중간적 재판이므로 그 자체에 대해 독립하여 불복할 수 없다(대법 2001. 9. 3, 2001그85). 그러므로 가압류결정 자체에 대하여 불복하여야 한다.

4) 대법 2008. 2. 29, 2008마145.

5) 대법 2008. 4. 14, 2008마277.

례의 위반 등 세 가지에 포함되지 아니하면 심리불속행으로 재항고기각할 수 있다(상특법 4조 2항, 7조).[1] 가압류 · 가처분사건에서 는 이처럼 재항고이유를 제한하여 동법 제4조 1항 4호의 '중대한 법령위반'이 있어도 심리불속행을 하게 하였다. 이러한 재항고의 특례는 절차의 신속성 때문이다.

이처럼 일반소송사건과 달리 심리속행사유를 제한하였으므로 웬만한 사건은 심리불속행으로 끝날 수밖에 없게 한 것이 제도의 본지이지만, 우리 대법원은 특례법상의 가압류 · 가처분에 관한 이 특별규정을 도외시한 채 운영하는 것 같다. 왜냐하면 가압류 · 가처분사건에서 대법원이 법령위반을 문제삼아 본안심리를 한 판례가 많이 발견되기 때문이다. 마치 판결에 대한 상고심리와 별다른 차이 없이 법률심으로 심리하는 실정이다. 독일도 가압류 · 가처분사건의 상고불허(ZPO §542 Ⅱ, 중대한 법률위반도 불허, BGH NJW−RR 2002, 501), 일본도 재항고불허(일본민사보전법 19Ⅱ, 단 허가항고 · 특별항고뿐)이므로 global standard의 외면이기도 하다.

재항고에 대해서는 민사집행법 제15조를 준용하느냐, 민사소송법의 재항고규정(442조, 443조)이 준용되느냐의 논란이 있을 수 있으나[2] 후설을 따른다면 재항고이유서 제출기간은 10일이 아니라 20일이 된다(민소 427). 이렇게 되면 집행절차에 관한 재항고이유서 제출기간이 지나치게 짧은 것을 보완하는 의미도 될 것이다.

2. 가압류명령에 대한 이의신청(가압류이의)

(1) 이의신청의 구조

가압류신청을 받아들인 인용결정에 대하여 채무자는 방어적 구제책으로 가압류발령법원에 이의신청을 할 수 있다(283조 1항). 즉시항고는 허용되지 않는다.[3] 항고심에서 가압류명령을 한 경우에도 채무자는 재항고로 다툴 수 없

1) 상고심절차에 관한 특례법 제4조 2항은 가압류 · 가처분에 관한 재판을 판결로도 할 수 있었던 구법을 전제로 한 규정인데, 결정으로 일원화된 현재에도 내용자체가 바뀌지 않았으므로, 그곳의 판결을 결정으로 수정 해석하면 된다.

2) 개정민사집행규칙 제14조의2 제2항은 집행절차에 관한 재항고에 관하여 민사집행법 제15조를 준용한다고 규정하였으나, '보전재판'에 관한 즉시항고는 '집행절차'에 관한 즉시항고가 아니므로 민사집행법 제15조가 적용된다 할 수 없다. 따라서 민사소송법의 즉시항고 규정이 준용된다고 할 것이다. 위 대법 2008. 2. 29, 2008마145 참조.

3) 대법 1973. 7. 26, 73마656.

고 항고법원에 이의신청을 하여야 한다.[1] 이의신청은 상급법원에 하는 상소와는 다른 것으로, 가압류발령 법원에서 다시 변론 또는 당사자 쌍방이 참여할 수 있는 심문기일을 열어(286조 1항) 가압류신청의 당부를 심리 판단하여 달라는 신청이다. 가압류결정을 할 때에 미처 절차참여를 못했던 채무자의 방어방법을 심리하는 데 중요한 의미가 있다.

(2) 신 청

1) 이의신청은 서면으로 하여야 하고(규 203조) 신청의 이유를 밝혀야 한다(283조 2항). 이의신청이 있어도 가압류결정의 집행력은 정지되지 않는다(283조 3항). 이의신청을 할 수 있는 사람은 **채무자와 일반승계인** 및 소송참가(민소 81조)한 **특정승계인**에 한하며 제3자는 이의신청을 할 수 없다. 제3자는 채권자대위권에 의하여도 이의신청을 할 수 없다.[2] 이의신청은 보전처분에 대한 취소신청과 달리 이미 개시된 소송절차에서 그 소송을 수행하기 위한 절차상의 권리에 불과하므로 절차의 주체인 당사자 · 일반승계인 · 소송참가한 특정승계인으로 신청인적격이 제한된다는 것이 판례의 입장이다. **제3자**는 이해관계인으로서 보조참가와 동시에 이의신청을 할 수밖에 없다. 그러나 이의신청이나 취소신청이 모두 기존의 보전소송의 결정을 뒤집기 위한 절차이므로 소송목적 · 효과가 같고 단지 목적달성을 위한 공격방법의 실질적 차이가 있을 뿐이라고 보아 취소신청의 경우처럼 이의신청도 채권자대위를 인정할 것이다.

채권가압류의 제3채무자는 가압류신청의 당사자가 아니며 채무자의 제3채무자에 대한 채권이 부존재하는 경우 그 가압류결정은 제3채무자에 대하여 실체법상 아무런 효력이 없으므로 가압류결정에 대한 이의신청을 할 수 없다.[3] 이미 사망한 자를 상대로 한 신청에 따라 가압류명령이 발령된 경우 그 결정은 당연무효이나, 채무자의 상속인은 일반승계인으로서 무효인 결정에 의

1) 대법 1999. 4. 20, 99마865; 동 2008. 12. 22, 2008마1752.

2) 대법 2011. 9. 21, 2011마1258. 판례와 같은 견해로 김홍엽, 482면; 전병서, 612면; 주석 민사집행법(V), 523면 등.
그러나 본안제소명령의 신청권, 제소기간의 도과, 사정변경에 의한 보전처분의 취소권은 보전소송을 수행하기 위한 소송절차상 개개의 권리가 아니라 보전소송절차와는 별개의 독립된 소송절차를 개시하게 하는 권리라 하여 채권자대위권의 목적이 된다는 것에, 대법 1993. 12. 27, 93마1655; 위 2011. 9. 21. 결정. 가처분부동산의 전득자는 사정변경에 의한 가처분취소를 구할 지위에 있다는 것에, 대법 1968. 1. 31, 66다842.

3) 대법 1967. 5. 2, 67다267; 김상원/정지형, 271면; 김홍엽, 483면; 주석 민사집행법(V), 522~523면 등.

하여 생긴 외관을 제거하기 위하여 이의신청을 할 수 있고,[1] 제3자이의의 소로써 가압류집행의 배제를 구할 수도 있다.[2]

이의신청은 기간의 제한이 없으며 가압류결정이 유효하게 존재하는 한 언제든지 할 수 있다.[3] 가압류가 집행되었는지 여부에 관계없고,[4] 가압류집행 후라도 할 수 있다. 가압류가 본집행으로 이행된 경우에는 가압류집행은 본집행에 포섭되어 당초부터 본집행이 있었던 것과 같은 효력이 있게 되므로 본집행이 되어 있는 한 채무자는 가압류에 대한 이의신청의 실익이 없게 되고, 특히 강제집행이 종료된 경우에는 가압류결정 자체의 취소를 구할 이익이 없다 할 것이다.[5]

2) 이의사건의 진행중에도 채권자는 가압류신청을 취하할 수 있고, 채무자도 채권자의 동의 없이 가압류이의신청에 대한 재판이 있기 전까지 **이의신청을 취하**할 수 있다(285조 1항·2항). 가압류신청 또는 이의신청의 취하는 서면으로 하여야 하나, 변론기일 또는 심문기일에서는 말로 할 수 있다(285조 3항; 규 203조의2 1항).

(3) 재 판

2005년 개정법률 이전의 구법하에서는 이의신청 등 보전처분에 대한 불복절차가 판결절차로 되어 있었다. 그에 따라 이의사건이 본안소송의 심리와 함께 진행되는 것이 지배적인 실무관행이었고, 그로 인하여 이의사건의 심리 지연이 초래되었다. 이의사건과 본안사건을 동시에 선고하는 사례도 생겨난다. 이는 부당하게 발령된 보전처분으로부터 신속한 구제를 구하는 채무자의 권리를 침해하는 결과를 낳았다. 이에 대한 반성적 고려에서 개정법률은 보전처분과 이에 대한 불복절차 전부를 **결정절차**로 바꾼 것이다. 그러나 그 이후에도 이의사건을 빨리 끝내지 않고 본안사건과 함께 진행하거나 본안사건의 결과를 본 후 결정하는 예도 남아 있다. 결정절차로 바꾼 취지를 잊지 말아야 한다.[6]

1) 대법 2002. 4. 26, 2000다30578.
2) 대법 1982. 10. 26, 82다카884; 동 1991. 3. 29, 89그9.
3) 소권의 실효이론이 적용될 여지는 있다. 가압류결정 후 2년 방이 경과 후의 이의신청(OLG Saarbrücken), 가압류결정 후 본안판결의 기판력이 생긴 뒤 등.
4) 대법 1959. 10. 29, 4292민상64. Gaul/Schilken/Becker-Eberhard, §77 Rdnr. 23.
5) 대법 2004. 12. 10, 2004다54725.
6) 2011년 Apple 대 삼성전자의 IT제품 판매금지가처분이의사건에서 독일 Düsseldorf 지방법원은 2011. 8. 9.에 가처분결정하고, 1개월만인 9. 9.에 이의전부기각에 가까운 결론을 내는 신

가압류결정에 대한 이의에서는 일반민사소송의 결정절차와는 다른 절차보장의 배려를 하는데, 결정절차의 주요내용은 다음과 같다.

① **심리의 방법**(쌍방심문의 기회보장) 이의신청이 있는 때에는 법원은 **변론기일이나 당사자 쌍방이 참여할 수 있는 심문기일**을 정해 심리하도록 하였다(286조 1항). 심문에 의하더라도, 가압류발령절차와는 달리 당사자 쌍방이 참여하는 심문을 거치도록 함으로써 당사자를 대등하게 취급하도록 하였다. 변론기일 또는 심문기일은 당사자에게 통지하여야 한다. 이 절차는 앞서 행한 결정절차의 속행으로서 당사자의 지위에 변동은 없으며 채권자가 가압류의 요건을 소명하여야 한다.[1] 증명까지 필요없다.

② **심리의 대상** 심리의 대상은 발령 당시 가압류명령이 정당하게 발령되었는가의 문제라기보다 현재 상태에서도 가압류명령을 발령할 수 있는가 하는 것이다.[2] 즉 가압류결정의 당부가 아니라 가압류신청의 당부가 판단의 대상이다. 그러므로 이의사유에는 보전명령의 취소신청별로 그 사유가 제한된 것과 같은 제한이 없고, 피보전권리와 보전의 필요성은 물론 소송요건, 담보명령 등에 대한 것도 모두 이의사유가 될 수 있다.[3] 가압류이의소송은 가압류취소·변경을 구하는 점에서 가압류취소소송과 크게 다를 바 없으므로, ① 본안소송의 부제기(287조), ② 제소기간의 도과,[4] ③ 사정변경[5] 등 취소사유(288조)도 이의사유로 삼을 수 있다. 그러나 가압류취소절차에서는 가압류이의소송에서 주장할 수 있는 가압류의 원래의 적법성에 대해서는 문제삼을 수 없다.[6] 이의재판에서도 이의를 한 채무자가 아니라 가압류를 신청한 채권자가 여전히 적극적 당사자이고, 주장입증책임의 분배도 가압류의 발령단계와 같다.[7] 따라서 심리종결시를 기준으로 가압류신청이 이유있다고 판단되면 가압류결정을 유지하게 된다.[8]

속성을 보였다.

1) 대법(전) 2010. 5. 20, 2009마1073 참조.
2) 대법 1965. 7. 20, 65다902 참조.
3) 주석 민사집행법(Ⅴ), 530~532면.
4) 대법 2000. 2. 11, 99다50064.
5) 대법 1981. 9. 22, 81다638.
6) Schushke/Walker, §927 Rdnr. 2.
7) 전병서, 614면.
8) 대법 2006. 5. 26, 2004다62597(가처분에 관하여).

당사자는 변론 또는 심문종결시까지 새로운 주장·소명방법을 제출할 수 있다.[1] 가압류신청이 피보전권리의 법률적 구성과 증거관계를 충분하게 검토할 여유 없는 긴급성에 비추어 청구의 기초에 변경이 없으면 채권자는 이의신청절차에서 가압류명령 발령 당시와 다른 피보전권리를 교환적으로 변경하거나 예비적으로 추가할 수 있다.[2] 그러나 채권자의 신청취지의 확장이나 변경은 보전처분의 유용을 허용하는 결과가 될 수 있어서 안 된다.[3]

③ **심리종결일의 고지** 구법과 달리 개정법률에서는 이의절차가 결정절차로 변경됨으로써 판결절차에서 선고기일을 정하던 것과는 달리 심리종결의 시기가 명확하지 않게 될 우려가 있다. 이를 방지하고 당사자로 하여금 심리종결의 시기를 예측하고 그때까지 충분한 주장·소명의 기회를 부여하기 위하여 법원이 이의신청에 대한 **심리의 종결**을 하고자 하는 경우에는 **상당한 유예기간**을 두고 심리종결일을 정하여 당사자에게 고지하도록 하였다(286조 2항 본문). 다만 변론기일 또는 당사자가 참여할 수 있는 심문기일에서는 당사자에게 더 이상 주장·소명을 할 것이 있는가를 확인할 수 있으므로, 없다고 확인되면 별도로 심리종결일을 정할 필요 없이 즉시 심리를 종결할 수 있다(286조 2항 단서).

④ **결정**(이유의 필요적 기재) 이의신청에 대한 재판은 **결정**의 형식으로 한다(286조 3항). 통상의 결정에서는 이유기재를 생략할 수 있는 것이 원칙이나(민소 224조) 이의신청에 대한 결정에는 **이유를 적어야** 함이 원칙이고(286조 4항 본문), 변론을 거치지 않은 경우에는 이유의 요지만을 적을 수 있게 하였다(286조 4항 단서). 이의신청에 대한 결정의 이유를 적을 때에는 보전처분신청에 대한 결정의 이유를 인용(引用)할 수 있다(규 203조의3 2항). 이의사건에서는 가압류신청의 당부가 심리되지만 결정을 할 때에는 그 주문에 보전처분의 신청에 대한 당부를 표시하지 않고, 보전처분 자체의 당부를 표시하는 방법으로 기재한다. 그 결과 가압류명령의 전부가 옳다면 확인하는 의미에서 전부인가(全部認可), 일부만 옳다면 일부인가(일부기각), 잘못되었다면 변경·취소하는 결정으로 하고, 이때 새로 또는 추가적으로 담보제공을 명할 수 있다(286조 5항). 가압

1) 김홍엽, 486면.
2) 대법 2009. 3. 13, 2008마1984; 동 1982. 3. 9, 81다1221.
3) 대법 2010. 5. 27, 2010마279; 주석 민사집행법(Ⅴ), 553~554면.

류이의신청에 대한 결정에도 피보전권리에 대한 기판력은 발생하지 않고, 가압류결정을 취소·변경하는 결정은 그 결정의 송달시부터 장래에 향하여 효력이 발생하고 소급하여 가압류결정이 없던 상태로 돌아가는 것은 아니다.[1] 가압류명령을 취소·변경하는 결정은 즉시 집행력이 생기므로, 가집행선고를 붙일 필요가 없다. 이의신청에 대한 결정은 당사자에게 송달하여야 한다(규 203조의4). 불복기간을 명확히 기산할 필요성 등이 있기 때문이다.

⑤ **취소결정의 효력발생유예선언** 이의신청을 받아들여 가압류를 취소하는 결정을 한 때에는 결정의 효력은 고지에 의하여 즉시 효력이 발생하는 것이 원칙이다(23조; 민소 221조). 채권자가 이 결정에 불복하여 즉시항고를 제기할 수 있지만 집행정지의 효력이 없다(286조 7항 후문). 따라서 채권자는 즉시항고와 아울러 가압류취소결정의 효력정지를 받아야 가압류결정의 효력이 유지되는데(289조), 효력정지의 결정을 받기도 전에 벌써 가압류집행의 취소절차가 완료되어 끝날 수 있다. 이러한 문제를 방지하고 제289조의 효력정지신청의 기회를 보장할 필요가 있다. 그리하여 취소결정의 효력이 즉시 발생하게 하는 것이 상당하지 아니한 때에는 법원은 채권자가 그 취소결정의 고지를 받은 날로부터 2주일을 넘지 않는 범위 내에서 상당하다고 인정하는 기간이 경과하여야 취소결정의 효력이 생긴다는 뜻을 선언할 수 있도록 하였다(286조 6항).

⑥ **즉시항고와 집행정지** 이의신청의 재판에서 가압류결정을 취소하면 그에 대한 불복방법은 구법과 달리 항소가 아니라 즉시항고에 의하여야 한다(286조 7항 전문). 즉시항고에는 집행정지의 효력이 없다(286조 7항 후문). 항고법원의 심리방법에 관하여서는 결정으로 완결될 사건에 적용되는 민사소송법 제134조를 따를 것이다.[2] 따라서 변론을 열 것인지 여부와 이해관계인 등 참고인을 심문할 것인지를 정한다. 2025. 3. 1.부터는 항고장에 항고이유를 기재하지 아니한 경우에는 항고기록접수통지를 받은 날부터 40일 이내에 항고이유서를 제출할 필요가 있다. 그러나 이의신청에 대한 재판에서 한 가압류취소결정에 즉시항고가 있는 경우에는 제289조에 의하여 취소결정의 효력을 정지시킬 수 있다.

가압류취소결정의 효력정지에는 즉시항고의 불복이유로 주장한 사유가

---

1) 법원실무제요 민사집행(Ⅴ), 154면.

2) 대법 2012. 5. 31, 2012마300.

법률상 정당한 이유가 있다고 인정되고 사실에 대한 소명이 필요하며, 그 가압류취소로 인하여 회복할 수 없는 손해가 생길 위험에 대한 소명이 필요하다. 다만 가압류취소결정에 대하여 효력정지의 재판을 하기 전에 가압류취소결정의 집행이 마쳐진 경우는 효력정지의 재판을 할 수 없다.[1] 항고심의 재판에 대해서는 재항고할 수 있다. 재항고는 상고심절차에 관한 특례법 제7조, 제4조 2항에 의한 제한을 받는다. 재항고절차에는 민사집행법 제15조가 아니라, 민사소송법의 재항고 규정을 준용한다.

(4) 사건의 이송(재량이송)

법원은 가압류이의신청사건에 관하여 현저한 손해 또는 지연을 피하기 위한 필요가 있는 때에는 직권으로 또는 당사자의 신청에 따라 결정으로 그 가압류사건의 관할권이 있는 다른 법원에 사건을 이송할 수 있다. 다만, 그 다른 법원이 심급을 달리하는 경우에는 그러하지 아니하다(284조).

보전명령에 대한 이의신청률은 일반 사건의 항소율에 비하여 훨씬 낮다. 그런데 가압류결정을 한 같은 법원에서[2] 가압류이의사건을 심리하게 된다면 가압류결정을 뒤집는다는 것이 쉬운 일이 아니다. 그리하여 채무자측이 이의신청을 체념하는 사례가 많다. 따라서 가압류결정을 받기는 쉽고 풀기는 어렵다는 비판이 있다. 문제의 해결방법으로 신법은 일본민사보전법(28조)을 뒤따라 민사소송법 제35조의 경우처럼 가압류이의신청사건의 재량이송제도를 마련하였다(284조). 이것은 본안사건을 관할하는 법원 등으로의 이송의 길을 튼 것이기도 한데, 이렇게 되면 선입견 없는 공정한 재판을 기대할 수 있게 된다는 것이다. 그러나 한편 이송받은 법원이 본안법원일 경우 이의사건을 본안사건과 함께 심리하고 결정한다면 이의신청으로 가압류결정을 신속히 취소하려던 채무자의 의도는 몰각될 염려가 있다. 이의사건을 본안사건과 함께 진행하고 동시에 결정하는 것은 지양되어야 함은 앞서 보았다.

이의사건이 이송되면 원래의 가압류신청사건도 이송받은 법원으로 함께 이송된다. 따라서 가압류의 집행해제, 담보취소 등 사후의 절차는 모두 이송받은 법원에서 담당하게 된다.[3] 가압류이의사건의 재량이송 규정은 가처분절차에

1) 대법 2009. 3. 13, 2008마1963(가처분취소결정의 경우).
2) 같은 재판부가 담당하는 법원도 많다.
3) 주석 민사집행법(V), 544면.

그대로 적용되고(301조), 보전처분취소소송에도 준용된다(290조 1항, 307조 2항).

V. 가압류결정의 취소(가압류취소)

1. 총 론[1)]

(1) 가압류취소소송의 구조

가압류신청을 받아들인 가압류결정에 대하여 앞서 본 이의신청에 기하여 취소되는 이외에, 그와는 무관한 독립한 취소제도가 있다. 입법론으로는 이의신청과 취소신청의 통합이 바람직한 것 같다. 가압류이의는 가압신청절차 내에서 가압류신청의 당부를 재심사하는 제도인 반면에 가압류취소는 일단 유효하게 발령된 가압류결정을 가압류신청절차와는 별개의 독립된 절차에 의하여 그 뒤에 생긴 사정을 이유로 실효시키는 것으로서 일종의 형성재판절차라고 할 것이다.[2)] 가압류의 특징인 본안소송의 부수성 때문에 본안소송에 문제가 생긴 경우이다. 다음 세 가지인 본안소송 제소명령의 불응, 사정변경, 본안소송의 부제기 등인데, 2005년 개정법률에 의해 취소절차도 모두 판결 아닌 결정으로 하도록 하였다. 결정에 대한 불복도 즉시항고→재항고로 연결된다. 절차의 신속화를 위해서이다. 위 3가지의 취소는 가압류 자체의 취소이며 뒤에 볼 가압류집행의 취소와는 다르다.

(2) 관할법원

가압류취소사건은 원칙적으로 가압류명령을 발령한 법원의 전속관할에 속한다(287조 1항, 288조 2항). 다만 사정변경에 의한 가압류취소, 담보제공에 의한 가압류취소, 3년간 본안소송 부제기로 인한 가압류취소의 경우에는 본안이 이미 계속된 때에는 본안법원이 관할법원이 된다(288조 2항).

(3) 당 사 자

취소신청을 할 수 있는 사람은 채무자와 그 일반승계인이다. 채무자는 가압류목적물을 다른 사람에게 양도한 후에도 취소신청을 할 수 있다.[3)] 가압류

---

1) 총론의 기재는 개별 취소절차에서 특별히 기재한 것을 제외하고는 가압류취소절차 전체에 공통된 것이고, 가처분결정의 취소에서도 대체로 같다. 또한 특별히 기재하지 않은 것은 가압류이의재판에서의 설명과 같다.

2) 김연, "보전명령의 취소", 민사소송 제8권 1호, 406면 이하.

3) 대법 1962. 9. 27, 62다330.

취소를 신청할 수 있는 권리는 가압류신청에 기한 소송을 수행하기 위한 소송절차상의 개개의 권리가 아니라 가압류신청과는 별개의 독립한 소송절차를 개시하게 하는 권리이므로 채권자대위권의 목적이 될 수 있다.[1)]

가압류물의 양수인 등 특정승계인에 대하여는 논쟁이 있다. 가압류의 피보전권리가 금전채권이므로 그 대상이 된 목적물의 취득자는 가압류명령의 채무자의 지위를 승계한 것이 아니어서 원칙적으로 직접 취소신청인이 될 수 없고, 채무자를 대위한 채권자대위권의 행사에 의하여 신청인이 될 수 있을 뿐이라는 것이 다수설이다.[2)] 그러나 일반승계인에 한하고 특정승계인은 포함되지 아니한다는 해석은 당사자항정주의를 취하는 독일법제 때문에 나온 것으로, 소송승계주의를 채택하는 우리 법제하에서는 해석을 달리하여야 한다. 판례도 가처분의 목적물의 양수인과 같은 특정승계인도 채권자대위권의 행사에 의하지 아니하고 직접 취소신청을 할 수 있다고 하였고,[3)] 가압류목적물의 특정승계인도 취소신청을 할 수 있다고 하였다.[4)]

제3자와 제3채무자는 원칙적으로 취소권자가 될 수 없다.[5)] 다만 가압류집행 후 3년간 본안소송 미제기로 인한 취소의 경우에는 이해관계인도 신청인이 될 수 있다(제288조 1항 후문).

판례는 가압류이의절차와 달리 가압류취소절차는 가압류신청절차와는 별개의 절차라는 점을 강조하여 가압류신청절차를 대리한 소송대리인에게 취소절차의 대리권이 없고, 신청절차에서 한 선정당사자 선정행위의 효력은 취소사건까지 미치지 않는다고 하였는데 의문이다.[6)] 다만 판례도 가압류신청사건을 수임한 변호사의 소송대리권은 본안의 제소명령신청과 상대방의 신청으로 발하여진 제소명령결정을 송달받을 권한에까지 미친다고 한다.[7)]

---

1) 대법 1993. 12. 27, 93마1655; 동 2011. 9. 21, 2011마1258.

2) 김연, 193면; 방순원/김광년, 505면; 박두환, 727면; 김홍엽, 500면; 전병서, 624면. 독일의 통설.

3) 대법 2006. 9. 22, 2004다50235; 동 2010. 8. 26, 2010마818.

4) 대법 2014. 10. 16, 2014마1413; 동 2019. 4. 5, 2018마1075. 동지; 주석 민사집행법(V), 590면; 법원실무제요 민사집행(V), 156면; 임채홍, "보전명령에 대한 이의 및 사정변경에 의한 취소에 있어서 신청권자의 범위", 사법논집(1), 402면; 심상철, "보전소송의 당사자에 관한 제문제", 재판자료(45), 104면.

5) 대법 1993. 10. 15, 93마1435(제3채무자).

6) 대법 2001. 4. 10, 99다49170. 보전신청절차와 보전취소절차가 심급을 달리하는 것도 아닌데다가 이처럼 위임의 범위를 좁히는 것은 당사자의 의사에 반할 뿐더러 취소절차를 위해 별도로 위임약정을 하여야 하므로 소송경제상 바람직하지 않다. 반대이다.

7) 대법 2003. 3. 31, 2003마324.

(4) 취소신청 상호간의 관계 및 취소신청의 종기

가압류취소제도는 그 취소사유마다 심판대상이 다르므로 동시에 신청하는 것도 원칙적으로 가능하고, 취소사유의 병합, 변경도 가능하다. 채무자는 보전처분이 유효하게 존재하는 한 그 취소를 구할 수 있으므로 보전처분이의 신청이나 어느 취소신청에서 기각되었다고 하여도 다른 취소신청을 하는데 원칙적으로 지장이 없다.

판례는 경매절차에서 부동산이 매각되어 가압류등기가 직권으로 말소되더라도 가압류결정의 효력은 그대로 남아 있게 되므로 가압류집행의 존속 여부에 관계 없이 가압류결정이 유효하게 존재하고 신청의 이익이 있는 한 가압류취소신청을 할 수 있다고 하였다.[1)]

(5) 심리와 재판

취소신청이 되면 이의신청과 달리 별도의 기록으로 조제하고, 신청인란에 채무자를, 피신청인란에 채권자를 기재한다. 취소신청에도 집행정지의 효력이 없으므로 가압류이의 신청시의 집행정지 규정이 준용된다. 제소기간 경과로 인한 취소절차는 종전과 같이 서면심리만으로도 가능하지만 나머지 취소절차는 반드시 임의적 변론기일 또는 당사자 쌍방이 참여할 수 있는 심문기일을 열어 심리하여야 한다(288조 3항, 286조 1항).

재판의 형식은 모두 결정으로 한다. 이의신청에 대한 재판에서의 주문과 달리 취소신청이 이유 있으면 가압류결정을 취소하고, 취소신청이 이유 없으면 신청을 각하 또는 기각한다. 취소신청에 대한 재판의 불복방법은 항고, 재항고이다.

가압류취소재판에서 가압류결정이 취소되면 그 결정은 고지 즉시 효력이 발생하고, 항고를 하여도 집행정지효력이 없다. 그 결과 판례는 채권가압류취소결정의 집행으로서 집행법원이 제3채무자에게 가압류집행취소통지서를 송달한 경우, 가압류결정이 된 상태에서 채권을 양수하여 대항요건을 갖춘 채권양수인은 그후 항고심에서 가압류취소결정을 취소하여 가압류결정을 인가하였더라도 채권취득의 효력을 가압류채권자에게 대항할 수 있다고 하였다.[2)]

1) 대법 2019. 5. 17, 2018마1006(가압류취소 신청인이 근저당권자 겸 매수인으로서 가압류권자와 동순위로 배당을 받았는데, 가압류가 취소되면 가압류권자에게 배당된 공탁금에 대하여 추가배당을 받을 수 있으므로 신청의 이익이 있다는 것이다).

2) 대법 2022. 1. 27, 2017다256378.

2. 본안소송의 부제기에 의한 가압류취소

가압류는 채권자가 집행권원을 얻어 강제집행에 의하여 권리의 종국적 만족을 얻을 때까지 하는 잠정적 조치인데 채권자가 집행권원을 얻기 위한 본안소송을 미루고 제기하지 아니하면, 채무자는 우선 본안소송의 제기를 촉구하고, 채권자가 이에 응하지 아니할 때에는 가압류결정의 취소를 구할 수 있게 하였다.

(1) 제소명령신청절차

채무자는 가압류법원에 제소명령신청을 서면으로 한다(규 203조). 제소명령신청을 받은 법원은 채권자에 대하여 2주일 이상의 기간을 정하여 그 기간 내에 본안의 소를 제기하고 이를 증명하는 서류를 제출하거나 이미 소를 제기하였으면 소송계속 사실을 증명하는 서류를 제출할 것을 명한다(287조 1항·2항). 이를 **제소명령**이라 한다. 제소명령신청은 채무자의 채권자도 채권자대위권에 의하여 할 수 있고, 가압류목적물의 양수인 등 특정승계인도 직접 신청할 수 있으며, 제3채무자는 허용되지 않는다는 점은 앞서 보았다. 제소기간은 2주일 이상인데, 이 기간은 불변기간이 아니고 재정기간이다.

채권자가 제소명령에서 정한 기간 내에 소제기를 증명하는 서류를 제출한 이상 일단 제소명령을 준수한 것이 되지만 본안소송의 소송물과 피보전권리의 동일성 여부, 본안의 적격성 등은 취소소송에서 심리하게 된다.[1] 또한 제소명령에 기하여 제기한 소가 부적법각하되거나 소취하 또는 취하간주된 때(소송종료선언을 하는 때도 같다)[2]에는 본안소송의 제기가 없는 것과 같게 되어 소제기 증명서를 제출하지 아니한 것으로 본다(287조 4항). 이것이 제1단계인 채권자에 대한 **본안의 제소명령절차**이고,[3] 그 다음이 제2단계인 본안소송의 부제기를 이유로 하는 **가압류의 취소절차**이다. 제소명령절차는 사법보좌관이 처리할 수 있다(사보규 2조 1항 15호).

---

1) 법원실무제요 민사집행(Ⅴ), 168면.

2) 대법 2000. 2. 11, 99다50064.

3) 주소가 바뀐 경우의 신고의무를 규정한 법 제14조는 집행절차에 관하여 적용되는 규정이므로 보전처분에 관한 제소명령의 송달에 관하여는 적용되지 아니한다는 것에, 대법 2005. 8. 2, 2005마201.

(2) 제소명령불응시의 가압류취소절차

본안제소명령에도 불구하고 채권자가 소정기간 내에 서류를 제출하지 아니한 때에는 법원은 채무자의 신청에 의하여 가압류를 취소한다(287조 3항). 제소기간 내에 제소하였더라도 기간도과 후에 증명서류를 제출하였을 때에는 서류의 부제출로 본다.[1] 취소신청은 채무자가 서면신청으로 하여야 한다(규 203조). 제소기간 내 본안소송의 부제기를 이유로 한 가압류의 취소도 결정절차에 의한다.[2]

이 결정절차에는 쌍방심문의 기회보장, 심리종결일의 고지, 결정이유의 필요적 기재, 취소결정의 효력유예선언 등의 규정(286조 1~4항, 6항)을 준용하지 아니한다. 가압류신청에 대한 결정절차와 같은 간이한 심리방식(서면심리, 심문, 임의적 변론)에 의한다. 취소결정은 법관의 업무이다.

① 여기의 본안소송은 그 전형적인 것이 이행소송이지만, 확인의 소나 형성의 소 나아가 이행청구를 내용으로 하는 지급명령신청이나 중재신청[3]도 포함된다(통설). 제소전 화해신청이나 조정신청도 조정·화해가 성립되어 조서에 기재되면 확정판결과 동일한 효력이 있고, 불성립시에는 제소신청에 의하여 소송절차로 이행되므로 여기에 포함된다는 것이 다수설[4]이다. 그러나 소송구조신청까지는 포함되지 않는다고 할 것이다. 외국법원에 본안소송의 계속도 그 외국법원의 판결이 우리나라에서 효력승인(민소 217조)을 받을 수 있으면 내국법원에 본안소송을 제기한 것과 같이 볼 것이다.[5] 공정증서는 비록 기판력이 없지만 본안으로 보지 않으면 집행권원이 있는 채권자에게 불필요할 수 있는 본안의 소 제기를 강제하는 것이 되므로 본안소송을 제기한 것과 같이 볼

1) 대법 2003. 6. 18, 2003마793.
2) 구법에서는 필요적 변론절차를 거쳐 판결로 취소 여부를 결정하게 되어 있었고, 판례(대법 2001. 4. 10, 99다49170)는 그 소송의 변론종결시까지만 소를 제기하면 가압류의 취소를 면할 수 있다고 하였다. 그 결과 채권자가 소제기를 늦추면서 게을리할 여지가 있었다. 이에 신법은 결정절차에 의함은 물론 제소명령기간 안에 소제기증명서를 제출하게 함으로써 절차를 간소화하여 채권자가 일부러 소제기를 늦추는 것을 불가능하게 하였다.
3) 대법 2000. 2. 11, 99다50064.
4) 김홍엽, 494면; 전병서, 621면; 주석 민사집행법(Ⅴ), 608면; 법원실무제요 민사집행(Ⅴ), 167면. 반대 방순원/김광년, 501면; 박두환, 722면.
5) 김홍엽, 494면; 주석 민사집행법(Ⅴ), 610면; 법원실무제요 민사집행(Ⅴ), 167면. Zöller/Vollkommer, §926 Rdnr. 10. 서울가법 2004. 8. 16, 2004즈단419(다만 국내소송에서 승소가능성을 가리지 않는 것과 같이 외국법원에의 제소도 외국판결의 승인 내지 집행요건의 구비 등을 조건으로 할 필요가 없다고 하였다).

것이다. 실무도 같다.[1] 소제기한 본안소송의 소송물과 가압류신청의 피보전권리는 엄격히 일치함을 요하지 않으며 서로 다르다고 하여도 청구의 기초가 동일하면 인정된다.[2] 청구변경에 적용하는 동일성의 기준보다 완화하여 적용할 필요가 있다는 견해도 있다.[3]

② 채권자가 본안소송을 제기하지 아니할 때의 채무자의 대응책은 이와 같은 본안소송 부제기에 의한 취소절차도 있지만, 이와 달리 채무자가 먼저 채권자를 상대로 피보전권리 부존재확인의 소를 제기하여 그 승소판결을 받아 사정변경에 따른 가압류취소신청을 내는 방안도 있다.

3. 사정변경에 따른 가압류취소

가압류의 발령 당시는 이유가 있었으나 그 뒤에 가압류의 이유가 소멸하거나 사정변경으로 더 이상 가압류를 유지할 수 없는 경우가 있다. 이 경우에 채무자로 하여금 가압류취소를 할 수 있게 하는 것이 여기의 취소신청이다. 강제집행에 관한 청구이의의 소(44조)에 견줄 수 있는 것으로, 이 때문에 가압류명령에 청구이의의 소는 부적법하고 허용되지 않는다. 다만 가압류결정에는 변론종결일을 기준으로 한 기판력이 발생하지 않고, 피보전권리 및 보전의 필요성은 가압류명령의 발령뿐만 아니라 그 유지·존속의 요건이며, 보전처분의 신속성, 잠정성으로 인하여 발령당시 존재한 사유에 대하여 주장, 심리하지 못한 경우도 있으므로 사정변경의 사유는 반드시 가압류명령 후에 발생한 것에 국한되지 않고, 그 전에 존재하던 것을 채무자가 사후에 알게 된 경우도 포함한다고 볼 것이다.[4] 사후적 발생도 취소사건의 심리종결시까지 발생한 사유면 족하다.

---

1) 주석 민사집행법(Ⅴ), 609면; 법원실무제요 민사집행(Ⅴ), 167면; 권창영, 민사집행실무총서(Ⅲ), 민사보전, 639면. 서울중앙지법 2015. 5. 1, 2015카단20146; 동 2013. 6. 3, 2013카단20103.

2) 대법 2001. 3. 13, 99다11328; 동 2013. 7. 11, 2013다18011 등. 이에 대하여는 청구의 기초는 청구변경의 허부를 정하는 기준에 불과하므로 여기에서 실체적 의의를 찾는 것은 옳지 않다는 견해(권리동일설)의 비판이 있다. 三ヶ月章, 민사소송잡지(Ⅰ), 172면.

3) 김경욱, "피보전권리와 본안의 소송물의 동일성", 민사집행법연구 제14권, 409면(제소명령신청의 경우와 같이 보전처분이 본안소송보다 앞선 경우에는 보전처분신청시에 시간적 제약으로 정확한 본안소송의 소송물을 정할 수 없다는 등의 사정을 고려해야 한다).

4) 주석 민사집행법(Ⅴ), 617면; 법원실무제요 민사집행(Ⅴ), 169면.

(1) 사정변경의 사유

다음 세 가지이다.

1) **가압류의 이유**(보전의 필요성)**의 소멸** 채무자의 재산상태의 호전, 담보물권의 설정, 채권자가 승소확정판결 등 집행권원을 취득하였음에도 상당한 기간 본집행에 착수하지 아니하는 경우,[1] 집행기간의 도과[2] 등이 이에 해당한다. 피보전권리에 관하여 본안에서 재판상 화해가 성립된 경우에는 화해의 내용상 집행이 조건에 걸린 경우를 제외하고는 화해조서에 집행력이 있으므로 보전의 필요성은 소멸한다고 볼 것이나,[3] 판례는 채권자가 보전의 의사를 포기하였는가를 구체적으로 검토하여 이를 긍정할 수 있는 때에 한하여 사정변경이 있다고 한다.[4]

2) **피보전권리의 소멸** 피보전권리가 변제[5] · 상계 · 소멸시효의 완성 등으로 소멸된 경우가 전형적 · 대표적이다(통상의 청구이의사유). 당초부터 그 부존재를 인정할 만한 유력한 사실이나 증거의 출현도 포함된다.[6] 본안소송에서 채권자가 실체법상의 이유로 패소확정판결을 받았을 때가 이에 해당함은 물론이다.[7] 채권자가 재심의 소를 제기한 사실은 취소신청에 영향이 없다.[8] 그러나 단지 제1심에서 채권자 패소의 본안판결을 받은 것만으로 불충분하고 상급

---

1) 대법 1984. 10. 23, 84다카935; 동 2000. 11. 14, 2000다40773(가처분); 동 1990. 11. 23, 90다카25246(가압류); 동 1995. 3. 10, 94다56708(이사직무집행정지 · 대행자선임의 가처분의 경우에 정지된 이사의 임기가 만료되고 후임자가 선임된 경우).

2) 대법 2010. 4. 7, 2009마2031. 일본민사보전법 43조 2항은 명문화.

3) 김성기, "보전처분의 취소사유로서의 이른바 '사정변경'에 관하여", 사법논집(2), 218면; 김기동, "사정변경과 보전명령의 취소", 재판자료(46), 516면.

4) 대법 1955. 10. 6, 4288민상80. 같은 취지; 김홍엽, 496면. 주석 민사집행법(Ⅴ), 621면; 법원실무제요 민사집행(Ⅴ), 172면. 본안판결 확정 후 상당기간 집행에 착수하지 않더라도 사실상의 집행장애가 있는 경우에는 보전의 필요성이 소멸한 것으로 보지 말자는 견해에, 황진구, "보전처분재판의 실무", 민사집행법연구 제5권, 342면.

5) 대법 1994. 8. 2, 93므1259; 가압류부동산을 양수한 제3취득자가 변제한 경우에도 이에 포함된다는 것에, 대법 1982. 9. 14, 81다527.

6) 피보전권리가 없음이 분명하게 되었다는 것도 사정변경이라고 한 것에, 대법 2010. 8. 26, 2010마818; 동 2014. 11. 8, 2014마1379. 그러나 뒤에 달라진 것을 전제로 한 사정변경을 요건으로 하기 때문에, 가압류결정이 이유 없음을 인정할 과거의 것을 포함한 모든 사실 · 증거의 출현이 아니고, 채무자가 과실 없이 뒤에 알게 되었고 이의신청 등 다른 방법으로는 이와 같은 사유를 주장할 수 없는 경우 이른바 주관적 사정변경에 한하여만 채무자가 사정변경을 주장할 수 있다는 견해에는, Brox/Walker, Rdnr. 1528.

7) 대법(전) 1963. 9. 12, 63다354; 동 1973. 3. 20, 73다165; 동 1972. 2. 22, 71다2646 등.

8) 대법 1991. 1. 11, 90다8770.

심에서 취소될 염려가 없다고 볼 수 있는 경우이어야 한다.[1] 장래의 권리를 피보전권리로 하는 가압류의 본안소송에서 청구기각의 판결을 받았다고 하더라도 그 이유가 기한미도래·정지조건미성취인 때에는 사정변경에 해당되지 아니한다.[2] 본안소송이 소송법상의 이유로 각하판결을 받은 경우[3]나 본안소송이 취하간주된 때도 사정변경에 해당되지 아니한다.[4] 그러나 각하판결의 경우에 다시 재소를 하여도 승소가능성이 없는 경우는 사정변경에 해당되는 것으로 보는 것이 독일의 통설이다.[5]

채권자가 본안에서 패소판결을 받고 항소심에서 소취하를 하여 재소금지의 원칙을 적용받게 되는 때(민소 267조)는 사정변경에 속한다.[6] 또한 피보전권리의 근거법규의 위헌확정도 사정변경에 속한다. 채권자가 여러 개의 피보전권리를 주장하여 보전명령을 얻은 후 그 중 일부의 권리만을 주장하여 본안소송에서 패소확정된 경우, 예컨대 채권자가 점유권에 기한 명도청구권과 소유권에 기한 명도청구권을 피보전권리로 하여 보전처분을 받았는데 소유권에 기한 명도청구권을 본안으로 한 소송에서 패소확정되었다면 그 후 다시 점유권에 기한 명도청구소송이 계속중이더라도 사정이 변경된 경우에 해당한다.[7]

다만, 피보전권리가 아니라 가압류의 목적채권의 부존재가 밝혀진 경우는 집행보전의 실효가 없어졌을 뿐 가압류취소사유는 아니다.[8] 가압류채권자가 집행증서(집행권원)를 취득한 경우는 여기의 가압류취소 사유에 해당되지 않는다.[9]

3) 법원이 정한 담보제공 이는 가압류의 목적물이 되는 가압류해방금과 달리 직접 피보전권리의 담보의 성질을 띤 것이다. 채무자가 담보의 종류

---

1) 대법 1977. 5. 10, 77다471; 동 2008. 11. 27, 2007마1470.

2) 대법 1995. 8. 25, 94다42211; 동 2003. 6. 24, 2003다18005.

3) 대법 1995. 8. 25, 94다42211; 동 2004. 12. 24, 2004다53715. 그러나 제소기간 내에 본안의 소를 다시 제기하여 그 절차에서 소송요건의 흠결을 보완하는 것이 불가능하거나 현저히 곤란하다고 볼 만한 특별한 사정이 있는 경우에는 사정변경에 해당한다는 것에, 대법 2018. 2. 9, 2017마5829.

4) 대법(전) 1998. 5. 21, 97다47637 등(다만 채권자가 보전의 의사를 포기하였다고 인정될 때는 별론).

5) Stein/Jonas/Grunsky, §927 Rdnr. 6; Thomas/Putzo/Seiler, §927 Rdnr. 12.

6) 대법 1999. 3. 9, 98다12287.

7) 대법 1973. 3. 20, 73다165.

8) 대법 1999. 3. 23, 98다63100.

9) 대법 2016. 3. 24, 2013마1412.

나 액수를 특정함이 없이 단순히 적당한 담보를 제공하겠으니 가압류를 취소하여 달라는 신청을 하고 그리하여 법원이 정한 담보를 채무자가 제공하면 법원이 가압류를 취소하는 경우이다. 법원의 명령에 의한 담보제공을 사정변경으로 본다.[1] 가처분에는 준용되지 아니하며, 가처분에는 특별사정에 의한 취소절차(307조)가 별도로 있다. 일본에서는 거의 활용되지 아니하여 신민사보전법에서 폐지했다.

(2) 심리절차

1) 취소신청 관할법원은 본안이 이미 계속된 때에는 본안법원, 본안이 계속되지 아니한 때에는 가압류를 명한 법원이 된다(288조 2항).[2] 취소신청을 할 수 있는 당사자는 채무자와 그 승계인(포괄, 특정승계인 모두)이고, 채무자의 채권자는 채권자대위권에 의하여 신청인이 될 수 있으며, 제3자와 제3채무자는 신청권자가 될 수 없음은 앞서 보았다.

취소신청은 가압류명령의 효력이 생긴 후에는 그 집행 후는 물론이고 해방공탁금에 의한 집행취소 후에도 가압류명령의 소멸에 이르기까지 그 시기를 묻지 않고 신청이 가능하다. 가압류명령이 이의소송에서 인가되거나 확정된 후에도 취소신청을 할 수 있다(288조 1항). 다만, 가압류가 본압류로 이행되어 강제집행이 종료된 경우에는 가압류의 취소를 구할 이익이 더 이상 없다.[3]

2) 취소신청에 대한 심리 채무자가 취소를 신청하면 법원은 **변론기일** 또는 **당사자 쌍방**이 참여할 수 있는 **심문기일**을 정해 심리한 후 결정으로 재판한다. 그 기일도 당사자에게 통지하여야 한다(288조 3항, 286조 1항). 판례는 사정변경에 의한 취소재판에서는 피보전권리, 보전의 필요성에 관하여 판단할 필요가 없고, 오로지 사정변경의 유무만 판단하면 된다고 한다.[4] 이의절차에

1) 가압류취소를 받기 위해 제공된 담보는 가압류명령 기재 청구채권을 직접 담보하므로, 가압류채권자가 당해 가압류청구채권인 손해배상채권 중 일부만 본안소송을 제기하였다는 사실만으로 본안청구금액을 초과하는 부분에 대한 담보사유가 소멸한 것은 아니라는 것에, 대법 2008. 7. 1, 2008마711.

2) 본안이 계속된 경우에는 본안법원만을 전속관할로 정한 것 때문에 본안법원이 항소심인 경우, 본안재판 전에 1심 판결의 변경 가능성 등을 판단하여 사정변경을 인정할 것이라고 기대하기 어려우므로 일본과 같이 보전명령을 발령한 법원 또는 본안법원으로 병렬적으로 규정하는 것이 옳다는 견해에, 황진구, "보전처분재판의 실무", 민사집행법연구 제5권, 344면.

3) 대법 2004. 12. 10, 2004다54725(가압류이의신청 · 집행의 취소도 같다).

4) 대법 1982. 3. 23, 81다1041. 독일에서는 가압류이의신청과 취소신청이 모두 가능한 경우에 채무자가 자유선택할 수 있고, 각 절차에서 이의사유든 취소사유든 주장해도 되며, 취소절차에

서는 심리종결일 기준으로 당초의 피보전권리 · 보전의 필요성은 물론 가압류명령 발령 후의 사정변경 유무도 판단받을 수 있으므로 이 경우에는 이의신청이 적절한 구제수단이라고 할 것이다. 사정변경유무는 심리종결시를 기준으로 하여 그때까지 제출된 주장과 증거방법에 기초하여 판단하여야 한다.[1]

법원이 심리를 종결할 때에는 원칙적으로 상당한 유예기간을 두고 **심리종결일**을 정하여 이를 당사자에게 고지하여야 한다(288조 3항, 286조 2항). 또 **결정이유**도 반드시 적어야 한다(288조 3항, 286조 4항). 심리가 끝나면 가압류의 취소 · 변경을 명하거나 신청기각 · 각하의 결정을 한다. 결정은 고지에 의하여 즉시 효력이 생기므로 취소 · 변경시에 **가집행선고**를 붙일 필요가 없다. 가압류 이의신청에 대한 취소결정의 경우처럼 취소결정의 **효력발생유예규정**이 준용된다(288조 3항, 286조 6항). 가압류취소결정을 하였더라도 그에 기한 가압류말소등기까지는 가압류권자는 그 취소결정에 불복하면서 아직 말소되지 아니한 가압류등기에 기초하여 강제경매신청을 할 수 있다.[2]

재판의 방식이 판결이 아니라 결정이므로 불복절차는 항소가 아니라 즉시항고이며, 항고심절차에서는 민소법 제134조 2항이 준용되므로 임의적 변론절차에 의한다.[3] 항고법원의 결정에는 재항고할 수 있으되, 재항고는 제한적이므로(상특법 4조 2항, 7조), 신속하게 처리하는 것이 필요하다. 재항고절차에서는 민사소송법상의 상고심절차가 준용됨은 가압류명령에 대한 이의신청의 경우와 같다.

(3) 가압류의 유용(보전처분의 일회성)

제1의 본안소송을 전제로 발령이 된 가압류를 제2의 본안소송을 위하여 끌어다 쓸 수 있는가. 제1의 본안소송에서 가압류채권자가 패소확정된 경우에는 제288조에 의하여 사정변경에 의한 가압류취소사유가 되는 것이고, 피보전권리를 달리하여 그에 관한 제2의 본안소송을 제기하여 놓고 이의 보전을 위한 가압류로 유용할 수 없다.[4] 가압류의 피보전권리와 다른 권리의 보전을 위

서 가압류결정의 원시적인 부당성을 주장해도 된다고 한다. Gaul/Schilken/Becker-Eberhard, §77 Rdnr. 28, 35.

1) 대법 2008. 11. 27, 2007마1470.
2) 대법 2010. 11. 30, 2008마950.
3) 대법 2012. 5. 31, 2012마300 참조.
4) 대법 1994. 8. 12, 93므1259; 동 1976. 4. 27, 74다2151.

하여 유용할 수 없다. 두 소송의 청구의 기초가 동일한 경우에도 마찬가지이다.[1] 제1의 본안소송으로 甲이 乙을 상대로 연대채무의 이행을 구하다가 패소 확정된 경우에 가압류를 살려보려고 이번에는 보증채무이행청구의 제2의 본안소송을 제기하면서 그 유용을 시도하여도 허용되지 아니한다. 甲이 乙에 대하여 직접 가지는 손해배상채권을 피보전권리로 한 가압류결정을 갖고서 甲의 채무자인 丙이 乙에 대하여 가지는 손해배상채권을 보전하기 위한 것(대위소송)으로 유용할 수도 없다.[2] 이와 같은 가압류의 유용을 제한하는 판례의 입장은 뒤에 볼 가처분의 유용의 경우와 다르다.

4. 3년간 본안소송의 부제기

가압류가 집행된 뒤에 3년간 본안의 소를 제기하지 아니한 때에는 채무자 또는 이해관계인[3]의 신청에 따라 결정으로 가압류를 취소하여야 한다(288조 1항 3호). 신법은 재량취소가 아니라 필수적 취소로 하고, 10년을 5년으로 단축하는 한편 판결에 의한 취소가 아닌 결정에 의한 취소로 바꾸었다. 2005년 개정법률에서는 5년을 3년으로 단축하였다. 3년이 경과되면 취소요건이 완성되며, 그 뒤 본안소송이 제기되어도 가압류의 취소는 할 수 있다.[4] 가압류채권자가 가압류 집행 전에 이미 본안확정판결을 받은 경우에는 가압류가 집행된 뒤에 3년간 다시 본안의 소를 제기하지 아니하여도 여기의 가압류취소 사유에 해당하지 아니한다.[5]

보전처분집행 후 3년간 본안소송을 제기하지 아니하였더라도 취소결정이 없으면 보전처분의 효력이 당연히 소멸되는 것이 아니다. 보전처분취소재판이 확정되면 보전처분집행시로부터 3년이 경과된 시점으로 효력이 소급하여 소멸되는 것도 아니다.[6] 따라서 보전처분집행 후 3년이 경과되었지만 보전처분

1) 대법 2016. 3. 24, 2014다13280 · 13297.

2) 대법 2004. 12. 24, 2004다53715.

3) 대법 2014. 10. 16, 2014마1413(가압류목적물의 양수인). 대법 2019. 5. 17, 2018마1006(가압류취소 신청인이 근저당권자 겸 매수인으로서 가압류권자와 동순위로 배당을 받았는데, 가압류가 취소되면 가압류권자에게 배당된 공탁금에 대하여 추가배당을 받을 수 있으므로 신청의 이익이 있다는 것이다).

4) 대법 1999. 10. 26, 99다37887.

5) 대법 2023. 10. 20, 2020마7039.

6) 대법 2009. 5. 28, 2009다20(본안의 소를 제기하지 아니하였음을 이유로 한 가압류취소는 시효중단의 효력이 소급하여 없어지는 민법 제175조에서 정한 가압류취소에 해당하지 않는다).

취소결정 전에 이루어진 타인 명의로의 소유권이전등기에 대하여 보전처분권자는 보전처분의 효력을 주장할 수 있다.[1] 이 취소결정에는 즉시항고할 수 있고(288조 3항, 286조 7항), 취소결정시의 효력정지 규정도 적용된다.

제 3 절 가압류집행

Ⅰ. 서 설

(1) 강제집행규정의 준용

가압류집행절차는 가압류결정(보전권원)의 실현을 목적으로 하는 절차로, 집행권원의 실현인 강제집행(본집행)에 대응하는 것이다. 따라서 가압류의 집행에 대하여는 특히 예외가 없는 한 강제집행의 규정을 준용한다(291조. 가압류소송에서 민사소송법을 준용하는 것과 대조적). 그러나 청구이의의 소(44조), 집행문부여에 대한 이의의 소(45조)(승계집행문의 경우는 예외)는 가압류에서 준용이 없다.[2] 집행권원격인 가압류결정은 있어야 하지만, 집행문과 집행권원의 송달이 필요 없다는 점에서 이를 필요로 하는 본집행과 현저한 차이가 나는 특수성이 있다. 이는 단순·신속처리를 사명으로 하는 간이소송 즉 약식소송인 성격에서 유래된다(Eilverfahren).

(2) 집행기관

유체동산의 경우라도 가압류결정기관은 법원인 법관이 하지만 그 집행기관은 본집행과 마찬가지로 **집행관**이 된다(296조 1항). 그러나 부동산·준부동산과 채권 그 밖의 재산권에 관하여는 가압류명령의 발령법원이 집행기관이 된다. 보전처분의 긴급성 때문에 재판기관과 집행기관이 분리되지 아니하였다(293조 2항, 296조 2항). 사법보좌관이 관여하지 아니하며, 법관의 담당업무이다(단 집행취소는 제외). 다만 가압류취소결정을 상소법원이 취소한 경우로서 법원이 그 가압류의 집행기관이 되는 때에는 그 취소재판을 한 상소법원이 직권으로 가압류를 집행한다. 그러나 취소재판을 한 상소법원이 대법원인 때에는 채권자의 신청에 따라 제1심법원이 가압류를 집행한다(298조). 이 규정은 가처분

1) 대법 2004. 4. 9, 2002다58389.

2) 김홍엽, 503면; 주석 민사집행법(Ⅴ), 654면 등.

의 경우에 그대로 준용된다(301조).

Ⅱ. 집행요건에 관한 특칙

일반강제집행절차 즉 본집행과는 다른 다음 네 가지 특칙이 있다.

1. 명령 즉시 집행력이 생기는 집행권원

집행권원인 가압류명령은 고지(告知)에 의하여 바로 집행력이 생긴다. 집행권원인 판결처럼 확정되기를 기다릴 필요가 없다. 따라서 가집행선고를 붙일 필요가 없다.[1]

2. 집행문의 원칙적 불필요

가압류재판의 집행은 승계집행문을 부여하는 경우를 제외하고 일반적으로 집행문의 부여가 필요 없다(292조 2항 참조). 가압류명령 후 바로 집행하는 것이 보통이고 2주일의 집행기간이 지나면 집행할 수 없는 약식절차이므로, 집행문부여를 위해 시간을 낭비할 것이 아니기 때문이다. 그러나 예외로 가압류명령 발령 후 집행 전에 채권자 또는 채무자에게 승계가 있고 가압류명령이 그 명령에 표시한 당사자 이외의 자에게 효력이 있는 때에는 승계집행문을 받아야 하며(292조 1항), 이 승계에는 일반승계 이외에 특정승계도 포함된다.[2] 승계집행문은 승계인과의 관계에서도 보전의 필요가 있는 경우에 한하여 부여가 허용된다.

3. 집행권원의 송달불요

가압류의 집행은 집행권원인 가압류명령은 물론 승계집행문, 담보제공의 증명서 등을 사전에 채무자에게 송달하지 아니하여도 할 수 있다(292조 3항). 본집행과 다른 특례인데, 신속한 집행을 확보하고 채무자의 집행방해를 피하려는 취지이다.

1) 김창종, "보전집행으로부터 본집행으로의 이행", 재판자료(46), 165면.
2) 김홍엽, 503면; 전병서, 631면 등.

4. 집행기간

가압류결정의 집행은 본집행과 달리 채권자에게 결정서를 고지한 날부터 2주 내에 착수하지 아니하면 안 된다(292조 2항, 독일은 1개월).[1] 집행기간을 정한 취지는 본래 가압류가 급박한 상황하에서 응급조치로 행하여지기 때문에 즉시 집행토록 하는 것이 순리이기 때문이다. 가압류발령 후 상당한 기간이 경과된 뒤라도 집행이 허용된다면, 그 사이에 사정이 변경되어 더 이상 가압류의 필요가 없게 되었음에도 불구하고 집행이 행해질 우려가 있고, 또 어느 때라도 집행할 수 있음에도 불구하고 집행하지 않고 방치해두는 채권자라면 권리 위에 잠자는 자로서 가압류에 의한 보호를 받을 가치가 없다는 것을 고려한 것이다. 법에 이 집행기간이 **불변기간**이란 명문은 없다. 따라서 집행기간 도과 후에 추후보완(민소 173조)은 있을 수 없다.[2]

집행기간의 준수는 그 기간 내에 가압류의 집행행위가 완결될 필요는 없고 그 기간 내에 집행에 착수하거나 집행행위가 개시되면 된다. 집행의 착수시가 문제인데, ① 유체동산은 집행관이 압류할 재산을 찾기 위하여 채무자의 주택·사무실 등의 장소에 수색을 나갔을 때,[3] ② 부동산은 등기촉탁서가 발송된 때, ③ 채권은 가압류명령을 제3채무자에게 발송한 때, ④ 어음·수표 그 밖에 배서로 이전할 수 있는 증권으로서 배서가 금지된 증권채권은 집행관이 그 증권의 점유를 개시한 때(291조, 233조) 집행의 착수가 있다고 볼 것이다. 유가증권으로서 배서가 금지되지 아니한 것은 유체동산의 경우와 동일하다(189조 2항 3호).[4] 집행기간의 경과 후에는 집행력이 상실된다. 그 뒤의 집행착수는 위법집행이 되므로 집행이의신청(16조)으로 취소할 수 있다.[5] 집행기간이 도과하

1) 이와 같은 집행기간의 제한을 둔 취지나 공익적 성격에 비추어 볼 때, 이 규정은 국가의 집행권을 제한하는 것으로 채무자도 이를 포기할 수 없고 법원도 그 기간을 신장할 수 없다(통설).

2) 다만 채무자의 집행방해 때문에 집행에 착수할 수 없는 경우에는 집행기간이 채무자의 보호를 위해 인정된 것이라는 점에 비추어 집행방해행위의 종료시까지 집행기간이 진행되지 않는 것으로 본다. 김상원/정지형, 199면; 법원실무제요, 민사집행(V), 198면; 윤경, 보전처분의 실무(상), 307면.

3) 대법 2001. 8. 21, 2000다12419.

4) 정기금지급을 명하는 가처분의 집행에 있어서는 당해 정기금의 지급기한의 도래일이 기산일이 된다는 것에, 일본최고재 평성17(2015). 1. 20.

5) 법원실무제요 민사집행(V), 202면. 일단 착수했다가 중단한 뒤에 피보전권리가 변제이행된 후 비로소 속행하는 등의 남용의 경우 채무자는 사정변경에 의한 취소를 구할 수 있다는 것에, Jauernig/Berger, §36 Rdnr. 16.

였다고 하여 가압류명령이 당연히 실효되는 것은 아니고 사정변경에 의한 취소(288조 1항)로만 가압류 자체의 효력을 없앨 수 있다.

Ⅲ. 가압류집행의 방법

금전채권을 피보전권리로 하는 가압류집행은 금전집행과 흡사하지만, 어디까지나 집행보전을 목적으로 하는 것이므로, 본집행에서의 압류 → 현금화 → 배당의 3단계 중 첫째인 압류의 단계에 머무는 것이 원칙이며, 현금화에는 나가지 아니한다(296조 5항). 가압류집행신청은 서면으로 하여야 한다(규 203조)고 되어 있지만, 이것은 별도로 집행관에게 집행위임하여 집행이 개시되는 유체동산가압류의 경우이고, 가압류 발령법원이 동시에 집행법원이 되는 부동산가압류나 채권 그 밖의 재산권에 대한 가압류의 경우에는 가압류신청시에 인용될 경우에 대비한 집행신청도 함께 한 것으로 해석하여, 별도의 집행신청 없이 가압류명령과 동시에 집행에 착수하는 것이 그동안의 실무였다.[1] 이 실무를 반영하여 2014. 7. 1. 개정한 민사집행규칙 제1항 6호는 등기나 등록의 방법 또는 제3채무자에게 송달하는 방법으로 집행하는 경우에는 보전집행신청서를 제출할 필요가 없다고 명시하였다. 여기의 집행법원의 사무는 집행취소신청절차를 빼고는 종전처럼 법관의 업무로 남겨두었다.

1. 부동산에 대한 가압류집행

두 가지 방법이 있다. 하나는 부동산가압류결정의 등기부 기입이다. 법원사무관 등이 직권으로 등기관에게 기입을 촉탁한다(293조). 미등기건물의 가압류집행은 미등기부동산에 대한 압류에 준한다.[2] 등기부에 기입시에 가압류의 효력이 생기지만 부동산가압류명령은 채무자에게 송달되면, 이에 의하여도 가압류의 효력이 생기는가의 문제가 있다(83조 4항 참조).[3] 집행법원은 가압류명

1) 법원실무제요 민사집행(Ⅴ), 196면.

2) 미등기건물이라 하더라도 채무자의 소유로서 건물로서의 실질과 외관을 갖추고 그의 지번 · 구조 · 면적 등이 건축허가 또는 건축신고의 내용과 사회통념상 동일하다고 인정되는 경우에는 보전처분의 대상으로 삼을 수 있다는 것에, 대법 2011. 6. 2, 2011마224.

3) 일본민사보전법 제47조 5항에서는 우리 법 제83조 4항과 같은 규정을 준용하지 아니함을 분명히 하여 채무자송달은 효력발생과 무관함을 분명히 하였는데, 우리 법제는 이와 같은 규정이 없다.

령을 발령한 법원이다.

다른 하나는 부동산수익권에 대한 가압류로 가압류의 집행으로 부동산을 강제관리하는 경우이다. 이때에 관리인은 부동산수익에서 그 부동산이 부담하는 조세, 그 밖의 공과금을 뺀 뒤에 관리비용을 변제하고 그 나머지 금액을 공탁하여야 한다(294조).

2. 선박 · 자동차의 가압류집행

(1) 등기할 수 있는 선박(총톤수 20톤 이상의 기선과 범선, 총톤수 100톤 이상의 부선, 선박등기법 2조)만이 선박집행의 대상이 되는데, 그 집행은 가압류등기를 하는 방법이나 선박국적증서 등을 선장으로부터 제출받는 방법 중 어느 하나에 의하도록 하였다. 두 가지 방법을 함께 사용할 수도 있다(295조 1항). 전자의 가압류집행은 가압류명령을 한 법원이, 후자의 가압류집행은 선박의 정박지를 관할하는 법원이 각기 관할한다(295조 2항).

(2) 자동차가압류집행은 유체동산집행을 능가하는 많은 건수로 중요성이 커지고 있다. 등록자동차가압류는 부동산가압류의 예에 따라 실시하므로(규 210조 1항), 그 집행은 자동차의 소관청에 있는 자동차등록원부에 기입등록을 촉탁하여 행한다. 법원은 가압류채권자의 신청에 의하여 채무자에게 자동차를 집행관에게 인도할 것을 명하는 인도명령을 할 수 있다(규 210조 2항). 인도명령 집행을 하여 집행관이 점유하여야 자동차 집행이 유지되므로 그 실효성을 위한 것이다. 등록명의자와 운행점유자가 다른 '대포차'가 많아 용이하지 않은 것이 현실이다.

3. 유체동산의 가압류집행

유체동산에 대한 가압류집행은 압류와 같은 원칙에 따른다(296조). 따라서 유체동산은 집행관이 점유하는 것이 원칙이나 집행관은 가압류집행단계에서 자신의 판단에 따라 채무자가 계속 점유하게 할 수 있고, 실무상으로는 오히려 일반적인 모습이다.[1] 가압류가 있었다고 하여 채무자가 그 동산의 점유를

---

1) 압류와 달리 가압류집행기간이 긴 점, 채무자에게 목적물을 보관시키는 경우에는 집행관이 목적물의 멸실 훼손 여부를 판단하기 어려운 점, 채무자가 계속 점유 사용할 수 있는지는 보전의 필요성이나 담보액 산정에 고려할 필요가 있음에도 이를 가압류집행 단계에서 집행관이

당연히 상실하는 것이 아니고 집행관이 다른 곳으로 가져가지 않는 이상 채무자의 점유는 계속된다.[1] 집행관이 채무자에게 계속 점유를 허용하더라도 집행관은 가압류물에 대한 보관과 점검에 대한 선관주의의무를 부담한다. 설사 채권자의 동의를 받아 채무자에게 계속 점유하게 한 경우에도 집행당시 보관된 장소나 보관방법 등이 적절하지 않았다면 과실이 인정된다.[2] 유체동산의 보관을 위탁받은 채무자는 보전상 필요한 적당한 처분을 할 것을 집행관에게 촉구하여야 하고 이를 하지 아니한 경우에는 과실책임을 진다.[3] 배서가 금지되지 아니한 어음·수표 등 유가증권도 마찬가지이다(배서가 금지된 지시채권은 채권집행의 방법). 금전을 가압류한 때에는 공탁한다(296조 4항). 가압류물은 현금화하지 못하나, 가압류물을 즉시 매각하지 아니하면 값이 크게 떨어질 염려가 있거나 그 보관에 지나치게 많은 비용이 드는 경우에는 그 물건을 매각하여 매각대금을 공탁한다(296조 5항). 집행관이 가압류 후 종전의 점유자에게 가압류한 유체동산의 보관을 명한 경우 그 물건을 점유하는 소유자가 이를 다른 사람에게 매도하고 다른 사람이 선의로 인도받은 때에는 그 다른 사람이 선의취득을 할 수 있다.[4]

4. 채권 그 밖의 재산권의 가압류집행

(1) 채권 그 밖의 재산권에 대한 가압류의 집행법원은 가압류명령을 한 법원이다(296조 2항). 신속한 집행을 구하는 채권자의 편의를 위해서이다. 가압류의 효력은 가압류명령이 제3채무자에게 송달된 때에 생긴다(227조 2항, 3항).[5] 송달불능 → 보정명령 후 보정주소로 재송달 → 재송달도 불능일 때는 종결처리하고, 공시송달로 나가지 않는 것이 실무이다. 채권의 가압류에는 본압류와

판단하게 하는 것은 문제이므로 민사집행법 제296조 제1항을 개정하여 집행관의 보관자 결정에 관한 주의의무를 경감시킴과 동시에 집행법원이 가압류결정 단계에서 채무자의 계속 점유 여부를 결정하게 하자는 견해에, 허승, "유체동산의 가압류집행에 있어 집행관이 부담하는 주의의무에 대한 검토", 민사집행법연구 제14권, 192~196면.

1) 대법 1963. 10. 10, 63다309.
2) 대법 2003. 9. 5, 2002다44854. 가압류집행시 집행관의 주의의무에 관하여는 허승, 앞의 논문, 183~192면 참조.
3) 대법 1975. 2. 25, 74다1590.
4) 대법 1966. 11. 22, 66다1545·1546.
5) 가압류의 경정결정이 확정된 경우 제3채무자의 입장에서 볼 때 객관적으로 당초 결정의 동일성에 실질적 변경을 가한 것이라고 인정된다면, 경정결정이 제3채무자에게 송달된 때에 가압류의 효력이 발생한다는 것에, 대법 1999. 12. 10, 99다42346.

달리 채무자에 대한 처분 및 영수금지명령을 하지 않고 제3채무자에 대한 지급금지명령만을 한다(296조 3항).

(2) 신법은 금전채권을 가압류한 경우에 **제3채무자**는 가압류·압류의 경합이 없어도 그 채권액을 **공탁**할 수 있게 하였으며(권리공탁), 이 경우에 채권가압류의 효력은 위 공탁금액에 대한 채무자의 출급청구권에 대하여 존속되게 하였다(297조). 이 점은 가압류채무자가 가압류해방금액을 공탁한 경우에 가압류의 효력이 채무자의 공탁금회수청구권에 존속하는 것(282조)과 유사하다. 제3채무자가 공탁을 하면 변제책임은 물론 이행지체의 책임도 면제된다.[1] 채권가압류에서의 공탁은 채권압류시의 공탁(448~449면 참조)과 달리 그 배당금으로 배당받을 수 있는 채권자의 범위를 확정하는 효력(배당요구차단효)이 없고, 가압류의 제3채무자가 공탁을 하고 그 사유를 법원에 신고하더라도 배당절차를 실시할 수 없다. 다만 공탁금에 대한 채무자의 출급청구권에 대하여 압류 및 공탁사유신고가 있을 때에 비로소 배당절차를 실시할 수 있다.[2]

(3) **소유권이전등기청구권**에 대한 본압류는 물론 이에 대한 가압류도 채권에 대한 집행이고 등기청구권의 목적물인 부동산에 대한 집행이 아니므로, 채무자와 제3채무자에게 그 결정을 송달하는 외에 현행법상 등기부에 공시하는 방법이 없다. 이 때문에 그 가압류는 채권자와 채무자 및 제3채무자 사이에서만 효력을 가질 뿐, 가압류와 관계 없는 제3자에 대해서는 처분금지효력을 주장할 수 있는 대물적 효력이 없음은 앞서 보았다. 따라서 가압류 뒤에 제3채무자나 채무자로부터 소유권이전등기를 넘겨받은 제3자의 등기가 원인무효가 되지 아니한다는 것이 판례이다.[3] 체비지 대장만 있고 등기부가 없는 체비지에 대한 가압류도 이전등기청구권에 대한 가압류와 같다.[4] 위와 같은 결

1) 대법 1994. 12. 13, 93다951.

2) 대법 2006. 3. 10, 2005다15765. 압류 및 공탁사유신고가 있으면 가압류의 효력이 미치는 부분에 대한 채무자의 공탁금출급청구권은 소멸되고, 그 부분 공탁금은 배당재단이 되어 집행법원의 배당절차에 따른 지급위탁에 의하여만 출금이 이루어질 수 있게 된다(대법 2014. 12. 24, 2012다118785). 가압류를 원인으로 한 공탁 이후 압류의 경합이 성립하거나 가압류를 본압류로 이전하는 압류명령이 공탁관에게 송달되면 민사집행법 제248조에 따른 집행공탁으로 바뀌고 공탁관은 압류법원에 사유신고를 하여야 한다. 이로써 배당절차가 개시되고 압류채권자의 지위는 집행공탁금에 대하여 배당을 받을 채권자의 지위로 전환된다(대법 2019. 1. 31, 2015다26009).

3) 대법(전) 1992. 11. 10, 92다4680.

4) 체비지에 대한 압류나 가압류·가처분이 되어 있을 때에 체비지대장만 있고 등기부가 없는 상

과는 소유권이전등기청구권에 대한 가압류의 실효성을 약화시키게 된다. 다만 압류사실을 알고 있는 악의의 제3자에 대하여는 가압류의 처분금지효를 주장할 수 있다 할 것이다(92조 1항 준용). 그러나 소유권이전등기청구권이 청구권보전의 가등기(부등 88조)가 되어 있을 때에는 등기예규 제1344호의 '등기이전청구권에 대한 가압류등기촉탁'에 따라서 부기등기의 방법으로 가압류등기를 가능하므로, 가압류등기가 된 이후에는 가압류의 대물적 효력이 생긴다고 할 것이다.[1]

(4) 넓은 의미의 주식 등에 대한 가압류가 모두 그 밖의 재산권에 대한 가압류는 아니다. 예탁된 주식과 전자등록된 주식에 대한 것만 이에 해당한다. 넓은 의미의 주식 등에 대한 가압류절차에서 가압류의 대상 및 가압류절차는 그 밖의 재산권에 대한 강제집행 중 해당 목적물의 압류절차와 같으므로 이를 참고하면 된다. 이곳에서는 그 핵심만을 본다.

주권에 대한 가압류는 유체동산인 주권 자체에 대하여 동산가압류로 하면 된다. 주권이 발행되지 아니하였고, 회사성립 후 또는 신주납입기일 후 6개월이 경과하기 전의 주식에 대하여는 회사를 제3채무자로 하여 주권교부청구권을 가압류한다. 6개월이 경과한 후에는 주권 없이 주식을 양도할 수 있으므로 주식 자체를 가압류하면서 회사를 제3채무자로 하여 명의개서나 채무자에 대한 주권교부의 금지를 명한다. 주식에 대한 처분금지가처분도 위 절차를 준용하면 될 것이다.

예탁유가증권을 가압류하는 때에는 예탁원 또는 예탁자에 대하여 예탁유가증권지분에 관한 계좌대체와 증권의 반환을 금지하는 명령을 하여야 하고, 나머지 절차는 대부분 예탁유가증권에 대한 강제집행 규정을 준용한다(규 214조). 전자등록주식등을 가압류하는 때에는 전자등록기관 또는 계좌관리기관에 대하여 전자등록주식등에 관한 계좌대체와 말소를 금지하는 명령을 하여야 하고, 나머지 절차는 대부분 예탁유가증권에 대한 강제집행 규정을 준용한다(규 214조의2). 예탁유가증권과 전자등록주식등에 대한 처분금지가처분에는 가압류에 관한 규정을 준용한다(규 217조, 217조의2).

태이므로 같은 문제가 생길 수 있다(대법 2011. 8. 18, 2009다60077). 허승, "채비지에 관한 법률관계와 그 강제집행 및 보전처분", 민사집행법연구 제13권(2017), 62면 이하.

1) 대법 1998. 8. 21, 96다29564.

Ⅳ. 가압류집행의 효력

가압류집행의 효력은 본집행에서 압류명령이 집행된 때의 효력과 유사하다. 가장 주요한 효력이 처분금지효이고, 그 외에 시효중단 등의 효력도 같다.[1)] 그러므로 이곳에서 특별히 언급하지 않은 것은 압류명령의 효력 부분을 보면 된다.

(1) 처분금지효

1) 가압류가 집행되면 채무자는 목적물을 처분해서는 안 되는 처분금지효가 생김은 본압류와 같다(처분금지효).처분금지의 효력은 가압류채권자의 이익을 위한 것이기 때문에 채권자가 그 처분행위의 효력을 긍정할 수도 있다. 처분금지효의 **객관적 범위**는 가압류결정에 표시된 청구금액에 한정되므로 가압류의 청구금액으로 채권의 원금만이 기재되어 있다면 원금에 부대되는 이자나 지연손해금 부분에 대해서는 가압류채권자가 처분금지효를 주장할 수 없다.[2)] 가압류등기 후 사정변경을 이유로 가압류취소결정을 하였다 하여도 가압류등기가 말소되기 전까지는 처분금지효가 유지된다.[3)]

처분금지효에 의하여 보호되는 것은 채무자의 임의처분에 한정된다. 가압류가 된 토지가 수용되면 당해 토지는 사업시행자인 기업자가 소유권을 원시취득하여 토지가압류의 효력은 소멸되고,[4)] 그 가압류가 토지보상금채권에 당연히 옮아오는 것이 아니라는 것이 판례이다.[5)] 가압류가 된 후 저당권이 설정된 경우에, 가압류권자는 저당권에 의한 담보권실행의 경매에서도 우선권이 있어 안분배당을 받는데도 불구하고 해당 토지가 수용되면 물상대위권을 취득할 수 있는 저당권자와 달리 아무런 보호도 못 받고 그 등기는 당연히 말소된다는 것이다. 토지수용법 등에 명문으로 보완입법을 하는 것이 정도이나 그

1) 대법 2017. 4. 7, 2016다35451은 가압류가 적법하게 집행되면 민사소송법 제265조를 유추적용하여 재판상의 청구와 유사하게 가압류를 신청한 때로 소급하여 시효중단의 효력이 생긴다고 하였다.

2) 대법 2006. 11. 24, 2006다35223.

3) 대법 2010. 11. 30, 2008마950.

4) 부동산등기법 제99조 4항은 "수용으로 인한 소유권이전등기를 하는 경우 그 부동산의 등기기록 중 소유권, 소유권 외의 권리, 그 밖의 처분제한에 관한 등기가 있으면 그 등기를 직권으로 말소하여야 한다"고 규정하고 있다.

5) 대법 2004. 4. 16, 2003다64206.

전에 해석론으로서도 가압류권자에게도 저당권자와 같은 지위를 인정하는 것이 옳을 것이다.[1)]

2) 채권가압류는 제3채무자에 대하여 채무자에게 변제 등 채무를 소멸시키는 행위와 채권의 가치를 감소시키는 행위를 금지하는 지급금지의 효력만 있을 뿐 채무를 면제시키는 것이 아니므로, 가압류가 있어도 이행기의 도래시에 제3채무자는 지체책임을 면치 못한다.[2)] 그러나 채권의 발생원인인 법률관계에 대한 채무자의 처분(해제, 취소 등)까지 구속하는 효력은 없다.[3)] 채권가압류의 목적인 집행보전의 기능을 저해하는 것이 아니고, 가압류된 채권에 대해 현실적인 만족을 얻지 않는 이상 채무자가 제3채무자를 상대로 이행의 소를 제기하여 집행권원을 얻는 것은 무방하고 단지 강제집행을 할 수 없을 뿐이다.[4)] 그러나 소유권이전등기청구권이 가압류된 경우에는 가압류의 해제를 조건으로 채무자가 제3채무자 상대의 이전등기청구의 소를 제기할 수 있다.[5)] 주식양도청구권이 가압류(압류)된 경우에도 채무자가 제3채무자를 상대로 주식의 양도를 구하는 소를 제기할 수 있는데, 그 주식이 지명채권의 양도방법으로 양도할 수 있는 주권발행 전 주식인 경우에는 법원이 청구를 인용하려면 가압류의 해제를 조건으로 하여야 한다.[6)]

3) **주관적 범위**를 보면 처분금지효를 어긴 채무자의 양도·저당권설정 등 처분행위는 가압류채권자에 대한 관계에서는 대항할 수 없어 무효가 된다. 채권가압류결정을 받은 채권자가 본안소송에서 승소판결을 받는 등 집행권원을 취득한 경우에는 채권가압류에 의하여 제한된 상태에서 채권양수를 받은 양수인에 대한 채권양도는 무효이다.[7)] 다만 본압류가 된 경우와 달리 가압류등기가 되었을 뿐 현실적인 매각절차가 이루어지고 있지 아니한 상황에서는 채무

1) 김상수, "가압류와 토지수용", 민사집행법연구 제15권, 156면, 160면(명문의 규정이 없는 경우에도 가압류목적물의 가치 변형물에 가압류권자가 권리를 행사할 수 있다고 해석하는 것은 가능하다고 한다).

2) 대법 1994. 12. 13, 93다951.

3) 가압류 목적인 부동산소유권이 그 취득원인인 매매계약의 해제로 소멸되게 된다 하여도 가압류권자는 종국적으로는 가압류목적물을 환가하여 그 대금으로 피보전권리를 취득하는 것이므로 그 권리의 보전을 위하여는 가압류채권자는 민법 제548조 1항 단서에서 말하는 해제로 권리의 침해를 받지 아니하는 제3자라고 할 것이다. 대법 2000. 1. 14, 99다40937.

4) 대법 1989. 11. 24, 88다카25038.

5) 대법(전) 1992. 11. 10, 92다4680.

6) 대법 2021. 7. 29, 2017다3222·3239.

7) 대법 2002. 4. 26, 2001다59033.

자의 점유이전으로 인하여 제3자가 유치권을 취득하게 된다고 하더라도 가압류채권자에게 대항할 수 없는 처분행위가 아니라는 것이 판례이다.[1)]

처분행위의 유무효의 문제는 가압류채권자에 대한 관계에서이고, 처분행위를 한 당사자 사이에서는 유효하다(상대효). 따라서 기존채무에 대하여 채권가압류가 마쳐진 뒤에 채무자와 제3채무자 사이에 준소비대차계약이 체결되었다면 가압류의 처분제한의 효력에 따라 채무자와 제3채무자는 준소비대차의 성립을 가압류채권자에게 대항할 수 없고, 다만 채무자와 제3채무자 사이에서는 준소비대차가 유효하다(상대효).[2)]

그러나 평등주의에 의하는 우리 법제에서 가압류채권자에게 어떠한 우선권이 부여되는 것은 아니므로 다른 채권자가 가압류물에 대하여 본압류 등 강제집행을 실시하는데 어떠한 영향을 줄 수 없다. 다른 채권자가 진행한 본 집행에서 가압류채권자에게 배당할 금액은 공탁한다(160조 1항 2호 등). 다른 채권자가 이미 가압류된 동일물에 대하여 이중가압류할 수도 있다. 가압류 후 소유권이 제3자에게 이전된 후에도 가압류권자는 본압류로 이전하는 강제집행을 할 수 있으나 이 경우에는 가압류청구금액의 한도에서만 가압류채무자의 책임재산에 대한 강제집행절차이고, 그 나머지 부분은 제3취득자의 재산에 대한 매각절차가 된다(개별상대효의 결과).[3)] 그 결과 가압류채권자는 매각대금에서 가압류결정 당시의 청구금액을 한도로 우선적 권리를 행사하여 배당받을 수 있게 된다.[4)]

(2) 절차상대효설과 개별상대효설

가압류집행의 효력인 처분금지효가 가압류채권자뿐만 아니라 다른 배당요구채권자에게도 미쳐 가압류 후 채무자가 그 목적물을 제3자에게 양도·저당권설정 등의 처분을 하면 채권자 모두에 대하여 무효가 된다는 절차상대효설, 가압류채권자에게만 처분금지효가 미쳐 가압류채권자에 대한 관계에서만 무효가 되고 그 처분 후의 다른 배당요구채권자에게는 유효하다는 개별상대효

1) 대법 2011. 11. 24, 2009다19246.

2) 대법 2007. 1. 11, 2005다47175.

3) 대법 2021. 11. 11, 2020다278170.

4) 대법 2006. 7. 28, 2006다19986. 경우에 따라서는 집행법원이 종전소유자를 채무자로 하는 가압류등기의 부담을 매수인이 인수하는 것을 전제로 하여 가압류채권자를 배당절차에서 배제하고 매각절차를 진행시킬 수도 있다는 것에, 대법 2007. 4. 13, 2005다8682.

설의 대립이 있는 것은 본집행의 경우와 같다. 가압류에 관한 한 개별상대효설이 무리없다고 보며, 통설이고 판례[1]이다.

따라서 ① 가압류목적물의 소유권이 가압류집행 후에 제3자에게 양도된 경우 그 뒤의 가압류채무자의 다른 채권자는 배당에서 배제된다.[2] ② 가압류상태에서 채무자가 자신의 채무를 위한 저당권설정[3]은 뒤에 절차에 참가한 채권자와의 관계에서 무효로 되지 않는다. 채무자가 자기재산에 가압류가 되어도 담보가치가 있으면 유효하게 담보대출을 받을 수 있어 채무자가 숨통을 틀 수 있는 편의가 있다. 그러나 채무자 자신이 아무 채무없이 다른 사람을 위해 저당권을 설정함으로써 물상보증인이 되는 행위는 그 자체로서 다른 채권자를 해치는 사해행위가 되어 취소의 대상이 된다.[4]

(3) 가압류의 제3자효

임대주택이 양도될 당시 임차인의 보증금반환채권이 가압류된 상태라면 그 가압류결정의 효력이 주택임대차보호법에 따라 임대인의 지위를 승계한 신 소유자에게도 미친다는 것이 판례이다.[5]

---

1) 대법 1994. 11. 29, 94마417에서 **개별상대효설**을 토대로 배당에 관한 기준적인 판례를 냈는데, 그 취지는 다음과 같다.

가압류 다음에 저당권이 설정되고 그 다음 후행의 배당요구채권자가 있을 때 저당권자는 가압류채권자에 대항할 수 없어 배당순위에서 가압류권자와 저당권자는 동순위로 되고, 저당권자는 배당요구채권자에 대해 우선변제권을 내세울 수 있게 되지만, 가압류채권자와 배당요구채권자는 같은 일반채권자이므로 동순위가 된다. 이때 배당방법은 가압류권자·저당권자·배당요구채권자의 각 채권액을 기초로 안분배당하고 나서, 저당권자의 채권을 만족시키는 금액까지 배당요구권자의 배당액에서 떼어 저당권자에게 흡수배당한다(**안분 흡수**).

그러나 **절차상대효설**에 의한다면 이와 같은 경우에 저당권자는 가압류채권자는 물론 배당요구채권자에 대한 관계에서도 그 취득이 무효가 되어 아무런 배당도 받을 수 없어 배제되므로, 배당절차가 간편해진다.

2) 대법 1998. 11. 13, 97다57337; 동 2006. 7. 28, 2006다19986.

3) 이 경우에 가압류채권자는 근저당권자와 같은 자격에서 평등배당을 받을 수 있고, 따라서 가압류채권자는 채무자의 근저당설정행위로 인하여 아무런 불이익이 없으므로 채권자취소권을 행사할 수 없다(대법 2008. 2. 28, 2007다77446).

4) 대법 2010. 6. 24, 2010다20617·20624.

5) 대법 2013. 1. 17, 2011다49523. 이 판결에 대한 평석은 손흥수, "임차보증금채권이 가압류된 후 임차주택을 양수한 자의 임대인의 제3채무자 지위 승계", 민사집행법연구 제13권, 13~56면 참조.

V. 가압류집행의 정지 · 취소

가압류집행을 푸는 문제이다.

1. 가압류집행의 정지

집행이의신청이나 제3자이의의 소에 기하여 정지되는 경우가 있다(16조 2항, 48조 3항). 그러나 가압류의 정지는 집행 전이면 이를 할 수 있지만, 압류만으로 집행이 완성되는 가압류의 특질에 비추어 집행완료 후는 이를 할 수 없다.

2. 가압류집행의 취소

가압류집행의 취소이므로 가압류명령의 취소(287조, 288조)와는 구별된다. 이미 행한 집행을 취소시켜 원상회복하는 것을 말한다. 가압류집행이 완료된 뒤라도 본압류로 이행되기 전까지는 아직도 그 집행에 의하여 형성된 보전상태가 계속되어 채무자를 구속하므로 집행취소를 구할 수 있다고 볼 것이다.[1)] 가압류집행 취소의 효과는 장래에 대해서만 효력이 있고 소급하지 않는 것이 원칙이다.[2)]

(1) 취소사유

1) **취소결정** 가압류명령에 채무자 등이 이의신청 · 취소신청 · 집행이의신청(16조) · 제3자이의의 소 등을 제기하여 가압류결정이 취소되면, 채무자는 제49조와 제50조에 의하여 집행취소를 신청할 수 있다. 가압류의 취소결정이 있어도 이를 집행법원에 제출하여 집행취소절차를 밟지 아니하면 취소되지 않고 가압류의 효력은 존속된다. 따라서 가압류집행취소가 안된 상태에서 제3채무자의 채무자에 대한 변제는 유효한 변제로 볼 수 없다.[3)]

2) **채무자의 해방금공탁** 가압류집행 후 채무자가 해방금액을 공탁한 경우에는 집행법원은 가압류집행취소결정을 하는데(299조 1항, 282조), 채무자가

---

1) 原井龍一郞/河合伸一, 실무민사보전법, 247면. 가처분집행의 방법으로 이루어진 처분금지가처분등기는 집행법원의 가처분결정의 취소나 집행취소의 방법에 의하여만 말소될 수 있는 것이어서 처분금지가처분등기의 말소를 소송으로 구할 수 없다(대법 1982. 12. 14, 80다1872 · 1873).

2) 주석 민사집행법(V), 853면.

3) 대법 2003. 7. 22, 2003다24598 참조.

그 취소결정서류를 집행기관에 제출하면 집행은 취소된다. 가압류해방금액은 금전에 의한 공탁만이 허용되고, 유가증권에 의한 공탁은 그것이 실질적 통용가치를 가진 것이라고 하더라도 허용되지 않는다는 것이 판례[1]와 실무이나 그 문제점은 앞서 보았다. 해방금액의 일부만을 공탁하고 가압류집행 일부만을 취소신청하는 것은 허용되지 않는다.[2] 해방금공탁으로 가압류집행이 취소되어도 가압류명령 자체의 효력이 소멸되는 것은 아니고 가압류의 효력이 해방공탁금에 이행될 뿐이다. 가압류채권자가 승소확정판결을 얻으면 채무자의 공탁금회수청구권이 집행의 목적물이 된다.

3) **채권자의 집행취소**(해제) **신청** 위 두 가지는 채무자가 집행취소신청하는 경우인데, 채권자가 집행취소(해제)를 신청하는 경우가 있다. **가압류채권자의 신청**은 집행신청의 취하라고도 할 수 있다. 실무상 채무자가 채권자에게 변제하거나 합의하였을 때 주로 이용된다. 채권자가 집행취소를 신청하는데 채무자의 동의를 필요로 하지 아니하고, 채무자가 집행취소결정에 항고할 이익도 없다는 것이 판례이다.[3] 채권자가 집행취소신청을 하면 별도의 집행취소결정을 하지 않고 바로 집행취소절차를 밟는 것이 주된 실무이다.[4] 그러나 이 경우에도 채권자가 집행취소신청을 하면 가압류결정은 그로써 효력이 소멸되지만, 그 집행취소(해제)통지서가 제3채무자에게 송달되었을 때에 비로소 가압류집행의 효력이 장래에 향하여 소멸된다.[5] 송달 전이라도 제3채무자가 사실상 그 사실을 알게 된 경우에도 마찬가지이다.[6] 집행취소신청이 채권자의 의사에 기한 것인지 여부는 집행법원이 조사 판단하여야 할 사항이다. 따라서 집행해제신청서가 위조된 경우 등은 집행취소절차에 대한 집행이의사유가 된다.[7] 채권자의 신청에 의하여 집행이 취소된 경우에는 특별한 사정이 없는 한 가압류에 의한 소멸시효중단의 효과는 소급적으로 소멸한다는 것이 판례이다.[8]

---

1) 대법(전) 1996. 10. 1, 96마162.
2) 법원실무제요 민사집행(Ⅴ), 211면.
3) 대법 1980. 2. 15, 79마351.
4) 법원실무제요 민사집행(Ⅴ), 210면.
5) 대법 2001. 10. 12, 2000다19373.
6) 대법 2008. 1. 17, 2007다73826.
7) 대법 2000. 3. 24, 99다27149 참조.
8) 대법 2010. 10. 14, 2010다53273.

4) **직권취소** 법원의 직권에 의한 집행취소의 경우가 있다. 집행비용을 예납하지 아니한 경우가 그것이다(18조 2항). 채권자는 집행신청의 각하결정이나 집행취소결정에 대하여 즉시항고할 수 있는데(18조 3항), 채권자가 즉시항고를 하면서 집행법원이 예납을 명한 금액을 낸 경우에 예납하지 아니한 하자가 치유되는가. 소장각하명령에 대하여 즉시항고를 하고 항고심의 계속중에 부족한 인지를 납부하는 등 흠을 보정하여도 그 흠이 치유되지 않는다는 판례[1]에 비추어 소극적으로 보는 견해[2]가 다수이나, 반대하고 싶다.

(2) 사법보좌관의 업무

가압류·가처분집행취소절차는 지방법원 판사의 소관이 아니라 **사법보좌관의 업무**이다(사보규 2조 1항 16호). 독일에서는 가압류·가처분집행취소절차를 전적으로 사법보좌관에게 맡기지 않고 해방금액의 공탁에 의한 집행취소절차의 경우만으로 한정하였다(독일사법보좌관법 20조 15호).

(3) 집행취소의 절차

부동산과 같이 등기함으로써 집행된 경우에는 집행법원의 법원사무관 등이 가압류기입등기의 말소를 관할등기소에 촉탁함으로써 취소한다(293조 3항). 법원의 촉탁에 의하여 말소된 (가처분)기입등기의 회복등기의 이행은 소구할 이익이 없는 것이고 집행법원에 대한 집행이의사항이다.[3]

Ⅵ. 본집행으로의 이행

(1) 의 의

가압류집행 후 채권자가 본안소송에서 승소하여 집행권원을 취득하거나 본집행의 조건·기한을 갖춘 때에는, 채권자가 본집행을 신청함으로써 가압류로써 된 집행처분은 그 단계에서 본집행으로서의 집행처분이 된다. 그리하여 가압류의 처분금지의 효력은 본집행으로 인계되고 가압류집행 결과를 이용하여 본집행을 실시할 수 있다. 이를 가압류의 본압류로의 이행(이전)이라 한

---

1) 대법(전) 1968. 7. 29, 68사49; 동 2013. 7. 31, 2013마670 등. 이 판례에 대한 반대입장은, 이시윤, 신민사소송법(제17판), 287면 참조.
2) 김홍엽, 518면; 주석 민사집행법(Ⅶ), 602면 등.
3) 대법 2000. 3. 24, 99다27149.

다.[1] 가압류집행이 본집행으로 이전하기 위한 요건은 첫째 채권자가 본안에서 집행권원을 갖추어야 하고, 둘째 양자 사이에 사건이 동일한 경우라야 한다. 사건의 동일성이란 당사자의 동일과 집행될 권리내용의 동일을 말한다. 다만 피보전권리와 집행채권은 완전히 동일할 필요는 없고 청구의 기초가 동일하면 된다.[2]

(2) 본집행으로의 이행시점

본안에 대한 집행권원의 성립시 혹은 집행력 있는 정본의 송달시라는 견해, 본집행개시(착수)시라는 견해[3]가 있으나 채권자의 본집행(압류)신청시로 볼 것이다.[4] 판례와 실무는 본집행개시(착수)시에 이행된다고 보는 것 같다.[5]

(3) 이행절차

유체동산이면 목적물의 점유가 이미 집행관에게 넘어가 있기 때문에 그대로 현금화의 단계로 진입해도 좋을 것이다. 채권과 그 밖의 재산권의 경우에는 바로 추심명령·전부명령 등 현금화 단계로 넘어가지 않고, 본집행기관인 집행법원에 의한 별도의 압류명령을 받을 필요가 있다. 가압류와 본압류 사이에서 당사자, 피보전권리(집행채권), 피압류채권 간의 동일성이 인정되면, 가압류에서 본압류로 이전하는 내용의 주문이 누락되어도 당연히 가압류는 본압류로 이전되는 효력이 생긴다.[6] 부동산의 경우에는 가압류와 본압류의 집행법원이 일치하지 않고 또 압류절차도 달리하므로 관할법원이 다시 경매개시결정을 한다.

---

1) 가압류가 본압류로 이행되기 전에 목적물의 소유권을 취득한 제3취득자가 가압류에서 본압류로 이행된 후에 본압류의 집행배제를 구하기 위해서는 가압류의 청구금액 외에 가압류의 집행비용 및 본집행의 집행비용 중 가압류의 본압류로의 이행에 대응하는 부분까지를 아울러 변제하여야 한다는 것에, 대법 2006. 11. 24, 2006다35223.

2) 대법 1982. 3. 9, 81다1223, 81다카991.

3) 전병서, 652면; 법원실무제요 민사집행(Ⅴ), 204면; 이우재, "압류·가압류의 처분금지효와 개별상대효의 이해", 민사집행소송(2008년), 334면. 이 견해는 가압류집행과 본집행 사이의 시간적 간격을 이용하여 채무자가 목적물을 처분, 멸실, 훼손할 위험이 있으므로 집행의 확실성을 확보하고, 가압류에서 본집행으로 이전될 때 실무가 본집행절차를 처음부터 이행하고 있는 실정을 감안하여 절차의 명확성을 기한다는 점을 근거로 든다.

4) 방순원/김광년, 514면; 박두환, 742면; 한종열, 352면; 김홍엽, 518면. 채무자가 목적물을 처분 등을 하여도 채권자에게 대항할 수 없는 것은 가압류와 본압류에 차이가 없는데 본집행개시시설의 논거는 이해하기 힘들다.

5) 대법 2004. 12. 10, 2004다54725 참조.

6) 대법 2010. 10. 14, 2010다48455.

(4) 이행의 효과

가압류집행이 본집행으로 이행된 때에는 **가압류의 운명**이 어떻게 되는가에 다툼이 있다. 보전집행이 본집행으로 이전된다고 하여 보전집행의 효력이 소멸한다거나 보전처분절차가 당연히 종료한다고 볼 필요는 없고, 본집행에 포섭되어 독자적인 존재를 잃지만 잠재적으로 존속하므로 본집행의 취소, 취하가 있는 경우 그것이 보전집행의 소멸도 포함하는 경우를 제외하고는 독립의 존재를 회복한다는 견해(잠재설),[1] 보전집행의 효력은 소멸하지 않고 피보전권리의 만족 내지는 그 불능에 의한 본집행 종료시까지 병존한다는 견해(병존설)[2]가 있으나 주류적인 입장은 아니다.

보전집행이 본집행으로 이전된 경우 가압류집행은 목적을 다하여 장래를 향하여 소멸되고, 가압류집행의 결과가 본압류에 포섭되므로 당초부터 본집행이 있었던 것과 같은 효력이 있다.[3] 본집행의 효력이 유효하게 존속하는 한 상대방은 가압류집행의 효력을 다툴 수 없으며,[4] 오로지 본집행의 효력에 대해서만 다투어야 하는 것이므로 본집행이 취소 · 실효되지 않는 한 보전집행이 취소되어도 이미 효력이 발생한 본집행에는 아무런 영향을 미치지 않는다.[5] 이전 후 본집행이 취소되거나 취하되면 가압류의 효력도 운명을 같이하여 함께 소멸한다. 가압류가 부활되지 아니한다(소멸설).[6] 본집행인 강제집행절차가 집행목적달성이 불가능하게 되어 종료된 경우에는 가압류집행도 그 효력이 상실된다. 가압류집행과 본집행은 연속일체를 이룬다는 것을 전제한 것이다.[7] 본집행으로 이행된 후에는 채무자가 이의신청이나 취소신청에 의하여 가압류명령만의 취소를 구할 이익이 없으며,[8] 채무자가 가압류해방금을 공탁하여 집

1) 이 견해를 취하는 분의 주장은 조금씩 다르다. 전병서, 654면; 윤경, "가압류에서 이전한 본압류의 효력", 저스티스 381호(2002. 6), 41면; 김창종, "보전집행으로부터 본집행으로의 이행", 보전소송에 관한 제문제(하), 재판자료 46집, 159면; 권성, "가압류와 본압류의 관계" 민사재판의 제문제 8권(1994. 10), 916면 등.

2) 일본 최고재 평성14(2002). 6. 7. 판결. 일본과 독일에서는 병존설이 유력하다.

3) 대법 2010. 10. 14. 2010다48455.

4) 대법 2004. 12. 10, 2004다54725.

5) 대법 2002. 3. 15, 2001마6620.

6) 박두환, 742면; 강대성, 603면; 김홍엽, 519면.

7) 대법 1980. 6. 26, 80마146.

8) 대법 2010. 11. 30, 2008마950; 동 2016. 3. 24, 2013마1412 등. 단 2013마1412에서는 "배당요구의 종기 이후에 이중경매신청을 한 압류채권자는 선행경매절차에 기하여는 배당을 받지 못하므로(제148조 1호), 가압류 후 이중 강제경매개시결정으로 인하여 가압류가 본압류로 이

행의 취소를 구하거나 채권자가 가압류집행취소(해제)신청을 하는 것도 허용될 수 없다. 대법 2012. 5. 10, 2012마180도 가압류집행 후 본압류로 이행된 경우에는 가압류집행이 본집행에 포섭됨으로써 당초부터 본집행이 행하여진 것과 같은 효력이 있고, 본집행이 유효하게 존속하는 한 집행법원의 가압류말소등기촉탁은 법률상 허용될 수 없다고 했다. 앞서 본 논리는 보전집행이 본집행으로 유효하게 이전된 것을 전제로 한 것이다. 그러므로 본집행의 효력이 없는 것이라면 보전집행의 효력은 그대로 살아나서 보전집행상태가 유지된다.[1)]

본집행으로 이행은 채권자가 본안에서 승소판결을 받은 경우의 문제이다. 반면에 채무자가 본안에서 승소판결을 받은 경우에는 가압류의 효력이 당연히 실효되지는 아니하고 존속되며, 다만 채무자가 사정변경을 이유로 가압류취소신청을 할 수 있다.[2)] 따라서 채무자가 본안에서 승소확정판결을 받아도 가압류의 집행보전의 효력이 존속되는 동안은 시효중단의 효력은 유지된다.

가압류와 본압류가 효력면에서 차이가 없으나, 특히 가압류집행과 강제집행의 압류 사이에 있어서는 그 차이가 크다.

도표 4-3 가압류집행과 강제집행 압류의 차이

사항 / 종류	관할 법원	집행권원 송달	집행문	집행 기간	사정변경이 생긴 경우	제도의 의의	본집행 이행
가압류	물건이 있는 곳의 법원, 본안관할법원	채무자 송달불요	불필요	2주간	가압류결정 취소신청	집행 보전	본압류신청시 가압류 → 본압류이행
압 류	물건이 있는 곳의 법원	채무자 송달필요	필 요	기간제한없다	청구이의의 소	본집행(압류 → 현금화 → 배당)의 1단계	

행되었으나, 그 경매신청이 선행경매절차의 배당요구의 종기 이후일 때에는, 먼저 선행 경매신청이 취하, 취소되었다는 등의 특별한 사정이 없는 한 가압류집행이 본집행에 포섭된다고 볼 수 없으므로, 채무자나 이해관계인은 가압류에 대한 취소를 구할 이익이 있다고 하였다(예외적인 불흡수).

1) 대법 2000. 6. 9, 97다34594.

2) Brox/Walker, Rdnr. 1545.

제 3 장 가처분절차

제 1 절 서 설

Ⅰ. 의 의

(1) 채무자의 재산을 확보해 금전채권의 집행을 보전하고자 하는 것이 가압류제도인데, 같은 필요성은 금전채권 이외의 청구권의 보전을 위해서도 있을 수 있다. 민사집행법에서는 먼저 가압류에 대하여 규정하고(276조 부터 299조까지 24개 조문), 그 규정의 대부분을 가처분에 준용하는 방식이므로(301조), 가처분절차의 많은 것이 가압류절차와 공통적이다. 가압류와 차이가 있고 가처분에만 관계된 11개의 조문을 별도로 규정하였다.

(2) 가처분에 의하여 보전되는 권리, 즉 피보전권리는 주로 금전채권 이외의 청구권이다. 가압류에서는 모든 경우에 보전의 방법으로 채무자의 재산처분을 금지하는 압류의 형태를 취하지만, 가처분에서는 피보전권리의 종류와 보전의 필요성이 다양하다. 이와 같이 다양한 가처분에 대하여 가장 기본적인 법의 분류는 다툼의 대상에 관한 가처분과 임시의 지위를 정하기 위한 가처분 두 가지이다.

(3) 가처분절차도 집행권원에 해당하는 가처분명령(보전권원)을 발령하는 **가처분명령절차**와 이에 기하여 집행을 하는 **가처분집행절차**로 나누어지며, 그 발령절차와 집행절차 모두 민사집행법과 민사집행규칙의 규율사항이다.

Ⅱ. 가처분의 본안화 경향

가처분이 본안소송과 같이 되는 본안화에는 3가지 유형이 있다. 첫째 유형은 잠정성위반으로 본안의 만족에까지 이르는 만족적 가처분의 성행으로 가처분에서 분쟁이 결판나는 경향(가처분의 본안대체화, 가처분의 주문이 본안판결의 주문과 같은 경우)이고, 둘째 유형은 부수성위반으로 보전소송만 제기되고 본안소송이 제기되지 아니하거나 제기할 필요가 없어지는 경향(본안소송의 생략화, 제소명령신청 대신에 항고·재항고로 해결하려는 경향)이며, 셋째 유형은 신속성위반으로 보전소송이 본안소송만큼 오래끌며 장기화되는 경향(가처분심리의 장기화, 특히 이의신청사건을 본안사건과 동시처리)이다.

가처분의 본안화는 가처분절차의 경제성, 가집행선고 있는 제1심판결이 선고되어도 쉽게 강제집행을 정지해주는 경향, 만족적 가처분의 남발, 피보전권리에 대한 지나치게 신중한 심리, 본안소송에 의한 종국적 해결이 시간을 지나치게 끄는 것 등이 그 원인이라 한다.[1] 가처분 재판에서 분쟁이 해결되고 본안재판까지 가기 전에 분쟁이 끝나는 것이 바람직하다는 평가도 있지만, 본안소송보다는 채무자에 대한 절차보장이 약한 가처분으로 분쟁이 해결된다는 것은 **헌법상 재판을 받을 권리**(헌 27조)의 충실한 존중이 아니라는 평가도 있다. 본안화가 심한 대표적인 유형은 부작위가처분, 단행가처분, 금전지급가처분 등 만족적 가처분에서 나타나는데, 노동사건, 환경사건(공해사건), 생활방해·인격권침해·지식재산권침해, 정보통신기술사건, 정치투쟁사건, 주식회사 등 단체사건 등으로 먼저 신속히 기선을 제압하기 위해 가처분을 신청하는 경우이다.

제 2 절 가처분명령절차

Ⅰ. 가처분의 기본유형

앞서 본 바와 같이 가처분의 기본유형으로 다툼의 대상에 관한 가처분과 임시의 지위를 정하기 위한 가처분이 있다. 법은 이 두 가지의 기본유형에 관한 조문을 두고 어떠한 내용의 가처분을 발령할 것인가는 법원의 재량에 위임하고 있다(305조).

---

1) 전휴재, "임시의 지위를 정하기 위한 가처분 제도와 실무의 개선방안", 민사집행법연구 제18권 제2호, 687~714면 참조.

1. 다툼의 대상에 관한 가처분[1)]

현상이 바뀌면 당사자가 권리를 실행하지 못하거나 이를 실행하는 것이 매우 곤란할 염려가 있을 경우에 발령하는 가처분이다(300조 1항). 다툼의 대상에 관한 가처분(약칭; 다툼대상가처분)은 피보전권리가 금전채권 이외의 것으로, 특정물에 대한 이행청구권 예를 들면 물건인도, 소유권이전등기, 특정물에 관한 작위·부작위와 참고 견디는 인용(忍容), 의사의 진술 청구 등에 대한 판결이 났을 때 장래의 권리실행의 불능·곤란에 대비하기 위하여 **현상유지를 명하는 가처분**(현상변경의 금지)이다.

일본에서는 계쟁물에 관한 가처분, 독일에서는 소송물(Streitgegenstand)에 관한 가처분 혹은 보전가처분(Sicherungsverfügung)이라 한다. 이 점에서 가처분의 피보전권리의 내용과 필요성이 가압류와 유사하지만 가압류의 피보전권리는 금전채권임에 대하여, 가처분의 피보전권리는 비금전채권이다. 따라서 가압류가 금전채권의 보전처분이라면, 이 가처분은 금전채권 외의 특정물에 대한 이행청구권 즉 비금전채권의 보전처분이다. 다툼대상 가처분의 대표적인 것으로는 다음과 같은 것들이 있다.

1) **점유이전금지가처분** 특정물의 점유상태의 현상유지를 목적으로 점유이전을 막는 가처분이다. 우리 민사소송법은 소송계속중 소송물의 승계가 있는 경우에 독일처럼 당사자항정주의(恒定主義)를 취하지 아니하고 소송승계주의를 채택함으로써, 물건의 인도·명도청구권에 관한 판결을 받아 집행하려고 할 때 변론종결 전에 판결 등 집행권원상의 피고가 아닌 다른 사람으로 점유자를 바꾸어 놓으면 집행불능이 된다. 이러한 경우의 물건의 인도·명도청구권의 권리보전을 위하여 이와 같은 가처분을 인정하였다. 점유이전을 못하게 하고, 이전하여도 가처분채권자에게 대항할 수 없어 무효가 되게 한다.

2) **처분금지가처분** 특정물의 권리상태의 현상유지를 목적으로 처분을 막는 가처분이다. 이는 소유권자 그 밖의 권리자로부터 그 처분권을 박탈하는 가처분이다. 이 가처분은 특정물에 대한 급부청구권의 집행확보를 목적으로 한다. 예컨대, 甲이 乙을 상대로 매매를 원인으로 한 소유권이전등기청구

1) 미국법에는 소송계속의 통지(notice of pendency)와 임시관리인 지정(temporary receiver)제도가 있다.

소송을 제기한 경우, 甲이 승소하여도 乙이 제3자에게 매도하여 이전등기를 하는 등의 현상변경을 하면 甲의 승소판결은 이행불능이 되므로 그것의 방지책이다. 이는 점유상태의 보전이 아니라 공시방법의 보전을 목적으로 한다. 처분금지가처분을 할 때에는 법원은 등기부에 처분금지를 기입한다(305조 3항). 처분을 못하게 하고 처분할 경우 가처분채권자에 대한 관계에서 무효가 되게 한다.

위 두 가지 모두 가압류와 마찬가지로 잠정적인 절차이고, 채권자에게 청구권의 만족을 시키는 명령을 발할 수 없다(가처분의 잠정성).

다툼의 대상에 대하여 관리하여 현상유지를 하도록 보관인의 지정을 가처분의 내용으로 할 수 있다. 보관의 유형으로 채무자사용형(기본형, 집행관 보관하되 채무자의 사용허용), 집행관보관형(집행관의 현실적 보관), 채권자사용형(사실상 만족적 가처분에 가깝다)이 있다. 여기에서 보관인에게 계쟁물의 인도를 명하는 것까지는 허용된다. 그러나 이러한 가처분에 의하여 채권자에게 인도하게 함은 그 가처분의 한계를 벗어난다.[1)]

2. 임시의 지위를 정하기 위한 가처분

(1) 의 의

이는 다툼이 있는 권리관계, 특히 계속하는 권리관계에 대하여 본안재판이 끝날 때까지 채권자에게 끼칠 현저한 손해를 피하거나 급박한 위험을 막기 위하여, 또는 그 밖의 필요한 이유가 있을 경우에 한하여 응급적 · 잠정적으로 발령하는 가처분이다(300조 2항). 독일에서는 일시적 상태 규율 목적의 가처분, 즉 규율가처분(Regelungsverfügung)이라 한다(ZPO §940). 본안판결시까지 잠정적 · 임시적 조치를 취하지 아니하면 회복할 수 없는 손해(irreparable damage)를 입게 될 경우에 발령한다. 임시의 지위를 정하기 위한 가처분(약칭; 임시지위가처분)은 다음과 같은 특징을 갖는다.

(2) 다른 보전처분과의 관계에서의 특징

1) 가압류나 다툼대상가처분과 달리 장래의 강제집행의 보전용이 아니라, 다툼이 있는 권리관계에 관하여 본안판결이 날 때까지 채권자에게 생길 현재

1) Lüke, §1 Rdnr. 3.

의 위험 및 지위의 불안정을 잠정적으로 배제할 목적의 가처분으로서, 현재의 위험에 대한 보전수단이다.[1] 그러므로 가압류 등의 소송물이나 임시지위가처분의 소송물이 다같이 피보전권리와 보전의 필요성으로 구성되지만, 전자는 보전의 필요성이 장래의 강제집행(권리실행)의 불능·곤란임에 대하여, 후자는 **장래의 집행불능·곤란**이 아니라 **본안판결까지의 당면한 위험**인 점에서 근본적인 차이가 있다. 따라서 다같이 유비무환(有備無患)이지만 전자는 판결확정 후의 집행대비책이고, 후자는 판결확정 전의 위험대비책이 된다.

2) 임시지위가처분은 피보전권리의 종류를 불문하는 점에서 가압류나 다툼대상가처분과는 다르다. 따라서 피보전권리는 금전채권이나 특정물의 이행청구권에 한하지 아니하며, 강제집행에 친하지 아니한 청구권도 피보전권리가 될 수 있다. 연극에의 출연 등 임의이행을 구하는 가처분도 가능하다.

3) 임시지위가처분은 다른 두 가지와 달리 가처분의 내용이 각기 다르고 그 집행방법도 직접강제이거나 대체집행 또는 간접강제일 수도 있는 비정형성(非定型性)이 특징이다.

4) 이 가처분은 현재의 위험을 제거하기 위해서는 강제집행절차를 종국적으로 실행하여 채권자를 만족시키는 만족적 가처분도 할 수 있는 데에 실천적으로 큰 의미가 있다. 이렇듯 본안소송이 확정되기까지 채권자와 채무자의 법적 지위를 임시로 형성하여 잠정적인 법적 평화를 규율하는 것이기 때문에, 급한 불을 끄고 보자는 취지의 잠정적인 처분을 하는 것이라 할 수 있다(사회의사인 법관이 본치료에 앞서 하는 응급치료). 때문에 임시지위가처분은 본안승소판결의 확정과 동시에 그 목적달성이 되어 당연히 효력을 상실하게 된다. 이 점이 본안판결확정 이후에도 그 효력이 유지되는 가압류나 다툼대상가처분과 다르다.

여기의 대표적인 예로는 민사집행법에서 직접 규정한 직무집행정지 및 대행자 선임의 가처분(306조)을 비롯하여 방해물의 철거단행가처분, 건축공사중지가처분, 퇴거나 시위·출입금지가처분, Internet 명단공개금지가처분, 통행방해·업무방해금지가처분, 겸업금지가처분, 지위보전가처분, 가옥명도단행가처분, 임금지급가처분,[2] 주주의 의결권행사중지가처분, 특허권 등 침해의 상

1) 대법 1957. 7. 25, 4290민상208.

2) 대법 1978. 2. 14, 77다1648.

품판매금지가처분, 프라이버시 침해를 원인으로 한 출판물판매금지가처분 등이 있다.

5) 현행법상 부대체적 작위의무나 부작위의무를 명하는 가처분명령을 위반한 채무자에 대한 제재는 간접강제밖에 없다. 채권자가 위반행위의 결과물을 제거할 수 있다고 해석하더라도 이는 채무자에 대한 제재 자체는 아니고, 우리의 간접강제는 배상금을 부과하는 것 외에 별다른 방법이 없어 그 실효성이 떨어진다. 그 결과 가처분이나 간접강제결정에도 불구하고 이를 지키지 않는 채무자도 많다. 간접강제의 방법에 배상금의 부과 외에 벌금, 구금 등도 고려하고 미국의 법정모욕죄 도입도 검토해 볼 만하다.[1)]

Ⅱ. 가처분의 법적 성질

학설에 따라서는 다툼대상가처분은 민사소송의 목적인 권리의 보전을 위한 절차라는 이유에서 소송사건이고, 임시지위가처분은 국가의 후견적 기능이 발동하는 것이므로 비송사건이라고 보아, 양자의 법적 성질을 달리 파악하고자 하는 견해가 있다.[2)] 그러나 가처분의 어느 것이나 권리나 법적 이익 일반에 인정되는 보전권(保全權) 등에서 그 근거를 구할 수 있는 것이고 그 보전의 모습을 달리할 뿐이다. 특히 후자는 행정적 측면이 없지 아니하나, 민사집행법이 쌍방심문의 기회보장하에 당사자대립의 구조를 이루게 하였고(300조 2항), 당사자간의 공격방어 속에서 소송물인 피보전권리와 보전의 필요성의 당부를 가리게 하기 때문에 이것도 비송사건(非訟事件)이 아니라 소송사건으로 파악함이 옳을 것이다.[3)]

1) 김연학, "임시의 지위를 정하기 위한 가처분의 심리에 관한 몇 가지 모색적 시도", 민사집행법연구 제4권, 190~197면.
2) 방순원/김광년, 481면; 강대성, 345면.
3) 동지; 김홍엽, 521면.

Ⅲ. 가처분의 신청요건

1. 다툼대상가처분[1)]

다음 두 가지 요건을 갖추어야 한다.

(1) 피보전권리

무슨 권리의 보전을 위하여 하느냐의 문제이다.

1) 다툼의 대상에 관한 가처분의 피보전권리는 금전채권 이외의 **특정물에 관한 이행청구권**(Individualanspruch)이다.[2)] 다툼의 대상 즉 계쟁물은 금전 이외의 특정 물건·권리를 말한다. 유체물에 한하지 아니하며 채권 그 밖의 청구권, 지식소유권이라도 된다. 채권자나 집행관이 목적물을 특정할 수 있으면 대체물이라도 그에 대한 가처분이 가능하다(257조 참조).[3)] 본안소송은 주로 금전지급 이외의 이행소송이 된다. 다만 확인청구권이라도 본안소송에서 승소판결을 받게 되면 실체적인 권리관계가 확정되어 분쟁이 해결될 수 있으므로 피보전권리가 확인을 구하는 권리관계이더라도 예외적으로 허용될 수 있다.[4)] 피보전권리가 비금전청구권인 이상 급부의 내용이 금전지급이 아닌 물건인도(명도)·물건에 관한 작위·부작위·의사표시·인용(忍容)이든 상관없다. 물권적 청구권이든 채권적 청구권이든 가리지 않는다.[5)] 피보전권리가 특정물의 이행청구권이므로 그 **다툼의 대상물**은 명확히 특정되어야 한다.[6)]

2) 피보전권리인 청구권은 이미 성립하였거나 적어도 그 내용, 주체를 특정할 수 있을 정도로 요건이 갖추어져야 한다. **조건부·기한부·장래의 청구권**

---

1) 다툼대상가처분과 임시지위가처분이 실제의 적용면에서 반드시 명확하게 구별되는 것은 아니다. 특히 부작위를 명하는 가처분에서 그러하다. 예를 들면 건축공사금지의 가처분과 같은 부작위를 명하는 가처분에서 그러하다. 건축공사금지의 가처분과 같은 부작위를 명하는 가처분은 그 성질이 임시지위가처분이지만, 특히 현상대로의 부동산명도의 강제집행의 보전을 위하여 하는 건축공사금지의 가처분은 동시에 다툼대상가처분이기도 하다. 우리나라 사법연감에서는 다툼대상가처분과 임시지위가처분사건의 통계상의 구별도 없다(2024년 사법연감, 743면). 일본사법연감에는 양자간 통계상 구별이 있다.

2) 대법 1956. 1. 26, 4288민상248; 동 1999. 5. 13, 99마230.

3) 전병서, 660면; 오천석, "보전처분의 피보전권리", 재판자료(45), 19면; 이석선, 보전소송-가압류·가처분(상), 40면.

4) 법원실무제요 민사집행(Ⅴ), 44면.

5) 다만 등기청구권의 보전을 위한 가등기가처분(부등 38조)은 비송사건절차법에 의하여 심판되어야 한다. 대법 1990. 3. 24, 90마155.

6) 대법 1999. 5. 13, 99마230.

이라도 상관없다(301조, 276조 2항).[1] 동시이행의 항변권이나 유치권이 붙어 있는 청구권도 무방하다.[2] '부동산거래신고 등에 관한 법률'상의 규제구역 내의 토지에 관하여 관할관청의 허가 없이 체결된 매매계약이라고 하더라도 허가받을 것을 전제로 하여 체결된 매매계약의 매수인은 토지거래허가신청절차청구권을 피보전권리로 하여 매매목적물의 처분금지가처분을 신청할 수 있다.[3] 그러나 토지거래허가구역 내의 토지에 대한 매매계약에 기한 이전등기청구권은 조건부·부담부 청구권에 해당되지 아니하여 이를 피보전권리로 한 처분금지가처분은 허용될 수 없다.[4]

법원의 형성판결에 의하여 비로소 발생하는 청구권, 예를 들면 사해행위취소에 의한 원상회복청구권을 피보전권리로 하여 처분금지가처분을 발령하는 것도 가능하다.[5] 또한 부동산 공유지분권자가 공유물분할의 소를 제기하기에 앞서 승소판결확정시에 취득할 특정부분에 대한 소유권을 피보전권리로 하여 부동산 전부에 대한 처분금지가처분도 할 수 있고,[6] 다른 공유자의 공유지분에 대한 처분금지가처분도 할 수 있다.[7] 본안소송의 현재 계속을 요건으로 하지 아니함은 가압류의 경우와 같다(집행정지의 잠정처분은 본안소송의 계속 전제). 소유권 등 본권에 기한 청구권이든 본권 없는 점유권에 기한 청구권이든 상관없다.[8] 1필지의 토지 중의 특정부분에 대한 소유권이전등기청구권의 보전을 위하여 1필지의 토지 전부에 대하여 가처분할 수 있다.[9]

피보전권리는 민사소송절차에 의하여 보호받을 수 있는 권리로서 강제집행에 적합하지 아니하면 안 된다. 그러므로 행정사건에 관한 권리,[10] 비송사건절차법에 의한 권리 등도 원칙적으로 가처분의 피보전권리의 적격이 없다.[11] 가정법원은 가사소송사건 또는 마류 가사비송사건을 본안으로 하여 가압류 또

---

1) 대법 2002. 8. 23, 2002다1567; 동 1993. 2. 12, 92다29801.
2) 김상원/정지형, 100면; 법원실무제요 민사집행(Ⅴ), 44면.
3) 대법 1998. 12. 22, 98다44376.
4) 대법 2010. 8. 26, 2010마818.
5) 대법 2006. 8. 24, 2004다23110; 동 2008. 3. 27, 2007다85157.
6) 대법 2002. 9. 27, 2000마6135.
7) 대법 2013. 6. 14, 2013마396.
8) 대법 1967. 4. 4, 66다2641; 동 1967. 2. 21, 66다2635 등.
9) 대법 1975. 5. 27, 75다190.
10) 대법 1975. 12. 30, 74마446 참조.
11) 법원실무제요 민사집행(Ⅴ), 47면.

는 가처분을 할 수 있다(가소 63조). 소구할 수 없는 자연채무, 부집행합의가 있는 청구권도 피보전권리가 될 수 없다.[1] 또 현행 부동산등기법상 허용되지 않는 등기청구권도 피보전권리가 될 수 없다.[2] 또 다툼의 대상은 가처분에 의하여 보전될 강제집행의 대상이 될 수 있는 물건이어야 하고, 제3자소유의 물건은 가처분의 대상이 될 수 없다.[3] 주주는 회사소유 부동산에 대하여 어떠한 이행청구권도 가질 수 없으므로 주주가 회사소유 부동산에 대한 처분금지가처분을 할 수 없다.[4]

3) 피보전권리 없이 한 가처분은 그 효력이 없다.[5] 가처분등기를 마쳤다 하여도 마찬가지이다. 그러나 피보전권리와 본안소송의 소송물인 권리관계는 엄격히 일치할 필요는 없고 청구의 기초의 동일성이 있으면 된다.[6]

(2) 보전의 필요성

무슨 필요나 이유때문인가의 문제이다.

다툼대상가처분의 보전의 필요성은 대상물의 현상을 바꾸면 장래에 **권리 실행의 불능** 혹은 **현저한 곤란의 염려**가 있을 경우이다(300조 1항). 현상을 바꾸는 것에는 대상물건의 물리적 상태의 변경과 법률적 상태의 변경이 있다. 전자의 예로는 채무자에 의한 계쟁물의 훼손 · 개조 · 재건축 · 은닉 등이 있고, 후자의 예로는 채무자에 의한 계쟁물의 점유이전, 양도 · 등기이전, 담보설정, 등이 있다. 나아가 집행권원을 얻어도 즉시집행이 불가능한 경우에도(집행정지된 경우) 보전의 필요성을 인정할 것이다. 또 가압류와는 달리 재산관계의 변경이 아니라 **계쟁물**(특정물)**의 현상변경**이 문제되므로 채무자가 충분한 책임재산을 갖고 있는가는 문제되지 아니한다.[7] 판례[8]는 다툼대상가처분에서는 **피보전권리가 소명**되면 만족적 가처분의 경우와 달리 보전처분의 잠정성, 신속성 등에 비추어 다른 특별한 사정이 없는 한 보전의 필요성도 인정된다고 하였

---

1) 동지: 김홍엽, 530면; 전병서, 661면; 오천석, "보전처분의 피보전권리", 재판자료(45), 20~21면.
2) 대법 1991. 7. 23, 91다14574. 공유수면을 구획지어 이전등기를 구하면서 미리 그 등기청구권의 보전을 위한 가처분은 허용될 수 없다.
3) 대법 1996. 1. 26, 95다39410; 같은 취지 대법 1998. 10. 13, 96다42307.
4) 대법 1998. 9. 18, 96다44136.
5) 대법 2004. 4. 27, 2003다47324; 동 2007. 8. 24, 2007다26882.
6) 대법 2006. 11. 24, 2006다35223.
7) 강대성, 600면; 이석선, 보전소송 – 가압류 · 가처분(상), 57면; 법원실무제요 민사집행(Ⅴ), 55면.
8) 대법 2005. 10. 17, 2005마814.

다. 따라서 임시지위가처분의 경우처럼 보전의 필요성을 엄격하게 따질 것은 아니다.

다만 가처분의 필요성이 일응 인정되어도, 다른 사정으로 그 필요성이 조각될 경우가 있다.[1] 임시지위가처분의 경우에도 같다. ① 채권자가 이미 즉시 본집행이 가능한 집행권원을 확보했는데도 이를 게을리하는 경우,[2] ② 법률상 다른 구제수단이 인정되어 있는 경우,[3] ③ 부작위채권자가 자기의 권리침해를 장기간 방치하였을 경우, ④ 가처분신청이 권리남용으로 인정될 경우(전적으로 채무자를 괴롭힐 목적의 신청), ⑤ 채권자가 동일청구에 관하여 이미 가처분명령을 얻어 집행할 수 있는 상태에 있는 경우,[4] ⑥ 본안의 청구범위를 초과하여 가처분을 구하고 있는 경우, ⑦ 채권자 스스로 물적 현상변경의 초래를 유인·방조한 경우 등이 이에 해당한다.

2. 임시지위가처분

다음 두 가지를 요건으로 한다.

(1) 피보전권리

여기의 피보전권리는 널리 "다툼이 있는 권리관계"이고 그 내용은 불문한다. 현재 다툼이 있어 그 확정이 되지 아니한 권리관계인데, 분설하면 다음과 같다.

1) 권리관계가 "현존"할 것을 요한다.[5] 이 가처분은 장래의 집행보전이 아닌 현존하는 위험방지를 위한 것이기 때문이다. 따라서 이미 효력이 상실된 과거의 단체협약의 효력정지가처분은 허용되지 아니한다.[6] 현재 피보전

---

1) 대법 2009. 1. 30, 2006다60991 참조.

2) 대법 2000. 11. 14, 2000다40773.

3) 대법 2009. 10. 29, 2009마1311은 법률 또는 정관에 정한 이사의 원수에 부족이 있어 퇴임한 이사가 이사선임시까지 이사의 권리의무를 행하고 있는 경우, 그 퇴임이사로 하여금 이사로서의 권리의무를 가지게 하는 것이 불가능하거나 부적당한 경우에는 상법 제386조 2항에 정한 일시이사의 선임을 법원에 청구할 수 있으므로, 이와 별도로 퇴임이사를 상대로 직무집행정지를 구하는 가처분신청은 허용되지 않는다고 하였다.

4) 다만 대법 2005. 10. 17, 2005마814은 동일한 피보전권리에 대하여 다른 채권자에 의한 동종의 가처분집행이 마쳐졌다는 사정만으로는 곧바로 보전의 필요성이 없다고 단정할 수 없다고 하였다.

5) 대법 1966. 12. 19, 66마516.

6) 대법 1995. 3. 10, 94마605.

권리가 없으면 가처분도 있을 수 없다. 현행법이 허용하지 아니하는 본안소송의 권리관계를 피보전권리로 하는 가처분은 인정되지 않는다.[1] 법적 근거가 없는 형성의 소를 본안소송으로 하는 경우가 그 예이다. 반드시 본안소송과 그 목적을 같이 하여야 하는 것은 아니다.[2] 또한 임시지위가처분의 경우에는 가처분에 의한 법률관계를 형성함으로써 채권자에게 임시의 만족을 주는 것도 허용된다.[3] 조만간 소멸될 것이 충분히 예상되는 권리는 피보전권리가 될 수 없다.[4] 그러나 이미 발생한 권리관계에 한하지 않고 조건부·기한부채권 등 장래의 권리관계나 국가계약법 등으로 인정된 입찰절차에 참가할 권리라도 상관없다.[5]

2) **"권리관계"에 다툼이 있어야 한다.** 다툼 있는 권리관계는 개개의 청구권도 포함되지만 널리 채권자·채무자 간의 권리관계이어야 한다. 혹자는 여기의 권리관계를 확인의 소의 대상인 권리 또는 법률관계에 비유시킨다. 다만 제3자의 권리관계이면 안 되는 것이 원칙이나,[6] 제3자와의 권리관계 또는 제3자 간의 권리관계라도 확인의 이익이 있으면 피보전권리가 될 수 있다.[7] 임대차·고용·위임·리스계약과 같이 권리관계가 계속적일 경우가 통례이지만, 이에 한하지 않고 치료비·보험료·퇴직금·배상금 등 1회적 관계라도 상관없다(통설). 법은 계속적인 권리관계에 한하는 것처럼 규정하였으나 이는 이 경우에 중요한 의미가 있다는 것으로 예시일 뿐이다.

다툼이 있는 권리관계는 아직 재판으로 확정되지 아니한 상태를 말하는데, 본안소송은 이행·확인·형성소송(형성소송에 법적 근거 필요)의 어느 것이라도 관계없다. 또 청구권의 실현인 강제집행이 전제된 가처분이 아니므로 다툼 있는 권리관계는 재산권, 인격권, 신분권, 그 밖의 법률관계 그 어느 것이든

---

1) 대법 2001. 1. 16, 2000다45020; 동 1997. 10. 27, 97마2269.
2) 대법(전) 1964. 7. 16, 64다69.
3) 대법 1966. 12. 19, 66마516.
4) 실용신안권 등 피보전권리가 무효로 될 개연성이 높은 경우이면 그렇게 본 것에, 대법 2003. 11. 28, 2003다30265.
5) 다툼이 있는 권리관계를 반드시 민사소송의 소송물이 될 수 있는 명확한 '청구권'으로 볼 필요가 없으므로 국가계약법에 의하여 체결하는 계약의 입찰절차에 대한 다툼이 임시지위의 가처분의 대상이 될 수 있다면서 그 사례를 분석한 것에, 유현식, "임시의 지위를 정하기 위한 가처분을 통한 공공계약 체결과정에 대한 통제", 민사집행법연구 제16권, 319면 이하.
6) Thomas/Putzo/Seiler, §940 Rdnr. 2.
7) 대법 2009. 9. 24, 2009마168·169.

불문하며, 공유 · 상린관계 등 물권관계, 임대차 · 고용 · 도급 · 매매 등 채권적 계약관계, 금전적 권리관계, 저작권 · 특허권 등 지식재산권에 관한 다툼,[1] 회사 등 단체의 기관이나 법률관계에 관한 다툼도 포함된다. 가압류의 피보전권리인 금전채권이나 다툼대상가처분의 피보전권리인 비금전청구권이라도 이 가처분의 피보전권리인 권리관계가 될 수 있다.[2] 따라서 피보전권리면에서 이들과 이 가처분이 별개의 권리관계는 아니며, 이들보다 더 넓을 뿐이다. 피보전권리관계를 명확히 표시하기 위하여 본안소송이 무엇이 되는지 밝히면 좋다.

여기의 권리관계는 민사절차인 사법상의 관계일 것을 요한다.[3] 행정행위에 속하는 것, 예컨대 매립면허 · 준공허가를 하는 행위 · 분묘이전명령 등은 행정소송법에 의한 집행정지가 가능하므로 가처분에 의한 정지의 대상이 되지 않는다.[4] 민사집행법상의 가처분으로 행정청의 행정행위금지를 구하는 것도 허용될 수 없다.[5] 다만 당사자소송에 대하여는 행정소송법 제8조 2항에 따라 민사집행법상 가처분에 관한 규정이 준용된다.[6] 헌법상의 권리관계도 포함될 수 없다.[7] 민사소송에 의하여 보호를 받을 자격이 있는 권리관계이어야 하므로 판결절차, 강제집행절차,[8] 임의경매절차,[9] 비송사건절차, 증거보전절차,

1) 영화의 제호(題號)사용중지청구권을 부정경쟁방지법 제2조 1호를 근거로 인정한 것에, 대법 1979. 11. 30, 79마364.

2) 예컨대 금전가지급가처분, 명도단행가처분 등 장래의 강제집행의 보전용이 아닌 현재의 손해 · 위험의 보전을 위해 할 수 있다.

3) 원자력발전소 인근지역의 거주주민이 발전소가동중지가처분을 신청한 사건에서 가처분을 구할 수 있는 사법상 권리가 없다는 이유로 배척한 사례로, 부산동부지원 2011. 9. 19, 2011카합211.

4) 대법 1980. 12. 22, 80두5; 동 1998. 3. 11, 98마104; 동 2011. 4. 18, 2010마1576.

5) 대법 1992. 7. 6, 92마54.

6) 대법 2019. 9. 9, 2016다262550은 국토의 계획 및 이용에 관한 법률 제130조 3항에서 정한 토지소유자 등이 사업시행자의 일시 사용에 대하여 정당한 사유 없이 동의를 거부하는 경우, 사업시행자는 당사자소송으로 토지소유자 등을 상대로 동의의 의사표시를 구하는 소를 제기할 수 있고, 민사집행법 제300조 제2항에 따라 현저한 손해를 피하기 위해 필요한 경우 '임시의 지위를 정하기 위한 가처분'을 통하여 공익사업을 신속하고 원활하게 수행할 수 있다고 하였다.

7) 국회의원이 헌법기관이라면 그 직무행위, 예컨대 Internet에 교원노조원정보의 공개행위의 금지 등은 일반가처분의 대상일 수 없다. 그러나 대법원은 서울남부지법이 행한 공개 금지가처분에 대하여 정보공개를 둘러싼 민사상의 분쟁해결을 위한 가처분신청에 대한 재판이라고 보고 일반법원의 재판권을 긍정하였다(대법 2011. 5. 24, 2011마319). 이시윤, "민사절차상의 재판을 받을 권리", 헌법논총 21집, 13면. 다만 환경권은 헌법상의 권리(헌 26조 1항)일지라도 사법상의 권리로서 구체적으로 정립된 바 없으므로 이를 피보전권리로 한 공작물설치금지가처분은 구할 수 없다는 것이 판례이다(대법 2006. 6. 2, 2004마1148 · 1149).

8) 대법 1986. 5. 30, 86그76.

9) 대법 1971. 3. 16, 70그24; 동 2004. 8. 17, 2004카기93 등.

체납처분 등은 여기의 권리관계에 해당되지 않고, 임시지위가처분으로 이와 같은 절차의 정지나 속행을 구할 수 없다. 경매절차정지 등을 위해서는 별도로 집행정지·취소의 제도가 있으므로 이를 이용하는 것이 원칙이다. 임시지위가처분의 보호이익은 재산적 이익만이 아니라 인격적 이익이나 생활적·사회정치적 이익 등 광범위하게 미치지만 권리관계가 아닌 사실관계에 관한 다툼이라면 아무리 가처분 만능의 시대라도 허용될 수 없다.

3) **"다툼"이 있는 권리관계이어야 한다.** 이는 권리관계에 관하여 당사자의 주장이 대립되기 때문에 소송에 의한 권리보호가 요구되는 것을 말한다. 침해가 없어도 상대방이 권리관계의 존재를 부인하거나 의무를 인정하더라도 이행하지 않는 경우, 또는 침해의 위험이 가까워진 것도 다툼 있는 경우에 포함된다. 다툼이 없으면 이 가처분의 대상이 될 수 없다. 대법 2011. 4. 18, 2010마1576은 임시지위가처분은 그 가처분의 성질상 그 주장 자체에 의하여 다툼이 있는 권리관계에 관한 정당한 이익이 있는 자가 신청권자가 되고, 그 주장 자체에 의하여 신청인과 저촉되는 지위에 있는 자가 피신청인이 된다고 했다. 다툼의 유형으로는 단체의 대표권 다툼, 회사의 영업권·경영권에 관한 다툼, 업무방해금지·알권리·잊혀질 권리·인격권·상속관계·상린관계·집합건물의 구분소유권관계에 관한 다툼, 건축시설권·환경권에 관한 다툼, 이용권·근로관계에 관한 다툼, 특허권·특허침해물판매금지가처분이나 그 유사 권리인 출판·저작·방송권의 다툼,[1] 기업시설에 관한 방해배제청구권에 관한 다툼,[2] 해지·해제 등 계약관계에 관한 다툼 등 다양하다.

(2) 보전의 필요성

다툼 있는 권리관계에 대하여 본안판결에 앞서 미리 손쓰지 않으면 채권자에게 생길 **"현저한 손해 또는 급박한 위험"**을 피하기 위한 것이 그 필요성이다(300조 2항). 결국 권리관계에 대한 다툼이 있음으로써 현저한 손해 혹은 급박한 위험에 직면하게 되며 본안소송으로 권리관계의 확정을 기다리자면 소송목적을 이룰 수 없게 되고 중대한 불이익을 받게 되어, 일응 응급적·잠정적인 법적 상태를 만들어 놓아야 할 경우이다.[3] 그대로 놓아두면 회복할 수 없

1) 대법 1991. 4. 30, 90마851.
2) 대법 2011. 2. 24, 2010다75754.
3) 부정혐의가 있는 공직자에 대하여 형사소추나 탄핵소추가 제기된 경우 재판결과가 나올 때까

는 손해가 생길 경우이다. 보전의 필요성이 이와 같기 때문에 집행불능·곤란이 보전의 필요성인 가압류나 다툼대상가처분과는 다르다. 실무상 보전의 필요성을 인정하는 비율은 가처분의 유형과 대상에 따라 많이 다른 것이 현실이다.[1]

1) 여기의 현저한 손해는 본안판결의 확정까지 기다리는 것이 가혹하다고 생각될 정도의 불이익이나 고통을 말하는 것으로, 재산적 손해뿐 아니라 명예·신용 등 정신적 손해, 공익적 손해도 포함된다.[2] 예를 들면 계속적 명예훼손으로 인격권에 치명상을 주는 경우,[3] 중과실로 교통사고를 내고 치료비를 지급하지 아니함으로써 가난한 피해자가 제대로 치료를 받을 수 없어 생명에 위협을 느끼게 되는 경우, 영세근로자를 무단해고하고 임금을 지급하지 아니하여 근로자의 생존을 위협하는 경우, 설계도대로 건축공사가 완성되면 자기 건물의 일조·조망·환경 등에 치명적인 불편의 초래나 사생활의 은밀이 침해를 당하게 되는 경우,[4] 특허권 등의 침해행위의 계속으로 권리자가 엄청난 피해를 입게 되는 경우,[5] 다툼 있는 회사 등 단체의 결의가 집행되거나 대표자가 직무수행을 하면 회복하기 곤란한 상태에 이르게 되는 경우, 종교단체의 대표자가 그 단체에 극심한 분쟁과 혼란을 초래하여 그 단체의 존립을 위태롭게 하는 경우,[6] 산림의 입목을 벌채하면 홍수가 생길 우려가 있는 경우, 반복적·계속적으로 시위·소음·공장점거 등으로 채권자의 일상생활·영업활동에 큰 지장을 주는 경우, KIKO(Knock-In Knock-Out Option trading)계약의 효력이 지속되면 환차손(換差損)이 크게 늘어나 계약당사자인 기업이 도산될 경우[7] 등이 현저한 손해의 예이다.

지 직위해제나 직무정지의 조치로 우선 위험을 피하려는 제도와 같은 맥락이다.

1) 판결과 실무를 분석하여 보전의 필요성 인정비율이 낮은 유형과 높은 유형의 가처분을 구분한 것에, 장두영, "임시의 지위를 정하기 위한 가처분에 있어서 보전의 필요성에 관한 실무적 고찰", 민사집행법연구 제12권, 396~441면.

2) 대법 1967. 7. 4, 67마424.

3) 대법 2022. 11. 17, 2018다249995은 인격권은 성질상 일단 침해된 후의 구제수단(금전배상이나 명예회복 처분 등)만으로는 그 피해의 완전한 회복이나 손해전보의 실효성을 기대하기 어려우므로 인격권의 침해에 대해서는 사전(예방적) 구제수단으로 침해행위 정지·방지 등의 금지청구권이 인정될 수 있다고 하였다(다른 비법인사단이 비법인사단의 명칭을 사용함으로써 비법인사단의 명칭에 관한 권리를 침해한 사례).

4) 대법 1979. 11. 13, 79다484.

5) 삼성 대 Apple 간의 세기의 대소송의 선행절차로 서로 상대방 IT제품의 판매금지가처분신청 사건이 대표적인 예.

6) 대법 1979. 6. 26, 78다1546.

7) 서울중앙지법 2009. 4. 24, 2009카합393.

2) **급박한 위험**은 현재의 권리관계를 곤란하게 하거나 무익하게 할 정도의 강박·폭행을 말하며 현저한 손해와 병렬적인 개념이 아니라 현저한 손해를 생기게 하는 전형적인 예시라고 볼 것이다.[1] 권리침해가 임박한 것을 말한다.[2]

본안소송에 있어서 장래의 승패의 예상 등을 고려한 것으로, 예를 들면 가까운 장래에 특허권·실용신안권등록이 무효로 될 개연성이 있는 경우에는 보전의 필요성이 없다.[3] 채권자가 문제의 사태를 알면서 방치해 두었거나 장기간의 경과 후 가처분신청을 낸 경우는 급박성이 결여된 경우라고 볼 것이다.[4] 예컨대 부당경쟁사건이 나고 상당한 기간이 지난 뒤에 가처분신청하는 경우가 그것이다.[5] 채권자가 급박한 위험을 자초한 때나 위험이 있어도 더 이상 위험이 확대된다고 볼 사정이 없는 때[6]도 보전의 필요성이 없다. 그러나 가처분신청을 인용하는 결정에 따라 권리침해를 중단하였다 하여도 가처분채무자가 가처분의 적부를 다투고 있는 이상 그것만으로 보전의 필요성을 잃게 되었다고 할 수 없을 것이다.[7]

3) **비례의 원칙**에 맞지 않을 때 즉 가처분에 의하여 채권자가 받는 이익에 비하여 채무자가 받는 고통이나 불이익이 현저하게 큰 경우, 보전의 이유가 없다고 할 것이다.[8] 따라서 권리의 침해가 있어도 가처분에서의 보전의 필요성은 가처분을 발령하는 경우와 발령하지 아니하는 경우에 당사자 쌍방의 이해득실관계를 고려하여 정하여야 한다.[9]

---

1) 김홍엽, 532면; 전병서, 664면; 법원실무제요 민사집행(Ⅴ), 58면; 이동명, "임시의 지위를 정하는 가처분에 있어서의 보전의 필요성", 재판자료(45), 58면.
2) Thomas/Putzo/Seiler, §935 Rdnr. 7에서는 명예훼손의 신문, 방송공개 등을 예로 들고 있다.
3) 대법 1993. 2. 12, 92다40563; 동 2003. 11. 28, 2003다30265.
4) 대법 2005. 8. 19, 2003마482.
5) Thomas/Putzo/Seiler, §940 Rdnr. 5.
6) 대법 1981. 3. 10, 80다2832(더 이상 침하와 균열이 확대된다고 볼 사정이 없을 때의 공사중지가처분).
7) 대법 2007. 1. 25, 2005다11626.
8) 대법 2006. 7. 4, 2006마164·165(동종업종의 금지가처분의 경우); 동 2011. 5. 24, 2011마319. 강용현, "만족적 가처분", 재판자료(46), 100면; 김주상, "채권자의 만족을 목적으로 하는 가처분", 법률학의 제문제, 618면; 방순원/김광년, 525면. 이에 반대하는 견해로는 이석선, 보전소송－가압류·가처분(하), 241면. 참고로 헌법재판소의 1999. 3. 25, 98헌사98에서는 권한쟁의심판의 가처분의 요건에 관하여, 본안사건이 부적법하거나 이유없음이 명백하지 아니하는 한 가처분을 인용한 뒤 본안사건에서 청구가 기각될 때 발생할 불이익과 가처분을 기각한 뒤 본안사건을 인용할 때 발생할 불이익에 대한 비교형량을 행한다고 했다.
9) 대법 1994. 11. 10, 93마2022; 동 2003. 11. 28, 2003다30265; 동 2010. 8. 25, 2008마1541.

대법원은 전교조명단공개금지 가처분사건의 재항고심에서 하나의 법률관계를 둘러싸고 두 기본권(인격권과 알 권리)이 충돌하는 경우에 일단 권리의 보호영역을 침범함으로써 불법행위를 구성한다고 평가된 행위가 위법하지 않다는 점은 주장하는 사람에게 증명책임이 있다고 했다.[1] 또 판례[2]는 단체대표자의 선출결의무효소송을 본안사건으로 하는 대표자 직무집행정지가처분에서 채권자가 본안에 승소하여 대표자선출결의가 무효가 되고 새로 적법한 선임결의가 있을 경우, 채무자가 다시 대표자로 선출될 개연성이 있는지의 여부도 가처분의 필요성 여부의 판단에 참작하여야 한다고 했다.

4) **합목적적 재량** 판례는 이러한 가처분의 필요성 여부는 당해 가처분신청의 인용여부에 따른 당사자 쌍방의 이해득실관계, 본안소송의 승패의 예상, 기타 여러 사정을 고려하여 법원의 재량에 따라 합목적적으로 결정하여야 한다고 하였다.[3] 실무상 다툼대상가처분의 경우와는 달리 임시지위가처분은 보전의 필요성을 인정할 만한 **특별한 사정**의 소명이 없으면 신청을 배척하는 예가 많다. 판례는 기업시설에 대한 방해배제청구권을 피보전권리로 하는 가처분에서 노사의 이해대립은 노사대등의 원칙에 입각하여 자율적으로 해결하는 것이 바람직하다는 점에서 보전의 필요성이나 방해배제 등 청구의 필요성을 판단할 때에는 고도의 신중함을 요한다고 하였다.[4] 특히 만족적 가처분의 경우에는 보다 고도의 보전의 필요성이 요구된다.

Ⅳ. 가처분명령의 절차

1. 신청방법과 관할

(1) 가처분의 신청

가처분명령의 신청은 원칙적으로 가압류명령의 신청에 준한다(301조). 관할법원에 신청으로 개시되고, 신청은 서면으로 한다(규 203조). 종이신청은 물

1) 대법 2011. 5. 24, 2011마319. 위법성 여부는 법률적 평가문제이고, 사실문제가 아니므로 증명책임분배의 대상으로 될 수 있는지에 대한 의문이 있다.

2) 대법 1997. 10. 14, 97마1473.

3) 대법 1997. 10. 14, 97마1473; 동 2007. 1. 25, 2005다11626. 대법 2003. 10. 24, 2003다36331에서는 간접강제결정의 효력의 존속 여부는 가처분의 보전의 필요성 여부를 판단함에 있어서 참작사유가 되지 않는다고 했다.

4) 대법 2011. 2. 24, 2010다75754.

론 2013년부터 전자신청도 가능하다. 가처분소송구조는 채권자·채무자의 대립당사자구조이므로 이미 사망한 자를 채무자로 하는 가처분신청은 부적법하다.[1] 채권자대위에 의한 가처분신청은 할 수 있다.[2] 신청당사자[3] 그리고 신청의 취지와 보전할 권리·권리관계 그리고 보전의 필요성을 밝혀 관할법원에 제출하여야 한다.

신청의 취지는 채권자가 결론으로 구하는 가처분명령의 내용으로서, 소장에서의 **청구취지**에 해당한다. 채권자는 신청하면서 가처분의 방법을 구체적으로 지정하여야 한다. **보전할 권리·권리관계의 특정**은 소장의 **청구원인**에 해당한다. 보전할 권리는 다툼대상가처분에서의 피보전권리이고, 보전할 권리관계는 임시지위가처분에서의 다툼 있는 권리관계를 가리킨다. 임시지위가처분에서는 본안소송이 어떤 내용인지를 밝히는 것이 좋다. 보전의 필요성인 가처분명령을 신청하는 이유를 명시하여야 한다.

가처분신청의 시한은 그에 관한 본안재판의 확정에 이르기까지이다. 가처분신청에서는 민사소송절차를 준용하므로 병합이나 변경의 요건을 갖추면 처음부터 병합신청할 수 있으며, 청구의 기초의 변경이 없는 범위 내에서는 피보전권리를 변경할 수 있다. 납부할 인지는 다툼대상가처분은 일률적으로 금 10,000원, 임시지위가처분은 본안인지액의 1/2로 하되 그 상한을 50만원이다(민사소송등인지 9조 2항). 본안소송이 미리 계속되었을 것을 필요로 하지 아니함은 가압류신청과 같지만, 소비자단체소송에서는 단체소송이 법원의 허가를 받은 경우라야 보전처분을 할 수 있다(소비자기본법 76조 2항). 증권관련집단소송도 소제기가 법원의 허가사항이니만큼(증집소 7조) 같이 보아야 할 것이다. 가처분의 본안화경향과 남용을 막기 위해 행정소송의 집행정지신청(행소 23조)처럼 현재와 달리 본안소송의 계속을 신청요건으로 하자는 견해도 있다.

(2) 관할법원

가처분의 재판은 **본안의 관할법원** 또는 **다툼의 대상이 있는 곳**을 관할하

---

1) 대법 2004. 12. 10, 2004다38921·38938; 동 2002. 4. 26, 2000다30578에서는 가처분결정이 있었다면 당연무효로되 그 외관제거를 위하여 가처분이의신청을 할 수 있다고 했다.

2) 대법 1958. 5. 29, 4290민상735.

3) 임시지위가처분은 그 성질상 그 주장 자체에 의하여 다툼이 있는 권리관계에 관한 정당한 이익이 있는 자가 신청할 수 있으며, 그 경우 주장 자체에 의하여 신청인과 저촉되는 지위에 있는 자를 피신청인으로 하여야 한다는 것에, 대법 1997. 7. 25, 96다15916.

는 지방법원이 관할한다(303조. 관할법원 선택권의 남용이 있을 수 있다). 가처분사건에 대한 관할권의 유무는 그 신청당시를 기준으로 한다(민소 33조).[1]

다툼대상(계쟁물)이 있는 곳을 관할하는 지방법원은 구법에서는 급박한 경우에 한하여 예외적으로 인정되는 관할법원이었으나, 신법에서는 본안법원과 함께 가처분사건의 일반적 관할법원으로 하였다. 시·군법원은 본안사건이 시·군법원의 관할에 속하는 소액사건에 관한 보전처분에 대해서만 관할권을 갖는다(22조 4호). 합의부의 관할에 속하는 가처분신청이더라도 보전처분을 필요로 하는 급박한 사정이 있을 때에는 예외적으로 합의에 부치지 않고 재판장 혼자 가처분명령을 할 수 있다(312조). 본안의 관할법원도 재판장도 아닌 법관이 한 관할위반의 가처분도 당연무효가 아니고 이의신청에 의하여 취소될 때까지 유효하다.[2]

2. 심리방식

(1) 임의적 변론

가처분명령절차에서는 가압류절차에서와 마찬가지로 변론 없이 심리할 수 있다. 판결절차와 같은 필요적 변론절차가 아니다. 따라서

(i) 서면심리,

(ii) 심문을 거치는 심리,

(iii) 변론심리를 할 수 있다.

2005년 전면적 결정주의의 채택으로 (i) 내지 (iii)의 경우 모두 결정으로 재판한다. 다만 임시지위가처분의 재판은 **변론기일 또는 채무자가 참석할 수 있는 심문기일을** 열어 심리하여야 한다(304조 본문). 보전절차에서 법률적 심문권의 보장이라는 점에서 평가할 바가 있다. 전화나 서면에 의한 의견진술의 기회제공으로 족하지 않다. 그러나 다툼대상가처분은 변론 또는 채무자 참석의 심문절차까지 이르지 않고 채권자의 주장과 소명자료 등의 제출인 서면심리로 끝나는 것이 보통이나, 예외적인 경우가 있다. 예를 들면 집행관보관·현상불변경을 조건으로 한 채권자사용허가의 점유이전금지가처분이다.[3] 인도단

1) 대법 1963. 12. 12, 4293민상824.
2) 대법 1964. 4. 11, 64마66.
3) 박두환, 772면.

행의 가처분과 같기 때문이다.

미국제도 : 미국에서는 가처분 중 preliminary injunction(FRCP §65(a))은 피고에게 방어방법을 제출할 기회를 부여하나, temporary restraining order(TRO, FRCP §65(b))는 피고측에 통지없이 원고의 주장과 입증만으로(ex parte) 발령한다. Temporary restraining order는 심문하기 전에 회복할 수 없는 손해가 생길 우려가 있을 때의 임시 긴급조치이다. 다만 후자의 효력은 14일을 넘지 않는 단기간인 것이 특징이다. 전자는 본안에 관한 승소가능성, 회복하기 어려운 손해, 이익형량, 공공이익 등 4가지를 요건으로 한다. 어느 것이나 이를 따르지 아니하면 민사적인 제재(사전조치로서 간접강제−강제금의 부과·구금·벌금, 사후적인 손해배상)는 물론 형사적인 제재도 가능하다.[1)]

(2) 임시지위가처분이라도 채권자에 중대한 위험이 절박한 경우 등 채무자를 참석시켜 그 기일을 열어 심리하면 목적을 달성할 수 없는 사정이 있는 때에는 예외적으로 **무심문**의 심리가 가능하다(304조 단서). 자동차인도단행가처분도 그 예일 것이다.[2)] 이때에는 결정을 지체없이 채무자에게 송달하여 채무자가 이의신청을 하여 심문받을 기회를 갖게 하는 것이 바람직하다. 이러한 예외적인 사정이 있는지 여부에 관하여 특히 언론·출판 등의 표현행위에 대한 사전금지를 명하는 가처분의 경우는 일반적인 임시지위가처분보다 더욱 신중하게 판단하여야 한다는 것이 판례이다.[3)]

이러한 무심문의 심리의 경우에 제312조까지 함께 적용하여 재판장 혼자서 처리하면 미국의 앞서 본 temporary restraining order(TRO, 임시제한명령) §65(b) FRCP와 비슷해질 것이다. 우리나라에도 채권자에 대한 신속한 권리구제, 재판부의 심리기간 확보 및 오판가능성의 감소, 채무자에 대한 설명기능 강화 및 신속한 구제 가능성 확보 등의 장점이 있으므로 일정한 가처분에 미국의 TRO 제도를 도입하자는 견해가 있다.[4)] 일리 있는 주장이다. 그러나 우

1) 하태현, "미국법상 법원 명령 위반에 따른 제재 수단에 관한 연구−간접강제의 실효성 확보를 위한 제재수단을 중심으로−", 민사집행법연구 제9권, 301~356면 참조.

2) 中野貞一郎, 민사집행·보전입문, 336면.

3) 대법 2005. 1. 17, 2003마1477.

4) 전휴재, "임시의 지위를 정하기 위한 가처분 제도와 실무의 개선방안", 민사집행법연구 제18권 제2호, 680~686면. 도입찬성론으로는 김연학, "임시의 지위를 정하기 위한 가처분의 심리에 관한 몇 가지 모색적 시도", 민사집행법연구 제4권(2008. 2), 183면; 박진수, "미국의 TRO에 관한 이해와 유사잠정명령 도입에 관한 제안", 민사집행법학회 2011년 추계학술대회 논문; 법무부용역(책임자 정영환), "권리구제 효율성의 제고를 위한 민사집행개선방안 연구", 175면.

선 존재하는 제도의 적절한 활용도 선행될 필요가 있다. 거의 쓰이지 않는 현행 제304조 단서의 활성화를 위한 노력을 하면 TRO와 유사한 기능을 발휘할 수 있을 것이다.

3. 신청의 심리

(1) 심리의 순서·소송물

가처분명령의 소송물이 무엇인가가 문제된다. 본안소송의 경우에 주장하는 「실체법상의 권리」이냐 「소송법상의 판결신청 또는 사실관계」가 구성요소이냐가 논란이 되는 것과 같다. 심판의 대상인 **피보전권리와 보전의 필요성**이 소송물의 구성요소라고 하는 견해가 무난하다고 보며 그것이 통설로 되어 있다.[1] 실체법상 청구권이 갖는 보전권능을 소송물로 보거나[2] 보전을 구하는 법적 지위의 주장(보전요구, Sicherungsbegehren)을 소송물로 볼 것이라는 견해가 나타난다. 본안소송에서처럼 종국적·확정적인 이행·확인·형성의 요구가 아니라 일시보전 또는 임시조치의 요구이기 때문에, 여기에 재판의 실질적 확정력인 기판력을 기대할 수 없다.[3] 소송물의 가액은 본안사건보다 적지 않을 수 없다. 따라서 인지납부의 기준인 소송목적의 값을 본안소송보다 훨씬 낮게 평가한다.

보전처분에서는 피보전권리와 보전의 필요성이 서로 별개의 **독립된 요건**이기 때문에 그 심리에 있어서도 상호 관계없이 독립적으로 심리되어야 한다.[4] 그런데 실무는 먼저 피보전권리를 심리하고, 그 뒤 보전의 필요성을 심리하는 경우가 많다. 그러나 보전의 필요성에 의문이 있는 사건 등 사정에 따라서는 보전의 필요성을 먼저 심리하여 그 필요성이 없다는 이유로 신청을 바로 기각할 수도 있다.

(2) 소명과 담보제공

1) 가압류의 경우와 마찬가지로 피보전권리의 존재와 보전의 필요성을 뒷

---

1) 이와 같은 통설적 입장에 대하여, ① 피보전권리를 중핵으로 보아야 한다는 설, ② 피보전권리 자체를 소송물로 보고 보전의 필요성은 소송요건으로 볼 것이라는 설, ③ 모두가 비송사건으로 소송물이라는 것은 고려의 여지가 없다는 설 등이 있다.

2) 김연, 75면.

3) 대법 1977. 12. 27, 77다1698.

4) 대법 2005. 8. 19, 2003마482.

받침할 사유에 대해서는 변론이나 심문을 열든 열지 아니하든 **소명**을 하여야 한다. 증명을 필요로 하는 판결절차와 다르다. 상대방이나 제3자에게 중대한 영향을 줄 수 있는 경우는 같은 소명이라도 증명에 가까운 고도의 심증을 요구할 수밖에 없다. 소명방법은 신청서에 첨부하는 것이 바람직하다(규 203조 2항 참조).

소명의 방법에는 제한이 없으나 **즉시 조사할 수 있는 증거방법**에 의하여야 한다(민소 299조 1항). 통상 심문기일에 즉석에서 제출할 수 있는 서증, 확인서(인증 진술서), 감정서, 그 밖의 증거인 사진·녹취물·영상물 등에 의한다. 문서송부촉탁신청, 문서제출명령신청, 사실조회신청, 법원 밖의 증거조사신청, 검증·감정신청, 증인신청 등 즉시성이 없는 소명방법은 원칙적으로 허용되지 않는다. 그러나 임시지위가처분에 따라서는 본안과 같이 신속성보다 신중한 처리가 요망되는 경우가 있고, 당사자 쌍방이 추가적인 증거조사를 원하는 경우에는 문서송부촉탁신청, 문서제출명령신청, 사실조회신청, 감정신청(일조권침해, 지식재산권 침해사건), 검증신청(공사금지가처분사건)을 채택하는 경우도 있고, 재정증인을 참고인으로 신문하는 실무례도 있다.[1] 지식재산권 관련 가처분에서는 기술설명회를 개최하는 경우도 있다.

일본민사보전법에서는 석명처분의 특례를 마련하여, 법인이 당사자인 사건에서는 심문기일에 업무담당자 등으로부터 사정청취를 행하는 것을 명문화했다.

2) 신청인에게 소명에 갈음하거나 그와 더불어 **담보제공**(보증)을 하게 할 수 있다(301조, 280조). 담보제공은 소명을 대신하지만 채무자의 손해에 대한 담보의 성격을 띤다. 신청인이 본안소송에서 패소하였을 때 피신청인이 입은 피해배상을 위한 것이다.[2] 나아가 채권자의 신청권 남용을 방지하는 기능을 한다. 다만 가처분신청에는 가압류신청의 경우와 달리 미리 보증서를 제출하고 법원의 허가를 받는 방법의 **담보제공의 특례규정**(규 204조)이 없다. 가처분제도의 남용방지를 위하여 특례규정의 확대해석은 바람직하지 않다. 담보제공을 명하느냐의 여부, 담보제공을 명한다면 그 수액을 얼마로 하느냐는 법원의 재

1) 법원실무제요(Ⅴ), 84~85면.

2) 미국에도 같은 것으로, 삼성 Galaxy Nexus 판매금지 가처분 결정에서 Apple에 명한 담보금(security) 9,600만불의 California 연방 북부지방법원 결정.

량에 속한다.[1] 그러나 담보제공(공탁) 산정기준례가 있다. 이는 전국법원 신청판사들이 합의한 것으로서 2003. 11. 1.부터 시행하고 있다. 법적 구속력은 없으나 중요한 참고자료이다.

도표 4-4 담보제공 산정기준례

가처분의 종류	목적물별 담보액		
처분금지가처분	부동산 · 자동차 1/10	유체동산 1/3	채권 기타 재산권 1/5
점유이전금지가처분	부동산 · 자동차 1/20	유체동산 1/5	

목적물가액을 기준으로 한다.

(3) 가처분의 심리방법에는 민사소송법의 규정이 대부분 준용되고, 보전소송의 성질상 준용되지 않는 것에 관하여는 가압류의 심리방법(민사소송법의 준용)에서 자세히 보았다. 이곳에서는 가처분의 심리에서 주로 발생할 수 있는 그외의 것을 본다.

보전소송에서도 병합 또는 변경의 요건만 갖추면 처음부터 신청을 주관적 · 객관적으로 병합하여 신청할 수 있고 일단 신청한 후에 이를 변경할 수도 있다. 객관적 병합에서는 예비적 · 선택적 병합도 가능하다는 것이 판례이다.[2] 본안소송에서는 주관적 병합에서도 예비적 · 선택적 병합이 가능한데(민소 70조), 보전소송에서도 가능한가. 보전소송에서도 이를 허용할 경우 추후 본안소송에서 채무가 있다고 확정된 당사자와 집행이 보전된 당사자가 다르게 될 염려가 있으므로 허용되지 않는다는 견해[3]와 이때도 허용된다는 견해로 나뉜다. 채무자측에서 제기하는 반소의 일종이라 할 반대가처분신청은 그로 인하여 재판지연의 사유가 되지 아니하고, 불허하면 채무자가 별도의 절차를 도모할 경우이면 적법하다고 볼 것이다.[4]

가처분소송과 본안소송의 관계를 보면, 절차의 종류를 달리하므로 두 소송을 하나의 소송절차로 병합시킬 수 없다.[5] 각기 별개의 건으로 병행심리를

---

1) 다만, 가처분신청이 이유 없는 때에는 담보를 제공하더라도 가처분명령을 발할 수 없다(대법 1965. 7. 27, 65다1021).

2) 대법 1982. 3. 9, 81다1221.

3) 주석 민사집행법(Ⅴ), 1027면; 법원실무제요 민사집행(Ⅴ), 70면.

4) 독일 Celle OLG, NJW 1959, 1833에서 원칙적으로 적법하다고 했다.

5) 대법 2003. 8. 22, 2001다23225. 그러나 미국에서는 preliminary injunction(가처분)과 final

할 수 있을 뿐이다. 가처분소송에서 본안소송으로, 또는 그와 역으로 청구의 변경은 허용될 수 없다(민소 253조 참조). 서로간의 절차의 종류가 다르기 때문이다(민소 253조).

V. 가처분신청에 대한 재판

1. 신청에 대한 재판

가처분신청에 대한 재판은 변론하는 경우이든 변론을 열지 아니하는 경우이든 **결정의 형식**으로 재판한다(301조, 281조 1항). 신청이 이유 있으면 가처분명령을 발령한다. 소송요건에 흠이 있거나 피보전권리나 보전의 필요성에 대하여 소명이 없는 경우, 법원이 명한 담보제공을 하지 아니한 때에는 신청배척의 재판을 한다. 즉 소송요건의 흠이나 담보제공의 불이행의 경우는 신청각하, 피보전권리나 보전의 필요성이 소명되지 아니한 경우에는 신청기각을 한다. 신청기각·각하 어느 것이나 실체적 확정력이 없기 때문에 각하와 기각은 엄격히 구별할 필요가 없다.[1] 결정을 함에는 결정서를 작성하여야 하나 이유기재를 생략할 수 있다(23조, 민소 224조).

2. 가처분의 내용과 한계(제약)

(1) 가처분의 내용

제305조 1항은 "법원은 신청목적을 이루는 데 필요한 처분을 직권으로 정한다"는 것을 가처분의 특칙으로 규정하고 있다. 가압류는 금전채권의 집행보전을 목적으로 하기 때문에 그 집행방법이 일정함에 반하여, 가처분은 보전할 권리나 보전의 필요성의 모습이 다종다양하여 개개의 경우에 신청목적에 합치될 집행방법을 정하여 그 구체적 내용을 제시하여야 함이 특색이다. 특히 임시지위가처분이 그러하다. 다툼대상가처분의 경우는 목적물의 현상변경의 금지(점유이전금지나 처분금지) 등으로 그 타입이 대체로 정해져 있는 것이 보통이나, 임시지위가처분은 그 타입이 일정하지 아니하다 하여 **비정형성**(非定型性)이라 한다. 가처분의 방법을 직권으로 정한다는 말은 법원의 재량에 따라 합

---

injunction(본안처분)의 병합(consolidation)소송이 가능하다. FRCP §65(a)(2).

1) 대법 1960. 7. 21, 4293민상137.

목적적으로 정한다는 것을 뜻하며 특히 임시지위가처분에 유의할 사항이다. 제305조 2항은 법원의 재량을 전제로 보관인을 정하거나, 상대방에게 어떠한 행위를 하거나 하지 말도록, 또는 급여를 지급하도록 명할 수 있다고 했다(뒤에서 본다).

이는 ZPO §938를 도입한 것인데, 피보전권리, 보전의 필요성 그리고 계쟁물에 관련된 사실 등 가처분의 기초사실은 신청한 채권자가 정하고, 이의 보전에 필요한 보전명령은 법원이 자유재량으로 정한다는 것으로 풀이될 수 있다.[1)]

(2) 내용결정에서 받는 제약

법원의 재량이지만 다음과 같은 제약이 있다.[2)] 이는 법원의 내용결정재량의 한계이기도 하며, 가처분을 만능 여의주(如意珠)와 같은 무기로 쓰려는 경향에 대한 제동이다.

1) 신청에 의한 제약 법원이 당사자가 신청하지 아니한 사항이나 신청범위를 넘어서 재판할 수 없는 **처분권주의**(민소 203조)는 가처분소송에서도 그대로 준용된다. 따라서 법원의 직권은 채권자의 신청 범위 내에서 행사되어야 한다. 그렇다고 신청에 엄격하게 구속되는 것은 아니지만 신청한 범위를 초과하는 보전처분이 되어서는 아니 된다. 예를 들면 점유이전금지가처분의 신청에 출입금지가처분결정을 하여서는 아니 되며,[3)] 점유방해금지가처분을 구하였는데 집행관보관을 명하는 가처분은 허용될 수 없다.[4)]

2) 본안청구에 의한 제약 본안청구(피보전권리)를 넘어서거나 본안승소판결 이상의 조치를 하여서는 안 된다(가처분의 부수성).[5)] 주주에게 이사회에 대한 주주총회 의안제안권이 인정될 뿐이고 주주총회에 직접의안상정권이 없는데도(상 363조의2), 주주총회에 직접 의안상정가처분결정 따위는 허용될 수 없을 것이다. 채권자 주장의 피보전권리와 다른 권리를 전제로 하는 가처분도 할 수 없다. 본안이 공사로 인한 손해배상청구인데 공사금지가처분,[6)] 본안이

---

1) Thomas/Putzo/Seiler, §938 Rdnr. 1.
2) 이봉민, "임시의 지위를 정하기 위한 가처분의 구체적 방법 및 주문에 관한 고찰－법원의 재량과 한계를 중심으로－", 민사집행법연구 제10권, 532~584면.
3) 대법 1961. 2. 16, 4292민상308.
4) 대법 1965. 10. 14, 64마914.
5) 대법 1964. 11. 10, 64다649.
6) 서울고법 1985. 1. 18, 84나2583 참조.

명예훼손으로 인한 금전배상청구인데 가압류가 아닌 명단공개금지가처분은 본안의 권리와 가처분의 피보전권리가 서로 합치되지 않으므로 허용되지 않는다. 본안이 이전등기청구소송인데 처분금지 아닌 점유이전금지는 허용될 수 없으며, 본안소송이 광업권등록말소청구인데 광구의 출입금지가처분[1]은 허용될 수 없다. 또 주식회사의 주주가 주주총회결의에 관한 부존재확인의 소를 제기하면서 이를 피보전권리로 한 가처분이 허용되는 경우라도, 주주총회에서 이루어진 결의 자체의 집행 또는 효력정지를 구할 수 있을 뿐, 주주가 회사와 체결한 계약의 무효를 주장하며 그 계약상의 권리행사금지의 가처분을 구할 수 없다.[2]

본안판결이 선고되었을 때에 집행력이 미칠 수 없는 제3자에 대해 의무를 지우는 가처분도 안 된다.[3] 민사집행법상의 보전처분은 민사판결절차에 의하여 보호받을 수 있는 권리에 관한 것이어야 하므로, 민사가처분으로서 행정행위의 집행정지를 구하거나 행정청에 행정행위의 금지를 구하는 것은 허용될 수 없다. 따라서 행정청의 행정행위나 공직자에게 직무행위를 내용으로 하는 것이면 안 된다. 임시지위가처분으로 판결절차, 강제집행절차, 임의경매절차, 비송사건절차, 증거보전절차, 체납처분절차의 정지나 속행을 구할 수 없다는 등에 대해서는 앞서 피보전권리에서 보았다. 헌법소원사건이 본안사건이 될 가처분도 원칙적으로 받아들일 수 없다고 할 것이다. 언론기관에 대한 반론보도청구는 언론중재위원회에 간이한 구제절차가 있으므로, 법원에 가처분신청은 부적절하다 할 것이다.

3) 집행가능성과 법에 의한 제약 가처분으로 그 집행이 예정되어 있지 아니한 처분, 예를 들면 형벌이나 감치와 같은 내용의 처분은 허용될 수 없다. 또 부부간의 동거를 명하거나 노무를 강제하는 등 공서양속에 반하는 처분은 아니된다.

현행법이 허용하지 아니하는 본안소송의 권리관계를 피보전권리로 한 가처분은 안 된다. 법률에 명문의 규정이 없는 형성의 소를 본안소송으로 제기할 수 없기 때문에 이를 본안으로 한 가처분은 안 된다. 해임청구권의 근거규

---

1) 대법 1961. 2. 16, 4292민상308; 동 1964. 11. 10, 64다649.

2) 대법 2001. 2. 28, 2000마7839.

3) 김연, 125면.

정이 없는 민법상법인, 비법인사단·재단, 합명회사, 합자회사의 대표자 등의 해임청구권을 피보전권리로 하는 가처분은 허용되지 아니한다는 것이 판례이다.[1] 중재법이 법원이 중재절차에 관여할 수 있는 경우를 '중재법에서 정한 사항'으로 엄격하게 한정하면서 따로 가처분 허용규정을 두고 있지 아니한 이상, 중재합의의 부존재나 무효 등을 주장하면서 가처분으로 중재절차의 진행을 정지해 달라는 신청은 할 수 없다.[2]

4) **가처분의 목적에 의한 제약** 가처분의 목적 범위 내이어야 하므로 채권자를 완전히 만족시키는 처분은 가처분의 목적을 일탈하여 허용될 수 없다(가처분의 잠정성).[3] 권리의 종국적 실현의 처분은 안 된다.

명예훼손주장의 철회나 등기부의 등기말소 등 의사의 진술을 명하는 등의 **의사표시를 명하는 가처분**이 허용되는가. 등기·등록의 이전이나 말소청구권은 그 이전 내지 말소를 명하는 판결이 확정되어야 집행이 가능하고, 처분금지가처분으로 권리보전이 가능하므로 임시지위가처분은 허용되지 않는다. 채권양도의 의사표시와 그 통지를 구하는 청구도 추심 및 처분금지가처분으로 보전이 가능하므로 마찬가지이다.[4]

처분금지가처분으로 목적달성이 어렵거나 급박한 사정이 있는 의사표시의 경우는 어떠한가. 독일과 일본의 실무가 의사의 진술을 명하는 가처분을 허용하고 있는 것과 같이 실제로 현저한 손해나 급박한 위험을 막기 위하여 의사표시의 진술을 명하는 가처분이 필요한 경우도 있고, 엄격히 심리하여 발령으로 인한 피해를 최소화하면 되므로, 민사집행법 제263조와 이론적인 근거에 기초하여 원천적으로 불가능하다고 볼 필요가 없다는 긍정설[5]과 이를 인정한 하급심[6]의 사례가 있다. 그러나 의사표시를 명하는 재판은 확정된 때 비로소 그에 의하여 의사표시를 한 것으로 간주되므로(263조 1항), 원칙적으로 허

1) 대법 1997. 10. 27, 97마2269; 동 2001. 1. 16, 2000다45020.
2) 대법 2018. 2. 2, 2017마6087.
3) 대법 1955. 10. 6, 4288민상250.
4) 법원실무제요 민사집행(V), 465면.
5) 주석 민사집행법(V), 1019~1021면; 이봉민, 앞의 논문, 562면.
6) 서울중앙지법 2010. 12. 10, 2010카합2874(예금인출동의가처분); 동 2011. 4. 11, 2011카합666(토지사용승낙가처분); 동 2016. 1. 29, 2015카합81507(시공사의 시행사 상대 자금인출동의가처분); 서울고법 2013. 10. 7, 2013라916(채권금융기관협의회 구성원인 신용보증기금을 상대로 특정채무에 대한 보증서의 발급을 가처분으로 신청한 사례).

용되지 않는다고 보아야 한다.[1] 의사표시를 명하는 판결에 가집행선고를 붙일 수 없는 것과 균형을 맞추는 것이 옳다.[2] 다툼 있는 물건의 매각처분을 하라는 내용의 가처분은 허용될 수 없다.[3] 만족적 가처분이 허용되는 경우는 다르다.

5) **비례의 원칙에 의한 제약** 채권자의 이익을 먼저 고려하여야 하지만, 채무자가 입는 고통 · 손해가 치명적[4]인데도 이를 도외시하고 채권자의 이익만을 추구하는 조치여서는 안 되는 것임은 이미 살핀 바이다. 양 당사자간의 이익교량이 필요하다. 신청목적을 달성하는 데 필요하고도 충분한 조치이어야 한다.[5]

3. 가처분의 방법(定型)

법 제305조 2항은 가처분의 방법으로 다음 세 가지 형태를 정해놓고 있다.

(1) 보관인의 결정

가처분법원이 보관인(sequestor)을 정할 수 있다. 동산 · 부동산 · 선박 · 자동차 · 어업권 등이 대상이 될 수 있는데, 영업과 같은 것에 보관인을 정하는 것은 부적절하다.[6] 예를 들면 가옥을 보관인에게 보관시키고 그 일부는 채권자가 사용하게 하고, 나머지 일부는 채무자가 사용하게 하는 가처분이 가능하다. 또 자동차보관의 가처분도 가능하다. 물건이 원칙이나 사람에 대한 보관인, 즉 유아의 감수인을 정할 수 있다. 보관인은 실무상 집행관이 된다.

---

1) 김홍엽, 537; 강용현, "만족적 가처분", 재판자료 제46집(하)(1989), 98면; Thomas/Putzo/Seiler, §940 Rdnr. 17.
2) 다만 독일에서는 의사표시를 명하는 만족적 가처분은 안 되지만, 권리보전의 가처분은 된다고 본다. OLG Stuttgart, NJW 1973, 908
3) 대법 1961. 2. 16, 4292민상308.
4) 채권의 내용 · 성질이 사후배상에 의하여 보상받을 수 있고 가처분명령이 발하여진다면 채무자가 입을 손해가 상당히 클 경우는 받아들일 수 없다는 것에, 일본최고재 평성16(2004). 8. 30. 결정.
5) 가처분의 내용을 결정함에 있어서는 처분권주의(민소 203조)에 따라 당사자의 신청목적에 구속됨에도 목적달성의 구체적인 내용은 당사자 아닌 법원의 직권이다(305조). 다분히 공유물분할이나 경계확정의 소와 같은 형식적 형성의 소에 가까운 면이 있다. 가처분채권자가 가처분채무자의 공유 지분에 관하여 처분금지가처분등기를 마친 후 가처분채무자가 나머지 공유자와 경매를 통한 공유물분할을 내용으로 하는 화해권고결정을 받아 확정시킨 경우, 처분금지가처분에서 금하는 처분행위에 해당하는 것이 원칙이다＝대법 2017. 5. 31, 2017다216981.
6) 방순원/김광년, 537면.

(2) 행위 또는 금지명령

사실행위이거나 법률행위이거나 가리지 아니한다.[1)]

1) 상대방에게 일정한 행위를 명하는 가처분의 대표적인 것으로 건물철거행위를 명하는 가처분 등이 있는데, 이른바 단행가처분이라 한다. 근로자 등 지위의 보전, 영화·연극에 출연할 것을 명하는 가처분도 그 예라고 할 것인데, 이는 「임의이행을 명하는 가처분」에 속한다. 특히 단행가처분은 비록 잠정적이나 실제로 본안판결에 앞서 그 판결의 내용이 실현되어 채권자가 만족을 얻는 결과가 되기 때문에 뒤에서 살펴볼 만족적 가처분의 일종이다. 부동산등기법 제90조의 가등기가처분은 행위를 명하는 가처분이나 비송사건절차법에 의하여 심판되는 것으로 본안 없는 특수가처분임은 앞서 본 바이다.[2)] 일시 건물의 사용허가, 장부열람·복사의 허용,[3)] 불법점거지에서 퇴거가처분[4)]도 행위를 명하는 가처분에 속한다. 가등기의 말소청구소송 중 본등기를 막기 위한 본등기금지의 가처분은 부정적이다.[5)]

2) 채무자에게 행위(작위)를 명하는 가처분보다는 금지(부작위)를 명하는 가처분이 단연 압도적이다. 그대로 놓아두면 현저한 손해, 즉 회복할 수 없는 손해가 생길 수 있기 때문에 우선 막는 조치가 급선무일 때가 많기 때문이다. 점유이전금지·처분금지를 비롯하여 보증금지급금지,[6)] 인터넷명단공개금지,[7)] 건축공사금지·건축방해금지·소위 혐오시설(님비시설)에 관한 건설금지, 토지·건물의 출입금지(퇴거와 함께 하는 경우도 있음), 이웃땅의 사용방해·주차금지, 상호·상표사용금지, 업무방해금지, 영업비밀의 침해금지,[8)] 인격권침해금지, 독점판매권침해금지, 국가 등이 실시하는 입찰절차의 속행금지, 전속계약에 기한 출연금지, 연예활동금지, 동일영업(겸업)금지·부당경쟁행위금지, 경영

---

1) 영미법의 to do something, stop doing something을 뜻하는 injunction에 해당한다.

2) 대법 1990. 3. 24, 90마155.

3) 주주총회 의안상정의 가처분 사건은 서울북부지법 2007. 2. 28, 2007카합215.

4) 2011년 부산지법 한진중공업 고공크레인 농성사건, 2012년 울산지법 현대자동차 비정규직철탑농성사건 등.

5) 대법 1978. 10. 14, 78마282.

6) 대법 2010. 2. 25, 2009다22778(지급거절의 권능 발생하지 않음).

7) 서울남부지법 2010. 4. 15, 2010카합211(전교조 명단공개금지가처분).

8) 대법 2004. 10. 28, 2004다31593. 대법 2009. 3. 16, 2008마1087에서는 영업비밀침해금지가처분에서 금지기간을 정하지 않았더라도 위법이 아니라고 했다.

통합교섭중지[1]·신주발행금지·계약체결금지, 이행보증계약에 기한 보증금지급금지,[2] 접근금지, 가두선전활동과 시위농성금지[3]·쟁의행위의 제한(중지),[4] 방송·보도금지, 출판물·선전물의 발행금지·반포금지, 지적소유권침해금지(저작권법 123조의 침해정지), 디자인권 등 특허권침해중지,[5] 재개발총회개최금지·주주권행사금지·주주권행사의 방해금지·신주발행정지, 법인 등 단체 이사의 직무집행정지(306조), 징계처분·제적처분의 효력정지, 전속계약·KIKO 계약의 효력정지, 인터넷포털사이트 광고방해금지[6] 등의 가처분이 그 예로서 세계에서 유례가 없을 만큼 다종다양하고, 만사형통식의 무소불위로 행해지며, 범람하고 있다.[7] 이 가운데서 부작위청구권을 피보전권리로 하는 금지가처분은 이에 의하여 부작위청구권이 실현되기 때문에 또 다른 만족적 가처분[8]이다.

3) 일정한 행위와 금지를 함께 포함한 경우도 있다. 채무자에 대한 건축방해금지와 채권자에 대한 출입허용의 가처분 등이 그것이다.

4) 여기에 포함되지 아니하는 것이 있다. 앞서 본 행정처분·법령 등의 효력정지 등의 특수보전처분인데, 이에 관하여는 행정소송법·헌법재판소법 등

---

1) 2004. 7. 28 일본 동경지방재판소가 일본스미도모 신탁은행이 UFJ그룹에 대하여 미쓰비시 동경 Financial Group과의 경영통합교섭중지를 구하는 가처분신청을 받아들이면서 행한 가처분이다.

2) 대법 2010. 2. 25, 2009다22778.

3) 대법 2006. 5. 26, 2004다62597 참조. 사용자의 노조와 노조원에 대한 방해배제·방해예방청구권을 피보전권리로 한 임시지위가처분에 관한 것으로, 대법 2011. 2. 24, 2010다75754.

4) 미국의 Taft-Hartley Act에 의하면 파업이 국가긴급상태에 해당될 때에 연방 법무부장관이 연방법원에 신청하여 연방법원의 Injunction(중지명령)으로 60일간 긴급조정을 위해 쟁의를 중지시키는 제도가 있다. 이에 의해 Reagan 정부 때인 1981년 공항관제탑근무 관제사파업에 중지명령을 내리고, 가담자 전원을 해고한 것이 대표적 예이다. 2005년 12월 뉴욕법원이 대중교통노조(TWA)의 불법파업에 대하여 중지명령을 하면서 명령에 불응하면 하루 100만불의 제재금을 부과한 사례가 있다(3일 만에 종식).

5) 2011. 4. 28. 독일 Düsseldorf지법은 삼성전자의 Galaxy탭 10.1의 IPad 디자인권 등 침해를 이유로 동제품의 EU시장판매금지가처분 결정을 한 사례가 있다.

6) 대법 2010. 8. 25, 2008마1541.

7) 독일의 통계청자료인 Statistisches Bundesamt의 Rechtspflege, Zivilgerichte, Fachserie 10 Reihe 2.1에서의 2021년 상황을 보면, 종결사건 수 기준으로 간이법원 본안사건은 766,116건 인데, 가압류·가처분사건은 18,389건이다. 지방(주)법원은 322,943건이 본안사건이고 가압류·가처분사건이 11,787건으로, 본안사건대비 2~4%에 그친다. 이렇게 볼 때 우리나라에서는 가압류·가처분제도(우리나라는 본안사건 대비 약 30%)의 남용·오용의 극치임을 보여주고 있다.

8) Lüke, §39 Rdnr. 8.

에 따로 규정이 있기 때문에 민사집행법상의 일반가처분에 의할 수 없음은 이미 본 바이다.[1] 이미 행한 가처분 자체의 효력을 정지시키는 또 다른 가처분은 안 된다. 가처분의 제거에는 별도의 구제책인 이의신청, 취소신청, 즉시항고 등에 의하여 이룰 수 있기 때문이다.[2]

(3) 급부지급명령

채권자에 대한 동산 · 부동산의 인도나 금전의 급여를 채무자에게 명하는 이행적 가처분이다(Leistungsverfügung). 이 가운데는 인도 · 명도단행가처분, 부양료 · 양육비 · 치료비 · 위자료 등 금전지급가처분, 임금지급가처분 등이 있는데, 이것은 앞서 본 단행가처분과 마찬가지로 만족적 가처분이므로, 피보전권리의 존재와 보전의 필요성에 관하여 신중한 심사를 요한다.

이 밖에 본가처분에 부수하여 행하는 처분이 있다. 부수적 처분이라 한다. 이사의 직무집행정지가처분에 부수하여 직무대행자선임가처분을 하는 경우가 그 예이다.

4. 방송금지 · 보도금지가처분의 위헌성 문제[3]

제300조 2항의 임시의 지위를 정하기 위한 가처분에 인격권의 침해금지를 본안으로 하여 방송프로그램이 제작 · 방영되기 전에 방송을 금지하는 가처분을 포함시키는 것은 헌법 제21조 2항이 금하는 사전검열에 해당되며, 또 헌법 제37조 2항의 과잉금지의 원칙에 위배되거나 언론자유의 본질적 침해라고 하여 헌법소원이 제기된 바 있다. 이에 대하여 헌법재판소 2001. 8. 30, 2000헌바36 결정에서는 방영금지가처분은 행정권에 의한 사전심사나 금지처분이 아니라 개별 당사자간의 분쟁에 관하여 사법부가 사법절차에 의하여 심리결정하는 것이므로 헌법에서 금지하는 사전검열에 해당하지 아니하고, 방영금지가처분에 의한 사전금지청구는 인격권보호라는 목적에 있어서 그 정당성이 인정될 뿐 아니라 보호수단으로서 적당하다고 판단된다면서 과잉금지의 원칙 위배나 언론자유의 본질적 내용의 침해가 아니라고 합헌결정을 하였다.[4]

---

1) 대법 1992. 7. 6, 92마54.

2) Gaul/Schilken/Becker-Eberhard, §76 Rdnr. 41.

3) 헌법소원에 관한 가처분제도를 헌법재판소심판규칙에서 명문화했으며, 헌법재판소의 확립된 판례로 되어 있다(헌재 2002. 4. 25, 2002헌사129).

4) 전교조 소속교원에 대한 농성시위금지가처분사건에서 유사취지는, 대법 2006. 5. 26, 2004다

5. 가처분해방금액

가처분명령을 하는 경우에도 가압류명령을 하는 경우와 마찬가지로 제282조를 준용하여 가처분의 집행정지 · 취소를 위한 해방공탁금을 적을 수 있는가에 대해서는 찬반의견이 갈려 있다. 다시 말하면 채무자가 가처분으로 입게 되는 불이익을 해방금을 공탁하여 제거할 수 있는가이다. 다툼대상가처분은 가압류의 경우처럼 금전채권의 보전을 목적으로 하는 것이 아니고, 특정물이행청구권의 보전을 목적으로 한다. 임시지위가처분은 임시지위의 유지를 목적으로 하기 때문에 채권자에게 금전적 만족을 주는 것만으로 충분치 않다. 따라서 원칙적으로 제282조를 준용하여 해방공탁금을 적을 필요가 없다는 것이 다수설이다. 판례도 제307조에서 특별사정으로 인한 가처분의 취소를 별도로 규정한 법의를 근거로 같은 입장이다.[1)]

다만 민사집행법의 제정과정에서 피보전권리가 금전적 보상에 의해 그 목적을 달성할 수 있는 경우에는 채권자의 의견을 들어 해방금을 정하는 방안(일본 민사보전법 제25조)이 논의되었으나, 이 제도를 도입하여도 대체물인도청구권을 피보전권리로 하는 다툼대상가처분과 사해행위취소권에 기한 가처분이 주된 이용대상일 것인데 실제로는 이용될 가능성이 적을 것임을 고려하여 도입하지 아니하였다.[2)] 그러나 예외적으로, 제307조의 특별사정이 있는 때는 해방공탁금을 적어도 좋을 것이다. 또 양도담보권실행을 위한 처분금지가처분은 그 내용이 담보된 금전채권의 만족을 위한 것이므로 해방공탁금으로 가처분을 해제하는 길을 여는 것이 좋을 것이다.[3)]

2007년 개정민법 제839조의3에서 재산분할청구권의 보전을 위한 사해행위취소권도 신설하였으므로 이 권리에 기한 가처분이 앞으로 늘어 날 것인 만큼, 해방공탁금의 수요도 그만큼 늘어날 것이다. 일본민사보전법 제25조는 독일법과 달리 가처분해방공탁금제도를 제한적으로 인정하고 있다.[4)]

62597.

1) 대법 2001. 1. 29, 99마6107; 동 2002. 9. 25, 2000마282.

2) 민사소송법개정위원회, 민사소송법(집행편)개정안, 211면.

3) 가처분의 궁극적인 목적이 금전채권의 만족을 위한 보전일 때와 가처분목적물이 대체물일 때에는 제한적으로 가처분해방금을 허용할 것이라는 것에 김광년, "민사보전처분에 관한 몇 가지 의견", 민사집행법연구 제1권, 257면; 김연, 128면; 강대성, 591면.

4) 제19대 국회에 상정되었던 민사집행법 개정안에는 채권자취소권을 피보전권리로 하는 가처

Ⅵ. 가처분의 종류 예시

여기에서 몇 가지 전형적이고 중요한 가처분명령을 들어 그 피보전권리와 보전의 필요성을 예시하고자 한다. 개인생활과 기업경영에 행정권의 무소불위의 개입시대가 가고 시장경제질서와 법치가 뿌리를 내리는 마당에 가처분의 분야는 일취월장하므로 현대형 가처분·국제가처분이 속출하는가 하면, 그 유형조차 쉽게 요약할 수 없을 만큼 다종 다양해지고 있다. 아래의 1·2유형은 다툼대상가처분에 속하고, 3·4유형과 만족적 가처분 등은 임시지위가처분에 속한다.

1. 점유이전금지가처분

(1) 다툼의 대상에 관한 가처분의 전형으로서 특히 부동산에 관하여 널리 쓰인다. 그 주문을 보면 다음과 같다.

「채무자는 별지 목록 기재 부동산에 대한 점유를 풀고 이를 채권자가 위임하는 집행관에게 인도하여야 한다. 집행관은 현상을 변경하지 아니할 것을 조건으로 하여 채무자에게 이를 사용하게 하여야 한다. 채무자는 그 점유를 타인에게 이전하거나 또는 점유명의를 변경하여서는 아니 된다. 집행관은 위 명령의 취지를 적당한 방법으로 공시하여야 한다.」

위 주문례는 채무자보관형의 원칙적 형태이지만 예외적으로 채권자보관형의 점유이전금지의 가처분도 있을 수 있으며, 이는 보전단계에서 채권자의 권리행사를 인정하는 것과 같아져 실질적으로 임시지위를 정하는 가처분인 명도단행가처분과 동일한 것이 된다. 목적물이 유체동산이어서 제3자에 의한 선의취득을 방지할 필요가 있는 경우, 채무자가 목적물을 훼손할 염려가 큰 경우는 채권자 보관형을 이용할 것이다.

(2) 이와 같은 가처분의 피보전권리는 **부동산에 대한 인도·명도청구권**이고 본안소송은 인도·명도청구소송이 된다. 보전의 필요성은 장래의 집행불능 혹은 곤란의 우려 등으로 판정할 것이다. 채무자가 개축하여 건물의 동일성을 상실시킬 우려, 혹은 자포자기로 건물을 손괴시킬 우려 등이 그 예라 할 것인

분에서 해방공탁금제를 도입하는 내용이 있었다.

데, 보다 중요한 것은 채무자가 제3자에게 점유승계를 해놓는 경우로 이때는 보전의 필요성이 인정된다. 토지나 건물의 일부에 대한 가처분의 경우에는 도면 등으로 그 목적물을 특정할 필요가 있다.

실무상 영업용건물을 임대한 경우에 임차인이 제3자에게 점유를 이전할 태세를 취하지 아니함에도 임대인이 소유자가 임대차계약 직후에 점유이전금지가처분을 신청하는 예가 있으나, 임대인은 소유자로서 제3자를 상대로 언제든지 인도청구소송을 할 수 있고, 가처분집행에 의하여 집행관이 공시서를 부착하기 때문에 임차인의 정상적인 영업에 지장을 줄 수 있는 점을 고려하여 보전의 필요성 인정에 신중을 기하는 것이 필요하다. 이와 달리 임대차계약기간의 종료가 임박한 경우, 임대인과 임차인 사이에 계약기간, 갱신 여부, 비용상환청구권의 존부 등에 관하여 다툼이 있거나 임차인이 제3자에게 임차권양도, 전대 등의 조짐이 있는 경우에는 보전의 필요성 인정이 쉬울 것이다.[1]

(3) 가처분 집행후에 채무자가 제3자에게 점유이전을 한 경우, 점유를 이전받은 제3자는 가처분권자에게 대항할 수 없게 되므로 가처분권자는 제3자를 상대로 명도소송을 제기할 필요가 없다. 그러나 그 제3자를 상대로 명도집행을 하려면 본안소송의 집행권원에 승계집행문을 얻어야 한다.

(4) 일본민사보전법 제25조의2 1항은 계쟁물이 부동산일 경우 그 집행 전에 채무자를 특정하기 곤란한 사정이 있을 때에는 법원은 채무자를 특정하지 않은 채 점유이전금지가처분을 발령할 수 있도록 하였다. 조사하여도 점유자를 확인할 수 없고 도망다니며 불법점유자를 이용하는 악성점유자에 대한 적절한 해법이므로, 채무자불특정 가처분은 입법론적으로 도입이 타당하다.[2]

2. 처분금지의 가처분

유체동산, 채권 그 밖의 재산권[3]에 대하여도 행할 수 있지만, 주로 부동

---

1) 법원실무제요, 민사집행(Ⅴ), 297면.

2) 동지; 김광년, "민사보전처분에 관한 몇 가지 의견", 민사집행법연구 제1권, 254면; 이재석, "점유자 교체에 의한 집행방해, 언제까지 방치할 것인가?", 2019. 7. 15.자 법률신문.

3) 예탁유가증권(규 217조) · 약속어음처분금지(대법 2002. 6. 25, 2002다13720), 배당금지급금지(대법 2009. 5. 14, 2007다64310), 임차권설정등기청구권을 피보전권리로 하는 처분금지(대법 1988. 4. 25, 87다카458), 골프회원권처분금지(대법 2009. 12. 24, 2008다10884) 등 가처분이 있다.

산에 대하여 행하는데, 그 이용률이 매우 높다. 그 주문은 다음과 같다.

「채무자는 별지목록기재 부동산에 대하여 매매·증여·전세권·저당권·임차권[1]의 설정 그 밖에 일체의 처분행위를 하여서는 아니 된다.」

이와 같은 가처분도 다툼의 대상에 관한 가처분이다. 흔한 예로는 피보전권리가 **부동산 등기청구권** 특히 이전등기청구권·말소등기청구권인데, 본안소송으로 등기청구소송이 전제가 된다.[2] 예를 들면 등기말소청구소송은 원고의 승소확정판결을 기다려 현실의 등기말소를 등기소에 신청하게 되지만, 소송도중(변론종결전)에 피고가 다시 제3자에게 등기명의를 이전하였을 때에 이를 간과하고 피고를 바꾸지 못하면 판결은 실질상 무효가 되고, 제3자에게 다시 승소확정판결을 받지 못하면 판결대로 등기말소가 불가능하게 된다. 이것이 이와 같은 유형의 가처분을 필요로 하게 되는 근거이다. 소송도중에 피고가 다시 제3자에게 등기명의를 이전하여도 그 제3자는 판결의 효력을 받아 집행을 당하게 되는 당사자항정주의를 취하고 있는 독일법제하에서는 많이 필요하지 아니한 가처분이다.

유의할 것은 건축법에 의한 건축허가 또는 건축신고를 적법하게 마쳤으나 아직 사용승인을 얻지 못한 **미등기건물**에 대하여 제81조 1항 2호에 의하여 부동산강제집행이 가능하듯이 이에 대한 처분금지가처분도 가능하다는 것이다.[3] 개정 부동산등기법 제66조는 이러한 가처분을 한 경우의 등기절차를 새로 신설하였다. 다만 동산의 경우는 민법 제249조의 선의취득이 적용되므로 채무자의 점유하에 두는 처분금지의 가처분은 그 실효성이 적다고 하겠다.

3. 직무집행정지·대행자선임의 가처분

회사 그 밖의 법인 등 단체의 대표자의 선임에 대한 다툼, 자격문제 등

---

1) 우리나라에서는 주택·상가건물임차권은 확정일자를 갖추면 전세권과 같은 담보권에 준하므로 임대차의 설정도 금지의 대상이 되는 처분행위가 된다고 볼 것이다.

2) 등기부상 진실한 소유자가 허무인 명의의 부실등기를 한 사람을 상대로 등기말소청구권의 보전을 위하여 처분금지가처분을 할 수 있다는 것에, 대법 2008. 7. 11, 2008마615.

3) ① 건물로서의 실질과 외관을 갖추고 ② 지번·주소·면적 등이 건축허가·신고의 내용과 동일성이 인정되는 경우에 허용된다는 것에, 대법 2009. 5. 19, 2009마406. 미등기부동산에 대한 처분금지가처분은 그 부동산이 채무자의 소유라는 소명이 있고 가처분의 이유가 있으면 가처분결정을 함에 지장 없다는 것에, 대법 1962. 12. 14, 62라13. 그러나, 건축허가 또는 건축신고를 하지 아니한 불법 미등기건물에도 가처분을 허용할 것은 아니다.

내부분쟁에서 흔히 볼 수 있는 것으로, 주문은 다음과 같다.

「채권자의 ○○주식회사에 대한 주주총회결의취소사건의 본안판결확정시까지, 채무자는 위 회사의 대표이사 및 이사의 직무를 집행하여서는 아니 된다.

위 직무집행정지기간중 ○○○을 직무대행자로 선임한다.」

(1) 피보전권리

1) 선임결의 취소, 무효확인, 부존재확인청구권

① 주식회사의 이사선임결의의 하자를 이유로 취소, 무효확인, 부존재확인을 구할 수 있는 권리가 직무집행정지가처분의 피보전권리가 된다(상 407조, 380조). 상법 제407조가 준용되는 주식회사의 감사·청산인, 유한회사의 이사·감사·청산인, 합명회사의 사원·청산인, 합자회사의 무한책임사원·청산인, 상호회사 이사·감사·청산인의 경우에도 마찬가지이다. 이상의 본안소송에는 제소기간의 제한이 있다. 급박한 사정이 있는 때에는 본안소송의 제기 전에도 가처분을 할 수 있다(상 407조 1항 후문).

이 가처분의 본안소송은 이행소송에 한하지 않고 확인소송이나 형성소송이라도 상관없다. 본안소송이 확인소송이나 형성소송인 경우는 피보전권리를 급부청구권으로 명확히 못박을 수 없고, 주주권 혹은 형성권인 결의취소권 등의 실체법상의 권리가 예정되어 있다고 보아야 한다.[1] 결의의 내용 등 실체상의 하자가 없을 뿐 아니라 절차상의 하자(통지기간, 안건제시의 통지 등)가 없으면 가처분에 이를 수 없다. 이러한 가처분은 임시지위가처분이기 때문에 다툼 있는 권리관계의 존재를 필요로 한다.

② 종래부터 통설과 판례[2]는 민법상 법인이나 민법이 적용되는 비법인사단·재단의 사원총회 또는 이사회결의에 하자가 있는 경우에는 법률에 별도의 규정이 없으므로 그 결의에 무효사유가 있는 경우에는 이해관계인은 언제든지 무효소송을 제기할 수 있고, 이를 본안으로 한 이사의 직무집행정지 및 대행자선임 가처분을 신청할 수 있다고 하였다. 재건축·재개발조합,[3] 집합건물관

1) 해임청구권을 인정한 상법 제385조 2항이 주식회사에만 적용되는 특별규정이라고 할 수 없고, 모든 단체에 공통적으로 적용될 수 있는 자연법적 원리라고 하는 견해는 권성 외, 가처분의 연구, 440~442면.

2) 대법 2000. 2. 11, 99다30039.

3) 대법 2009. 9. 24, 2009마168·169.

리단, 입주자대표회의, 직능단체, 노동조합, 학생회, 종중,[1] 농업협동조합[2] 등 각종단체의 대표자, 임원 선출결의의 하자를 이유로 직무집행정지가처분을 신청할 수 있다.

다만 민법상 법인과 비법인사단 · 재단의 임원에 대한 가처분은 이를 등기할 법적 근거가 없었고, 직무대행자의 업무범위에 관한 규정이 없어 대행자가 선임된 단체와 거래하는 제3자에게 불측의 손해를 입힐 가능성이 있었다. 이에 민사집행법 제정과 동시에 민법과 상법을 개정하여 민법과 상법상 법인의 임원에 대한 직무집행정지 가처분은 등기사항이라는 점과 직무대행자의 업무범위는 통상사무에 한정된다는 점을 명시하고, 민사집행법 제306조로 그 등기촉탁절차를 신설하였다.

2) 임원의 해임청구권

① 주식회사의 이사 · 감사 · 청산인, 유한회사의 이사 · 청산인에 대하여는 그들이 직무에 관하여 부정행위 또는 법령이나 정관에 위반한 중대한 사실이 있음에도 주주총회 등에서 해임을 부결한 때에 주주 등이 이사 등의 해임을 법원에 청구할 수 있는 규정이 있다(상 385조 2항 등). 이사 등 해임의 소는 형성의 소로서 법률에 명문의 규정이 있는 경우에만 허용되는데 위와 같이 해임청구권이 상법에 명문으로 있는 경우에는 해임청구권을 보전하기 위한 직무집행정지가처분이 허용됨은 물론이다.

이러한 직무집행정지가처분은 반드시 본안의 소가 제기되었음을 전제로 하지는 않으나 상법 제386조 2항이 해임의 소를 제기하기 위한 절차를 별도로 규정하고 있는 것을 감안하여 보면 특별히 급박한 사정이 없는 한 해임의 소를 제기할 수 있을 정도의 절차 요건을 거친 흔적이 소명되어야 한다는 것이 판례이다.[3] 따라서 이사 해임을 안건으로 한 주총소집을 법원에 신청하는 등의 절차를 거쳤다는 소명을 요구하는 것이 실무이다.

② 임원의 해임청구권에 대한 근거 규정이 없는 민법상법인, 비법인사단 · 재단, 합명회사, 합자회사의 대표자 등이 부정행위를 하여 그 단체의 존립을 위태롭게 할만한 특수사정이 있는 경우에 해임청구권을 피보전권리로 하는

1) 대법 2006. 10. 27, 2005마10.

2) 대법 2003. 12. 26, 2003다11837.

3) 대법 1997. 1. 10, 95마837.

가처분이 가능한가.

판례는 학교법인과 중소기업협동조합에 관한 사안에서, 법률관계의 변경 · 형성을 목적으로 하는 형성의 소는 법률에 명문의 규정이 있는 경우에 한하여 허용되고, 단체의 대표자 등이 그 업무에 관하여 위법행위 및 정관위반행위를 하였다는 이유로 그 해임을 청구하는 소송은 형성의 소에 해당하는데, 이를 제기할 법적 근거는 없으므로 그러한 해임청구권을 피보전권리로 하는 직무집행정지가처분은 허용될 수 없다고 하였다.[1] 재단법인의 이사, 임시이사에 대한 직무집행가처분에서도 같은 이유로 허용되지 아니한다고 하였다.[2] 민법상 조합의 청산인에 대한 직무집행정지가처분에 서도 법원에 해임을 청구할 권리가 조합원에게 인정되지 않으므로 그 해임청구권을 피보전권리로 한 청산인에 대한 직무집행정지가처분은 허용되지 않는다고 하였다.[3]

그러나 이에 대하여는 단체의 대표자 선출기관이 대표자의 편에 서서 자체적으로 해임하는 것이 불가능한 경우가 많고, 이를 방치하는 것은 정의관념에 어긋난다는 점 등을 근거로 주식회사 이사 등의 해임규정을 유추적용하자는 긍정설도 있다.[4] 또한 단체의 규약이나 정관에 해임청구권에 관한 근거규정이 있는 경우에는 가능하다는 견해[5]와 단체 내부규정은 형성의 소의 법적 근거가 될 수 없다는 반대견해[6]가 대립하고 있으나 적극적으로 해석하고 싶다.

3) 임원의 지위 또는 권한의 부존재확인청구권 선임결의의 하자 또는 해임청구권을 본안으로 하는 것 외에 임원의 지위 또는 권한의 부존재를 본안으로 하는 직무집행정지가처분이 가능한가. 단체의 임원이 임기 중에 사임하였거나 임기가 만료된 경우, 정관 소정의 자격을 상실한 경우, 해임결의가 되었음에도 이를 부정하면서 그 권한을 행사하는 경우에는 임원의 지위 또는

1) 대법 1997. 10. 27, 97마2269; 동 2001. 1. 16, 2000다45020. 비송사건절차법 제119조에 의하면 청산인선임의 재판에 대하여는 불복을 할 수 없는데, 불복의 허용을 전제로 청산인해임청구권을 피보전권리로 한 청산인직무집행정지 및 직무대행자선임 가처분신청은 부적법하다는 것에, 대법 1982. 9. 14, 81마33.

2) 대법 1966. 12. 19, 66마516; 동 2004. 10. 13, 2004마718.

3) 대법 2020. 4. 24, 2019마6918.

4) 권성 외, 가처분의 연구, 442면.

5) 이우재, "단체의 임원에 대한 직무집행정지가처분", 민사집행법실무연구(2), 재판자료 117집(2009. 3), 914면; 조상희, "민법상 사단법인 · 비법인사단의 임원의 해임청구권을 피보전권리로 하는 가처분", 일감법학 제10권(2005. 12), 51면 이하.

6) 주석 민사집행법(Ⅴ), 1116~1117면; 법원실무제요 민사집행(Ⅴ), 380면.

권한 부존재확인소송이 가능하므로 이를 피보전권리로 한 직무집행정지가처분이 허용된다.[1] 판례도 퇴임할 당시 이사의 원수가 충족되어 있음에도 불구하고 퇴임이사가 여전히 이사로서의 권리를 행사하고 있는 경우에는 그 권리의무의 부존재확인청구권을 피보전권리로 하여 직무집행정지를 구할 수 있다고 하였다.[2]

(2) 보전의 필요성

보전의 필요성은 원래 이사가 될 수 없는 자가 현재 이사로서 직무를 집행하고 있는 것이 소명되면 그 자체로 바로 인정되어야 한다는 견해와, 소명에 의하여 구체적으로 회복할 수 없는 손해가 회사나 주주에게 생길 가능성이 있을 것이 인정되어야 한다는 견해로 갈려 있다. 판례는 명백하지 아니하나 그의 "직무집행으로 인하여 현저한 손해를 입을 급박한 사정이 있다고 인정되는 경우에 가처분을 할 수 있다"고 하고 있어 보전의 필요성도 고려하는 후설에 가깝다.[3] 이러한 가처분은 이른바 만족적 가처분이기 때문에 고도의 보전의 필요성이 요구된다.

대표자선임결의무효확인의 소를 본안소송으로 하는 대표자직무집행정지가처분의 경우에 채권자가 본안소송에서 승소하여 적법한 선임결의가 있을 경우 채무자가 다시 대표자로 선임될 개연성이 있는지 여부도 보전의 필요성을 판단하는 데 참작하여야 한다는 것이 판례이다.[4]

(3) 가처분의 당사자와 관할

본안소송의 원고적격을 가지는 자가 채권자가 된다. 민법상 사단법인이나 비법인사단에서는 이사나 사원 등 단체의 구성원이 채권자가 된다. 재단법인에서는 통상 이사가 채권자가 된다. 학교법인의 교수나 학생에게는 학교법인의 법률행위를 다툴 확인의 이익이 인정되지 않는다는 것이 판례이다.[5] 회사의 이사선임결의 취소의 소는 주주 · 이사 · 감사가(상 376조), 무효나 부존재확인의 소는 확인의 이익을 가지는 자가 제기할 수 있다(상 380조). 하자 있는 결

1) 주석 민사집행법(V), 1117면; 법원실무제요 민사집행(V), 380면.
2) 대법 2009. 10. 29, 2009마1311.
3) 대법 1957. 6. 29, 4290민상165.
4) 대법 1997. 10. 14, 97마1473.
5) 대법 1994. 12. 22, 94다14803; 동 1996. 5. 31, 95다26971.

의에 의하여 해임된 이사에게도 원고 적격이 있다. 이사해임의 소는 일정 비율 이상의 주식을 소유한 주주에게만 인정된다(상 385조 2항 등).

직무집행정지가처분의 채무자가 누가 되어야 하는가에 대해서는 임원설, 단체설, 단체 및 임원 쌍방설[1]로 견해가 갈린다. 판례는 직무집행의 정지를 요구받은 당해 이사 등이 채무자적격이 있다고 본다.[2] 그러나 이는 본안소송인 대표자선출결의의 부존재 · 무효확인 · 취소소송에서는 문제의 이사가 아니라 회사 등 단체가 피고적격자라는 확립된 판례[3]와 배치된다. 가처분에서도 본안에서와 같이 단체로 보는 것이 옳다. 다툼 있는 권리관계의 주체가 회사 등 단체이기 때문이다. 일본에서는 단체와 당해 이사 공동으로 채무자가 되어야 한다는 설이 유력하다.[4] 다만 우리 판례는 대세효가 있는 주식회사 이사 등의 선임결의취소 · 무효 · 부존재 확인의 소를 본안소송으로 하는 경우에는 그 판결의 대세효에 관한 규정(상 190조, 376조, 380조)이 준용되므로 이사만을 채무자로 한 가처분이라도 그 회사에 미친다고 하였다.[5] 대세효가 없는 민법상 법인, 비법인사단 · 재단의 이사에 대한 가처분은 법인에 효력이 미칠 수 없기 때문에 문제는 남는다.

가처분은 본안의 관할법원 또는 다툼의 대상이 있는 곳을 관할하는 지방법원이 관할하는데, 직무집행정지가처분에서는 다툼이 있는 권리관계에 관하여 가처분을 할 유체물 또는 무체물을 상정할 수 없으므로 사실상 본안 관할법원만이 관할법원이 된다고 해석한다. 즉 본점이나 주된 사무소가 될 것이다. 사임이나 임기만료한 임원의 지위부존재 등을 이유로 하는 직무집행정지가처분의 경우에는 임원 개인의 주소지에 본안의 관할을 인정할 수 있을 것이다.[6] 사물관할은 합의부 관할이다.

---

1) 강봉수, "이사 등의 직무집행정지 · 직무대행자선임의 가처분", 재판자료(38), 210면; 김능환, "단체의 대표자에 대한 직무집행정지 · 직무대행자선임의 가처분과 본안소송 등에서 그 단체를 대표할 자", 민사소송(1), 한국민사소송법학회(1998), 48면.
2) 대법 1972. 1. 31, 71다2351; 동 1982. 2. 9, 80다2424.
3) 대법 1973. 12. 11, 73다1553; 대법(전) 1982. 9. 14, 80다2425 이래 확립된 판례.
4) 일본 최고재 1998. 3. 27 판결.
5) 대법 1992. 5. 12, 92다5638.
6) 주석 민사집행법(Ⅴ), 1122면; 법원실무제요 민사집행(Ⅴ), 383면.

(4) 직무대행자 선임

직무집행정지 가처분을 결정할 때 직무대행자 선임가처분을 함께 하는 경우도 많지만, 대행자선임 여부는 별도로 판단해야 한다.[1] 대행자선임을 하더라도 반드시 직무집행정지 가처분결정과 동시에 할 필요는 없다. 직무대행자선임이 필요한 것은 특히 대표이사직무집행정지를 시킬 때인데, 정관·규약 등에 대표자 궐위시에 대표권을 가진 이사에 대한 규정이 있을 때에는 직무대행자까지 선임하여 대행자에 대한 보수를 예납하게 하는(집행비용에 해당되지만) 등 과비용을 부담시킬 필요가 없다.[2] 비용효율(cost efficiency)을 보전처분에서도 도외시하면 안 된다. 만일 직무대행자도 함께 선임한다면 직무대행자를 누구로 선임할 것인가는 법원의 자유재량에 속한다. 당사자에게 특정인을 직무대행자로 선임하여 달라는 신청권은 인정되지 아니한다. 실무상 채권자, 채무자 모두 동의하는 사람이 있으면 그를 우선하여 선임하나 합의되지 않는 경우에는 중립적인 사람을 선임하는 것이 바람직하다.

법원은 일단 선임한 직무대행자가 부적당하다고 인정한 때에는 직권으로 언제든지 개임할 수 있다. 당사자에게는 개임신청권이 없고 직권발동을 촉구하는 것에 불과하므로 개임신청을 법원이 받아들이지 않더라도 불복할 수 없다.[3] 직무대행자는 가처분채권자 측에 그 직무를 위임할 수 없다.[4] 먼저 선정한 대행자에 대하여 취소결정을 하지 아니하고 다른 자로 바꿀 수는 없다.

직무대행자를 선임하는 경우에는 동시에 또는 별도로 보수를 정하는 결정을 한다. 변호사를 대행자로 하는 경우에는 예외없이 월정액으로 보수를 정하나, 단체 내부의 사람을 대행자로 선임하는 경우에는 별도로 보수를 정하지 않는 경우도 많다.

4. 종업원 등 지위보전의 가처분

주로 노사간의 분쟁에서 나타나는 것으로, 주문은 여러 가지로 표현되나 다음과 같은 예가 보통이다.

---

1) 原井龍一郎/河合伸一, 실무민사보전법, 408면.
2) 한국프로골프협회장의 직무집행정지가처분에서 직무대행자선임은 인용하지 않은 서울동부지법 2012. 5. 25. 결정.
3) 대법 1979. 7. 19, 79마198.
4) 대법 1984. 2. 14, 83다카875·876·877.

「본안판결 확정시까지 채권자가 채무자에 대하여 피용자로서의 지위에 있음을 임시로 정한다.」

이와 같은 가처분은 임시지위를 정하는 것인데, 본안소송은 흔히 해고무효확인소송이다. 위법·무효인 해고에 의하여 현재 종업원으로서 취급받지 못하게 되는 결과 임금지급을 받을 수 없게 되고, 사택반환요구에 시달리게 되며, 국민연금보험·건강보험·고용보험·산업재해보험 등의 혜택도 끊기게 되고 나아가 노조활동이 저해되는 등의 사정이 보전의 필요성의 근거가 된다. 그러나 이와 같은 가처분은 강제집행에 의한 내용의 실현을 예정하고 있지 아니하여 「임의이행을 구하는 가처분」에 속하는데, 그 효력에 관하여는 뒤에서 살핀다. 이러한 가처분을 받아내도 사용자가 가처분에 위반하여 종업원으로 취급하지 아니하면서 급여도 지급하지 아니할 경우에는 종업원인 채권자로서는 다시 구체적 내용을 명하는 가처분, 예를 들면 **임금지급가처분**이나 **취업방해금지가처분**을 구하여야 하는데, 이를 동시에 신청하거나 별도로 신청할 수 있다. 그러므로 지위보전의 가처분을 하면 사용자 측이 이를 존중하여 임의로 따를 것이 예상되는 경우가 아니면, 보전의 필요성이 충족된 가처분이 될 수 없다고 할 것이다.

퇴교처분을 받은 학교의 학생 등에 대하여서도 이와 같은 가처분을 하거나(퇴교처분 효력정지의 가처분도 된다), 입찰에 떨어진 자에 의한 입찰자격자지위보전의 가처분,[1] 올림픽출전자격의 지위보전[2]도 있을 수 있다.

판례는 미등기부동산이라도 처분금지가처분을 함에 지장이 없으므로 미등기부동산의 매수인으로서의 임시지위가처분이 필요 없다고 했다.[3]

5. 상사사건에 관한 가처분[4]

상사사건에 관한 가처분의 종료를 세분하면, 이사의 행위를 금지하는 가처분, 주주총회에 관한 가처분, 주식에 관한 가처분, 회계장부 등 열람·등사

1) 대법 2001. 12. 11, 2001다33604.
2) 서울동부지법 2016. 6. 30. 결정(수영의 박태환 선수에 대해).
3) 대법 1962. 12. 14, 62라13.
4) 이곳과 다음의 기타 가처분에서는 실무상 신청이 빈번한 가처분으로 어떤 것들이 있는지를 살펴보고, 그 구체적인 절차와 효력은 가처분 주문에 따라 다르므로 관련 설명을 참고하면 된다.

가처분으로 나눌 수 있다.

(1) 이사의 행위를 금지하는 가처분

주식회사의 이사가 법령 또는 정관에 위반한 행위를 하여 이로 인하여 회사에 회복할 수 없는 손해가 생길 염려가 있는 경우에, 감사 또는 일정 수 이상의 주식을 가진 주주는 회사를 위하여 이사에 대하여 그 행위를 유지(留止)할 것을 청구할 수 있는데, 이 유지청구권의 보전을 위하여 그 행위의 금지를 명하는 가처분이다. 상법상 가처분에 관하여 별도의 규정이 없으므로 법 제300조 2항의 임시지위가처분에 속한다고 본다.

(2) 주주총회에 관한 가처분

주주총회에 대한 가처분은 다시 **총회개최금지가처분, 특정 안건의 상정·결의금지·결의효력정지가처분** 등이 있다. 이들 가처분은 결정문을 송달하는 외에 특별한 공시방법이 없어 실무상 총회장 등에 집행관 공시를 명하기도 한다. 이행의 강제를 위하여 간접강제를 명할 수 있느냐에 관하여는 견해가 대립하고 있으나 소극설이 다수이다.

가처분에 위반하여 총회를 개최하거나 안건을 상정하여 결의한 경우의 효력에 관하여 그 자체로 결의부존재사유가 된다는 설도 있으나 하자의 정도에 따라 결의취소, 무효, 부존재사유가 된다고 본다. 가처분권자가 본안에서 패소확정된 경우에는 어떠한가. 판례와 실무는 가처분에 위반한 의결 등이 결국 가처분의 피보전권리를 침해한 것이 아니어서 유효하다는 입장이다.[1)]

(3) 주식에 관한 가처분

채권자가 주식을 양수하였다거나 자신이 실질 주주임을 주장하는 경우, 양도인을 상대로 주식에 대한 **처분금지가처분**을, 회사에 대하여는 **명의개서금지가처분**[2)]을 제기할 수 있을 것이다. 주식의 귀속 또는 발행된 주식의 효력에 관하여 다툼이 있는 경우에는 의결권행사금지 또는 허용의 가처분이 활용되는데, 행사금지는 행사할 자와 회사를 공동채무자로 하여, 행사허용은 회사를 채무자로 하여 신청한다. 의결권행사금지 가처분이 발령되면 그 주주는 의결권을 행사할 수 없는데, 그 주식이 '발행주식의 총수'에 산입되는지 여부에 관하

1) 대법 2010. 1. 28, 2009다3920 참조.
2) 대법(전) 2017. 3. 23, 2015다248342.

여, 피보전권리가 단순히 주식의 귀속에 관한 다툼이면 산입되고,[1] 주식자체의 효력에 관한 다툼이면 산입되지 않는다는 것이 통설이다.

주식회사가 법령 또는 정관에 위반하거나 현저하게 불공정한 방법에 의하여 주식을 발행함으로써 주주가 불이익을 받을 염려가 있는 경우에 그 주주는 회사에 그 발행을 유지할 것을 청구할 수 있는데(상 424조), 이를 피보전권리로 한 가처분이 **신주발행금지가처분**이다. 이 가처분은 회사에 대하여 신주발행을 하여서는 아니 된다는 부작위를 명하는 것으로서 그 효력이 신주인수인에 직접 미치지 않으나, 회사는 인수인의 주금납입을 거부할 의무가 있다. 이 가처분을 위반하여 회사가 신주를 발행한 경우의 효력은 어떠한가. 법원의 공권적 판단을 위배한 것이므로 무효라는 견해, 효력이 미치지 않는 제3자인 인수인이 취득한 신주의 효력에는 영향이 없다는 견해, 원칙적으로 무효이나 인수인이 선의인 경우에는 유효하다는 견해 등이 있다.

판례는 신주발행무효소송에서, 신주발행유지청구권은 위법한 발행에 대한 사전 구제수단임에 반하여 신주발행 무효의 소는 사후에 이를 무효로 함으로써 거래의 안전과 법적 안정성을 해칠 위험이 큰 점을 고려할 때, 그 무효원인은 가급적 엄격하게 해석하여야 하고, 따라서 법령이나 정관의 중대한 위반 또는 현저한 불공정이 있어 그것이 주식회사의 본질이나 회사법의 기본원칙에 반하거나 기존 주주들의 이익과 회사의 경영권 내지 지배권에 중대한 영향을 미치는 경우로서 신주와 관련된 거래의 안전, 주주 기타 이해관계인의 이익 등을 고려하더라도 도저히 묵과할 수 없는 정도라고 평가되는 경우에 한하여 신주의 발행을 무효로 할 수 있다고 하였다.[2] 신주발행금지가처분에 대한 것은 전환사채발행금지가처분에도 준용될 것이다.

(4) 회계장부 등 열람·등사 가처분

상법상 일정 수 이상의 주식을 소유한 회사의 주주 등은 회사재산 운용의 불투명성을 해소하고, 운용상 문제점에 대한 임원들의 책임을 묻기 위해 회계

---

1) 대법 1998. 4. 10, 97다50619.

2) 대법 2010. 4. 29, 2008다65860; 동 2009. 1. 30, 2008다50776; 동 2004. 6. 25, 2000다37326(전환사채발행무효사건). 판례는 신주발행결의를 한 이사들이 하자있는 주주총회에서 선임되어 그 주주총회가 확정판결로 취소되었고 신주발행금지가처분이 발령되었음에도 그들 이사들만이 신주를 인수한 사안에서 그 신주발행은 무효라고 보았다(대법 2010. 4. 29, 2008다65860).

장부 및 서류의 열람·청구할 수 있는데(상 466조), 실무상으로는 이를 피보전 권리로 한 가처분신청이 오히려 많은 실정이다. 이 열람·등사청구는 이유를 붙인 서면으로 신청하는데, 청구의 이유를 구체적으로 기재하여야 한다.[1] 가처분신청을 위해서는 채권자가 정당한 사유로 열람·등사를 신청하였는데, 회사가 이를 거부한 것이 소명되어야 한다. 최근에는 회계프로그램상의 특정 서류를 넘어 해당 프로그램 자체의 열람을 청구하는 경우도 있으나 이는 불허하는 것이 대체적인 실무이다. 이 가처분결정은 부대체적 작위의무를 명하는 것이므로 간접강제에 의하여 집행력을 확보한다는 점과 간접강제의 절차와 효력에 관해서는 제2편 6장 3절 Ⅲ.(간접강제) 부분을 참고하면 된다.

6. 기타 가처분

이하에서는 위에서 열거하지 아니한 것 중 요즘 신청의 빈도가 많은 가처분 몇 가지를 보기로 한다.

(1) 공사금지가처분 등

토지소유자가 방해배제청구권에 기하여 자기 소유의 토지상에 건축공사의 금지를 구하거나, 인접 토지 소유자가 건축공사로 인한 지반침해, 주택붕괴의 위험, 소음피해, 일조권이나 조망권 침해 등을 이유로 공사의 금지 또는 중지를 구하는 가처분이 흔히 신청된다. 그 반대로 건축주 또는 시공사는 정당한 이유 없이 공사를 방해하는 자를 상대로 **공사방해금지가처분**을 신청하는 예도 있다. 모두 부작위를 명하는 가처분이 주된 내용이므로 가처분신청시에 채무자의 불이행에 대비한 간접강제를 함께 신청하기도 한다.

지반침해나 주택붕괴, 소음피해의 경우에는 그 정도에 대한 소명이 문제일 뿐 피보전권리가 되는데 의문이 없다. 헌법상 환경권이 존재하지만 사법상의 권리로 환경권을 인정하는 명문의 규정이 없다는 이유로 판례는 환경권에 기하여 직접 가처분신청을 하는 것을 인정하지 않고 있다.[2] 현재 실무는 일조권에 관하여, 일조방해의 정도가 수인한도를 초과한 경우에 손해배상책임을 인정하고 있으나,[3] 가처분의 경우에는 수인한도를 넘는다고 하여 곧바로 공사

1) 대법 1999. 12. 21, 99다137 등.
2) 대법 1997. 7. 22, 96다56153; 동 2006. 6. 2, 2004마1148·1149.
3) 동지일을 기준으로 09:00부터 15:00까지 6시간 중 일조시간이 연속하여 2시간 이상 확보되

금지를 명하는 것이 아니고, 일조권침해의 정도가 현저하여 향후 금전배상만으로는 손해의 전보가 어렵다는 위법의 중대성이 인정되어야 가처분을 발령하는 것이 통례이다.[1]

어느 토지나 건물이 종전부터 향유하고 있던 경관이나 조망이 그에게 생활이익으로서의 가치를 가지고 있다고 객관적으로 인정된다면 법적인 보호대상이 될 수 있다는 것이 판례이나,[2] 그 침해의 정도가 수인한도를 넘을 정도로 현저할 것을 요구하므로 건축법 등에 명백히 위반된 공사가 아닌 한 경관이나 조망권침해를 이유로 한 가처분이 인정되기는 쉽지 않다.[3]

(2) 지식재산권에 대한 가처분

산업재산권(특허권, 실용신안권, 디자인권, 상표권)과 이에 준하는 저작권, 출판권을 근거로 하거나 이를 대상으로 한 가처분이다. 위 권리에 대한 이전등록청구권이나 말소등록청구권을 피보전권리로 한 처분금지가처분은 그 관할에 특칙(대전지법 또는 서울중앙지법)이 있을 뿐 등기를 요하는 부동산에 대한 처분금지가처분과 유사하다.

지식재산권의 침해금지가처분은 이들 지식재산권에 기한 금지청구권을 피보전권리로 하여 채무자의 침해행위의 금지를 구하는 것으로서, 본안판결에서의 침해금지와 그 내용이 동일하고, 다만 그 부작위의무를 미리 부과하는 점에서 임시지위가처분에 속하며, 만족적 가처분에 해당한다. 신청권자는 특허의 경우를 예로 들면, 특허권자, 전용실시권자(특허 126조 1항)에 대해서는 이론이 없으나, 통상실시권자에 대해서는 부정하고 있다. 다만 통상실시권자는 특허권자를 대위하여 신청할 수 있을 것이다.[4] 채무자는 침해제품의 생산자, 판매자, 사용자가 될 것이다.

침해금지를 구하는 대상은 완제품만이 아니라 반제품을 포함하고, 행위는 생산, 양도, 대여, 수입, 전시 등으로 특정한다. 특허권이나 실용신안권은 그 권리의 범위에 대한 해석이 중요하고, 상표권침해금지 또는 부정경쟁행위금지

지 않고, 동시에 08:00부터 16:00까지 8시간 중 총 일조시간이 4시간 이상 확보되지 않는 경우를 수인한도 초과로 본다.

1) 법원실무제요 민사집행(Ⅴ), 309면.
2) 대법 1997. 7. 22, 96다56153 등.
3) 대법 2007. 6. 28, 2004다54282.
4) 대법 2007. 1. 25, 2005다11626(저작권의 경우). 법원실무제요 민사집행(Ⅴ), 355면.

가처분에서는 소비자가 권리자의 것으로 오인혼동할 위험을 중시하여 판단한다. 이미 지식재산권의 침해행위가 있는 경우는 물론 그 침해가 임박한 경우에도 인정되나 만족적 가처분이므로 침해의 정도, 금전배상이나 회복가능성 등 채권자와 채무자의 사정을 모두 살펴 신중하게 판단하여야 할 것이다.

(3) 노동사건에 관한 가처분

노동사건에 관한 가처분은 대개 임시지위가처분으로서 만족적 가처분에 해당하는 것이 많고, 본안소송을 기다리지 않고 가처분의 결과만으로 그 효과가 나타나서 그 영향이 크므로 실무상 신중히 결정하는 경향이다. 가처분의 당사자는 통상 근로자와 회사이나, 단체교섭응낙가처분의 경우에는 단체교섭의 당사자인 노동조합이 된다.[1] 사용자의 직장폐쇄에 대응하는 근로거부(방해) 금지 가처분의 경우, 근로자 개인은 당연히 신청인 적격이 있는데, 노동조합에도 신청권을 인정하자는 견해도 강력하다.

근로자측이 신청하는 가처분의 예로는 임금지급가처분, 근로자지위보전가처분, 근로의 거부 또는 방해금지가처분(사용자의 직장폐쇄에 대한 대응수단), 전직명령효력정지가처분, 단결권침해(조합활동방해)금지가처분 등이 있다. 임금지급가처분은 뒤의 특수가처분에서 서술하고, 근로자지위보전가처분은 앞서 보았다. 통상 가처분결정의 주문이 사용자에게 특정 부작위를 명하는 것이므로 간접강제결정을 함께 하기도 한다.

사용자가 신청하는 가처분의 예로는 근로자의 직장 또는 사업장 점거, 피케팅 등 시위, 출하저지 등 업무방해를 하지 말 것을 구하는 신청이 대부분이다. 역시 부작위를 명하는 가처분이므로 실효성이 있으려면 간접강제가 수반되어야 하는데, 많은 경우 간접강제금이 너무 적거나 사후 합의로 그 집행을 면제하는 사례가 많아 채무자가 간접강제결정을 두려워하지 않는 것이 문제인 것으로 보인다.

Ⅶ. 특수가처분

임시지위가처분의 특수형태로 만족적 가처분과 임의의 이행을 구하는 가

1) 대법 1998. 11. 13, 98다20790(단체교섭 권한을 위임하였어도 단체교섭의 주체는 조합이다).

처분 두 가지가 있다.

1. 만족적 가처분

(1) 의 의

본안판결에서 승소하기도 전에 그에 기한 강제집행과 동일한 결과를 일시 실현시킬 것을 목적으로 하는 가처분을 만족적 가처분(Befriedigungs-verfügung)이라 한다. 채권자의 사정이 확정판결을 받아 집행하기를 기다릴 수 없을 만큼 절박하고 그러자면 회복할 수 없는 손해를 입게 될 경우이다. 좁게는 단행 또는 이행적 가처분(Leistungsverfügung)이라고도 한다. 예를 들면 입원비 · 치료비 · 양육비 · 부양료 · 임금 등 금전급여, 물건의 인도 · 명도 · 철거 · 퇴거 또는 권리의 이전을 명하는 가처분이 그것이다. 중대한 손해, 특히 생존의 위협이나 심각한 긴급사태 또는 기업도산의 위험 등에 당면한 채권자를 보호하는 것이 그 목적이다.

만족적 가처분의 개념 자체도 여러 가지인데, 가처분의 잠정성의 관점에서 그 허용이 문제되었지만 일찍이 구법에서부터 명도 · 철거단행가처분은 명문으로 인정하였고(구 민소 718조),[1] 제305조 2항도 「급여를 지급하도록 명할 수 있다」고 하여 이를 예정하고 있으며, 제309조도 「소송물인 권리 또는 법률관계가 이행되는 것과 같은 내용의 가처분」의 집행정지를 규정하고 있다. 또 신법은 제308조에서 만족적 가처분이 취소된 경우의 원상회복신청까지 규정함으로써, 입법상 만족적 가처분을 강화시키고 그 자리를 굳혔다.

원래 만족적 가처분은 독일 판례에서 확립한 **이행적 가처분**(Leistungsver-fügung)에서 출발하였으며, 넓게는 이것이 진화하여 직무집행정지나 임시지위보전의 가처분 등 **형성적 가처분**까지 포괄하게 되었다.

(2) 종 류

1) 부작위(금지 또는 중지)**를 명하는 가처분**(Unterlassungsverfügung, injunction)

이것도 만족적 가처분에 포함시키는데, 다툼대상가처분과 유사한 면이 있다. 넓게 보면 적법한 대표권 여부에 관한 다툼을 본안으로 하는 법인이사의

---

1) 명도단행가처분은 한때 판결확정 전에 명도청구권을 실행하는 결과가 되어 보전의 목적을 일탈한다고 했으나, 대법(전) 1964. 7. 16, 64다69 판결은 건물을 채권자에게 점유사용케 하는 내용의 단행가처분을 할 수 있다고 했다.

직무집행정지가처분을 비롯하여 총회개최금지·의결권행사금지·신주발행금지 등 다종다양의 가처분이 나타나고 있다. 공사중지·공사금지, 출판물의 간행 및 판매금지, 특허침해제품의 제조·판매금지, 상호·상표·서비스표[1]·명칭[2]의 사용금지, 모방상품판매금지(집행관보관병행), 동종영업의 금지,[3] 개정 정당 당헌의 효력정지나 결의효력의 정지,[4] 부정경쟁행위의 중지,[5] 불법쟁의행위의 중지, 노조에 의한 업무방해금지·노조활동을 위한 장소사용금지,[6] 실용신안권침해의 금지,[7] 인격권 등 대세적 권리의 보호를 위한 일정한 주장의 금지,[8] 보증인의 보증금지급금지가처분[9] 등도 이 범주에 속하는 것으로 본다.

인터넷상에 자신에 대한 악성비난글이 익명으로 게시된 때에 이를 삭제하기 위한 가처분이 가능한가. 작성자불명일 때에는 서버에 데이터를 보관하고 있는 프로바이더(provider)를 상대방으로 삭제를 명하는 가처분신청을 할 수 있을 것이다.[10]

근자에 와서는 부대체적 부작위의 가처분결정과 동시에 배상금지급의 간접강제결정을 하는 것이 보통이다.

사 례 ① 현대자동차비정규직의 철탑농성에 대한 퇴거 및 업무방해금지가처분에서 가처분을 위반하면 하루 30만원 지급의 간접강제결정(울산지법), ② 전교조 명단공개금지(internet의 전자게시판의 게시삭제) 가처분결정에서 이를 어기면 하루 3,000만원 지급의 결정(서울남부지법), ③ 한진중공업 크레인 고공농성 근로자에 대한 퇴거

1) 대법 2007. 6. 14, 2006마910.
2) 서울중앙지법 2013. 10. 25, 2013카합1255.
3) 대법 2006. 7. 4, 2006마164·165(본안판결 전에 만족을 얻는 경우도 있다고 했다).
4) 서울남부지법 2007. 1. 19, 2006카합3491.
5) 乙회사가 운영하는 인터넷포탈 사이트에 방문하면 그 화면에 乙회사가 제공하는 광고 대신에 甲회사의 광고가 대체 혹은 삽입된 형태로 나타나게 한 사안에서, 甲회사의 위와 같은 광고행위는 부정한 경쟁행위로서 민법상 불법행위에 해당하고, 乙회사는 甲회사의 위 프로그램을 이용한 광고행위의 금지·예방가처분을 허용한 것에, 대법 2010. 8. 25, 2008마1541.
6) 대법 2006. 5. 26, 2004다62597.
7) 대법 2003. 11. 28, 2003다30265.
8) 인격권이나 시설관리권 등과 같은 대세적 권리를 침해하는 부작위청구권은 대세적 권리에 대한 침해의 우려가 있다는 점 또는 이미 침해가 있었고 그 재발의 위험이 있는 점을 요건으로 하며, 이 때 부작위명령의 대상이 되는 것은 가해자들이 저지른 행위뿐만 아니라 그와 유사한 행사로서 장래 저질러질 우려있는 행위를 포함한다고 했다=대법 2006. 1. 26, 2003다36225.
9) 대법 2010. 2. 25, 2009다22778.
10) 平野哲郎, 실천 민사집행법·민사보전법, 325면 이하.

및 출입금지가처분결정에서 이를 어기면 하루 100만원씩 지급의 결정(부산지법), ④ 환경단체원에 대한 제주강정마을 해군기지의 출입금지 · 공사방해금지가처분결정의 집행을 위한 간접강제금으로 위반시 하루 200만원씩 지급의 결정(제주지법), ⑤ KBS, MBC, SBS 등 지상파 3사가 CJ헬로비전 상대의 CJ의 지상파동시재송출의 금지가처분을 하면서 이를 어기면 위 3사에 각 하루 5,000만원씩 지급하라는 간접강제결정(서울중앙지법) 등이다.

2) 단행(斷行)가처분[1] 명도[2] · 철거 · 퇴거 · 수거 · 임야진입[3] 단행가처분 등인데, 특히 채권자의 사용을 전제로 명도단행가처분이 흔히 활용된다. 목적물을 채무자 보관으로 하지 않고 채권자 보관으로 하면서 이를 채권자에 인도하는 방식에 의한다. 무단점거 등의 경우인데 채무자의 정당한 권리가 침해될 가능성을 상정하기 어렵고, 본안판결까지 기다리자면 채권자에게 회복하기 어려운 손해가 발생하거나 채권자에게 가혹한 부담을 주는 경우에 보전의 필요성이 있다고 볼 것이다(예: 쌍용자동차 평택공장 점거농성사건의 명도단행가처분). 소수주주의 회계장부열람등사청구권을 피보전권리로 하여 직접 열람 · 등사 등을 허용하는 명령을 내리는 방법 이외에 그 장부 등을 집행관에게 이전 보관시키는 가처분도 만족적 가처분에 속한다.[4] 전기 · 가스 · 수도공급이 중단된 경우, 이것의 공급가처분도 포함된다.[5]

3) 금전지급가처분 임금 · 양육비 · 부양료지급가처분(가사소송법 63조에 의할 것이다)이나 교통사고피해자의 치료비 등 손해금지급가처분이 이에 속한다. 은행예금지급가처분의 예도 있다.[6] 보전의 필요가 급박한 위험이라기보다 생존의 위협이라고 볼 것이다. 급한 사람에게 가불해 주는 것과 같은 것으로 이해하면 좋다. 일반 금전채권의 강제집행의 경우처럼 현금화 → 만족의 단계

---

1) 만족적 가처분과 단행가처분을 같은 의미로 사용하는 견해도 있다. 전병서, 680면.

2) 구 토지수용법상 피수용자가 기업자에 대하여 부담하는 수용대상토지 및 지장물의 인도 또는 명도의무는 대체적 작위의무가 아니어서 행정대집행법상의 대집행 대상이 될 수 없으므로, 구 토지수용법에 의하여 발생한 명도청구권을 피보전권리로 하여 명도단행을 구하는 민사가처분이 허용된다는 것에는, 대법 2005. 8. 19, 2004다2809.

3) 대법 1965. 5. 25, 65다404.

4) 대법 1999. 12. 21, 99다137.

5) ZPO §940a에서는 채무자측의 금지된 자력행사로 주거의 점유를 상실한 경우나 채권자가 신체나 생명에 대한 구체적인 위협을 받는 경우는 주거의 명도단행가처분을 허용한다. Zöller/Vollkommer, §940 Rdnr. 6.

6) 서울중앙지법 2010. 12. 29, 2010카합3828.

까지 나간다. 비록 피보전권리가 금전채권이라 해도 가압류에 의한 집행보전만으로는 당면한 현저한 손해를 피할 수 없는 경우이다.

위 2)와 3) 유형은 이행적 가처분이다.

(3) 요건과 절차

만족적 가처분은 신중하게 발령할 가처분임에 틀림없지만, 실무상 매우 유용하며 중요한 역할을 한다. 따라서 지나치게 제도운영을 주저할 필요는 없다. 다른 나라보다 활용률이 현저히 낮은데 지나친 사법소극주의는 옳지 않다.

1) 요　건　① 피보전권리와 보전의 필요성에 대하여 증명에 가까울 정도의 엄격한 소명이 요구되고, ② 피보전권리와 보전의 필요성 두 가지 요건은 다툼대상가처분의 경우와 달리 상호 관계없이 독립적으로 심사하여야 한다.[1] 다만 피보전권리관계가 무효가 될 고도의 개연성이 있다면 안 된다. ③ 그 가처분이 집행할 수 있어야 하며, 따라서 목적물이 제3자에 의하여 압류되어 있어서는 아니된다. ④ 첫 번째와 두 번째 유형의 만족적 가처분에서는 채권자의 충분한 담보제공을 필요로 한다. 그러나 금전지급가처분은 채권자의 경제적 사정을 고려하여 예외로 취급할 것이다. ⑤ 피보전권리가 조건부·기한부청구권과 같은 장래의 청구권을 허용되지 아니한다. 조건성취 전 또는 기한도래 전에 미리 청구권이 만족을 얻게 되는 결과가 되기 때문이다.[2]

2) 절차, 집행정지와 취소　제304조 본문에 의하여 변론기일 또는 채무자가 참석할 수 있는 심문기일을 열어야 한다. 기일을 열어 심리하면 가처분의 목적을 달성할 수 없는 사정이 있는 때에는 기일을 열지 아니하여도 되게 한 심문기일생략의 규정(304조 단서)이나 재판장 권한의 가처분(312조)은 가급적 활용을 삼갈 것이다.[3]

만족적 가처분이 채권자에게 큰 시혜적 조치이므로 이에 대응하여 채무자를 위해 **집행정지제도**(309조)와 **원상회복제도**(308조)를 인정하였다.[4] 이 점 가집행선고의 경우와 흡사한 점이 있다(민소 501조, 500조, 215조). 판결확정 전에 승소판결을 실현시키는 가집행선고와 마찬가지로 채무자에게 회복할 수 없는

1) 대법 2005. 10. 17, 2005마814.
2) Brox/Walker, Rdnr. 1615; 김홍엽, 527면.
3) 구법은 명도·철거단행가처분은 필요적 변론절차에 의하게 하였다.
4) 이에 반하여 원상회복재판이나 집행정지재판은 원칙적으로 만족적 가처분 가운데 단행적 가처분에 한하여 적용된다는 견해가 있다. 김홍엽, 527면.

손해가 발생할 경우에는 허용되지 아니한다고 볼 것이다. 예컨대 선거기일이 정해진 경우의 특정후보에 대한 후보금지가처분 따위이다.[1)]

만족적 가처분의 경우에도 나중에 가처분채권자가 본안소송에서 패소하면 가처분채무자에게 손해배상·부당이득반환의 의무를 지게 되므로 법률적으로는 어디까지나 잠정적이다.[2)] 그러나 만족적 가처분 가운데 단행적 가처분이 아닌 경우(예; 경업금지, 통행방해금지, 이사직무집행정지)에는 가처분의 취소에 의하여 가처분집행으로 형성된 효과가 자동적으로 소멸되는 것이 원칙이나, 부동산명도단행가처분과 같은 단행적 가처분은 가처분의 취소만으로는 취소 후 별개의 절차가 없는 한 가처분명령 전의 원상으로 회복되지 않는다.[3)]

(4) 본안소송과 관계

임시지위가처분 신청과 본안소송은 같은 내용이 될 수 있으며 그러한 본안소송의 제기도 상관없다. 그러나 이러한 가처분의 집행에 의하여 피보전권리가 실현된 것과 마찬가지의 상태가 사실상 달성되었다 하더라도 그것은 어디까지나 임시적·잠정적인 것에 지나지 아니하므로 이 가처분의 집행에 의한 이행상태를 본안소송의 당부를 판단함에 있어서 참작할 성질의 것은 아니다.[4)] 건물의 명도단행가처분에 의하여 채권자의 수중에 건물이 명도되었다고 하더라도 그것은 잠정적·임시적인 것에 지나지 아니하므로 건물명도의 본안소송에서는 이미 채권자에게 명도되었다는 이유로 원고를 패소시킬 수는 없다. 그 목적물의 점유는 여전히 채무자에게 있는 것으로 보아야 한다는 것이다.[5)] 다만 가처분집행 후에 생긴 목적물의 훼손·멸실 등의 별개의 사실상태의 변동은 특별한 사정이 없는 한 본안소송에서 참작하여야 한다.[6)] 가처분절차에서 본안절차로 변경은 배제된다.[7)]

---

1) 서울중앙지법 2005. 4. 8, 2005카합1026 참조. 그러나 정당후보공천효력정지가처분을 받아들인 것에, 한국일보 2010. 4. 30.자.
2) 대법 1999. 12. 21, 99다137.
3) 김홍엽, 527면; 주석 민사집행법(Ⅴ), 681~682면.
4) 대법 2011. 2. 24, 2010다75754(가처분집행과 별개의 새로운 사태가 발생한 경우는 별론).
5) 대법 2007. 10. 25, 2007다29515.
6) 일본 최고재 1979. 4. 17. 판결; 대법 2011. 2. 24, 2010다75754.
7) Gaul/Schilken/Becker-Eberhard, §76 Rdnr. 44. 반대: 황태윤, 앞의 "임시지위가처분의 기능과 재판형식에 관한 소고" 논문.

2. 임의의 이행을 구하는 가처분-지위보전가처분

법원이 공권적 판단을 함으로써 당사자가 사실상 이에 따라 행동할 것이 기대되기 때문에, 집행이 가능하지 않다 하여도 가처분의 목적이 달성되는 경우가 있다. 앞서 본 **근로자지위보전 가처분**은 그 예로서, 그 효력은 형성적이나, 그 내용은 집행에 의한 실현이 적합하지 아니하다. 따라서 이는 채무자가 법원의 공권적 판단을 존중하여 채무를 임의로 이행한다는 사실적 효과를 기대하여 발령하는 것이지, 직접적인 법적 효과가 따르는 것이 아니다. 학설 중에는 이러한 종류의 가처분은 법적 구제조치로서 중도반단적이고 불완전하다는 이유로 부정적으로 보는 견해도 있으나,[1] 이러한 형태의 가처분도 분쟁해결의 실효성을 높이는 것이 현실이라면 구태여 부정할 필요는 없을 것이다.[2] 임의의 이행을 구하는 가처분은 보전의 필요가 있는 한 이를 인정할 것이고, 실무에서도 받아들여지고 있다. 앞서 본 올림픽출전자지위보전의 가처분도 또 다른 예이다.

Ⅷ. 가처분재판에 대한 불복

먼저 가처분신청이 배척된 경우에 채권자측의 불복방법을 보고, 가처분명령이 내려진 후의 채무자측의 불복방법을 살핀다. 후자에는 **이의신청절차**와 **취소절차**가 있다.[3] 청구이의의 소(44조)나 가처분취소의 소는 허용되지 아니한다.[4] 더 간단하고 신속한 절차가 불복신청절차로 있기 때문이다.

1. 즉시항고

가처분신청을 기각·각하하였을 때에는 가처분신청을 한 채권자는 즉시항

---

1) 김연학, "임시의 지위를 정하기 위한 가처분의 심리에 관한 몇 가지 모색적 시도", 민사집행법연구 제4권(2008. 2.), 186면.

2) 동지; 김홍엽, 525면. 집행력의 문제로 실무상 근로자지위보전가처분과 임금지급가처분을 병합하여 신청하기도 한다.

3) 가처분취소판결에는 2005년 개정전 법률 제302조에서 재산권에 관계없는 청구라도 가집행선고를 할 수 있는 특칙이 있었으나, 동 개정법률에서 전면적 결정주의를 채택하면서 판결로 가처분을 취소하는 예가 없어지게 되어 이를 폐지했다.

4) Gaul/Schilken/Becker-Eberhard, §79 Rdnr. 22.

고로 다툴 수 있다(301조, 281조 2항). 항고법원의 결정에 대하여 재항고할 수 있으며, 재항고에는 상고심절차에 관한 특례법 제7조, 제4조 2항에 의하여 ① 헌법위반, ② 하위법규의 법률위반, ③ 대법원판례위반에 해당하지 아니하면 심리불속행사유가 되는 특례가 있다. 또 민사소송법상의 상고심절차를 준용하게 됨도 가압류의 경우와 같다. 이 특례규정이 지켜지지 않음은 가압류와 다름없다.

2. 이의신청

(1) 신 청

가처분명령 즉 **가처분결정**이 내려졌을 때에는 그에 대해 채무자는 가처분취소·변경을 신청하는 이유를 밝혀 이의신청을 할 수 있다(301조, 283조 1항·2항). 항고법원이 직접 행한 보전처분이라도 같다(이 점이 행정소송의 집행정지 결정에 대한 불복이 즉시항고인 것과 다름).[1] 통상의 결정에 대한 불복방법인 항고·재항고가 허용되지 아니한다.[2] 이의신청은 가처분재판을 한 법원에 서면으로 하여야 한다(규 203조). 전자로도 이의신청할 수 있다. 신청을 하면 가처분재판을 한 법원에서 **변론기일**(임의적 변론) 또는 **당사자 쌍방이 참여할 수 있는 심문기일**을 정하여 양쪽 당사자에게 통지한 후 심리하여 결정으로 재판한다.

(2) 당 사 자

이의신청을 할 수 있는 자는 채무자와 일반승계인에 한하고[3] 특정승계인은 민소법 제81조에 의한 참가승계의 절차를 거쳐 이의신청을 할 수 있을 뿐이다. 그 이외의 제3자는 사실상의 이해관계가 있다 하더라도 이의신청의 적격이 없다.[4] 채무자의 채권자도 대위하여 이의신청을 할 수 없으며,[5] 이해관

---

1) 대법 1992. 8. 29, 92그19.

2) 대법 1999. 4. 20, 99마865; 동 2008. 12. 22, 2008마1752 등.

3) 이미 사망한 자를 채무자로 한 신청에 의한 가처분결정은 당연무효이나, 채무자의 상속인은 무효인 가처분의 외관을 제거하기 위하여 가처분이의신청을 할 수 있다는 것에, 대법 2002. 4. 26, 2000다30578.

4) 대법 1970. 4. 28, 69다2108.

5) 대법 1967. 5. 2, 67다267; 동 2009. 7. 9, 2009다18526. 판례는 가처분신청과 취소신청은 대위신청도 가능하지만, 이의신청은 보전처분에 대한 취소신청과 달리 이미 개시된 소송절차에서 그 소송을 수행하기 위한 절차상의 권리에 불과하므로 절차의 주체인 당사자·일반승계인·소송참가한 특정승계인으로 신청인적격이 제한된다는 것이다. 그러나 논리 이전에 활용의 목적이나 편의에서 보면 양자간에 불균형이 있는 것은 문제이다.

계인으로서 보조참가신청과 동시에 이의신청할 수 있을 뿐이다.[1] 직무집행정지가처분결정을 받은 이사는 자신이 채무자이기 때문에 이의신청을 할 수 있으나, 채무자적격이 없는 회사는 독자적으로 이의신청을 할 수 없고 보조참가와 동시에 이의신청을 할 수 있을 뿐이다.[2]

(3) 이의신청의 시기

이의신청은 그 가처분이 유효하게 존재하고 취소와 변경을 구할 이익이 있는 경우에 한하여 허용된다.[3] 가처분의 본안소송에서 승소한 채권자가 그 확정판결에 기하여 소유권이전등기를 경료하게 되면 가처분의 목적이 달성되어 가처분에 대한 이의로 그 결정의 취소를 구할 이익이 없다.[4] 이의신청은 상소가 아닌 구제절차이므로 상소의 경우처럼 상급심으로의 **이심**(移審)**의 효력**이나 집행정지의 효력이 없다(283조 3항, 301조). 이의신청은 시기적 제한이 없으며 결정을 집행한 뒤에도 할 수 있다.[5]

(4) 이의사유

가처분이의는 심리종결시를 기준으로 보전신청의 당부를 판단하는 절차이므로 심리종결에 이르기까지의 피보전권리의 존부 및 보전의 필요성에 관한 일체의 사유를 제출할 수 있다. 그러므로 사정변경,[6] 특별사정의 존재, 제소기간의 도과,[7] 가처분 이후 3년간 본안의 소 미제기[8] 등 가처분취소사유도 모두 이의절차에서 주장할 수 있다. 가처분이의절차에서도 가압류이의절차에서와 마찬가지로 청구의 기초에 변경이 없는 한 채권자는 피보전권리를 변경·추가할 수 있으며,[9] 명시하는 한 **일부이의신청**도 허용된다(피보전권리와 본안소

1) 임채홍, "보전명령에 대한 이의 및 사정변경에 의한 취소에 있어서 신청권자의 범위", 사법논집(1), 422면.
2) 대법 1997. 10. 10, 97다27404.
3) 대법 2004. 10. 28, 2004다31593(금지기간을 정한 가처분에서 그 기간의 경과로 가처분의 효력이 상실된 경우에 가처분에 이의신청은 신청이익이 없다). 그러나 이러한 가처분이 간접강제와 동시에 내려진 경우에는 간접강제결정에 기하여 집행당할 위험이 존재하므로 금지기간경과 후에도 이의신청으로 가처분의 취소를 구할 이익이 있다는 것에, 대법 2007. 6. 14, 2006마910.
4) 대법 2002. 4. 26, 2000다30578.
5) 대법 1959. 10. 29, 4292민상64. 다만 실효이론을 적용할 수 있으며, 독일에서는 보전처분 후 2년 반 지난 뒤의 이의신청에 실효이론을 적용한 예가 있다.
6) 대법 1981. 9. 22, 81다638.
7) 대법 2000. 2. 11, 99다50064.
8) 대법 2018. 10. 4, 2017마6308.
9) 대법 1982. 3. 9, 81다1221·1222, 81다카989·990(예비적으로 취득시효로 인한 소유권이전등

송의 권리관계가 엄격하게 일치할 필요 없기 때문[1]). 그러나 가처분이의는 채무자에 유리한 변경을 의미하는 것이고 신청취지의 변경은 그 내용에 따라서는 보전처분의 유용을 허용하는 결과가 될 수 있다는 점 등에 비추어 신청취지의 확장·변경은 허용될 수 없다.[2]

가처분에 대한 이의와 취소는 별개의 독립된 제도이고, 채무자가 신속히 가처분의 집행력에서 해방될 필요가 있다는 이유로 두 개의 신청을 경합하여 신청하는 것을 긍정하는 것이 실무이다. 두 절차가 경합된 경우 어느 한 절차의 결정이 사실상 존중되는 것은 있을 수 있으나 선행결정이 법적 구속력은 없다. 취소신청을 이의신청으로, 이의신청을 취소신청으로 변경하는 것은 허용되지 아니한다.[3]

(5) 심리 및 재판

가처분이의절차에서 법원의 **심리대상**이 되는 것은 가처분신청의 당부[4]로서 그 심리종결시점을 기준으로 하여 가처분신청이 이유있다고 판단되는 경우에는 가처분결정을 유지하게 된다.[5] 법원은 담보부 또는 무담보로 이미 내린 가처분결정의 인가·변경 또는 취소를 결정할 수 있다(301조, 286조 5항). 가처분이의사건에 관하여도 현저한 손해 또는 지연을 피하기 위한 필요가 있을 때에는 다른 법원(본안법원 등)으로 재량이송할 수 있음은 가압류이의의 경우와 같다(301조, 284조).

2005년 개정법률에서 가처분이의의 심리를 함에 있어서도 가압류의 경우와 마찬가지로, (i) 상당한 유예기간을 두고 정하는 심리종결기일의 고지제도와 취소결정의 효력발생유예선언제도를 채택하였다. (ii) 결정서에는 결정이유를 적어야 하되 다만 변론을 거치지 아니한 경우에는 이유의 요지만을 적을 수 있도록 했다. (iii) 이의신청에 대한 결정에 대해서는 즉시항고할 수 있다

기청구권을 피보전권리로 추가). Schellhammer, Rdnr. 1989.

1) 대법 2006. 11. 24, 2006다35223.
2) 대법 2010. 5. 27, 2010마279.
3) 법원실무제요 민사집행(V), 117면.
4) 가처분이의절차에서 가처분의 필요성을 판단함에 있어서는 구체적으로 피보전권리의 성질·내용, 가처분신청에 이르게 된 경위, 본안소송의 승패의 예상, 가처분을 발령하지 않음으로써 채권자들이 받는 손해의 내용·정도, 채무자가 가처분의 집행에 의하여 입는 불이익 등을 종합적으로 고려하여야 한다는 취지는, 대법 2011. 5. 24, 2011마319.
5) 대법 2006. 5. 26, 2004다62597.

(301조, 286조). 따라서 가처분결정 → 이의신청 → 즉시항고로 연결된다. 항고법원의 가처분신청을 인용한 결정에 대해서는 이의신청에 의하여 불복할 수 있게 되어 있으므로 이에 대하여 재항고로 다툴 수 없다.[1] 그 밖의 항고법원의 결정에 대한 재항고는 앞서 본 바와 같이 헌법위반, 하위법규의 법률위반, 대법원판례위반을 이유로 하지 아니하고는 심리불속행사유가 된다(상특법 7조, 4조 2항).

가처분취소결정은 즉시 집행력이 생기며, 즉시항고에 불구하고 **집행정지의 효력**이 생기지 아니한다(301조, 286조 7항). 가처분취소결정에 즉시항고가 제기된 경우에 불복사유가 정당한 이유가 있다고 인정되고 사실에 대한 소명이 있으며, 그 가처분의 취소에 의하여 회복할 수 없는 손해가 생길 위험이 있다는 사정에 대한 소명이 있는 때에는, 법원은 당사자의 신청에 따라 담보부 또는 무담보로 가처분취소의 **효력정지결정**을 할 수 있게 하였음은 가압류취소의 경우와 같다(301조, 289조).

(6) 가처분이의와 집행정지

1) **입법경위** 가처분신청을 인용한 결정에 대한 이의신청에 의하여 가처분집행이 당연히 정지되지 아니함은 이미 본 바이다(301조, 283조 3항). 다만 과거에 강제집행의 경우와 마찬가지로 법원이 민소법 제501조·제500조를 준용하여 집행정지를 명할 수 있는가에 대한 논란이 있었다. 판례는 위 민소법 규정을 준용하여 가처분의 집행정지를 허용할 수 없다고 하였다가[2] 견해를 바꾸어 가처분의 내용이 권리보전의 범위에 그치지 아니하고 소송물인 권리 또는 법률관계의 내용이 이행된 것과 같은 종국적 만족을 얻게 하는 것으로서(회계장부등의 열람등사가처분), 그 집행에 의하여 채무자에게 회복할 수 없는 손해를 생기게 할 우려가 있을 때에는, 예외적으로 가집행선고 있는 판결에 대한 집행정지처럼 민소법 제501조·제500조를 유추적용하여 채무자를 위하여 집행정지를 할 수 있다고 하였다.[3]

그런데 민사집행법 제309조 1항은 위 구법시대의 새 판례의 입장을 수용하여 모든 가처분이 아니라, (i) 소송물인 권리 또는 법률관계의 내용이 이행

1) 대법 1992. 8. 29, 92그19(특별항고의 대상도 아니다).
2) 대법 1990. 9. 21, 90그33.
3) 대법 1997. 3. 19, 97그7.

된 것과 같은 내용의 만족을 얻게 하는 가처분의 경우, 그 재판에 대하여 이의신청이 제기되고,[1] (ii) 그 주장사유가 법률상 정당한 이유가 있다고 인정되고, 주장사실에 대한 소명이 있으며, (iii) 가처분명령의 집행에 의하여 채무자에게 회복할 수 없는 손해가 생길 위험이 있다는 사실에 대한 소명이 있으면 (채무자의 도산위험 · 신용실추 · 생활의 곤궁), 법원은 당사자의 신청에 의하여 담보부 또는 무담보로 가처분의 집행정지와 담보부로 가처분의 집행취소를 명할 수 있도록 했다.

2) **적용범위** 집행정지 등의 재판은 가처분이의신청을 한 채무자의 신청에 의하며, 이 신청에 대한 심판은 가처분이의신청을 받은 법원이 한다. 집행정지의 대상은 이행되는 것과 같은 내용의 가처분이므로, 이행소송을 본안소송으로 하는 **이행적 가처분**(Leistungsverfügung), 즉 **단행가처분**에 한하여 집행정지가 허용된다고 할 것이다.[2] 따라서 철거단행가처분,[3] 명도단행가처분,[4] 임금 또는 치료비 지급가처분, 즉 좁은 의미의 만족적 가처분이 이에 포함된다. **형성적 가처분**, 예를 들면 이사직무집행정지가처분, 지위보전가처분, 경업금지가처분, 통행방해금지가처분 등은 이에 해당되지 아니한다.[5] 특허권등침해금지가처분도 해당되지 않는다는 것이 판례이다.[6] 단행가처분에 한정하지 않고 만족적 가처분 전반에 널리 집행정지를 인정하여야 한다는 견해[7]가 있으나, 법문과 합치하지 않는 견해로 보인다. 집행을 요하는 이행적 가처분에만 한정하는 것에 무리없다 할 것이다.

단행가처분에 한정한다면, **부작위를 명하는 가처분**의 집행정지가 가능한가. 공사금지가처분 등 부작위를 명하는 가처분의 본안소송도 이행소송으로서 피고에게 명하는 부작위의무와 가처분으로 명하는 채무자의 부작위의무에 차이가 없다는 이유로 집행정지가 가능하다는 견해가 있다. 이 문제는 제309조

1) ZPO §924 Ⅲ 2는 모든 보전처분에서 준용된다.
2) 김홍엽, 527면; 법원실무제요 민사집행(Ⅴ), 124면. 만족적 가처분 중 이행적 가처분만을 흔히 단행가처분이라고 한다.
3) 대법 1995. 3. 6, 95그2.
4) 대법 1996. 4. 24, 96그5.
5) 법원실무제요 민사집행(Ⅴ), 124면.
6) 대법 2002. 5. 8, 2002그31(권리 또는 권리관계의 내용이 이행한 것과 같은 종국적 만족을 얻게 하는 것이 아니라는 이유).
7) 김연, 150면; 주석 민사집행법(Ⅴ), 1160~1161면(다만 실무상 회복할 수 없는 손해가 생길 위험이라는 요건과 균형 있는 심리가 요구된다고 한다).

가 이행소송을 본안으로 하는 이행적 가처분에 집행정지를 허용하고 있으므로, 부작위를 명하는 가처분이 권리보전에 그치는 가처분인지, 아니면 권리보전의 범위를 넘어 소송물인 권리 또는 법률관계가 이행되는 것과 같은 종국적인 만족을 얻게 하는 내용의 가처분에 해당하는지에 따라 결정될 것이다.[1] 그러나 긍정설을 취하더라도 부작위를 명하는 가처분에서는 회복할 수 없는 손해가 생길 위험이라는 요건을 갖추기가 어려운 것이 대부분일 것이다.

3) **심리 및 재판** 이때의 소명은 보증금의 공탁이나 주장이 진실함을 선서하는 방법으로 대신할 수 없다(309조 2항). 판례는 반론보도재판에 대한 집행정지는 반론보도거부사유의 존재에 관한 새로운 증거가 발견되는 등 특별한 사정이 있는 경우에 한하여 예외적으로 인정할 것이라고 한다.[2] 결국 신법 제309조 1항의 경우는 엄격한 요건하에 가처분의 집행정지·취소가 된다. 집행정지·취소는 결정으로 하며 불복할 수 없다(309조 5항). 이는 가압류·가처분 모두 적용되는 일본 민사보전법(27조)과는 달리 가압류이의신청에 없는 특칙이다.

가처분취소사유에는 여러 가지가 있는데(사정변경, 특별사정, 제소명령위반, 3년간 본안소송의 미제기 등), 이러한 사유를 들어 가처분취소신청을 하는 경우도 가처분이의신청과 다를 바가 없으므로 제309조를 준용하여 가처분의 집행정지 또는 취소를 할 수 있도록 하였다(310조). 생각건대 잠정적·임시적인 가처분에 다시 그와 같은 잠정처분을 허용하는 것은 문제가 없는 것은 아니나, 이의신청·취소신청을 바탕으로 제한적 범위 내에서 가처분의 동결을 허용할 필요가 있다고 볼 것이다.

3. 가처분 취소

(1) 제소명령위반, 사정변경, 제소기간 도과로 인한 취소

가처분명령은 이의신청으로도 취소되지만(301조, 286조 5항), 가압류와 마찬가지로 본안의 제소명령을 위반한 경우, 사정변경에 해당하는 사유가 있는 경우, 가처분집행 후 3년간 본안의 소를 제기하지 아니한 경우에도 취소할 수 있다. 이들은 가처분명령 자체의 취소이고 가처분집행의 취소와는 다르다.

본안의 제소명령을 받고 소정기간 내에 제소하였다는 증명서류를 제출하

1) 상세는 법원실무제요 민사집행(Ⅴ), 125면.

2) 대법 2009. 1. 15, 2008그193.

지 아니한 경우에 결정으로 가처분을 취소하여야 함은 가압류 명령의 경우와 같다(301조, 287조). 이때에 가처분에 대응하는 본안소송을 제기하여야 한다.[1) 본안의 제소명령절차는 가압류의 경우와 마찬가지로 2005년부터 법관이 아닌 사법보좌관이 맡게 되었다(사보규 2조 1항 15호). 가처분의 집행 후 3년간 본안의 소를 제기하지 아니한 때에는 결정으로 반드시 가처분 취소를 하게 되어 있는 것도 가압류의 경우와 같다(301조, 288조 1항).[2) 가처분도 가압류의 경우처럼 피보전권리의 부존재 · 소멸,[3) 보존의 필요성의 소멸[4) 등 사정변경이 있는 경우에 결정으로 취소할 수 있다(301조, 288조).[5) 나머지 자세한 것은 가압류 취소에서 보았다.

(2) 특별사정에 의한 가처분 취소

1) 의 의 이는 가처분에만 있는 취소사유이다. 가처분은 금전채권의 집행을 목적으로 하는 것이 아니므로 채무자가 담보를 제공한다고 하여 곧 이를 취소하는 것은 적당하지 않다. 그리하여 담보제공으로 인한 가압류취소(288조 1항 2호)규정은 가처분에 준용되지 않고, 가처분에는 **특별한 사정이 있을 때에 한하여 담보제공**을 조건으로 가처분을 취소할 수 있는 제도를 마련하였다(307조). 다툼대상가처분과 임시지위가처분 모두에 적용된다.

가처분은 금전채권이 아니므로 담보제공으로 취소하는 것이 적절하지는 않지만 가처분으로 인하여 채무자가 통상 입는 손해보다 큰 손해를 입게 된다든가 또는 채권자의 피보전권리가 금전보상으로도 종국적인 만족을 얻을 수

1) 손해배상소송은 서비스사용금지가처분의 본안소송에 해당하지 않는다는 것에, 서울중앙지법 2008. 7. 7, 2008카기2785.

2) 대법 2012. 1. 27, 2010마1987. 선행 가처분의 집행 후 3년이 지나도록 본안소송을 제기하지 않은 경우에 다시 동일한 내용의 가처분신청을 한 경우이면 보전의사의 포기 · 상실로 볼 수 없는 특별한 사정이 인정되는 때에 한하여 보전의 필요성을 인정할 것이다. 대법 2018. 10. 4, 2017마6308.

3) 피보전권리가 없음이 분명히 되었다는 것은 사정변경에 의한 취소사유로 보아 가처분목적물의 양수인도 취소신청을 할 수 있다는 것에, 대법 2010. 8. 26, 2010마818.

4) 가처분인용결정에 따라 권리의 침해가 중단되었다는 사정만으로 보전의 필요성을 잃게 되었다고 할 수 없다(대법 2007. 1. 25, 2005다11626).

5) 보전처분의 본안소송에서 소송법상 이유로 각하판결을 받은 경우 민사집행법 제288조 제1항 제1호가 정한 사정변경이 발생하였다고 볼 수는 없으나, 채권자가 같은 항 제3호에서 정한 제소기간 내에 다시 피보전권리에 관한 본안의 소를 제기하여 소송요건의 흠결을 보완하는 것이 불가능하거나 현저히 곤란하다고 볼 만한 특별한 사정이 있는 경우에는 사정변경이 발생한 것으로 볼 수 있다는 것에, 대법 2018. 2. 9, 2017마5829.

있는 등의 특별한 사정이 있을 때에는 채무자의 피해를 경감하기 위하여 담보를 제공하게 하고 가처분을 취소하게 하는 것이 양 당사자의 이익교량상 필요하다고 보아 마련한 제도이다.[1)]

특별사정에 의한 가처분취소는 다음 두 가지 점에서 채권자와 채무자의 이익의 조정을 꾀한 제도이다.

먼저 채무자는 반드시 담보제공이 필요하다. 특별사정은 사정변경과는 별개의 취소사유로서, 사정변경이 인정되면 담보제공이 없어도 가처분을 취소할 수 있지만, 특별사정에 의한 취소는 담보제공이 필요하다. 가처분의 취소는 채권자에게 중대한 영향을 주기 때문에 특별사정과 함께 채무자에게 담보를 제공할 것을 요구하였다. 둘째 이 규정에 의한 가처분의 취소는 담보제공만으로는 부족하고 별도로 특별사정이 인정되어야 한다. 가압류의 경우에는 해방금을 공탁하고 가압류집행만 취소하면 채무자가 목적물을 처분할 수 있지만, 가처분의 경우에는 특별사정의 존재와 담보제공으로 가처분을 취소시킨 후에야 목적물을 처분할 수 있게 된다.

가압류의 해방공탁금(일본에는 가처분의 해방공탁금제도가 있다)과 달리 채무자의 담보제공만으로는 안 되고 특별사정까지 요구한 것은 가처분은 가압류와 달리 금전적 가치의 확보만을 목적으로 하는 것이 아닌 경우가 대부분이기 때문이다.

2) **특별사정**

① **특별사정의 의미** 특별사정이라 함은 채권자에게 집행불능·곤란의 사정이 생겨도 금전배상으로 대체할 수 있거나, 가처분의 취소로 인한 채권자의 불이익에 비하여 가처분으로 채무자가 입는 불이익이 더 큰 채무자측의 이상손해(異常損害) 등을 가리킨다. 이 두 사정 중 어느 하나의 사정만 있으면 특별사정에 해당한다.[2)] 전자를 금전보상의 가능성이라 하고, 후자를 채무자의 이상손해(현저한 손해)라고 말한다.

두 가지 사유가 배척관계가 아니므로, 그 어느 하나를 주장하여도 다른 사유로 취소할 수 있다.[3)] 특별사정의 본질은 보전의 필요성을 없게 하는 일종

1) 대법 1997. 3. 14, 96다21188; 동 1998. 5. 15, 97다58316. 김홍엽, 542면; 전병서, 687면; 민사실무제요 민사집행(V), 178면.

2) 대법 1997. 3. 14, 96다21188; 동 1992. 4. 14, 91다31210.

3) 주석민사집행법(V), 1145면; 법원실무제요 민사집행(V), 179면.

의 조각(阻却)사유로 평가된다.[1)]

② **금전보상의 가능성** 금전적 보상의 가능성이 있는 것은 피보전권리의 기초나 배후에 금전채권이 있는 경우이다. 금전보상이 가능한가의 여부는 장래 본안소송에 있어서의 청구의 내용, 당해 가처분의 목적 등 모든 사정을 참작하여 사회통념에 따라 객관적으로 판단할 것이다.[2)] 예를 들면 공사잔대금채권의 담보를 위한 유치권보전을 위해 발령된 출입금지가처분,[3)] 사해행위취소에 의한 소유권이전등기말소청구권을 피보전권리로 하여 발령된 처분금지가처분,[4)] 금전채권의 처분금지가처분은 금전보상으로 뒷수습이 가능하다. 피보전권리가 담보물권,[5)] 토지에 대한 소유권이나 점유방해배제청구권[6)]인 가처분도 금전보상이 가능하다.

그러나 장래 본안소송에서 피보전권리의 침해로 인하여 입게 되는 가처분채권자의 손해액의 산정 · 증명 등이 불가능하거나 현저히 곤란한 경우는 실질적으로 금전보상의 가능성이 없는 경우로 볼 것이다.[7)] 무형의 가치나 명예 · 신용의 훼손으로 인한 정신적 손해가 수반된 경우, 회사나 단체의 대표자에 대한 분쟁이나 경영권 문제가 관련된 경우도 금전보상의 가능성을 인정하기 어려울 것이다. 특허권 · 디자인권[8)] · 상표권 · 저작권 등 지식재산권침해금지가처분, 직무집행금지가처분, 신주 · 사채발행금지가처분, 임시지위가처분의 경우가 그러하다. 치료비나 임금의 임시지급을 명한 가처분은 즉시지급의 필요성에서 발령된 것이므로 장래에 금전보상의 가능성이 있다는 사정만으로 가처분을 취소하는 것은 허용될 수 없다.[9)]

③ **채무자의 이상손해**(현저한 손해) 가처분의 집행으로 채무자에게 이상손해(현저한 손해)가 있는지 여부는 가처분의 종류 · 내용 등 제반사정을 종합적으로 고려하여 채무자가 입을 손해가 가처분 당시 예상된 것보다 훨씬 클 염

1) 박두환, 775면; 이석선, 보전소송－가압류 · 가처분(상), 313면.
2) 대법 2006. 7. 4, 2006마164 · 165; 동 1997. 3. 14, 96다21188.
3) 대법 1997. 3. 14, 96다21188.
4) 대법 1998. 5. 15, 97다58316.
5) 대법 1987. 1. 20, 86다카1547.
6) 대법 1967. 1. 24, 66다2127.
7) 대법 1987. 1. 20, 86다카1547(근저당권일부이전등기청구권이 피보전권리인 사안).
8) 대법 1981. 1. 13, 80다1334.
9) 법원실무제요 민사집행(Ⅴ), 179면.

려가 있어 가처분을 유지하는 것이 채무자에게 가혹하고 공평의 이념에 반하는지 여부에 의하여 결정될 것이다.[1] 그 손해가 반드시 공익적 손해임을 요하는 것은 아니다.[2]

가처분에 의하여 사업목적에 중대한 지장을 받아온 경우,[3] 공사금지가처분발령 후 채무자가 채권자의 피해를 줄이기 위하여 공법(工法)을 변경하였고 또 공사가 금지된 당해 오피스텔이 50% 이상 분양된 경우,[4] 가처분에 의하여 채무자의 생활관계가 파탄된 경우, 수리조합이 타인소유 토지 주위에 제방공사를 함으로써 토지소유자가 그 공사중지가처분을 한 경우에 가처분으로 인하여 수리조합이 받을 손해가 가처분을 하지 않음으로써 토지소유자가 입을 손해에 비하여 현저히 다대하다고 할 수 있는 경우,[5] 재건축아파트 분양계약체결금지가처분이 유지되는 경우에 임대주택건설의무 등 조항의 적용을 받음으로써 가처분 당시에 예상할 수 있었던 손해보다 훨씬 큰 손해를 입게 될 경우[6] 등에 채무자의 이상손해가 있다고 할 것이다.

2) 심리 및 재판 피보전권리의 존부나 보전의 필요성의 유무는 심리의 대상이 되지 아니하므로 이에 관하여는 심리판단할 필요가 없고, 오직 가처분취소사유인 특별사정의 유무만을 심리판단하면 된다.[7] 이와 같은 특별사정은 소명을 필요로 하며, 가처분신청사건의 심리에서는 채무자측의 항변사유도 된다.[8] 담보는 가처분명령의 취소에 의하여 채권자가 입을 수 있는 손해를 담보하기 위한 것으로, 예상되는 손해액을 기준으로 하여 법원이 제반사정을 참작하여 재량으로 정할 것이다. 가처분채권자는 위 담보에 대하여 질권자와 동일한 권리를 가지므로 가처분취소로 입은 손해배상청구소송의 승소판결을 얻은 후에 우선변제를 받을 수 있다.[9]

특별사정에 의한 가처분의 취소규정인 제307조는 담보제공으로 인한 가

1) 위 대법 2006. 7. 4. 판결.
2) 대법 1992. 4. 14, 91다31210.
3) 대법 1997. 3. 14, 96다21188.
4) 대법 1992. 4. 14, 91다31210.
5) 대법 1957. 12. 12, 4290민상654.
6) 대법 2006. 4. 13, 2005다56223.
7) 대법 1981. 1. 13, 80다1334; 동 1987. 1. 20, 86다카1547(피보전권리와 보전의 필요성은 특별사정의 인정 여부에 관한 하나의 자료에 불과하다).
8) 박두환, 774면.
9) 대법 1998. 5. 15, 97다58316; 동 2010. 8. 24, 2010마459.

압류취소(288조 1항 2호)의 특별규정이다. 따라서 제288조의 경우에 이의신청에 의한 보전처분의 취소절차규정인 제286조 1항 내지 4항·6항·7항을 준용하듯이, 제307조 2항에서도 마찬가지로 같은 조항들을 준용한다. 즉 특별사정에 의한 가처분취소의 경우에도 (i) 변론기일 또는 당사자 쌍방이 참여할 수 있는 심문기일을 정하여 재판하고, (ii) 판결이 아닌 결정절차로 처리하되, 결정서에는 이유를 적는 것을 원칙으로 하며, (iii) 상당한 유예기간을 두는 심리종결일제와 취소결정의 효력발생유예제에 의하도록 하였다.

4. 원상회복재판

(1) 의 의

물건의 인도·명도를 명하는 가처분, 금전지급의 가처분이나 물건의 채권자 사용보관의 가처분과 같은 만족적 가처분 중 이행적 가처분(단행가처분)의 경우에는 채권자에게 물건이나 금전의 인도·보관·지급 후에 가처분이 취소되면 채무자가 이를 돌려받는 문제가 생긴다. 이에 관하여 구법은 아무런 규정을 두지 아니하여 채무자가 일반원칙에 따라 채권자를 상대로 부당이득반환청구의 소 등을 제기하여 원상회복시킬 수밖에 없었다. 그러나 이것은 가집행선고가 취소·실효된 경우의 가지급물반환신청(민소 215조)과 균형이 맞지 않고 또 분쟁해결의 1회성에도 반하기 때문에, 민사집행법은 가처분을 취소하는 재판에서 간이신속하게 원상회복을 명할 수 있는 제도를 마련하였다(308조). 가압류에는 없는 가처분의 특칙이다.

(2) 법적 성격

원상회복재판은 가처분을 취소하는 재판과 함께 한다(부수성). 가처분을 취소하는 재판의 원인은 이의신청이든 취소신청이든 관계 없고, 취소신청은 제소명령의 불이행, 제소기간의 도과, 사정변경, 특별사정 등 어느 것이나 포함된다. 원상회복신청은 반드시 가처분이의, 취소신청과 동시에 할 필요는 없고, 심리종결시까지 추가로 신청할 수 있으며, 항고심에서도 신청할 수 있으나 이들 신청과 별도로(특히 가처분취소가 확정된 뒤에 별소로) 청구할 수는 없다.[1)]

---

1) 별도 신청을 인정하지 아니한 이유에 대해서는, 민사집행법 해설, 법원행정처(2002), 285면 참조.

(3) 심리와 재판

원상회복재판은 채무자의 신청에 기하여 행해지는 것이고 법원의 직권으로 할 수 없다. 원상회복재판은 가처분이의·취소·보전항고에 부수적인 재판이므로 이들에 대한 심리와 일체로 진행한다. 원상회복재판의 신청은 가처분결정이 취소되는 것을 전제로 한 신청이므로 이의재판에서 가처분결정이 인가되거나, 가처분취소신청이 기각되는 때에는 이에 대한 판단이 필요 없다. 이러한 원상회복신청은 가집행선고의 실효의 경우와 달리, 채권자에게 인도 또는 지급하였던 물건이나 금전을 돌려달라고 할 수 있을 뿐이고, 손해배상까지 허용하는 것은 아니다. 이 절차에서 손해배상까지 명하면 절차지연의 우려가 있기 때문이다.

원상회복재판은 가처분취소 결정에 부수하여 이루어지므로 가집행선고 없이 즉시 집행력을 갖는다.[1] 그러나 가처분명령 자체의 집행은 아니므로 보전집행에 관한 제301조, 292조 2·3항(2주 집행기간 등) 등은 적용되지 않고 제2편 강제집행에 관한 규정이 적용된다.[2] 또한 원상회복재판은 가처분취소재판에 부수된 재판의 형식으로 이루어지는 것이므로 원상회복재판에 대해서만 별도로 불복할 수 없고, 이에 불만이 있으면 원재판 자체에 대하여 불복절차를 밟아야 한다.[3]

5. 손해배상책임

가처분이 잘못되었음이 판명되었을 때에 위에서 본 바 이외에 채무자측의 **실체법상의 구제책**이 있다. 즉 가처분의 경우에 가압류와 마찬가지로 집행채권자가 본안소송에서 피보전권리의 부존재로 패소되었다면 그 집행으로 인하여 채무자가 입은 손해에 대하여 가처분권자에게 고의·과실이 없다는 특단의 사정이 없으면 손해배상책임을 지울 수 있는 것이다(「위법집행과 부당집행에 대한 구제방법」 참조). 가처분신청이 가처분결정에 대한 이의신청·항고에 의하여 원시적으로 부적법이 판명되었을 때도 같다. 독일법 제945조는 본안의 제

1) 민사집행법 해설, 법원행정처(2002), 286면.
2) 주석민사집행법(V), 832면; 법원실무제요, 민사집행(V), 123면(제56조 1호 소정의 항고로만 불복할 수 있는 재판에 해당하므로 가집행선고나 집행문을 부여받을 필요 없이 즉시 집행력을 가지며, 집행기간이 2주 이내로 제한되지 않는다고 한다).
3) 전병서, 547면; 법원실무제요, 민사집행(V), 123면.

소명령을 어겨 취소된 때에도 포함되는 것으로 규정하였다.

손해배상의 범위는 민법의 규정에 따를 것이다.[1] 채무자는 채권자가 가처분신청시 제공한 담보를 질권자의 지위에서 실행할 수 있다. 따라서 목전의 이익만 생각하고 가압류·가처분제도를 남용하면 뒤에 큰 재앙이 따르게 된다. 채무자의 잘못도 과실상계할 수 있다. 가압류·가처분 신청건수가 세계 유례없이 높은 것은 이와 같은 명(明)과 암(暗)이 있는 것을 모르는 무지의 소치가 아닌가.

제3절 가처분의 집행절차

Ⅰ. 집행방법과 집행기간

1. 가처분집행의 신청

가처분명령을 발령한 법원이 동시에 가처분집행법원인 때에는 가처분집행신청은 가처분명령의 신청과 동시에 가처분명령의 발령을 정지조건으로 하여 한 것으로 취급된다. 집행신청서의 제출을 따로 하는 것이 아님은 앞서 본 가압류명령과 다름 없다.

2. 가처분의 집행요건에 관한 특칙

1) **가압류집행절차의 준용** 가처분명령이 있는 때에 그 집행은, 집행이 처음부터 문제되지 아니하는 가처분의 경우를 제외하고, 원칙적으로 **가압류명령의 집행** 또는 강제집행의 예에 따른다(301조). 우선 가처분의 집행요건에 관하여 보면 ① 가처분명령은 그 고지에 의하여 즉시 집행력이 생기고 확정이 필요 없기 때문에 승계집행문 이외의 집행문은 필요 없고(292조 1항), ② 가처분명령의 송달 전이라도 집행할 수 있으며(292조 3항), ③ 2주의 집행기간의 제한이 있는 것(292조 2항)은 가압류의 경우와 다를 바가 없다.

2) **집행기간** 주의할 것은 2주일의 **집행기간의 적용 문제**인데, 가처분

---

1) 손해배상의 범위에 관하여는, 김연, 348면 이하 참조. 부당한 가압류집행으로 인한 손해배상청구에서 입증곤란 등을 종합하여 무형의 손해액 1,200만원을 정한 사례로, 대전고법 2010. 12. 1, 2010나3870.

의 내용에 따라 다르다(자세한 것은 간접강제 참조).

(i) 일정한 작위를 명하는 가처분의 경우에 그 작위가 대체적인 경우에는 대체집행에 의하고 부대체적인 경우에는 간접강제에 의하게 되는데, 이때의 집행기간은 인용결정의 고지일부터 2주일 내에 대체집행 또는 간접강제의 신청이 있어야 하는 것이 원칙이다. 그러나 **부대체적 작위의무**의 이행을 명하는 가처분의 경우에 채무자가 성실하게 그 작위의무를 이행하는 동안은 집행기간이 진행하지 않고, 채무자의 태도로 보아 작위의무의 불이행으로 인하여 간접강제가 필요한 것으로 인정되는 때에는 그 시점으로부터 2주일의 집행기간 내에 간접강제신청을 하여야 한다.[1] 다만 판례는 부대체적 작위의무이행의 가처분결정과 함께 그 의무위반에 대한 간접강제결정이 동시에 이루어진 경우에는, 간접강제결정 자체가 독립한 집행권원이 되고 이 결정에 기초하여 배상금을 현실적으로 집행하는 절차는 별개의 금전채권에 기초한 집행절차이므로 가처분결정이 송달된 날부터 2주일 내에 할 필요가 없다고 하였다. 그러나 그 집행을 위해서는 결정정본에 집행문을 부여받아야 한다.[2] **대체적 작위의무**를 명하는 가처분의 경우, 가처분재판의 고지일부터 2주 내에 법원으로부터 수권결정을 받고 다시 집행관에게 대체집행을 위임하도록 하는 것이 시간상 가혹하므로 2주 내에 집행관에게의 위임이 아니라 대체집행신청(수권결정신청)을 하면 기간을 준수한 것으로 보는 것이 옳다.[3]

(ii) **부작위를 명하는 가처분**은 채무자가 그 명령 위반의 행위를 한 때에 비로소 간접강제의 방법에 의하여 부작위 상태를 실현시킬 필요가 생기는 것이므로 그때부터 2주 이내에 간접강제를 신청하여야 함이 원칙이고, 다만 채무자가 가처분 재판이 고지되기 전부터 가처분 재판에서 명한 부작위에 위반되는 행위를 계속하고 있는 경우라면, 그 가처분결정이 채권자에게 고지된 날부터 2주 이내에 간접강제를 신청하여야 한다.[4]

(iii) **정기적인 급부의 지급**을 명하는 경우에는 각 급부에 대하여 개별적으로 집행기간이 적용되므로, 예를 들어 급료지급가처분은 매회 급부의 이행

---

1) 대법 2001. 1. 29, 99마6107; 동 2010. 12. 30, 2010마985.
2) 대법 2008. 12. 24, 2008마1608.
3) 김홍엽, 548면; 전병서, 694면; 법원실무제요 민사집행(V), 199면.
4) 대법 2010. 12. 30, 2010마985; 동 1982. 7. 16, 82마카50; 전병서, 694면; 법원실무제요 민사집행(V), 199면.

기로부터 2주 이내에 집행에 착수하여야 한다.[1)]

Ⅱ. 가처분의 집행방법

가처분명령의 집행은 가처분명령이 집행권원의 일종이 되므로 원칙적으로 본집행과 같은 방법으로 행한다. 일반 강제집행에 관한 규정이 준용되기 때문이다(301조, 291조). 가처분방법은 가처분명령의 주문에서 밝히지만, 그 집행의 구체적 방법은 각 가처분의 내용에 따라 달리한다.

① **물건인도·금전지급을 명하는 가처분**(이행적 가처분, 즉 단행가처분) 물건인도의 본집행의 방법(257조~259조)이나 금전강제집행의 방법으로 행한다. 금전지급가처분의 경우는 압류만이 아니라 현금화→만족의 단계까지 간다.

② **작위를 명하는 가처분** 대체적 작위의무라면 제3자에게 대신 시키는 대체집행(260조 1항; 민 389조 2항 후단)에 의하고, 부대체적 작위의무라면 간접강제(261조)[2)]에 의한다.

③ **부작위를 명하는 가처분**(금지가처분) 건축공사금지와 같이 일정한 적극적 행위를 금지시키는 **금지명령형**이든 토지사용방해금지와 같이 일정한 행위에 대해 참고 견딜 것을 명하는 **수인**(受忍, dulden)**명령형**이든 채무자에게 가처분명령이 송달되면 채무자가 부작위의무를 지게 되는 것이고, 특별한 집행방법이 없다. 그러나 채무자가 위반한 때에 집행이 문제되는데, 그 위반한 것을 제거하고 장래에 대한 적당한 처분인 대체집행(260조 1항; 민 389조 3항), 간접강제(261조)의 형태로 집행이 된다. 대체집행과 간접강제의 일반이론에 대하여는 그 밖의 재산권에 관한 강제집행에서 자세히 보았다.

간접강제결정에 있어서는 채무자가 실제 부작위의무를 위반하는 행위를 하지 않더라도 단기간 내에 위반할 개연성이 있으면 간접강제의 요건은 충족된다. 작위·부작위의 가처분명령의 경우에는 집행기간 내에 그 수권결정(대체집행, 간접강제)을 신청하면 된다. 위반행위가 있을 것을 예상하여 가처분명령 속에 이를 미리 포함시켜 발령하는 일이 많다. 예를 들면 시위금지가처분을 하면서 동시에 가처분에도 불구하고 위반행위가 계속될 것을 예상하여 위반행

---

1) 김홍엽, 548면; 주석 민사집행법(Ⅶ), 731면.
2) 대법 2003. 10. 24, 2003다37426.

위 1회 얼마씩의 배상금을 지급하라는 간접강제의 결정을 하는 예 등이 많이 나타나고 있다. 채권자의 신속한 권리구제와 가처분의 실효성 확보를 위하여 one stop으로 간접강제결정을 함께 내릴 필요성이 크다(ZPO §890Ⅱ에 의하면 부작위를 명하는 재판에서 위반시에 간접강제결정이 뒤따른다는 계고가 나간다). 간접강제명령에 임의이행을 하지 않으면 이것이 집행권원이 되어 집행문을 부여받아 채무자의 재산에 본집행을 할 수 있다.[1)]

그러나 가처분은 가압류처럼 어디까지나 잠정적인 것이며, 그에 적합한 집행방법을 취하여야 한다. 예를 들면 동산의 집행관보관의 가처분이라면 집행관이 물건의 인도집행의 경우와 마찬가지로 점유를 취득할 것이지만, 이를 채권자에게 교부하지 않고 가압류의 경우처럼 보관한다.

④ **집행불요의 가처분** 임시지위가처분 가운데는 집행을 요하지 아니하는 가처분이 있다. 가처분의 대부분은 그 집행에 의하여 내용이 실현되지만, 따로 집행 없이 가처분 명령 자체에 의하여 효력이 생기는 예외가 있다. 이행적 가처분에 대비되는 형성적 가처분인데, 뒤에 볼 직무집행정지·대행자선임 가처분, 종업원·올림픽출전자격자 등 지위보전의 가처분이 그 예이다.

다음에서 전형적이고 대표적인 가처분의 집행방법을 본다.

1. 건물점유이전금지 가처분의 집행방법

채권자의 집행신청에 의하여 집행관이 행한다. 「채무자의 점유를 풀고 집행관에게 인도하여야 한다」는 명령의 주문이 나오기 때문에 부동산의 인도집행(258조)에 준하는 것 같이 보인다. 그러나 채무자의 건물사용을 허용하는 것이 기본형이기 때문에 실제로 집행관이 행하는 것은 문제의 부동산을 집행관이 보관중임을 표시하는 **공시서**(公示書)를 채권자측과 채무자측의 참여하에 **건물에 첩부하여** 게시하는 것뿐이다. 이와 같은 집행방법을 놓고, 이는 현실적으로 채무자의 점유를 빼앗아 다시 채무자에 되돌리는 과정을 생략하는 것에 불과하다는 견해와 점유이전의 사실행위를 처음부터 예정하지 아니한 것으로 공권력에 의한 목적물에 대한 지배관계 설정의 선언이라는 견해로 대립되어 있다. 전설에 의하면 간접점유자에 대해서는 이러한 가처분은 허용되지 아니한다. 집행관이 현장출입구 등에 포스터형으로 게시하는 공시서는 다음의 「고

1) 대법 2008. 12. 24, 2008마1608.

시」와 같다. 집행관이 한 고시는 형법 제140조에서 말하는 압류의 표시에 해당하므로 이를 손괴하거나 기타 방법으로 그 효용을 해한 경우는 동조의 **공무상비밀표시무효죄**로 처벌된다. 그러나 이 고시는 집행관 보관의 효력 발생, 존속요건이거나 대항요건은 아니고, 제3자에 대한 경고효과뿐이다.

집행관은 집행 후에도 채권자의 신청에 의하여 채무자에게 가처분위반의 사실이 있는지, 현장고시서를 손상했는지 여부를 현장에 나가 조사한다. 이와 같은 집행관의 활동을 **점검**이라 한다. 다만 법적 근거가 명확하지 아니한 문제점이 있다.

고 시

사　　건: 2024가100
채 권 자: ○ ○ ○
채 무 자: ○ ○ ○
집행권원: 서울중앙지방법원 2024가단123

위 집행권원에 기한 채권자 ○○○의 위임에 의하여 별지표시 부동산에 대하여 채무자의 점유를 해제하고 집행관이 이를 보관합니다.

그러나 이 부동산의 현상을 변경하지 않을 것을 조건으로 하여 채무자가 사용할 수 있습니다.

채무자는 별지표시 부동산에 대하여 그 점유를 타인에게 이전하거나 또는 점유명의를 변경하지 못합니다.

누구든지 집행관의 허가 없이 이 고시를 손상 또는 은닉하거나 기타의 방법으로 그 효용을 해하는 때에는 벌을 받을 수 있습니다.

2024. 12. 1.
서울중앙지방법원
집행관(전화번호:)

2. 부동산처분금지가처분의 집행방법

(1) 이러한 가처분의 집행은 가압류의 집행의 예에 따라 실시한다(규 215조). 부동산에 대한 처분금지가처분명령은 가압류의 경우처럼 **등기부**에 기입하

여야 한다(305조 3항).[1] 따라서 기입등기에 의하여 비로소 채무자 및 제3자에 대하여 구속력이 생기므로(대물적 효력) 가처분등기를 하기 전에 가처분채무자가 제3자에게 넘긴 이전등기는 유효하다.[2] 등기는 가처분명령을 발령한 법원의 법원사무관 등의 촉탁으로 하며 채권자나 채무자가 직접 등기공무원에게 신청하여 행할 수 없다. 가처분명령을 받은 채권자가 다시 동일법원에 그 집행신청을 할 수도 있지만, 가처분명령의 신청과 동시에 집행신청을 한 것으로 해석하는 것이 실무이므로, 2주일의 집행기간을 지키지 못하는 문제는 사실상 생기지 아니한다. 가처분소송과 가처분집행이 명확하게 분리되지 아니하는 대표적인 예이다. 등기·등록이 있는 다른 물건이나 권리, 예를 들면 선박·자동차·특허권 등의 처분금지가처분에 있서도 같은 문제가 생긴다. 그러나 등기부에 기입할 수 없는 가처분 예컨대 부동산소유권이전등기청구권에 대한 가처분 등이 있다(가등기가 되어 있으면 등기가능).

(2) 가처분기입등기의 말소등기·회복등기의 문제

처분금지가처분의 기입등기를 채권자·채무자가 직접 등기공무원에 신청하여 행할 수 없듯이 그 말소등기나 그것의 회복등기도 당사자의 신청이 아니고 법원의 직권촉탁에 의하여 행하여진다. 따라서 가처분기입등기의 말소가 잘못되었을 때에 채권자가 말소된 기입등기의 회복등기를 소구할 이익은 없다.[3] 만일 위조된 가처분채권자의 가처분취하 및 집행해제신청서가 제출되어 가처분등기가 말소되었다면 가처분채권자는 가처분집행법원에 집행이의신청을 하여 그 말소회복을 구할 수 있다.[4] 처분금지가처분등기가 말소된 경우 그 효력은 확정적이므로, 그 이후에 당해 부동산에 필요한 소유권이전등기를 마친 자는 그 부동산에 아무런 제한을 받지 않고 가처분채권자에게 그 소유권취득의 효력으로 대항할 수 있다는 것이 판례이다.[5] 선행가처분기입등기의 말소

1) 1필지의 부동산 중 특정부분만에 대한 처분금지가처분을 한 경우에 채권자가 대위분할등기신청을 하여 분할등기를 한 다음 이어 가처분의 기입등기를 할 수 있다는 것에, 대법 1987. 10. 13, 87다카1093.
2) 대법 1997. 7. 11, 97다15012.
3) 대법 1982. 12. 14, 80다1872·1873; 동 2000. 3. 24, 99다27149.
4) 대법 2000. 3. 24, 99다27149. 가처분취소결정에 대하여 효력정지의 재판을 하기 전에 가처분취소결정의 집행이 마쳐진 경우에는 효력정지의 재판을 할 수 없고, 집행이 마쳐진 후에 이를 간과하고 효력정지의 재판을 받았다고 하더라도 이미 집행된 가처분등기말소 등의 효력에 영향이 없다는 것에, 대법 2009. 3. 13, 2008마1963.
5) 대법 2010. 1. 19, 2009마1738; 동 2017. 10. 19, 2015마1383.

가 잘못되었다 하여도 그 말소가 가처분취소결정확정에 따라 법원의 촉탁에 의하여 이루어진 것이라면 부적법하다고 할 수 없어 그 회복신청을 할 수 없다.[1)]

3. 직무집행정지 · 직무대행자선임의 가처분집행방법

(1) 등기촉탁

상법 제407조, 제408조, 제567조에서 규정하고 있는 회사 이사의 직무집행정지 및 직무대행자 선임가처분은 민사집행법상의 임시지위가처분의 일종으로 보는 것이 판례 · 통설이고, 이러한 종류의 가처분명령은 고지에 의하여 바로 형성적 효력이 생기며, 특별히 어떠한 집행을 필요로 하지 아니함이 특징이다. 이러한 가처분은 법원의 촉탁에 의한 등기를 하여야 하지만(상 407조 3항), 이것은 본래의 집행에 속하지 아니하는 넓은 의미의 집행방법이다. 직무집행정지가처분의 기입등기를 가처분의 집행방법이라는 견해, 등기는 집행방법에 해당하고 가처분결정의 효력은 채무자에게 송달된 때 발생한다는 견해 등이 있으나,[2)] 등기는 제3자에 대한 공시수단에 불과하고 정확한 의미에서 가처분결정의 이행을 위한 집행방법에는 해당하지 않는다고 보아야 한다.[3)] 판례도 직무집행정지 및 직무대행자선임가처분은 등기가 되지 않더라도 그 내용에 따른 효력이 발생하고 다만 등기 전까지 선의의 제3자에게 대항할 수 없을 뿐이라고 하여 같은 입장을 취하였다.[4)] 다만 등기가 집행방법에 해당하지 않더라도 법률관계의 통일을 위하여 신속히 촉탁절차를 밟는 것이 바람직하므로 실무도 고지서의 발송과 동시에 등기촉탁절차를 밟고 있다.[5)]

과거에는 상법의 주식회사 · 유한회사에 대하여서만 이 제도를 규정하고 있었고 그 이외의 법인에 대하여는 명문의 규정이 없었는데, 민법과 상법을 개정하여 민법상의 법인과 상법상의 합명회사 · 합자회사의 이사나 사원에 대하여서도 직무집행정지 · 직무대행자선임의 가처분을 할 수 있도록 하는 한편(민 52조의2, 60조의2; 상 183조의2, 200조의2, 265조), 민사집행법에서는 이러한 민 ·

---

1) 대법 2009. 9. 24, 2009다32928.
2) 여러 견해와 그에 대한 자세한 설명은 이인수, "직무집행정지가처분의 효력", 민사판례연구 제37권(2015), 1003면 이하.
3) 같은 취지: 김홍엽, 553면; 김연, 316면; 주석 민사집행법(Ⅴ), 1135~1136면; 법원실무제요, 민사집행(Ⅴ), 394면.
4) 대법 2014. 3. 27, 2013다39551.
5) 법원실무제요, 민사집행(Ⅴ), 394면.

상법상의 가처분의 경우에 법원사무관 등에 의한 등기촉탁절차를 신설하여, 민사집행법상의 가처분임을 분명히 하였다(306조).

(2) 법인 아닌 사단 · 재단의 이사에 대한 가처분

법인이 아닌 사단 · 재단은 법인처럼 설립등기가 되지 않았으므로 등기에 의한 공시방법이 있을 수 없다. 따라서 이러한 직무집행정지 · 대행자선임가처분은 등기되지 아니하는 것이 될 수밖에 없다. 결국 이 가처분의 효력은 고지받은 당사자에게만 효력이 미친다고 볼 것이다.[1] 등기로 공시되지 아니하므로 대세적 효력이 없는 가처분이 된다.

따라서 종전의 이사가 제3자에게 한 재산처분 등의 법률행위가 무효라고 단정할 수 없다. 가처분 사실을 알고 있는 악의의 제3자는 별론이로되, 그렇지 않으면 무효라고 할 수 없어 직무정지된 종전 이사가 재산처분을 하여도 이를 막는데 한계가 있을 수밖에 없다. 특히 등기가 되지 아니한 정당의 대표자[2] · 종교단체 · 문중이나 종중 등 각종 단체의 대표자선임의 하자를 본안소송으로 하여 제기하는 대표자직무집행정지가처분신청이 많지만, 이 점을 고려하여 신중을 기하여야 한다. 재산관계 분쟁이 아닌 경우에는 가능한 한 해당 단체의 자율성을 우선하고 사법심사를 자제하여야 할 것이기 때문이다.[3]

4. 종업원 등 지위보전의 가처분집행방법

이러한 가처분도 형성적 효과밖에 없고 그 내용의 구체화를 위해서는 사용자측의 임의이행에 기대할 수밖에 없기 때문에, 원칙적으로 집행의 문제는 생기지 아니한다. 채무자에게 가처분정본의 송달뿐이다.

제3자 공시방법이 점유이전금지가처분 → 현장공시, 처분금지가처분 · 이사직무집행정지가처분 → 등기공시, 채권에 관한 가처분 → 제3채무자 송달이라면, 이러한 지위보전 가처분의 경우는 집행문제가 없기 때문에 제3자 공시방법이 없는 것이 특징이다.

---

1) 上原敏夫 외 2인, 민사집행법 · 보전법, 295면.

2) 예를 들면 1978년 서울민사지법의 김영삼 신민당총재 직무집행정지가처분. 이시윤, 민사소송법입문(제3개정판), 박영사(2022), 138~140면.

3) 대법 1995. 3. 24, 94다47193; 동 2006. 2. 10, 2003다63104; 서울지법 1987. 7. 20, 87카30864 참조.

5. 가처분목적물의 현금화

동산에 대하여 점유이전금지의 가처분집행을 할 때, 목적물인 동산 예를 들면 미곡이나 천연과실 등을 즉시 매각하지 아니하면 현저한 가격의 감소를 가져올 염려가 있거나 그 보관에 지나치게 많은 비용이 소요될 때에 동산가압류에 준하여 현금화할 수 있느냐가 다투어진다. 가처분은 가압류와 달라 그 자체가 금전채권을 보전하고자 하는 것이 아니기 때문에, 현금화는 무의미하다는 견해도 있다. 그러나 채권자가 반드시 특정물에 대해 고집하지 아니하고 금전적 가치로 만족하고자 할 때에는 이를 긍정하여도 무방할 것이다.[1)]

제 4 절 가처분(집행)의 효력

I. 가처분과 기판력

일반적으로 가처분의 효력은 가처분명령에 의하여 정해진 임시적인 법상태에 당사자가 구속되는 것을 내용으로 한다. 가처분에도 여러 가지 유형이 있고 그 효력도 각기 다른데, 이에 대한 개별적인 검토에 앞서 가처분명령의 기판력을 본다.

(1) 가처분명령은 법원의 피보전권리에 대한 잠정적·가정적인 판단이므로 그 본안소송과의 관계에서 기판력 등의 구속력이 생길 수 없다. 다시 말하면 가처분명령이 결정이라는 간이한 재판의 형식에 의하고 있고, 그 절차는 소명이라는 간이한 심리방식을 채택하고 있으며, 그 판단은 잠정적인 것임을 이유로 가처분명령에는 피보전권리의 존부에 대하여 **기판력이 생기지 않는다**고 보는 것이 통설·판례이다.[2)] 법원은 피보전권리의 존부인 본안에 관하여 판단한 것이 아니라, 피보전권리와 보전의 필요성의 소명에 기한 보전요구에 관하여 판단한 것이기 때문이다. 그러므로 가처분소송에서 패소하였다 하여도 채권자가 제기한 **본안소송**이 부적법해지는 것은 아니다.

---

1) 김상원/정지형, 가압류가처분, 416면.
2) 대법 1977. 12. 27, 77다1698; 동 2008. 10. 27, 2007마944(변론종결 후 부동산을 경락받아 소유권을 취득한 사람에 미치지 않는다).

그러나 뒤의 보전처분에서 동일한 사항에 대하여 달리 판단할 수 없다는 기판력유사의 구속력은 인정할 것이다(한정적인 기판력). 따라서 동일한 사실관계에 기하여 동일한 권리를 위한 같은 보전처분을 다시 구하는 것은 허용될 수 없다. 나아가 예를 들면, 종업원지위보전의 가처분명령이 발령되고 나서 임금지급을 명하는 가처분신청이 있는 경우에, 앞의 가처분명령의 내용이 뒤의 가처분과의 관계에서 선결관계에 있기 때문에 구속력을 부인할 수 없다고 할 것이다.

그러나 두 가지 예외를 받아들여야 할 것이다. 첫째 일찍이 배척한 신청이라도 채권자가 소명자료를 갱신 보강하면 다시 제출하는 것을 허용하여야 하고, 둘째 인용된 신청이라 하여도 보전처분이 그 집행기간을 넘긴 때(301조, 292조 2항)에는 재신청을 허용하여야 할 것이다.

(2) 기판력 문제와 관계없이 가처분의 집행방법으로 인하여 선후 가처분명령이 서로 저촉되는 일도 있을 수 있다. 예를 들면, 채권자사용허가를 내용으로 하는 점유이전금지가처분이 집행된 뒤에, 제3자가 동일 목적물에 관하여 채권자사용허가를 내용으로 하는 점유이전금지가처분을 신청한 경우에는 선행의 가처분명령의 기판력이 이러한 제3자에게 미치지 아니하지만, 선행가처분의 채권자가 취득한 사용허가의 이익이 침해되므로, 후행의 가처분의 집행은 허용될 수 없다.

Ⅱ. 건물의 점유이전금지가처분 집행의 효력

이와 같은 가처분의 목적은 목적부동산을 가처분 당시의 원상 그대로 유지하는 데 있다. 그럼에도 불구하고 채무자가 건물의 객관적 상황을 변경하거나 점유의 전부 또는 일부를 제3자에게 이전시킨 경우에 가처분의 효력으로 어떠한 조치를 취할 수 있는가.

(1) 객관적 현상변경에 대한 조치

건물의 수선 등은 가처분에 위반하는 객관적 현상변경에 해당하지 아니한다. 그러나 건물의 멸실은 물론 증개축, 특히 건물의 동일성이 상실되게 손괴하는 경우는 본집행을 할 수 없게 하므로 객관적 현상변경에 해당한다.[1] 이때의 조치에 대하여 여러 견해가 대립되어 있다.

(i) **점검집행설**[2] 이와 같은 객관적 현상변경을 집행관의 점검에 의하여 발견하였을 때에는 그 즉시 부착된 물건을 제거하는 등 원상회복조치를 취하거나 또는 일단 허용했던 채무자의 점유를 배제시키는 등의 조치를 취할 수 있다는 견해이다. 집행관 보관을 명한 주문에는 이와 같은 권한을 포함하고 있다는 것을 근거로 한다. 신속하고 강력한 공권력의 발동임에 틀림 없지만, 점유이전금지의 가처분은 채무자에게 현상변경을 금하는 부작위명령을 과한 것에 그치며, 집행관 자신의 판단에 의한 위반의 배제까지는 인정한 바 없다면 이는 별도의 법원의 판단사항이 되어야 한다는 비판이 있다. 다만 집행관은 객관적 현상변경행위에 대하여 경고나 중지요청을 할 수 있다고 할 것이다.

(ii) **대체집행설**(집행명령설)[3] 점유이전금지의 가처분에 의한 부작위명령을 위반한 데 대하여는 대체집행의 규정(260조; 민 389조 3항)을 준용하여 법원의 수권결정을 새로 얻어 원상회복의 집행을 할 것이라는 견해이다.

(iii) **신가처분설**[4] 원상회복 등을 명하는 신가처분명령을 받아 이에 기하여 집행할 것이라는 견해이다. 일본의 근래 실무는 신가처분설을 따르고 있다.

이미 발령된 가처분의 실효성의 제고를 위해서는 대체집행설(집행명령설)이 무난하다. 보전처분신청사건의 사무처리요령(재민 2003-4) 제11조도 같은 입장에서 규정하고 있다. 다만 수권결정을 받는데 시간이 너무 걸려 보전의 필요성이 있는 경우에는 2차 가처분의 신청도 허용된다고 본다.[5]

목적물의 객관적 현상변경금지 가처분의 효력은 채무자의 그 후의 위반행위를 채권자와의 관계에서 무효로 하고 또 이는 본안소송에서 고려되어야 한다. 따라서 채무자가 가처분결정에 위반하여 목적물을 변경하면서 지출한

1) 김건일, "점유이전금지가처분", 재판자료(45), 437면; 김상원, 민사소송의 이론 · 실무, 215면; 이석선, 보전소송-가압류 · 가처분(하), 110면.
2) 한종열, 388~389면.
3) 박두환, 755면; 김연, 298면; 김홍엽, 354면; 주석 민사집행법(V), 907면.
4) 전병서, 699면; 김상수, 483면; 법원실무제요, 민사집행(V), 303면.
5) 김홍엽, 354면; 주석 민사집행법(V), 907면.

필요비 · 유익비상환청구권 등을 피담보채권으로 한 유치권항변은 본안소송에서 허용될 수 없다.[1)]

(2) 주관적 현상변경에 대한 조치

점유이전금지가처분에 위반하여 채무자가 제3자에게 점유를 이전한 경우에 그 제3자를 퇴거시키려면 어떠한 조치가 필요한가. 당사자항정주의를 채택한 독일법에서는 가처분도 필요 없이 채권자가 채무자에 대한 명도청구소송에서 승소판결만 받으면 소제기 후 점유를 이전받은 제3자를 배제시키는 데 아무런 문제가 없다. 그러나 소송승계주의를 채택하고 점유이전금지가처분을 두고 있는 우리 법제하에서는 논의가 분분하다.

(i) 첫째 **점검집행설**[2)]이 있다. 집행관의 점유는 공법상의 점유이기 때문에 집행관은 별개의 집행권원 없이 바로 제3자의 침해를 배제할 수 있다는 견해이다. 이 설에 대하여는 가처분명령의 명의인 이외의 제3자에 대한 집행은 허용할 수 없다는 입장과 상충하며, 집행관의 권한을 지나치게 확대시킨다는 비판이 있다.

(ii) 둘째 **승계집행문설**[3)]이 있다. 가처분에 반한 점유의 이전은 가처분채권자와의 관계에서 무효임에 그치기 때문에 점유를 취득한 제3자에 대하여 가처분 자체의 효력으로 직접 퇴거를 강제할 수는 없고, 채권자가 여전히 점유자의 지위에 있는 채무자 상대의 본안승소 확정판결 후에 그 집행단계에서 제3자에 대한 승계집행문을 부여받아 명도집행을 할 것이라는 견해이다. 대법 1999. 3. 23, 98다59118의 입장이기도 하다.[4)] 그러나 어떠한 자를 승계인으로 볼 것인가, 특히 채무자와 아무런 약정 없이 무단점유하는 비승계점유자(非承繼占有者)도 같이 볼 것인가의 문제가 남아 있다.[5)] 비승계점유자에 대하여는 승계집행문을 받는 것이 쉽지 아니하여 별도의 명도소송을 제기해야 하는 문제가 따를 수 있다. 제3자가 채무자와 통모하여 목적물을 점유하고 있는 경우

---

1) 사법연수원, 보전소송(2012), 147면.

2) 한종열, 389~390면.

3) 김홍엽, 554면; 전병서, 676면; 김상원, 민사소송의 이론 · 실무, 227면.

4) 이에 대한 신랄한 비판은, 박두환, 756면.

5) 점포에 대한 점유이전금지가처분결정을 받은 채무자의 점유승계가 아니고 다른 사람으로부터 점포인도를 받아 점유하고 있는 자에 대하여 단행한 명도집행은 위법이라는 대법 1987. 6. 9, 86다카1683 참조.

에는 승계집행문을 부여받아 퇴거시킬 수 있지만 제3자가 채무자의 의사와는 관계없이 점유하고 있는 경우에는 퇴거를 위한 새로운 가처분명령이 있어야 한다는 집행명령설도 유사한 견해이다.[1]

(iii) 셋째 **신가처분설**[2]이 있다. 당해 점유이전금지가처분의 효력에 의하여서는 채무자 이외에 제3자를 배제할 수 없으므로, 별도로 그 제3자를 채무자로 한 집행관보관의 가처분명령을 취득하여 집행할 수밖에 없다는 견해이다. 일본에서 민사보전법이 제정되기 전에 유력설이었다. 그러나 가처분의 실효성을 크게 감소시킨다는 비판이 있었다.

어느 설도 문제해결에 한계가 있다. 일본 신민사보전법 제62조는 이 문제의 해결을 위하여 가처분집행 후에 목적물을 점유한 자는 가처분집행이 된 것을 알고 점유한 것으로 추정하도록 하였다. 이를 악의의 추정이라 하는데, 이에 의하여 가처분의 효력이 계쟁물의 승계점유자만이 아니라 선의라는 증명을 못하는 악의의 비승계점유자에게도 미치게 하였다. 점유이전금지가처분의 실효성 제고를 위해서는 일본법과 같은 입법적 해결이 요망된다고 하겠다.

생각건대 일본법과 같은 규정은 없어도 점유이전금지의 가처분이 현장공시가 되어 알려지게 되는 점을 고려하면, 가처분 후에 목적물을 점유하는 자를 악의의 점유승계자로 추정하여 그를 보호에서 배제시켜도 무방할 것이다[3](악의점유자설). 실제로 점유이전금지의 가처분 사실을 모르는 선의의 점유승계자가 많지 않을 것임을 고려하여도 그러하다.

대법 2015. 1. 29, 2012다111630[4]은 점유이전금지가처분의 효력이 미치는 것을 회피하기 위하여 채무자와 통모하여 점유를 침탈한 것처럼 가장했다는 특별한 사정이 없는 한 점유이전금지가처분이 집행된 사실을 알고 있는 제3자도 승계집행문에서 정한 승계인이라 할 수 없다고 하였다. 판례는 제3자가 악의의 점유자라도 채무자와의 약정으로 점유를 이전받은 것이 아니면 승계인으로 보지 않는다는 취지인데 점유이전금지가처분의 효력을 지나치게 약화시키는 문제점이 있다. 일본의 2003년 개정 민사보전법은 부동산의 점유자를 특정하기 곤란한 특별한 사정이 있는 때에는 채무자 불특정의 점유이전금지가처

1) 주석 민사집행법(V), 910~912면.

2) 김건일, "점유이전금지가처분", 재판자료(45), 445면; 윤경, 보전처분의 실무(상), 59면.

3) 같은 해석은, 박두환, 756면.

4) 대법 2015. 6. 11, 2014다88116도 같은 취지이다.

분제도를 신설하였음은 앞서 보았다. 문제해결을 위해 이러한 입법론적 접근이 옳을 것이다.[1)]

Ⅲ. 처분금지가처분 집행의 효력

(1) 처분행위의 상대적 무효

1) 가압류의 경우와 같이 가처분의 처분금지의 효력은 상대적이므로 이에 위반한 처분행위는 절대적으로 무효가 되는 것이 아니라 가처분이 존속하는 한 **가처분채권자**에게 대항할 수 없는 데 그치고,[2)] 따라서 처분금지가처분의 등기가 있어도 채무자는 제3자에게 양도 등 처분행위를 하고 이전등기를 할 수 있다.

가처분채권자가 본안판결 없이 가처분권자라는 지위만으로 가처분 이후 경료된 등기의 말소청구를 할 수 있는 것은 아니다. 가처분채권자가 본안에서 승소판결을 받은 때에 비로소 가처분 후의 등기는 가처분에 위반하는 한도에서 말소되게 되고,[3)] 본안소송에서 명한 대로의 등기가 기입되는 것이다(그러나 가처분보다 먼저 등기된 가등기에 기한 본등기는 다르다). 예를 들면 乙로부터 토지를 매수한 甲은 자기의 이전등기청구권의 보전을 위하여 乙에 대하여 처분금지가처분을 해두었다. 그럼에도 乙은 丙에게 이전등기를 해주었다면, 乙·丙 간의 등기가 당연히 말소되는 것은 아니다. 甲이 乙 상대로 이전등기의 본안소송에서 승소확정판결을 받은 때에 비로소 乙·丙 간의 이전등기는 가처분의 효력에 저촉되어 말소되게 된다. 이때의 말소절차에 대하여는 등기예규 제1061호가 있다.[4)]

---

1) 동지; 김광년, "민사보전처분에 관한 몇 가지 의견", 민사집행법연구 제1권, 254면.

2) 대법 1968. 9. 30, 68다1117; 동 2000. 10. 6, 2000다32147; 동 2009. 12. 24, 2008다10884(골프회원권처분금지가처분의 경우) 등. 처분금지가처분의 본래의 효력은 채무자의 대상부동산에 대한 처분권의 제한이지만, 실제 의미있는 것은 甲이 가처분을 했을 때 그 뒤 이전받은 乙이 등기명의인을 丙으로 바꾸어도 그 이전의 효과를 乙·丙이 甲에게 대항할 수 없어 당사자를 바꾼 효과가 없도록 하는 '당사자항정효'와 앞으로 甲이 乙 상대의 본안소송에서 이기면 행할 등기의 순위를 미리 확보해 두는 가등기와 같은 '순위보전효'라는 것에, 原井龍一郎 외, 실무 민사보전법, 271면.

3) 대법 2022. 6. 30, 2018다276218 등.

4) 대법원은 법률도 대법원규칙도 아닌 대법원예규를 매우 선호하고 있다. 예규입법의 남발은 의회입법주의에 저촉되는 위헌의 소지를 배제할 수 없다. 같은 취지: 박두환, 761면.

2) 판례는 처분금지의 효력은 가처분채권자의 권리를 침해하는 한도에서만 생기기 때문에 가처분채권자는 **피보전권리의 한도**에서만 처분위반의 효력을 부정할 수 있다고 한다. 따라서 가처분에 의하여 보전된 임차권으로써 그 가처분 후에 경료된 근저당권설정등기의 말소청구를 할 수 없다.[1] 또한 판례는 저당권설정등기청구권을 보전하기 위한 처분금지가처분의 등기가 된 부동산에 관하여 소유권이전등기 등이 이루어지고, 그 뒤 가처분채권자가 본안소송의 승소확정으로 저당권설정등기를 하는 경우, 위 소유권이전등기 등은 가처분채권자의 권리(저당권) 취득에 장애가 되는 것은 아니어서 말소되지 않고, 다만 가처분채권자의 권리취득과 저촉되는 범위에서 가처분채권자에게 대항할 수 없게 된다고 하였다.[2]

3) 한편 처분금지가처분의 효력은 채무자가 제3자에게 양도 등 처분행위를 하여 등기 등을 이전하는 것을 금지하는 것이므로 피보전권리의 목적에 위배되지 아니하는 등기이전[3]이나 가처분채무자 명의의 등기가 원인무효로 말소[4]되는 것을 막는 효력은 없다. 판례는 처분금지가처분이 등기된 후 공유물분할의 화해권고결정을 수용하여 확정시키는 것은 금지하는 처분행위에 해당한다고 하였다.[5]

(2) 등기와 대물적 효력

부동산처분금지가처분결정을 받았다 하여도 그 가처분은 집행에 해당하는 등기공시에 의하여 비로소 가처분채무자 및 제3자에 대하여 구속력을 갖는다. 이는 가처분결정 자체의 효력이 아니라 그 집행으로 생기는 효력이다. 이

---

1) 대법 1984. 4. 16, 84마7. 저당권설정등기청구권보전을 위한 처분금지가처분등기가 된 부동산에 관하여 소유권이전등기가 이루어진 다음 가처분채권자가 본안판결의 승소확정으로 저당권설정등기를 한 경우, 위 소유권이전등기가 말소되지 않지만, 가처분채권자의 저당권과 저촉되는 범위에서는 가처분채권자에게 대항할 수 없다는 것에, 대법 2015. 7. 9, 2015다202360.

2) 대법 2022. 6. 30, 2018다276218(또한 이러한 법리는 소유권이전청구권가등기 청구채권을 보전하기 위한 처분금지가처분의 등기가 마쳐진 부동산에 관하여 피보전권리 실현을 위한 가등기와 그에 의한 소유권이전의 본등기가 마쳐진 때에도 마찬가지로 적용된다고 하였다).

3) 수익자를 상대로 사해행위취소로 인한 원상회복의 소유권이전등기청구권을 피보전권리로 한 목적부동산에 대한 가처분을 발령한 후 수익자가 채무자에게 그 부동산을 반환하는 것은 가처분의 처분금지의 효력에 저촉된다고 할 수 없다(대법 2008. 3. 27, 2007다85157).

4) 가처분채무자 명의의 등기가 원인무효인 관계로 확정판결에 의하여 말소되어 전소유자 명의로 복귀되는 경우에는 그 가처분에 의하여 처분이 금지되는 처분행위에 해당할 수 없다(대법 1996. 8. 20, 94다58988).

5) 대법 2017. 5. 31, 2017다216981.

점에서 압류등기된 때에 제3자효 내지 대물적 효력이 생기는 압류와 마찬가지이다. 채무자의 처분행위가 가처분에 저촉되는 것인지는 그 처분행위에 따른 등기와 가처분등기의 선후에 의하여 정해진다.[1] 따라서 처분금지가처분등기를 마치기 이전에 채무자가 그 가처분내용에 위반하여 처분행위를 하고 제3자 명의로 소유권이전등기가 마쳐진 경우, 그 소유권이전등기는 완전히 유효한 것이 되고 가처분결정은 집행불능이 된다.[2] 또한 가처분채권자가 본안소송에서 패소확정되거나 가처분신청이 취하 또는 취소결정 등으로 적법하게 말소되면 가처분등기 이후 마쳐진 소유권이전등기 등은 완전히 유효하게 된다.[3]

(3) 등기부상 공시할 수 없는 가처분과 대물적 효력 등

1) 대법 1989. 5. 9, 88다카6488 등은 부동산 자체가 아닌 부동산 소유권이전등기청구권 등 권리처분금지가처분은 그 결정을 채무자에게 송달하는 외에는 등기될 수도 없는 이상 이에 위반하여 경료된 등기의 효력을 부정할 수 없다고 하였다. 건축주에 대한 명의변경금지의 가처분,[4] 체비지대장의 소유자 명의변경금지의 가처분[5]도 같은 것으로 그와 같은 가처분은 결정을 송달하는 외에 현행법상 등기부에 공시하는 방법이 없어 대물적 효력이 없다. 따라서 채무자로부터 권리를 양수한 제3자의 권리취득의 효력을 부인할 수 없고, 다만 불법행위가 성립될 수 있을 뿐이다. 가등기에 기한 본등기금지가처분은 등기할 사항이라 할 수 없다.[6]

2) 공시될 수 없기 때문에 제3자에 대하여 처분금지의 효력을 주장할 수 없는 가처분은 사실상 신청의 이익이 크지 않게 된다.[7] 등기부상 공시할 수

---

1) 대법 2022. 6. 30, 2018다276218; 동 2003. 2. 28, 2000다65802 · 65819.
2) 대법 1997. 7. 11, 97다15012.
3) 대법 1976. 4. 27, 74다2151; 동 2000. 10. 6, 2000다32147; 동 1999. 10. 8, 98다38760(피보전권리가 없는 자의 가처분).
4) 대법 1997. 5. 7, 97다1907. 아파트수분양권의 처분금지가처분에 있어서, 예를 들면 양수인 甲은 양도인 乙을 채무자로 하여서는 수분양권에 대한 처분금지, 재개발조합 등 사업시행사 丙을 제3채무자로 하여서는 양수인 乙에 대한 분양처분 또는 수분양자명의변경의 금지를 각 구하는 내용으로 할 것이다. 상세는 권성 외, 가처분의 연구, 351면 이하.
5) 대법 2009. 1. 30, 2006다37465.
6) 대법 1978. 10. 14, 78마282.
7) 상세한 고찰은, 조병훈, "부동산소유권이전등기청구권에 관한 보전처분", 민사재판의 제문제(하), 이시윤박사화갑기념, 415면 이하. 한편 처분금지의 등기방법이 있어도 가처분채권자의 등기청구권이 채무자에 대한 채권적 청구권에 지나지 아니하는 경우에 논란이 있다. 실체법의 이론으로는 가처분채권자가 다른 채권자와의 관계에서 우월적 지위를 취득할 수 없기 때

없는 가처분의 한계이다. 다만 채무자로부터 권리를 취득한 제3자가 가처분사실을 알았을 때에는 법 제90조 1항을 준용하여 처분금지의 효력을 주장할 수 있다고 볼 여지는 있다. 또한 가처분에 위반된 처분을 한 채무자 또는 제3채무자가 가처분채권자에게 손해배상책임을 질 수 있다. 앞서 본 부동산이전등기청구권에 관한 가압류의 경우에서도 같은 문제가 생기는 것이므로 공시방법을 강구하여 채권자보호를 위한 입법적 해결이 요망된다.[1] 다만 소유권이전등기청구권이 가등기(부등 88조)가 되어 있을 때에는 부기등기의 방법으로 가처분등기가 가능할 수 있음은 가압류의 경우와 같다(634면 참조).

(4) 대위가처분의 효력

채권자대위권을 행사하여 행하는 대위가처분이 적지 않게 행하여지고 있다. 부동산이 A → B → C로 순차 전매되었으나 C 앞으로 등기는 옮겨지지 아니한 경우에 전득자인 C가 자기의 매도인 B에 대한 소유권이전등기청구권의 보전을 위하여 B를 대위하여 원매도인 A를 상대로 처분금지가처분을 하는 것이 그 예이다. 다만, 이러한 가처분은 A로 하여금 B 이외의 다른 사람에게 소유권이전등기를 못하도록 하는 데 그치므로 실질상의 가처분권자인 B에 대한 처분의 금지 즉 B가 C 이외의 사람에게 처분하는 것을 금지시키는 효력은 포함되지 아니한다는 것이 판례이다.[2] 이때의 피보전권리는 어디까지나 B의 A에 대한 이전등기청구권이지 C의 B에 대한 이전등기청구권은 포함되지 아니한다는 것이다. 그리하여 가처분이 있은 뒤에 B가 A로부터 소유권이전등기를 넘겨받아 C가 아닌 D 앞으로 등기를 경료하여도, D명의 등기는 가처분의 효력에 위배되지 아니하여 유효한 등기라는 것이 판례이다.[3] 이러한 경우에 B

문에 가처분에 의한 처분금지의 등기는 그 뒤에 등기한 권리취득·처분제한을 배제하는 효력이 없다고 보는 견해가 있다(兼子一, 강제집행법, 335면). 예를 들면 부동산의 이중매매에서 제1매수인이 신청한 가처분에 기하여 처분금지의 등기가 선행되었다 하여도 그 뒤에 제2매수인에게 한 소유권이전등기는 말소시킬 수 없다는 것이다(일본 최고재 1970. 1. 23. 판결). 그러나 이 경우에 가처분의 효력을 인정하지 않으면 오히려 등기를 거부하는 자유를 인정하는 것이 되어 제1매수인에 의한 처분금지가처분을 인정함이 옳다는 반론이 있다(김상수, 491면).

1) 동지: 김광년, "민사보전처분에 관한 몇 가지 의견", 민사집행법연구 제1권, 262면; 김홍엽, 561면.

2) 대법 1989. 10. 10, 88다카3922; 동 1998. 2. 13, 97다47897(A → B → C → D로 전매된 경우에 D가 B, C를 순차대위하여 A 상대로 처분금지가처분을 하였는데, A로부터 C로 중간생략의 소유권이전등기가 된 경우, 이 등기는 가처분에 위배하여 D에 대항할 수 없다).

3) 대법 1994. 3. 8, 93다42665.

가 C 아닌 D에게 등기이전하는 것을 막으려면 C가 B를 상대로 별도의 처분금지가처분을 해 두어야 하지만 이것은 등기할 길이 없어 문제이다.

다만 대법 2007. 6. 28, 2006다85921에서는 채권자(C)가 채무자(B)를 대위하여 제3채무자(A)에 대한 처분금지가처분결정을 받은 경우 채무자가 그러한 대위권행사 사실을 알게 된 뒤에는 채무자가 그 권리를 처분하여도 이로써 채권자에게 대항하지 못하는 되어 채권자대위권의 객체인 부동산이전등기청구권을 소멸시켰다 하여도(매매계약을 합의 해제하여도) 이로써 채권자에게 대항할 수 없고 그 결과 제3채무자 또한 채권자에게 대항할 수 없다고 하였다.

(5) 양도담보 · 가등기담보와 가처분의 효력

피보전권리가 조건부 또는 장래의 청구권이라도 가처분의 대상이 된다. 판례는 한 때 양도담보에 있어서 채무자가 피담보채무를 변제하면 담보제공한 부동산에 대한 채권자 명의의 등기를 말소시킬 수 있는 장래의 말소등기청구권을 피보전권리로 하여 채무자가 처분금지가처분을 한 경우에, 채무자가 담보채무를 변제하기 전에는 말소청구권이 발생할 수 없으므로 이러한 가처분은 당초부터 피보전권리가 없는 가처분이라고 할 것이고, 담보채권자가 가처분등기 후에 처분하여도 가처분의 피보전권리를 해친 것이 되지 않는다는 입장이었다.[1)]

그러나 대법 2002. 8. 23, 2002다1567에 이르러 채무담보를 위하여 채권자 명의의 가등기 및 본등기가 경료된 경우에 채무자는 변제를 조건으로 한 등기말소청구권을 보전하기 위하여 그 담보목적부동산에 대하여 처분금지가처분을 신청할 수 있고, 그 경우 채권자가 그 부동산에 대한 담보권 행사가 아닌 다른 처분행위를 하거나, 채무변제 후에도 부동산을 처분하는 것을 방지하는 목적범위 내에서는 보전의 필요성이 있다고 하였다.

(6) 가처분의 유용

보전처분의 피보전권리와 본안의 소송물인 권리는 엄격한 일치를 요하지는 않는다. 청구기초의 동일성이 인정되는 한 그 보전처분의 효력은 본안소송의 권리관계에 미친다고 볼 것이다. 따라서 원인무효를 이유로 한 말소등기청구권을 피보전권리로 한 처분금지가처분의 효력은 예비적으로 추가된 시효취

1) 대법 1971. 3. 23, 70다3018; 동 1991. 5. 14, 91다8678.

득으로 인한 소유권이전등기청구권의 보전에도 미친다.[1] 교환적으로 변경된 경우도 같다.[2] 그러나 청구기초의 동일성이 인정되지 않을 때에는 유용될 수 없다.[3]

(7) 기 타

지금까지 부동산처분금지 가처분을 중심으로 보았다. 그러나 유체동산·채권 그 밖의 재산권에 관한 처분금지의 가처분도 있을 수 있음은 앞서 본 바이다. 판례는 약속어음처분금지가처분은 약속어음의 제3자 이전을 막아 그 현상유지를 위한 것이고 백지어음과 지급제시 등 소구권보전을 위한 조치를 금지하는 효력은 없다고 하였다.[4]

Ⅳ. 직무집행정지·직무대행자선임가처분의 효력

(1) 직무대행자의 지위와 권한

직무집행정지가처분에 의하여 채무자인 이사는 당연히 그 직무권한을 잃게 되며, 직무대행자가 그 권한을 취득한다. 그 효과는 **절대적**이다(대세효). 즉 직무집행이 정지된 대표이사가 정지기간 중에 체결한 계약 등 행위는 원칙적으로 무효가 되며, 이것은 그 뒤에 가처분이 취소되어도 유효하게 되는 것이 아니다.[5] 또 직무대행자가 그 권한에 의하여 행한 행위는 향후 본안소송에서 직무집행정지의 피보전권리가 없다는 이유로 가처분채권자가 패소확정되거나

1) 대법 1982. 3. 9, 81다1223, 81다카991. 소유권이전등기의 말소를 구하면서 매매계약의 사해행위 취소를 무효인 명의신탁으로 그 법률적 구성만 달리하거나 동일한 생활사실이나 경제적 이익에 관한 분쟁에서 그 해결방법만 다른 경우 청구기초의 동일성을 인정한 것에, 대법 2017. 3. 9, 2016다257046.

2) 대법 1992. 9. 25, 92다24325. 매매를 원인으로 한 소유권이전등기청구권을 피보전권리로 한 처분금지가처분의 효력은 예비적으로 채권자대위권에 기하여 제3자에 대한 소유권이전등기청구권의 보전에도 미친다고 한 것에, 대법 2006. 11. 24, 2006다35223.

3) 가장매매를 원인으로 한 소유권이전등기말소청구권을 피보전권리로 한 처분금지가처분결정은 그 소유권이전등기말소청구의 소가 취하된 이상 신탁해지를 원인으로 한 소유권이전등기청구권의 소송에 유용할 수 없다(대법 1970. 4. 28, 69다1311). 청구기초의 동일성의 기준을 보전처분이 앞선 경우에는 완화하자는 견해를 전제로 소취하의 경우에는 재소가능성이 있으므로 유용을 허용하자면서 위 판결에 비판적 견해는, 김경욱, "피보전권리와 본안의 소송물의 동일성", 민사집행법연구 제14권, 414~415면.

4) 대법 2002. 6. 25, 2002다13720.

5) 대법 1992. 5. 12, 92다5638.

가처분 자체가 사후에 취소되어도 영향을 받지 아니하고 유효하다. 집행취소의 효력은 장래에 향하여서 소멸할 뿐 소급효(ex tunc)는 없다.[1] 직무정지당한 당해 이사가 스스로 사임하여 새로운 이사가 선임되어도 가처분명령이 사정변경에 의하여 취소되지 아니하는 한(301조, 288조), 직무대행자의 권한은 존속된다.

대표이사 등의 직무집행정지 및 직무대행자선임의 가처분이 이루어진 이상 그후 대표이사 등이 해임되고 새로운 대표이사 등이 선임되었다 하더라도 가처분결정이 취소되지 않는 한 직무대행자의 권한은 유효하게 존속하는 한편 새로인 선임된 대표이사 등은 그 선임결의의 적법여부에 관계 없이 대표이사 등의 권한을 갖지 못한다.[2] 판례는 재건축조합의 조합장에 대한 직무집행이 정지 사건[3]과 비법인사단인 종중[4]에서도 같은 판단을 하였다.

(2) **통상업무**(常務)

가처분에 의하여 선임된 직무대행자는 가처분명령에 다른 정함이 있거나 법원의 허가를 얻은 경우를 제외하고는 법인을 종전과 같이 그대로 유지하면서 관리하는 한도 내에서 **통상업무**에 속하는 사무를 행할 수 있다.[5] 법인의 대표자가 직무집행정지가처분을 받은 경우에 본안소송에서 법인을 대표할 자는 직무대행자이다.[6] 직무대행자의 소송대리인 선임 등은 통상업무에 속하여 허용되지만, 변호인의 보수지급에 관한 약정,[7] 회사경영에 중대한 영향을 미치는 안건 결정의 이사회 소집,[8] 직무정지중인 대표이사의 해임을 위한 임시주주총회의 소집,[9] 청구의 인낙,[10] 항소의 취하,[11] 항소권의 포기,[12] 재단법인

1) 대법 2008. 5. 29, 2008다4537.
2) 대법 1992. 5. 12, 92다5638.
3) 대법 2000. 2. 22, 99다62890; 동 2010. 12. 23, 2010도13584.
4) 대법 2010. 2. 11, 2009다70395.
5) 대법 1982. 12. 28, 81다카1168는 가처분법원이 종단 종정(宗正)직무대행자를 선임하면서 그 직무권한의 범위를 특별히 제한하지 아니한 이상 그 직무권한의 범위는 피대행자의 그것과 같아 동일하다고 할 것이므로 종단소속사찰의 주지해임이 종단의 통상업무에 속하지 아니한다는 이유만으로 종단직무대행자가 한 주지해임이 무효라고 할 수 없다고 하였는데, 의문이다.
6) 대법 1995. 12. 12, 95다31348. 일본 최고재 1984. 9. 28. 판결도 같다. 직무집행정지를 당한 이사는 본안소송에서 공동소송적 보조참가(민소 78조)를 하여 자기의 소송상의 권익을 옹호할 수 있다.
7) 대법 1989. 9. 12, 87다카2691.
8) 서울중앙지법 2009. 4. 21, 2009카합1138.
9) 대법 1959. 8. 27, 4291민상395.
10) 대법 1975. 5. 27, 75다120.
11) 대법 1982. 4. 27, 81다358.
12) 대법 2006. 1. 26, 2003다36225.

의 이사회의 구성 자체를 변경하는 행위,[1] 대행자 권한의 채권자측에 전부위임[2] 등은 상무에 속하지 아니하여 법원의 특별수권을 얻어야 한다(민 60조의2 1항, 상 200조의2 1항).

통상사무에 속하지 아니한 행위를 위한 허가신청은 직무대행자가 가처분법원에 한다.[3] 항고법원이 제1심법원의 결정을 취소하고 직무대행자선임결정을 하였을 때에는 상무외 행위의 허가도 관할법원이 될 수 있다. 법원이 상무외 행위를 어느 경우에 허가할 것인가는 일반적으로 당해 상무외 행위의 필요성과 그 단체의 경영과 업무·재산에 미치는 영향 등을 종합적으로 고려하여 결정할 것이다.[4]

민법상의 법인이나 회사는 직무대행자가 한 통상사무에 속하지 아니한 행위에 대하여도 선의의 제3자에 대하여 책임을 진다(민 60조의2 2항, 상 200조의2 2항).

(3) 제3자에 대한 구속력

이와 같은 가처분은 실체법상 이사가 해임된 것과 동일한 효과를 발생시키는 것이나, 가처분만으로 당연히 **제3자를 구속할 효력**이 생긴다고 말할 수 없다.[5] 이러한 가처분은 법원사무관 등의 촉탁에 의하여 등기되는데(306조, 민 52조의2, 상 183조의2), 이 등기의 효력으로(민 54조 1항, 상 37조 1항) 법인은 제3자에 대해 당해 이사가 가처분에 의하여 무권한이 되었음을 주장할 수 있게 된다. 다만 이러한 가처분등기의 대세효는 회사의 경우에 정당한 사유로 이를 알지 못한 제3자에 대해서는 미치지 아니한다(상 37조 2항).

(4) 가처분의 실효

이 가처분은 **본안판결확정시까지** 존속을 전제로 하므로 본안인 이사선임결의무효확인등의 소송에서 본안판결이 확정되면 당연히 효력이 상실되며, 직무대행자의 지위도 소멸된다. 직무집행정지기간의 정함이 없는 경우에도 같

1) 대법 2000. 1. 28, 98두16996. 헌재법 제50조에 의하여 박근혜 대통령에 대한 탄핵심판청구가 헌법재판소에 제기되었을 때에 당시 대통령직무대행자인 국무총리가 공석중인 헌법재판소장의 지명을 그 권한 밖으로 보아 임명보류한 사례가 있다.
2) 대법 1984. 2. 14, 83다카875·876·877.
3) 법원실무제요 민사집행(Ⅴ), 390면.
4) 대법 2008. 4. 14, 2008마277.
5) 본안소송도 해임청구의 형성소권에 기한 경우에만 대세효가 있을 뿐, 이사지위부존재확인청구일 때에는 일반적으로 대세효가 없다.

다.[1] 판결이 확정되지 않았으면 가처분이의신청 · 가처분취소신청에 의하여 가처분이 취소되기까지는 그 지위가 유지된다.

V. 근로자 등 지위보전가처분의 효력

이 가처분은 임의의 이행을 촉구하는 효력밖에 없다는 것은 이미 설명하였다. 따라서 채권자가 그 효력을 알면서 신청한 이상 물리칠 수 없으며, 실무에서도 허용한다. 그럼에도 채권자가 이와 같은 가처분으로 만족하는 것이 아니라 지위보전과 함께 임금지급의 가처분도 신청한 경우에는 지위보전만을 인용하는 가처분은 할 수 없다고 할 것이다. 일단 지위보전가처분을 얻은 노동자가 임의의 이행을 하지 아니하는 사용자에 대하여 다시 임금지급의 가처분을 구하는 경우에는 앞의 지위보전가처분명령의 내용이 뒤의 임금지급의 가처분명령에 선결관계로서 구속력을 갖게 됨은 이미 설명한 바이다.

이상 설명한 전형적인 가처분 이외의 다종다양한 가처분의 효력에 대하여는 각각 그 가처분의 목적과 가처분의 대상을 고려하여 결정할 수밖에 없다. 가처분명령의 주문이 달라지면 효력도 달라지는데, 앞서 본 전형적인 가처분의 종류와 그 효력 부분을 참고하면 된다.

제 5 절 가처분 등의 경합 관계

Ⅰ. 가처분의 경합[2]

여러 개의 가처분도 내용적으로 저촉되지 아니하는 한 각기 완전한 효력을 가지며 병존한다. 예를 들면 2중매매에서 A가 부동산의 제1매수인으로 그 부동산에 대하여 처분금지가처분을 한 뒤에 제2매수인 B도 같은 부동산에 처분금지가처분을 하는 등 동일한 다툼대상에 대해 여러 채권자에 의한 가처분이 경합되어도 상관없다. 다만 제2의 가처분은 무효가 되는 것은 아니고 제1

1) 대법 1989. 5. 23, 88다카9883; 동 1989. 9. 12, 87다카2691.
2) 점유이전금지가처분의 경합에 관한 상세는, 하태헌, "보전처분 집행에서 나타난 실무상 쟁점에 관한 고찰", 민사집행법연구 제5권, 318면 이하.

의 가처분의 피보전권리의 실현을 방해하지 아니하는 한도에서 효력을 가질 뿐이다.[1] 따라서 위와 같은 사안에서는 선행하는 제1의 가처분채권자인 A의 가처분이 우선한다.[2] 만일 제1의 가처분채권자가 자기의 피보전권리를 실현하여 자기 앞으로 매매에 의한 소유권이전등기를 마친 때에는 제2의 가처분채권자는 자기의 가처분의 효력을 주장하여 제1가처분채권자의 소유권을 부정할 수 없다(순위보전효).

선행보전처분과 내용이 서로 저촉되는 후행 제2의 보전처분을 받아 사실상 선행보전처분을 폐지·변경하거나 그 집행을 배제하는 목적을 달성하는 것은 허용되지 아니한다.[3] 만일 위와 같은 가처분이 잘못 발령되면 선행 제1의 가처분채권자는 실체법상의 권리에 기하여 제3자이의의 소를 제기할 수도 있고 집행이의신청(16조)으로 후행 제2의 가처분집행의 배제를 구할 수도 있다.[4]

Ⅱ. 다른 절차와의 경합

동일 목적물에 대하여 가처분과 다른 채권자에 의한 집행절차가 경합적으로 행하여진 경우가 많다. 가처분이 경합되는 다른 집행절차와의 관계에서 어떠한 효력을 갖는가 하는 것이 문제된다.

1. 가압류와의 경합

1) 가압류된 부동산에 대하여 처분금지가처분이 발령되는 경우나 그 반대인 경우에는 집행의 시간적 선후에 의하여 그 우열이 결정된다.[5] 판례[6]도 시

1) 후행가처분을 받은 자라도 자신의 피보전권리가 선행가처분자의 피보전권리에 저촉되지 않는 한 후행가처분으로 선행가처분자에게 대항할 수 있다는 것에, 대법 1994. 3. 11, 93다52044. ① 甲으로부터 乙로 소유권이전등기, ② 乙로부터 丙이 매수하였음을 이유로 이전등기청구권의 보전을 위한 처분금지가처분, ③ 甲은 뒤에 乙의 이전등기가 원인무효를 이유로 말소등기청구권의 보전을 위한 처분금지가처분을 한 사안이라면 후행가처분의 피보전권리는 물권적청구권인 말소등기청구권, 선행가처분의 그것은 채권적청구권인 이전등기청구권이다. 따라서 甲이 본안인 말소등기소송에서 승소확정판결을 받으면 후행가처분으로 선행가처분에 대항할 수 있으므로 선행가처분등기는 말소되게 된다. 이 경우의 등기예규에 관한 비판은, 박두환, 762~763면.

2) 일본 최고재 1969. 12. 19 판결.

3) 대법 1992. 6. 26, 92마401.

4) 대법 1981. 8. 29, 81마86.

5) 방순원/김광년, 552면; 김상원/정지형, 231면; 김홍엽, 567면.

6) 대법 2005. 1. 14, 2003다33004.

간적 선후설의 입장으로 보여진다. 집행의 시간적 선후에 의하여 효력의 우열이 결정되는 것은 부동산가압류와 부동산처분금지가처분의 내용이 모순, 저촉되는 경우이고(가처분의 피보전권리가 소유권이전등기청구권 또는 말소등기청구권인 경우 등), 그 내용이 서로 모순, 저촉되지 않는 경우라면(가처분의 피보전권리가 제한물권의 설정청구권인 경우 등) 경합이 가능하다.[1]

2) 부동산에 대한 가압류와 가처분등기의 촉탁서가 동시에 송달되어 같은 순위번호로 기입된 경우에는 가압류와 가처분채권자 상호간에 처분금지적 효력을 주장할 수 없다. 따라서 가처분권자가 본안소송에서 승소확정판결을 받아 가처분권자 명의로 소유권이전등기를 하여 가처분권자의 소유로 귀속된 뒤에는 가압류권자의 강제경매신청은 타인 소유의 부동산에 대한 것이기 때문에 부적법한 것이 되며,[2] 결국 말소될 수밖에 없다.[3]

3) 제3채무자에 대한 송달로 효력이 발생하는 **금전채권**에 대한 가압류와 처분금지가처분이 경합된 경우에는 집행의 선후에 관계 없이 효력에 우열이 없다는 견해가 있으나 이 경우에도 집행의 선후에 따라 효력의 우열이 결정된다.[4] 판례도 금전채권에 대한 가처분결정이 제3채무자에게 송달되고 그후 본안소송에서 승소확정되었다면, 가처분결정의 송달 이후에 실시된 가압류 등의 보전처분 또는 그에 기한 강제집행은 가처분의 처분금지적 효력에 반하는 범위 내에서는 가처분채권자에게 대항할 수 없다고 하였다.[5] 이러한 판례의 입장은 채권양도와 가압류 사이의 우열을 제3채무자에 대한 송달의 선후에 의하여 결정하는 것과 같은 것으로 이해된다. 또한 판례는 **골프회원권** 처분금지가처분이 제3채무자인 골프클럽운영회사에 먼저 송달된 후의 같은 골프회원권에 대한 가압류와 그에 기한 강제집행에 대해서도 같은 판시를 하였다.[6]

4) 금전채권에 대하여도 선집행우선설을 취한 판례가 부동산에 대한 **소유권이전등기청구권**에 대하여 처분금지가처분과 가압류가 경합하는 때에는 다른 입장을 취하고 있다. 대법 1999. 2. 9, 98다42615는 소유권이전등기청구권

1) 법원실무제요 민사집행(V), 230~231면.
2) 대법 1998. 10. 30, 98마475.
3) 대법 2005. 1. 14, 2003다33004.
4) 김홍엽, 568면.
5) 대법 2014. 6. 26, 2012다116260.
6) 대법 2009. 12. 24, 2008다10884.

에 대하여 처분금지가처분이 있은 후 같은 이전등기청구권에 대한 가압류가 된 경우에 그 가처분은 가압류에 우선하는 효력이 없고, 후행 가압류권자는 가처분의 해제를 조건으로 하지 않고 제3채무자를 상대로 가압류채무자에게 소유권이전등기를 할 것을 소구할 수 있다고 하였다.[1)]

위 판결들을 근거로 판례가 부동산소유권이전등기청구권에 대하여는 가압류우선설을 취한 것이라는 견해[2)]가 있다. 위 판례의 사안과 판시내용만으로 보면 분명히 위 판결들은 처분금지가처분이 제3채무자에게 먼저 송달되었음에도 가압류에 대하여 우선권이 없다고 명확히 하였다. 그러나 위 판결들은 왜 선행 가처분에 우선적 효력이 없는지에 대한 법리는 밝히지 아니하고 있다. 그리고 제3채무자에 대한 송달로서 효력이 발생하는 권리인 앞서 본 골프회원권에 대한 가처분과 가압류의 경합에 대한 판결과도 상충된다.

등기로 공시되는 부동산 자체에 대한 가압류와 가처분의 우열관계가 아닌 권리에 대한 처분금지가처분과 가압류가 경합된 경우에 판례의 입장이 어떠한지는 아직 명확하지 않다고 보아야 한다. 다만 위 판결들을 선해하면, 소유권이전등기청구권에 대한 가압류 또는 가처분은 등기공시의 방법이 없어 대물적 효력이 없으므로 제3자에 대하여 가압류 또는 가처분의 효력을 주장할 수 없고 이에 위반하는 행위라도 효력을 부정할 수 없다는 것이 일관된 판례이므로 이를 강조한 결과 위와 같은 결론에 이른 것이라고 볼 수밖에 없다.

2. 강제집행과의 경합

세 가지 경우를 생각할 수 있다.

(i) 강제집행에 의하여 압류된 부동산이라도 그 뒤에 가처분이 가능하다. 그러나 그 가처분은 강제집행이 매각까지 가지 않고 중도에 취소, 취하 등으로 종결되었을 때 완전한 효력을 갖게 되는 데 그치고, 강제집행의 진행에 아무런 영향을 주지 못한다. 경매절차가 중도에 취소, 취하되지 않고 목적물이 매각되면 **소멸주의의 원칙**에 따라 가처분은 말소되고(91조 3항 준용) 매수인에게 대항할 수 없다.

---

1) 동지: 대법 2001. 10. 9, 2000다51216; 동 1998. 4. 14, 96다47104 등.

2) 김홍엽, 569~571면; 윤경, "소유권이전등기청구권에 대한 가처분과 가압류의 경합시 우선관계", 민사집행법연구 제2권, 407면; 구태회, "가압류와 가처분의 경합", 재판자료 제131집 민사집행법실무연구(Ⅳ), 418면. 반대: 박두환, 764면.

(ii) 가처분이 경매개시결정에 선행된 경우이지만, 목적물의 매각에 의하여 소멸되는 저당권의 설정이나 가압류 뒤에 가처분이 된 경우에는 가처분은 매각에 의하여 효력을 잃게 된다(91조 3항 준용).

(iii) 저당권 · 압류 · 가압류 전에 최선순위로 가처분이 된 경우는 어떠한가. 가처분이 되어 있는 부동산에 대한 강제집행도 적법 · 유효하고 매수인은 인수주의에 의하여 이를 인수하여야 한다. 강제집행 진행 중에 가처분의 존재만으로는 제3자이의의 소를 제기할 권한이 없으며,[1] 가처분채권자가 뒤에 본안소송에서 승소판결을 얻는 때 비로소 그 강제집행의 결과를 부인할 수 있음에 불과하다.[2] 즉 매수인은 소유권취득을 가처분권자에게 대항할 수 없다.

또한 임차권설정등기청구권을 피보전권리로 한 처분금지가처분등기를 한 후 강제경매가 개시되고 그 경매절차에서 부동산을 매수한 매수인은 임차인이 본안소송에서 승소한 후 임차권등기를 하는 경우 매수인은 임차인의 권리와 상충되지 아니한 범위 내에서 권리를 취득하는 것이므로 임차인에게 임차보증금을 반환할 의무가 있다.[3]

이와 같이 처분금지가처분이 최선순위로 있을 경우에는 매수인에게 불의의 타격을 가할 수 있으므로 실무상으로는 경매개시결정을 하고 이를 등기한 다음 경매절차를 사실상 정지하고 가처분의 본안소송의 결과를 기다리는 것이 일반적이다.[4]

3. 체납처분과의 경합

선행하는 가처분과 체납 처분의 관계에 관하여는 체납처분우위설, 가처분우위설[5]이 대립하고 있다. 판례는 가처분우위설의 입장에서 가처분권자가 본안소송에서 승소확정판결을 받으면 그 피보전권리의 범위 내에서 가처분위반행위의 효력을 부정할 수 있고, 이와 같은 가처분의 우선적 효력은 그 위반행

1) 대법 1992. 2. 14, 91다12349.
2) 대법 1998. 10. 27, 97다26104.
3) 대법 1988. 4. 25, 87다카458.
4) 법원실무제요, 민사집행(Ⅴ), 291면; 김병학, "부동산경매절차에서의 보전처분의 효력", 민사집행법연구 제5권, 268면.
5) 김훈, "체납처분과 강제집행 등의 경합", 사법논집(7), 497면; 조재연, "강제집행과 체납처분의 경합", 재판자료(36), 123~126면; 김상원/정지형, 255면; 김홍엽, 574면.

위가 체납처분에 기한 것이라 하여 달리 볼 수 없다고 하였다.[1] 위와 같은 법리의 결과 국세징수법 제26조와 지방세징수법 제45조에 근거하여 선행 가처분이 되어 있는 부동산에 대하여도 체납처분절차를 진행할 수는 있지만 체납처분의 공매에 의한 소유권이전등기시에 선행가처분을 직권말소할 수 없다.

4. 도산절차와의 경합

처분금지가처분이 되어 있는 부동산이 파산재단에 속하게 된 경우에는 강제집행, 가압류·가처분은 파산재단에 대하여 그 효력을 잃는다(채무자회생 348조). 반면에 파산선고 후 파산재단에 속하는 재산에 대해서는 가처분을 행할 수 없다. 파산재단에 대하여는 효력을 잃는다는 취지는 관련 당사자간의 모든 관계에 있어서 집행보전처분이 절대적으로 무효가 된다는 것이 아니라 파산재단에 대한 관계에서만 상대적으로 무효가 된다는 것을 뜻한다.[2]

개인회생변제계획인가결정이나 회생계획인가 결정이 확정된 때에도 강제집행, 가압류·가처분집행, 담보권실행을 위한 경매절차는 그 효력을 잃는다(채무자회생 256조 1항, 615조 3항).

도표 4-5 가압류와 가처분의 비교

구 분	피보전권리	보전의 필요	본안소송	심리방법	내용	해방 공탁	담보 제공	집행
가압류 (276조)	금전채권	집행곤란	주로 금전 지급의 이행의 소	서면심리·심문 또는 변론	처분금지	있음	보증서 갈음	금전채권 보전-압류뿐 환가없음
다툼대상 가처분 (300조 1항)	금전 이외의 특정물 청구권 (명도·등기)	권리실현 곤란	주로 금전 지급 외의 이행의 소	서면심리·심문 또는 변론	현상변경 금지	없음 (예외적으로 특별 사정-담보 제공)	갈음 없음	가압류 집행에 준함
임시지위 가처분 (300조 2항)	다툼 있는 모든 권리 관계	현저한 손해·급박한 위험	이행·확인·형성의 소	변론 또는 채무자 필요적 심문	잠정적 조치 (본안판결 확정시 까지)			종국 집행은 아닌 일시적 만족(단 형성적 가처분은 집행 없다)

1) 대법(전) 1993. 2. 19, 92마903; 동 2014. 6. 26, 2012다116260 참조.

2) 대법 2000. 12. 22, 2000다39780.

진행순서에 의한 보전처분 도표

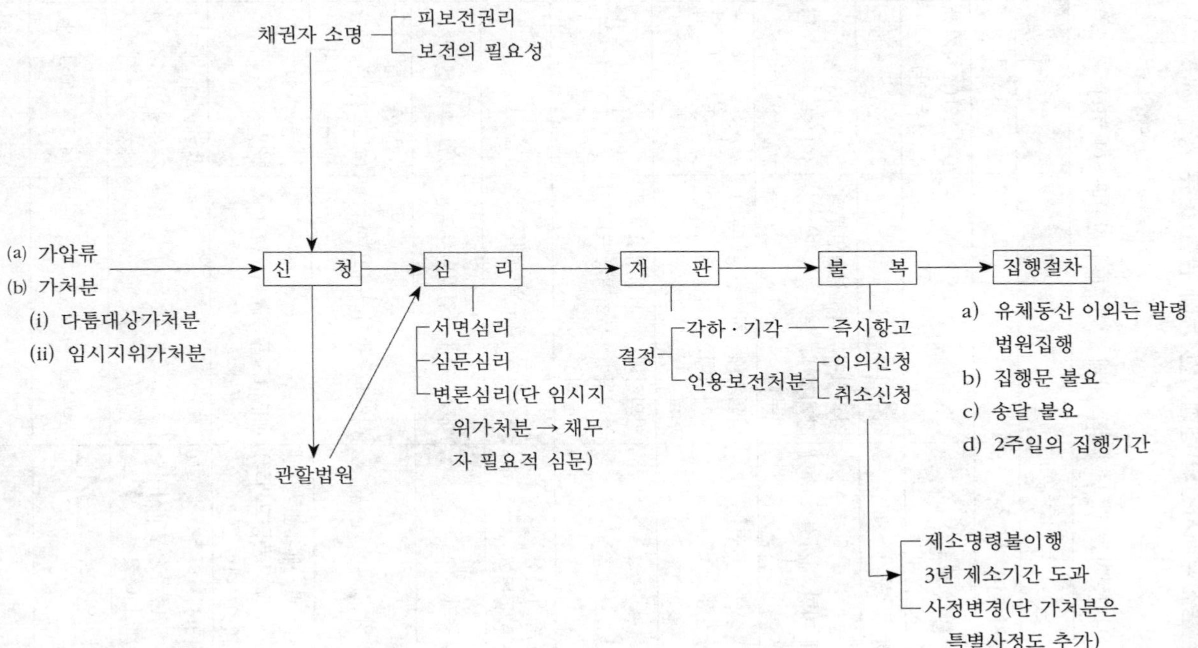

부록 부동산경매사건의 집행기간 등에 관한 예규

1. 부동산경매절차는 각 단계별로 아래 기간 내에 진행하여야 한다.

종 류	기 산 일	기 간	비 고
경매신청서 접수		접수 당일	법 §80, 264①
미등기건물 조사명령	신청일부터	3일 안(조사기간은 2주 안)	법 §81③④, 82
개시결정 및 등기촉탁	접수일부터	2일 안	법 §83, 94, 268
채무자에 대한 개시결정 송달	임의경매: 개시결정일부터 강제경매: 등기필증 접수일부터	3일 안	법 §83, 268
현장조사명령	임의경매: 개시결정일부터 강제경매: 등기필증 접수일부터	3일 안(조사기간은 2주 안)	법 §85, 268
평가명령	임의경매: 개시결정일부터 강제경매: 등기필증 접수일부터	3일 안(평가기간은 2주 안)	법 §97①, 268
배당요구종기결정 배당요구종기 등의 공고·고지	등기필증 접수일부터	3일 안	법 §84①②③, 268
배당요구종기	배당요구종기결정일부터	2월 후 3월 안	법 §84①⑥, 법 §87③, 268
채권신고의 최고	배당요구종기결정일부터	3일 안 (최고기간은 배당요구종기까지)	법 §84④
최초 매각기일·매각결정기일의 지정·공고(신문공고의뢰) 이해관계인에 대한 통지	배당요구종기부터	1월 안	법 §104, 268
매각물건명세서의 작성, 그 사본 및 현황조사보고서·평가서 사본의 비치		매각기일(입찰기간개시일) 1주 전까지	법 §105②, 268, 규 §55
최초매각기일 또는 입찰기간개시일	공고일부터	2주 후 20일 안	규 §68
입찰기간		1주 이상 1월 이하	규 §68
새매각기일·새매각결정기일 또는 재매각기일·재매각결정기일의 지정· 공고 이해관계인에 대한 통지	사유발생일부터	1주 안	법 §119, 138, 268
새매각 또는 재매각기일	공고일부터	2주 후 20일 안	법 §119, 138,

			268, 규 §56
배당요구의 통지	배당요구일부터	3일 안	법 §89, 268
매각실시 기일입찰, 호가경매		매각기일	법 112, 268
매각실시 기간입찰	입찰기간종료일부터	2일 이상 1주일 안	규 §68
매각기일조서 및 보증금 등의 인도	매각기일부터	1일 안	법 §117, 268
매각결정기일	매각기일부터	1주 안	법 §109①, 268
매각허부결정의 선고		매각결정기일	법 §109②, 126①, 268
차순위매수신고인에 대한 매각결정기일의 지정 이해관계인에의 통지	최초의 대금지급기한 후	3일 안	법 §104①②, 137①, 268
차순위매수신고인에 대한 매각결정기일	최초의 대금지급기한 후	2주 안	법 §109①, 137①, 268
매각부동산 관리명령	신청일부터	2일 안	법 §136②, 268
대금지급기한의 지정 및 통지	매각허가결정확정일 또는 상소법원으로부터 기록송부를 받은 날부터	3일 안	법 §142①, 268 규 §78, 194
대금지급기한	매각허가결정확정일 또는 상소법원으로부터 기록송부를 받은 날부터	1월 안	규 §78, 194
매각부동산 인도명령	신청일부터	3일 안	법 §136①, 268
배당기일의 지정·통지 계산서 제출의 최고	대금납부 후	3일 안	법 §146, 268 규 §81
배당기일	대금납부 후	4주 안	법 §146, 268
배당표의 작성 및 비치		배당기일 3일 전까지	법 §149①, 268
배당표의 확정 및 배당실시		배당기일	법 §149②, 159, 268
배당조서의 작성	배당기일부터	3일 안	법 §159④, 268
배당액의 공탁 또는 계좌입금	배당기일부터	10일 안	법 §160, 268 규 §82
매수인 앞으로 소유권이전등기 등 촉탁	서류제출일부터	3일 안	법 §144, 268
기록 인계	배당액의 출금, 공탁 또는 계좌입금 완료 후	5일 안	

2. 경매담당공무원은 사건기록 등을 점검·확인하여, 합리적인 이유없이 접수순서에 어긋나게 경매기일지정에서 누락되는 사건이 생기지 않도록 유의하여야 한다.

판례색인

[고등법원]

[지방법원]

[헌법재판소]

사항색인

공저자약력

이시윤(李時潤)(1935~2024)

서울대학교 법과대학 법학과 졸업, 고등고시 사법과 10회 합격
서울대학교 대학원 법학과 수료, 법학박사(서울대학교)
독일 Erlangen-Nürnberg 대학교(1968~1970), 미국 Nevada 법관연수학교(1971) 및 University of the Pacific(1986) 수학
서울대학교 법과대학 조교수, 사법대학원 교무·학생과장, 경희대학교 법과대학 학장
한국민사소송법학회, 한국민사집행법학회, 한국민사법학회, 민사실무연구회 회장
법무부 민법개정분과위원장, 민사소송법개정특별위원장
사법연수원 교수, 서울민·형사지법 및 서울고법부장판사, 춘천·수원지법원장, 헌법재판관, 감사원장 등 역임
수훈 : 대한변협 법률문화상, 천고법률문화상, 율곡법률문화상, 청조근정훈장
저서 : 소송물에 관한 연구(박사학위논문), 민사소송법, 민사집행법, 민사소송법입문, 판례해설 민사소송법(공저), 주석 민사소송법(공편저), 주석 민사집행법(공편저)

조관행(趙寬行)

서울대학교 법과대학 졸업, 제22회 사법시험 합격(사법연수원 12기), Yale Law School Visiting Scholar(1991~1992), 법학박사(경희대학교)
서울민·형사지법 판사, 대법원 재판연구관, 사법연수원 교수, 서울중앙지방법원 부장판사, 대전고등법원 수석부장판사, 서울고등법원 부장판사
한국민사소송법학회 부회장, 한국민사집행법학회 회장 역임
현 법무법인(유한) 대륙아주 변호사
저서 : 판례해설 민사소송법(공저), 주석 민법(공편저), 주석 민사소송법(공편저), 주석 민사집행법(공편저), 변론준비절차에 관한 연구(박사논문)

제9개정판
民事執行法

초판발행 2004년 9월 20일
보정판발행 2005년 6월 30일
제3판발행 2006년 4월 20일
제4판발행 2007년 7월 15일
제5판발행 2009년 9월 1일
제6판발행 2013년 2월 10일
제6보정판발행 2014년 5월 20일
제7개정판발행 2016년 9월 15일
제8개정판발행 2020년 1월 10일
제9개정판발행 2025년 2월 10일

지은이 이시윤 · 조관행
펴낸이 안종만 · 안상준

편 집 김선민
기획/마케팅 조성호
표지디자인 이수빈
제 작 고철민 · 김원표

펴낸곳 (주) 박영사
서울특별시 금천구 가산디지털2로 53, 210호(가산동, 한라시그마밸리)
등록 1959. 3. 11. 제300-1959-1호(倫)
전 화 02)733-6771
f a x 02)736-4818
e-mail pys@pybook.co.kr
homepage www.pybook.co.kr
ISBN 979-11-303-4894-0 93360

정 가 48,000원